Schriftenreihe
Recht der Internationalen Wirtschaft
Band 45

Internationale Produkthaftung

von

Professor Dr. Manfred Wandt

Universität Hannover

Verlag Recht und Wirtschaft GmbH
Heidelberg

Die Deutsche Bibliothek – CIP-Einheitsaufnahme

Wandt, Manfred:

Internationale Produkthaftung / von Manfred Wandt. – Heidelberg : Verl. Recht und Wirtschaft, 1995

  (Schriftenreihe: Recht der internationalen Wirtschaft ; Bd. 45)
  Zugl.: Mannheim, Univ., Habil.-Schr., 1994
  ISBN 3-8005-1143-6

NE: GT

ISBN 3-8005-1143-6

Satzkonvertierung: Filmsatz Unger & Sommer GmbH, 69469 Weinheim

Offsetdruck: HVA Grafische Betriebe, 69117 Heidelberg

Buchbinderische Verarbeitung: Wilh. Osswald + Co. GmbH + Co. KG, 67433 Neustadt/Weinstraße

♾ Gedruckt auf säurefreiem, alterungsbeständigem Papier, hergestellt aus chlorfrei gebleichtem Zellstoff

Printed in Germany

Für Christiane
und
Sandra, Fabian, Susanne

Vorwort

I.

Die internationale Verflechtung der Wirtschaft hat eine hochgradige Internationalisierung von Produkthaftungssachverhalten zur Folge. Angesichts der Ausmaße, die das Produkthaftungsrisiko in manchen Rechtsordnungen angenommen hat, ist es für Unternehmen von herausragender Bedeutung zu wissen, welche Rechtsordnung auf internationale Produkthaftungssachverhalte zur Anwendung kommt. Die Kollisionsrechte der meisten Staaten geben hierauf jedoch keine klare Antwort. Dies gilt in besonderem Maße für das deutsche Kollisionsrecht, weil eine spezielle gesetzliche Regelung fehlt. Auch die deutsche Lehre hat es bislang nicht vermocht, eine überzeugende, konsensfähige Lösung zu entwickeln. Im Gegenteil: Die Meinungsvielfalt im Schrifttum wird von Sachkennern als chaotisch bezeichnet. Der desolate Zustand des deutschen Internationalen Produkthaftungsrechts hat viele Gründe. Die bisherige Diskussion krankt vor allem daran, daß sie bei den vielfältigen Anknüpfungspunkten ansetzt, die ein internationaler Produkthaftungssachverhalt bietet. Dieser Ansatz führt fast zwangsläufig zu Unsicherheit und Resignation, weil sich für jeden Anknüpfungspunkt Argumente und Gegenargumente finden lassen.

Diese Arbeit geht neue Wege, indem sie den modernen Methodenerkenntnissen der Kollisionsrechtswissenschaft folgt. Von den berührten Rechten wird dasjenige Recht bestimmt, das die Funktionen des materiellen Rechts unter Berücksichtigung der Auslandsberührung des Sachverhalts am besten verwirklicht. Ausgehend von den verschiedenen, rechtsvergleichend gesicherten Funktionen des materiellen Produkthaftungsrechts werden die *kollisionsrechtlichen* Interessen in sachlichem Zusammenhang dargestellt, bewertet und abgewogen. Auf diesem Weg werden zahlreiche Einzelerkenntnisse gewonnen — speziell für das Internationale Produkthaftungsrecht, aber auch allgemein für das Internationale Deliktsrecht. Am Ende steht ein Regelungsvorschlag, der einerseits der rechtspolitisch erwünschten Stärkung des Verbraucherschutzes Rechnung trägt, andererseits einem (sach-)gerechten Ausgleich der Parteiinteressen verpflichtet bleibt.

Internationale Produkthaftungssachverhalte müssen in allen ihren Facetten befriedigend gelöst werden. Deshalb wird außer dem Internationalen Privatrecht auch das Internationale Zuständigkeitsrecht eingehend erörtert. Ein besonderes Augenmerk wird schließlich auf die richtige Anwendung des kollisionsrechtlich berufenen nationalen Produkthaftungsrechtes gelegt. Die Analyse zeigt nämlich, daß die Internationalität des Sachverhalts noch auf der Ebene des maßgeblichen Sachrechts zu schwierigen, für die Praxis sehr bedeutsamen Rechtsfragen führt.

II.

Diese Arbeit wurde im Wintersemester 1993/1994 von dem Gemeinsamen Konvent der Fakultäten für Rechtswissenschaft und Betriebswirtschaftslehre der Universität Mannheim als Habilitationsschrift angenommen. Sie wurde für die Drucklegung auf den Stand vom Dezember 1994 gebracht.

Besonderer Dank gilt meinem akademischen Lehrer Prof. Dr. *Egon Lorenz*, dem Erstgutachter der Arbeit, sowie dem Freund und Kollegen *Peter Reiff*, der stets mit Rat und Tat zur Seite stand. Außer ihnen haben viele die Arbeit gefördert: die weiteren Gutachter Prof. Dr. *Rolf Sack* und Prof. Dr. *Peter Albrecht*; Prof. Dr. *Joachim Schmidt-Salzer*, der mir im Rahmen der Mitarbeit an seinem Kommentar zur EG-Produkthaftung wertvolle Anregungen gab; Dr. *Bernhard Scheifele*, LL.M., der mir bei der Beschaffung US-amerikanischen Materials behilflich war; Rechtsreferendar *Frank Reinhard* und meine Mitarbeiter an der Universität Hannover, *Burgunde Kuntz*, *Barbara Schneider* und *Stefan Kimmel*, die mich in der Schlußphase unterstützten; und nicht zuletzt *Sibylle Schwertner-Platz*, die mit außergewöhnlichem Einsatz das Manuskript erstellte. Ihnen allen danke ich herzlich. Dank gebührt schließlich dem *Förderverein für Versicherungswissenschaft an der Universität Mannheim*, der die Entstehung der Arbeit finanziell unterstützt hat.

Hannover, Januar 1995   *Manfred Wandt*

Inhaltsübersicht

Dritter Teil: Anknüpfungssystem

Inhaltsverzeichnis

Erster Teil: Bestandsaufnahme

§ 1 Staatsverträge und EG-Recht

§ 2 Schweiz

§ 3 Österreich

§ 4 England

§ 5 Quebec

§ 6 USA

§ 7 Deutschland

Zweiter Teil: Grundlagen

Erster Abschnitt: Ansatz beim Gesetz

§ 8 Versteckte Kollisionsnormen und andere gesetzesbezogene Anknüpfungsregeln

§ 9 Gesetzesbezogene Anknüpfung der verschuldensunabhängigen Haftung für zulassungspflichtige Arzneimittel

§ 10 Gesetzesbezogene Anknüpfung der verschuldensunabhängigen Haftung für gentechnische Produkte

§ 11 Gesetzesbezogene Anknüpfung der EG-Produkthaftung

Zweiter Abschnitt: Klassischer Ansatz

§ 12 Die klassische Methode der Kollisionsrechtsfindung

§ 13 „Vorhersehbarkeit" des Produkthaftungsstatuts für den Haftpflichtigen als Axiom oder bloße Maxime der Anknüpfung

§ 15 Schadensausgleich

§ 17 Wettbewerbsgleichheit

Dritter Teil: Anknüpfungssystem

§ 18 Regelanknüpfungen

§ 19 Besondere Anknüpfungen

§ 20 Renvoi und Ordre public

Abkürzungsverzeichnis

A.(2 d)	Atlantic Reporter (Second Series)
a.A.	andere(r) Ansicht
a. a. O.	am angegebenen Ort
ABGB	Allgemeines Bürgerliches Gesetzbuch (Österreich)
ABl.EG	Amtsblatt der Europäischen Gemeinschaft
Abs.	Absatz
A.C.	Appeal Cases Law Reports, English
AcP	Archiv für die civilistische Praxis
a. E.	am Ende
a. F.	alte Fassung
AG	Amtsgericht
AG	Die Aktiengesellschaft, Zeitschrift für das gesamte Aktienwesen
AHB	Allgemeine Haftpflicht Bedingungen
AIDS	Aquired Immune Deficiency Syndrom
al.	alinéa
All E.R.	All England Law Reports
Alt.	Alternative
Am. Law Prod. Liab.	American Law of Products Liability
AMG	Arzneimittelgesetz
AmJCompL	American Journal of Comparative Law
Anh.	Anhang
Anm.	Anmerkung
App. Div.	Appelate Division (Berufungsinstanz)
Art. (Artt.)	Artikel (Plural)
Ass.	Assemblée
Aufl.	Auflage
AWD	Außenwirtschaftsdienst des Betriebs-Beraters (ab 1975: RIW)
AWV	Außenwirtschaftsverordnung
BABl.	Bundesarbeitsblatt
BayVGH	Bayerischer Verwaltungsgerichtshof
BB	Betriebs-Berater
BBl	Bundesblatt
Bd.	Band
BDI	Bundesverband der Deutschen Industrie
Bearb.	Bearbeiter
Beschl.	Beschluß

BG	Bundesgericht (Schweiz)
BGB	Bürgerliches Gesetzbuch
BGBl	Bundesgesetzblatt
BGE	Entscheidungen des schweizerischen Bundesgerichts, Amtliche Sammlung
BGH	Bundesgerichtshof
BGHZ	Entscheidungen des Bundesgerichtshofes in Zivilsachen
Bl.	Blatt
BlgNR	Beilagen zu den stenographischen Protokollen des Nationalrats (Österreich)
Brooklyn J. Int'l L.	Brooklyn Journal of International Law
Bros.	Brothers
BT-Drucks.	Bundestagsdrucksache
BVerfG	Bundesverfassungsgericht
BVerfGE	Entscheidungen des Bundesverfassungsgerichts
bzw.	beziehungsweise
C.A.	Court of Appeal
Cal.	California
Cal.(3 d)	höchstrichterliche Fallrechtssammlung des Staates Kalifornien (Third Series)
Cal.L.Rev.	California Law Review
Cal. Rptr.	California Reporter
Can. Bar. Rev.	Canadian Bar Review
Cass.	Cour de cassation
C.c.	Code civil
C.D.	United States District Court of the Central District of...
C. de D.	Les Cahiers de Droit (Canada)
C.L.J.	The Cambridge Law Journal
C.M.L.R.	Common Market Law Review
CEN	Comité Européen Normalisation
CENELC	Comité Européen de Normalisation Electrotechnique
cert. den.	certiorari denied: Revisionsantrag durch den U.S. Supreme Court abgelehnt
ch.	chapter
ChemG	Chemikaliengesetz
Cir.	Circuit Court of Appeals of the ... Circuit
CISG	Convention on Contracts for the International Sale of Goods
Clunet	Journal du Droit International, begründet von Clunet

Cmnd.	Command paper
Co.	Company
Colum. Law Rev.	Columbia Law Review
Colum.J. Transn't L.	Columbian Journal of Transnational Law
Com.L.J.	Comparative Law Journal
Cong.	Congress
Corn. Int. L.Rev.	Cornell International Law Review
Corn. L.Rev.	Cornell Law Review
Corp.	Corporation
CPA	Consumer Protection Act
DAR	Deutsches Autorecht
DAZ	Deutsche Apothekerzeitung
DB	Der Betrieb
D.C.	District of Columbia
ders., dens.	derselbe, denselben
DES	Diethylstilbestrol
d.h.	das heißt
DIN	Deutsche Industrie-Norm
DIP	Droit international privé
Dir. int.	Diritto Internazionale
Diss.	Dissertation
D.J.	Deutsche Justiz (bis 1945)
DLR	Dominion Law Reports
Doc. prél.	Document préliminaire
D.S.	Receuil Dalloz Sirey
dt.	deutsch
Duq.L.Rev.	Duquesne Law Review
DVBl	Deutsches Verwaltungsblatt
DVS	Deutscher Versicherungs-Schutzverband
DWiR	Deutsches Wirtschaftsrecht
EC	European Community
ECU	European Currency Unit (europ. Währungseinheit)
E.D.	United States District Court of the Eastern District of…
EFTA	European Free Trade Association
EG	Europäische Gemeinschaft
EGBGB	Einführungsgesetz zum Bürgerlichen Gesetzbuch
EGV	Vertrag zur Gründung der Europäischen Gemeinschaft vom 25.3.1957

35

Einf.	Einführung
Einl.	Einleitung
E.R.	English Reports
et al.	und andere
etc.	et cetera
ETSI	European Telecommunication Standards Institute
EuGH	Gerichtshof der Europäischen Gemeinschaft
EuGVÜ	(EWG-)Übereinkommen vom 27.9.1968 über die gerichtliche Zuständigkeit und die Vollstreckung gerichtlicher Entscheidungen in Zivil- und Handelssachen
europ.	europäisch
EuSchVÜ	Römisches EWG-Übereinkommen über das auf vertragliche Schuldverhältnisse anzuwendende Recht
EuZW	Europäische Zeitschrift für Wirtschaftsrecht
EvBl	Evidenzblatt
EWG	Europäische Wirtschaftsgemeinschaft
EWiR	Entscheidungen zum Wirtschaftsrecht
EWR	Europäischer Wirtschaftsraum
F.(2d)	Federal Reporter (Second Series)
f., ff.	folgend(e)
FamRZ	Zeitschrift für das gesamte Familienrecht
FAO	Food and Agricultural Organisation (United Nation)
FDA	Food and Drugs Administration
Fed. Reg.	Federal Register
Fn.	Fußnote
franz.	französisch(e, er, es)
FS	Festschrift
F. Supp	Federal Supplement
FuttermittelG	Futtermittel-Gesetz
GA. L. Rev.	Georgia Law Review
GA.J. Int'l & Comp. Law	Georgia Journal of International and Comparative Law
Gaz.Pal.D.	Gazzette du Palais, Doctrine
Gazz. Uff.	Gazetta Ufficiale (Italien)
gem.	gemäß
GenTG	Gentechnikgesetz
Geo.	King George

Georgia L. Rev.	Georgia Law Review
GewO	Gewerbeordnung
Giur. It.	Giurisprudenza Italiana
GmbH	Gesellschaft mit beschränkter Haftung
GP	Gesetzgebungsperiode
GRUR	Gewerblicher Rechtsschutz und Urheberrecht
GSG	Gerätesicherheitsgesetz
Harv.Int.L.Rev.	Harvard International Law Review
Harvard L. Rev.	Harvard Law Review
H.L.	House of Lords
h.M.	herrschende Meinung
HPflG	Haftpflichtgesetz
H.R.	House of Representatives
Hrsg.	Herausgeber
HUK-Verband	Verband der Haftpflichtversicherer, Unfallversicherer, Autoversicherer und Rechtsschutzversicherer e.V.
HWR	Handel − Wirtschaft − Recht (Österreich)
ICLQ	International and Comparative Law Quaterly
IECL	International Encyclopedia of Comparative Law
ILJ	Insurance Law Journal
in re	in der Sache
Inc.	Incorporated
Ins.	Insurance
int.	international
Int. Business Lawyer	International Business Lawyer
IntGesR	Internationales Gesellschaftsrecht
IPR	Internationales Privatrecht
IPRax	Praxis des Internationalen Privat- und Verfahrensrechts
IPRG	Gesetz über das Internationale Privatrecht
IPRG-E	Entwurf des Gesetzes über das Internationale Privatrecht
IPRspr.	Die deutsche Rechtsprechung auf dem Gebiet des internationalen Privatrechts
israel.	israelisch (e, er, es)
i.S.v.	im Sinne von
i.V.m.	in Verbindung mit
IWB	Internationale Wirtschaftsbriefe
IZPR	Internationales Zivilprozeßrecht

J.	Journal; Judge; Jurisdiction
J. Air Law and Commerce	Journal of Air Law and Commerce
Jb.	Jahrbuch
JB	Juristische Blätter (Österreich)
JCP	Journal of Consumer Policy
J.D.I.	Journal du droit international (Canada)
JDrint	Journal du droit international
JdT	Journal des Tribunaux (Schweiz)
JN	Jurisdiktionsnorm
J.T.	Journal des Tribunaux (belg.)
Jura	Juristische Ausbildung
JuS	Juristische Schulung
JW	Juristische Wochenschrift
JZ	Juristenzeitung
Kap.	Kapitel
K.B.	King's Bench, Law Reports
Kfz	Kraftfahrzeug
KOM	Dokumente der Kommission der Europäischen Wirtschaftsgemeinschaft
Kza.	Kennzahl
L.Ed.	Lawyer's Edition Supreme Court Reports
LG	Landgericht
LIEI	Legal Issues of European Integration
lit.	litera
L.J.	Lord Justice
Lloyds Rep.	Lloyds Reporter
LMBG	Lebensmittel- und Bedarfsgegenständegesetz
L.Q.R.	Law Quaterly Review
L.R.	Law Reports
LRE	Sammlung lebensmittelrechtlicher Entscheidungen
Ltd.	Limited
LuftVG	Luftverkehrsgesetz
m.	mit
Md.	Maryland
MDR	Monatsschrift für Deutsches Recht
MedGV	Medizingeräteverordnung
MedR	Medizinrecht
Mich.L.Rev.	Michigan Law Review

Miss.	Mississippi
M.L.R.	Modern Law Review
Mod. L. Rev.	Modern Law Review
MünchKomm	Münchener Kommentar zum Bürgerlichen Gesetzbuch
m. w. N.	mit weiteren Nachweisen
nat.	national
Nat.L.J.	The National Law Journal
N.D.	United States District Court of the Northern District of ...
N.E.	North Eastern Reporter
N.E.(2 d)	North Eastern Reporter (Second Series)
n. F.	neue Fassung
NILR	Netherlands International Law Review
N.J.	Nederlands Juresprudentie
N.J. Super.	New Jersey Superior Court
NJW	Neue Juristische Wochenschrift
NJW-RR	Neue Juristische Wochenschrift − Rechtsprechungs-Report Zivilrecht
No.	Numero
Nr.	Nummer
N.Y.	New York
N.Y.S.(2 d)	New York Supplement (Second Series)
NZV	Neue Zeitschrift für Verkehrsrecht
NZZ	Neue Züricher Zeitung
OGH	Oberster Gerichtshof (Österreich)
Ohio State L.J.	Ohio State Law Journal
OJLS	Oxford Journal of Legal Studies
ÖJZ	Österreichische Juristenzeitung
OLG	Oberlandesgericht
ÖNORM	Österreichische Norm
OR	Obligationenrecht (Schweiz)
Ord.	Order
österr.	österreichisch (e, er, es)
Pa.	Pennsylvania
P.(2 d)	Pacific Reporter (Second Series)
P.C.	Privy Council
PflSchG	Gesetz zum Schutze der Kulturpflanzen (Pflanzenschutzgesetz)
Pharm. Ind.	Pharmazeutische Industrie (Zeitschrift, dt.)

PHG	Produkthaftungsgesetz
PHI	Produkthaftpflicht International
PHi	Produkt- und Umwelthaftpflicht international – Recht und Versicherung (ab 1994)
Pkw	Personenkraftwagen
ProdHaftG	Produkthaftungsgesetz
ProdukthaftungsVO	Produkthaftungsverordnung
Prot.	Protokolle
Q.B.	Queen's Bench
r.	rule
RabelsZ	Zeitschrift für ausländisches und internationales Privatrecht (ab 1961 Rabels Zeitschrift)
R. du N.	Revue du Notariat
R.C.S.	Rapports de la Cour Supreme (Canada)
R.E.D.I.	Revista Española de Derecho Internacional
R.G.D.	Revue générale de droit (Canada)
R.S.B.C.	Revised Statutes of British Columbia
R.S.C.	Rules of the Supreme Court
RdW	Recht der Wirtschaft
Rec. des Cours	Recueil des Cours
recht	Zeitschrift (Schweiz)
Rev. crit.	Revue critique de droit international privé
Rev. du Bar. Can.	La Revue du Barreau Canadien
Rev.dr.unif.	Revue du droit uniforme, Uniform Law Review
RG	Reichsgericht
RGB	Reichsgesetzblatt
RGRK	Das Bürgerliche Gesetzbuch mit besonderer Berücksichtigung der Rechtsprechung des Reichsgerichts und des Bundesgerichtshofs, Kommentar
RGZ	Entscheidungen des Reichsgerichts in Zivilsachen
Riv. dir. int.	Rivista di diritto internazionale
Riv. dir. int. priv. proc.	Rivista di diritto internazionale privato e processuale
RIW	Recht der Internationalen Wirtschaft
Rn.	Randnummer
Rs	Rechtssache
Rspr.	Rechtsprechung
RVO	Reichsversicherungsordnung

S.	Seite
SAG	Schweizerische Aktiengesellschaft
S.B.C.	Statutes of British Columbia
S. Cal. L. Rev.	South California Law Review
SchwJbIntR	Schweizerisches Jahrbuch für Internationales Recht
S.C.R.	Supreme Court Reports (Canada)
S.Ct.	Supreme Court Reporter (USA)
S.E. (2 d)	South Eastern Reporter (Second Series)
sec.	section
SFS	Svensk författingssamling (Schwedische Gesetzessammlung)
SJZ	Schweizerische Juristen-Zeitschrift
Slg.	Sammlung
S.L.T.	Scots Law Times
SMON	Subacute myelo-optico neuropathy
So.(2 d)	Southern Reporter (Second Series)
sog.	sogenannt
S.Q.	Statutes of Quebéc
St.	State
Stan.L.Rev.	Stanford Law Review
StAZ	Das Standesamt (Zeitschrift, dt.)
StVG	Straßenverkehrsgesetz
StVZO	Straßenverkehrszulassungs-Ordnung
Sup.Ct.	Superior Court (eines Einzelstaates)
Super. Ct. App.	Superior Court of Appeals
SVZ	Schweizerische Versicherungzeitschrift
S.W.(2 d)	South Western Reporter (Second Edition)
SZ	Entscheidungen des österreichischen Obersten Gerichtshofes in Zivilsachen
SZS	Schweizerische Zeitschrift für Sozialversicherung
Tex.	Texas
Texas Int'l Law J.	Texas International Law Journal
T.R.	Term Reports
Tul. L.Rev.	Tulane Law Review
u. a.	und andere; unter anderem
UCC	Uniform Commercial Code
U.Ill.L.Rev.	University of Illinois Law Review
U.S.	United States Supreme Court (Reports)

41

UCLA L.Rev.	University of California at Los Angeles Law Review
UFITA	Archiv für Urheber-, Film-, Funk- und Theaterrechte
UN	United Nations
UPLA	Uniform Product Liability Act
Urt.	Urteil
US; U.S.	United States
USA	United States of America
UTR	Umwelt und Technikrecht (Schriftenreihe)
UWG	Gesetz gegen den unlauteren Wettbewerb
v.	von, vom, versus
VAG	Gesetz über die Beaufsichtigung der Versicherungsunternehmen (Versicherungsaufsichtsgesetz)
Vand. L. Rev.	Vanderbilt Law Review
VDE	Verband Deutscher Elektrotechniker
VerBAV	Veröffentlichungen des Bundesaufsichtsamtes für das Versicherungswesen
Verf.	Verfasser
VersR	Versicherungsrecht (Juristische Rundschau für die Individualversicherung)
VersRAI	Beilage Ausland der Zeitschrift VersR
VG	Verwaltungsgericht
vgl.	vergleiche
Vol.	Volume
Vorbem.	Vorbemerkung
VP	Die Versicherungspraxis
VR	Versicherungsrundschau (Österreich)
VVG	Gesetz über den Versicherungsvertrag
VW	Versicherungswirtschaft
WaffG	Waffengesetz
Wash.	Washington
Washington and Lee L. Rev.	Washington and Lee Law Review
WBl	Wirtschaftsrechtliche Blätter
WHG	Wasserhaushaltsgesetz
WHO	World Health Organization
W.L.R.	Weekly Law Reports
WM	Wertpapiermitteilungen
W.Va.	West Virginia

Yale L.J.	Yale Law Journal
ZaöRV	Zeitschrift für ausländisches öffentliches Recht und Völkerrecht
z. B.	zum Beispiel
ZEuP	Zeitschrift für Europäisches Privatrecht
ZfRV	Zeitschrift für Rechtsvergleichung
ZGB	Zivilgesetzbuch
ZHR	Zeitschrift für das gesamte Handelsrecht und Wirtschaftsrecht
Ziff.	Ziffer
ZIP	Zeitschrift für Wirtschaftsrecht
ZLR	Zeitschrift für das gesamte Lebensmittelrecht
ZLW	Zeitschrift für Luftrecht und Weltraumrechtsfragen
ZPO	Zivilprozeßordnung
ZRP	Zeitschrift für Rechtspolitik
ZSR	Zeitschrift für Schweizerisches Recht
ZVglRWiss	Zeitschrift für Vergleichende Rechtswissenschaft
ZVR	Zeitschrift für Verkehrsrecht (Österreich)
ZZP	Zeitschrift für Zivilprozeß

Einleitung

I

Arbeitsteilig hergestellte Produkte, deren Sicherheit weder vom Lieferanten   **1**
noch vom Erwerber oder Benutzer überprüft werden kann, erzeugen spezifische Schutzbedürfnisse, denen das herkömmliche Schuldrecht nicht gewachsen
ist. Die Rechtsprechung hat das Schuldrecht deshalb zu einem speziellen Produkthaftungsrecht fortgebildet; in Deutschland und vielen anderen Staaten
das Deliktsrecht, in einigen das Vertragsrecht.

Bei der Rechtsfortbildung durch die Rechtsprechung ist es nicht geblieben. Mas-   **2**
senschäden durch Arznei- und Lebensmittel haben die Gefahren fehlerhafter
Produkte weltweit zum Gegenstand des öffentlichen Interesses, der Rechtspoli-
tik und der Gesetzgebung gemacht. Mittlerweile haben sich öffentliches Produktsicherheitsrecht und privates Produkthaftungsrecht etabliert. Beide haben
Produkte sicherer gemacht. Sie haben aber auch die Sicherheits- und Anspruchs-
erwartungen der Allgemeinheit erhöht. In den USA hat die soziologische Entwicklung die technische überflügelt. Die Folge war und ist die sog. Krise des Produkthaftungsrechts. In Europa blüht das Produkthaftungsrecht erst auf.

II

Die meisten Produkte werden heute nicht mehr innerhalb der Grenzen eines   **3**
Staates, sondern grenzüberschreitend hergestellt und vertrieben. Viele vermarktete Produkte werden auch grenzüberschreitend benutzt. Produkthaftungssachverhalte haben deshalb häufig und in starkem Maße Auslandsberührung. Ihr gerecht zu werden, ist eine schwierige Aufgabe, die nur durch das Zusammenspiel
von Internationalem Zuständigkeitsrecht, Internationalem Privatrecht und materiellem Recht erfüllt werden kann. Auch das materielle Recht, das Sachrecht,
ist gefordert, weil Produkthaftungssachverhalte durch die kollisionsrechtliche
Verweisung an ein nationales Recht ihre Internationalität nicht verlieren. Die Importeurhaftung gibt beredtes Zeugnis. Sie ist aber nur die sichtbare Spitze vieler
Probleme, die sich aus der Internationalität für das Sachrecht ergeben.

III

Dem Kollisionsrecht der Produkthaftung hat sich die Haager Konferenz für In-   **4**
ternationales Privatrecht schon 1972 mit dem „Übereinkommen über das auf die
Produkthaftpflicht anwendbare Recht" angenommen. Die Vereinheitlichung
des Kollisionsrechts war indes verfrüht. Das materielle Produkthaftungsrecht
steckte in vielen Rechtsordnungen noch in den Anfängen. Seine zukünftige Entwicklung war unsicher. Divergierende Entwicklungen, einerseits hin zum Vertragsrecht, andererseits hin zum Deliktsrecht, zeichneten sich ab. Das kollisionsrechtliche Vorauseilen der Haager Konferenz barg deshalb ein hohes Risiko.

5 Dieses Risiko hat sich verwirklicht. Das Übereinkommen hat die Erwartungen enttäuscht. Viele Staaten, darunter bedeutende Industrienationen wie Deutschland und die USA, lehnen einen Beitritt ab. Sie stoßen sich an einzelnen sachlich nicht überzeugenden Lösungen und an der praxisfernen Kompliziertheit des Anknüpfungssystems. Durch eine starke Relativierung der herkömmlichen Tatortregel hat das Übereinkommen entgegen seinem erklärten Ziel bewirkt, daß sich eine bunte Meinungsvielfalt entwickelt hat, die viele nicht mehr überblicken und deshalb als chaotisch bezeichnen.

IV

6 Seit der Haager Konferenz im Jahre 1972 hat sich das materielle Produkthaftungsrecht erheblich fortentwickelt. Die stärkste Kraft geht von der EG-Produkthaftungsrichtlinie von 1985 aus, die eine außervertragliche und verschuldensunabhängige Haftung statuiert. Die Richtlinie hat die Rechtslage aber leider nicht vereinfacht. Denn die sog. EG-Produkthaftung ersetzt die Produkthaftung nach autonomem nationalen Recht nicht, sondern tritt neben sie. Dies bedeutet, sie fügt den alten Problemen spezifische Konkurrenzprobleme hinzu. Als neue und neuartig strukturierte Haftung wirft sie darüber hinaus viele Zweifelsfragen auf. Die Richtlinie ist gleichwohl ein großer Fortschritt. Obgleich sie nur die Mitgliedstaaten der EG bindet, wirkt sie weit über die EG hinaus, weil sie vielen anderen Staaten als Vorbild dient. Entscheidend aber ist: Sie wirkt zum Guten. Denn sie läßt keine Zweifel an der Überlegenheit einer deliktsrechtlichen Lösung der Produkthaftung.

7 Auch das Kollisionsrecht hat sich seit der Haager Konferenz von 1972 fortentwickelt. Deutschland hat sein Kollisionsrecht 1986 neu geregelt, die Reform des Internationalen Deliktsrechts allerdings noch ausgespart. Andere Staaten haben auch diesen Bereich kodifiziert, einige mit speziellen Regelungen über die Produkthaftung.

V

8 Die Zeit scheint nach alldem reif, die Herausforderung durch die Internationale Produkthaftung mit einer von vielen angemahnten Monographie anzunehmen. Das Sachrecht hat inzwischen relativ klare Konturen. Auch wenn vertragsrechtliche Lösungen noch nicht ganz der Vergangenheit angehören, so läßt sich doch mit Gewißheit sagen, daß ihnen nicht die Zukunft gehört. Das Kollisionsrecht muß der Entwicklung des Sachrechts deshalb nicht mehr wie noch das Haager Übereinkommen vorgreifen; es kann vielmehr mit dem ihm eigenen „Verzögerungseffekt" reagieren. Die klare Tendenz zum Deliktsrecht eröffnet die Chance, die verwirrende Meinungsvielfalt zu überwinden und eine dem Gegenstand angemessene, für alle Staaten akzeptable und in diesem Sinne internationale Anknüpfung zu finden. Der vom Sachrecht vorgegebene Weg zum kollisionsrechtlichen Ziel ist allerdings steinig. Er führt mitten durch das unwegsame Internationale Deliktsrecht.

Erster Teil:

Bestandsaufnahme

§ 1   Staatsverträge und EG-Recht

I. Sachrecht: EG-Produkthaftung und UN-Kaufrecht

1. Die EG-Produkthaftung[1]

Die vom EG-Ministerrat am 25.7.1985 erlassene „Richtlinie zur Angleichung   **9**
der Rechts- und Verwaltungsvorschriften der Mitgliedstaaten über die Haftung
für fehlerhafte Produkte"[2] ist von den Mitgliedstaaten der EG in nationales
Recht umzusetzen[3]. Die in ihr normierte Haftungsordnung, die sog. EG-Produkthaftung, tritt neben die vertragliche und außervertragliche Haftung nach
dem autonomen nationalen Recht der Mitgliedstaaten[4]. Die Rechtsangleichung wird in den Erwägungsgründen der Richtlinie damit gerechtfertigt, daß
die Unterschiedlichkeit der einzelstaatlichen Rechtsvorschriften geeignet sei,
den Wettbewerb zu verfälschen, den freien Warenverkehr innerhalb des Gemeinsamen Marktes zu beeinträchtigen und Verbraucher unterschiedlich zu
schützen[5].

a) Die Grundstrukturen

Nach Art. 1 der EG-Richtlinie haftet der Hersteller im Sinne von Art. 3 der   **10**
Richtlinie („Hersteller") für den Schaden, der durch einen Fehler seines Produktes verursacht worden ist. Vollständig erschließt sich das Haftungsrisiko
aber erst, wenn man die in Art. 7 EG-Richtlinie statuierten Haftungsvoraussetzungen einbezieht. Sie sind in Haftungsausschlußtatbestände gefaßt, um nicht
dem Geschädigten, sondern dem Haftpflichtigen die Beweislast und damit das
Risiko ihrer Nichtbeweisbarkeit aufzuerlegen. Im Hinblick auf die Grundstruktur der Haftung stehen sie den vom Geschädigten zu beweisenden (ech-

---

1 Die vom Europarat erarbeitete „Europäische Konvention zur Produkthaftung für Körperschä-
  den und Tod vom 27.1.1977" wurde von Belgien, Frankreich, Luxemburg und Österreich gezeichnet. Sie wurde aber wegen der schon damals erwarteten EG-Produkthaftungsrichtlinie
  nicht in Kraft gesetzt. Text: *Schmidt-Salzer*, EG-Produkthaftung I 67 ff.; Rev.dr.unif. 1977 I 192.
  Zum Inhalt vgl. *W. Lorenz*, RIW 1975, 246 ff.; *Duintjer Tebbens* 153 ff.
2 85/374/EWG, ABl. EG Nr. L 210 vom 7.8.1985, S. 29–33.
3 Art. 19 Abs. 1 EG-Richtlinie. Zum Stand der Umsetzung (und der Übernahme durch EFTA-
  Staaten) siehe PHi 1994, 66.
4 Art. 13 EG-Richtlinie (= § 15 Abs. 2 ProdHaftG). Rechtsvergleichend *Hohloch*, ZEuP 1994,
  408 ff.; *Wesch*, Die Produzentenhaftung im internationalen Rechtsvergleich 1994.
5 Erster Erwägungsgrund ABl. EG Nr. L 210/29.

ten) Haftungsvoraussetzungen jedoch gleich. Faßt man deshalb die Artt. 1 und 7 EG-Richtlinie zusammen, so ergibt sich als Grund für die Haftung des „Herstellers", daß er aus wirtschaftlichen Beweggründen[6] ein Produkt in den Verkehr gebracht hat[7], daß dieses Produkt im Zeitpunkt der Inverkehrgabe fehlerhaft war[8] und daß der „Hersteller" für dessen Fehlerhaftigkeit einzustehen hat, insbesondere weil das Produkt bei *objektiver* Betrachtung hätte fehlerfrei hergestellt werden können oder der Fehler vor der Inverkehrgabe hätte entdeckt werden können[9].

11 Die EG-Richtlinie regelt ausschließlich die Haftung für das Inverkehrbringen eines fehlerhaften Produktes. Sie statuiert keine Pflicht zur Produktbeobachtung, zur Warnung oder zum Rückruf und keine Haftung wegen der Verletzung einer solchen Pflicht. Der Gemeinschaftsgesetzgeber sah von einer Regelung dieser „rechtlich komplizierten und versicherungstechnisch schwer zu lösenden Probleme"[10] ab, weil ihm haftungsrechtlich der Schutz nach nichtharmonisiertem nationalen Recht ausreichend erschien[11].

12 Die EG-Produkthaftung soll dem Geschädigten einen Mindestschutz gewährleisten. Geschützt werden Leib und Leben; das Eigentum nur an anderen Sachen als das fehlerhafte Produkt und nur wenn sie privat genutzt werden[12]. Die Haftung für Schäden an gewerblich genutzten Sachen wurde nicht in die Rechtsangleichung einbezogen, weil es dem Richtliniengeber primär um die Verbesserung des haftungsrechtlichen Schutzes von Verbrauchern ging[13]. Die Haftung für Schäden am fehlerhaften Produkt wurde ausgeklammert, weil sie

---

6 Art. 7 lit. c EG-Richtlinie (= § 1 Abs. 2 Nr. 3 ProdHaftG).

7 Art. 7 lit. a EG-Richtlinie (= § 1 Abs. 2 Nr. 1 ProdHaftG).

8 Art. 7 lit. b EG-Richtlinie (= § 1 Abs. 2 Nr. 2 ProdHaftG).

9 Vgl. den Haftungsausschluß für Fehler, die nach dem *Stand der Wissenschaft und Technik* nicht erkannt werden können; Art. 7 lit. e EG-Richtlinie (= § 1 Abs. 2 Nr. 5 ProdHaftG). Daß der nationale Gesetzgeber diesen Einwand gemäß Art. 15 Abs. 1 lit. b EG-Richtlinie ausschließen, also eine verschuldensunabhängige Haftung auch für Entwicklungsrisiken statuieren kann, ändert nichts an der strukturellen Bedeutung des Haftungsausschlußtatbestandes für die *harmonisierte* EG-Produkthaftung. – Vgl. auch Art. 7 lit. d EG-Richtlinie (= § 1 Abs. 2 Nr. 4 ProdHaftG), wonach der „Hersteller" nicht haftet, wenn der Fehler des Produktes darauf beruht, daß es im Zeitpunkt der Inverkehrgabe *verbindlichen, hoheitlich erlassenen Normen* entsprochen hat. Auch hier liegt die Fehlerhaftigkeit des Produktes nicht im Verantwortungsbereich des „Herstellers". Gleiches gilt für den Ausschluß der Haftung eines *Teile- oder Grundstoffherstellers* gemäß Art. 7 lit. f EG-Richtlinie (= § 1 Abs. 3 ProdHaftG), wenn der Fehler durch die Konstruktion des Produkts, in welches das Teilprodukt oder der Grundstoff eingearbeitet wurde, oder durch die Anleitungen des weiterverarbeitenden Herstellers verursacht worden ist.

10 *Taschner*, Art. 1 EG-Richtlinie Rn. 10.

11 Wie vorige Fn. – Der öffentlich-rechtliche Schutz wurde insbesondere durch die Produktsicherheitsrichtlinie (Richtlinie 92/59/EWG des Rates vom 29.6.1992 über die allgemeine Produktsicherheit, ABl. EG Nr. L 228/92) verbessert. Genannt sei außerdem etwa die Bauproduktenrichtlinie v. 21.12.1988 (89/106/EWG) ABl. EG Nr. L 40 S. 12, die der deutsche Gesetzgeber mit dem Bauproduktengesetz v. 10.8.1992 umgesetzt hat (BGBl I 1495).

12 Art. 9 S. 1 EG-Richtlinie (= § 1 Abs. 1 ProdHaftG).

13 Vgl. die Betonung des Verbraucherschutzgedankens in den Erwägungsgründen der Richtlinie, ABl. EG Nr. L 210/29 f., sowie *Taschner*, Art. 9 EG-Richtlinie Rn. 5.

in den Mitgliedstaaten entweder eine rein vertragsrechtliche Haftung ist oder aber jedenfalls die Abgrenzung von vertragsrechtlicher und deliktsrechtlicher Haftung unsicher ist[14].

Die Strukturen der EG-Produkthaftung sind durch das Ziel bestimmt, den Geschädigten wirkungsvoller zu schützen als durch die traditionelle Deliktshaftung. Diesem Ziel dient in erster Linie der Verzicht auf das Verschuldenserfordernis. Er hat zur Folge, daß nach harmonisiertem Recht auch für vereinzelte fehlerhafte Produkte aus einer an sich ordnungsgemäßen Serienfertigung (sog. Ausreißer) gehaftet wird. Wichtiger als diese Ausweitung der Haftung sind jedoch Verbesserungen des Geschädigtenschutzes gegen Risiken der Anspruchsdurchsetzung, die sich im Rahmen der Verschuldenshaftung aus der Arbeitsteilung innerhalb des Herstellungs- und des Vertriebsprozesses ergeben. **13**

Im Rahmen der Verschuldenshaftung stellt die Arbeitsteilung innerhalb der Warenherstellung und des Warenvertriebs den Geschädigten vor erhebliche Probleme[15]. Die Verschuldenshaftung erfordert eine konkrete Pflichtverletzung des Haftpflichtigen, auf die sich der Verschuldensvorwurf bezieht. Der Beweis der Pflichtverletzung obliegt nach dem Grundsatz des Beweisrechts, daß der Anspruchsteller die anspruchsbegründenden Tatsachen beweisen muß, dem Geschädigen. Ihm bereitet die Beweisführung oft große Schwierigkeiten, wenn das schadenstiftende Produkt arbeitsteilig hergestellt und vertrieben wurde. Denn er hat keinen Einblick in den Produktions- und Vertriebsprozeß. Er weiß nicht, wer außer dem Verkäufer des Produkts und dem Endhersteller in welchem Umfang an der Herstellung und dem Vertrieb des Produktes beteiligt war und in wessen Verantwortungsbereich der Fehler des Produktes entstanden ist. **14**

Die Rechtsprechung ist seit langem bestrebt, dem Geschädigten über diese Schwierigkeiten der Verschuldenshaftung durch Ausdehnung des Pflichtenkatalogs jedes Schädigers und durch Beweiserleichterungen und Beweislastumkehrungen hinwegzuhelfen. Es bleibt aber die Möglichkeit, daß sich der vom Geschädigten belangte Hersteller unter Berufung auf die Schadensverursachung durch andere Hersteller entlastet. So trifft einen Endhersteller die Verschuldenshaftung nicht, wenn der Fehler des Endproduktes auf dem fehlerhaften Teilprodukt eines Zulieferers beruht, der Endhersteller diesen Fehler bei pflichtgemäßer Qualitätskontrolle nicht entdecken konnte und er den Zulieferer ordnungsgemäß ausgewählt und kontrolliert hat. Gelingt es dem Endher- **15**

---

14 Zu den Gründen für die rechtspolitische Entscheidung *Taschner*, Art. 9 EG-Richtlinie Rn. 19. — Daß die EG-Produkthaftung nach dem Willen des Richtliniengebers eine außervertragliche Haftung ist, ergibt sich u. a. aus der Begründungserwägung zu Art. 13 EG-Richtlinie, wo es heißt: „ ... oder aufgrund einer anderen als der in dieser Richtlinie vorgesehenen außervertraglichen Haftung".

15 Ausführlich *Schmidt-Salzer*, EG-Produkthaftung I, Einleitung; *ders.*, Produkthaftung III/1 Rn. 4.111 ff.

steller dies im Prozeß zu beweisen, so obsiegt er[16]. Der Geschädigte ist genötigt, einen weiteren Prozeß gegen den Zulieferer des Endherstellers zu führen[17], dessen Ergebnis wiederum ungewiß ist, weil der Zulieferer sich möglicherweise ebenfalls entlasten kann, wenn er seinerseits ein fehlerhaftes Vorprodukt verwendet hat.

16   Die verschuldensunabhängige EG-Produkthaftung gibt einem „Hersteller" demgegenüber nicht die Möglichkeit, sich unter Berufung auf die Fehlerverursachung im vorgelagerten Herstellungsbereich zu entlasten. Haftungsbegründend ist das bloße Inverkehrbringen des fehlerhaften Produktes. Wer den Fehler des Produktes vor der Inverkehrgabe durch den vom Geschädigten in Anspruch genommenen „Hersteller" verursacht hat, ist unerheblich[18]. Dem „Hersteller" wird die Fehlerverursachung durch andere Unternehmen auf vorgelagerten Fertigungsstufen (vertikale Arbeitsteilung) und die Fehlerverursachung durch Unternehmen, die auf seiner Fertigungsstufe tätig wurden (horizontale Arbeitsteilung) und keine Hersteller im Sinne der EG-Produkthaftung sind, wie eine eigene Fehlerverursachung zugerechnet[19]. Anders als bei der Verschuldenshaftung ist seine Verantwortung gegenüber dem Geschädigten also nicht auf den eigenen Aufgabenbereich begrenzt.

17   Die EG-Produkthaftung firmiert als Herstellerhaftung[20]. Außer dem *tatsächlichen Hersteller* des Endproduktes, eines Grundstoffes oder eines Teilproduktes haftet aber auch der sog. *Quasi-Hersteller*, der sich als Hersteller ausgibt, indem er seinen Namen, sein Warenzeichen oder ein anderes Erkennungszeichen auf dem Produkt anbringt. Es haftet der sog. *EG-(EWR-)Importeur*, der das Produkt zum Zwecke des Verkaufs, der Vermietung oder einer anderen Form des Vertriebs im Rahmen seiner geschäftlichen Tätigkeit in den Geltungsbereich des Abkommens über den Europäischen Wirtschaftsraum einführt. Die Haftung des Quasi-Herstellers und des EG-Importeurs wird in den Erwägungsgründen der Richtlinie lediglich mit dem Schutzbedürfnis des Verbrauchers gerechtfertigt[21]. In der Sache rechtfertigt sich ihre Haftung in erster Linie aus der Verantwortung, die ihnen aufgrund ihrer Stellung im Herstellungs- und Vertriebsprozeß zukommt[22].

---

16 Vgl. LG Kleve, 26. 2. 1964, in: *Schmidt-Salzer*, Entscheidungssammlung I Nr. III.6 (Schubstrebe I).
17 Vgl. BGH, 17. 10. 1967, BB 1967, 1357 = NJW 1968, 247, 248 = VersR 1967, 1199 = *Schmidt-Salzer*, Entscheidungssammlung I Nr. I.54 (Schubstrebe II).
18 Eine Ausnahme statuiert Art. 7 lit. f zweite Alt. EG-Richtlinie (= § 1 Abs. 3 zweite Alt. ProdHaftG). Danach ist die Ersatzpflicht des Herstellers eines Teilproduktes ausgeschlossen, wenn der Fehler dieses Produktes durch die Anleitung des Herstellers des Produktes, in welches das Teilprodukt eingearbeitet wurde, verursacht worden ist. Die Fehlerverursachung durch *vorgelagerte* Hersteller wird aber ausnahmslos zugerechnet; dazu sogleich im Text.
19 Siehe dazu *Schmidt-Salzer*, EG-Produkthaftung I, Einleitung Rn. 160 ff.; MünchKomm-*Mertens/Cahn*, § 1 ProdHaftG Rn. 3.
20 *Schmidt-Salzer*, EG-Produkthaftung II/1–47, spricht von einer konzeptionellen Herstellerhaftung.
21 Vierter Erwägungsgrund, ABl. EG Nr. L 210/29.
22 Eingehend dazu unten § 14 II.

Eine Besonderheit stellt die EG-Produkthaftung eines *Lieferanten* dar, der **18** nicht Quasi-Hersteller und nicht EG-Importeur ist. Er haftet gemäß Art. 3 Abs. 3 EG-Richtlinie nicht wie diese, weil er das Produkt trotz seiner Fehlerhaftigkeit in den Verkehr gibt, sondern weil der „Hersteller" des von ihm gelieferten Produktes nicht feststellbar ist und er dem Geschädigten nicht die Auskunft gibt, die dieser benötigt, um die für das Inverkehrbringen Verantwortlichen zu ermitteln. Die EG-Produkthaftung des Lieferanten ist also Sanktion für die Nichterfüllung einer Auskunftsobliegenheit[23].

b) Die begrenzte Reichweite der Rechtsangleichung

Die Rechtsangleichung durch die EG-Produkthaftungsrichtlinie ist sehr be- **19** grenzt[24]. Die Richtlinie läßt nicht nur das autonome nationale Recht völlig unberührt[25], sondern regelt auch das Haftungsregime „EG-Produkthaftung" nur in seinem Kern. Sie räumt den nationalen Gesetzgebern nämlich in verschiedenen Punkten eine Regelungsoption ein und überläßt andere Fragen gänzlich ihrer autonomen Regelungsbefugnis. Eine Regelungsoption besteht hinsichtlich der Einbeziehung von landwirtschaftlichen Naturprodukten und Jagderzeugnissen[26], der Einbeziehung der Haftung für Entwicklungsrisiken[27] und der Festsetzung eines Haftungshöchstbetrages[28]. Nicht geregelt und deshalb allein nach nichtharmonisiertem nationalen Recht zu beurteilen sind wichtige, in jedem Schadensfall zu beantwortende Fragen wie beispielsweise der Kausalzusammenhang[29] und der Schadensumfang[30]. Allein das autonome nationale Recht entscheidet auch über den Ersatz eines immateriellen Schadens[31] und über den Ersatz eines Sachschadens bis 500 ECU, der von der EG-Produkthaftung durch Art. 9 lit. b EG-Richtlinie ausgenommen ist[32].

2. Das UN-Kaufrecht

Das Übereinkommen der Vereinten Nationen über Verträge über den interna- **20** tionalen Warenkauf vom 11.4.1980 (CISG)[33], das für Deutschland und viele andere Staaten in Kraft getreten ist[34], enthält Sachrecht für internationale

---

23 Allgemeine Meinung, vgl. nur *Kullmann*, Kza. 3605/20; *Schmidt-Salzer*, EG-Produkthaftung I Art. 3 EG-Richtlinie Rn. 283; *Schlechtriem*, VersR 1986, 1040.
24 *Brüggemeier*, ZHR 152 (1988) 531 („Minimalangleichung"); ebenso *Posch*, Symposium Stark 113 f.
25 Art. 13 EG-Richtlinie (= § 15 ProdHaftG).
26 Art. 15 Abs. 1 lit. a EG-Richtlinie.
27 Art. 15 Abs. 1 lit. b EG-Richtlinie.
28 Art. 16 Abs. 1 EG-Richtlinie (= § 10 ProdHaftG).
29 *Schmidt-Salzer*, EG-Produkthaftung I Art. 5 EG-Richtlinie Rn. 5.
30 *Schmidt-Salzer*, EG-Produkthaftung I Art. 4 EG-Richtlinie Rn. 5.
31 Art. 9 S. 2 EG-Richtlinie.
32 Die Selbstbeteiligung soll vermeiden, daß Bagatellschäden geltend gemacht werden. Vgl. *Taschner*, Art. 9 EG-Richtlinie Rn. 12 u. 17.
33 Text: BGBl 1989 II 588.
34 Vgl. *Jayme/Hausmann* Nr. 48 Fn. 1.

Kaufverträge über Waren, die nicht für den privaten Gebrauch bestimmt sind[35]. Es regelt nach Art. 4 S. 1 „ausschließlich den Abschluß des Kaufvertrages und die aus ihm erwachsenden Rechte und Pflichten des Verkäufers und des Käufers". Nach Art. 5 findet es keine Anwendung auf die Haftung des Verkäufers für den durch die Ware verursachten Tod oder die Körperverletzung einer Person.

21 Aufgrund des klaren Wortlauts des Art. 5 CISG besteht Einigkeit, daß die (Produkt-)Haftung des Verkäufers für durch die Ware verursachte *Personenschäden*, gleich ob es sich um eine vertragliche oder außervertragliche Haftung handelt, vom Übereinkommen nicht erfaßt wird. Einig ist man sich auch, daß die vertragliche (Produkt-)Haftung des Verkäufers für *Sachschäden* gemäß Art. 4 dem Übereinkommen unterliegt. Sehr umstritten ist aber, ob der Verkäufer für Sachschäden, die durch einen Mangel der von ihm gelieferten Sache verursacht werden, nur nach dem Übereinkommen haftet[36] oder ob daneben eine außervertragliche Haftung nach autonomem nationalen Recht bestehen kann[37]. Einige Autoren nehmen an, das UN-Kaufrechtsabkommen regele die Haftung des Verkäufers für Sachschäden abschließend, qualifizieren die EG-Produkthaftungsrichtlinie jedoch als Übereinkommen, das dem CISG aufgrund seines Art. 90 vorgehe[38].

II. Internationales Zuständigkeitsrecht: EuGVÜ und Luganer Abkommen

1. Überblick über die „europäische Zuständigkeitsordnung"

22 Das Brüsseler EWG-Übereinkommen über die gerichtliche Zuständigkeit und die Vollstreckung gerichtlicher Entscheidungen in Zivil- und Handelssachen vom 27. 9. 1968 (EuGVÜ)[39] ist ein sog. Doppelabkommen, d. h. seine Zuständigkeitsregeln gewinnen nicht erst im Anerkennungs- und Vollstreckungsver-

---

35 Vgl. Art. 2 lit. a CISG. – Nach Art. 3 CISG stehen Werklieferungsverträge grundsätzlich gleich.

36 *Herber/Czerwenka* Art. 4 CISG Rn. 21, Art. 5 CISG Rn. 1; *Herber*, MDR 1993, 105; *Enderlein/Maskow/Strohbach-Maskow*, Art. 5 CISG Anm. 1.2; *Otto*, MDR 1992, 537.

37 *Schlechtriem*, Uniform Sales Law 35 (Entscheidung der Konkurrenzregel nach nationalem Recht); *ders.*, JZ 1988, 1040 (Konkurrenz möglich, soweit ein Sachschaden als Mangelfolgeschaden zu beurteilen ist); *Czerwenka* 167f.; *Reinhart*, Art. 6 CISG Rn. 5; *Schwenzer*, NJW 1990, 603 (unsicher); vgl. auch die Denkschrift, BT-Drucks. 11/3076 S. 41: „Vertragliche Ansprüche wegen Sachschäden, die auf die Fehlerhaftigkeit eines Produktes zurückzuführen sind, bleiben also dem Übereinkommen unterstellt".

38 *Herber/Czerwenka*, Art. 5 CISG Rn. 7, Art. 90 CISG Rn. 4f.; *Herber*, MDR 1993, 105f.

39 BGBl 1972 II 774 (ursprüngliche Fassung). Das EuGVÜ gilt für die Bundesrepublik Deutschland und für die meisten anderen Vertragsstaaten derzeit noch in der Fassung des 2. Beitrittsübereinkommens vom 25. 10. 1982 (BGBl 1982 II 453; vgl. auch *Jayme/Hausmann* Nr. 76a). In der Fassung des 3. Beitrittsübereinkommens mit Spanien und Portugal, das am 26. 5. 1989 in Donostia – San Sebastian unterzeichnet wurde (ABl. EG 1989 Nr. L 285/1 ff.;

fahren Bedeutung („indirekte Zuständigkeit"), sondern sind unmittelbar in dem Staat anzuwenden, in welchem der Prozeß durchgeführt wird („direkte Zuständigkeit")[40]. Das EuGVÜ vereinheitlicht also in seinem Anwendungsbereich das internationale Zuständigkeitsrecht der Vertragsstaaten. Es vereinfacht darüber hinaus erheblich die Anerkennung und Vollstreckung von Entscheidungen, die in einem Vertragsstaat ergangen sind. Die internationale Zuständigkeit des Gerichts, das die anzuerkennende Entscheidung erlassen hat, darf nämlich nur ausnahmsweise (Artt. 27, 28), die Gesetzmäßigkeit der ausländischen Entscheidung in keinem Fall nachgeprüft werden (Art. 29).

Die Mitgliedstaaten der EG und die Mitgliedstaaten der Europäischen Freihandelsassoziation (EFTA) haben am 16.9.1988 in Lugano ein Übereinkommen über die gerichtliche Zuständigkeit und die Vollstreckung gerichtlicher Entscheidungen in Zivil- und Handelssachen (Luganer Übereinkommen)[41] unterzeichnet. Dieses für die Bundesrepublik Deutschland noch nicht in Kraft getretene Übereinkommen[42] entspricht dem EuGVÜ in den zentralen Bereichen der Zuständigkeit und der Anerkennung und Vollstreckung nahezu vollständig[43]. Es wird deshalb als „Parallelübereinkommen" bezeichnet[44]. **23**

Jayme/Hausmann Nr. 76), gilt es seit 1.2.1991 für Spanien und Frankreich, seit 1.4.1991 für die Niederlande (siehe die Mitteilung des Rates in ABl. EG 1991 Nr. C 17/2), seit 1.12.1991 für das Vereinigte Königreich, seit 1.2.1992 für Luxemburg, seit 1.5.1992 für Italien, seit 1.7.1992 für Griechenland und Portugal. Der Bundestag hat durch Gesetz vom 20.4.1994 dem in Donostia/San Sebastian am 26.5.1989 von der Bundesrepublik Deutschland unterzeichneten Übereinkommen über den Beitritt des Königreichs Spanien und der Portugiesischen Republik zum Übereinkommen vom 27.9.1968 über die gerichtliche Zuständigkeit und die Vollstreckung gerichtlicher Entscheidungen in Zivil- und Handelssachen (BGBl. 1972 II S. 773) sowie zum Protokoll vom 3.6.1971 betreffend die Auslegung dieses Übereinkommens durch den Gerichtshof (BGBl. 1972 II S. 845) in der Fassung des Übereinkommens über den Beitritt des Königreichs Dänemark, Irlands und des Vereinigten Königreichs Großbritannien und Nordirland (BGBl. 1983 II S. 802) und des Übereinkommens über den Beitritt der Republik Griechenland (BGBl. 1988 II S. 453) zugestimmt. Das Übereinkommen wurde veröffentlicht. Das Gesetz trat am 29.4.1994 in Kraft (BGBl. 1994 II S. 518). Zu den Änderungen des EuGVÜ durch das 3. Beitrittsübereinkommen vgl. *Kohler*, EuZW 1991, 303 ff.
40 Vgl. den Bericht zum EuGVÜ von *Jenard*, ABL. EG 1979, Nr. C 59/7.
41 ABl. EG 1988 Nr. L 319/9; vgl. *Jayme/Hausmann* Nr. 77.
42 In Kraft getreten ist das Luganer Übereinkommen bisher für Frankreich, die Niederlande und die Schweiz (1.1.1992), Luxemburg (1.2.1992), das Vereinigte Königreich (1.5.1992), Portugal (1.7.1992), Italien (1.12.1992), Schweden (1.1.1993), Norwegen (1.5.1993), Finnland (1.7.1993) und Irland. Der Bundestag hat das Gesetz zu dem Übereinkommen vom 16.9.1988 über die gerichtliche Zuständigkeit und die Vollstreckung gerichtlicher Entscheidungen in Zivil- und Handelssachen (Luganer Abkommen) beschlossen. Das Gesetz trat mit Ausnahme der Art. 2 bis 4 am 15.10.1994 in Kraft (BGBl. 1994 II S. 2658).
43 Das Konkurrenzverhältnis zum EuGVÜ regelt Art. 54b des Luganer Übereinkommens.
44 Vgl. z.B. *Jayme/Kohler*, IPRax 1989, 340; *Volken*, SchwJbIntR 1988, 564 f.; *Jenard/Möller* 61; *Schack*, IZVR, Rn. 110, hält die Bezeichnung Parallelübereinkommen wegen der Unterschiede zum EuGVÜ 1982 und zum EuGVÜ 1989, die nebeneinander in Kraft sind, für eher euphemistisch. — Eine übereinstimmende Auslegung beider Übereinkommen soll das Protokoll Nr. 2 zum Luganer Abkommen sichern. Vgl. dazu den Bericht von *Jenard/Möller* 89 ff.

24 Die Zuständigkeitsordnung des EuGVÜ (und des Luganer Abkommens[45]) ist grundsätzlich nur anwendbar, wenn der Beklagte seinen Wohnsitz[46] in einem Vertragsstaat hat (Artt. 2–4 EuGVÜ)[47]. Ob ihre Anwendbarkeit weiter voraussetzt, daß der Rechtsstreit Berührungspunkte zu mehreren Vertragsstaaten hat, ist umstritten[48].

25 Die Zuständigkeitsordnung des EuGVÜ ist abschließend[49]. Ein nach dem Übereinkommen zuständiges Gericht darf seine Zuständigkeit deshalb nach ganz überwiegender Ansicht nicht aufgrund der in Großbritannien und den USA geltenden „forum non conveniens-doctrine" ablehnen[50].

26 Die Zuständigkeitsordnung beruht auf dem Grundsatz der Zuständigkeit der Gerichte am Wohnsitz des Beklagten (Art. 2 Abs. 1 EuGVÜ). Die exorbitanten Gerichtsstände der nationalen Rechte sind ausdrücklich ausgeschlossen (Art. 3 Abs. 2 EuGVÜ). Besondere Zuständigkeiten sind nur für Ausnahmefälle eröffnet (Artt. 5 und 6 EuGVÜ). Im Anwendungsbereich des EuGVÜ stellt sich deshalb die Frage, unter welchen Voraussetzungen für eine Klage aus Produkthaftung eine internationale Zuständigkeit außerhalb des (Wohn-)Sitzstaates des Beklagten besteht, mit größerer Schärfe als in den autonomen nationalen Rechten.

2. Der Gerichtsstand des Tatorts (Art. 5 Nr. 3 EuGVÜ)[51]

27 Art. 5 Nr. 3 EuGVÜ eröffnet für eine Klage aus einer unerlaubten Handlung oder aus einer „Handlung, die einer unerlaubten Handlung gleichgestellt ist", einen besonderen Gerichtsstand am Tatort, genauer: an dem außerhalb des Wohnsitzstaates des Beklagten liegenden Ort, an dem das schädigende Ereignis eingetreten ist. Art. 5 Nr. 3 EuGVÜ ist damit die zentrale Zuständigkeitsvorschrift für Klagen aus außervertraglicher Produkthaftung[52].

---

45 Nachfolgend wird stellvertretend das EuGVÜ dargestellt. Die Vorschriften des Luganer Übereinkommens stimmen, soweit für die Produkthaftung von Bedeutung, in Wortlaut und Normfolge mit denen des EuGVÜ überein.

46 Die Bestimmung des Wohnsitzes/Sitzes regeln Artt. 52 und 53 EuGVÜ.

47 Zu den Ausnahmen vgl. *Geimer*, in: Geimer/Schütze 192 ff.; *Kropholler*, Europäisches Zivilprozeßrecht vor Art. 2 EuGVÜ Rn. 11.

48 Dies wird generell verneint von *Geimer*, in: Geimer/Schütze 227 ff.; *ders.*, IPRax 1991, 31 ff.; differenzierend *Kropholler*, Europäisches Zivilprozeßrecht, vor Art. 2 EuGVÜ Rn. 9.

49 Planwidrige Lücken des EuGVÜ sind unter Berücksichtigung des Systems und des Geistes des Übereinkommens zu schließen; vgl. *Geimer*, NJW 1975, 1086, 1087; *ders.*, in: Geimer/Schütze 56. – *Kropholler*, Europäisches Zivilprozeßrecht, vor Art. 2 EuGVÜ Rn. 17, verneint die Möglichkeit einer planwidrigen Lücke.

50 Vgl. *Kropholler*, Europäisches Zivilprozeßrecht, vor Art. 2 EuGVÜ Rn. 19; *Reus*, RIW 1991, 542 ff. jeweils m.w.N.; vgl. auch die Entscheidung *Harrods (Buenos Aires) Ltd.* (1991) 3. W.L.R. 397, Harman J. und C.A. (Anwendbarkeit der „forum non conveniens-doctrine" jedoch bei ausschließlicher Berührung zu einem Nichtvertragsstaat) und zu dieser Entscheidung *Briggs*, L.Q.R. 107 (1991) 180. – Zur forum non conveniens-Lehre im autonomen nationalen Zuständigkeitsrecht vgl. unten § 4 III (England) und § 6 III. 3. (USA).

51 = Art. 5 Nr. 3 Luganer Übereinkommen.

52 Zur zuständigkeitsrechtlichen Relevanz der Qualifikation einer Produkthaftungsklage als Klage aus vertraglicher oder außervertraglicher Haftung vgl. *Schlosser*, IPRax 1984, 65 ff.

Der Begriff „Ort, an dem das schädigende Ereignis eingetreten ist" bezeichnet **28** nach der Rechtsprechung des EuGH[53], der die nationalen Gerichte gefolgt sind[54], sowohl den Ort des Schadenseintritts als auch den Ort des ursächlichen Geschehens. Sind diese Orte nicht identisch, so kann der Kläger wählen, an welchem Tatort er die Klage erhebt[55].

a) Der Ort des Schadenseintritts

Der Ort des Schadenseintritts[56] ist der Ort, an dem die deliktsrechtlich ge- **29** schützten Rechtsgüter des Geschädigten verletzt werden (sog. Erfolgsort)[57]. Nicht erfaßt wird nach überwiegender Meinung der Ort, an dem nach erlittener Rechtsgutverletzung ein Folgeschaden eintritt (sog. Schadensort)[58]. Der EuGH hat dies noch nicht ausdrücklich entschieden. Er hat es aber abgelehnt, den Begriff „Ort, an dem der Schaden eingetreten ist" so auszulegen, daß er den Ort mitumfaßt, an dem ein nur mittelbar Geschädigter einen Vermögensschaden erleidet[59].

Gemäß Art. 5 Nr. 3 EuGVÜ kann der durch ein fehlerhaftes Produkt Geschä- **30** digte also alle Produkthaftpflichtigen mit Sitz in einem Vertragsstaat gemeinsam vor dem Gericht des Erfolgsorts verklagen. Ob dieses Gericht auch für eine Klage gegen Produkthaftpflichtige aus einem Nichtvertragsstaat international zuständig ist, beurteilt sich nach dem autonomen nationalen Recht des

---

53 EuGH, 30. 11. 1976, Rs. 21/76 (Bier/Mines de Potasse d'Alsace), Slg. 1976, 1735 = NJW 1977, 493 = RIW 1977, 356 Anm. *Linke* = Rev. crit. 1977, 563 Anm. *Bourel* = (Bericht) *Huet*, Clunet 1977, 728 = D.S. 1977, J. 613 Anm. *Droz* = Riv. dir. int. priv. proc. 1977, 187 = Riv. dir. int. 1977, 620; N.J. 1977 Nr. 494 Anm. *Schultsz* = C.M.L.R. 1977, 284.
54 Vgl. die Nachweise von *Kropholler*, Europäisches Zivilprozeßrecht in Fn. 100 zu Art. 5 EuGVÜ Rn. 44.
55 EuGH, 30. 11. 1976, Rs. 21/76, NJW 1977, 493 (= siehe oben Fn. 53).
56 Der EuGH spricht in der grundlegenden Rheinverschmutzungs-Entscheidung (oben Fn. 53) nicht vom Erfolgsort, sondern von dem Ort, an dem der Schaden eingetreten ist. Aus deutscher Sicht ist diese Terminologie unglücklich, weil in Deutschland als Schadenseintrittsort oder Schadensort gewöhnlich der Ort bezeichnet wird, an dem aus der Rechtsgutverletzung ein *Folgeschaden* entsteht. Vgl. für das Zuständigkeitsrecht z. B. *Schack*, IZVR, Rn. 304; *Geimer*, IZPR, Rn. 1501 und für das Kollisionsrecht z. B. MünchKomm-*Kreuzer*, Art. 38 EGBGB Rn. 40; *Staudinger/von Hoffmann*, Art. 38 EGBGB Rn. 117; *Kegel*, IPR 460.
57 In diesem Sinne z. B. *Geimer*, in: Geimer/Schütze 633; sowie AG Neustadt/Weinstr., 23. 2. 1984, IPRspr. 1984 Nr. 133, das seine internationale Zuständigkeit für eine Produkthaftungsklage gegen den französischen Hersteller eines Kfz gem. Art. 5 Nr. 3 EuGVÜ als Gericht des Erfolgsortes bejaht. A.A. *von Hoffmann*, FS von Overbeck, 779 f.; er betrachtet den Ort, an dem der Geschädigte erstmals zu dem schädigenden Produkt in Kontakt getreten ist (Erwerbsort), als Erfolgsort (einschränkend in: *Staudinger*, Kommentar zum Bürgerlichen Gesetzbuch mit Einführungsgesetz und Nebengesetzen, 12. Aufl., Berlin 1992, Art. 38 EGBGB Rn. 259 a, 465: nur bei dem Ersten Endabnehmer und in dessen Obhut stehenden Personen).
58 A.A. z. B. *Bülow/Böckstiegel/Linke* 606.71; vgl. auch *Hohloch*, FS Keller 442 („Ort der Rechtsgutverletzung und bzw. oder Ort des Schadenseintritts").
59 EuGH, 11. 1. 1990, Rs. 220/88 (Dumez France/Hessische Landesbank) EuZW 1990, 34 = DB 1990, 524 = Rev. crit. 1990, 363 Anm. *Gaudemet-Tallon* = (Bericht) *Huet*, Clunet 1990, 497 = (Anm.) *Koppenol-Laforce*, NILR 1990, 233 = (Bericht) *Hartley*, European Law Review 16 (1991) 71. Vgl. auch *Kiethe*, NJW 1994, 222 ff.

Gerichtsstaates. Die autonomen Rechte der meisten Vertragsstaaten sehen einen internationalen Gerichtsstand am Erfolgsort vor.

b) Der Ort des ursächlichen Geschehens

31 Die herrschende Ansicht geht unausgesprochen davon aus, daß es bei der Produkthaftung einen vom Erfolgsort verschiedenen Ort des ursächlichen Geschehens gibt. Eine Mindermeinung verneint dies[60]. Sie stützt sich auf die Qualifikation der verschuldensunabhängigen Produkthaftung als Gefährdungshaftung und läßt für die Verschuldenshaftung gleiches gelten, um divergierende Zuständigkeiten zu vermeiden.

32 Innerhalb der herrschenden Meinung wird die Frage, wo der Ort des ursächlichen Geschehens bei der Produkthaftung[61] zu lokalisieren ist, sehr unterschiedlich beantwortet. Eine Ansicht stellt auf den „Herstellungsort" ab[62], wobei jedoch offen bleibt, wo dieser Ort bei einer sich über mehrere Orte erstreckenden Fertigung eines Produktes und wo er bei der Händlerhaftung zu lokalisieren ist. Eine andere Ansicht[63] hält zusätzlich zum „Herstellungsort" den „Ort des Inverkehrbringens" für maßgeblich, wobei jedoch nicht immer klar ist, ob das Inverkehrbringen durch den jeweiligen Beklagten[64] oder das Inverkehrbringen durch das letzte Glied der Vertriebskette gemeint ist. Eine dritte Ansicht konzentriert das ursächliche Geschehen auf den Marktort, an dem das schadenstiftende Produkt vom letzten Glied der Vertriebskette in den Verkehr gebracht worden ist[65].

3. Der Gerichtsstand des Sitzes eines Streitgenossen (Art. 6 Nr. 1 EuGVÜ[66])

33 Nach Art. 6 Nr. 1 EuGVÜ kann ein Kläger mehrere Personen wahlweise vor jedem Gericht zusammen verklagen, in dessen Bezirk auch nur eine von ihnen

---

60 *Winkelmann* 255, 169 ff., 200 ff.; ohne Begründung *Taschner/Frietsch*, Einf. Rn. 183 („Schädigendes Ereignis" sei die Verursachung des Schadens, nicht die Herstellung oder das Inverkehrbringen des fehlerhaften Produktes).

61 Der Ort des ursächlichen Geschehens und der Erfolgsort sind für jeden Deliktstyp gesondert zu bestimmen, vgl. *Schack*, IZVR, Rn. 295.

62 *Schack*, IVZR, Rn. 301.

63 *Hollmann*, RIW 1988, 86 („Ort des ursächlichen Geschehens, d. h. Ort der Herstellung oder des Inverkehrbringens"); nicht eindeutig *Freyer*, EuZW 1991, 54 („Ort der Herstellung bzw. des Inverkehrbringens des Produktes"). Vgl. auch *Koppenol-Laforce*, NILR 1990, 239 („the place where the defective product was manufactured (or brought into circulation, but this is another complicating factor) ... „).

64 So *Mayer*, DAR 1991, 83.

65 *Duintjer Tebbens* 293; *Heinrichs* 116 (nur bei Verletzung eines „bestimmungsgemäßen Benutzers oder Verbrauchers"; bei der Verletzung „außenstehender Personen" könne nur vor dem Gericht des Erfolgsorts geklagt werden); *Hohloch*, FS Keller 442; *Junke* 160 („Ort, an dem das Produkt bestimmungsgemäß in den Verkehr gebracht worden ist"); vgl. auch *Smith*, LIEI 1990, 133.

66 = Art. 6 Nr. 1 Luganer Übereinkommen.

ihren (Wohn-)Sitz hat (Gerichtsstand der Streitgenossenschaft)[67]. Der von der Vorschrift vorausgesetzte Zusammenhang zwischen den gemeinsam erhobenen Klagen[68] ist bei Klagen gegen mehrere Produkthaftpflichtige, die für ein und denselben Schaden verantwortlich sind, gegeben, gleich ob sie echte oder unechte Gesamtschuldner oder ausnahmsweise Teilschuldner sind[69]. Der Geschädigte kann Produkthaftpflichtige mit Sitz in einem Vertragsstaat des EuGVÜ also wahlweise überall dort gemeinsam verklagen, wo einer von ihnen seinen Sitz hat.

Nach seinem Wortlaut[70] eröffnet Art. 6 Nr. 1 EuGVÜ nur eine Zuständigkeit **34** gegen Beklagte mit (Wohn-)Sitz in einem Vertragsstaat. Dies wird als ungereimt angesehen, weil es nicht im Sinne des Übereinkommens sei, Bewohner von Vertragsstaaten strenger zu behandeln als Bewohner von Nichtvertragsstaaten. Es wird deshalb vorgeschlagen, Art. 6 Nr. 1 EuGVÜ auch gegenüber Streitgenossen mit (Wohn-)Sitz in einem Nichtvertragsstaat anzuwenden[71]. Nach dieser Ansicht könnten beispielsweise der EG-Importeur mit Sitz in einem Vertragsstaat und Hersteller, die ihren Sitz in Nichtvertragsstaaten haben, gemeinsam am Sitz des EG-Importeurs verklagt werden. Die herrschende Ansicht beurteilt die Zuständigkeit gegenüber einem Streitgenossen mit

---

67 Ein die internationale Zuständigkeit begründender allgemeiner Gerichtsstand der Streitgenossenschaft ist den romanischen Rechten, nicht aber dem deutschen Recht bekannt. § 36 Nr. 3 ZPO begründet keine internationale Zuständigkeit, sondern setzt sie gegenüber jedem Streitgenossen voraus (BGH, 17.9.1980, NJW 1980, 2646). – Rechtsvergleichend *Geimer*, WM 1979, 350 ff.; *Spellenberg*, ZVglRWiss 79 (1980) 89 ff. – England hat im Jahre 1983 die Rules of the Supreme Court neu geregelt, um Übereinstimmung mit dem EuGVÜ zu erreichen. Der Gerichtsstand der Streitgenossenschaft ist in Ord. 11 r. 1(1)(c) geregelt; der Streitgenosse ist „necessary or proper party" der Hauptklage. Der Hauptbeklagte muß nicht mehr wie früher „duly served in England" sein; es genügt, daß gegen ihn irgendeine internationale Zuständigkeit begründet ist („duly served within or out of the jurisdiction").

68 Der Zusammenhang muß nach der vertragsautonomen Auslegung durch den EuGH (27.9.1988, Rs. 189/87, NJW 1988, 3088) eine gemeinsame Entscheidung geboten erscheinen lassen, um widersprechende Entscheidungen in getrennten Verfahren zu vermeiden (vgl. Art. 22 Abs. 3 EuGVÜ). Der EuGH hat diese ungeschriebene Voraussetzung noch nicht näher konkretisiert. Bislang überläßt er es den nationalen Gerichten, in jedem Einzelfall zu prüfen, ob sie erfüllt ist (EuGH, 27.9.1988, Rs. 189/87, NJW 1988, 3088; kritisch *Geimer*, NJW 1988, 3090).

69 Vgl. *Geimer*, in: Geimer/Schütze 380 („Gesamtschuldnerschaft oder Teilschuldnerschaft"). *Jenard*, 59, nennt Klagen gegen Gesamtschuldner als Beispiel für zusammenhängende Klagen im Sinne des Art. 6 Nr. 1 EuGVÜ. Nach dem Zweck der Vorschrift, widersprechende Entscheidungen zu vermeiden, muß es genügen, wenn die Klagen im wesentlichen tatsächlich und rechtlich gleichartig sind (*Geimer*, in: Geimer/Schütze 380). Erfaßt wird deshalb jede Form der Streitgenossenschaft im Sinne der §§ 59, 60 ZPO (herrschende Lehre, vgl. nur *Bülow/Böckstiegel/Linke* 606.81; sowie *Gottwald*, IPRax 1989, 272). – Art. 6 Nr. 1 EuGVÜ regelt nur die internationale und die örtliche Zuständigkeit. Die Voraussetzungen der passiven Streitgenossenschaft hat das zuständige Gericht nach seinem Verfahrensrecht (der lex fori) zu prüfen; vgl. *Geimer*, in: Geimer/Schütze 384 f.

70 Vgl. den Eingangssatz der Artt. 5 und 6 „Eine Person, die ihren Wohnsitz in dem Hoheitsgebiet eines Vertragsstaats hat, ... ,".

71 *Geimer*, WM 1979, 357; *ders.*, in: Geimer/Schütze 209 ff.; *Kropholler*, Handbuch I, Rn. 720; *ders.*, Europäisches Zivilprozeßrecht, Art. 6 EuGVÜ Rn. 4; *Schack*, IZVR, Rn. 360.

(Wohn-)Sitz in einem Nichtvertragsstaat jedoch nach autonomem nationalen Zuständigkeitsrecht[72].

III. Kollisionsrecht: Haager Produkthaftungsübereinkommen

35 Das Haager Übereinkommen über das auf die Produkthaftpflicht anwendbare Recht vom 2.10.1973[73] vereinheitlicht das Kollisionsrecht der Vertragsstaaten[74]. Es tritt als loi uniforme an die Stelle des autonomen nationalen Kollisionsrechts[75]. Das Abkommen ist von Frankreich, Norwegen, dem ehemaligen Jugoslawien[76], den Niederlanden[77], Luxemburg[78], Spanien[79] und Finnland[80] in Kraft gesetzt worden. Gezeichnet, aber nicht ratifiziert, haben es außerdem Belgien, Italien[81] und Portugal. Deutschland hat es bisher nicht gezeichnet und wird dies wohl auch zukünftig nicht tun[82].

---

72 Vgl. insoweit die Nachweise in Fn. 67.

73 Text: *Schmidt-Salzer*, EG-Produkthaftung II/2–23 ff. (offizielle englische Fassung und deutschsprachige Übersetzung von *Schmidt-Salzer*); RabelsZ 37 (1973) 594 ff. (offizielle englische und französische Fassung).

74 Das Abkommen geht zurück auf einen 1964 von der 10. Haager Konferenz gefaßten Beschluß, das IPR auf dem Gebiet des Deliktsrechts zu vereinheitlichen. Ausführlich zur Vorgeschichte vgl. *W. Lorenz*, RabelsZ 37 (1973) 317 ff.; *Reese*, Vand.L.Rev. 25 (1972) 29, 30; *ders.*, Explanatory Report 252. – Die Anregung, die Haager Konferenz möge sich dem IPR der Produkthaftung annehmen, unterbreitete die USA. Vgl. *Reese*, GA.J. Int'l & Comp. L. 8 (1978) 311. – Die Haager Konferenz hatte ursprünglich das gesamte Internationale Deliktsrecht in einem Übereinkommen regeln wollen. Das Mémorandum, das *Dutoit* in Vorbereitung der Haager Konferenz von 1968 erstellt hatte (Mémorandum relatif aux actes illicites en droit international privé, Conférence de la Haye de droit international privé, Doc. prél. No. 1, janvier 1967), machte aber klar, daß dieses Projekt zu ehrgeizig war und nicht alle Fälle der außervertraglichen Haftung gleichbehandelt werden können (*Cavin*, SchwJbIntR 28 (1972) 46). Man beschränkte sich deshalb auf das IPR der Straßenverkehrsunfälle (11. Konferenz 1968) und das IPR der Produkthaftung. Für die Produkthaftung hatte *Dutoit* in seinem Mémorandum, S. 35 bis und ser, vorgeschlagen, den Geschädigten zwischen dem Recht des Herstellungsstaates, dem Recht des Erwerbsstaates und dem Recht seines gewöhnlichen Aufenthaltsstaates wählen zu lassen.

75 Siehe Art. 11.

76 Alle am 1.10.1977. – Die Republik von Slowenien hat am 8.6.1992 erklärt, durch das Haager Übereinkommen gebunden zu sein (vgl. NILR 1992, 437).

77 1.9.1979.

78 1.8.1985.

79 1.2.1989; vgl. *Zabalo Escudero*, R.E.D.I. 18 (1991) 75 ff.

80 1.11.1992.

81 Zur Anknüpfung der Produkthaftung gemäß Art. 25 Abs. 2 Disp. prel. C.c. vgl. *Kindler*, Jb für Italienisches Recht 4 (1991) 91 ff. Zu der Frage, ob das italienische Gesetz zur Umsetzung der EG-Richtlinie eine versteckte Kollisionsnorm enthält, siehe unten § 11 II. 1. – Am 26.10.1989 hat eine Expertenkommission einen Gesetzentwurf zur Reform des Internationalen Privatrechts vorgelegt; vgl. *Jayme*, IPRax 1990, 196; *Winkler*, Jb für Italienisches Recht 4 (1991) 101 ff. Nach Art. 65 i.V.m. Art. 64 Abs. 1 des Entwurfs kann der durch ein fehlerhaftes Produkt Geschädigte wählen zwischen (1.) dem Recht des Handlungsortes, (2.) dem Recht des Erfolgsortes, (3.) dem Recht am Sitz oder an der Hauptverwaltung des Herstellers und (4.) dem Recht des Marktstaates, es sei denn, der Hersteller weist nach, daß das Produkt ohne seine Einwilligung in diesem Staat in den Handel gelangt ist. Vgl. dazu *Kindler*, Jb für Italienisches Recht 4 (1991) 98 f.; *Saravalle* 209 ff.

82 Vgl. *Drobnig*, Produktehaftung 311.

1. Der Anwendungsbereich

Das Haager Übereinkommen regelt das anwendbare Recht für Schäden durch   **36**
ein Produkt, einschließlich Schäden infolge einer fehlerhaften Produktbe-
schreibung oder einer fehlerhaften Aufklärung über die Qualität des Produktes, seine Eigenschaften oder die Art und Weise seines Gebrauchs[83] (Art. 1
Abs. 1).

Das Abkommen ist nicht anwendbar auf Ansprüche des Geschädigten gegen-   **37**
über derjenigen Person, die ihm das Eigentum oder den Besitz an dem Produkt
übertragen hat (Art. 1 Abs. 2). Nach dem „Erläuternden Bericht" zu dem Abkommen, den *Reese*[84] im Auftrag der Haager Konferenz erstellt hat, wurde
das Haftungsverhältnis zwischen diesen Personen vor allem deshalb ausgenommen, weil es (auch) vertraglicher Natur sei. Man wollte sich möglichst auf
die deliktische Haftung beschränken, weil man anderenfalls die weite Verbreitung des Abkommens gefährdet sah. Außerdem wollte man Konflikte mit dem
Haager Übereinkommen über das auf internationale Kaufverträge über bewegliche Sachen anzuwendende Recht vom 15.6.1955 verhindern. Das gesamte
Haftungsverhältnis, also vertragliche wie außervertragliche Ansprüche, zwischen dem Geschädigten und der Person, die ihm das Eigentum oder den Besitz an dem Produkt übertragen hat, wurde ausgklammert, um die Begriffe
„vertragliche Ansprüche" und „vertragliche Beziehungen" zu vermeiden, die
von Rechtsordnung zu Rechtsordnung anders ausgelegt werden[85]. Im Schrifttum wird der Anwendungsbereich des Abkommens teilweise enger gezogen, als
es der Wortlaut des Art. 1 Abs. 2 gebietet. Aus dem Sinn der Vorschrift folge
nämlich, daß alle vertraglichen Ansprüche von der Anwendbarkeit ausgeschlossen seien, auch Ansprüche Dritter aus einem Vertrag mit Schutzwirkung[86].

---

83 Englische Fassung: „ ... failure to give adequate notice of its qualities, its characteristics or
its method of use"; französische Fassung: „ ... l'absence d'indication adéquate concernant
ses qualités, ses caractères specifiques ou son mode d'emploi".

84 *Reese*, Explanatory Report 257.

85 Der Ausschlußtatbestand des Art. 1 Abs. 2 wird deshalb nicht exakt beschrieben, wenn *Stau-
dinger/ von Hoffmann*, Art. 38 EGBGB Rn. 472, darauf abstellt, ob der in Anspruch genommene Schädiger dem Geschädigten das Eigentum oder den Besitz am Produkt *vertraglich* verschafft habe (Hervorhebung hinzugefügt). In aller Regel wird die Eigentums- oder Besitzver-
schaffung zwar ein Vertrag zwischen Überträger und Übernehmer zugrundeliegen. Es sind aber
Ausnahmen denkbar.

86 *Kegel*, IPR 474; *Stoll*, FS Kegel (1977) 133 (offen sei aber, ob das Abkommen anwendbar sei,
wenn der Konsument gegenüber dem Hersteller, mit dem er nicht im Sinne des Art. 1 Abs. 2
in unmittelbare Beziehung getreten ist, zwar nicht deliktsrechtlich, wohl aber durch Konstruktion einer Haftung für das gegebene Wort geschützt werde, insbesondere durch eine Herstellergarantie, die als vertraglich oder quasi-vertraglich angesehen werde). Auch *W. Lorenz*, RabelsZ
37 (1973) 328, meint, Art. 1 Abs. 2 vermeide das Problem des Vertrages mit Schutzwirkung für
Dritte; für die *deliktischen* Ansprüche komme es auf die schwierige Frage an, „wie z. B. Familienangehörige oder andere im Haushalt lebende Personen das Eigentum oder das Gebrauchsrecht an dem schadenstiftenden Produkt erlangt haben". Seiner Ansicht nach sind Ansprüche
aus einem Vertrag mit Schutzwirkung also in jedem Fall ausgeschlossen; deliktische Ansprü-

38 Im übrigen ist der Anwendungsbereich des Übereinkommens bewußt weit gezogen. Erfaßt wird die Haftung für Natur- und Industrieprodukte, gleichgültig, ob im Rohzustand oder bearbeitet[87], ob beweglich oder unbeweglich (Art. 2 lit. a).

39 Erfaßt wird die Haftung der Hersteller von End- oder Teilprodukten und der Erzeuger von Naturprodukten, ferner die Haftung der Lieferanten und anderer Personen in der kommerziellen Kette der Herstellung und des Vertriebs, einschließlich Reparateure und Lagerhalter, und schließlich die Haftung aller nicht weisungsgebundener Gehilfen und weisungsabhängiger Mitarbeiter (Art. 3). Das Übereinkommen ist also auf die Haftpflicht aller Personen anwendbar, die mit der Herstellung und dem Vertrieb des schadenstiftenden Produktes befaßt waren. Die Trennungslinie wird durch das Inverkehrbringen des Produktes durch das letzte Glied der Vertriebskette markiert. Die Haftung von Personen, die nach diesem Zeitpunkt mit Bezug auf das Produkt tätig werden, etwa die Haftung von Reparateuren[88] und Testinstituten[89], wird nicht erfaßt.

40 Das Abkommen gilt für Personen- und Sachschäden sowie für Vermögensschäden (Art. 2 lit. b Halbsatz 1). Es gilt jedoch nicht für Schäden am Produkt selbst und für durch sie verursachte Vermögensschäden, es sei denn, sie sind mit anderen Schäden verbunden (Art. 2 lit. b Halbsatz 2).

41 *Reese* erläutert diese kompliziert formulierte Regelung an einem Beispiel[90]: Bleibe ein Kfz infolge eines Fehlers liegen und entgehe dem Eigentümer deshalb ein Gewinn, so sei das anwendbare Recht nicht nach dem Abkommen zu bestimmen, weder für den Ersatz eines Schadens am Kfz noch für den daraus folgenden Vermögensschaden. Verursache der Produktfehler jedoch einen Unfall, bei dem eine Person, gleich ob der Eigentümer oder ein Dritter, verletzt oder eine andere Sache als das fehlerhafte Kfz beschädigt werde, so sei das anwendbare Recht für den Ersatz sämtlicher Schäden, auch des Schadens am Kfz und des Vermögensschadens, nach dem Übereinkommen zu bestimmen.

---

che dagegen nur dann, wenn man bejahe, daß der vertraglich geschützte Dritte das Eigentum oder das Gebrauchsrecht direkt von dem in Anspruch genommenen Haftpflichtigen erlangt habe. – Nach *Fallon*, 445 und 470, fällt der Direktanspruch, den das französische Recht dem Käufer gegen den mit ihm vertraglich nicht verbundenen Hersteller gibt, in den Anwendungsbereich des Übereinkommens.

87 Art. 16 Abs. 1 Nr. 2 gestattete es den Vertragsstaaten, die Anwendbarkeit des Übereinkommens auf landwirtschaftliche Rohprodukte auszuschließen. Fraglich ist, ob der Begriff „landwirtschaftliche Rohprodukte" (raw agricultural products) auch Naturprodukte umfaßt, die mit Chemikalien behandelt worden sind. *W. Lorenz*, RabelsZ 37 (1973) 324, bejaht dies mit der Begründung, der faule Apfel sei wohl kein Fall, der zu einem Vorbehalt in einer internationalen Konvention Anlaß böte. Entgegen *W. Lorenz* ist die Anwendbarkeit des Haager Übereinkommens jedenfalls bei einer chemischen Behandlung von Produkten nach dem Ernten zu bejahen (z. B. Einwachsen von Äpfeln, um ihre Haltbarkeit zu verlängern oder ihr Aussehen zu verbessern).

88 Vgl. *W. Lorenz*, RabelsZ 37 (1973) 317, 326f., der aber bemängelt, daß die wünschenswerte Klarheit nicht erreicht worden ist.

89 Man denke an Institute, die Produkte (Kfz, Feuerlöscher, etc.) nach dem Erwerb durch den Ersten Endabnehmer überprüfen. Vgl. *W. Lorenz*, RabelsZ 37 (1973) 317, 327, dessen Ausführungen dahin mißverstanden werden könnten, daß Testinstitute in keinem Fall erfaßt wären.

90 *Reese*, Explanatory Report 258f.

Auf der Konferenz war die Frage, ob der Ersatz von Schäden am Produkt und   42
von nur durch sie vermittelten Vermögensschäden in den Anwendungsbereich
des Übereinkommens fallen solle, breit diskutiert und sehr unterschiedlich beantwortet worden. Gegen die Einbeziehung dieser Schäden wurde vor allem
vorgebracht, daß sich ihre Ersatzfähigkeit nach Vertragsrecht beurteile[91]. Für
ihre Einbeziehung wurde vor allem vorgebracht, es sei wünschenswert, daß
konkurrierende vertragliche und deliktsrechtliche Ansprüche demselben Recht
unterstünden[92].

2. Das Anknüpfungssystem

Das Abkommen[93] statuiert ein differenziertes Anknüpfungssystem. Art. 4 be-   43
ruft das *Sachrecht des Staates des Verletzungsortes*, wenn in diesem Staat auch
der gewöhnliche Aufenthaltsort des unmittelbar Geschädigten oder der Hauptgeschäftssitz des Inanspruchgenommenen oder der Ort des „Erwerbs" durch
den unmittelbar Geschädigten liegt. Nach Art. 5 ist, ungeachtet des Art. 4, das
Sachrecht des Staates anzuwenden, *in dem sich der unmittelbar Geschädigte gewöhnlich aufhält*, wenn in diesem Staat der Hauptgeschäftssitz des Inanspruchgenommenen oder der Ort des Erwerbs durch den unmittelbar Geschädigten
liegt. Nach herrschender Auffassung geht Art. 5 dem Art. 4 vor[94]. Beide Vorschriften beruhen auf dem Gedanken, daß nicht ein einziger Anknüpfungspunkt
allein, sondern stets zwei Anknüpfungspunkte gemeinsam das anwendbare

---

91 Conférence, 142 ff., Procès verbal No 2 und 3: *Rognlien* (Norwegen); *W. Lorenz* (Deutschland); *Philip* (Dänemark). Die Diskussion zu dieser Frage offenbart Unsicherheit über den Inhalt des Begriffs „Produkthaftung". Einige Konferenzteilnehmer folgerten aus der Maßgeblichkeit des Vertragsrechts, daß der im Übereinkommen zu regelnde Bereich der Produkthaftung nicht erfaßt sei (vgl. Conférence, 142 ff., Procès-verbal No. 2 und 3: *De Nova* (Italien);
Philip (Dänemark); *Rognlien* (Norwegen).

92 Vgl. Conférence 145, Procès-verbal No. 3: *Aranne* (Israel).

93 Das Abkommen unterscheidet sich wesentlich von dem *Vorentwurf der Sonderkommission*
(Text: Conférence, 105 ff. mit Bericht von *Reese*; deutsche Übersetzung von *Siehr*, AWD (RIW)
1972, 373 Fn. 1 mit weiteren Fundstellen). Der Vorentwurf berief an erster Stelle das Recht des
Staates, in dem der unmittelbar Geschädigte im Zeitpunkt der Verletzung seinen *gewöhnlichen
Aufenthalt* hat (Art. 2 Vorentwurf). Wenn der Inanspruchgenommene dem Vertrieb des Produktes oder von Produkten gleicher Art und Herkunft in diesem Staat jedoch nicht zugestimmt hatte, sollte an Stelle des Rechts des gewöhnlichen Aufenthaltsortes des Geschädigten
das Recht des Verletzungsortes anzuwenden sein, es sei denn, der Inanspruchgenommene hatte
auch einem Vertrieb in diesem Staat nicht zugestimmt (Art. 4 Vorentwurf). In diesem Fall
sollte das Recht des Staates maßgeblich sein, in dem der Inanspruchgenommene seinen *Hauptgeschäftssitz* hat (Art. 5 Abs. 1 Vorentwurf). Art. 5 Abs. 2 des Vorentwurfs enthielt eine *Sonderregelung über die Haftung mehrerer*. Um Schwierigkeiten bei der kollisionsrechtlichen Beurteilung des Regresses zwischen den Haftpflichtigen zu vermeiden, sollte sich die Haftung
mehrerer in Anspruch genommener Hersteller und anderer Lieferanten nach dem Recht des
Staates richten, in dem der Hersteller des Endproduktes seinen Hauptgeschäftssitz hat. Zum
Vorentwurf vgl. vor allem *W. Lorenz*, FS Wahl (1973) 185 ff.; *ders.*, RabelsZ 37 (1973) 337 f.
und passim; *Siehr*, AWD (RIW) 1972, 373 ff. sowie die Nachweise von *Fallon* 236 Fn. 1; *Czempiel* 142 ff.

94 Vgl. *Stoll*, FS Kegel (1977) 128 f. (mit Nachweisen zum Meinungsstand in Fn. 57); vgl. ferner
The Law Commission, Working Paper Nr. 5.11.

Recht bestimmen sollen, damit nicht ein Recht zur Anwendung komme, dessen Maßgeblichkeit zufällig, willkürlich oder unlogisch erscheine[95].

44 Sind die Voraussetzungen der Artt. 4 und 5 nicht erfüllt, so ist nach Art. 6 das *Sachrecht des Hauptgeschäftssitzes des Inanspruchgenommenen* anzuwenden, es sei denn, der Anspruchsteller stützt seinen Anspruch auf das *Recht des Staates des Verletzungsortes*. Diese Befugnis des Geschädigten, zwischen dem Recht des Hauptgeschäftssitzes des Schädigers und dem Recht des Verletzungsortes zu wählen, wird von *Reese* mit dem Gedanken der Gleichbehandlung von Geschädigtem und Schädiger begründet, ohne daß dies allerdings näher ausgeführt wird[96].

45 Nach Art. 7 ist entgegen den Artt. 4, 5 und 6 weder das Recht am Verletzungsort noch das Recht am gewöhnlichen Aufenthalt des Geschädigten anwendbar, wenn der Inanspruchgenommene vernünftigerweise nicht voraussehen konnte, daß das schadenstiftende Produkt oder seine eigenen Produkte der gleichen Art in dem betreffenden Staat in den Handel gelangen würden. Gelingt es dem Schädiger, dies zu beweisen, so ist gemäß Art. 7 i. V. m. Art. 6 das Recht an seinem Hauptgeschäftssitz anzuwenden. Die sog. *Vorhersehbarkeitsklausel* des Art. 7 beruht auf *Ehrenzweigs* „theory of enterprise liability under forseeable and ensurable laws"[97]. Ob die Vorhersehbarkeit des anwendbaren Rechts tatsächlich notwendig ist, um die Produkthaftung (zu risikogerechten Prämien) zu versichern, war auf der Haager Konferenz aber sehr umstritten[98].

46 Das Abkommen enthält keine Regelung über die Möglichkeit einer parteiautonomen Rechtswahl vor oder nach dem Schadensereignis. Die Frage ist nach dem Bericht von *Reese*[99] gemäß dem Kollisionsrecht des forum zu entscheiden.

3. Verhaltens- und Sicherheitsvorschriften

47 Gemäß Art. 9 schließt die Anwendung der Artt. 4, 5 und 6 nicht aus, daß Verhaltens- und Sicherheitsvorschriften des Landes *berücksichtigt* werden, in dem das Produkt auf den Markt gebracht wurde. Die Vorschrift setzt nach dem Erläuternden Bericht von *Reese*[100] voraus, daß der Marktstaat nicht der Staat ist, dessen Recht nach den Artt. 4–6 Produkthaftungsstatut ist. Sie soll für diesen Fall die Möglichkeit eröffnen, die Verhaltens- und Sicherheitsvorschriften des Marktstaates neben vergleichbaren Vorschriften des Statutstaates (lex causae) zu berücksichtigen. Eine Pflicht hierzu bestehe nicht[101].

---

95 *Reese*, Explanatory Report 260.
96 *Reese*, Explanatory Report 263.
97 Vgl. dazu unten § 13 III. 4. a).
98 Ausführlich hierzu unten § 13 III. 4.
99 *Reese*, Explanatory Report 268; vgl. auch *Fallon* 253 f.
100 *Reese*, Explanatory Report 268 f.
101 In Art. 7 des Haager Straßenverkehrsübereinkommens (*Jayme/Hausmann* Nr. 52) heißt es dagegen, die Verkehrs- und Sicherheitsvorschriften des Unfallortes *sind* zu berücksichtigen. Vgl. die Gegenüberstellung beider Vorschriften von *Fallon* 249; *Kegel*, IPR 475.

Die Diskussion auf der Haager Konferenz war von großer Unsicherheit ge- **48** prägt[102]. Heftig umstritten war bereits, ob eine Vorschrift über Verhaltens- und Sicherheitsvorschriften neben der Vorhersehbarkeitsklausel des Art. 7[103] überhaupt notwendig sei[104]. Unterschiedliche Ansichten bestanden darüber, ob nur die Vorschriften des Marktstaates[105] oder auch die der lex causae oder sogar die eines dritten Staates[106] zu berücksichtigen seien. Unklar war auch, wie Sicherheitsvorschriften mehrerer Rechte nebeneinander beachtet werden sollten[107].

Die Zweifel der Konferenzteilnehmer über Grund und Inhalt des Art. 9 Haager **49** Übereinkommen setzen sich in Auslegungszweifeln fort. Nach einer Ansicht sind als „local data" im Rahmen des Produkthaftungsstatuts ausschließlich die Verhaltens- und Sicherheitsvorschriften des Marktstaates zu beachten[108]. Nach überwiegender Ansicht können die Verhaltens- und Sicherheitsvorschriften des Marktstaates dagegen nur neben entsprechenden Vorschriften des Produkthaftungsstatuts *berücksichtigt* werden[109]. Nach einer dritten Ansicht schließt Art. 9 nicht einmal aus, daß Sicherheitsvorschriften anderer Rechtsordnungen als „local data" berücksichtigt werden[110].

Umstritten ist auch die Auslegung des Begriffes „state where the product was **50** introduced into the market". Nach einer Ansicht ist damit der Marktstaat gemeint, also der Staat, in dem das konkret schadenstiftende Produkt an den Ersten Endabnehmer vermarktet wurde[111]. Eine andere Ansicht hält den Staat

---

102 Eingehend hierzu *W. Lorenz*, RabelsZ 37 (1973) 349 ff.; vgl. auch *Czempiel* 146 f.

103 Vgl. oben 2.

104 Die Entscheidung für Art. 9 erging mit neun gegen sieben Stimmen bei vier Enthaltungen; vgl. Conférence 186. Ein am Ende der Konferenz gestellter Antrag, die Vorschrift zu streichen, wurde nur mit 12 gegen 10 Stimmen bei einer Enthaltung zurückgewiesen; vgl. Conférence 244 (Procès-verbal de la séance plénière).

105 So z.B. *W. Lorenz*, Conférence 185 (Procès-verbal No. 9).

106 Vgl. den englischen Regelungsvorschlag, Conférence 183 (Document de travail No. 43), sowie beispielsweise den Beitrag des norwegischen Delegierten *Schultsz* (Conférence 223, Procès-verbal No. 13): Wenn Art. 9 auf zwei Rechte beschränkt wäre, würde er lieber ganz auf diese Vorschrift verzichten.

107 Vgl. die Frage des französischen Delegierten *Loussouarn*: „Le juge devrait-il combiner les différents critères de ‚standards of conduct' en une sorte de cocktail?", Conférence 185 (Procès-verbal No. 9).

108 *W. Lorenz*, RabelsZ 37 (1973) 350.

109 *Sack*, FS Ulmer 499, 501 (der diese Lösung jedoch vor allem aus Gründen der Wettbewerbsgleichheit ablehnt und es für richtig hielte, ausschließlich die Verhaltens- und Sicherheitsvorschriften des Marktortes zu berücksichtigen); *Duintjer Tebbens* 350; *ders.*, The Hague Convention 26 („those of the applicable law and/or of the country of marketing"); *Drobnig*, Produkthaftung 336 f. (der aber Sympathie für die ausschließliche Anwendung der Sicherheitsvorschriften des vom Hersteller bestimmten Vertriebsgebietes zeigt); *Durham*, GA.J.Int'l & Comp. L. 4 (1974) 188; *Fallon*, J.T. 1974, 78 Fn. 59; *Dutoit*, NILR 1973, 120.

110 *Stoll*, Verhaltensnormen 170. Gegen diese Auslegung ausdrücklich *Fallon*, J.T. 1974, 78 Fn. 59.

111 *W. Lorenz*, RabelsZ 37 (1973) 350 f. („Bestimmungslandes des Produkts", „desjenigen Landes, in welchem das Produkt auf den Markt gebracht wird"); *Sack*, FS Ulmer 499 f.; *Drobnig*, Produkthaftung 336; *Dutoit*, NILR 1973, 120 (Importstaat). – *Fallon*, J.T. 1974, 78, zweifelt, ob es auf den Marktstaat des konkret schadenstiftenden Produkts oder weitergehend auf das gesamte Vertriebsgebiet der Produktserie ankomme.

für maßgebend, in dem der Geschädigte, der nicht der Erste Endabnehmer sein müsse, das Produkt erworben hat[112]. Nach wiederum anderer Ansicht sind alle Staaten gemeint, in denen das Produkt gehandelt wurde (chaîne de commercialisation)[113].

4. Akzeptanz des Übereinkommens in Theorie und Praxis

51 Nur wenige Staaten haben das Haager Übereinkommen in Kraft gesetzt[114]. In Deutschland und vielen anderen Staaten, die es nicht gezeichnet haben, ist es auf starke Kritik gestoßen. Sie richtet sich in erster Linie gegen das Anknüpfungssystem[115]. Dieses entferne sich zu weit von den bewährten Grundsätzen des IPR[116] und entbehre eines einheitlichen Grundprinzips[117]; es sei zu kompliziert[118] und überzeuge sachlich nicht in allen Punkten. Bemängelt wird vor allem, daß dem Marktort zu wenig[119] und dem Sitz des Haftpflichtigen und dem gewöhnlichen Aufenthalt des Geschädigten zu viel[120] Gewicht beigemessen werde. Weitere Kritikpunkte sind insbesondere der Vorhersehbarkeitsvorbehalt des Art. 7[121] und die Gleichbehandlung von bystanders und anderen Geschädigten, die zur Folge hat, daß gegenüber einem bystander nicht stets das Recht am Verletzungsort zur Anwendung kommt[122].

---

112 *Stoll*, FS Kegel (1977) 132; gegen ihn *Drobnig*, Produktehaftung 337 (sei mit dem Wortlaut von Art. 9 kaum zu vereinbaren).

113 *Fallon* 417. Er nimmt an, diese Auslegung entspräche zwar nicht dem Willen der Konferenzteilnehmer, wohl aber der Interpretation des Berichterstatters *Reese*. Beides ist zweifelhaft. — In J.T. 1974, 78 erwägt *Fallon*, nicht auf die Vermarktung des konkret schadenstiftenden Produktes, sondern auf das gesamte Vertriebsgebiet der Produktserie abzustellen.

114 Vgl. oben im Text nach Fn. 75.

115 In Deutschland wird vor allem die Regelung des Art. 1 Abs. 2 kritisiert, wonach die Haftung zwischen dem Geschädigten und der Person, die ihm das Eigentum oder Gebrauchsrecht übertragen hat, nicht unter das Abkommen fällt. Vgl. *W. Lorenz*, RabelsZ 37 (1973) 328 ff.; *Stoll*, FS Kegel (1977) 132 f.; *Drobnig*, Produktehaftung 312; *Winkelmann* 210.

116 *Kegel*, IPR 475.

117 *Stoll*, FS Kegel (1977) 132; ihm zustimmend: *Drobnig*, Produktehaftung 312; *Winkelmann* 215.

118 Vgl. für Deutschland *Kegel*, IPR 475 („Kaleidoskop-Regeln"); *Stoll*, FS Kegel (1977) 129 („Kombinationsarithmetik"); *Drobnig*, Produktehaftung 313 („Eklektizismus"); *Winkelmann* 215 („komplizierte Kumulations- und Kombinationsmethodik"); The Law Commission, Working Paper Nr. 5.12 („high degree of sophistication"); für die Schweiz vgl.: Schlussbericht 243; Botschaft BBl 1983 I 427; *Vischer*, FS Moser 132 („schwer handhabbares System einer Kaskadenanknüpfung"); *Schwander*, Produktehaftung 209.

119 Insbesondere *Sack*, FS Ulmer (1973) 495 ff.; *Stoll*, FS Kegel (1977) 130 ff.

120 Vgl. die in der vorigen Fn. Genannten sowie Schlussbericht 243 (nur im Hinblick auf das Sitzrecht; eine Anknüpfung an den im Vertriebsgebiet liegenden gewöhnlichen Aufenthaltsort des Geschädigten sah die Schweizer Expertenkommission ihrerseits in Art. 133 lit. c) ihres Entwurfs vor; vgl. unten § 2 IV. 1.); ebenfalls beschränkt auf das Sitzrecht des Haftpflichtigen *Schwander*, Produktehaftung 210; The Law Commission, Working Paper Nr. 5.12.

121 *Sack*, FS Ulmer (1973) 503 ff.; *Stoll*, FS Kegel (1977) 130; *Drobnig*, Produktehaftung 325; *Kegel*, IPR 475 (bezeichnet Art. 7 als seltsame Vorschrift, die dem Schädiger die Haftpflichtversicherung erleichtern wolle); *Winkelmann* 213; kritisch auch *W. Lorenz*, RabelsZ 37 (1973) 347 f.

122 *Sack*, FS Ulmer (1973) 506 f.; *Stoll*, FS Kegel (1977) 129 f.

Die mangelnde Bereitschaft, das Haager Produkthaftungsübereinkommen 52
zu zeichnen, hat die Haager Konferenz zu der Überlegung veranlaßt, das Abkommen zu novellieren[123]. Ein Beschluß hierüber wurde aber noch nicht
gefaßt.

---

123 Vgl. *Volken*, SchwJbIntR 46 (1989) 156 (die nordischen Länder hätten eine Revision des Abkommens gefordert); *Greiner*, SAG 1989, 108.

§ 2 Schweiz

I. Relevanz

53 Der Blick auf die Schweiz ist wegen des IPR-Gesetzes von 1987 geboten, das sowohl die internationale Zuständigkeit als auch das anwendbare Recht regelt. Es enthält eine besondere Kollisionsnorm über die Produkthaftung, die sich deutlich von dem Anknüpfungssystem des Haager Übereinkommens abhebt.

II. Sachrecht

54 Das Schweizer Recht unterscheidet klar zwischen vertraglichen und deliktischen Ansprüchen. Beide Anspruchsgrundlagen konkurrieren frei[1].

55 Wie in Deutschland[2] besteht die vertragliche Haftung[3] grundsätzlich nur gegenüber dem Vertragspartner[4]. Der Käufer eines fehlerhaften Produktes hat vertragliche Ansprüche also nur gegenüber dem Verkäufer, nicht auch gegenüber den mit ihm vertraglich nicht verbundenen anderen Gliedern der Produktions- und Vertriebskette[5]. Geschädigte, die das Produkt nicht selbst aufgrund vertraglicher Grundlage erworben haben, sind gänzlich auf das Deliktsrecht angewiesen.

56 Die deliktische Haftung für fehlerhafte Produkte[6] beurteilt sich nach den allgemeinen Vorschriften. Die Haftung ist grundsätzlich verschuldensabhängig (Art. 41 OR). Nur ein Geschäftsherr haftet für die Schadensverursachung durch seine Leute gemäß Art. 55 OR verschuldensunabhängig, und auch dies nur, wenn er nicht beweist, daß er jede nach den Umständen gebotene Sorgfalt angewendet hat, um den eingetretenen Schaden zu vermeiden, oder daß der Schaden auch bei Anwendung dieser Sorgfalt eingetreten wäre[7]. Das Bundes-

---

1 *Oftinger/Stark* I 484 f.; *Fellmann*, ZSR 1988 I 305; *Borer*, Europaverträglichkeit 515; *Kullmann*, Kza. 5200/13.
2 Siehe unten § 7 I. 2.
3 Vgl. dazu *Stark*, FS Oftinger 1969, 288 ff.; *Borer*, Europaverträglichkeit 515 ff.; *Kullmann*, Kza. 5200/3 ff.; *Posch*, § 129 Rn. 6 ff.; *Widmer*, Produktehaftung 23 ff.
4 Vertragliche Schutzwirkungen für Dritte werden ganz überwiegend abgelehnt. Vgl. nur *Widmer*, Produktehaftung 25; *Kullmann*, Kza. 5200/12.
5 A.A. *Heini*, FS Keller 175 ff. Er bejaht im Hinblick auf reine Vermögensschäden einen auf Gesetz beruhenden, an den Kaufvertrag mit dem letzten Glied der Vertriebskette anknüpfenden Gewährleistungsanspruch des Ersten Endabnehmers unmittelbar gegenüber dem Produzenten (Erstverkäufer), wenn Vertrauen des Ersten Endabnehmers in das Produkt bzw. dessen Hersteller enttäuscht wurde. Kollisionsrechtlich unterstehe diese Haftung dem Recht des Produzenten bzw. Erstverkäufers.
6 Vgl. dazu *Borer*, Europaverträglichkeit 518 ff.; *Kullmann*, Kza. 5200/13 ff.; *Posch*, § 129 Rn. 24 ff.; *Widmer*, Produktehaftung 19 ff.
7 Die Geschäftsherrenhaftung gem. Art. 55 OR beruht allein auf dem (vermuteten) Verstoß gegen die objektiv gebotene Sorgfalt. Auf ein Verschulden des Geschäftsherrn kommt es nicht an. Vgl. BG, 16.3.1964, BGE 90 II 86, 90 (sog. Friteuse-Entscheidung).

gericht hat die Anforderungen an diesen Entlastungsbeweis allerdings so hoch gesetzt, daß er wohl nur noch bei sog. Ausreißern zu erbringen ist[8]. In der „Schachtrahmen-Entscheidung" aus dem Jahre 1984[9] hat es der Herstellerin eines Schachtrahmens, der aus einer Aufhängung gerissen war und einen Arbeiter verletzt hatte, die Verpflichtung auferlegt, entweder „durch eine Nachkontrolle allfällige Fehler aufzuspüren oder, wenn sie eine solche Kontrolle nicht vorhersehen wollte oder konnte, eine sicherere Konstruktion zu wählen"[10]. In der „Zahnarztstuhl-Entscheidung" aus dem Jahre 1985[11] hat es den Schweizer Importeur als verpflichtet angesehen, die tragenden Teile eines aus Italien eingeführten (neuartigen) Zahnarztstuhles auf Stabilität und Bruchfestigkeit zu untersuchen.

Die Rechtsprechung ist mit ihrer Entwicklung einer verschuldensunabhängigen Produkthaftung im Rahmen der Geschäftsherrenhaftung des Art. 55 OR[12] im Schrifttum vor allem auf dogmatische Bedenken gestoßen. Gerügt wird, die Rechtsprechung überschreite ihre Befugnis, indem sie die Verschuldenshaftung des Art. 41 OR aushöhle[13] und die Sorgfaltsanforderungen, insbesondere an Händler, überspanne[14]. Deshalb und wegen der gleichwohl verbleibenden Schutzlücken haben viele eine Reform durch den Gesetzgeber[15] gefordert. **57**

Solche Forderungen nach einer lückenlosen verschuldensunabhängigen Produkthaftung gab es schon lange[16]. Sie haben bis vor kurzem aber nicht das Gehör des Schweizer Gesetzgebers gefunden, weil er eine umfassende „Überholung und Vereinheitlichung des schweizerischen Schadensersatzrechts" beabsichtigte[17]. Das Reformvorhaben wurde seit 1988 durch eine Studienkommission des Eidgenössischen Justizdepartments vorbereitet[18]. Um den Beitritt zum EWR-Vertrag zu ermöglichen, hat sich die Schweiz dann aber doch für ein spezielles Produkthaftungsgesetz entschieden, das sich an die EG-Richtlinie **58**

---

8 *Fellmann*, ZSR 1988 I 305; so *Stauder*, ZSR 1990, 379; *Lörtscher*, ZVglRWiss 88 (1989) 76; *Borer*, Europaverträglichkeit 525; *Kästli*, recht 1990, 94 f.
9 BG, 9.10.1984, BGE 110 II 456; vgl. dazu *Widmer*, recht 1986, 50 ff. Zur früheren Rechtsprechung vgl. *Stauder*, ZSR 1990, 374 ff.
10 BG, 9.10.1984, BGE 110 II 465.
11 BG, 14.5.1986, JdT 1986 I 571; vgl. dazu *Widmer*, recht 1986, 51 ff.
12 Es ist allgemeine Meinung, daß infolge der hohen Anforderungen an den Entlastungsbeweis faktisch eine echte Kausalhaftung gegeben ist. Vgl. *Borer*, Europaverträglichkeit 527; *Widmer*, recht 1986, 55; *Kästli*, recht 1990, 95.
13 *Stauder*, ZSR 1990, 378 f.; *Kästli*, recht 1990, 97.
14 *Nater*, SJZ 1989, 391 f.
15 *Widmer*, recht 1986, 56 („im Ergebnis richtig, aber de lege lata nicht begründbar"); *Widmer/Jäggi*, NZZ v. 28.6.1989 (Fernausgabe Nr. 146) S. 40; *Stauder*, NZZ v. 28.6.1989 (Fernausgabe Nr. 146), S. 39; *Kästli*, recht 1990, 98; *Fellmann*, ZSR 1988 I 307 f.; *Posch*, § 129 Rn. 61; *Borer*, Europaverträglichkeit 528; vgl. auch *Rehbinder*, RIW 1991, 98 („Auch was die Produktehaftung angeht, ... nicht europafähig.").
16 Vgl. *Widmer*, Produktehaftung 17 f.
17 Vgl. *Posch*, § 129 Rn. 62 f.
18 Vgl. dazu die Ausführungen von *Widmer*, dem Präsidenten der Kommission, in: Symposium Stark, 49 ff.; *Posch*, § 129 Rn. 64; *Fellmann/v. Büren-v. Moos*, PHi 1993, 184 ff.

anlehnt. Das Gesetz wurde am 18. 6. 1993 vom Parlament angenommen. Es ist am 1. 1. 1994 in Kraft getreten[19].

III. Internationales Zuständigkeitsrecht

59 Außerhalb des Anwendungsbereichs des Luganer Übereinkommens[20] beurteilt sich die internationale Zuständigkeit der Schweizer Gerichte nach dem IPR-Gesetz von 1987.

60 Für Klagen aus unerlaubter Handlung sind gemäß Art. 129 Abs. 1 IPRG[21] die schweizerischen Gerichte am Wohnsitz des Beklagten[22] oder, *wenn ein solcher fehlt,* diejenigen an seinem gewöhnlichen Aufenthalt[23] oder am Ort seiner Niederlassung[24] zuständig.

61 Hat der Beklagte weder Wohnsitz oder gewöhnlichen Aufenthalt, noch eine Niederlassung in der Schweiz, so kann nach Art. 129 Abs. 2 IPRG beim schweizerischen Gericht am Handlungs- oder Erfolgsort geklagt werden. Nach *Vischer*[25] ist eine Zuständigkeit der Schweizer Gerichte auch dann gegeben, wenn „zwar der Erwerbsort, nicht aber der Handlungs- oder der Erfolgsort in der Schweiz liegen". Der Erwerbsort sei im Wege der teleologischen Auslegung in den Begriff „Erfolgsort" miteinzuschließen.

62 Wenn mehrere „Beklagte" in der Schweiz belangt werden können und sich die Ansprüche im wesentlichen auf gleiche Tatsachen und Rechtsgründe stützen, so kann bei jedem zuständigen Richter gegen alle geklagt werden; der zuerst angerufene Richter ist ausschließlich zuständig (Art. 129 Abs. 3 IPRG). In diesem besonderen Fall wird die in Art. 59 der Schweizer Bundesverfassung garantierte Wohnsitzzuständigkeit aus Gründen der Prozeßökonomie ausnahmsweise durchbrochen[26].

63 Die (indirekte) Zuständigkeit ausländischer Gerichte ist enger gezogen. Entscheidungen, die an einem ausländischen Handlungs- oder Erfolgsort ergan-

---

19 Vgl. die Information in PHi 1994, 66; Text des Schweizer Produkthaftpflichtgesetzes: PHi 1993, 192 ff.
20 Vgl. dazu oben § 1 Fn. 42.
21 Es gelten außerdem die allgemeinen Zuständigkeitsvorschriften der Artt. 2–10 IPR-Gesetz. Vgl. *Schwander*, Produktehaftung 214; *Vischer*, FS Moser 135 Fn. 52.
22 Siehe die Legaldefinition des Begriffs „Wohnsitz" lit. a IPR-Gesetz und des Begriffs „Sitz" in Art. 21 Abs. 2 IPR-Gesetz.
23 Siehe die Legaldefinition in Art. 20 Abs. 1 lit. b IPR-Gesetz.
24 Siehe die Legaldefinition in Art. 20 Abs. 1 lit. c IPR-Gesetz (Niederlassung einer natürlichen Person) und in Art. 21 Abs. 3 IPR-Gesetz (Niederlassung einer Gesellschaft); vgl. auch *Bucher*, Les actes illicites 107.
25 *Vischer*, FS Moser 135.
26 Vgl. Ständerat, Amtliches Bulletin der Bundesversammlung 1985, 164: „Das mag vor Artikel 59 der Bundesverfassung nicht gerade sehr konform sein, aber es hat sicher seine praktischen Vorteile".

gen sind, werden gemäß Art. 149 Abs. 2 lit. f IPRG nur anerkannt, wenn der Beklagte seinen Wohnsitz *nicht* in der Scheiz hatte[27].

IV. Kollisionsrecht

1. Entwicklung

Bis zum Inkrafttreten des IPR-Gesetzes von 1987 folgte das Bundesgericht und die herrschende Lehre der Tatortregel. Handlungs- und Erfolgsort galten gleich (Ubiquitätsprinzip)[28]. Der Geschädigte durfte wählen (Günstigkeits-prinzip)[29]. Die Tatortregel wurde ausnahmsweise durchbrochen, wenn engere Beziehungen zu einem anderen Recht bestanden[30]. Entscheidungen über einen Produkthaftungssachverhalt mit Auslandsberührung sind jedoch, soweit ersichtlich, nicht ergangen[31].   **64**

Aus dem kollisionsrechtlichen Schrifttum vor Inkrafttreten des IPR-Gesetzes sind vor allem die Arbeiten von *Verena Trutmann* und *Prager* zu nennen. *Trutmann*[32] sah das Charakteristische der Produkthaftung in der durch den Warenvertrieb geschaffenen Beziehung zwischen Produzent und Konsument. Deshalb bejahte sie eine relevante Auslandsberührung nur, wenn sich der Absatzvorgang über mindestens zwei Länder erstrecke. In Anlehnung an *Ehren-zweig* qualifizierte sie die Produkthaftung als kompensatorische Unternehmenshaftung und unterstellte sie dem Recht des Erfolgsorts. Als Erfolgsort bestimmte sie den Erwerbsort unter dem Vorbehalt der Vorhersehbarkeit der dortigen Produktvermarktung für den Hersteller.   **65**

Prager übernahm als Angelpunkt seines Anknüpfungssystems den Vorherseh-barkeitsvorbehalt des Haager Produkthaftungsübereinkommens[33]. Er verlangte aber nicht die Vorhersehbarkeit der Produktvermarktung, sondern ließ es genügen, daß der Haftpflichtige mit einer Produktbenutzung im Anknüp-   **66**

---

27 Zu den ungünstigen Folgen für die Vollstreckung Schweizer Urteile im Ausland, wenn der ausländische Staat Gegenseitigkeit fordert, vgl. *Hohloch*, FS Keller 445; *Lörtscher*, ZVglRWiss 88 (1989) 79.

28 BG, 11.5.1950, BGE 76 II 110.

29 BG, 9.5.1961, BGE 87 II 113.

30 BG, 2.5.1973, BGE 99 II 315 (Die Haftung aus einem Unfall zweier Schweizer mit einem gemeinsam angeschafften und unterhaltenen Kfz in Frankreich wurde Schweizer Recht unterstellt). – Das Bundesgericht hatte keine weitere Gelegenheit die Voraussetzungen für eine Durchbrechung der Tatortregel zu präzisieren. Vgl. *Imhoff-Scheier/Patocchi* 43.

31 Vgl. *Schwander*, Produktehaftung 210 ff. – Die „Zahnarztstuhl"-Entscheidung von 1985 (siehe oben bei und in Fn. 11) unterwirft die Haftung des Schweizer Importeurs ohne weiteres dem Schweizer Recht.

32 *Trutmann* 168 ff.

33 *Prager* 308 f., formulierte diese Kollisionsnorm:
„Unter dem Vorbehalt einer vor oder nach der Schädigung getroffenen beachtenswerten Parteiabrede ist bei Produktehaftpflichtfällen die summenmässige Bestimmung der Höhe der einzelnen Schadensersatzposten immer gemäss dem Recht des Ortes vorzunehmen, an dem sich der

fungsstaat rechnen mußte. Entgegen dem Übereinkommen verzichtete er auch auf eine Kombination von Anknüpfungspunkten und differenzierte zwischen Produktbenutzern und Dritten. Produktbenutzern gab er die Befugnis, statt des Rechts am Hauptgeschäftssitz des Haftpflichtigen das Recht an ihrem gewöhnlichen Aufenthalt oder, falls dieser für den Haftpflichtigen nicht vorhersehbar war, das Recht des vorhersehbaren Erwerbsortes zu wählen. Der *Haftpflichtige* sollte die Anwendung des Rechts seines Hauptgeschäftssitzes ablehnen dürfen, wenn er das Recht am gewöhnlichen Aufenthalt des geschädigten Produktbenutzers oder das Recht des Erwerbsortes anerkenne und darlege, daß der Geschädigte die Herkunft der Ware nicht habe erkennen können. Die Haftung gegenüber einem bystander unterstellte *Prager* unter dem Vorbehalt der Vorhersehbarkeit für den Haftpflichtigen primär dem Recht am gewöhnlichen Aufenthaltsort des bystander und an zweiter Stelle dem Recht des Unfallortes. Habe der Haftpflichtige beide Rechte nicht vorhersehen können, sollte das Recht an seinem Hauptgeschäftssitz maßgebend sein.

67 Die mit den Vorarbeiten für ein IPR-Gesetz betraute Expertenkommission unterbreitete 1979 einen Gesetzentwurf. Ihr Regelungsvorschlag für die Produkthaftung lautete[34]:

68 „Ansprüche aus Mängeln oder mangelhafter Beschreibung eines Produktes unterstehen nach Wahl des Geschädigten:

Geschädigte mit der Absicht des dauernden Verbleibs aufhält (= gewöhnlicher Aufenthaltsort). Abgesehen davon ist zu unterscheiden:
1. Wird ein *Benutzer* bzw. *Verbraucher* geschädigt, so ist nach dessen Wahl entweder das Recht seines gewöhnlichen Aufenthalts oder dasjenige des Hauptgeschäftssitzes des Haftpflichtigen anzuwenden.
   Kann das Recht des gewöhnlichen Aufenthalts des Geschädigten nicht angewendet werden, weil es der Haftpflichtige gemäss Absatz 3 erfolgreich ablehnt, so steht dem Geschädigten auch die Wahl des Rechts des Erwerbsortes der schädigenden Ware offen.
   Das Recht des gewöhnlichen Aufenthaltsortes des Geschädigten bzw. das Recht des Erwerbsortes der Ware darf zur Beurteilung des Falles nicht berufen werden, wenn der Haftpflichtige darlegt, dass er nicht mit Benutzung und Verbrauch bzw. Vertrieb seiner Waren in diesen Rechtsgebieten rechnen musste.
   Der Haftpflichtige kann die Anwendung des Rechts seines Hauptgeschäftssitzes ablehnen, wenn er eines der anderen Rechte anerkennt und darlegt, dass für den Geschädigten keinerlei Anhaltspunkte bestanden, die Herkunft der Ware zu erkennen.
2. Wird ein *Dritter* geschädigt, so ist das Recht des gewöhnlichen Aufenthaltsortes des Geschädigten anzuwenden. Lehnt der Haftpflichtige dieses gemäss 1. Absatz 3 ab, so wird das Recht des Unfallortes berufen. Kann dieses aus dem gleichen Grunde nicht angewandt werden, so gilt das Recht des Hauptgeschäftssitzes des Haftpflichtigen.
3. Besteht ein *Vertragsverhältnis* zwischen dem Geschädigten und dem Haftpflichtigen, so ist jede von den Parteien über Vertrags- und Deliktsanspruch getroffene Haftungsregelung zu berücksichtigen; liegt keine oder keine beachtenswerte Regelung vor, so sind die beiden Ansprüche unter Beobachtung eventueller vertraglicher (materieller) Haftungsregelungen getrennt gemäss dem internationalen Obligationenrecht bzw. gemäss der Regel unter 1. anzuknüpfen, wobei gleiche Schadensposten nicht mehrfach ersetzt werden dürfen.
Sind Geschädigte oder Haftpflichtige in der Mehrzahl, so wird jedes Rechtsverhältnis einzeln angeknüpft und das jeweilige Schuld-Statut bestimmt selbständig, ob und wie weit es Wirkungen der anderen Rechtsverhältnisse anerkennt.".
34 Art. 133 Entwurf-Expertenkommission, Schlußbericht 343.

a) dem Recht des Staates, in dem der Haftpflichtige seine Hauptniederlassung oder seinen gewöhnlichen Aufenthalt hat;

b) dem Recht des Staates, in dem das Produkt erworben wurde, sofern der Haftpflichtige nicht nachweist, dass es in diesem Staat ohne sein Einverständnis in den Handel gelangt ist;

c) dem Recht des Staates, in dem der Geschädigte seinen gewöhnlichen Aufenthalt hat, sofern in diesem Staat das Produkt in gleicher Qualität in den Handel gebracht wird und der Haftpflichtige nicht nachweist, dass dies ohne sein Einverständnis geschieht."

Vorrangig sollte jedoch an ein zwischen Haftpflichtigem und Geschädigtem bestehendes vertragliches oder gesetzliches Rechtsverhältnis angeknüpft werden, wenn dieses durch die unerlaubte Handlung verletzt wurde[35]. **69**

2. Das IPR-Gesetz von 1987

a) Überblick

Die Schweiz hat das Haager Produkthaftungsübereinkommen nicht gezeichnet. Sein Anknüpfungssystem wurde als zu unübersichtlich und zu kompliziert abgelehnt. Inhaltlich wurde insbesondere kritisiert, daß es dem Sitzrecht des Schädigers ein nicht gerechtfertigtes Übergewicht beilege[36]. **70**

Das Schweizer IPR-Gesetz von 1987 enthält mit Art. 135 eine spezielle Kollisionsnorm über die deliktische Produkthaftung[37]. Sie bestimmt das anwendbare Sachrecht (Abs. 1 i.V.m. Art. 14 IPR-Gesetz)[38] und begrenzt eine vom Schädiger nach ausländischem (Haftungs-)Recht zu erbringende Leistung auf das nach Schweizer Recht Zulässige (Abs. 2)[39]. Ergänzt wird die Spezialregelung durch Vorschriften über die Haftpflicht mehrerer (Art. 140 IPR-Gesetz) und über den Geltungsbereich des Haftungsstatuts (Art. 142 IPR-Gesetz)[40]. Ob die allgemeine Ausweichklausel des Art. 15 IPR-Gesetz[41] anwendbar ist[42], **71**

---

35 Art. 131 Entwurf-Expertenkommission, Schlussbericht 343: „Wird durch eine unerlaubte Handlung zugleich ein zwischen Haftpflichtigem und Geschädigtem bestehendes vertragliches oder gesetzliches Rechtsverhältnis verletzt, so unterstehen die Ansprüche daraus dem Recht des Staates, das auf dieses Rechtsverhältnis anwendbar ist. Diese Bestimmung geht den Artikeln 129 und 133–136 vor.".

36 Vgl. die Nachweise in § 1 Fn 120.

37 Die Beschränkung auf deliktische Produkthaftungsansprüche ergibt sich zweifelsfrei aus der Stellung der Vorschrift im „3. Abschnitt: Unerlaubte Handlungen"; vgl. *Schwander*, Produktehaftung 214; *Lörtscher*, SVZ 58 (1990) 255; *Imhoff-Scheier/Patocchi* 57; *Broggini*, Il nuovo diritto 263; *Vischer*, FS Moser 137.

38 Siehe unten b).

39 Siehe unten c).

40 Siehe unten d).

41 Art. 15 IPR-Gesetz lautet: „1 Das Recht, auf das dieses Gesetz verweist, ist ausnahmsweise nicht anwendbar, wenn nach den gesamten Umständen offensichtlich ist, dass der Sachverhalt mit diesem Recht in nur geringem, mit einem anderen Recht jedoch in viel engerem Zusammenhang steht. 2 Diese Bestimmung ist nicht anwendbar, wenn eine Rechtswahl vorliegt".

42 *Vischer*, FS Moser 141 (weil die Wahlbefugnis, die Art. 135 IPR-Gesetz dem Geschädigten gewähre, keine Rechtswahl im Sinne des Art. 15 IPR-Gesetz sei). Dagegen: *Imhoff-Scheier/Patocchi* 90.

ist ebenso umstritten wie die Frage, ob die Parteien des Produkthaftungsrechts-
streites gemäß Art. 132 IPR-Gesetz nach Eintritt des Schadensereignisses das
Schweizer Recht wählen können[43].

b) Die Anknüpfung (Art. 135 Abs. 1 IPR-Gesetz)

72 Art. 135 Abs. 1 IPR-Gesetz bestimmt:

73 „Ansprüche aus Mängeln oder mangelhafter Beschreibung eines Produktes unterstehen nach Wahl des Geschädigten:

a) dem Recht des Staates, in dem der Schädiger seine Niederlassung oder, wenn eine
solche fehlt, seinen gewöhnlichen Aufenthalt hat, oder

b) dem Recht des Staates, in dem das Produkt erworben worden ist, sofern der
Schädiger nicht nachweist, dass es in diesem Staat ohne sein Einverständnis in
den Handel gelangt ist."

74 Der Anknüpfung liegen zwei Postulate zugrunde: Sie soll einerseits für den
Haftpflichtigen voraussehbar und damit kalkulierbar sein; sie soll andererseits
den Schutz des Konsumenten hinreichend gewährleisten[44]. Nicht Gesetz geworden ist der Vorschlag der Expertenkommission, dem Geschädigten auch zu
gestatten, das Recht seines zum Vertriebsgebiet gehörenden, gewöhnlichen
Aufenthaltsstaates zu wählen[45]. Diese Wahlmöglichkeit war schon im Bundesratsentwurf nicht mehr vorgesehen, um „das dem kollisionsrechtlichen Vertrauensprinzip inhärente Gleichgewicht" zwischen Schädiger und Geschädigtem nicht übermäßig zu stören[46]. Der Bundesratsentwurf sah hingegen noch
die vorrangige akzessorische Anknüpfung der Produkthaftung an ein bestehendes Rechtsverhältnis vor[47]. Sie wurde erst vom Nationalrat fallengelassen,
weil sie dem Geschädigten das von Art. 135 Abs. 1 IPRG eröffnete Wahlrecht
genommen und damit seinen Schutz nicht hinreichend gewährleistet hätte[48].
Der Ausschluß einer (vertrags-)akzessorischen Anknüpfung ist im Schrifttum
nicht nur auf Zustimmung gestoßen[49]. Einige Autoren halten die akzessorische Anknüpfung im Hinblick auf die mögliche Anspruchskonkurrenz für erforderlich[50]. Gegen das für den Ausschluß herangezogene Argument, dem

---

43 Gegen die Anwendbarkeit des Art. 132 IPRG auf die in Artt. 134–139 geregelten speziellen Bereiche: *Bucher*, Les actes illicites 116; *Posch*, § 129 Rn. 69. Für die Anwendbarkeit *Imhoff-
Scheier/Patocchi* 80 ff.; *Vischer*, FS Moser 123 f.; *Volken*, in: Heini u. a., IPRG Kommentar,
Art. 135 IPRG Rn. 47.
44 Schlussbericht 244.
45 Siehe im Text nach Fn. 34.
46 Vgl. Botschaft des Bundesrates, BBl 1983 I 427, in ausdrücklicher Anlehnung an *Heini*, FS
Mann 201 f. Der Ausschluß der Möglichkeit, das Recht des gewöhnlichen Aufenthaltsstaates
zu wählen, wird nicht explizit begründet. Der im Text zugrundegelegte Begründungszusam-
menhang ist aber offensichtlich.
47 Art. 131 Abs. 3 i.V.m. Art. 129 Abs. 3 IPRG-E; vgl. BBl 1983 I 503 f.
48 Vgl. die Kritik von *Schwander*, Produktehaftung 215 f.
49 Zustimmend *Imhoff-Scheier/Patocchi* 57.
50 *Vischer*, FS Moser 141; *Lörtscher*, SVZ 58 (1990) 256; *ders.*, ZVglRWiss 88 (1989) 83 f.; vgl.
auch *Trutmann*, Das neue Bundesgesetz 80.

Geschädigten werde anderenfalls die Wahlbefugnis des Art. 131 Abs. 1 IPRG genommen, wird eingewandt, der Konsument erwerbe in den seltensten Fällen direkt vom Hersteller[51]. *Vischer* hält es trotz des grundsätzlichen Ausschlusses der akzessorischen Anknüpfung für möglich, sie über die Ausnahmeklausel von Art. 15 IPRG zu rechtfertigen, wenn das schadenverursachende Element gerade im Vertragszwecke selbst liege, etwa wenn mit einem Kaufvertrag ein Lizenzvertrag für das verkaufte Produkt verbunden werde und in das Vertragswerk fehlerhafte Angaben zum Produkt aufgenommen würden[52].

Art. 135 IPRG läßt bewußt offen, wer als Anspruchsgegner in Betracht **75** kommt. Haftungssubjekte können außer industriellen oder gewerblichen Warenherstellern auch Rohmaterial- und Agrarproduzenten sowie Verteiler und Reparateure sein[53].

Nach herrschender Lehre erfaßt die Vorschrift die Produkthaftung gegenüber **76** allen Geschädigten, auch gegenüber bystanders[54]. Die wortgemäße Anwendung der Vorschrift sei geboten, weil anderenfalls die Vorhersehbarkeit der Anknüpfung für den Schädiger nicht gewährleistet sei[55] und dem bystander die Wahlmöglichkeit des Art. 135 Abs. 1 IPRG genommen würde[56]. *Vischer*[57] hält die Anwendung des Art. 135 Abs. 1 IPRG dagegen nicht für sachgerecht, wenn zwischen dem Ort des Produkterwerbs und der Schädigung kein funktioneller Zusammenhang besteht. Er will in diesem Fall die „subsidiäre Deliktsregel" des Art. 133 IPRG anwenden.

Der Anknüpfungspunkt des Art. 135 Abs. 1 lit. a IPR-Gesetz, die Niederlas- **77** sung des Schädigers, wird im Gesetz definiert. Die Niederlassung einer natürlichen Person liegt nach Art. 20 Abs. 1 lit. c IPR-Gesetz in dem Staat, in dem sich der Mittelpunkt ihrer geschäftlichen Tätigkeit befindet. Die Niederlassung einer Gesellschaft befindet sich gemäß Art. 21 Abs. 3 IPR-Gesetz in dem Staat, in dem sie ihren Sitz oder eine Zweigniederlassung hat. Als Sitz gilt der in den Statuten oder im Gesellschaftsvertrag bezeichnete Ort und, wenn ein solcher fehlt, der Ort, an dem die Gesellschaft tatsächlich verwaltet wird (Art. 21 Abs. 2 IPR-Gesetz). Unter welchen Voraussetzungen in Produkthaftungsfällen an eine Zweigniederlassung anzuknüpfen ist, bleibt offen[58]. Das Schrifttum fordert einen spezifischen Bezug[59].

---

51 *Lörtscher*, SVZ 58 (1990) 256.
52 *Vischer*, FS Moser 141; a.A. *Imhoff-Scheier/ Patocchi* 90.
53 Botschaft des Bundesrates, BBl 1983 I 427.
54 *Schwander*, Produktehaftung 218; *Nater*, SJZ 1989, 393 Fn. 30; *Lörtscher*, ZVglRWiss 88 (1989) 84; *Imhoff-Scheier/Patocchi* 60.
55 *Lörtscher*, ZVglRWiss 88 (1989) 84.
56 *Bucher*, Les actes illicites 127; *Schwander*, Produktehaftung 218 (Verkürzung der Rechtsposition des bystander sei nicht zu rechtfertigen).
57 *Vischer*, FS Moser 138 f.
58 Offen bleibt auch, welcher Zeitpunkt der Beurteilung zugrundezulegen ist. Die herrschende Lehre stellt auf die Niederlassung im Zeitpunkt des schädigenden Ereignisses ab. Vgl. *Schwander*, Produktehaftung 218; *Posch*, § 129 Rn. 70.
59 *Wandt*, PHI 1989, 9.

78   Unklar ist dagegen, wie der Anknüpfungspunkt „Erwerbsort" (Art. 135 Abs. 1 lit. b IPR-Gesetz) zu definieren ist. Eine Ansicht versteht hierunter den Marktort, an welchem der Endabnehmer das Produkt erworben hat[60]. *Vischer*[61] ist dies zu unbestimmt; er stellt auf den Ort ab, an dem der Geschädigte die für den Erwerb des Produktes maßgebende Willenserklärung abgegeben hat. Eine dritte Ansicht hält den Ort für maßgebend, an dem das Produkt in die Einflußsphäre des neuen oder zukünftigen Eigentümers oder Besitzers gelangt[62]. Teils wird hiervon jedoch abgerückt, wenn der Ort zufällig gewählt sei; dann sei auf den Ort abzustellen, zu dem die berechtigten Sicherheitserwartungen des Endabnehmers die engsten Beziehungen aufweisen[63].

79   Im Rahmen des Art. 135 Abs. 1 lit. b IPR-Gesetz ist ferner fraglich, welche Anforderungen an den vom Beklagten zu führenden Nachweis zu stellen sind, daß das Produkt im Staate des Erwerbsortes ohne sein Einverständnis in den Handel gelangt ist. Die Gesetzesmaterialien machen deutlich, daß es allein darum geht, zu verhindern, daß der Schädiger mit einem Recht konfrontiert wird, mit dessen Anwendung er nicht rechnen konnte und mußte[64]. Ein Einverständnis im Sinne einer Billigung ist deshalb nicht erforderlich. Die Einrede des Haftpflichtigen ist nach überwiegender Ansicht vielmehr nur begründet, wenn er − nachweisbar − konkrete vertriebsorganisatorische und rechtlich wirksame Maßnahmen dagegen getroffen hat, daß das Produkt in einem bestimmten Land in den Handel kommt[65]. In den Beratungen des Ständerates[66] ging man von geringeren Anforderungen aus. Die Einrede wurde dort für den Beispielsfall, daß der Hersteller sein Produkt nach Ägypten geliefert habe und es ohne sein Wissen nach Frankreich weiterverkauft worden sei, ohne weiteres als begründet erachtet. Nicht umstritten ist dagegen, daß der Hersteller mit einer Verbringung innerhalb der EG, der EFTA oder Freihandelszonen stets rechnen müsse[67].

c) Die „Sperrklausel" des Art. 135 Abs. 2 IPR-Gesetz

80   Art. 135 Abs. 2 IPR-Gesetz[68] verbietet, nach einem ausländischen Haftungsstatut weitergehende Leistungen zuzusprechen, als nach schweizerischem Recht

---

60 *Schwander*, Produktehaftung 219; *Posch*, § 129 Rn. 171.

61 *Vischer*, FS Moser 139. Ihm folgend *Imhoff-Scheier/Patocchi* 60 („Cette interpretation est conforme à l'esprit de la responsabilité du fait des produits et permet d'étendre la règle au preneur de leasing ou au locataire").

62 *Bucher*, Les actes illicites 127; *Nater*, SJZ 1989, 393 Fn. 30; wohl auch *Volken*, in: Heini u.a., IPRG Kommentar, Art. 135 IPRG Rn. 37.

63 *Nater*, SJZ 1989, 393 Fn. 30.

64 Botschaft des Bundesrates, BBl 1983 I 427; vgl. auch Schlussbericht 244.

65 *Schwander*, Produktehaftung 220; *Bucher*, Les actes illicites 128; *Vischer*, FS Moser 140; vgl. auch *Imhoff-Scheier/Patocchi* 61; *Volken*, in: Heini u.a., IPRG Kommentar, Art. 135 IPRG Rn. 45 (strenge Anforderungen).

66 Ständerat, Amtliches Bulletin der Bundesversammlung 1985 II 165 f.

67 Wie vorige Fn. sowie *Schwander*, Produktehaftung 220.

68 Die Vorschrift lautet:
„Unterstehen Ansprüche aus Mängeln oder mangelhafter Beschreibung eines Produktes ausländischem Recht, so können in der Schweiz keine weitergehenden Leistungen zugesprochen werden, als nach schweizerischem Recht für einen solchen Schaden zuzusprechen wären.".

für einen solchen Schaden zuzusprechen wären. Die Vorschrift konkretisiert den Schweizer ordre public, „dans un domaine particulièrement sensible pour l'industrie suisse"[69]. Die Voraussetzungen für das Eingreifen der von Art. 38 des deutschen EGBGB inspirierten[70] „Sperrklausel"[71] sind unklar. Aus der Botschaft des Bundesrates ergibt sich, daß vor allem an die Abwehr von Strafschadensersatz (punitive damages) gedacht war[72]. Umstritten ist, ob die Vorschrift stets schon dann eingreift, wenn die nach ausländischem Recht zuzusprechende Leistung ihrer Natur nach dem Schweizer Recht fremd ist[73], oder ob es allein darauf ankommt, daß ihr quantitativer Umfang das nach Schweizer Recht Zulässige übersteigt[74]. Die Lehre spricht sich überwiegend dafür aus, die Vorschrift ihrem ordre public-Charakter entsprechend nur zurückhaltend anzuwenden[75].

d) Sicherheits- und Verhaltensvorschriften (Art. 142 Abs. 2 IPR-Gesetz)

Art. 142 IPR-Gesetz, dessen Abs. 1 durch eine Aufzählung von Beispielen die **81** umfassende Geltung des Deliktsstatuts bekräftigt, bestimmt in seinem Abs. 2, daß Sicherheits- und Verhaltensvorschriften am Ort der Handlung zu berücksichtigen sind. Im Schlußbericht der Expertenkommission[76] und in der Botschaft des Bundesrates[77] heißt es gleichlautend, Abs. 2 halte nur fest, was an sich selbstverständlich sei[78]. Auslegungsprobleme bestehen gleichwohl.

Unsicher ist, welcher Ort bei der Produkthaftung als Handlungsort anzusehen **82** ist. Teils wird die Frage nicht problematisiert und wohl vom Ort der Produktion ausgegangen. Nach anderer Ansicht kommt es auf die Sicherheitsvorschriften am Ort des Inverkehrbringens an[79]. *Vischer*[80] plädiert für ein weites

---

69 *Bucher*, Les actes illicites 130.
70 Botschaft des Bundesrates, BBl 1983 I 427, 430; eingehend zu dieser Parallele *Lörtscher*, ZVglRWiss 88 (1989) 86 f.
71 Diese Bezeichnung ist verbreitet, vgl. z.B. *Nater*, SJZ 1989, 393.
72 Botschaft des Bundesrates, BBl 1983 I 427. − Eingehend hierzu *Lenz*, 109 ff.
73 So *Hohloch*, FS Keller, 447; *Stojanovic*, Rev. crit. 77 (1988) 285 (andersartige Natur der Leistung als Voraussetzung); *Schwander*, Produktehaftung, 221. Vgl. auch *Bucher*, Les actes illicites 129 („touchant plutôt à *nature* de la prétention qu'à la détermination de son montant"), der aber für eine zurückhaltende Anwendung eintritt. − Wiederum anders *Umbricht*, SVZ 1989, 325 („ ... dahin zu verstehen, daß das ausländische Recht vollständig anzuwenden ist, solange es Schadensersatz zuspricht, nicht aber, wenn es Ansprüche anderer Natur, z.B. Ansprüche pönalen Charakters, schützt.").
74 *Vischer*, FS Moser 142; *Nater*, SJZ 1989, 393; *Lutz*, SJZ 1993, 7; in diesem Sinne auch *Lörtscher*, ZVglRWiss 88 (1989) 90 (Korrektur eines Ergebnisses wegen unverträglicher ausländischer Anspruchsgrundlagen nur gemäß des allgemeinen ordre public-Vorbehalts aufgrund differenzierender Einzelfallwürdigung).
75 *Vischer*, FS Moser 142 („Notbremse"); *Bucher*, Les actes illicites 129 f.; *Imhoff-Scheier/Patocchi*, 63; *Stauder*, ZSR 1990, 384; *Volken*, in: Heini u.a., IPRG Kommentar, Art. 135 IPRG Rn. 51.
76 Schlussbericht 250.
77 Botschaft des Bundesrates, BBl 1983 I 431.
78 Ebenso *Schnyder*, IPR-Gesetz 107.
79 *Schwander*, Produkthaftung 222; *Nater*, SJZ 1989, 393; *Lutz*, SJZ 1993, 7.
80 *Vischer*, FS Moser 134.

Verständnis. Neben den Vorschriften am Produktionsort sollen die Vorschriften an jedem Ort berücksichtigt werden, an dem kausal wirkendes deliktisches Handeln oder Unterlassen des Beklagten oder eines ihm zuzurechnenden Dritten stattgefunden hat.

83 Unklar ist auch, was es heißt, die Vorschriften des Handlungsortes seien zu *berücksichtigen*. Überwiegend wird betont, daß in erster Linie die Vorschriften des Deliktsstatuts anzuwenden seien[81]. Wenn sie verletzt sind, soll es nach einer Ansicht auf die Vorschriften des Handlungsortes überhaupt nicht mehr ankommen[82]. Eine andere Ansicht ist wohl für eine flexible Anpassung der beiden Rechte[83]. Teils wird aber auch für die *kumulative* Anwendung beider Rechte eingetreten[84].

---

81 *Schwander*, Produktehaftung 223; *Bucher*, Les actes illicites 124.
82 *Bucher*, Les actes illicite 124; im Ergebnis auch *Nater*, SJZ 1989, 393.
83 *Schwander*, Produktehaftung 223 („Sicherheitsvorschriften ... neben denjenigen des Deliktsstatuts *in Betracht zu ziehen*"; Hervorhebung hinzugefügt).
84 *Nater*, SJZ 1989, 393; *Lutz*, SJZ 1993, 7.

§ 3 Österreich

I. Relevanz

Das österreichische IPR-Gesetz von 1978 enthält keine spezielle Regelung über **84** die Produkthaftung. Das österreichische Recht ist dennoch von besonderem Interesse, weil die Produkthaftung in erster Linie auf der Grundlage des Vertragsrechts entwickelt wurde, wobei man den kollisionsrechtlichen Aspekt von Anfang an berücksichtigte[1]. Die Rechtsprechung hat Wege gefunden, um die „Vertragskonstruktion" im Kollisionsrecht angemessen zu bewältigen. Mit der Einführung einer verschuldensunabhängigen Produkthaftung hat die Diskussion über das anwendbare Recht zudem neue Impulse erhalten.

II. Sachrecht

Die gesetzliche Ausgangslage für die Entwicklung einer sachgerechten Pro- **85** dukthaftung[2] war ähnlich wie im deutschen Recht: Vertragsrechtlich hat der Produzent vorbehaltlos für seine Gehilfen einzustehen (§ 1313 ABGB) und ein Nichtverschulden zu beweisen (§ 1298 ABGB); nach der Konzeption des Gesetzes gilt dies aber nur gegenüber dem unmittelbaren Vertragspartner. Die deliktische Verschuldenshaftung besteht gegenüber jedermann; bei ihr steht dem Schädiger aber der Entlastungsbeweis offen, daß seine Gehilfen nicht untüchtig sind oder er von ihrer Gefährlichkeit nicht wußte (§ 1315 ABGB), und es obliegt dem Geschädigten, ein Verschulden des Schädigers nachzuweisen.

Anders als in Deutschland entwickelte man die Produkthaftung in Österreich **86** nicht durch eine Verschärfung der deliktischen Pflichten verbunden mit Erleichterungen und Umkehrungen der Beweislast. Es setzte sich vielmehr die Ansicht *Bydlinskis*[3] durch, wonach der Vertrag zwischen dem Produzenten und dem *ersten* Händler Schutzwirkungen für den Endabnehmer entfaltet.

Die Ableitung von Schutzpflichten aus dem ersten Vertrag der Vertriebskette **87** „im Wege objektiver Vertragsauslegung"[4] führt jedoch zu erheblichen „Schutzlücken"[5]. Diese Konstruktion hilft nach herrschender Meinung nicht, wenn sich der Produzent gegenüber seinem Vertragspartner von leichter Fahr-

---

1 Vgl. z.B. *Reischauer*, Entlastungsbeweis 254 f.; *ders.*, VR 1986, 260 ff.; *Posch*, JBl 1980, 287; *ders.*, Verhandlungen 165 ff.; *Koziol*, Grundfragen 22 f.; *Pfister*, RIW 1978, 155.
2 Vgl. dazu *Posch*, Perfektionierung 757 ff.; *ders.*, JBl 1980, 281 ff.; *ders.*, Verhandlungen 25 ff.; *Pfister*, RIW 1978, 153 ff.
3 *Bydlinski*, in: Klang, Kommentar zum ABGB 2. Aufl. IV/2, 169 ff., 180 ff.; grundlegend zur Lehre von den „vertraglichen Schutz- und Sorgfaltspflichten zugunsten Dritter" *ders.*, JBl 1960, 359.
4 OGH, 28. 11. 1978, JBl 1979, 483, 484.
5 *Posch*, Perfektionierung 773 ff.; *Reindl*, in: Fitz/Purtscheller/Reindl, Vorbem. 13 und 14.

lässigkeit freizeichnet[6]. Sie vermag außer dem Endabnehmer auch diesem nahestehende Personen, nicht aber einen bystander zu schützen[7]. Die kollisionsrechtliche Schwäche der „Vertragskonstruktion" hat zuerst *Reischauer* aufgedeckt: Der Vertrag zwischen dem ausländischen Hersteller und dem ersten Händler unterliegt nach § 36 IPR-Gesetz häufig ausländischem Recht; ausländische Rechte kennen eine Schutzwirkung dieses Vertrages zugunsten des Endabnehmers indes nicht, so daß der angestrebte vertragsrechtliche Schutz scheitert[8].

88 Angesichts dieser Konsequenzen einer objektiven, ergänzenden Vertragsauslegung favorisiert die Lehre in jüngerer Zeit zunehmend einen anderen dogmatischen Weg. Danach folgen die Schutzwirkungen zugunsten des Endabnehmers nicht aus dem Vertrag zwischen Produzent und Händler, sondern − ähnlich wie vorvertragliche Sorgfaltspflichten − unmittelbar aus dem Gesetz[9].

89 Mit dem Bundesgesetz vom 21. Januar 1988 über die Haftung für ein fehlerhaftes Produkt (PHG) ist eine verschuldensunabhängige Haftung neben die von Rechtsprechung und Lehre entwickelte verschuldensabhängige Produkthaftung getreten[10]. Die Gründe für dieses Gesetz lagen einerseits in den beschriebenen Mängeln des bisherigen Rechts andererseits in den Reformbestrebungen der EG[11]. Um Wettbewerbsverzerrungen im Verhältnis zu den EG-Staaten zu vermeiden, lehnt sich das PHG „weitestgehend"[12] an die EG-Richtlinie vom 25.7.1985 an[13].

III. Internationales Zuständigkeitsrecht

1. Überblick

90 In der Diskussion um die Fortbildung und Reform des Produkthaftungsrechts spielte neben dem Kollisionsrecht auch das Internationale Zuständigkeitsrecht eine bedeutende Rolle. Bemängelt wurde vor allem, daß eine internationale Zuständigkeit der Gerichte Österreichs gegen Hersteller mit Sitz im Ausland in

---

6 OGH, 29.3.1978, SZ 51/169. Diese herrschende Meinung wird aber stark kritisiert; ablehnend vor allem *Posch*, Perfektionierung 765.
7 Vgl. nur *Posch*, § 128 Rn. 22f.
8 *Reischauer*, Entlastungsbeweis 254f.; *ders.*, VR 1986, 255, 260ff.
9 *Koziol*, Grundfragen 21f.; *Posch*, JBl 1980, 281, 285f.; *ders.*, Verhandlungen 167; *Schwimann* 166; *Welser*, WBl 1988, 166 (Fn. 7), vgl. auch *Krejci*, VR 1988, 213.
10 Das Gesetz ist am 1. Juli 1988 in Kraft getreten. − Zum Konkurrenzverhältnis siehe § 15 Abs. 1 PHG.
11 Regierungsvorlage 272 BlgNR 17. GP S. 33ff.; vgl. ferner *Welser*, WBl 1988, 165ff.; *ders.*, Produkthaftungsgesetz Vorbem. Rn 8–10.
12 Regierungsvorlage 272 BlgNR 17.GP S. 36.
13 Zu den Unterschieden vgl. nur *Krejci*, VR 1988, 216f. − „Zur EWR-bedürftigen Anpassung des Produkthaftungsgesetzes an das Produkthaftungrecht der EG" *Posch*, WBl 1992, 215ff. Die Anpassung erfolgte mit Wirkung vom 1.1.1994 durch eine Novelle, BGBl 1993, 95. Vgl. dazu *Kalss*, RdW 1994, 71f.

aller Regel nicht bestehe[14]. Mit Einführung der verschuldensunabhängigen Importeurhaftung durch das Produkthaftungsgesetz hat sich die Anspruchsverfolgungsmöglichkeit gegen ausländische Hersteller verbessert, weil sie nunmehr am Sitz des österreichischen Importeurs im Gerichtsstand der Streitgenossenschaft (§ 93 JN) verklagt werden können[15]. Noch immer wird die Rechtslage aber als unbefriedigend empfunden, weil dieser Gerichtsstand nach der Rechtsprechung des OGH nicht bei der verschuldensabhängigen Produkthaftung eröffnet ist und weil er bei der verschuldensunabhängigen Produkthaftung nicht weiterhilft, wenn kein inländischer Streitgenosse vorhanden ist. Auch mit Blick auf das Luganer Übereinkommen, das Österreich in absehbarer Zeit in Kraft setzen will, wird deshalb eine verbraucherfreundliche Interpretation des autonomen Internationalen Zuständigkeitsrechts gefordert[16].

Nach der herrschenden Indikationentheorie[17] ist eine internationale Zuständigkeit der österreichischen Gerichte für alle Zivilsachen indiziert, die durch positiv-gesetzliche Anordnung, durch völkerrechtliche Regeln oder infolge eines durch die inländischen Verfahrensordnungen anerkannten Anknüpfungspunktes den österreichischen Gerichten zugewiesen sind (§ 28 Abs. 2 Ziff. 1 JN). Auch wenn ein inländischer Gerichtsstand vorliegt, ist die internationale Zuständigkeit jedoch zu verneinen, wenn eine hinreichende Nähebeziehung zum Inland fehlt. Nach § 28 Abs. 1 Ziff. 2 JN hat der OGH mangels eines Zuweisungsgrundes im Sinne der Ziffer 1 der Vorschrift ein zuständiges Gericht zu bestimmen, wenn die Rechtsverfolgung im Ausland nicht möglich oder unzumutbar wäre. Die sog. Ordination, die in jedem Fall eine „ausreichende inländische Nähebeziehung" voraussetzt[18], wird von der Rechtsprechung aber sehr restriktiv gehandhabt[19], so daß der Auslegung der besonderen Gerichtsstandsvorschriften erhebliches Gewicht zukommt[20]. **91**

2. Der Gerichtsstand der Schadenszufügung

Nach § 92a JN können Schadensersatzansprüche aus der Tötung oder Verletzung einer Person oder aus der Beschädigung einer körperlichen Sache auch bei dem Gericht des Ortes angebracht werden, an dem das den Schaden verur- **92**

---

14 Vgl. nur *Reischauer*, VR 1986, 261; *Posch*, Perfektionierung 771, sowie Regierungsvorlage 272 BlgNR 17.GP S. 34.
15 Vgl. unten 3. bei und in Fn 28.
16 Insbesondere *Maxl*, JBl 1992, 157ff.
17 Siehe nur OGH, 30.6.1982, SZ 55/95 = ÖJZ 1983, 45 (EvBl Nr. 13) = JBl 1983, 541 = ZfRV 1983, 147; bestätigt z.B. in OGH, 26.4.1991, JBl 1992, 330 mit Anm. *Pfersmann*, ebenda 333f. Vgl. auch *Maxl*, JBl 1992, 157 mit weiteren Nachweisen.
18 OGH, 6.6.1991, JBl 1992, 332.
19 *Posch*, Österreichs Weg 264; *Maxl*, JBl 1992, 159. – Ein Ordinationsantrag des Klägers wurde abgelehnt für die Klage gegen den bulgarischen Hersteller einer verdorbenen Lebensmittelkonservendose, OGH, 1.7.1986, RdW 1986, 308.
20 Zum Gerichtsstand des Vermögens (§ 99 Abs. 3 JN) vgl. *Reindl*, in Fitz/Purtscheller/Reindl, Vorbem. 14. Nach OGH, 6.6.1991, ÖJZ 1991, 784 (EvBl. Nr. 182) muß der Wert des inländischen Vermögens etwa 20% des Streitwertes erreichen.

sachende Verhalten gesetzt worden ist (Gerichtsstand der Schadenszufügung). Wie diese Vorschrift zu verstehen ist, wenn Handlungs- und Erfolgsort auseinanderfallen, ist umstritten.

93 Ein Teil der Lehre stellt dem Wortlaut des § 92a JN gemäß allein auf den Handlungsort ab[21]. Eine andere Ansicht schlägt insbesondere mit Blick auf Produkthaftungsstreitigkeiten vor, Handlungs- und Erfolgsort alternativ zu berücksichtigen[22]. Ihre Anhänger stützen sich auf das Schutzbedürfnis des Geschädigten, auf die aufgelockerte Anknüpfung im Kollisionsrecht und neuerdings auch auf das Luganer Übereinkommen.

94 Die Rechtsprechung stellt ausschließlich auf den Handlungsort ab. Das OLG Innsbruck hat deshalb die Klage eines Wehrdienstleistenden, der aufgrund eines fehlerhaften Panzerabwehrrohrs zu Schaden kam und von dem schwedischen Hersteller Ersatz begehrte, mangels internationaler Zuständigkeit abgewiesen[23]. Der OGH hat diese enge Auslegung des § 92a JN in einer Entscheidung vom 23.4.1992 gutgeheißen[24]. Er verneinte die internationale Zuständigkeit für die Produkthaftungsklage eines Österreichers, der wegen defekter Kfz-Reifen zu Schaden kam und vom japanischen Fahrzeughersteller Ersatz begehrte. Der OGH stützte sich in erster Linie auf den Willen des historischen Gesetzgebers, den er durch die Schaffung des Produkthaftungsgesetzes bestätigt sieht. Denn bei Statuierung der Importeurhaftung sei der Gesetzgeber offensichtlich davon ausgegangen, daß § 92a JN auf den im Ausland sitzenden Hersteller nicht anwendbar sei. Eine Distanzhandlung, wie beispielsweise ein Schuß über die Grenze, für die *Fasching*[25] eine alternative Berücksichtigung von Handlungs- und Erfolgsort befürwortet, liege hier nicht vor[26]. Das schädigende Verhalten des Kfz-Herstellers sei mit der Montage der Reifen abgeschlossen. Die Lehre und die Rechtsprechung zur kollisionsrechtlichen Anknüpfung könnten nicht herangezogen werden, da im Internationalen Zuständigkeitsrecht keine Möglichkeit einer Ausnahme bestehe, wie sie § 48 Abs. 1 S. 2 IPR-Gesetz für das Kollisionsrecht eröffne.

---

21 Z.B. *Schalich*, ÖJZ 1983, 256; *Ballon*, FS Fasching 62.

22 *Fasching*, Zivilprozeßrecht Rn. 308; allgemein für Distanzhandlungen (siehe dazu unten bei Fn. 25); speziell für die Produkthaftung: *Wandt*, PHI 1989, 8; *Maxl*, JBl 1992, 158 ff.

23 OLG Innsbruck, 25.2.1987, ÖJZ 1987, 692 (EvBl Nr. 188).

24 OGH, 23.4.1992, ÖJZ 1992, 588 (EvBl Nr. 138) = JBl 1992, 655; vgl. dazu *Posch*, WBl 1993, 102.

25 Siehe oben Fn. 22.

26 Der OGH referiert im Anschluß an die Ansicht *Faschings* eine Entscheidung des OLG Innsbruck, 25.2.1987, ÖJZ 1987, 692 (EvBl Nr. 188) über eine Klage, mit der die ehemalige UdSSR infolge des Reaktorunfalls in Tschernobyl auf Schadensersatz in Anspruch genommen wurde. Das OLG folgte im Ausgangspunkt der Ansicht *Faschings*, daß bei Distanzhandlungen auch der Ort des Erfolgseintritts zuständigkeitsbegründend sei, verlangte aber zusätzlich, daß der Schädiger bei objektiver Betrachtung mit Auswirkungen seines Verhaltens im Bereich des Sprengels jenes Gerichts, dessen Zuständigkeit gemäß § 92a JN behauptet wird, habe rechnen müssen. Der OGH setzt sich damit nicht auseinander, weil er bereits eine Distanzhandlung verneint.

3. Der Gerichtsstand der Streitgenossenschaft

Nach herrschender Meinung[27] kann ein ausländischer Produkthaftpflichtiger 95
aus *verschuldensabhängiger* Produkthaftung nicht neben einem inländischen
Haftpflichtigen im Gerichtsstand der Streitgenossenschaft (§ 93 JN) verklagt
werden. Es fehlt an der notwendigen materiellen Streitgenossenschaft im Sinne
von § 11 Ziff. 1 ZPO. Der inländische Importeur oder Zwischenhändler und
der ausländische Hersteller stehen in Ansehung des Streitgegenstandes nicht in
Rechtsgemeinschaft. Sie sind auch nicht aus demselben tatsächlichen und
rechtlichen Grund verpflichtet. Jedem wird vielmehr die Verletzung eines eigenen Vertrages und ein eigenes deliktisches Verhalten vorgeworfen.

Für Klagen aus *verschuldensunabhängiger* Haftung nach dem Produkthaf- 96
tungsgesetz ist nach herrschender Lehre[28] dagegen der Gerichtsstand der
Streitgenossenschaft eröffnet, weil mehrere nach diesem Gesetz Haftende gemäß § 10 PHG solidarisch haften und somit materielle Streitgenossen im Sinne
von § 11 Ziff. 1 ZPO sind[29]. Der von der Indikationentheorie außer der örtlichen Zuständigkeit geforderte hinreichende Inlandsbezug ist bei einer Klage
gegen materielle Streitgenossen, von denen einer im Inland einen allgemeinen
Gerichtsstand hat, nach der Rechtsprechung des OGH gegeben[30].

IV. Kollisionsrecht

1. Überblick

Österreich hat das Haager Produkthaftungsübereinkommen nicht gezeichnet. 97
Maßgebend ist deshalb das IPR-Gesetz von 1978, das die Produkthaftung
nicht speziell regelt. § 48 Abs. 1 IPR-Gesetz, die allgemeine Kollisionsnorm für
außervertragliche Schadensersatzansprüche lautet:

> „Außervertragliche Schadensersatzansprüche sind nach dem Recht des Staates zu 98
> beurteilen, in dem das den Schaden verursachende Verhalten gesetzt worden ist. Be-
> steht jedoch für die Beteiligten eine stärkere Beziehung zum Recht ein und desselben
> anderen Staates, so ist dieses Recht maßgebend"[31].

Welche Bedeutung diese Vorschrift für die Produkthaftung hat, war lange Zeit 99
umstritten, weil unklar war, ob sie auch Ansprüche des Geschädigten aus

---

27 OGH, 15.3.1979, SZ 52/74 = ÖJZ 1979, 463 EvBl Nr. 174 (Klage gegen einen Reifenhersteller
   mit Sitz in Großbritannien). – Da eine internationale Zuständigkeit gegen den Reifenhersteller
   verneint wurde, verklagte der Geschädigte dessen US-amerikanische Muttergesellschaft, gegen
   welche die österreichische Gerichtsbarkeit bestand. Die Klage scheiterte aber an den Voraussetzungen für einen Haftungsdurchgriff; OGH, 17.6.1981, JBl 1982, 257 mit Besprechungsaufsatz von *W. Lorenz*, IPRax 1983, 85.
28 *Kraft*, PHI 1988, 56; *Wandt*, PHI 89, 7; *Maxl*, JBl 1992, 160.
29 Zu dieser Voraussetzung OGH, 16.12.1987, JBl 1989, 48, 49 mit Anm. *Schwimann*.
30 OGH, 15.11.1983, SZ 56/162.
31 § 48 Abs. 2 IPR-Gesetz bestimmt, daß Schadensersatz- und andere Ansprüche aus unlauterem
   Wettbewerb nach dem Recht des Staates zu beurteilen sind, auf dessen Markt sich der Wettbewerb auswirkt.

einem Vertrag mit Schutzwirkung erfaßt. Unsicher war auch, ob Produkthaftungsansprüche, die in den Anwendungsbereich der Vorschrift fallen, gemäß der Regelanknüpfung des Satzes 1 an den Handlungsort oder gemäß der Ausweichklausel des Satzes 2 an einen anderen Ort anzuknüpfen sind.

2. Die Anknüpfung der verschuldensabhängigen Produkthaftung

a) Die Rechtsprechung

100 Der OGH hat in einer Entscheidung von 1987[32] zu der im Schrifttum zuvor sehr kontrovers beurteilten Frage Stellung genommen, wie Ansprüche des Endabnehmers anzuknüpfen sind, wenn sie ihre Grundlage in einer Schutzwirkung des ersten Vertriebsvertrages haben. In dem beurteilten Fall hatte ein österreichischer Fruchtsafthersteller bei einem österreichischen Händler einen Plattenwärmeaustauscher zur Sterilisation von Fruchtsäften gekauft. Der Händler bezog das Gerät von dem österreichischen Generalvertreter des deutschen Herstellers. Konstruktions- und fertigungsbedingte Mängel führten dazu, daß der Fruchtsaft nicht ordnungsgemäß sterilisiert wurde. Der OGH knüpfte die Vertrags- und Deliktshaftung nicht mehr wie früher getrennt an, sondern entschied sich für eine akzessorische Anknüpfung. Wenn Schädiger und Geschädigter unmittelbar vertraglich verbunden seien, so unterliege die Deliktshaftung grundsätzlich dem Vertragsstatut, weil der Schwerpunkt in der Vertragshaftung liege. Sei der Geschädigte mit dem Hersteller dagegen nur über eine Vertragskette verbunden, so bestehe in ihrem Verhältnis die stärkste Beziehung im Sinne des § 48 Abs. 1 S. 2 IPR-Gesetz zum Recht des Marktes, für den das Produkt bestimmt war und auf dem es erworben wurde. Der OGH beurteilte den Schadensersatzanspruch des österreichischen Fruchtsaftherstellers demgemäß nach österreichischem Recht, und zwar unter Einbeziehung „der auf der Grundlage der Lehre von den vertraglichen Schutzpflichten zugunsten Dritter" entwickelten Produkthaftung.

101 *W. Lorenz*[33] meint in seiner Besprechung dieser Entscheidung, der OGH habe sich, *Schwimann* folgend, für die „Primärqualifikation der Produkthaftung als außervertragliche Haftung"[34] ausgesprochen. Dies ist nicht zweifelsfrei. Primärqualifikation bedeutet nach *Schwimann* die rechtliche Einordnung des konkreten Sachverhaltes zum Zweck der Subsumtion unter die richtig ausgelegten und abgegrenzten eigenen IPR-Vorschriften; sie dient lediglich dazu, die passende Kollisionsnorm des eigenen Kollisionsrechts zu finden[35]. § 48 IPR-Gesetz als passende Kollisionsnorm für Schadensersatzansprüche aus verschuldensabhängiger Produkthaftung anzusehen, fällt *Schwimann* nicht

---

32 OGH, 29.10.1987, IPRax 1988, 363 mit Besprechungsaufsatz von *W. Lorenz*, ebenda 373; zu dieser grundlegenden Entscheidung vgl. auch *Wandt*, PHI 1989, 4ff.; *Maxl*, JBl 1992, 162f.
33 *W. Lorenz*, IPRax 1988, 374.
34 Urteilszitat von *W. Lorenz*, wie vorige Fn.
35 *Rummel/Schwimann*, ABGB, Rn. 23 vor § 1 IPRG.

schwer, weil sie seiner Ansicht nach außervertraglicher Natur sind[36]. Der OGH spricht von einer Primärqualifikation der Produkthaftung als außervertragliche Haftung jedoch nur im Zusammenhang mit der Vorinstanz[37]. Er selbst vermeidet den Bruch zwischen materiellrechtlicher und kollisionsrechtlicher Qualifikation, indem er die Konkurrenz von Vertrags- und Deliktshaftung zum Angelpunkt seiner Lösung macht. In der Sache hat er damit jedoch anerkannt, daß die Produkthaftung gegenüber einem Geschädigten, der nicht Vertragspartner des Haftpflichtigen ist, als außervertragliche Haftung zu qualifizieren ist[38].

b) Das Schrifttum

Die Ansicht des überwiegenden Schrifttums deckt sich mit der Rechtsprechung des OGH. Die Haftung gegenüber *Personen, die in die Schutzwirkung des ersten Vertriebsvertrages einbezogen sind*, wird also gemäß § 48 Abs. 1 S. 2 IPR-Gesetz dem Recht des Marktstaates unterstellt[39]. *Posch*[40] hält die Beziehung zum Marktstaat allerdings nur dann für stärker als zu dem Staat, „in dem das den Schaden verursachende Verhalten gesetzt worden ist" (§ 48 Abs. 1 S. 1 IPRG)[41], wenn der Geschädigte auch seinen gewöhnlichen Aufenthalt im Marktstaat hat. Andererseits fordert er nicht, daß gerade das schädigende Produkt im gewöhnlichen Aufenthaltsstaat des Geschädigten vermarktet wurde, sondern läßt es entsprechend Art. 7 des Haager Produkthaftungsübereinkommens genügen, daß in diesem Staat gleichartige Produkte des Haftpflichtigen vermarktet werden. **102**

Die Haftung gegenüber einem *bystander* wird als „Risikohaftung" überwiegend dem Recht des Unfallstaates unterstellt[42]. *Posch*[43] hält dies für unrichtig, weil es bei der Produkthaftung nicht um die Haftung des Halters eines gefährlichen Betriebes oder einer gefährlichen Sache, sondern um die Haftung für eine unternehmerische Aktivität gehe, deren systemimmanente Gefahren sich im fehlerhaften Produkt manifestieren würden. Deshalb sei dem Interesse des Herstellers an der Vorhersehbarkeit ihn treffender Risiken der Vorrang einzuräumen, wenn ein bystander in einem Staat zu Schaden komme, in dem das **103**

---

36 *Schwimann* 166.
37 OGH, 29.10.1987, IPRax 1988, 363, 364 (S. 13 der Urteilsgründe).
38 *W. Lorenz*, IPRax 1988, 374 f.; *Wandt*, PHI 1989, 6; *Maxl*, JBl 1992, 162.
39 Vgl. nur *Rummel/Schwimann*, § 48 IPRG Rn. 4 a m. w. N. – Vor der grundlegenden Entscheidung des OGH (siehe Fn. 32) vertrat ein Teil der Lehre die Ansicht, die Haftung des Produzenten aufgrund eines Vertrages mit Schutzwirkung zugunsten des Geschädigten unterstehe dem gem. §§ 35 und 36 IPRG zu ermittelnden Vertragsstatut. So insbesondere *Reischauer*, VR 1986, 255; *Koziol*, Grundfragen 22 f.; vgl. auch die Regierungsvorlage zum ProdHaftG 272 BlgNR 17.GP, S. 34.
40 *Posch*, Österreichs Weg 265 f.
41 Als Handlungsort wird bei der Produkthaftung überwiegend der Ort des Inverkehrbringens angesehen (sog. Werktorprinzip). Vgl. *Posch*, Österreichs Weg 262 f.; *Maxl*, JBl 1992, 163 Fn. 58.
42 *Schwimann* 166; *Rummel/Schwimann*, § 48 IPRG Rn. 4 a; *Barchetti/Formanek* 154.
43 *Posch*, Österreichs Weg 265 f.

schädigende Produkt nicht vermarktet wurde. Dann sei das Recht am Herstellungsort bzw. am Ort des ersten Inverkehrbringens maßgebend. Wenn der bystander im Marktstaat des schadenstiftenden Produktes verletzt werde, soll aber wohl das Recht dieses Staates maßgebend sein.

104 *Maxl*[44] schlägt vor, § 48 Abs. 1 IPRG den sozialen Anforderungen des Sachrechts entsprechend auszulegen. *Alle Geschädigten*, auch ein bystander, könnten statt des Rechts des Herstellungsortes als das Recht des Handlungsortes im Sinne von § 48 Abs. 1 S. 1 IPRG unter bestimmten Voraussetzungen das Recht des Marktortes als das Recht der stärkeren Beziehung im Sinne von § 48 Abs. 1 S. 2 IPRG wählen. Wählbar sei das Recht des Marktstaates, wenn entweder die Rechtsgutverletzung in diesem Staat eingetreten ist oder wenn der Geschädigte seinen gewöhnlichen Aufenthalt in diesem Staat hat. Existiere für das fehlerhafte Produkt kein nationaler[45] Markt, so sei subsidiär auf das Recht des gewöhnlichen Aufenthaltes des Klägers abzustellen. Der für den Grundstoff- und Teilelieferanten relevante Markt sei der vom Endhersteller oder Assembler bediente Markt, sofern er dem Grundstoff- und Teilehersteller bekannt war oder bekannt hätte sein müssen. War er dies nicht, so sei hilfsweise auf das Recht des gewöhnlichen Aufenthaltes des Klägers zu rekurrieren und dieses dem Kläger neben dem Herstellerrecht zur Wahl zu stellen.

105 Diese Kollisionsnorm für außervertragliche Produkthaftungsansprüche gilt nach *Maxl* grundsätzlich auch für konkurrierende vertragliche Ansprüche, da die besondere soziale Beziehung eines Produkthaftungssachverhaltes zum Recht des Markt- und Herstellungsortes gegenüber der vertraglichen Sonderbeziehung vorrangig sei. Nur wenn die Parteien das auf den Vertrag anzuwendende Recht individuell ausgehandelt hätten und das Vertragsstatut nach ihrem Willen alle mit dem Vertrag irgendwie zusammenhängenden Ansprüche erfassen solle, herrsche umgekehrt das Vertragsstatut über die vertraglichen und außervertraglichen Produkthaftungsansprüche.

3. Die Anknüpfung der verschuldensunabhängigen Haftung nach dem PHG

106 Rechtsprechung zur Anknüpfung der Haftung nach dem Produkthaftungsgesetz von 1988 liegt noch nicht vor. Nach herrschender Lehre ist diese Haftung ebenso wie die verschuldensabhängige Produkthaftung zu beurteilen[46]. *Schwind*[47] tritt dagegen für eine besondere Anknüpfung ein. Unter dem Gesichtspunkt des erweiterten Konsumentenschutzes und damit des Schutzes des Schwächeren sei das Produkthaftungsgesetz als eine der wirtschaftlich und so-

---

44 *Maxl*, JBl 1992, 166 ff.
45 *Maxl*, JBl 1992, 169, spricht davon, daß ein Markt des fehlerhaften Produktes gar nicht existiere.
46 Vgl. nur *Rummel/Schwimann*, § 48 IPRG Rn. 4a.
47 *Schwind*, IPR Rn. 480.

zial bedingten Eingriffsnormen zu sehen, die ohne Umweg über die Anknüpfung nach den Regeln des IPR unmittelbare Anwendung verlangen (loi d'application immédiate). Dieses Gesetz sei deshalb auf alle in Österreich anhängig
werdenden einschlägigen Fälle ohne Rücksicht auf deren internationale Verflechtung unmittelbar als Eingriffsnorm anwendbar.

§ 4 England

I. Relevanz

107 Deliktssachverhalte mit Auslandsberührung unterliegen im englischen Kollisionsrecht einer aus kontinentaleuropäischer Sicht eigenwilligen Regel. Das Besondere der sog. „double actionability rule" ist, daß neben dem Recht eines ausländischen Tatorts stets auch das englische Recht als lex fori anzuwenden ist[1].

108 Von Interesse ist das englische Recht aber nicht so sehr wegen der geltenden Kollisionsregeln, sondern vor allem wegen der britischen[2] Überlegungen, wie man sie reformieren könne[3]. Die Reformarbeiten, die mit einem gemeinsamen Bericht der englischen und schottischen Law Commissions 1990 vorläufig abgeschlossen sind, haben beachtenswerte Stellungnahmen speziell zur Anknüpfung der Produkthaftung hervorgebracht.

II. Sachrecht

1. Vertragliche Haftung

109 Eine *vertragliche* Haftung[4] besteht nach englischem Recht grundsätzlich nur gegenüber dem Vertragspartner (privity of contract-Lehre)[5]. Im Bereich der Haftung für fehlerhafte Produkte wurde dieser Grundsatz nicht durchbrochen[6].

110 Der Verkäufer haftet dem Käufer ohne Verschulden auf Schadensersatz, wenn er vertragliche Pflichten verletzt. Sie können sich aus einer ausdrücklichen oder stillschweigenden Parteivereinbarung, gemäß der „doctrine of implied terms" aber auch aus dem Gesetz ergeben. Eine Reihe von „implied terms" sind gesetzlich, etwa im Sale of Goods Act von 1979[7], normiert.

---

1 Siehe unten IV. 2. a). Zur Parallele zu Art. 38 EGBGB siehe unten § 20 II.

2 Die Entwicklung in England und Schottland verlief und verläuft weitgehend vergleichbar. Es wird deshalb ausschließlich das englische Recht behandelt. Zu kollisionsrechtlichen Detailunterschieden vgl. *Nevermann*, RIW 1991, 901 ff.

3 Siehe unten IV. 3.

4 Vgl. dazu *Hollmann*, in: Schmidt-Salzer, EG-Produkthaftung II/4 C − 4 ff.; *Pfister*, Kza. 4800/6 ff. (auch zur Haftung für irreführende Angaben im Verlauf der Vertragsverhandlungen − „misrepresentation"); *Nickel* 118 ff.; *Triebel* § 124 Rn. 2 ff.; *Graf von Bernstorff*, RIW 1984, 188 ff.; *Smith*, LIEI 1990, 110; *Howells*, Europäische Zeitschrift für Verbraucherrecht, 1987, 156 ff.; *Giesen*, JZ 1989, 519 f.; *Junke* 15 ff.; *Hewitt* 31 ff.; *Schnopfhagen*, ZfRV 1993, 62 ff.

5 Vgl. dazu *Hewitt* 1 f.

6 *Graf v. Bernstorff*, RIW 1984, 188; *Pfister*, Kza. 4800/5. Zur Haftung gegenüber Dritten aufgrund einer ausdrücklichen Garantieerklärung: *Carlill v. Carbolic Smoke Balls Co.* (1893) 1 Q.B. 256.

7 Vgl. dazu *Hollmann*, in: Schmidt-Salzer, EG-Produkthaftung II 4 C − 4 ff.; *Schnopfhagen*, ZfRV 1993, 64 ff.

2. Deliktische Fahrlässigkeitshaftung

Lange Zeit war anerkannt, daß ein Warenhersteller, dem nur Fahrlässigkeit zur **111** Last fällt, ausschließlich gegenüber seinem Vertragspartner haftet. Geschädigte, die mit dem nur fahrlässig handelnden Warenhersteller nicht vertraglich verbunden waren, blieben ohne Ersatz[8].

Die deliktische negligence-Haftung gegenüber allen Personen, die mit dem **112** Produkt vorhersehbar in Berührung kommen[9], wurde vom House of Lords erstmals 1932 in dem Rechtsstreit *Donoghue v. Stevenson* anerkannt[10]. Wenige Jahre darauf folgte die Ausdehnung auf unbeteiligte Dritte (bystanders)[11]. Nach und nach wurde die Haftung schließlich auf sämtliche Glieder der Produktions- und Vertriebskette und auf sämtliche Produktarten erstreckt[12]. Bemerkenswert[13] ist, daß die Rechtsprechung den Hersteller aus der Haftung entläßt, wenn er sich vernünftigerweise darauf verlassen durfte, die Ware werde von einem Zwischenhändler oder dem Verbraucher selbst untersucht und der Fehler dabei entdeckt[14]. Voraussetzungen und Reichweite dieser Rechtsprechung sind im einzelnen umstritten[15]. Die Tendenz geht dahin, sie aus Gründen des Verbraucherschutzes einzuschränken[16].

Dem Geschädigten obliegt grundsätzlich die Last, alle die negligence-Haftung **113** begründenden Tatsachen zu beweisen. Die Rechtsprechung erleichtert ihm die Beweisführung aber häufig unter Berufung auf die Regel „res ipsa loqui-

---

8 *Winterbottom v. Wright*, 152 Engl. Rep. 402 (1842) (Geschädigter war nicht selbst Vertragspartner, sondern dessen Arbeitnehmer).

9 Zum Tatbestandscharakter der negligence vgl. *Pfeifer* 32; *Giesen*, JZ 1989, 520; *Junke* 18 f. — Zu anderen deliktsrechtlichen Anspruchsgrundlagen, insbesondere der Haftung für die Verletzung einer gesetzlichen Pflicht (breach of a statutory duty), *Triebel*, § 124 Rn. 14; *Behrens* 14 f.; *Junke* 22 f.

10 (1932) A.C. 562 (Erkrankung nach dem Verzehr einer Flasche Ingwerbiers, in der sich Reste einer verwesten Schnecke befanden; die Geschädigte hatte die Flasche nicht selbst gekauft). Obgleich die Entscheidung einen Sachverhalt betrifft, der sich in Schottland ereignete, ist sie als Leitentscheidung für das englische Recht anerkannt; vgl. *Miller/Lovell* 173; *Jolowicz*, FS Merryman 383 Fn. 61, sowie *Ferrari*, ZEuP 1993, 354 ff.

11 *Stennett v. Hancock and Peters* (1939) 2 All E. R. 578.

12 Vgl. *Pfister*, Kza. 4800/19 f.; *Giesen*, JZ 1989, 520 ff.; *Schnopfhagen*, ZfRV 1993, 70 ff.

13 Zur Haftung aufgrund Warnpflichtverletzung vgl. *Logie*, C.L.J. 48 (1989) 115 ff.; *Hewitt* 112 ff. Zur Haftung für reine Vermögensschäden: *Hollmann*, in: Schmidt-Salzer, EG-Produkthaftung II/4 C — 23 f.; *Behrens* 120 f.; *Hewitt* 150 ff.; allgemein *Markesinis/Deakin*, M.L.R. 1992, 619 ff. Zur sehr zurückhaltend genutzten Möglichkeit, Strafschadensersatz (punitive damages) zuzusprechen vgl. *Hollmann*, in: Schmidt-Salzer, EG-Produkthaftung II 4–24.

14 Vgl. *Graf v. Bernstorff*, RIW 1984, 190; *Pfister*, Kza. 4800/29; *Nickel*, 132 ff.; *Hollmann*, in: Schmidt-Salzer, EG-Produkthaftung II/4 C — 20.

15 Vgl. *Hollmann*, in: Schmidt-Salzer, EG-Produkthaftung II/4 C — 20.

16 Vgl. *Pfister*, Kza. 4800/29 („In neuerer Zeit scheint die Rechtsprechung klar darauf hinauszulaufen, gegebenenfalls beide — Hersteller und pflichtvergessenen Händler — haften zu lassen").

tur"[17]. Die Beweiserleichterungen kommen teilweise einer Beweislastumkehr gleich[18].

3. Verschuldensunabhängige Deliktshaftung

114 Aufgerüttelt durch den Contergan (Thalidomid)-Fall wurde in England frühzeitig über eine verschuldensunabhängige Deliktshaftung für fehlerhafte Produkte nachgedacht. Die englische und die schottische Law Commission hatten sich 1977[19] und die *Pearson*-Commission 1978[20] für die Einführung einer solchen Haftung, begrenzt auf Körper- und Gesundheitsschäden, ausgesprochen. Der Gesetzgeber wartete aber die EG-Produkthaftungsrichtlinie ab, die er schon 1987 mit dem Consumer Protection Act (CPA) umsetzte[21].

115 Hierbei wurde von den Optionen des Art. 15 EG-Richtlinie kein Gebrauch gemacht[22]. Es besteht also keine verschuldensunabhängige Haftung für landwirtschaftliche Naturprodukte[23] und der Einwand des Standes von Wissenschaft und Technik ist erlaubt, und zwar auch bei Arzneimitteln[24]. Eine Haftungshöchstgrenze wurde nicht statuiert.

4. Anspruchskonkurrenz

116 Die verschuldensunabhängige Produkthaftung nach dem CPA 1987 tritt neben vertragliche oder deliktische Anspruchsgrundlagen nach nichtharmonisiertem englischen Recht[25]. Sämtliche Anspruchsgrundlagen stehen in freier Konkurrenz.

---

17 Die Beweislast wird im Schrifttum dennoch als echtes Hindernis eingestuft. Vgl. *Howells*, Europäische Zeitschrift für Verbraucherrecht 1987, 157; *Smith*, LIEI 1990, 110; *Hollmann*, in: Schmidt-Salzer, EG-Produkthaftung II/4 B − 3 Rn. 1.

18 Von einer Beweislastumkehr spricht *Cornish*, VersRAI 1991, 30; vorsichtig dagegen *Hollmann*, in: Schmidt-Salzer, EG-Produkthaftung II/4 C − 17 und *Pfister*, Kza. 4800/30 (keine Beweislastumkehr im engeren Sinne). Vgl. auch *Jolowicz*, FS Merryman, 383 f.; *Graf v. Bernstorff*, RIW 1984, 191 (Beweiserleichterungen); *Triebel* § 124 Rn. 11 (Fahrlässigkeitsvermutung, die der Beklagte widerlegen muß). Ausführlich zur Beweislast *Miller/Lovell* 252 ff.

19 The Law Commission and the Scottish Law Commission, Liability for Defective Goods, Law Commission Nr. 82, 1977, Cmnd. 6821.

20 Royal Commission on Civil Liability and Compensation for Personal Injury (Pearson-Commission) 1978 Cmnd. 7054 (I-III). Vgl. dazu *Junke* 23 ff.

21 Part I (Product Liability) abgedruckt und kommentiert von *Hollmann*, in: Schmidt-Salzer, EG-Produkthaftung II/4 A (mit Synopse). Deutsche Übersetzung (Auszug), PHI 1989, 18 ff.

22 Vgl. im übrigen die ausführliche Darstellung von *Pfister*, Kza. 4810; *Hollmann*, in: Schmidt-Salzer, EG-Produkthaftung II/4 B − 6 ff.; sowie *Behrens*, a.a.O.; *Giesen*, JZ 1989, 522 ff.; *Triebel*, § 124 Rn. 23 ff.; *Smith/Hamill*, PHI 1988, 82 ff.

23 Während die verschuldensunabhängige Haftung nach der Richtlinie für landwirtschaftliche Produkte nach „einer ersten Verarbeitung" besteht, spricht der CPA sec. 2 C 4) von „industrieller Verarbeitung". Vgl. dazu *Pfister*, Kza. 4810/3.

24 *Cornish*, VersRAI 91, 29.

25 CPA 1987 sec. 2 c b).

III. Internationales Zuständigkeitsrecht

1. Überblick

Außerhalb des Anwendungsbereichs des EuGVÜ[26] und des Luganer Abkommens beurteilt sich die internationale Zuständigkeit englischer Gerichte auch heute noch nach den „traditional rules"[27]. Sie verknüpfen die internationale Zuständigkeit eng mit der Zustellung der Klageschrift an den Beklagten[28]. Hält sich der Beklagte, wenn auch nur vorübergehend[29], im Inland auf, so wird die internationale Zuständigkeit ohne weiteres durch die Zustellung der Klageschrift begründet. Kann dem Beklagten die Klageschrift nur im Ausland zugestellt werden, so bedarf es hierzu grundsätzlich einer gerichtlichen Erlaubnis. Die Voraussetzungen, unter denen sie nach Ermessen des Gerichts (forum conveniens-Lehre[30]) erteilt werden kann, regelt order 11 der Rules of the Supreme Court (R.S.C.). Diese „Rules" wurden im Jahre 1983 an den Civil Jurisdiction and Judgment Act 1982 angepaßt, der dem EuGVÜ im Vereinigten Königreich Gesetzeskraft verleiht. Der Rechtsprechung zur alten, bis 1987 geltenden Fassung der R.S.C. wird jedoch nach wie vor sowohl für das IZPR als auch für das IPR Bedeutung beigemessen.

117

2. Entwicklung der Internationalen Zuständigkeit für Deliktsklagen

Für eine *Klage aus Delikt*[31] konnte nach Order 11, r. 1 (1) (h) der R.S.C. *alter Fassung* eine Erlaubnis zur Zustellung der Klageschrift im Ausland erteilt werden, wenn „the action is founded on a tort committed within the jurisdiction". Nach allgemeiner Ansicht war nicht erforderlich, daß sich das gesamte der

118

---

26 Siehe dazu oben § 1 II. – Entgegen früherer Praxis der Inkraftsetzung völkervertraglichen Einheitsrechts im Vereinigten Königreich von Großbritannien bestimmt der Civil Jurisdiction and Judgments Act 1982 in section 2 (2), daß das EuGVÜ „shall have the force of law in the United Kingdom". Zur früheren Praxis des implementation by statute or statutory instrument vgl. *Dicey/Morris* 8 ff.

27 Vgl. die Vierteilung von *Cheshire/North*, 179 („jurisdiction under the Brussels rules", „jurisdiction under the Brussels Convention", „jurisdiction under the Modified Convention" und „rules under the EC/EFTA Convention (the Lugano Convention")).

28 Vgl. nur *Collins*, ICLQ 21 (1972) 656.

29 *Cheshire/North* 183.

30 Grundlage der Ermessensentscheidung ist der Beweis des Klägers, daß England „is clearly the most appropriate forum in the interests of the parties and the ends of justice" (*Cheshire/North* 204). Eingehend hierzu *Lord Goff* in *Spiliada Maritime Corp. v. Cansulex Ltd.* (1987) 1 A.C. 460. Zu der in England ebenfalls anerkannten „forum *non* conveniens"-Lehre *Cheshire/North* 221 ff.; *Reus*, RIW 1991, 545 ff.

31 Eine internationale Zuständigkeit für Klagen auf vertraglicher Grundlage besteht gemäß Ord. 11, r. 1 (1) (d), R.S.C., wenn der zugrundeliegende Vertrag
   – in England abgeschlossen wurde, oder
   – von einem in England handeltreibenden oder wohnhaften Vertreter für einen Vertretenen außerhalb Englands abgeschlossen wurde, oder
   – englischem Recht unterliegt, oder
   – die Zuständigkeit der englischen Gerichte vereinbart ist.

Klage zugrunde liegende Geschehen in England ereignet hatte. Eine solche Voraussetzung wurde als zu eng für die Notwendigkeit der modernen Zeit zurückgewiesen[32]. Umstritten war aber, wo das Delikt zu lokalisieren war, wenn sich das Geschehen im In- und Ausland zutrug. Zu den Leitentscheidungen gehören vor allem Entscheidungen über Produkthaftungsklagen.

119 1944 entschied der Court of Appeal den Rechtsstreit *Monroe Ltd. v. American Cyanamid and Chemical Corporation*[33]. Der Kläger, ein englischer Händler, war von seinen Abnehmern erfolgreich auf Schadensersatz in Anspruch genommen worden, weil er eine Warnpflicht verletzt hatte. Mit der Klage wollte er bei seinem Lieferanten, einem Hersteller mit Sitz in New York, Regreß nehmen, weil dieser ihn nicht über die Gefährlichkeit der gelieferten Ware aufgeklärt habe. Der Antrag des Klägers, die Regreßklage in New York zustellen zu dürfen, wurde vom Court of Appeal einstimmig abgelehnt. Nach Auffassung des Gerichts ließ der Antrag des Klägers nicht mit der notwendigen Sicherheit erkennen, daß die Voraussetzungen von Order 11 der R.S.C. erfüllt seien[34].

120 Die Beklagte habe die Ware in Amerika hergestellt, verkauft und übereignet[35]. Dort und nicht in England habe sie es auch unterlassen, auf die Gefährlichkeit hinzuweisen. Daß der Schaden in England eingetreten sei, sei unerheblich. Die oft zitierte Formulierung des Richters *Du Parcq* lautet:

121 „[T]he question is: Where was the wrongful act, from which the damage flows, infact done? The question is not where was the damage suffered, even though damage may be of the gist of the action"[36].

122 Die Entscheidung *Distillers Co. (Biochemicals) Ltd. v. Thompson*[37] aus dem Jahre 1971 betraf ebenfalls eine Klage, die sich auf eine Verletzung der Instruktionspflicht des Herstellers stützte. Die Beklagte stellte in England das Schlaf- und Beruhigungsmittel „Distaval" her, das die von einem deutschen Hersteller gelieferte schadenstiftende Substanz Thalidomid enthielt. Sie verkaufte das „Distaval" fertig abgepackt und mit Beipackzettel versehen an ihr australisches Tochterunternehmen, das es in Australien vertrieb. Die Beklagte warnte weder ihr australisches Vertriebsunternehmen noch die Endverbraucher vor

---

32 *Distillers Co. (Biochemicals) Ltd. v. Thompson* (1971) A.C. 467.

33 (1944) 1 K.B. 432 = (1944) 1 All E.R. 386 (C.A.). Vgl. dazu *Rabel*, II 319 (Entscheidung sei nur korrekt, wenn die Warnung einer in New York lebenden Person geschuldet wäre). *Duintjer Tebbens* 285 m. w. N.; aus dem deutschen Schrifttum: *Schröder* 278 f.; *Kollar* 79; *Geimer*, in: Geimer/Schütze 612 f.; *Heinrichs* 106; *Nanz*, VersR 81, 214; *Scheucher* 103 ff.

34 Vgl. zur Bedeutung des mangelhaften Affidavits *Castree v. Squibb Ltd.* (1980) 1 W.L.R. 1251 (*Ackner* L.J.).

35 *Ackner* L.J. (in *Castree v. Squibb Ltd.* (1980) 1 W.L.R. 1251) sieht in dem Verkauf und der Eigentumsübertragung in New York den tragenden Grund der Entscheidung *Monroe Ltd. v. American Cyanamid and Chemical Corporation*.

36 (1944) 1 K.B. 441.

37 (1971) A.C. 458. Es handelt sich um eine Revisionsentscheidung des Privy Council, der obersten Instanz für bestimmte Commonwealth-Staaten, über das Urteil eines australischen Gerichts. Die Entscheidung des Privy Council ist als Leitentscheidung für das englische Recht anerkannt. Vgl. dazu *Collins*, ICLQ 21 (1972) 663 ff.

der Gefährlichkeit des Thalidomids. Die Mutter des Klägers kaufte das Medikament in Australien und nahm es dort ein, während sie mit dem Kläger schwanger war. Der Kläger kam mißgebildet auf die Welt. Er nahm die Beklagte in Australien auf Schadensersatz in Anspruch. Die internationale Zuständigkeit des australischen Gerichts hing davon ab, „if there is a cause of action which arose within the jurisdiction"[38]. Der Privy Council verwarf die Ansicht, daß eine internationale Zuständigkeit nur gegeben sei, wenn sich das gesamte Geschehen im Forumstaat ereignet habe. Er lehnte auch die Ansicht ab, nach der es ausreicht, wenn sich das letzte Ereignis, das den Deliktstatbestand vollendet und den Klagegrund entstehen läßt, im Forumstaat ereignet: „The last event might happen in a particular case to be the determining factor on its own merits, by reason of its inherent importance, but not because it is the last event". Der Schadenseintrittsort könne ganz zufällig sein und dürfe nicht allein für die internationale Zuständigkeit maßgebend sein. Wenn das Delikt vollendet sei, müsse vielmehr über das Geschehen zurückgeblickt und gefragt werden, „where in substance did the cause of action arise?"[39]. Der Privy Council sah keine Notwendigkeit, diese schwierige Frage für den Fall zu beantworten, in dem das Fehlverhalten des Beklagten in einem Staat und der Schadenseintritt in einem anderen Staat zu lokalisieren sind[40]. Er sah das Fehlverhalten des Beklagten nämlich allein in der unterlassenen Warnung, daß die Einnahme des Medikamentes während der Schwangerschaft gefährlich sei. Dieser Hinweis hätte auf dem in England gefertigten Beipackzettel, aber auch durch Erklärung gegenüber den betroffenen Personen in Australien gegeben werden können. Deshalb sei der Klagegrund auch in Australien entstanden und die internationale Zuständigkeit der australischen Gerichte gegeben[41].

Der „substance test" wurde auch vom Court of Appeal in der Entscheidung **123**
Castree v. Squibb Ltd.[42] angewandt. Die Klägerin, eine Arbeitnehmerin der Beklagten, verletzte sich bei der Arbeit an einer fehlerhaften Zentrifuge. Die Beklagte hatte die Maschine von dem englischen Alleinvertreter des deutschen Herstellers erworben. Sie beantragte die Erlaubnis, dem deutschen Hersteller eine „third party notice" zuzustellen. Dabei stützte sie sich auf Order 11, r. 1

---

38 So Sec. 8 (4) Common Law Procedure Act 1899 (New South Wales).
39 Es wird häufig angenommen, diese Frage unterscheide sich wesentlich von der in *Monroe Ltd. v. American Cyanamid and Chemical Corp.* von *Du Parcq* L.J. gestellten Frage, „where was the wrongful act ... done?". Vgl. etwa *Kaye* 58. Kritisch gegen diese Interpretation aber *Cheshire/North* 541.
40 Mißverständlich *Nanz*, VersR 81, 214 („wo in Deutschland hergestellte schädliche Chemikalien in Australien verkauft wurden").
41 Mißverständlich deshalb auch hier *Nanz*, VersR 81, 214 („,substance of the wrong' am Erfolgsort angesiedelt"). Zu Recht vorsichtig *Duintjer Tebbens* 285 („The case constitutes ... a step in the direction of recognizing the place of ultimate distribution, use and injury as place of tort"). – *Geimer*, in Geimer/Schütze, 612, nahm in bezug auf Order 11, r. 1 (1) (h) R.S.C. alter Fassung an, die Entscheidung *Monroe Ltd. v. American Cyanamid and Chemicals Corp.* sei für Delikte grundsätzlich noch bindend; die Entscheidung des Privy Council *Distillers Co. Ltd. v. Thompson* erwähnt er nicht.
42 (1980) 2 All E.R. 589 = (1980) 1 W.L.R. 1248.

(1) (h) R.S.C. alter Fassung und führte an, sie und der Hersteller seien „joint tortfeasors" und sie habe deshalb einen Regreßanspruch. Richter *Ackner* war der Ansicht, nicht die bloße Herstellung der fehlerhaften Maschine, die in Deutschland erfolgte, gebe der Beklagten den Grund für die Regreßklage; in der bloßen Herstellung liege noch nicht einmal der Beginn der unerlaubten Handlung. Das substantielle Fehlverhalten des Herstellers liege darin, die fehlerhafte Maschine in England auf den Markt gebracht zu haben, ohne vor ihren Fehlern zu warnen.

124 Die Leitentscheidungen zum alten Recht zeigen, daß die Rechtsprechung zwar grundsätzlich nur den Ort der Handlung als zuständigkeitsbegründend ansah, sich aber bemühte, das „substantial wrongdoing" möglichst im Forumstaat (Marktstaat) zu lokalisieren, wenn dort auch der Erfolg eingetreten war[43].

3. Die Internationale Zuständigkeit für Deliktsklagen nach geltendem Recht

125 Nach den Rules of the Supreme Court von 1983, die mit Art. 5 Nr. 3 EuGVÜ in seiner Auslegung durch den EuGH abgestimmt sind[44], kann das Gericht die Zustellung im Ausland erlauben, wenn „the claim is founded on a tort and the damage was sustained, or resulted from an act committed within the jurisdiction" (Order 11, r. 1 (1)(f)). Eine internationale Zuständigkeit englischer Gerichte ist also eröffnet, wenn entweder der Schaden in England eingetreten ist[45] oder eine schadensbegründende Handlung in England ausgeführt wurde[46]. Sec. 6 (7) des CPA 1987 stellt klar, daß die Haftung nach dem Ersten Teil dieses Gesetzes[47] hinsichtlich der Zuständigkeit (jurisdiction) in jeder Beziehung als „liability in tort" zu behandeln ist.

126 Die Frage, an welchem Ort eine schadenstiftende Handlung ausgeführt wurde, stellt sich *außerhalb des EuGVÜ* jedoch auch in Zukunft, und zwar selbst dann, wenn in England jedenfalls der Schaden eingetreten ist und deshalb die Tatbestandsvoraussetzungen der Zuständigkeitsnorm unzweifelhaft erfüllt sind. Denn im Rahmen der Ermessensentscheidung des Gerichts über die Erlaubnis zur Zustellung der Klageschrift im Ausland ist von Bedeutung, ob der Kläger begründete Erfolgsaussichten glaubhaft macht[48]. Diese Obliegenheit bereitet dem Kläger Schwierigkeiten, wenn die maßgebliche Handlung nur

---

43 Vgl. The Law Commission, Working Paper Nr. 5.10.; *Cheshire/North* 555.
44 Vgl. *Cheshire/North* 199.
45 Der Court of Appeal hält es in *Metall und Rohstoff AG v. Donaldson Lufkin and Jenrette Inc.*, [1990] 1 Q.B. 391, für ausreichend, „if some significant damage has sustained in England".
46 Vgl. *Cheshire/North* 199 („Order 11, rule 1 (1) (f) avoids this definitional problem [where in substance the cause of action arose]").
47 Siehe oben II. 3.
48 Vgl. Order 11 r. 4 (2) R.S.C. 1983 („good arguable claim on the merits"). Aus diesem Grund finden sich in *Metall und Rohstoff AG v. Donaldson Lufkin & Jenrette Inc.* (1989) 3 W.L.R. 563 Ausführungen zum Kollisionsrecht, obgleich die internationale Zuständigkeit Englands in Frage steht. *North*, Rec. des Cours 220 I (1990) 239 f.

oder doch hauptsächlich im Ausland begangen wurde. Dann hängt der Erfolg der Klage nämlich sowohl von der ausländischen lex loci delicti commissi als auch von der englischen lex fori ab[49]. Wenn die maßgebliche Handlung dagegen in England zu lokalisieren ist, kommt allein das englische Recht zur Anwendung[50]. Es besteht dann eine sehr große Wahrscheinlichkeit, daß das Gericht England als das „natural forum for the determination of the dispute"[51] betrachtet und sein Ermessen im Sinne einer internationalen Zuständigkeit englischer Gerichte ausübt[52].

Rechtsprechung zur Anwendung der Order 11, r. 1 (1) (f) R.S.C. 1983 auf Produkthaftungsklagen liegt soweit ersichtlich noch nicht vor. In der Entscheidung *Metall und Rohstoff AG v. Donaldson Lufkin & Jenrette Inc.*[53], die deliktische Ansprüche aus einer Verleitung zum Vertragsbruch betrifft, wird aber an dem herkömmlichen „substance test" festgehalten, wie er in den (alten) Produkthaftungsentscheidungen zur Vorgängerregelung Order 11 r. 1 (1) (h) entwickelten worden ist.

127

IV. Kollisionsrecht

1. Überblick

England ist Vertragsstaat des römischen EWG-Schuldvertragsübereinkommens von 1980. Die Frage, welchem Recht vertragliche Ansprüche wegen Schäden durch fehlerhafte Produkte unterliegen, ist deshalb nach den Vorschriften dieses Übereinkommens zu beantworten.

128

Das auf die außervertragliche Produkthaftung anzuwendende Recht ist dagegen nach autonomem englischen Kollisionsrecht zu bestimmen, da England das Haager Produkthaftungsübereinkommen nicht gezeichnet hat. Das englische Internationale Deliktsrecht ist Richterrecht. Eine spezielle Kollisionsregel für die Produkthaftung fehlt. Maßgebend sind die allgemeinen Kollisionsregeln für „torts". Sie sind unterschiedlich, je nach dem, ob das Delikt in England[54] oder im Ausland[55] begangen wurde. Die Kollisionsregeln für Auslands-

129

---

49 Siehe unten IV. 2. a) aa).
50 Siehe unten IV. 2. b).
51 *Cordoba Shipping Co. Ltd. v. National State Bank, Elisabeth, New Jersey, The Albaforth*, (1984) 2 Lloyds Rep. 91.
52 Sachliche Zweifel werden in *Cheshire/North*, 11. Aufl. S. 202 f., dagegen für den Fall geäußert, daß ein schwedisches Ehepaar einen Ausflug nach England unternimmt und ihr in Schweden hergestelltes Fahrzeug wegen eines Herstellungsfehlers in England verunglückt. Es wird allerdings prognostiziert, daß englische Gerichte wohl die Erlaubnis zur Zustellung im Ausland erteilen werden, weil auch Art. 5 Nr. 3 EuGVÜ eine internationale Zuständigkeit am Ort der Rechtsgutverletzung eröffne, ohne dem Gericht ein Ermessen zu geben.
53 (1988) 3 All E.R. 116 = (1988) 3 W.L.R. 548 C.A. Besprechungsaufsatz von *Ahrens*, IPRax 1990, 128 ff.
54 Siehe unten 2. a).
55 Siehe unten 2. b).

delikte werden überwiegend als reformbedürftig angesehen. Reformvorschläge der Law Commission liegen vor[56].

130   Unsicherheit besteht über die Anknüpfung der Produkthaftung nach dem CPA. Unklar ist nicht nur, welche Kollisionsregeln maßgebend sind, sondern bereits, ob die Anwendbarkeit des CPA überhaupt nach Kollisionsrecht zu beurteilen ist[57].

2. Das geltende Recht

a) Auslandsdelikte

131   Die Autoren des Lehrbuchs von *Dicey/Morris*[58] haben Regeln aufgestellt, welche die herrschende Meinung zur Anknüpfung von Delikten[59] anerkanntermaßen zutreffend wiedergeben[60]. Ihre Regeln für Auslandsdelikte lauten:

132   „Rule 205. – (1) As a general rule, an act done in a foreign country is a tort and actionable as such in England, only if it is both

a) actionable as a tort according to English law, or in other words is an act which, if done in England, would be a tort; and
b) actionable according to the law of the foreign country where it was done.

133   (2) But a particular issue between the parties may be governed by the law of the country which, with respect to that issue, has the most significant relationship with the occurrence and the parties".

aa) Die Grundregel

134   Der erste Absatz der Regel (1) enthält die „general rule"[61], auch „double actionability rule"[62] oder „general rule of double actionability"[63] genannt[64]. Nach ihrem ersten Teil (1 a)[65] ist in England ein deliktischer Anspruch aus einer im Ausland begangenen Handlung nur zuzuerkennen, wenn die Handlung, wäre sie in England begangen worden[66], eine haftungsbegründende un-

---

56 Siehe unten 3. b).
57 Siehe unten 2. d).
58 *Dicey/Morris* 1365 f.
59 Vgl. den Überblick zum englischen Internationalen Deliktsrecht von *Nevermann*, RIW 1991, 901 ff.
60 Vgl. *Slade L.J.* in *Metall und Rohstoff AG* v. *Donaldson Lufkin & Jenrette Inc.* (1989) 3 All E.R. 27 (C.A.): „Rule 205 has no statutory authority and in its revised form, so far as we are aware, has not received the seal of explicit judicial approval. Nevertheless, no one on this appeal has sought to challenge the accuracy of the revised r 205 (I) thus stated as representing a summary of the rule in *Chaplin v. Boys* so far as it has yet been formulated"; *Morse* 169.
61 Vgl. The Law Commission, Working Paper Nr. 2.4; *Cheshire/North* 536.
62 *Metall und Rohstoff AG* v. *Donaldson Lufkin & Jenrette Inc.* (1989) 3 All E.R. 25 (C.A.).
63 *Dicey/Morris* 1374.
64 Die „general rule" beruht auf der Entscheidung *Phillips v. Eyre* (1870) L.R. 6 Q.B.1.
65 Dieser Teil beruht auf der Entscheidung *The Halley* [1868] L.R. 2 P.C. 193.
66 Vgl. aber The Law Commission, Working Paper Nr. 2.12 („the rule does not mean that the tort is deemed to have occured in the country of the forum". Eine im Ausland begangene Handlung könne deshalb nicht auf „breach of an English statutory duty" gestützt werden).

erlaubte Handlung („tort") wäre. Nach ihrem zweiten Teil (1 b) setzt die Zuerkennung eines deliktischen Anspruchs außerdem voraus, daß die Handlung nach dem am Tatort geltenden Sachrecht[67] eine Haftung begründet[68].

Von einem englischen Gericht sind nach der „general rule" Ansprüche also   **135**
nur und nur insoweit zuzusprechen, als sie sowohl nach der englischen lex fori als auch nach dem ausländischen Tatortrecht begründet sind. *Lord Wilberforce* beschreibt die Konsequenzen für den Kläger in *Boys v. Chaplin*[69] treffend: „The plantiff gets the worst of both laws". Bezogen auf Produkthaftungsklagen heißt dies[70]: Eine Produkthaftungsklage ist unbegründet, wenn das Produkt nach dem ausländischen Tatortrecht oder nach dem englischen Recht fehlerfrei ist. Sie ist ferner unbegründet, wenn nach einem der Rechte ein Haftungsausschlußtatbestand erfüllt ist. Außerhalb des Anwendungsbereichs des CPA 1987 hat eine Produkthaftungsklage, die nach dem ausländischen Tatortrecht aus verschuldensunabhängiger Haftung begründet ist, nur Erfolg, wenn der Kläger entsprechend dem allgemeinen englischen Produkthaftungsrecht den Verschuldensbeweis erbringt[71]. Ist eine Haftung nach beiden Rechten begründet, so sind gleichwohl nur die Schadensposten zu ersetzen, die nach dem strengeren Recht ersatzfähig sind[72].

bb) Die Ausnahmeregel

Absatz 2 der Regel von *Dicey/Morris*[73] enthält eine „exception" zu der „general rule".   **136**
Danach kann „a particular issue between the parties" dem Recht eines Staates unterliegen, das diesbezüglich die engste Beziehung mit dem Geschehen und den Parteien hat. Die Ausnahmeregel zugunsten des „proper law of the tort"[74] beruht auf der Entscheidung *Boys v. Chaplin*[75], die Ansprüche aus einem Straßenverkehrsunfall auf Malta zwischen dort vorübergehend stationierten englischen Soldaten betraf. Nach der lex loci delicti, also maltesischem Recht, bestand kein Anspruch auf Ersatz des immateriellen Schadens. Die hierauf gerichtete Klage wäre von dem englischen Gericht nach der „general rule of double actionability" also abzuweisen gewesen. Das House of Lords

---

67 Vgl. nur The Law Commission, Working Paper Nr. 2.18. – Zur Behandlung ausländischen Rechts als eine beweisbedürftige Tatsache *Fentiman*, L.Q.R. 108 (1992) 142 ff.
68 Nach *Machado v. Fontes* (1897) 2 Q.B. 231 (C.A.) genügte Rechtswidrigkeit nach der lex loci delicti. Diese Entscheidung wurde aber durch *Boys v. Chaplin* [1971] A.C. 356 „overruled", wonach eine zivilrechtliche Haftung nach dem Tatortrecht begründet sein muß.
69 (1971) A.C. 356, 405.
70 Umfassend dazu *Morse*, Current Legal Problems 42 (1989) 169.
71 *Morse*, Current Legal Problems 42 (1989) 170.
72 Die Frage, in welchem Umfang für einen ersatzfähigen Schadensposten Ersatz zu leisten ist, ist nach englischem Recht als „procedural matter" zu qualifizieren und unterfällt deshalb englischem Recht als der lex fori. Vgl. *Kaye* 56; The Law Commission, Working Paper Nr. 6.16 f.; The Law Commission, Report Nr. 3.38.
73 Siehe oben bei Fn. 60.
74 Vgl. *Dicey/Morris* 1374; *Cheshire/North* 546.
75 (1971) A.C. 356.

gab der Klage aufgrund einer Ausnahme zur „general rule" gleichwohl statt. Da das Ergebnis aber auf einer „bewildering variety of reasons"[76] beruhte, ist die ratio decidendi der Entscheidung, und d. h. zugleich, sind die Voraussetzungen und Folgen der „exception", äußerst umstritten[77].

137 Im Grundsatz ist man sich einig, daß die „exception" nur in Ausnahmefällen anwendbar ist[78]. Was einen Ausnahmefall aber genau charakterisiert, ist unsicher. Weil eine der „exception" zugrunde liegende Konzeption nicht erkennbar scheint, werden keine verbindlichen, dogmatisch fundierten Antworten gegeben, sondern nur zurückhaltend beispielhafte Hinweise. So spricht etwa nach *Dicey/Morris*[79] viel für eine Ausnahme, wenn zwischen den Parteien vor dem Schadensereignis eine Sonderverbindung bestand, die in einem anderen Staat als dem Tatortstaat zu lokalisieren ist. Ob eine Ausnahme zu machen sei, könne auch von der Art der strittigen Frage und eventuell auch von der Art des geltend gemachten Delikts abhängen. *Morse*[80] hält es für äußerst zweifelhaft, ob die Ausnahmeregelung auch dann zum Zuge komme, wenn es um die Haftungsbegründung (standard of liability) und nicht nur um einen untergeordneten Punkt wie die Ersatzfähigkeit eines Schadenspostens gehe[81]. Produkthaftungssachverhalte könnten jedenfalls mannigfaltige Beziehungen zu mehreren Staaten haben, so daß sich der engste Bezug eines Streitpunktes (issue) zu einer der berührten Rechtsordnungen nicht feststellen lasse.

138 Einigkeit besteht darüber, daß die Ausnahmeregel zur alleinigen Maßgeblichkeit der englischen lex fori führen kann[82]. Umstritten ist dagegen, ob sie auch die englische lex fori verdrängen, also zur alleinigen Maßgeblichkeit des Tatortrechts oder gar des Rechts eines dritten Staates führen kann. In der Praxis hat die Ausnahmeregel noch niemals dazu geführt, eine Haftung nach der lex loci delicti oder eines anderen Rechts gegen eine Nichthaftung nach der lex fori durchzusetzen. Für die Produkthaftung sieht *Morse*[83] in der Verdrängung der englischen lex fori durch die lex loci delicti „nothing particularly unreasonable", wenn das Tatortrecht anders als das englische Recht eine Haftung bejaht und es das Recht des Staates ist, in dem der Beklagte das Produkt herstellte, in dem das Produkt vertrieben wurde und Schaden stiftete. Es sei aber äußerst

---

76 *Cheshire/North* 265.
77 Vgl. nur The Law Commission, Working Paper Nr. 2.17 und 2.25 sowie *Kaye* 71 f.
78 *Dicey/Morris* 1374, 1377. Nach *Lord Wilberforce* (Boys v. Chaplin (1971) A.C.) müssen „clear and satisfying grounds" für eine Ausnahme gegeben sein. — Der High Court wandte die Ausnahmeregel 1992 auf Schadensersatzansprüche aus einem Arbeitsunfall in Deutschland an, *Johnson v. Coventry Churchill Internat. Ltd.* (1992) 3 All E.R. 14. Vgl. dazu *Rogerson*, C.L.J. 1992, 439 ff.
79 *Dicey/Morris* 1375 f.
80 *Morse*, Current Legal Problems 42 (1989) 170.
81 Die Frage, in welchem *Umfang* für einen ersatzfähigen Schadensposten Ersatz zu leisten ist, qualifiziert das englische Recht als „procedural matter" und beurteilt sie deshalb nach der lex fori. Vgl. dazu *Kaye* 56 f.
82 Also den „second limb" der „general rule" ausschalten kann.
83 *Morse*, Current Legal Problems 42 (1989) 170 f.

zweifelhaft, ob ein englisches Gericht angesichts des starren Festhaltens an der lex fori bereit wäre, englisches Recht unter solchen Umständen zu ersetzen.

b) Inlandsdelikte

Ein Delikt, das in England begangen wurde, unterliegt nach allgemeiner An-sicht englischem Recht. Unbeantwortet war bislang die Frage, ob die Maßgeb-lichkeit englischen Rechts auf der „general rule of double actionability" be-ruht, was man annehmen könnte, weil englisches Recht bei einem Inlandsdelikt sowohl die lex fori als auch die lex loci delicti ist[84]. Bedeutung wird dieser Frage beigemessen, weil sie über die Anwendbarkeit der Ausnahmeregel und damit über die Möglichkeit entscheidet, statt des englischen Rechts ausnahms-weise ein ausländisches Recht zu berufen[85]. **139**

In der „*Metall und Rohstoff*"-Entscheidung[86] hat es der Court of Appeal 1990 ausdrücklich abgelehnt, die „general rule" auch in Fällen anzuwenden, in denen das Delikt durch Handlungen in verschiedenen Staaten begangen wird oder Handlungs- und Schadensort zwar in verschiedenen Staaten liegen („double lo-cality cases"[87]), das Delikt nach dem „substance test" aber in England zu loka-lisieren ist. Die „general rule" sei nicht anwendbar, weil sie auf den Entscheidun-gen *Phillips v. Eyre* und *Boys v. Chaplin* beruhe, die beide keine „double locality cases" waren. Führe der „now well-familiar substance test"[88] zu dem Ergebnis, daß der Schwerpunkt des Delikts in England liege, sei deshalb englisches Recht anzuwenden, auch wenn sich einige relevante Umstände im Ausland ereignet hät-ten. Es gebe keinen Grund, weshalb es einer Person, die im Ausland gezielt oder vorhersehbar gegen jemanden in England handele, gestattet sein sollte, sich un-ter Berufung auf das Tatortrecht der Haftung nach englischem Recht zu entzie-hen[89]. Richter *Slade* verweist beispielhaft auf die Produkthaftungsentschei-dung *Castree v. Squibb Ltd.*[90], in der ein deutscher Hersteller in England über seinen dortigen Alleinvertriebshändler ein fehlerhaftes Produkt vertrieben hatte und das „substantial wrongdoing" im Rahmen der Zuständigkeitsvorschriften ebenfalls in England lokalisiert wurde. **140**

c) Die Lokalisation des Deliktes

Die unterschiedlichen Kollisionsregeln für In- und Auslandsdelikte verleihen der Bestimmung des Deliktsortes („place of wrong"[91]) zentrale Bedeutung. **141**

---

84 Vgl. The Law Commission, Working Paper Nr. 2.48, 5.89; The Law Commission, Report Nr. 3.12; *Dicey/Morris* 1409.
85 Wie vorige Fn.
86 *Metall und Rohstoff AG v. Donaldson Lufkin & Jenrette Inc.* (1989) 3 All E.R. 14.
87 *Metall und Rohstoff AG v. Donaldson Lufkin & Jenrette Inc.* (1989) 3 All E.R. 32 (*Slade* J.).
88 Wie vorige Fn.
89 Kritisch dazu *North*, Rec. des Cours 220 I (1990) 242f.
90 Siehe oben bei und in Fn. 42.
91 Vgl. *Dicey/Morris* 1382.

Die praktische Relevanz der kollisionsrechtlichen Lokalisation ist bislang aber gering, weil die Vorentscheidung in dem differenzierten und von den englischen Gerichten streng gehandhabten Zuständigkeitsrecht[92] getroffen wird[93]. Deshalb gibt es nur sehr wenige Gerichtsentscheidungen, in denen der Deliktsort im Rahmen des Kollisionsrechts bestimmt wird[94]. Rechtsprechung zum kollisionsrechtlichen „place of wrong" der Produkthaftung gibt es, soweit ersichtlich, überhaupt nicht[95].

142 Die Rechtsprechung hat sich in den wenigen Fällen, in denen der kollisionsrechtliche Deliktsort zu bestimmen war, auf die Entscheidungen zu der bis 1987 geltenden Zuständigkeitsregel Ordre 11, r. 1 (1) (h) R.S.C. gestützt und den in ihnen entwickelten „substance test"[96] angewandt[97]. Dieses Vorgehen wurde unlängst vom Court of Appeal in *Metall und Rohstoff AG v. Donaldson Lufkin & Jenrette Inc.*[98] bekräftigt[99]. Das Gericht betont, daß in keiner der früheren Entscheidungen den Worten „tort committed within the jurisdiction" eine spezielle Bedeutung im Zusammenhang mit der früheren Order 11, r. 1 (1) (h) R.S.C. beigemessen wurde[100]. Das Gericht sieht auch sonst keine Gründe, den inzwischen wohl vertrauten „substance test" im Kollisionsrecht nicht anzuwenden[101]. Der „test" könne zwar aufgrund der Umstände des Einzelfalles zu schwierigen Problemen führen, aber „double locality cases" brächten zwangsläufig schwierige Probleme mit sich und es bestehe kein Anlaß zu vermuten, daß der „substance test" zu Ungerechtigkeit oder größeren Schwierigkeiten führe als andere Methoden.

143 In der Lehre werden zahlreiche Einwände dagegen erhoben, die Entscheidungen zur Internationalen Zuständigkeit für das Kollisionsrecht heranzuziehen. Die Haupteinwände sind[102]: Die Deliktsortbestimmung im Zuständigkeits-

---

92 Siehe oben III. Zur grundsätzlichen Zurückhaltung der Gerichte, eine internationale Zuständigkeit zu bejahen, *Collins*, ICLQ 21 (1972) 658.

93 *Fentiman*, C.L.J. 1989, 193 („suspicion that substantial tortious conflicts will seldom arise in England because such disputes can be disposed of at a jurisdictional stage").

94 Vgl. etwa *Armagas Ltd. v. Mudogas S.A.* [1986] A.C. 717, 740 (C.A.); bestätigt durch das House of Lords (1986) A.C. 717, 773 (arglistige Täuschung), weitere Nachweise bei *Morse*, Current Legal Problems 42 (1989) 172; *Cheshire/North* 540; *Dicey/Morris* 1384; *Kaye* 58.

95 *Morse*, Current Legal Problems 42 (1989) 172 („there is no direct English authority ... ... since the matter has not been considered in this context in any reported case").

96 Siehe oben II. 2.

97 Nachweise in *Metall und Rohstoff AG v. Donaldson Lufkin & Jenrette Inc.* (1989) 3 All E.R. 30 f.

98 Nachweise in *Metall und Rohstoff AG v. Donaldson Lufkin & Jenrette Inc.* (1989) 3 All E.R. 14.

99 Das Gericht bestimmte den kollisionsrechtlichen Deliktsort im Rahmen der Zuständigkeitsprüfung, nämlich bezüglich der Frage, ob der Kläger „a good arguable case" dartue, damit das Gericht sein Ermessen im Sinne der Erlaubnis zur Zustellung im Ausland ausübe. Kritisch *Fentiman*, C.L.J 89, 191: Die Entscheidung zeige trefflich „how the distinction between jurisdiction and choice of law may collapse in practice".

100 (1989) 3 All E.R. 30.

101 (1989) 3 All E.R. 32.

102 Vgl. *Cheshire/North* 539 ff.; *Dicey/Morris* 1384 f.; The Law Commission, Working Paper Nr. 4.68.

recht erfordere nur die Prüfung, ob ein Deliktsort im Inland liege. Wo das Delikt im Ausland begangen worden sei, werde nicht festgestellt. Mehrere Delikts-
orte seien im Zuständigkeitsrecht unschädlich, das Kollisionsrecht verlange dagegen die Bestimmung eines einzigen Deliktsortes. Zu berücksichtigen sei
auch, daß das Gericht im Zuständigkeitsrecht eine Ermessensentscheidung
treffe. Außerdem sei es verfehlt eine Methode heranzuziehen, die für eine inzwischen außer Kraft gesetzte Zuständigkeitsregel entwickelt worden sei.

Speziell im Hinblick auf die Produkthaftung wird eingewandt, der „substance **144**
test" führe zu einer beträchtlichen Rechtsunsicherheit, weil Produkthaftungssachverhalte in besonderem Maße Berührungspunkte mit mehreren Rechtsordnungen hätten[103]. Die Rechtsunsicherheit werde vergrößert; denn Gerichte
würden, um ihre Zuständigkeit zu bejahen, wie in *Castree v. Squibb Ltd.*[104],
den Fahrlässigkeitsvorwurf von der Pflicht, ein Produkt fehlerfrei herzustellen,
auf die Pflicht verlagern, vor einem Fehler des Produkts zu warnen[105]. Der
„substance test" sei mithin in höchstem Maße manipulierbar[106].

Von *Dicey/Morris*[107] wird der von der Rechtsprechung praktizierte „substance **145**
test" im Ergebnis jedoch gutgeheißen. Dieser Test gebe genügend Spielraum, um
Faktoren wie die Natur und die wesentlichen Elemente eines Delikts kollisionsrechtlich zu würdigen. *Cheshire/North*[108] sprechen sich hingegen dafür aus,
den Deliktsort im Kollisionsrecht eigenständig zu bestimmen. Das sei grundsätzlich nicht schwierig, wenn man anerkenne, daß der Ort von Delikt zu Delikt variieren könne und die Zwecke des Sachrechts zu beachten seien. Das Hauptziel der
Fahrlässigkeitshaftung sei der Rechtsgüterschutz. Das deute darauf hin, daß Deliktsort der Ort sei, an dem die Rechtsgutsverletzung erlitten wird. Auch im Falle
einer verschuldensunabhängigen Haftung scheine die Regel des „last event necessary to complete the tort" besser geeignet als die Handlungsortstheorie.

d) Die Anwendbarkeit des CPA 1987

Die Frage, unter welchen Voraussetzungen englische Gerichte Teil 1 des CPA **146**
1987, der die EG-Produkthaftungsrichtlinie umsetzt, in Fällen mit Auslandsberührung anzuwenden haben, wird bislang nur selten behandelt. Die Antworten sind unsicher.

---

103 *Morse*, Current Legal Problems 42 (1989) 172; *Kaye* 57.
104 (1980) 2 All E.R. 589 = (1980) 1 W.L.R. 1248.
105 *Morse*, Current Legal Problems 42 (1989) 192 f. (er meint, diese Methode müsse versagen,
    wenn eine Warnung absurd wäre, weil ein Produkt in jeder Beziehung fehlerhaft sei); *Kaye* 58.
106 *Kaye* 58.
107 *Dicey/Morris* 1387. Die grundsätzlichen Einwände werden also wohl nur erhoben, um den
    „substance test" ohne strenge Bindung an die Entscheidungen zur internationalen Zuständig-
    keit handhaben zu können.
108 *Cheshire/North* 552 ff. — Kritisch gegenüber diesem Vorschlag *Kaye* 58 („This would seem
    to differ little from the Monroe test in terms of its rigidity in individual cases, and further
    to be capable of leading to arbitrary and artificial assessments of interests to be protected and
    purposes of rules").

147   Erwogen wird einerseits die Anwendung der englischen Kollisionsregeln über Delikte[109]. Auch *Morse*[110] hält es für wahrscheinlich, daß die Haftung nach dem CPA 1987 kollisionsrechtlich als deliktische Haftung qualifiziert werden wird. Gleichwohl sucht er Möglichkeiten einer abweichenden Qualifikation, um den seiner Ansicht nach besonders im Bereich der Produkthaftung ungeeigneten traditionellen Kollisionsregeln zu entgehen. Einen Ansatzpunkt sieht er in sec. 6 (7) des CPA 1987, der bestimmt, daß die Haftung *zuständigkeitsrechtlich* als deliktische Haftung zu behandeln sei. Hieraus könne man folgern, daß die Haftung an sich keine deliktische Haftung, sondern eine Haftung sui generis sei[111]. Für sie könne deshalb eine eigene Kollisionsregel entwickelt werden, die ihrer Natur, ihrem Zweck und ihrer Quelle entspreche.

148   Gestützt auf die EG-Dimension des Problems wird andererseits eine vom englischen Kollisionsrecht unabhängige, autonome Lösung erwogen[112]. Allgemein verworfen wird der Gedanke, das Gesetz nur auf reine Inlandsfälle anzuwenden. Dies sei angesichts der Häufigkeit internationaler Produkthaftungssachverhalte nicht vertretbar[113]. Eine denkbare Lösung sei, das Gesetz in allen Fällen anzuwenden, in denen englische Gerichte international zuständig sind (lex fori-Theorie). Nach *Morse*[114] sollte die lex fori jedoch keine Anwendung finden, wenn der Sachverhalt wesentliche Beziehungen zu einem anderen Mitgliedstaat der EG hat, dessen Recht für den Kläger günstiger ist. So sollte nicht das englische Recht maßgeblich sein, das den Einwand des Entwicklungsrisikos zuläßt, sondern das Recht eines anderen Staates, das den Einwand nicht zuläßt, sei es das Recht des Verletzungsortes, des Herstellersitzes, des Herstellungsortes oder des Staates, in dem das Produkt vertrieben wurde und vom Geschädigten erworben wurde. *Morse* räumt jedoch ein, es lasse sich nicht zuverlässig voraussagen, ob englische Gerichte eine autonome Lösung befürworten würden, und es sei noch unwahrscheinlicher, daß seine Vorschläge akzeptiert würden.

149   Unklar ist, für welche Lösung *Smith*[115] eintritt. Er argumentiert einerseits für die Maßgeblichkeit des Rechts am Hauptgeschäftssitz des Herstellers, will aber andererseits mit der Begründung, der Hersteller könne sich entsprechend versichern, das Recht des Wohnsitzes des Geschädigten zur Anwendung bringen, wenn es den Entwicklungseinwand anders als das Recht am Hauptgeschäftssitz des Herstellers nicht zuläßt.

---

109 *Smith*, LIEI 1990, 101 ff.; *Kaye* 63 Fn. 14 (sei es auch nur, um zu verhindern, daß unter der double actionability rule die Frage unterschiedlich beantwortet werde, ob eine Haftung nach dem CPA und jeweils anwendbaren Deliktsrechten bestehe).
110 *Morse*, Current Legal Problems 42 (1989) 184 f.
111 Gegen diesen Umkehrschluß *Kaye* 63 Fn. 14.
112 *Morse*, Current Legal Problems 42 (1989) 181 ff.; *Smith*, LIEI 1990, 134 f.
113 *Morse*, Current Legal Problems 42 (1989) 181; *Smith*, LIEI 1990, 134.
114 *Morse*, Current Legal Problems 42 (1989) 183 f.
115 *Smith*, LIEI 1990, 134 f.

3. Reform

a) Der Gang der Reformarbeiten

Ausgangspunkt der Reformüberlegungen waren die Arbeiten an einem EG-Übereinkommen über das auf vertragliche und außervertragliche Schuldverhältnisse anwendbare Recht[116]. Die englische und die schottische Law Commission wurden beauftragt, einen Bericht zu erstellen. Sie setzten 1979 eine gemeinsame Arbeitsgruppe ein, die auf EG-Ebene die Delegation des Vereinigten Königreichs hinsichtlich des Internationalen Deliktsrechts beraten sollte. Die Arbeitsgruppe sollte auch Vorschläge zur Reform des autonomen Internationalen Deliktsrechts unterbreiten. Sie setzte ihre Arbeit deshalb auch fort, als auf EG-Ebene der Plan, dieses Rechtsgebiet zu vereinheitlichen, nicht mehr weiterverfolgt wurde.   **150**

Die Arbeitsgruppe legte 1984 ein umfangreiches Gutachten vor[117]. Der Abschlußbericht der Law Commissions, der einen Gesetzesvorschlag enthält, folgte im Jahre 1990[118]. „Working Paper" und „Report" stießen im Schrifttum auf große Resonanz.   **151**

b) Die Stellungnahmen der offiziellen Gremien

aa) Zur Notwendigkeit einer Reform

Das Gutachten der gemeinsamen Arbeitsgruppe der Law Commissions nennt drei Gründe, die eine Reform notwendig machen. Erstens sei das geltende Recht systemwidrig, weil entgegen einem allgemeinen Grundsatz des Kollisionsrechts auf Delikte ungeachtet ihrer Auslandsberührung grundsätzlich *auch* die lex fori anzuwenden sei. Zweitens führe das geltende Recht zu Ungerechtigkeiten, weil die „double actionability"-Regel den Schädiger begünstige[119] und den englischen Gerichten die Möglichkeit nehme, *allein* nach englischem Recht zu entscheiden. Drittens sei das geltende Recht unsicher, weil die auf der Entscheidung *Boys v. Chaplin*[120] beruhende Ausnahme zu der „general rule" in ihren Voraussetzungen und Rechtsfolgen unklar sei.   **152**

Die Law Commissions schlossen sich dem im wesentlichen an. Sie ließen sich von eher pragmatischen Argumenten der Verfechter des geltenden Rechts nicht überzeugen[121]. Zentraler Punkt der Reform sei die lex fori-Regel, die eine unberechtigte Anomalie darstelle[122].   **153**

---

116 Vgl. The Law Commission, Working Paper Nr. 1.6 ff.
117 The Law Commission, Working Paper.
118 The Law Commission, Report.
119 Vgl. dazu auch *Nevermann*, RIW 1991, 906.
120 Siehe oben Fn. 69.
121 The Law Commission, Report Nr. 2.10.
122 The Law Commission, Report Nr. 2.6.

bb) Die Vorschläge der Arbeitsgruppe der Law Commissions

154   Die Arbeitsgruppe schlug zwei Modelle für eine Reform des Internationalen Deliktsrechts vor, die sie als gleich geeignet ansah, in Fällen mit Auslandsberührung das Recht zu bestimmen „which it is most appropriate to apply". Beide Modelle würden in den allermeisten Fällen zu den gleichen Ergebnissen führen[123]. Es bestünden aber konzeptionelle Unterschiede. Die Modelle gründeten auf unterschiedlichen Annahmen, ihre Funktionsweise sei völlig verschieden und sie unterschieden sich in der ihnen eigenen Rechtssicherheit. Beide Modelle würden entgegen dem geltenden Recht[124] auch die Fälle erfassen, in denen der Deliktsort im Vereinigten Königreich liege[125].

155   Modell 1, das „lex loci delicti-Modell"[126], sieht als Grundregel vor, daß ein Delikt dem Recht des Staates untersteht, in dem es sich ereignet hat. Der maßgebliche Deliktsstaat wird für „multi-state cases" definiert: Bei einer Körperverletzung ist es der Staat, in dem sich der Geschädigte aufhielt, als er verletzt wurde; bei einer Sachbeschädigung der Staat, in dem sich die Sache befand, als sie beschädigt wurde; bei einer Personenverletzung mit Todesfolge der Staat, in dem sich der Verstorbene aufhielt, als er tödlich verletzt wurde; bei einer Persönlichkeitsverletzung der Staat der Veröffentlichung; und in anderen Fällen der Staat, in dem sich die wesentlichsten Teile des Geschehens ereigneten. Eine „rule of displacement" erlaubt es, anstelle der lex loci delicti commissi das Recht des Staates anzuwenden, mit dem der Sachverhalt und die Parteien im Zeitpunkt des Schadensereignisses die engste und realste Verbindung haben, aber nur wenn der Sachverhalt und die Parteien eine unbedeutende Ver-

---

123 The Law Commission, Working Paper Nr. 4.145; zustimmend *Fawcett*, M.L.R. 48 (1985) 441.
124 Siehe oben 2. b).
125 The Law Commission, Working Paper Nr. 5.92.
126 Vgl. The Law Commission, Working Paper Nr. 4.144, 5.91, 7.2. Der Regelungsvorschlag lautet:
„Model 1: *The application, subject to an exception, of the law of the country where the tort or delict occurred*
General rule
The applicable law is that of the country where the tort or delict occurred.
Definition, for multi-state cases, of the country where the tort or delict occurred
(i)   *personal injury and damage to property:*
      the country where the person was when he was injured or the property was when it was damaged;
(ii)   *death*
      the country where the deceased was when we was fatally injured;
(iii)   *defamation:*
      the country of publication;
(iv)   *other cases:*
      the country in which the most significant elements in the train of events occured.
Rule of displacement
      The law of the country where the tort or delict occured may be disapplied, and the law of the country with which the occurrence and the parties had, at the time of the occurrence, the closest and most real connection applied instead, but only if the occurrence and the parties had an insignificant connection with the country where the tort or delict occurred and a substantial connection with the other country."

bindung mit dem Deliktsstaat und eine bedeutende Verbindung mit dem anderen Staat haben.

Modell 2, „das proper law-Modell"[127], beruft in der Grundregel das „proper law of the tort", nämlich das Recht des Staates, mit dem der Sachverhalt und die Parteien im Zeitpunkt des Schadensereignisses, die „closest and most real connection" hatten. Die Grundregel wird durch widerlegliche Vermutungen des „proper law" ergänzt, die den Definitionen des Deliktsstaates im Modell 1 entsprechen. Bei einer Körperverletzung wird also als „proper law" das Recht des Staates vermutet, in dem sich der Verletzte aufhielt, als er verletzt wurde, etc. Widerleglich ist die Vermutung aber nur, wenn der Sachverhalt und die Parteien eine unbedeutende Verbindung mit dem Staat haben, auf dessen Recht die Vermutung weist, und eine bedeutende Verbindung mit einem anderen Staat haben. **156**

Im Hinblick auf die Produkthaftung[128] kam die Arbeitsgruppe zu dem Schluß, daß eine spezielle Regelung nicht notwendig sei. Beide vorgeschlagenen Modelle seien auch für sie geeignet. Ein Vorbehalt, daß der Haftpflichtige das maßgebliche Recht habe vorhersehen können, sei nicht erforderlich[129]. **157**

cc) Die Vorschläge der Law Commissions

Die Law Commissions bevorzugen als Ausgangspunkt Modell 1 als eine klare und einfache Regel. Sie verbinde die Sicherheit der Grundregel, nach der die lex loci delicti anzuwenden ist, mit der Flexibilität einer Ausnahme zugunsten des proper law[130]. Die Kommissionen sprechen sich aber dafür aus, das anwendbare Recht unmittelbar als das Recht des Ortes zu berufen, an dem das **158**

---

127 Vgl. The Law Commission, a. a. O. (wie vorige Fn.). Der Regelungsvorschlag lautet insoweit:
„Model 2: *The proper law*
General rule
The applicable law is that of the country with which the occurrence and the parties had, at the time of the occurrence the closest and most real connection.
Presumptions
In the case of the following types of tort or delict, the country with which the occurrence and the parties had the closest and most real connection is presumed to be, unless the contrary is shown —
(i) *personal injury and damage to property:*
   the country where the person was when he was injured or the property was when it was damaged;
(ii) *death*:
   the country where the deceased was when we was fatally injured;
(iii) *defamation*:
   the country of publication.
A presumption may be departed from only if the occurrence and the parties had an insignificant connection indicated by the presumption and a substantial connection with another country.".
128 Dazu The Law Commission, Working Paper Nr. 5.6ff.
129 The Law Commission, Working Paper Nr. 5.25.
130 The Law Commission, Report Nr. 1.8.

Rechtsgut verletzt wurde, etc., und nicht als das Recht des Ortes, an dem das Delikt zu lokalisieren ist. Außerdem erachten sie die von der Arbeitsgruppe vorgeschlagene Ausweichklausel als zu eng gefaßt[131]. Schließlich sind sie entgegen der Arbeitsgruppe[132] der Ansicht, daß Delikte, die sich *im* Vereinigten Königreich ereignen, stets dem Recht des Teils des Vereinigten Königreichs unterliegen sollten, in dem sie begangen wurden[133]. Auf diese Weise werde verhindert, daß eine im Vereinigten Königreich rechtmäßige Handlung mit einer Haftung nach ausländischem Recht belegt werde. Diese Anknüpfung entspreche dem hergebrachten Grundsatz ,,locus regit actum" und den Parteierwartungen. Eine spezielle Kollisionsnorm über die Produkthaftung wird für nicht erforderlich gehalten[134].

159 Der Gesetzentwurf der Law Commissions lautet, soweit hier von Interesse:

,,2. − (1) Subject to subsection (4) below, the applicable law in relation to any proceedings to which this Act applies shall, in so far as they are brought in respect of −
(a) personal injury caused to an individual; or
(b) the death of an individual resulting from personal injury, be the law of the country or territory where that individual was when he sustained the injury.

(2) Subject to subsection (4) below, the applicable law in relation to any proceedings to which this Act applies shall, in so far as they are brought in respect of any damage to property, be the law of the country or territory where that property was when it was damaged.

(3) Subject to subsection (4) below, the applicable law in relation to any proceedings to which this Act applies shall, in so far as they are brought in respect of anything not mentioned in subsection (1) or (2) above, be −
(a) the law of the country or territory where the most significant elements of the events constituting the subject-matter of the proceedings took place, or
(b) if such a country or territory is not identifiable, the law of the country or territory with which the subject-matter of the proceedings has the most real and substantial connection.

(4) Where apart from this subsection the law of a particular country or territory would, by virtue of subsection (1), (2) or (3)(a) above, be the applicable law in relation to any proceedings to which this Act applies but it appears from a comparison of −
(a) the significance, in all the circumstances, of the factors which connect the subject-matter of the proceedings with that country or territory (including any not mentioned in subsection (1) to (3) above); and
(b) the significance, in those circumstances, of any factors constituting a real and substantial connection between the subject-matter of the proceedings and another country or territory, that it would be substantially more appropriate for the que-

---

131 In diesem Sinne auch *Fawcett*, M.L.R. 48 (1985) 443; er will die Ausweichklausel nicht an Voraussetzungen knüpfen und Rechtssicherheit durch die beispielhafte Aufzählung einer ,,closest and most real" Verbindung, etwa bei gemeinsamem gewöhnlichen Aufenthalt in einem anderen Staat als dem Deliktsstaat, gewährleisten.
132 The Law Commission, Working Paper Nr. 5.89−5.92.
133 The Law Commission, Report Nr. 3.16−3.19, 3.23.
134 The Law Commission, Report Nr. 3.22.

stions to which those proceedings give rise to be determined according to the law of that other country or territory, then the law of that other country or territory shall be the applicable law in relation to those proceedings.

(5) For the purposes of subsection (3)(b) and (4) above the factors that may be taken into account as connecting the subject-matter of any proceedings with a country or territory shall include, in particular, factors relating to the parties to the proceedings, to any of the events constituting, or connected with, the subject-matter of the proceedings or to any of the circumstances or consequences of those events.

(6) References in this section to the law of a country or territory shall not include references to the rules of private international law applicable by the courts of that country or territory.

(7) In this section „personal injury" includes disease or any impairment of physical or mental condition.

3. – (1) In so far as any proceedings to which this Act applies relate to, or to the consequences of, any conduct the most significant elements of which took place in a part of the United Kingdom, the questions to which those proceedings give rise shall be determined according to the law of the part of the United Kingdom, instead of according to the law which would be the applicable law under section 2 above."

c) Die Stellungnahmen des Schrifttums

aa) Befürworter der offiziellen Reformvorschläge

Befürworter einer Reform[135] sprechen sich ganz überwiegend für das lex loci delicti-Modell als Grundlage aus[136]. *Fawcett*[137] billigt dieses Modell grundsätzlich, kritisiert aber, daß nur das Recht des Staates zur Anwendung komme, in dem die Rechtsgutsverletzung eintrete. Er meint, der Kläger, hilfsweise das Gericht, solle alternativ das Recht des Handlungsstaates wählen dürfen. Die Bevorzugung des Klägers entspreche dem grundlegenden Streben im Deliktskollisionsrecht, dem Kläger Schadensersatz zu gewähren. *Morse*[138] befürwortet das lex loci delicti-Modell ausdrücklich für die Produkthaftung. **160**

bb) Eigenständige Reformvorschläge

(1) *Kaye*: Anknüpfung an den gewöhnlichen Aufenthalt der Parteien

Kaye[139] lehnt die Reformvorschläge der Law Commissions dagegen nachdrücklich ab. Das Beste, was sich zu ihren Gunsten sagen lasse, sei, daß sie pragmatisch seien: Die lex loci delicti werde häufig tatsächlich das geeignetste **161**

---

135 *Carter*, LQR 107 (1991) 405 ff., billigt allenfalls eine Abschwächung der lex fori-Regel aus *The Halley* (siehe Fn. 65), hält die Zeit für eine Reform durch Gesetz aber für noch nicht reif. – Zu der geringen Bereitschaft des Parlaments, Vorschläge der Law Commission umzusetzen, siehe *Reynolds*, LQR 107 (1991) 517 ff.
136 Vgl. die Nachweise bei *North*, Rec. des Cours 220 I (1990) 254 f.
137 *Fawcett*, M.L.R. 48 (1985) 446 f.
138 *Morse*, Current Legal Problems 42 (1989) 175.
139 *Kaye* 98.

Recht sein, und wenn nicht, bestünde die Möglichkeit auf ein anderes Recht auszuweichen, wenn auch auf vager und unbestimmter Grundlage.

162 Seiner Ansicht nach sollte der gewöhnliche Aufenthalt der Parteien die Grundlage des reformierten Delikts- und Produkthaftungskollisionsrechts sein[140]. Haben die Parteien ihren gewöhnlichen Aufenthalt in demselben Staat, so ist nach *Kaye* das Recht dieses Staates anzuwenden. Haben sie ihren gewöhnlichen Aufenthalt in verschiedenen Staaten, so gebe es zwei Möglichkeiten. Die erste Möglichkeit sei, dem Kläger die Befugnis zu geben, zwischen den verschiedenen Rechten zu wählen[141]. Eine Wahlbefugnis des Klägers könnte allerdings dazu führen, daß der Beklagte einem für ihn fremden Recht unterstellt werde, mit dem ihm außer dem Umstand, daß sich der Geschädigte in dem betreffenden Staat gewöhnlich aufhält, nichts verbinde. Diesen Nachteil vermeide die zweite Möglichkeit: die kumulative Anwendung der verschiedenen Rechte[142]. *Kaye*[143] zieht es im Ergebnis gleichwohl vor, den Kläger bei gewöhnlichem Aufenthalt der Parteien in unterschiedlichen Staaten zwischen den verschiedenen Rechten wählen zu lassen. Diese Lösung verbinde geeignetes Recht mit Einfachheit und Gleichheit zwischen den Parteien auf höchster Stufe.

(2) *Lasok/Stone*: Tatortregel mit Ausweichklausel

163 Einen Vorschlag für ein EG-einheitliches Deliktskollisionsrecht unterbreiten *Lasok* und *Stone*[144] in dem Bewußtsein, daß ein Fortschritt auf EG-Ebene angesichts der Unterschiede zwischen den verschiedenen nationalen Ansätzen und ihrer Mängel eine grundlegende Überprüfung des Problemkreises erfordere. Sie verstehen ihren Vorschlag deshalb als Anstoß zu weiterer Diskussion.

164 Für „single-country torts", also für Fälle, in denen das gesamte haftungserhebliche Geschehen in einem einzigen Land stattfindet, müsse die Grundregel ohne Zweifel die lex loci delicti berufen[145]. Der starren Grundregel sei aber eine Ausweichklausel[146] an die Seite zu stellen, die auf der Methode der „interest analysis" beruhe, d. h. nach der Funktionsfähigkeit der kollidierenden Sachnormen angesichts der gegebenen Situation und der verschiedenen Berührungspunkte entscheide. Die Ausweichklausel solle es erlauben, statt der lex loci delicti das Recht eines anderen Staates, in dem sich die Parteien gewöhnlich aufhalten, oder das gleichermaßen von der lex loci abweichende Recht verschiedener Aufenthaltsstaaten anzuwenden, vorausgesetzt die lex loci habe keinerlei wesentliches Interesse an der Entscheidung des Streits zwischen Personen, die mit ihr keine wesentliche Verbindung haben.

---

140 *Kaye* 99 ff.
141 *Kaye* 102 ff.
142 *Kaye* 107 f.
143 *Kaye* 108.
144 *Lasok/Stone* 395 f.
145 *Lasok/Stone* 389.
146 *Lasok/Stone* 391 f.

„Multi-country torts", also Fälle, in denen das erhebliche Geschehen in mehr   **165**
als einem Land stattfindet, sollten grundsätzlich dem Recht des Ortes unterliegen, an dem das Rechtsgut verletzt worden ist. Auch hier solle die gleiche Ausweichklausel wie bei „single-country torts" gelten[147].

Um Gerechtigkeit gegenüber dem Beklagten zu gewährleisten, sei jedoch eine   **166**
Einschränkung der allgemeinen Regeln notwendig[148]. Der Beklagte solle sich
auf das Recht am Handlungsort berufen können, wenn er vernünftigerweise
nicht vorhersehen konnte, daß sein Verhalten in einem anderen Staat zu einer
Verletzung führt, oder wenn er durch vernünftige Maßnahmen nicht verhindern konnte, daß sein Verhalten sich dort auswirkt, *und* es bei Würdigung aller
Umstände ungerecht wäre, ihm eine größere Haftung aufzuerlegen, als sie das
Recht des Handlungsortes vorsieht. Für Produkthaftungssachverhalte bedeute
dies, daß ein Hersteller, der nur für seinen Markt produziere und von Fremdex-
porten nicht wisse oder sie jedenfalls nicht verhindern könne, nur nach dem
Recht seines Staates hafte, nicht etwa nach dem strengeren Recht des Staates,
in dem das fehlerhafte Produkt zu einer Rechtsgutsverletzung geführt hat.
Wenn das Recht des Herstellersitzes dem Hersteller allerdings nicht einmal eine
Pflicht zu vernünftiger Sorgfalt auferlege, hafte der Hersteller selbst dann verschuldensabhängig nach dem Recht des Verletzungsortes, wenn er alles getan
hat, um einen Export zu verhindern.

Bedeutsam ist eine weitere Einschränkung der allgemeinen Regeln[149]. Wenn   **167**
mehrere Personen geschädigt sind, sei von der lex loci delicti nur abzuweichen,
wenn sie alle demselben Staat angehören. Eine unterschiedliche Behandlung
mehrerer Geschädigter eines Ereignisses sei willkürlich und ganz unan-
nehmbar.

---

147 *Lasok/Stone* 394 f.
148 *Lasok/Stone* 395.
149 *Lasok/Stone* 395 f.

§ 5 Quebec

I. Relevanz

168 In Quebec gilt für einen speziellen Bereich der Produkthaftung, nämlich der Haftung für einen aus Quebec stammenden Grundstoff, bereits seit 1989 eine zuständigkeits- und anerkennungsrechtlich abgesicherte[1] Kollisionsnorm[2]. Eine umfassende Regelung des Sach-[3] und Kollisionsrechts[4] der Produkthaftung enthält die Neufassung des Code civil vom 18.12.1991[5], die am 1.1.1994 in Kraft getreten ist[6].

169 Die Quebecer Regelungen sind wegen ihrer Aktualität von besonderem Interesse. Hinzukommt, daß Quebec als „île de droit civil dans un océan de common law"[7] eine Sonderstellung einnimmt[8]. Da es die Einflüsse beider Rechtsfamilien vereint, könnten seine Lösungen in besonderem Maße zur internationalen Übernahme geeignet sein[9].

II. Überblick über die Gesetzeslage und die Reform

170 Der „Code civil du Bas-Canada" von 1867 ist noch heute in Kraft[10]. An seine Seite trat 1980 der „Code civil du Québec", der in erster Linie das Familienrecht regelt. Über ein eigenes umfassendes Zivilgesetzbuch verfügt Quebec erst seit Inkrafttreten des „Nouveau Code civil du Québec" am 1.1.1994.

171 Die Reformbestrebungen[11] reichen bis in das Jahr 1955 zurück. Das damals vom Parlament eingesetzte „Office de revision du Code civil du Québec" legte

---

1 Siehe unten IV.1. − Art. 180.1 des Code de procédure civile bestimmt für die Anerkennung und Vollstreckung ausländischer Entscheidungen: „180.1 ... [L]a reconnaissance et l'exécution d'un jugement rendu hors du Québec sont refusées lorsque, en raison de la matière, le droit du Québec a attribué à ses tribunaux une juridiction exclusive pour connaître de la demande ou de l'action qui a donné lieu à ce jugement ou lorsqu'il est fondé sur des règles du droit étranger alors qu'existe au Québec une règle de droit dont l'application est impérative."
2 Siehe unten IV. 1.
3 Siehe unten III. 3.
4 Siehe unten IV. 3.
5 Lois du Québec 1991, C. 64.
6 Vgl. *Glenn*, IPRax 1994, 308; *Groffier*, Rev. crit. 81 (1992) 585 Fn. 5; *Gastel*, J.D.I. 1992, 625 Fn. 1.
7 *Groffier*, Rev. crit. 81 (1992) 585.
8 Vgl. z. B. *Crépeau*, Can. Bar Rev. 39 (1961) 4 („modèle vivant de droit comparé") sowie *Abrell* 4ff. (eingehend zur Geschichte).
9 *Groffier*, Rev. crit. 81 (1992) 585, der empfiehlt die Lösungen Quebecs bei der Schaffung eines europäischen IPR zu beachten.
10 *Groffier*, Rev. crit. 81 (1992) 585 Fn. 6.
11 Vgl. dazu *Abrell* 15ff.; *Rémillard*, R.G.D. 1991, 8ff.; *Gastel*, J.D.I. 1992; *Talpis/Goldstein*, R. du N. 91 (1989) 295ff. und den Abriß von *Groffier*, Rev. crit. 81 (1992) 585 Fn. 7.

1977 einen Entwurf vor[12], der aber nicht in das Gesetzgebungsverfahren gegeben wurde. Der Reform des Familienrechts durch den „Code civil du Québec" von 1980 folgte 1988 ein Regierungsvorentwurf über das Beweis-, Verjährungs- und Kollisionsrecht[13]. Erst aufgrund eines Gesetzentwurfs aus dem Jahre 1990[14] wurde schließlich am 18.12.1991 der neue Code Civil Quebecs beschlossen[15].

III. Sachrecht

Auch in Quebec ist die Produkthaftung zunächst von der Rechtsprechung auf der Grundlage der allgemeinen Vertrags- und Deliktshaftung entwickelt worden[16]. Eine spezielle Regelung brachte erstmals der Comsumer Protection Act von 1978[17]. Danach hatten Personen, die das schädigende Produkt durch einen Vertrag erworben hatten, neben den allgemeinen deliktsrechtlichen Ansprüchen vertragsrechtliche Ansprüche gegen den Verkäufer und auch gegen den Produzenten, auch wenn sie mit diesem nur über eine Vertragskette verbunden waren. Andere Geschädigte ohne eine „lien de droit" waren auf das allgemeine Deliktsrecht beschränkt[18]. 172

Mit dem Code Civil von 1991 wurde das Produkthaftungsrecht auf eine neue Grundlage gestellt. Nach den Stellungnahmen zum Gesetzentwurf[19] hat sich der Gesetzgeber dabei von der EG-Produkthaftungsrichtlinie inspirieren lassen und die Inverkehrgabe eines fehlerhaften Produkts („vice de sécurité du bien") zum Haftungsgrund gemacht. Entgegen dem Vorentwurf[20], der eine Exklusivität des neuen Haftungsregimes vorsah, ist es grundsätzlich bei der Trennung von vertraglichen und außervertraglichen Ansprüchen geblieben. 173

IV. Internationales Zuständigkeitsrecht

1. Entwicklung

Die Regeln des Internationalen Zuständigkeitsrechts Quebecs und der anderen kanadischen Provinzen waren lange Zeit fast wortgleich mit den englischen Rules of the Supreme Court[21]. Wie in England wurde als zuständigkeitsbe- 174

---

12 Civil Code Revision Office, Report on the Quebec Civil Code, 1977 (Éditeur officiel du Québec).
13 Vorentwurf der „Loi portant réforme au Code civil de Québec du droit de la preuve et de la prescription et du droit international privé", Assemblée nationale, 33. Legislatura, 2. session, Editeur officiel du Québec, 1988. Vgl. dazu *Talpis/Goldstein*, R. du N. 91 (1989) 293 ff.
14 Projet de loi 125, Assemblée national, 34. Législature, 1 session.
15 Siehe Fn. 5.
16 Vgl. dazu *Duintjer Tebbens* 58 ff.
17 S.Q. 1978, C.9.
18 Eingehend hierzu *Speer*, RIW 1985, 849 f.
19 Vgl. *Rémillard*, R.G.D. 22 (1991) 29.
20 Vgl. *Rémillard*, R.G.D. 22 (1991) 30.
21 Vgl. *Bisset-Johnson*, Rev. du Bar Can. 18 (1970) 548.

gründender Tatort zunächst nur der Handlungsort anerkannt[22]. Eine Änderung brachte im Jahre 1973 die Entscheidung des Supreme Court of Canada in dem Produkthaftungsrechtsstreit *Moran v. Pyle National (Canada) Ltd.*[23]. Das Gericht bejahte die internationale Zuständigkeit der Gerichte Saskatchewans, wo der Kläger durch eine defekte Glühbirne zu Schaden gekommen war, gegen den Hersteller mit Sitz in Ontario, obwohl dieser in Saskatchewan weder Geschäfte tätigte noch Vermögen hatte. Es verwarf jede zuständigkeitsrechtliche Festlegung auf den Handlungsort oder den Erfolgsort als zu willkürlich und zu starr. Die Zuständigkeit der Gerichte des Erfolgsortes befürwortete es unter der Voraussetzung, daß der Beklagte den Gebrauch seiner Produkte in diesem Staat vernünftigerweise voraussehen konnte.

175 Für Quebec wurde dieser Entscheidung keine Bedeutung zuerkannt, weil Art. 68 des Quebecer Zivilverfahrensgesetzes eine besondere Zuständigkeit nur dann eröffnet, wenn „toute la cause d'action" in dieser Provinz stattgefunden hat[24]. Diese Formulierung wird allgemein so verstanden, daß alle vom Kläger zu beweisenden Tatsachen in Quebec eingetreten sein müssen[25]. Ob diese Voraussetzungen erfüllt waren, wurde in einem 1981 vom Supreme Court entschiedenen Rechtsstreit[26] sehr kontrovers beurteilt. Die Beklagte, ein Unternehmen aus dem US-Bundesstaat Pennsylvania, hatte eine Maschine nach Quebec geliefert, dort installiert und dort die klagende Käuferin fehlerhaft über den Gebrauch instruiert. Arbeiter der Klägerin warteten die Maschine falsch, wodurch ein Feuer ausbrach, das auch an anderen Sachen der Klägerin großen Schaden anrichtete. Die Cour d'appel du Québec[27] verneinte ihre internatio-

---

22 Speziell zu Produkthaftungsklagen vgl. *Bisset-Johnson*, Rev. du Bar Can. 18 (1970) 548 ff.; vgl. auch *Castel*, Conflict 947.

23 (1973) 43 D.L.R. 3 d, 250; vgl. dazu *Duintjer Tebbens* 287 f.; *Collins*, I.C.L.Q. 24 (1975) 328 ff.; *North*, Rec. des Cours 220 I (1990) 212. − Die Entscheidung wird auch für die *kollisionsrechtliche* Bestimmung des Tatorts im Rahmen der double actionability-Regel herangezogen; vgl. *Castel*, DIP 467.

24 Art. 68 lautet:
„Subject to the provisions of articles 70, 71, 74 and 75, and notwithstanding any agreement to the contrary, a purely personal action may be instituted:
1. Before the court of the defendant's real domicile or, in the cases contemplated by article 85 of the Civil Code, before that of his elected domicile.
   If the defendant has no domicile in the province but resides or possesses property therein, he may be sued before the court of the place where such property is situated, or before the court of the place where the action is personally served upon him;
2. Before the court of the place where the whole cause of action has arisen; or, in an action for libel published in a newspaper, before the court of the district where the plaintiff resides if the newspaper has circulated therein;
3. Before the court of the place where the contract which gives rise to the action was made. A contract giving rise to an obligation to deliver, negotiated through a third party who was not the representative of the creditor of such obligation, is deemed to have been made at the place where the latter gave his consent.".

25 *Trower & Sons Ltd. v. Ripstein*, (1942) S.C.R. 107; vgl. *Castel*, DIP 687; *Groffier*, DIP 177; *Abrell*, 227 m. w. N.

26 *Wabasso Ltd. v. National Drying Machinery Co.* (1981) 1 R.C.S. 578.

27 (1979) C.A. 279, 287.

nale Zuständigkeit, weil die Beklagte die von ihr unterlassene Aufklärung auch in Pennsylvania hätte geben können und man daher nicht sagen könne, „toute la cause d'action" habe sich in Quebec ereignet. Der Supreme Court[28] bejahte indes die internationale Zuständigkeit, weil die Instruktion nach Anlieferung der Maschine in Quebec unterlassen worden sei.

Seit 1989 sind die (erstinstanzlichen) Gerichte Quebecs gemäß Art. 21.1 des Zivilverfahrensgesetzes international ausschließlich zuständig, wenn auf Ersatz eines Schadens geklagt wird, der durch einen aus Quebec stammenden Grundstoff verursacht worden sein soll[29]. **176**

2. Reformbestrebungen

Der Entwurf von 1977[30] sollte den Gerichten die Möglichkeit geben, ihre (internationale) Zuständigkeit auszudehnen[31]. Es sollte deshalb für die besondere Zuständigkeit in Vermögenssachen nicht mehr erforderlich sein, daß sich das gesamte klagebegründende Geschehen („toute la cause d'action") in Quebec ereignet[32], sondern ausreichen, daß „la cause d'action" dort zu lokalisieren ist[33]. Der Regierungsvorentwurf aus dem Jahre 1988 löste den Begriff „la cause d'action" in konkrete Umstände auf[34]. Seine Formulierung wurde in den Nouveau Code Civil übernommen[35]. **177**

3. Der Code civil in der Neufassung von 1991

Nach dem Nouveau Code civil[36] sind die Gerichte Quebecs stets international zuständig, wenn der Beklagte seinen Wohnsitz[37] in Quebec hat (Artt. 3134, 3148)[38]. Eine besondere Zuständigkeit, die für Produkthaftungsstreitigkeiten **178**

---

28 Siehe Fn. 26 − Vgl. hierzu *Groffier*, DIP 180 („laisse quelque peu perplexe").
29 Die Vorschrift lautet: „Les tribunaux du Québec ont juridiction exclusive pour connaître en première instance de toute demande ou de toute action fondée sur la responsabilité prévue à l'article 8.1 du code civil ... "; vgl. zu ihr *Glenn*, Rev. crit. 80 (1991) 41 ff.
30 Siehe Fn. 12.
31 Civil Code Revision Office, Report II/2 S. 988 f.
32 Vgl. Art. 68 Abs. 1 Nr. 3 Code du procédure civil (oben Fn. 24).
33 Vgl. dazu *Abrell* 227 f.
34 Art. 3511: „Dans les actions personnelles à caractère patrimonial, le tribunal du Québec est compétent lorsque: ... 2o Une faute a été commise au Québec, un préjudice y a été subi ou l'une des obligations découlant d'un contrat devait y être exécutée ... ".
35 Siehe sogleich unter 3.
36 Siehe oben Fn. 5.
37 Vgl. die gesetzliche Definition in Art. 75 des Nouveau Code civil: „lieu de son principal établissement".
38 Art. 3148: „Dans les actions personnelles à caractère patrimonial, les autorités québécoises sont compétentes dans les cas suivants:
  1. Le défendeur a son domicile ou sa résidence au Québec;
  2. Le défendeur est une personne morale qui n'est pas domiciliée au Québec mais y un établissement et la contestation est relative à son activité au Québec;

bedeutsam werden kann, besteht für Klagen gegen eine juristische Person, die keinen Sitz, wohl aber eine Zweigniederlassung in Quebec hat, wenn der Rechtsstreit auf eine (Geschäfts-)Tätigkeit in Quebec bezogen ist (Art. 3148 Nr. 2). Eine besondere Zuständigkeit besteht ferner, wenn in Quebec eine „faute" begangen wurde[39], ein Schaden erlitten wurde oder ein Schadensereignis stattfand[40] (Art. 3148 Nr. 3). Die Regelung wurde bewußt weit gefaßt, um jede Auseinandersetzung über den Ort einer unerlaubten Handlung auszuschließen[41].

179   Die forum non conveniens-Lehre wird in Art. 3135 anerkannt[42]. Nach dieser Vorschrift steht es im Ermessen eines an sich zuständigen Gerichts, seine Zuständigkeit auf Antrag einer Partei zu verneinen, wenn es annimmt, daß die Gerichte eines ausländischen Staates besser zur Streitentscheidung geeignet seien.

180   Die ausschließliche internationale Zuständigkeit für Klagen, die aus der Schädigung durch einen aus Quebec stammenden Grundstoff resultieren[43], ist nunmehr in Art. 3151[44] geregelt.

V. Kollisionsrecht

1. Entwicklung

181   Der Code civil von Bas-Canada aus dem Jahre 1867 regelt das Kollisionsrecht rudimentär in wenigen Vorschriften[45]. Mangels ausdrücklicher gesetzlicher

---

3. Une faute a été commise au Québec, un préjudice y a été subi, un fait dommageable s'y est produit ou l'une des obligations découlant d'un contrat devait y être exécutée;
4. Les parties, par convention, leur ont soumis les litiges nés ou à naître entre elles à l'occasion d'un rapport de droit déterminé;
5. Le défendeur a reconnu leur compétence.
Cependant, les autorités québécoises ne sont pas compétentes lorsque les parties ont choisi, par convention, de soumettre les litiges nés ou à naître entre elles, à propos d'un rapport juridique déterminé, à une autorité étrangère ou à un arbitre, à moins que le défendeur n'ait reconnu la compétence des autorités québécoises.
Art. 3134: „En l'absence de disposition particulière, les autorités du Québec sont compétentes lorsque le défendeur a son domicile au Québec.".
39 *Gastel*, J.D.I. 1992, 659, bezeichnet die Wahl des Begriffes „faute" als unglücklich, ohne hierfür allerdings eine Begründung zu geben.
40 Oder eine vertragliche Verpflichtung in Quebec zu erfüllen ist.
41 *Gastel*, J.D.I. 1992, 659.
42 Die Vorschrift lautet: „Bien qu'elle soit compétente pour connaître d'un litige, une autorité du Québec peut, exceptionnellement et à la demande d'une partie, décliner cette compétence si elle estime que les autorités d'un autre Etat sont mieux à même de trancher le litige.".
43 Vgl. dazu am Ende dieses Gliederungspunktes.
44 Die Vorschrift lautet: „Les autorités québécoises ont compétence exclusive connaître en première instance de toute action fondée sur la responsabilité prévue à l'article 3129.".
45 Artt. 6 bis 8, die auf Art. 3 des Code Napoléon aufbauen. Vgl. *Groffier*, Rev. crit. 81 (1992) 585. – Diese Vorschriften wurden erst am 1. 1. 1994 durch den novellierten Code civil abgelöst (siehe unten 3.).

Regelung[46] wurden unerlaubte Handlungen zunächst nach der lex loci delicti commissi beurteilt[47]. Hiervon wich der Supreme Court of Canada im Jahre 1930 jedoch ab, indem er — auch für Quebec — die double actionability rule des englischen IPR[48] für maßgeblich erachtete[49]. Diese Entscheidung, die noch bis 1. 1. 1994 Geltung beanspruchte[50], wurde als Mißachtung der historisch gewachsenen Sonderstellung des Kollisionsrechts von Quebec häufig kritisiert[51]. Bis auf wenige Ausnahmen sind die Gerichte Quebecs dem Supreme Court gleichwohl gefolgt[52].

Im Jahre 1989 wurde eine spezielle Kollisionsnorm in den Code civil eingefügt, **182** wonach die Haftung für Schäden, die durch einen aus Quebec stammenden Grundstoff verursacht wurden, zwingend nach den Sachnormen des Code civil zu beurteilen ist[53]. Diese Kollisionsnorm ergänzt die Regelung über die ausschließliche internationale Zuständigkeit der Gerichte *Quebecs* für entsprechende Klagen[54]. Beide Regelungen sind, soweit ersichtlich, international einzigartig. Sie sind die Antwort auf die Welle von Schadensersatzklagen gegen Hersteller von Asbestprodukten, die vor allem die USA überrollt und mit verminderter Kraft auch Kanada erreicht hat. *British Columbia*, wo nach *Glenn*[55] bis 1991 ungefähr 200 Klagen gegen Asbesthersteller erhoben worden sind[56], hatte sich, genauer: seine Asbesthersteller, frühzeitig dadurch gewappnet, daß es die Anerkennung und Vollstreckung jeder ausländischen Entscheidung verbot, welche Ersatz für Schäden betrifft, die durch den Gebrauch aus

---

46 Teils stützte man die Maßgeblichkeit der lex loci auf Art. 6 Abs. 3 des Code civil von 1867: *Groffier*, DIP 152; *Crépeau*, Can. Bar Rev. 39 (1961) 3. Vgl. auch Civil Code Revision Office, Report S. 980.
Art. 6 Abs. 3 Code civil 1867 lautet: „Les lois de Bas-Canada relatives aux personnes sont applicables à tous ceux qui s'y trouvent, même à ceux qui n'y sont pas domiciliés; sauf, quant à ces derniers, l'exception mentionnée à la fin du présent article.".
47 *Groffier*, DIP 152.
48 Vgl. oben § 4 IV. 2. a).
49 *O'Connor v. Wray* (1930) R.C.S. 231 (Kfz-Unfall in Ontario; Klage in Quebec) als ständige Rechtsprechung bestätigt in *Samson v. Holden* (1963) S.C.R. 378.
50 Siehe Fn. 45. — In Quebec gilt allerdings die common law-Regel des „stare decisis" nicht. Das höchste Gericht Quebecs wurde deshalb im Schrifttum aufgefordert, dem Supreme Court of Canada die Gefolgschaft zu verweigern, vgl. *Crépeau*, Can. Bar Rev. 39 (1961) 28.
51 Vgl. nur die häufig zitierte Kritik von *Crépeau*, Can. Bar Rev. 39 (1961) 9: „La solution imposée par la Cour suprême nie le caractère particulier du droit international privé québécois; elle méconnaît, de plus, le principe fondamental, dans le système québécois de conflits, de la territorialité des lois; elle écarte, enfin, sans raisons justificatives, une jurisprudence constante des tribunaux québécois.".
52 Vgl. die Rechtsprechungsnachweise von *Castel*, DIP 451 Fn. 16 und 17.
53 Art. 8.1: „Les règles du présent code s'appliquent de façon impérative à la responsabilité de tout dommage subi au Québec ou hors du Québec et résultant de l'exposition à une matière première qui tire son origine du Québec ou de son utilisation, que cette matière première ait été traitée ou non." Vgl. dazu *Glenn*, Rev. crit. 80 (1991) 41.
54 Siehe oben IV. 1.
55 *Glenn*, Rev. crit. 80 (1991) 47.
56 Sie stützen sich in erster Linie auf den Tatbestand der unerlaubten Absprache zwischen den Asbestherstellern (conspiration). Vgl. *Glenn*, Rev. crit. 80 (1991) 48.

British Columbia stammenden Asbests verursacht wurden[57]. Unter Berufung hierauf und auf die spezielle ordre public-Vorschrift des Art. 135 Abs. 2 Schweizer IPR-Gesetz, wonach in der Schweiz nach ausländischem Recht keine weitergehenden Leistungen als nach schweizerischem Recht zuzusprechen sind[58], hat der Gesetzgeber Quebecs die Regelung des Art. 3129 erlassen[59]. Sie geht weiter als die vom Gesetzgeber angezogenen Vorschriften British Columbias und der Schweiz, denn sie schließt von vornherein die Anwendung ausländischen Rechts aus. Abgesichert wird die alleinige Maßgeblichkeit des Rechts von Quebec durch die ausschließliche internationale Zuständigkeit der Gerichte Quebecs gemäß Art. 3151[60].

2. Reformbestrebungen

183 Das vom Parlament eingesetzte „Office de révision du Code civil du Québec" veröffentlichte 1975 einen Vorentwurf über das Kollisionsrecht[61], der dem Parlament zwei Jahre später als 9. Buch des Entwurfs eines Code civil vorgelegt wurde[62]. Mit Art. 31, der allgemeinen Kollisionsnorm über die außervertragliche Haftung[63], wurde ein völlig neuer Weg beschritten[64]. Die Haftung wurde nämlich dem Recht des Staates unterstellt, in dem der „*Kläger*" im Zeitpunkt der Schädigung seinen Wohnsitz hat (Art. 31 Abs. 1); dem Beklagten wurde nur der Einwand vorbehalten, daß seine Handlung nach dem Tatortrecht[65] rechtmäßig sei und ihm dieses Recht keine Schadensersatzpflicht auferlege. Einem *Produzenten* sollte dieser Einwand gemäß Art. 32[66] jedoch nur offenstehen, wenn er vernünftigerweise nicht vorhersehen konnte, daß das

---

57 Court Order Enforcement Act R.S.B.C. 1979, ch. 75, art. 41.1 (2) (S.B.C. 1984 ch. 26, art. 8).
58 Siehe oben § 2 IV. 2. c).
59 Die Vorschrift lautet: „Les règles du présent code s'appliquent de façon impérative à la responsabilité civile pour tout préjudice subi au Québec ou hors du Québec et résultant soit de l'exposition à une matière première provenant du Québec, soit de son utilisation, que cette matière première ait été traitée ou non".
60 Siehe oben bei und in Fn. 44.
61 Civil Code Revision Office, Private International Law Committee, Report on private international law, Montreal 1975; abgedruckt in *Abrell* 273 ff.
62 Civil Code Revision Office, Report I 597–622.
63 Diese Vorschrift des Entwurfs lautet: „La responsabilité civil extracontractuelle est régie par la loi du domicile du demandeur au moment de la survenance au fait générateur du préjudice. Toute fois, le défendeur peut opposer à l'action une défense fondée sur la licéité du fait générateur et sur l'absence, a son égard, d'obligation à réparation, suivant la loi du lieu ou le fait générateur s'est produit, pourvu qu'il y ait en son domicile.".
64 *Deleury/Prujiner*, C. de D. 18 (1977) 251 („Un nouveau facteur de rattachement est crée . . . „).
65 "la loi du lieu ou le fait générateur s'est produit".
66 Diese Vorschrift des Entwurfs lautet: „Le fabricant dont le produit a causé un dommage ne peut invoquer les dispositions du deuxième alinéa de l'article précédent [règle générale], sauf s'il établit qu'il ne pouvait pas raisonnablement prévoir que le produit ou ses propres produits de même type seraient mis dans le commerce dans l'Etat du domicile du demandeur.
Le mot ‚produits' comprend les produits naturels et les produits industriels, qu'ils soient bruts ou manufacturés, meubles ou immeubles.
Le mot ‚fabricant' comprend le fabricant de produits finis ou de parties constitutives, le producteur de produits naturels, le fournisseur de produits et toute autre personne, y compris le

schadenstiftende Produkt oder von ihm stammende gleichartige Produkte im Wohnsitzstaat des Klägers vermarktet werden würden. Der Einfluß des Haager Produkthaftungsübereinkommens ist unverkennbar[67]. Anders als nach dem Übereinkommen sollte das Recht des Wohnsitzstaates des *Klägers* aber stets zur Anwendung kommen, wenn der Hersteller die Unvorhersehbarkeit der Vermarktung seiner Produkte in diesem Staat nicht nachwies. Auf die nach dem Haager Übereinkommen erforderliche Verstärkung des Wohnsitzstaates durch einen weiteren Anknüpfungspunkt und auf eine Anknüpfung an den (verstärkten) Verletzungsort wurde also verzichtet[68]. Begründet wurde die Maßgeblichkeit des Rechts des klägerischen Wohnsitzstaates hauptsächlich damit, der Schaden werde in diesem Staat tatsächlich empfunden[69]. Den US-amerikanischen Methoden[70] verweigerte man die Gefolgschaft mit dem Argument, im Bereich der außervertraglichen Haftung sei es für die Parteien wichtig, das anwendbare Recht schnell und einfach bestimmen zu können.

Die Regelungen des Entwurfs über die außervertragliche Haftung wurden sehr **184** unterschiedlich aufgenommen. Teils wurde die neuartige Anknüpfung an den Wohnsitzstaat grundsätzlich begrüßt[71] und nur Einzelheiten kritisiert, insbesondere das Abstellen auf den Wohnsitz des Klägers, nicht des Geschädigten[72]. Teils stießen die Regelungen aber auch auf grundsätzliche Ablehnung, weil sie den Kläger einseitig begünstigen würden[73]. Der Entwurf von 1977 wurde schließlich nicht in das Gesetzgebungsverfahren gebracht und die Reformbemühungen in der Folgezeit nicht weiterverfolgt.

Der Regierungsentwurf von 1988[74], dessen Begründung nicht veröffentlicht **185** wurde[75], unterschied sich wesentlich vom Entwurf aus dem Jahre 1977. Des-

---

réparateur et l'entrepositaire, constituant la chaîne de préparation et de distribution commerciale du produit.
Les dispositions de cet article s'appliquent également aux agents ou préposés de l'une des personnes énumérées ci-dessus.".
67 Vgl. *Abrell* 170.
68 *Wengler*, § 15 Fn. 15, bezeichnet es als ungewöhnlich, daß der Erfolgsort als solcher überhaupt keine Rolle spielen soll.
69 Civil Code Revision Office, Report II 981.
70 Im Bericht ist nur von „[T]he American theory of the center of gravity" die Rede. Vgl. Civil Code Revision Office, Report II 981.
71 Vgl. *Deleury/Prujiner*, C. de D. 18 (1977) 252 („les grandes orientations ... en matière de faits jurdiques semblent heureuses mais les détails d'application gagneraient à être revus et corrigés avant la codification").
72 Daß nicht auf den Geschädigten, sondern den Kläger abgestellt wurde, kritisierten z. B.: *Deleury/ Prujiner*, C. de D. 18 (1977) 251; *Abrell* 174f. – *Deleury/Prujiner*, C. de D. 18 (1977) 252, hielten es ferner für angebracht, daß sich der Einwand des Beklagten, seine Handlung sei rechtmäßig oder begründe keine Schadensersatzpflicht, nicht nach dem Recht am Ort des „fait générateur", sondern nach dem Erfolgsort richte.
73 Eingehend dazu *Abrell* 166ff. („Mit den Artt. 31 und 32 legt der Entwurf seine dogmatisch vielleicht interessantesten, sicher aber auch anfechtbarsten Neuregelungen auf dem Gebiet des materiellen Kollisionsrechts vor").
74 Siehe Fn. 13.
75 Vgl. *Talpis/Goldstein*, R. du N. 91 (1989) 296 Fn. 3.

sen heftig umstrittene Anknüpfung an den Wohnsitzstaat des Klägers wurde aufgegeben. An ihre Stelle trat vorbehaltlich einer allgemeinen Ausweichklausel die Anknüpfung an den gemeinsamen Wohnsitz oder gewöhnlichen Aufenthalt der Parteien, subsidiär die Anknüpfung an den für den Schädiger vorhersehbaren Erfolgsort und, mangels Vorhersehbarkeit, die Anknüpfung an den Handlungsort[76]. Die Anknüpfung der Produkthaftung wurde wie in dem vorangegangenen Entwurf speziell geregelt; auch hier rückte man aber von der Anknüpfung an den Wohnsitzstaat des Klägers ab. Die Produkthaftung sollte nach Wahl des *Geschädigten* dem Recht des Staates unterliegen, in dem der Hersteller seine Niederlassung hat, oder dem Recht des Staates, in dem das Produkt erworben worden ist, es sei denn der Hersteller beweist, daß das Produkt dort ohne seine Zustimmung in den Handel gegeben worden ist[77].

3. Der Code civil in der Neufassung von 1991

186   Der Code civil neuer Fassung regelt das Kollisionsrecht in seinem X. Buch. § 10 über die zivilrechtliche Haftung enthält zwei spezielle Kollisionsnormen über die Produkthaftung[78]:

187   Art. 3128: „La responsabilité du fabricant d'un bien meuble, quelle qu'en soit la source, est régie, au choix de la victime:
1o Par la loi de l'État dans lequel le fabricant a son établissement ou, à défaut, sa résidence;
2o Par la loi de l'État dans lequel le bien a été acquis."

188   Art. 3129: „Les règles du présent code s'appliquent de façon impérative à la responsabilité civile pour tout préjudice subi au Québec ou hors du Québec et résultant soit

---

76 Vgl. Art. 3493 des Regierungsentwurfs: „L'obligation de réparer le préjudice causé à autrui est régie par la loi de l'État du domicile ou de la résidence habituelle de l'auteur du fait dommageable et de la personne lésée, lorsqu'ils sont domiciliés ou résident habituellement dans cet État ou, à défaut, par la loi de l'État du lieu où le fait générateur du préjudice est survenu. Toutefois, si le préjudice s'est produit dans un autre État, la loi de cet État est applicable si l'auteur devait prévoir que le préjudice s'y produirait.
Cependant, lorsque l'obligation résulte de l'inexécution d'une obligation contractuelle, les prétentions fondées sur l'inexécution sont régies par la loi applicable au contrat.".
77 Vgl. Art. 3494 des Regierungsentwurfs: „La responsabilité du fabricant d'un bien meuble est régie, au choix du lésé;
1. Par la loi de l'État dans lequel le fabricant a son établissement ou, à défaut, sa résidence habituelle.
2. Par la loi de l'État dans lequel le bien a été acquis, sauf si le fabricant prouve que le produit a été mis en circulation dans cet État sans son consentement.".
78 Die allgemeinen Vorschriften lauten:
„3126. L'obligation de réparer le préjudice causé à autrui est régie par la loi de l'État où le fait générateur du préjudice est survenu.
Toutefois, si le préjudice est apparu dans un autre État, la loi de cet État s'applique si l'auteur devait prévoir que le préjudice s'y manifesterait.
Dans tous les cas, si l'auteur et la victime ont leur domicile ou leur résidence dans le même État, c'est la loi de cet État qui s'applique.
3127. Lorsque l'obligation de réparer un préjudice résulte de l'inexécution d'une obligation contractuelle, les prétentions fondées sur l'inexécution sont régies par la loi applicable au contrat.".

de l'exposition à une matière première provenant du Québec, soit de son utilisation, que cette matière première ait été traitée ou non."

In Art. 3128 wird in besonderem Maße der Einfluß des Schweizer IPR-Geset- **189** zes deutlich[79]. Wie Art. 135 Abs. 1 Schweizer IPR-Gesetz eröffnet diese Vorschrift dem Geschädigten nämlich die Wahl zwischen dem Recht des Staates, in dem der Hersteller seine Niederlassung oder, mangels einer solchen, seinen Aufenthalt hat, und dem Recht des Staates, in dem das Produkt erworben worden ist. Anders als in der Schweiz steht die Befugnis, das Recht des Staates zu wählen, in welchem das Produkt erworben wurde, jedoch nicht unter dem Vorbehalt, daß der Hersteller nicht nachweist, er habe die Vermarktung in diesem Staat nicht vorhersehen müssen.

Die zwingende Anwendung des Rechts von Quebec auf die Haftung für **190** Grundstoffe, die aus Quebec stammen, ist in Art. 3129 des Code civil von 1991 beibehalten worden[80].

Zu beachten ist schließlich die allgemeine Ausweichklausel in Art. 3082: **191**

„A titre exceptionnel, la loi désignée par le présent livre n'est pas applicable si, **192** compte tenu de l'ensemble des circonstances, il est manifeste que la situation n'a qu'un lien éloigné avec cette loi et qu'elle se trouve en relation beaucoup plus étroite avec la loi d'un autre État. La présente disposition n'est pas applicable lorsque la loi est désignée dans un acte juridique."

---

79 Zur Orientierung des Gesetzgebers Quebecs am Schweizer IPR-Gesetz *Rémillard*, R.G.D. 22 (1991) 13; *Gastel*, J.D.I. 1992, 653 f.; *Groffier*, Rev. crit. 81 (1992) 584 f.
80 Siehe dazu oben V. 1. − *Groffier*, Rev. crit. 81 (1992) 590, sieht in Art. 3129 eine Eingriffsnorm im Sinne von Art. 3076 des neuen Code civil.

§ 6 USA

I. Relevanz

193 "As a moth is drawn to the light, so is a litigant drawn to the United States. If he can only get his case into their courts he stands to win a fortune"[1]. Mit diesen wohlgesetzten Worten veranschaulicht der englische Richter Lord *Denning*, welch außergewöhnlich starke Kraft Produkthaftungskläger in die USA zieht. Um die Hoffnung auf hohen Schadensersatz zu erfüllen, muß ein ausländischer Kläger allerdings eine hohe Hürde überwinden. Er muß nämlich ein US-amerikanisches Gericht finden, das international zuständig ist[2] und sein zuständigkeitsrechtliches Ermessen im Sinne der Klageannahme ausübt[3]. Hat er ein zuständiges Gericht gefunden, so ist der Weg zu US-amerikanischem Sachrecht[4] in aller Regel offen, da die Gerichte meist die lex fori anwenden[5].

194 Nach einer amtlichen Schätzung belaufen sich die jährlichen Gesamtkosten der in den USA geführten Produkthaftungprozesse auf 80 Milliarden $, was dem gemeinsamen Gewinn der 200 größten US-amerikanischen Unternehmen gleichkommt[6]. Die Prämien für Produkthaftungsversicherungen sind deshalb ungefähr 15 bis 20 mal höher als in Japan und Europa[7]. Diese Zahlen, hinter denen sich mehrere produkthaftungsbedingte Unternehmenskonkurse verbergen[8], machen deutlich, daß die Interessen der Haftpflichtigen und ihrer Versicherer, aber auch die Interessen der Allgemeinheit[9] betroffen sind. Die Folge ist, daß in den USA im Sachrecht, dem Internationalen Zuständigkeitsrecht und dem Internationalen Privatrecht intensiv um sachgerechte Lösungen gerungen wird.

195 Europa muß die Entwicklung und Fortentwicklung der Produkthaftung in ihrem Mutterland[10] USA mit Argusaugen verfolgen. Es muß dies nicht nur,

---

1 In *Smith Kline & French Laboratories Ltd. v. Bloch* (1983) 1 W.L.R. 730, 733 (C.A. 1982).
2 Siehe dazu unter III. 1.
3 Zur „forum non conveniens"-Lehre siehe unten III. 2.
4 Siehe dazu unten II.
5 Vgl. dazu unter IV.
6 Amtliche Schätzung der Verwaltung unter Präsident Bush, vgl. *Kozyris*, AmJCompL 38 (1990) 481 Fn. 19.
7 Wie vorige Fn.
8 Vgl. *Juenger* 10 (Der Asbesthersteller Mansville war sechs Jahre lang dem Konkursgesetz unterstellt, bis er 1988 einen trust zur Entschädigung der Opfer einrichtete, vgl. *Glenn*, Rev. crit. 80 (1991) 46; *Veltins*, Kza. 4550/1, berichtet, daß in den beiden Jahren 1990 und 1991 41 US-amerikanische Versicherungsgesellschaften in Konkurs gefallen sind. Gegen das Argument, der Prämienanstieg beruhe in erster Linie auf Absprachen der Versicherer, *Viscusi* 14 ff.
9 Vgl. nur *Besharov*, Forum-Shopping 148 („ ... broad national interests − as well as the cause of fairness − are ill-served by the unbalances in the present system"), sowie den *Danforth*-Report des Committee on Commerce, Science, and Transportation v. 15. 8. 1986, abgedruckt in Am. Law Prod. Liab. 3 d, primary source documents: federal laws S. 49 („a problem of national concern").
10 So *Marschall v.Bieberstein*, AG 1987, 105.

weil die Interessen(-wahrnehmung) europäischer Geschädigter und europäischer Haftpflichtiger es gebieten[11]. Es muß dies auch, weil sich der reichhaltige fremde Erfahrungsschatz bei der Fortentwicklung des eigenen Rechts hin zu sachgerechten und international verträglichen Lösungen nutzen läßt[12]. Daß es dabei nicht um gedankenlose Nachahmung, sondern zunächst um distanzierte und kritische Beobachtung geht, bedarf keiner Betonung.

II. Sachrecht

1. Entwicklung, Stand und Reform

a) Die Entwicklung der Haftungsgründe

aa) Deliktische Haftung aufgrund von Fahrlässigkeit (negligence)

Die deliktische Haftung eines Herstellers wegen fahrlässiger Schadensverursachung (negligence) war im vorigen Jahrhundert grundsätzlich[13] auf den unmittelbaren Vertragspartner begrenzt. Es galt die „doctrine of privity". Das Ende dieser Lehre und d. h. die Verschuldenshaftung des Herstellers gegenüber allen durch sein Produkt geschädigten Personen kam im Jahre 1916 mit der Entscheidung *McPherson v. Buick Motor Co.*[14]. **196**

Die zeitlich nachfolgende Rechtsprechung belegt, daß damit eine grundsätzlich taugliche Anspruchsgrundlage für Produkthaftungsklagen gegen Hersteller geschaffen war[15]. Der Geschädigte muß zwar das Verschulden des Herstellers beweisen[16], dies wird ihm jedoch durch die res ipsa loquitur-Lehre weitgehend erleichtert[17]. Ihre Schwächen offenbarte die negligence-Haftung deshalb vor allem bei der Inanspruchnahme von Händlern, weil hier die Regel „res ipsa loquitur" meist nicht weiterhilft[18]. **197**

---

11 Plastisch *Junker*, IPRax 1986, 197: „ ... daß ein Großteil der Fälle aus der Produkthaftung stammt. Ein Entscheidungsregister zum Thema Auslandszustellung und -beweisaufnahme liest sich wie ein Auszug aus dem Gotha der Exportwirtschaft". Vgl. auch *Giemulla/Wenzler*, RIW 1989, 946 ff. (Produkthaftpflicht in der Luftfahrt); Nachweise von Produkthaftungklagen gegen deutsche Unternehmen geben auch *Stürner*, Justizkonflikt 8, sowie aus der Sicht von österreichischen Herstellern *Tamussino*, WBl 1990, 281 ff. Auch japanische Unternehmen exportieren in starkem Umfang in die USA und werden deshalb häufig aus Produkthaftung verklagt. Vgl. *Taniguchi*, Justizkonflikt 93 f.
12 *J.G. Fleming*, OJLS 4 (1984) 243 („to, not from, Europe"); *Giesen*, JZ 1989, 518.
13 Ausnahmen gab es für wesensmäßig gefährliche Produkte (inherently oder imminently dangerous products), für das Unterlassen einer Warnung über eine bekannte Gefahr und bei einer Gefahrübernahme durch den Hersteller. Vgl. *Pfeifer* 34 f.
14 217 N.Y. 382, 111 N.E. 1050 (N.Y. 1916); deutsche Übersetzung bei *Hay*, Einführung 233 ff.
15 *Prosser*, Yale L.J. 69 (1960) 1114; *Pfeifer* 38.
16 Vgl. z. B. *Röhm/Grobbels-Janker*, RIW 1992, 201.
17 *Pfeifer* 38.
18 Wie vorige Fn.

bb) Verschuldensunabhängige Haftung wegen Verletzung einer Zusicherung (breach of warranty)

198   Um den Schwächen der deliktischen Verschuldenshaftung zu entgehen, rekurrierte man schon früh auf die verschuldensunabhängige Haftung eines Verkäufers für das Fehlen einer zugesicherten Eigenschaft. Die breach of warranty-Haftung[19] hatte aber den Nachteil, daß sie aufgrund der (auch heute noch) überwiegend vertretenen Qualifikation als vertragsrechtliche Haftung[20] nur gegenüber dem Vertragspartner anerkannt wurde (doctrine of privity). Das Erfordernis des Vertragsbandes wurde erst nach der 1960 ergangenen Entscheidung des Supreme Court of New Jersey *Henningsen v. Bloomfield Motors Inc.*[21] in unterschiedlichem Maße aufgeweicht. Entsprechend dem Alternativvorschlag in § 2–318 des Uniform Commercial Code (UCC)[22] haben die Einzelstaaten[23] entweder ganz auf das Erfordernis unmittelbarer Vertragsbeziehungen verzichtet oder aber wenigstens Familien-, Haushaltsangehörige und Gäste des Käufers in die warranty-Haftung einbezogen.

cc) Produktgefährdungshaftung (strict liability in tort)

199   Mit Blick auf die Schwächen der negligence-Haftung und der damals noch streng auf den Vertragspartner begrenzten warranty-Haftung hatte Richter *Traynor* schon in der Entscheidung *Escola v. Coca Cola Bottling Co. of Fresno*[24] eine deliktische, vom Verschulden unabhängige Herstellerhaftung gefordert:

200   "Those who suffer injury from defective products are unprepared to meet the consequences. The cost of an injury and the loss of time or health may be an overwhelming misfortune to the person injured and a needless one, for the risk of injury can be insured by the manufacturer and distributed among the public as a cost of doing business. It is to the public interest to discourage the marketing of products having defects that are a menace to the public. If such products nevertheless find their way into the market it is to the public interest to place the responsibility for whatever injury they may cause upon the manufacturer, who, even if he is not negligent in the manufacture of the product, is responsible for its reaching the market. However intermittently such injuries may occur and however hazardly they may strike, the risk of their occurrence is a constant risk and a general one. Against such a risk there should be general and constant protection and the manufacturer is best situated to afford such protection"[25].

---

19 Vgl. dazu *Pfeifer* 57 ff.; *Borer*, Produktehaftung 104 ff.; *Dielmann*, AG 1987, 109 ff.
20 Siehe unten Fn. 244.
21 161 A. 2 d 69 (N.J. 1960).
22 Der UCC ist ein von der „National Conference of Commissioners on Uniform State Law" verfaßtes und vom American Law Institute vorgelegtes Modellgesetz; vgl. *Magold* 188.
23 Alle Einzelstaaten bis auf Louisiana haben entsprechend dem UCC die warranty-Haftung im Handelsgesetz geregelt. Louisiana hat diese Haftung inhaltlich weitgehend ähnlich in seinem Zivilgesetzbuch geregelt. – Zur Regelungskompetenz der Einzelstaaten *Gäbel/Gaus*, ZVglRWiss 88 (1989) 353; vgl. auch *Magold* 23 ff.
24 150 P. 2 d 436 (Cal. 1944).
25 *Escola v. Coca Cola Bottling Co. of Fresno* (1944) 150 P.2 d 436, 441, Dissent *Traynor*, J.

Erfüllt wurde diese Forderung erstmals 1963 in der Entscheidung *Greenman* **201**
v. Yuba Power Products Inc.[26]. Schon ein Jahr später wurde die verschuldensunabhängige Haftung von Herstellern *und Händlern* im Restatement (Second)
of Torts verankert[27]. Heute ist sie in fast allen Einzelstaaten geltendes Recht[28].

dd) Die Anspruchskonkurrenz

Die Garantiehaftung aus breach of warranty, die deliktische Fahrlässigkeits- **202**
haftung (negligence) und die verschuldensunabhängige Deliktshaftung (strict
liability in tort) geben frei konkurrierende Anspruchsgrundlagen. Produkthaftungsklagen werden regelmäßig auf alle diese Haftungsgründe gestützt[29]. Die
„strict liability in tort" steht aber ganz im Vordergrund. Die warranty-Haftung
kann daneben von Bedeutung sein, etwa weil die Zusicherung weiter reichen
kann als der Fehlerbegriff, weil das Recht einiger Staaten reine Vermögensschäden nur danach ersetzt oder weil ihre Verjährungsfrist länger ist als die der
Deliktshaftung[30]. Die Fahrlässigkeit ist als Anspruchsgrundlage neben der
verschuldensunabhängigen Deliktshaftung vor allem von Bedeutung, um im
Wege der punitive damages einen über den materiellen Schaden hinausgehen-
den Ersatz zu erlangen[31], was den Nachweis eines bösartigen oder rücksichts-
losen Schädigerverhaltens voraussetzt[32].

b) Die „Krise des Produkthaftungsrechts"

Seit Anerkennung der Produktgefährdungshaftung ist die Zahl der Produkt- **203**
haftungsklagen in den USA stetig angestiegen. Sie ist heute im Vergleich zu
europäischen Verhältnissen immens hoch. Entsprechendes gilt für die zuge-

---

26 59 Cal. 2d 57, 377 P. 2d 897 (1963).
27 Die vom American Law Institute, einer privaten Organisation, herausgegebenen Restatements
erfassen das Fallrecht systematisch in der äußeren Form eines europäischen Gesetzbuchs (*Hay*,
Einführung 14). Sie haben unmittelbar keine Rechtsnormqualität (*Giesen/Poll*, RIW 1993,
266). – § 402 A des zweiten Restatement of Torts lautet:
„(1) One who sells any product in a defective condition unreasonably dangerous to the user
or consumer or to his property is subject to liability for physical harm thereby caused to the
ultimate user or consumer, or to his property, if
(a) the seller is engaged in the business of selling such a product, and
(b) it is expected to and does reach the user or consumer without substantial change in the condition in which it is sold.
(2) The rule stated in Subsection (1) applies although
(a) the seller has exercised all possible care in the preparation and sale of his product, and
(b) the user or consumer has not bought the product from or entered into any contractual relation with the seller". (Übersetzung bei *Zweigert/Kötz*, Rechtsvergleichung II 427).
28 Vgl. die Tabellenübersicht in PHI 1990, 98 f.
29 Zu anderen Anspruchsgrundlagen, wie beispielsweise die Haftung für die Verletzung eines
Schutzgesetzes, die allerdings selten zum Zuge kommen, vgl. *v. Hülsen*, RIW 1984, 87 ff.; *Pfeifer*, 226 f. (Haftung wegen Verletzung eines Schutzesgesetzes); *Freedman* 132 (Schutzgesetz).
30 Vgl. *Debusschere/Kretschmar* § 108 Rn. 5 und 7 ff.; *Schwartz*, Kza. 4522/39; *Zekoll* 67.
31 Vgl. *Schwartz*, Kza. 4522/38 f.
32 Siehe unten 2. g).

sprochenen Schadensersatzsummen. Das Produkthaftpflichtrisiko ist daher nur zu sehr hohen Prämien zu versichern[33]. Die Gründe für die sog. Krise des Produkthaftungsrechts liegen, sieht man von der grundsätzlich verbraucherfreundlichen Minimierung der Haftungsvoraussetzungen und der Möglichkeit eines den materiellen Schaden übersteigenden (Straf-)Schadensersatzes ab, nicht im Produkthaftungsrecht selbst, sondern im Kosten- und Verfahrensrecht. Sie sind von anderen im einzelnen dargelegt worden[34]. Stichwortartig sei genannt, daß der Kläger bei einem Unterliegen nicht die Kosten der Gegenseite tragen muß (American rule of costs)[35] und Anwälte auf Erfolgshonorarbasis abrechnen. Ein „Geschädigter" kann also leicht zum Prozessieren animiert werden, weil er kein nennenswertes Kostenrisiko trägt[36]. Außerdem ist das discovery-Verfahren zu nennen, das es dem Kläger erlaubt, den Beklagten auf dessen Kosten auszuforschen und so Beweise zu ermitteln[37]. Der Grund für die hohen Schadensersatzsummen liegt im jury-Verfahren, weil die Geschworenen aus Mitleid mit einem − sozialversicherungsrechtlich meist nicht oder schlecht abgesicherten[38] − Opfer exorbitante Schadensersatzsummen zusprechen[39].

c) Reformen durch einzelstaatliche Produkthaftungsgesetze

204   Um der Krise Herr zu werden, haben die Einzelstaaten seit 1977 fragmentarische Regelungen über die (Produkt-)Haftung[40] erlassen, die im einzelnen sehr unterschiedlich sind[41]. Meist suchen sie die Position des Haftpflichtigen zu

---

33 Zu den Schwierigkeiten auf dem Versicherungsmarkt *Veltins,* Kza. 4550/1; *Schwartz,* Perspectives 125 ff.

34 Ausführlich *Zekoll* 42; *Borer,* USA 174 ff.; *Schmidt-Salzer,* EG-Produkthaftung II/1-47 ff., insbesondere 1-54 ff.; *ders.,* VP 1985, 157 ff.; *Veltins,* Kza. 4550/1-5; *Schwartz,* Perspectives 125 ff.; *Arnold,* Standpoint of Industrie 94 f.; *Weintraub,* Brooklyn J. Int'l L. 1990, 225; *Heidenberger* 123 ff. und passim; *Freedman* 1 ff. (vgl. aber die kritische Besprechung von *Frumer,* Int. Business Lawyer 1989, 332 f.); vgl. auch den *Danforth*-Report zum Product Liability Reform Act von 1986, abgedruckt in: Am. Law Prod. Liab. 3 d, primary source documents: federal law S. 49 ff.; *Besharov,* Forum-Shopping 140.

35 Vgl. dazu BGH, 4.6.1992, RIW 1993, 132 Anm. *Schütze* = JZ 1993, 261 Anm. *Deutsch* = NJW 1992, 3096 = VersR 1992, 1281 = WM 1992, 1451 (kein Verstoß gegen den prozessualen ordre public).

36 Zu den Animationsversuchen der sog. „ambulance chasers" nach der Gasexplosion in Bhopal (Indien) *Kolvenbach,* DWiR 1992, 323.

37 Vgl. dazu BGH, 4.6.1992, RIW 1993, 132 Anm. *Schütze* (= oben Fn. 35); umfassend *Junker* 39 ff.; *Mössle* 79 ff.; vgl. ferner *Hare/Kretschmar* §§ 119-122.

38 Vgl. hierzu *Zekoll,* 76 f.; *ders.,* AmJCompL 37 (1989) 817; *Marschall v. Bieberstein,* AG 1987, 100 f., 106.

39 Vgl. *Weintraub,* U.Ill.L.Rev. 1989, 153 („the American jury and its open-hearted generosity with other people's money").

40 Alle Staaten haben Reformgesetze über die (deliktische) Haftung, viele zusätzlich ein Produkthaftungsgesetz erlassen.

41 Die Gesetzestexte sind abgedruckt in Am. Law Prod. Liab. 3 d, primary source documents: state statutes. − Zu den einzelstaatlichen Regelungen vgl. die Tabellen in PHI 1990, 98 f. und von *Debusschere/Kretschmar,* Anhang zu § 118; den Überblick von *Schroth,* 81 ff. sowie unten b). Mit den Unterschieden zwischen den einzelstaatlichen Rechten wächst die Bedeutung des Kollisionsrechts; vgl. *Kozyris,* AmJCompL 38 (1990) 481; *Juenger,* U.Ill.L. Rev. 1989, 107.

verbessern, indem sie den Einwand des Standes von Wissenschaft und Technik und den Einwand des Mitverschuldens festschreiben und eine Ausschlußfrist normieren, nach deren Ablauf die Haftung erlischt[42]. Teils wird die Haftung von Händlern grundsätzlich auf die schuldhafte Verletzung eigener Pflichten begrenzt. Es finden sich auch Regelungen über die Bedeutung von technischen Standards, über Voraussetzungen und Grenzen des Ersatzes von Nichtvermögensschäden und von punitive damages sowie über Verjährungsfristen. Schließlich werden auch Fragen der gesamtschuldnerischen Haftung geregelt, etwa welche Folgen ein Vergleich des Geschädigten mit nur einem von mehreren Haftpflichtigen hat oder wie der Haftungsschaden unter den Gesamtschuldnern zu teilen ist. Teils wird die gesamtschuldnerische Haftung grundsätzlich, teils nur für den Ersatz von Nichtvermögensschäden ausgeschlossen. Ein Mitverschulden des Geschädigten ist anspruchsmindernd zu berücksichtigen. Die Zuerkennung von punitive damages wird teilweise davon abhängig gemacht, daß das verwerfliche Verhalten des Beklagten eindeutig bewiesen ist, oder sie wird grundsätzlich ausgeschlossen, wenn ein genehmigungspflichtiges Produkt mit Genehmigung in den Verkehr gebracht wird.

d) Reformbestrebungen auf Bundesebene

Das American Law Institute veröffentlichte 1979 ein unverbindliches Modellgesetz über die Produkthaftung[43]. **205**

Der Versuch, das Recht der Einzelstaaten auf diesem Wege anzugleichen, hatte **206** jedoch nicht den gewünschten Erfolg. Deshalb wird seit Ende der siebziger Jahre angestrebt, die Produkthaftung durch ein zwingendes Bundesgesetz zu vereinheitlichen[44]. In dem Bericht zu dem Gesetzesentwurf aus dem Jahre 1986 werden die Beweggründe treffend beschrieben[45]:

"Traditionally, product liability has been a matter left to state law, but today the mo- **207** rass of product liability law is a problem of national concern that requires Congressional action. The system of compensating people injured by defective products is costly, slow, inequitable, and unpredictable. It hurts business and consumers as well as our competitive position in world market.

Many consumers who are injured by defective products and deserve compensation **208** are unable to recover damages or must wait years for recovery. They are caught up

---

42 Die gesetzgeberischen Bemühungen werden von den Gerichten teilweise unterlaufen, indem sie die Ausschlußfrist als verfassungswidrig nicht anwenden. Vgl. *Otte* 78 f.
43 "Uniform Product Liability Act" (UPLA) in der revidierten Fassung vom 31.10.1979, 44 Fed. Reg. 62714; dazu *Hoechst* 162 ff. (Gesetzestext), 100 ff. (Kommentierung); *Schroth* 102 ff.
44 Eingehend zu den Reformbestrebungen und den verfassungsrechtlichen Grundlagen für ein Bundesgesetz *Röhm/Gröbbels-Janka*, RIW 1992, 200 ff.; vgl. auch *Dielmann*, AG 1987, 114 ff.; *Krauß/Schubert*, PHI 1988, 132 ff. – Nach *Kozyris*, AmJCompL 38 (1990) 478, scheiterten die Reformbemühungen auf Bundesebene bislang vor allem am Widerstand der gut organisierten Standesvertretungen der Prozeßanwälte.
45 Report des Committee on Commerce, Science and Transportation, 15.8.1986, vorgelegt von Chairman Senator *Danforth*, abgedruckt in Am. Law Prod. Liab. 3 d, primary source documents: federal laws, S. 49 f.

with manufacturers and product sellers in a product liability litigation system that has often been characterized as a legal lottery, a system in which indentical cases can produce startlingly different results. Moreover, injured victims with the severest injuries tend to receive far less than their actual economic losses, while those with minor injuries are overcompensated.

209   The inefficiency and unpredictability of the product liability system have been linked to the increasing cost and unavailability of liability insurance. An increasing number of companies, whether they make such products as sporting goods, textile manufacturing equipment, machine tools, medical devices, or vaccines, cannot buy adequate insurance coverage. Some have had their insurance canceled or have experienced reduced coverage with increased deductibles at higher prices. Others cannot obtain coverage at any price.

210   Thus, the present system has an adverse impact on plaintiffs and defendants, manufacturers, product sellers and consumers. The individual states cannot fully address the problems of the product liability system. Reform at the Federal level is urgently needed."

211   Zuletzt ist ein Entwurf eines „Product Liability Fairness Act" in das Gesetzgebungsverfahren eingebracht worden[46], dem gute Chancen eingeräumt werden, weil er keine umfassende Regelung anstrebt, sondern sich darauf beschränkt, Auswüchse des Rechts der Einzelstaaten zurückzuschneiden[47]. Dieser Entwurf[48] sieht unter bestimmten Voraussetzungen eine Kostentragungspflicht der unterliegenden Partei vor. Er verbietet die erfolgsabhängige Anwaltshonorierung. Händler sollen nur noch verschuldensunabhängig haften, wenn der Geschädigte den Hersteller nicht belangen kann. Auch einheitliche Verjährungsfristen sind vorgesehen.

2. Zur Ausgestaltung der Produktgefährdungshaftung

212   Die einzelstaatlichen Regelungen über die Produktgefährdungshaftung (strict liability) gleichen von ihrer Struktur her weitgehend der EG-Produkthaftung[49]. Einige Besonderheiten sind jedoch zu verzeichnen.

a) Der Fehlerbegriff

213   Produkt im Sinne der „strict liability" ist nach § 402 A des Restatement[50] „any product in a defective condition unreasonably dangerous to the user or consumer". Rechtsprechung und Lehre haben sich bemüht, dem Fehlerbegriff klarere Konturen zu geben, was sich aber als äußerst schwierig erwies. Zur Feststellung eines Konstruktionsfehlers (design defect) wurden zahlreiche Konzepte

---

46 Der nach seinem Initiator benannte „Kasten Bill" S. 640 (102. Congress 1991). Das Gesetzgebungsverfahren endete ohne Abschluß mit Ablauf der Legislaturperiode.
47 Vgl. *Röhm/Gröbbels-Janka*, RIW 1992, 207.
48 Eingehend dazu *Röhm/Gröbbels-Janka*, RIW 1992, 200 ff.
49 Vgl. auch *Zekoll*, AmJCompL 37 (1989) 317 ff. (Betrachtung unter dem Gesichtspunkt des deutschen anerkennungsrechtlichen ordre public, § 328 Abs. 1 Nr. 4 ZPO).
50 Siehe oben Fn. 27.

mit unzähligen Varianten erprobt[51]. Verbreitet wird auf die Erwartungen eines durchschnittlichen Verbrauchers abgestellt (consumer expectation test) oder Produktrisiko und -nutzen abgewogen. Der „risk utility-test" hat zunehmend die Oberhand gewonnen[52], wobei die Verbrauchererwartungen aber teilweise als einer von mehreren Gesichtspunkten berücksichtigt werden[53]. Die unterschiedlichen Konzepte zur Bestimmung eines Konstruktionsfehlers sind zwar schwierig abzugrenzen, geben aber in ihrer Gesamtheit eine einigermaßen verläßliche Entscheidungsgrundlage[54]. An ihr fehlt es dagegen nahezu vollkommen hinsichtlich der Instruktionsfehler (failure to warn)[55].

b) Haftpflichtige und Anspruchsberechtigte

Das Restatement zieht den Kreis der Haftpflichtigen weit. Es haftet jeder, der   **214** ein fehlerhaftes Produkt verkauft[56]. Die meisten Einzelstaaten sind dem gefolgt und haben Groß- und Einzelhändler, seltener auch Gebrauchtwarenhändler, einbezogen[57].

Ob die Produktgefährdungshaftung auch gegenüber einem bystander besteht,   **215** hat das Restatement bewußt offengelassen. Die Erläuterung ist in der Tendenz ablehnend[58]. Dennoch ist die Haftung fast überall auf bystanders erstreckt worden; teilweise aber unter der Voraussetzung, daß der Haftpflichtige die Schädigung des bystander vorhersehen mußte[59].

c) Der Einwand des Standes von Wissenschaft und Technik

Zulässigkeit und Inhalt des Einwandes, das Produkt habe bei seiner Inverkehr-   **216** gabe dem Stand von Wissenschaft und Technik entsprochen (state of the art-defense), werden in den Einzelstaaten unterschiedlich beurteilt[60]. Die Tendenz geht dahin, diesen Einwand zuzulassen. In diese Richtung weist auch ein 1991 ergangenes Urteil des Supreme Court of California, dessen Rechtsprechung in der Vergangenheit häufig eine Vorreiterrolle zukam[61]. In diesem Urteil[62] stellt

---

51 Vgl. *Pfeifer* 116 ff.; *Borer*, Produktehaftung, 142 ff.
52 *Pfeifer* 127; *Debusschere/Kretschmar* § 109 Rn. 16.
53 Vgl. z. B. *Barker v. Lull Engineering Co.*, 20 Cal. 3 d 413, 573 P. 2 d 443 (1978).
54 Vgl. *Glaser/Debusschere*, PHI 1992, 97 („hinreichend geklärt"); ihre Annahme, die Definition von Konstruktionsfehlern sei unumstritten, geht aber zu weit.
55 *Pfeifer* 156 f. („Für wenigstens eine gewisse Konkretisierung sorgende Abwägungsmodelle wie für design defects lassen sich hier kaum aufstellen"); *Debusschere/Kretschmar* § 109 Rn. 18 und passim.
56 Siehe oben Fn. 27 („one who sells ... ").
57 Zu den unterschiedlichen einzelstaatlichen Voraussetzungen für die Einbeziehung von Händlern siehe *Otte* 45 Fn. 38.
58 Restatement (Second) of Torts, Section 402 A, Comment o: „The Institute expresses no opinion as to whether the rules stated in this Section may not apply to harm to persons other than users or consumers".
59 Vgl. *Hoechst* 18 (Tabelle, Stand 1984) und PHI 1990, 98.
60 Vgl. *Kort*, VersR 1989, 1116 f.
61 Vgl. *Debusschere/Kretschmar* § 109 Rn. 14; *Glaser/Debusschere*, PHI 1992, 102.
62 *Anderson v. Owens-Corning Fieberglas Corporation* 53 Cal. Rptr. 3 d 987.

das Gericht klar, daß das asbesthaltige Produkt des Beklagten bei seiner Inverkehrgabe nicht deshalb fehlerhaft war, weil der Beklagte nicht vor Gefahren gewarnt hatte, die zum damaligen Zeitpunkt gemessen am Stand von Wissenschaft und Technik nicht bekannt waren[63].

d) Der Einwand des Mitverschuldens

217 Ein Mitverschulden des Geschädigten (comparative negligence) führt in vielen Staaten zum völligen Ausschluß des Anspruchs, wenn das Mitverschulden gleich oder höher zu bewerten ist als der Tatbeitrag des Beklagten[64]. Teilweise gibt es auch noch die alte Regel der contributory negligence, nach der bereits ein geringes Mitverschulden den gesamten Anspruch vernichtet. Sie ist aber auf die verschuldensunabhängige Deliktshaftung nicht anwendbar[65].

e) Die Haftung für Arzneimittel und Blutprodukte

218 Einige Staaten, darunter New York und Kalifornien, nehmen verschreibungspflichtige Arzneimittel von der verschuldensunabhängigen Deliktshaftung aus[66].

219 Maßgebend sind rechtspolitische Erwägungen. Es soll vermieden werden, daß sich die Pharmaindustrie aus Furcht vor einem hohen Haftungsrisiko aus der Forschung und Entwicklung neuer Arzneimittel zurückzieht. Außerdem sollen Arzneimittel der Allgemeinheit zu einem erschwinglichen Preis zur Verfügung stehen[67].

220 Die Produkthaftungsgesetze der meisten Einzelstaaten qualifizieren die Gewinnung, Veräußerung und Übertragung von Blut und Blutprodukten zu Heilzwecken als reine Dienstleistung und entziehen sie so einer verschuldensunabhängigen Produkthaftung, auch der aus breach of warranty[68].

f) Marktanteilshaftung

221 Dem Kläger obliegt der Beweis, daß der Beklagte das schadensursächliche fehlerhafte Produkt in den Verkehr gebracht hat[69]. Von diesem Beweis ist er in

---

63 A.A. New Jersey Supreme Court in *Beshada v. Johns Manville Products Corp.* 447 A 2 d 539; ausführlich dazu *Pfeifer* 172 ff.

64 Vgl. *Debusschere* § 118 Anhang D; sowie *Hoechst*, 84 ff. (Tabelle Stand 1984); PHI 1990, 98 f.

65 *Schwartz*, Kza. 4510/12.

66 Vgl. *Brown v. Superior Court (Abbott Laboratories) et al.*, 44 Cal 3 d 1049, 245 Cal. Rptr. 412, 751 P. 2 d 470; dazu *Lüderitz*, RIW 1988, 782 ff. − In Betracht kommt aber eine verschuldensabhängige Haftung aus express warranty, vgl. *Pfeifer* 171 f.

67 Auf diesen Gesichtspunkt rekurrierte der Supreme Court Kaliforniens bereits in der 1985 ergangenen Entscheidung *Murphy v. E.R. Squibb & Sons, Inc.*, 40 Cal. 3 d 672, 710 P. 2 d 247 (1985), wonach *Apotheker* bei der Abgabe verschreibungspflichtiger Arzneimittel nicht der strict liability in tort unterliegen. Vgl. *Lüderitz*, RIW 1988, 783.

68 Vgl. z. B. § 2108.11 Ohio Revised Code; *Debusschere/Kretschmar* § 109 Rn. 36; *Pfeifer* 164 f.; *Giesen/Poll*, RIW 1993, 265 ff.

69 Allgemein zur Beweislast *Pfeifer* 199 ff.

bestimmten Fällen befreit, welche im deutschen Recht zu dem anerkannten Anwendungsbereich des § 830 BGB gehören. Die strengen Voraussetzungen der alternativen Kausalität (alternative liability)[70] und der Beteiligung (concert of action)[71] sind jedoch im Bereich der Produkthaftung nach herrschender Ansicht grundsätzlich nicht erfüllt[72]. Schadensersatzklagen von „DES-daughters" wurden deshalb bis 1980 mangels nachgewiesener Kausalität ausnahmslos abgewiesen. Das Östrogen „DES", das schwangeren Frauen zur Verhütung von Fehlgeburten verabreicht worden war, verursachte bei vielen Töchtern lange nach ihrer Geburt bösartige Gewebeveränderungen. Die Geschädigten konnten die Hersteller des von ihren Müttern eingenommenen Präparats in aller Regel nicht individualisieren. Die 1980 vom Supreme Court of California gefällte Entscheidung *Sindell v. Abbott Laboratories*[73] schlug mit der Marktanteilshaftung (market share liability) erstmals einen neuen Weg ein[74]. Das Gericht hält es für ausreichend, wenn die gemeinsam in Anspruch genommenen Hersteller einen wesentlichen Marktanteil haben; es teilt den gesamten Schaden unter den Beklagten im Verhältnis ihrer Marktanteile auf und läßt jeden für seinen Anteil als Teilschuldner haften.

Die Entscheidung *Sindell v. Abbot Laboratories*[75] hat neue Fragen aufgeworfen. Offen ist vor allem, nach welchen Kriterien ein wesentlicher Marktanteil bestimmt werden soll[76], ob ein Hersteller nur zu dem Prozentsatz haften soll, der seinem (von ihm bewiesenen) Marktanteil entspricht[77], und ob die Marktanteilshaftung auch auf andere Produkte, insbesondere Asbestprodukte, anwendbar ist[78]. In welcher Ausprägung und in welchen Grenzen sich die Marktanteilshaftung etablieren wird, ist noch unsicher[79]. **222**

---

70 Zuerst *Summers v. Tice*, 33 Cal. 2 d 80, 199 P. 2 d 1 (1948) (zwei Jäger hatten gleichzeitig in Richtung des Geschädigten geschossen). Vgl. dazu *Hoechst* 88 f.
71 Zuerst *Loeb v. Kimmerle*, 199 P 2 d 1 (1932); vgl. dazu *Hoechst* 89. − Zur Branchenhaftung (enterprise liability, industry-wide-liability), deren Eigenständigkeit (Abgrenzung) gegenüber der concert of action-Haftung noch unsicher ist, vgl. *Otte* 26 f.
72 Vgl. auch für alternative liability z. B. *Giant Food Inc. and Sheeslein v. Washington Coca-Cola Bottling Co.* 332 A 2 d 1 (1975); *Hall v. E.J., Du Pont De Nemours & Co.*, 345 F. Supp 353 (E.D. N.Y. 1972) (Hersteller von Sprengkapseln hatten sich vereinbarungsgemäß an einem industrieintern gesetzten Sorgfaltsmaßstab gehalten).
73 163 Cal. Rptr. 132, 607 P. 2 d 924, 26 Cal. 3 d 588.
74 Vgl. aus der deutschsprachigen Literatur vor allem *Jürgen Koch* 97 ff.; *Debusschere/Kretschmar* § 110 Rn. 17 ff.; *Zätzsch*, ZVglRWiss 93 (1994) 177 ff. − Zu dem DES-Urteil des Hoge Road der Nederlanden vom 9.10.1992 vgl. *Klinge v. Rooij/Snijder*, EuZW 1993, 569 ff.
75 Siehe Fn. 73.
76 Vgl. *Otte* 39 ff.
77 Vgl. *Martin v. Abbott Laboratories*, 102 Wash. 2 d 581, 689 P. 2 d 368 (Wash. 1984) und dazu aus dem deutschen Schrifttum *Otte* 59 ff.; *Zekoll* 61 f.
78 Vgl. zur Rechtsprechung *Otte* 66 ff. sowie das eine Marktanteilshaftung bejahende Urteil des California 1st District Court of Appeal vom 25.8.1992 in Sachen *Wheeler v. Raybestos Manhattan* et al. (Bericht in PHI 1992, 216).
79 Vgl. *Kozyris*, AmJCompL 38 (1990) 476 Fn. 4 („has led to an even greater divergence of opinion not only on its acceptability but also on its scope and ramifications") mit umfangreichen Nachweisen zur Rechtsprechung nach *"Sindell"*.

g) Strafschadensersatz

223 Nach dem Recht der meisten Einzelstaaten steht es im Ermessen des Gerichts, zusätzlich zu dem Ersatzbetrag, der den Schaden ausgleicht, punitive oder exemplary damages zuzusprechen. Im allgemeinen wird vorausgesetzt, daß der Haftpflichtige absichtlich, bösartig oder rücksichtslos gehandelt hat. Der Strafschadensersatz hat in erster Linie Bestrafungs- und Abschreckungsfunktion[80]. Er kann ein Vielfaches des rein ausgleichenden Schadensersatzes betragen. Da die zugesprochenen Summen häufig außergewöhnlich hoch sind, haben einzelne Staaten Höchstgrenzen normiert[81] oder bestimmt, daß ein Teil an den Staat zu zahlen ist[82]. Die Verfassungsmäßigkeit von punitive damages wird zunehmend angezweifelt[83].

224 Die Frage, ob die Verpflichtung zur Zahlung von Strafschadensersatz durch eine Versicherung gedeckt werden darf, wird von den Einzelstaaten sehr unterschiedlich beurteilt. Einige Staaten lassen dies vorbehaltlos zu, andere machen Vorbehalte, wiederum andere lehnen es strikt ab[84].

III. Internationales Zuständigkeitsrecht

1. Überblick

225 Die internationale Zuständigkeit (territorial jurisdiction oder auch nur jurisdiction)[85] bestimmt sich grundsätzlich nach den Rechten der Einzelstaaten[86]. Sie folgten ursprünglich einem strengen Territorialitätsprinzip[87]. Die von ihm eng gezogenen Zuständigkeitsgrenzen weitete man nach und nach durch Fiktionen aus[88]. Neue, bis heute bedeutsame Grundlagen schuf der US Supreme

---

80 Vgl. nur BGH, 4. 6. 1992, RIW 1993, 132 Anm. *Schütze* (= oben Fn. 35) m. w. N.

81 Vgl. die Hinweise von *Debusschere/Kretschmar* § 117 Rn. 21.

82 Z. B. Colorado, vgl. Colorado Revised Statutes Sec. 13–21–102(4) (1986).

83 Eingehend dazu *Schwartz*, Kza. 4530; *Peterson*, IPRax 1990, 187 ff.; vgl. auch *Bungert*, VersR 1994, 15 f.

84 *Kozyris*, AmJCompL 38 (1990) 477 Fn. 4 a. E.

85 Da das Verfassungsrecht die jurisdiction US-amerikanischer Gerichte stark beeinflußt, hat man früher dazu geneigt, jurisdiction mit Gerichtsgewalt zu übersetzen. Die Gleichstellung mit „internationaler Zuständigkeit" hat sich aber durchgesetzt. Vgl. *Junker*, IPRax 1986, 199; *ders.*, Discovery 383; *Kropholler*, Handbuch I 237.

86 Bundesgerichte sind in Produkthaftungsfällen vor allem aufgrund von „diversity of citizenship", also deshalb zuständig, weil Beklagte aus unterschiedlichen Staaten beteiligt sind. Vgl. *Schack*, Einführung 18 f. – Im Jahre 1987 wurde der Entwurf eines Bundesgesetzes in das Gesetzgebungsverfahren eingebracht (H.R. 3662, 100th Cong., 1st Session), wonach Klagen von im Ausland geschädigten Ausländern *gegen US-amerikanische Haftpflichtige* an ein Bundesgericht verwiesen werden können sollten und eine internationale Zuständigkeit *gegen ausländische Haftpflichtige* begründet sein sollte, wenn sie wußten oder hätten wissen müssen, daß ihr in den USA schadenstiftendes Produkt in die USA importiert werden sollte. Vgl. *Kozyris*, AmJCompL 38 (1990) 499 Fn. 49.

87 Die Leitentscheidung ist *Pennoyer v. Neff* 95 U.S. 714, 24 L. Ed. 565 (1877); vgl. *Borchers*, AmJCompL 40 (1992) 124 f.; *Berger*, RabelsZ 41 (1977) 39; *Junker*, IPrax 1986, 199.

88 *Junker*, IPRax 1986, 199.

Court im Jahre 1945 in *International Shoe v. Washington*[89]. Das Gericht maß die auf Anwesenheit des Beklagten beruhende Zuständigkeit (in personam jurisdiction) an der verfassungsrechtlichen Garantie des „due process" und kam zu dem Schluß, dieses Gebot verlange (nur), daß der Beklagte über gewisse Mindestkontakte zum Forumstaat verfüge, so daß die Zuständigkeit fair und vernünftig sei[90].

In der Folge haben die Einzelstaaten die internationale Zuständigkeit durch sog. „long-arm statutes" geregelt, deren Bezeichnung die Weite der Zuständigkeit anschaulich zum Ausdruck bringt[91]. Meist werden die zuständigkeitsbegründenden Umstände katalogartig erfaßt, teils begnügt man sich mit einer Generalklausel[92]. Die Rechtsunsicherheit ist groß[93]. Dies gilt auch für Staaten mit detaillierten Zuständigkeitsregeln, da sich viele Gerichte an deren Wortlaut nicht halten[94], sondern im Einzelfall ein individuelles Urteil über die verfassungsrechtlichen Erfordernisse des „due process" und der Rücksichtnahme auf andere Bundesstaaten („full faith and credit-clause")[95] fällen[96]. **226**

Eine allgemeine Zuständigkeit gegenüber einer Gesellschaft besteht nicht nur an deren Sitz, sondern überall, wo sie systematisch eine nicht nur vorübergehende Geschäftstätigkeit entfaltet (doing business)[97]. Teilweise werden sehr geringe Anforderungen gestellt, statt Mindestkontakte nur Minimalkontakte verlangt[98]. Ausgeweitet wird die internationale Zuständigkeit auch[99] dadurch, daß für einen zuständigkeitsrechtlichen Durchgriff auf eine ausländische Muttergesellschaft im Vergleich zu Europa geringere Voraussetzungen notwendig **227**

---

89 326 U.S. 310, 66 S.Ct. 154, 90 L.Ed. 95 (1945). Zur Bedeutung dieser Entscheidung für die Entwicklung von „long-arm statutes" *Schmidt-Brand* 43 ff.
90 In jüngerer Zeit zeichnet sich eine getrennte Prüfung von „minimum contacts" und „fair and reasonable jurisdiction" ab. Vgl. *Hay*, Rec. des Cours 226 I (1991) 327; *Weintraub*, Texas Int'l. Law J. 23 (1988) 59 ff.
91 *Schack*, Minimum Contacts 1; *Junker*, IPRax 1986, 200.
92 Kalifornien, New Jersey und Rhode Island, vgl. *Hay*, Einführung 52 f.; *Schack*, Minimum Contacts, 3; *ders.*, IZVR, Rn. 403.
93 *Schack*, IZVR, Rn. 403 („Der Mangel an Rechtssicherheit in diesem Dschungel von Gesetzes- und Richterrecht ist chronisch"); *Otte*, IPRax 1987, 385 f.; *Bogdan*, J. of Air Law and Commerce 54 (1988) 317.
94 *Schmidt-Brand* 156 f. und passim.
95 Vgl. dazu *Magold* 32 ff.
96 Vgl. *Schack*, IZVR, Rn. 403.
97 Vgl. *Hay*, Rec. des Cours 226 I (1991) 314 und eingehend *H. Müller* 7 ff.
98 Vgl. *Hay*, Rec. des Cours 226 I (1991) 314 mit Rechtsprechungsnachweisen in Fn. 120.
99 Die alte „transient rule", wonach die Zustellung an eine vorübergehend im Gerichtsstaat anwesende Person eine Zuständigkeit begründet, gilt noch in zahlreichen Einzelstaaten. Vgl. *Borchers*, AmJCompL 40 (1992) 127. Der US Supreme Court hat die Verfassungsmäßigkeit dieses Zuständigkeitsgrundes in *Burnham v. Superior Court of California* 110 S.Ct. 2105 (1990) bejaht. Zur Kritik vgl. *Hay*, Rec. des Cours 226 I (1991) 311 ff. mit Nachweisen anderer kritischer Stimmen. — Inwieweit die auf Vermögensbelegenheit beruhende Zuständigkeit (quasi-in-rem jurisdiction) noch von Bedeutung ist, nachdem der US Supreme Court in *Shaffer v. Heitner*, 443 U.S. 186, 97 S.Ct. 2569 (1977), auch für sie Mindestkontakte fordert, ist unklar. Vgl. *Junker*, IPRax 1986, 200 m. w. N.

sind[100]. Die besonderen Zuständigkeiten[101] haben daher vor allem für Gesellschaften Bedeutung, die weder unmittelbar noch mittelbar durch verbundene Unternehmen in den USA[102] Geschäfte tätigen.

2. Der besondere Gerichtsstand der unerlaubten Handlung

228 Der besondere Gerichtsstand der unerlaubten Handlung wird regelmäßig durch „commission of a tortious act within this state" begründet[103]. Richtschnur für die Auslegung ist auch hier das due process-Gebot. Grundlegend ist die Entscheidung des US Supreme Court *World-Wide Volkswagen v. Woodson*[104] aus dem Jahre 1980, in der das Gericht einem ausufernden Verständnis Schranken setzte.

229 Ein Ehepaar hatte an seinem Wohnsitz in New York ein Kfz gekauft. Auf der Fahrt zu seinem neuen Wohnsitz in Arizona verunglückte es in Oklahoma. Dort erhob es Klage gegen den Hersteller „Volkswagen AG (Deutschland)" und den US-Importeur, außerdem gegen die „World-Wide Volkswagen Corporation", den Zwischenhändler für die Ostküste, und gegen den Endverkäufer. Zwischen- und Einzelhändler hatten ihren Sitz in New York und hatten keine Geschäftsbeziehungen zu Oklahoma. Der US Supreme Court, der nur über die Zuständigkeit der Gerichte Oklahomas gegen diese Händler zu entscheiden hatte, sah eine Zuständigkeit nicht schon durch die bloße Wahrscheinlichkeit begründet, daß ein Produkt (durch die einseitige Handlung Dritter) in den Forumstaat gelange. Erforderlich sei vielmehr, daß der Beklagte aufgrund seines Verhaltens und seiner Beziehung zum Forumstaat vernünftigerweise vorhersehen müsse, in diesem Staat verklagt zu werden. Das Gericht stellte bei der Ablehnung der Zuständigkeit maßgeblich darauf ab, daß die Beklagten nur *Händler* mit räumlich begrenztem Geschäftsgebiet waren[105].

---

100 Vgl. *Hay*, Rec. des Cours 226 I (1991) 314; *Jenckel* 215 ff. – Zu unterscheiden ist, ob die Muttergesellschaft selbst in irgendeiner Weise an der Herstellung des Produkts beteiligt und deshalb selbst produkthaftpflichtig ist, oder ob sie nur vermögensmäßig an der (unterkapitalisierten) Tochtergesellschaft beteiligt ist, es sich also um einen allgemeinen Haftungsdurchgriff handelt. Vgl. *Junker* 209 ff.

101 Die Unterscheidung zwischen allgemeiner und besonderer Zuständigkeit ist noch jungen Datums und in der Entwicklung. Vgl. *Schack*, Einführung 24. Zur offenen Frage, ob eine spezielle Zuständigkeit auf Umstände des zu entscheidenden Sachverhalts beruhen muß, vgl. *Hay*, Rec. des Cours 226 I (1991) 317 f.

102 Nach herrschender Ansicht kommt es allein auf die Kontakte des Beklagten zu dem konkreten Einzelstaat an, in dem Klage erhoben wurde. Die Kontakte zu anderen Einzelstaaten werden also nicht addiert, um so zu einer Zuständigkeit der Gerichte der USA zu kommen (sog. national contacts approach). Vgl. *Omni Capital International v. Rudolf Wolff & Co.* 484 U.S. 97, 108 S.Ct. 404 (1987). Zur gegenteiligen älteren Rechtsprechung vgl. *Jenckel* 165 Fn. 104. Für ein solches Vorgehen aber z.B. *Hay*, Rec. des Cours 226 I (1991) 330 f.; *Weintraub*, U.Ill. L. Rev. 1989, 151 („Congress should enact such a statute"), vgl. auch *Jenckel* 165 f. m.w.N.

103 Vgl. *Schack*, Einführung 25 m.w.N.; zur Bedeutung des Zuständigkeitsgrundes „Auswirkungen auswärtiger Handlungen oder Unterlassungen im Forumstaat" für Produkthaftungsklagen vgl. *Berger*, RabelsZ 41 (1977) 44 f.

104 444 U.S. 286 (1980).

105 Vgl. hierzu *Manishin*, Col. Law Rev. 80 (1980) 1357 ff. (im Ergebnis zustimmend); ablehnend *Schack*, Minimum Contacts 52.

Auch nach *World-Wide Volkswagen v. Woodson*[106] ist aber unsicher, unter **230** welchen Voraussetzungen gegenüber *Herstellern* eines schadenstiftenden Produktes eine Zuständigkeit in dem Staat besteht, in dem das Produkt durch den stream of commerce gelangt ist[107].

Die Unsicherheit wird besonders deutlich in der ebenfalls viel beachteten Ent- **231** scheidung des Supreme Court *Asahi Metal Industries Co., Ltd.* aus dem Jahre 1987[108]. Ein Kalifornier verunglückte in Kalifornien, weil ein Reifen seines Motorrades platzte. Er verklagte den Reifenhersteller, der seinen Sitz in Taiwan hatte, in Kalifornien. Der Reifenhersteller erhob in demselben Verfahren[109] eine Regreßklage gegen den Hersteller des Schlauchventils „Asahi", der ihm jährlich über 100.000 Ventile zugeliefert, seine Ventile aber nicht selbst in die USA exportiert hatte. Zur Klärung der internationalen Zuständigkeit für die Regreßklage des Reifenherstellers gegen den Zulieferer wurde der Instanzenzug bis zum US Supreme Court ausgeschöpft[110]. Die erste Instanz bejahte die Zuständigkeit, die zweite verneinte sie. Der California Supreme Court bejahte sie wiederum. Er stellte maßgeblich auf das staatliche Interesse Kaliforniens ab, ausländische Hersteller zum Schutze von einheimischen Verbrauchern den kalifornischen Sicherheitsstandards zu unterwerfen[111]. Dieses Interesse gebiete auch eine Entscheidung über die Schadensteilung zwischen mehreren Herstellern. Der US Supreme Court war anderer Ansicht und verneinte 8 Jahre nach Beginn des Prozesses die internationale Zuständigkeit der kalifornischen Gerichte für die Regreßklage, die nach einem Vergleich des Reifenherstellers mit dem Geschädigten allein noch anhängig war. Acht der neun Richter meinten, daß eine Zuständigkeit „unreasonable and unfair" wäre und die „due process clause" verletzen würde. Kalifornien habe, nachdem der Geschädigte abgefunden sei, kein ausreichendes Interesse mehr, den Rechtsstreit zwischen Ausländern zu entscheiden[112]. Für den Beklagten, der seinen Sitz im Ausland habe, sei die Prozeßführung in den USA eine schwere Last[113]. Auch sei unklar, ob

---

106 Siehe Fn. 104.
107 Vgl. *Hay*, Rec. des Cours 226 I (1991) 316 (allgemein: „The reach of judicial jurisdiction is complicated and in flux in the United States"), 321 (speziell zur besonderen Zuständigkeit für Produkthaftungsklagen: „ … clearly defined limits do not exist … „); *Borchers*, AmJ-CompL 40 (1992) 143 („a hopeless mess").
108 *Asahi Metal Industry Co., Ltd. v. Superior Court of California*, Solano County, 107 S. Ct. 1026 (1987); zu dieser Entscheidung *Otte*, IPRax 1987, 384; *Dethloff*, NJW 1988, 2160; *Schack*, IZVR, Rn. 403; *Hay*, Rec. des Cours 226 I (1991) 321 ff., 326 f.; *Borchers*, AmJ-CompL 40 (1992) 144 ff.; *Weintraub*, Texas Int'l Law J. 23 (1988) 55 ff.; *Freedman* 133 f.
109 Zum „tender of defense" („vouching in") siehe *H. Koch*, ZVglRWiss 85 (1986) 11 ff.; *ders.*, Justizkonflikt 125 ff.
110 Zum Instanzenzug *Schack*, Einführung 3 f.
111 216 Cal. Rptr. 385, 395.
112 Kritisch hierzu *Otte*, IPRax 1987, 386.
113 Vgl. dazu *Weintraub*, U.Ill.L.Rev. 1989, 150 Fn. 149: „The description of the „burden on the defendant" [US Supreme Court in Asahi] focuses on the distance between Japan and California and the difficulty of defense in a foreign legal system. This suggest that Asahi will travel by canoe and not hire superb California lawyers".

dieser Rechtsstreit nach kalifornischem Recht zu beurteilen sei[114]. Die Richter waren dagegen völlig unterschiedlicher Auffassung darüber, ob *Asahi* ausreichende „minimum contacts" zu Kalifornien hatte[115], obwohl er seine Produkte nicht dorthin exportierte. 4 Richter, darunter Chief Justice *Relmquist*, verneinten ausreichende Beziehungen des Zulieferers (component part manufacturer) zum Forumstaat, weil *Asahi* sich in keiner Weise zielgerichtet des kalifornischen Marktes bedient habe (purposeful availment). Das bloße Bewußtsein des Zulieferers eines Teilproduktes, daß sein Produkt über die Vertriebskette auf den US-amerikanischen Markt gelange, genüge nicht. 4 Richter erachteten das bloße Bewußtsein demgegenüber als ausreichenden „minimum contact"[116].

232 Es ist also nach wie vor unsicher, für welche Glieder der Vertriebskette durch die Vermarktung des Produktes im Forumstaat minimum contacts begründet werden[117]. Unsicher ist auch, ob eine Zuständigkeit des Marktstaates gegeben ist, wenn über den stream of commerce hinreichende minimum contacts begründet sind, der Geschädigte aber kein Angehöriger dieses Staates ist und die Rechtsgutsverletzung außerhalb dieses Staates eintrat. Anders als nach Art. 5 Nr. 3 EuGVÜ und vielen europäischen Rechten begründet allein der Eintritt der Rechtsgutsverletzung im Forumstaat im allgemeinen nicht dessen internationale Zuständigkeit[118].

3. forum non conveniens

233 Die forum non conveniens-Lehre[119] erlaubt es einem zuständigen Gericht, die Klage auszusetzen oder abzuweisen[120], wenn der Rechtsstreit vor einem ande-

---

114 107 S.Ct. 1026 (1987).
115 Umstritten war bereits, ob sich diese Frage überhaupt stelle, wenn die Zuständigkeit mangels ausreichender Interessen als unvernünftig und unfair abzulehnen sei. Dies verneinten drei der neun Richter; siehe 107 S.Ct. 1038 (1987).
116 "No showing of additional contact is required", 107 S.Ct. 1028 (1987).
117 Vgl. *Hutson v. Fehr Bros., Inc.* 584 F. 2d 833 (8th Cir. 1978), cert. den. 439 U.S. 983 (1978) (keine Zuständigkeit gegen italienische Gesellschaft, die das Alleinvertriebsrecht für Nordamerika einem britischen Unternehmen übertragen hatte; kritisch *Weintraub*, Texas Int'l Law J. 23 (1988) 70).
118 Vgl. *Jenckel* 206. Dies kritisieren insbesondere *Schack*, Minimum Contacts 51 ff.; *Borchers*, AmJCompL 40 (1992) 146. Die Schlußfolgerung von *Hay*, Rec. des Cours 226 I (1991) 332, das amerikanische System gebe wie das europäische eine Zuständigkeit am Ort der Rechtsgutsverletzung, liegt nicht auf der Hand. In der Praxis mag eine Zuständigkeit des Verletzungsstaates aufgrund weiterer Faktoren häufig gegeben sein, theoretisch gesichert ist sie nicht. Vgl. allerdings *Payners v. Erman Werke GmbH* 618 F. 2d 1186 (6th Cir. 1980) (Zuständigkeit der Gerichte Kentuckys über den deutschen Hersteller eines Gewehres, das im Forumstaat Schaden stiftete, bejaht, obgleich das Gewehr von der amerikanischen Vertriebsgesellschaft in Tennessee verkauft worden war); *Hedrick v. Daiko Shoji Co.*, 715 F. 2d 1355 (9th Cir. 1983), abgeändert 733 F. 2d 1335 (9th Cir. 1984) (Zuständigkeit der Gerichte Oregons über japanische Hersteller eines Spleißes bejaht, weil für Schiffe produziert, die auch die Häfen der Vereinigten Staaten, einschließlich Oregons anlaufen; vgl. *Weintraub*, Texas Int'l Law J. 23 (1988) 67 ff.; *Hay*, Rec. des Cours 226 I (1991) 320 f.).
119 Eingehend hierzu *Berger*, RabelsZ 41 (1977) 39 ff.; zur Geschichte auch *Piper Aircraft Co. v. Reyno*, 454 U.S. 235, 249, 102 S. Ct. 252, 262.
120 Die Klagabweisung wird häufig an Bedingungen geknüft. Ist beispielsweise die Verjährungsfrist des Rechts, welches das alternativ in Betracht kommende ausländische Gericht anzuwen-

ren Gericht „deutlich besser aufgehoben"[121] ist. Die Ermessensentscheidung beruht auf einer Abwägung der im konkreten Fall berührten (Zuständigkeits-) Interessen. Hauptgesichtspunkte sind die Beweisnähe des Gerichts, die Verteidigungslast des Beklagten, Vollstreckungsmöglichkeiten des Klägers, aber auch Interessen des Forumstaates für oder gegen eine Entscheidung durch seine Gerichte. Häufig wird eine Klagabweisung aufgrund forum non conveniens darauf gestützt, daß nach dem Kollisionsrecht des Forumstaates ausländisches Recht anzuwenden wäre[122].

Grundlegend ist die Entscheidung des US Supreme Court *Piper Aircraft Co.* **234** *v. Reyno* aus dem Jahre 1981[123], mit der eine Produkthaftungsklage aufgrund der forum non conveniens-Lehre abgewiesen wurde. Eine in Großbritannien registrierte und von einer dort ansässigen Gesellschaft betriebene Piper war mit fünf schottischen Passagieren in Schottland abgestürzt. Die Hinterbliebenen erhoben in den USA eine Produkthaftungsklage gegen den in Pennsylvania ansässigen Hersteller des Flugzeugs und den in Ohio ansässigen Hersteller der Propeller. Mit der Klage in den USA wollten sie die Maßgeblichkeit schottischen Rechts, das damals noch keine verschuldensunabhängige Produkthaftung kannte, vermeiden und sich die sonstigen Vorteile eines Produkthaftungsprozesses in den USA sichern[124]. Die erste Instanz wies die Klage aufgrund forum non conveniens ab. Die zweite Instanz bejahte dagegen eine Zuständigkeit mit der Begründung, eine Klagabweisung sei ausgeschlossen, wenn das Recht des alternativen Forums für den Kläger ungünstiger sei als das Recht des gewählten Forums. Der US Supreme Court widersprach dem und bestätigte die Klagabweisung durch die erste Instanz. Für ihn war ausschlaggebend, daß die Kläger Ausländer waren, daß sie in ihrem Heimatstaat klagen konnten, daß dieser Staat ein sehr starkes Interesse an der Entscheidung habe, daß das US-amerikanische Gericht möglicherweise schottisches Recht anzuwenden gehabt

---

den hätte, bereits abgelaufen, hingegen die Verjährungsfrist der lex fori noch nicht, so machen einige Gerichte die Klagabweisung davon abhängig, daß der Beklagte auf die nach ausländischem Recht begründete Einrede der Verjährung verzichtet. Vgl. *Mills v. Aetna Fire Underwriters Ins. Co.* 511 A. 2d 8 (D.C. App. 1986); *Johnson v. G.D. Searl & Co.*, 314 Md. 521, 552 A. 2d 29 (1989); *Shewbrooks v. A.C. & S. Inc.*, 529 So. 2d 557 (Miss 1988). Ablehnend *Weintraub*, Brooklyn J. Int'l L. 1990, 233 ff. – Eine andere Bedingung ist beispielsweise, daß sich der Beklagte einer ausländischen Gerichtsgewalt unterwirft. Vgl. in *Re Union Carbide Corp. Gas Plant Disaster at Bhopal, India*, 809 F. 2d 195 (2d Cir. 1987); zur juristischen Bewältigung des Bhopal-Unglücks siehe *Kolvenbach*, DWiR 1992, 322 ff.

121 *Schack*, IZVR, Rn. 494.
122 Vgl. *Piper Aircraft Co. v. Reyno*, 454 U.S. 235 (1981) mit Nachweisen zur früheren Rechtsprechung; *Asahi Metal Industry v. Superior Court of California, Solano County*, 107 S.Ct. 1026 (1987); *Weintraub*, U.Ill.L.Rev. 1989, 152 („a major factor"); *Kozyris/Symeonides*, AmJCompL 38 (1990) 648 f. (Nachweise aus der Rechtsprechung des Jahres 1989); *Kramer*, AmJCompL 39 (1991) 476 (Übersicht über die Rechtsprechung des Jahres 1990; diese Begründung sei kritisch); vgl. auch *Schmidt-Brand* 23; *Fammler*, RIW 1990, 809 (kritisch); *Berger*, RabelsZ 41 (1977) 61 ff.
123 445 U.S. 235 (1981); vgl. hierzu *Juenger* 11; *Bogdan*, J. of Air Law and Commerce 54 (1988) 321 f.; *Reus*, RIW 1991, 544.
124 Vgl. oben II. 1. b).

hätte und daß die Beklagten bei einer Verurteilung in den USA eine Regreßklage gegen den Piloten und den Halter des Flugzeuges nur in Schottland hätten erheben können.

235 Daß die Klage eines US-Bürgers aufgrund von forum non conveniens abgewiesen wird, ist die seltene Ausnahme[125]. In aller Regel sind es im Ausland geschädigte Ausländer, die mit Hilfe dieses Rechtsinstituts abgewiesen werden[126]. Es dient als Riegel, der dem zum forum shopping einladenden weiten
Zuständigkeitstor[127] im Einzelfall vorgeschoben wird[128].

IV. Kollisionsrecht

1. Die Anknüpfung der außervertraglichen Produkthaftung

a) Eckdaten

236 Die Vereinigten Staaten haben das Haager Produkthaftungsübereinkommen
nicht gezeichnet[129]. Gesetzliche Regelungen auf Bundesebene gibt es (noch)
nicht[130]. Maßgebend ist vielmehr das Kollisionsrecht der Einzelstaaten[131].

---

125 *Hay*, Rec. des Cours 226 I (1991) 307 Fn. 94.

126 *Schack*, IZVR, Rn. 496; *Fammler*, RIW 1990, 809 f.; *Giemulla/Wenzler*, RIW 1989, 948. –
Es kommt auch vor, daß von den bei einem Schadensereignis geschädigten in- und ausländi-
schen Personen nur die Ausländer abgewiesen werden. Vgl. z. B. *Zipfel v. Halliburton Co.*, 832
F. 2d 1477 (9th Cir. 1987) cert. den. 108 S. Ct. 2819 (1988).

127 Vgl. *Hay*, Rec. des Cours 226 I (1991) 306 ff.

128 *Schack*, IZVR, Rn. 495; *ders.*, Einführung 29 f. – Ein Schlupfloch hat sich neuerdings in Texas aufgetan, dessen Supreme Court die forum non conveniens-Lehre bei Klagen von Ausländern wegen Tod oder Körperverletzung als mit dem staatlichen long-arm statute nicht vereinbar erklärte; *Dow Chemical Co. v. Alfaro*, 786 S.W. 2d 674, 679 (Tex. 1990), cert. den. 11 S.
Ct. 671 (1991). Vgl. *Fammler*, RIW 1990, 808 ff.; *Hay*, Rec. des Cours 226 I (1991) 308 mit
Nachweisen zu anderen Einzelstaaten; *Kramer*, AmJCompL 39 (1991) 480; *Weintraub*,
U.Ill.L.Rev. 1989, 153 f.

129 Die USA werden das Abkommen wohl auch zukünftig nicht zeichnen. Vgl. *Kozyris*, AmJ-
CompL 38 (1990) 481, der trotz eines abweichenden Anknüpfungsvorschlages (vgl. AmJ-
CompL 38 (1990) 506 f.; siehe dazu unten e) bb) (3)) die Ratifizierung empfiehlt (a. a. O.
S. 508). *Weintraub*, Brooklyn J Int'l L. 1990, 238, meint ebenfalls, das Haager Übereinkom-
men enthalte annehmbare Lösungen, sei aber verbesserungsfähig.

130 Im Jahre 1987 wurde der Entwurf eines Bundesgesetzes in das Gesetzgebungsverfahren eingebracht, wonach das Recht des ausländischen Verletzungsortes anwendbar sein sollte, wenn ein
im Ausland geschädigter, ausländischer Kläger einen US-amerikanischen Haftpflichtigen vor
Bundesgerichten verklagt (H.R. 3662, 100th Cong., 1st Session). Vgl. hierzu *Kozyris*, AmJ-
CompL 38 (1990) 499 Fn. 49; *Juenger*, U.Ill.L.Rev. 1989, 110; *Scoles/Hay*, S. 638 Fn. 24;
Weintraub, U.Ill.L.Rev. 1989, 155 Fn. 198. Zu dem Entwurf eines Bundesgesetzes (H.R. 4807)
aus dem Jahre 1988, wonach für Zivilklagen aus einem Unfall mit mindestens 25 getöteten
oder schwer verletzten Personen mit „minimal diversity" Bundesgerichte originär zuständig
sein sollten und wonach hinsichtlich der Haftung gegenüber allen Verletzten einheitlich ein
Recht bestimmt werden sollte, vgl. *Loewenfeld*, U.Ill.L.Rev. 1989, 165 ff.; *Kozyris*, AmJ-
CompL 38 (1990) 481 Fn. 18. – Der „Kasten bill" (siehe Fn. 46) enthielt sich ausdrücklich
einer kollisionsrechtlichen Regelung; vgl. *Kozyris*, AmJCompL 38 (1990) 480 f.

131 Zum Einfluß von Verfassungsrecht auf die kollisionsrechtliche Anknüpfung *Magold* 26 ff.;
McConnell, Choice of Law 95 ff.; *P. Herzog*, Österreichs Weg 203 ff.

Abgesehen von einer speziellen Vorschrift des kalifornischen Rechts über die Haftung für Aids-Impfstoffe[132], gibt es geschriebene Kollisionsregeln über die außervertragliche Produkthaftung nur in Louisiana[133]. In den anderen Staaten liegt das Kollisionsrecht in den Händen der Rechtsprechung[134].

Die Frage, ob es den Parteien gestattet ist, das auf die deliktische Produkthaftung anwendbare Recht zu vereinbaren, gilt als in den meisten US-Bundesstaaten offen[135]. Bei der objektiven Anknüpfung, auf die nachfolgend ausschließlich eingegangen wird, splittet man den Sachverhalt bereitwillig in gesondert anzuknüpfende Teilfragen auf (issue by issue-approach)[136], anders als in Europa, wo man die einheitliche Anknüpfung des Sachverhalts hochhält. Sachverhalte mit Beziehungen zu ausländischen Staaten (international conflicts) werden vom Ansatz her nicht anders behandelt als die in der Praxis weitaus dominierenden Sachverhalte zwischen US-Einzelstaaten (interstate conflicts)[137].

b) Entwicklung

Bis in die fünfziger Jahre herrschte uneingeschränkt die Tatortregel und d. h. aufgrund der vested rights-Theorie[138], es wurde ausschließlich an den Verletzungsort angeknüpft[139]. Dem absoluten Geltungsanspruch der Tatortregel

132 Siehe unten c) bb).
133 Vgl. allgemein *Kozyris*, AmJCompL 38 (1990) 479. Zu Louisiana siehe unten c) aa). – Zu den Reformbestrebungen in Puerto Rico *Symeonides*, Col.J. Transn't L. 28 (1990) 413 ff.
134 Nach *Klaxon Co. v. Stentor Electric Mfg. Co. Inc.*, 313 U.S. 487 (1941), haben Bundesgerichte grundsätzlich das Kollisionsrecht des Einzelstaates anzuwenden, in dem das Bundesdistriktgericht seinen Sitz hat. Vgl. *Magold* 42 ff. Bei einer Verweisung von einem Bundesdistriktgericht an ein anderes (federal transfer) gilt weiterhin das Recht des verweisenden Gerichts; vgl. *Van Dusen v. Barrack*, 376 U.S. 612, 642 (1964). Dies erzeugt aufgrund der Methodenvielfalt erhebliche Probleme, wenn Klagen aus mehreren Staaten zusammengeführt werden. Die Gerichte suchen „the burden of Van Dusen" (*Kozyris/Symeonides*, AmJCompL 38 (1990) 610) zu reduzieren, indem sie die unterschiedlichen Methoden gleichsetzen. Vgl. *Juenger*, U.Ill.L.Rev. 1989, 109; *Kramer*, AmJCompL 39 (1991) 469.
135 So *Hay*, Rec. des Cours 226 I (1991) 293 Fn. 10 a. E.
136 *Wilde*, S. Cal.L.Rev. 41 (1968) 329 ff.; vgl. *Symeonides*, AmJCompL 38 (1990) 438 mit weiteren Nachweisen in Fn. 32; *Weintraub*, U.Ill.L.Rev. 1989, 139 (mit Beispielen „guter" und „schlechter" dépeçage); *Hay*, Rec. des Cours 226 I (1991) 374 ff. (kritisch S. 299: „ ... issue orientation may turn into result-selectivity: the best result in the individual case."); vgl. auch *Magold* 183 ff. – Zur Produkthaftung vgl. insbesondere *Seidelson*, Duq. L. Rev. 26 (1988) 559 ff.; für eine möglichst einheitliche Anknüpfung aller Produkthaftung-issues z. B. *Kozyris*, AmJCompL 38 (1990) 487.
137 Zu der von *Ehrenzweig*, 16 ff., vergeblich bekämpften grundsätzlichen Methodengleichheit von „interstate conflict of laws" und „international conflict of laws" (private international law) *Hay*, Rec. des Cours 226 I (1991) 302; *ders.*, RabelsZ 35 (1971) 454 ff.; *Peterson*, IPR-Theorie 70 (mit der Folge häufiger Anwendung der lex fori, weil es den Gerichten Schwierigkeiten bereitet, die policies ausländischer Normen aufzudecken); *Mennenöh* 27 f. m. w. N.; *Magold* 46.
138 Vgl. nur *Hay*, Rec. des Cours 226 I (1991) 339 ff.
139 Note, Harvard L. Rev. 78 (1965) 1457. – *Vrooman v. Beech Aircraft Corp.* 103 F. 2d 479, 480 (10th Cir. 1950) knüpfte an den Herstellungsort an. Die Entscheidung wurde heftig kritisiert und als „Ausrutscher" abgetan, vgl. die Note, Harvard L. Rev. 78 (1965) 1457 Fn. 48 („apparently a mistake") sowie die Nachweise von *Mennenöh* 31 Fn. 41.

entzog man sich zunächst durch Ausflüchte[140], später durch offene Revolution[141]. Dem alten (Rechts-)Satz folgten moderne Ansätze[142]. Rechtsordnung wurde zu „Rechtsunordnung"[143].

239 Mit der Zeit haben sich Hauptströme formiert[144]. Die stärksten sind der „most significant relationship test" des Zweiten Restatement[145], die auf *Currie* zurückgehende „governmental interest analysis"[146], *Leflar's* „choice-influencing considerations"[147] und der lex fori-approach. Mischansätze und

---

140 Sog. escape devices. Vgl. *Solimine*, GA. L.R. 1989, 51 f.; *Urwantschky* 39 f.; *Juenger* 4; *ders.*, Ohio State L.J. 46 (1985) 516; *Weintraub*, U.Ill.L.Rev. 1989, 133.

141 Die Abkehr von der lex loci-Regel wird ganz überwiegend als „Revolution" bezeichnet; mit oder ohne Anführungsstriche, mit oder ohne Ironie, vgl. *Symeonides*, Tul. Law Rev. 66 (1992) 681 Fn. 20.

142 Vgl. *E. Lorenz*, Struktur 15 ff.; *Magold* 94 ff.

143 Bezeichnung von *Juenger* 8. In *Re Air Crash* of March 3, 1974, 399 F. Supp 732, 739 (C.D. Cal. 1975) bezeichnete Richter *Hall* das Kollisionsrecht in den Einzelstaaten als ein „veritable jungle, which, if the law can be found out, leads not to a ,rule of action' but a reign of chaos dominated in each case by the judge's ,informed guess' as to what some other state than the one in which he sits would hold its law to be"; vgl. ferner *Forsyth v. Cessna Aircraft Co.*, 520 F. 2 d 608 („judical nightmare known as Conflicts of laws"); sehr kritisch auch *Prosser*, Mich. L.Rev. 51 (1953) 971 („dismal swamp").

144 Vgl. *de Boer* 198 ff. Zur Einteilung der Bundesstaaten nach der jeweils grundsätzlich angewandten Methode siehe die Entscheidung *„Agent orange" Product Liability Litigation*, 580 F. Supp. 690, 691 (E.D.N.Y. 1984); *Mennenöh* 29; Am. Law Prod. Liab. 3 d § 46 : 8 (Staaten, die dem „most significant relationship"-Ansatz folgen).

145 Restatement (Second) of Conflict of Laws, Sec. 145 lautet:
„(1) The rights and liabilities of the parties with respect to an issue in tort are determined by the local law of the state which, with respect to that issue, has the most significant relationship to the occurrence and the parties under the principles stated in Sec. 6.
(2) Contacts to be taken into account in applying the principles of Sec. 6 to determine the law applicable to an issue include:
(a) the place where the injury occurred,
(b) the place where the conduct causing the injury occurred,
(c) the domicile, residence, place of incorporation and place of business of the parties, and
(d) the place where the relationship, if any, between the parties is centered.
These contacts are to be evaluated according to their relative importance with respect to the particular issue."
Sec. 6 des Restatement lautet:
„(1) A court, subject to constitutional restrictions, will follow a statutory directive of its own state on choice of law.
(2) When there is no such directive, the factors relevant to the choice of the applicable rule of law include:
(a) the needs of the interstate and international systems,
(b) the relevant policies of the forum,
(c) the relevant policies of other interested states and the relative interests of those states in the determination of the particular issue,
(d) the protection of justified expectations
(e) the basic policies underlying the particular field of law
(f) certainty, predictability and uniformity of result, and
(g) ease in the determination and application of the law to be applied."
Übersetzung beider Vorschriften bei *Mennenöh* 74 f.

146 Eingehend hierzu *Kay*, Rec. des Cours 215 III (1989) 19 ff., die *Curries* Lehre verteidigt.

147 Vgl. dazu *Magold* 114 ff., *Mennenöh* 81 ff.

eigenständige Theorien begrenzter Verbreitung[148] haben Kritiker veranlaßt, statt von Methodenpluralismus von Methodenchaos zu sprechen[149].

Die Rechtsprechung hat den Methodenstreit auf ihre Weise genutzt. Statt wie **240** erhofft[150], im Laufe der Zeit klare und ausgewogene Anknüpfungsregeln zu entwickeln, streben die Gerichte zur lex fori[151] und (oder) zu dem für den Geschädigten günstigsten Recht.

In der Lehre wird immer häufiger das Gemeinsame aller modernen Ansätze **241** betont: der Rekurs auf Interessen[152]. Dies signalisiert die Bereitschaft, den Methodenstreit in den Hintergrund zu rücken und sich wieder vorrangig den sachlichen Ergebnissen zuzuwenden. Wie frühzeitig prognostiziert[153], ist man erneut auf dem Weg zur Regelbildung[154], aber nicht wie angenommen mit, sondern ohne Hilfe der Rechtsprechung.

c) Gesetzliche Regelungen

aa) Louisiana

(1) Überblick

Louisiana verfügt als einziger Staat der USA über ein umfassend kodifiziertes **242** Kollisionsrecht. Das „Conflicts of Laws" findet sich im neu geschaffenen Vierten Buch des Zivilgesetzbuches und ist seit 1.1.1992 in Kraft[155]. Der 7. Titel über „Deliktische und quasideliktische Obligationen"[156] enthält mit

---

148 Z.B. dem in Kalifornien praktizierten „comparative impairment-approach". Vgl. *Offshore Rental Co. v. Continental Oil Co.*, 22 Cal. 3d 157, 583 P. 2d 721, 148 Cal. Rptr. 867 (1987). *Hay*, Rec. des Cours 226 I (1991) 354f.; vgl. auch den Überblick von *P. Herzog*, Österreichs Weg 191 ff.

149 *Mühl*, 21, spricht von Methodeneklektizismus.

150 Vgl. z.B. *Cavers*, Process 113; *Reese*, Corn. L. Rev. 57 (1972) 334; *Rosenberg*, Col.L.Rev. 81 (1981) 946; siehe auch *Magold* 170ff. m.w.N.; zurückhaltend *Reese*, AmJCompL 35 (1987) 395.

151 Siehe unten bei und in Fn. 179 – Das „Heimwärtsstreben" hat zur Folge, daß die weite Zuständigkeitsordnung in der Praxis bedeutsamer ist als das Kollisionsrecht. Vgl. *Vitta*, AmJCompL 30 (1982) 5f. Eine theoretische Annäherung von „jurisdiction" und „choice of law" verfechten *Maier/McCoy*, AmJCompL 39 (1991) 249ff.

152 *Mennenöh*, 251, sieht die Interessenanalyse als „gemeinsamen Nenner" der modernen Methoden durch seine Analyse der Rechtsprechung zur Produkthaftung bestätigt; vgl. auch *Urwantschky* 51.

153 Siehe Fn. 150. Vgl. zu allem *Peterson/Zekoll*, AmJCompL 42 (1994) 124ff.

154 Einige Autoren sprechen von Konterrevolution; vgl. etwa *Symeonides*, Tul. L. Rev. 66 (1992) 767.

155 Eingehend hierzu *Symeonides*, Tul. L. Rev. 66 (1992) 677ff. mit umfangreichen Nachweisen; *ders.*, Rev. crit. 81 (1992) 223ff. Zum Verhältnis von „Common Law und Civil Law im Privatrecht von Louisiana" vgl. *Zekoll*, ZVglRWiss 93 (1994) 323–342. – In Puerto Rico gibt es einen weitgehend gleichlautenden, ebenfalls unter Federführung von *Symeonides* erstellten Entwurf, vgl. *Symeonides*, Col. J. Transnat'l L. 28 (1990) 413ff.

156 Auszug aus dem Act No. 923 of 1991 on Conflicts Law in Tul. L. Rev. 66 (1992) 769ff.:
Titel I: General Provisions
„*Article 3515: Determination of the applicable law; general and residual rule.* Except as otherwise provided in this Chapter, an issue in a case having contacts with other states is

(156 Fortsetzung)

governed by the law of the state whose policies would be most seriously impaired if its law were not applied to that issue.

That state is determined by evaluating the strength and pertinence of the relevant policies of all involved states in the light of: (1) the relationship of each state to the parties and the dispute; and (2) the policies and needs of the interstate and international systems, including the policies of upholding the justified expectations of parties and of minimizing the adverse consequences that might follow from subjecting a party to the law of more than one state.

Title VII: Delictual and Quasi-Delictual Obligations

„*Article 3542. General rule.* Except as otherwise provided in this Title, an issue of delictual or quasi-delictual obligations is governed by the law of the state whose policies would be most seriously impaired if its law were not applied to that issue.

That state is determined by evaluating the strength and pertinence of the relevant policies of the involved states in the light of: (1) the pertinent contacts of each state to the parties and the events giving rise to the dispute, including the place of conduct and injury, the domicile, habitual residence, or place of business of the parties, and the state in which the relationship, if any, between the parties was centered; and (2) the policies referred to in Article 3515, as well as the policies of deterring wrongful conduct and of repairing the consequences of injurious acts.

Article 3543. Issues of conduct and safety. Issues pertaining to standards of conduct and safety are governed by the law of the state in which the conduct that caused the injury occurred, if the injury occurred in that state or in another state whose law did not provide for a higher standard of conduct.

In all other cases, those issues are governed by the law of the state in which the injury occurred, provided that the person whose conduct caused the injury should have foreseen its occurrence in that state.

The preceding paragraph does not apply to cases in which the conduct that caused the injury occurred in this state and was caused by a person who was domiciled in, or had another significant connection with, this state. These cases are governed by the law of this state.

Article 3544. Issues of loss distribution and financial protection. Issues pertaining to loss distribution and financial protection are governed, as between a person injured by an offense or quasi-offense and the person who caused the injury, by the law designated in the following order:

(1) If, at the time of the injury, the injured person and the person who caused the injury were domiciled in the same state, by the law of that state. Persons domiciled in states whose law on the particular issue is substantially identical shall be treated as if domiciled in the same state.

(2) If, at the time of the injury, the injured person and the person who caused the injury were domiciled in different states: (a) when both the injury and the conduct that caused it occurred in one of those states, by the law of that state; and (b) when the injury and the conduct that caused it occurred in different states, by the law of the state in which the injury occurred, provided that (i) the injured person was domiciled in that state, (ii) the person who caused the injury should have foreseen its occurrence in that state, and (iii) the law of that state provided for a higher standard of financial protection for the injured person than did the law of the state in which the injurious conduct occurred.

Article 3535. Products liability. Delictual and quasi-delictual liability for injury caused by a product, as well as damages, whether compensatory, special, or punitive, are governed by the law of this state: (1) when the injury was sustained in this state by a person domiciled or residing in this state; or (2) when the product was manufactured, produced, or acquired in this state and caused injury either in this state or in another to a person domiciled in this state. The preceding paragraph does not apply if neither the product that caused the injury nor any of the defendant's products of the same type were made available in this state through ordinary commercial channels.

All cases not disposed of by the preceding paragraphs are governed by the other Articles of this Title.

Article 3546. Punitive damages. Punitive damages may not be awarded by a court of this state unless authorized:

Art. 3545 eine spezielle Vorschrift über die Produkthaftung, die das maßgebliche Recht für alle Fragen (issues) einheitlich bestimmt. Die Kollisionsnorm über die Produkthaftung ist aber nur unter eng begrenzten Voraussetzungen anwendbar[157]. Fehlen sie, so greifen die allgemeine Grundregel für Delikte (Art. 3542) und daneben spezielle Kollisionsnormen über Verhaltens- und Sicherheitsstandards (Art. 3543), über Schadensausgleich und finanziellen Schutz (issues of loss distribution and financial protection, Art. 3544)[158] und über Strafschadensersatz (Art. 3546). Soweit das anwendbare Recht nicht über die allgemeine Grundregel für Delikte bestimmt wird, ist eine Ausweichklausel zu beachten (Art. 3547).

(2) Die spezielle Kollisionsnorm über die Produkthaftung

Art. 3545 Abs. 1 enthält eine unvollkommen-einseitige Kollisionsnorm[159] über **243**
die außervertragliche Produkthaftung[160]. Die Norm ist einseitig, weil sie nur die Anwendbarkeit des Rechts von Louisiana regelt; sie ist unvollkommen, weil sie nicht alle Fälle erfaßt, die nach dem Kollisionsrecht von Louisiana dessen Produkthaftungsrecht unterliegen. Nach ihr ist das Recht von Louisiana anzuwenden, wenn erstens eine Person, die in Louisiana ihren Wohnsitz oder gewöhnlichen Aufenthalt hat, in Louisiana geschädigt wird, oder zweitens ein in Louisiana hergestelltes oder erworbenes Produkt in Louisiana zu einem Schaden führt, oder drittens ein solches Produkt außerhalb von Louisiana eine Person mit Wohnsitz in Louisiana schädigt. Ist das Recht von Louisiana aufgrund dieser Voraussetzungen anzuwenden, so beherrscht es alle die Produkthaftung

---

(1) By the law of the state where the injurious conduct occurred and by either the law of the state where the resulting injury occurred or the law of the place where the person whose conduct caused the injury was domiciled; or
(2) By the law of the state in which the injury occurred and by the law of the state where the person whose conduct caused the injury was domiciled.
Article 3547. Exceptional cases. The law applicable under articles 3543–3546 shall not apply if, from the totality of the circumstances of an exceptional case, it is clearly evident under the principle of Article 3542, that the policies of another state would be more seriously impaired if its law were not applied to the particular issue. In such event the law of the other state shall apply.
Article 3548. Domicile of juridical persons. For the purposes of this Title, and provided it is appropriate under the principles of Article 3542, a juridical person that is domiciled outside this state, but which transacts business in this state and incurs a delictual or quasi-delictual obligation arising from activity within this state, shall be treated as a domiciliary of this state.".
157 *Symeonides*, Tul. L.Rev. 66 (1992) 755 und 757, der im Gesetzgebungsverfahren maßgebend beteiligt war (vgl. a.a.O. 684f.), erklärt die gesetzgeberische Zurückhaltung, das anwendbare Recht für die Produkthaftung nur in eng begrenzten Fällen unmittelbar zu bestimmen, mit der großen Meinungsvielfalt über die maßgebenden Anknüpfungskriterien. Der Gesetzgeber vermißte mit anderen Worten hinreichend sichere Grundlagen für die Entwicklung einer umfassenden Kollisionsnorm.
158 Gegen diese dépeçage *Weintraub*, AmJCompL 38 (1990) 514ff.
159 Vgl. zu dieser Art von Kollisionsnorm *Kegel*, IPR 186f.
160 Kritisch *Weintraub*, AmJCompL 38 (1990) 516.

betreffenden Fragen (issues), einschließlich Verhaltens- und Sicherheitsstandards sowie Strafschadensersatz[161].

244   Nach Absatz 2 der Vorschrift ist die Kollisionsregel des Absatzes 1 jedoch nicht anwendbar, wenn weder das schadenstiftende Produkt noch irgendein gleichartiges Produkt des Beklagten in Louisiana durch gewöhnliche Vertriebskanäle feilgeboten worden war. Leitgedanke ist der Schutz des Beklagten. Er soll dem Recht von Louisiana aufgrund von Abs. 1 allenfalls dann unterliegen, wenn seine Produkte (das schadenstiftende oder ein gleichartiges) in Louisiana auf gewöhnlichem Wege vermarktet werden. Ist der Beklagte über die gewöhnlichen Vertriebskanäle nicht oder nicht richtig informiert, so ist dies kollisionsrechtlich sein Risiko. Der Vorbehalt in Abs. 2 schließt aber nur die Anwendbarkeit der speziellen Kollisionsregel des Abs. 1 aus. Der Beklagte ist mithin nicht davor gefeit, daß das Recht von Louisiana über die subsidiär maßgeblichen, allgemeinen Kollisionsnormen für Delikte zum Zuge kommt.

245   Innerhalb des durch den Gedanken des Schädigerschutzes gezogenen Rahmens ist in erster Linie der Wille bestimmend, Angehörige Louisinanas durch die zwingende Maßgeblichkeit ihres Rechts zu schützen[162]. Sie erhalten stets ihr Recht, wenn sie in Louisiana zu Schaden kommen. Werden sie in einem anderen Staat geschädigt, so ist ihr Recht gleichwohl anwendbar, wenn das schadenstiftende Produkt in Louisiana hergestellt oder (von irgend jemandem) erworben wurde. Der heimische Schutz begleitet allerdings nur solche Angehörige Louisianas in das Ausland, die in Louisiana ihren Wohnsitz haben. Der gewöhnliche Aufenthalt allein genügt nicht.

246   Angehörigen anderer Staaten, die in Louisiana durch ein dort hergestelltes oder erworbenes Produkt geschädigt werden, wird das Recht von Louisiana nicht, jedenfalls nicht vorrangig aus Gründen der Gleichbehandlung gewährt. Folgt man den Bekundungen von *Symeonides*[163], der am Zustandekommen des neuen Kollisionsrechts maßgeblich beteiligt war[164], so war vielmehr die Absicht bestimmend, daß Produkte, die in Louisiana hergestellt oder vermarktet werden, dem Sicherheitsstandard des Rechts dieses Staates entsprechen.

(3) Die subsidiär maßgeblichen allgemeinen Kollisionsnormen über Delikte

247   Wenn die Voraussetzungen der unvollkommen-einseitigen Kollisionsnorm über die Produkthaftung nicht erfüllt sind, sind die allgemeinen Kollisionsnormen über Delikte anzuwenden. Nach der *Grundregel* des Art. 3542 Abs. 1 ist dann grundsätzlich das Recht des Staates anzuwenden, dessen Ziele (policies) am stärksten beeinträchtigt würden, wenn sein Recht nicht zur Anwendung

---

161 *Symeonides*, Tul. L. Rev. 66 (1992) 750, 758; *ders.*, AmJCompL 38 (1990) 434; *ders.*, Rev. crit. 81 (1992) 267.
162 *Symeonides*, Tul. L. Rev. 66 (1992) 752 f.
163 *Symeonides*, Tul. L. Rev. 66 (1992) 753.
164 *Symeonides*, Tul. L. Rev. 66 (1992) 684 f.

käme[165]. Um diesen Staat zu bestimmen, sind nach Absatz 2 der Vorschrift Gewicht und Beschaffenheit der Ziele aller berührten Staaten unter Berücksichtigung folgender Gesichtspunkte zu bewerten:

1. der einschlägigen Berührungspunkte jedes Staates zu den Parteien und dem streitursächlichen Geschehen, einschließlich des Handlungs- und Verletzungsortes, des Wohnsitzes, gewöhnlichen Aufenthaltes oder Geschäftssitzes der Parteien und des Staates, in dem eine Beziehung zwischen den Parteien zu lokalisieren ist;
2. der Ziele und Erfordernisse des föderalen und internationalen Systems, einschließlich des Zieles, berechtigte Parteierwartungen zu erfüllen und widrige Folgen, die sich aus der Unterwerfung einer Partei unter mehreren Rechten ergeben können, zu minimieren;
3. der Schadensprävention und des Schadensausgleichs.

Das für *Verhaltens- und Sicherheitsstandards* maßgebende Recht ist gesondert **248** nach Art. 3543 zu bestimmen. Danach ist das Recht des Staates anzuwenden, in dem der Handlungsort liegt, wenn in diesem Staat auch der Verletzungsort liegt, oder wenn der Verletzungsort zwar in einem anderen Staat liegt, dieser Staat aber keine strengeren Verhaltensanforderungen stellt (Abs. 1). Ansonsten ist das Recht des Verletzungsortes anzuwenden, wenn der Handelnde den Verletzungseintritt in diesem Staat vorhersehen konnte (Abs. 2). Stets ist jedoch das Recht von Louisiana anzuwenden, wenn die Verletzung in Louisiana eintrat und von einer Person verursacht wurde, die in Louisiana wohnt oder eine andere bedeutsame Beziehung zu Louisiana hat.

Fragen des Schadensausgleichs und des finanziellen Schutzes, die sich im Ver- **249** hältnis von Schädiger und Geschädigtem stellen, etwa hinsichtlich Haftungshöchstgrenzen oder Haftungsprivilegien[166], unterliegen nach Art. 3544 Abs. 1 dem Recht des Staates, in dem Schädiger und Geschädigter gemeinsam ihren Wohnsitz haben, wobei Personen aus verschiedenen Staaten als Angehörige eines dieser Staaten behandelt werden, wenn die Sachrechte in der strittigen Frage im wesentlichen übereinstimmen. Sind diese Voraussetzungen nicht erfüllt, so ist das Recht des Wohnsitzstaates anzuwenden, in dem sowohl der Handlungsort als auch der Verletzungsort liegt (Abs. 2 lit. a). Liegen diese Orte in verschiedenen Staaten, so ist das Recht des Staates anzuwenden, in dem der Verletzungsort liegt, wenn der Geschädigte in diesem Staat wohnt, *und* wenn der Schädiger den Eintritt der Verletzung in diesem Staat vorhersehen konnte, *und* wenn das Recht dieses Staates den Verletzten im Hinblick auf den Ersatz des Schadens stärker schützt als das Recht des Staates, in welchem der Schädiger handelte (Abs. 2 lit. b).

---

165 Zur Abgrenzung von *Baxter's* (Stan. L. Rev. 16 (1963) 1 ff.) „comparative impairment" – Ansatz vgl. *Symeonides*, Tul. L.Rev. 66 (1992) 691 f. Für eine Ersetzung der Formulierung „most seriously impaired" durch „the law of the state that will best accommodate the policies of the states that have contacts with the case" *Weintraub*, AmJCompL 38 (1990) 514.
166 *Symeonides*, Tul. L. Rev. 66 (1992) 699.

250 Nach Art. 3546 dürfen *punitive damages* von den Gerichten Louisianas nur zugesprochen werden, wenn Strafschadensersatz übereinstimmend gewährt wird, entweder nach dem Recht des Handlungsortsstaates und dem Recht des Verletzungsortsstaates, oder nach dem Recht des Handlungsortsstaates und dem Recht des (Wohn-)Sitzstaates des Handelnden, oder nach dem Recht des Verletzungsortsstaates und dem Recht des (Wohn-)Sitzstaates des Handelnden.

bb) Kalifornien

251 In Kalifornien ist das Delikts- und Produkthaftungskollisionsrecht ungeschrieben. Kollisionsrechtlichen Gehalt hat aber § 199.49 des Health and Safety Code[167], der die Haftung des Herstellers eines vom Bundesgesundheitsamt zugelassenen Aids-Impfstoffes, der *in Kalifornien* verkauft, ausgeliefert, verabreicht oder verteilt wird, besonderen Regelungen unterstellt[168].

d) Die Rechtsprechung

252 Die Zahl gerichtlicher Entscheidungen zum IPR der (außervertraglichen) Produkthaftung ist gemessen an europäischen Verhältnissen außergewöhnlich groß. *Solimine*[169] hat für den Zeitraum von 1970 bis 1988 95 Entscheidungen durch einzelstaatliche Supreme Courts[170] und 132 Entscheidungen durch Bundesberufungsgerichte (United States Courts of Appeal)[171] ermittelt.

253 Einige Staaten haben die alte, im Ersten Restatement niedergelegte Tatortregel noch immer nicht aufgegeben[172]. Es wird aber verbreitet angenommen, daß sie es tun würden, wenn die Tatortregel in einem konkreten Fall zu keinem sachgerechten Ergebnis führte. In den bislang nach der Tatortregel entschiede-

---

167 Auszug aus dem Health & Safety Code § 199.49. Strict liability for vaccine-caused damages [AIDS vaccine]
(a)(1) Except as provided in paragraph (2), a manufacturer of an FDA-approved AIDS vaccine that is sold, delivered, administered, or dispensed *in California* shall be liable for all damages proximately or legally caused by that AIDS vaccine.
(2) A manufacturer of an FDA-approved AIDS vaccine that is sold, delivered, administered, or dispensed *in California*, shall not be liable in strict products liability for any damages proximately or legally caused by any design or warning defect of the AIDS vaccine, or for breach of implied warranty, if, … „ (Hervorhebung hinzugefügt). Vollständiger Abdruck in Am. Law Prod. Liab. 3 d, primary source documents, state statutes (Stand: November 1988), S. 87.

168 Vgl. *Kozyris*, AmJCompL 38 (1990) 479, 504 Fn. 56.

169 *Solimine*, GA. L.Rev. 1989, 81 Fn. 159.

170 Nach *Solimine*, die vorige Fn., betrafen 98 weitere Entscheidungen das Verhältnis zwischen Bundesrecht und Einzelstaatenrecht, oder entschieden eine aufgeworfene Anknüpfungsfrage nicht oder unterstellten mangels Stellungnahme der Parteien die Maßgeblichkeit eines bestimmten Rechts.

171 Hier ermittelte *Solimine*, GA. L.Rev. 1989, 93, weitere Entscheidungen im Sinne der vorigen Fn.

172 *Solimine*, GA. L.Rev. 1989, 54, zählt für 1989 noch 14 Staaten (vgl. seine Auflistung in Fn. 35); nach *Weintraub*, Brooklyn J. Int'l L. 1990, 225 Fn. 5 halten noch 16 Staaten an der Tatortregel als der einzigen Kollisionsregel für Delikte fest.

nen Fällen war der Verletzungsortsstaat meist auch Forumstaat oder gewöhnlicher Aufenthaltsstaat des Klägers[173].

Die Analysen[174] des umfangreichen Rechtsprechungsmaterials derjenigen Einzelstaaten, in denen moderne Methoden praktiziert werden, zeigen, daß sich keine festen Anknüpfungsregeln im Sinne der europäischen Kollisionsrechte, also mit einem feststehenden Anknüpfungspunkt oder einer fixierten Alternativität oder Subsidiarität bestimmter Anknüpfungspunkte, herauskristallisiert haben[175]. Dieses Ergebnis kann angesichts der methodischen Grundlinie, das im Einzelfall beste Recht zu bestimmen, kaum überraschen. Die Gerichte nutzen die Freiheit, die ihnen die modernen Methoden geben. Kollisionsregeln, die aufgrund feststehender, nicht notwendig starrer Anknüpfungen das Anknüpfungsergebnis vorhersehen lassen, wird es erst geben, wenn der Unmut über den Zustand des Kollisionsrechts stärker[176], die Forderung nach einem effizienten und kostengünstigen Kollisionsrecht drängender[177] und der Ruf nach Rechtssicherheit lauter geworden ist[178]. Bis dahin gelten andere Regeln, genauer: Tendenzen. **254**

Die Haupttendenz ist, die lex fori und mit ihr ein für den Kläger günstiges Recht anzuwenden (pro lex fori, pro plaintiff, pro recovery)[179]. Daß die lex fori meist dem Kläger günstig ist, liegt daran, daß er das forum mit Blick auf das gewünschte Ergebnis wählt, also forum shopping betreibt[180]. Die lex fori wird in aller Regel nicht aufgrund eines mechanischen lex fori-Ansatzes berufen. Ihre Maßgeblichkeit wird vielmehr meist auf die konkreten Beziehungen des Sachverhalts zum Forumstaat gestützt, etwa auf die Zugehörigkeit einer **255**

---

173 Vgl. *Mennenöh* 125; *Solimine*, GA. L.Rev. (1989) 85; *Scoles/Hay* 632 Fn. 2.

174 Siehe insbesondere *Mennenöh* 123 ff.; *Solimine*, GA. L. Rev. 1989, 49 ff.; vgl. auch *Wienberg* 41 ff.

175 Vgl. *Mennenöh* 123 ff. Sein Fazit drängt die Frage auf, ob eine verfeinerte Untersuchungsmethode nicht aussagekräftigere Ergebnisse zutage fördern könnte. Eine größere Transparenz wäre sicher zu gewinnen, würde für diejenigen Urteile, die es erkennen lassen, mitgeteilt, zu welchen Staaten (Rechten) der Sachverhalt solche Berührungspunkte hat, die in der *internationalen* Diskussion als erheblich angesehen werden. Die Mühe lohnte aber kaum. Denn bereits der Überblick über die Rechtsprechung macht deutlich, daß mit der erhöhten Transparenz keine anderen Ergebnisse verbunden wären. Ausschlaggebend hierfür ist, daß die Gerichte Anknüpfungsmethoden anhängen, die eine flexible − *Mennenöh*, 274, spricht von willkürliche − Gewichtung der Beziehung zu einem Staat erlauben.

176 Siehe Fn. 143 sowie *Himes v. Stalker*, 416 N.Y.S. 2d 986, 991 (Sup. Ct. 1979); *Paul v. National Life*, 352 S.E. 2d 550, 553 (W.Va. 1986) („a cumbersome and unwieldy body of conflicts law that creates confusion, uncertainty and inconsistency"). Zur Kritik in der Lehre vgl. *Kozyris*, AmJCompL 38 (1990) 482f. mit umfassenden Nachweisen; vgl. auch *Juenger*, AmJCompL 32 (1984) 26ff.

177 *Himes v. Stalker*, 416 N.Y.S. 2d 986, 991 (Sup. Ct. 1979).

178 Vgl. dazu *Magold* 166ff., dessen Ausführungen in erster Linie die Anknüpfung von Verträgen betreffen, aber auch für Delikte zutreffen.

179 Statistisch belegt von *Solimine*, GA. L.Rev. 24 (1989) 81 ff.; *Juenger*, 8; *Bogdan*, J. of Air Law and Commerce 54 (1988) 338. Zur Berücksichtigung von Staatsinteressen als Ursache vgl. *Brilmayer*, Mich. L. Rev. 78 (1980) 398; *Kozyris*, AmJCompL 38 (1990) 498f.

180 *Juenger*, U.Ill.L.Rev. 105 (1989) 113; vgl. ders., Tul. L. Rev. 63 (1989) 553ff.

Prozeßpartei zu diesem Staat[181] oder auf die dort eingetretene Rechtsgutsverletzung[182]. Es findet sich aber auch das klassische lex fori-Argument, das eigene Recht sei dem Gericht am besten vertraut.

256 Bestehen zu verschiedenen anderen Staaten engere Beziehungen als zum Forumstaat, so wird häufig das für den Kläger günstigere (fortschrittlichere) Recht angewandt, jedenfalls in Staaten, die selbst eine entsprechende, dem Geschädigten günstige Regelung kennen[183].

257 Im übrigen sind klare Linien nicht auszumachen[184]. Die Palette der berücksichtigten Interessen ist bunt[185]. Im Mittelpunkt steht das Interesse am Schadensausgleich, das in erster Linie dem gewöhnlichen Aufenthaltsstaat des Geschädigten, aber mit Blick auf Ärzte, Krankenhäuser, etc. auch dem Staat, in dem sich die Verletzung ereignet, oder sogar dem Herstellungsstaat zugeschrieben wird. Dem Interesse am Schadensausgleich wird regelmäßig das Interesse an der Schadensprävention gegenübergestellt, das hauptsächlich dem Staat, in dem das Produkt hergestellt wurde, teils aber auch dem Verletzungsstaat zugeschrieben wird. Es werden darüber hinaus eine Vielzahl anderer Interessen berücksichtigt, etwa das Interesse an gleichen Wettbewerbsbedingungen oder an der Sicherung des Staates als Industriestandort. Von Gericht zu Gericht werden unterschiedliche Interessen herangezogen, diese Interessen unterschied-

---

181 *Mennenöh*, 277, sieht eine Tendenz, den Angehörigen des Forumstaates, gleich ob Kläger oder Beklagter, zu bevorzugen. Der Kläger wird aber, so er denn eine Wahlmöglichkeit hat, regelmäßig nur dann in dem Staat klagen, in dem der Beklagte seinen Hauptgeschäftssitz oder eine Produktionsstätte hat, wenn es für ihn günstig ist. Dabei wird er die für ihn nachteilige kollisionsrechtliche Beurteilung einer Teilfrage (issue) mit Blick auf die ihm günstige Beurteilung anderer Fragen in Kauf nehmen. Vgl. *Bogdan*, Rec. des Cours 208 I (1988) 128.

182 Nach *McConnell*, Choice of Law 94, gelangt eine Interessenanalyse in nahezu der Hälfte der Fälle, nämlich wenn das Recht des Beklagtenstaates für den Kläger günstiger ist, automatisch zu diesem Recht, weil angenommen werde, daß der Beklagtenstaat sein für den Geschädigten günstiges Recht aus Gründen der Abschreckung anwenden wolle und dies dem Klägerstaat recht sei, wohingegen der Klägerstaat kein Interesse an der Anwendung seines industriefreundlichen Rechts habe, weil seine Industrie nicht berührt sei. In der anderen Hälfte der Fälle, in denen also das Recht des Klägerstaates für den Kläger günstiger sei, sei die Interessenanalyse schwieriger, weil beide Staaten ein Anwendungsinteresse hätten (sog. true conflict). Doch auch hier käme tendenziell das für den Kläger günstige Recht seines Staates zur Anwendung, zum einen aufgrund des Heimwärtsstrebens der Gerichte und dem forum shopping des Klägers und zum anderen aufgrund eines better law-Ansatzes verbunden mit der Annahme, besser sei das Recht, das dem Geschädigten mehr gebe.

183 Vgl. z.B. *McDaniel v. Ritter*, 556 So. 2d 303 (Miss. 1989) und dazu *Kozyris/Symeonides*, AmJCompL 38 (1990) 607.

184 In diesem Sinne etwa für Louisiana (vor Inkrafttreten der neuen gesetzlichen Bestimmungen) *Symeonides*, Tul. L. Rev. 66 (1992) 683 („vague, confusing, and unpredictable"); *Bogdan*, Rec. des Cours 208 I (1988) 130 („ ... they [the modern American theories] make every result possible ... The only thing that is clear is that nothing is clear."); vgl. auch *Duintjer Tebbens* 280; *P. Herzog*, Österreichs Weg 209.

185 Vgl. *Mennenöh* 266, 270 („[haben] viele Richter die Interessenanalyse offensichtlich als Aufforderung verstanden, ihrer Phantasie bei der ‚Ermittlung' von Rechtsanwendungsinteressen freien Lauf zu lassen") und passim. *Urwantschky* 67 („der Fantasie — und damit der Rechtsunsicherheit — keine Grenzen gesetzt").

lichen Staaten zuerkannt und ihr Gewicht unterschiedlich bestimmt. Durch diesen Dschungel[186] richterlicher Interessenermittlung und -abwägung führt kein Weg zu einer sachgerechten Anknüpfungsregel[187]. Gewinnbringender ist dagegen der Blick auf die Konsolidierungsbemühungen des Schrifttums.

e) Die Lehre

aa) Überblick

Die Lehre stand lange Zeit ganz im Zeichen der Methodendiskussion. Das all-   **258** gemeine Interesse galt der Beschaffenheit des Weges, nicht dem Ziel[188]. Die zielgerichteten Arbeiten zur Anknüpfung der Produkthaftung von *Ehrenzweig* (1960) und von *Kühne* (1972) ragten als Ausnahmen heraus[189]. *Ehrenzweig*[190] übertrug den berühmten Gedanken von Justice *Traynor* in *Escola v. Coca Cola Bottling Co.*[191] auf das Kollisionsrecht: Haftung, weil und soweit versicherbar. Er gab dem Kläger die Wahl zwischen allen vom Sachverhalt berührten Rechten, die für den Beklagten vorhersehbar und nach Ansicht *Ehrenzweigs* deshalb versicherbar seien[192]. Die zugrunde gelegte Verknüpfung zwischen Vorhersehbarkeit und Versicherbarkeit wurde jedoch bald erschüttert[193]. Übrig blieb nur der Gedanke des Verbraucherschutzes. Er beherrscht den Vorschlag *Kühnes*, den Geschädigten zwischen dem Recht des Herstellungsstaates, dem Recht des Marktstaates und dem Recht des Verletzungsstaates wählen zu lassen[194].

Die Folgezeit steht weitgehend im Zeichen des Haager Übereinkommens. Die   **259** Bemühungen konzentrieren sich darauf, dessen Regelungen noch verbraucherfreundlicher auszugestalten. Man bleibt also überwiegend bei der von *Ehrenzweig* und *Kühne* begonnenen und auf der Haager Konferenz verfochtenen

---

186 Siehe Fn. 143 sowie *Juenger* 8 („ ... sind die amerikanischen Urteilsbegründungen in Kollisionsfällen wegen ihrer theoretischen Extravaganzen oft kaum lesbar"); *ders.*, U.Ill.L.Rev. 105 (1989) 110 (überspannte Versuche, Interessen zu weissagen oder Berührungspunkte zu wägen).
187 Zur Aufgabenstellung siehe unten § 12.
188 *Juenger*, U.Ill.L.Rev. 105 (1989) 106.
189 Zu nennen ist außerdem die anonym veröffentlichte „note" im Harvard L. Rev. 78 (1965) 1452ff. – Die Methodendiskussion bezog ihren Stoff aus den ungelittenen „guest statutes", nach denen der Halter und Fahrer eines Kfz gegenüber gefälligkeitshalber beförderten Personen nicht haftete. Erst als die „guest statutes" Mitte der achtziger Jahre nahezu überall abgeschafft worden waren, rückte die Produkthaftung in das allgemeine Interesse. Vgl. *Weintraub*, Ohio State L.J. 46 (1985) 503 („. it is time to focus on more practical and difficult topics, such as product liability").
190 *Ehrenzweig*, Yale L.J. 69 (1960) 798 f.
191 Siehe Fn. 24.
192 *Ehrenzweig*, Yale L.J. 69 (1960) 800 f. Seine Ausführungen sind vor allem auf inneramerikanische (interstate) Konflikte gerichtet. Eine differenzierte Beurteilung internationaler Konflikte schließt er nicht aus. Vgl. a.a.O. 799 Fn. 23 und passim.
193 Eingehend hierzu unten § 13 III. 4.
194 *Kühne*, Cal. L. Rev. 60 (1972) 38, der hierin aber nur den Grundansatz sieht und künftige Verfeinerungen voraussagt.

Linie. Bemerkenswert ist aber, daß im allgemeinen nicht wie im Haager Übereinkommen der Sitzstaat des Haftpflichtigen[195], sondern der Staat als erheblich angesehen wird, in dem das Produkt entworfen, getestet und hergestellt wurde[196].

260   Die Anhänger einer ad hoc-Interessenanalyse, nach welcher die im konkreten Einzelfall berührten Interessen (unvorhersehbaren) Ausschlag geben[197], sind auf dem speziellen Gebiet der Produkthaftung mittlerweile in der Minderheit[198]. Die Mehrheit bevorzugt angesichts der negativen Erfahrungen mit der Rechtsprechung feststehende und klare Regeln, die, obgleich flexibel, das kollisionsrechtliche Ergebnis einigermaßen verläßlich vorhersehen lassen[199]. Das erstaunlich starke Bemühen um feste Regeln ist gewiß auch eine Folge des Haager Übereinkommens, das häufig als Ausgangspunkt dient. Es wird aber vor allem dadurch gefördert, daß der Ruf nach mehr Verbraucherschutz heute nicht mehr unisono erklingt, sondern Gegenstimmen laut werden, die mit Hinweis auf die Reformbemühungen im Sachrecht[200] auch für das Kollisionsrecht Ausgewogenheit fordern[201].

bb) Die aktuell diskutierten Regelungsvorschläge im einzelnen

(1) *Cavers*: das beste Recht von nicht willkürlichen Rechten

261   *Cavers* erachtet es als wünschenswert, daß Kollisionsregeln, die sich aus dem case law herauskristallisieren, mithin die praktische Bewährungsprobe bestanden haben, am Ende in verbindliche Kollisionsnormen gefaßt werden[202]. Um in der Zwischenzeit hinreichende Rechtssicherheit zu gewährleisten, gibt er den

---

195 Vgl. aber I.C.1. des früheren Regelungsvorschlags von *Weintraub*, Ohio State L.J. (1985) 508, abgedruckt unten in Fn. 211. Zur heutigen Ansicht *Weintraubs* unten (2) (b).

196 Vgl. unten (2) sowie die Nachweise bei *Kozyris*, AmJCompL 38 (1990) 499 ff., der allerdings selbst den Herstellungsort für unerheblich hält. Vorsichtig dagegen *Scoles/Hay* 638 Fn. 26 („ ... that law should not be dismissed quite so readily").

197 Ein Musterbeispiel einer nach Teilfragen (issues) breit aufgefächerten ad hoc-Interessenanalyse aus neuerer Zeit gibt *Seidelson*, Duq. L. Rev. 26 (1988) 559 ff. Kritisch dazu *Kozyris*, AmJCompL 38 (1990) 489 Fn. 33 („ ... depend so much on a subjective and institutional delineation and evaluation of the operative „interests" that, in each instance, the opposite result can be defended with equal plausibility just by shifting certain assumptions"); *Juenger*, U.Ill.L.Rev. 1989, 112 ff. (insbesondere für die Bewältigung von Massenschäden ungeeignet).

198 Vgl. auch die allgemeine Kritik *Kozyris*, AmJCompL 38 (1990) 484: „Intuitive ad hoc solutions are not only logistically burdensome, requiring extensive original explanation and justification each time, but also succumb to arbitrariness, foment unpredictability, and risk producing too many camals and not enough horses!".

199 Mit Ausnahme von *Juenger* alle unten genannten Autoren; vgl. nur *Weintraub*, AmJCompL 38 (1990) 511.

200 Nach *Henderson/Eisenberg*, UCLA L. Rev. 37 (1990) 479 ff., ist in der Rechtsprechung seit Mitte der achtziger Jahre eine stille Revolution zugunsten der Beklagten im Gange.

201 So insbesondere *Kozyris*, AmJCompL 38 (1990) 496 („ the pro-recovery trend has been stemmed, if not reversed"); vgl. auch *Juenger* 10. – Als unausgewogen wurde die Überlegung *Permans* verworfen, einem Hersteller ebenso wie die Bestimmung des Gesellschaftsstatuts auch die Bestimmung des Haftungsstatuts für seine Produkte zu überlassen. Vgl. *Kozyris*, Ohio State L.J. 48 (1987) 382 Fn. 30.

202 *Cavers*, Process 113.

Gerichten Bevorzugungsprinzipien (principles of preference) an die Hand, die als Leitlinien zu verstehen sind. Seine im Jahre 1965 für Delikte aufgestellten Bevorzugungsprinzipien[203] hat er 1977 im Lichte des Haager Produkthaftungsübereinkommens für die Produkthaftung konkretisiert[204]. Sie lauten:

> "(a) Where a person claims compensation from the producer of a defective product for harm it caused to the claimant or his property, the claimant should be entitled to the protection of the liability laws of the State where the defective product was produced (or where its defective design was approved).
>
> (b) If, however, the claimant considers the liability laws of that State (i) less protective than the laws of the claimant's habitual residence where either he had acquired the product or it had caused harm or (ii) less protective than the laws of the State where the claimant had acquired the product and it had caused harm, the claimant should be entitled to base his claim on whichever of those two States' liability laws would be applicable to his case.
>
> (c) The claimant, however, should not be entitled to base his claim on the laws of one of the States specified in the preceding paragraph if the producer establishes that he could not reasonably have foreseen the presence in that State of his product which caused harm to the claimant or his property."

Cavers Anliegen ist es, dem Geschädigten das inhaltlich beste Recht zu gewähren, gleichzeitig aber die Gefahr willkürlicher Anknüpfungen zu minimieren. Diese Gefahr besteht seiner Ansicht nach nicht, wenn das Recht des Herstellungsstaates zum Zuge kommt (lit. a seiner Prinzipien). Im übrigen sucht er sie zu verringern, erstens durch die Begrenzung der Anknüpfungspunkte, zweitens durch das Erfordernis jeweils zweier Berührungspunkte zu dem maßgeblichen Staat und drittens durch die Vorhersehbarkeitsklausel (lit. b und c seiner Prinzipien). Um den Geschädigten hinreichend zu schützen, berücksichtigt *Cavers* die Beziehung zum Wohnsitzstaat des Geschädigten (lit. b (i)) und die zum Marktstaat (lit. b (ii)). Zu diesem Zweck beruft er auch das inhaltlich bessere Recht und fordert statt Vorhersehbarkeit der Vermarktung im maßgebenden Staat lediglich Vorhersehbarkeit der Produktpräsenz. **262**

Hinsichtlich der Teilfrage (issue) des Schadensersatzes befürwortet *Cavers* eine gesonderte Anknüpfung (dépeçage); hier soll das Recht des gemeinsamen (Wohn-)Sitzstaates der Parteien vorgehen, wenn es dem Geschädigten mehr gibt als das nach der Regelanknüpfung maßgebliche Recht[205]. Im übrigen behält er sich ausdrücklich weitere Überlegungen zu einer adäquaten dépeçage vor[206]. Er fordert überdies auf, in geeigneten Fällen von seinen Prinzipien abzuweichen[207]. **263**

---

203 *Cavers*, Process, Ch. VI und VII.
204 *Cavers*, Producer's Liability 28 ff.
205 *Cavers*, Producer's Liability 29.
206 *Cavers*, Producer's Liability 9.
207 So hält er es etwa für möglich, den Wohnsitzstaat des Geschädigten als fiktiven Marktstaat anzusehen (wie vorige Fn. S. 30 f.). Er betont aber die Notwendigkeit, daß zwei Anknüpfungspunkte zusammenfallen (wie vorige Fn. S. 31); wobei es allerdings genügen könne, wenn Beziehungen zu unterschiedlichen Staaten mit grundsätzlich identischem Recht bestünden.

(2) *Weintraub*: das Recht des zum Vertriebsgebiet gehörenden Geschädigtenstaates

264 Gestützt auf die Annahme, daß es das vorrangige Ziel des Kollisionsrechts sei, die Zwecke der konkret kollidierenden Sachrechte bestmöglich zur Geltung zu bringen, folgt *Weintraub* einem „funktionellen" Ansatz („functional approach")[208]. Wenn voraussichtlich nur ein einziger Staat die Folgen aus der Lösung der Sachfrage zu tragen habe, solle das Recht dieses Staates angewandt werden. Wenn hingegen zwei oder mehrere Staaten die weittragenden sozialen Folgen der Streitentscheidung zu bewältigen hätten, solle der Interessenwiderstreit (policy clash) in einer Art und Weise gelöst werden, die ein neutraler Beobachter als fair und vernünftig erachten würde. Dieses „vage" Konzept[209] konkretisiert *Weintraub* für die Produkthaftung[210]. Sein „gereifter"[211], an das

---

208 *Weintraub*, Brooklyn J. Int'l L. 1990, 226 ff.
209 *Weintraub*, Brooklyn J. Int'l L. 1990, 227.
210 *Weintraub*, Brooklyn J. Int'l L. 1990, 227, beschränkt sich auf Fragen der Haftung und des Schadensersatzes gegenüber dem Geschädigten; andere „issues" nimmt er ausdrücklich aus (a.a.O. Fn. 14). Die Haftungsschadensverteilung zwischen mehreren Beklagten will er gesondert anknüpfen; beispielsweise soll das Recht des Geschädigtenstaates (Haftungsstatut) durch inhaltlich übereinstimmendes Recht der Beklagtenstaaten verdrängt werden (a.a.O. S. 231).
211 Zuvor hatte *Weintraub*, Ohio State L.J. 46 (1985), 493, 508 diesen Vorschlag zur Diskussion gestellt:
„I. To determine whether plaintiff will be compensated and the extent of compensation for actual damages:
A. Apply the law of plaintiff's habitual residence if the product that caused the harm or products of the same type are available there through commercial channels and the defendant should have foreseen this availability.
B. If the law of plaintiff's habitual residence is not applied under I(A), the defendant may nevertheless choose that law.
C. If the law of plaintiff's habitual residence is not applied under 1(A) or 1(B), the plaintiff may elect the law of one of the following places:
1. The defendant's principal place of business;
2. Where the product was acquired or caused the harm for which compensation is sought, if the defendant should have foreseen its availability there through commercial channels;
3. Where the defendant manufactured, designed, or maintained the product or any of its component parts.
D. If the plaintiff does not elect law pursuant to I(C), the defendant shall elect the law of one of the places designated in I(C).
II. To determine the availability and measurement of punitive damages:
A. The plaintiff may elect the law of one of the places designated in I(C).
B. If the plaintiff does not elect law pursuant to II(A), the defendant shall elect the law of one of the places designated in I(C).
III. Exceptions to I and II.
A. The provisions of I and II shall not prevent application of the law of some other place if such application would, under the circumstance, better accommodate the policies of states that have contacts with the parties or the transaction.
B. To determine whether plaintiff will be compensated and the extent of compensation for actual damages, the plaintiff may elect the law of one of the places designated in I(C) if the plaintiff prefers such law to the law of plaintiff's habitual residence, and if the defendant's conduct is sufficiently outrageous that punishment and deterrence, in addition to that provided by II, is appropriate." — *Weintraub*, Ohio State Law J. 46 (1985) 508, mutmaßte richtig, daß (I)(B) dieses Vorschlages, welcher den *Beklagten (Schädiger)* die Befugnis gab, das Recht

Haager Produkthaftungsübereinkommen angelehnter Regelungsvorschlag lautet:

> „To determine liability and the measure of compensatory and punitive damages for injuries caused by a product, apply the law of the injured person's habitual residence, whether this law is more or less favorable to the injured person than the law of other countries that have contacts with the defendant and the product, except:

265

> 1. The injured person is not entitled to the favorable law of her habitual residence if the defendant could not reasonably have foreseen that the product or the defendant's products of the same type would be available there through commercial channels.

> 2. Law of a country that is not the injured person's habitual residence, but is where the defendant has acted and is favorable to the injured person, should be applied when this is desirable to punish and deter the defendant's outrageous conduct."

Zum Schutze des Schädigers wird der Kreis möglicher Rechte grundsätzlich[212] entsprechend Art. 7 des Haager Übereinkommens[213] so gezogen, daß nur das Recht eines Staates zur Anwendung kommen darf, in dem das schadenstiftende Produkt oder gleichartige Produkte des Schädigers von diesem vernünftigerweise vorhersehbar vermarktet wurden. Innerhalb dieses Kreises der für den Beklagten zumutbaren Rechte soll es ausschließlich auf den gewöhnlichen Aufenthaltsstaat des Geschädigten ankommen. Eine Verstärkung der Beziehungen zu diesem Staat durch Produkterwerb oder Rechtsgutsverletzung in diesem Staat, hält *Weintraub* entgegen dem Haager Übereinkommen nicht für erforderlich, weil der Eintrittsort dieser Faktoren vom Zufall abhänge[214]. Soweit das Recht des gewöhnlichen Aufenthaltsstaates den Geschädigten begünstige, spreche für seine Maßgeblichkeit, daß dieser Staat die Folgen zu bewältigen habe, die sich aus einem unzureichenden Schadensersatz nach einem anderen Recht ergäben. Außerdem werde so eine industriefreundliche Regelungspolitik von Herstellerstaaten durchkreuzt. *Weintraub*[215] erläutert, daß Bürger der USA aufgrund seines Regelungsvorschlages das ihnen günstige Recht ihres gewöhnlichen Aufenthaltsstaates erhielten. Umgekehrt erhielten Schädiger mit

266

---

des Staates zu wählen, in dem sich der Kläger (Geschädigte) gewöhnlich aufhält, in das Kreuzfeuer der Kritik geraten würde. Er stützte die vorgeschlagene Regelung auf zwei Argumente: nur der Staat, in dem sich der Geschädigte gewöhnlich aufhalte, nicht aber die anderen in (I)(C) seines Regelungsentwurfs genannten Staaten hätten mit der Folge eines ungenügenden Schadensausgleichs zu leben; dem Beklagten die Wahl zu geben, lasse es außerdem fairer erscheinen, daß in (I)(C) und (II) seines Regelungsvorschlages dem Kläger eine Wahlbefugnis gegeben werde. *Symeonides*, Tul. L. Rev. 66 (1992) 755 Fn. 324, meint zurückhaltend: „As appealing as it [die Wahlbefugnis des Beklagten] might be to the conflicts expert, this idea sounds quite heretical to the uninitiated. This is why it has little or no chance of being accepted by the majority of state legislatures". In der Sache ablehnend dagegen *Juenger*, Ohio State L.J. 46 (1985) 519.

212 Zu der Ausnahme bei verwerflichem Handeln des Haftpflichtigen vgl. den Text bei Fn. 216.
213 Vgl. oben § 1 III. 2. – Anders als das Haager Übereinkommen macht *Weintraubs* Vorschlag jedoch nicht deutlich, wem die Beweislast für das Nichtvorhersehenmüssen trifft.
214 *Weintraub*, Brooklyn J. Int'l L. 1990, 229.
215 *Weintraub*, Brooklyn J. Int'l L. 1990, 228 f.

Sitz in den USA die Vorteile eines für sie günstigen, für den Geschädigten dagegen ungünstigen ausländischen Rechts. Diese Bevorzugung des Schädigers entspreche den Zielen seines Staates, ihm keinen Nachteil gegenüber Wettbewerbern auf einem ausländischen Markt aufzuerlegen, und es entspreche dem Ziel des Geschädigtenstaates, durch ein mildes Produkthaftungsrecht die Industrie zu fördern.

267 Eine besondere Anknüpfung, nämlich an den Herstellungsstaat, befürwortet *Weintraub*, wenn der beklagte Hersteller verwerflich (outrageous im Sinne der punitive damages-Rechtsprechung)[216] gehandelt hat, etwa ein gefährliches Produkt verbotswidrig exportiert hat. Dann seien der gewöhnliche Aufenthaltsstaat des Geschädigten und der Herstellungsstaat interessiert, den Haftpflichtigen zu bestrafen und dadurch vor einem solchen Verhalten abzuschrecken. Dem gemeinsamen Ziel beider Staaten würde entsprochen, wenn das Recht des Herstellungsstaates zur Anwendung käme.

268 Wenn der Haftpflichtige die Vermarktung im Aufenthaltsstaat des Geschädigten nicht vorhersehen mußte, soll nach *Weintraub*[217] das Recht des Herstellungsstaates anzuwenden sein. In seinem Regelungsvorschlag kommt dies jedoch nicht zum Ausdruck.

(3) *Kozyris*: die Anknüpfung an den Ort bestimmungsgemäßen Gebrauchs

269 *Kozyris* ist ein Verfechter klarer Kollisionsnormen klassischen Zuschnitts[218]. Wie *Weintraub*[219] sucht er die Anknüpfung, welche die Funktionen des Produkthaftungsrechts am besten verwirklicht[220]. In der Ausformung dieses Konzeptes bestehen aber wesentliche Unterschiede[221], wie *Kozyris'* Regelungsvorschlag zeigt[222]:

"(1) *General Rule*: Product liability actions against manufacturers for personal injury and death, including claims for compensatory and punitive damages, are governed by the local law of the state of the actual delivery of the product to the original acquirer.

(2) *Exceptions*:

(a) If the state of the actual delivery of the product is not also the state of its intended use, then the local law of the latter state will be applied provided that the manufacturer or authorized supplier is so informed by the acquirer prior to delivery.

(b) If the nature of the product is such that its intended use would obviously and substantially extend to more than one state, the local law of a state of such intended

---

216 Vgl. *Weintraub*, AmJCompL 38 (1990) 520 Fn. 62.
217 *Weintraub*, AmJCompL 38 (1990) 519.
218 *Kozyris*, Ohio State L.J. 48 (1987) 379; vgl. auch seine Kritik an der Handlungsanweisung *Juengers*, der Richter soll das geeignete Sachrecht für den internationalen Sachverhalt aus den berührten Rechten herausbilden, in: AmJCompL 38 (1990) 496.
219 Vgl. oben (2).
220 *Kozyris*, Ohio State L.J. 48 (1987) 379.
221 Vgl. auch *Weintraub*, AmJCompL 38 (1990) 518 ff.
222 *Kozyris*, AmJCompL 38 (1990) 506 f.

use where the harm occurred will be applied or, in its absence, the local law of the state where the victim habitually resided at the time of the harm.

(c) Notwithstanding the preceding provisions, [where the victim had no direct or indirect transactional or other relation connection with the defendant], a claimant may, instead, choose to base his claim on the law of the state where the harm occurred if it coincides with the victim's habitual residence and if, at the time of harm, the same products of the same defendant were available there through commercial channels."

Leitgedanke dieses Vorschlages ist es, der Vermarktung des Produkts nicht bloß die Funktion eines Regulativs im Rahmen einer Vorhersehbarkeitsklausel beizumessen, sondern sie zum bestimmenden Faktor der Anknüpfung zu machen[223]. Nach *Kozyris*[224] ist dies möglich, weil der Ort der Produktherstellung[225] entgegen verbreiteter Ansicht keinerlei Gewicht habe. Zu dem Recht des Marktstaates (place of distribution) bestünden hingegen so enge Beziehungen, daß die Parteien dessen Maßgeblichkeit erwarten müßten. Die Anknüpfung an den Marktstaat gewährleiste Neutralität und Gleichbehandlung. Außerdem sei in erster Linie der Staat, in dem ein Produkt in den Verkehr gebracht und erworben werde, dazu berufen, die Produktsicherheit und den Schadensausgleich zu regeln. Als Anknüpfungspunkt wählt *Kozyris* den Ort, an dem das Produkt tatsächlich an den Ersten Endabnehmer (original acquirer) ausgeliefert wurde. **270**

Im Hinblick darauf, daß die anzuknüpfende Rechtsbeziehung ihren Schwerpunkt im Deliktsrecht und nicht im Vertragsrecht habe, sei es angebracht, in den seltenen Fällen, in denen das Produkt in einem anderen Staat als dem Marktstaat benutzt werden solle, an den Staat der beabsichtigten Benutzung anzuknüpfen, vorausgesetzt, der Käufer habe dem Hersteller oder dem autorisierten Lieferanten seine Absicht vor der Auslieferung des Produkts kundgetan (Abs. 2 lit. a)[226]. **271**

Für Produkte, die wie Flugzeuge ihrer Bestimmung gemäß in mehr als einem Staat benutzt werden, bejaht *Kozyris*[227] die Anknüpfung an den bestimmungsgemäßen Gebrauchsstaat, in dem die Rechtsgutverletzung eintritt, hilfsweise an den gewöhnlichen Aufenthaltsstaat des Geschädigten (Abs. 2 lit. b). Das Abgehen von dem Anknüpfungspunkt „Ort der tatsächlichen Auslieferung" sei notwendig, weil dieser Ort für die beabsichtigte Benutzung solcher Produkte unerheblich sei. **272**

Eine besondere Anknüpfung hält *Kozyris*[228] schließlich im Interesse von Geschädigten für angebracht, die vor der Schädigung in keiner Beziehung zum **273**

---

223 *Kozyris*, AmJCompL 38 (1990) 504; *ders.*, Ohio State L.J. 46 (1985) 584.
224 *Kozyris*, AmJCompL 38 (1990) 504.
225 Die Frage, ob dem Sitzstaat des Beklagten Gewicht zukommt, wirft *Kozyris* erstaunlicherweise nicht auf. Aus dem Gesamtzusammenhang ist aber zu entnehmen, daß er dies ebenso wie für den Herstellungsstaat verneint.
226 *Kozyris*, AmJCompL 38 (1990) 505.
227 *Kozyris*, AmJCompL 38 (1990) 506.
228 Wie vorige Fn.

Beklagten standen, beispielsweise bystanders. Einem solchen Geschädigten gibt Absatz 2 lit. c seines Regelungsvorschlages die Befugnis, das Recht des Staates zu wählen, in dem der Geschädigte seinen gewöhnlichen Aufenthalt hat, wenn in diesem Staat auch die Rechtsgutsverletzung eintrat und dort im Zeitpunkt der Rechtsgutsverletzung gleiche Produkte des Beklagten vermarktet wurden. *Kozyris* weist auf die Möglichkeit hin, diese Wahlbefugnis auf alle Geschädigten auszudehnen (durch Streichung der in Klammern gesetzten Einschränkung in Abs. 2 lit. c). Er selbst befürwortet diese Ausdehnung nicht, lehnt sie aber auch nicht ausdrücklich ab. Es handelt sich lediglich um ein mögliches Zugeständnis an diejenigen, welche die Auslegung des Begriffes „transactional or other relational connection" für (zu) schwierig halten oder generell eine verbraucherfreundlichere Anknüpfung anstreben[229]. Auf diese Weise will *Kozyris* die Akzeptanz seines Vorschlages sichern.

(4) *Juenger*: Ausformung idealen Sachrechts für internationale Sachverhalte

274 *Juenger* folgt weder der traditionellen Anknüpfung an den Tatort noch irgendeiner Form von Interessenanalyse oder einer anderen modernen Hauptströmung. Er schwimmt gegen den Strom der Nationalisierung internationaler Sachverhalte[230]. Den Rahmen für die Schaffung geeigneten Sachrechts für internationale Sachverhalte soll seine „alternative reference rule" geben[231]:

275 "In selecting the rule applicable to any issue presented by a multistate products liability claim the court will take into account the laws of the following jurisdictions:

(a) The place where the injury occurred.

(b) The place where the conduct causing the injury occurred.

(c) The place where the product was acquired, and

(d) The home state (habitual residence, place of incorporation and principal place of business) of the parties.

276 As to each issue, the court shall select from the laws of these jurisdictions that rule of decision which most closely accords with modern standards of products liability"[232].

277 Aus den in lit. a bis d seiner Regel genannten Sachrechten, die bei einem gewiß gewollten weiten Verständnis alle von einem Produkthaftungsfall berührten

---

229 Vgl. *Kozyris*, AmJCompL 38 (1990) 506.

230 *Juenger*, Ohio State L.J. 46 (1985) 516 f. und passim; vgl. dagegen seine ältere Stellungnahme im AmJCompL 23 (1975) 748: „Thus hard-and-fast rules can operate to do justice most every time, if tort justice is understood to mean that the victim of interstate accidents should be compensated for their injuries. The rule concerning long-distance torts [gemeint ist die deutsche Ubiquitäts- und Günstigkeitsregel] seems particularly appropriate in the case of products liability ... ".

231 Kritisch *Kozyris*, AmJCompL 38 (1990) 496 f. („The proposed methodology is likely to prove as costly as it is hapharzard; *Hay*, Rec. des Cours 226 I (1991) 356 f.

232 Für die Bewältigung von Katastrophenschäden (mass disasters) schlägt *Juenger*, U.Ill.L.Rev. 1989, 126, eine modifizierte „alternative reference rule" vor:
„In selecting the rule of decision applicable to any issue in a mass disaster case, the court will take into account the laws of the following jurisdictions:

Rechte abdecken[233], soll der Richter[234] das für den internationalen Sachverhalt am besten geeignete Recht eigenhändig formen[235]. Dépaçage ist erwünscht, „for there is nothing wrong with applying to a multistate case a *composite law* that integrates rules of certified superiority"[236]. *Juenger* vertraut darauf, daß sich die (common law-)Richter in dem ihnen gegebenen Freiraum in die richtige Richtung bewegen würden, nämlich hin zum Idealzustand („propriety of teleology")[237], in dem Entschädigung nicht mehr unvernünftig ausgeschlossen oder begrenzt werde[238].

2. Die Anknüpfung der Haftung aus „breach of warranty"

Die Haftung aufgrund einer (tatsächlichen oder fiktiven) Zusicherung ist in **278** den meisten Einzelstaaten entsprechend dem Modellgesetz des Uniform Commercial Code (UCC) im Handelsgesetzbuch geregelt. Der UCC enthält in § 1–105 Abs. 1 eine Kollisionsnorm[239], welche die Einzelstaaten in aller Regel unverändert übernommen haben[240]. Die Vorschrift lautet:

> "(1) Except as provided hereafter in this section, when a transaction bears a reasona- **279** ble relation to this state and also to another state or nation the parties may agree that the law either of this state or of such other state or nation shall govern their rights and duties. Failing such agreement this Act applies to transactions bearing an appropriate relation to this state."

Von der durch Absatz 1 Satz 1 der Vorschrift eröffneten Rechtswahlbefugnis **280** wurde in der Praxis auch in Produkthaftungsstreitigkeiten Gebrauch gemacht, die auf breach of warranty gestützt waren[241].

Was unter einer „appropriate relation" im Sinne der objektiven Anknüpfung **281** nach Absatz 1 Satz 2 zu verstehen ist, bleibt offen. Einige Gerichte nutzen

---

(a) the place of the tortfeasor's conduct;
(b) the place of injury;
(c) the home state of each party.
As to each issue, the court shall select from the laws of these jurisdictions the most suitable rule of decision."
Die Beachtung des Heimatrechts jeder Partei (lit. c) soll nicht zu einer Aufsplitterung führen (a.a.O., S. 122). Entscheide sich der Richter im Grundsatz für das Heimatrecht eines Geschädigten, so sei es denkbar, einem Geschädigten aus einem anderen Staat die Wahl der lex loci delicti zu eröffnen (a.a.O., S. 127 Fn. 202).
233 Vgl. *Kozyris*, AmJCompL 38 (1990) 498.
234 *Juenger*, U.Ill.L.Rev. 1989, 125 f., spricht sich nachdrücklich gegen eine Wahlbefugnis einer Prozeßpartei aus („ ... implies an abdiction of the judge's rule and smacks of bias"); ebenso *ders.*, Ohio State L.J. 46 (1985) 519.
235 *Juenger*, U.Ill.L.Rev. 1989, 126.
236 *Juenger*, Ohio State L.J. 46 (1985) 522.
237 *Juenger*, U.Ill.L.Rev. 1989, 124 f.
238 *Juenger*, U.Ill.L.Rev. 1989, 127 f.
239 Vgl. dazu *Magold* 188 ff.
240 Vgl. die Übersicht über „local statutory citations and variations of UCC § 1–105" in Am. Law Prod. Liab. 3 d § 46 : 20.
241 Vgl. Am. Law Prod. Liab. 3 d § 46 : 21; *Scoles/Hay* 634 Fn. 4.

dies, um schon bei geringfügigen Beziehungen zum Gerichtsstaat die lex fori anzuwenden[242]. Andere stellen auf die engste Beziehung (the most significant relationship) ab oder legen einen anderen modernen Ansatz zugrunde[243]. In der Praxis ist deshalb die Frage, ob die breach of warranty-Haftung wirklich als vertragsrechtliches Institut einzuordnen ist[244], kaum von Bedeutung. Angeknüpft wird meist nicht die Anspruchsgrundlage, sondern die Produkthaftung[245].

---

242 Vgl. Am. Law Prod. Liab. 3 d § 46 : 19.

243 Wie vorige Fn.

244 Die Haftung wird meist als vertragsrechtlich qualifiziert, vgl. *Pfeifer* 57 f.; *Dielmann*, AG 1987, 109; *Debusschere/Kretschmar* § 108 Rn. 4; *Hoechst*, 3. Die „implied warranty", die häufig auf einer fingierten, also gesetzlich begründeten Zusicherung beruht, wird von *Schwartz*, Kza. 4510/6, als deliktsrechtlich eingestuft. Ebenso für Zwecke des Kollisionsrechts *Bogdan*, Rec. des Cours 208 I (1988) 136.

245 Vgl. *Scoles/Hay* 632 f. „Products liability suits are a hybrid of tort and contract claims, usually involving claims of negligence, strict liability and breach of warranty and *early cases* had turned on the characterization of cases in these categories". (Hervorhebung hinzugefügt); ähnlich, aber vorsichtiger Am. Law Prod. Liab. 3 d § 46 : 1; vgl. auch *Duintjer Tebbens* 278.

§ 7 Deutschland

I. Sachrecht

1. Überblick über die Haftungsgrundlagen und ihre Konkurrenz

Im deutschen Recht können das Vertragsrecht, das allgemeine Deliktsrecht und **282** spezielle außervertragliche Haftungsgesetze, nämlich das Produkthaftungsgesetz, das Arzneimittelgesetz und das Gentechnikgesetz, einen Produkthaftungsanspruch begründen[1]. Alle genannten Haftungsgrundlagen konkurrieren frei. Im Verhältnis der speziellen Produkthaftungsgesetze untereinander ist dagegen grundsätzlich keine Anspruchskonkurrenz gegeben[2].

2. Die vertragsrechtliche Produkthaftung

Die vertragsrechtliche Produkthaftung bildet innerhalb der vertragsrechtlichen **283** Haftung keinen eigenständigen Typus. Die Vorschriften des Vertragsrechts werden unmodifiziert angewandt[3]. Der BGH hat es in der grundlegenden „Hühnerpest-Entscheidung" abgelehnt, dem Vertrag zwischen Hersteller und Händler Schutzwirkungen zugunsten des Geschädigten beizulegen[4]. Der Begriff „vertragsrechtliche Produkthaftung" hat im deutschen Recht also nur phänomenologische Bedeutung. Er besagt lediglich, daß nach allgemeinen vertragsrechtlichen Vorschriften für Schäden durch ein in den Verkehr gebrachtes fehlerhaftes Produkt gehaftet wird[5].

3. Die Produkthaftung nach allgemeinem Deliktsrecht

Im deutschen allgemeinen Deliktsrecht ist die Produkthaftung ein eigenständi- **284** ger Typus, obgleich sie sich auf der Grundlage der allgemeinen deliktsrechtlichen Vorschriften entfaltet. Ihre Eigenständigkeit läßt sich auf die von der Rechtsprechung entwickelten spezifischen Verkehrssicherungspflichten stützen, die differieren, je nachdem, welche Aufgabe der Haftpflichtige innerhalb des arbeitsteiligen Herstellungs- und Vertriebsprozesses übernommen hat. Ihre Eigenständigkeit folgt jedenfalls aus den speziellen richterlich entwickelten Regeln der Beweislastverteilung[6].

---

1 Eine Haftung für Schäden durch ein in Verkehr gebrachtes fehlerhaftes Produkt kann sich auch aus dem Atomgesetz ergeben. Zum Konkurrenzverhältnis zwischen der Haftung nach dem AtomG und der Haftung nach dem ProdHaftG vgl. *Rolland*, § 15 ProdHaftG Rn. 61 ff. Zur atomrechtlichen Haftung vgl. *Däubler*, Haftung für gefährliche Technologien, Heidelberg 1988.

2 Eine Ausnahme besteht bei der Haftung für ein ungenehmigt in den Verkehr gebrachtes gentechnisches Produkt. Sie konkurriert mit der (unmodifizierten) Haftung nach dem ProdHaftG. Siehe unten 4. c).

3 Für die Haftung aus positiver Vertragsverletzung wird auf die von der Rechtsprechung im Deliktsrecht entwickelten spezifischen Verkehrssicherungspflichten zurückgegriffen. Vgl. unter 3.

4 BGH, 26. 11. 1968, BGHZ 51, 91 = BB 1969, 12.

5 Vgl. *Schmidt-Salzer*, Produkthaftung III/1 Rn. 4.051.

6 Vgl. dazu z. B. *Arens*, ZZP 1991, 123 ff.

4. Die spezielle außervertragliche Produkthaftung

a) Die Haftung nach dem ProdHaftG

285 Das Produkthaftungsgesetz, das am 1.1.1990 in Kraft getreten ist, setzt die EG-Produkthaftungsrichtlinie in deutsches Recht um. Der deutsche Gesetzgeber war bestrebt, Grund und Grenzen der Haftung eng zu halten. Er hat deshalb von den Optionen des Art. 15 EG-Richtlinie keinen Gebrauch gemacht, also landwirtschaftliche Naturprodukte und Jagderzeugnisse nicht in die EG-Produkthaftung einbezogen und den Einwand des Standes von Wissenschaft und Technik nicht ausgeschlossen. Entsprechend Art. 16 Abs. 1 EG-Richtlinie hat er einen Haftungshöchstbetrag normiert (§ 10 ProdHaftG). Er hat außerdem, gestützt auf Art. 13 EG-Richtlinie, die Anwendbarkeit des Gesetzes auf diejenigen Arzneimittel ausgeschlossen, die den Haftungsvorschriften des AMG unterfallen (§ 15 ProdHaftG)[7].

b) Die Haftung nach dem AMG

286 Die Haftung nach dem AMG[8] gleicht der Haftung nach dem ProdHaftG insoweit, als für das Inverkehrbringen eines fehlerhaften Arzneimittels verschuldensunabhängig bis zu einer Höchstgrenze gehaftet wird. Im übrigen weist die Arzneimittelhaftung jedoch zahlreiche Besonderheiten auf. Eine strukturelle Besonderheit ist, daß die Haftung auf den Unternehmer kanalisiert ist, der das Arzneimittel unter seinem Namen in den Verkehr gebracht hat[9]. Der „pharmazeutische Unternehmer" muß seinen Sitz in der EG haben[10] und ist zur Deckungsvorsorge verpflichtet[11]. Der Einwand, das Arzneimittel habe im Zeitpunkt der Inverkehrgabe dem Stand von Wissenschaft und Technik entsprochen, ist unzulässig. Anspruchsberechtigt ist ausschließlich der Anwender des fehlerhaften Arzneimittels.

c) Die Haftung nach dem GenTG

287 Das GenTG dient dem Schutz vor Gefahren gentechnischer Verfahren und Produkte[12]. Es regelt außer der Zulässigkeit und Kontrolle der Gentechnik auch ihre haftungsrechtlichen Folgen[13].

---

7 Zu der umstrittenen Frage, ob dies richtlinienkonform ist, siehe eingehend unten § 9 V. 2.
8 Eingehend dazu unten § 9.
9 § 84 S. 1 i.V. m. § 4 Abs. 17 AMG.
10 § 9 Abs. 2 AMG.
11 § 94 AMG.
12 Das GenTG verwendet den Begriff „gentechnisches Produkt" nur in § 1. Ansonsten spricht es von einem Produkt, das gentechnisch veränderte Organismen enthält oder aus solchen besteht (vgl. z. B. § 3 Nr. 8 und 9, § 14 Abs. 1 Nr. 2, § 37 Abs. 2 GenTG). Nach allgemeiner Ansicht kann auch ein einzelner gentechnisch veränderter Organismus Produkt im Sinne des Gesetzes sein; vgl. nur *Hirsch/Schmidt-Didczuhn*, § 3 GenTG Rn. 49.
13 Zur Notwendigkeit eines effizienten Haftungsrechts bei staatlicher Zulassung der Gentechnik *Pohlmann* 89 f.; *Brocks/Pohlmann/Senft* 116.

Nach den §§ 32–36 GenTG haftet „der Betreiber" verschuldensunabhängig für **288**
Schäden infolge von Eigenschaften eines Organismus, die auf gentechnischen
Arbeiten beruhen. „Betreiber" ist nach § 3 Nr. 9 GenTG auch, wer gentechnische Produkte erstmalig ungenehmigt in den Verkehr bringt. Es handelt sich
jedoch nicht um eine Produkthaftung im typologischen Sinne. Denn das (un-
genehmigte) Inverkehrbringen eines gentechnischen Produktes unterfällt der
Haftung gleichermaßen wie andere gentechnisch relevante Handlungen, die
eine Person zum Betreiber im Sinne des Gesetzes machen[14]. Es prägt in keiner
Weise die Struktur der Haftung als Betreiber.

Gentechnische Produkte, die mit Zulassung oder Genehmigung in den Verkehr **289**
gebracht wurden, unterfallen gemäß § 37 Abs. 2 S. 1 GenTG nicht der Gefährdungshaftung dieses Gesetzes. Für sie gilt das Produkthaftungsgesetz mit der
Maßgabe, daß § 1 Abs. 2 Nr. 5 ProdHaftG (Einwand des Standes von Wissenschaft und Technik) und § 2 S. 2 ProdHaftG (Ausschluß von landwirtschaftlichen Naturerzeugnissen und Jagderzeugnissen) für die Haftung desjenigen
Herstellers, dem die Zulassung oder Genehmigung für das Inverkehrbringen
erteilt wurde, keine Anwendung finden, wenn der Produktfehler auf gentechnischen Arbeiten beruht[15].

Auf gentechnische Arzneimittel, die der Haftung nach dem AMG unterfallen, **290**
sind weder die §§ 32–36 GenTG noch das Produkthaftungsgesetz anwendbar.
Die verschuldensunabhängige Haftung ist auf das AMG kanalisiert[16].

II. Internationales Zuständigkeitsrecht

1. Überblick

Das autonome deutsche Recht enthält keine spezifischen Vorschriften über die **291**
internationale Zuständigkeit der deutschen Gerichte für Produkthaftungsklagen. Anzuwenden sind die Vorschriften über die örtliche Zuständigkeit. Dabei
ist zu beachten, daß eine unterschiedliche Auslegung dieser Vorschriften geboten sein kann, je nach dem, ob sie die örtliche oder die internationale Zuständigkeit begründen[17].

Eine spezialgesetzliche Regelung über die örtliche — und damit aufgrund der **292**
Doppelfunktion auch über die internationale — Zuständigkeit enthält nur das

---

14 Es handelt sich nicht um eine Anlagenhaftung, sondern um eine Handlungshaftung. Vgl.
   Hirsch/Schmidt-Didczuhn, § 32 GenTG Rn. 11. Kritisch *Lukes*, DVBl 1990, 274. Zur freien
   Anspruchskonkurrenz mit der Haftung nach dem unmodifizierten ProdHaftG siehe oben bei
   und in Fn. 2.
15 Kritisch zur Exklusivität der Haftung nach dem ProdHaftG im Hinblick auf die Haftungshöchstgrenze des § 10 und des Selbstbehalts *Damm*, ZRP 1989, 470.
16 Zu den Gründen siehe unten § 9.
17 Vgl. *E. Lorenz*, IPRax 1985, 256 f.

AMG. Für Produkthaftungsklagen, die aufgrund von § 84 AMG erhoben werden, ist nach § 94a Abs. 1 AMG, der neben den allgemeinen Zuständigkeitsvorschriften gilt, auch das Gericht zuständig, in dessen Bezirk der Kläger zur Zeit der Klageerhebung seinen Wohnsitz, in Ermangelung eines solchen, seinen gewöhnlichen Aufenthaltsort hat. Die Vorschrift gilt aber ausschließlich für die Entscheidungszuständigkeit deutscher Gerichte; ihre spiegelbildliche Anwendung auf ausländische Gerichte im Rahmen der Anerkennung eines ausländischen Urteils ist durch § 94a Abs. 2 AMG ausdrücklich ausgeschlossen.

293 Abgesehen hiervon sind die allgemeinen Vorschriften über die örtliche Zuständigkeit anzuwenden. Für Produkthaftungsklagen gegen einen Haftpflichtigen mit (Wohn-)Sitz im Ausland ist in erster Linie der Gerichtsstand der unerlaubten Handlung (§ 32 ZPO) von Bedeutung. Eine internationale Zuständigkeit der deutschen Gerichte kann sich aber insbesondere[18] auch daraus ergeben, daß Vermögen des Beklagten im Inland belegen ist (§ 23 ZPO), und bei Ansprüchen aus einem Vertragsverhältnis[19] daraus, daß die streitige Verpflichtung im Inland zu erfüllen ist (§ 29 ZPO)[20]. Unter mehreren Gerichtsständen hat der Kläger nach § 35 ZPO die Wahl.

2. Der Gerichtsstand der unerlaubten Handlung

294 Für Klagen aus unerlaubter Handlung[21] besteht nach § 32 ZPO eine internationale Zuständigkeit deutscher Gerichte, wenn die Handlung in Deutschland begangen wurde (zuständigkeitsrechtliche Tatortregel). Der nach deutschem Recht (lex fori) auszulegende Begriff „unerlaubte Handlung" umfaßt die verschuldensunabhängige EG-Produkthaftung wie auch Gefährdungshaftungen[22]. In Deutschland ist die unerlaubte Handlung begangen, wenn hier der Handlungsort oder der Erfolgsort liegt (Ubiquitätsprinzip)[23]. Erfolgsort ist

---

18 Einen Gerichtsstand der Streitgenossenschaft kennt das autonome deutsche Recht nur für Sonderfälle, zu denen Produkthaftungsklagen nicht gehören. § 36 Nr. 3 ZPO, wonach auf Antrag des Klägers ein für Klagen gegen Streitgenossen zuständiges Gericht durch das im Rechtszug nächst höhere Gericht bestimmt werden kann, wenn für den Rechtsstreit ein gemeinschaftlicher besonderer Gerichtsstand nicht gegeben ist, begründet keine internationale Zuständigkeit, sondern setzt sie gegenüber jedem Streitgenossen voraus. Vgl. BGH, 17.9.1980, NJW 1980, 2646.

19 Vgl. hierzu *Kropholler*, Handbuch I Kap. I Rn. 352f.

20 Der Gerichtsstand des Erfüllungsortes ist vor allem für Produkthaftungsklagen im gewerblichen Bereich von Bedeutung.

21 Nach herrschender Meinung eröffnet § 32 ZPO keine Annexzuständigkeit für vertragliche Ansprüche; vgl. nur BGH, 4.2.1986, NJW 1986, 2437.

22 A.A. *Winkelmann*, 255, mit dem Argument, es handele sich bei der Produkthaftung nicht um eine deliktische, sondern originär eigenstrukturierte Haftung. Da aber auch er den Geschädigten nicht allein auf den Gerichtsstand des Beklagtenwohnsitzes verweisen will, spricht er sich als Ausweg für eine sinngemäße Anwendung des § 32 ZPO bzw. des Art. 5 Nr. 3 EuGVÜ aus. Die entsprechende Anwendung dieser Vorschriften hat seiner Ansicht nach zur Folge, daß an Stelle des „Begehungsortes", den es in dieser Form in Produktschadensfällen nicht gebe, der Ort des gewöhnlichen Aufenthaltes des Geschädigten trete.

23 RG, 18.10.1909, RGZ 72, 42.

der Ort, an dem das Rechtsgut verletzt wird; nicht der bloße Schadensort, an dem ein aus der Rechtsgutsverletzung folgender Schaden eintritt. Handlungsort ist nach herrschender Ansicht jeder Ort, an dem ein Teilstück einer unerlaubten Handlung verwirklicht wird; bloße Vorbereitungshandlungen genügen jedoch nicht. Ob die weitgezogene Handlungsortszuständigkeit auch dann sachgerecht ist, wenn es nicht um die örtliche, sondern um die internationale Zuständigkeit geht, wird zunehmend bezweifelt[24].

Wo der *Handlungsort der Produkthaftung* liegt, ist im Rahmen des § 32 ZPO **295** ebenso umstritten, wie bei Art. 5 Nr. 3 EuGVÜ. Die Stellungnahmen sind gleichlautend[25]. Eine Ansicht hält den Herstellungsort unter Ausschluß des Erwerbsortes für maßgebend[26]. Eine andere Ansicht hält genau umgekehrt den Erwerbsort unter Ausschluß des Herstellungsortes für maßgebend[27]. Soweit deutsche Autoren für Art. 5 Nr. 3 EuGVÜ eine Handlungsortszuständigkeit am Herstellungsort *und* am Ort des Inverkehrbringens bejahen[28], ist anzunehmen, daß dies ebenso für § 32 ZPO gelten soll. Wie bei Art. 5 Nr. 3 EuGVÜ bleiben viele Fragen offen; nämlich ob mehrere Produktionsorte gleichstehen; ob Erwerbsort der Ort ist, an dem der Erste Endabnehmer das Produkt vom letzten Glied der Vertriebskette erworben hat (Marktort), oder ob auch der Ort eines privaten Folgeerwerbs erheblich ist; ob das Inverkehrbringen durch den jeweiligen Haftpflichtigen gemeint ist (Werktorprinzip)[29], oder ob das Inverkehrbringen durch das letzte Glied der Vertriebskette gemeint ist (Marktort).

Der *Erfolgsort* wird bei der Produkthaftung wie allgemein bei unerlaubten **296** Handlungen am Ort der Rechtsgutsverletzung lokalisiert[30]. Nach *von Hoffmann*[31] soll dies jedoch nicht gelten, wenn der Produkterwerber oder Personen in seinem Obhutsbereich geschädigt werden, etwa Personen des engsten Familienkreises oder abhängige Arbeitnehmer. In diesem Fall sei entsprechend der Wertung im deutschen Kollisionsrecht der Erwerbsort als zuständigkeitsbegründender Erfolgsort anzusehen.

---

24 *Drobnig*, Produktehaftung 328, bezeichnet dies als offene Frage.
25 Einige Autoren sprechen sich ausdrücklich dafür aus, § 32 ZPO im Lichte des Art. 5 Nr. 3 EuGVÜ auszulegen. So *Heinrichs* 70 ff.; *Mayer*, DAR 1991, 84; *Kropholler*, Handbuch I 345 Fn. 849 (er empfiehlt, auch den Wortlaut des § 32 ZPO anzupassen).
26 *Schack*, IZVR, Rn. 301 (Erwerbsort komme nur als möglicher Erfüllungsort vertraglicher Ansprüche in Betracht).
27 *Heinrichs* 116 (unter Berufung auf die von *Duintjer Tebbens* geäußerte Ansicht). Anders als *Duintjer Tebbens* will *Heinrichs* einem bystander jedoch keine Klagemöglichkeit am Erwerbsort eröffnen. Bei der Schädigung eines bystander sei nur der Unfallort zuständigkeitsbegründender Tatort.
28 Vgl. *Hollmann*, RIW 1988, 86; *Freyer*, EuZW 1991, 54; *Mayer*, DAR 1991, 83.
29 So *Mayer*, DAR 1991, 83.
30 *Schack*, IZVR, Rn. 301; *Schütze* § 101 Rn. 8; *Drobnig*, Produktehaftung 328; *Heinrichs* 116 f.
31 *Staudinger/von Hoffmann*, Art. 38 EGBGB Rn. 259 a.

III. Kollisionsrecht

1. Die Gesetzeslage

297 Deutschland hat das Haager Übereinkommen über das auf die Produkthaftung anwendbare Recht nicht gezeichnet und wird dies voraussichtlich auch in Zukunft nicht tun[32]. Maßgebend ist deshalb das autonome deutsche Recht.

298 Das EGBGB enthält weder eine spezielle Vorschrift über die Produkthaftung noch eine allgemeine Regelung über das Internationale Deliktsrecht. Das Gesetz zur Neuregelung des Internationalen Privatrechts vom 25.7.1986 (IPR-Gesetz)[33] hat daran nichts geändert, weil es das außervertragliche Schuldrecht nicht erfaßt. Die Reform dieses Rechtsgebietes steht aus[34].

299 Zu nennen ist jedoch Art. 38 EGBGB. Er bestimmt, daß aus einer im Ausland begangenen unerlaubten Handlung gegen einen Deutschen keine weitergehenden Ansprüche geltend gemacht werden können, als nach den deutschen Gesetzen begründet sind. Diese Vorschrift ist nach herrschender Lehre im Verhältnis zu EG-Angehörigen nicht oder nur modifiziert anwendbar[35]. Sie wird verbreitet als rechtspolitisch verfehlt erachtet[36] und soll im Zuge der Reform gestrichen werden[37].

300 Zu nennen ist außerdem die Verordnung des Ministerrats für die Reichsverteidigung über die Rechtsanwendung bei Schädigungen deutscher Staatsangehöriger außerhalb des Reichsgebietes vom 7.12.1942 (Rechtsanwendungsverordnung)[38], die nach herrschender Meinung[39] geltendes Recht ist. § 1 Abs. 1 S. 1 dieser Verordnung unterstellt außervertragliche Schadensersatzansprüche wegen einer Handlung oder Unterlassung, die ein deutscher Staatsangehöriger außerhalb des Reichsgebietes begangen hat, deutschem Recht, soweit ein deutscher Staatsangehöriger geschädigt worden ist. Diese Vorschrift wird einschränkend dahin ausgelegt, daß die Parteien auch ihren gewöhnlichen Aufenthalt in Deutschland haben müssen, und mit diesem Inhalt wird sie verallseitigt[40]. Die Rechtsanwendungsverordnung soll im Zuge der Reform wie Art. 38 EGBGB aufgehoben werden[41].

---

32 Vgl. *Drobnig*, Produktehaftung 311.
33 BGBl. 1986 I, 1142.
34 Vgl. die Begründung des Regierungsentwurfs, BT-Drucks. 10/504 S. 28 f.
35 Eingehend hierzu unten § 20 II.
36 Vgl. z. B. *Kegel*, IPR 469; *W. Lorenz*, Grundregel 126.
37 Vgl. den vom Bundesministerium der Justiz erarbeiteten „Entwurf eines Gesetzes zur Ergänzung des Internationalen Privatrechts (außervertragliche Schuldverhältnisse und Sachen) — Stand: 15. Mai 1984", abgedruckt z. B. bei: *Basedow*, NJW 1986, 2972 Fn. 8—12, sowie den noch unveröffentlichten Entwurf — Stand: 1.12.1993.
38 RGBl. I 706/BGBl. III 400—1—1.
39 Vgl. BGH, 8.3.1983, BGHZ 87, 95; *Palandt/Heldrich*, Anh. I zu Art. 38 EGBGB Rn. 1 m. w. N.
40 Vgl. nur BGH, 8.3.1983, BGHZ 87, 95 (teleologische Reduktion); BGH, 5.10.1976, VersR 1977, 56 (Verallseitigung); *Palandt/Heldrich*, Anh. I zu Art. 38 EGBGB Rn. 2 und 4 m. w. N.
41 Art. 2 des Entwurfs aus dem Bundesministerium der Justiz (vgl. Fn. 219) sieht die Aufhebung der Verordnung vor; vgl. *Ferid*, IPR 6—205,1 a. E.

Für vertragliche Ansprüche auf Ersatz eines durch einen Produktfehler verur- **301** sachten Schadens ist das anwendbare Recht gemäß den Artt. 27 ff. EGBGB zu beurteilen, welche die Regelungen des Römischen Schuldvertragsübereinkommens von 1980 in das deutsche Recht inkorporieren.

2. Die Rechtsprechung

a) Überblick

Die Rechtsprechung hat die gesetzlichen Lücken des Internationalen Delikts- **302** rechts grundsätzlich mit der Tatortregel gefüllt[42], auf der Art. 38 EGBGB fußt[43]. Tatort ist jeder Ort, an dem ein Teil des gesetzlichen Deliktstatbestandes verwirklicht wird (Ubiquitätsprinzip)[44]. Liegen Tatorte, insbesondere Handlungs- und Erfolgsort, in verschiedenen Rechtsgebieten, ist das für den Geschädigten günstigere Recht anzuwenden (Günstigkeitsprinzip)[45].

Diese Grundsätze hat die Rechtsprechung auch den wenigen Entscheidungen **303** zur Anknüpfung der Produkthaftung zugrunde gelegt[46]. Bemerkenswert ist, daß die Gerichte mit Hilfe des Ubiquitätsprinzips in allen Fällen zur Anwendung deutschen Rechts gelangten.

b) Entscheidungen zur Anknüpfung

In der Entscheidung des *Reichsgerichts* vom 21.2.1899[47] war der Vater des **304** Klägers in Kiel durch eine in Stettin fehlerhaft konstruierte und hergestellte Maschine getötet worden. Das Reichsgericht sprach dem Ort der Herstellung jede Bedeutung ab. Das fahrlässige Handeln, das in der fehlerhaften Konstruktion und Herstellung der Maschine liege, sei erst zu einem im Sinne des Zivilrechts unerlaubten geworden, als der Schaden eintrat. Die in Frage stehende unerlaubte Handlung sei mithin allein die fahrlässige Tötung und diese sei in Kiel begangen. Das Reichsgericht wandte deshalb nach dem feststehenden

---

42 Vgl. insbesondere *Hohloch* 55, 104 ff., 204 ff.

43 Vgl. die Nachweise bei MünchKomm-*Kreuzer*, Art. 38 EGBGB Fn. 18 und 19.

44 Zur Rechtsprechung vgl. *W. Lorenz*, Grundregel 104 ff.

45 Vgl. nur MünchKomm-*Kreuzer*, Art. 38 EGBGB Rn. 50 f. — Umstritten ist, ob das für den Geschädigten günstigere Recht von Amts wegen zu ermitteln ist (z. B. BGH, 17.3.1981, BB 1981, 1048 = NJW 1981, 1606 sog. Apfelschorf II (Benomyl-)Entscheidung) oder ob der Geschädigte eine Wahlbefugnis hat (z. B. BGH, 23.6.1964, NJW 1964, 2012; weitere Nachweise bei MünchKomm-*Kreuzer*, Art. 38 EGBGB Rn. 51).

46 Aus dem Rahmen fällt lediglich eine interlokalrechtliche Entscheidung des Reichsgerichts, 21.2.1899, JW 1899, 222.

47 RG, 21.2.1899, JW 1899, 222. — Die Entscheidung wird im Schrifttum unterschiedlich interpretiert; vgl. *Eujen/Müller-Freienfels*, AWD (RIW) 1972, 507 (Einengung des Handlungsortes); *Stoll*, FS Ferid (1978) 408 f. (Einengung des Handlungsortes); *Hohloch* 106 („offene Entscheidung zwischen Handlungs- und Erfolgsort ... nicht erfolgt ... verdeckte Tendenz zur Anknüpfung an den Erfolgsort ist freilich nicht zu verkennen"); *Drobnig*, Produktehaftung 303 Fn. 14 (Erfolgsort); MünchKomm-*Kreuzer*, Art. 38 EGBGB Fn. 588 („ausschl. Erfolgsortrecht"). Vgl. auch *W. Lorenz*, Grundregel 111 f.

Grundsatz des internationalen Privatrechts das gemeine Recht als Recht des Begehungsortes an.

305 Die Entscheidung des *OLG Karlsruhe* vom 26. 5. 1977[48] betrifft die Schadensersatzklage einer deutschen Gesellschaft, die in Deutschland von ihrer Schweizer Muttergesellschaft hergestellte Fugenverputzmasse vertrieben hatte. Die Klage richtete sich gegen einen Zulieferer der Muttergesellschaft. Die Klägerin rügte, das Zulieferprodukt hätte nicht den Prospektangaben des Zulieferers entsprochen, es hätte das von ihrer Muttergesellschaft hergestellte und von ihr vertriebene Endprodukt mangelhaft gemacht und berechtigte Schadensersatzforderungen ihrer Abnehmer zur Folge gehabt. Das Urteil des OLG läßt (auch im Original) nicht mit Sicherheit erkennen, wo der beklagte Zulieferer seinen Sitz bzw. seine Hauptniederlassung oder Produktionsstätte hatte. Da das Gericht den Handlungsort in der Schweiz lokalisierte, ist anzunehmen, daß der beklagte Zulieferer ein Schweizer Unternehmen war[49]. Das Gericht wandte jedoch nicht das Schweizer (Handlungsorts-)Recht, sondern das für den Kläger günstigere deutsche (Erfolgsorts[50]-)Recht an.

306 In der „*Klappfahrrad-Entscheidung*" des *OLG Düsseldorf*[51] aus dem Jahre 1978 war der deutsche Käufer eines in Frankreich hergestellten Klappfahrrades infolge eines Gabelbruchs schwer verletzt worden. Er hatte das Fahrrad von einem deutschen Großhändler erworben, der es aus Frankreich importiert und mit seiner Handelsmarke versehen hatte. Das OLG bestimmte das auf die Haftung des französischen Herstellers anzuwendende Recht nach dem „im internationalen Privatrecht allgemein anerkannten Grundsatz, daß das Tatortrecht maßgebend ist und der Verletzte die Wahl hat, ob er seine Ansprüche aus dem Recht des Handlungsortes oder demjenigen des Erfolgsortes herleiten will". Es wandte, gestützt auf den in Deutschland belegenen Ort der Rechtsgutsverletzung, deutsches Recht an[52]. Die Quasihersteller- und Importeurhaftung des deutschen Großhändlers beurteilte es — wie der *Bundesgerichtshof* in der Re-

---

48 OLG Karlsruhe, 26. 5. 1977, ohne Tatbestand abgedruckt in: *Schmidt-Salzer*, Entscheidungssammlung II, Nr. II 57.

49 Wie hier *Winkelmann* 159; *Drobnig*, Produktehaftung 331, nimmt dagegen an, die Klage richtete sich gegen einen deutschen Hersteller, und meint, das Gericht habe deutsches Recht als Recht des Handlungsortes angewandt.

50 Das Gericht spricht von dem Ort, an dem der Schaden eingetreten ist. Kritisch *Staudinger/ v. Hoffmann*, Art. 38 EGBGB Rn. 451.

51 OLG Düsseldorf, 28. 4. 1978, NJW 1980, 533 mit Anm. *Kropholler* = BB 1980, 268 = VersR 1979, 824 = IPRspr. 1978 Nr. 24 = *Schmidt-Salzer*, Entscheidungssammlung III Nr. II.78 mit Anm. *Schmidt-Salzer*; vgl. auch den Bericht von *Hohloch*, JuS 1980, 452.

52 Aus den veröffentlichten Urteilsgründen läßt sich nicht entnehmen, ob das Gericht annahm, der Kläger habe (ausdrücklich oder stillschweigend) deutsches Recht gewählt. Möglich ist auch, daß der Kläger seine Wahlbefugnis nicht ausgeübt hatte und das Gericht nur deshalb nicht das für den Kläger günstigere Recht von Amts wegen bestimmte, weil es der Klage bereits auf der Grundlage deutschen Rechts stattgeben konnte. — *Winkelmann*, 157 f., meint, das Gericht habe sich offenkundig mit einer stillschweigenden Rechtswahl durch den Kläger begnügt, und kritisiert dies als gekünstelte Rechtswahlfiktion.

visionsentscheidung[53] —, ebenfalls nach deutschem Recht[54], ohne hierzu allerdings kollisionsrechtliche Erwägungen anzustellen.

Die „*Apfelschorf II (Benomyl-)Entscheidung*" des *BGH*[55] aus dem Jahre 307
1980 ist vor allem wegen ihrer materiellrechtlichen Aussage zur Produktbeobachtungspflicht bekannt geworden; sie ist aber auch für das Kollisionsrecht bedeutsam.

Ein Obstbauer aus dem „Alten Land" (an der Niederelbe) hatte seine von Schorf 308
befallenen Apfelbäume mit dem Mittel „Benomyl" gespritzt. Das Mittel erwies sich
als unwirksam, so daß ein erheblicher Ernteausfall entstand. Der Geschädigte verlangte Schadensersatz von dem US-amerikanischen Hersteller des „Benomyl", von
dessen deutscher Tochtergesellschaft und von dem deutschen Großhändler, der das
Alleinvertriebsrecht für Norddeutschland hatte. Dieser hatte das Mittel von einer
Schweizer Tochtergesellschaft des Herstellers gekauft und es unmittelbar vom US-
amerikanischen Hersteller geliefert bekommen. Die deutsche Tochtergesellschaft des
Herstellers war zusammen mit dem Hersteller Inhaber der nach dem Pflanzenschutzgesetz erforderlichen Zulassung für „Benomyl". Sie war außerdem für die auf
den Originalpackungen von „Benomyl" abgedruckten „Hinweise für den Käufer"
verantwortlich. Diese Hinwiese warnten seit November 1973 vor der Möglichkeit,
daß bestimmte Pilz-Stämme gegen „Benomyl" resistent seien. Auf den vom Kläger
vor der Spritzperiode 1974 bei zwei verschiedenen Einzelhändlern erworbenen
Packungen waren aber noch die Hinweise alter Fassung, also ohne Warnung vor re-
sistenten Pilz-Stämmen, abgedruckt. Gegenüber dem US-amerikanischen Hersteller
stützte der Kläger seinen Schadensersatzanspruch nicht nur auf Delikt, sondern
auch auf einen Garantievertrag, den er aus den „Hinweisen für Käufer" ableitete.

Der BGH beurteilte die Haftung des US-amerikanischen Herstellers und des- 309
sen deutscher Tochtergesellschaft nach deutschem Recht[56]. Eine Begründung
gab er nur hinsichtlich des ausländischen Herstellers. Das Deliktsstatut ergebe
sich aus dem im internationalen Privatrecht allgemein anerkannten Grundsatz,
daß das Tatortrecht maßgebend sei[57] und der Verletzte seine Ansprüche so-

---

53 BGH, 11.12.1979, BB 1980, 1219 = NJW 1980, 1219. — Das Urteil betrifft nur den deutschen
Großhändler; der französische Hersteller hat die Entscheidung des *OLG Düsseldorf* rechtskräftig werden lassen.
54 Das *OLG Düsseldorf* (Fn. 51, unter II. 2. b) der Gründe) und der BGH (vorige Fn., unter II.
2. der Gründe) sahen den deutschen Großhändler als Importeur des Fahrrades an, obwohl es
ihm von einer Tochtergesellschaft des französischen Herstellers, die ihren Sitz in Deutschland
hat, verkauft worden war. Vgl. die Anmerkung von *Schmidt-Salzer*, Entscheidungssammlung
III 452.
55 BGH, 17.3.1981, BB 1981, 1048 = NJW 1981, 1606 = WM 1981, 544 = IPRspr. 1981
Nr. 25 = IPRax 1982, 1ff. Vgl. hierzu auch *Kullmann*, WM 1981, 1322, 1328f.; *Chr. v. Bar*, JZ
1985, 961, 966 (2. a.E.); *Posch*, Issues 83ff.
56 Der BGH hatte nicht über die Klage gegen den deutschen Alleinvertriebshändler zu urteilen,
da diese von der Vorinstanz rechtskräftig abgewiesen worden war. Vgl. *OLG Celle*, 16.10.1978,
BB 1979, 392 mit Anm. *Schmidt-Salzer* = IPRspr. 1978 Nr. 28 = *Schmidt-Salzer*, Entscheidungssammlung II, Nr. II.68 mit Anm. S. 474. — Gleichlautend die Parallelentscheidung des
OLG Celle vom 13.7.1978, abgedruckt in: *Schmidt-Salzer*, Entscheidungssammlung II, Nr.
II.67.
57 Dieser Hinweis richtet sich gegen die Begründung der Berufungsinstanz OLG Celle (vorige
Fn.).

wohl aus dem Recht des Handlungsortes als auch dem des Erfolgsortes herleiten könne. Die Anwendung deutschen Rechts könne sich deshalb daraus ergeben, daß die dem Hersteller „angelastete Tat" mit dem Eintritt des Erfolges (der Schädigung der Obstbäume und ihrer Früchte) nach dem Vorbringen des Klägers auch an dessen Wohnsitz[58] erfolgt sei. Wäre das Recht des Bundesstaates Deleware der USA, in welchem der Hersteller seinen Sitz habe, für den Kläger allerdings günstiger, so könne er seine Ansprüche auch aus dieser Rechtsordnung herleiten. Das für den Verletzten günstigere Recht habe der Richter an sich grundsätzlich von Amts wegen zu ermitteln. Im vorliegenden Fall war dies nach Ansicht des *Bundesgerichtshofs* aber nicht notwendig, weil die Parteien sowohl für vertragliche als auch für außervertragliche Ansprüche die Anwendung deutschen Rechts vereinbart hätten, was sich stillschweigend aus ihrem Prozeßverhalten ergebe[59].

310 Das *OLG Köln* verurteilte im Jahre 1991[60] den französischen Hersteller einer fehlerhaft konstruierten Sicherungsklemme für Bergsteiger nach deutschem Recht als dem für den Kläger günstigeren Recht des Erfolgsortes.

c) Entscheidungen ohne kollisionsrechtliche Ausführungen

311 Zahlreiche Entscheidungen übergehen den kollisionsrechtlichen Aspekt des Falles. Sie sind vor allem von Interesse, weil sie die bisweilen geäußerte Ansicht, es gebe nur wenige deutsche Gerichtsentscheidungen über Produkthaftungssachverhalte mit Auslandsberührung, erheblich relativieren. Nachfolgend werden die Sachverhalte einiger Entscheidungen geschildert, um die typischen Konstellationen internationaler Produkthaftungsfälle zu veranschaulichen.

312 Ein Produkthaftungssachverhalt mit Auslandsberührung liegt bereits einer Entscheidung des *Reichsgerichts* aus dem Jahre 1940[61] zugrunde. Infolge fehlerhaft konstruierter Bremsen eines in Deutschland als Taxi benutzten „amerikanischen" Kraftfahrzeugs ereignete sich ein Unfall, bei dem ein Fahrgast erheblich verletzt wurde. Der Eigentümer des Kfz entschädigte den verletzten Fahrgast. Er klagte gegen das deutsche Unternehmen, das die in den USA gefertigten Wagenteile direkt vom US-amerikanischen Hersteller bezogen, das Fahrzeug in Deutschland montiert und an den Verkäufer des Klägers geliefert hatte.

---

58 *Winkelmann*, 243, entnimmt dieser Entscheidung zu Unrecht, der BGH sei nicht abgeneigt, Produkthaftungsansprüche an den gewöhnlichen Aufenthaltsort des Geschädigten anzuknüpfen. Der BGH erwägt lediglich die Anknüpfung an den Erfolgsort, der am Wohnsitz des Kläger gelegen sei.

59 Die stillschweigende Vereinbarung deutschen Rechts deutet der BGH (Fn. 55) als Verzicht des Klägers auf etwaige Ansprüche, die ihm nur nach der amerikanischen Rechtsordnung zustehen könnten (vgl. die Entscheidungsgründe unter II. 2. b) am Ende).

60 OLG Köln, 11. 12. 1991, VersR 1993, 110. Der BGH hat die Revision der Beklagten nicht angenommen; Beschluß vom 17. 11. 1992 (VI ZR 20/92), abgedruckt in VersR 1993, 110.

61 RG, 17. 1. 1940, RGZ 163, 21 = *Schmidt-Salzer*, Entscheidungssammlung Bd. I, Nr. I.17.

Die Entscheidung des *LG Saarbrücken* vom 2.7.1974[62] betrifft eine Schädi- 313
gung durch das fehlerhafte Kfz eines französischen Herstellers. Der deutsche
Kläger, der das Kfz von einer deutschen Vertriebsgesellschaft erworben hatte,
war bei einem Verkehrsunfall in der Schweiz schwer verletzt worden. Das Gericht wies die Klage gegen die deutsche Vertriebsgesellschaft mit der Begründung ab, sie habe keine sie als Vertriebshändler treffenden Verkehrssicherungspflichten verletzt[63].

In der Entscheidung des *OLG Koblenz* vom 22.4.1980[64] ging es um die Frage, 314
ob der deutsche Hersteller eines in Deutschland 1971 oder 1972 auf den Markt
gebrachten Gartengrillgeräts haftpflichtig sei, weil er nicht vor der Verwendung von Brennspiritus gewarnt, sondern diesen Brennstoff als Anzündmittel
sogar empfohlen hatte. Der Käufer des Gartengrills benutzte das Grillgerät
während eines Campingurlaubs in Österreich. Als er Brennspiritus auf die Glut
schüttete, entfachte er eine Stichflamme. In der Nähe stehende Kinder wurden
verletzt. Der Haftpflichtversicherer des Käufers entschädigte die Verletzten
und begehrte mit der Klage vom Hersteller Regreß aus gemäß § 67 VVG über-
gegangenem Recht seines Versicherungsnehmers.

Die meisten Klagen richteten sich gegen die (rechtlich selbständigen) inländi- 315
schen Vertriebsgesellschaften ausländischer Hersteller[65]. Sie waren häufig er-

---

62 *LG Saarbrücken*, 2.7.1974, abgedruckt in: *Schmidt-Salzer*, Entscheidungssammlung Bd. I,
III.13 mit Anm. *Schmidt-Salzer*.

63 Mit der gleichen Begründung wies das *OLG Oldenburg* (19.2.1975, abgedruckt in *Schmidt-Salzer*, Entscheidungssammlung Bd. II, Nr. II.39), die Klage eines deutschen Käufers ab, die ebenfalls gegen die rechtlich selbständige Vertriebsgesellschaft eines französischen Pkw-Herstellers
gerichtet war.

64 *OLG Koblenz*, 22.4.1980, VersR 1981, 740 = *Schmidt-Salzer*, Entscheidungssammlung Bd. III,
Nr. II.98. – Die Revision gegen die Entscheidung wurde vom BGH nicht angenommen; der
Nichtannahmebeschluß des BGH, 24.3.1981, ist bei *Schmidt-Salzer*, a.a.O., abgedruckt.

65 *OLG Köln*, 10.3.1976, VersR 1976, 1142 = *Schmidt-Salzer*, Entscheidungssammlung Bd. II,
Nr. II.44 (*Fonduegerät*; Klage gegen den Hersteller. Aus dem mitgeteilten Tatbestand ergibt
sich, daß der Hersteller die fehlerhaften Rechauds in der Schweiz aus dem Verkauf genommen
hatte. Ob der Hersteller seinen Sitz in der Schweiz hatte, ist unklar); *OLG Bamberg*, 14.7.1975,
VersR 1977, 771 = *Schmidt-Salzer*, Entscheidungssammlung Bd. II, Nr. II.42 (*Kraftfahrzeug-
felge* „made in England"; das Gericht verneinte die Kausalität und ließ deshalb offen, ob die
Beklagte Hersteller oder Alleinvertriebshändler war); *BGH*, 14.6.1977, BB 1977, 1117 = VersR
1977, 839 = *Schmidt-Salzer*, Entscheidungssammlung Bd. II, Nr. I.138 (*Autokran*; Klage gegen
die deutsche Verkäuferin, der zum Teil die Endmontage des in Großbritannien hergestellten
Krans oblag); *LG Hildesheim*, 9.10.1980, abgedruckt in: *Schmidt-Salzer*, Entscheidungssammlung Bd. III, Nr. III.39 (*Herbizid* eines französischen Herstellers; Klage gegen den deutschen Verkäufer und gegen den deutschen Großhändler); *OLG Celle*, 28.1.1981, VersR 1981,
464 = *Schmidt-Salzer*, Entscheidungssammlung Bd. III, Nr. II.101 (*Reifendecke*; Klage gegen
die deutsche Vertriebsgesellschaft des holländischen Herstellers); *OLG Zweibrücken*,
27.4.1987, NJW 1987, 2684 (*Tretlager* eines jugoslawischen Herstellers; Klage gegen den deutschen Importeur); *BGH*, 16.9.1987, BGHZ 101, 337 = BB 1987, 2326 = NJW 1988, 52 (*Wein-
flaschenkorken* eines portugiesischen Herstellers; Klage gegen die deutsche Verkäuferin, welche die Korken über ihre portugiesische Tochtergesellschaft bezogen hatte); vgl. auch *BGH*,
24.11.1976, BGHZ 67, 359 = BB 1977, 162 VersR 1977, 358 = *Schmidt-Salzer*, Entscheidungssammlung Bd. II, Nr. I.130 (*Schwimmerschalter* eines englischen Zulieferers; der BGH sprach
die – für die Entscheidung nicht erhebliche – Frage an, welche Ansprüche der Kläger zusätz-

folglos, weil die Vertriebsgesellschaften keine sie treffenden Pflichten verletzt hatten. Als Ausnahme hervorzuheben ist eine Entscheidung des *OLG Frankfurt* vom 6.3.1986[66], in der die deutsche Vertriebsgesellschaft eines japanischen Motorradherstellers als verantwortlich für einen „Herstellungsmangel"[67] angesehen wurde, weil der Geschädigte ihr vorprozessuales Verhalten dahin habe auffassen dürfen, sie wolle und solle für Rechnung des Herstellers für dessen Haftpflichtverbindlichkeiten gegenüber dem Käufer der Produkte eintreten: Die Ausführungen des Gerichts zu den Erwartungen des Käufers verdienen besondere Beachtung:

316 „Es war für den Kläger — wie für jeden deutschen Käufer eines japanischen Kraftfahrzeuges — schlechthin unvorstellbar, daß er sich wegen des Ersatzes von Schäden, die ihm aus berechtigten Beanstandungen des erworbenen Motorrads erwachsen waren, in Japan sein Recht suchen müsse und es in Deutschland keinen Ansprechpartner für ihn geben sollte, daß er als Käufer eines japanischen Kraftfahrzeuges in einem so entscheidenden Punkt um so vieles schlechter gestellt sein sollte, als die Erwerber von Automobilen deutscher Hersteller. Es lag für ihn deshalb nahe, daß es sich bei der Beklagten um den deutschen Repräsentanten des japanischen Herstellerwerks handelt, zumal die Beklagte in ihrer Firma in keiner Weise ihre eingeschränkte Funktion als einer reinen Vertriebsgesellschaft zum Ausdruck bringt, vielmehr im Gegenteil durch die Firmierung ‚Firma Honda Deutschland GmbH' den Eindruck einer Repräsentantenstellung für das japanische Herstellerwerk geradezu fördert".

317 Um die Produktbeoachtungspflicht des japanischen Motorradherstellers „Honda" und seiner deutschen Vertriebsgesellschaft ging es in der bekannten „Honda-Entscheidung" des BGH von 1986[68]. Der BGH beurteilte nicht nur

---

lich zu den Ansprüchen gegen den deutschen Anlagenhersteller gegen den Hersteller des Schalters habe); OLG Nürnberg, 15.1.1992, NJW-RR 1993, 1300 (*Holzschutzmittel*; Beklagter war die inländische Vertriebsgesellschaft eines ausländischen Herstellers von Fertighäusern). — Bei der von *Staudinger/von Hoffmann*, Art. 38 EGBGB Rn. 451, herangezogenen Entscheidung des *AG Neustadt* (23.2.1984, IPRspr. 1984 Nr. 133) handelt es sich um ein Zwischenurteil über die *internationale Zuständigkeit* der deutschen Gerichte gemäß Art. 5 Nr. 3 EuGVÜ für die Produkthaftungsklage eines deutschen Käufers gegen einen französischen Kfz-Hersteller.

66 *OLG Frankfurt*, 6.3.1986, BB 1986, 1117 = IPRspr. 1986 Nr. 36 S. 80.

67 Vgl. auch das „Honda-Urteil" des *BGH*, 9.12.1986 (BGHZ 99, 167 = BB 1987, 717 = NJW 1987, 1009), in dem es um Produktbeobachtungspflichten der inländischen Vertriebsgesellschaft des japanischen Motorradherstellers ging. Dazu sogleich im Text. — Das *LG Lüneburg* erachtete in einem Urteil vom 29.8.1989 (5 O 416/88 — soweit ersichtlich nicht veröffentlicht) eine Produkthaftungsklage gegen einen Schweizer Arzneimittelhersteller und seiner deutschen Vertriebsgesellschaft dem Grunde nach als begründet. Es klagten die Hinterbliebenen eines Arztes, der nach langdauernder Einnahme eines von dem Beklagten hergestellten bzw. vertriebenen verschreibungspflichtigen Appetitzüglers gestorben war. Das Landgericht beurteilte die Haftung beider Beklagter ohne Begründung nach deutschem Recht, und zwar nach allgemeinem Deliktsrecht, weil das Arzneimittel bereits 1968, also vor Inkrafttreten der Arzneimittelhaftung nach dem AMG 1976, vom Markt genommen worden war. Eine Produkthaftung der deutschen Vertriebsgesellschaft bejahte das Gericht, weil sie die Eintragung des Medikamentes in das Spezialitätenregister beim Bundesgesundheitsamt betrieben habe.

68 *BGH*, 9.12.1986, BGHZ 99, 167 = BB 1987, 717 = NJW 1987, 1009. Vgl. auch BGH, 7.12.1993, BB 1994, 242 = NJW 1994, 909ff. = JZ 1994, 574 mit Anm. *Brüggemeier* = ZIP 1994, 213 (passive Produktbeobachtungspflicht des Importeurs).

die Haftung der deutschen Vertriebsgesellschaft, sondern auch des japanischen Herstellers nach deutschem Recht. Eine Begründung gab er nicht.

3. Die Lehre

a) Die Trennung von vertraglicher und außervertraglicher Haftung

Die herrschende Lehre unterscheidet wie im Sachrecht auch im Kollisionsrecht **318** klar zwischen vertraglicher und außervertraglicher Haftung. Sie behandelt beide Haftungsarten als eigenständige Anknüpfungsgegenstände[69].

Es ist allerdings heftig umstritten, ob die Eigenständigkeit der Anknüpfungs- **319** gegenstände im Ergebnis unterschiedliche Anknüpfungen zur Folge hat oder durch eine akzessorische Anknüpfung zu überbrücken ist[70]. Viele Autoren befürworten im Verhältnis von unmittelbaren Vertragsparteien eine vertragsakzessorische Anknüpfung der außervertraglichen Produkthaftung[71]. Ihr wichtigstes Argument ist, dies schaffe für die Vertragsparteien und den Rechtsanwender Klarheit. Die Gegner einer vertragsakzessorischen Anknüpfung bestreiten, daß der Schwerpunkt der außervertraglichen Produkthaftung durch eine Vertragsbeziehung zwischen den Parteien verlagert werde. Sie meinen, es wäre im Gegenteil geboten, die Vertragshaftung der dominierenden außervertraglichen Produkthaftung akzessorisch anzuknüpfen. Dieser Weg sei jedoch gesperrt, weil das auf vertragliche Ansprüche anwendbare Recht wegen des Römischen Schuldvertragsübereinkommens verbindlich durch die Artt. 27 ff. EGBGB bestimmt werde. Deshalb müsse es bei der getrennten Anknüpfung von vertraglicher und außervertraglicher Haftung bleiben.

---

69 Vgl. z.B. *Drobnig*, Produktehaftung 319 ff.; *H. Koch*, ZHR 152 (1988), 546 f.; *Sonnenberger*, FS Steindorff (1990) 778 f.

70 Eingehende Darstellung des Meinungsstreites unten § 19 II.

71 *Beitzke* hatte ursprünglich (Rec. des Cours 115 II (1965) 118 f.) vorgeschlagen, die Produkthaftung dem Statut des Vertrages zwischen dem letzten Glied der Vertriebskette und dem Ersten Endabnehmer zu unterstellen. Dies sollte nicht nur für die Produkthaftung des Verkäufers, sondern auch für die Haftung des vom Verkäufer verschiedenen Herstellers gelten, und es sollte nicht auf die Haftung gegenüber dem Käufer (Ersten Endabnehmer) beschränkt sein, sondern auch die Haftung gegenüber bystanders umfassen. Auch der Hersteller sollte nach dem Kaufvertragsstatut haften, weil der Tatort nicht entscheidend sei, es vielmehr um den Schutz des Verletzten, seiner Güter und Interessen gehe, welche am Ort des Kaufs oder unter der Herrschaft des Rechts, das den Kaufvertrag beherrscht, zu lokalisieren seien. Das Kaufvertragsstatut sei für den Hersteller auch dann maßgeblich, wenn es von den Vertragsparteien vereinbart worden ist. Bei Massengütern komme dies nur selten vor; andere Güter, beispielsweise Maschinen, verkaufe der Hersteller oft selbst. Die Haftung dürfe gegenüber dem Käufer und Dritten nicht unterschiedlich sein; denn sie beruhe gegenüber allen auf der fehlerhaften Fabrikation oder auf dem Kauf oder auf beidem. In SchwJahrbIntR 35 (1979) 93, 103 meint *Beitzke* in Abweichung von seinem 1965 vertretenen Standpunkt (*Drobnig*, Produktehaftung, 314 f. Fn. 68) zum „breiten Wahlrecht", das der Schweizer IPR-Gesetzentwurf dem geschädigten Nichtkäufer einräume, es müsse genügen, daß der Fabrikant jeweils nach dem Recht des Staates hafte, in welchem er das schädigende Produkt in den Handel gebracht habe. Zum Schweizer Entwurf vgl. oben § 2 IV. 1.

b) Die objektive Anknüpfung der außervertraglichen Produkthaftung

aa) Gesamtüberblick

320   Die Lehre bietet ein verwirrendes, von manchen als chaotisch bezeichnetes Bild von Überlegungen, Ansätzen und Vorschlägen[72]. Dies mag ein Grund dafür sein, daß die Rechtsprechung von ihr bislang keine Notiz genommen hat[73].

(1) Entwicklungsphasen

321   Die Diskussion über das Kollisionsrecht der Produkthaftung stand zunächst ganz im Zeichen der Tatortregel. Im Mittelpunkt stand die Frage, wo die Tatorte der Produkthaftung zu lokalisieren seien[74] und ob die Tatortregel interessenorientiert aufgelockert werden müsse[75].

322   Die zweite Diskussionsphase war durch die Auseinandersetzung mit dem Haager Produkthaftungsübereinkommen gekennzeichnet, das sich von der traditionellen Tatortregel gelöst hat und den gewöhnlichen Aufenthalt des Geschädigten berücksichtigt. Seine Anknüpfungspunkte und Kombinationen von Anknüpfungspunkten wurden kritisch auf Sachgerechtigkeit und praktische Tauglichkeit geprüft[76]. Die Tatortregel verlor ihre bis dahin unbestrittene Orientierungsfunktion. Der gewöhnliche Aufenthalt des Geschädigten, der zuvor nur im Rahmen der Ausweichanknüpfung an den *gemeinsamen* gewöhnlichen Aufenthalt der Parteien bedeutsam war[77], erlangte eigenständiges Gewicht.

323   Die dritte Diskussionsphase ist noch im Gange. Sie läßt sich daher noch nicht sicher und abschließend charakterisieren. Bislang wird sie von einer ausufernden Meinungsvielfalt bestimmt. Diese beruht nicht nur auf den bereits angesprochenen Einflüssen des Haager Übereinkommens und der unsicheren Lokalisation der Produkthaftungstatorte. Sie hat ihren Grund auch in dem Nebeneinander verschiedener materiell-rechtlicher Haftungsgrundlagen und neuerdings auch in dem Nebeneinander von autonomem nationalen und EG-harmonisiertem Recht. Ein nicht zu unterschätzender Faktor ist schließlich die das gesamte Internationale Deliktsrecht beherrschende Unsicherheit über Grund und Grenzen des Ubiquitätsprinzips und über die Voraussetzungen kollisionsrechtlicher Zurechnung.

---

72 *Drobnig*, Produktehaftung 303; *Mayer*, DAR 1991, 84 Fn. 39 („chaotisches Bild"). − Einen instruktiven Überblick gibt *Kreuzer*, IPRax 1982, 1 f.
73 *Drobnig*, Produktehaftung 304.
74 Vgl. z. B. *S. Simitis* 89 ff.
75 Vgl. z. B. *Birk* 101 ff.
76 Vgl. *Siehr*, AWD (RIW) 1972, 373 ff.; *W. Lorenz*, FS Wahl 185 ff.; *ders.*, RabelsZ 37 (1973) 317 ff.; *Sack*, FS Ulmer 495 ff.; *Stoll*, FS Kegel (1977) 113 ff.
77 Siehe oben bei und in Fn. 40.

(2) Der unbefriedigende Stand der Lehre

Ein detaillierter und zugleich aussagekräftiger Überblick über die deutsche   324
Lehre ist aus vielen Gründen schwierig. Häufig werden die vorgeschlagenen
Anknüpfungspunkte nicht exakt definiert. Es genügt beispielsweise nicht ohne
Erläuterung vom *„Ort des Inverkehrbringens"* zu sprechen[78], weil damit verschiedene Orte gemeint sein können, nämlich der Ort, an dem der Hersteller
das Produkt aus seinem Herrschaftsbereich entläßt (Werktor-Prinzip), oder
der Ort, an dem er es an einen Dritten, etwa einen Spediteur, übergibt, oder
der Ort, an dem das nächste Glied in der Verteilerkette das Produkt in Emp-
fang nimmt. *„Erwerbsort"* kann den Ort bezeichnen, an dem der Erwerber das
Produkt nachfragt, oder den Ort, an dem der Erwerber seine zum Vertragsschluß notwendige Willenserklärung abgibt, oder den Ort, an dem das Eigentum übergeht, oder schließlich den Ort, an dem der Erwerber die tatsächliche
Herrschaft über die Sache erlangt.

Häufig wird nicht gesagt, in welcher Person der Anknüpfungspunkt erfüllt   325
sein muß. Es ist deshalb etwa bei der Anknüpfung an den „Ort der Inverkehrgabe" unsicher, ob das Inverkehrbringen durch den Hersteller oder durch das
letzte Glied der Vertriebskette gemeint ist. Bei der Anknüpfung an den „Erwerbsort" wird nicht immer deutlich, ob der Erwerb durch den Ersten Endabnehmer oder auch ein späterer privater Folgeerwerb gemeint ist.

Die meisten Autoren treten nicht für einen einzigen Anknüpfungspunkt, son-   326
dern für mehrere alternative Anknüpfungspunkte ein. Einige Autoren halten
für erheblich, ob der Geschädigte Erster Endabnehmer, Schutzbefohlener des
Ersten Endabnehmers, privater Folgeerwerber, bloßer Produktbenutzer oder
bystander ist. Unterschiedliche Gruppen werden gebildet und unterschiedlich
angeknüpft. Vereinzelt wird auch nach der Art des schadenstiftenden Produktes differenziert.

Einige Autoren nehmen nur den Endhersteller in den Blick. Andere äußern   327
sich nur zur Anknüpfung gegenüber Verbrauchern. Die „Fortschreibung"
ihrer Stellungnahmen ist schwierig und mit Unsicherheiten verbunden.

Das Meinungsbild wird schließlich auch dadurch getrübt, daß die vorgeschla-   328
genen Regelanknüpfungen in unterschiedlichem Maße und in unterschiedlicher Richtung aufgelockert werden. Vorbehalte zum Schutze der Haftpflichtigen finden sich ebenso wie Konzessionen zum Schutze der Geschädigten.

---

[78] Z. B. *S. Simitis* 90 (Vertriebsort bzw. Ort, an dem die schadenstiftende Ware in den Verkehr
gelangt ist). Präziser, aber ebenfalls nicht eindeutig, MünchKomm-*Kreuzer*, Art. 38 EGBGB
Rn. 203 („Ort der Herstellung [Hauptniederlassung des Herstellers], des Inverkehrbringens
[Erwerbsort]").

(3) Die Notwendigkeit eines die Konzeption und das Anknüpfungsergebnis vereinenden Überblicks

329 Angesichts dieses Befundes ist die Versuchung groß, sich der schwierigen Aufgabe einer geordneten Darstellung entweder ganz zu entziehen[79] oder sich doch darauf zu beschränken, die vorgeschlagenen Anknüpfungspunkte und die jeweils vorgetragenen Argumente aufzulisten. Der schwerwiegende Nachteil einer solchen Auflistung ist es, daß sie keinen Aufschluß über die zugrundeliegenden Konzeptionen gibt und geschlossene, zu einer differenzierten Anknüpfung führende Konzeptionen willkürlich auseinanderreißt. Deshalb ist es trotz der Meinungsvielfalt und der aufgezeigten Unsicherheiten, die aus apodiktisch vorgetragenen und unvollständigen Stellungnahmen resultieren, unumgänglich, Konzeption und Anknüpfungsergebnis möglichst im Zusammenhang darzustellen[80]. Nur eine so strukturierte Darstellung des Erkenntnisstandes gibt eine sichere Grundlage, auf der eigene Überlegungen aufbauen können.

bb) Einheitliche Anknüpfung gegenüber allen Geschädigten

(1) Überblick

330 Der größte Teil der Lehre knüpft die Produkthaftung gegenüber allen Geschädigten einheitlich an. Eine Differenzierung nach der Art des Geschädigten wird mit der Begründung[81] abgelehnt, sie widerspreche dem Sachrecht und führe zu schwierigen Abgrenzungsproblemen[82].

331 Die *Befürworter einer einheitlichen Anknüpfung* lassen sich in *drei Gruppen* teilen. Die erste und zahlenmäßig stärkste geht von der *Tatortregel im Sinne des Ubiquitätsprinzips* aus[83]. Innerhalb dieser Gruppe ist umstritten, ob und wieweit die Zahl der Handlungsorte zu beschränken ist und ob dem Schädiger auch „unvorhersehbare" Tatorte, insbesondere ein sich seinem Einfluß entziehender Erfolgsort, zurechenbar sind.

332 Die zweite Gruppe lehnt das Ubiquitätsprinzip ab und knüpft ausschließlich an den *Erfolgsort* an. Sie streitet über die Frage, ob der Marktort oder der Ort der Rechtsgutsverletzung als Erfolgsort zu qualifizieren ist[84].

---

79 So verfährt *Winkelmann* in der einzigen deutschen Monographie zur Internationalen Produkthaftung. Er stellt die deutsche Rechtsprechung (S. 153 ff.) und internationale und ausländische Regelungen und Regelungsentwürfe dar (209 ff.). Die Lehre „verarbeitet" er, ohne eine vergleichbare Darstellung zu geben.

80 Auch dies ist wegen der vielen Ausnahmen nur beschränkt möglich. Stellte man die Meinungen der einzelnen Autoren in allen ihren Facetten en bloc dar, würden die Grundlinien der Diskussion kaum deutlich.

81 Die meisten Autoren problematisieren die Einheitlichkeit der Anknüpfung nicht. Sie lehnen eine Differenzierung inzident und ohne Begründung ab.

82 Vgl. MünchKomm-*Kreuzer*, Art. 38 EGBGB Rn. 203; *Drobnig*, Produktehaftung 318 f.; *Beitzke*, Rec. des Cours 115 II (1965) 119; *Winkelmann* 242.

83 Unten bb) (1) und (2).

84 Unten bb) (3).

Die dritte Gruppe befürwortet eine Anknüpfung an den *gewöhnlichen Aufent-* **333**
halt des Geschädigten[85]. Dies geschieht teilweise in Erweiterung der Tatortregel, so daß der Geschädigte außer den aufgrund der Tatortregel wählbaren
Rechten auch das Recht seines gewöhnlichen Aufenthaltsstaates wählen kann.
Teilweise wird die Tatortanknüpfung aber auch abgelehnt und durch die Anknüpfung an den gewöhnlichen Aufenthalt des Geschädigten ersetzt.

(2) Die Anknüpfung an den Tatort

(a) Uneingeschränktes Ubiquitätsprinzip

Die Mehrheit der Autoren[86] wendet die Tatortregel im herkömmlichen Sinne **334**
an: Tatort ist der Erfolgsort und *jeder* Handlungsort (Ubiquitätsprinzip); von
mehreren Tatortrechten ist das für den Geschädigten günstigere anzuwenden
(Günstigkeitsprinzip)[87].

Das Ubiquitätsprinzip wird für die Produkthaftung nur selten besonders ge- **335**
rechtfertigt. Ein spezifischer Grund wird darin gesehen, daß es die großen
Schwierigkeiten vermeide, den Tatort der Produkthaftung eindeutig zu lokalisieren[88]. Eine andere Begründung lautet, das Ubiquitätsprinzip sei bei der
Produkthaftung eher als in anderen Bereichen des Deliktsrechts berechtigt,
weil die kollisionsrechtliche Bevorzugung des Geschädigten einer international
verbreiteten Tendenz der materiellen Produkthaftungsrechte entspreche[89].

(b) Einschränkungen des Ubiquitätsprinzips

(aa) Reduktion der Zahl der Handlungsorte

Die Palette der im Schrifttum als Handlungsorte qualifizierten Orte ist breit. **336**
Vertreten werden: der Ort der Herstellung[90]; der Sitz[91] des Herstellers; seine
Hauptniederlassung[92]; der Ort, an dem er das fehlerhafte Produkt in den Ver-
kehr bringt[93]; der Ort des Erwerbs[94] und der Ort, an dem das Produkt außer
Kontrolle gerät oder sonst seinen Dienst versagt[95].

---

85 Unten cc).
86 MünchKomm-*Kreuzer*, Art. 38 EGBGB Rn. 203; *Eujen/Müller-Freienfels*, AWD (RIW) 1972,
   506; *Kropholler*, IPR 443; *Hillgenberg*, NJW 1963, 2198; *H. Koch*, ZHR 152 (1988) 545; *Junke*
   164; *Zekoll* 19; *Anhalt*, 154; *Schönberger* 71; *Graf v. Westphalen*, DB 1982, 1661.
87 Siehe oben bei und in Fn. 44 und 45.
88 MünchKomm-*Kreuzer*, Art. 38 EGBGB Rn. 203 (flexible Ubiquitätsregel).
89 *Kropholler*, IPR 443, 433.
90 S. *Simitis* 89; *Kropholler*, IPR 443 (neben anderen Handlungsorten, „wobei es der Rechtsprechung überlassen ist, sich in einem geeigneten Fall" zwischen den mehreren Handlungsorten
   zu entscheiden); vgl. auch *v. Caemmerer*, Vorschläge 22. – *Drobnig*, Produktehaftung 329,
   meint, *Siehr*, AWD (RIW) 1972, 373 ff., bevorzuge den Herstellungsort vor dem Geschäftssitz
   des Herstellers. Dies ist mißverständlich, weil *Siehr* an keinen von beiden Orten anknüpft.
91 *Drobnig*, Produkthaftung 329 f., 337; *Kropholler*, IPR 443; wohl auch *Schmidt-Salzer*, Produkthaftung (1973) Rn. 335 („Recht der Produktionsstätte oder seines Sitzes").
92 MünchKomm-*Kreuzer*, Art. 38 EGBGB Rn. 203.
93 MünchKomm-*Kreuzer*, Art. 38 EGBGB Rn. 203; *Kropholler*, IPR 443.
94 Vgl. z.B. *Kropholler*, IPR 443.
95 *Chr. v. Bar*, IPR II Rn. 666 (dieser Ort sei in aller Regel Handlungs- und Erfolgsort in einem).

337 Ein Teil der Lehre läßt *mehrere Handlungsorte* zu. *Kropholler*[96] meint, de lege lata sei es der Rechtsprechung überlassen, sich in einem geeigneten Fall zwischen dem Sitz des Herstellers, dem Ort der Herstellung, dem Ort des Inverkehrbringens oder dem Ort des Erwerbs durch den Geschädigten zu entscheiden. *Schmidt-Salzer*[97] nennt als Handlungsort den Ort der Herstellung, den Sitz des Herstellers und den Ort, an dem der Hersteller das Produkt ausgeliefert hat.

338 *Simitis*[98] und *Deutsch*[99] grenzen auf den Ort der Herstellung und den Ort der Inverkehrgabe ein. *Kreuzer*[100] nennt die Hauptniederlassung und den Erwerbsort.

339 Manche Autoren entscheiden sich für *einen einzigen Handlungsort*. Sie sind sich einig, daß der Ort der tatsächlichen Produktion[101] unerheblich sei. Allein die Planung und Herstellung eines fehlerhaften Produkts sei noch keine unerlaubte Handlung, erforderlich sei das Inverkehrbringen des gefahrenträchtigen Produkts[102]. Über die Frage, welcher Ort der maßgebliche Handlungsort sein soll, gehen die Ansichten jedoch auseinander.

340 *Eujen* und *Müller-Freienfels*[103] lokalisieren den maßgeblichen Handlungsakt an dem Ort, an dem die von dem fehlerhaften Produkt ausgehende latente Gefahr erstmalig zu einer Schädigung von außerhalb der Herstellersphäre stehenden Dritten führen kann[104]. Dies sei bei einem Transport mit eigenen Leuten

---

96 *Kropholler*, IPR 443. *De lege ferenda* äußert er Sympathie für den „Erwerbsort (Absatzort)" als primären Anknüpfungspunkt (IPR 442). Für Ansprüche Dritter (bystanders) müsse es jedoch grundsätzlich bei der Tatortregel bleiben. Vgl. *ders.*, NJW 1980, 534: Die Frage, ob ein Bedürfnis für eine besondere Kollisionsregel über die Produkthaftung besteht, könne in einem geeigneten Fall durch Richterrecht beantwortet werden, etwa durch Anknüpfung an den Ort, an dem die Ware vom Verbraucher erworben wurde.

97 *Schmidt-Salzer*, Produkthaftung (1973) Rn. 335.

98 *S. Simitis* 89.

99 *Deutsch*, Arztrecht 319.

100 MünchKomm-*Kreuzer*, Art. 38 EGBGB Rn. 203.

101 *Zekoll*, 19, nennt diesen Ort als einzigen Handlungsort. In der von ihm zugrunde gelegten typischen Ausgangslage ist der Herstellungsort jedoch stets identisch mit dem Sitz des Herstellers. Es kann deshalb mangels anderer Anhaltspunkte nicht angenommen werden, *Zekoll* schließe andere Handlungsorte als den Ort der Herstellung aus.

102 *Eujen/Müller-Freienfels*, AWD (RIW) 1972, 507; *Schönberger* 72 f.; *Chr. v. Bar*, IPR II Rn. 666 („Herstellungsort kollisionsrechtlich insignifikant").

103 AWD (RIW) 1972, 507.

104 *Drobnig*, Produkthaftung 314, nimmt an, *Eujen/Müller-Freienfels* stellten sowohl auf den Herstellungsort als auch auf den Kaufort ab. Daß *Eujen/Müller-Freienfels* sich für einen einzigen Handlungsort — und zwar weder für den Herstellungsort noch für den Kaufort — entscheiden, ergibt sich jedoch eindeutig aus ihrer Beurteilung der Haftung eines französischen Herstellers, der ein fehlerhaftes Silo nach Deutschland geliefert hatte, wo es beim Kunden einen Schaden verursachte: „Der deutsche Ablieferungsort ist daher Handlungsort. Damit entfällt ein Distanzdelikt" (*Eujen/Müller-Freienfels*, AWD (RIW) 1972, 507). — *Junke*, 166, zitiert *Eujen/Müller-Freienfels* zu Unrecht für die Anknüpfung an den Geschäftssitz des Herstellers.

der *Ablieferungsort* und, so muß man aus dem Kontext schließen, bei einer Übergabe an einen Spediteur der Ort dieser Übergabe[105].

Schönberger[106] hält allein den *Geschäftssitz des Herstellers* für maßgebend. **341** Er räumt ein, daß der Gedanke der Vollendung des Handlungstatbestandes dafür spreche, den Geschäftssitz und den Herstellungsort als Handlungsorte auszuklammern und nur auf den Ort des Inverkehrbringens durch den Hersteller („erster Vertriebsort") abzustellen. Eine solche Bestimmung des Handlungsortes lasse jedoch außer acht, daß ein Ort nur dann als Handlungsort qualifiziert werden dürfe, wenn an diesem Ort zurechenbar gehandelt werde. Der eigentliche Ausgangspunkt für die Gefährdung Dritter und somit der maßgebliche Handlungsakt sei aber nicht das Inverkehrbringen selbst, sondern die Entscheidung über das Inverkehrbringen. Da diese Entscheidung regelmäßig nicht am Vertriebsort, sondern am Geschäftssitz des Herstellers erfolge, sei nur dieser Handlungsort.

Chr. v. Bar[107] lehnt sowohl den Herstellungsort als auch den Sitz des Herstel- **342** lers als Begehungsorte ab, weil weder die Unterlassens- noch die Gefährdungshaftung auf diese Orte bezogen werden könnten. Eine durch Tun begangene unerlaubte Handlung stelle dagegen das Inverkehrbringen eines fehlerhaften Produktes dar, und zwar unabhängig davon, ob dies durch den Hersteller selbst oder durch den Importeur geschehe. Er befürwortet also nicht den sog. Ersten Vertriebsort, an dem der Hersteller das Produkt in den Verkehr bringt[108], sondern den *Marktort*, an dem der Erste Endabnehmer das Produkt vom Handel erwirbt.

Meinungsvielfalt herrschte auch unter den Mitgliedern der *Schuldrechtskom-* **343** *mission des Deutschen Rates für IPR*, die im Auftrag des Bundesministers der Justiz die Frage einer gesetzlichen Ordnung des Kollisionsrechts der außervertraglichen Schuldverhältnisse geprüft und Vorschläge für eine gesetzliche Regelung vorgelegt hat[109]. Die Kommission hatte ursprünglich erwogen, das IPR der Produkthaftung besonders zu regeln. Sie hat diesen Gedanken jedoch fallen gelassen, weil ihre Mitglieder sich nicht auf den maßgeblichen Handlungs-

---

105 *Stoll*, FS Ferid (1978) 409, nimmt an, *Eujen* und *Müller-Freienfels* qualifizierten weder den Herstellungs- noch den Auslieferungsort, sondern allein den Ablieferungsort als Handlungsort im Sinne des internationalen Deliktsrechts. *Eujen/Müller-Freienfels* unterscheiden jedoch nicht zwischen Aus- und Ablieferung (vgl. AWD[RIW] 1972, 507: „Das Silo war bis zur Auslieferung ... Der deutsche Ablieferungsort ist daher Handlungsort"). Entgegen *Stoll* knüpfen sie nicht an den Ort an, an dem die Unfallgefahr sich verwirklicht oder zu verwirklichen beginnt, sondern an den Ort, an dem „die latente Gefahr erstmalig zu einer Schädigung von außerhalb der Herstellersphäre stehenden Dritten hätte führen können".
106 *Schönberger* 73 f.
107 *Chr. v. Bar*, IPR II Rn. 666, spricht von Erwerb durch den Verletzten. Es ist aber anzunehmen, daß er den Marktort meint, an dem der Erste Endabnehmer erwirbt, und nicht den Ort eines privaten Folgeerwerbs. Vgl. *ders.*, JZ 1985, 968 („nationale Absatzmärkte").
108 So die Bezeichnung von *Drobnig*, Produkthaftung 314. – *Schönberger*, 73, bezeichnet dagegen den Ort der Freigabe des Produktes an die Konsumenten als Ersten Vertriebsort.
109 Vgl. *v. Caemmerer*, Vorschläge VII f.

ort bzw. die maßgeblichen Handlungsorte einigen konnten[110]. In Betracht gezogen wurden der Ort der Herstellung, des Inverkehrbringens oder des Erwerbs des Produktes durch den Geschädigten. Es gab Stimmen für jede dieser Anknüpfungen und Stimmen für eine alternative Anknüpfung an den Herstellungs- und den Erwerbsort. Man entschied mit knapper Mehrheit, die erforderliche Konkretisierung des Ortes der Verursachung den Gerichten zu überlassen. In der von *v. Caemmerer* verfaßten Begründung des Kommissionsentwurfs heißt es allerdings, normalerweise sei der Ort des Inverkehrbringens als Ort der Schadensverursachung anzusehen.

(bb) Begrenzung auf vorhersehbare Tatorte

344 Die auf *Ehrenzweig* zurückgehende, international verbreitete Forderung, es dürfe nur ein für den Haftpflichtigen vorhersehbares Recht maßgeblich sein, wird in Deutschland ganz überwiegend abgelehnt. Sie hat in *Schmidt-Salzer* aber auch einen prominenten Anhänger[111]. Er hält die Begrenzung auf vorhersehbare Tatorte allerdings nicht wie *Ehrenzweig* für geboten, um die Versicherbarkeit der Haftung zu gewährleisten, sondern sieht in ihr das kollisionsrechtliche Pendant zum materiell-rechtlichen Zurechnungsgrund. Kollisionsrechtlich zuzurechnen seien dem Hersteller alle Rechtsordnungen, in deren Geltungsbereich er selbst liefere. Exporte durch Dritte seien dem Hersteller kollisionsrechtlich nur dann zuzurechnen, wenn er um den Export und seiner Gefährlichkeit habe wissen müssen. *Czempiel* schließt eine Zurechnung aufgrund bloßen Wissens aus; erforderlich sei stets eigenes zielgerichtetes Verhalten des Haftpflichtigen[112].

(c) Begrenzung auf den Erfolgsort

345 Das Ubiquitätsprinzip ist im deutschen Internationalen Deliktsrecht allgemein zunehmender Kritik ausgesetzt. Für die Produkthaftung wird es vor allem von denjenigen Autoren abgelehnt, die nach der Art des Geschädigten differenzieren[113]. Aber auch Anhänger einer einheitlichen Anknüpfung sprechen sich gegen dieses Prinzip und damit gegen eine Anknüpfung an den Handlungsort aus. Sie betrachten den Marktort oder den Ort der Rechtsgutsverletzung als allein maßgebenden Erfolgsort.

(aa) Die Anknüpfung an den zurechenbaren Marktort

346 *Bröcker* hält den Erfolgsort für gewichtiger als den Handlungsort, weil sich die Handlung bis zum Erfolgsort erstrecke und dieser deshalb zugleich Hand-

---

110 Vgl. *v. Caemmerer*, Vorschläge 22.
111 *Schmidt-Salzer*, Produkthaftung (1973) 269ff.; ausführlich dazu unten § 13 III.
112 *Czempiel* 155; ausführlich dazu unten § 13 III.
113 Siehe unten cc).

lungsort sei[114]. Diesem Gedanken der „Doppelnatur" des Erfolgsortes entspricht es, daß er den Ort der Rechtsgutsverletzung nicht als Erfolgsort qualifiziert, weil sich dieser Ort der Disposition des Herstellers entziehe, in den Worten *Bröckers*: die Handlung des Herstellers nicht bis dorthin reiche[115]. Er knüpft vielmehr an den Marktort an, wenn dieser dem Hersteller zurechenbar ist. Eine Zurechnung bejaht er, wenn der Hersteller das Produkt gezielt im Marktstaat vertrieben hat oder es „unbekümmert" an Dritte weitergegeben hat, die es ihrerseits im Marktstaat vertreiben[116]. Ist der Marktort nicht zurechenbar, so soll wohl der letzte zurechenbare Handlungsort maßgebend sein.

Bröcker äußert sich nicht zur Haftung gegenüber einem bystander, da er die   **347** Produkthaftung als eine Haftung des Herstellers oder ihm gleichzusetzender Großverteiler begreift, die nur gegenüber Konsumenten bestehe[117]. Sein genereller Standpunkt spricht jedoch dafür, daß er die Haftung gegenüber einem bystander nicht an den Ort der Rechtsgutsverletzung, sondern wie die Haftung gegenüber Konsumenten an den zurechenbaren Marktort anknüpfen würde[118]. Denn er ist grundsätzlich der Ansicht, dem Täter könne nicht das Risiko auferlegt werden, nach dem Recht des Erfolgsortes beurteilt zu werden, wenn er den Bezug des Sachverhalts zu diesem Recht nicht beeinflußt hat und auch nicht beeinflussen konnte[119]. Für die Annahme, *Bröcker* knüpfe die Haftung gegenüber allen Geschädigten an den zurechenbaren Marktort an, spricht auch seine Überlegung, die kollisionsrechtliche Zurechnung sei durch das Kriterium der Vorhersehbarkeit eines Schadenseintritts außerhalb des Vertriebsgebietes nur schwierig einzugrenzen und man solle sich deshalb vielleicht damit abfinden, daß eine Ware, die vom Käufer aus einem Land mit weniger strenger Haftung verbracht werde, einen „rechtlichen Defekt" habe, den man hinnehmen müsse[120].

(bb) Die Anknüpfung an den Ort der Rechtsgutsverletzung

Die ausschließliche Anknüpfung an den Ort der Rechtsgutsverletzung wird   **348** insbesondere von *Lüderitz* und – ohne Begründung – von *Taschner* und *Frietsch*[121] vertreten[122].

---

114 *Bröcker* 88 ff.
115 *Bröcker* 160.
116 *Bröcker* 156 ff.
117 *Bröcker* 153 f. („Hersteller-Konsumenten-Beziehung").
118 So auch die Interpretation von *Staudinger/von Hoffmann*, Art. 38 EGBGB Rn. 455.
119 *Bröcker* 78.
120 *Bröcker* 165. – Unter eng begrenzten Voraussetzungen knüpft *Bröcker* an den im Vertriebsgebiet der Ware liegenden gewöhnlichen Aufenthaltsstaat des Geschädigten an. Siehe unten (b) (bb).
121 *Taschner/Frietsch*, Einführung Rn. 184.
122 Ebenso *Heck*, 41, unter Berufung auf das Interesse des Geschädigten.

349 *Lüderitz*[123] hält es für ungerechtfertigt, den Geschädigten durch die Maßgeblichkeit mehrerer Tatorte zu begünstigen. Wo Freiheitsschutz erheblich berührt werde, sei der Begehungsort auf einen Punkt zu beschränken. *Lüderitz*[124] plädiert zwar verbal für eine Anknüpfung an den Absatzort[125], knüpft der Sache nach aber an den Erfolgsort an[126]. Das Recht am Absatzort soll nämlich nur gelten, wenn dort auch der schädigende Erfolg eintritt. Werde die Ware vom Absatzstaat in einen anderen Staat verbracht und verursache sie dort einen Schaden, so gelte das Recht dieses Staates ohne Rücksicht auf den Absatzort.

350 Der Erfolgsort soll nach *Lüderitz*[127] ausnahmsweise dann nicht maßgebend sein, wenn er für beide Teile zufällig sei, beispielsweise wenn ein Flugzeug infolge eines Produktfehlers über einem Drittstaat abstürze und ein Insasse verletzt oder getötet werde, der sich dort nicht gewöhnlich aufhalte. In diesem Fall sei an den „Handlungsort (Herstellungsort)"[128], nicht aber an den Absatzort anzuknüpfen.

(3) Die Anknüpfung an den gewöhnlichen Aufenthalt des Geschädigten

(a) Der gewöhnliche Aufenthalt des Geschädigten als Erweiterung des Tatorts

351 *Drobnig* schlägt in einem im Auftrag der Schuldrechtskommission des Deutschen Rates für Internationales Privatrecht erstellten Gutachten[129] folgende Grundregel vor[130]:

352 „Die Haftung für Schädigungen durch ein Erzeugnis unterliegt nach Wahl des Geschädigten entweder der Rechtsordnung am Sitz des Herstellers oder der Rechtsordnung des Ortes, an dem die Schädigung eingetreten ist, oder der Rechtsordnung am Sitz bzw. gewöhnlichen Aufenthalt des Geschädigten".

353 *Drobnig* stützt seinen Anknüpfungsvorschlag auf ein heuristisches Prinzip, wonach die Produkthaftung derjenigen Rechtsordnung unterliege, welche die Sonderverbindung zwischen dem geschädigten Benutzer und dem Hersteller beherrsche[131]. Eine — wenngleich weniger intensive — Sonderverbindung

---

123 *Soergel/Lüderitz*, Art. 12 EGBGB a. F. Rn. 16; *ders.*, IPR, Rn. 301.

124 Obgleich sein Lehrbuch später erschienen ist als sein Beitrag in dem Kommentar von *Soergel* (1983), ist die ausführlich begründete Stellungnahme im Kommentar und nicht die apodiktische Stellungnahme im Lehrbuch zugrundezulegen. Hielte man sich streng an die Ausführungen im Lehrbuch, so wäre in allen Fällen, und d. h. auch gegenüber bystanders, das Recht des Absatzortes maßgeblich. Für die Beschränkung dieser Anknüpfung auf Benutzerschäden ist entgegen MünchKomm-*Kreuzer*, Art. 38 EGBGB Rn. 201, nichts ersichtlich.

125 *Soergel/Lüderitz*, Art. 12 EGBGB a. F. Rn. 21; *ders.*, IPR, Rn. 303.

126 So versteht ihn auch *W.-H. Roth* 695.

127 *Soergel/Lüderitz*, Art. 12 EGBGB a. F. Rn. 21.

128 Der Verweis von *Soergel/Lüderitz*, Art. 12 EGBGB a. F. Fn. 30a, auf *W. Lorenz*, IPRax 1983, 86, ist mißverständlich, da sich die Ausführungen von *Lorenz* auf § 48 österr. IPR-Gesetz beziehen.

129 Vgl. oben bei und in Fn. 109 und 110.

130 *Drobnig*, Produkthaftung 337.

131 *Drobnig*, Produkthaftung 317.

bejaht er auch zwischen Hersteller und Nichtbenutzer (bystander), wodurch er eine nach der Art des Geschädigten differenzierende Anknüpfung vermeidet.

Das Verhältnis seines Anknüpfungsvorschlages zur Tatortregel läßt er bewußt **354** offen[132]. Da er die Erheblichkeit der Anknüpfungspunkte „Sitz des Herstellers" und „Verletzungsort" nicht anders begründet als die Befürworter der Tatortregel[133], kann man seine Ansicht schlagwortartig so charakterisieren: *Drobnig* ergänzt die Tatortregel (im Sinne des Ubiquitätsprinzips) um den Anknüpfungspunkt „Sitz bzw. gewöhnlicher Aufenthalt des Geschädigten"[134].

Als Handlungsort scheidet *Drobnig*[135] den Herstellungsort, den Ort des In- **355** verkehrbringens durch den Hersteller („erster Vertriebsort") und den Ort des Erwerbs durch den Geschädigten aus. Allein der Sitz des Herstellers sei als Handlungsort erheblich, weil der Hersteller dort Produktion und Vertrieb der schadenstiftenden Sache plane, leite und überwache. Mit der Anwendung des Rechts an seinem Sitz müsse jeder Hersteller rechnen. Bei Anwendung dieses Rechts würden Benutzer und Nichtbenutzer gleich behandelt. Am Sitz des Herstellers liege auch das „natürliche Forum" für Ersatzklagen gegen den Hersteller. Zur Erleichterung der Rechtsverfolgung und -durchsetzung gegen den Hersteller sei es erwünscht, daß die Gerichte im Lande des Produzenten jedenfalls die Möglichkeit hätten, die eigene Rechtsordnung und damit zugleich das Heimatrecht des Produzenten anzuwenden. Dieses Recht sei für den Geschädigten oft auch günstiger als seine eigene Rechtsordnung; denn die Industriestaaten hätten meist ein schärferes Produkthaftungsrecht als die weniger industrialisierten Länder.

Als Ort, an dem der Schaden eintritt (Erfolgsort), qualifiziert *Drobnig* den **356** Verletzungsort[136]. Für diesen Ort spreche die internationale Zuständigkeit der Gerichte dieses Ortes. An diesem Ort verwirkliche sich das Risiko der gefährlichen Sache. Seine bei Schädigung von Nichtbenutzern anerkannte Relevanz bestehe auch bei Schädigung von Produktbenutzern. Ihre Sonderverbindung[137] zum Hersteller sei infolge der Sachnutzung zwar intensiver; dies könne aber kein Grund sein, ihnen eine Rechtsordnung vorzuenthalten, die für eine weniger intensive Sonderbeziehung angemessen erscheine[138].

Das Recht des (Wohn-)Sitzes bzw. gewöhnlichen Aufenthalts des Geschädigten **357** beruft *Drobnig* zum Schutz der Interessen des Geschädigten. Am (Wohn-)Sitz

---

132 Vgl. *Drobnig*, Produktehaftung, 315 („Konkretisierung der Tatortregel oder ihr Ersatz durch eine geeignete Norm").
133 Vgl. dazu sogleich im Text.
134 MünchKomm-*Kreuzer*, Art. 38 EGBGB Rn. 201 Fn. 575, − und wohl auch *Staudinger/ v. Hoffmann*, Art. 38 EGBGB Rn. 453 − geht demgemäß zu Recht davon aus, *Drobnig* halte an der Tatortregel im Sinne der Ubiquitätsregel fest.
135 *Drobnig*, Produkthaftung 329 ff.
136 *Drobnig*, Produkthaftung 333.
137 Vgl. hierzu oben bei und in Fn. 131.
138 *Drobnig*, Produkthaftung 333.

liege ganz überwiegend der Schwerpunkt des Interesses eines Geschädigten am Schutz von Leib und Leben sowie seiner Güter[139].

358 Die drei relevanten Rechtsordnungen stellt *Drobnig* dem Geschädigten in der Erwartung zur Wahl, er werde sich aus praktischen Gründen in dem von ihm gewählten Gerichtsstand regelmäßig für die jeweilige lex fori entscheiden. Daß das angerufene Gericht in der Regel sein eigenes Recht anwenden könne, liege im Interesse einer raschen und leichten Rechtsdurchsetzung gegen den Hersteller[140].

(b) Der gewöhnliche Aufenthalt des Geschädigten als Ersatz für den Tatort

(aa) Konzeptionelle Gründe

359 *Winkelmann*[141] verwirft die Tatortregel. Die Kollisionsnorm über die Produkthaftung müsse vor allem klar und eindeutig sein[142]. Die Tatortregel erfülle diese Grundanforderung nicht, weil sie auf eine Vielzahl von Orten weise, für die es jeweils Argumente und Gegenargumente gebe.

360 *Winkelmann*[143] ersetzt die Tatortanknüpfung durch die Anknüpfung an den durch bestimmte Faktoren verstärkten gewöhnlichen Aufenthalt des Geschädigten. Wenn der gewöhnliche Aufenthalt des Geschädigten nicht in der von ihm geforderten Art und Weise verstärkt ist, knüpft er hilfsweise an den Verletzungsort an. Sein Regelungsvorschlag[144] lautet:

361 „§ 1 Haftungsanspruch

(1) Produkthaftungsansprüche werden nach dem Recht des Staates beurteilt, in dem der Geschädigte seinen gewöhnlichen Aufenthalt hat, sofern dies zugleich der Staat ist, in dem

entweder

a) die Verletzung durch das Produkt eingetreten ist

b) der Verletzte bereits vor dem Schadensfall eine unmittelbare Gewahrsamsbeziehung zu dem schadenstiftenden Produkt aufgenommen oder unterhalten hat oder

c) für das Produkt öffentlich direkt oder indirekt geworben worden ist.

(2) Bei der Beschädigung gewerblich oder beruflich genutzter Sachen tritt an die Stelle des gewöhnlichen Aufenthaltsortes der Ort der geschäftlichen Niederlassung, welcher die beschädigte Sache zugeordnet ist.

(3) Im übrigen gilt das Recht des Staates, in dem die Verletzung eingetreten ist."[145].

---

139 *Drobnig*, Produktehaftung 334.
140 *Drobnig*, Produktehaftung 335.
141 *Winkelmann* 180.
142 *Winkelmann* 180, 240.
143 *Winkelmann* 240 ff.
144 *Winkelmann* 256.
145 Wegen Abs. 3 kann man Abs. 1 lit. a) ersatzlos streichen.

Winkelmann läßt sich von dem Gedanken leiten, daß in internationalen Fällen **362** das Recht des gewöhnlichen Aufenthaltsstaates des Geschädigten über Umfang und Ausmaß des zu gewährenden Schutzes bestimmen sollte, solange nicht jegliche „Inlandsverbindung" fehle[146]. Die Verstärkung des gewöhnlichen Aufenthaltsortes des Geschädigten lokalisiere den Schwerpunkt eines Falles an diesem Ort. Jeder der im Regelungsvorschlag genannten Verstärkungsfaktoren deute darauf hin, daß der Sachverhalt im Grunde in die normale Lebenssphäre des Geschädigten eingebettet sei und die Auslandselemente eher zufälligen Charakter trügen. Der Geschädigte habe sich — bildlich gesprochen — aus seinem gewohnten sozialen Umfeld nicht so nennenswert fortbewegt, daß sich daraus eine Ungleichbehandlung gegenüber rein inländischen Schadensfällen rechtfertigen könnte. Der Geschädigte dürfe in diesen Fällen darauf vertrauen, daß man ihm den gleichen Schutz und die gleiche Behandlung wie in reinen Inlandsfällen angedeihen läßt[147].

Mangels Verstärkung des gewöhnlichen Aufenthaltes des Geschädigten weicht **363** *Winkelmann* auf den Verletzungsort aus, weil dies der probate Anknüpfungspunkt sei, wenn ernsthafte Bezugslinien zum Heimatland des Geschädigten fehlten[148].

(bb) Billigkeitsgründe

Bröcker, der die Tatortregel auf die Anknüpfung an den Erfolgsort reduziert **364** und als solchen grundsätzlich den Marktort für maßgebend hält[149], knüpft nur unter eng begrenzten Voraussetzungen und nur aus Gründen der Billigkeit an den gewöhnlichen Aufenthalt des Geschädigten an[150]. Voraussetzung sei erstens, daß der gewöhnliche Aufenthaltsort des Geschädigten im Vertriebsgebiet des Herstellers liege, und zweitens, daß der Verletzungsort im Aufenthaltsstaat oder zufällig in einem Drittstaat liege. Zur Begründung führt *Bröcker* an, die Anknüpfung an den gewöhnlichen Aufenthaltsort des Geschädigten komme den Interessen des Geschädigten am weitesten entgegen, da seine Rechtsgüter primär an diesem Ort belegen seien und er dort vorzugsweise zur Restitution erlittener Schäden schreiten werde[151]. Den Hersteller belaste diese Anknüpfung nicht, weil sich die Grundlage seiner Kalkulation nicht ändere. Nach dem Gesetz der großen Zahl sei nämlich anzunehmen, daß sich die Verbringung von Produkten aus dem Marktstaat und die Verbringung in den Marktstaat ausglichen[152].

---

146 *Winkelmann* 240 („Leitgedanke").
147 *Winkelmann* 241 f.
148 *Winkelmann* 245, 256 (§ 1 Abs. 3 seines Regelungsvorschlages).
149 Siehe oben (2) (c) (aa).
150 *Bröcker* 163 ff. (er spricht von Wohnsitz).
151 *Bröcker* 165.
152 *Bröcker* 164.

cc) Differenzierung nach der Art des Geschädigten

(1) Überblick

365   Autoren, welche nach der Art des Geschädigten differenzieren, lehnen die Tatortregel entweder ganz ab oder reduzieren sie auf die Anknüpfung an den Erfolgsort. Einzig *v. Hoffmann*[153] hält trotz Differenzierung an der Tatortregel im Sinne des Ubiquitätsprinzips fest.

366   Unterschieden werden meist *zwei Kategorien von Geschädigten*. Die Grenzziehung erfolgt aber uneinheitlich. Eine Ansicht differenziert zwischen dem Ersten Endabnehmer und allen sonstigen Geschädigten. Eine andere Ansicht unterscheidet den bystander von allen sonstigen Geschädigten. Dazwischen liegt die Ansicht, die den Ersten Endabnehmer und ihm nahestehenden Personen von allen sonstigen Geschädigten unterscheidet. *Stoll*[154] differenziert zwischen *drei Arten von Geschädigten*, nämlich zwischen Erwerbern, bloßen Produktbenutzern und bystanders.

367   Die für die jeweiligen Geschädigtenkategorien vorgeschlagenen Anknüpfungen sind sehr verschieden. Einen Fixpunkt gibt es aber. Das Recht des Verletzungsortes beherrscht nämlich nach Meinung aller die Haftung gegenüber einem bystander, nicht jedoch die Haftung gegenüber einem Produkterwerber[155].

(2) Die Differenzierung zwischen Erstem Endabnehmer
und sonstigen Geschädigten

368   *Wilde*[156] knüpft die Haftung des Herstellers gegenüber dem Ersten Endabnehmer an den Ort, an dem dieser das Produkt erwirbt („Marktort"). Dies soll jedoch nicht gelten, wenn das Produkt gegen den Willen des Herstellers dorthin (weiter-)exportiert worden sei. Denn dann könne die Anwendung des Rechts dieses Ortes zu einer für den Hersteller unkalkulierbaren Risikoerhöhung führen. *Wilde* lehnt in diesem Fall aber auch eine Anknüpfung an den Staat ab, in den der Hersteller selbst exportiert hat[157], weil der Geschädigte zu diesem Staat möglicherweise keine Beziehungen habe. Sachgerecht sei deshalb nur die Anknüpfung an den Erfolgsort.

369   Das Recht des Erfolgsortes ist nach *Wilde* stets auf die Haftung gegenüber allen anderen Geschädigten anzuwenden, also sowohl gegenüber Produkterwer-

---

153 *Staudinger/v. Hoffmann*, Art. 38 EGBGB Rn. 460.
154 Siehe unten (5); ebenso *Wienberg* 103 ff., 122 f.
155 Eine Ausnahme gibt es: Wenn der Produkterwerber gleichzeitig mit einem bystander geschädigt wird, unterstellt *Birk* auch die Haftung gegenüber dem Produkterwerber dem Recht des Verletzungsortes. Vgl. unten (cc) a. E.
156 *Wilde* § 100 Rn. 11 ff.
157 *Wilde*, § 100 Rn. 12, bezeichnet als Marktort nur den Ort, an dem das Produkt mit *Wissen und Wollen des Haftpflichtigen* an den Ersten Endabnehmer abgegeben wird („Die Anwendung eines vom Marktort abweichenden Rechts in solchen Fällen ..."). Ansonsten spricht er von „Drittstaat".

bern, die nicht der Erste Endabnehmer sind, sondern das von diesem stammende Produkt privat erwerben (private Folgeerwerber), als auch gegenüber bystanders[158].

(3) Die Differenzierung zwischen Erstem Endabnehmer und ihm nahestehenden Personen einerseits und sonstigen Geschädigten andererseits

v. Hoffmann differenziert nach der Art des Geschädigten, hält aber gleichwohl an der Tatortregel im Sinne des Ubiquitätsprinzips fest. Er schränkt dieses Prinzip jedoch derart ein, daß dem Erfolgsort nur ein einziger *Handlungsort* gegenübersteht[159]. Als solchen bestimmt er einheitlich gegenüber jeder Art von Geschädigten den juristischen Sitz des Herstellers oder Importeurs[160]. **370**

Den *Erfolgsort* bestimmt er in Abhängigkeit von der Person des Geschädigten. Werde der Erste Endabnehmer durch die von ihm gekaufte Ware geschädigt, so bestehe zum Markt- oder Erwerbsort der Ware eine engere Beziehung als zum Verletzungsort[161]. Dies beruhe auf der besonderen Beziehung zwischen Hersteller und Produkterwerber, welche für die Produkthaftung charakteristisch sei. Sie werde durch den Vorgang des Warenvertriebs geschaffen und werde durch das beim Verbraucher erweckte Vertrauen in die Mängelfreiheit der angebotenen Güter gekennzeichnet. Am Ort des Erwerbs setze der Verbraucher seine Rechtsgüter erstmals der latenten Gefahr aus, die dem mangelhaften Produkt innewohne. Wo sich die Gefahr schließlich realisiere, sei für beide Seiten zufällig und entziehe sich jeder Einflußmöglichkeit des Herstellers. Für den „Erwerbsort" sprächen zudem Gründe der Wettbewerbsgerechtigkeit zwischen verschiedenen Anbietern an einem „Marktort"[162]. **371**

Die Vorverlagerung des Erfolgsortes auf den „Erwerbsort" soll auch gelten für die Haftung gegenüber Personen aus dem Obhutsbereich des Ersten Endabnehmers, wie Personen aus seinem engsten Familienkreis oder abhängige Arbeitnehmer[163]. Sie seien einzubeziehen, weil sie zur Sphäre des Produkterwerbers gehörten und unter Umständen selbst Ansprüche aus dem Sonderverhältnis zwischen Hersteller und Produkterwerber, etwa aus einem Vertrag mit Schutzwirkung zugunsten Dritter, geltend machen könnten. **372**

---

158 *Wilde* § 100 Rn. 13.
159 *Staudinger/v. Hoffmann*, Art. 38 EGBGB Rn. 460. – Als Handlungsort der Haftung für Arzneimittel qualifiziert er dagegen nicht den Sitz des Haftpflichtigen, sondern den Ort, an dem der Haftpflichtige das Arzneimittel durch die Abgabe an den Verbraucher in den Verkehr gebracht hat (a. a. O., Rn. 217).
160 *Staudinger/v. Hoffmann*, Art. 38 EGBGB Rn. 461 f.
161 Ähnlich hatte *Neuhaus*, Grundbegriffe 243, erwogen, bei Herstellung mangelhafter Ware nicht an den Ort des Unfalls, sondern an den Ort anzuknüpfen, an dem das Produkt regulär an den Kunden ausgehändigt wurde.
162 *Staudinger/v. Hoffmann*, Art. 38 EGBGB Rn. 465.
163 *Staudinger/v. Hoffmann*, Art. 38 EGBGB Rn. 466.

373 Für alle anderen Geschädigten, also für private Folgeerwerber, für bloße Produktbenutzer und für bystanders, sei hingegen wie allgemein im Internationalen Deliktsrecht der Ort der Rechtsgutsverletzung als Erfolgsort anzusehen[164].

(4) Die Differenzierung zwischen Produktbenutzern und bystanders

(a) Die Anknüpfung der Haftung gegenüber Produktbenutzern

(aa) Die Anknüpfung an den Marktort

374 *Sack*[165] hält gegenüber *Produktbenutzern* das Recht des Ortes für maßgebend, an dem der „Beklagte" in Konkurrenz zu seinen Mitbewerbern getreten sei, an dem sich sein Interesse mit denen seiner Mitbewerber überschneide. Auf diesen „Marktort" stelle Art. 9 des Haager Übereinkommens von 1972 ab, was sich aus dem Zweck der Vorschrift ergebe, die wettbewerbliche Chancengleichheit zu gewährleisten. Es sei indes nicht sachgerecht, daß das Recht dieses Ortes gemäß Art. 9 des Haager Übereinkommens nur bezüglich seiner Verhaltens- und Sicherheitsvorschriften neben dem durch Artt. 4, 5 und 6 des Übereinkommens bestimmten Produkthaftungsstatut berücksichtigt werden könne. Das Recht des Marktortes müsse vielmehr insgesamt für die Haftung gegenüber Produktbenutzern maßgeblich sein[166]. Diese Anknüpfung vermeide Wettbewerbsverzerrungen und werde den Interessen aller Beteiligten voll gerecht. Der Käufer einer Ware habe am ehesten mit der Anwendung des Rechts des Landes zu rechnen, auf dessen Markt er kauft. Dasselbe gelte für den Hersteller, und zwar nicht nur, wenn er vom Vertrieb seiner Ware am Marktort wußte, sondern auch, wenn der Marktort für ihn vernünftigerweise vorhersehbar war oder er keine geeigneten Maßnahmen gegen eine Belieferung bestimmter Orte getroffen hatte.

375 Aufgrund eingehender Analyse der möglichen Anknüpfungen kommt *Sack*[167] zu dem Schluß, daß die Anknüpfung an den Marktort selbst dann den Interessen der Beteiligten am besten gerecht werde, wenn der Markt gegen den Willen des Herstellers beliefert wurde und dieser genaue Anweisungen über das zulässige Vertriebsgebiet gegeben und ausreichende Maßnahmen zur Einhaltung seiner Anweisungen getroffen hatte. Der Hersteller profitiere auch vom Absatz auf dem unvorhersehbaren Markt; verstoße ein Lieferant gegen konkrete Vertriebsverbote, so sei er dem Hersteller regreßpflichtig.

376 Die Marktorttheorie gilt nach *Sack* in erster Linie für den Fall, daß zwischen Schädiger und Geschädigtem eine Veräußerungskette besteht. Sie soll aber

---

164 *Staudinger/v. Hoffmann*, Art. 38 EGBGB Rn. 463.
165 *Sack*, FS Ulmer 500. Ihm folgen: *Palandt/Heldrich*, Art. 38 EGBGB Rn. 17; *Kroeger* 183; schon früher in diesem Sinne *Habscheid*, Territoriale Grenzen 69 (Folge des sog. Auswirkungsprinzips).
166 *Sack*, FS Ulmer 502 f.
167 *Sack*, FS Ulmer 503 ff.

auch gelten, wenn der Letzte einer Veräußerungskette das schädigende Produkt Dritten zum Ge- oder Verbrauch weitergegeben hat, unabhängig von der rechtlichen Qualifikation der Beziehungen zwischen dem Letzterwerber und dem Verbraucher bzw. Benutzer. Es gebe keinen Grund, auf den Geschädigten eine andere Rechtsordnung anzuwenden als auf den Letzterwerber, wenn zwischen dem Letzterwerber und dem Geschädigten unmittelbare oder mittelbare Beziehungen dinglicher Art bestehen[168].

(bb) Die Anknüpfung an den Ort der Eigentums-, Besitz- oder Gewahrsamserlangung

Auch *Siehr*[169] hält es für sinnvoll, sich bei der Suche nach dem besten Anknüpfungsmerkmal an dem nationalen Markt zu orientieren, auf dem die Ware angeboten werde. Dies sei wettbewerbspolitisch unbedenklich. Es sei auch von den Beteiligten her gesehen sachgerecht: Der Hersteller müsse sich bezüglich technischer und anderer qualitätsbezogener Erfordernisse sowieso an die jeweiligen Marktvorschriften halten; er solle sich auch mit seiner Kalkulation nebst Versicherung auf das Marktrecht einstellen dürfen. Der Konsument werde nicht schlechter, aber auch nicht besser behandelt. Er müsse die Rechtsordnung desjenigen Staates als maßgebend hinnehmen, in dem er eine Sache als Verbraucher erwerbe oder benutze[170].   **377**

Nach *Siehr*[171] führt die vom jeweiligen Markt ausgehende Orientierung zur Maßgeblichkeit des Ortes, an dem der Geschädigte die Ware erworben bzw. das Produkt zur Benutzung erlangt hat. Entscheidend sei der Ort des Eigentums- bzw. „Besitz"-Erwerbs. Als „Besitz" sei bereits ein lockerer Gewahrsam an fremden Sachen anzusehen[172]. Bereite die tatsächliche Feststellung des maßgeblichen Ortes ausnahmsweise Schwierigkeiten, so sei auf das am gewöhnlichen Aufenthalt des Geschädigten geltende Recht zurückzugreifen; denn die Vermutung spreche dafür, daß jeder seinen Bedarf auf seinem Heimatmarkt decke.   **378**

(cc) Die Anknüpfung an den gewöhnlichen Benutzungsort

Nach *Birk*[173] ist entscheidender Gesichtspunkt für die Anknüpfung der Haftung gegenüber Produktbenutzern, wo die Ware normalerweise in den Bereich des Abnehmers gelangt. Zu dem Ort, an dem das Produkt gekauft und auch im allgemeinen verbraucht bzw. benutzt wird, bestehe die ausschlaggebende   **379**

---

168 *Sack*, FS Ulmer 506.
169 *Siehr*, AWD (RIW) 1972, 385.
170 Diese Begründungen passen nicht für die Anknüpfung gegenüber einem bystander, zu der sich *Siehr* nicht äußert. Es wird deshalb angenommen, daß *Siehr* die Haftung gegenüber einem bystander an den Ort der Rechtsgutsverletzung anknüpft.
171 *Siehr*, AWD (RIW) 1972, 385 f.
172 *Siehr*, AWD (RIW) 1972, 386 Fn. 163.
173 *Birk* 107.

Beziehung. Nur zu dem an diesem Ort herrschenden Recht habe das schädigende Ereignis „materialen Konnex", nicht dagegen zu dem Recht des in einem anderen Staat gelegenen Verletzungsortes. Eine sinnvolle Rechtsanwendung stütze sich folglich nicht auf den rein tatsächlichen Verbrauchs- bzw. Benutzungsort, sondern verwende den *gewöhnlichen* Verbrauchs- bzw. Benutzungsort als Anknüpfungspunkt, der sich meist mit dem Kauf- und Vertriebsort decken werde. *Birk*[174] verlangt nicht, daß der geschädigte Benutzer das Produkt selbst erworben hat, sondern läßt ausreichen, daß er es im Absatzgebiet benutzt. Nicht eindeutig ist, ob *Birk* einen außerhalb des Kaufstaates liegenden gewöhnlichen Benutzungsort stets für maßgeblich hält oder nur, wenn die Ware dort auch vertrieben wird[175].

380 Von der Anknüpfung an den gewöhnlichen Benutzungsort weicht *Birk*[176] ab, wenn bei einem Schadensereignis sowohl Produktbenutzer als auch Dritte (bystanders) verletzt werden. Dann müsse zur Vermeidung einer Spaltung eines monoterritorialen Sachverhaltes gegenüber allen Geschädigten das Recht des Erfolgsortes zur Anwendung kommen. Die daraus folgende „gewisse Zwiespältigkeit" der Lösung lasse sich nicht vermeiden.

(b) Die Anknüpfung der Haftung gegenüber bystanders

381 Die zwischen Produktbenutzern und bystanders differenzierenden Autoren sind sich einig, daß die Haftung gegenüber einem bystander dem Recht am Ort der Rechtsgutsverletzung unterliegt[177]. Dies sei das sachnächste Recht, wenn zwischen den Parteien vor dem Schadensereignis keine Beziehungen bestanden[178].

(5) Die Differenzierung zwischen Erwerbern, bloßen Produktbenutzern und bystanders

382 *Stoll*[179] unterstellt die Haftung gegenüber Produktbenutzern dem Recht des Ortes, an welchem das Produkt dem Verletzten zum Ge- oder Verbrauch überlassen worden ist. Diese Anknüpfung beachte den typischen Schutzzweck der Sachnormen. Sie legten demjenigen erhöhte Verantwortung auf, der ein Pro-

---

174 *Birk* 108.
175 Gegen das Erfordernis, daß der gewöhnliche Benutzungsort zum Vertriebsgebiet gehören muß, spricht die Formulierung der Anknüpfungsregel („gewöhnlicher Verbrauchs- bzw. Benutzungsort ..., der sich *meist* mit dem Kauf- und Vertriebsort decken wird"; Hervorhebung hinzugefügt). Für das Erfordernis spricht das von *Birk* gebrachte Beispiel (S. 108). Im zuletzt genannten Sinn wird *Birk* von *Duintjer Tebbens*, 324, und *Schönberger*, 66 bei und in Fn. 134, verstanden.
176 *Birk* 108 f.
177 Außer den in der nachfolgenden Fn. Genannten auch *Palandt/Heldrich*, Art. 38 EGBGB Rn. 17.
178 *Sack*, FS Ulmer 506 f.; ähnlich *Wilde* § 100 Rn. 13.
179 *Stoll*, FS Kegel (1977) 127 ff.; ihm im wesentlichen folgend *Wienberg* 103 ff., 122 f.

dukt in den Verkehr bringe, weil von einem etwaigen Fehler des Produkts eine besondere Gefahr für die Rechtsgemeinschaft ausgehe. Zu dieser Gefahr trete derjenige in ein engeres Verhältnis, der das Produkt zum Ge- oder Verbrauch erwirbt. Der Erwerber solle bei Begründung eines solchen Verhältnisses darauf vertrauen dürfen, daß ihm die am Erwerbsort geltenden Schutzvorschriften zugute kommen, wo auch immer ein Fehler des Produkts sich schädigend auswirke. *Stoll*[180] betont, sein Lösungsansatz entspreche im wesentlichen „der neuerdings vordringenden Lehre, daß bei der Produkthaftung im allgemeinen auf das Recht des Marktes abzustellen ist, auf dem das Produkt vertrieben wird". Während *Sack*[181] jedoch alle am Ge- oder Verbrauch beteiligten Personen dem Recht des Ortes unterstellt, an dem der Erste Endabnehmer das Produkt beim gewerblichen Handel nachgefragt hat, hebt *Stoll* darauf ab, wo der Verletzte das Produkt erworben hat, gleichgültig ob er der Erstkonsument ist oder nicht[182]. Unter „Erwerb" versteht er auch die bloße Überlassung zum Gebrauch. Ob der Erwerb im Rahmen der kommerziellen Distribution der Ware erfolge oder nicht, sei unerheblich[183].

Stoll legt also der Anknüpfung gegenüber allen „Erwerbern", d. h. gegenüber **383** allen Personen, die nicht bystander sind, ein einheitliches Prinzip zugrunde. Im Ergebnis differenziert er aber zwischen echten *Produkterwerbern* und *bloßen Produktbenutzern*. Die Haftung gegenüber bloßen Produktbenutzern knüpft er stets an den Ort, an dem das Produkt dem Verletzten zur Benutzung überlassen wurde. Bei Erwerbern knüpft er wie *Sack* an den Ort an, an dem der Erwerber das Produkt nachfragt (Marktort). Die Unterscheidung zwischen Erwerbern und bloßen Benutzern eines Produktes wird bei der Beurteilung des Distanzkaufs offenbar. In diesem Fall sei der Ort des Besitzerwerbs haftungsrechtlich irrelevant, weil der Erwerber auf die Schutzvorschriften des Marktes vertraue, auf dem er gekauft habe.

Die Haftung gegenüber einem *bystander* unterstellt *Stoll*[184] wie alle anderen **384** Autoren, die nach der Art des Geschädigten differenzieren, dem Recht am Ort der Rechtsgutverletzung[185]. Bei der Verletzung einer außenstehenden Person sei der Schädigungsvorgang dem allgemeinen Verkehr am Unfallort zuzurech-

---

180 *Stoll*, FS Kegel (1977) 131; vgl. auch *ders.*, FS Ferid (1988) 511.
181 *Sack*, FS Ulmer 506.
182 *Stoll*, FS Kegel (1977) 132.
183 *Stoll*, FS Kegel (1977) 131.
184 *Stoll*, FS Kegel (1977) 129; vgl. *ders.*, FS Ferid (1978) 410 („Soweit ... die Tatortregel auch für die Produkthaftung gilt, ist nicht der Herstellungsort, sondern ausschließlich der Ort der Gefahrverwirklichung als Tatort anzusehen").
185 Unter Eingriffs- oder Verletzungsort versteht *Stoll* nicht nur den Ort der unmittelbaren Verletzung, sondern auch den Ort, an dem die konkrete Verletzungsgefahr sich zu verwirklichen begonnen hat; vgl. *Stoll*, FS Ferid (1978) 415. Diese Verdoppelung des Erfolgsortes wird nicht eigens begründet. Sie steht in Widerspruch zu dem der Tatortbestimmung zugrunde gelegten Primat des Rechtsgüterschutzes durch den Belegenheitsstaat (vgl. S. 407: „Dabei ist im allgemeinen gleichgültig, ob die Störungsursache innerhalb oder außerhalb des Belegenheitsstaates gesetzt worden ist").

nen. Das dort geltende Recht sei in erster Linie dazu berufen, diesen allgemeinen Verkehr mit allen durch ihn hervorgerufenen Haftungsfragen zu ordnen. Nur der Ort der Gefahrverwirklichung sei Tatort im Sinne der Tatortregel; abweichende Auffassungen im Schrifttum, die für mehrere Tatorte einträten, übertrügen die an anderen Fällen entwickelte Ubiquitätslehre unkritisch auf die Produkthaftung[186].

dd) Differenzierung nach der Art der außervertraglichen Haftung und nach den Haftungsgrundlagen

(1) Die Differenzierung zwischen verschuldensabhängiger und verschuldensunabhängiger Haftung

385   Nach herrschender Lehre ist auch „die Gefährdungshaftung" nach der Tatortregel im Sinne des Ubiquitätsprinzips zu beurteilen[187].

386   Der Ort des ursächlichen Geschehens von Verschuldens- und Gefährdungshaftung („Handlungsort") wird allerdings unterschiedlich bestimmt[188]. Die Gefährdungshaftung wird nicht an den Ort der Handlung, sondern an den Ort angeknüpft, an dem die Sache, für die gehaftet wird, außer Kontrolle gerät[189]. Kritische Stimmen[190] geben zu bedenken, daß nicht alle Gefährdungshaftungen gleich strukturiert sind, und verweisen insbesondere auf die verhaltensbezogene Gefährdungshaftung nach § 22 WHG und § 84 AMG.

387   Das Schrifttum zur Produkthaftung unterscheidet im allgemeinen nicht zwischen Verschuldens- und Gefährdungshaftung. Es betrachtet, ohne dies zu problematisieren, die außervertragliche Produkthaftung als einheitlichen Anknüpfungsgegenstand. Nur vereinzelt wird explizit erläutert, eine einheitliche Anknüpfung sei geboten, weil die Übergänge zwischen beiden Haftungsarten fließend seien[191].

---

186 *Stoll*, FS Ferid (1978) 410.

187 Vgl. nur MünchKomm-*Kreuzer*, Art. 38 EGBGB Rn. 41, 46 m. w. N. sowie die Nachweise in Fn. 86. Gegen eine kollisionsrechtliche Differenzierung zwischen Verschuldens- und Gefährdungshaftung *Stoll*, FS Ferid (1978) 397 ff.; *ders.*, FS Hauß (1978) 366 f.

188 *Stoll*, FS Ferid (1978) 398, charakterisiert die Differenzierung im Rahmen der Tatortregel zutreffend als versteckte, sublimierte Form der zweispurigen Anknüpfung von Verschuldens- und Gefährdungshaftung; ebenso *Winkelmann* 132, 196.

189 *Soergel/Lüderitz*, Art. 12 EGBGB a. F. Rn. 12; MünchKomm-*Kreuzer*, Art. 38 EGBGB Rn. 41 m. w. N. in Fn. 112; *Winkelmann* 198; *Hillgenberg* 136; *Bröcker* 121 (bei räumlicher Nähe zur Staatsgrenze). − Der Vorschlag von *Binder*, RabelsZ 20 (1955) 473, und *Wengler*, JZ 1961, 424 f., die Gefährdungshaftung alternativ an den Erfolgsort und den Ort zu knüpfen, an dem das *Zentrum der abstrakten Gefährdung* liege, also die gefährlich Sache gehalten oder der gefährliche Betrieb geführt werde, hat sich nicht durchgesetzt.

190 *Chr. v. Bar*, JZ 1985, 964; *Deutsch*, Internationales Unfallrecht 219.

191 *Junke* 177 ff. − Vgl. auch *Winkelmann* 194 ff., der die „Produktgefährdungshaftung" bereits beim Aufstellen der Grundregel berücksichtigt. Er meint, die herrschende Auffassung müsse Verschuldenshaftung und „Produktgefährdungshaftung" unterschiedlich anknüpfen, weil es nur bei der Verschuldenshaftung einen vom Erfolgsort verschiedenen Handlungsort gebe (S. 196 ff.). Da eine zweispurige Anknüpfung nicht gerechtfertigt sei, stelle sich die Frage, welche Fassung der Tatortregel, die für die Verkehrspflicht − oder aber die für die Gefährdungs-

(2) Sonderanknüpfung der EG-Produkthaftung

Das deutsche Schrifttum hat sich lange Zeit wenig mit der Frage befaßt, ob im **388** Verhältnis der EG-Mitgliedstaaten eine besondere Anknüpfung der Produkthaftung erforderlich ist[192]. *Wulf-Henning Roth*[193] hat sie − in seiner Untersuchung über das Internationale Versicherungsvertragsrecht − bejaht: Art. 30 EGV verbiete nicht nur die offensichtlich diskriminierende kollisionsrechtliche Technik einer alternativen Anknüpfung zu Lasten ausländischer Wettbewerber, sondern stehe auch einer strikten Anknüpfung an den Unternehmenssitz als „Tatort" der Produkthaftung entgegen. *Roth* empfiehlt die Anknüpfung an den Marktort; ob nur im Verhältnis der EG-Mitgliedstaaten oder allgemein, bleibt offen.

Die EG-Produkthaftungsrichtlinie schuf eine neue Situation. Sie ist nach An- **389** sicht von *Sack* geeignet, die erheblichen *praktischen* Probleme des internationalen Produkthaftungsrechts auch nach ihrer Umsetzung in nationale Rechte zu entschärfen, obgleich sie keine spezifisch kollisionsrechtlichen Regelungen enthalte[194]. Die kollisionsrechtliche Wirkung der Richtlinie folge aus der ständigen Rechtsprechung des BGH, daß die Frage nach dem anwendbaren Recht offenbleiben könne, wenn die in Betracht kommenden Rechtsordnungen im konkreten Anwendungsfall keine entscheidungserheblichen Unterschiede aufweisen würden. In Fortführung dieser Rechtsprechung läßt *Sack* die Frage nach dem anwendbaren Recht in Fällen, die nur die Rechtsordnungen von EG-Mitgliedstaaten berühren, offen und stellt unmittelbar auf die Richtlinie ab[195]. Der unmittelbare Rückgriff auf die Richtlinie sei der Anwendung der harmonisierten lex fori vorzuziehen. Denn bei Anwendung der lex fori müßte in jedem Einzelfall anhand der Richtlinie festgestellt werden, ob die in Betracht kommenden Regelungen auch wirklich dem harmonisierten Recht angehörten und ob sie von der Richtlinie gedeckt seien, ob die Harmonisierung durch den jeweiligen nationalen Gesetzgeber also auch tatsächlich korrekt durchgeführt worden sei[196].

---

haftung, die einheitliche Anknüpfung bestimme (S. 291). Nach seiner Ansicht ist dies eindeutig die Tatortregel für die Gefährdungshaftung. Im Ergebnis könne die Tatortregel für die gesamte Anknüpfung deshalb nur mit der inhaltlichen Maßgabe aufrechterhalten werden, daß ausschließlich auf den Verletzungsort abzustellen sei (S. 202).

192 Vgl. aber außer *W.-H. Roth* (zu ihm sogleich im Text) *Steindorff*, Entwicklungen 171.

193 *W.-H. Roth* 695 f. Gegen ihn *Basedow*, RabelsZ 59 (1995) 1, 37 ff.

194 *Sack*, VersR 1988, 439 ff., betont, daß die Richtlinie kein Einheitsrecht enthält, sondern nur eine Rechtsharmonisierung anstrebt, die sich an die Mitgliedstaaten wendet und von diesen in nationales Recht umzusetzen ist, und daß sie keine spezifisch kollisionsrechtlichen Regelungen enthält. Der Vorwurf *Winkelmanns*, 194 Fn. 237, *Sack* verkenne offenbar, daß es sich bei der Richtlinie gerade nicht um Einheitsrecht handelt, ist deshalb unzutreffend.

195 *Sack*, VersR 1988, 440 f.; *ders.*, GRUR Int. 1988, 342 f. (wettbewerbsrechtliche Beurteilung grenzüberschreitender Werbe- und Absatztätigkeit), ihm folgend *Hollmann*, in: Schmidt-Salzer, EG-Produkthaftung II 2−36 sowie *Reich* (vgl. dazu bei und in Fn. 197). Dies gelte auch für die Haftung des EG-Importeurs. Vgl. *Sack*, VersR 1988, 441.

196 *Sack* will nur die inkorrekt erfolgte Harmonisierung, nicht die gänzlich unterlassene Harmonisierung überbrücken. Vgl. *Sack*, GRUR Int. 1988, 342. Eine unmittelbare Direktwirkung bei noch nicht erfolgter Umsetzung wird auch von *Freyer*, EuZW 1991, 52, abgelehnt.

390 *Reich*[197] baut die Lösung *Sacks* weiter aus[198]. Er verzichtet aber bewußt auf eine kollisionsrechtliche Grundlegung und plädiert für eine Direktwirkung der EG-Produkthaftungsrichtlinie[199].

391 Für die Anwendung der lex fori plädiert dagegen *Mayer*[200]. Der Rat der Europäischen Gemeinschaft habe es versäumt, das Kollisionsrecht der Produkthaftung in der Richtlinie mitzuregeln. Es bestehe deshalb eine „echte Lücke", die so zu schließen sei, wie dies unter Berücksichtigung der Intentionen der EG-Richtlinie vernünftigerweise geschehen müsse. Maßgeblich sei unter dieser Prämisse allein die lex fori. Der Gesichtspunkt des Verbraucherschutzes stehe nämlich erkennbar im Vordergrund der EG-Richtlinie. Die Maßgeblichkeit der lex fori sichere dem Verbraucher eine rasche und problemlose Durchsetzung seiner Ansprüche. Sie entspreche dem mit der EG-Richtlinie eingeschlagenen Weg zu einem europäischen Einheitsrecht. Die Richtlinie nehme die trotz Harmonisierung bestehenden nationalen Verschiedenheiten als „quantité negligeable" hin. Die lex fori ist nach *Mayer*[201] nicht nur auf Ansprüche nach harmonisiertem Recht, sondern auch auf Deliktsansprüche des autonomen nationalen Rechts anzuwenden, die mit ihnen konkurrieren. Gleich welche Ansprüche in einem konkreten Fall in Rede stünden, liege der Schwerpunkt des Rechtsverhältnisses im harmonisierten, auf EG-Recht beruhenden Produkthaftungsrecht, das durch weitergehende Ansprüche des nationalen Rechts nur ergänzt würde. Soweit das harmonisierte Produkthaftungsgesetz greife, bestehe eine Sonderverbindung, deren Anknüpfung für den gesamten Lebenssachverhalt gelte.

392 Trotz der ausführlichen Begründung *Mayers* wird im Ergebnis nicht vollständig klar, unter welchen Voraussetzungen er die lex fori beruft. Eindeutig ist nur, daß er bei der allgemeinen Anknüpfung des Internationalen Produkthaftungsrechts bleibt, wenn der Sachverhalt nicht in den Anwendungsbereich des harmonisierten Rechts fällt[202], also beispielsweise wenn der Schaden an ge-

---

197 *Reich*, EuZW 1991, 203, 209 f.; zu teilweisen parallelen Rechtsproblemen grenzüberschreitender irreführender Werbung im Binnenmarkt vgl. *dens.*, RabelsZ 56 (1992) 445 ff.

198 So explizit *Reich*, RabelsZ 56 (1992) 512 (grenzüberschreitende irreführende Werbung; vgl. vorige Fn.). Er gibt die Ansicht *Sacks* aber nicht präzise wieder, wenn er ausführt, *Sack* wolle das (angeglichene) Inlandsrecht anwenden. *Sack* greift unmittelbar auf die Richtlinie.

199 *Reich*, EuZW 1991, 209 f. – Eine unmittelbare Direktwirkung der Richtlinie vom 10.9.1984 zur Angleichung der Rechts- und Verwaltungsvorschriften der Mitgliedstaaten über irreführende Werbung (84/450/EWG, ABl. EG 1984 L 250/17) lehnt *Reich*, RabelsZ 56 (1992) 497, dagegen ab, weil sie den Mitgliedstaaten weite Ermessensspielräume gewähre. – *Jayme/Kohler*, IPRax 1990, 361, qualifizieren die Richtlinienregelung über die Haftung des EG-Importeurs als Sachnorm für einen Fall mit Auslandsberührung, deren Sinn wohl dahin gehe, den Auslandssachverhalt direkt ohne Rücksicht auf einen Anwendungsbefehl durch das IPR zu regeln.

200 *Mayer*, DAR 1991, 84 ff.

201 *Mayer*, DAR 1991, 86 f.

202 *Mayer* stellt darauf ab, wieweit das harmonisierte ProdHaftG greife. Seine Begründung spricht aber dafür, den Anwendungsbereich der EG-Richtlinie einschließlich der durch sie eröffneten Optionen zugrundezulegen.

werblich benutzten Sachen eingetreten ist. Unklar ist aber, ob es genügt, daß der Sachverhalt in den Anwendungsbereich des harmonisierten Rechts[203] fällt, oder ob zusätzlich erforderlich ist, daß der Sachverhalt ausschließlich Berührungspunkte zu EG-Mitgliedstaaten hat, wie es *Sack* fordert.

Überwiegend sieht das deutsche Schrifttum jedoch keine Notwendigkeit, Sach-   **393**
verhalte im Anwendungsbereich der EG-Richtlinie bzw. mit ausschließlicher Berührung zu EG-Mitgliedstaaten gesondert anzuknüpfen[204]. Eine inhaltliche Auseinandersetzung mit der Mindermeinung ist bislang nicht erfolgt; meist bleibt es bei der Feststellung, daß die EG-Produkthaftungsrichtlinie wegen der den Mitgliedstaaten eingeräumten Optionen und des in vielen Punkten notwendigen Rückgriffs auf das autonome nationale Recht das Kollisionsrecht nicht obsolet mache[205].

(3) Sonderanknüpfung der verschuldensunabhängigen Haftung für Arzneimittel und gentechnische Produkte

Im kollisionsrechtlichen Schrifttum wird eine Sonderanknüpfung der Haftung   **394**
für fehlerhafte Arzneimittel im allgemeinen nicht erwogen[206]. Das Spezial-schrifttum zum Arzneimittelgesetz[207] ist sich dagegen einig, daß die Haftung nach diesem Gesetz wegen der im Haftungstatbestand verankerten räumlichen Voraussetzungen gesondert anzuknüpfen sei. Unklar ist allerdings, ob sich die Sonderanknüpfung aus einer im Arzneimittelgesetz versteckten Kollisionsnorm ergibt oder ob die räumlichen Haftungsvoraussetzungen ausschließlich sachrechtlicher Natur sind und den Inhalt einer erst zu bildenden Kollisionsnorm nur determinieren. Weitgehend einig ist man sich wiederum darüber, daß die Haftungsvorschriften des AMG jedenfalls nur dann anwendbar sind, wenn das Arzneimittel in Deutschland an den „Verbraucher" abgegeben wurde. Ob wei-

---

203 Vgl. vorige Fn.

204 Für die Anwendung der allgemeinen Vorschriften des nationalen Kollisionsrechts auch *Duint-jer Tebbens* 160.

205 MünchKomm-*Kreuzer*, Art. 38 EGBGB Rn. 196; *Kropholler*, IPR 442; *H. Koch*, ZHR 152 (1988) 545; *Staudinger/v. Hoffmann* Art. 38 EGBGB Rn. 475; *Freyer*, EuZW 1991, 53f.

206 Einige Autoren ziehen Schädigungen durch fehlerhafte Arzneimittel exemplarisch bei der Erarbeitung ihres für alle Produkte einheitlich geltenden Anknüpfungsvorschlags heran. Z.B. *Drobnig*, Produktehaftung 316; *Wilde* § 100 Rn. 11; zum österr. IPR *Maxl*, JBl 1992, 156. *Staudinger/v. Hoffmann*, Art. 38 EGBGB Rn. 217, 117, sieht die spezielle Problematik; er modifiziert die Ubiquitätsregel, indem er den Erfolgsort ausnahmsweise auf den Ort vorverlegt, an dem der Verletzte in den Besitz der Arznei gekommen ist. Deshalb fallen seiner Ansicht nach Handlungs- und Erfolgsort bei der Haftung für Arzneimittel regelmäßig zusammen. Vgl. auch *W. Lorenz*, Grundregel 104: Er berichtet von dem in Vorbereitung der 12. Haager Konferenz diskutierten Fall, daß jemand in Paris ein in den USA hergestelltes Medikament erwirbt, mit dessen Einnahme in Paris beginnt, sie während einer Weltreise fortsetzt, bis er nach der 50. Pille in Tansania erkrankt. *Lorenz* verbannt diesen Fall in die Schreckenskammer des IPR. Vgl. dagegen *Chr. v. Bar*, JZ 1985, 964 („Wie sich die Dinge bei der verhaltensbezogenen Gefährdungshaftung vom Typ der §§ 22 WHG und 84 AMG entwickeln werden, ist derzeit noch nicht geklärt").

207 Vgl. die eingehende Darstellung des Meinungsstandes mit Nachweisen unten § 9 III.

tere Voraussetzungen bestehen, ist umstritten. Ebenfalls umstritten ist die Frage, ob die Sonderanknüpfung auf die *Haftung nach dem AMG* beschränkt ist oder die gesamte *verschuldensunabhängige Haftung für in Deutschland in den Verkehr gebrachte Arzneimittel* erfaßt, was ausschlösse, daß insoweit alternativ ein ausländisches Recht berufen wäre. Die *Verschuldenshaftung* wird den allgemeinen Regeln (Vorschlägen) unterstellt.

395   Zur Anknüpfung der Haftung für *gentechnische* Produkte gibt es erst wenige Stellungnahmen. *Hirsch* und *Schmidt-Didczuhn* gehen von der Anwendung der Tatortregel im Sinne des Ubiquitätsprinzips aus[208]. *Deutsch*[209] meint, das GenTG sei wie das AMG und das ProdHaftG auf die besondere Situation des Inverkehrbringens im Inland zugeschnitten. Er knüpft nicht nur die Haftung nach dem GenTG, sondern die „objektive Haftung" für gentechnische Produkte gesondert an, so daß die verschuldensunabhängige Haftung für in Deutschland in den Verkehr gebrachte gentechnische Produkte ausschließlich dem deutschen Recht und nicht alternativ einem ausländischen Recht unterliegt.

ee) Differenzierung nach der Art des schadenstiftenden Produkts

396   Die besondere kollisionsrechtliche Beurteilung der Haftung nach dem Arzneimittelgesetz und der Haftung nach dem Gentechnikgesetz beruht nicht unmittelbar auf der Art des schadenstiftenden Produktes, sondern auf der besonders strukturierten speziellen Haftungsgrundlage. Allein die Art des Produktes ist im allgemeinen kein Differenzierungsgrund. Einige Autoren befürworten allerdings eine besondere Anknüpfung für Produkte wie Flugzeuge, für die es keine nationalen Märkte gebe[210]. Erwogen wird die Anknüpfung an den Wohnsitz des Geschädigten[211], eine alternative Anknüpfung an den Abflugs- und Zielort[212] sowie eine Anknüpfung an die Nationalität des Flugzeugs[213] oder, was regelmäßig zum gleichen Recht führt, an die Hauptniederlassung der Fluggesellschaft[214].

c) Vorschriften über die Produktsicherheit

397   Das Produkthaftungsstatut wird meist wie im Haager Produkthaftungsübereinkommen[215] ohne Rücksicht darauf bestimmt, daß der Haftpflichtige bei

---

208 *Hirsch/Schmidt-Didczuhn*, § 32 GenTG Rn. 20.
209 *Deutsch*, PHI 1991, 83 = FS W. Lorenz 77 f.
210 *Bröcker* 165 f. (Produkte, deren Gebrauch auf Internationalität ausgelegt seien und von ihrem Hersteller nicht einem nationalen Markt zugedacht seien); *Siehr*, AWD (RIW) 1972, 386 (Produkte, deren Erwerb bzw. Gebrauch sich gewöhnlich nicht innerhalb eines nationalen Marktes abspiele).
211 *Bröcker* 165 f.
212 *Siehr*, AWD(RIW) 1972, 386; *Wienberg* 110 ff.
213 *Siehr*, AWD (RIW) 1972, 386; *Wienberg* 111 f.
214 *Staudinger/v. Hoffmann*, Art. 38 EGBGB, Rn. 468. − Zu der von *Lüderitz* vertretenen Anknüpfung an den „Handlungsort (Herstellungsort)" bei allseits zufälligem Erfolgsort siehe bei und in Fn. 128.
215 Siehe oben § 1 III. 2. und 3.

der Produktion oder dem Vertrieb des schadenstiftenden Produktes öffentlich-rechtlichen Vorschriften unterlag. Die Produktsicherheitsvorschriften werden „gesondert angeknüpft"[216] und im Rahmen des Haftungsstatuts als „local data" berücksichtigt.

Einige Autoren beachten das öffentliche Produktsicherheitsrecht dagegen schon bei der Anknüpfung der Produkthaftung; und zwar meist als Argument für eine Anknüpfung an den Marktstaat[217].   **398**

4. Reform

Das internationale Deliktsrecht soll durch ein „Gesetz zur Ergänzung des Internationalen Privatrechts (außervertragliche Schuldverhältnisse und Sachen)" novelliert werden[218]. Ein Entwurf dieses Gesetzes ist vom Bundesministerium der Justiz erarbeitet worden[219]. Wann er als Regierungsentwurf in das Gesetzgebungsverfahren eingebracht werden wird, ist derzeit ungewiß.   **399**

Der Referentenentwurf enthält keine Sonderregel für die Produkthaftung[220]. Auch für sie gilt daher Art. 40 Abs. 1 des Entwurfs. Er unterstellt „Ansprüche aus unerlaubter Handlung" dem Recht des Staates, in dem das der Haftung zugrunde liegende Ereignis eingetreten ist, oder auf Verlangen des Verletzten dem Recht des Staates, in dem das geschützte Interesse verletzt worden ist. An die Stelle des nach Abs. 1 maßgebenden Rechts tritt gemäß Abs. 2 das Recht des Staates, in dem sowohl der Ersatzpflichtige wie der Geschädigte zur Zeit des Schadensereignisses ihren gewöhnlichen Aufenthalt hatten. Das nach Art. 40 maßgebende Recht wird gemäß der Ausweichklausel des Art. 41 Abs. 1 von dem Recht eines Staates verdrängt, zu dem eine wesentlich engere Verbindung besteht. Bei unerlaubten Handlungen kann sich eine wesentlich engere Verbindung vor allem aus einer besonderen rechtlichen oder tatsächlichen Beziehungen zwischen den Beteiligten ergeben (Art. 41 Abs. 2 Nr. 1).   **400**

---

216 Vgl. z. B. *Drobnig*, Produktehaftung 336.
217 *Sack*, FS Ulmer 502 f.; *Siehr*, AWD (RIW) 1972, 385; *Stoll*, FS Kegel (1977) 127 ff.
218 Vgl. *Pirrung* 104 Fn. 1.
219 Der Entwurf — Stand: 15. 5. 1984 — ist abgedruckt z. B. bei *Basedow*, NJW 1986, 2972 Fn. 8–12; *Ferid*, IPR 6–205, 1 ff. Der Entwurf — Stand: 1. 12. 1993 — ist noch nicht veröffentlicht.
220 Mit dem Verzicht auf eine Sonderregel für die Produkthaftung folgt der Referentenentwurf der Zweiten Kommission des Deutschen Rates für internationales Privatrecht, die zur Vorbereitung der Reform im Auftrag des Bundesministeriums der Justiz ihrerseits einen Gesetzentwurf erarbeitet hat. Vgl. dazu oben bei und in Fn. 110.

Zweiter Teil:

Grundlagen

Erster Abschnitt: Ansatz beim Gesetz

§ 8 Versteckte Kollisionsnormen und andere gesetzesbezogene Anknüpfungsregeln

I. Methodische Grundlagen

1. Versteckte Kollisionsnormen

Die meisten Kollisionsnormen sind leicht und eindeutig als solche zu erkennen, **401** weil sie durch ihre Stellung in einem Einführungs- oder IPR-Gesetz und durch ihren Inhalt, dem Verweis auf eine bestimmte Rechtsordnung, offen als Kollisionsnorm ausgewiesen sind. Manchen Kollisionsnormen fehlt jedoch die systematische Sonderstellung; sie sind unmittelbar mit einer Sachnorm(-gruppe) verknüpft. Es handelt sich regelmäßig[1] um spezielle und einseitige Kollisionsnormen, die nur bestimmen, unter welchen Voraussetzungen die betreffende Sachnorm(-gruppe) bei einer Auslandsberührung anwendbar ist. Sie sind deshalb häufig nicht ausformuliert, sondern auf räumliche, in die Sachnorm eingebundene Tatbestandsmerkmale verkürzt. Ihnen fehlt also nicht nur die systematische Sonderstellung einer Kollisionsnorm, sondern sie sind auch von ihrem Regelungsgehalt her gesehen nicht immer eindeutig als Kollisionsnorm auszumachen. Es sind dies die sog. versteckten Kollisionsnormen[2], die sich zwar regelungstechnisch, nicht aber in ihrer Normqualität von einer selbständigen Kollisionsnorm unterscheiden[3].

Welche Funktion eine räumliche Anwendungsvoraussetzung im Tatbestand **402** einer Sachnorm hat, kann unter Umständen sehr schwierig zu entscheiden

---

1 Versteckte Kollisionsnormen sind nicht notwendig einseitige Kollisionsnormen, worauf *Schurig*, 321, zutreffend hinweist.

2 Den Begriff „versteckte Kollisionsnorm" verwandte schon *Zitelmann* in dem 1897 erschienenen 1. Band seines Lehrbuchs zum IPR (S. 372). – Zur Anerkennung dieses Begriffes vgl. die Nachweise von *W.-H.Roth* 242 Fn 185 f. sowie *Kropholler*, IPR 86. – Soweit die Kollisionsnorm in einer Sachnorm (und nicht in einer Zuständigkeitsnorm) versteckt ist, spricht man auch von autolimitierter Sachnorm (*de Nova*, Dir. int. 25 (1971) 239), selbstgerechter Sachnorm (*Kegel*, Gedächtnisschrift Ehrenzweig 51; *ders.*, IPR 193 f.) oder Sachnorm mit eigenem Anwendungsbereich (*Schurig* 246). – Ein Tertium zwischen Sach- und Kollisionsnorm gibt es nicht; vgl. *Chr. v. Bar*, IPR II Rn. 217; *Kropholler*, IPR 88.

3 *Schurig* 247.

sein. Die Antwort erfordert eine genaue Analyse von Sinn und Zweck der räumlichen Anwendungsvoraussetzung, wobei der Blick nicht auf die betreffende Norm begrenzt werden darf, sondern den gesamten Regelungsbereich erfassen muß[4].

403 Eine räumliche Anwendungsvoraussetzung im Tatbestand einer Sachnorm kann eine rein sachrechtliche, eine rein kollisionsrechtliche oder zugleich eine sachrechtliche und kollisionsrechtliche Regelung enthalten. Ist sie als *rein sachrechtlich* zu qualifizieren, so bedeutet dies, daß die Sachnorm in Fällen mit Auslandsberührung nur anwendbar ist, wenn sie durch eine selbständige, nicht in ihr versteckte Kollisionsnorm berufen wird. Das Nichtvorliegen der sachrechtlich-räumlichen Anwendungsvoraussetzung hat dann lediglich die Konsequenz, daß die Rechtsfolge der Norm nicht eintritt. Es hat nicht zur Folge, daß eine andere Rechtsordnung zum Zuge käme.

404 Ist eine räumliche Anwendungsvoraussetzung im Tatbestand einer Sachnorm hingegen als *rein kollisionsrechtlich* zu qualifizieren, so besagt sie dasselbe wie jede einseitige Kollisionsnorm. Die betreffende Sachnorm ist also in Fällen mit Auslandsberührung anwendbar, wenn sie durch die in ihr versteckte Kollisionsnorm berufen wird, d.h. wenn die räumliche Anwendungsvoraussetzung erfüllt ist. Ist die räumliche Anwendungsvoraussetzung nicht erfüllt, so stellt sich die Frage, welche ausländische Rechtsordnung anwendbar ist. Diese Frage beantwortet eine möglicherweise aus der einseitigen Kollisionsnorm zu entwickelnde, in jedem Fall aber *andere* Kollisionsnorm der betreffenden Rechtsordnung.

405 Enthält eine räumliche Anwendungsvoraussetzung *sowohl eine kollisionsrechtliche als auch eine sachrechtliche Regelung,* so ist diese Doppelfunktion für die Gerichte des betreffenden Staates ohne Relevanz. Für sie ist nur die kollisionsrechtliche Regelung von Bedeutung. Denn liegen ihre Voraussetzungen vor, so steht zugleich fest, daß auch die sachrechtlich-räumliche Anwendungsvoraussetzung erfüllt ist. Liegen sie nicht vor, so ist die Sachnorm und damit die in der räumlichen Anwendungsvoraussetzung auch enthaltene sachrechtliche Regelung gar nicht anwendbar. Bedeutung erlangt die Doppelfunktion einer räumlichen Anwendungsvoraussetzung aber für ein ausländisches Gericht, wenn sein Kollisionsrecht im Wege der Sachnormverweisung auf das betreffende Recht verweist. Da es sich um eine Sachnormverweisung handelt, ist in diesem Fall der kollisionsrechtliche Teil der doppelfunktionalen Norm unerheblich. Dagegen entfaltet die sachrechtlich-räumliche Anwendungsvoraussetzung ihre bereits beschriebene Wirkung. Ist sie nämlich nicht erfüllt, so schließt dies die Rechtsfolge der Sachnorm mit absolutem Geltungsanspruch aus. Dies bedeutet, die Sachnorm entscheidet die Rechtsfrage abschließend. Die Frage nach der Anwendbarkeit einer anderen Rechtsordnung stellt sich nicht.

---

4 Vgl. *Hohloch* 243 f.

2. Gesetzesbezogene Entwicklung einer Anknüpfungsregel

Wenn sich nicht sicher feststellen läßt, daß der Gesetzgeber mit einer räumli-   **406**
chen Voraussetzung im Tatbestand einer Sachnorm eine kollisionsrechtliche
Regelung treffen wollte, so heißt dies nicht, daß das räumliche Tatbestandsele-
ment kollisionsrechtlich ohne Bedeutung wäre. Denn auch eine rein sachrechtlich-räumliche Anwendungsvoraussetzung kann Hinweise für die kollisionsrechtliche Anknüpfung geben. Ihr Sinn und Zweck ist mangels gesetzgeberi-
scher Entscheidung vom Rechtsanwender für Fälle mit Auslandsberührung
fortzuschreiben. Die Sachnorm enthält in diesen Fällen keine Kollisionsnorm,
die ihr durch Auslegung entnommen werden könnte[5]. Die Kollisionsnorm ist
vielmehr erst rechtsschöpferisch aufgrund einer eigenständigen kollisionsrechtlichen Wertung zu schaffen, wobei aber Sinn und Zweck der Sachnorm,
insbesondere ihres räumlichen Elements, zu berücksichtigen sind.

Einen solchen gesetzesbezogenen Ansatz betrachtete die kollisionsrechtliche   **407**
Methodenlehre lange Zeit als Sakrileg[6]. Dies war jedoch nicht gerechtfertigt[7].
Begrenzt auf Sonderfälle, in denen die Sachnorm, insbesondere aufgrund eines
räumlichen Tatbestandselementes, Hinweise für die zu entwickelnde Kollisionsnorm zu geben vermag, kann dieser Ansatz dem sachverhaltsbezogenen
sogar überlegen sein, weil er eine größere Gewähr bietet, daß das richtige Ergebnis, das mit beiden Ansätzen erzielbar ist, auch tatsächlich erzielt wird. Im
allgemeinen ist der sachverhaltsbezogene Ansatz allerdings vorzuziehen, weil
er den Blick für das Wesentliche, nämlich die Auslandsberührung des Sachverhaltes, öffnet und damit die Gefahr vermindert, daß eine nationalistisch ge-
färbte und deshalb nicht internationalisierungsfähige Kollisionsnorm geschaffen wird[8].

Man wird zur Entwicklung einer Kollisionsnorm deshalb nur dann am Gesetz   **408**
ansetzen, wenn klare Anzeichen dafür vorliegen, daß dieser Ansatz einen
schnellen und sicheren Zugang zu den kollisionsrechtlichen Entscheidungskri-
tierien öffnet[9]. Solche Anzeichen sind in erster Linie räumliche Elemente in
einer Sachnorm. Fehlen sie, so ist es nur selten angebracht, bei der Entwicklung einer Kollisionsnorm am Gesetz anzusetzen, etwa nur dann, wenn sich
aufgrund des Regelungszweckes einer Sachnorm(-gruppe) eine ganz bestimmte

---

5 Vgl. *Schurig* 62 Fn. 57; er betont zutreffend, die Auslegung einer Norm zur Beurteilung ihres
Kollisionsnormcharakters dürfe nicht mit dem Versuch verwechselt werden, durch „Auslegung"
materieller Rechtszwecke Kollisionsnormen zu erhalten.

6 Vgl. *Schurig* 323 f.; *Basedow*, RabelsZ 52 (1988) 10 f.

7 Zutreffend *Schurig*, RabelsZ 54 (1990) 230 f. Die Zulässigkeit des Ansatzes beim Gesetz wird
durch Art. 34 EGBGB bestätigt.

8 *Basedow*, RabelsZ 52 (1988) 23 (,, ... daß die einseitige Anknüpfung die Gefahr exorbitanter
Jurisdiktionsanmaßungen begründet oder jedenfalls erhöht").

9 *Schnyder*, Wirtschaftskollisionsrecht Rn. 15, spricht von Fällen, in denen eine Sachnorm unter
„Eingriffsverdacht" gerät.

gesetzesbezogene Anknüpfung[10] aufzudrängen scheint[11]. Wegen der Gefahren des gesetzesbezogenen Ansatzes[12] sollte hier aber größte Zurückhaltung geübt werden. Wenn bei der Analyse der Sachnorm(-zwecke) erkennbar wird, daß die kollisionsrechtliche Anknüpfung nicht, wie es zunächst den Anschein hatte, vorgezeichnet ist, sondern Regelungsalternativen bestehen, die eine eigenständige kollisionsrechtliche Wertung erfordern, dann empfiehlt es sich, zu dem grundsätzlich vorzugswürdigen sachverhaltsbezogenen Ansatz überzugehen.

409 Dieser Ansatzwechsel schließt nicht aus, daß für den betreffenden Bereich im Ergebnis doch eine besondere Anknüpfung zu befürworten ist. Die Entscheidung hierüber kann dann aber auf der Grundlage der gesamten bei der Entwicklung der Regelanknüpfung gewonnenen Erkenntnisse getroffen werden.

3. Verallseitigung

410 Versteckte Kollisionsnormen[13] oder gesetzesbezogen entwickelte Anknüpfungsregeln[14] sind in aller Regel einseitig, sagen also nur, unter welchen Voraussetzungen die ihnen zugeordnete Sachnorm(-gruppe) anzuwenden ist[15]. Die Einseitigkeit der Regel ist jedoch nicht wesensnotwendig, sondern nur Ausdruck der normtechnischen Entwicklungsstufe[16].

411 Sofern das eigene Recht nicht als solches, sondern aufgrund einer, wenn auch eng begrenzten, kollisionsrechtlichen Wertung berufen wird, ist es möglich, daß „ähnliche Gesetze im Ausland gefunden werden, die eine entsprechende kollisionsrechtliche Behandlung verdienen"[17]. Es ist also zu prüfen, ob eine einseitige Anknüpfungsregel verallseitigt werden kann. Die Verallseitigung schließt nicht nur eine Lücke des eigenen Kollisionsrechts, sondern befreit die-

---

10 Der Begriff stammt von *Kropholler*, RabelsZ 33 (1969) 59; zu seiner Verbreitung vgl. *Kropholler*, IPR 88. – Auch eine versteckte Kollisionsnorm enthält regelmäßig eine gesetzesbezogene Anknüpfung. Der Unterschied besteht nur in der Normqualität.

11 Dies wird insbesondere bei ordnungspolitischen Normen (Eingriffsnormen) angenommen. Vgl. *Basedow*, RabelsZ 52 (1988) 26 sowie *W.-H. Roth* 242 f. Zu den Begriffen „ordnungspolitische Norm" und „Eingriffsnorm" z. B. *Basedow*, RabelsZ 52 (1988) 17 f.; *Siehr*, RabelsZ 52 (1988) 41 ff. mit umfangreichen Nachweisen. Kritisch gegen ihre Nützlichkeit *Schurig*, RabelsZ 54 (1990) 226 f.

12 Siehe bei und in Fn. 8.

13 Siehe oben 1.

14 Siehe oben 2.

15 Im Ergebnis sind gesetzesbezogene Anknüpfungen meist besondere Anknüpfungen, weil sie durch Spezifika des zu ihnen gehörenden begrenzten Rechtsbereichs bestimmt werden. Sie erscheinen als Ausnahme von der Regelanknüpfung; vgl. *Schurig* 320. Solange der Inhalt der Regelanknüpfung aber nicht feststeht, sondern erst induktiv gesucht wird, ist es jedoch nicht ratsam, die gefundene Anknüpfung für einen Teilbereich als besondere Anknüpfung zu bezeichnen. Dann es ist durchaus möglich, daß die gesetzesbezogene Anknüpfung in der Regelanknüpfung aufgeht.

16 Vgl. *Schurig* 321; *Basedow*, RabelsZ 52 (1988) 36.

17 *Schurig* 321; vgl. auch *Kegel*, IPR 193 („wenn sie rechtspolitisch stimmen, kann man sie verallgemeinern"); *Basedow*, RabelsZ 52 (1988) 9.

ses auch von dem Verdacht der unberechtigten Bevorzugung „eigener" Interessen[18].

II. Die Bedeutung gesetzesbezogener Anknüpfungen für die Entwicklung eines geschlossenen Anknüpfungssystems für die Produkthaftung

Die allgemeine Relevanz einer versteckten Kollisionsnorm liegt auf der Hand. **412** Innerhalb ihres Anwendungsbereichs ist sie in gleicher Weise verbindlich wie jede andere, offen ausgewiesene Kollisionsnorm. Liegt der kollisionsrechtlich zu beurteilende Sachverhalt außerhalb ihres Anwendungsbereichs und besteht eine vom Rechtsanwender auszufüllende Gesetzeslücke, so ist die versteckte Kollisionsnorm hierbei immerhin als gesetzliches Material zu Rate zu ziehen. Ebenso verhält es sich mit einer gesetzesbezogenen Anknüpfung für einen Teilbereich, wenn ein geschlossenes Anknüpfungssystem angestrebt wird. Die gesetzesbezogene Teilbereichsanknüpfung kann wertvolle Hinweise für die Entwicklung des Gesamtsystems geben.

Für die Anknüpfung der Produkthaftung haben versteckte Kollisionsnormen **413** und gesetzesbezogen entwickelte Teilbereichsanknüpfungen besondere Bedeutung. Die Bestandsaufnahme zeigt nämlich, daß man von einem Konsens über die „richtige" Anknüpfung der Produkthaftung international wie national weit entfernt ist. Die Versuche, die Anknüpfung aus der Gesamtheit des Regelungsbereichs „Produkthaftung" zu entwickeln, haben zu keinem überzeugenden Ergebnis geführt. Deshalb erscheint es ratsam, zunächst für Teilbereiche eine überzeugende Lösung zu suchen und so einen begrenzten Konsens anzustreben. Die Einigkeit über einen Teilbereich kann neue Wege für einen umfassenden Konsens öffnen.

---

18 Vgl. *Schurig* 321; *Basedow*, RabelsZ 52 (1988) 34 (für das „Wirtschaftskollisionsrecht"); zurückhaltend *Siehr*, RabelsZ 46 (1982) 376.

§ 9 Gesetzesbezogene Anknüpfung der verschuldensunabhängigen Haftung für zulassungspflichtige Arzneimittel

I. Anlaß und Reichweite der Suche nach einer gesetzesbezogenen Anknüpfung

414 § 84 Satz 1 AMG macht die Gefährdungshaftung nach diesem Gesetz u. a. davon abhängig, daß das schadenstiftende Arzneimittel *im Geltungsbereich des Gesetzes* an den Verbraucher abgegeben wurde und der Pflicht zur Zulassung unterliegt oder durch Rechtsverordnung von der Zulassung befreit worden ist. Als haftpflichtig erklärt die Vorschrift den pharmazeutischen Unternehmer, der das Arzneimittel *im Geltungsbereich des Gesetzes* in den Verkehr gebracht hat. Die räumlichen Anwendungsvoraussetzungen dieser Haftungsregelung legen die Frage nahe, ob in ihr eine Kollisionsnorm versteckt ist, die bestimmt, unter welchen Voraussetzungen sie in Fällen mit Auslandsberührung anzuwenden ist.

415 Enthielte das AMG eine versteckte Kollisionsnorm[1], so hieße dies, daß es für einen — auch praktisch — wichtigen Teilbereich der außervertraglichen Produkthaftung[2] eine verbindliche gesetzliche Regelung gäbe. Dies zöge die Frage nach sich, ob die spezielle Kollisionsnorm für die Haftungsregelungen des AMG zu einer umfassenderen Kollisionsnorm auszubauen wäre, die nicht die *Haftungsvorschriften des AMG*, sondern unabhängig von der Rechtsgrundlage *die verschuldensunabhängige Haftung* für im Inland zulassungspflichtige und hier an den Verbraucher abgegebene Arzneimittel zum Anknüpfungsgegenstand hätte. Zu prüfen wäre auch, ob sich die einseitige Kollisionsnorm über die Haftung nach dem AMG bzw. über die verschuldensunabhängige Haftung für im Inland zulassungspflichtige und an den Verbraucher abgegebene Arzneimittel verallseitigen, also auf im Ausland abgegebene zulassungspflichtige Arzneimittel ausdehnen ließe[3]. Schließlich wäre zu fragen, ob die konkurrierende Verschuldenshaftung des haftpflichtigen pharmazeutischen Unternehmers der speziellen Kollisionsnorm gleichlaufend anzuknüpfen wäre. Aus allem könnten sich Folgerungen für die Anknüpfung der Haftung für andere Produkte ergeben.

II. Die Haftung nach dem deutschen Arzneimittelgesetz von 1976

1. Entwicklung und Grundzüge des geltenden Arzneimittelgesetzes

416 Das Arzneimittelgesetz von 1961[4] hatte erstmals die Herstellung von Arzneimitteln außerhalb von Apotheken einer Erlaubnis unterworfen, die an be-

---

1 Siehe den vorigen § unter I.1.
2 Zur praktischen Bedeutung von Arzneimittelschäden *H.K. Jannott*, Beilage VersR 1983, S. 129 f., und *Roesch*, VersR 1971, 594.
3 Vgl. *Siehr*, RabelsZ 46 (1982) 374.
4 Gesetz über den Verkehr mit Arzneimitteln vom 16. Mai 1961 (BGBl I S. 533).

stimmte persönliche und betriebliche Voraussetzungen gebunden war, und es hatte erstmals die Inverkehrgabe eines Arzneimittels von seiner Registrierung durch das Bundesgesundheitsamt abhängig gemacht[5]. Das Bundesgesundheitsamt war allerdings zur Registrierung verpflichtet, wenn die gesetzlich geforderten Unterlagen bei der Anmeldung des Arzneimittels vorgelegt wurden. Eine staatliche Prüfung der therapeutischen Wirksamkeit des Arzneimittels und seiner Unbedenklichkeit, wie sie beispielsweise in den USA bereits gesetzlich vorgeschrieben war, lehnte der deutsche Gesetzgeber damals noch als gegenüber dem Arzneimittelhersteller nicht vertretbar ab[6]. Die Registrierung sollte es den zuständigen Behörden nur ermöglichen, die Einhaltung der Vorschriften des AMG zu überwachen, und sie sollte einen Überblick über den gesamten Bereich der Arzneimittelherstellung erlauben[7].

Bereits 1963 wurde das AMG jedoch mit der Begründung geändert, die unbedingte Registrierungspflicht des Bundesgesundheitsamtes genüge „den Interessen der Volksgesundheit" nicht[8]. Das Bundesgesundheitsamt erhielt nun die Möglichkeit, die Eintragung eines Arzneimittels in das Spezialitätenregister von dem Nachweis abhängig zu machen, daß diejenigen Stoffe des Arzneimittels, deren Wirksamkeit bisher nicht allgemein bekannt waren, ausreichend erprobt worden waren und bei bestimmungsgemäßem Gebrauch keine schädliche Wirkung hervorgerufen hatten[9]. Das Bundesgesundheitsamt hatte indes noch immer kein eigenes Untersuchungsrecht, sondern mußte seine Entscheidung über die Eintragung aufgrund des vom Hersteller vorgelegten Berichts über die pharmakologische und klinische Prüfung treffen[10]. **417**

Die „Contergan" (Thalidomid)-Katastrophe[11] machte schließlich überdeutlich, daß das AMG von 1961 die Arzneimittelsicherheit nicht gewährleistete und geschädigten „Verbrauchern" keinen ausreichenden finanziellen Ausgleich sicherte[12]. Mit dem neuen Arzneimittelgesetz von 1976 sollten diese Mängel behoben und das deutsche Arzneimittelsicherheitsrecht an internationale Stan- **418**

---

5 Vgl. § 20 AMG 1961.
6 Ausführlich zu den Gründen für den Verzicht auf ein materielles Zulassungsverfahren: *Batz* 20 f.; *Blumenberg* 82 ff.
7 Vgl. die Begründung des Regierungsentwurfs, BT-Drucks. 3/654 S. 14 f.
8 Vgl. die Begründung zum Entwurf des Zweiten Änderungsgesetzes, BT-Drucks. 4/1370 S. 4.
9 Vgl. §§ 21 Abs. 1 Nr. 1 a, 22 Abs. 1 AMG in der Fassung des Zweiten Änderungsgesetzes vom 16. 8. 1986.
10 Vgl. die Begründung des Entwurfs des Zweiten Änderungsgesetzes, BT-Drucks. 4/1370, S. 4; *Günter*, NJW 1972, 310 f.; *Batz*, 17; *K. Simitis* 70; *H. Plagemann* 62.
11 Eingehend hierzu *Beyer*, Grenzen der Arzneimittelhaftung (dargestellt am Beispiel des Contergan-Falles), München 1988.
12 Vgl. die Begründung des Regierungsentwurfs zum AMG 1976, BT-Drucks. 7/3060, S. 43: „Die Erfahrungen aus dem Contergan-Geschehen haben gezeigt, daß es nicht damit getan ist, die Arzneimittelsicherheit auf einen optimalen Stand zu bringen, sondern daß es auch unerläßlich ist, den Menschen einen ausreichenden wirtschaftlichen Schutz angedeihen zu lassen, die trotz aller Vorkehrungen einen Arzneimittelschaden erleiden."

dards angepaßt werden[13]. Kernstücke der Reform sind: Das Registrierungsverfahren wurde durch ein streng ausgestaltetes materielles Zulassungsverfahren ersetzt, das die Zulassung an den Nachweis der Qualität, der Wirksamkeit und der Unbedenklichkeit des Arzneimittels knüpft[14]. Zum Schutze geschädigter Verbraucher ist eine Gefährdungshaftung normiert, deren Erfüllung durch eine Pflicht zur Deckungsvorsorge gesichert ist[15]. Um den straf- und zivilrechtlichen Zugriff auf den für das Inverkehrbringen eines Arzneimittels Verantwortlichen sicherzustellen, begründet § 9 Abs. 2 AMG eine Residenzpflicht[16]. Nach der ursprünglichen Fassung des AMG 1976 bestand diese Pflicht auch bei Einfuhren aus Mitgliedstaaten der EG. Nachdem der EuGH jedoch festgestellt hatte, daß hierin ein Verstoß gegen Artt. 30 ff. EGV liege[17], wurde die Residenzpflicht durch das Zweite Gesetz zur Änderung des Arzneimittelgesetzes vom 16. 8. 1986 auf das Gebiet der Europäischen Gemeinschaft und zuletzt auf das Gebiet des EWR[18] ausgedehnt. Der pharmazeutische Unternehmer muß nunmehr also seinen Sitz im Geltungsbereich des Gesetzes, in einem anderen Mitgliedstaat der EG oder in einem anderen Vertragsstaat des Abkommens über den Europäischen Wirtschaftsraum haben.

2. Die Haftungsregelung des § 84 AMG

a) Die unter die Haftung fallenden Arzneimittel

419 Die Gefährdungshaftung nach § 84 AMG besteht nicht für alle Arzneimittel im Sinne des Gesetzes[19]. Erfaßt werden nur Arzneimittel, die zum Gebrauch bei Menschen bestimmt sind, die der Pflicht zur Zulassung unterliegen oder durch Rechtsverordnung von der Zulassung befreit worden sind und die im Inland[20] an „den" Verbraucher abgegeben werden.

---

13 Vgl. die Begründung des Regierungsentwurfs, BT-Drucks. 7/3060, S. 43. – Das AMG 1976 überführte die Erste pharmazeutische EG-Richtlinie vom 26. 1. 1965 (65/65) Abl. EG Nr. 22 vom 9. 2. 1965, S. 369, in deutsches Recht und schaffte die Voraussetzung für die Umsetzung anderer damals zum Erlaß anstehender EG-Richtlinien. Das Gesetz schaffte zugleich die Voraussetzung für die Umsetzung der Richtlinien der Weltgesundheitsorganisation, insbesondere der Richtlinie über die Grundregeln für die Herstellung von Arzneimitteln und die Sicherung ihrer Qualität (WHO, Technical Report Series Nr. 418, Bericht Nr. 22).

14 Zum öffentlichen Arzneimittelrecht *Kullmann*, Kza. 6415.

15 Ausführlich zur Deckungsvorsorgepflicht des pharmazeutischen Unternehmers und zur Erfüllung dieser Pflicht in der Praxis durch Abschluß einer Haftpflichtversicherung gemäß den „Besonderen Bedingungen und Risikobeschreibungen für die Versicherung der Produkthaftpflicht (Inland) pharmazeutischer Unternehmer", Littbarski, § 56 Rn. 2 ff.; *Schmidt-Salzer*, EG-Produkthaftung I, Art. 13 EG-Richtlinie, Rn. 14 ff.

16 Vgl. die Begründung des Regierungsentwurfs, BT-Drucks. 7/3060, S. 46.

17 EuGH, 24. 2. 1984, Rs. 247/81, NJW 1984, 1290. In der Rs. 155, 82 hatte der EuGH durch Urteil vom 2. 3. 1983 eine belgische Regelung als mit Gemeinschaftsrecht nicht vereinbar erklärt, nach der das Antragsrecht auf Zulassung oder Genehmigung von nicht zum landwirtschaftlichen Gebrauch bestimmten Pestiziden und Pflanzenschutzmitteln ausschließlich im belgischen Hoheitsgebiet ansässigen Personen vorbehalten war (vgl. *Sedemund*, NJW 1984, 1270 f.).

18 Vgl. BGBl 1986 I, 1296 und BGBl 1993 I, 514.

19 § 2 AMG definiert den „Arzneimittelbegriff".

20 Zur Bedeutung des räumlichen Erfordernisses vgl. III.

aa) Einzel- oder Standardzulassung

Die Zulassung ist gemäß § 21 Abs. 1 Satz 1 AMG Voraussetzung für die Befugnis, das Arzneimittel im Inland in den Verkehr zu bringen. Der Pflicht zur Zulassung unterliegen Fertigarzneimittel[21], d. h. Arzneimittel, die im voraus hergestellt und in einer zur Abgabe an den Verbraucher bestimmten Packung in den Verkehr gebracht werden[22].

420

Eine Befreiung von der Zulassungspflicht durch Rechtsverordnung ist nach § 36 AMG möglich, „soweit eine unmittelbare oder mittelbare Gefährdung der Gesundheit von Mensch und Tier nicht zu befürchten ist, weil die Anforderungen an die erforderliche Qualität, Wirksamkeit und Unbedenklichkeit erwiesen sind". Sind diese Voraussetzungen erfüllt, kann eine sogenannte Standardzulassung erfolgen[23].

421

bb) Abgabe an den Verbraucher

Das Gesetz enthält keine Definition des Begriffs „Verbraucher". Das Schrifttum billigt im wesentlichen[24] die vom Bundesrat für das AMG 1961 vorgeschlagene, jedoch nicht Gesetz gewordene Definition: „Verbraucher im Sinne dieses Gesetzes ist, wer Arzneimittel erwirbt, um sie an sich, an anderen oder an Tieren anzuwenden. Verbraucher sind auch Einrichtungen der Gesundheits- und Krankenfürsorge, in denen Arzneimittel angewendet werden"[25].

422

Die Verwendung des bestimmten Artikels („den Verbraucher") bedeutet nicht, daß der durch das Arzneimittel Geschädigte derjenige Verbraucher sein muß, an den das Arzneimittel abgegeben wurde[26]. Es genügt die Abgabe an (irgend-) einen Verbraucher[27]. Das Gesetz spricht nur deshalb von „dem Verbraucher", weil es die Abgabe an den Ersten Endabnehmer meint. Da es nur einen Ersten Endabnehmer gibt, ist die Verwendung des bestimmten Artikels richtig. Falsch ist nur der unpräzise Begriff „Verbraucher". Anstelle des Begriffs „Abgabe an den Verbraucher" ist also nicht, wie im Schrifttum vorgeschlagen wird, der Begriff „Abgabe an einen Verbraucher"[28], sondern der Begriff „Abgabe an den Ersten Endabnehmer" zu setzen[29].

423

---

21 Im Sinne des § 2 Abs. 1 und Abs. 2 Nr. 1 AMG. – *Graf v. Westphalen*, § 70 Rn. 11, nimmt irrtümlich an, Fertigarzneimittel unterfielen dem ProdHaftG, weil sie *nicht* zulassungspflichtig seien.

22 Vgl. die Definition des Begriffs „Fertigarzneimittel" in § 4 Abs. 1 AMG.

23 Vgl. die amtliche Überschrift des § 36 AMG: „Ermächtigung für Standardzulassungen" sowie *Deutsch*, Arztrecht 358 f.

24 *Kullmann*, Kza. 3800, S. 12, hält die Definition für zu eng, weil sie nicht den Erwerb zur Weitergabe an andere erfasse. Dem ist zuzustimmen.

25 Vgl. BT-Drucks. 3/654, S. 29 (§ 4a).

26 *Etmer/Bolk* § 84, Anm. 4b) bb).

27 *Sander/Scholl* § 84, Anm. C 9 b.

28 Wie vorige Fn.

29 Vgl. *Rolland*, § 15 ProdHaftG, Rn. 29 („gemeint ist, daß das Arzneimittel die Verbraucherkette erreicht haben muß").

b) Die speziellen Haftungsvoraussetzungen des § 84 Satz 2 AMG

424 Die Gefährdungshaftung nach § 84 AMG tritt nur ein, wenn der Anwender eines Arzneimittels[30] einen Gesundheitsschaden erleidet, weil das Arzneimittel bei bestimmungsgemäßem Gebrauch schädliche Wirkungen hat, die über ein nach den Erkenntnissen der medizinischen Wissenschaft vertretbares Maß hinausgehen und ihre Ursache im Bereich der Entwicklung oder der Herstellung haben (Satz 2 Nr. 1), oder wenn der Schaden infolge einer nicht den Erkenntnissen der medizinischen Wissenschaft entsprechenden Kennzeichnung oder Gebrauchsinformation eingetreten ist (Satz 2 Nr. 2). Haftungsgrund ist das mit potenten chemisch-synthetischen Mitteln verbundene Risiko[31]. Ersatzfähig ist nur der Personenschaden[32] des Arzneimittelanwenders[33].

c) Die Haftpflicht des pharmazeutischen Unternehmers

425 Nach § 84 Satz 1 AMG haftet der pharmazeutische Unternehmer, der das Arzneimittel im Geltungsbereich des Arzneimittelgesetzes[34] in den Verkehr gebracht hat. Pharmazeutischer Unternehmer ist nach der Legaldefinition des § 4 Nr. 18 AMG, wer Arzneimittel unter seinem Namen in den Verkehr bringt.

426 Seine Pflicht zum Inverkehrbringen unter Namensangabe ergibt sich aus § 9 Abs. 1 AMG. Nach dieser Vorschrift müssen Arzneimittel, die im Inland in den Verkehr gebracht werden, den Namen oder die Firma und die Anschrift „des pharmazeutischen Unternehmers" tragen. § 9 Abs. 1 AMG ist nicht so zu verstehen, daß jeder, der das Arzneimittel im Inland in den Verkehr bringt, zu einer entsprechenden Namenskennzeichnung verpflichtet und deshalb pharmazeutischer Unternehmer wäre. Zweck der Vorschrift ist es, den straf- oder zivilrechtlichen Zugriff auf einen Verantwortlichen zu sichern. Mehrere an der Herstellung und dem Vertrieb des Arzneimittels Beteiligte haben die Möglichkeit[35], sich über den Verantwortlichen für die Vermarktung zu einigen und das Arzneimittel mit seinem Namen zu kennzeichnen[36].

---

30 Siehe oben a).

31 So die treffende Formulierung von *Deutsch*, FS Larenz 112.

32 Eingehend hierzu *Kullmann*, Kza. 3805/1 ff.; Sachschäden sind nach allgemeiner Ansicht grundsätzlich nicht ersatzfähig. Strittig ist, ob sie als Folge einer Verletzung von Körper und Gesundheit ersatzfähig sind, vgl. Kullmann, a. a. O. – Kritisch zum Ausschluß des immateriellen Schadensersatzes *Radau*, VersR 1991, 393.

33 Nicht ersatzfähig ist der Schaden eines Dritten, der beispielsweise bei einem Verkehrsunfall geschädigt wird, den der Anwender infolge eines fehlerhaften Arzneimittels verursacht.

34 Zur Bedeutung des räumlichen Erfordernisses siehe unten III.

35 Sind die Namen mehrerer Unternehmer angegeben, so haften sie gemäß § 93 AMG als Gesamtschuldner. Vgl. *Schiwy* § 84 AMG Am. 4. c) bb).

36 Vgl. die Begründung des Regierungsentwurfs, BT-Drucks. 7/3060, S. 46, sowie *Schmidt-Salzer*, Produkthaftung III/1, Rn. 4.136 f. – Mißverständlich *Rolland*, § 15 ProdHaftG, Rn. 25 („Im AMG wird darauf abgestellt, daß der Haftende mit dem Arzneimittel im eigenen Namen umgeht"). – Ein Inverkehrbringen unter seinem Namen liegt auch dann vor, wenn die Kennzeichnung mit Einverständnis des Bezeichneten *nach* dem Inverkehrbringen durch ihn erfolgt, etwa wenn das Arzneimittel von einem Importeur an einen Großhändler ausgeliefert wird, der es absprachegemäß mit dem Namen des Importeurs kennzeichnet. Vgl. *Räpple* 38 f.

Schmidt-Salzer[37] erachtet diese Haftungskanalisierung auf die Person, die das 427
Arzneimittel im Inland unter ihrem Namen in den Verkehr bringt, zutreffend
als rechtstechnische Folge eines besonderen rechtspolitischen Ziels. Der Con-
tergan-Fall habe gezeigt, daß vor allem im Bereich der Humanarzneimittel
Schadengrößenordnungen erreicht werden könnten, welche die Leistungsfähig-
keit mittelständischer Unternehmen übersteigen könnten. Deshalb habe das
AMG die Verpflichtung zur Deckungsvorsorge statuiert. Da mit dem Gesetz
der Schutz inländischer Arzneimittelbenutzer bezweckt sei, habe im Inland ein
Haftungsschuldner zur Verfügung gestellt werden müssen, der die Erfüllung
der Deckungsvorsorgepflicht nachzuweisen hat. In der Tat schützen die
Residenzpflicht[38] und die Deckungsvorsorgepflicht des pharmazeutischen Unternehmers einen Geschädigten optimal. Der Gesetzgeber hat deshalb im Bereich der Haftung nach dem AMG[39] eine gesamtschuldnerische Haftung
mehrerer zu Recht als unnötig angesehen.

Das österreichische Produkthaftungsgesetz gibt allerdings ein Beispiel dafür, daß 428
das Vorhandensein eines zur Deckungsvorsorge verpflichteten inländischen Schuldners die gesamtschuldnerische Haftung anderer Schuldner nicht notwendig ausschließt. Nach § 16 österreichischem PHG sind die inländischen Hersteller[40] und
der Importeur zur Deckungsvorsorge verpflichtet und dennoch besteht gemäß § 10
PHG eine gesamtschuldnerische Haftung aller nach dem Gesetz Haftpflichtigen.
Im praktischen Ergebnis besteht kein Unterschied zur Haftung nach dem deutschen
AMG. Denn der Geschädigte wird den im Inland greifbaren, aufgrund der
Deckungsvorsorgepflicht sicheren Schuldner in Anspruch nehmen. Der Unterschied
besteht aber darin, daß das österreichische PHG anders als das AMG keine *rechtliche* Haftungskanalisierung vorgenommen hat. Dieser Unterschied ist sachlich berechtigt. Er beruht auf der Sonderstellung, welche die Haftung nach dem deutschen
Arzneimittelgesetz hat. Ein Differenzierungsgrund ergibt sich zunächst einmal aus
den unterschiedlichen Möglichkeiten, die Einhaltung der Deckungsvorsorgepflicht
zu kontrollieren. Während die Erfüllung dieser Pflicht im Rahmen des ausdifferenzierten Kontrollsystems für die Herstellung und die Vermarktung von zulassungs-
pflichtigen Arzneimitteln problemlos zu überprüfen ist[41], ist dies bei anderen Produkten praktisch kaum möglich[42]. Ohne eine effektive Kontrolle bietet eine
Deckungsvorsorgepflicht für potentielle Geschädigte aber nicht den Schutz, der es
rechtfertigen würde, auf die Vorteile einer gesamtschuldnerischen Haftung mehrerer

---

37 *Schmidt-Salzer*, Produkthaftung III/1 Rn. 4.135.
38 Dies gilt aufgrund der Rechtsverfolgungsmöglichkeiten innerhalb der EG gleichermaßen für
   die 1986 auf das Gebiet der EG ausgedehnte Residenzpflicht. Siehe dazu oben bei und in
   Fn. 18.
39 Gemäß § 91 Alt. 2 AMG bleiben gesetzliche Vorschriften unberührt, nach denen ein anderer
   (als der pharmazeutische Unternehmer) für den Schaden verantwortlich ist. Die Haftungskanalisierung ist also auf die verschuldensunabhängige Haftung nach dem AMG beschränkt.
   Haften andere Unternehmen aus Verschulden, so besteht eine Gesamtschuld mit dem verschul-
   denunabhängig haftenden pharmazeutischen Unternehmer. Vgl. *Schmidt-Salzer*, Produkthaftung III/1 Rn. 4.137.
40 Vgl. dazu *Barchetti/Formanek* 171 f.
41 Die Befugnis der Behörde, die Erfüllung der Deckungsvorsorgepflicht zu überprüfen, ist explizit in § 64 Abs. 4 Nr. 2 AMG verankert.
42 Vgl. *Hellner*, AmJCompL 34 (1986) 627.

zu verzichten. Es besteht aber noch ein weiterer, struktureller Grund dafür, daß das österreichische PHG die Haftung nicht auf die zur Deckungsvorsorge verpflichteten inländischen Schuldner kanalisiert. Es weist den inländischen Schuldnern durch die auf sie begrenzte Verpflichtung zur Deckungsvorsorge nämlich allein deshalb eine Sonderstellung zu, weil sie im Inland greifbar sind, nicht etwa deshalb, weil sie im Rahmen des Produktions- und Vertriebsprozesses eine herausgehobene Stellung einnähmen[43]. Der pharmazeutische Unternehmer, auf den das deutsche AMG die Haftung nach diesem Gesetz rechtlich kanalisiert, hat hingegen eine solche Stellung. Er hat beispielsweise gemäß § 21 Abs. 3 AMG die Zulassung des Arzneimittels zu beantragen. Er ist der Ansprechpartner der Überwachungsbehörden[44]. Er übernimmt auch die alleinige haftungsrechtliche Verantwortung, indem er das Arzneimittel mit seinem Namen kennzeichnet.

429 Wenn ein Arzneimittel unter fremdem Namen oder anonym in den Verkehr gebracht wird, ist problematisch, ob eine Haftung gemäß § 84 AMG besteht und wen sie trifft. Die Frage ist wichtig, weil sie die besondere Struktur der Haftung nach dem AMG noch deutlicher macht. Im Schrifttum wird überwiegend angenommen, der Schutz des Geschädigten erfordere zumindest eine entsprechende Anwendung des § 84 AMG. Die Gefährdungshaftung treffe daher denjenigen, der das Arzneimittel ohne oder mit einer falschen Namenskennzeichnung in den Verkehr bringt[45].

430 Dem ist zuzustimmen, weil die Haftung nach dem AMG nur vordergründig an die Namensnennung geknüpft ist, ihr innerer Grund jedoch die Verantwortung für das Inverkehrbringen des fehlerhaften Arzneimittels ist. Der Regelung des § 9 Abs. 1 AMG („Der Verantwortliche für das Inverkehrbringen") liegt nämlich der Gedanke zugrunde, daß die Verantwortung für ein Arzneimittel, das im Inland in den Verkehr gebracht wird, an sich denjenigen trifft, der es erstmals im Inland in den Verkehr bringt[46]. Auf die Kennzeichnungspflicht bezogen heißt dies, daß ein Arzneimittel grundsätzlich nicht ohne Kennzeichnung in den inländischen Verkehr gebracht werden darf[47]. § 9 Abs. 1 AMG modifiziert diesen Grundsatz allerdings im Hinblick auf die Vertriebsstrukturen des Arzneimittelmarktes. Er erlaubt es den am Vertrieb Beteiligten, einvernehm-

---

43 Auch der Importeur wurde von dem österreichischen PHG a. F. nicht deshalb besonders in die Verantwortung genommen, weil er durch den Import die Gefährdung der inländischen Marktteilnehmer verursacht, sondern weil er im Inland greifbar ist. Es haftete nämlich nur der inländische Importeur. Eingehend hierzu unten § 14 II. 5. c) bb). – Zum weiten Importeurbegriff der Novelle, BGBl 1993/95, vgl. *Kalss*, RdW 1994, 71 f.

44 Siehe dazu *Müller-Römer*, Der pharmazeutische Unternehmer im neuen AMG, Pharm. Ind. 1977, 1206 ff.

45 *Etmer/Bolk* § 84 AMG, Anm. 4 c) aa); *Sander/Scholl* § 84 AMG, Anm. 8 (zumindest entsprechende Anwendung der Haftungsregel); *Schiwy* § 84 AMG Anm. 4. c) bb)a. A.A. *Kullmann*, Kza. 3800/43 (der eine entsprechende Anwendung des § 84 AMG ohne Begründung ablehnt).

46 Zur Bedeutung des erstmaligen Inverkehrbringens vgl. *Müller-Römer*, Pharm.Ind. 39 (1977) 1206 f.; *Vogeler*, MDR 1984, 19; *D. und H. Prütting*, DAZ 118 (1978) 256. Vgl. auch *Deutsch*, Arztrecht 466, der annimmt, gemäß § 9 Abs. 2 AMG sei der Importeur als Hersteller des Arzneimittels anzusehen.

47 Vgl. § 9 Abs. 1, 10 und 11 AMG, die ihrem Wortlaut nach für *jedes* Inverkehrbringen die Kennzeichnung fordern.

lich zu entscheiden, wer von ihnen die Verantwortung übernimmt, und mißt dieser Entscheidung Wirkung im Außenverhältnis zum Geschädigten bei, wenn die einvernehmliche Entscheidung durch eine entsprechende Kennzeichnung des Arzneimittels dokumentiert wird[48]. Wird ein Arzneimittel absprachegemäß ohne Namenskennzeichnung in der Vertriebskette weitergegeben, was nach Sinn und Zweck des § 9 Abs. 1 AMG erlaubt ist, so bedeutet dies, daß den Abnehmer die Pflicht zur Kennzeichnung und d. h. eine Verantwortlichkeit für das Inverkehrbringen trifft. Diese Verantwortlichkeit begründet seine Haftung, wenn er das Arzneimittel verbotswidrig anonym oder unter falschem Namen weitergibt[49]. Mit anderen Worten: Haftungsadressat ist auch, wer das Arzneimittel entgegen den Vorschriften des AMG nicht unter seinem Namen in den Verkehr bringt[50].

Die Haftung nach dem AMG unterscheidet sich von der EG-Produkthaftung also vor allem durch die *Möglichkeit*, die Haftung auf eine Person zu kanalisieren, die nicht notwendig Hersteller oder Importeur[51] des Produktes ist[52].   **431**

III. Die Bedeutung der räumlichen Voraussetzungen des § 84 Satz 1 AMG

1. Die Beurteilung durch das Schrifttum

a) Die Frage, ob die räumlichen Voraussetzungen des § 84 AMG nur seinen   **432** sachrechtlichen Anwendungsbereich begrenzen oder (auch) seine kollisionsrechtliche Anwendbarkeit bestimmen[53], wird selbst im Spezialschrifttum zum AMG von einigen Autoren nicht gestellt. Sie begnügen sich damit, aus der Vorschrift im Umkehrschluß zu folgern, es sei unerheblich, wenn das Arzneimittel,

---

48 Die Annahme von *Deutsch*, Arztrecht 466, gemäß § 9 Abs. 2 AMG sei der Importeur als Hersteller des Arzneimittels anzusehen, gibt daher nur den Grundsatz wieder.

49 Im Ergebnis zutreffend *Etmer/Bolk* § 84 AMG, Anm. 4c) aa) („Die Namensangabe des Unternehmers soll keineswegs dessen Haftung begründen, ist also nicht Anspruchsvoraussetzung ... ").

50 Daneben haftet aber auch derjenige, der es ohne Kennzeichnung erstmals im Inland in den Verkehr gebracht hat. Dieses vom Schutzbedürfnis des Geschädigten gebotene Ergebnis folgt dogmatisch daraus, daß eine wirksame Haftungskanalisierung nicht vorgenommen wurde.

51 *W.-H. Roth*, 377 Fn. 64, und *v. Hoffmann*, FS v. Overbeck 783, sind der Ansicht, § 84 AMG statuiere eine Gefährdungshaftung des Importeurs. Sie werfen die Frage auf, ob dies im Rahmen der EG mit Art. 30 EGV vereinbar sei. *Roth* bezweifelt dies; *v. Hoffmann* bejaht sie, weil die Haftung des Arzneimittelimporteurs durch die Pflicht zur Deckungsvorsorge verstärkt werde. Die Frage stellt sich so jedoch nicht, weil die Haftung nach dem AMG keine Importeurhaftung ist. Der Importeur haftet nur, wenn er pharmazeutischer Unternehmer ist, er haftet dann aber als pharmazeutischer Unternehmer und nicht als Importeur. Vgl. *Rolland*, FS Lorenz 200 f.

52 Vgl. *Kullmann*, Kza. 3800/39 („Das ist etwas Neuartiges in der gesamten Produkthaftpflichtdiskussion") und Kza. 3800/40 („ ... haben wir es daher nicht mit einer eigentlichen Produzentenhaftung zu tun").

53 Vgl. den vorigen § unter I.1.

das in Deutschland vom pharmazeutischen Unternehmer in den Verkehr gebracht und hier an einen Verbraucher abgegeben wurde, erst im Ausland angewendet werde oder der Schaden erst im Ausland eintrete[54]. Diese Autoren haben wohl nur die sachrechtliche Anwendbarkeit der Vorschrift vor Augen.

433 b) Meist wird die kollisionsrechtliche Problematik jedoch erkannt und angenommen, aufgrund der räumlichen Anwendungsvoraussetzungen des § 84
AMG sei seine kollisionsrechtliche Anwendbarkeit nicht gemäß den für das allgemeine Deliktsrecht maßgeblichen Kollisionsregeln, sondern ausgehend vom
Arzneimittelgesetz eigenständig zu beurteilen[55]. Dabei sind sich die Befürworter einer gesetzesbezogenen Anknüpfung einig, daß es für die kollisionsrechtliche Anwendbarkeit der Haftungsregelungen des AMG unerheblich sei, wo das
Arzneimittel angewendet werde[56], wo die schädlichen Folgen einträten[57], und
welche Staatsangehörigkeit der Geschädigte habe[58]. Viele andere Fragen bleiben jedoch offen[59].

434 So wird nicht klar beantwortet, ob die räumlichen Anwendungsvoraussetzungen rein sachrechtliche Funktion haben[60] und den Inhalt der für sie zu bildenden Kollisionsnorm deshalb nur determinieren[61], oder ob sie sach- *und* kollisionsrechtliche Funktion haben oder ob sie gar nur kollisionsrechtliche Funktion haben[62]. Unterschiedliche Auffassungen bestehen auch darüber, welche
räumlichen Merkmale den Ausschluß der allgemeinen Kollisionsregeln zur
Folge haben. Nach einer Auffassung ergibt sich der Ausschluß der allgemeinen
Kollisionsregeln allein aus dem Tatbestandsmerkmal „Abgabe an den Verbraucher im Inland"[63]. Eine andere Ansicht mißt auch dem Inverkehrbringen des

---

54 *Kullmann*, Kza 3800/13; *ders.*, BB 1978, 176; *Vogeler*, MedR 1984, 19; *ders.*, Arzneimittelhaftung 109; *D. und H. Prütting*, DAZ 1978, 256 f. (deren Stellungnahme von *Deutsch*, VersR
1979, 686, Fn. 18, kollisionsrechtlich eingeordnet wird); *Müller-Römer* 92 f.; *Beyer* 312; *Rolland*, § 15 ProdHaftG, Rn. 30 (irrelevant: Ort der Anwendung und Ort der Herstellung).
55 *Sander/Scholl* § 84 AMG Anm. 9 b); *Weitnauer*, Pharm. Ind. 40 (1978) 428; *Etmer/Bolck* § 88
AMG Anm. 4 b bb); *Deutsch*, Arztrecht 446; *ders.*, PHI 1991, 83 = FS Lorenz 77 f.; *Flatten*,
MedR 1993, 464.
56 *Etmer/Bolk* § 84 AMG, Anm. 4 b) bb); *Sander/Scholl* § 84 AMG Anm. 9 b); *Schiwy* § 84
AMG Anm. 4. b.; *Flatten*, MedR 1993, 464.
57 *Schiwy* § 84 Anm. 3 („herrscht Unsicherheit auf dem Gebiet des Internationalen Privatrechts").
58 *Etmer/Bolk* § 84 AMG, Anm. 4 b) bb); *Kloesel/Cyran* § 84 AMG, Bl. 104 a.
59 Wie vorige Fn.
60 Eindeutig für nur sachrechtliche Bedeutung *Staudinger/v. Hoffmann*, Art. 38 EGBGB,
Rn. 217. In diesem Sinne wohl auch *Rolland*, FS Lorenz 203 („Das ProdHaftG kennt eine vergleichbare Einschränkung nicht. Der Hersteller haftet unabhängig davon, wo er das Produkt
in den Verkehr gebracht hat, entscheidende Voraussetzung ist allein, daß nach IPR das Prod-
HaftG auf den Fall anzuwenden ist").
61 Vgl. *Deutsch*, Arztrecht 446 („Das AMG hat die generelle Problematik der Rechtswahl weitgehend vorprogrammiert ...").
62 Deutsch, VersR 1979, 686 („Ferner hat objektiv eine doppelte territoriale, d. h. internationalprivatrechtliche Voraussetzung gegeben zu sein ..."); vgl. auch *W.-H. Roth* 399 (Der deutsche
Gesetzgeber habe der Gefährdungshaftung des AMG einen „deutlich marktbezogenen Anwendungsbereich" gegeben).
63 *Sander/Scholl* § 84 AMG, Anm. C 9 b.

Arzneimittels im Inland durch den pharmazeutischen Unternehmer Bedeutung bei[64]. *Deutsch*[65] sieht die generelle Problematik der Rechtswahl weitgehend dadurch vorprogrammiert, daß die Gefährdungshaftung für Arzneimittel nur gelte, wenn das Mittel im Geltungsbereich des Gesetzes abgegeben worden sei, und daß auch der Importeur seinen Sitz im Inland oder der EG haben müsse und als Hersteller des Medikaments angesehen werde.

c) *v. Hoffmann*[66] qualifiziert die räumlichen Haftungsvoraussetzungen des **435** § 84 AMG rein sachrechtlich. Er unterstellt die Haftung für fehlerhafte Arzneimittel wie für Produkte allgemein der Ubiquitätsregel[67]. Er nimmt jedoch an, daß bei der Haftung für das Inverkehrbringen von Arzneimitteln Handlungs- und Erfolgsort regelmäßig zusammenfielen. Der *Handlungsort* liege nämlich dort, wo das Arzneimittel durch die Abgabe an den Verbraucher in den Verkehr gebracht wurde, und der *Erfolgsort* sei, weil er dem Schädiger zurechenbar sein müsse, auf den Ort vorzuverlegen, an dem der Verletzte in den Besitz der Arznei gelangt ist[68].

2. Die Gesetzesmaterialien

Die Gesetzesmaterialien lassen nicht klar erkennen, weshalb die Gefährdungs- **436** haftung nach dem AMG davon abhängig gemacht wurde, daß der pharmazeutische Unternehmer das Arzneimittel im Inland in den Verkehr bringt und es im Inland an „den Verbraucher" abgegeben wird. Die Materialien sind wenig aussagekräftig, weil die Entscheidung für die persönliche Gefährdungshaftung des pharmazeutischen Unternehmers erst „nach einem dramatischen Hin und Her in der letzten Gesetzgebungsphase"[69] fiel.

Der Regierungsentwurf sah keine individuelle Haftung, sondern die Eintritts- **437** pflicht eines öffentlich-rechtlichen Arzneimittel-Entschädigungsfonds vor[70]. § 80 Abs. 1 des Entwurfs setzte für die Eintrittspflicht des Fonds voraus, daß das zulassungspflichtige Arzneimittel im Inland in den Verkehr gebracht wird. Anders als nach der Gesetz gewordenen Regelung des § 84 S. 1 AMG sollte also nicht zusätzlich erforderlich sein, daß das Arzneimittel im Inland an einen

---

64 *Weitnauer*, Pharm.Ind. 40 (1978) 426; *Etmer/Bolk* § 84 AMG, Anm. 4b) bb); *Deutsch*, VersR 1979, 686, (der auch dem Sitz des Haftpflichtigen Bedeutung beimißt, vgl. dazu sogleich im Text).
65 *Deutsch*, Arztrecht 446; *ders.*, FS Lorenz 78.
66 *Staudinger/v. Hoffmann*, Art. 38 EGBGB Rn. 217.
67 Vgl. oben § 7 III. 3. cc) (3).
68 *v. Hoffmann* verlegt den Erfolgsort bei der Haftung gegenüber bestimmten Geschädigten unabhängig von der Art des schadenstiftenden Produkts nach vorne. Vgl. oben § 7 III. 3. cc) (3).
69 *Röckel*, Pharm.Ind. 39 (1977) 559.
70 § 84 des Entwurfs (BT-Drucks. 7/3060), der die Mitgliedschaft im Fonds regeln sollte, spricht nicht ausdrücklich von Inverkehrbringen im Inland. Diese Beschränkung ergibt sich aber aus der Forderung, daß das in den Verkehr gebrachte Arzneimittel „der Pflicht zur Zulassung unterliegt" oder „durch Rechtsverordnung von der Zulassung befreit worden ist (§ 34 Abs. 1 Nr. 4)". Der Zulassungspflicht nach dem AMG unterliegen nur Arzneimittel, die im Inland in den Verkehr gebracht werden.

Verbraucher abgegeben wird. Entsprechend der Voraussetzung für die Eintrittspflicht sollte der Fonds durch Beiträge der pharmazeutischen Unternehmer gespeist werden, die ein zulassungspflichtiges Arzneimittel im Inland in den Verkehr bringen[71].

438 Der im Gesetzgebungsverfahren federführende Bundestagsausschuß für Jugend, Familie und Gesundheit entschied sich gegen die Fondslösung und schlug die gesetzgewordene Gefährdungshaftung mit einer Deckungsvorsorge vor[72]. In seiner Begründung zu § 78, dem späteren § 84 AMG, heißt es[73]: „Klargestellt wird, daß eine Haftung nur dann gegeben ist, wenn das Arzneimittel im Geltungsbereich des Gesetzes an den Verbraucher abgegeben wird. Auslandsschäden und Schäden in der DDR werden daher nicht erfaßt"[74]. Der Ausschußbericht gibt weder eine Begründung für das Tatbestandsmerkmal „Inverkehrbringen durch den pharmazeutischen Unternehmer im Inland", noch für das Tatbestandsmerkmal „Abgabe an den Verbraucher im Inland". Seine Erläuterung ist darüber hinaus mißverständlich. Denn unter „Auslandsschäden" versteht man üblicherweise Schäden, die im Ausland eintreten oder deren Folgen im Ausland getragen werden. Der Begriff erfaßt also bei einem weiten Verständnis Schadensfälle, bei denen der Ort der Rechtsgutsverletzung, der Eintrittsort eines Folgeschadens, vielleicht auch der gewöhnliche Aufenthaltsort des Geschädigten im Ausland liegt. Solche Schadensfälle werden vom Wortlaut des § 84 S. 1 AMG aber nicht ausgeschlossen. Sie sind auch vom Bundestagsausschuß nicht gemeint. Wenn er mit Blick auf den Wortlaut des § 84 S. 1 AMG sagt, Auslandsschäden seien *daher* ausgeschlossen, so bedeute dies nichts anderes, als daß nach dieser Vorschrift keine Haftung besteht, wenn das Arzneimittel im Ausland an den Ersten Endabnehmer abgegeben worden ist.

3. Die sachrechtliche Funktion der räumlichen Voraussetzungen des § 84 Satz 1 AMG

a) Überblick

439 Nach dem Willen des Gesetzgebers sollen die Haftungsvoraussetzungen des § 84 Satz 1 AMG jedenfalls auch, wenn nicht sogar ausschließlich sachrechtliche Funktion haben. Wenngleich die Gesetzesmaterialien nicht die gewünschte Aussagekraft haben, lassen sie doch erkennen, daß es dem Gesetzgeber nicht – jedenfalls nicht primär – um die kollisionsrechtliche Anwendbarkeit des AMG ging, daß es ihm also nicht darum ging, zu regeln, unter welchen Voraussetzungen das AMG von deutschen Gerichten in Fällen mit Auslandsberüh-

---

71 Siehe § 84 AMG-Entwurf, BT-Drucks. 7/3060 S. 33.
72 Zur Entstehungsgeschichte vgl. *Kullmann*, BB 1978 175 ff.
73 Bericht des Ausschusses für Jugend, Familie und Gesundheit, an den der Deutsche Bundestag den Regierungsentwurf und weitere Entwürfe federführend zur Beratung überwiesen hatte, BT-Drucks. 7/5091 S. 20.
74 Ebenso *Wolter*, DB 1976, 2001, Fn. 1.

rung anzuwenden ist. Der Gesetzgeber ging vielmehr von der kollisionsrechtlichen Anwendbarkeit des deutschen Rechts aus und traf sachlich unterschiedliche Regelungen, je nach dem, ob das schadenstiftende Arzneimittel im Inland oder im Ausland an Verbraucher abgegeben wird, und je nach dem, ob ein pharmazeutischer Unternehmer das Arzneimittel im Inland oder im Ausland in den Verkehr bringt.

b) Inverkehrbringen im Inland

Das räumliche Merkmal „Inverkehrbringen durch den pharmazeutischen Unternehmer im Inland" soll — die kollisionsrechtliche Anwendbarkeit des AMG vorausgesetzt — ausschließen, daß ein pharmazeutischer Unternehmer für ein im *Inland* abgegebenes Arzneimittel gemäß § 84 AMG streng haftet, wenn er das Arzneimittel nicht im Inland, sondern im Ausland in den Verkehr gebracht hat. Der deutsche Gesetzgeber hält eine Gefährdungshaftung bei der Abgabe des Arzneimittels im Inland für geboten. Die Gefährdungshaftung soll aber nur denjenigen treffen, der für das Inverkehrbringen im Inland und d. h. für die Gefährdung der deutschen Marktteilnehmer verantwortlich ist. Diese Haftungskanalisierung macht das Merkmal „Inverkehrbringen im Inland" notwendig und weist es zugleich als sachrechtlichen Regelungsteil aus. **440**

c) Abgabe im Inland

Die räumliche Haftungsvoraussetzung „Abgabe des Arzneimittels im Inland" soll ausschließen, daß die Gefährdungshaftung nach dem AMG auch bei einer Abgabe des Arzneimittels im Ausland greift, gleich aus welchem Grund deutsches Recht maßgeblich ist, und gleich ob das deutsche Recht von einem deutschen oder einem ausländischen Gericht angewandt wird. **441**

Nach *Rolland*[75] liegt dieser Haftungseinschränkung auf den Inlandsvertrieb die Überlegung zugrunde, der pharmazeutische Unternehmer habe bei der Abgabe des Arzneimittels im Ausland keinen Einfluß auf die Art und Weise der Abgabe des Arzneimittels, er habe also keine Möglichkeit, das Gefahrpotential zu beherrschen. Darüber hinaus sei nicht gewährleistet, daß ein dem inländischen Standard entsprechendes öffentlich-rechtliches Kontrollsystem im Ausland vorhanden sei. Diese außerhalb seines Einflußbereichs liegenden Umstände sollten dem pharmazeutischen Unternehmer nicht zugerechnet werden. **442**

Ob damit der wahre Grund für die Haftungseinschränkung getroffen ist, erscheint fraglich. Denn die Existenz einer öffentlich-rechtlichen Kontrolle der Arzneimittelsicherheit ist keine Voraussetzung für die Statuierung einer Gefährdungshaftung der an der Herstellung und dem Vertrieb von Arzneimitteln Beteiligten. Wenn ein Staat den Marktzugang bestimmter Produkte von einer öffentlich-rechtlichen Kontrolle ihrer Unbedenklichkeit abhängig macht, so **443**

---

75 *Rolland*, FS Lorenz 204.

beruht dies auf der erkannten besonderen Gefährlichkeit dieser Produkte. Die besondere Gefährlichkeit ist der Grund sowohl für das öffentlich-rechtliche Kontrollsystem als auch für die flankierende strenge Haftung. Wer ein gefährliches Produkt in den Verkehr bringt, kann eine Gefährdungshaftung deshalb nicht mit der Begründung von sich weisen, sie setze voraus, daß der Staat ihn kontrolliere. *Die Schädiger* haben keinen Anspruch darauf, daß der Staat die Produktsicherheit zu einer staatlichen Aufgabe macht[76], und durch die Zulassung des Arzneimittels eine Mitverantwortung[77] übernimmt.

444   Auch der weitere von *Rolland*[78] angeführte Grund, bei einer Abgabe des Arzneimittels im Ausland habe der pharmazeutische Unternehmer keinen Einfluß auf die Art und Weise der Abgabe des Arzneimittels, schließt eine Gefährdungshaftung nach dem AMG nicht zwingend aus. *Rolland* hat offensichtlich die Gefahr vor Augen, daß die Fach- oder Gebrauchsinformation des pharmazeutischen Unternehmers im Ausland ausgetauscht oder verändert wird. Diese Instruktionen stehen im Mittelpunkt des Instruktionsfehlers im Sinne des § 84 Satz 2 Nr. 2 AMG. Sie haben aber auch für den Herstellungs- und Entwicklungsfehler im Sinne des § 84 Satz 2 Nr. 1 AMG zentrale Bedeutung, weil sie maßgeblich den „bestimmungsgemäßen Gebrauch" festlegen[79]. Vor der Gefahr einer Manipulation durch Dritte wird der pharmazeutische Unternehmer jedoch bereits dadurch ausreichend geschützt, daß es insoweit auf den Zeitpunkt des Inverkehrbringens durch ihn ankommt[80]. Die Beurteilung ist also nicht anders, als wenn im Inland ein Apotheker das Arzneimittel ohne die vom pharmazeutischen Unternehmer stammenden Instruktionen abgibt. Auch dann haftet der pharmazeutische Unternehmer nicht, wenn das Arzneimittel den gesetzlichen Anforderungen entsprach, als er es in den Verkehr brachte. Die Unmöglichkeit, das Gefahrenpotential im Zeitpunkt der Abgabe des Arzneimittels an den Verbraucher (im Ausland) zu beherrschen, schließt eine Gefährdungshaftung nach dem AMG also nicht aus, weil Gefahren, die von Dritten nach dem Inverkehrbringen durch den Haftpflichtigen gesetzt werden, diesem nicht zugerechnet werden. *Rolland*[81] hat denn auch keine Bedenken, den pharmazeutischen Unternehmer für im Ausland abgegebene Arzneimittel verschuldensunabhängig nach dem *Produkthaftungsgesetz* haften zu lassen.

---

76 Zur Begründung der staatlichen Schutzpflicht gegenüber dem einzelnen Arzneimittelverbraucher und gegenüber der gefährdeten Allgemeinheit vgl. BVerfG, 25.2.1975, BVerfGE 39, 1, 42 f.; 26.1.1988, BVerfGE 77, 381, 402 f. m. w. N.; *Hohm* 85 ff.; *Schiwy* § 84 AMG, Anm. 2 c) bb).

77 Zur „Staatshaftung bei der Zulassung von Arzneimitteln" vgl. *Knothe*, Staatshaftung bei der Zulassung von Arzneimitteln, Frankfurt a.M. 1990; *Yeun* 112 f.; *Abe*, in: Badura/Kitagawa (Hrsg.), Arzneimittelprobleme in Deutschland und Japan, 63–72.

78 *Rolland*, FS Lorenz 204.

79 Vgl. hierzu *Kullmann*, Kza. 3800/17; *Papier* 11 f. und passim; *Räpple* 57 ff.; *Wolz* 60 ff.; *Graf von Westphalen* § 70 Rn. 6; *Radau*, VersR 1991, 387. Hinweise auf ausländische Rechtsprechung gibt *Giesen*, Rn. 156. Vgl. auch den Bericht der Pearson Commission (England), 1978 Cmnd. 7054 Vol. 1 para 1275.

80 Vgl. hierzu *Reinelt*, VersR 1990, 568 f., und *Sieger*, VersR 1989, 1015 ff. jeweils mit Nachweisen.

81 *Rolland*, FS Lorenz 204.

Ein Grund für die Beschränkung der Gefährdungshaftung nach dem AMG auf **445**
Arzneimittel, die im Inland an Verbraucher abgegeben werden, könnte sich jedoch aus der Grundkonzeption des AMG ergeben, daß eine Person im Inland
die Verantwortlichkeit für den Vertrieb im Inland übernehmen muß (sog. Residenzpflicht). Es ließe sich argumentieren, der deutsche Gesetzgeber sei von der
Vorstellung ausgegangen, auch der ausländische Staat, in dem das Arzneimittel
an den Verbraucher abgeben werde, verfolge eine entsprechende Konzeption
zum Schutze der Teilnehmer seines Marktes. Der deutsche Gesetzgeber habe die
sachrechtliche Anwendbarkeit des AMG also mit Rücksicht auf die Regelungskompetenz des ausländischen Marktstaats beschränkt. Diese Annahme ist jedoch mangels irgendwelcher Anhaltspunkte im Gesetzgebungsverfahren reine
Spekulation. Sie erscheint auch unwahrscheinlich, weil derart motivierte Selbstbeschränkungen des materiellen Rechts dem deutschen Recht grundsätzlich
fremd sind. Eine solche Selbstbeschränkung wäre in der Sache auch nicht berechtigt, weil der deutsche Gesetzgeber in keinem Fall in die Regelungskompetenz des Abgabestaates eingriffe. Diesem ist es selbstverständlich unbenommen,
den Verkehr in seinem Staat nach seinen eigenen Vorstellungen zu schützen.

Der sachrechtlichen Selbstbeschränkung des AMG durch das Merkmal „Ab- **446**
gabe im Inland" liegt im Gegenteil die Absicht zugrunde, auszuschließen, daß
ein ausländisches Gericht einen deutschen pharmazeutischen Unternehmer für
ein im Ausland vermarktetes Arzneimittel verschuldensunabhängig nach dem
deutschen AMG haften läßt. Das Kollisionsrecht des ausländischen Forumstaates kann wegen der Inverkehrgabe des Arzneimittels in Deutschland[82]
oder wegen einer anderen Beziehung des Sachverhalts zu Deutschland eine
Sachnormverweisung auf das deutsche Recht aussprechen. Diese Sachnormverweisung hätte die Haftung nach dem AMG zur Folge, wenn dieses seine
sachrechtliche Anwendbarkeit nicht selbst sperren würde. Der wahre Grund
für die räumliche Haftungsvoraussetzung ist mit anderen Worten die Absicht,
die deutsche *Export*wirtschaft von dem Risiko der strengen Haftung nach dem
AMG freizustellen[83]. Anstößig ist dieses Vorgehen nicht. Denn dem ausländischen Staat, in dem das Arzneimittel an den Verbraucher abgegeben wird, steht
es frei, den pharmazeutischen Unternehmer, der es in Deutschland in den Verkehr gebracht hat, einer strengen Haftung zu unterstellen. Die Selbstbeschränkung des AMG schließt eine Gefährdungshaftung des deutschen Unternehmers also nicht aus. Sie verhindert aber − in der Sache zu Recht −, daß der
deutsche pharmazeutische Unternehmer strenger haftet als seine Wettbewerber
auf dem ausländischen Absatzmarkt. Der deutsche Gesetzgeber bevorzugt die
deutsche Exportindustrie also nicht, sondern beugt lediglich ihrer Benachteiligung auf einem ausländischen Markt vor.

---

82 § 9 Abs. 2 AMG verlangte in seiner ursprünglichen Fassung außerdem, daß der pharmazeutische Unternehmer in Deutschland seinen Sitz hat.
83 Zur Schutzbedürftigkeit der exportintensiven pharmazeutischen Industrie Deutschlands
   Roesch, VersR 1971, 594 f.

447 Die Absicht, die deutsche Exportwirtschaft vor der strengen Haftung nach dem AMG zu schützen, findet in der Begründung der Regelung des § 94a AMG über die Gerichtszuständigkeit eine Bestätigung. Nach Abs. 1 dieser durch das Erste Änderungsgesetz von 1983[84] eingefügten Vorschrift ist für Klagen, die aufgrund des § 84 AMG erhoben werden, neben den nach allgemeinen Vorschriften zuständigen Gerichten auch das Gericht zuständig, in dessen Bezirk der Kläger zur Zeit der Klageerhebung seinen Wohnsitz oder, in Ermangelung eines solchen, seinen gewöhnlichen Aufenthaltsort hat. Abs. 2 der Vorschrift ordnet aber an, daß die Regelung des Abs. 1 bei der Ermittlung der internationalen Zuständigkeit der Gerichte eines ausländischen Staates als Voraussetzung für die Anerkennung des ausländischen Urteils gemäß § 328 Abs. 1 Nr. 1 ZPO außer Betracht bleibt. Dieser Vorbehalt wird vom Bundestagsausschuß für Jugend, Familie und Gesundheit, auf dessen Beschlußempfehlung er beruht, nicht etwa damit begründet, ein internationaler Klägergerichtsstand sei mit den berechtigten Zuständigkeitsinteressen des Beklagten nicht vereinbar. Die Beschränkung der Zuständigkeitsregelung des Abs. 1 auf das Inland wurde vielmehr für erforderlich gehalten, „um die Einheitlichkeit der Rechtsprechung zu diesem neuen Rechtsinstitut", gemeint ist die Gefährdungshaftung nach dem AMG, zu gewährleisten[85]. Der deutsche Gesetzgeber begnügt sich also nicht mit dem sachrechtlichen Ausschluß der Haftung bei einer Abgabe des Arzneimittels im Ausland, sondern sucht möglichst auch auszuschließen, daß das AMG, wenn es wegen der Abgabe des Arzneimittels im Inland anwendbar ist, von einem ausländischen Gericht − in einer unter Umständen für den deutschen pharmazeutischen Unternehmer nachteiligen Auslegung − angewandt wird[86].

448 Ein rein kollisionsrechtliches Verständnis des Tatbestandsmerkmals „Abgabe an den Verbraucher im Inland" entspräche also nicht dem Willen des Gesetzgebers. Würde man dieses Merkmal rein kollisionsrechtlich verstehen, so bedeutete dies, daß es nicht Bestandteil der Sachnorm, sondern nur Bestandteil der zur Sachnorm gehörenden Kollisionsnorm wäre. Deutsche Gerichte hätten die Haftungsregelung des AMG in Fällen mit Auslandsberührung nur anzuwenden, wenn das schadenstiftende Arzneimittel im Inland an einen Verbraucher abgegeben würde. Dies würde dem Willen des Gesetzgebers entsprechen. Seinem Willen entspräche es aber nicht, daß der − um sein kollisionsrechtliches Element „Abgabe im Ausland" bereinigte − § 84 AMG von einem ausländischen Gericht trotz einer Abgabe des Arzneimittels im Ausland angewen-

---

84 BGBl. 1983 I 169.
85 BT-Drucks. 9/2221 S. 28.
86 Bei der Schaffung des Klägergerichtsstandes durch Einfügung des § 94a AMG im Jahre 1983 war die Residenzpflicht des pharmazeutischen Unternehmers noch nicht auf das Gebiet der EG ausgedehnt (siehe oben II.1.). Deshalb lag der allgemeine Gerichtsstand des pharmazeutischen Unternehmers notwendig im Inland. Die Zuständigkeit eines ausländischen Gerichts aufgrund allgemeiner Zuständigkeitsvorschriften konnte daher grundsätzlich nur aus dem Eintritt der Rechtsgutverletzung im Ausland resultieren.

det werden könnte und müßte, wenn nämlich das Kollisionsrecht der ausländischen lex fori eine Sachnormverweisung auf deutsches Recht ausspräche, etwa weil hier der Hersteller seinen Sitz hat oder weil hier das Rechtsgut verletzt wurde. Diese Sachnormverweisung führte zur Anwendbarkeit des § 84 AMG, weil seine sachrechtliche Anwendbarkeit nicht durch das − rein kollisionsrechtliche − Tatbestandsmerkmal „Abgabe im Inland" gesperrt wäre[87].

4. Die kollisionsrechtliche Funktion der räumlichen Voraussetzungen des § 84 Satz 1 AMG

Die sachrechtliche Funktion der räumlichen Voraussetzungen des § 84 Satz 1   **449**
AMG schließt nicht aus, daß sie zugleich eine kollisionsrechtliche Funktion haben. Sie bildeten in dieser Funktion die Kollisionsnorm, die bestimmt, unter welchen Voraussetzungen in Fällen mit Auslandsberührung nach dem deutschen AMG und nicht nach einem ausländischen Recht gehaftet wird, oder sie wären ein Teil dieser Kollisionsnorm.

Ob der Gesetzgeber mit den räumlichen Voraussetzungen *auch* eine Kollisions-   **450**
norm des Inhalts aufgestellt hat, daß das AMG ungeachtet einer Auslandsberührung des Sachverhalts anzuwenden ist, wenn die räumlichen Voraussetzungen erfüllt sind, läßt sich aufgrund des Wortlauts des § 84 Satz 1 AMG und seiner Entstehungsgeschichte nicht mit Sicherheit beantworten. Das gesetzliche Material und die Gesetzesmaterialien geben aber unabhängig von einer kollisionsrechtlichen Intention des Gesetzgebers deutliche Hinweise auf den Inhalt der für die Haftungsregelung des AMG zu bildenden Kollisionsnorm. *Deutsch*[88] trifft deshalb mit der Feststellung, das AMG habe die kollisionsrechtliche Entscheidung weitgehend vorprogrammiert, den Kern der Sache.

a) Abgabe des Arzneimittels an den Verbraucher im Inland

Die kollisionsrechtliche Anwendbarkeit der Haftungsvorschriften des AMG   **451**
setzt die Abgabe des Arzneimittels an den Ersten Endabnehmer im Inland voraus. Dieses Merkmal entscheidet nach dem Willen des Gesetzgebers über die Anwendbarkeit der Haftungsvorschriften des AMG. Selbst wenn der Gesetzgeber damit nur sachrechtliche Zwecke verfolgt haben sollte, kann diese Haftungsvoraussetzung bei der Bildung der speziellen Kollisionsnorm für die Haftungsvorschriften des AMG nicht unberücksichtigt bleiben. Die kollisionsrechtliche Anwendbarkeit muß insoweit mit der sachrechtlichen harmonieren[89].

---

87 Siehe den vorigen § unter I.1.
88 *Deutsch*, Arztrecht 446; *ders.*, FS Lorenz 78.
89 Vgl. dagegen zur Voraussetzung „Inverkehrbringen des Arzneimittels durch den pharmazeutischen Unternehmer im Inland", das neben dem kollisionsrechtlichen Kriterium „Abgabe an den Verbraucher im Inland" kollisionsrechtlich funktionslos ist, unten b).

452 Die Haftungsvoraussetzung „Abgabe im Inland" läßt sich ohne weiteres sachrechtlich und zugleich kollisionsrechtlich begreifen. In ihrer sachrechtlichen Funktion verhindert sie, daß das AMG im Wege einer Sachnormverweisung eines ausländischen Kollisionsrechts trotz der Abgabe des Arzneimittels im Ausland zur Anwendung kommt. In ihrer kollisionsrechtlichen Funktion macht sie die kollisionsrechtliche Anwendbarkeit des AMG durch deutsche Gerichte von der Abgabe des Arzneimittels in Deutschland abhängig.

b) Inverkehrbringen des Arzneimittels durch den pharmazeutischen Unternehmer im Inland

453 Einige Autoren knüpfen die kollisionsrechtliche Anwendbarkeit nicht nur an das Merkmal des § 84 Satz 1 AMG „Abgabe des Arzneimittels im Inland", sondern auch an das Merkmal „Inverkehrbringen des Arzneimittels durch den pharmazeutischen Unternehmer im Inland"[90]. Da bereits das für die Kollisionsnorm unverzichtbare Erfordernis der Abgabe an den Verbraucher auf das Inland, also auf das deutsche Recht, verweist, macht es nur Sinn, in dem „Inverkehrbringen des Arzneimittels durch den pharmazeutischen Unternehmer im Inland" ein zusätzliches kollisionsrechtliches Erfordernis zu sehen, wenn damit eine Einschränkung der kollisionsrechtlichen Anwendbarkeit des AMG bezweckt ist, anders ausgedrückt, wenn die Abgabe des Arzneimittels im Inland für die kollisionsrechtliche Anwendbarkeit des AMG als nicht ausreichend angesehen wird.

454 Für das Inverkehrbringen im Inland als zusätzliches Anknüpfungskriterium ließe sich anführen, daß auf diesem Wege die kollisionsrechtliche Anwendbarkeit der Haftungsvorschriften des AMG mit ihrer sachrechtlichen Anwendbarkeit voll zur Deckung gebracht würde. Eine solche Betrachtungsweise wäre jedoch verfehlt, weil sie die Kollisionsnorm unnötig überladen würde. Eine Kollisionsnorm hat nur den Zweck, ein Recht im Verhältnis zu anderen Rechten für anwendbar zu erklären. Ob die sachlichen und persönlichen Anwendungsvoraussetzungen des berufenen Sachrechts erfüllt sind, entscheidet das Sachrecht. Das Interesse an einer einfachen und klaren Kollisionsregel für die Haftungsvorschriften des AMG spricht deshalb dafür, das räumliche Erfordernis des § 84 S. 1 AMG „Inverkehrbringen durch den pharmazeutischen Unternehmer im Inland" ausschließlich sachrechtlich zu verstehen.

c) Zulassungspflicht im Inland

455 Die Voraussetzung des § 84 Satz 1 AMG, daß das Arzneimittel der Pflicht der Zulassung unterliegt oder durch Rechtsverordnung von der Zulassung befreit worden ist, wird im Schrifttum nicht kollisionsrechtlich gewürdigt, obwohl auch diese Voraussetzung ausschließlich auf das Inland bezogen ist. Nur

---

90 Siehe oben Fn. 64.

Weitnauer[91] meint, die in § 84 AMG steckende kollisionsrechtliche Sonderregelung hänge gewiß mit der Zulassungspflicht zusammen. Im Rahmen einer speziellen Kollisionsnorm für die Haftungsregelungen des AMG wäre dieses Tatbestandsmerkmal aber entweder ungeeignet oder ebenso wie das Merkmal „Inverkehrbringen durch den pharmazeutischen Unternehmer im Inland"[92] funktionslos. Ungeeignet wäre es, wenn es den Anknüpfungsgegenstand beschreiben sollte. Würde man nämlich nicht die Haftung nach dem AMG, sondern die Haftung für im Inland zulassungspflichtige Arzneimittel anknüpfen, so erweiterte man den Anknüpfungsgegenstand, weil auch die mit dem AMG konkurrierende Verschuldenshaftung erfaßt wäre. Als kollisionsrechtliche Anwendbarkeitsvoraussetzung, also als Bestandteil der Verweisungsvoraussetzung, wäre das Merkmal „Zulassungspflicht im Inland" neben dem Anknüpfungskriterium „Abgabe des Arzneimittels im Inland" denkbar, hätte aber keine Bedeutung. Ihm ist deshalb nur sachrechtliche Funktion zuzusprechen. Das heißt: Bei kollisionsrechtlicher Anwendbarkeit der Haftungsregelungen des AMG beschränkt es die Haftung nach diesem Gesetz auf Schäden, die durch ein im Inland zulassungspflichtiges Arzneimittel verursacht werden[93].

IV. Die spezielle Kollisionsregel für die Haftungsvorschriften des AMG

1. Kumulative kollisionsrechtliche Anwendbarkeitsvoraussetzungen neben der Abgabe des Arzneimittels im Inland

Nach den bisher gewonnenen Erkenntnissen setzt die kollisionsrechtliche Anwendbarkeit der Haftungsregelungen des AMG voraus, daß das schadenstiftende Arzneimittel im Inland an den Ersten Endabnehmer abgegeben wurde. Dies bedeutet im Umkehrschluß, daß das AMG kollisionsrechtlich nicht anwendbar ist, wenn ein im Ausland auf den Markt gebrachtes Arzneimittel im Inland zu einem Schaden führt. Allein die Rechtsgutverletzung im Inland begründet die Anwendbarkeit des AMG nicht[94]. Noch nicht beantwortet ist da-

456

---

91 *Weitnauer*, Pharm.Ind. 40 (1978) 428.
92 Siehe oben b).
93 Kollisionsrechtliche Bedeutung erlangt die Zulassungspflicht erst, wenn es um die Frage geht, ob die spezielle Kollisionsnorm für die Haftungsvorschriften des AMG zu einer einseitigen Kollisionsnorm über die verschuldensunabhängige Haftung für im Inland zulassungspflichtige und abgegebene Arzneimittel zu erweitern ist. Siehe unten V.
94 *Staudinger/v. Hoffmann*, Art. 38 EGBGB, Rn. 217, sucht die Unerheblichkeit des Ortes der Rechtsgutverletzung mit der allgemeinen Überlegung zu begründen, der Ort der Abgabe an den Verbraucher falle bei der Haftung für das Inverkehrbringen von Arzneimitteln regelmäßig mit dem Ort der Rechtsgutverletzung zusammen. Die Rechtsgutverletzung müsse nämlich auf den Ort vorverlegt werden, an dem der Verletzte in den Besitz der Arznei gelangt ist. Hier sei die Schadensquelle „Arzneimittel" so in den Rechtskreis des Geschädigten getreten, daß Zeitpunkt und Ort des Erfolgseintritts in der Folge allein vom Willen des Verletzten abhingen. Da der Erfolgsort aber dem Schädiger zurechenbar sein müsse, dürfe er nicht allein durch Handlungen des Geschädigten wandelbar sein. Deshalb sei der Ort, wo das Arzneimittel ange-

mit aber die Frage, ob die Abgabe im Inland die einzige kollisionsrechtliche Anwendbarkeitsvoraussetzung ist, oder ob zusätzliche auf das Inland weisende Voraussetzungen gegeben sein müssen.

457 Von vornherein auszuschließen ist es, kumulativ auf die *Herstellung* des Arzneimittels im Inland, den *Sitz des Herstellers* im Inland oder den *gewöhnlichen Aufenthalt des Ersten Endabnehmers* abzustellen. Die Gefährdungshaftung nach dem AMG knüpft nämlich nicht an die Herstellung des schädigenden Arzneimittels, sondern ausschließlich an dessen Vermarktung (im Inland) an[95]. Ebensowenig wie die Herstellung und der Hersteller ist der individuelle Verbraucher, an den der Handel das Arzneimittel abgegeben hat, sachrechtlich von Interesse. Erheblich ist allein die Vermarktung des Arzneimittels an Endverbraucher. Der Geschädigte muß nicht mit dem Ersten Endabnehmer identisch sein[96].

458 Es käme jedoch in Betracht, zusätzlich zur „Abgabe des Arzneimittels an den Verbraucher im Inland" zu verlangen, daß der für die Vermarktung verantwortliche pharmazeutische Unternehmer im Inland oder in einem anderen Vertragsstaat des Abkommens über den EWR seinen Sitz hat, daß der *Geschädigte* im Inland seinen gewöhnlichen Aufenthalt hat, oder daß die Rechtsgutsverletzung im Inland eintrat.

459 Die Frage, ob die kollisionsrechtliche Anwendbarkeit des AMG auch hiervon und nicht nur von der Abgabe des Arzneimittels im Inland abhängig zu machen ist, läßt sich nicht ohne weiteres im Wege des Umkehrschlusses verneinen, wie dies im Schrifttum häufig geschieht[97]. Ein Umkehrschluß käme nämlich nur dann in Betracht, wenn feststünde, daß der Gesetzgeber der „Abgabe des Arzneimittels an den Verbraucher im Inland" nicht nur sachrechtliche, sondern auch kollisionsrechtliche Funktion beigemessen hätte. Dann ließe sich argumentieren, der Gesetzgeber hätte es zum Ausdruck gebracht, wenn er die kollisionsrechtliche Anwendbarkeit der Haftungsvorschriften des AMG an weitere Voraussetzungen hätte knüpfen wollen. Der hierauf gestützte Umkehrschluß wäre jedoch, seine Zulässigkeit einmal unterstellt, nicht zwingend. Es wäre nämlich möglich, daß der Gesetzgeber nur diejenige kollisionsrechtliche Anwendbarkeitsvoraussetzung benannt hat, die *auch sachrechtliche* Funktion hat, weil er die kollisionsrechtliche Anwendbarkeit grundsätzlich nicht in Ver-

---

wandt wurde, bzw. anschließend wirkte, unerheblich. – Diese Begründung vermag nicht zu erklären, warum das AMG nach dem Willen des deutschen Gesetzgebers nicht anwendbar ist, wenn dem Geschädigten ein Arzneimittel, das im Ausland an einen Verbraucher abgegeben wurde, erstmals im Inland überlassen wird und er hier zu Schaden kommt. Zu den Gründen vgl. oben III. 3. c). Zur möglichen Verschiedenheit von „dem Verbraucher", an den das Arzneimittel abgegeben wird, und dem Geschädigten, vgl. oben II. 2. a) bb).

95 S. oben II. 2. c). – Vgl. auch *Deutsch*, Internationales Unfallrecht 206: „ ... ist die Haftung des Arzneimittelherstellers, soweit sie als Gefährdungshaftung anzusehen ist, auf das Inverkehrbringen des Arzneimittels ausgerichtet".

96 Siehe oben II. 2. a) bb).

97 Siehe die Nachweise in Fn. 54.

knüpfung mit der sachrechtlichen Norm regelt. Diesen Zweifeln muß hier jedoch nicht nachgegangen werden, weil bereits die Prämisse des Umkehrschlusses, daß der Gesetzgeber mit der sachrechtlichen Haftungsvoraussetzung „Abgabe an den Verbraucher im Inland" zugleich die kollisionsrechtliche Anwendbarkeit des AMG regeln wollte, nicht verifizierbar ist.

Die Frage, ob die kollisionsrechtliche Anwendbarkeit der Haftungsregelungen **460** des AMG außer von der Abgabe des Arzneimittels an den Verbraucher im Inland von weiteren auf das Inland weisenden Voraussetzungen abhängig ist, ist also nur mittels einer eigenständigen kollisionsrechtlichen Wertung zu beantworten. Sie ist aufgrund der besonderen Strukturen der Haftung nach dem AMG und ihrem klaren gesetzgeberischen Zweck allerdings weitgehend vorgezeichnet[98].

2. Die kollisionsrechtliche Wertung

a) Sitz des Verantwortlichen für das Inverkehrbringen in der EG (im EWR)

Der Ort, an dem der für die Vermarktung im Inland Verantwortliche seinen Sitz **461** hat, kann für die kollisionsrechtliche Anwendbarkeit des AMG nicht von Bedeutung sein[99]. § 9 Abs. 2 AMG macht die Befugnis des pharmazeutischen Unternehmers, Arzneimittel im Inland in den Verkehr zu bringen, zwar davon abhängig, daß er im Inland, in einem anderen Mitgliedstaat der Europäischen Gemeinschaft oder in einem anderen Vertragsstaat des Abkommens über den EWR seinen Sitz hat. Es handelt sich hierbei jedoch um eine rein sachrechtliche Ordnungsvorschrift, die sicherstellen soll, daß auf den Haftpflichtigen im Inland, in der EG oder im EWR zugegriffen werden kann. Die kollisionsrechtliche Anwendbarkeit der Haftungsvorschriften des AMG von der Befolgung dieser Ordnungsvorschrift abhängig zu machen, liefe dem mit der Residenzpflicht verfolgten Zweck offensichtlich zuwider[100]. Ein Verstoß gegen § 9 Abs. 2 AMG, der gemäß § 97 Abs. 2 Nr. 3 AMG eine Ordnungswidrigkeit darstellt, darf sich kollisionsrechtlich nicht zum Nachteil des Geschädigten auswirken[101].

b) Ort der Rechtsgutsverletzung im Inland

Das AMG sieht das öffentliche Arzneimittelsicherheitsrecht und das private **462** Haftungsrecht als sich ergänzende Schutzinstrumente[102]. Das öffentliche

---

98 Siehe oben Fn. 65.
99 *Weitnauer*, Pharm.Ind. 40 (1978) 428; implizit auch *Rolland*, FS Lorenz 201.
100 Vgl. *Rolland*, FS Lorenz 201.
101 Ebenso unsinnig wäre es, die Haftung davon abhängig zu machen, daß der pharmazeutische Unternehmer das schadenstiftende Arzneimittel pflichtgemäß zugelassen hat. § 84 Satz 1 AMG rekurriert zutreffend nicht auf die Erfüllung der Zulassungspflicht, sondern nur auf das Bestehen dieser Pflicht.
102 Vgl. hierzu *Murswieck*, 201 f., sowie *Hart*, Jahrbuch für Sozialökonomie und Gesellschaftstheorie 1986, 192 ff.

Kontrollsystem erfaßt die Arzneimittel, die im Inland auf den Markt kommen. Es spricht nichts dafür, die kollisionsrechtliche Anwendbarkeit der Haftungsregelungen des AMG enger zu ziehen[103]. Der mit dem Gesetz angestrebte Schutz würde kollisionsrechtlich ohne einen überzeugenden Grund ausgehöhlt, machte man sein Bestehen davon abhängig, daß das im Inland an den Ersten Endabnehmer abgegebene Arzneimittel auch im Inland zu einer Rechtsgutsverletzung führt.

c) Gewöhnlicher Aufenthalt des Geschädigten im Inland

463 Die kollisionsrechtliche Anwendbarkeit der Haftung nach dem AMG außer von der Abgabe des Arzneimittels im Inland davon abhängig zu machen, daß der Geschädigte sich gewöhnlich im Inland aufhält, bedeutete eine sachlich nicht zu rechtfertigende Schlechterstellung von Ausländern. Eine solche Differenzierung, die einer bewußten Diskriminierung gleichkäme, liegt dem Gesetzgeber des AMG fern. Dies zeigt § 94a Abs. 2 AMG, der eine Haftung aus § 84 AMG gegenüber einem Geschädigten mit gewöhnlichem Aufenthalt im Ausland voraussetzt[104] und nur die Klageerhebung im ausländischen Klägergerichtsstand verhindern soll, indem er die Unzuständigkeit dieses Gerichts für die Zwecke der Anerkennung und Vollstreckung der ausländischen Entscheidung im Inland normiert[105].

3. Ergebnisse

464 Die genaue Analyse der räumlichen Anwendungsvoraussetzungen des § 84 Satz 1 AMG bestätigt, daß die kollisionsrechtliche Anwendbarkeit der Haftungsvorschriften des AMG nicht nach den für das allgemeine Deliktsrecht maßgeblichen Kollisionsregeln, sondern ausgehend vom Arzneimittelgesetz eigenständig zu beurteilen ist[106].

---

103 Das OLG Köln, 17.9.1993, VersR 1994, 177, beurteilte die Haftung für ein in Deutschland abgegebenes Insektenschutzmittel deshalb im Ergebnis zu Recht nach § 84 AMG, obgleich das Arzneimittel bei seiner Anwendung in *Kenia* schädliche Wirkungen zeitigte. – Nach Ziff. 1 Abs. 3 der „Besonderen Bedingungen und Risikobeschreibungen für die Versicherung der Produkthaftpflicht (Inland) pharmazeutischer Unternehmer" ist abweichend von § 4 Ziff. 1 Nr. 3 AHB auch der im Ausland eingetretene Personenschaden eingeschlossen (vgl. VerBAV 1977, 444).

104 Siehe hierzu oben III. 3. c).

105 Es bestehen keine Anhaltspunkte dafür, daß die Regelung nur verhindern will, daß der im Inland Geschädigte *nach* der Schädigung seinen gewöhnlichen Aufenthalt ins Ausland verlegt. Auch § 95 des Regierungsentwurfs, BT-Drucks. 7/3060 S. 35, eröffnete einem Geschädigten für die Klage gegen den Arzneimittelentschädigungsfonds „in Ermangelung eines Wohnsitzes oder eines gewöhnlichen Aufenthaltes im Geltungsbereich dieses Gesetzes" einen Gerichtsstand am Sitz des Fonds.

106 Zu einer speziellen Anknüpfung gelangt auch *v. Hoffmann* (siehe oben bei und in Fn. 94), indem er als Handlungsort der Haftung für Arzneimittel nicht wie allgemein (vgl. oben § 7 III 3. cc) (3)) den juristischen Sitz des Haftpflichtigen, sondern den Ort bestimmt, an dem das Arzneimittel durch die Abgabe an den Verbraucher in den Verkehr gebracht wurde.

Dreh- und Angelpunkt der räumlichen Haftungsvoraussetzungen des § 84   **465**
Satz 1 AMG ist die „Abgabe des Arzneimittels im Geltungsbereich dieses Gesetzes". Dieses Tatbestandsmerkmal ist Teil der Sachnorm. Es fungiert als
Sperre gegenüber einem ausländischen Kollisionsrecht, das die Haftung für ein
außerhalb Deutschlands abgegebenes Arzneimittel im Wege einer Sachnormverweisung deutschem Recht unterstellt, insbesondere weil das Arzneimittel
hier hergestellt wurde oder der Hersteller hier seinen Sitz hat. Die sachrechtliche Anwendungsvoraussetzung schließt für im Ausland vermarktete Arzneimittel die verschuldensunabhängige Haftung nach dem AMG aus. Die deutschen Arzneimittelhersteller sollen nicht mit ihren Arzneimitteln auch die
strenge AMG-Haftung exportieren müssen. Sie sollen auf dem ausländischen
Markt zu gleichen Bedingungen tätig werden können wie ihre ausländischen
Wettbewerber.

Ob das Tatbestandsmerkmal „Abgabe des Arzneimittels im Inland" nach dem   **466**
Willen des Gesetzgebers auch die Funktion hat, die kollisionsrechtliche Anwendbarkeit der Haftungsvorschriften des AMG durch deutsche Gerichte zu
regeln, ob es also zu einer versteckten Kollisionsnorm gehört, läßt sich aufgrund des Wortlauts des § 84 Satz 1 AMG und der Entstehungsgeschichte der
Vorschrift nicht mit Gewißheit beantworten. Auch wenn man einen kollisionsrechtlichen Regelungswillen des Gesetzgebers verneint, determiniert der besondere sachrechtliche Zweck dieses Tatbestandmerkmals jedoch die kollisionsrechtliche Anknüpfung. Die Haftungsvorschriften des AMG sollen in Fällen
mit Auslandsberührung stets, aber auch nur dann anwendbar sein, wenn das
schädigende Arzneimittel in Deutschland an den Ersten Endabnehmer vermarktet wurde.

Die spezielle Kollisionsregel für die Haftungsregelungen des AMG lautet: **467**

Die Haftungsregelungen des AMG sind anwendbar, wenn das schadenstiftende
Arzneimittel in Deutschland an den Ersten Endabnehmer abgegeben wurde.

V. Von der Anknüpfung der Haftungsvorschriften des AMG
zur Anknüpfung der verschuldensunabhängigen Haftung
für im Inland vermarktete zulassungspflichtige Arzneimittel

1. Die Haftungskanalisierung auf das AMG als möglicher Grund für eine
Ausdehnung der AMG-Anknüpfungsregel

§ 15 Abs. 1 ProdHaftG schließt die Anwendbarkeit des Produkthaftungsgeset-   **468**
zes aus, wenn infolge der Anwendung eines zum Gebrauch beim Menschen bestimmten Arzneimittels, das im Geltungsbereich des Arzneimittelgesetzes an
den Verbraucher abgegeben wurde und der Pflicht zur Zulassung unterliegt
oder durch Rechtsverordnung von der Zulassung befreit worden ist, jemand getötet, sein Körper oder seine Gesundheit verletzt wird. Entsprechend bestimmt

§ 37 Abs. 1 GenTG, daß die Haftungsvorschriften des Gentechnikgesetzes nicht anzuwenden sind, wenn infolge der Anwendung eines zum Gebrauch beim Menschen bestimmten Arzneimittels, das im Geltungsbereich des Arzneimittelgesetzes an den Verbraucher abgegeben wurde und der Pflicht zur Zulassung unterliegt oder durch Rechtsverordnung von der Zulassung befreit worden ist, jemand getötet oder an Körper oder Gesundheit verletzt wird. § 15 Abs. 1 ProdHaftG und § 37 Abs. 1 GenTG kanalisieren also die verschuldensunabhängige Haftung für Arzneimittel im Sinne des § 84 Satz 1 AMG auf das Haftungsregime des AMG.

469   In der Begründung des Regierungsentwurfs des Produkthaftungsgesetzes[107] heißt es hierzu lediglich, § 15 Abs. 1 enthalte den Bestandsschutz für das deutsche Arzneimittelgesetz, da nach Art. 13 der EG-Richtlinie Ansprüche aufgrund einer „zum Zeitpunkt der Bekanntgabe dieser Richtlinie bestehenden besonderen" (Produkt-) Haftungsregelung nicht berührt würden. Dies ist aber nur eine Begründung für das Fortbestehen der Haftung nach dem AMG, nicht für ihre Exklusivität[108]. Diese war im Rechtsausschuß des Bundestages heftig umstritten. Sie fand am Ende aber doch die Mehrheit. Anträge auf Streichung des § 15 Abs. 1 ProdHaftG wurden mit der Begründung abgelehnt, die Haftung nach dem AMG sei eine abgewogene und bewährte Form der Produkthaftung für einen bestimmten Produktsektor. Sie solle mit ihren Vorzügen (höhere Haftungsgrenze, Pflicht zur Deckungsvorsorge und Haftung für Entwicklungsrisiken) als Sonderrecht erhalten bleiben. Eine zusätzliche Erstreckung des Produkthaftungsgesetzes in diesen Bereich führe zu schwer abschätzbaren Folgen und sei kurzfristig nicht möglich. Man müsse berücksichtigen, daß die Haftung nach dem Arzneimittelgesetz durch andere Faktoren (z. B. schädliche Wirkung bei bestimmungsgemäßem Gebrauch) ausgelöst werde.

470   Der Ausschluß der Haftung nach dem Gentechnikgesetz wird damit begründet, daß die Haftung nach diesem Gesetz nicht von einem Fehler des Genprodukts und seiner bestimmungsgemäßen Verwendung abhängt. Die Haftung würde also auch dann greifen, wenn ein Genarzneimittel bei bestimmungsgemäßer Anwendung den gewünschten Heilerfolg hat, mit diesem aber notwendig Nebenwirkungen verbunden sind[109].

471   Die Kanalisierung der verschuldensunabhängigen Haftung für im Inland vermarktete zulassungspflichtige Arzneimittel auf das AMG führt im Kollisionsrecht zu der Frage, ob die Kollisionsregel für die Haftung nach dem AMG auf die verschuldensunabhängige Haftung für im Inland vermarktete zulassungspflichtige Arzneimittel auszudehnen ist[110]. Damit würde verhindert, daß auf ein und denselben Haftungsfall das deutsche Arzneimittelgesetz und konkur-

---

107 BT-Drucks. 11/2447 S. 26.
108 Kritisch *Kullmann* 140; *Anderle* 37; *Meyer*, ZRP 1989, 208; *ders.*, MedR 1990, 71; *Rolland*, FS Lorenz 196.
109 Vgl. *Landsberg/Lülling* § 37 GenTG, Rn. 4.
110 Anhaltspunkte für eine Ausdehnung auf die *Verschuldenshaftung* gibt es dagegen nicht.

rierend bzw. alternativ ein ausländisches Produkthaftungsgesetz anzuwenden wäre, was die mit der Haftungskanalisierung verfolgten Zwecke aushöhlen würde.

2. Die Richtlinienkonformität und die Reichweite der Haftungskanalisierung auf das AMG

a) Die Richtlinienkonformität der Haftungskanalisierung

Manche Autoren halten die vom Gesetzgeber normierte Exklusivität der Haftung nach dem AMG für sachlich verfehlt. Zweifel an der Angemessenheit einer sachrechtlichen Regelung erlauben es jedoch nicht, eine an sich gebotene kollisionsrechtliche Folgerung zu unterlassen. Damit überschritte man den Spielraum, der bei Füllung der kollisionsrechtlichen Gesetzeslücke eröffnet ist[111]. Eine „kollisionsrechtliche Verweigerung" wäre nur denkbar, wenn die Haftungskanalisierung auf das AMG gegen die EG-Produkthaftungsrichtlinie verstieße[112]. **472**

Ob die Haftungskanalisierung richtlinienkonform ist, ist eine umstrittene, schwierig zu beantwortende Frage. Nach Art. 13 EG-Richtlinie werden die Ansprüche, die ein Geschädigter aufgrund der Vorschriften über die vertragliche und außervertragliche Haftung oder aufgrund einer zum Zeitpunkt der Bekanntgabe der Richtlinie bestehenden besonderen Haftungsregelung geltend machen kann, durch die Richtlinie nicht berührt. Die Begründungserwägung lautet: **473**

„Nach den Rechtssystemen der Mitgliedstaaten kann der Geschädigte aufgrund einer vertraglichen Haftung oder aufgrund einer anderen als der in dieser Richtlinie vorgesehenen außervertraglichen Haftung Anspruch auf Schadensersatz haben. Soweit derartige Bestimmungen ebenfalls auf die Verwirklichung des Ziels eines wirksamen Verbraucherschutzes ausgerichtet sind, dürfen sie von dieser Richtlinie nicht beeinträchtigt werden. Soweit in einem Mitgliedstaat ein wirksamer Verbraucherschutz im Arzneimittelbereich auch bereits durch eine besondere Haftungsregelung gewährleistet ist, müssen Klagen aufgrund dieser Regelung ebenfalls weiterhin möglich sein." **474**

---

111 Gedacht ist hier in erster Linie an eine Ergänzung des lückenhaften geltenden Kollisionsrechts durch Rechtsprechung und Lehre. Aber auch der Gesetzgeber würde sich bei einer anderslautenden Entscheidung im Zuge der IPR-Reform in Widerspruch zu seiner mit § 15 Abs. 1 ProdHaftG verfolgten Absicht setzen.

112 Nach herrschender Lehre wird die Kollision zwischen Gemeinschaftsrecht und nationalem Recht nicht im Sinne eines Vorrangs des Gemeinschaftsrechts gelöst, wenn das auszuführende Gemeinschaftsrecht vom Richter nicht unmittelbar angewendet werden kann. Das nationale Gesetz, das im Widerspruch zur Richtlinie steht, ist also nicht nichtig. Vgl. *Bleckmann*, Europarecht, Rn. 859 und 749; *Anderle* 18. Eine − nicht auf das BVerfG beschränkte − Verwerfungskompetenz besteht dagegen nach der Theorie des Rangverhältnisses; vgl. *Bach*, JZ 1990, 1112 f. − Als Folge der Unanwendbarkeit der nationalen Vorschrift § 15 Abs. 1 ProdHaftG würde sich ausnahmsweise *nicht* die Frage der unmittelbaren Wirkung der Richtlinie stellen, da der Wegfall der Exklusivität des AMG unmittelbar zur Richtlinienkonformität des deutschen Rechts führte.

475   Diese Begründung und der Wortlaut des Art. 13 EG-Richtlinie scheinen bei erster Betrachtung dafür zu sprechen, daß für alle Ansprüche des autonomen nationalen Rechts dasselbe gelten soll, nämlich daß diese Ansprüche durch die Umsetzung der Richtlinie in nationales Recht nicht berührt werden und zu Ansprüchen gemäß dem harmonisierten Recht in Konkurrenz treten.

476   Bei genauer Analyse ergeben sich aber doch Zweifel. Wäre es dem Richtliniengeber nur darum gegangen, die Anspruchskonkurrenz mit Haftungsansprüchen aus autonomem nationalen Recht zu eröffnen, hätte es des zweiten Teils der Regelung über eine zum Zeitpunkt der Bekanntgabe der Richtlinie bestehende besondere Haftungsregelung nicht bedurft. Dem läßt sich nicht entgegenhalten, die Begründungserwägung („ebenfalls") mache deutlich, daß der Richtliniengeber den im ersten Teil der Regelung verankerten Grundsatz für besondere Haftungsregelungen nur habe bekräftigen wollen[113]. Denn die ausschließlich für die besonderen Haftungsregelungen geltende Stichtagsregelung beweist, daß der zweite Regelungsteil des Art. 13 EG-Richtlinie einen eigenständigen Zweck verfolgt.

477   Der Zweck der Stichtagsregelung könnte darin liegen, die Mitgliedstaaten zu hindern, nach dem Stichtag neue besondere Haftungsregelungen zu normieren[114]. Es sind jedoch keine Gründe ersichtlich, die für einen solchen Regelungszweck sprächen. Die Begründung von *Taschner* und *Frietsch*, es bestünde anderenfalls die Möglichkeit zur Umgehung der gemeinschaftlichen Regelung, ist nicht stichhaltig. Ebensowenig wie das harmonisierte Recht das autonome nationale Recht berührt, berührt das autonome nationale Recht das harmonisierte Recht. Die EG-Richtlinie ist in nationales Recht umzusetzen und diese Verpflichtung ist seitens der EG-Kommission einklagbar. Eine Umgehung ist also nicht möglich.

478   Denkbar wäre, die Mitgliedstaaten am Erlaß besonderer Haftungsregelungen hindern zu wollen, um einem EG-einheitlichen Schutzstandard möglichst nahe zu kommen. Diese würde aber dem Ziel der Richtlinie widersprechen, nur einen Mindeststandard zu sichern[115]. Es machte auch keinen Sinn, den Mitgliedstaaten einerseits bei der Fortentwicklung des allgemeinen vertraglichen und außervertraglichen Haftungsrechts freie Hand zu lassen, was durch den ersten Teil der Regelung des Art. 13 EG-Richtlinie geschieht[116], und sie andererseits am Erlaß von Spezialgesetzen zu hindern. Es gibt schließlich keine Anhaltspunkte dafür, daß es dem Richtliniengeber nur darum ging, die Überschaubarkeit der Haftungsgründe zu gewährleisten. Dieses Motiv scheint aufgrund der in vielen nationalen Rechten bereits bestehenden Unübersichtlichkeit des Produkthaftungsrechts unwahrscheinlich. Der Zweck der Stichtags-

---

113 Vgl. *Anderle* 37 f.
114 In diesem Sinne *Sack*, VersR 1988, 442.
115 Zur Richtlinie als Mindeststandard vgl. *Sack*, VersR 1988, 442; *Buchner*, DB 1988, 36; *Anderle*, 38; *Deutsch*, JZ 1989, 469 (zum deutschen ProdHaftG).
116 MünchKomm-*Mertens/Cahn*, § 15 ProdHaftG, Rn. 2.

regelung liegt also nicht darin, den Erlaß zukünftiger besonderer Haftungsregelungen auszuschließen, sondern den Bestand der am Stichtag bestehenden besonderen Haftungsregelung zu sichern. Für diese Zweckrichtung sprechen auch die Begründungserwägungen, weil sie nur auf die damals bestehende besondere Haftungsregelung im Arzneimittelbereich Bezug nehmen.

Am Stichtag, dem 30. 7. 1985, bestand in den Mitgliedstaaten der EG nur eine **479** einzige „besondere Haftungsregelung", nämlich die des deutschen Arzneimittelgesetzes. Ihr Bestand wäre bereits durch den ersten Regelungsteil des Art. 13 EG-Richtlinie gesichert, der die Anspruchskonkurrenz mit vertraglichen und außervertraglichen Ansprüchen des autonomen nationalen Rechts eröffnet. Es spricht deshalb viel dafür, daß der zweite Regelungsteil der Vorschrift einen besonderen Bestandsschutz für das AMG bezweckt.

Möglich wäre, daß die Stichtagsregelung den deutschen Gesetzgeber daran hin- **480** dern soll, die Haftungsvorschriften des AMG aufzuheben oder den durch sie erreichten Schutzstandard zu senken. Dies ließe sich aber nur annehmen, wenn der Richtliniengeber Entsprechendes befürchten mußte. Dies war aber nicht der Fall.

Nach *Taschner* und *Frietsch*[117] beruht die Ausnahmeregelung des Art. 13 EG- **481** Richtlinie zugunsten des AMG im Gegenteil auf der Erwägung, daß eine Anpassung des AMG an die Richtlinie in Anbetracht der „Contergan"-Katastrophe in Deutschland politisch nicht durchsetzbar war und auch von den anderen Mitgliedstaaten nicht verlangt werden konnte[118]. Schließlich sei das deutsche Gesetz die einzige umfassende gesetzliche Regelung der Produkthaftpflicht in der EG für ihren vielleicht wichtigsten Bereich und ihre Durchsetzung sei teuer genug bezahlt worden. *Rolland*[119] berichtet, daß die Aufrechterhaltung des AMG als exklusive Sonderregelung im Verhältnis zum Produkthaftungsrecht Gegenstand der Verhandlungen zur Vorbereitung der Richtlinie gewesen sei. Es habe Einvernehmen bestanden, der Bundesrepublik Deutschland diese Konzession für das AMG zuzugestehen und insoweit auf eine Harmonisierung innerhalb der EG zu verzichten. Man sei sich auch einig gewesen, daß Art. 13 der EG-Richtlinie in seiner verabschiedeten Fassung geeignet wäre, als Grundlage des Sonderweges für das AMG zu dienen[120]. Die

---

117 *Taschner/Frietsch*, Art. 13 EG-Richtlinie, Rn. 5.
118 *Anderle*, 38 f., der § 15 Abs. 1 ProdHaftG für mit Art. 13 EG-Richtlinie nicht vereinbar hält, sieht hierin den Grund für das „Zugeständnis an die deutsche Rechtsordnung". Von einem Zugeständnis kann man aber nur sprechen, wenn der deutsche Gesetzgeber anderenfalls das AMG hätte aufheben sollen. Dies stand während der Vorbereitung der Richtlinie nie zur Debatte und widerspräche auch dem Charakter der Richtlinie als Mindestschutzgarantie.
119 *Rolland*, FS Lorenz 196.
120 Die Exklusivität des AMG wäre auch erreicht worden, hätte man in Art. 14 EG-Richtlinie nicht nur Nuklearschäden, sondern auch Schäden durch zulassungspflichtige Arzneimittel vom Anwendungsbereich der Richtlinie ausgenommen. Dies wäre aber über das gewollte Ziel hinausgegangen. Andere Mitgliedstaaten, die am Stichtag keine besondere Haftungsregelung hatten, sollten nicht privilegiert werden. Sie sollen auch für Arzneimittelschäden das harmonisierte Produkthaftungsrecht anwenden.

EG-Kommission hat aus diesem Grund kein Vertragsverletzungsverfahren gegen die Bundesrepublik Deutschland eingeleitet.

482 Angesichts des politischen Willens des EG-Richtliniengebers reduziert *Rolland*[121] das Problem zutreffend auf die Frage, ob dieser Wille in dem gesetzten Recht hinreichend Ausdruck gefunden hat. Dies ist trotz der, gemessen an dem Gewollten, unglücklichen Fassung des Art. 13 und der amtlichen Begründungserwägung im Ergebnis zu bejahen. Denn das Gewicht des Wortlauts dieser Vorschrift wird durch die Zweifel am Zweck einer wortlautgetreu verstandenen Regelung erheblich relativiert. Man wird deshalb nicht sagen können, die Vorschrift verschließe sich der Auslegung, die der deutsche Gesetzgeber § 15 Abs. 1 ProdHaftG zugrunde gelegt hat. Die Nichtanwendbarkeit des ProdHaftG auf im Inland vermarktete, zulassungspflichtige Arzneimittel ist also trotz Bedenken im Ergebnis richtlinienkonform[122].

b) Die Reichweite der Haftungskanalisierung

483 Im Schrifttum wird die Ansicht vertreten, § 15 Abs. 1 ProdHaftG erfasse nicht die Haftung der Hersteller von Grundstoffen oder Teilprodukten eines Arzneimittels. Sie hafteten deshalb verschuldensunabhängig nach dem Produkthaftungsgesetz. *Taschner* und *Frietsch*[123] folgern dies daraus, daß diese Personen haftungsrechtlich nicht dem AMG unterworfen seien. *Rolland*[124] stützt sich vor allem darauf, daß sie anderenfalls überhaupt nicht verschuldensunabhängig hafteten. Spezifische auf das Arzneimittel bezogene Gesichtspunkte, die eine Sonderstellung der Haftung für schädliche Arzneimittel rechtfertigen würden, seien nicht ersichtlich. Auch der Schutzzweck des AMG erfordere nicht, Teilprodukte und Grundstoffe in seinen Anwendungsbereich einzubeziehen.

484 Wäre diese Auffassung richtig, so wären auch die aus § 15 Abs. 1 ProdHaftG gezogenen kollisionsrechtlichen Folgerungen zu beschränken. Die Ansicht überzeugt jedoch nicht. Sie steht im klaren Widerspruch zum Wortlaut der Vorschrift, wonach der Ausschluß des Produkthaftungsgesetzes nicht an die Haftung des pharmazeutischen Unternehmers, sondern an die besondere Eigenschaft des schädigenden Arzneimittels geknüpft ist. Maßgebend ist allein, daß infolge der Anwendung eines zum Gebrauch beim Menschen bestimmten Arzneimittels, das im Inland an den Ersten Endabnehmer abgegeben wurde und der Pflicht zur Zulassung unterliegt oder durch Rechtsverordnung von der Zulassung befreit worden ist, jemand getötet, sein Körper oder seine Gesund-

---

121 *Rolland*, FS Lorenz 196.
122 So im Ergebnis auch MünchKomm-*Mertens/Cahn*, § 15 ProdHaftG Rn. 2; *Graf v. Westphalen* § 70 Rn. 4; wohl auch *Rolland*, FS Lorenz 194ff. A.A. die herrschende Meinung; vgl. z. B. *H. Koch*, ZHR 152 (1988) 559f.; *Sack*, VersR 1988, 442; *Meyer*, ZRP 1989, 210; *Anderle* 36ff.; *Kullmann* 140.
123 *Taschner/Frietsch*, § 15 ProdHaftG, Rn. 42.
124 *Rolland*, FS Lorenz 200.

heit verletzt wird. Diese Voraussetzungen sind auch erfüllt, wenn das Arzneimittel aufgrund eines zugelieferten Stoffes schädliche Wirkungen hat.

Eine teleologische Reduktion des § 15 Abs. 1 ProdHaftG läßt sich nicht rechtfertigen. Es ist zwar richtig, daß Zulieferer des Arzneimittelherstellers haftungsrechtlich nicht dem AMG unterworfen sind. Dies gilt aber auch für den Arzneimittelhersteller selbst, wenn er nicht pharmazeutischer Unternehmer ist, das Arzneimittel also nicht unter seinem Namen in den Verkehr bringt. Eine unterschiedliche Behandlung des Arzneimittelherstellers und seiner Zulieferer läßt sich entgegen *Rolland* nicht mit dem Argument begründen, spezifische Gesichtspunkte, die eine Sonderstellung der Haftung für das Endprodukt „Arzneimittel" rechtfertigen mögen, seien hinsichtlich der zugelieferten Stoffe nicht ersichtlich. Wenn es einen Grund geben würde, daß für die Fehlerhaftigkeit eines zur Herstellung eines Arzneimittels verwendeten Grund- oder Teilstoffs anders gehaftet werden sollte als für die Fehlerhaftigkeit des Endprodukts Arzneimittel, so würde er unabhängig davon gelten, ob der Grund- oder Teilstoff vom Arzneimittelhersteller oder von einem Dritten hergestellt wurde. Es wäre deshalb nicht einsichtig, würde man die Zulieferer des Arzneimittelherstellers entgegen dem klaren Wortlaut des § 15 Abs. 1 ProdHaftG diesem Gesetz unterwerfen, weil sie ansonsten nicht verschuldensunabhängig hafteten, es andererseits aber hinnehmen, daß der Arzneimittelhersteller selbst nach keinem Gesetz verschuldensunabhängig haftete.   **485**

Diesem Widerspruch ist nun allerdings nicht etwa in der Weise zu begegnen, daß man über die Ansicht von *Taschner, Frietsch* und *Rolland* noch hinausginge, indem man die Haftung nach dem Produkthaftungsgesetz auch auf den Arzneimittelhersteller erstreckte, wenn dieser nicht pharmazeutischer Unternehmer ist und deshalb nicht nach dem Arzneimittelgesetz haftet. Denn damit gäbe man die Kanalisierung der Haftung für Arzneimittel im Sinne des § 84 Satz 1 AMG auf den pharmazeutischen Unternehmer auf. Diese Haftungskanalisierung, die allen Personen zum Vorteil gereicht, die nicht pharmazeutische Unternehmer sind, gehört jedoch zu den die Haftung nach dem AMG prägenden Strukturen, die der Gesetzgeber mit § 15 Abs. 1 ProdHaftG gerade bewahren wollte. Es ist deshalb am Wortlaut des § 15 Abs. 1 ProdHaftG festzuhalten. Dies bedeutet: Wenn der Schaden infolge der Anwendung eines unter § 84 Satz 1 AMG fallenden Arzneimittels eingetreten ist, so ist die Haftung nach dem Produkthaftungsgesetz für alle an der Herstellung und dem Vertrieb des Arzneimittels beteiligten Personen, einschließlich der Hersteller eines Teil- oder Grundstoffes, ausgeschlossen.   **486**

3. Die gebotene kollisionsrechtliche Folgerung: die Einheit der Anknüpfung

Mit der Entscheidung des deutschen Gesetzgebers für die Kanalisierung der verschuldensunabhängigen Haftung für zulassungspflichtige Arzneimittel auf   **487** das Haftungsregime des Arzneimittelgesetzes vertrüge es sich nicht, wenn das deutsche Kollisionsrecht diese Haftung alternativ zur „Abgabe im Inland" an den Sitz des nach § 84 Satz 1 AMG haftenden pharmazeutischen Unternehmers, an den Ort der Herstellung, an den Erfolgsort[125], oder an den gewöhnlichen Aufenthalt des Geschädigten anknüpfen würde. Lägen diese Orte nämlich in einem anderen Mitgliedstaat der EG und fände eine Rückverweisung auf das deutsche Recht nicht statt oder wäre sie nicht zu beachten, so würde im Ergebnis genau das bewirkt, was der deutsche Gesetzgeber mit § 15 Abs. 1 ProdHaftG verhindern wollte, nämlich die Haftung für in Deutschland vermarktete Arzneimittel nach dem harmonisierten Produkthaftungsrecht. Diese Überlegung ist nicht auf das Verhältnis zu anderen Mitgliedstaaten der EG beschränkt; ihr Gewicht zeigt sich bei diesen Staaten nur in besonderem Maße, weil aufgrund der Rechtsharmonisierung in der EG feststeht, daß sie ebenfalls eine verschuldensunabhängige Produkthaftung für Arzneimittel statuiert haben. Es gilt jedoch allgemein, daß der deutsche Gesetzgeber die Haftung nach dem Arzneimittelgesetz vor der Konkurrenz mit einer anders strukturierten verschuldensunabhängigen Produkthaftung bewahren wollte. Diese Entscheidung wurde auch durchaus im Bewußtsein von Sachverhalten mit Auslandsberührung getroffen. Im Bericht des Rechtsausschusses zum Entwurf des ProdHaftG[126] wird darauf hingewiesen, durch § 15 des Entwurfs sei sichergestellt, daß für diejenigen Arzneimittel, die schon bisher der Arzneimittelhaftung *nicht* unterfielen, das Produkthaftungsgesetz künftig uneingeschränkt gelte, wobei Arzneimittel, die außerhalb des Geltungsbereichs des Gesetzes an den Verbraucher abgegeben worden sind, besonders erwähnt werden.

4. Ergebnis

488 Nach dem Willen des deutschen Gesetzgebers soll für zulassungspflichtige Arzneimittel, die in Deutschland an den Ersten Endabnehmer abgegeben werden, nur nach dem AMG verschuldensunabhängig gehaftet werden, nicht auch alternativ nach einer anderen Rechtsgrundlage, etwa der EG-Produkthaftung. Dieser Wille würde in Fällen mit Auslandsberührung durchkreuzt, wenn für solche Arzneimittel auch nach ausländischem Recht gehaftet werden könnte, beispielsweise weil die Rechtsgutsverletzung im Ausland eintrat. Deshalb ist die alternative Maßgeblichkeit eines ausländischen Rechts auszuschließen. Zu diesem Zweck ist die spezielle Kollisionsregel auszudehnen, indem nicht „die Haf-

---

125 So aber *Staudinger/v. Hoffmann*, Art. 38 EGBGB Rn. 217 (Ort, an dem der Verletzte in den Besitz der Arznei gelangt), ohne die Problematik der Haftungskanalisierung aufzuwerfen. − Die Vorverlagerung des Erfolgsortes auf den Ort, an dem der Verletzte in den Besitz der Arznei gelangt, begründet v. Hoffmann vor allem damit, daß der Erfolgsort dem Schädiger zurechenbar sein müsse und deshalb nicht allein durch Handlungen des Geschädigten wandelbar sein dürfe. Dies verlangt er bei bloßen Benutzern anderer Produkte nicht (*Staudinger/v. Hoffmann*, Art. 38 EGBGB Rn. 217).
126 BT-Drucks. 11/5520, S. 17.

tungsvorschriften des AMG", sondern „die verschuldensunabhängige Haftung für im Inland zulassungspflichtige Arzneimittel" angeknüpft wird.

Die erweiterte Kollisionsregel lautet: **489**

Die verschuldensunabhängige Haftung für ein in Deutschland zulassungs-   **490**
pflichtiges oder durch Rechtsverordnung von der Zulassungspflicht befreites
Arzneimittel unterliegt deutschem Recht, wenn das Arzneimittel in Deutschland an den Ersten Endabnehmer abgegeben wurde.

VI. Verallseitigung der einseitigen Kollisionsregel über die verschuldensunabhängige Haftung für zulassungspflichtige Arzneimittel

1. Die Haftung für zulassungspflichtige Arzneimittel in ausländischen Rechten

Der Wirkstoff „Thalidomid" hat nicht nur in Deutschland, wo er unter der Be-   **491**
zeichnung Contergan vertrieben worden war, sondern in vielen ausländischen
Staaten zu Schadensfällen geführt[127]. In der Folgezeit haben deshalb zahlreiche Staaten Gesetze erlassen, um die Sicherheit von Arzneimitteln zu gewährleisten[128]. Aber nur wenige haben die öffentlich-rechtlichen Regelungen durch
ein umfassendes spezielles Entschädigungssystem flankiert[129]. Verbreitet sind
lediglich Gesetze über die Entschädigung von Gesundheitsverletzungen infolge
von staatlichen Zwangsimpfungen und der Übertragung oder Verabreichung
von Blutderivaten[130].

a) Schweden und Finnland

Unter dem Einfluß der deutschen Reformüberlegungen[131] hatte man Ende der   **492**
siebziger Jahre auch in Schweden[132] und Finnland[133] zunächst erwogen, eine
verschuldensunabhängige Haftung für fehlerhafte Arzneimittel zu statuieren
und sie durch eine Pflichtversicherung abzusichern. Man entschied sich jedoch
gegen eine Änderung des Haftungsrechts und für eine freiwillige Versiche-

---

127 Zum Vertriebsgebiet von Thalidomid siehe *Beyer* 2; zu den 253 Auslandsfällen in 33 Staaten allein durch Arzneimittel des deutschen Herstellers *Grünenthal* vgl. *Beyer* 356.

128 Vgl. *Giesen*, Rn. 1229 ff.; *Teff*, AmJCompL 33 (1985) 567; für die Schweiz: *Heer*, Europaverträglichkeit 147 ff.

129 Siehe sogleich im Text unter a)–d). Zu der Haftung nach allgemeinem Produkthaftungsrecht in Frankreich, Österreich und der Schweiz vgl. *Vogel* 214 ff., 220 ff., 29 ff.; zu Österreich *Posch*, in: Holzer/Posch/Schick 127 ff.

130 Vgl. z.B. das italienische Gesetz über den Ersatz von Schäden durch Zwangsimpfungen und durch Übertragung oder Verabreichung von Blutderivaten vom 25.2.1992, n. 210 Gazz. Uff. 55 v. 6.3.1992. Weitere Hinweise bei *Dukes/Swartz* 344 f.; *Vogel* 26; *Giesen*, JZ 1989, 518 f.

131 *Fleming*, AmJCompL 30 (1982) 301.

132 *Fleming*, AmJCompL 30 (1982) 301; *Hellner*, Haftungsersetzung 30 ff.; *Dukes/Swartz* 356; *Radau*, VersR 1991, 390; *Baudouin*, R.G.D. 21 (1991) 175.; vgl. auch *Bloth* 325 ff.

133 *Hertzberg* 7; vgl. auch *Ahmed*, PHI 1984, 23.

rungslösung[134]. Anders als die zivilrechtliche Haftung ist die Leistungspflicht aus der freiwilligen Arzneimittelschadensversicherung nicht von einem Verschulden des Arzneimittelherstellers abhängig. Der Geschädigte wird deshalb nicht den ihm offen stehenden Zivilrechtsweg beschreiten, sondern Anspruch auf die Versicherungsleistung erheben. Um sie zu erlangen, muß er seine Haftungsansprüche jedoch auf den Versicherer übertragen. Auf diesem Weg hat die freiwillige Versicherungslösung die Verschuldenshaftung *faktisch* verdrängt[135].

493 Die Versicherungsleistung ist nicht nur unabhängig vom Verschulden. Sie ist auch unabhängig von der Fehlerhaftigkeit des schädigenden Arzneimittels. Entscheidend ist vielmehr eine die Umstände des Einzelfalles berücksichtigende Interessenabwägung darüber, ob es vernünftig ist, den eingetretenen Schaden durch die Versicherungsleistung zu ersetzen[136]. Voraussetzung ist außerdem, daß das Arzneimittel von einem Mitglied der Arzneimittelschadensversicherung zum Verbrauch in Schweden bzw. Finnland freigegeben wurde[137]. Obgleich die Mitgliedschaft in der Versicherung freiwillig ist, sollen alle Hersteller und Importeure beigetreten sein[138].

494 Das finnische Produkthaftungsgesetz vom 17. 8. 1990[139] nimmt Schäden, die von der Arzneimittelschadensversicherung erfaßt sind, von seinem Anwendungsbereich aus[140]. Wie in Deutschland wollte man die Exklusivität des bestehenden verschuldensunabhängigen Ersatzsystems für Arzneimittelschäden sichern[141]. Es gibt in Finnland also nach wie vor keine verschuldensunabhängige Haftung für Arzneimittel, sondern nur die verschuldensunabhängige Leistungspflicht aus der freiwilligen Arzneimittelschadensversicherung. Auch in Schweden hatte man erwogen, die Haftung für Arzneimittel aus dem ProdHaftG auszuklammern. Der Gesetzesentwurf sah einen solchen Ausschluß noch vor[142]. Er ist dann aber doch nicht Gesetz geworden[143].

---

134 Sie wurde in Schweden im Jahre 1978 und in Finnland im Jahre 1985 etabliert.

135 *Oldertz*, AmJCompL 34 (1986) 655, berichtet für Schweden, daß es seit Inkrafttreten der freiwilligen Arzneimittelschadensversicherung keine Gerichtsverfahren über Schäden gegeben habe, die von ihr erfaßt werden. Zum Schiedsgerichtsverfahren im Rahmen des freiwilligen Systems vgl. *Radau*, VersR 1991, 392.

136 Eingehend dazu für Schweden: *Oldertz*, AmJCompL 34 (1986) 648 ff.; *Radau*, VersR 1991, 390 ff.; *Dufwa*, PHI 1988, 108 f.; vgl. für Finnland: *Hertzberg* 18 f.; *Pohl/Henry*, PHI 1991, 44.

137 Ob zusätzlich erforderlich ist, daß das Arzneimittel auch in dem betreffenden Land eingenommen wurde, ist unklar. *Hertzberg*, 18 f., bejaht die Frage für Finnland. *Radau*, VersR 1991, 390, macht diese Einschränkung für Schweden nicht.

138 Vgl. für Schweden: *Radau*, VersR 1991, 390.

139 Suomen Säädoskokoelma Nr. 694–699, 1990. Deutsche Übersetzung in PHI 1991, 53 ff.

140 § 2 Nr. 5 finnisches ProdHaftG.

141 Vgl. *Paanila*, RIW 1991, 561.

142 Vgl. *Posch*, Rechtsentwicklung 231, 235.

143 Nach § 64 des schwedischen ProdHaftG (SFS 1992 : 18 vom 4. 2. 1992; deutsche Übersetzung in PHI 1992, 159 f.) sind nur noch Schäden ausgenommen, die vom Atomhaftungsgesetz erfaßt werden.

b) Norwegen

In Norwegen wurden erstmals mit dem ProdHaftG vom 23. 12. 1988[144] spezielle   **495**
Vorschriften über die Arzneimittelhaftung erlassen. Dieses Gesetz stellt es Arzneimittelherstellern bzw. Arzneimittelimporteuren jedoch nicht frei, sich durch Mitgliedschaft im Arzneimittelhaftpflichtverband gegen die Arzneimittelhaftung nach diesem Gesetz zu versichern, sondern statuiert eine Versicherungspflicht[145]. Die Pflichtversicherung deckt Arzneimittelschäden unter näher bestimmten Voraussetzungen unabhängig von dem Verschulden eines Versicherungspflichtigen und unabhängig von einem Produktfehler im Sinne des Gesetzes. Sie deckt auch durch anonyme oder unversicherte Arzneimittel verursachte Schäden[146]. Die Leistungpflicht aus der Versicherung ist summenmäßig begrenzt[147]. Der Geschädigte hat einen Direktanspruch gegen den Versicherer[148]. Ein Mitglied des Arzneimittelhaftpflichtverbandes oder die Arbeitnehmer des Mitglieds haften gegenüber dem Geschädigten nur mit dem Entschädigungsbetrag, den die Arzneimittelversicherung zu zahlen hat[149]. Der Einwand des Entwicklungsrisikos ist für alle Produkte ausgeschlossen. Ein ausländischer Hersteller, der Arzneimittel nach Norwegen exportiert, muß mangels eines haft- und versicherungspflichtigen Importeurs durch einen Bevollmächtigten in Norwegen vertreten sein. Dieser muß eine uneingeschränkte Prozeßvollmacht und einen Gerichtsstand an seinem norwegischen Geschäftssitz haben[150].

Das norwegische ProdHaftG enthält auch Kollisionsnormen. Es findet gemäß   **496**
§ 1–4 Satz 1 keine Anwendung, wenn der Sachverhalt nach dem Haager Produkthaftungsübereinkommen nach ausländischem Recht zu entscheiden ist.
§ 3–1 (2) enthält eine ergänzende kollisionsrechtliche Regelung für den 3. Abschnitt über die Arzneimittelhaftung. Wenn das schädigende Arzneimittel in Norwegen noch nicht dem Verbrauch zugeführt worden war, gelten danach die Bestimmungen dieses Abschnittes nur, sofern der unmittelbar Geschädigte in Norwegen wohnhaft war und der betreffende Hersteller Arzneimittel derselben Marke im Schadenszeitpunkt in Norwegen in den Verkehr gebracht hatte oder die Zulassung zur Registrierung erfolgt war[151].

---

144 Gesetz Nr. 104 vom 23. Dezember 1988 (Produkthaftungsgesetz) Nork Lovtidende 1988, 1025; in der am 1. 1. 1993 in Kraft getretenen Fassung vgl. PHI 1992, 105 f. Der nachfolgenden Darstellung liegt die deutsche Übersetzung in PHI 1989, 91 ff. zugrunde. – Vgl. dazu *Pfister*, Kza. 5030; *Howells*, Product Liability International 1990, 100 f.; *Vogel* 225 ff.; *Bloth* 325 ff.
145 § 3–4 norwegisches ProdHaftG. – Der Arzneimittelimporteur ist nach § 3–4 (1) S. 2 zur Versicherung nach diesem Gesetz verpflichtet, „wenn der Hersteller nicht über eine solche Versicherung verfügt".
146 § 3–4 (1) S. 4 norwegisches ProdHaftG.
147 § 3–6 norwegisches ProdHaftG.
148 § 3–4 (1) S. 3 norwegisches ProdHaftG.
149 § 3–8 (1) norwegisches ProdHaftG.
150 § 3–9 (2) norwegisches ProdHaftG.
151 Nach *Pfister*, Kza. 5030/10, beruft diese Kollisionsnorm die Vorschriften des norwegischen ProdHaftG über die Arzneimittelhaftung auch für im Ausland gekaufte, aber in Norwegen verwendete Medikamente. Angesichts des Tourismus sei dies eine sinnvolle Regelung, wenn der Begriff „dieselbe Marke" nicht zu eng verstanden würde.

c) Japan

497 In Japan hat neben dem Thalidomid (Contergan)-Fall vor allem die SMON-Katastrophe große Aufmerksamkeit erregt[152] und den Gesetzgeber zu einer spezialgesetzlichen Regelung veranlaßt[153]. SMON[154], ein häufig benutztes Medikament gegen Magen- und Darmbeschwerden, hatte bei einigen Personen zum Tode und bei einer Vielzahl von Personen zu Nervenlähmungen und Sehstörungen geführt. Die von den Geschädigten angestrengten Verfahren, die sich auch gegen den japanischen Staat wegen Verletzung seiner Aufsichtspflicht richteten, wurden erst nach langjährigem Streit durch gerichtliche Vergleiche beendet. Obgleich sich die Unzuträglichkeiten der geltenden Verschuldenshaftung offenbart hatten, konnte sich der Gesetzgeber nicht zur Einführung einer verschuldensunabhängigen Arzneimittelhaftung entschließen. Er erließ aber 1979, noch während der Anhängigkeit von SMON-Klagen, das Arzneimittelschadensfondsgesetz[155].

498 Dieses Gesetz läßt zivilrechtliche Ansprüche unberührt. Es dient der außergerichtlichen Entschädigung von Arzneimittelgeschädigten. Zu diesem Zweck statuiert es eine mit einer Beitragspflicht verbundene Zwangsmitgliedschaft sämtlicher in Japan tätiger Arzneimittelhersteller, Importeure und sonstiger Vertriebshändler. Der japanische Staat hat nur eine subsidiäre Beitragspflicht.

d) Ungarn

499 Das ungarische Gesetz über das Gesundheitswesen von 1972 begründet einen Schadensersatzanspruch gegen den Staat[156]. Die von diesem Gesetz erfaßten Arzneimittelschäden unterfallen nicht dem Produkthaftungsgesetz[157].

2. Folgerungen für eine Verallseitigung der einseitigen deutschen Kollisionsregel

500 Die geringe Zahl ausländischer Rechte mit einem speziellen Entschädigungssystem für Arzneimittelschäden kann für sich gesehen keine Verallseitigung der deutschen Kollisionsnorm über die verschuldensunabhängige Haftung für zulassungspflichtige Arzneimittel rechtfertigen[158]. Sie mahnt vielmehr zur Vorsicht.

---

152 Siehe hierzu insbesondere *Ishibashi*, Pharmaschäden in Japan 84 ff. – Siehe auch den auszugsweisen Abdruck des noch nicht in Kraft getretenen japanischen Produkthaftungsgesetzes vom 12. 4. 1994 in PHi 1994, 134 f.

153 Vgl. *Fleming*, AmJCompL 30 (1982) 303 f.; *Raidl-Marcure* § 126 Rn. 4 und 67.

154 Es handelt sich um eine Abkürzung für „Subacute myelo-optico neuropathy".

155 Siehe hierzu *Raidl-Marcure* § 126 Rn. 4.

156 Vgl. *Boric/Tercsák*, PHI 1993, 29.

157 Vgl. § 14 Abs. 2 lit. a) des *Entwurfs* eines Produkthaftungsgesetzes, deutsche Übersetzung in PHI 1993, 30 f. Das Gesetz ist am 1. 1. 1994 in Kraft getreten.

158 Jedenfalls für Schäden aus einer staatlichen Zwangsimpfung drängt sich die Maßgeblichkeit des Haftungsrechts des Staates, in dem das Impfserum an Verbraucher abgegeben wird, allerdings auf.

Die Rechtsvergleichung weist die einseitige deutsche Kollisionsnorm anderer- **501** seits nicht als rechtspolitisch verfehlt aus. Sie macht vielmehr deutlich, daß das öffentliche Zulassungssystem[159], die aus ihm folgende Möglichkeit einer Staatshaftung sowie die Absicherung und Ergänzung zivilrechtlicher Haftung durch eine Versicherungslösung gewichtige Argumente für eine Anknüpfung an den Marktstaat sind. Eine endgültige Entscheidung über die Anknüpfung der Haftung für im Ausland zulassungspflichtige Arzneimittel muß hier je- doch nicht getroffen werden. Es empfiehlt sich vielmehr, vom Ansatz beim Ge- setz zu dem grundsätzlich vorzugswürdigen Ansatz beim Sachverhalt überzu- gehen[160].

VII. Ergebnisse

1. Sachrecht

a) § 84 Satz 1 AMG macht die verschuldensunabhängige Haftung für zulas- **502** sungspflichtige Arzneimittel davon abhängig, daß das schädigende Arzneimit- tel *im Geltungsbereich des Gesetzes* an den Verbraucher abgegeben wurde.

Arzneimittel, die *im Ausland* an den Ersten Endabnehmer abgegeben werden, **503** sind von der strengen Haftung nach dem AMG ausgenommen, damit die deut- sche Exportindustrie auf einem ausländischen Markt zu gleichen Bedingungen agieren kann wie ihre Wettbewerber. Der deutsche Gesetzgeber kann zwar die Haftungsordnung des ausländischen Marktes nicht bestimmen. Er kann und will durch das materiellrechtliche Tatbestandsmerkmal „Abgabe an den Ver- braucher im Inland" aber ausschließen, daß bei einer Abgabe im Ausland die verschuldensunabhängige Haftung nach dem AMG zum Zuge kommt.

b) Die Haftung nach dem AMG trifft den pharmazeutischen Unternehmer, der **504** das Arzneimittel im Geltungsbereich dieses Gesetzes in den Verkehr gebracht hat. Sie ist damit auf denjenigen kanalisiert, der die Verantwortung für die Vermarktung im Inland übernommen hat, indem er das Arzneimittel mit sei- nem Namen gekennzeichnet hat (pharmazeutischer Unternehmer im Sinne von § 4 Abs. 18 AMG). Die Namensangabe ist jedoch keine unabdingbare Haf- tungsvoraussetzung. Ausschlaggebend ist allein die Verantwortung für die Ver- marktung im Inland. Deshalb kann die AMG-Haftung auch denjenigen tref- fen, der ein Arzneimittel anonym oder unter falschem Namen in den inländi- schen Verkehr bringt.

c) Für Arzneimittel, die unter § 84 Satz 1 AMG fallen, ist die verschuldensun- **505** abhängige Haftung auf das AMG kanalisiert. Denn die Anwendbarkeit der verschuldensunabhängigen Haftung nach dem GenTG und dem ProdHaftG ist durch § 37 Abs. 1 GenTG und durch § 15 Abs. 1 ProdHaftG ausgeschlossen.

---

159 Vgl. hierzu insbesondere *Newdick*, L.Q.R. 101 (1985) 407 f.
160 Siehe vorigen § I. 2.

Der Ausschluß der EG-Produkthaftung ist entgegen verbreiteter Ansicht richtlinienkonform. Es war der Wille des Gemeinschaftsgesetzgebers, Deutschland die Möglichkeit zu geben, die Exklusivität der verschuldensunabhängigen AMG-Haftung beizubehalten. Dieser Wille kommt in der Stichtagsregelung des Art. 13 EG-Richtlinie, die ausschließlich mit Blick auf das deutsche AMG getroffen wurde, hinreichend deutlich zum Ausdruck.

2. Kollisionsrecht

506 a) Der Wortlaut des § 84 Satz 1 AMG und die Gesetzesmaterialien lassen nicht mit Sicherheit erkennen, ob der Gesetzgeber mit den räumlichen Tatbestandsvoraussetzungen auch die kollisionsrechtliche Anwendbarkeit der Haftungsvorschriften des AMG regeln wollte. Der feststehende sachrechtliche Regelungswille, im Ausland vermarktete Arzneimittel nicht der AMG-Haftung zu unterwerfen, läßt hinsichtlich der kollisionsrechtlichen Anwendbarkeit der Haftungsvorschriften des AMG jedoch kaum Spielraum. Er deutet darauf hin, daß die Haftungsvorschriften des AMG in Fällen mit Auslandsberührung stets, aber auch nur dann anwendbar sind, wenn das schädigende Arzneimittel in Deutschland an den Ersten Endabnehmer vermarktet wurde.

507 b) Die kollisionsrechtliche Anknüpfung muß dem sachrechtlichen Willen des deutschen Gesetzgebers Rechnung tragen, daß für in Deutschland vermarktete zulassungspflichtige Arzneimittel ausschließlich nach dem AMG verschuldensunabhängig gehaftet werden soll. Die traditionelle Ubiquitätsregel erfüllt diese Voraussetzung nicht. Denn sie führt bei Eintritt einer Rechtsgutsverletzung im Ausland zu ausländischem Recht und damit möglicherweise auch zu einer verschuldensunabhängigen Haftung nach ausländischem Recht. Gewährleistet wird die Exklusivität der AMG-Haftung nur durch eine Kollisionsregel, welche die gesamte verschuldensunabhängige Haftung für im Inland vermarktete, zulassungspflichtige Arzneimittel deutschem Recht unterstellt. Die spezifische Kollisionsregel für die Haftungsvorschriften des AMG ist deshalb zu dieser einseitigen spezifischen Kollisionsregel auszudehnen:

508 „Die verschuldensunabhängige Haftung für ein in Deutschland zulassungspflichtiges oder durch Rechtsverordnung von der Zulassungspflicht befreites Arzneimittel unterliegt deutschem Recht, wenn das Arzneimittel in Deutschland an den Ersten Endabnehmer abgegeben wurde."

509 c) Eine Verallseitigung dieser einseitigen Anknüpfungsregel, also die allseitige Anknüpfung der verschuldensunabhängigen Haftung für zulassungspflichtige Arzneimittel an den Marktstaat, läßt sich allein aufgrund des ausländischen Gesetzesmaterials nicht befürworten. Denn die meisten ausländischen Rechtsordnungen kennen kein spezielles Haftungsregime für zulassungspflichtige Arzneimittel. Die Anknüpfung für im *Ausland* vermarktete zulassungspflichtige Arzneimittel ist deshalb nicht gesetzesbezogen, sondern wie die Anknüpfung im allgemeinen sachverhaltsbezogen zu entwickeln.

§ 10 Gesetzesbezogene Anknüpfung der verschuldensunabhängigen Haftung für gentechnische Produkte

I. Anlaß für eine gesetzesbezogene Anknüpfung

Die kollisionsrechtlichen Folgerungen aus § 37 Abs. 1 GenTG, der die verschuldensunabhängige Haftung für *gentechnische Arzneimittel* auf das AMG kanalisiert, wurden bereits im Zusammenhang mit der Haftung für zulassungspflichtige Arzneimittel gezogen[1]: Die verschuldensunabhängige Haftung für ein gentechnisches Arzneimittel unterliegt deutschem Recht, wenn das Arzneimittel in Deutschland an „den Verbraucher"[2] abgegeben wurde. Diese einseitige Kollisionsregel besagt für § 37 Abs. 1 GenTG, daß er nicht schon dann anwendbar ist, wenn das gentechnische Arzneimittel in Deutschland in den Verkehr gebracht wurde, sondern es allein darauf ankommt, daß das Arzneimittel in Deutschland an „den Verbraucher" abgegeben wurde.

510

Offen ist jedoch die kollisionsrechtliche Anwendbarkeit der Vorschriften über die Haftung für andere *gentechnische Produkte*, also der §§ 32–36 und des § 37 Abs. 2 GenTG. Anders als § 84 Satz 1 AMG, dessen Tatbestand räumliche Anwendbarkeitsvoraussetzungen enthält, geben diese Vorschriften des GenTG keine hinreichenden Anhaltspunkte für die Annahme, der Gesetzgeber habe zusammen mit den materiellrechtlichen Regelungen eine versteckte kollisionsrechtliche Regelung über ihre Anwendbarkeit in Fällen mit Auslandsberührung getroffen. Dies nimmt auch *Deutsch*[3] nicht an. Er meint aber, das GenTG sei derart auf das Inverkehrbringen des gentechnischen Produktes im Inland zugeschnitten, daß es zwingend nach einer *gesetzesbezogenen Anknüpfung* an eben diese Inverkehrgabe verlange. Er meint außerdem, die spezielle Kollisionsregel für die Haftungsvorschriften des GenTG sei auf die gesamte objektive Haftung für gentechnische Produkte, die in Deutschland in den Verkehr gebracht wurden, zu erweitern[4]. Das bedeutet zum einen, daß sich die verschuldensunabhängige Haftung für ein im Ausland in den Verkehr gebrachtes Produkt auch dann nicht nach deutschem Recht beurteilt, wenn es in Deutschland zu einem

511

---

1 Siehe vorigen §, V.
2 Siehe vorigen §, II. 2. a) bb).
3 *Deutsch*, PHI 1991, 83 = FS Lorenz 77f.
4 *Deutsch*, PHI 1991, 83 = FS Lorenz 77ff.: „ ... Anwendung auf das Inverkehrbringen im Ausland ist nicht vorgesehen. Insoweit reichen schon die deutschen Sonderregeln der Anwendungsnorm des Tatortrechts nicht die Hand. Es gibt also keinen fliegenden Tatort der *objektiven Haftung* für Produkte und Arzneimittel aus der Gentechnologie". (Hervorhebung hinzugefügt.)

Schaden führt. Es bedeutet zum anderen, daß die verschuldensunabhängige Haftung für ein in Deutschland in den Verkehr gebrachtes gentechnisches Produkt nicht alternativ dem Recht eines ausländischen Verletzungsortes unterliegt.

II. Einwände gegen eine gesetzesbezogene Anknüpfung

1. Bedenken gegen eine Anknüpfung an den Ort der Inverkehrgabe

512 Das Inverkehrbringen des gentechnischen Produkts, an das *Deutsch*[5] kollisionsrechtlich anknüpft, wird in § 3 Nr. 8 GenTG definiert. Danach wird ein Produkt, das gentechnisch veränderte Organismen enthält oder aus solchen besteht, in den Verkehr gebracht, wenn es an Dritte abgegeben wird; das Verbringen in den Geltungsbereich des Gesetzes gilt als Inverkehrbringen, soweit es sich nicht lediglich um einen unter zollamtlicher Überwachung durchgeführten Transitverkehr handelt.

513 Der so definierte Ort des Inverkehrbringens ist entgegen *Deutsch* kein geeigneter Anknüpfungspunkt für die verschuldensunabhängige Haftung für gentechnische Produkte. Das Inverkehrbringen im Sinne des GenTG hat nämlich eine andere Qualität als die Abgabe an „den Verbraucher" im Sinne des AMG. Ein schädigendes Arzneimittel kann vom Handel nur einmal an den Ersten Endabnehmer abgegeben werden. Dies verleiht dem Marktstaat (Staat, in dem die Abgabe an „den Verbraucher" erfolgt) ein besonderes kollisionsrechtliches Gewicht. Ein gentechnisches Produkt kann hingegen von ein und derselben Person nacheinander in verschiedenen Staaten in den Verkehr gebracht werden, wenn man Inverkehrbringen im Sinne des GenTG versteht. Denn danach gilt als Inverkehrbringen auch das bloße Verbringen des Produktes in das Inland. Das bloße Verbringen eines gentechnischen Produktes nach Deutschland kann für die Anwendbarkeit deutschen Haftungsrechts jedoch nicht genügen. Dies läßt sich am besten an einem Beispiel zeigen: Der Hersteller eines gentechnischen Produktes verbringt dieses von Österreich zunächst ungenehmigt nach Deutschland und anschließend ungenehmigt nach Frankreich, wo er es an einen Dritten abgibt und wo es zu einem Schaden führt. Das Inverkehrbringen in Deutschland ist in diesem Fall kollisionsrechtlich unerheblich.

514 Das Inverkehrbringen eines gentechnischen Produktes würde nur dann zu einem geeigneten Anknüpfungspunkt, wenn man hierunter ausschließlich die Abgabe an Dritte verstünde. Denn dadurch würde es zu einem einmaligen, von dem betreffenden Haftpflichtigen nicht wiederholbaren Vorgang. Ein solches Begriffsverständnis hätte bei der von *Deutsch*[6] vorgeschlagenen Kollisionsregel jedoch die nicht hinnehmbare Folge, daß das deutsche Recht nicht zur An-

---

5 Siehe oben I.
6 Wie vorige Fn.

wendung käme, wenn ein Hersteller ein gentechnisches Produkt (genehmigt oder ungenehmigt) nach Deutschland verbringt, wo es zu einem Schaden führt. Die Voraussetzungen der einseitigen Kollisionsregel wären dann nämlich mangels Abgabe des Produktes in Deutschland nicht erfüllt.

Eindeutige Hinweise für die zu entwickelnde Anknüpfung ergeben sich auch **515** dann nicht, wenn man das Inverkehrbringen in Zusammenhang mit der Genehmigungspflicht oder einer erteilten Genehmigung sieht. Die *Genehmigung der Inverkehrgabe* eines gentechnischen Produktes, die nach § 37 Abs. 2 GenTG zum Ausschluß der Haftung nach diesem Gesetz und zur modifizierten Haftung nach dem ProdHaftG führt, weist zwar eindeutig auf das Inland. Gemeint ist nämlich eine Genehmigung aufgrund des öffentlich-rechtlichen Teils des GenTG, der nur das Inverkehrbringen im Inland regelt[7]. Aber auch daraus, daß das GenTG in seinen Haftungsvorschriften auf eine *Genehmigungspflicht nach diesem Gesetz* und auf eine *Genehmigung durch eine deutsche Behörde* abstellt, läßt sich kollisionsrechtlich nicht ableiten, daß § 37 Abs. 2 GenTG immer schon dann anzuwenden wäre, wenn das schadenstiftende Produkt mit Genehmigung in Deutschland in den Verkehr gebracht worden ist. Dem steht bei dem gebotenen weiten Verständnis des Begriffs „Inverkehrbringen"[8] entgegen, daß die Person, die das Produkt mit Genehmigung in Deutschland in den Verkehr gebracht hat, dieses Produkt später im Ausland erneut in Verkehr bringen kann und hierfür grundsätzlich wiederum einer Genehmigung der zuständigen ausländischen Behörde bedarf. Auch die Genehmigung gibt dem Inverkehrbringen des gentechnischen Produktes also nicht die kollisionsrechtliche Qualität, welche bei Arzneimitteln die nicht wiederholbare Abgabe an den Ersten Endabnehmer hat.

2. Kein zwingender Ausschluß der Anknüpfung an den Erfolgsort

Das GenTG enthält entgegen *Deutsch* auch keine Regelungen, welche seine An- **516** wendbarkeit bei bloßem Erfolgseintritt in Deutschland notwendig ausschließen würden[9]. Daß in Deutschland nur der Erfolgsort, nicht auch der Handlungsort liegt, ist denkbar, selbst wenn man entsprechend § 3 Nr. 8 GenTG bereits die bloße Verbringung eines gentechnischen Produktes in das Inland als für die Anknüpfung maßgebende Handlung qualifiziert[10]. Denn ein gentech-

---

7 Dies gilt trotz § 14 Abs. 5 GenTG, wonach der Genehmigung des Inverkehrbringens durch das Bundesgesundheitsamt Genehmigungen gleichstehen, die von Behörden anderer Mitgliedstaaten der EG oder anderer Vertragsstaaten des Abkommens über den Europäischen Wirtschaftsraum nach gleichwertigen Vorschriften erteilt worden sind oder die durch Rechtsverordnung der Genehmigung durch das Bundesgesundheitsamt gleichgestellt worden sind. Denn die Genehmigung durch eine ausländische Behörde steht der des Bundesgesundheitsamtes eben nicht ohne weiteres gleich.

8 Siehe im Text bei Fn. 6.

9 Gegen die Maßgeblichkeit dieser Kollisionsregel *Deutsch*, a.a.O. (Fn. 4); dafür aber *Hirsch/Schmidt-Didczuhn*, § 32 GenTG Rn. 20.

10 Siehe im Text nach Fn. 5.

nisches Produkt, etwa eine gentechnische Pflanze oder ein gentechnisches Tier, kann im Ausland freigesetzt werden und aufgrund natürlicher Verbreitung in Deutschland einen Schaden verursachen.

517   Die Haftung nach dem GenTG ist nicht derart mit dem öffentlichen Recht verwoben, daß ihre Anwendung bei bloßem Erfolgseintritt in Deutschland zwingend ausgeschlossen wäre, wie es möglicherweise für die Haftung nach dem Umwelthaftungsgesetz zu bejahen ist[11]. Ein wesentlicher Unterschied zur Umwelthaftung besteht darin, daß die Haftung für das Inverkehrbringen eines gentechnischen Produktes keine Anlagenhaftung ist, und zwar selbst dann nicht, wenn *mangels Genehmigung* des Inverkehrbringens eine Haftung als Betreiber nach den §§ 32–36 GenTG zum Zuge kommt[12]. Diese Haftung ist zwar insbesondere durch den Auskunftsanspruch gemäß § 35 Abs. 2 GenTG gegenüber der Überwachungsbehörde und durch die Deckungsvorsorgepflicht[13] mit öffentlichem Recht verbunden. Die Nichtanwendbarkeit bzw. Nichtdurchsetzbarkeit der öffentlich-rechtlichen Regelungen gegenüber einem nur im Ausland tätigen Betreiber hat jedoch nicht notwendig zur Folge, daß dem in Deutschland Geschädigten auch noch der haftungsrechtliche Schutz des GenTG genommen ist.

518   Eine Anwendbarkeit der Haftungsvorschriften des GenTG erscheint auch dann nicht ausgeschlossen, wenn der Schaden durch ein nur im Ausland und dort *genehmigt* in den Verkehr gebrachtes gentechnisches Produkt verursacht wird. Einer verschuldensunabhängigen Haftung nach deutschem Recht steht nicht schon entgegen, daß § 37 Abs. 2 GenTG, der über das maßgebliche deutsche Haftungsregime entscheidet, von einer Genehmigung nach deutschem Recht ausgeht. Denn es wäre möglich, diese Vorschrift bei Anwendung auf einen Auslandssachverhalt so anzupassen, daß die Genehmigung des Staates, in dem das schadenstiftende Produkt einzig in den Verkehr gebracht wurde, einer Genehmigung im Sinne des § 37 Abs. 2 GenTG gleichsteht[14].

---

11 Zu Recht folgert *Kreuzer*, Umweltschäden 299, aus dem neu in die ZPO eingefügten § 32a Satz 2 ZPO, daß der deutsche Gesetzgeber auch für die Umwelthaftung von der Maßgeblichkeit der Ubiquitätsregel ausging. *Kreuzer*, Umweltschäden 301 ff., schlägt jedoch *de lege ferenda* jedenfalls im Verhältnis der EG-Mitgliedstaaten die ausschließliche Anknüpfung an den Handlungsort (Standort der Anlage) vor, um so das Problem der Verwobenheit von Privat- und Verwaltungsrecht zu lösen.

12 Siehe oben § 7 I. 1. und 4. c).

13 Das GenTG begründet nicht selbst eine Deckungsvorsorgepflicht, weil sich der Gesetzgeber über die Versicherungsmodalitäten noch im Unklaren war (vgl. *Hirsch/Schmidt-Didczuhn*, § 36 GenTG Rn. 2). § 36 Abs. 1 S. 1 GenTG ermächtigt die Bundesregierung, durch Rechtsverordnung Betreibern von gentechnischen Anlagen, in denen gentechnische Arbeiten der Sicherheitsstufe 2–4 durchgeführt werden sollen, und Betreibern von Freisetzungen eine Pflicht zur Deckungsvorsorge aufzuerlegen. Personen, die nur deshalb Betreiber im Sinne des Gesetzes sind, weil sie ein Genprodukt in den Verkehr bringen, trifft keine Pflicht zur Deckungsvorsorge. Nach *Hirsch/Schmidt-Didczuhn*, § 36 GenTG Rn. 5, wollte der Gesetzgeber damit dem in § 37 GenTG statuierten Vorrang des AMG und des ProdHaftG Rechnung tragen.

14 Zur Anpassung vgl. *Stoll*, IPRax 1989, 92 f.

III. Ergebnisse

Die Analyse des GenTG zeigt, daß seine kollisionsrechtliche Anwendbarkeit 519
anders als die des AMG nicht hinreichend sicher vorgezeichnet ist. Erforderlich ist vielmehr eine eigenständige kollisionsrechtliche Wertung. Zu welchem Ergebnis sie führt, ist hier nicht zu beantworten. An dieser Stelle genügt die Feststellung, daß sich eine gesetzesbezogene Entwicklung der Anknüpfungsregel über die verschuldensunabhängige Haftung für gentechnische Produkte nicht aufdrängt[15].

---

15 Siehe § 9 I. 2.

§ 11   Gesetzesbezogene Anknüpfung
der EG-Produkthaftung

I. Unmittelbare Anwendung der EG-Produkthaftungsrichtlinie

1. Direktwirkung kraft Gemeinschaftsrechts

520   Nach der Rechtsprechung des EuGH begründet eine Richtlinie nicht „selbst" Verpflichtungen für eine Privatperson[1]. Das Fehlen einer horizontalen Direktwirkung nach Gemeinschaftsrecht[2] entspricht der ganz herrschenden Meinung in den Mitgliedstaaten[3]. Eine Änderung der Rechtsprechung des EuGH, wie sie etwa *Reich*[4] mit der Folge einer unmittelbaren Anwendung auch der Produkthaftungsrichtlinie befürwortet, ist nach der Francovich-Entscheidung des EuGH[5], die eine Staatshaftung für eine nicht oder fehlerhaft umgesetzte Richtlinie statuiert, nicht zu erwarten[6].

2. Direktwirkung kraft deutschen Rechts

521   Die Frage einer „unmittelbaren" Anwendbarkeit des Europäischen Gemeinschaftsrechts kraft nationalen Rechts ist Gegenstand unterschiedlichster Überlegungen der Europarechtslehre[7]. Mit der herrschenden Meinung kann aber davon ausgegangen werden, daß weder das deutsche *öffentliche Recht* noch das deutsche Privatrecht einen Rechtssatz enthält, wonach EG-Richtlinien im Verhältnis zwischen Privatpersonen unmittelbar anwendbar wären[8].

---

1 EuGH, 26.2.1986, Rs. 152/84 (Marschall/Southampton and South-West Hampshire Area Health Authority) Slg. 1986, 723 (749) = NJW 1986, 2178; EuGH, 8.10.1987 Rs. 80/86 (Kolpinghuis Nijmegen) Slg. 1987, 3969 (3985) = RIW 1988, 826.

2 Vgl. zu der Unterscheidung einer Direktwirkung nach Gemeinschaftsrecht und nach nationalem Recht insbesondere *Schilling*, ZaöRV 48 (1988) 654 ff., 661, 664; *Reich*, EuZW 1991, 209; *Classen*, EuZW 1993, 87.

3 *Jarass*, NJW 1991, 2666, 2669; *Bach*, JZ 1990, 1115; *Herber*, EuZW 1991, 401 ff.; *Weymüller*, RIW 1991, 504; *Classen*, EuZW 1993, 83, 87; für Italien vgl. *Winkler*, EuZW 1992, 443 ff.

4 *Reich*, EuZW 1991, 209 f.; vgl. ferner die Nachweise bei *Classen*, EuZW 1993, 84 Fn. 17 (der selbst eine horizontale Direktwirkung ablehnt); vorsichtig *Bleckmann/Pieper*, IWB Nr. 19 v. 10.10.1989 S. 83 („scheint die Überlegung zumindest nicht ausgeschlossen zu sein, daß sich der einzelne auch gegenüber anderen Marktbürgern – also horizontal – auf diese Richtlinie berufen kann"). De lege ferenda für eine Direktwirkung auch im Verhältnis von Privatpersonen, *van Doorn*, Gaz.Pal. 1989 D. 173.

5 EuGH, 19.11.1991, Rs. C-6/90 und 9/90 (Andrea Francovich, Daniela Bonifaci u.a./Italienische Republik), NJW 1992, 165.

6 Zutreffend sieht *Classen*, EuZW 1993, 85, diese Entscheidung als Bekräftigung der bisherigen Rechtsprechung: Wäre eine Richtlinie unmittelbar anwendbar, fehlte es regelmäßig an der vom EuGH für eine Staatshaftung verlangten Kausalität zwischen Nichtumsetzung und Schaden; zweifelnd *Langenfeld*, IPRax 1993, 155.

7 Vgl. *Bleckmann*, Europarecht 297 ff.

8 Siehe nur *Classen*, EuZW 1993, 87 (insbesondere Fn. 60).

Begrenzt auf *internationale* Produkthaftungsfälle, die nur die Rechtsordnun- **522** gen von Mitgliedstaaten der EG berühren, schlägt *Sack*[9] gleichwohl vor, unmittelbar aufgrund der Richtlinie zu entscheiden, wenn diese den konkreten Fall abschließend regelt. Dies hätte gegenüber der Anwendung der lex fori den Vorteil, daß die ordnungsgemäße Umsetzung der Richtlinie in nationales Recht nicht geprüft werden müßte[10]. Es erbrächte Arbeitserleichterung und förderte die mit der Richtlinie beabsichtigte Rechtsangleichung. Die Richtlinie wäre nicht mehr nur Quellrecht[11], an dem sich die gebotene gemeinschaftstreue, d. h. richtlinienkonforme Auslegung des nationalen Rechts orientieren müßte[12], sondern sie würde *kraft nationalen Rechts*[13] ebenso wie ein transformierter Staatsvertrag zu einer anwendbaren Rechtsquelle.

Gewiß könnte ein den europäischen Zielen aufgeschlossener nationaler Gesetz- **523** geber einen solchen Anwendungsbefehl geben, und zwar über den Vorschlag *Sacks* hinaus auch für rein nationale Sachverhalte und auch für Sachverhalte, die nicht abschließend mit der Richtlinie entschieden werden könnten. Das (geltende) Internationale Privatrecht gibt hierfür jedoch keine Grundlage[14]. *Sack* stützt sich auf die Rechtsprechung des BGH, wonach die Frage nach dem anwendbaren Recht offenbleiben könne, wenn die in Betracht kommenden Rechtsordnungen im konkreten Anwendungsfall keine entscheidungserheblichen Unterschiede aufwiesen. Nach zwischenzeitlicher Unsicherheit[15] hat der BGH jedoch seine Rechtsprechung bekräftigt, daß nur die Revisionsinstanz die Frage nach dem anwendbaren Recht offenlassen dürfe, die Tatsacheninstanzen sie jedoch wegen der Nichtrevisibilität ausländischen Rechts[16] stets beantworten müßten[17]. Diese Hürde unter Hinweis auf die Normqualität der Richtlinie zu überspringen, scheint nicht möglich. Damit würde man nämlich ignorieren, daß die Richtlinie in den Mitgliedstaaten möglicherweise doch unterschiedlich umgesetzt worden ist. *Sack* geht deshalb bewußt über die − nur für die Revisionsinstanz − geltende Rechtsprechung des BGH hinaus[18]. Denn während nach dem BGH die Entscheidung über das anwendbare Recht nur offengelassen werden darf, wenn sich die in Betracht kommenden Rechte tatsächlich nicht unterscheiden, läßt *Sack* es ausreichen, daß sie sich wegen der Bindung der nationalen Ge-

---

9 *Sack*, VersR 1988, 440 f.
10 *Sack*, VersR 1988, 441.
11 *Sack*, VersR 1988, 440.
12 Vgl. BVerfG, 8. 4. 1987, BVerfGE 75, 223, 237 = BB 1987, 2111.
13 Dies übersehen *Winkelmann* 194 Fn. 237, *Junke* 155 ff. und *Maxl* 135 bei ihrer Kritik am Vorschlag von *Sack*.
14 Im Ergebnis wie hier *Winkelmann* 193 f.; *Junke* 155 ff.; *Maxl* 133 ff.
15 Vgl. hierzu *Chr. v. Bar*, IPR I Rn. 120.
16 Für eine Änderung des § 549 ZPO *Gruber*, ZRP 1992, 6 ff.; vgl. auch *Sommerlad/Schrey*, NJW 1991, 1377 ff.
17 BGH, 25. 1. 1991, NJW 1991, 2214 mit Nachweisen zur früheren Rechtsprechung.
18 In seinem Beitrag über die kollisions- und wettbewerbsrechtliche Beurteilung grenzüberschreitender Werbe- und Absatztätigkeit nach deutschem Recht in GRUR Int. 1988, 342 sagt *Sack* ausdrücklich, die Rechtsprechung des BGH solle *fortentwickelt* werden.

setzgeber an die EG-Richtlinie nicht unterscheiden *dürfen*. Die Rechtsprechung des BGH dient ihm also weniger als Rechtfertigung, denn als Ansatz.

524   Die Fortentwicklung der BGH-Rechtsprechung ließe sich *kollisionsrechtlich* nur mit dem von *Sack* angeführten Rationalisierungseffekt begründen. Dieser ist aber aus zwei Gründen nicht stark genug, um das bestehende Kollisionsrecht in einer methodisch so einschneidenden Weise fortzuentwickeln. Es wird nämlich in der Praxis kaum Sachverhalte geben, die ausschließlich mit Hilfe der Richtlinie gelöst werden könnten[19]. Außerdem würde der Rationalisierungseffekt dadurch vermindert, daß zunächst geklärt werden müßte, für welche Fälle nur die Maßgeblichkeit des Rechts eines Mitgliedstaates in Betracht käme. Die Entwicklung spezifischer Kollisionsregeln für die Produkthaftung einschließlich der Haftung nach dem ProdHaftG wäre also in keinem Fall entbehrlich. Dies sieht auch *Sack*, der seinen Vorschlag deshalb in erster Linie als Möglichkeit versteht, die *praktische* Arbeit zu erleichtern[20].

II. Gesetzesbezogene Anknüpfung des nationalen Umsetzungsgesetzes

1. Versteckte Kollisionsnorm

525   Wenn die EG-Richtlinie eine versteckte kollisionsrechtliche Regelung enthielte, so hätte dies mangels Direktwirkung der Richtlinie[21] keine unmittelbare Bedeutung. Bei ordnungsgemäßer Umsetzung der Richtlinie in nationales Recht, müßte die versteckte Kollisionsnorm aber in eine nationale Kollisionsnorm umgesetzt werden, sei es in eine innerhalb des nationalen Umsetzungsgesetzes versteckte oder in eine offen ausgewiesene.

526   Der Italiener *Cerina*[22] sieht in den Regelungen der Richtlinie, welche auf das Inverkehrbringen des Produktes abstellen, nicht nur eine Präzisierung der temporalen Anwendbarkeit der Haftung, sondern auch eine „norma implicita" über ihre räumliche Anwendbarkeit. Nach dieser versteckten Norm stimme die „sfera di applicazione" der Richtlinie mit der Inverkehrgabe des fehlerhaften Produktes auf dem Gemeinsamen Markt überein[23]. Da der Anwendungsbereich des italienischen Umsetzungsgesetzes entsprechend bestimmt werden müsse, komme im Rahmen des italienischen Kollisionsrechts als lex loci delicti commissi nunmehr nur noch der Ort der Inverkehrgabe des Produkts in Betracht[24].

---

19 So auch *Winkelmann* 194; *Maxl* 134.
20 Vgl. *Sack*, VersR 1988, 440 (Produkthaftungsrichtlinie könne die erheblichen *praktischen* Probleme des internationalen Produkthaftungsrechts entschärfen).
21 Siehe oben I.
22 *Cerina*, Riv. dir. int. priv. proc. 1991, 368; im Ergebnis jedoch ohne Begründung ebenso *Deutsch*, PHI 1991, 83 = FS W. Lorenz 77 f.
23 *Cerina*, Riv. dir. int. priv. proc. 1991, 368 („coincida con la messa in circolazione del prodotto dannosó nel mercato comunitario"; „ ... verrebbe a coincidere con il territorio degli Stati membri").
24 *Cerina*, Riv. dir. int. priv. proc. 1991, 369, befürwortet dies im Wege der Auslegung des Art. 25 der Einführungsbestimmungen zum Cod. civ. offensichtlich für die gesamte Produkthaftung, also nicht nur für die harmonisierte EG-Produkthaftung.

Aus der Bedeutung, die das Inverkehrbringen des Produktes für die EG-Pro- **527** dukthaftung hat, kann jedoch entgegen *Cerina* nicht gefolgert werden, der Richtliniengeber habe den Ort der Inverkehrgabe zum Dreh- und Angelpunkt der kollisionsrechtlichen Anwendbarkeit der nationalen Umsetzungsgesetze erkoren. Selbstverständlich hatte der Richtliniengeber Vorstellungen über die kollisionsrechtliche Anwendbarkeit des harmonisierten Rechts. So steht außer Zweifel, daß er die Haftung nach harmonisiertem Recht beurteilt wissen wollte, wenn das schädigende Produkt in der EG vom Handel an einen Marktbürger abgegeben wird und dieser in der EG zu Schaden kommt. Mit dieser Erkenntnis ist kollisionsrechtlich aber kaum etwas gewonnen. Sie ist nur Ausgangspunkt vieler offener kollisionsrechtlicher Fragen. Fraglich ist etwa, ob das harmonisierte Recht nur gegenüber den in der EG tätigen Haftpflichtigen oder auch gegenüber einem außerhalb der EG ansässigen Produzenten anzuwenden ist. Fraglich ist auch, ob die Vermarktung in der EG ausreicht, der Ort der Rechtsgutverletzung also in einem Drittstaat liegen kann, und fraglich ist, ob der Geschädigte seinen gewöhnlichen Aufenthalt in der EG haben muß. Offen ist schließlich, ob der Geschädigte befugt ist, zwischen mehreren Rechten zu wählen. Auf alle diese Fragen hat der Richtliniengeber keine Antworten gegeben und auch nicht geben wollen. Er hat die Richtlinie vielmehr in Kenntnis der Maßgeblichkeit des Haager Produkthaftungsübereinkommens für Frankreich, die Niederlande und Luxemburg und in Kenntnis der divergierenden Kollisionsrechte der übrigen Mitgliedstaaten erlassen, ohne dem nationalen Gesetzgeber hinsichtlich der kollisionsrechtlichen Anwendbarkeit des umgesetzten Rechts Vorgaben zu machen[25].

2. Lex fori-Regel

Savigny hatte Delikte der Sitzregel entzogen und zwingend der lex fori unter- **528** stellt, „da die auf Delicte bezüglichen Gesetze *stets* unter die zwingenden, streng positiven zu rechnen sind"[26]. Er hat bekanntlich keine Gefolgschaft gefunden[27]. Seine These könnte allerdings eine Renaissance erleben, wenn auch unter einem anderen Topos und mit anderer Begründung. So qualifiziert *Schwind*[28] das österreichische Produkthaftungsgesetz anders als das allgemeine Delikts- und Produkthaftungsrecht als Eingriffsnorm[29] und will es von

---

25 Herrschende Lehre; siehe z. B. *Staudinger/v. Hoffmann*, Art. 38 EGBGB Rn. 475; Münch-Komm-*Kreuzer*, Art. 38 EGBGB Rn. 196; *Erman/Hohloch*, Art. 38 EGBGB Rn. 44; *Junke* 157; *Mayer*, DAR 1991, 84; *Pirrung*, Einführung 30; *W. Lorenz*, IPRax 1993, 194 Fn. 2; *Lasok/Stone* 124.
26 *Savigny* VIII 278; ebenso schon zuvor *Wächter*, AcP 25 (1842) 392 f.
27 Vgl. nur *Hohloch* 42 ff.
28 *Schwind*, IPR Rn. 166 und 480.
29 Ähnliche Überlegungen werden für andere (produkt-)haftungsrechtliche Regelungen angestellt: Ordnungspolitische Relevanz erwägt *Siehr*, RabelsZ 52 (1988) 48 f., für die gesetzlichen Regelungen des US-amerikanischen Rechts, mit denen der „Krise des amerikanischen Haftungsrechts" begegnet werden soll; *Basedow*, RabelsZ 52 (1988) 35, qualifiziert die zwingenden Haftungsrege-

österreichischen Gerichten/stets angewendet wissen, weil es sein Hauptzweck sei, daß der geschädigte Verbraucher möglichst rasch und unkompliziert zu seinem Recht komme. Ähnlich argumentiert *Mayer* für die Produkthaftungsgesetze der EG-Mitgliedstaaten, welche die Produkthaftungsrichtlinie umsetzen[30].

529   Die Stellungnahme hierzu verlangt nicht, sich in den Pulverdampf[31] zu begeben, der die dogmatische Auseinandersetzung um ordungspolitische Normen oder Eingriffsnormen überlagert. Auch solche Normen sind in Fällen mit Auslandsberührung nur anzuwenden, wenn sie anwendungswillig sind, also sachlich und räumlich Geltung beanspruchen[32]. Am Ende steht deshalb doch wieder die Frage, ob dem Sinn und Zweck der EG-Richtlinie bzw. der nationalen Produkthaftungsgesetze entnommen werden kann, daß sie in Fällen mit Auslandsberührung stets angewendet werden wollen, wenn die Gerichte des Forumstaates international zuständig sind.

530   Ein solcher Anwendungswillen läßt sich der EG-Richtlinie und den nationalen Produkthaftungsgesetzen jedoch nicht entnehmen. Überzeugende Gründe für die Gegenansicht werden nicht vorgetragen. *Mayer* stützt die Maßgeblichkeit der lex fori auf den Gedanken des Verbraucherschutzes und auf das Harmonisierungsziel des Richtliniengebers. Obgleich er dies nicht explizit sagt, hat er wohl nur den Fall vor Augen, daß der Produkthaftungssachverhalt ausschließlich Berührung zu EG-Mitgliedstaaten hat, so daß in jedem Fall das harmonisierte Recht eines Mitgliedstaates zur Anwendung käme[33]. So begrenzt, hat sein Vorschlag eine viel geringere Tragweite als die von *Schwind* für das österreichische Produkthaftungsgesetz befürwortete lex fori-Regel[34]. Bedenkt man, daß die EG-Richtlinie dem Geschädigten einen Mindestrechtsschutz sichern, seine Rechte aber nicht begrenzen will[35], so leuchtet es unter dem Gesichtspunkt des Verbraucherschutzes jedoch nicht ein, weshalb der Geschädigte beispielsweise nicht die Vorteile einer alternativen Anknüpfung haben sollte, wie es die deutsche Ubiquitätsregel vorsieht[36].

---

lungen des Warschauer Abkommens für den Lufttransport als international vereinbarte ordnungspolitische Normen; *Schwimann*, IPR 175, zählt die Regelung über den Direktanspruch des Geschädigten gegen den Haftpflichtversicherer des Schädigers zu den „Normen mit sozialpolitischem Eingriffscharakter" (dagegen *Schurig*, RabelsZ 54 (1990) 227).

30 *Mayer*, DAR 1991, 84 ff.

31 MünchKomm-*Martiny*, Art. 34 EGBGB Rn. 33.

32 Vgl. *E. Lorenz*, RIW 1987, 579 ff.; MünchKomm-*Martiny*, Art. 34 EGBGB Rn. 87; *Schurig*, RabelsZ 54 (1990) 228 jeweils m. w. N.

33 Vgl. *Mayer*, DAR 1991, 85: „Die noch bestehenden nationalen Verschiedenheiten werden als „Quantité négligeable" hingenommen. Unter solchen Voraussetzungen widerspräche es dem Grundgedanken der Richtlinie, den zuständigen nationalen Gerichten zuzumuten, allen Harmonisierungsbemühungen zum Trotz sich auf die Suche nach dem anzuwendenden Recht zu begeben, um letztlich möglicherweise fremdes, *gleichfalls harmonisiertes Recht* anzuwenden" (Hervorhebung hinzugefügt).

34 Siehe den Text bei Fn. 28.

35 Siehe § 1 I. 1. a).

36 Die Ansicht *Mayers* wird auch von *Staudinger/v. Hoffmann*, Art. 38 EGBGB Rn. 475 abgelehnt („abwegig").

Gegen die von *Schwind*[37] für alle Auslandssachverhalte propagierte lex fori- **531**
Regel ist zunächst ein immanenter Einwand zu erheben: Anders als die EG-
Richtlinie begründet das österreichische Produkthaftungsgesetz auch eine
Haftung für Schäden an gewerblich genutzten Sachen[38]. Es ist also nicht auf
den Schutz von „Verbrauchern" beschränkt. Seine kollisionsrechtliche Anwendbarkeit kann schon deshalb nicht allein aus dem Gesichtspunkt des Verbraucherschutzes abgeleitet werden[39].

Aber selbst wenn man akzeptierte, daß der Hauptzweck der EG-Richtlinie und **532**
auch des österreichischen Produkthaftungsgesetzes darin liegt, die Rechtsstellung des *Geschädigten* gegenüber dem nicht harmonisierten Recht zu verbessern, ergäben sich hieraus dennoch keine exakten Vorgaben für die Ausgestaltung des Kollisionsrechts. Die EG-Produkthaftung, an der sich auch das österreichische Produkthaftungsgesetz orientiert[40], ist nicht einseitig an den Interessen des Verbrauchers orientiert. Sie sucht vielmehr die Interessen des Geschädigten mit den Interessen der Haftpflichtigen in (sach-)gerechter Weise
auszugleichen. Entsprechend sind auch im Kollisionsrecht die beidseitigen kollisionsrechtlichen Interessen auszugleichen. Die Ankoppelung an überkommene Zuständigkeitsvorschriften ist hierfür ungeeignet, weil diese Vorschriften
vor allem auf einer Bewertung spezifisch zuständigkeitsrechtlicher Interessen
beruhen[41].

III. Ergebnisse

1. Die EG-Produkthaftungsrichtlinie ist nicht unmittelbar anwendbar, weder **533**
kraft Gemeinschaftsrechts noch kraft autonomen deutschen Rechts.

2. Die Richtlinie und das deutsche Produkthaftungsgesetz enthalten keine ver- **534**
steckte Kollisionsnorm.

3. Sinn und Zweck der sachrechtlichen Regelungen zeichnen die Antwort auf **535**
die offene kollisionsrechtliche Frage, welches Recht in Fällen mit Auslandsberührung berufen ist, nicht in der Weise vor, daß es ratsam wäre, eine spezifische
Anknüpfung aus den Sachnormen heraus zu entwickeln.

---

37 *Schwind*, IPR Rn. 166 und 480.
38 Siehe § 1 Abs. 1 österr. PHG.
39 So auch *W. Lorenz*, IPRax 1993, 194 Fn. 7.
40 Siehe oben § 3 II.
41 Aus Gründen des Verbraucherschutzes die Maßgeblichkeit der lex-fori zu befürworten, erscheint vor allem hinsichtlich des autonomen österreichischen Zuständigkeitsrechts bedenklich,
weil nach ihm der Erfolgseintritt nicht zuständigkeitsbegründend ist. Siehe § 3 III. 1.

Zweiter Abschnitt: Klassischer Ansatz

§ 12 Die klassische Methode der Kollisionsrechtsfindung

I. Von Savignys Sitzregel zum modernen Prinzip der engsten Beziehung

536 Das europäische IPR beruht auf der Konzeption *Savignys*[1], nach dessen berühmter Handlungsanweisung dasjenige Rechtsgebiet aufzusuchen ist, dem ein Rechtsverhältnis „seiner eigenthümlichen Natur nach angehört oder unterworfen ist (worin dasselbe seinen Sitz hat)"[2]. Mit dieser Sitzregel hat man sich lange Zeit begnügt, ohne die Frage nach den maßgebenden Kriterien der Sitzbestimmung zu stellen.

537 Im Internationalen Deliktsrecht schien dies zunächst auch nicht notwendig. Denn die Tatortregel mußte nicht erst in Befolgung der methodischen Anweisung *Savignys* entwickelt werden. Sie existierte schon lange vor *Savigny* und war bereits zu seiner Zeit zu einer anerkannten Regel erstarkt[3]. *Savignys* Lehre[4] gab zwar Anlaß zur Reflexion, weil er wie *Wächter*[5] Delikte der lex fori unterstellte. Die Anhänger der Tatortregel sahen sich hierdurch aber nicht zu einer sachlichen Verteidigung genötigt[6], ebensowenig wie durch die vor allem[7] von *Weiss*[8] und *Frankenstein*[9] vertretene Maßgeblichkeit des Heimatrechts des Schädigers[10].

538 Die Kriterien der Schwerpunktbestimmung blieben auch danach weitgehend im Dunkeln, obgleich zunehmend Distanzdelikte zu beurteilen waren. In Deutschland lag dies vor allem daran, daß sich die Ubiquitätsregel und das Günstigkeitsprinzip zu schnell und zu leicht etablierten. Wirklich virulent wurde die Frage der maßgeblichen Kriterien erst mit den zu Beginn der fünfzi-

---

1 *Savigny* VIII; eingehend hierzu *E. Lorenz*, Struktur 26 ff.; *Schurig* 115 ff.
2 *Savigny* VIII, 28 und 108 (dort mit dem Klammerzusatz).
3 Eingehend zur Entwicklungsgeschichte *Hohloch* 7 ff.
4 *Savigny* VIII 239–241 (Gesetz von streng positiver, zwingender Natur); vgl. hierzu vor allem *Hohloch* 42. – *Keller/Siehr*, Allgemeine Lehren 357, weisen zutreffend darauf hin, daß bei *Savigny* die Maßgeblichkeit der lex fori häufig die Maßgeblichkeit des Tatortrechts mit einschloß, nämlich wenn nicht im Gerichtsstand des Wohnsitzes des Schuldners, sondern am Ort der unerlaubten Handlung geklagt wurde. Vgl. auch *Binder*, RabelsZ 20 (1955) 461.
5 *Wächter*, AcP 25 (1842) 392 f. (Gedanke der Maßgeblichkeit ein und desselben Rechts für die strafrechtliche und zivilrechtliche Sanktion). Vgl. auch hierzu *Hohloch* 41.
6 Vgl. *R. Schmidt*, FS Lehmann 175; *Hohloch* 44.
7 Zu weiteren Anhängern einer Anknüpfung an das Heimatrecht des Schädigers *Hohloch* 44 ff.
8 *Weiss*, Manuel 383 (für Delikte außerhalb des Forumstaates).
9 *Frankenstein*, IPR II 359.
10 Zu dem geringen Anklang, den diese Ansicht fand, vgl. *Binder*, RabelsZ 20 (1955) 462; *Strömholm* 33.

ger Jahre vornehmlich in den USA einsetzenden sog. modernen Strömungen[11]. Ihr Ursprung war das Tatortprinzip des Internationalen Deliktsrechts[12]. In dem Bemühen, es zu Fall zu bringen, machten die modernen Strömungen das gesamte Internationale Deliktsrecht zum „„battlefield' of methodological wars"[13].

Die drohende Gefahr, daß sich die „Krise des Tatortprinzips"[14] zu einer Krise des klassischen IPRs *Savignyscher* Prägung ausweiten könnte, rief dessen Anhänger auf den Plan. Am Ende einer vehement geführten Diskussion[15] stand jedoch nicht die Abkehr vom herkömmlichen IPR, sondern dessen Fortbildung und Stärkung[16]. Aus *Savignys* Sitzregel wurde das moderne Prinzip der engsten Beziehung[17] — vom Begriff her weniger anschaulich, in der Substanz aber gehaltvoller[18]. **539**

Die Auseinandersetzung mit den modernen Strömungen hat offenbart, daß man *Savignys* Sitzregel überinterpretiert[19] und das Denken in Bildern, Formeln und inhaltsleeren Begriffen übertrieben hatte[20]. Man hat erkannt, daß *Savigny* „nur" eine methodische Grundanweisung gegeben hatte[21], und man hat begonnen, ein ausgefeiltes Handlungsprogramm zu entwickeln[22]. Ein **540**

---

11 Aus dem umfangreichen Schrifttum vgl. *E. Lorenz*, Struktur 16 ff.; *Hohloch* 130 ff.; *W.-H. Roth* 118 ff.; *Juenger*, Rec. des Cours 193 IV (1985) 213 ff. jeweils mit weiteren Nachweisen.

12 Vgl. *Kahn-Freund*, Rec. des Cours 124 II (1968) 6 f.; *Hohloch* 130 ff.; *E. Lorenz*, Struktur 15; *Juenger*, Produkthaftpflicht 1.

13 *Kahn-Freund*, Rec. des Cours 124 II (1968) 7 Fn. 12.

14 *Hohloch* 121 ff.; vgl. auch *E. Lorenz*, Struktur 15 (Krise des internationalen Deliktsrechts).

15 Wortführer auf deutscher Seite war vor allem *Kegel*; vgl. seine Beiträge: „Wandel auf dünnem Eis" in: *Juenger*, Zum Wandel des internationalen Privatrechts, 35 ff., und „Vaterhaus und Traumhaus — Herkömmliches internationales Deliktsrecht und Hauptthesen der amerikanischen Reformer", in: FS Beitzke (1979) 551 ff.

16 Anschaulich *E. Lorenz*, ZRP 1982, 149: „Die ‚modernen Strömungen', deren wichtigste Quelle in der wissenschaftlichen Diskussion in den USA liegt, haben also nicht die Kraft gehabt, das Gebäude des herkömmlichen IPR einzureißen. Sie sind aber zunächst in das Gebäude eingedrungen, haben auch im Erdgeschoß manches Möbelstück vom Boden gehoben und durch den angerichteten Schaden zu einer lebhaften Diskussion geführt". Man könnte auch sagen: Die modernen Strömungen sind keine Wasserläufe, die vom klassischen IPR wegführen; sie gleichen vielmehr Strudeln, die ihren Mittelpunkt je nach Geschwindigkeit unterschiedlich stark einengen, ohne ihn doch je zu verlieren. Vgl. auch *de Boer* 196.

17 Der österreichische Gesetzgeber betont den Grundsatz in § 1 Abs. 1 des IPR-Gesetzes: „Sachverhalte mit Auslandsberührung sind in privatrechtlicher Hinsicht nach der Rechtsordnung zu beurteilen, zu der die stärkste Beziehung besteht". Der deutsche Gesetzgeber spricht von engster Verbindung (vgl. z. B. Art. 4 Abs. 3 oder Art. 28 Abs. 1 EGBGB). Ein sachlicher Unterschied besteht nicht.

18 *Schwind*, StAZ 1979, 110, bezeichnet den Grundsatz des österreichischen IPR-Gesetzes als „neu-savignyanisch", ebenso *Keller/Siehr*, Allgemeine Lehren 257 f.

19 *Keller/Siehr*, Allgemeine Lehren 263.

20 *Schurig* 350.

21 *E. Lorenz*, Struktur 42 und passim („methodische Grundanweisung"); *Keller/Siehr*, Allgemeine Lehren 263 („Generalklausel"); *Schnitzer*, RabelsZ 38 (1974) 325 („Grundsatz"). — *Savigny*, VIII 120 f., sprach von einem „formellen Grundsatz".

22 Zu den Fortschritten in der Methode vgl. *Lüderitz*, FS 600 Jahre Universität Köln 279 ff.; *E. Lorenz* (Struktur 63 ff.; FS Duden 248 f.; ZRP 1982, 148 ff.) trennt die Frage, warum gibt es

wichtiger Schritt dahin ist die inzwischen weithin anerkannte Präzisierung der Aufgabenbeschreibung, dasjenige Recht zu bestimmen, das die Funktionen des materiellen Rechts unter Berücksichtigung der Auslandsberührung des Sachverhaltes am besten verwirklicht[23].

541 Nachdem der Ansatz beim Gesetz „zunächst im Überschwang über *Savignys* ‚kopernikanische Wende'"[24] in den Hintergrund gedrängt[25] und die Sitzregel mit rein räumlichen Kriterien ausgefüllt worden war[26], besinnt man sich heute also wieder auf die Bedeutung des Sachrechts für die Kollisionsrechtsfindung[27]. Das Pendel soll indes nicht voll zurückschlagen. Deshalb wird betont: Der Anwendungsbereich einer Sachnorm ergibt sich nicht unmittelbar aus ihr, aus ihrer Funktion oder dem Interesse, dem sie dient; erforderlich ist vielmehr stets eine gesonderte kollisionsrechtliche Wertung, die zwangsläufig auch durch den Inhalt der Sachnorm und die durch sie materiell geschützten Interessen geprägt wird, für die diese aber andererseits nur Material sind[28]. Es gilt mit anderen Worten „Lösungen zu entwickeln, die sowohl die Regelungs- und Gestaltungszwecke der Sachnormen mit Bezug auf die konkrete Gesellschafts- und Wirtschaftsordnung hinreichend berücksichtigen, als auch die im Sachrecht nicht formulierten Grundsätze und Politiken für eine angemessene Ordnung und Gestaltung des internationalen Rechtsverkehrs zu verwirklichen"[29].

II. Ausformung des Prinzips der engsten Beziehung

1. Der Ansatz bei den Funktionen des Sachrechts

a) Kollisionsrechtliche Interessen und materiell-rechtliche Funktionen

542 In der modernen Diskussion über das auf Delikte anwendbare Recht stehen die Funktionen des Deliktsrechts im Vordergrund. Darin liegt nur scheinbar ein

---

Kollisionsrecht, von der Frage, wie ist Kollisionsrecht inhaltlich auszuformen. Die Anwort auf die erste Frage ergebe sich aus dem Gleichheitssatz als „‚formales' (methodisches oder operationales) Prinzip". Die „inhaltlich-normativen Kriterien", durch die der Gleichheitssatz vollzogen werde, seien dagegen selbständig zu entwickeln.

23 Vgl. etwa MünchKomm-*Kreuzer*, Art. 38 EGBGB Rn. 3; *v. Hoffmann*, IPRax 1986, 90; *Chr. v. Bar*, JZ 1985, 969; *E. Lorenz*, FS Duden 263; *Hohloch* 236 ff. m. w. N. in Fn. 101; *Lüderitz*, FS 600 Jahre Universität Köln 281 (IPR sei das Mittel zur Ausdifferenzierung materiellen Rechts und diene daher den dort verwirklichten Interessen).

24 *Schurig* 90. – Von einer kopernikanischen Wende in der Fragestellung sprach auch *Neuhaus*, RabelsZ 15 (1949/1950) 366; *ders.*, RabelsZ 46 (1982) 4 ff.; kritisch *E. Lorenz*, Struktur 46 ff. und ihm folgend *Hohloch* 237 f.

25 *Schurig* 90; *Lüderitz*, FS 600 Jahre Universität Köln, 281.

26 Was dem IPR den Vorwurf des Glasperlenspiels einbrachte; vgl. *Chr. v. Bar*, JZ 1985, 964 f.

27 Vgl. *Chr. v. Bar*, JZ 1985, 965.

28 *Schurig* 100; *W.-H. Roth* 157; kurz und bündig MünchKomm-*Sonnenberger*, Einl. Rn. 84: „Bildung der Kollisionsnormen ohne Kenntnis der sachrechtlichen Regelungskomplexe, um deren Anwendbarkeit es geht, ist ein Unding". Schon frühzeitig und deutlich in diesem Sinne *Kahn*, Abhandlungen I 307 f.

29 *Hohloch* 257 f.; ebenso *W.-H. Roth* 160; vgl. auch *Chr. v. Bar*, IPR II Rn. 219.

Widerspruch zu der vor allem mit dem Namen *Kegel* verbundenen Interessentheorie, nach der die Anknüpfung durch kollisionsrechtliche Partei-, Verkehrs- und Ordnungsinteressen determiniert wird[30]. Denn zur Ermittlung *kollisionsrechtlicher* Interessen ist nicht unmittelbar von den *materiellrechtlich* geschützten Interessen, sondern von den Funktionen des Sachrechts auszugehen. Interesse und Funktion bilden keinen Gegensatz, sondern entsprechen sich. Bei der Funktion des Sachrechts anzusetzen, hat aber Vorteile. Die Funktion bündelt gegenläufige Interessen der Beteiligten. Unter dem Topos einer bestimmten Funktion des Sachrechts können deshalb die *kollisionsrechtlichen Interessen*[31] im sachlichen Zusammenhang dargestellt, bewertet und abgewogen werden[32].

Die Hauptfunktionen des Deliktsrechts werden darin gesehen, einen Schaden   **543** zu vermeiden (Schadensprävention, Verhaltenssteuerung) und einen nicht vermiedenen Schaden auszugleichen (Schadenskompensation, Opferentschädigung). Die allgemeine Handlungsanweisung, das Recht zu berufen, das die Funktionen des Sachrechts in Anbetracht der Auslandsberührung am besten verwirklicht, wird entsprechend für das Internationale Deliktsrecht konkretisiert: Aus den mehreren, von dem Sachverhalt mit Auslandsbezug berührten Rechten ist dasjenige Recht zu bestimmen, das sowohl die (internationale) Schadensprävention als auch den (internationalen) Schadensausgleich am besten verwirklicht[33].

b) Die Maßgeblichkeit rechtsvergleichend gesicherter Funktionen des Sachrechts

Ein nationaler Gesetzgeber rekurriert bei der Bildung einer Kollisionsnorm in   **544** erster Linie auf sein eigenes Sachrecht. Tritt die Rechtsprechung mangels gesetzlicher Regelung an die Stelle des Gesetzgebers, so bleibt sie dem eigenen Sachrecht verständlicherweise noch enger verhaftet, weil ihr Mittel und Zeit für die notwendige Rechtsvergleichung fehlen. Dem Ideal entspräche es dagegen, wenn das eigene Sachrecht nur deshalb im Mittelpunkt stünde, weil der nationale Normgeber oder Rechtsanwender in ihm seinen Standort hat und von dort aus die ausländischen Sachrechte betrachtet[34]. Denn die ideale Anknüpfung beruht nicht auf „rechtstechnischen Besonderheiten und Zufälligkeiten"[35] der

---

30 *Kegel*, IPR 82 ff.; *ders.*, FS Lewald 270 f.; vgl. dazu *Schurig* 134 ff.; *Lüderitz*, FS 600 Jahre Universität Köln 279 ff.; *Flessner* 13 ff. (der für eine „realistische Interessenjurisprudenz" eintritt, S. 52 ff.; dagegen *Lüderitz*, IPR Rn. 28).
31 Zur Weite des kollisionsrechtlichen Interessenbegriffs *Schurig* 184 f.
32 Zur Notwendigkeit der Interessenbewertung im Internationalen Produkthaftungsrecht insbesondere *W. Lorenz*, FS Wahl 190.
33 Vgl. *Hohloch* 230 (Hauptfunktionen); *Staudinger/v. Hoffmann*, Art. 38 EGBGB Rn. 113 (Hauptfunktionen); *Chr. v. Bar*, JZ 1985, 965 f. (Strukturen der sachrechtsspezifischen Deliktstypen); *E. Lorenz*, FS Duden 263 (Funktion und Struktur).
34 Vgl. *Kropholler*, IPR 65; *ders.*, ZVglRWiss 77 (1978) 1 ff.; *Beitzke*, RabelsZ 48 (1984) 623 ff.; *Chr. v. Bar*, IPR I Rn. 125 f., spricht von regelbildender Rechtsvergleichung.
35 *Stoll*, IPRax 89, 90.

eigenen Rechtsordnung, sondern entspricht den rechtsvergleichend gesicherten Funktionen des Sachrechts[36].

2. Kriterien zur Bestimmung des besten Rechts

545 Viele Stellungnahmen zur Anknüpfung der Produkthaftung legen die Wertungen und die ihnen zugrundeliegenden Interessen nicht offen. Dies hat zu der außergewöhnlich großen Meinungsvielfalt beigetragen. Doch auch die Autoren, die bei den Funktionen des Sachrechts ansetzen[37], haben es bislang nicht vermocht, die Diskussion zu konsolidieren. Auch sie gelangen zu unterschiedlichen Ergebnissen. Dies läßt vermuten, daß die Handlungsanweisung, das beste Recht für die Verhaltenssteuerung, den Schadensausgleich etc. zu bestimmen, noch nicht präzise genug ist.

a) „Räumlich", nicht inhaltlich bestes Recht

546 Nur im negativen Sinne besteht Einigkeit darüber, wie das für eine einzelne Funktion des Sachrechts beste Recht nicht beschaffen sein muß (oder darf[38]). Gesucht wird das „räumlich" beste Recht[39], das nicht das inhaltlich beste Recht sein muß[40].

547 Welche Ergebnisse aufgrund der vom Sachverhalt berührten Sachrechte erzielt werden, ob also ein Sachrecht den materiellrechtlichen Interessen einer Partei besser entspricht als ein anderes, etwa weil es Rechtsgutsträger besser schützt oder Geschädigten höheren Schadensersatz zubilligt, wird in einer Kollisionsnorm nur ausnahmsweise berücksichtigt, nämlich wenn der Gesetzgeber sich nicht entscheiden kann, welches von mehreren, abstrakt durch einen Anknüpfungspunkt bezeichneten Rechten das räumlich beste Recht ist[41], oder wenn er sich nicht entscheiden will, um durch alternative Anknüpfung ein materiell-rechtliches (Ergebnis-)Interesse einer Partei zu fördern[42]. Der konkrete Inhaltsvergleich von Sachnormen bestimmter Rechte determiniert die Anknüpfung also nicht, sondern setzt sie im Gegenteil voraus.

---

36 *Chr. v. Bar*, JZ 1985, 965 f.; *W.-H. Roth* 113 (zumindest allgemeine Regelungsziele und Wertungen); vgl. auch oben Fn. 33.
37 Siehe oben Fn. 33.
38 Die Ungeeignetheit des „better law approach" für die Normbildung betonen *Flessner* 84 ff.; *Zweigert*, RabelsZ 37 (1973) 447 f.
39 *Kegel*, IPR 81; *ders.*, FS Beitzke (1979) 552; auch die Rechtsprechung verwendet diese Formulierung vgl. z. B. BGH, 13. 3. 1984, BGHZ 90, 294, 299; BGH, 8. 1. 1985, BGHZ 93, 214, 217 („für den Folgenausgleich ‚räumlich besten Recht'").
40 Zum „better law approach" vgl. *E. Lorenz*, Struktur 17 ff., 99 ff.; *Schurig* 28 f. (zur Durchbrechung des Grundsatzes durch das Günstigkeitsprinzip im IPR S. 101); *W.-H. Roth* 114 ff.
41 *Schurig* 204 ff.; MünchKomm-*Sonnenberger*, Einl. Rn. 85 („Patt kollisionsrechtlicher Anwendungsinteressen").
42 So der Schweizer Gesetzgeber bei der Anknüpfung der Produkthaftung; siehe oben § 2 IV. 2. b) und zur Kritik unten § 18 II.

b) Kollisionsrechtlich schlechtes Recht

Ebenfalls nur im negativen Sinne besteht Einigkeit darüber, wann ein Recht **548** „räumlich" schlecht ist. „Räumlich" schlecht ist ein Recht, wenn bei seiner Maßgeblichkeit eine Funktion des Sachrechts nicht verwirklicht wird[43]. Ein Beispiel gibt hinsichtlich der Verhaltenssteuerungsfunktion des Produkthaftungsrechts das Recht des Staates, in dem sich der Geschädigte gewöhnlich aufhält; dieses Recht kann nämlich nicht verhaltenssteuernd wirken, weil die Produkthaftpflichtigen es vor der Tat in aller Regel nicht bestimmen können.

c) Der Grad der Funktionsverwirklichung

Die Eignung eines Rechts, eine materiellrechtliche Funktion auch bei einer **549** Auslandsberührung des Sachverhalts zu verwirklichen, ist auch im positiven, d. h. zur Bestimmung des „räumlich" besten Rechts fruchtbar zu machen. Dies ist im Internationalen Produkthaftungsrecht bislang nicht hinreichend geschehen.

Das „räumlich" beste Recht ist das Recht, welches eine Funktion des Sach- **550** rechts am besten verwirklicht[44]. Dabei geht es wiederum nicht um das inhaltlich beste Recht, sondern um das Recht, das die Funktion des Sachrechts aufgrund seiner Nähe zum Anknüpfungsgegenstand weitestgehend verwirklicht. Das Kriterium für die Bestimmung des für eine Funktion des Sachrechts „räumlich" besten Rechts ist also der Grad der Funktionsverwirklichung.

Um den Grad der Funktionsverwirklichung zu bestimmen, muß man die jewei- **551** lige Hauptfunktion des Sachrechts in ihre Unterfunktionen zerlegen. Denn die unvollständige Verwirklichung einer Hauptfunktion folgt aus der Nichterfüllung einer ihrer Unterfunktionen. Wenn beispielsweise die Verhaltensgebote eines Rechts den Täter vor der Tat erreichen können, weil er die Maßgeblichkeit dieses Rechts vorherbestimmen kann, so verwirklicht die zu diesem Recht führende Anknüpfung die Verhaltenssteuerungsfunktion des Sachrechts auf der kollisionsrechtlichen Ebene. Es steht damit fest, daß dieses Recht kein „räumlich" schlechtes Recht ist. Vorherbestimmbar sind aber meist mehrere Rechte, neben dem Recht am Handlungsort etwa das Recht am Sitz des Haftpflichtigen. Es ist möglich, daß die vorhersehbaren Rechte die Verhaltenssteuerungsfunktion des Sachrechts räumlich gleich gut verwirklichen. Es kann aber auch sein, daß eines von ihnen sie besser verwirklicht. So ist es, wenn typischerweise das Recht des Handlungsortes aufgrund seiner Nähe zum Anknüpfungsgegenstand dem Haftpflichtigen ein genau bestimmtes Verhalten zwingend vorschreibt, das Recht an seinem Sitz dagegen nicht. Würde man kollisionsrecht-

---

43 *Chr. v. Bar*, IPR I Rn. 510; *Keller/Siehr*, Einführung 4 ff.; *Lüderitz*, FS 600 Jahre Universität Köln 280.
44 Vgl. *Chr. v. Bar*, IPR II Rn. 219 („Wirkungsweise von Sachrecht im internationalen Rechtsverkehr zu optimieren"; zu den Bedenken gegen eine Optimierung unten § 18 II); zur Produkthaftung *Zaphiriou*, Ohio State L.J. 46 (1985) 537 f.

lich das Recht am Sitz des Haftpflichtigen berufen, so würde die Verhaltenssteuerungsfunktion des Sachrechts (Hauptfunktion) nur teilweise verwirklicht,
weil die in ihr steckende Unterfunktion, die Entfaltungs- und Gestaltungsfreiheit des Schädigers durch Eindeutigkeit der Verhaltensgebote zu sichern[45],
nicht verwirklicht würde. Das „räumlich" beste Recht der Verhaltenssteuerung
wäre im Beispielsfall deshalb nicht das Recht am Sitz des Haftpflichtigen, sondern das Recht am Handlungsort.

552   Zerlegt man wie im vorstehenden Beispiel eine Hauptfunktion des Sachrechts
in ihre Unterfunktionen, so macht man die Entscheidung für ein bestimmtes
Recht nachprüfbar und konsensfähig. Die Zerlegung in Unterfunktionen ist
daher ein wichtiger Schritt. Es ist jedoch nicht der letzte Schritt auf dem Weg
von *Savignys* Sitzregel zu einem ausgefeilten Handlungsprogramm. Dies zeigt
sich, wenn die (Haupt-)Funktionen des Sachrechts auf unterschiedliche Rechte
weisen, etwa die Verhaltenssteuerung auf das Recht des Marktstaates und der
Schadensausgleich auf das Recht des gewöhnlichen Aufenthaltsstaates des Geschädigten. Die sich in dieser Konfliktsituation[46] stellende Frage, nach welchem Kriterium das Gewicht von Beziehungen zu messen ist, die auf verschiedene Rechte weisen, ist noch weitgehend ungeklärt[47].

3. Die Bedeutung des Regelungsumfeldes

553   Das Internationale Produkthaftungsrecht tritt vor allem auf den Plan, wenn
ein Produkt einen Schaden verursacht hat und der Geschädigte Schadensersatzansprüche geltend macht. Das Haftungsverhältnis zwischen dem Geschädigten und dem von ihm in Anspruch genommenen Schädiger steht im Mittelpunkt des Interesses. Dies bedeutet indes nicht, daß der Blick hierauf zu beschränken wäre.

554   Die materiell-rechtliche Regelung der Produkthaftung ist wesentlich durch
Schutzbedürfnisse des Geschädigten bestimmt, die sich aus der Arbeitsteilung
in der Herstellung und dem Vertrieb von Produkten ergeben[48]. Der Regelfall
der Produkthaftung ist die gesamtschuldnerische Haftung mehrerer. Aus ihr
und dem mit ihr verbundenen Innenausgleich zwischen den Haftpflichtigen ergeben sich spezifische Erfordernisse, die das Kollisionsrecht nicht außer acht
lassen darf, wenn es seiner Aufgabe gerecht werden will[49].

555   Es ist sogar noch weiter zu gehen: Eine wirklich interessengerechte Anknüpfung läßt sich nur finden, wenn das gesamte Regelungsumfeld in den Blick ge-

---

45 Diese Funktion wird nachdrücklich betont von *E. Lorenz*, FS Duden 263 f., und von *Hohloch*
   244.
46 *Patocchi*, Repertorio 135, spricht von einem „vero e proprio nódo gordiano".
47 Siehe dazu eingehend unten § 18 I 1. b).
48 Vgl. *Wandt*, Produkthaftung mehrerer und Regreß, in: Schmidt-Salzer, EG-Produkthaftung
   II/20–2 ff. m. w. N.
49 Siehe unten § 16.

nommen wird. Für einen Produkthaftungssachverhalt ist das Deliktsrecht selbst nur ein Teil der Gesamtregelung. Es ist eingebettet in das öffentliche Produktsicherheitsrecht[50], das Sozial-[51] und Privatversicherungsrecht[52] und das Wettbewerbsrecht[53]. Inwieweit sich aus dieser Einbettung eigenständige Funktionen des Produkthaftungsrechts ergeben, ist zweitrangig. Entscheidend ist, daß sich die kollisionsrechtliche Regelung stimmig in das Gesamtregelungssystem einfügt[54].

4. Terminologie

Sieht man mit der modernen Lehre die Aufgabe des klassischen Internationalen Privatrechts darin, die Funktionen des Sachrechts in einer der Auslandsberührung des Sachverhalts angemessenen Weise zu verwirklichen, dann ist es nicht zufriedenstellend, von der Suche nach dem „räumlich" besten Recht zu sprechen. Der Begriff „räumlich bestes Recht" ist noch zu sehr der bildhaften Sitzregel *Savignys* und dem Ort des tatsächlichen Geschehens verhaftet[55]. Ihm ist der Begriff „kollisionsrechtlich bestes Recht" vorzuziehen.   **556**

Es befriedigt auch nicht mehr in jeder Hinsicht, von der Anknüpfung an den Erfolgsort, an den Sitz des Haftpflichtigen oder an den Marktort zu sprechen. Denn auch diese Formulierung verstellt den Blick auf die Funktionszusammenhänge. Maßgeblich ist die inhaltliche (sachliche) Nähe zu einer Rechtsordnung[56], nicht der Ort eines bestimmten Ereignisses[57]. Es ist daher besser, von der Anknüpfung an einen durch bestimmte Eigenschaften charakterisierten *Staat* zu sprechen[58]. Dies entspricht nicht von ungefähr der Terminologie der Kollisionsnormen, die nicht auf das Recht eines bestimmen Ortes, sondern auf das Recht eines bestimmten Staates verweisen.   **557**

---

50 Siehe unten § 14 II.
51 Siehe unten § 15 III. 2.
52 Siehe unten § 13 III. 4.
53 Siehe unten § 17.
54 In diese Richtung z.B. *W.-H. Roth* 158 („Politiken, die sachnormübergreifend ein größeres Rechtsgebiet, dem die Sachnorm zuzurechnen ist, charakterisieren"); vgl. auch *Stoll*, IPRax 1989, 91 (typische Zusammenhänge zwischen den Sachnormen tunlichst zu wahren).
55 Die Gegenüberstellung von räumlich bestem und sachlich bestem Recht durch *Kegel*, IPR 81, ist im Zusammenhang mit einem „better law approach" zu sehen. Isoliert betrachtet ist der Satz *Kegels*, anzuwenden sei nicht das sachlich beste, sondern das räumlich beste Recht, mißverständlich. Vgl. die Kritik von *Chr. v. Bar*, IPR I Rn. 219.
56 Vgl. § 1 Abs. 1 österreichisches IPR-Gesetz: „Rechtsordnung ..., zu der die stärkste Beziehung besteht"; Art. 4 Abs. 3 EGBGB („Teilrechtsordnung ..., mit welcher der Sachverhalt am engsten verbunden ist").
57 Häufig ergibt sich die inhaltliche (sachliche) Nähe zu einer Rechtsordnung allerdings aus der räumlichen Nähe. Vgl. *Chr. v. Bar*, IPR I Rn. 219 (Verkehrskreiserwartung).
58 Vgl. z.B. Art. 28 Abs. 1 EGBGB („unterliegt der Vertrag dem Recht des Staates, mit dem er die engsten Verbindungen aufweist").

§ 13 „Vorhersehbarkeit" des Produkthaftungsstatuts für den Haftpflichtigen als Axiom oder bloße Maxime der Anknüpfung

I. Die Fragestellung und ihre Bedeutung für die Entwicklung eines Anknüpfungssystems

558 In der Lehre wird verbreitet die Ansicht vertreten, es sei unabdingbar, daß der Haftpflichtige das Produkthaftungsstatut vorhersehen oder sogar vorherbestimmen könne. Einige Autoren verstehen die „Vorhersehbarkeit" des Haftungsstatuts als Axiom, aus dem sie die Anknüpfung deduzieren[1]. Die Anknüpfung wird also nicht nach der herkömmlichen Methode gefunden; sie wird vielmehr wegen der für unverzichtbar gehaltenen „Vorhersehbarkeit" als weitgehend vorgegeben erachtet. Wer ein solches Vorverständnis hat, muß nur die Anknüpfungsmöglichkeiten ins Auge fassen, die durch die Produkthaftpflichtigen selbst, also durch das Geschehen bis zur Abgabe des Produktes an den Ersten Endabnehmer eröffnet werden. Der Ort der Abgabe des Produktes an den Ersten Endabnehmer als äußerster Punkt der Vertriebskette ist dann auch der äußerste Anknüpfungspunkt − und auch dies nur für diejenigen Haftpflichtigen, die den Marktort vorhersehen konnten. Die vielfältigen Anknüpfungsmöglichkeiten, die sich auf der Verbraucher- und Geschädigtenseite durch das Geschehen nach der Vermarktung des Produktes ergeben, bleiben dagegen völlig außer acht, wenn man die „Vorhersehbarkeit" des Haftungsstatuts für den Haftpflichtigen als unverzichtbares Anknüpfungskriterium erachtet. Ein solches Vorverständnis steckt den Rahmen für das zu entwickelnde Anknüpfungssystem also äußerst eng. Es hat außerdem zur Folge, daß die ansonsten äußerst schwierig zu beantwortende Frage, wie zu entscheiden ist, wenn sich die um den Schädiger und den Geschädigten gezogenen Kreise zumutbarer Rechte nicht decken[2], keine Probleme bereitet. Die Antwort auf diese Frage ist dann nämlich vorgegeben: Die Interessen des Schädigers haben den Vorrang; es gilt der „Schädigerkreis".

559 Die „Vorhersehbarkeit" des Haftungsstatuts für den Haftpflichtigen als unbedingtes und unabdingbares Kriterium der Anknüpfung hätte also gravierende Konsequenzen. Ob die „Vorhersehbarkeit" des Haftungsstatuts für den Haftpflichtigen aus übergeordneten, sich der normalen Rechtsfindungsmethode im Kollisionsrecht entziehenden Gründen ein unverzichtbares Kriterium der Anknüpfung ist, ist deshalb vor der Entwicklung eines Anknüpfungssystems zu untersuchen.

---

1 Siehe III.2.b).
2 Siehe § 12.

Sollte sich dabei ergeben, daß die „Vorhersehbarkeit" kein Axiom ist, so wäre 560
die Untersuchung dennoch von großem Wert. Sie bereitete dann nämlich das
Terrain für eine ausgewogene Abwägung der berührten Interessen. Denn dies
sei vorausgeschickt: Maxime der Anknüpfung ist die „Vorhersehbarkeit" des
Haftungsstatuts für den Haftpflichtigen allemal.

II. Die „Vorhersehbarkeit" des Haftungsstatuts als Axiom

1. Kollisionsnormen

a) Allgemeine Kollisionsnormen über Delikte

aa) „Vorhersehbarer" Erfolgsort als Regelanknüpfungspunkt

Der Einfluß des „Vorhersehbarkeit"-Gedankens auf eine allgemeine Kolli- 561
sionsnorm für Delikte ist offensichtlich, wenn die grundsätzliche Anknüpfung
an den Erfolgsort dann zugunsten der Anknüpfung an den Handlungsort aufgegeben wird, wenn der Schädiger den Schadenseintritt am Erfolgsort nicht
voraussehen mußte. So bestimmt etwa Art. 133 Abs. 2 Satz 2 des Schweizer
IPR-Gesetzes[3]: „Tritt der Erfolg nicht in dem Staat ein, in dem die unerlaubte
Handlung begangen ist, so ist das Recht des Staates anzuwenden, in dem der
Erfolg eintritt, wenn der Schädiger mit dem Eintritt des Erfolges in diesem
Staat rechnen musste"[4].

bb) Handlungsort als Regelanknüpfungspunkt

Der Einfluß des „Vorhersehbarkeit"-Gedankens ist hingegen weitgehend ver- 562
deckt, wenn er am stärksten ist. So ist es, wenn auf die Verwendung für den
Schädiger unvorhersehbarer Anknüpfungstatsachen gänzlich verzichtet und
die Anknüpfung an den ihm stets bekannten Handlungsort zur Regelanknüpfung erhoben wird. In diesem Sinne bestimmt etwa § 48 Abs. 1 Satz 1 des
österreichischen IPR-Gesetzes von 1978, daß außervertragliche Schadenser-

---

3 Die Vorschrift gilt wegen der Spezialregelung in Art. 135 (vgl. unten c)) nicht für die Produkthaftung; sie verdeutlicht die Wirkung des Vorhersehbarkeitsgedankens auf eine Kollisionsnorm
über allgemeine Delikte aber besser als z. B. Art. 45 Abs. 2 des portugiesischen ZGB von 1966,
der mangels spezieller Regelung auch für die Produkthaftung gilt. Diese kompliziert gefaßte Bestimmung lautet: „Wenn das Gesetz des Staates, in welchem die schädigende Wirkung eingetreten ist, den Handelnden als haftbar ansieht, aber das Gesetz des Landes, in welchem seine Tätigkeit erfolgt ist, ihn nicht so ansieht, ist das erste Gesetz anwendbar, sofern der Handelnde den
Eintritt eines Schadens in jenem Land als Folge seiner Handlung oder Unterlassung voraussehen mußte". (Text in RabelsZ 32 (1968) 513, 519). Vgl. auch Art. 2097 Abs. 2 des ZGB von Peru
vom 24. Juli 1984 (Text in RabelsZ 49 (1985) 522, 537) und dazu *Czempiel* 23.
4 Dogmatisch handelt es sich bei dem in die Kollisionsnorm aufgenommenen Vorbehalt um eine
spezielle und konkrete Ausweichklausel. Sie ist speziell, weil sie nur für die Bestimmung des Produkthaftungsstatuts gilt, und sie ist im besonderen Maße konkret, weil ihr Eingreifen von den
besonderen Umständen des Einzelfalles abhängt. Zur Dogmatik vgl. insbesondere *Kreuzer*, FS
für Zajtay 295 ff.; *ders.*, ZfRV 1992, 168 ff.

satzansprüche nach dem Recht des Staates zu beurteilen sind, in dem das den Schaden verursachende Verhalten gesetzt worden ist[5].

b) Spezielle Kollisionsnormen über die Produkthaftung

aa) Erfolgsort und gewöhnlicher Aufenthalt des Geschädigten als isolierte Anknüpfungspunkte

563 Von den wenigen speziellen Kollisionsnormen über die Produkthaftung knüpft keine uneingeschränkt an den Erfolgsort oder den gewöhnlichen Aufenthalt des Geschädigten an. Dies unterbleibt, weil anderenfalls ein Recht zur Anwendung kommen könnte, das der Haftpflichtige nicht vorhersehen kann. Quebec[6] und die Schweiz[7] verzichten aus diesem Grund gänzlich auf die unvorhersehbaren Anknüpfungspunkte[8] „Erfolgsort" und „gewöhnlicher Aufenthalt des Geschädigten".

bb) Erfolgsort und gewöhnlicher Aufenthalt des Geschädigten als Verstärkung eines „vorhersehbaren" Anknüpfungspunktes

564 Die „Vorhersehbarkeit" des Haftungsstatuts ist auch in den Kollisionsnormen des Haager Übereinkommens und des Zivilgesetzbuches von Louisiana[9] ein unbedingtes Kriterium der Anknüpfung. Dies ist aber nur schwer zu erkennen, weil diesen Regelungen eine besondere Konzeption der Anknüpfung zugrunde liegt[10]. Die unvorhersehbaren Anknüpfungspunkte „Erfolgsort" und „gewöhnlicher Aufenthalt des Geschädigten" werden nämlich nicht, wie in der Schweiz und Quebec, völlig ausgeschaltet, sondern in das Anknüpfungssystem integriert und sogar formell in den Vordergrund gerückt[11]. Obgleich der Gedanke der „Vorhersehbarkeit" die Anknüpfung auch hier bestimmt, ist dies möglich, weil die unvorhersehbaren Anknüpfungspunkte nicht allein, sondern immer nur in Verbindung mit dem stets vorhersehbaren „Hauptgeschäftssitz des Haftpflichtigen" oder mit dem unter dem Vorbehalt des Vorhersehenmüssens stehenden „Marktort" über das anwendbare Recht entscheiden. Die unvorhersehbaren Anknüpfungspunkte haben hier also nur eine beschränkte Funktion: Sie berufen aus dem Kreis der für den Haftpflichtigen „vorherseh-

---

5 Zu den Gründen *Koziol*, ZVR 1980, 3 f.
6 Siehe § 5 V.
7 Siehe § 2 IV 2. b).
8 Die Maßgeblichkeit dieser Anknüpfungspunkte ist vorhersehbar, wenn eine Kollisionsnorm oder eine gewohnheitsrechtliche Kollisionsregel sie verwendet. Um die Vorhersehbarkeit der abstrakten Anknüpfung geht es aber nicht. Es geht vielmehr darum, daß der Schädiger die sich aus einer klaren Kollisionsregel im Einzelfall konkret ergebende Rechtsfolge nicht vorhersehen kann, wenn sie von Tatsachen abhängt, auf deren Eintritt er keinen Einfluß hat und deren Eintrittsort er deshalb nicht vorhersehen kann. Vgl. hierzu *Czempiel* 27, 29 und *Riegl* 177 f.
9 Siehe § 6 IV. 1 c) aa).
10 Siehe § 1 III. 1. b); vgl. auch *Fallon* 251 f.
11 *Fallon* 302.

baren" Rechtsordnungen diejenigen, welche dem *Geschädigten* am nächsten sind[12].

cc) Der vorhersehbare Marktort

Erachtet man die „Vorhersehbarkeit" des Haftungsstatuts für den Haftpflichtigen als ein unverzichtbares Anknüpfungskriterium, so genügt es nicht, den unvorhersehbaren „Erfolgsort" und den unvorhersehbaren „gewöhnlichen Aufenthalt des Geschädigten" als allein entscheidende Anknüpfungspunkte auszuschließen. Denn auch der Marktort, an dem das schädigende Endprodukt an den Ersten Endabnehmer abgegeben wird, ist nicht für jeden Haftpflichtigen vorherzusehen. Hersteller eines Grundstoffes oder eines Teilproduktes kennen ihn häufig nicht und auch der Endhersteller ist nicht immer genau über die tatsächlichen Vertriebswege informiert. Unter der Prämisse eines für den Schädiger vorhersehbaren Anknüpfungspunktes[13] bedeutet dies für den Marktort: Er ist nicht völlig auszuschließen, weil er ein adäquater Anknüpfungspunkt für diejenigen Haftpflichtigen ist, die ihn vorhersehen können. Er ist aber auch nicht uneingeschränkt verwendbar, weil er kein adäquater Anknüpfungspunkt für diejenigen Haftpflichtigen ist, die ihn nicht vorhersehen konnten. Nimmt man die Forderung ernst, daß der Haftpflichtige das Produkthaftungsstatut vorhersehen können soll, so ist die Anknüpfung an den Marktort also unter den Vorbehalt zu stellen, daß der Haftpflichtige den Marktort vorhersehen konnte. Dies ist in Art. 135 Abs. 1 des Schweizer IPR-Gesetzes geschehen. Die Befugnis des Geschädigten, das Recht am Erwerbsort zu wählen, steht unter dem Vorbehalt, daß der Schädiger nicht nachweist, das Produkt sei ohne sein Einverständnis in diesem Staat in den Handel gelangt[14]. **565**

Im Haager Übereinkommen ist der Vorhersehbarkeitsvorbehalt der besonderen Anknüpfungskonzeption[15] angepaßt. Art. 7 bestimmt, daß weder das Recht am Verletzungsort noch das Recht am gewöhnlichen Aufenthalt des Geschädigten anwendbar sind, wenn die in Anspruch genommene Person nachweist, daß sie vernünftigerweise nicht vorhersehen konnte, daß das Produkt oder ihre eigenen Produkte der gleichen Art in dem betreffenden Staat im Handel angeboten werden würden[16]. Wie nach dem Schweizer IPR-Gesetz kommt also auch nach dem Haager Übereinkommen nur das Recht eines für den Haftpflichtigen vorhersehbaren Marktstaates zur Anwendung. Anders als in der Schweiz genügt jedoch der Vertrieb gleichartiger Produkte des Haftpflichtigen in einem Staat, um das Recht dieses Staates anzuwenden. **566**

---

12 Zu Recht sieht *Kozyris*, Ohio State L.J. 46 (1985) 584, deshalb im Marktstaat den Hauptanknüpfungspunkt des Haager Übereinkommens. Er empfiehlt, die zentrale Bedeutung des Marktstaates bei einer Novellierung des Übereinkommens offen auszuweisen.

13 Siehe Fn. 8.

14 Vgl. § 2 IV. 2. b). Zur Interpretation des Einverständnisses als Vorhersehenmüssen eines Vertriebs in dem betreffenden Staat, vgl. den Text nach Fn. 63 von § 2.

15 Vgl. oben b).

16 Siehe § 1 III. 1. b).

567   Gemäß Art. 3545 Abs. 2 des ZGB von Louisiana ist das von Abs. 1 der Vorschrift berufene Recht nicht anwendbar, wenn weder das schadenstiftende Produkt noch irgend ein gleichartiges Produkt des Herstellers in diesem Staat durch gewöhnliche Vertriebskanäle verfügbar gemacht wurde[17]. Diese Regelung steht Art. 7 des Haager Übereinkommens nahe, weil es ausreicht, wenn in dem Anknüpfungsstaat gleichartige Produkte des Herstellers vertrieben werden. Sie unterscheidet sich von der Regelung des Haager Übereinkommens — und des Schweizer IPR-Gesetzes — aber dadurch, daß sie das Risiko, über die „ordinary commercial channels" informiert zu sein, eindeutig dem Hersteller zuweist[18].

c) Würdigung

568   Die betrachteten gesetzlichen Regelungen beruhen alle auf dem Gedanken, daß der Haftpflichtige das Haftungsstatut vorhersehen können soll. Für die hier interessierende Frage, ob das Anknüpfungskriterium „Vorhersehbarkeit" ein Axiom ist[19], geben sie jedoch nichts her. Denn sie können auf einer umfassenden Interessenabwägung beruhen, also Frucht der klassischen Rechtsfindungsmethode sein. Das Ergebnis lautet deshalb: Die gesetzlichen Regelungen, denen das Kriterium „Vorhersehbarkeit" zugrundeliegt, unterstreichen die Bedeutung der Frage nach der Grundlage dieses Kriteriums, geben aber unmittelbar keine Hinweise zur Beantwortung dieser Frage.

2. Die deutsche Lehre

a) Entwicklung

569   In der deutschen Lehre wird die Forderung nach „Vorhersehbarkeit" des anwendbaren Rechts für den Haftpflichtigen nicht erst neuerdings erhoben, wie eine jüngst vorgelegte Untersuchung zur Zurechnung im internationalen Deliktsrecht glauben machen will[20]. Die deutsche Lehre nutzte das Interesse des Haftpflichtigen an der „Vorhersehbarkeit" des Haftungsstatuts früh und lange als Argument[21] gegen das Reichsgericht, das Distanzdelikte alternativ an den

---

17 Siehe § 6 IV. 1. c) aa).

18 Nach Art. 3128 des ZGB von Quebec kann der Geschädigte dagegen vorbehaltlos das Recht am Erwerbsort wählen. Die Vorschrift läßt allerdings offen, welcher Erwerb für die Bestimmung des Produkthaftungsstatuts maßgeblich ist. Wenn es auf den ersten Erwerb vom Hersteller selbst ankommt, ist der Erwerbsort diesem notwendig bekannt. Wenn es hingegen auf den Erwerb des Ersten Endabnehmers vom letzten Glied der Vertriebskette ankommt, wofür vieles spricht, ist die „Vorhersehbarkeit" für den Hersteller nicht in jedem Fall gewährleistet.

19 Vgl. oben I.

20 Vgl. *Czempiel* 23: „Eine neue Frage wird gestellt im internationalen Deliktsrecht: Muß bei einem Distanzdelikt der Erfolgsort „vorhersehbar" sein?" Diese überspitze Formulierung darf aber nicht darüber hinwegtäuschen, daß *Czempiel* den entwicklungsgeschichtlichen Hintergrund durchaus sieht.

21 Vgl. etwa *Zitelmann*, IPR II 484; *L.v.Bar*, IPR II 114 ff., 120.

Handlungsort und an den Erfolgsort anknüpfte[22]. Auf Dauer ließ sich die Anknüpfung an den Erfolgsort aber bekanntlich nicht uneingeschränkt ablehnen. Breschen schlugen vor allem *Habicht, Wolff* und *Raape*. Jedenfalls bewußtes Hinübergreifen in den räumlichen Bereich einer fremden Rechtsordnung[23] und das Handeln von Personen, die als Werkzeuge des Haftpflichtigen erscheinen[24], sollten ihrer Ansicht nach eine Anknüpfung an den Erfolgsort rechtfertigen. *Grußendorf*[25] ging noch einen Schritt weiter. Sie hielt es für ausreichend, wenn der Schädiger nach allgemeiner Lebenserfahrung damit rechnen mußte, daß der Erfolg dort eintritt, wo er tatsächlich eintrat. Den Endpunkt der Entwicklung in Richtung auf den Erfolgsort markierte im Jahre 1936 *Rudolf Schmidt*. Er unterwarf auch denjenigen dem Recht des Erfolgsortes, der „einem Gewässer schädliche Stoffe zusetzt, ohne ahnen zu können, daß diese durch eine unterirdische Wasserverbindung in ein benachbartes Land getragen werden"[26]. Unbillige Folgen seien auf der Ebene des materiellen Rechts abzuwenden.

Seit *Schmidt* wird in Deutschland um die Frage gestritten, ob das Recht des   **570** Staates, in dem die Rechtsgutverletzung eintritt, stets[27] oder nur unter der Voraussetzung anzuwenden ist, daß der Schädiger den Eintritt der Rechtsgutverletzung in diesem Staat vernünftigerweise vorhersehen konnte[28]. Die vermittelnde Ansicht von *Delachaux*[29], wonach das Recht des Erfolgsortes stets, aber stets nur mit der Einschränkung berufen wird, daß auf das Verschulden und die Rechtswidrigkeit kumulativ das Recht des Handlungsortes anzuwenden ist, vermochte sich nicht durchzusetzen[30].

Mit dem Bemühen um eine Verfeinerung des internationalen Deliktsrechts   **571** wurde die anfangs allgemein diskutierte Forderung nach Vorhersehbarkeit des Haftungsstatuts für den Haftpflichtigen in die speziellen Bereiche hineingetragen. Im internationalen Produkthaftungsrecht hat sie besondere Bedeutung erlangt. Hier war und ist für viele noch heute die von *Ehrenzweig* im Jahre 1960 vorgestellte „theory of enterprise liability under ‚foreseeable and insurable

---

22 Zuerst RG, 23.9.1887, RGZ 19, 382 und 20.11.1988, RGZ 23, 305. Ausführlich zur Rspr. des RG vor allem *R. Schmidt*, FS Lehmann 178ff.; *W. Lorenz*, Grundregel 104ff.

23 *Habicht* 95; *Staudinger/Raape*, 9. Aufl., Art. 12 EGBGB Anm. VI 2b) y S. 206 (für Delikte in räumlicher Nähe zu einer Staatsgrenze); *M. Wolff*, 165.

24 *Staudinger/Raape*, 9. Aufl., Art. 12 EGBGB Anm. VI 2d) ß, S. 204f.

25 *Grußendorf* 32.

26 *R. Schmidt*, FS Lehmann 181.

27 In diesem Sinne in zeitlicher Reihenfolge insbesondere *Schneeweiss* 78f.; *Hillgenberg* 154f., ders., NJW 1963, 2199, 2201; *Riegl*, 177ff. (zu sog. Streudelikten); MünchKomm-*Kreuzer*, Art. 38 EGBGB Rn. 42, 48; *G. Hager*, RabelsZ 53 (1989), 303 (Immissionen). Speziell zur Produkthaftung siehe unten b) aa).

28 In diesem Sinne in zeitlicher Reihenfolge insbesondere *Rheinstein*, Tul. L.R. 1944, 26ff., 31; *Boisserée*, NJW 1958, 849; *Bröcker*, 98 (allgemeine), 159 (für die Produkthaftung); *E. Lorenz*, FS Duden 265, 267 (für Schiffszusammenstöße auf hoher See). Speziell zur Produkthaftung siehe unten b) bb).

29 *Delachaux* 179ff.

30 Ablehnend vor allem *Hillgenberg* 140ff.; *Stoll*, Verhaltensnormen 171ff.

laws'"[31] wegweisend. Diskutiert wurde die Frage der „Vorhersehbarkeit" des Produkthaftungsstatuts vor allem im Zusammenhang mit dem Haager Produkthaftungsübereinkommen, das die „Vorhersehbarkeit" des Haftungsstatuts für den Haftpflichtigen zum Kriterium der Anknüpfung macht[32]. In Auseinandersetzung mit diesem Übereinkommen wurden erstmals die kontroversen Positionen speziell für die Produkthaftung bezogen[33].

b) Stand

aa) Ablehnung der „Vorhersehbarkeit" als Anknüpfungskriterium

572 Die herrschende Lehre lehnt die „Vorhersehbarkeit" als Anknüpfungskriterium ab. Dies geschieht stillschweigend oder mit der Begründung, kollisionsrechtlich sei es das Risiko des Haftpflichtigen, wenn das fehlerhafte Produkt an einem von ihm nicht vorherzusehenden Ort zu einem Schaden führe[34], und in einer Zeit schnell zunehmenden internationalen Handels und gesteigerter Mobilität breiter Bevölkerungsschichten sei nahezu alles voraussehbar[35].

573 *Werner Lorenz* teilte der Haager Produkthaftungskonferenz als Leiter der deutschen Delegation mit, daß der „foreseeability test", so wie er in Artt. 3 und 4 des Vorentwurfs geregelt war, von deutschen Versicherern und anderen Interessierten[36] scharf kritisiert worden sei. Es seien vor allem die praktischen Schwierigkeiten seiner Handhabung und seine unrealistische Grundlage beanstandet worden. Hersteller hätten nur wenig Kontrolle darüber, wo ihre Produkte verkauft würden, und könnten ohne Ansehensverlust nicht verlangen, daß ihre Produkte in bestimmten Ländern nicht verkauft würden. Die deutsche Delegation schlug der Haager Konferenz deshalb vor, die ganze Frage der „Vorhersehbarkeit" fallen zu lassen und durch eine Bezugnahme auf Sicherheitsvorschriften ähnlich wie in Art. 7 des Haager Straßenverkehrsunfall-Übereinkommens zu ersetzen.

574 *Werner Lorenz* hat sich auch nach der Haager Konferenz skeptisch zur Funktionsfähigkeit eines Vorhersehbarkeitstests geäußert[37]. In seinem dem deut-

---

31 *Ehrenzweig*, Yale L.J. 69 (1960), 595–604, 794–803; ausführlich zu seiner Theorie unten III. 4. a).

32 Siehe oben II. 2. c).

33 *S. Simitis* widmete diesem Problem in seiner 1965 erschienenen Arbeit über „Grundfragen der Produzentenhaftung" lediglich eine kurze Fußnote (S. 91, Fn. 69). Er weist die Lösung *Ehrenzweigs* mit der Begründung zurück, sie laufe Gefahr, der Verbreitung der einzelnen Güter nicht genügend Rechnung zu tragen und damit letztlich den Benutzer nur ungenügend schützen zu können. Ferner stelle sie den Verletzten vor nahezu unüberwindliche Schwierigkeiten, sobald es nicht mehr um interlokale, sondern internationalprivatrechtliche Streitigkeiten gehe.

34 Diese Risikozuweisung wird unterschiedlich begründet. Die Begründungen sind für die hier gestellte Frage, ob die „Vorhersehbarkeit" des Haftungsstatuts ein Axiom ist (vgl. oben I), nicht von Interesse. Zu ihnen im einzelnen unten § 15.

35 *Winkelmann* 214 im Anschluß an *Kühne*, Cal.L.Rev. 60 (1972), 31.

36 *W. Lorenz*, in: Conférence, Procès verbal Nr. 6, S. 168 („Criticism by German insurance companies as well as other legal opinion").

37 *W. Lorenz*, RabelsZ 37 (1973) 347 f.

schen Rat für Internationales Privatrecht erstatteten Gutachten über die allgemeine Anknüpfung der außervertraglichen Schadenshaftung[38] vertritt er die Ansicht, der auf Distanz handelnde Schädiger müsse sich das Rechtsanwendungsrisiko zurechnen lassen, weil die den Rechtsgüterschutz gewährleistende Rechtsordnung des Erfolgsortes schon wegen des Gleichheitssatzes nicht danach unterscheiden könne, ob die schadenstiftende Ursache außerhalb oder innerhalb ihres räumlichen Geltungsbereichs gesetzt worden sei. Er läßt aber offen, ob die Zurechnung unter eng begrenzten Voraussetzungen einzuschränken ist: „Nur dort, wo ein zurechenbares ‚Hinüberwirken ins Ausland' gar nicht vorgelegen hat, wie etwa bei dem von Produzenten ausdrücklich untersagten Vertrieb einer Ware ins Ausland oder in einzelne Länder, mag es anders sein"[39].

bb) Befürwortung der „Vorhersehbarkeit" als Anknüpfungskriterium

Die Gegenposition zur herrschenden Lehre vertritt in Deutschland vor allem *Schmidt-Salzer*[40]. Er stützt sich allerdings nicht auf das im Anschluß an *Ehrenzweig* von vielen vorgebrachte Argument, die „Vorhersehbarkeit" des Haftungsstatuts sei unabdingbare Voraussetzung für die Versicherbarkeit des Haftungsrisikos[41]. Ihm geht es vielmehr um „internationalprivatrechtliche Zurechenbarkeit"[42], deren Notwendigkeit er wie *Grußendorf* für das allgemeine internationale Deliktsrecht[43] aus der materiell-rechtlichen Zurechnung ableitet. Das entscheidende Kriterium der Zurechnung sieht er aber anders als *Grußendorf*[44] nicht in der „Vorhersehbarkeit" im Sinne der Adäquanztheorie, sondern in der „Beherrschbarkeit des Geschehensablaufs" als Voraussetzung individueller Verantwortung. Wenn im materiellen Recht die deliktsrechtliche Verantwortlichkeit des Herstellers auf einer Zurechenbarkeit der Schadensverursachung beruhe, dann könne internationalprivatrechtlich wegen der nur begrenzten Beherrschbarkeit der räumlichen Verbreitung bzw. Verbringung des Produkts nicht ohne weiteres das Recht des Ortes maßgeblich sein, an dem das Rechtsgut tatsächlich verletzt werde. Das alleinige Abstellen auf den Ort der Rechtsgutsverletzung sage nämlich nichts darüber aus, ob und inwieweit der Hersteller für die Nichterfüllung der Anforderungen dieses Rechts verantwortlich sei. Eine deliktsrechtliche Pflicht des Herstellers, die Anforderungen einer bestimmten fremden Rechtsordnung zu berücksichtigen, setze vielmehr stets einen Anhaltspunkt für eine Zurechenbarkeit der betreffenden Rechtsordnung voraus[45]. Zurechenbar seien dem Hersteller alle Rechtsordnungen, in deren

575

---

38 *W. Lorenz*, Grundregel 97 ff.
39 *W. Lorenz*, Grundregel 116 f.
40 *Schmidt-Salzer*, Produkthaftung (1973) 269 ff.
41 Vgl. dazu unten III. 4. a).
42 *Schmidt-Salzer*, Produkthaftung (1973) 274 und passim.
43 *Grußendorf* 32 ff.
44 Wie vorige Fn.
45 *Schmidt-Salzer*, Produkthaftung (1973) 274.

Geltungsbereich er liefere. Exportierten Dritte, wozu auch die als juristische Person rechtlich verselbständigte herstellereigene Vertriebsgesellschaft zähle, die Ware in andere Länder, sei dies dem Hersteller nur zurechenbar, wenn ihm der (Weiter-)Export bekannt war bzw. schuldhaft unbekannt geblieben war. Der Hersteller sei nicht verpflichtet, sich darüber zu informieren, in welche Länder die Ware von Dritten exportiert werde. Eine „internationalprivatrechtliche Produktverfolgungspflicht" des Herstellers könne nur entstehen, wenn ihm im Einzelfall Umstände bekannt würden, aus denen er bei Anwendung der erforderlichen Sorgfalt erkennen könne, daß sein Produkt in den Geltungsbereich einer weiteren Rechtsordnung geliefert werde und dort zur Ursache von Verletzungen geschützter Rechtsgüter werden könne.

576 *Czempiel* pflichtet *Schmidt-Salzer* in seiner unlängst vorgelegten Arbeit mit dem Untertitel „Zur Zurechnung im internationalen Deliktsrecht"[46] grundsätzlich bei[47]. Seine für das gesamte internationale Deliktsrecht aufgestellte These lautet:

577 „Zugerechnet wird die Rechtsordnung, die man selbst bestimmt. Das frei und selbstverantwortlich handelnde Individuum muß selbst bestimmen können, welche der zahlreichen Rechtsordnungen auf sein Verhalten anwendbar sein soll. Zurechnungsgrund ist im internationalen Deliktsrecht das Verantworten-Können und Verantworten-Müssen der Beziehung zwischen der zuzurechenden Zurechnungsordnung und den Parteien. Diese Beziehung darf aus Sicht der Betroffenen nicht zufällig sein. Sie muß rückführbar sein auf das, wofür man zivilrechtlich stets verantwortlich ist: eigenes Verhalten und eigener Geschäftskreis. Angesprochen sind Entscheidungsfreiheit und Selbstverantwortung .... Als Grundanforderung internationalprivatrechtlicher Gerechtigkeit geht es darum, dem Inanspruchgenommenen und dem Geschädigten nur solches Recht zuzurechnen, für dessen Anwendbarkeit sie selbst verantwortlich sind .... Dieses Zurechnungsprinzip ist der jeweils anwendbaren Kollisionsnorm vorgegeben."[48].

578 Die Frage, wie zu entscheiden ist, wenn die Selbstbestimmungsinteressen der Parteien divergieren, wenn der Geschädigte seine Rechtsgüter also einer Rechtsordnung anvertraut hat, die dem Schädiger mangels Bestimmbarkeit nicht zurechenbar ist[49], entscheidet *Czempiel* − nicht wie *Schmidt-Salzer* stillschweigend, sondern ausdrücklich − entgegen der herrschenden Meinung in Deutschland und in den meisten anderen Staaten zugunsten des Schädigers. Seine Begründung: Der Satz „casum sentit dominus" habe im materiellen Recht zur Folge, daß der Geschädigte seinen Schaden selbst tragen müsse, wenn die Schadensverursachung nicht ausnahmsweise einem anderen zurechenbar sei. Dieser Satz gelte auch im Kollisionsrecht[50]. Für die Verteilung

---

46 *Czempiel*, Das bestimmbare Deliktsstatut − Zur Zurechnung im internationalen Deliktsrecht.
47 *Czempiel* 155.
48 *Czempiel* 33.
49 *Czempiel* 45.
50 *Czempiel* 45. Ähnlich *Bröcker* 97 ff., der im Interesse des Geschädigten das Erfolgsortsrecht anwendet, das Handlungsortsrecht aber „als haftungsbegrenzendes Korrektiv" beruft, wenn der Schädiger keinen Einfluß auf die Wirkung seiner Handlung im Erfolgsortstaat hatte: „So-

des Rechtsanwendungsrisikos im Kollisionsrecht könne nichts anderes gelten, als für jeden anderen Nachteil. Lasse sich das Rechtsanwendungsrisiko nicht dem Schädiger zurechnen, trage es der Geschädigte.

In der Ausgestaltung der kollisionsrechtlichen Zurechenbarkeit folgt *Czempiel* **579** der Ansicht von *Schmidt-Salzer* nicht in allen Punkten. Anders als jener will er das Wissen (Wissen-Müssen) des Herstellers um den Weiterexport seiner Produkte durch Dritte nicht als Grundlage der kollisionsrechtlichen Zurechnung gelten lassen[51]. Zurechnungsgrund fremden Rechts müsse Verhalten, nicht lediglich Wissen sein[52]. Dabei möge dem Hersteller grundsätzlich auch fremdes Verhalten zurechenbar sein. So müsse er das Rechtsanwendungsrisiko vielleicht auch dann tragen, wenn der Kontakt zur fremden Rechtsordnung durch Vertriebshändler und Touristen hergestellt werde. Voraussetzung sei aber, daß er entsprechend zielgerichtet durch eigenes Verhalten den Zurechnungsgrund schaffe. Es könne nicht genügen, daß die Verbreitung seiner Ware im Ausland für den Hersteller nur Nebenfolge, vielleicht sogar ausdrücklich unerwünschte Nebenfolge sei, möge dies für ihn auch noch so vorhersehbar sein[53].

c) Würdigung

Schmidt-Salzer und *Czempiel* weisen offen aus, um was es bei der „Vorherseh- **580** barkeit" in Wirklichkeit geht. Es geht um die Frage, ob eine bestimmte Rechtsordnung dem Schädiger zuzurechnen ist, kurz: um das Rechtsanwendungsrisiko des Schädigers. Der Begriff „Vorhersehbarkeit", unter dem *Ehrenzweig* die Diskussion eröffnete[54] und unter dem sie lange Zeit geführt wurde[55], wird dem eigentlichen Problem nicht gerecht und hat viel Verwirrung gestiftet. Das Abstellen auf „Vorhersehbarkeit" provoziert nämlich den verbreitet erhobenen Einwand, heutzutage sei aufgrund der Internationalität des Handels und der hohen Mobilität der Bevölkerung „praktisch alles vorhersehbar"[56]. In der Tat

---

weit der Täter sich auf die Einschränkung des Anspruchs gemäß Handlungsortrechts berufen kann, weil ein Rechtsanwendungsrisiko von ihm nicht zu vertreten ist, muß eine Minderung des Anspruchs nach Erfolgsortrecht wie ein *Zufallsschaden* getragen werden. *Diesen trägt üblicherweise der Rechtsträger"* (S. 102; Hervorhebung hinzugefügt); ähnlich auch *Roßbach* 119 f., der aus dem Satz „casum sentit dominus" sogar eine Günstigkeitsklausel für den *Schädiger* ableitet: Da die Einschränkung der kollisionsrechtlichen Zurechnung allein den schützenswerten Interessen des Handelnden diene, bleibe es beim unvorhersehbaren Recht des Erfolgsortes, wenn dieses für den Schädiger günstiger ist.
51 *Czempiel* 154 f. Ebenso *Bröcker*, 98, für bestimmte Fallgruppen; allgemein soll es — da die meisten Dinge vorhersehbar seien — darauf ankommen, „ob es zumutbar ist, eine Haftung nach Erfolgsortrecht aufzuerlegen" (S. 99).
52 *Czempiel* 155.
53 Wie vorige Fn.
54 *Ehrenzweig*, Yale L.J. 69 (1960), 595–604, 794–803, 978–991; ausführlich zu seiner Theorie unten III. 4. a).
55 "Clause de prévisibilité", „foreseeability clause", vgl. Conférence 168 ff., 176, 180 und passim; *Winkelmann* 212 f. („Vorhersehbarkeitseinwand").
56 *Winkelmann* 214 im Anschluß an *Kühne*, Cal. L.Rev. 60 (1972) 31.

kann ein Produkt Personen aus aller Welt schädigen, ohne aus dem Marktstaat, in dem es der Erste Endabnehmer erworben hat, verbracht zu werden, und es kann überall hingelangen und Schaden stiften. Richtig ist auch, daß aufgrund der Internationalität des Handels ein Produkt in einem Staat auf den Markt gebracht werden kann, in dem der Hersteller eine Vermarktung nicht intendiert oder erwartet hat. Selbst wenn ein Hersteller „konkrete vertriebsorganisatorische oder andere rechtlich wirksame Maßnahmen"[57] ergriffen hat, um die Vermarktung auf bestimmte Märkte zu begrenzen, ist nicht ausgeschlossen, und damit − positiv ausgedrückt − vorhersehbar, daß den Anordnungen des Herstellers tatsächlich zuwider gehandelt wird[58]. Die mögliche Beziehung des Sachverhalts zu jedem beliebigen Staat ist jedoch kein Argument gegen einen Vorhersehbarkeitsvorbehalt, sondern dessen Grundlage. Denn er bezweckt, das Rechtsanwendungsrisiko des Schädigers zu beschränken, anders ausgedrückt: die kollisionsrechtliche Zurechnung einzuschränken[59]. Der Begriff „Vorhersehbarkeit" ist als Topos für die Gesamtproblematik aber ungeeignet, weil er nur das Mittel, also das die Zurechnung einschränkende Kriterium bezeichnet, nicht aber das Ziel benennt, das in der Einschränkung der kollisionsrechtlichen Zurechnung liegt.

581 Wie der Begriff „Vorhersehbarkeit" lenken auch die Kollisionsnormen, in denen die Forderung nach „Vorhersehbarkeit" des Haftungsstatuts nur in dem „Vorhersehen-Müssen" des Marktortes zum Ausdruck kommt, den Blick auf das Mittel zur Einschränkung der kollisionsrechtlichen Zurechnung. Auch sie verdecken, daß vorrangig die Frage zu beantworten ist, ob das Rechtsanwendungsrisiko des Schädigers überhaupt einzuschränken ist, und daß es bei dieser vorrangigen Frage weniger um die Eintrittswahrscheinlichkeit einer Verknüpfung des Sachverhalts mit einer bestimmten Rechtsordnung als um die *Zumutbarkeit* der Maßgeblichkeit eines bestimmten Rechts geht[60].

---

57 *Vischer*, FS Moser 140.
58 *Steinebach* 260; vgl. auch *Kühne*, Cal. L.Rev. 60 (1972), 31 sowie *W. Lorenz*, RabelsZ 37 (1973), 348, der im Hinblick auf den Vorhersehbarkeitseinwand des Art. 7 Haager Produkthaftungsübereinkommen die Vermutung aufstellt, daß die Gerichte aufgrund einer Betrachtung ex post facto nahezu nichts für unvorhersehbar halten werden.
59 *Winkelmann*, 213, macht sich die Ablehnung deshalb zu leicht, wenn er sagt, einleuchtendstes Argument gegen die kollisionsrechtliche Berücksichtigung der Vorhersehbarkeit des anwendbaren Rechts sei die simple Tatsache, daß angesichts der weltweiten Verflechtungen des internationalen Handels heutzutage prinzipiell immer damit gerechnet werden müsse, daß ein auf den Markt geworfenes Produkt in einem ganz anderen Staat als dem des ursprünglichen Absatzmarktes auftaucht und dort Schaden stiftet.
60 *Bröcker* 99; *Sack*, FS Ulmer (1973), 506; *Heini*, FS Mann 202; vgl. auch *Kreuzer*, IPRax 1982, 1, 3.

III. Einwände gegen die „Vorhersehbarkeit" des Haftungsstatuts als Axiom

Die Einwände gegen einen „Vorhersehbarkeitsvorbehalt" als unbedingtes und unabdingbares Kriterium der Anknüpfung erschließen sich am besten in der Auseinandersetzung mit den Begründungen, die für einen solchen Vorbehalt vorgetragen werden.

582

1. Die Rechtspraxis

Nach *Czempiel*[61] ist die „Bevorzugung der kollisionsrechtlichen Selbstbestimmung des Schädigers" im internationalen Deliktsrecht bereits Rechtswirklichkeit. Diese Feststellung dient ihm als Begründungsersatz:

583

> „Obwohl eine Zurechnungsbegrenzung des Deliktsstatuts theoretisch sowohl für den Schädiger wie für den Geschädigten denkbar ist und im Schrifttum für beide häufig gleichermaßen gefordert wird, spielt tatsächlich die Frage der Zurechenbarkeit des Statuts für den Geschädigten selten eine Rolle. In keinem der untersuchten Rechtsbereiche konnte eine Fallkonstellation gefunden werden, in der das „Mitleid mit dem Geschädigten" die kollisionsrechtliche Entscheidung durch Beschränkung der Zurechenbarkeit des anwendbaren Rechts nennenswert beeinflußt hätte. Ganz im Vordergrund stand vielmehr stets die Frage der Zurechenbarkeit des Statuts für den Haftpflichtigen. Ist diesem das Haftungsstatut nicht zurechenbar, bleibt der Geschädigte auf dem Rechtsanwendungsrisiko sitzen: Casum sentit dominus. Er ist auf das materielle Recht zu verweisen."[62].

584

Es liegt auf der Hand, daß sich die kollisionsrechtliche Bevorzugung des Schädigers so nicht überzeugend begründen läßt. Daß man die Rechtswirklichkeit ganz anders sehen kann und muß, zeigt beispielsweise *Kreuzers*[63] Interpretation der Apfelschorf-Entscheidung des BGH:

585

> „... handelt es sich bei dem Hinweis auf die Tatortregel an sich um ein obiter dictum. Ohne dazu gezwungen zu sein, hat sich der BGH damit auf die − subsidiäre − Anwendung der Tatortregel im Sinne des Ubiquitätsprinzips bei Produkthaftpflichtfällen mit Auslandsberührung festgelegt. Stillschweigend hat er damit jedenfalls jene Vorschläge des Schrifttums verworfen, die die Ubiquitätsregel im Kollisionsrecht der Produktenhaftung aufgeben wollen. Auch von der im jüngeren Schrifttum geforderten Einschränkung der Ubiquitätsregel durch die Vorhersehbarkeit bzw. Zurechenbarkeit des Erfolgsortsrechts ist in der Entscheidung nicht die Rede; meines Erachtens zu Recht."

586

Der Standpunkt *Kreuzers* wird von der Rechtsprechung und dem Schrifttum für das allgemeine internationale Deliktsrecht überwiegend geteilt. Die herrschende Meinung, die das Recht am Erfolgsort für maßgeblich hält, weil sich

587

---

61 *Czempiel* 47 (vgl. auch S. 181: „daß diesem Zurechnungsprinzip auch *in der Praxis* des internationalen Deliktsrechts zunehmend Rechnung getragen wird, wurde zu zeigen versucht". Hervorhebung hinzugefügt).
62 *Czempiel* 181.
63 *Kreuzer*, IPRax 1982, 3.

der Geschädigte dem Schutz dieses Rechts unterstellt hat, spricht sich – meist ausdrücklich – gegen den Vorrang der kollisionsrechtlichen Selbstbestimmung des Schädigers aus und verwirklicht – meist stillschweigend – die kollisionsrechtliche Selbstbestimmung des Geschädigten. Die „Zurechenbarkeit des Statuts für den Geschädigten"[64] muß sie nicht problematisieren, weil sie den Zurechnungsgrund, d. h. die Schutzerwartung des Geschädigten in das Recht des Erfolgsortes, offen ausweist.

2. „Casum sentit dominus"

588   Auch der Satz „casum sentit dominus" rechtfertigt es nicht, im Konfliktfall das Rechtsanwendungsinteresse des Schädigers dem des Geschädigten vorzuziehen[65]. „Casum sentit dominus" beschreibt nur die Kehrseite der Begrenztheit gesetzlicher Haftungsgründe: Wird ein Schaden haftungsrechtlich keinem anderen zugewiesen, so verbleibt er beim Träger des Rechtsguts, und zwar ohne daß dies ausdrücklich normiert werden müßte[66]. Der Satz „casum sentit dominus" ist ohne jeden Wert, wenn der Gesetzgeber vor der Frage steht, ob er einen Haftungstatbestand schaffen soll, aufgrund dessen der Schaden dem Geschädigten abgenommen und einem anderen zugewiesen wird.

589   Um die entsprechende Frage auf der Ebene des Kollisionsrechts geht es aber, wenn vom Gesetzgeber oder bei Füllung einer Gesetzeslücke von Rechtsprechung und Lehre zu entscheiden ist, ob ein Produkthaftpflichtiger nach dem Recht des Marktstaates, des Erfolgsortstaates oder des gewöhnlichen Aufenthaltsstaates des Geschädigten haftet, auch wenn er die Verknüpfung mit diesem Recht nicht beeinflußt hat oder nicht beeinflussen konnte.

590   Mit dem Satz „casum sentit dominus" läßt sich die notwendige gesetzgeberische Entscheidung also nicht begründen, sondern lediglich das Ergebnis verkürzt beschreiben. Wenn überhaupt, darf dieser Satz deshalb nur am Ende der gesetzgeberischen Überlegungen stehen: als gesetzgeberische Offenbarung, daß das Rechtsanwendungsrisiko nach sorgfältigem Wägen aller erheblichen Gesichtspunkte keiner anderen Person als dem Geschädigten zuzuweisen war[67].

3. Die Interessen des Geschädigten an der „Vorhersehbarkeit" des Haftungsstatuts

591   Die kollisionsrechtliche Bevorzugung des Haftpflichtigen wird auch damit begründet, nur er, nicht aber der Geschädigte habe ein Interesse an der „Vorher-

---

64 Vgl. *Czempiel* 181.
65 So aber *Czempiel* 45.
66 Kritisch gegen die Verwendung des Satzes „casum sentit dominus" als Begründungsersatz für die Verneinung einer Fremdzurechnung *Weyers* 486 ff.
67 Vgl. auch die zutreffende Kritik von *Bernhard*, RabelsZ 58 (1994) 352. – Als Ergebnisbeschreibung, und nicht wie auf S. 45 als Ergebnisbegründung, verwendet *Czempiel* den Satz auf S. 181: „Ganz im Vordergrund stand vielmehr stets die Frage der Zurechenbarkeit des Statuts für den Haftpflichtigen. Ist diesem das Haftungsstatut nicht zurechenbar, bleibt der Geschädigte auf dem Rechtsanwendungsrisiko sitzen: Casum sentit dominus."

sehbarkeit" des anwendbaren Rechts[68]. Zum Beweis für das fehlende Interesse des Geschädigten wird auf das tatsächliche Verbraucherverhalten verwiesen[69]. Es sei unrealistisch, anzunehmen, der Geschädigte werde bei Abschluß einer Schadenversicherung gerade eine Verletzung durch fehlerhafte Produkte in Betracht ziehen oder sich bei seiner Kaufentscheidung für bestimmte Produkte von dem Umfang der Entschädigung leiten lassen, die ihm nach der Rechtsordnung eines bestimmten Landes im Verletzungsfall zustehe[70].

Mit dem tatsächlichen Verbraucherverhalten zu argumentieren, ist jedoch verfehlt. In der Regel ist das tatsächliche Verhalten Folge eines gegebenen − oder als gegeben vermuteten − Rechtszustandes. Ändert sich die rechtliche Grundlage, so kann dies auch eine Änderung des tatsächlichen Verbraucherverhaltens bewirken. Man stelle sich nur die Folgen für das tatsächliche Verbraucherverhalten vor, wenn die Produkthaftung an den Ort der Produktion oder den Sitz des Endherstellers geknüpft würde. Dies hätte mit hoher Wahrscheinlichkeit Einfluß auf den Absatz „ausländischer" Produkte. Denn es ist anzunehmen, daß sich „aufgeklärte" Käufer bei Produkten, die in Ausstattung, Preis, etc. vergleichbar sind, für deutsche Produkte entscheiden, um sich das vertraute deutsche Recht als Produkthaftungsstatut zu sichern, oder etwa für US-amerikanische Produkte, um im Schadensfall punitive damages zu erhalten. **592**

Dem läßt sich nicht entgegenhalten, es komme nicht auf den „aufgeklärten" Verbraucher, sondern auf den Normalverbraucher an. Selbst wenn der Gesetzgeber, was nicht in jedem Fall ratsam ist, den unaufgeklärten Verbraucher zugrunde legte, würde es moderner Verbraucherschutzpolitik gerade entsprechen, wenn er die Anknüpfung der Produkthaftung „verbrauchergerecht" ausgestaltete. Das heißt: Selbst wenn man die Prämisse als richtig unterstellt, ein Verbraucher orientiere sein Verhalten vor dem Schadensfall nicht daran, welches Recht die Produkthaftung beherrscht, so berechtigt diese Prämisse nicht, die Anknüpfung der Haftung ausschließlich an den Interessen der Haftpflichtigen auszurichten. Der Geschädigte hat ein bei der kollisionsrechtlichen Anknüpfung zu berücksichtigendes Interesse daran, daß seine Schadensersatzansprüche nicht einer Rechtsordnung unterliegen, zu der er keine Beziehungen hat. Dies gilt für das gesamte internationale Deliktsrecht; für einen Fußgänger, der im Vertrauen darauf, daß nichts passiert, die Straße überquert, ebenso wie für den Käufer eines Produkts, der seine Kaufentscheidung nicht mit Blick auf ein eventuelles Produkthaftungsstatut, sondern mit Blick auf eine bestimmte Eigenschaft des Produkts oder auf den „günstigen" Preis trifft. Das internationale Straßenverkehrshaftungsrecht zeigt besonders deutlich, daß der Gesetzgeber die Tatsache, daß die Allgemeinheit mit der Gefährdung durch eine „ausländische" Gefahrenquelle leben muß, nicht als Freibrief zur kollisionsrechtlichen Bevorzugung des Schädigers, sondern als Grund für ein besonderes kolli- **593**

---

68 *Czempiel* 135.
69 *Czempiel* 135.
70 *Czempiel* 135.

sionsrechtliches Schutzbedürfnis der „Ausgelieferten" versteht. Wird eine Person, die ihren gewöhnlichen Aufenthalt in Deutschland hat, in Deutschland durch ein im Ausland zugelassenes Kfz geschädigt, so unterliegt die Haftung des Halters des schädigenden Kfz auch dann deutschem Recht, wenn der Fahrer ohne Wissen oder gegen den Willen des Halters nach Deutschland gefahren ist[71]. Nur den Fahrer nach deutschem Recht haften zu lassen, hätte nämlich eine empfindliche Schutzlücke zur Folge, weil den Fahrer keine Gefährdungshaftung trifft, er vielmehr gemäß § 18 StVG nur aus widerlegbarem Verschulden haftet.

4. Die Versicherung des Haftpflichtrisikos

a) Ehrenzweigs „theory of enterprise liability under foreseeable and ensurable laws"

594 Das stärkste Gewicht legen die Anhänger eines Vorhersehbarkeitsvorbehalts auf das Argument der Versicherbarkeit des Haftungsrisikos. Die Verknüpfung von „Vorhersehbarkeit" des Haftungsstatuts und „Versicherbarkeit" des Haftungsrisikos geht auf *Ehrenzweig* zurück. Er bejahte eine Produkthaftung auch für unvermeidbare Schäden, weil die Haftpflichtigen ihre Haftung im voraus kalkulieren und über den Preis auf die Käufer umlegen könnten[72]. Grundlage der Kalkulation sei für innerstaatliche Zwecke das eigene Recht des Herstellers. Wenn jedoch ein Vertrieb in das Ausland beabsichtigt oder wenigstens voraussehbar sei, müßten die möglichen Auswirkungen des Rechts der Vertriebsstaaten mit in Rechnung gestellt werden. Vom Hersteller könne erwartet werden, daß er seine Verluste auf der Grundlage der Rechte aller Staaten kalkuliere, in denen seine Produkte vertrieben werden könnten. Er trüge deshalb die Last des ungünstigsten Rechts unter den vernünftigerweise vorhersehbaren und versicherbaren Rechten. Er müsse andererseits die Anwendung eines nicht vorhersehbaren und deshalb nicht versicherbaren Rechts ausschließen können.

595 *Ehrenzweigs* „theory of enterprise liability under foreseeable and ensurable laws"[73] beeinflußte stark die Diskussion auf der Haager Konferenz[74] und hat schließlich auch zu dem Vorhersehbarkeitsvorbehalt in Art. 7 des Übereinkom-

---

71 Herrschende Meinung, vgl. nur *Mansel*, VersR 1984, 97 ff., sowie die Redaktionsanmerkung von *Jayme*, IPRax 1984, 101. A.A. *Czempiel* 184 f. Seine Einwände überzeugen jedoch nicht. Er hält den Halter für schutzbedürftig, da sich eine Haftung nach dem Recht des Unfallstaates für ihn als eine äußerst unangenehme Überraschung herausstellen könne, gegen die er sich nicht hätte versichern können. Dabei übersieht *Czempiel*, daß nach dem Pflichtversicherungsrecht der meisten Staaten die Einreise eines ausländischen Kfz eine bestehende Haftpflichtversicherung für den Halter voraussetzt. Ausführlich dazu *Wandt*, VersR 1993, 409 ff. Entgegen *Czempiel* ist die Schutzbedürftigkeit der konkreten Personen − in dem von ihm beurteilten Rechtsstreit war die als Halterin verklagte Person Analphabetin und hatte keinen Führerschein − für die Regelbildung unerheblich.

72 *Ehrenzweig*, Yale L.J. 69 (1960) 798 f.; vgl. dazu *Czempiel* 128 f.

73 So der programmatische Titel seiner Beiträge zur kollisionsrechtlichen Beurteilung von „Guest Statutes", Yale L.J. 69 (1960) 595 ff., „products liability", a. a. O., S. 974 ff., und „vicarious liability", a. a. O., S. 978 ff.

74 Siehe Conférence 165 ff. (Procès verbal Nr. 6); sowie *W. Lorenz*, RabelsZ 37 (1973) 347.

mens geführt. Diese Regelung darf aber nicht darüber hinwegtäuschen, daß die Konferenzteilnehmer über ihren Grund und über ihre Notwendigkeit unsicher waren. Ablehnung und Befürwortung des Vorbehalts wurden gleichermaßen mit dem Interesse der Hersteller und ihrer Haftpflichtversicherer begründet[75]. Auch der erläuternde Bericht von *Reese* bringt keine Klarheit. Die Ausführungen zu der bewußt offen gelassenen Frage, in welchem Zeitpunkt gleichartige Produkte im Verletzungsstaat oder im Aufenthaltsstaat des Geschädigten im Handel sein müssen, dokumentieren vielmehr die Unsicherheit über den Grund des Vorhersehbarkeitsvorbehalts[76].

b) Versicherbarkeit

Ehrenzweigs Theorie der Unternehmenshaftung steht hier nicht in ihrer Ge-   **596**
samtheit auf dem Prüfstand. Sie ist in seine allgemeine lex fori-Theorie eingebettet[77]. Sie ist hauptsächlich auf das interlokale Privatrecht („interstate conflicts"), nicht aber auf das internationale Privatrecht („international conflicts") ausgerichtet[78]. Sie gründet auf einer sachgerechten Verteilung der Versicherungslast, die *Ehrenzweig* aber nur für das Verhältnis von Unternehmen zu Endverbrauchern, nicht auch für das Verhältnis zwischen mehreren Unternehmen entschieden hat[79]. All dies wäre zu berücksichtigen, ginge es um *Ehrenzweigs* Theorie an sich[80]. An dieser Stelle interessiert jedoch allein die Frage, ob die Nichtvorhersehbarkeit des anwendbaren Rechts die Versicherbarkeit des Produkthaftpflichtrisikos ausschließt, was bestimmte Anknüpfungspunkte als untauglich ausweisen würde, wie dies insbesondere für den Erfolgsort[81] und den gewöhnlichen Aufenthaltsort des Geschädigten[82], teilweise aber auch für den Marktort[83] angenommen wird.

---

75 Vgl. die Wortbeiträge von *W. Lorenz*, *Schultsz* und den Vermittlungsversuch von *Armstrong*, Conférence 168 (Procès verbal Nr. 6), sowie die Nachfrage von *Reese*, S. 169, ob er *Lorenz* richtig verstanden habe, daß die deutschen Versicherer gegen einen Vorhersehbarkeitstest seien. – Die unterschiedlichen Positionen der Versicherungswirtschaft wurden im Schrifttum mit Erstaunen aufgenommen, vgl. *Duintjer Tebbens* 394 („surprisingly enough"); *Steinebach* 259 („besonders eigentümlich").

76 Kritisch äußern sich deshalb *Duintjer Tebbens* 348; *W. Lorenz*, RabelsZ 37 (1973) 348.

77 *Ehrenzweig*, Yale L.J. 69 (1960) 596. Vgl. dazu *Steinebach* 259 („in einem solchen Zusammenhang beurteilt sich der Sinn einer einschränkenden Bedingung gewiß anders ..."); *Czempiel* 129.

78 Vgl. *Ehrenzweig*, Yale L.J. 69 (1960) 799, Fn. 23 („Here again interstate and international conflicts may require different treatment"). Vgl. hierzu auch *S. Simitis* 91 Fn. 69, der annimmt, *Ehrenzweigs* Lösung führe zu „nahezu unüberwindlichen Schwierigkeiten, sobald es nicht mehr um interlokale, sondern um internationalprivatrechtliche Streitigkeiten geht".

79 Vgl. *Ehrenzweig*, Yale L.J. 69 (1960) 801 („This conclusion may be different where the buyer is an entrepreneur himself ...").

80 Vgl. *Morris*, Yale L.J. 70 (1961) 557 Fn. 18.

81 *Trutmann* 169.

82 *Schwander* 199.

83 Vgl. zu Kollisionsnormen, die das Vorhersehenmüssen des Produktvertriebs im Anknüpfungsstaat vorbehalten, oben II.1; zum Argument der Versicherbarkeit als Grundlage dieser Regelungen vgl.: *Imhoff-Scheier/Patocchi* 52 (Schweiz).

597 *Ehrenzweig* geht zutreffend davon aus, daß das zu versichernde Risiko maßgeblich durch das Haftungsrecht bestimmt wird[84]. Diese Selbstverständlichkeit wird den Betroffenen in reinen Inlandsfällen spätestens dann bewußt, wenn Verschärfungen der Haftung durch Gesetz oder Rechtsprechung Prämienerhöhungen nach sich ziehen[85]. Dem „Nacheinander" von Haftungsrechten auf nationaler Ebene entspricht das Nebeneinander verschiedener Haftungsrechte auf internationaler Ebene. Hier wie dort gilt, daß jedes Haftungsrecht ein spezifisches Risiko darstellt.

598 Wenn *Ehrenzweig* und die ihm folgenden Autoren, ohne dies zu erläutern, ein vorhersehbares Recht mit einem versicherbaren Recht und ein nicht vorhersehbares Recht mit einem nicht versicherbaren Recht gleichsetzen[86], so gehen sie offenbar davon aus, daß eine Haftpflicht, für die vor Schadenseintritt nicht bestimmbar ist, welchem Recht sie unterliegt, deshalb nicht versicherbar sei, weil das zu versichernde Risiko nicht sicher bestimmt werden könne, es also an einer ausreichenden Kalkulationsgrundlage fehle. Die Versicherungspraxis belegt jedoch, daß auch die Haftung nach einem im Sinne von *Ehrenzweig* unvorhersehbaren Recht versicherbar ist und täglich versichert wird[87].

599 Gegenstand der Produkthaftpflichtversicherung ist in der Praxis nicht die Haftung nach einem bestimmten Recht[88]. Eine solche Risikobeschreibung wäre für den Versicherungsnehmer aufgrund der mit ihr verbundenen Unsicherheiten nicht hinnehmbar. Deckungslücken wären nicht mit letzter Sicherheit auszuschließen. Die Praxis bevorzugt deshalb eine zweifelsfreiere räumliche Beschreibung des Risikos. Maßgebendes Kriterium ist der Ort, an dem das Schadensereignis stattfindet.

600 In Deutschland wird das Produkthaftpflichtrisiko regelmäßig im Rahmen der Betriebshaftpflicht-Versicherung[89] auf der Grundlage des Produkt-Haft-

---

84 Ebenso *Diederichsen* 284.

85 Zu den Auswirkungen, welche die verschuldensunabhängige Produkthaftung nach dem Produkthaftungsgesetz auf die Prämien hat, vgl. *Stürmer* 50 („Mit Umsetzung der Richtlinie verändert sich das Risiko des einzelnen Unternehmens schlagartig"). Ein Grund für die nur moderaten Prämienerhöhungen liegt darin, daß Deutschland und die meisten anderen Mitgliedstaaten die Option der EG-Richtlinie, eine Haftung für Entwicklungsrisiken zu statuieren, nicht ausgeübt haben. Vgl. *Rohles*, VW 1988, 631.

86 *Ehrenzweig*, Yale L.J. 69 (1960) 794 ff. („foreseeable and insurable law"; „nonforeseeable and thus uninsurable law").

87 *Czempiel* 129; *Steinebach* 258; *Winkelmann* 241.

88 *Ermert*, 148, bemängelt, daß es noch 1989 Haftpflichtversicherer gebe, die Auslandsschäden nur auf der Grundlage und im Umfang deutschen Rechts deckten. Versicherungsgegenstand ist aber auch in diesen Fällen nicht die Haftung nach deutschem Recht, sondern die gesetzliche Haftung aus einem Schadensereignis im Ausland, gleich welchem Recht sie unterliegt. Der Verweis auf das deutsche Recht dient nur der Begrenzung der Leistungspflicht des Versicherers. Er entspricht in seiner Funktion dem Art. 38 EGBGB.

89 Die Versicherer haben geschäftsplanmäßig erklärt, eine Deckung nach dem Produkt-Haftpflicht-Modell nur zusammen mit der Deckung für das „Stammrisiko" (Betriebshaftpflicht) zu gewähren, VerBAV 1987, 5. Vgl. dazu und zur Auflockerung des ursprünglichen Standpunktes *Nickel*, Kza. 6852/3.

pflicht-Modells versichert. Gemäß Ziff. 5 dieses auf Verbandsebene erarbeiteten Modells[90] besteht „Auslandsdeckung" nur nach besonderer Vereinbarung. Dies entspricht der Regelung des § 4 Abs. 1 Nr. 3 AHB, wonach sich der Versicherungsschutz nicht auf Haftpflichtansprüche aus Schäden erstreckt, die sich im Ausland ereignen. Der Grund für diesen generellen Ausschluß der Auslandsdeckung liegt darin, daß eine Auslandsdeckung eine individuelle Risikoprüfung erfordert[91]. Für die Versicherung des Auslandsrisikos hat der HUK-Verband Modellklauseln entwickelt, die das Bundesaufsichtsamt für das Versicherungswesen als „Besondere Bedingungen für den Einschluß von Auslandsschäden in die Betriebshaftpflicht-Versicherung (Baustein-Modell)" genehmigt hat[92]. Das Baustein-System ermöglicht es dem Kunden, sich seinen Bedürfnissen entsprechend zu versichern[93]. Weltweite Deckung ist erhältlich für die gesetzliche Haftpflicht des Versicherungsnehmers wegen im Ausland vorkommender Schadensereignisse durch seine Erzeugnisse, die ins Ausland gelangt sind, ohne daß er sie dorthin geliefert hat oder hat liefern lassen (Ziff. 1 lit. a; sog. indirekter Export). Versichert werden kann auch die gesetzliche Haftpflicht aus Schadensereignissen in bestimmten „Regionen" durch Erzeugnisse, die der Versicherungsnehmer dorthin geliefert hat oder hat liefern lassen (Ziff. 1 lit b; sog. direkter Export)[94].

601 Der direkte Export wird anders als der indirekte Export grundsätzlich nicht weltweit, sondern nur für bestimmte, vertraglich zu vereinbarende Staaten gedeckt, weil sich das Risiko des direkten Imports je nach den Importländern erheblich unterscheiden kann und sich die unterschiedlichen Risiken in unter-

---

90 Das Produkt-Haftpflicht-Modell beruht auf der Zusammenarbeit des Bundesverbandes der Deutschen Industrie (BDI), des Deutschen Versicherungs-Schutzverbandes (DVS) und des Verbandes der Haftpflichtversicherer, Unfallversicherer, Autoversicherer und Rechtsschutzversicherer (HUK-Verband). Die gemeinsamen Erläuterungen der Verbände sind abgedruckt in VW 1987, 255.

91 *Littbarski* § 54 RdNr. 145; *Duintjer Tebbens* 134 („If there be need to cover products marketed in countries where the ‚legal' risks are very high, insurers will probably adapt their conditions and charge additional premiums"); *Schlegelmilch* 121 f.; *Fischer*, DB 1977, 79. Vgl. aber *Drobnig*, Produktehaftung 325, der meint, die deutsche Versicherungspraxis unterscheide bei der Prämienberechnung nicht nach Importländern, sondern lege — abgesehen von den USA — den gesamten Exportumsatz zugrunde. *Schmidt-Salzer*, EG-Produkthaftung II/1–71 Fn. 61, teilt mit, daß in Deutschland die Prämie für die Betriebshaftpflichtversicherung nicht getrennt für das Betriebsstätten- und für das Produktrisiko *ausgewiesen* werde, sondern abgesehen von Risiken aus dem US-Geschäft eine Einheitsprämie berechnet werde. Unklar und widersprüchlich *Czempiel* 129 f.: Die Frage des anwendbaren Rechts sei für die Prämienkalkulation nur von untergeordneter Bedeutung; Grundlage der Prämienkalkulation seien nicht einzelne Rechtsordnungen; das Nebeneinanderbestehen unterschiedlicher Rechtsordnungen bereite den Versicherern beträchtliche Schwierigkeiten bei der Tarifierung.

92 VerBAV 1982, 184 f.

93 Kritisch *Hoechst*, 141, der aber die Beratung durch Versicherer außer acht läßt und nur auf die Fähigkeit des Versicherungsnehmers abstellt, die Konsequenzen der einzelnen Bausteine zu beurteilen.

94 Eingehend hierzu *Hoechst* 127 ff.; vgl. auch *Littbarski* § 54 Rn. 143 ff. sowie *Jenckel* 14 ff. — In der Betriebswirtschaftslehre haben die Begriffe „direkter Export" und „indirekter Export" einen etwas anderen Inhalt vgl. *Bea/Beutel* 320 ff.

schiedlichen Prämien niederschlagen können sollen[95]. Der Risikoparameter „anwendbares Haftungsrecht"[96] kann also in die Prämienberechnung einfließen, auch wenn nicht die Haftung nach einem bestimmten Recht, sondern die Haftung für ein Schadensereignis in einem bestimmten Staat versichert wird. Der Einfluß des anwendbaren Rechts auf die Versicherungsprämie ist besonders deutlich bei der Versicherung von Exporten in die USA. Für sie ist die Prämie verglichen mit Exporten in andere Länder nicht in erster Linie deshalb hoch[97], weil die Prozeßführung in den USA teuer ist und der beklagte Versicherungsnehmer seine Kosten grundsätzlich auch dann zu tragen hat, wenn er obsiegt[98]. Diesen Umstand berücksichtigt bereits Ziff. 3 der Besonderen Versicherungsbedingungen[99], wonach bei Schadensereignissen in den USA und Kanada[100] – abweichend von § 3 Ziff. II 4 AHB – die Aufwendungen des Versicherers für Kosten aus Leistungen auf die Deckungssumme angerechnet werden. Verglichen mit Exporten in andere Industriestaaten resultiert die höhere Prämie für Exporte in die USA auch weniger aus der besonderen Strenge des US-amerikanischen Haftungsrechts[101]. Der Hauptgrund für die Prämienhöhe ist die besondere Anspruchsmentalität und das hohe Schadensersatzniveau[102] in den USA[103].

c) Versicherung zu einer risikogerechten Prämie

602 Unbegründet ist nicht nur die pauschale Behauptung, die Haftung nach einem unvorhersehbaren Recht sei nicht versicherbar, sondern auch die konkrete Aussage, die Haftung nach einem unvorhersehbaren Recht könne nicht zu einer risikogerechten Prämie versichert werden[104]. Gegen das Argument der unsicheren Prämienkalkulation wird zutreffend eingewandt, daß Versicherer die Prämien auf der Grundlage eines bestehenden Erfahrungswissens festsetzen, also

---

95 Die Annahme, bei Abschluß eines Versicherungsvertrages werde die Frage, welches Recht die Haftung beherrscht, nicht beachtet (so *Hanotiau*, AmJCompL 30 (1982), 77), ist in dieser Allgemeinheit unrichtig.

96 Vgl. *Pester/v. Werder*, DB 1991, 112 ff. (länderspezifische Risikoparameter in der EG). Zu anderen Risikoparametern bei der Versicherung von Exporten, beispielsweise Kosten der Schadensprüfung wie Reisekosten, Übersetzungskosten, vgl. *Schlegelmilch* 121; *Czempiel* 130.

97 *Ulmer*, PHI 1992, 198 (häufig fünf- oder gar zehnfache Versicherungsbeiträge); *Kozyris*, AmJCompL 38 (1990) 481 Fn. 19: „about 15 and 20 times higher respectively than Japan and Europe".

98 Vgl. dazu *Zekoll* 117 ff.

99 Siehe Fn. 92.

100 Kritik an dieser Gleichsetzung von USA und Kanada übt *Hoechst* 138 f. Er weist allerdings nur darauf hin, daß die *Haftungsrisiken* in beiden Staaten unterschiedlich seien. Zu Unterschieden der *Kostenrisiken* äußert er sich in diesem Zusammenhang nicht.

101 *Schmidt-Salzer*, Produkthaftung IV/1 Rn. 7065; die Strenge der Produkthaftungsrechte wird dagegen als ausschlaggebend angesehen von *Dietz* 153; *Ermert* 150.

102 *Hoechst* 72 ff.; vgl. auch *Levy* 88; *Zeller* 63 ff.; Institut „Finanzen und Steuern", Bildung von Rückstellungen für Produkthaftung (Brief Nr. 282) S. 55.

103 Vgl. auch *Jenckel* 95 f.

104 *Gonzenbach* 44 f.; vgl. auch *Schwander* 217 („zweckmäßige Versicherung").

aufgrund einer ex post-Betrachtung kalkulieren[105]. Die Prämienkalkulation ist deshalb auch bei Maßgeblichkeit eines vom Versicherer im Einzelfall nicht vorhersehbaren Rechts keineswegs unsicher. Die Kalkulation der Prämie orientiert sich gerade nicht am einzelnen Schadensfall, sondern an dem gesamten zu erwartenden Schadenspotential[106]. Entscheidend ist die Kenntnis, welche Umsätze in welchem Staat getätigt werden[107]. Auch wenn beispielsweise in den USA über die Anknüpfung der Produkthaftung judizielles Chaos herrscht[108], ist das zu versichernde Produkthaftungsrisiko auf der Grundlage der Art des Produktes, des Umsatzes in den USA, etc. mit der üblichen Sicherheit kalkulierbar.

d) Versicherungspraxis

Die Versicherungspraxis geht zumeist davon aus, daß für Produkte, die direkt exportiert werden, grundsätzlich nach dem Recht des Importlandes (Marktstaates) gehaftet wird[109]. Auch hieraus ergibt sich jedoch kein Argument dafür, eine Anknüpfung an den Erfolgsort oder den gewöhnlichen Aufenthaltsort des Geschädigten deshalb auszuschließen, weil sie außerhalb des Marktstaates liegen können.   **603**

Die Kalkulation der Versicherungsprämie würde nämlich allenfalls minimal berührt, wenn man die Haftung an den Erfolgsort oder den gewöhnlichen Aufenthaltsort des Geschädigten knüpfte. Denn die Vorstellung der Versicherungspraxis, daß die Haftung dem Recht des Marktstaates unterliege, träfe auch dann in aller Regel zu, weil die Erwerber von Produkten im Marktstaat ihren gewöhnlichen Aufenthalt regelmäßig in diesem Staat haben und deshalb fehlerhafte Produkte regelmäßig in diesem Staat zu einer Rechtsgutsverletzung führen. Davon abgesehen, ist es die Aufgabe der Versicherungspraxis, sich am Kollisionsrecht auszurichten, und nicht umgekehrt die Aufgabe des Kollisionsrechts, sich an der Versicherungspraxis auszurichten. Anders als bei der Anknüpfung der Haftung aus Straßenverkehrsunfällen bestehen bei der allgemeinen Produkthaftung[110] keine Besonderheiten, die es ausnahmsweise gebieten würden, die kollisionsrechtliche Anknüpfung an dem genommenen Versicherungsschutz auszurichten. Der Abschluß einer Produkthaftpflicht-Versicherung beruht anders als der einer Kfz-Haftpflichtversicherung nicht auf einer gesetzlichen Verpflichtung, deren Reichweite die kollisionsrechtliche Anknüp-   **604**

---

105 Eingehend dazu *Morris*, Yale L.J. 70 (1961), 554 ff.; *McCreight*, ILJ 1972, 335 ff.; vgl. auch *Lukes* 66 f.; The Law Commission, Working Paper, Nr. 4.12.

106 *Morris*, Yale L.J. 70 (1961) 560 ff.; *McCreight*, ILJ 88 (1972) 342 f., *Fallon* 491; *Hancock*, ICLQ 26 (1977) 808. Zur Bedeutung der Branche, welcher der Versicherungsnehmer angehört, für die Bewertung des Schadenspotentials vgl. *Herzig/Hötzel*, BB 1991, 103.

107 *Ulmer*, PHI 1992, 198.

108 *Drobnig*, Produktehaftung 307. Siehe auch § 6 IV. 1.

109 *Ermert* 148.

110 Vgl. *Ehrenzweig*, Yale L.J. 69 (1960) 802 („Insurance practice will follow"); *ders.*, Rec. des Cours 124 (1968 II) 336; *Duintjer Tebbens* 385 f.

fung determiniert, indem sie eine bestimmte territoriale Anknüpfung verlangt und eine personale Anknüpfung ausschließt[111].

e) Ergebnis

605 Das Ergebnis läßt sich so formulieren: Dem materiell-rechtlichen Grundsatz „Die Versicherung folgt der Haftung" entspricht im Kollisionsrecht der Grundsatz „Die Versicherung folgt dem Haftungsstatut".

606 Der Geltung dieses kollisionsrechtlichen Grundsatzes stehen keine versicherungstechnischen Hindernisse entgegen. Daß bei Abschluß der Versicherung nicht vorhersehbar ist, welchem Recht die Haftung in einem Einzelfall unterliegt, schließt die Versicherbarkeit des Produkthaftpflichtrisikos nicht aus. Die Prämienkalkulation ist gleichwohl möglich, weil sie auf Wahrscheinlichkeiten, d. h. auf dem Gesetz der großen Zahl, und dem Erfahrungswissen des Versicherers basiert. Das IPR bestimmt also das Risiko, das versichert werden soll[112]; deshalb ist die Versicherungsprämie auch stets risikogerecht, wenn sie sich am IPR – gleich welchen Inhalts – orientiert[113].

607 Mit der „Versicherbarkeit" des Produkthaftpflichtrisikos läßt sich die Ungeeignetheit bestimmter Anknüpfungspunkte deshalb nicht begründen[114]. Gerade die in jedem Fall gewährleistete Versicherbarkeit des Produkthaftpflichtrisikos könnte im Gegenteil dafür sprechen, ein dem Geschädigten günstiges Recht auch dann zu berufen, wenn es nicht das Recht der engsten Beziehung[115] oder nicht ein für den Schädiger im konkreten Fall vorhersehbares

---

111 Vgl. zur Bedeutung der Kfz-Haftpflicht-Pflichtversicherung für die Anknüpfung der Haftung aus Straßenverkehrsunfällen *Wandt*, VersR 1993, 409 ff. m. w. N.

112 Es ist deshalb unrichtig, die Anknüpfung an den Marktort darauf zu stützen, „auf diesen Ort sollte sich der Hersteller mit seiner Kalkulation nebst Versicherung einstellen" (so *Czempiel* 138; ähnlich *Siehr*, AWD (RIW) 1972, 385). Dies sollte der Hersteller nur dann tun, wenn der Marktstaat, dessen Gerichte zumeist angerufen werden, weil der Geschädigte in aller Regel Angehöriger dieses Staates ist und auch dort in seinen Rechtsgütern verletzt wird, in seinem Kollisionsrecht sein Sachrecht für maßgeblich erklärt. Es wäre dagegen verfehlt, Versicherungsschutz ausschließlich mit Blick auf das Haftungsrecht des Marktstaates zu nehmen, wenn das Kollisionsrecht des Marktstaates alternativ zum Sachrecht des Marktstaates das Recht am Sitz des Herstellers beruft und das Sitzrecht des Herstellers regelmäßig vom Geschädigten gewählt wird, weil es für ihn günstiger ist. Der Empfehlung von *Kahn-Freund*, Rec. des Cours 124 (1968 II) 44 („when in Rome see that your insurance policy covers the risks against which Romans insure"), ist deshalb nur zuzustimmen, wenn sich die Römer unter Beachtung des italienischen Kollisionsrechts bzw. des Kollisionsrechts anderer international zuständiger Staaten versichern.

113 Vorausgesetzt, der Risikoparameter „anwendbares Recht" wird zutreffend bestimmt. Vgl. dazu die Nachweise in Fn. 96; zur Bedeutung unterschiedlicher Haftungssysteme innerhalb einer Rechtsordnung *Adams*, BB 1987, Beilage 20, S. 18.

114 Häufig wird die „Versicherbarkeit" auch umgekehrt als Argument für bestimmte Anknüpfungen verwendet; vgl. *Prager* 275 (Vertriebsort).

115 Vgl. z. B. *Ehrenzweig*, Yale L.J. 69 (1960), 801, der die Haftung dem für den Haftpflichtigen ungünstigsten Recht unter allen vernünftigerweise vorhersehbaren und versicherbaren Rechten unterstellen will.

Recht ist[116]. Denn die Versicherbarkeit relativiert das Gewicht der Schädiger-
interessen[117].

5. Junktim zwischen materiell-rechtlicher und kollisionsrechtlicher Zurechnung

Grußendorf[118] meint, wenn man den Täter für den Erfolg verantwortlich ma- **608**
chen wolle, so müsse der Erfolg vom Kausalzusammenhang mitumfaßt werden. Da aber auch der Ort, an dem der Erfolg eintritt, ein Moment des Erfolges sei, müsse auch er vom Kausalzusammenhang mitumfaßt werden. Erfolgsort im Sinne der Kollisionsnorm könne daher nur der Ort sein, an dem nach
allgemeiner Lebenserfahrung mit dem Eintritt des Erfolges, der Rechtsgutsverletzung, gerechnet werden mußte[119]. Ähnlich argumentiert *Schmidt-Salzer* für
das internationale Produkthaftungsrecht[120].

Die fehlende Beweisführung dafür, daß die „Vorhersehbarkeit" des Haftungs- **609**
statuts wegen der materiell-rechtlichen Zurechnung ein unverzichtbares Anknüpfungskriterium sei, müßte lauten: Eine Grundvoraussetzung der Haftung
ist die Freiheit des Normadressaten, sich normgerecht zu verhalten und so die
Haftung abzuwehren[121]. Dies wiederum setzt die Möglichkeit voraus, die Verhaltensgebote der maßgebenden Rechtsordnung zu kennen. Sie ist ohne eine
Auslandsberührung des Sachverhalts stets gegeben. Denn dann steht die maßgebliche Rechtsordnung unzweifelhaft fest und der Schädiger kann sich über
ihren Inhalt informieren. Bei einer Auslandsberührung des Sachverhalts kollidieren mehrere Rechtsordnungen und damit mehrere Verhaltensgebote. Die
Grundvoraussetzung der Haftung, die Möglichkeit zu normgerechtem Verhalten, ist dann nur gegeben, wenn der Haftpflichtige im Zeitpunkt seines haftungsbegründenden Verhaltens weiß, „welchen Gefahrabwendungspflichten
welcher Rechtsordnungen das Produkt entsprechen muß"[122].

Diese Beweisführung scheint auf den ersten Blick schlüssig. Es wäre in der Tat **610**
verfehlt, wenn die Verletzung des Sicherheitsstandards eines nicht vorherseh-

---

116 *Winkelmann* 241; Note, Harvard L.Rev. 78 (1965) 1462.
117 Vgl. hierzu unten § 15 II. 3.
118 *Grußendorf* 32.
119 *Roßbach*, 118, wirft *Grußendorf* zu Unrecht eine Vermengung von materiell-rechtlicher und
    kollisionsrechtlicher Zurechnung vor. *Grußendorf* trennt sehr wohl; sie hält allerdings die
    Adäquanz sowohl im materiellen Recht als auch im Kollisionsrecht für das sachgerechte Zu-
    rechnungskriterium. Nichts anderes tut *Roßbach*, wenn er dem Schädiger internationalprivat-
    rechtlich all diejenigen Rechtsfolgen zurechnet, „die auf einer nachträglich objektiv progno-
    stizierten, vorhersehbaren grenzüberschreitenden Auswirkung seines Verhaltens beruhen"
    (S. 119). *Czempiel*, 36 Fn. 74, bezeichnet deshalb die Kritik *Roßbachs* an *Grußendorf* zu
    Recht als „erstaunlich".
120 Vgl. oben II. 2. b) bb).
121 Sieht man von der Haftung für „unvermeidbare" Ausreißer und für Entwicklungsrisiken ab,
    so gilt dies auch für die verschuldensunabhängige Produkthaftung. Eingehend dazu § 15 II. 1.
122 *Schmidt-Salzer*, Produkthaftung (1973) 273.

baren Rechts zwangsläufig die Haftung nach dem Recht dieses Staates nach sich zöge. Dann müßte sich die Produktion theoretisch an der strengsten aller Rechtsordnungen der Welt orientieren. Dieses für sich gesehen vielleicht wünschenswerte Ergebnis ist insbesondere aus wirtschaftlichen Gründen nicht akzeptabel[123]. Es darf jedenfalls kein Ziel oder auch nur unbeabsichtigter Nebeneffekt der kollisionsrechtlichen Anknüpfung sein[124].

611 Der Beweis dafür, daß die „Vorhersehbarkeit" des Haftungsstatuts ein unverzichtbares Kriterium der Anknüpfung ist, wäre jedoch nur erbracht, wenn die Maßgeblichkeit eines unvorhersehbaren Haftungsrechts *zwingend* zur Folge hätte, daß der Haftpflichtige an den Verhaltensgeboten dieses Rechts gemessen würde. So ist es aber nicht. Denn das Sachrecht bestimmt die Verhaltensgebote unter Beachtung der konkreten Umstände der Vermarktung des schädigenden Produkts im Marktstaat[125] und berücksichtigt es, wenn der Haftpflichtige nicht vorhersehen konnte, daß sein Produkt im Marktstaat an den Ersten Endabnehmer abgegeben werden würde[126].

IV. Zusammenfassung und Ergebnisse

612 *Ehrenzweigs* Theorie einer Haftung nach vorhersehbaren und versicherbaren Rechten hat die Diskussion über die Anknüpfung der Produkthaftung maßgeblich geprägt und im Haager Übereinkommen und in nationalen Kollisionsnormen ihren Niederschlag gefunden. Der Topos „Vorhersehbarkeit des Haftungsstatuts für den Haftpflichtigen", unter dem die Diskussion teilweise noch immer geführt wird, beschreibt die Problematik jedoch nur unzureichend und mißverständlich. Eigentlich und in erster Linie geht es um das Rechtsanwendungsrisiko des Schädigers. Die Frage ist, welche Rechtsordnungen dem Schädiger zumutbar und deshalb zurechenbar sind. Der Topos „Vorhersehbarkeit des Haftungsstatuts für den Haftpflichtigen" setzt das Ziel, die Einschränkung des Rechtsanwendungsrisikos des Schädigers, voraus. Er benennt nur das Kriterium, mit dessen Hilfe die Zurechnung eingeschränkt werden soll. Aber auch insoweit ist er dem erreichten Diskussionsstand nicht mehr angemessen. Denn die Verfechter einer Zurechnungsbegrenzung haben erkannt, daß „Vorhersehbarkeit" im Sinne adäquater Kausalität ein ungeeignetes Mittel ist, um das Rechtsanwendungsrisiko des Schädigers zu begrenzen. Statt „Vorhersehbarkeit des Haftungsstatuts" verlangen sie heute „Beherrschbarkeit" oder gar

---

123 Zur wirtschaftlichen Notwendigkeit eines „territorialen Ausstattungsermessens des Herstellers" vgl. *Schmidt-Salzer*, EG-Produkthaftung I, Art. 6 EG-Richtlinie Rn. 94ff.
124 Allgemein zum „überforderten Kollisionsrecht" *Schnitzer/Châtelain*, SJZ 81 (1985) 105ff. – Weniger zurückhaltend zeigt sich die Schweizer Expertenkommission, Schlussbericht 244: „Auf dem Gebiet der Produktehaftpflicht, wo das materielle Recht gegenwärtig in starker Entwicklung begriffen ist, erscheint es durchaus vertretbar, dem Kollisionsrecht eine gewisse rechtsfortbildende Funktion einzuräumen."
125 Siehe § 15 II. 5.
126 Siehe § 16 sowie § 15 II. 5. a) cc) am Ende.

„Beherrschung" des Geschehensablaufs durch den Schädiger. Trotz ihrer im einzelnen unterschiedlichen Ansichten über das richtige Zurechnungskriterium sind sie sich einig, daß das maßgebliche Recht nur durch eine Verknüpfung des Sachverhalts mit einer Rechtsordnung bestimmt werden darf, auf die der Haftpflichtige Einfluß hat. Die Anknüpfung an den Ort, an dem ein privater Folgeerwerb stattfindet, die Anknüpfung an den Ort, an dem ein bloßer Benutzer tatsächlichen Gewahrsam über das Produkt erlangt, die Anknüpfung an den Erfolgsort und die Anknüpfung an den gewöhnlichen Aufenthalt des Geschädigten werden ausgeschlossen, weil sie dem vorgegebenen Anknüpfungskriterium nicht entsprechen.

Die herrschende Meinung in Deutschland ist anderer Ansicht. Sie rechnet dem **613** Schädiger zwar nicht das Recht am gewöhnlichen Aufenthalt des Geschädigten, grundsätzlich aber alle durch das tatsächliche Geschehen bis zum Erfolgseintritt vermittelten Rechte zu.

Die unterschiedlichen Auffassungen über das Rechtsanwendungsrisiko des **614** Schädigers sind mögliche Ergebnisse der kollisionsrechtlichen Rechtsfindung. Als solche sind sie für die zu leistende Entwicklung eines Anknüpfungssystems ohne Wert. Einige Autoren verstehen die Zurechnungsbegrenzung durch „Vorhersehbarkeit" jedoch nicht als Ergebnis der Rechtsfindung, sondern als ein der Rechtsfindung vorgegebenes Axiom, aus dem die Anknüpfung zu deduzieren sei. Dieses axiomatische Verständnis steckt den Rahmen für das Anknüpfungssystem der Produkthaftung eng. Es ist aber verfehlt. Denn es gibt keine übergeordneten, der klassischen Rechtsfindungsmethode vorgegebenen und deshalb eine umfassende Abwägung mit den Geschädigteninteressen ausschließenden Gründe, die es unabdingbar erscheinen lassen, das Rechtsanwendungsrisiko des Schädigers durch Zurechnungskriterien wie Vorhersehbarkeit des anwendbaren Rechts, Beherrschbarkeit oder Beherrschung des Geschehensablaufs einzuschränken.

Die im Vordergrund stehende Begründung *Ehrenzweigs*, die Haftung nach **615** einem unvorhersehbaren Recht sei nicht versicherbar, und ihre spätere Verfeinerung, die Haftung nach einem unvorhersehbaren Recht sei nicht zu einer risikogerechten Prämie zu versichern, sind nicht stichhaltig. Die Versicherung zu einer risikogerechten Prämie ist unabhängig vom Inhalt der kollisionsrechtlichen Anknüpfung möglich, weil die Prämien für die Produkthaftpflicht-Versicherung auf der Grundlage des Gesetzes der großen Zahl und des Erfahrungswissens des Versicherers kalkuliert werden. Wie grundsätzlich für das gesamte internationale Deliktsrecht gilt deshalb auch für das internationale Produkthaftungsrecht der Satz: „Die Versicherung folgt dem Haftungsstatut".

Auch das von den Verfechtern einer Zurechnungsbegrenzung behauptete Junk- **616** tim zwischen materiell-rechtlicher und kollisionsrechtlicher Zurechnung läßt sich nicht beweisen. Es darf zwar nicht sein, daß der Schädiger an den Verhaltensgeboten eines für ihn nicht vorhersehbaren Rechts gemessen wird. Diese

Vorgabe verbietet es aber nicht, ein für den Schädiger unvorhersehbares Recht als Haftungsstatut zu berufen. Die Interessen des Schädigers können im Rahmen des von ihm nicht vorhergesehenen Sachrechts gewahrt werden. Ob dies der beste Weg ist, um der Auslandsberührung des Sachverhalts gerecht zu werden, ist eine andere, später zu beantwortende Frage.

617 Der Satz „casum sentit dominus" vermag ebenfalls nicht zu begründen, daß es unerläßlich sei, das Rechtsanwendungsrisiko des Schädigers durch „Vorhersehbarkeit" zu begrenzen. Die Reichweite dieses Satzes hängt umgekehrt von der nach eigenen Kriterien zu treffenden Entscheidung über das Zurechnungsrisiko des Schädigers ab.

618 Auch das Argument, der Geschädigte habe kein Interesse an der Vorhersehbarkeit des anwendbaren Haftungsrechts, überzeugt nicht. Bereits die Prämisse, der potentiell Geschädigte richte sein Verhalten nicht an dem Haftungsstatut aus, ist nicht immer richtig. Zwischen zwei in Ausstattung, Preis, etc. gleichartigen Produkten wird ein vernünftiger Käufer das Produkt wählen, für das nach einem ihm vertrauten oder günstigen Produkthaftungsstatut gehaftet wird. Aber selbst wenn man die Prämisse als richtig unterstellt, spricht gerade sie für eine „verbrauchergerechte" und gegen eine die Interessen der Haftpflichtigen absolut setzende Anknüpfung. Eine Zurechnungsbegrenzung als eine unbedingte Vorgabe für die Entwicklung eines Anknüpfungssystems läßt sich mit einem fehlenden Vorhersehbarkeitsinteresse des Geschädigten in keinem Fall rechtfertigen.

619 Die klassische Methode der Rechtsfindung mag zu dem Ergebnis führen, daß das Rechtsanwendungsrisiko des Schädigers durch eines der im Schrifttum verfochtenen Kriterien einzuschränken ist. Weder die Kriterien der Einschränkung noch die Einschränkung selbst sind aber ein Axiom, aus dem sich die Anknüpfung deduzieren ließe.

§ 14 Verhaltenssteuerung

I. Der unbefriedigende Stand der kollisionsrechtlichen Diskussion

1. Die notwendige Rückbesinnung auf die Verhaltenssteuerungsfunktion des Sachrechts

Die entwicklungsgeschichtlich wohletablierte Handlungsortsanknüpfung zeigt deutliche Krankheitssymptome. Sie wird im Internationalen Deliktsrecht zunehmend in Frage gestellt[1]; in Spezialbereichen wie dem Produkthaftungsrecht ist sie von vielen bereits aufgegeben. Die Kritiker, die meist für die alleinige Anknüpfung an den Erfolgsort eintreten, nehmen ihrerseits für sich in Anspruch, das Handeln des Haftpflichtigen kollisionsrechtlich sachgerecht zu erfassen. **620**

Auch Streitpunkte zwischen Verfechtern der Handlungsortsanknüpfung signalisieren Schwächen dieser Anknüpfung. Ein Beispiel gibt der Streit um die Frage, ob die Zahl der Handlungsorte beliebig ist oder ob sie bei komplexen Handlungsabläufen, insbesondere bei Einschaltung Dritter, zu begrenzen ist. Gerade die Diskussion zur Produkthaftung ist hier in besonderem Maße symptomatisch. Für sie fordern viele eine „Konkretisierung" des Handlungsortes[2]. Weshalb dies gerade hier notwendig ist, wird erstaunlicherweise auch dann nicht begründet, wenn es angesichts ausdrücklicher Billigung eines grundsätzlich weiten Handlungsortsbegriffs zu erwarten wäre[3]. Die „Konkretisierung" erfolgt ganz unterschiedlich. Jeder denkbare Handlungsort hat seine Anhänger; die Palette reicht vom Produktionsort bis zum Marktort. Teils werden zwei oder drei Handlungsorte als gleichwertig anerkannt, teils nur ein einziger zugelassen. Die Unsicherheit ist groß. Sie ist so groß, daß einige die erforderliche Konkretisierung den Gerichten überlassen[4], und andere − nicht aus innerer Überzeugung, sondern aus Resignation − auf eine Anknüpfung an den Handlungsort verzichten[5]. **621**

Viele der Kriterien, die einer Konkretisierung des Handlungsorts(-begriffs) zugrunde gelegt werden, vermögen nicht zu überzeugen. So ist es verfehlt, die **622**

---

1 Vgl. *W. Lorenz*, Grundregel 113 ff.
2 Siehe § 7 III. 3. b) bb) (2) (b) (aa).
3 *Schönberger* 55 (allgemein: „ist an alle Handlungsorte anzuknüpfen") und S. 72 (Produkthaftung: „Insbesondere die Bestimmung des Handlungsortes bereitet Schwierigkeiten, da hier mehrere Orte in Betracht kommen, die nicht selten auseinanderfallen"); *Winkelmann* 169 („Als Tatort (Begehungsort der unerlaubten Handlung) kommt dabei jeder Ort in Betracht, an dem sich auch nur ein Teil des Deliktstatbestandes verwirklicht hat") und ohne hierin einen Widerspruch zu sehen, a. a. O. („Um eine Auswahl unter den verschiedenen durch die Grundregel eröffneten Tatortmöglichkeiten treffen zu können ..."); *Staudinger/v. Hoffmann*, Art. 38 EGBGB Rn. 460, fragt, „ob nicht die besondere Problematik der Produkthaftung, insbesondere die *Vervielfältigung der Tatorte*, hier eine Konkretisierung der überkommen Regel notwendig macht" (Hervorhebung im Original). Er bejaht dies konkludent, begründet es aber nicht.
4 *Kropholler*, IPR 443.
5 *Winkelmann* 169 ff., 180.

Anknüpfung an den Produktionsort mit der Begründung abzulehnen, die Herstellung allein stelle noch keine unerlaubte Handlung dar[6]. Der Gegeneinwand ist unabweisbar: Verzichtbar ist keine der Haftungsvoraussetzungen, die Herstellung des Produkts ebensowenig wie seine Inverkehrgabe[7]. Es ist auch nicht überzeugend, deshalb an den Geschäftssitz des Haftpflichtigen anzuknüpfen, weil dort der „eigentliche kausale Ausgangspunkt" für die Gefährdung Dritter liege[8]. Die Kausalität dient hier offensichtlich als Begründungsersatz. Argumentieren kann man hingegen mit *Drobnig*, ein Element des Sachverhalts sei rechtlich am bedeutsamsten[9]. Aber auch dies kann nur überzeugen, wenn die *kollisionsrechtliche* Bedeutung gemessen wird und die Wertungskriterien offengelegt werden.

623 Das bunte Meinungsbild und die Art und Weise der Diskussion lassen einen einheitlichen methodischen Ansatz nicht erkennen. Es scheint, als bemühe man sich bei der Produkthaftung nur deshalb um eine Konkretisierung des Handlungsortes, weil sich bei ihr die Erkenntnis aufdrängt, daß der Grundsatz der Gleichwertigkeit aller Handlungsorte (Ubiquitätsprinzip) zu viel des Guten gibt. Konsens läßt sich auf diesem Wege nicht erreichen. Man muß vielmehr offenlegen, warum man an den Ort der Handlung anknüpft. Notwendig ist eine (Rück-)Besinnung auf die Aufgabe des Internationalen Deliktsrechts, das materielle Deliktsrecht funktionsgemäß für Fälle mit Auslandsberührung „fortzuschreiben"[10]. Folgt man diesem Ansatz, so steht das Kriterium und zugleich das Maß der Konkretisierung fest. Es gilt diejenige Anknüpfung zu bestimmen, die unter dem Gesichtspunkt der Verhaltenssteuerungsfunktion des Produkthaftungsrechts die beste ist, verkürzt formuliert: es gilt das kollisionsrechtlich (räumlich) beste Recht[11] der Verhaltenssteuerung zu ermitteln. Eine alternative oder subsidiäre Anknüpfung kommt − wie auch sonst − nur in Betracht, wenn sich die Verhaltenssteuerungsfunktion des Sachrechts in internationalen Fällen anders nicht voll verwirklichen läßt[12].

624 Eine Rückbesinnung auf die Grundlagen einer Handlungsortanknüpfung ist vor allem notwendig, wenn die Kollisionsregel nicht kodifiziert ist. Ein Beispiel gibt neben

---

6 Siehe die Nachweise in § 7 Fn. 107.

7 Allgemein in diesem Sinne *Koziol*, FS Beitzke (1979) 579.

8 *Schönberger* 73. − In der Schweiz stellte die herrschende Meinung vor Inkrafttreten des IPR-Gesetzes von 1987 auf die für den Erfolg und damit für die Entstehung der Verpflichtung wichtigste Handlung des Täters ab; vgl. *Niederer*, Einführung 186; *Vischer*, IPR (1973) 692; *Delachaux* 182; *Cavin*, SchwJbIntR 1972, 57. Über die konkrete Bestimmung der „wichtigsten Handlung" war man sich uneinig. Für die Produkthaftung scheute man die Entscheidung (vgl. *Cavin*, a. a. O.). Die Folge war „unerträgliche Rechtsunsicherheit" (*Schwander*, Produktehaftung 212).

9 *Drobnig*, Produktehaftung 330.

10 Siehe allgemein oben § 12. − Nichts anderes meint *Chr. v. Bar*, JZ 1985, 965, in bezug auf das gesamte Internationale Deliktsrecht, wenn er sagt: „Diese von diffusen Gesichtspunkten geprägte Sachlage [des Internationalen Deliktsrechts] nötigt dazu, sich wieder um möglichst einheitliche Leitlinien bei dem Einsatz und der Entwicklung der deliktskollisionsrechtlichen Anknüpfungskriterien zu bemühen."

11 Siehe oben § 12.

12 Siehe oben § 12 II. 2. a).

Deutschland besonders England, wo um Inhalt und Tauglichkeit des aus dem Zuständigkeitsrecht entlehnten „substance (of wrongdoing) test" gestritten wird[13]. Der Anknüpfungsgrund muß aber auch bei der Anwendung kodifizierter Kollisionsregeln präsent sein. So läßt sich im österreichischen Kollisionsrecht ein Abweichen von der Grundsatzanknüpfung an den Handlungsort (§ 48 Abs. 1 S. 1 IPR-Gesetz) nur überzeugend begründen, wenn die Beziehungen zu dem Recht eines anderen Staates gewichtiger sind als die zum Recht des Handlungsortstaates[14]. Ein anderes Beispiel gibt die Schweizer Kollisionsnorm über die Produkthaftung. Hier bedarf es der Klarheit über die Anknüpfungsrelevanz der Schädigerhandlung, um zu bestimmen, unter welchen Voraussetzungen nicht an den Sitz des Haftpflichtigen, sondern an eine Zweigniederlassung anzuknüpfen ist[15], oder um zu beantworten, unter welchen Voraussetzungen ein Einverständnis des Beklagten zur Vermarktung des Produkts im Erwerbsstaat zu bejahen ist[16].

2. Die notwendige Einbeziehung der Verhaltenssteuerungsfunktion des Sachrechts bei der Bestimmung der „besten" Regelanknüpfung

Das Verhalten der Produkthaftpflichtigen wird in der modernen Diskussion vor allem in der Forderung nach einem „vorhersehbaren" Recht berücksichtigt. Der Schädiger soll im Zeitpunkt seines Handelns wissen können, welchen Normen er unterliegt, damit er durch normgerechtes Verhalten eine Haftung vermeiden kann[17]. Die Sicherung der Handlungsfreiheit des Schädigers, die im Sachrecht meist nur als Nebenfolge der Verhaltenssteuerung behandelt wird, dominiert im Kollisionsrecht die Anknüpfung. **625**

Der Verhaltenssteuerungsfunktion des Sachrechts, also die Steuerung des Schädigers zum Schutze anderer, wird demgegenüber von vielen überhaupt keine Anknüpfungsrelevanz beigemessen. Sprachlich auf „Verhaltenssteuerung durch Sicherheitsvorschriften" reduziert, wird sie bei der Suche nach der „richtigen" Anknüpfung der Produkthaftung a priori ausgeklammert[18]. Erst nach erfolgter Anknüpfung der Haftung erlangt sie über die Sicherheitsvorschriften Bedeutung. Diese werden gesondert angeknüpft[19] und im Rahmen des Haftungsstatuts als „local data" berücksichtigt. **626**

Die Ausblendung der Verhaltenssteuerungsfunktion wird im allgemeinen nicht begründet. Dies liegt wohl in erster Linie daran, daß die im Haager Überein- **627**

---

13 Siehe oben § 4 IV. 2. c).
14 Siehe oben § 3 IV. b) und c).
15 Siehe oben § 2 bei Fn. 58 und 59. – Legt man die Ausführungen *Vischers*, FS Moser 133, zugrunde, so sind beide Anknüpfungspunkte des Art. 135 Abs. 1 Schweizer IPR-Gesetz handlungsbezogen. Der Erwerbsort wird auf den Vertrieb, der Ort der Niederlassung auf die Herstellung bzw. Konstruktion des Produktes bezogen.
16 Siehe oben § 2 IV. 2. b) am Ende.
17 Siehe oben § 2 III. 2. b).
18 Vgl. z.B. *Drobnig*, Produktehaftung 336: „Da ich die Bestimmung des Haftungsstatuts von den Sicherheitsvorschriften abgekoppelt habe, bleibt noch zu überlegen, welche Rechtsordnung für diese maßgebend sein soll."
19 Von (Sonder-)Anknüpfung sprechen z.B.: *Drobnig*, Produktehaftung 336; *Kropholler*, RabelsZ 33 (1969) 618.

kommen vollzogene Trennung zwischen der Anknüpfung der Haftung und der „Sonderanknüpfung" der Verhaltens- und Sicherheitsbestimmungen[20] in der nachfolgenden, ganz im Zeichen des Übereinkommens stehenden Diskussion als vorgegeben erachtet wurde. Die kollisionsrechtliche Wertung des Haager Übereinkommens rechtfertigt es jedoch nicht, die Verhaltenssteuerung bei der Suche nach der sachgerechten Anknüpfung a priori auszublenden. Denn es geht nicht darum, diese Wertung zu vollziehen, sondern sie sachlich nachzuvollziehen.

628 *Drobnig*[21] meint, diejenigen Autoren, die das Recht des Herstellersitzes ausdrücklich deswegen ablehnen würden, weil die Anwendung der strengen Sicherheitsregeln dieses Recht bei gezielter Herstellung für den Export in Länder mit geringeren Sicherheitsanforderungen unangemessen wäre, hätten an sich recht; ihre Folgerung, aus diesem Grund auch das Haftungsrecht des Herstellersitzes zu verwerfen, gehe aber zu weit. Nach seiner Ansicht stellt die Herstellung für den Export zwar die Anwendung der Sicherheitsvorschriften am Herstellersitz, nicht aber das allgemeine Haftungsrecht dieses Landes in Frage. Die „Abneigung mancher Autoren" gegen die von ihm befürwortete Anknüpfung an den Herstellersitz führt er darauf zurück, daß diese Autoren zwischen zivilem Haftungsrecht und öffentlichem Sicherheitsrecht nicht unterscheiden würden[22]. Unterschiede zwischen diesen Rechtsgebieten bestehen in der Tat. Es bestehen aber auch enge Zusammenhänge, die es entgegen *Drobnig* und anderen verbieten, die Verhaltenssteuerung bei der Anknüpfung der Produkthaftung auszublenden[23].

629 Die materiellrechtlichen Zusammenhänge zwischen Verhaltensgeboten und Haftung sind anknüpfungsrelevant. Bei Schaffung des BGB war dies noch selbstverständlich. So heißt es in den Protokollen[24]: „Der richtige Sinn sei, daß derjenige, welcher sich gegen Schutzvorschriften verfehle, die ein Staat zur Sicherung der seiner Herrschaft unterworfenen Güter aufstelle, nach den Normen dieser Gesetze für Schadensersatz hafte. Dies brauche nicht ausgesprochen zu werden". Auch der BGH hat in der Verbindlichkeit von Verhaltensgeboten stets einen wesentlichen Sachgrund für die Maßgeblichkeit des Haftungsrechts desjenigen Staates gesehen, der das Verhalten öffentlich-rechtlich steuert. Mit Blick auf Straßenverkehrsvorschriften führt er aus[25], die Verhal-

---

20 Siehe oben § 1 III. 1. b) und c).
21 *Drobnig*, Produktehaftung 330; ihm folgend *Schönberger* 69.
22 *Drobnig*, Produktehaftung 330; ähnlich, allerdings nicht zur Produkthaftung, sondern zu nicht durch einen Produktfehler verursachten Flugzeugunglücken *Urwantschky* 128 f.
23 Siehe unten II. 3. — Die Kritik *Schönbergers*, 69, an der „Marktorttheorie" wäre deshalb nur begründet, wenn der Vorwurf zuträfe, sie übertrage die im Hinblick auf spezielle Sicherheitsvorschriften vorgenommenen Überlegungen *ohne weiteres* und *in einem Zuge* auf das Kollisionsrecht der Haftung. Den Beweis hierfür bleibt *Schönberger* schuldig.
24 Prot. VI 43; vgl. hierzu *Stoll*, FS Ferid (1978) 411: „Diese kurze, aber treffende Charakterisierung der Tatortregel ist der neuerdings beliebten Behauptung entgegenzusetzen, es sei schwer, den rechtspolitischen Sinn jener Regel zu begründen". Zustimmend *W. Lorenz*, Grundregel 108; vgl. auch *Steffen*, LM Nr. 19 zu Art. 12 EGBGB a. F.
25 BGH, 8. 3. 1983, BGHZ 87, 97 f.; vgl. auch BGH, 5. 10. 1976, NJW 1977, 497 (insoweit sei die Kollisionsnorm sachverhaltsorientiert); BGH, 13. 3. 1984, BGHZ 90, 294, 298.

tensregeln seien nicht nur den Rechtsverkehr ordnende Polizeivorschriften, sondern sie bestimmten über Aufgaben und Verantwortung zur Gefahrvermeidung und über den Umfang des Rechtsschutzes im außervertraglichen Bereich, insoweit also auch über die zivilrechtlichen Tatfolgen mit. Das Tatortprinzip sei unter anderem deshalb keine Verlegenheitslösung. Die herrschende Lehre teilt diese Auffassung[26]. Kritisiert wird nicht die Beachtung der Verhaltenssteuerungsfunktion des Sachrechts, sondern ihre Überbetonung und damit die Vernachlässigung der Schadensausgleichsfunktion[27].

Die Verhaltenssteuerungsfunktion des Sachrechts ist auch für die Anknüpfung der Produkthaftung fruchtbar zu machen. Anderenfalls beschneidet man den anzuknüpfenden Sachverhalt willkürlich um einen wesentlichen Teil und entzieht einer Handlungsortanknüpfung das sachliche Substrat[28]. Man darf sich dann nicht über ihre Beliebigkeit oder „Blutleere" wundern[29]. **630**

II. Die Verhaltenssteuerung im Sachrecht

1. Verhaltenssteuerung als Funktion des Produkthaftungsrechts

Wie das gesamte Haftungsrecht bestimmt auch das Produkthaftungsrecht, ob ein eingetretener Schaden vom Geschädigten zu tragen oder von einem Dritten auszugleichen ist. Auf diese Schadenszurechnungs- und Schadensausgleichsfunktion[30] ist es begrenzt, wenn es eine Haftung für (vernünftigerweise) nicht vermeidbare Schäden statuiert. Dies ist aber nur ausnahmsweise der Fall, nämlich nur, wenn verschuldensunabhängig für sog. Ausreißer[31] und für Entwick- **631**

---

26 Statt vieler *W. Lorenz*, Grundregel 112.

27 So insbesondere *Hohloch* 264f. und passim.

28 Vgl. *W. Lorenz*, RabelsZ 37 (1973) 351. Er berichtet, daß auf der Haager Konferenz in der kontroversen Diskussion zu dem auf Sicherheitsvorschriften anwendbaren Recht auch die Ansicht vertreten wurde, es erscheine als „bedenklicher Bedeutungsverlust der lex causae", wenn diese in einem die Grundlage der Haftung beeinflussenden Punkt auf die Normen eines an sich nicht anzuwendenden Rechts Rücksicht nehmen solle. Diese Argumentation, die sich gegen die nunmehr von Art. 9 des Übereinkommens vorgesehene „Berücksichtigung" der Sicherheitsvorschriften des Marktstaates richtete, ist doppelbödig: Einerseits soll der „die Grundlage der Haftung beeinflussende Punkt" für die Ermittlung der „richtigen" Anknüpfung unbeachtlich sein; andererseits soll er aber bedingungslos von dem nach anderen Gesichtspunkten bestimmten Recht erfaßt werden.

29 Vgl. *Czempiel* 137 („Tatortrecht, seiner eigentlichen Funktion beraubt, wird zur leeren, beliebig ausfüllbaren Hülle"). Er begrüßt es aber, wenn die Verhaltenssteuerung („Zurechnungsproblematik") durch eine ausdrückliche Vorhersehbarkeitsklausel erfaßt wird, weil dadurch die Anknüpfung für die Berücksichtigung anderer kollisionsrechtlicher Gesichtspunkte geöffnet werde (S. 156); vgl. auch S. 126: „Hat man die kollisionsrechtliche Zurechnung gesondert geregelt, ist das Anknüpfungsproblem von beträchtlichem Ballast befreit."

30 Siehe dazu den nächsten §.

31 Zur Uneingeschränktheit der verschuldensunabhängigen Produkthaftung für Ausreißer vgl. *Brüggemeier*, EG-Richtlinie 242. Zu den nicht erfüllten Voraussetzungen der Verschuldenshaftung vgl. *Schmidt-Salzer*, Anm. zu BGH, 7. 6. 1988 VI ZR 91/98 (Mehrwegfalsche II), Entscheidungssammlung (Loseblatt) Nr. I.266 (15).

lungsrisiken gehaftet wird[32]. Im allgemeinen hat das Produkthaftungsrecht hingegen auch die Funktion, den Eintritt eines Schadens zu vermeiden.

632 Über das theoretische Rangverhältnis von Verhaltenssteuerungs- und Schadens-ausgleichsfunktion kann man unterschiedlicher Ansicht sein[33]. Auch wenn das Produkthaftungsrecht zu dem weiten Bereich der Haftpflicht für Unfall-schäden gehört[34], ist seine Verhaltenssteuerungsfunktion als solche aber nicht bestreitbar[35]. Denn Unfälle durch fehlerhafte Produkte lassen sich mittels pla-nender und organisierender Tätigkeit vermeiden[36] und für Produkthaftpflich-tige besteht hierzu aufgrund der drohenden Schadensersatzpflicht und des dro-henden Imageverlustes ein hoher ökonomischer Anreiz[37]. In der betrieblichen Praxis ist das Risikomanagement[38] mit dem vorrangigen Ziel der Schadens-vermeidung deshalb eine immer bedeutsamer werdende Aufgabe[39].

633 Auch eine verschuldensunabhängige Produkthaftung nach Art der EG-Pro-dukthaftung soll das Verhalten des Normadressaten steuern und dadurch scha-denspräventiv wirken[40]. Der „Hersteller" haftet nämlich nicht allein deshalb, weil sein Produkt für einen Schaden ursächlich geworden ist, sondern weil er das schädigende Produkt nicht mit der von der Rechtsordnung vorgeschriebe-nen Sicherheit in den Verkehr gebracht hat[41]. Der verhaltensbezogene Fehler-

---

32 Vgl. *Schmidt-Salzer*, EG-Produkthaftung I Art. 6 EG-Richtlinie Rn. 242 ff., Art. 7 EG-Richtli-nie Rn. 107 ff.

33 Ein Vorrang der Schadensausgleichsfunktion wird zunehmend in Frage gestellt; vgl. *Kötz*, FS Steindorff 644 und passim, sowie *Marburger*, AcP 192 (1992) 30 f. (kritisch).

34 Zur Qualifikation vgl. *Weyers* 40; *Esser/Weyers*, Schuldrecht II 447.

35 Vgl. nur *Brüggemeier*, ZHR 152 (1988) 514 („darf mittlerweile als anerkannt gelten"); *ders.*, JZ 1986, 969 ff.; *Kötz*, FS Steindorff 643 ff.; *Zoller* 77 ff.; *S. Simitis*, FS Duden 633 ff. – Vgl. dagegen *v. Hoffmann*, IPRax 1986, 90, hinsichtlich des Straßenverkehrsunfallrechts: „Zweck des Unfallrechts ist Ausgleich der bei dem Verletzten eingetretenen Schäden, nicht Verhaltens-steuerung des Schädigers." – Vorsichtiger *Hohloch* 230, der bei Unfallschäden die „Opferent-schädigungsfunktion", dagegen die „,admonitorische', zunehmend wohl auch ,ordnungspoli-tische' Funktion" dort im Vordergrund sieht, wo der Einsatz des Deliktsrechts in starkem Um-fang auch vorbeugenden Charakter hat.

36 *Esser/Weyers*, Schuldrecht II 447, mit Hinweis auf den einsetzenden Strom von Rundschreiben und Richtlinien in Großbetrieben, wenn sich eine neue Rechtsprechung zu bestimmten „Ver-kehrssicherungspflichten" gebildet hat; *Bullinger*, FS v. Caemmerer 303 f.

37 *Esser/Weyers*, Schuldrecht II 447; *Weyers* 473 f., 480; *Bullinger*, wie vorige Fn; zur Bedeutung des Unternehmens- und Produktimages vgl. *Wischermann* 4.

38 Vgl. speziell zur Produkthaftung *Schmidt-Salzer*, Produkthaftung III/1 Rn. 4.226 ff. und pas-sim; *Peuster/v. Werder*, DB 1991, 112 ff.; sowie die Arbeit von *Wischermann*, a.a.O.

39 Sehr instruktiv ist die Untersuchung von *Zinkann*, a.a.O., zur „Reduzierung der Produkthaf-tungsrisiken" als technisch-betriebswirtschaftliche Gestaltungsaufgabe am Beispiel der Haus-haltsgeräteindustrie.

40 Siehe die Nachweise in Fn. 35. Zur „ökonomischen Prävention" allgemeiner Gefährdungshaf-tung vgl. *Deutsch*, Haftungsrecht I 366; zur ökonomischen Analyse der verschuldensunabhän-gigen (Produkt-)Haftung insbesondere *Adams*, Ökonomische Analyse der Gefährdungs- und Verschuldenshaftung, Heidelberg 1985, mit umfangreichen Nachweisen in Fn. 56; *ders.*, BB 1987, Beilage 20; kritisch dazu *Brüggemeier*, EG-Richtlinie 240 ff.

41 Siehe unten 5. a). Vgl. auch *Schlechtriem*, FS Rittner 552 („Fehlerbegriff letztlich eine Ver-schlüsselung von Verhaltensgeboten") und passim; *W. Lorenz*, ZHR 151 (1987) 10 („keine Kau-

begriff[42] macht die EG-Produkthaftung in weiten Bereichen jedenfalls der Sache nach zu einer objektiven Fahrlässigkeitshaftung[43].

Als Kehrseite der Verhaltenssteuerung durch verbindliche Verhaltensgebote ergibt sich für den Normadressaten die Sicherheit, keiner Haftung zu unterliegen, wenn er sich normgerecht verhält. Deshalb ist der Haftpflichtige an eindeutigen Verhaltensgeboten interessiert[44]. Sein weitergehendes Interesse an einem möglichst großen Handlungsfreiraum berücksichtigen Gesetzgeber und Rechtsprechung bei der inhaltlichen Ausformung der Verhaltensgebote (und der übrigen Haftungsvoraussetzungen)[45]. **634**

2. Verhaltenssteuerung als Funktion des öffentlichen Produktsicherheitsrechts

Viele Staaten begreifen den Schutz vor fehlerhaften Produkten als zu optimierende staatliche Aufgabe[46]. Da die schadenspräventive Wirkung des privaten Haftungsrechts begrenzt ist[47], machen sie das gewünschte Verhalten den Herstellern und Händlern durch öffentlich-rechtliche Vorschriften zur Pflicht, überwachen die Einhaltung dieser Pflichten mit öffentlich-rechtlichen Mitteln und belegen Verstöße mit öffentlich-rechtlichen Sanktionen[48]. **635**

---

salhaftung, wohl aber das Einstehenmüssen für ein typisches Herstellerrisiko"). – Von einer Kausalhaftung kann man aber mit *Lüderitz*, FS Rebmann 759, bei der verschuldensunabhängigen Haftung für sog. Ausreißer sprechen, da der Hersteller hier per definitionem alles Zumutbare getan hat.

42 *Brüggemeier*, EG-Richtlinie 232 ff.; *Kötz*, FS Lorenz 109 ff.; *Borer*, Europaverträglichkeit 512 ff. Vgl. auch *Joerges/Brüggemeier* 262 ff.

43 *Brüggemeier*, EG-Richtlinie 240; *Lüderitz*, FS Rebmann 763, 765, 769 (für Konstruktions- und Instruktionsfehler); *Schmidt-Salzer*, EG-Produkthaftung I Art. 1 EG-Richtlinie Fn. 20, qualifiziert die EG-Produkthaftung als verschuldensunabhängige Unrechtshaftung; *Deutsch*, NJW 1992, 75, spricht von einer „erweiterten Gefährdungshaftung", bei der die übermäßige Gefahr nicht tragender Grund, sondern nur Motiv der strengen Haftung sei.

44 Siehe unten III.1.b) cc).

45 Vgl. Prot. II 569; *E. Lorenz*, FS Duden 263 f.

46 Vgl. *Lukes*, Produkthaftung 18 ff. und VersR 1983, 697, der eine Zunahme der rechtlichen Ordnungsbestrebungen an Intensität und Umfang in allen Industriestaaten feststellt, sowie *Joerges* u. a., Sicherheit 13.

47 *Kötz*, FS Steindorff 652 ff., 657; *Micklitz*, JCP 1979, 337 f.; *S. Simitis*, FS Duden 638 f. – Zur Aktivierung des *strafrechtlichen* Präventionsschutzes als Folge der laufenden Entpersonalisierung der Haftung vgl. *Schmidt-Salzer*, NJW 1994, 1311 f.

48 Kritisch zu der Nowendigkeit des § 3 Abs. 1 S. 1 MedGV *Hahn*, NJW 1986, 756 („ ... sollte angenommen werden, daß die präventive Kraft der vertraglichen wie deliktischen Haftung ... Gewähr dafür bietet, daß Gerätehersteller und Lieferanten neben dem neuesten Stand der Technik auch den allgemeinen und besonderen Arbeitsschutz- und Unfallverhütungsvorschriften Rechnung tragen"). – Da die Optimierung des Rechtsgüterschutzes durch die Abwägung von Kosten und Nutzen bestimmt wird und Haftungs-, Verwaltungs- und Strafrecht in unterschiedlichem Maße und zu unterschiedlichen Kosten präventiv wirken, ist die Frage, wie die richtige „Anreizmischung" auszusehen hätte, der ökonomischen Analyse zugänglich, vgl. *Kötz*, FS Steindorff 658. Die These von *Kötz* lautet, daß eine Rechtsordnung sich um so eher einen Verzicht auf die Anreizfunktion des Haftungsrechts leisten kann, je besser in ihr die Gefahrprävention durch das Verwaltungs- und Strafrecht entwickelt ist und je weniger es dabei zu Voll-

636   Das öffentliche Produktsicherheitsrecht Deutschlands ist wie das vieler anderer Staaten nur schwierig zu überblicken, weil es stark zersplittert ist und über ein vielfältiges Instrumentarium verfügt[49]. Der Überblick wird auch durch die zunehmende EG-rechtliche Überformung der nationalen Rechte erschwert[50]. Zum deutschen öffentlichen Produktsicherheitsrecht gehören, um nur die wichtigsten Beispiele zu nennen: das Sicherheitsrecht der überwachungsbedürftigen Anlagen, das bis 1993 in den §§ 24 bis 25 GewO und den hierzu ergangenen Rechtsverordnungen geregelt war und nunmehr im Gerätesicherheitsgesetz normiert ist; das Sicherheitsrecht gefährlicher Stoffe, das im wesentlichen im Chemikaliengesetz, im Arbeitsstoffgesetz, im Sprengstoffgesetz und im Sicherheitsfilmgesetz sowie in den jeweils dazugehörenden Rechtsverordnungen geregelt ist; das Sicherheitsrecht der Verkehrsmittel, insbesondere die Straßenverkehrs-Zulassungs-Ordnung, das Schiffahrtsgesetz und die Schiffssicherheitsverordnung, das Luftverkehrsgesetz und die Luftverkehrs-Zulassungs-Ordnung; das Sicherheitsrecht der Lebensmittel- und Bedarfsgegenstände und der Arzneimittel, dessen Kernbereich jeweils in den gleichnamigen Gesetzen normiert ist; und das Sicherheitsrecht der technischen Konsumgüter, für das an erster Stelle das Gerätesicherheitsgesetz und die zu ihm erlassenen Rechtsverordnungen zu nennen sind.

637   Zu den *Instrumenten der öffentlich-rechtlichen Sicherheitsregulierung* gehören: Herstellungsverbote; Gebote, die Produktion nur mit einer Erlaubnis aufzunehmen, die ihrerseits den Nachweis bestimmter fachlicher Eignungen voraussetzt[51]; Gebote, die den Herstellungsprozeß betreffen, also einen leistungsbezogenen Standard vorgeben (performance standard); Gebote, die das Her

---

zugsdefiziten kommt; umgekehrt sei Haftungsrecht − etwa die Produkthaftung − um so wichtiger, je weniger Verwaltungs- und Strafrecht präventiv wirkten. Diese richtige Umkehrung darf nicht zu einem Mißverständnis der Ausgangsthese von *Kötz* verleiten. Es ist richtig, daß das Verwaltungs- und Strafrecht, wenn sie hoch entwickelt sind, weitgehend die Verhaltenssteuerungsfunktion des Haftungsrechtes übernehmen. Das „vorgelagerte" Verhaltenssteuerungsrecht wirkt aber über den Sorgfaltsmaßstab etc. in das Haftungsrecht hinein. Es nimmt dem Haftungsrecht deshalb nichts von seiner Bedeutung. Vgl. auch *Nicklisch*, BB 1989, 9. Zur Reichweite der Sicherheitsregulierung vom Marktzugang bis zur Haftung: *Micklitz*, Produktsicherheit 110, 120; *Joerges*, FS Steindorff 1248; *Damm*, JZ 1989, 561; *Brüggemeier*, Regulatory Functions 18; *Papier* 9. − Rechtsvergleichend *Joerges u. a.*, Sicherheit 61 ff.; weitere Hinweise bei *Stauder*, Europaverträglichkeit 184 Fn. 21, 187. − Zur strafrechtlichen Produkthaftung vgl. *Kuhlen* a. a. O.

49 Vgl. hierzu *Marburger* 53 ff.; *Joerges*, FS Steindorff 1247. − Eine einheitliche Kodifizierung des Schutz- und Sicherheitssystems im Bereich des Gesundheits-, Umwelt- und Arbeitsschutzes fordern *Schottelius* und *Küpper-Djindji*c, BB 1993, 449.

50 Siehe unten 4. b) bb) (3).

51 Vgl. z. B. § 7 Abs. 1 Nr. 1 WaffG (Erlaubnis zur Waffenherstellung) oder § 9 Abs. 1 Nr. 4 LMBG (Ermächtigung, durch Rechtsverordnung das Herstellen, das Behandeln oder das Inverkehrbringen bestimmter Lebensmittel von einer Genehmigung, einer Anzeige oder von dem Nachweis bestimmter Fachkenntnisse abhängig zu machen). Solche Vorschriften schränken das Grundrecht der Berufsfreiheit ein und sind deshalb nur zum Schutze eines wichtigen Gemeinschaftsgutes, insbesondere der Volksgesundheit, zulässig; vgl. BVerfG, 17. 7. 1961, BVerfGE 13, 97, 107 = BB 1961, 1072.

stellungsergebnis betreffen, also produktbezogen sind, etwa Sicherheitsvorschriften, Zulassungspflichten, Einfuhrerlaubnisse und Verbringungsver-
bote; sowie aus dem Bereich der sog. Nachmarktkontrolle beispielsweise das
behördliche Vermarktungsverbot oder der behördliche Rückruf eines Produktes.

3. Die Verbindungen zwischen öffentlichem Produktsicherheitsrecht und Produkthaftungsrecht

a) Koppelung der haftungsrechtlichen Verhaltensgebote an das öffentliche Produktsicherheitsrecht

aa) Haftung wegen der Verletzung eines Schutzgesetzes

Unmittelbar und unverändert sind der Sicherheitsstandard und die Verhaltens- **638**
normen des öffentlichen Produktsicherheitsrechts für das Haftungsrecht maßgebend, wenn die Haftung an den schuldhaften Verstoß gegen ein Schutzgesetz
anknüpft, wie dies im deutschen Recht in § 823 Abs. 2 BGB geschieht. Mit der
Haftung wegen der Verletzung eines Schutzgesetzes wird die Verteidigungslinie
des geschützten Rechtsguts haftungsrechtlich vorverlegt[52], indem der Verschuldensvorwurf nicht wie bei § 823 Abs. 1 BGB auf die konkrete Gefährdung, sondern auf die Verhaltensnorm und damit auf die abstrakte Gefährdung bezogen wird[53].

Das deutsche öffentliche Produktsicherheitsrecht enthält zahlreiche Schutzge- **639**
setze, deren Verletzung eine Haftung gemäß § 823 Abs. 2 BGB begründet[54].
Bedeutsam sind vor allem die Schutzgesetze des Gerätesicherheitsgesetzes und
des Lebensmittel- und Bedarfsgegenständegesetzes.

Die praktische Relevanz der Schutzgesetzhaftung ergibt sich daraus, daß der **640**
Kreis ersatzfähiger Schäden auf reine Vermögensschäden erweitert sein
kann[55], daß nur der Verstoß gegen die Verhaltensnorm verschuldet sein muß[56]

---

52 *Weitnauer*, FS Larenz 920; *Deutsch*, Haftungsrecht I 42, 48, 51; vgl. auch *J. Meyer* 33.
53 Vgl. BGH, 1.4.1953, VersR 1953, 242; 14.1.1976, VersR 1976, 543, 544; *Deutsch*, Haftungsrecht I 48; *RGRK-Steffen* § 823 BGB Rn. 535; *Schmidt-Salzer*, Anm. zu OLG München,
   17.3.1967-2 U 1511/64 (Radiumkompresse), Entscheidungssammlung (Loseblatt) Nr. II.105
   (4f.).
54 Vgl. die Auflistung für die Produkthaftung wichtiger Schutzgesetze von *Kullmann*, Kza.
   1601/9-17; *Foerste*, § 32 Rn. 12-15. – Zur Schutzgesetzeigenschaft und zum Schutzbereich
   vgl. *Kullmann*, Probleme 50f.
55 Schutzgesetze, deren schuldhafte Verletzung zum Ersatz primärer Vermögensschäden verpflichtet, sind im Bereich der Produkthaftung die Ausnahme, vgl. *Kullmann*, Kza. 1601/6;
   Foerste § 32 Rn. 9 m.w.N. Vgl. aber BGH, 25.10.1988, NJW 1989, 707, wonach § 3 Nr. 3 lit.
   b) FuttermittelG auch den Zweck hat, Vermögensschäden von Tierhaltern zu vermeiden (im
   konkreten Fall: Schäden durch amtliche Beschlagnahme).
56 Siehe oben Fn. 53.

und das Verschulden bei einer Normverletzung vermutet wird[57], und schließlich häufig einfach daraus, daß das öffentliche Produktsicherheitsrecht die haftungsbegründenden Verhaltenspflichten klar fixiert[58].

bb) Haftungsausschluß bei Einhaltung zwingender Rechtsvorschriften

641 Die vom öffentlichen Produktsicherheitsrecht gesetzten Verhaltensmaßstäbe sind für das Haftungsrecht uneingeschränkt maßgebend, wenn das öffentliche Produktsicherheitsrecht nicht nur Mindestanforderungen stellt, sondern ein bestimmtes Verhalten zwingend vorschreibt. Dies ist für die Verschuldenshaftung selbstverständlich. Es gilt aber auch für die verschuldensunabhängige EG-Produkthaftung. Nach Art. 7 lit. d EG-Richtlinie ist die Ersatzpflicht des Herstellers nämlich ausgeschlossen, wenn der Fehler darauf zurückzuführen ist, daß das Produkt verbindlichen hoheitlich erlassenen Normen entspricht. Sinn dieser Regelung ist es, den Hersteller nicht vor die Alternative zu stellen, gehorsam zu sein und zu haften oder ungehorsam zu sein und nicht zu haften[59]. Dieses Dilemma besteht nur, wenn der Hersteller verpflichtet ist, so wie vorgeschrieben, d. h. fehlerhaft und nicht anders zu produzieren[60]. § 1 Abs. 2 Nr. 4 ProdHaftG, die deutsche Umsetzungsvorschrift, bringt die vorausge-

---

57 Zu der sich hieraus ergebenden praktischen Bedeutung von Schutzgesetzen vgl. *Schmidt-Salzer*, Anm. zu BGH, 11. 12. 1979, VI ZR 141/78 (Klapprad II), Entscheidungssammlung III, Nr. I.170 S. 220; zur Beweislastverteilung im Rahmen des § 823 Abs. 2 BGB bei feststehender objektiver Schutzgesetzverletzung siehe BGH, 26. 11. 1968, BGHZ 51, 91 = BB 1969, 12 = NJW 1969, 269, 274 (Hühnerpest); BGH, 13. 12. 1984, NJW 1985, 1774, 1775; BGH, 28. 9. 1976, JZ 1977, 178 f. (offen gelassen, ob Beweiserleichterung für den Anspruchsteller durch Anscheinsbeweis oder echte Beweislastumkehr); BGH, 17. 1. 1984, VersR 1984, 270, 271 (Anscheinsbeweis); BGH, 19. 4. 1991, BB 1991, 1149 = DB 1991, 1669 (widerlegliche Vermutung).

58 Ein Beispiel gibt der Nichtannahmebeschluß des BGH, 17. 1. 1984, VersR 1984, 270; vgl. auch das wörtliche Zitat aus BGH, 7. 10. 1986, BB 1986, 2368 = NJW 1987, 373 unten in Fn. 77, sowie *Hasskarl*, Pharma Recht 1990, 176 f. (zur MedGV); *W. Lorenz*, ZHR 151 (1987) 23.

59 Vgl. Begründung des Regierungsentwurfs BT-Drucks. 11/2447 S. 15; *Taschner*, NJW 1986, 614; *Schmidt-Salzer*, EG-Produkthaftung I, Art. 7 EG-Richtlinie Rn. 99. – *Mertens* und *Cahn*, in: MünchKomm, § 1 ProdHaftG Rn. 42, meinen, es hätte nach der Wertung des § 6 Abs. 2 S. 1 ProdHaftG näher gelegen, die Folgen des auf zwingenden Rechtsvorschriften beruhenden Sicherheitsdefizits nicht auf den Verbraucher abzuwälzen, sondern den Hersteller als Mitverursacher auch insoweit haften zu lassen. Diese Berufung auf § 6 Abs. 2 S. 1 ProdHaftG ist zweifelhaft. Denn auch nach dieser Vorschrift setzt die Haftung des Herstellers voraus, daß ein Produktfehler vorliegt. Der Haftungsgrund ist also unverändert. Dritter im Sinne des § 6 Abs. 2 S. 1 ProdHaftG ist nach den Grundstrukturen der EG-Produkthaftung nur derjenige, dessen Verursachungsbeitrag sich *nach* dem Inverkehrbringen des fehlerhaften Produktes durch den Hersteller auswirkt, der also nicht den Fehler des Produktes, sondern „nur" den Schaden mitverursacht (vgl. *Taschner/Frietsch*, § 3 ProdHaftG Rn. 123). Die Regelung des § 6 Abs. 2 S. 1 ProdHaftG entspricht deshalb dem im allgemeinen Deliktsrecht anerkannten Grundsatz, daß eine Mitverursachung die Haftung für den gesamten mitverursachten Schaden begründet. Die Kritik von *Mertens* und *Cahn* an dem Entlastungsgrund wird jedenfalls dadurch relativiert, daß die Nichthaftung des Herstellers nicht notwendig zur Folge hat, daß der Verbraucher den Schaden zu tragen hat. Denn es kommt eine Haftung des Normgebers in Betracht. Vgl. *Taschner*, NJW 1986, 614 sowie *Rolland*, § 1 ProdHaftG Rn. 134, der dem insbesondere aufgrund der Beweisschwierigkeiten für den Geschädigten aber kein Gewicht beimißt.

60 *Marburger*, FS Lukes 98.

setzte Zwangslage und Zwangsläufigkeit besser als die Richtlinie zum Ausdruck. Er verlangt, daß der Fehler darauf beruht, daß das Produkt in dem Zeitpunkt, in dem der Hersteller es in den Verkehr brachte, *dazu zwingenden* Rechtsvorschriften entsprochen hat.

Zwingende Rechtsvorschriften im Sinne des § 1 Abs. 2 Nr. 4 ProdHaftG[61] **642** gibt es im deutschen Recht wie auch in ausländischen Rechten nur wenige[62]. Das öffentliche Produktsicherheitsrecht schreibt nämlich grundsätzlich nur eine Mindestsicherheit vor und stellt es dem Hersteller frei, wie er sie erreicht[63].

Es kommt aber vor, daß dem Hersteller durch die Kombination von Gesetz, **643** allgemeiner Verwaltungsvorschrift und technischer Regel ein genau bestimmtes Verhalten auferlegt wird[64]. Der Hersteller ist dann einem starken faktischen Zwang ausgesetzt, sich entsprechend zu verhalten, um möglichst „reibungslos" produzieren zu können. Ein derart durch Verwaltungspraxis erzeugter faktischer Zwang ist dem von § 1 Abs. 2 Nr. 4 ProdHaftG vorausgesetzten normativen Zwang jedoch nicht ohne weiteres gleichzustellen. Das klar bestimmte Verhältnis von Judikative und Exekutive auf der einen Seite und das Schutzbedürfnis der Verbraucher auf der anderen Seite verlangen, daß der Hersteller den Rechtsweg beschreitet, wenn der ihm auferlegte faktische Zwang zu einer bestimmten Produktionsweise nicht mit dem Gesetz vereinbar ist[65]. Zu erwägen ist aber der Vorschlag *Marburgers*[66], den faktischen Zwang dann einer „zwingenden Rechtsvorschrift" im Sinne von § 1 Abs. 2 Nr. 4 ProdHaftG gleich zu erachten, wenn ein behördliches Vertriebsverbot, das unter Mißach-

---

61 = Art. 7 lit. d EG-Richtlinie.
62 Vgl. *Marburger*, FS Lukes 99; *Kullmann* 44 (er nennt beispielhaft § 35h Abs. 1 StVZO, der bestimmt, daß Kraftomnibusse einen Verbandskasten mitführen müssen, der „DIN 13163, Ausgabe Dezember 1987 oder DIN 13164, Ausgabe Dezember 1987" entspricht); *Huth* 305 ff.
63 Eingehend dazu *Marburger*, FS Lukes 97 ff.
64 *Marburger*, FS Lukes 111, nennt als Beispiel, daß eine Behörde dem Hersteller das Inverkehrbringen eines Kinderwagens („Baby-Buggy") mit der Begründung verboten hatte, der Kinderwagen genüge nicht der DIN 66068 über die Kippsicherheit. Dieses Verbot wurde gerichtlich aufgehoben; vgl. VG Köln, 6.11.1975–1 K 732/75 – abgedruckt bei *Meyer*, Gerätesicherheitsgesetz 1979, S. 243; vgl. auch BayVGH, 7.4.1975–90 VI 74, abgedruckt bei *Meyer*, a.a.O., S. 239. – Umstritten ist, ob die Verordnung über die Sicherheit medizinisch-technischer Geräte (Medizingeräteverordnung – MedGV) v. 14.1.1985 (BGBl. I S. 93), die eine Bauartzulassung vorschreibt, in Verbindung mit der Verwaltungspraxis, nach der eine Zulassung nur erteilt wird, wenn die in der Bekanntmachung des Bundesarbeitsministers vom 30.10.1985 (BABl 1/1986, S. 55) genannten DIN-Normen etc. erfüllt sind, als zwingende Rechtsvorschrift im Sinne des § 1 Abs. 2 Nr. 4 ProdHaftG zu qualifizieren ist. Dafür: *Kullmann* 46; *Schmidt-Salzer*, EG-Produkthaftung I Art. 7 EG-Richtlinie Rn. 99. A.A. *Marburger*, FS Lukes 113, der auf die in § 3 Abs. 1 S. 3 MedGV eröffnete Abweichungsbefugnis des Herstellers hinweist, die dem Hersteller nicht durch eine nur verwaltungsintern bindende ministerielle Bekanntmachung entzogen werden könne.
65 Begründung des ProdHaftG-Entwurfs, BT-Drucks. 11/2447 S. 15; *Marburger*, FS Lukes 112; *Rolland*, § 1 ProdHaftG Rn. 134; *Brüggemeier/Reich*, WM 1986, 153.
66 *Marburger*, FS Lukes 112. Für eine grundsätzliche Gleichstellung des faktischen Zwangs mit „zwingender Rechtsvorschrift" im Sinne von § 1 Abs. 2 Nr. 4 ProdHaftG: *Schmidt-Salzer*, EG-Produkthaftung I Art. 7 EG-Richtlinie Rn. 99 ff.

tung eines gesetzlich zulässigen Alternativverhaltens erlassen wurde, nach Ausschöpfung aller Rechtsmittel durch rechtskräftiges Urteil bestätigt wird. Für diesen Vorschlag spricht auch, daß manche ausländischen Umsetzungsgesetze zur EG-Richtlinie verbindliche behördliche Anordnungen zwingenden Rechtsvorschriften ausdrücklich gleichstellen[67].

b) Orientierung der haftungsrechtlichen Verhaltensgebote am öffentlichen Produktsicherheitsrecht

644 Abgesehen von einer Haftung für Entwicklungsrisiken und für die Verletzung einer Produktbeobachtungspflicht, wird die äußerste Grenze der Haftung durch den *Stand von Wissenschaft und Technik* in dem Zeitpunkt bestimmt, in dem der Haftpflichtige das Produkt in den Verkehr gegeben hat[68]. Ein Produkt kann zwar trotz Einhaltung des Standes von Wissenschaft und Technik im Sinne von § 3 ProdHaftG fehlerhaft sein[69]; die Ersatzpflicht des „Herstellers" ist dann aber gemäß § 1 Abs. 2 Nr. 5 ProdHaftG ausgeschlossen.

645 Anders als das Haftungsrecht rekurriert das öffentliche Produktsicherheitsrecht in aller Regel nicht auf den sich stets ändernden Stand von Wissenschaft und Technik. Um der Verwaltung eine sichere Grundlage für Eingriffsmaßnahmen zu geben, verweist es stattdessen auf die *anerkannten Regeln der Technik*[70], die in den technischen Normen privater Verbände (z. B. DIN-Normen, VDE-Bestimmungen)[71] und den Regelwerken öffentlich-rechtlicher technischer Ausschüsse (z. B. Technische Regeln für Dampfkessel, Technische Regeln für Aufzugsanlagen)[72] enthalten sind[73]. Grundsätzlich sind die Normungs-

---

67 Vgl. z. B. Art. 6 lit. d) der italienischen Produkthaftungsverordnung; § 7 Abs. 2 des finnländischen ProdHaftG („zwingenden behördlichen Bestimmungen"); sec. 4 (1) (a) des englischen CPA (dazu *Taschner*, WBl 91, 2 f.).

68 Eingehend hierzu *Kort*, VersR 1989, 1113 ff.; *Kullmann* 78 f.; *Marburger*, AcP 192 (1992) 12 f. (mit unterschiedlichen Maßstäben für die Verschuldenshaftung und die EG-Produkthaftung).

69 *Kort*, VersR 1989, 1113 ff.

70 Zum Unterschied von „anerkannten Regeln der Technik", „Stand der Technik" und „Stand von Wissenschaft und Technik" BVerfG, 8. 8. 1978, NJW 1979, 359, 362 (Schneller Brüter); *Marburger* 161 ff.; MünchKomm-*Mertens*, § 823 BGB Rn. 23; *Brunner* 161.

71 Eingehend hierzu mit umfangreichen Nachweisen *Marburger* 62 ff., 183 ff.; *ders.*, FS Steindorff 101.

72 Wie vorige Fn.

73 Zur Verweisungstechnik vgl. *Müller-Foell* 19 ff.; *Mohr* 25 ff. — Eine wirklich sichere Rechtsgrundlage ergibt sich aus einer statischen Verweisung auf konkrete technische Normen (vgl. mit Beispielen *Marburger*, FS Lukes 106 f.). Statische Verweisungen sind jedoch unflexibel und deshalb selten, vgl. *Müller-Foell* 113. Dem Vorwurf der Verfassungswidrigkeit, der gegen *dynamische Verweisungen* auf bestimmte technische Normen oder Regelwerke in ihrer jeweiligen Fassung erhoben wird (dazu *Marburger*, FS Lukes 107 f. (verfassungsgemäß); *Schenke*, NJW 1980, 743 ff.) entgeht die *sog. administrative Einführung* von technischen Normen. In diesem Fall nimmt die Rechtsnorm abstrakt auf die „allgemein anerkannten Regeln der Technik" Bezug. Konkrete technische Normen, welche die allgemein anerkannten Regeln der Technik auf dem betreffenden Gebiet enthalten, werden in einer Verwaltungsvorschrift genannt oder in anderer Form bekanntgemacht, vgl. *Müller-Foell* 115 f. — Die problematische Divergenz zwischen einem zum Schutze des Verbrauchers gewünschten flexiblen haftungsrechtlichen Sicherheits-

gremien zwar bemüht, dem haftungsrechlichen Sicherheitsstandard im Zeitpunkt der Normgebung zu entsprechen[74] und die technischen Normen in möglichst kurzen Zeitabständen zu aktualisieren. Aufgrund der vorrangigen Zielsetzung, technische Handelshemmnisse zu beseitigen[75], und der Dauer des Normgebungsverfahrens wird dies aber nicht immer erreicht[76]. Auch wenn der Gesetzgeber selbst detaillierte öffentlich-rechtliche Sicherheitsvorschriften aufstellt, besteht keine absolute Gewähr, daß der kodifizierte Sicherheitsstandard dem haftungsrechtlich Gebotenen entspricht[77].

Der BGH[78] bringt die dogmatische Eigenständigkeit des haftungsrechtlichen **646** Standards[79] und das tatsächliche Regel-Ausnahme-Verhältnis einer Abwei-

---

standard und einem für die Verwaltung praktikablen Sicherheitsstandard zeigt sich deutlich in der Ersten Verordnung zum GSG (BGBl 1979 I 29), welche die sog. EG-Niederspannungsrichtlinie (73/23/EWG ABl EG v. 26. 3. 1973 Nr. L 77) umsetzt. Diese Verordnung stellt nicht auf die allgemein anerkannten Regeln der Technik, sondern auf den in der EG gegebenen Stand der Sicherheitstechnik ab. Da dieser in der Praxis nur schwierig festzustellen ist, sind die zuständigen Verwaltungsbehörden gemäß Artt. 5 und 6 EG-Niederspannungsrichtlinie aber doch wieder gehalten, auf bestimmte technische Normen zu rekurrieren. Vgl. hierzu *Kullmann*, Kza. 2455/7.

74 So bezeichnet *Marburger*, 67, die Regelwerke technischer Ausschüsse im Sinne des § 24 Abs. 4 GewO als „umfassende Anleitungsbücher für sicherheitstechnisch korrektes Verhalten bei der Herstellung, der Errichtung und dem Betrieb überwachungsbedürftiger Anlagen".

75 Vgl. *Taschner/Frietsch*, Art. 7 EG-Richtlinie Rn. 31; *Marburger*, FS Lukes 103; *Brunner* 184 f.; *Zoller* 76; *Nunnenkamp*, Aussenwirtschaft 38 (1983) 375.

76 Vgl. *Kullmann*, BB 1976, 1085; *Müller-Foell* 109 f.; *Zoller* 76; *Brinkmann*, DB 1980, 778. – *Kullmann*, Kza. 2455/7 Fn. 32, entnimmt dem Beschluß des BGH vom 17. 1. 1984, VersR 1984, 270 (Flachmeißel), daß ein Gericht die Übereinstimmung von technischer Norm mit dem Stand der Sicherheitstechnik nicht von Amts wegen, sondern nur aufgrund eines entsprechenden Parteivortrages zu prüfen habe.

77 Der BGH hat in der Zink-Spray-Entscheidung (7. 10. 1986, BB 1986, 2368 = NJW 1987, 373) offen gelassen, „ob der Hersteller gefährlicher Produkte sich etwa dann auf die Anbringung der von einer Rechtsverordnung verlangten Gefahrensymbole, Gefahrenhinweise und Sicherheitsratschläge beschränken darf, wenn diese eine umfangreiche diesbezügliche Regelung enthält und zusätzlich – wie z. B. die neue Verordnung über gefährliche Stoffe vom 26. 8. 1986, BGBl I, 1470 – sogar ausdrücklich vorsieht, welche Angaben die Kennzeichnung darüber hinaus noch enthalten „darf", oder ob bei solch umfassender Regelung zumindest ein Verschulden des Herstellers entfallen kann, wenn er Hinweise auf zusätzliche Gefahren unterläßt". – Zur haftungsrechtlichen Bedeutung der nach der „Neuen Konzeption" der EG (siehe unten 4. b) bb) (3)) gemeinschaftsrechtlich statuierten „grundlegenden Sicherheitsanforderungen" *Taschner*, Art. 7 EG-Richtlinie Rn. 33: Mindestanforderungen mit dem primären Ziel, technische Handelshemmnisse zur Herstellung des freien Warenverkehrs zu beseitigen; die Beseitigung von Gefährdungen für den Verwender technischer Geräte sei lediglich von zweitrangigem Interesse.

78 BGH, 7. 10. 1986, BB 1986, 2368 = NJW 1987, 373 (Zink-Spray); vgl. auch MünchKomm-*Mertens/Cahn*, § 1 ProdHaftG Rn. 43; *Palandt/Thomas*, § 3 ProdHaftG, Rn. 9 („Technische Normen ... halten aber den *üblichen*, jedenfalls den Mindeststandard an Sicherheit fest"); *Krejci*, ÖNORM 1988, 18 („schließt nicht aus, daß *ausnahmsweise* der Stand der Wissenschaft und Technik über den normierten Standard bereits hinausgewachsen ist"); Hervorhebungen hinzugefügt.

79 Es entspricht der ganz herrschenden Meinung, daß das Haftungsrecht ein höheres Maß an Produktsicherheit verlangen kann als das öffentliche Produktsicherheitsrecht. Vgl. Amtliche Begründung des ProdHaftG-Entwurfs BT-Drucks. 11/2497 S. 19; *Brüggemeier/Reich*, WM 1986, 149, 150; *Rolland*, § 3 ProdHaftG Rn. 41; *Landscheidt*, Rn. 47; *J. Meyer* 115 f.; *Borer* 272; *Taschner/Frietsch*, § 3 ProdHaftG Rn. 15; *Brüggemeier*, JZ 1986, 973 („ ... können DIN-Nor-

chung zwischen öffentlich- und privatrechtlichem Sicherheitsstandard zutreffend zum Ausdruck, wenn er feststellt, daß das öffentliche Produktsicherheitsrecht und die von ihm in Bezug genommenen technischen Regeln[80] Sorgfaltspflichten konkretisieren, aber *prinzipiell* kein abschließendes Verhaltensprogramm gegenüber den Schutzgütern enthielten, sondern *gelegentlich* noch ergänzungsbedürftig seien. Für die Feststellung eines Produktfehlers im Sinne der EG-Produkthaftung gilt der Sache nach nichts anderes[81].

647 Auch wenn das öffentliche Produktsicherheitsrecht und die inkorporierten Regeln der Technik somit nicht notwendig den haftungsrechtlichen Sicherheitsstandard für den haftungsrechtlich maßgebenden Zeitpunkt der Inverkehrgabe des Produkts wiedergeben, ist der öffentlich-rechtliche Sicherheitsstandard im Haftungsprozeß dennoch von herausragender Bedeutung[82]. Denn die erste Frage im Haftungsprozeß lautet, ob das Produkt bei seiner Inverkehrgabe wenigstens dem öffentlich-rechtlichen Mindeststandard entsprochen hat. War dies nicht der Fall, kommt der selbständige haftungsrechtliche Sorgfaltsmaßstab überhaupt nicht zum Tragen. War der öffentlich-rechtliche Sicherheitsstandard eingehalten, so bildet er den Ausgangs- und Bezugspunkt[83] für die Frage, ob der haftungsrechtliche Maßstab ausnahmsweise höher ist und ob der Haftpflichtige diesen Maßstab schuldhaft verfehlt hat[84].

---

men und vergleichbare technische Regeln, Grenzwerte etc. grundsätzlich nicht präjudiziell – sondern lediglich indiziell sein"); *Micklitz*, Produktsicherheit 120; restriktiv *K. Vieweg*, Technische Normung 129, 143. – Nach *Stücken*, PHI 1992, 211, definiert das chinesische Produkthaftungsrecht, den Produktfehler dagegen als Abweichung von den einschlägigen staatlichen Sicherheitsvorschriften und Qualitätsnormen.

80 Den haftungsrechtlichen Verhaltensmaßstab setzt in jedem Fall das öffentliche Produktsicherheitsrecht (Schutzgesetzgebung) bzw. das Haftungsrecht selbst und nicht die das öffentliche Produktsicherheitsrecht vollziehende Verwaltungsbehörde. Deshalb betont der BGH (siehe Fn. 77) zu Recht, der Hersteller dürfe sich nicht darauf verlassen, eine Genehmigungs- oder Zulassungsbehörde werde schon etwaige Konstruktionsmängel aufdecken und die Genehmigung bzw. Zulassung versagen. – Zu dem Sonderfall einer rechtskräftigen Verwaltungsentscheidung, die zu einem genau bestimmten Verhalten zwingt, vgl. oben. 3. bb).

81 Siehe die Stellungnahme *Taschners*, oben Fn. 77 a. E.

82 Vgl. BGH, 1.3.1988, BGHZ 103, 338, 341ff. (Kinderspielplatz); MünchKomm-*Mertens*, § 823 BGB Rn. 23 („Die Bedeutung der durch diese Maßstäbe [allgemein anerkannten Regeln der Technik, Stand der Technik, Stand von Wissenschaft und Technik; der Verf.] bezeichneten Sicherheitsstandards für die Praxis des Deliktsrechts ist kaum zu überschätzen"); *Frietsch*, DB 1990, 33; *Czempiel* 131. Zur herausragenden Bedeutung des „use of standards" in US-amerikanischen Produkthaftungsstreitigkeiten mit umfangreichen Nachweisen zur Rechtsprechung *Hoffmann/Hoffmann*, Drake Law Rev. 30 (1980–8) 283–310; zum österreichischen Recht *Sack*, JBl 1989, 623 m. w. N. – Die Bedeutung des öffentlichen Produktsicherheitsrechts für das Haftungsrecht wird von *Zoller* unterschätzt, wenn er zum Vergleich der Produktsicherheit „sofort" auf den Stand des jeweiligen Haftungsrechts abstellt (S. 77). Beides muß in seiner Wechselbezüglichkeit gewürdigt werden.

83 Nach verbreiteter Ansicht sind die von einem Gremium technisch kompetenter Fachleute erlassenen Regeln der Technik im Prozeß als antezipierte Sachverständigengutachten zu behandeln. Eingehend hierzu mit umfangreichen Nachweisen zum Streitstand: *Müller-Foell* 124ff., 179; *Marburger*, FS Lukes 102f. (das Ergebnis billigend). – In diesem Sinne für das öffentliche Recht *Schenke*, NJW 1980, 743, 749.

84 Nach wohl überwiegender Ansicht begründet die Einhaltung der anerkannten Regeln der Technik eine tatsächliche Vermutung für fehlendes Verschulden. Vgl. *Rolland*, § 3 ProdHaftG

4. Die Marktbezogenheit der Verhaltenssteuerung durch das öffentliche Produktsicherheitsrecht

Das Produktsicherheitsrecht ist nach *Joerges*[85] kein etabliertes Fachgebiet, das konsistente Prinzipien und einheitliche Regelungsmuster vorweisen könnte. Beschränkt man den Blick auf das *öffentliche* Produktsicherheitsrecht, so sind Grundstrukturen jedoch durchaus erkennbar. Sie weisen das öffentliche Produktsicherheitsrecht als vermarktungs- und marktbezogen aus. **648**

a) Regulierung der Inverkehrgabe des Endproduktes

Das öffentliche Produktsicherheitsrecht dient nicht, jedenfalls nicht primär, dem Schutz der an der Herstellung eines fehlerhaften Produktes beteiligten Personen, sondern dem Schutz außenstehender Dritter, der Endverbraucher wie der Allgemeinheit. Es zielt, wie sein Name sagt, auf die Sicherheit des Produkts, also nicht auf den Produktionsprozeß[86], sondern auf das Produktionsergebnis. Es ist *vermarktungsbezogen*. **649**

Dieser Schutzzweck schließt es zwar nicht aus, die Produktionsaufnahme und den Produktionsprozeß zu regulieren. Das öffentliche Produktsicherheitsrecht ist in der Wahl der Mittel aber nicht frei. Es muß effizient, praktikabel, und zugleich verhältnismäßig sein. Deshalb setzt es grundsätzlich nicht beim Herstellungsprozeß, sondern bei der Inverkehrgabe des fertigen Produktes an[87]. **650**

Rn. 43; *Landscheidt*, Rn. 47; *Kullmann* 78 (mit der zusätzlichen Voraussetzung, daß die Produktionsweise bisher von den Benutzern akzeptiert wurde); *Mohr* 53; *Brunner* 160, 163, 181 f. (zum Schweizer Produkthaftungsgesetz: tatsächliche Vermutung für Schuldlosigkeit bei Einhaltung einer technischen Regel, auf die das öffentliche Produktsicherheitsrecht nicht Bezug nimmt; gesetzliche Vermutung bei vom öffentlichen Produktsicherheitsrecht in Bezug genommener technischer Regel); vgl. auch die Amtliche Begründung zum ProdHaftG, BT-Drucks. 11/2447 S. 19, welche die dogmatische Einordnung unklar läßt („ ..., spricht ein Anschein dafür, daß das Produkt den berechtigten Sicherheitserwartungen der Allgemeinheit entspricht"). A.A. MünchKomm-*Mertens/Cahn*, § 3 ProdHaftG Rn. 24 („eine Vermutung zu Lasten des Geschädigten widerspreche den Wertungen des ProdHaftG; nur umgekehrt begründe die Nichtbefolgung von Sicherheitsvorschriften und technischen Normen eine vom Hersteller zu widerlegende Vermutung für die Fehlerhaftigkeit des Produkts").

85 *Joerges*, FS Steindorff 1247.

86 Das öffentliche Produktsicherheitsrecht dient auch dem Arbeitsschutz, wenn es wie das Gerätesicherheitsgesetz die Sicherheit von „verwendungsfertigen Arbeitseinrichtungen" regelt (§ 2 Abs. 1 GSG). Auch insoweit geht es aber um den Schutz außenstehender Dritter, die nicht an der Produktion der fehlerhaften Arbeitseinrichtung beteiligt sind. Vgl. den Entwurf eines Zweiten Gesetzes zur Änderung des Gerätesicherheitsgesetzes, BT-Drucks. 12/2693 S. 17: „Das Gesetz dient durch Verlagerung der Verantwortung für die Beschaffenheit der eingesetzten Arbeitsmittel vom Arbeitgeber auf den Hersteller dem vorbeugenden Arbeitsschutz und gleichzeitig dem Verbraucherschutz." Dem ist zuzustimmen, weil der Benutzer eines fremdproduzierten Arbeitsmittels Endverbraucher ist. Die Bediensteten des Herstellerbetriebes werden durch das GSG nicht geschützt, vgl. *Kullmann*, Kza. 2450/4 sowie Kza. 2455/2 (zur Ersten Verordnung zum GSG).

87 Vgl. *Marburger* 116 f.

651 Erfaßt wird grundsätzlich nur die Inverkehrgabe eines Endproduktes[88]. Die Produktion und den Vertrieb von Grundstoffen und Teilprodukten zu regulieren, wäre wenig praktikabel, da die Gefährlichkeit eines Grundstoffs oder eines Teilproduktes nur vor dem Hintergrund seiner Verwendung in einem Endprodukt beurteilt werden kann. Ihre Regulierung wäre zudem häufig unverhältnismäßig, da sie nur über das Endprodukt eine Gefahr für die Endverbraucher und die Allgemeinheit darstellen[89].

b) Regulierung des Marktzutritts

aa) Der Grundsatz: ausschließliche Sicherheitsregulierung durch den Marktstaat (Importstaat)

652 Öffentliche Produktsicherheitsgesetze regulieren grundsätzlich nur die Inverkehrgabe von Endprodukten, die in ihrem Geltungsbereich an Endverbraucher abgegeben werden sollen. Das heißt umgekehrt: Anforderungen an die Sicherheit von Exportprodukten werden grundsätzlich nicht gestellt[90]. *Das öffentliche Produktsicherheitsrecht ist also nicht nur vermarktungsbezogen, sondern auch marktbezogen.*

653 Daß im allgemeinen der Marktstaat (Importstaat) und nicht der Herstellungsstaat (Exportstaat) die Regelungskompetenz für sich in Anspruch nimmt, hat gute Gründe[91]. Die Frage, welche Sicherheit ein Produkt haben muß, hängt in vielerlei Hinsicht von den Gegebenheiten des Marktstaates ab, etwa vom Ausbildungsstand des Benutzerkreises oder vom allgemeinen Wohlstandsniveau in diesem Staat[92]. Außerdem stellt grundsätzlich nur die Regelung durch den Marktstaat selbst sicher, daß seine Bevölkerung hinreichend geschützt ist[93]. Die Regelungskompetenz dem Herstellungsstaat zu überlassen, setzte einen

---

88 Das GSG in der Fassung des 2. Änderungsgesetzes von 1992, BGBl I 1564, ist gemäß § 2 Abs. 2b nunmehr auch auf Teile von Arbeitseinrichtungen anwendbar, wenn sie in einer Rechtsverordnung nach diesem Gesetz erfaßt sind. Diese Gesetzesänderung war notwendig, weil einige EG-Richtlinien und die Verordnungen für überwachungsbedürftige Anlagen auch Anforderungen für Teile technischer Arbeitsmittel enthalten. Vgl. Amtliche Begründung zum 2. Änderungsgesetz BT-Drucks. 12/2693 S. 22. – Zur ausnahmslosen Beschränkung des GSG a.F. auf Endprodukte vgl. *Eberstein* 58.

89 Vgl. *Marburger* 116f.

90 Zu Ausnahmen siehe unten bb) (1). – *Stauder*, Europaverträglichkeit 220, empfiehlt der Schweiz deshalb, ihren Sicherheitsstandard an den höheren EG-Standard anzupassen, um zu verhindern, daß nach EG-Maßstäben unsichere Produkte in die Schweiz exportiert werden.

91 Vgl. *W.-H. Roth* 375ff.; *Kozyris*, Ohio State L.J. 46 (1985) 583.

92 Siehe unten 5. a); ein anschauliches Beispiel gibt *Weintraub*, Ohio State L.J. 46 (1985) 506f.: Ein Staat ist bestrebt, die Geburtenrate zu senken; aus diesem Grund wünscht er die Vermarktung eines wirkungsvollen Mittels zur Empfängnisverhütung, ohne daß – aus der Sicht dieses Staates – exzessiv vor Risiken gewarnt wird.

93 Das öffentliche Produktsicherheitsrecht des Marktstaates bestimmt in aller Regel selbst, welche konkreten Sicherheitsanforderungen ein Importprodukt erfüllen muß. Das deutsche Weingesetz (Neufassung vom 27.8.1982 BGBl I 1196) weist eine besondere Regelungstechnik auf. Es setzt nur bestimmte Sicherheitsanforderungen unmittelbar selbst fest; zusätzlich verlangt es, daß die im *Herstellungsland* geltenden Rechtsvorschriften eingehalten worden sind und der

einheitlichen und einheitlich-verbindlichen Sicherheitsstandard sowie das Vertrauen voraus, daß der Herstellungsstaat seine Einhaltung ordnungsgemäß
kontrolliert[94]. An beidem fehlt es in aller Regel[95]. Der Herstellungsstaat hat
seinerseits grundsätzlich kein Regelungsinteresse. Denn geringere Sicherheitsanforderungen würde der Marktstaat nicht gelten lassen und höhere Sicherheitsanforderungen als im Marktstaat will der Herstellungsstaat seiner Exportwirtschaft aus Wettbewerbsgründen nicht auferlegen[96].

Das deutsche Gerätesicherheitsgesetz (GSG) und das deutsche Lebensmittel-
und Bedarfsgegenständegesetz (LMBG)[97] geben ein Beispiel für die Marktbezogenheit des öffentlichen Produktsicherheitsrechts[98]. Für das GSG a. F. war
anerkannt, daß sein Zweck allein darin bestand, innerhalb seines Geltungsbereichs einen zusätzlichen Gefahrenschutz zu bieten. Erfaßt war daher allein das
Inverkehrbringen und Ausstellen von technischen Arbeitsmitteln im Inland;
für den Export durften Geräte mit einer geringeren Sicherheit hergestellt und
in den Verkehr gebracht werden[99]. Die Gründe werden in einem Urteil des
Bundesverwaltungsgerichts[100] anschaulich beschrieben:

654

„Wer technische Arbeitsmittel herstellt, die zur Verwendung im Ausland bestimmt
sind, muß sich, um seine Waren absetzen zu können, nicht nur nach den Wünschen
des Abnehmers, sondern auch nach den im Empfängerland geltenden, von den deutschen Normen möglicherweise abweichenden Sicherheitsvorschriften richten.
Dürfte ein *diesen* Sicherheitsvorschriften *entsprechendes* Erzeugnis nicht ausgeführt
werden, wenn es nach deutschem Recht nicht regelgerecht ist, würde die deutsche
Wirtschaft durch das Gesetz über technische Arbeitsmittel gegenüber ausländischer
Konkurrenz erheblich benachteiligt werden; dadurch wären auch Arbeitsplätze gefährdet. Daß das Gesetz die Ausfuhr von technischen Arbeitsmitteln nicht behindern soll, wird durch die Entstehungsgeschichte bestätigt."

655

Wein und die gleichgestellten Getränke dort mit der Bestimmung, unverändert verzehrt zu
werden, in den Verkehr gebracht werden dürfen (§§ 22 Abs. 1, 27 Abs. 1, 32 Abs. 1, 42 Abs. 1).
Dem liegt die Erwägung zugrunde, daß dann eine ausreichende Gewähr für die Einhaltung
der Basissicherheit besteht.
94 Siehe unten Fn. 141.
95 Vgl. *Foerste*, § 27 Rn. 65. – Zur Situation in der EG siehe unten bb) (3).
96 *Rehbinder*, UTR 5 (1988) 346. – Zur Anknüpfungsrelevanz des Gesichtspunktes „Wettbewerbsgleichheit" siehe unten § 17.
97 Gesetz über den Verkehr mit Lebensmitteln, Tabakerzeugnissen, kosmetischen Mitteln und
sonstigen Bedarfsgegenständen (Lebensmittel- und Bedarfsgegenständegesetz) vom 15. August 1974 (BGBl I S. 1945), zuletzt geändert durch Art. 18 des EWR-Ausführungsgesetzes v.
27. 4. 1993 (BGBl I S. 526).
98 *Fallon*, 269 Fn. 87, weist zutreffend darauf hin, daß es nur wenige Untersuchungen zum
räumlichen Anwendungsbereich von Verhaltens- und Sicherheitsvorschriften gibt.
99 *Gleis/Helm*, BB 1968, 814, 815; *Kullmann*, Kza. 2450/9, 15; *Eberstein* 61. – § 1 Abs. 2 der
Verordnung über die Sicherheit medizinisch-technischer Geräte (Medizingeräteverordnung)
vom 14. Januar 1985 (BGBl I 92), die auf dem GSG beruht, nimmt das Inverkehrbringen und
Ausstellen von medizinisch-technischen Geräten, die nicht zur Verwendung im Geltungsbereich der Verordnung bestimmt sind, ausdrücklich aus.
100 BVerwG, 24. 2. 1976, BB 1976, 385 = DB 1976, 717.

656 Das GSG n. F.[101] bezweckt entsprechend den EG-rechtlichen Vorgaben nicht mehr nur einen zusätzlichen Gefahrenschutz innerhalb seines Geltungsbereiches, sondern innerhalb der gesamten EG. Damit ist aber nur der nationale Markt auf den EG-Binnenmarkt ausgedehnt worden. An der Marktbezogenheit des öffentlichen Produktsicherheitsrechts an sich hat sich nichts geändert. Anforderungen an die Sicherheit von Produkten, die für den Export nach Drittstaaten bestimmt sind, werden nach wie vor nicht gestellt. In diesem Sinne bestimmt Art. 12 der EG-Niederspannungsrichtlinie ausdrücklich, daß die Richtlinie keine Anwendung findet auf elektrische Betriebsmittel, die zur Ausfuhr nach dritten Ländern bestimmt sind[102].

657 Das Lebensmittel- und Bedarfsgegenständegesetz (LMBG) begrenzt seinen Anwendungsbereich anders als das GSG ausdrücklich. § 50 Abs. 1 S. 1 Halbsatz 1 des Gesetzes bestimmt, daß die Vorschriften dieses Gesetzes und der nach diesem Gesetz erlassenen Rechtsverordnungen mit Ausnahme der §§ 8, 24 und 30 nicht auf Erzeugnisse anzuwenden sind, die zur Lieferung außerhalb des Geltungsbereiches des Gesetzes bestimmt sind[103]. Die Regelung wird in den Materialien[104] nicht begründet, weil sie inhaltlich § 5 b des Gesetzes in der früheren Fassung von 1958 entspricht. Die Amtliche Begründung jener Vorschrift[105] lautet:

658 „Das deutsche Lebensmittelrecht dient dem Schutze des deutschen Verbrauchers. Wenn auch der Gedanke einer Angleichung der lebensmittelrechtlichen Bestimmungen aller Länder immer mehr Boden gewinnt und besonders für die Länder der Europäischen Wirtschaftsgemeinschaft bald aktuelle Bedeutung haben wird, so ist doch nicht außer acht zu lassen, daß es zahlreiche Länder mit besonderen klimatischen Bedingungen oder eigenen Verzehrgewohnheiten gibt, und daß diese ein von dem deutschen abweichendes Lebensmittelrecht besitzen. Diese Länder dürfen dem deutschen Exporteur nicht verschlossen werden. Daher sollen eine Reihe von Verbotsbestimmungen des Lebensmittelgesetzes, die dem Schutz des Verbrauchers dienen, auf Lebensmittel und Bedarfsgegenstände, die zum Export bestimmt sind, keine Anwendung finden. Insofern sind also lediglich die Vorschriften des Empfangslandes maßgebend. Der Entwurf sagt dies ausdrücklich, um nicht den Eindruck aufkommen zu lassen, als ob der deutsche Lebensmittelexporteur von jeder rechtlichen Bindung frei sein soll (Absatz 1). Es muß jedoch sichergestellt sein, daß solche Waren auch tatsächlich exportiert und nicht unzulässigerweise im Inland in den Verkehr gebracht werden. Das soll durch das in Absatz 2 vorgesehene Meldeverfahren erreicht werden."

---

101 Siehe Fn. 88.
102 ABl. EG v. 26.3.1973 Nr. L 77/29.
103 Vgl. *Buchwaldt*, Kza. 2011 („regionaler Gefahrenbereich"); *Basedow*, RabelsZ 52 (1988) 31; *Zipfel*, § 50 LMBG Rn. 6 (allgemeiner Gedanke, daß das deutsche Lebensmittelrecht nur dem Schutz des Verbrauchers innerhalb des Geltungsbereichs dieses Gesetzes dienen könne).
104 BT-Drucks. 7/255 S. 316.
105 BT-Drucks. 3/316 S. 11.

bb) Auflockerungen des Grundsatzes der ausschließlichen Sicherheitsregulierung durch den Marktstaat (Importstaat)

(1) Subsidiäre Sicherheitsregulierung durch den Herstellungsstaat (Exportstaat)

Verbindliche Vorschriften über die Sicherheit von Exportprodukten sind trotz eines geschärften internationalen Problembewußtseins[106] noch immer die Ausnahme. Sie gibt es bislang nur und nur mit geringer Regelungsweite für besonders schadensträchtige Produkte, insbesondere Arzneimittel und Chemikalien[107]. Die Sicherheitsregulierung durch den Exportstaat ist hier Bekenntnis der Verantwortung der Industriestaaten gegenüber denjenigen Entwicklungsländern, die nicht über ein funktionierendes Produktsicherheitsrecht verfügen[108].

659

Eine Kollision mit Sicherheitsvorschriften des Marktstaates (Importstaates) ist aber grundsätzlich ausgeschlossen, weil die Sicherheitsvorschriften des Herstellungsstaates (Exportstaates) so allgemein gefaßt sind, daß sie notwendig mit denen des Importstaates übereinstimmen, oder weil sie gegenüber jenen ausdrücklich nur subsidiär gelten[109]. Sicherheitsvorschriften des Exportstaates sind mithin die Ausnahme, welche die Regel bestätigt, daß die Produktsicherheitsregulierung primär die Aufgabe des Marktstaates (Importstaates) ist[110].

660

Zu Sicherheitsvorschriften eines Exportstaates, die wegen ihrer Allgemeinheit mit dem öffentlichen Produktsicherheitsrecht des Marktstaates (Importstaa-

661

---

106 Vgl. *Micklitz*, JCP 11 (1988) 29 ff.; *ders.*, Internationales Produktsicherheitsrecht 22 ff.; *Fallon* 558.

107 *Brüggemeier* u. a., Sicherheitsregulierung 124 Fn. 167; *Rehbinder*, UTR 5 (1988) 343; *Wassermann*, Journal of World Trade Law 14 (1980) 270 f. (Arzneimittel); *Harland*, JCP 1985, 209 ff.; *Fallon* 270 Fn. 15. – Zur Sicherheitsregulierung von Exportprodukten in den USA *Schulberg*, Harv. Int.L.Rev. 20 (1979) 331 ff.; *Kozyris*, AmJCompL 38 (1990) 501 Fn. 52. – Zu den nach klassischen Kriterien unverbindlichen Internationalen Verhaltensrichtlinien vgl. *Micklitz*, Internationales Produktsicherheitsrecht 28 (der die These aufstellt, die Verhaltensrichtlinien seien mangels nationalen Exportsicherheitsrechts verbindlich, S. 64).

108 Vgl. z. B. die Amtliche Begründung zum Pflanzenschutzgesetz, BT-Drucks. 10/1262 S. 19; *Rehbinder*, UTR 5 (1988) 337 f.

109 *Brüggemeier* u. a., Sicherheitsregulierung 131, berichten, daß amerikanische Unternehmen seit 1978 verpflichtet seien, Exporte von Konsumgütern, die nicht den nationalen technischen Standards entsprechen, der Consumer Safety Commission zu melden, die sich mit der Regierung oder der zuständigen Behörde des Importstaates in Verbindung setze, um zu klären, ob der Import dieser Produkte toleriert werde.

110 *Rehbinder*, UTR (1988) 337, 340 (S. 346 zu völkerrechtlichen Bedenken gegen eine eigenständige Exportregelung durch den Exportstaat); *Rehbinder/Kayser/Klein*, § 3 ChemG Rn. 131 (mit rechtspolitischen Vorbehalten); *Kozyris*, Ohio State L.J. 46 (1985) 586 („Only where overwhelming ethical considerations are at stake may the state of production perhaps legitimately interfere"); vgl. auch *Fallon* 558, der für die Zukunft im Interesse von Entwicklungsländern eine Sicherheitsregulierung durch den Exportstaat verlangt; er hält es aber für unumgänglich, besondere Normen zu entwickeln „adaptées au type de destination des produits exportés".

tes) nicht kollidieren können, gehören beispielsweise diejenigen Vorschriften des deutschen LMBG, die gemäß § 50 Abs. 1 S. 1 dieses Gesetzes auch für Exportprodukte gelten[111]. Sie verbieten zum Schutze der Gesundheit das Herstellen, Behandeln und Inverkehrbringen von Lebensmittel (§ 8 LMBG), kosmetischen Mitteln (§ 24 LMBG) und sonstigen Bedarfsgegenständen (§ 30 LMBG), die geeignet sind, die Gesundheit zu schädigen. Haftungsrechtlich sind diese Vorschriften nicht von Interesse, da sie nicht geeignet sind, die haftungsrechtlichen Verhaltensgebote zu konkretisieren[112]. Das Gebot, keine konkret[113] gesundheitsgefährdenden Lebensmittel etc. in den Verkehr zu bringen, ist auch aus § 823 Abs. 1 BGB unschwer herauszulesen[114]. Es geht also nur um eine weltweit akzeptierte Grundsicherheit[115] und nicht wie häufig bei technischen Konsumgütern um eine relative Sicherheit, die den Rückgriff auf das öffentliche Produktsicherheitsrecht nötig macht.

662 Ein Beispiel[116] für eine detaillierte Regelung über die Sicherheit von Exportprodukten gibt § 73a Abs. 1 AMG, der durch das 4. Änderungsgesetz vom 11. 4. 1990[117] in das AMG eingefügt wurde. Danach dürfen abweichend von § 5 (Verbot bedenklicher Arzneimittel) und § 8 Abs. 1 (Verbot zum Schutz vor Täuschung) die dort bezeichneten Arzneimittel ausgeführt werden, wenn die zuständige Behörde des Bestimmungslandes die Einfuhr genehmigt hat und aus der Einfuhrerlaubnis hervorgeht, daß ihr die Versagungsgründe bekannt sind, die dem Inverkehrbringen im Geltungsbereich des AMG entgegenstehen. Die Vorschrift soll nach der Amtlichen Begründung zum einen die Anwendbarkeit der §§ 5 und 8 auf Arzneimittelexporte klar stellen, zum anderen aber der „Autonomie" des Einfuhrlandes, gemeint ist seine primäre Regelungs- und Entschei-

---

111 Siehe oben aa) bei Fn. 103.

112 *Buchwaldt*, Kza. 2014/13.

113 § 8 LMBG erfordert die tatsächliche *konkrete* Geeignetheit, die menschliche Gesundheit zu schädigen, vgl. *Holthöfer/Nüsse/Franck*, § 8 LMBG Rn. 15.

114 Es überrascht daher nicht, daß § 8 LMBG als Schutzgesetz kaum eine Rolle spielt (*Holthöfer/Nüsse/Franck*, § 9 LMBG Rn. 2). BGH, 14.1.1976, VersR 1976, 543, 544 zieht die Vorschrift deshalb auch nur als alternative Anspruchsgrundlage heran. – Haftungsrechtlich bedeutsam sind dagegen die §§ 9ff. LMBG und die aufgrund dieser Vorschriften erlassenen Rechtsverordnungen. Denn sie enthalten konkrete Verhaltensgebote, die wie technische Sicherheitsvorschriften die abstrakte Gefährdung steuern sollen und den Zweck haben, den haftungsrechtlichen Schutz von der konkreten auf die abstrakte Gefährdung vorzuverlagern; vgl. *Zipfel*, § 50 LMBG Rn. 9 zum Zusatzstoffverbot des § 11 LMBG („ . . . geht damit – ebenso wie die Verordnungen nach den §§ 9, 26 und 32 – über den konkreten Gesundheitsschutz der §§ 8, 24 und 30 hinaus"). Diese Sicherheitsvorschriften sind bei Exportprodukten jedoch gerade nicht anwendbar (siehe oben aa)).

115 Entsprechendes gilt für § 5 AMG, der gemäß § 73a AMG auch für Exportarzneimittel gilt.

116 Auch das deutsche Pflanzenschutzgesetz bezweckt grundsätzlich nur den Schutz des inländischen Verkehrs. § 11 Abs. 1 Nr. 1 PflSchG nimmt Pflanzenschutzmittel, die für die Ausfuhr bestimmt sind, ausdrücklich von der Zulassungspflicht aus. Anwendbar sind aber, wie sich im Umkehrschluß aus § 20 Abs. 3 S. 1 PflSchG ergibt, die Vorschriften der §§ 13 bis 15 des Chemikaliengesetzes über die Kennzeichnung. Hierbei ist vor allem an den Schutz von Entwicklungsländern gedacht; vgl. Amtliche Begründung BT-Drucks. 10/1262 S. 19; *Rehbinder*, UTR 5 (1988) 344.

117 BGBl I 717; dazu *Will*, Pharma Recht 1990, 94ff.

dungskompetenz, Rechnung tragen[118]. Das AMG zeigt damit in besonderem Maße den Ausnahmecharakter von detaillierten Sicherheitsvorschriften für Exportprodukte. Es gilt nämlich keineswegs das gesamte Sicherheitssystem, beispielsweise besteht kein Zwang, für Exportarzneimittel die Zulassung im Herstellungsstaat zu erwirken. Im Hinblick auf die Anknüpfung der Produkthaftung ist besonders bemerkenswert, daß mit der Anwendbarkeit öffentlich-rechtlicher Sicherheitsvorschriften für Exportarzneimittel nicht auch die Anwendbarkeit der privatrechtlichen Haftungsregelungen des AMG verbunden ist[119].

(2) Vereinheitlichung von Sicherheitsstandards

Die Marktbezogenheit des öffentlichen Produktsicherheitsrechts zwingt Hersteller zu länderspezifischen Produktionsabweichungen und hat häufig doppelte Sicherheitsprüfungen, nämlich im Export- und im Importstaat zur Folge. Sie schafft dadurch kostenträchtige, nichttarifäre Handelshemmnisse[120]. Sie zu beseitigen, ist das Ziel einer zwischenstaatlichen Harmonisierung der Standards[121]. Mit der Harmonisierung der rechtlichen Sicherheitsanforderungen allein ist es aber nicht getan. Notwendig ist auch die Gewißheit, daß die harmonisierte Norm in allen Staaten in gleicher Weise vollzogen wird. Dies setzt nicht zuletzt eine annähernd gleiche Verwaltungspraxis voraus. Die Entwicklung innerhalb der EG[122] belegt, wie schwierig es ist, die Marktbezogenheit der Sicherheitsregulierung durch ein Zertifizierungs- und Akkreditierungssystem aufzulockern, im besten Falle zu beseitigen[123]. Sie macht zugleich deutlich, daß dies im Welthandel nur begrenzt möglich ist.

663

(3) Sicherheitsregulierung und freier Warenverkehr im EG-Binnenmarkt

Art. 30 EGV verbietet mengenmäßige Einfuhrbeschränkungen und Maßnahmen gleicher Wirkung zwischen den Mitgliedstaaten. Nach der weiten „Dassonville"-Formel des EuGH[124] wären öffentlich-rechtliche Produktsicherheitsvorschriften in aller Regel als Maßnahme gleicher Wirkung wie mengenmäßige

664

---

118 BT-Drucks. 11/5373 S. 18.
119 Siehe § 9.
120 Genauer: technische Handelshemmnisse, die Teil der nichttarifären Handelshemmnisse sind, vgl. *Hanreich* 99 ff. – Zu den Kosten vgl. z. B. *Reihlen*, EuZW 1990, 445 f.; *Nunnenkamp*, Aussenwirtschaft 38 (1983) 376 f.
121 *Lötz* 130 f.; *Hanreich* 99 ff.
122 Siehe dazu unten (3). – Zu den finanziellen Vorteilen des Abbaus nichttarifärer Handelshemmnisse in der EG vgl. *Cecchini* 76 ff. (sog. *Cecchini*-Bericht) sowie *Reihlen*, EuZW 1990, 445.
123 Zu Harmonisierungsbestrebungen im Welthandel vgl. *Nunnenkamp*, Aussenwirtschaft 38 (1983) 391 ff.; *Bohr*, ZfRV 1992, 4. Zu den Schwierigkeiten innerhalb der EFTA *Hanreich* 101 f.
124 EuGH, 11. 7. 1974, Rs. 8/74 (Dassonville), Slg. 1974, 937 = NJW 1975, 515 („jede Handelsregelung der Mitgliedstaaten, die geeignet ist, den innergemeinschaftlichen Handel unmittelbar oder mittelbar, tatsächlich oder potentiell zu behindern"). Der EuGH hat in späteren Entscheidungen klargestellt, daß es sich nicht um Handelsregelungen im eigentlichen Sinne handeln muß, sondern jede nationale Rechtsvorschrift oder Maßnahme genügt. Vgl. die Rechtsprechungsnachweise von *Moench*, NJW 1982, 2690.

Einfuhrbeschränkungen zu qualifizieren und damit verboten[125]. Sie können jedoch gemäß Art. 36 EGV aus Gründen des Gesundheitsschutzes[126] und nach der „*Cassis*"-Rechtsprechung des EuGH[127] aus „zwingenden Erfordernissen, unter anderem den Erfordernissen des Verbraucherschutzes und der Lauterkeit des Handelsverkehrs"[128] zulässig sein. Voraussetzung ist, daß es keine einschlägige gemeinschaftsrechtliche Regelung gibt und die nationale Maßnahme dem Verhältnismäßigkeitsprinzip entspricht, insbesondere der Schutz nicht durch eine genauso wirksame Maßnahme erreicht werden kann, die den innergemeinschaftlichen Handel weniger beschränkt[129].

665   Die Gemeinschaft hatte zunächst versucht, den verbleibenden zulässigen Bereich nationaler Produktionssicherheitsvorschriften durch eine umfassende Rechtsangleichung gemäß Art. 100 EGV einzuengen[130]. Dieser Weg erwies sich aber als zu langwierig[131]. Seit 1985 verfolgt die Gemeinschaft deshalb eine „neue Konzeption auf dem Gebiet der technischen Harmonisierung und Normung"[132]. Das Neue der Konzeption[133] ist, daß sich die Rechtsangleichung möglichst auf die Festlegung grundlegender Sicherheitsanforderungen beschränken soll[134] und hinsichtlich der technischen Spezifikationen auf die technischen Normen verwiesen wird, welche die für die Industrienormung zu-

---

125 Vgl. *Grabitz/v. Bogdandy*, JuS 1990, 171 (Produktstandards); *Micklitz*, Produktsicherheit 110 (technische Normen); *Steindorff*, ZHR 150 (1986) 692 (technische Normen).

126 Andere Schutzgüter des Art. 36 EGV sind im Bereich der Produktsicherheit grundsätzlich nicht berührt. Zum regelmäßigen Aufgehen des Schutzgutes „öffentliche Sicherheit" im Gesundheitsschutz *Grabitz/Matthies*, Art. 36 EWGV Rn. 13.

127 Eingeleitet mit dem Urteil v. 20.2.1979 in der Rs. 120/78 (Cassis de Dijon), Slg. 1979, 649.

128 EuGH, 22.6.1982, Rs. 220/81 (*Robertson*), Slg. 1982, 2349, 2360. – Die dogmatische Einordnung dieses Zulässigkeitsgrundes war anfangs unsicher (vgl. *Grabitz/Matthies*, Art. 30 EWGV Rn. 20). Später hat der EuGH klargestellt, daß die Zulässigkeit nationaler Regelungen aufgrund „zwingender Erfordernisse" die Qualifikation als Maßnahme gleicher Wirkung ausschließt. Vgl. z.B. EuGH, 11.5.1989, Rs. 25/88 (*Wurmser*), Slg. 1989, 1124 = EuZW 1990, 97 = NJW 1990, 3066, 3067.

129 Vgl. z.B. EuGH, 16.4.1991, Rs. C 347/89 (Freistaat Bayern/Eurim-Pharma GmbH), Slg. 1991, 1763 = NJW 1991, 2951, 2952; EuGH, 4.6.1992, Rs. C-13/91 und C-113/91 (*Michel Debus*), EuZW 1993, 129, 130.

130 Vgl. z.B. die zahlreichen Richtlinien für Kfz; dazu *Lichtenberg*, DAR 1992, 448ff.

131 Zu den Schwierigkeiten einer umfassenden Rechtsangleichung z.B. *Joerges* u.a., Sicherheit 249ff.; *Reihlen*, EuZW 1990, 446.

132 Vgl. die „Entschließung des Rates vom 7. Mai 1985 über eine neue Konzeption auf dem Gebiet der technischen Harmonisierung und der Normung", die sog. „Modell-Richtlinie", ABl. EG Nr. C 136 v. 4.6.1985, sowie das Weißbuch der Kommission KOM (85) 310 vom 14. Juni 1985, 17ff.

133 Vgl. hierzu *Brüggemeier*, ZHR 152 (1988) 526ff.; *Joerges*, FS Steindorff 1247ff., 1258ff.; *Streinz*, ZfRV 1991, 365ff.; *Schwintowski*, ZVglRWiss 88 (1989) 228f.; *Micklitz*, Produktsicherheit 109ff.; *Reuter*, BB 1990, 1214.

134 Wichtige seit 1985 erlassene produktspezifische Richtlinien suchen die Sicherheitskriterien jedoch nach wie vor möglichst vollständig festzulegen. Vgl. *Joerges*, FS Steindorff 1263f. (allgemein), *Streinz*, ZfRV 1991, 368f. (zum Lebensmittelrecht).

ständigen Gremien erlassen[135]. Maßgebend sind in erster Linie die von den europäischen Normungsinstituten CEN, CENELEC und ETSI[136] erlassenen sog. EN-Normen. Die EG-Richtlinien legen den EN-Normen in aller Regel die Vermutung bei, daß bei ihrer Einhaltung die wesentlichen Sicherheitsanforderungen der Richtlinie erfüllt sind[137]. EN-Normen, denen eine solche Beweisvermutung zukommt, werden als harmonisierte Normen bezeichnet[138]. Solange es an EN-Normen fehlt, ist der Rückgriff auf nationale technische Normen zulässig, die von der Kommission in einer Äquivalenzliste aufgenommen sind und denen dieselbe Beweisvermutung zukommt wie harmonisierten Normen (sog. anerkannte Normen)[139].

Die gemeinschaftsrechtliche Festlegung der grundlegenden Sicherheitsanforderungen und die Gleichwertigkeit anerkannter Normen der Mitgliedstaaten führen in der EG zu einem Wechsel vom Empfangsland- zum Herkunftslandprinzip. Grundsätzlich kann eine Ware nämlich schon dann frei in der EG zirkulieren, wenn sie den Anforderungen des Gemeinschaftsrechts und den Anforderungen des Rechts des Herkunftslandes (Exportstaates) genügt[140]. Der Nachweis hierfür wird regelmäßig durch eine Konformitätsbescheinigung des Herstellers (sog. Herstellererklärung) oder einer zur Zertifizierung befugten Prüfstelle des Herkunftsstaates erbracht werden. Immanente Voraussetzung des Herkunftslandprinzips ist es jedoch, daß die Einhaltung der Rechtsvorschriften des Herkunftsstaates durch Behörden der Gemeinschaft oder des Herkunftslandes ordnungsgemäß überwacht wird[141]. Das notwendige gemeinschaftsrechtliche System der Akkreditierung von Überwachungs- und Prüfstellen bildet sich erst allmählich heraus[142].

666

---

135 Vgl. als Beispiele für produktspezifische Einzelrichtlinien die Richtlinie zur Angleichung der Rechtsvorschriften der Mitgliedstaaten für Maschinen 89/392/EWG, Abl. EG Nr. L 183/9 (dazu *Reuter*, BB 1990, 1213 ff.) und die Richtlinie 89/106/EWG des Rates vom 21. 12. 1988 zur Angleichung der Rechts- und Verwaltungsvorschriften der Mitgliedstaaten über Bauprodukte, Abl. EG Nr. L 40/12.

136 Zu den europäischen Normenorganisationen vgl. *Zürrer* 138 f.

137 Mit der Veröffentlichung der Normen im Amtsblatt der EG und entsprechenden nationalen Verkündungsblättern sind *die Verwaltungen* verpflichtet, „eine Übereinstimmung mit den in der Richtlinie aufgestellten und ,grundlegenden Anforderungen' anzunehmen". Vgl. Anhang II der Modellrichtlinie (oben Fn. 132). – Zur Verwaltung der Liste der als gleichwertig anerkannten nationalen Normen *Joerges*, FS Steindorff 1260 f. – Kritisch zur Ersetzung von Rechtsangleichung durch eine Anerkennungslösung *Steindorff*, FS Lorenz 572 f.

138 Vgl. § 2 Abs. 2 Bauproduktegesetz (BGBl 1992 I 1495).

139 Vgl. § 2 Abs. 3 Bauproduktegesetz (BGBl 1992 I 1495).

140 Vgl. *Steindorff*, ZHR 150 (1986) 689 f.; *Joerges*, FS Steindorff 1254; *W.-H. Roth*, RabelsZ 55 (1991) 664 f.

141 Vgl. *Bleckmann*, Europarecht Rn. 1045; *Brüggemeier*, ZHR 152 (1988) 528; *Joerges*, FS Steindorff 1267; *Steindorff*, Jura 1992, 571 (er gibt Wettbewerbern im Empfangsland (Importstaat) Unterlassungsansprüche (gemäß §§ 1 und 13 UWG) gegen Importeure, die es in wettbewerbsverzerrender Weise ausnutzen, daß im Herkunftsstaat EG-Recht nicht wirksam durchgesetzt wird); *ders.*, FS Lorenz, 564 ff., 570 f.; *Zürrer* 139; *Streinz*, ZfRV 1991, 363 f. (Lebensmittel); *Reich*, RabelsZ 56 (1992) 492 f.

142 Vgl. *Gorny*, ZLR 1992, 369 ff. (zur Normenreihe EN 45.001 ff.); *Zürrer* 139; *Reihlen*, EuZW 1990, 445 („steckt erst in den Anfängen"). – Der EuGH, 11. 5. 1989, Rs. 25/88 (*Wurmser*),

c) Der Verantwortliche für den Marktzutritt als Adressat des öffentlichen Produktsicherheitsrechts

aa) Die Sonderstellung des Verantwortlichen für den Marktzutritt

667 Der Marktstaat sucht die Gefährdung des inländischen Verkehrs innerhalb seines Hoheitsgebietes möglichst früh und möglichst nahe an der Gefahrenquelle zu begegnen. Seine Sicherheitsvorschriften richten sich deshalb primär an den Verantwortlichen für den Marktzutritt, d. h. an die Person, welche das Produkt im Marktstaat erstmals mit dem Zweck in den Verkehr bringt, es in diesem Staat an Endverbraucher zu vermarkten[143]. Verantwortlich für den Marktzutritt von Produkten, die im Marktstaat hergestellt und dort an Endverbraucher vermarktet werden, ist regelmäßig der Endhersteller[144]. Verantwortlich für den Marktzutritt eines Importproduktes ist der Importeur; er tritt an die Stelle des (ausländischen) Herstellers[145].

668 Die Gründe für die öffentlich-rechtliche Sonderstellung des Verantwortlichen für den Marktzutritt werden in einer strafrechtlichen Entscheidung des LG Berlin aus dem Jahre 1962[146], dessen Ausführungen zur Standardformulierung der höchstrichterlichen Rechtsprechung zum Lebensmittelsicherheitsrecht wurden[147], treffend dargelegt:

Slg. 1989, 1124 (= Fn. 128), hat eine Vorschrift des französischen Rechts, die den für das erste Inverkehrbringen eines Erzeugnisses auf dem französischen Markt Verantwortlichen unter Strafandrohung verpflichtet, die Übereinstimmung mit den Sicherheitsvorschriften des französischen Rechts zu prüfen, *beim gegenwärtigen Stand des Gemeinschaftsrechts* für vereinbar mit Artt. 30 und 36 EGV erklärt, sofern sich die Anforderungen an die Prüfungspflicht des Verantwortlichen im Rahmen des Verhältnismäßigkeitsgrundsatzes bewegen.

143 Vgl. EuGH, 11. 5. 1989 Rs 25/88 (*Wurmser*), Slg. 1989, 1124 (= Fn. 128). Der EuGH betont in dieser Entscheidung die Sonderstellung des Verantwortlichen für den Marktzutritt, schränkt dessen Pflichten aber bei Importen aus Mitgliedstaaten ein. Der amtliche Leitsatz lautet: „Beim gegenwärtigen Stand des Gemeinschaftsrechts ist eine Vorschrift, durch die für das erste Inverkehrbringen eines Erzeugnisses auf einem innerstaatlichen Markt Verantwortliche unter Strafandrohung verpflichtet wird, die Vereinbarkeit dieses Erzeugnisses mit den für diesen Markt geltenden Vorschriften über die Sicherheit und die Gesundheit von Menschen, die Redlichkeit des Handelsverkehrs und den Verbraucherschutz zu prüfen, mit den Art. 30 und 36 EWGV vereinbar, sofern die Anwendung dieser Vorschrift auf die in einem anderen Mitgliedstaat hergestellten Erzeugnisse nicht an Bedingungen geknüpft ist, die unter Berücksichtigung der Bedeutung der in Rede stehenden allgemeinen Interesse sowie der üblicherweise einem Importeur zur Verfügung stehenden Beweismittel über das hinausgehen, was zur Erreichung des angestrebten Ziels notwendig ist; handelt es sich im einzelnen um die Prüfung der Auskünfte über die Zusammensetzung eines Erzeugnisses, die den Verbrauchern beim Inverkehrbringen dieses Erzeugnisses erteilt werden, so muß sich der Importeur auf die Bescheinigungen, die von den Behörden des Mitgliedstaates der Herstellung oder einem hierfür von diesen Behörden anerkannten Laboratorium ausgestellt worden sind, oder, wenn die Rechtsvorschriften dieses Staates die Vorlage solcher Bescheinigungen nicht verlangen, auf andere Bestätigungen verlassen können, die einen ähnlichen Grad an Sicherheit bieten".

144 Der Endhersteller ist nur ausnahmsweise dann nicht verantwortlich für den Marktzutritt, wenn das im Marktstaat hergestellte Produkt zunächst exportiert und dann von einem Dritten reimportiert wurde.

145 Vgl. für Lebensmittelimporte *Benz*, ZLR 1989, 683 ff.

146 LG Berlin, 15. 12. 1962, LRE 3, 364; bestätigt durch BGH, 9. 3. 1963, LRE 3, 376.

147 *Meier*, RIW 1990, 194 Fn. 6.

„Für den Kaufmann, der Lebensmittel importiert (Importeur), entfällt nach Mei- **669**
nung der Kammer jede Einschränkung hinsichtlich einer Untersuchungspflicht für
die von ihm eingeführten Lebensmittel. Er ist als erstes Glied der inländischen Handelskette allein und voll für die Verkehrsfähigkeit der eingeführten Lebensmittel verantwortlich. Eine Einschränkung oder sogar einen Wegfall dieser Verantwortlichkeit
zuzulassen, würde die mehr oder minder große Möglichkeit für den Importeur bedeuten, daß er sie auf jemanden abwälzen könnte, der als Ausländer außerhalb des
Lebensmittelgesetzes steht, damit den deutschen lebensmittelrechtlichen Bestimmungen nicht unterworfen ist und zu ihrer Einhaltung nicht gezwungen werden
kann. Strafrechtliche Folgen für die Nichtbeachtung des deutschen Lebensmittelrechts können bei ausländischen Erzeugnissen sinngemäß erstmals bei dem deutschen Importeur eintreten. Dieser allein kann im Inland als erster durch den Zwang
der Strafandrohung zur Einhaltung der gesetzlichen Bestimmungen angehalten werden, wenn nicht der ausländische Hersteller oder dessen Angestellte bei der Einfuhr
der Waren tatsächlich mitgewirkt haben."

Im Gerätesicherheitsgesetz in der bis 1993 geltenden Fassung brachte § 1 **670**
Abs. 1 die besondere Stellung des Verantwortlichen für den Marktzutritt in der
Begrenzung des Adressatenkreises auf Hersteller und Einführer zum Ausdruck. Es widersprach aber dem EG-Recht, daß der bloße Händler nicht erfaßt
war und deshalb der Handel mit nicht sicherheitsgerechten Erzeugnissen in
aller Regel nicht mehr unterbunden werden konnte, wenn das Erzeugnis bereits
an den Groß- oder Einzelhandel ausgeliefert worden war[148]. Das GSG in der
geltenden Fassung erfüllt die EG-rechtlichen Vorgaben, indem es in den §§ 1
und 3 ohne Einschränkung des Adressatenkreises auf das Inverkehrbringen abstellt. Diese Erweiterung des Adressatenkreises verdeckt die Sonderstellung des
Verantwortlichen für den Marktzutritt, beseitigt sie aber nicht. Spürbar ist sie
weiterhin in § 3 Abs. 1 S. 4, wonach der Zeitpunkt des erstmaligen Inverkehrbringens im Geltungsbereich dieses Gesetzes grundsätzlich für die Beurteilung
der Produktsicherheit maßgeblich ist, und in § 6 Abs. 1 S. 4, wonach zusätzlich zu einer Maßnahme zur Verhinderung des Inverkehrbringens gegen den
Hersteller, seinen Bevollmächtigten oder den Importeur eine Maßnahme gegen
den Händler nur zulässig ist, wenn er von einer ihm eingeräumten Befugnis,
das technische Arbeitsmittel zurückzugeben, keinen Gebrauch macht.

bb) Importeur im Sinne des öffentlichen Produktsicherheitsrechts

Wer „Importeur" („Einführer") ist, definieren die deutschen Produktsicher- **671**
heitsgesetze nicht[149]. Dies führt nicht nur zu Schwierigkeiten innerhalb des
öffentlichen Produktsicherheitsrechts, sondern hat auch negative Auswirkungen auf das Haftungsrecht[150]. Rechtsprechung und Lehre haben sich bei der

---

148 Vgl. BT-Drucks. 12/2693 S. 19.
149 Vgl. allgemein *Scholl* 26: „Wer als Adressat behördlicher Prüfungen in Frage kommt, ergibt
   sich aus den verschiedenen Rechtsgrundlagen nicht in zufriedenstellender Art und Weise."
   — Vgl. jetzt aber § 7 Medizinproduktegesetz v. 2.8.1994 (BGBl. I 2071).
150 Siehe unten 5. c).

Auslegung des öffentlich-rechtlichen Begriffes an der Funktion der betreffenden Regelung zu orientieren. Dabei steht die Durchsetzbarkeit der öffentlich-rechtlichen Eingriffsbefugnisse im Vordergrund, die aufgrund der territorialen Begrenztheit hoheitlichen Handelns grundsätzlich nur im Geltungsbereich des Gesetzes (Inland) gewährleistet ist[151]. Als Importeur im Sinne des öffentlichen Produktsicherheitsrechts wird deshalb grundsätzlich der „Gebietsansässige"[152] angesehen, wenn er Waren zum Zwecke des Weiterverkaufs von einem gebietsfremden Unternehmen bezieht[153].

672 Ein Sitz oder eine Niederlassung des Importeurs im Inland sind aber nicht unabdingbar. Normadressaten mit Sitz im Ausland sind zwar schwierig zu greifen; sie sind aber nicht unerreichbar[154]. Sind die Schwierigkeiten der Rechtsdurchsetzung aufgrund der rechtspolitisch verfolgten Schutzziele nicht hinnehmbar, so bleibt nichts anderes übrig, als die Vermarktung von einer Residenz im Marktstaat bzw. der EG abhängig zu machen[155]. Will der nationale Gesetzgeber nicht soweit gehen, läßt er es also zu, daß ein ausländisches Unternehmen ohne Niederlassung oder Vertretung im Inland seine Produkte im Wege des grenzüberschreitenden Direktvertriebes an Endabnehmer liefert oder zunächst einführt und beispielsweise auf Messen veräußert, so ändert dies jedoch nichts an der Verbindlichkeit des öffentlichen Produktsicherheitsrechts des Marktstaates. Bloße Schwierigkeiten der Rechtsdurchsetzung rechtfertigen es nicht, das ausländische Unternehmen aus seiner Verantwortung für die Produktsicherheit zu entlassen. Das deutsche öffentliche Produktsicherheitsrecht sieht deshalb mit gutem Grund eine Begrenzung auf Importeure mit Sitz oder Niederlassung im Inland *nicht* vor. So ist Importeur im Sinne des Gerätesicherheitsgesetzes und des Lebensmittel- und Bedarfsgegenständegesetzes auch derjenige, der Waren vom Ausland direkt an inländische Endverbraucher liefert oder die Ware ins Inland einführt und veräußert, ohne hier eine Niederlassung zu begründen. Die letztgenannte Möglichkeit zeigt, daß es allenfalls im Sinne einer Faustregel richtig ist, das erste Glied der inländischen Handelskette als Importeur zu qualifizieren. Entscheidend für die Definition des Importeurs im Sinne des öffentlichen Produktsicherheitsrechts ist allein die Verantwortung für die Verbringung der Ware ins Inland zum Zwecke der (gewerblichen) Veräußerung im Inland.

---

151 Zur grenzüberschreitenden Ahndung einer Ordnungswidrigkeit nach dem LMBG vgl. *U. Feldmann*, ZLR 1985, 447; allgemein *G. Meier*, NJW 1982, 1184.

152 Aus diesem Grund bestimmt § 23 Abs. 1 S. 2 AWV: „Liegt der Einfuhr ein Vertrag mit einem Gebietsfremden über den Erwerb von Waren zum Zwecke der Einfuhr (Einfuhrvertrag) zugrunde, so ist nur der gebietsansässige Vertragspartner Einführer."

153 *Zipfel*, Vorbem. vor § 51 LMBG Rn. 60; AG Mainz, 21.5.1987, ZLR 1988, 52, 55.

154 Siehe Fn. 151.

155 So z.B. § 9 AMG.

5. Die Marktbezogenheit der Verhaltenssteuerung durch das Produkthaftungsrecht

a) Der Produktfehler im Sinne der EG-Produkthaftung

aa) Berechtigte Sicherheitserwartungen

Nach § 1 Abs. 1 S. 1 ProdHaftG haftet der „Hersteller", wenn ein Fehler seines Produkts einen Schaden verursacht. Die Fehlerhaftigkeit des Produkts ist damit die zentrale Haftungsvoraussetzung der verschuldensunabhängigen EG-Produkthaftung[156]. Nach § 3 Abs. 1 ProdHaftG ist ein Produkt fehlerhaft, wenn es nicht die Sicherheit bietet, die unter Berücksichtigung aller Umstände, insbesondere seiner Darbietung (lit. a), des Gebrauchs, mit dem billigerweise gerechnet werden kann (lit. b), und des Zeitpunkts, in dem es in den Verkehr gebracht wurde (lit. c), berechtigterweise erwartet werden kann. Aus dem Zweck der Vorschrift folgt, daß nur, aber auch alle diejenigen Umstände zu berücksichtigen sind, welche die Sicherheitserwartungen berechtigterweise beeinflussen können. Es sind also keineswegs alle Umstände heranzuziehen, die dem Hersteller oder dem Geschädigten *subjektiv* bedeutsam erscheinen mögen[157]. | **673**

Der Begriff *"Darbietung des Produkts"* (§ 3 Abs. 1 lit. a ProdHaftG) erfaßt alle Begleitumstände, unter denen das Produkt in den Verkehr gebracht wird. Zu berücksichtigen sind die Gestaltung und Beschreibung des Produkts, Qualitäts- und Prüfzeichen, Gebrauchs- und Warnhinweise, die (Anwendungs-) Beratung über das Produkt sowie die Werbung für das Produkt. Die Darbietung beeinflußt die Sicherheitserwartungen beispielsweise, wenn gezielt mit der Sicherheit eines Produkts geworben wird[158] („absolut bruchsicher"[159]), wenn die allgemeine Sicherheit durch ein Prüfzeichen dokumentiert wird, wenn erklärt wird, das Produkt entspreche bestimmten Sicherheitsvorschriften, oder wenn vor der Gefährlichkeit einer bestimmten Verwendung gewarnt wird. | **674**

Der *Gebrauch eines Produktes* (§ 3 Abs. 1 lit. b ProdHaftG) beeinflußt das Risiko, durch das Produkt zu Schaden zu kommen, in hohem Maße. Von Bedeutung ist in erster Linie, *wie* das Produkt gebraucht wird (zu gebrauchen ist). Zu berücksichtigen sind dabei außer der (technischen) Handhabung des Produktes auch die äußeren Einsatzbedingungen. So kann es für die Frage, ob ein Traktor serienmäßig mit Überrollbügel auszustatten ist[160], erheblich sein, ob | **675**

---

156 Z. B. *Brüggemeier*, EG-Richtlinie 235.
157 *Rolland*, § 3 ProdHaftG Rn. 20; *Lüderitz*, FS Rebmann 762 Fn. 21 („nicht beliebige, sondern erhebliche Umstände zu berücksichtigen"); MünchKomm-*Mertens/Cahn*, § 3 ProdHaftG Rn. 9; vgl. auch *Schlechtriem*, VersR 1986, 1035.
158 BGH, 12.11.1991, BB 1992, 93 = ZIP 1992, 38, 41 (Milupa).
159 Vgl. *Schmidt-Salzer*, EG-Produkthaftung I Art. 6 EG-Richtlinie Rn. 210; *Lüderitz*, FS Rebmann 764; *J. Meyer* 145 (Werbung des Kfz-Herstellers „Volvo") und 163; aus der Rechtsprechung außer der Milupa-Entscheidung des BGH (vorige Fn.) z. B. *Singer v. Walker*, 21 App. Div. 2d 285, 250 N.Y. 2d 216 (Geologenhammer mit der Aufschrift „unzerbrechlich").
160 Beispiel nach *Kullmann* 81.

er im Flach- oder Bergland eingesetzt werden soll[161]. Ein anschauliches Beispiel für die Bedeutung der äußeren Einsatzbedingungen gibt auch eine Entscheidung des EuGH aus dem Jahre 1981[162]. Sie betrifft eine niederländische Vorschrift, welche die Verwendung eines Lebensmittelzusatzstoffes für Exporterzeugnisse erlaubt, für in den Niederlanden vermarktete Erzeugnisse aber verbietet. Der EuGH führt zur Begründung ihrer Vereinbarkeit mit dem Gemeinschaftsrecht aus:

676   „Bestimmte internationale Organisationen – die FAO und die WHO – haben sich zu Untersuchungen über die kritische Grenze bei der Aufnahme dieses Zusatzstoffs veranlaßt gesehen. Wenn diese Untersuchungen noch nicht zu eindeutigen Ergebnissen im Hinblick auf die Höchstmenge Nisin geführt haben, die ein Mensch ohne ernste Gefährdung seiner Gesundheit einnehmen kann, so ist dies in der Hauptsache dem Umstand zuzuschreiben, daß die Beurteilung des mit der Einnahme dieses Zusatzstoffs verbundenen Risikos von verschiedenen variablen Faktoren, unter anderem insbesondere von den Ernährungsgewohnheiten im jeweiligen Land und von dem Umstand abhängt, daß bei der Bestimmung der für jedes Erzeugnis festzusetzenden Höchstmenge Nisin nicht nur die Menge zu berücksichtigen ist, die einem bestimmten Erzeugnis, zum Beispiel dem Schmelzkäse, sondern auch diejenige, die allen anderen haltbar gemachten Erzeugnissen zugesetzt wurde, die zur Befriedigung der Ernährungsgewohnheiten bestimmt sind und deren Nisingehalt – auch bei vergleichbaren Erzeugnissen – aufgrund ihrer Herkunft, ihrer Herstellungsart oder der Notwendigkeit, das Erzeugnis für einen bestimmten Markt mehr oder weniger stark zu konservieren, unterschiedlich sein kann.
Die Schwierigkeiten und Unsicherheiten, die mit einer derartigen Bewertung zusammenhängen, können die mangelnde Einheitlichkeit der Rechtsvorschriften der Mitgliedstaaten über die Verwendung dieses konservierenden Stoffs erklären und gleichzeitig die beschränkte Tragweite rechtfertigen, die das Verbot, Nisin einem bestimmten Erzeugnis wie Schmelzkäse zuzusetzen, in bestimmten Mitgliedstaaten aufweist, zu denen die Niederlande gehören; dort ist die Verwendung in für den Verkauf auf dem [nationalen; Verf.] Binnenmarkt bestimmten Erzeugnissen verboten, während sie beim Export in andere Mitgliedstaaten erlaubt ist, die aufgrund der Ernährungsgewohnheiten ihrer Bevölkerung die Erfordernisse des Gesundheitsschutzes anders bewerten"[163].

677   Wesentlich für die Frage, mit welchem Gebrauch billigerweise gerechnet werden kann, ist auch, *wer* das Produkt üblicherweise benutzt. So ist es beispielsweise erheblich, ob ein Produkt nur von Fachleuten benutzt wird oder auch von sog. Hobby-Handwerkern[164].

---

161 Erheblich ist auch, ob die Ausstattung mit einem Überrollbügel (wie in Deutschland gemäß § 14 (4) und § 23 (1) der Unfallverhütungsvorschriften 3.2. der landwirtschaftlichen Berufsgenossenschaften) vorgeschrieben ist. Vgl. dazu unten bei und in Fn. 165.

162 EuGH, 5.2.1981, Rs. 53/80 (Koninklijke Kaasfabriek Eyssen BV) Slg. 1981, 409 = NJW 1981, 1892.

163 Vgl. auch die Begründung des § 5b des Lebensmittelgesetzes in der Fassung vom 21.12.1958 (BGBl 1958, 951), dem Vorläufer des heutigen § 50 Lebensmittel- und Bedarfsgegenständegesetz vom 18.8.1974 (BGBl III 2125–40); siehe dazu oben 4. b) aa) am Ende und bb).

164 Vgl. BGH, 7.10.1986, NJW 1987, 372, 374 („Feststellungen darüber treffen ..., ob der Kläger bei seiner Ausbildung zum Wasser*meister* diese Kenntnisse hätte erwerben müssen"); *Schmidt-Salzer*, BB 1988, 349 ff.; *Graf v. Westphalen* § 62 Rn. 47; *Rolland* § 3 ProdHaftG Rn. 15.

Neben dem in § 3 lit. c ProdHaftG ebenfalls explizit genannten Zeitpunkt der **678** Inverkehrgabe sind regelmäßig auch der durch das öffentliche Produktsicherheitsrecht und technische Normen beschriebene Sicherheitsstandard[165] sowie der Preis des Produktes in Relation zu vergleichbaren Produkten bedeutsam[166]. Im Einzelfall können eine Vielzahl weiterer Faktoren die Sicherheitserwartungen beeinflussen. So hängt es etwa vom Bildungsstand der Allgemeinheit[167] ab, ob bestimmte Warnhinweise erforderlich sind und ob sie schriftlich oder (auch) symbolisiert zu geben sind[168]. Auch die Gewohnheiten der Benutzer können erheblich sein. Ein Beispiel gibt die Verurteilung eines deutschen Kfz-Herstellers in den USA, die darauf gestützt wurde, der Hersteller habe nicht ausdrücklich darauf hingewiesen, daß der Abstand zwischen Gas- und Bremspedal kleiner als der gewohnte Abstand amerikanischer Kfz war[169]. Wenn es darum geht, welche Basissicherheit berechtigterweise erwartet werden darf, kann sogar das allgemeine Wohlstandsniveau erheblich sein.

bb) Maßgeblichkeit eines Verkehrskreises

Maßstab für die Beurteilung der Fehlerhaftigkeit eines Produkts sind nicht die **679** subjektiven Vorstellungen des Geschädigten. Es gilt vielmehr ein objektiver Maßstab[170], was die Richtlinie durch die Formulierung „Sicherheit ..., die man ... zu erwarten berechtigt ist" deutlicher zum Ausdruck bringt als das deutsche Produkthaftungsgesetz. Entscheidend sind die Sicherheitserwartungen, welche die Allgemeinheit nach der Verkehrsauffassung in dem entsprechenden Bereich und in bezug auf das konkrete Produkt für erforderlich halten darf[171]. So umschrieben sind die berechtigten Sicherheitserwartungen der Allgemeinheit gleichbedeutend mit den Erwartungen eines „verständigen Verbrauchers"[172] oder „des Idealtyps des jeweiligen Benutzerkreises"[173]. Die für

---

165 Vgl. BGH, 11. 7. 1991, DB 1991, 2283; *Rolland* § 3 ProdHaftG Rn. 21. — Zur Bedeutung eines ausdrücklichen Hinweises auf ein *Abweichen* von technischen Normen *Sack*, JBl 1989, 623; *Krejci*, VR 1988, 209 ff., 226.

166 Zur Bedeutung des Produktpreises siehe BGH, 17. 10. 1989, NJW 1990, 906, 907 = BB 1989, 2429 (Pferdebox) („Die Verkehrserwartung kann allerdings auch abhängig sein von der ... Preisgestaltung ... Denn erhöhte Sicherheit hat ihren Preis"). — Der Preis ist aber kein Umstand, der auf die Mindestsicherheit („Basissicherheit") Einfluß hat, vgl. *Rolland* § 3 ProdHaftG Rn. 17; MünchKomm-*Mertens/Cahn* § 3 ProdHaftG Rn. 23; *W. Lorenz*, ZHR 151 (1987) *Sack*, JBl 1989, 625.

167 *Stürmer* 48; *Lahrmann*, PHI 1989, 240.

168 *Taschner/Frietsch* § 3 ProdHaftG Rn. 26.

169 Vgl. *Diederichsen*, Probleme 21.

170 Vgl. BT-Drucks. 11/2447 S. 18; *Rolland* § 3 ProdHaftG Rn. 1, 13; *Graf von Westphalen* § 62 Rn. 6.

171 *Brüggemeier/Reich*, WM 1986, 149, 150.

172 *Kullmann*, 68, weist zutreffend darauf hin, daß es auf die Allgemeinheit nur bezüglich derjenigen Produkte ankommt, die allgemeine Verwendung in der Bevölkerung finden; *Hollmann*, DB 1985, 2392 („idealtypischen durchschnittlichen Benutzer"); *Schmidt-Salzer*, EG-Produkthaftung I Art. 6 EG-Richtlinie Rn. 117; MünchKomm-*Mertens/Cahn*, § 3 ProdHaftG Rn. 5.

173 *Kullmann* 140.

das materielle Recht bedeutsame Streitfrage, unter welchen Voraussetzungen nicht die Perspektive der Allgemeinheit, sondern die eines qualifizierten Benutzerkreises zugrunde zu legen ist[174], ist für das Kollisionsrecht irrelevant. Wichtig ist nur, daß es nicht auf die individuellen Erwartungen des Geschädigten, sondern auf die Erwartungen eines Verkehrskreises ankommt.

cc) Die räumliche Abgrenzung des maßgebenden Verkehrskreises

680 Die Frage, wie der maßgebende Verkehrskreis räumlich abzugrenzen ist, stellt sich im Rahmen des Produkthaftungsgesetzes und des allgemeinen Deliktsrechts. Es ist eine Frage des Sachrechts[175]. Sie ist von der vorrangigen kollisionsrechtlichen Frage, welches nationale Recht in Fällen mit Auslandsberührung anzuwenden ist, dogmatisch streng zu unterscheiden, wenngleich, wie zu zeigen sein wird[176], beide Fragen zusammenhängen.

681 Das Meinungsbild zur sachrechtlich-räumlichen Abgrenzung des maßgebenden Verkehrskreises ist sehr diffus. So wird beispielsweise angenommen, es bestimme sich nach den Verhältnissen im Geltungsbereich des Gesetzes, welcher Gebrauch unter § 3 lit. b ProdHaftG falle[177]. In anderem Zusammenhang wird gesagt, zu Ungunsten des Herstellers müsse die von ihm in einem anderen Rechtskreis praktizierte Produktsicherheit mit in die Bewertung einbezogen werden; sie könne im Lichte und vor dem Hintergrund des konkreten Marktes dazu führen, die bisher dort bestehenden geringeren Sicherheitserwartungen fortzuschreiben[178]. Verbreitet wird festgestellt, es gebe − auch innerhalb der EG − keinen einheitlichen Sicherheitsstandard und deshalb sei es möglich, daß ein Produkt in einem Staat als fehlerfrei, in einem anderen als fehlerhaft angesehen werde. Hieraus wird gefolgert, daß der Hersteller hafte, wenn ein „derart fehlerfreies" Produkt für ihn vorhersehbar in einen anderen Staat verbracht werde, wo es aufgrund eines höheren allgemeinen Sicherheitsstandards fehlerhaft ist[179].

---

174 Vgl. dazu *Graf v. Westphalen* § 62 Rn. 7; *Borer* 264 ff.; *Kötz*, FS Lorenz 117 f.
175 Sehr deutlich *Staudinger/v. Hoffmann*, Art. 38 EGBGB Rn. 154: „Aus dem Begriff des verkehrsgerechten Verhaltens ergibt sich, daß auf den für den Sachverhalt einschlägigen Verkehr abzustellen ist, gleichgültig, ob er im Inland oder im Ausland stattgefunden hat. Damit liegt kein kollisionsrechtliches Problem vor, ... " Speziell zur Produkthaftung: *Rognlien*, Conférence 186 (Proces-verbal Nr. 9): „Whether there was a defect or a fault was partly a question of fact, partly a question of law. This question should be judged on the relevant local background, more or less independent of the applicable law".
176 Siehe unten III. 2.
177 MünchKomm-*Mertens/Cahn* § 3 ProdHaftG Rn. 20.
178 *Taschner/Frietsch* § 3 ProdHaftG Rn. 35.
179 *Rolland* § 3 ProdHaftG Rn. 16. Die Stellungnahme *Schlechtriems*, VersR 1986, 1035 f., ist wohl auch im Sinne der Maßgeblichkeit der Sicherheitserwartungen im Verwendungsland zu verstehen (vgl. VersR 1986, 1036: „Die Sicherheitsstandards, denen Produkte zu genügen haben, können deshalb unterschiedlich sein, und Hersteller haben jedenfalls all den Anforderungen zu genügen, die dort *gelten*, wo mit dem Gebrauch ihres Produktes billigerweise gerechnet werden kann" − Hervorhebung hinzugefügt).

Richtig ist, daß Produkte ein und derselben Serie in verschiedenen Staaten un- **682**
terschiedlich dargeboten werden können, daß etwa in einem Staat mit einer sicherheitsrelevanten Eigenschaft geworben wird und in einem anderen Staat
nicht[180]. Ein Serienprodukt kann zu unterschiedlichen Preisen angeboten werden. Die Einsatzbedingungen können national unterschiedlich sein und vielleicht deshalb auch die öffentlich-rechtlichen Sicherheitsanforderungen[181].
Dies alles ist jedoch ohne unmittelbare Relevanz, weil es allein darum geht,
welche Sicherheit von dem konkret schadenstiftenden Produkt erwartet
werden kann. Es kommt deshalb in erster Linie auf die konkreten Umstände
der Vermarktung dieses Produktes an, also auf den Preis, zu dem dieses
Produkt vermarktet wurde, auf die Darbietung dieses Produktes im Marktstaat, auf den Gebrauch, mit dem bei seinem Absatz im Marktstaat gerechnet
werden konnte, auf das öffentliche Produktsicherheitsrecht des Marktstaates
etc.

Die zu berücksichtigenden Umstände sind nicht notwendig auf den Markt- **683**
staat, wohl aber auf das konkrete Produkt begrenzt. Dies bedeutet, daß bei der
Fehlerbeurteilung beispielsweise zu berücksichtigen ist, daß das schadenstiftende Produkt gewöhnlich auch außerhalb des Marktstaates unter anderen
Einsatzbedingungen gebraucht wird[182]. Es bedeutet aber nicht, daß bei einem
Schadensfall außerhalb des Marktstaates kurzer Hand die Sicherheitserwartungen zugrundegelegt werden dürften, welche in dem betreffenden Staat an

---

180 Zu „örtlich unterschiedlicher Produkt-Präsentation bei multinationalem Vertrieb" vgl.
Schmidt-Salzer, EG-Produkthaftung I Art. 6 EG-Richtlinie Rn. 215 ff.; *Lüderitz*, FS Rebmann 765 f.
181 Siehe oben im Text nach Fn. 160.
182 Die Ausrichtung an den Sicherheitserwartungen im Marktstaat erkennen auch *Taschner/
Frietsch*, § 3 ProdHaftG Rn. 35, an, wenn sie als einen Umstand des Einzelfalles zu Ungunsten des Herstellers die von ihm *in einem anderen „Rechtskreis"* praktizierte Produktsicherheit in die Bewertung mit einbeziehen und meinen, eine derartige Sicherheitspraxis in einem
anderen wirtschaftlichen und sozialen Umfeld könne im Lichte und vor dem Hintergrund des
konkreten Marktes dazu führen, daß die bisher dort bestehenden geringen Sicherheitserwartungen
fortzuschreiben. Es geht also nicht um einen gespaltenen Begriff des Inverkehrbringens für
das Inland und für das Ausland (ablehnend *Rolland* § 3 Rn. 16), sondern um einen das gesamte zu erwartende Verwendungsgebiet integrierenden Fehlerbegriff. – Ebenso für eine von
Staat zu Staat unterschiedliche Darbietung des Produkts *Schmidt-Salzer*, EG-Produkthaftung
I Art. 6 EG-Richtlinie Rn. 215 f. (ausschlaggebend seien die berechtigten Sicherheitserwartungen im jeweiligen Marktstaat; durch eine unter Sicherheitsgesichtspunkten bessere Darbietung außerhalb des konkreten Marktstaates könne aber die Rechtsverteidigungssituation des
Herstellers faktisch erheblich verschlechtert werden). – Der Marktstaat steht auch bei der
Feststellung des Standes von Wissenschaft und Technik im Mittelpunkt (*v. Hoffmann*, FS
v. Overbeck 774). Er ist hier aber immer nur Ausgangspunkt, weil sich Wissenschaft und
Technik stets grenzüberschreitend entfalten; vorsichtig die Begründung des Regierungsent-
wurfs des ProdHaftG BT-Drucks. 11/2447 S. 15 („gegebenenfalls über Ländergrenzen"). –
Zur Frage, ob der „Blick über die Grenze" weltweit sein muß (so wohl *Taschner/Frietsch*,
Art. 7 EG-Richtlinie Rn. 43) oder regional begrenzt sein kann, vgl. eingehend *Kort*, VersR
1989, 1115 f. (der einen „universalen" Maßstab ablehnt, aber dafür eintritt, „den Maßstab des
Stands der Wissenschaft und Technik EG-einheitlich zu fassen").

dort vermarktete Produkte gestellt werden[183]. Wo und unter welchen Umständen das konkrete Produkt vermarktet wurde, kann in der Gesamtbeurteilung nämlich durchaus ein unterschiedliches Ergebnis zur Folge haben.

684 Die dogmatische Begründung dafür, daß es ausschließlich auf die Sicherheitserwartungen der Allgemeinheit des Marktstaates ankommt, gibt die Struktur des Fehlerbegriffs der EG-Produkthaftung. Er verlangt eine normative Bewertung („billigerweise", „berechtigterweise") von örtlich fixierten tatsächlichen Umständen. Grundlage der normativen Wertung sind die Umstände, wie sie sich objektiv der Allgemeinheit, nicht wie sie sich subjektiv dem Geschädigten darstellen. Dies bedeutet, daß die Denkfigur „Verkehrsauffassung" untrennbar mit den tatsächlichen Umständen verknüpft ist. Beide zusammen sind das tatsächliche Substrat der normativen Bewertung[184]. Kommt es aber auf die Umstände der Vermarktung des konkreten Produktes an, so heißt dies, wenn man verkürzt von den Sicherheitserwartungen der Allgemeinheit spricht, daß die Allgemeinheit des Marktstaates gemeint ist[185]. Der räumlich maßgebende Verkehrskreis ist also ebenso wie die tatsächlichen Umstände unabänderlich fixiert und grundsätzlich unabhängig von den kollisionsrechtlichen Gründen, aus denen ein nationales Recht auf einen Fall mit Auslandsberührung anzuwenden ist. Zu einer unterschiedlichen Beurteilung der Fehlerhaftigkeit ein und desselben Produktes durch Gerichte verschiedener Staaten kann und darf es deshalb nur kommen, wenn die normative Entscheidungsgrundlage verschieden ist, also die Ansichten darüber divergieren, womit im *Marktstaat* billigerweise gerechnet oder was dort berechtigterweise erwartet werden kann[186].

685 Die Fehlerhaftigkeit eines verwendeten Grundstoffes oder Teilproduktes ist wie die des Endproduktes gegenüber allen Haftpflichtigen einheitlich auf der Grundlage der Sicherheitserwartungen im Marktstaat zu beurteilen. Nur dies

---

183 Siehe vorige Fn. – *Graf v. Westphalen* § 62 Rn. 15, geht zutreffend von der Frage aus, ob der Hersteller damit rechnen mußte, daß sein Produkt in einem anderen Staat verwendet wird; er gelangt aber zu „danach anwendbaren" unterschiedlichen Sicherheitserwartungen, die zwangsläufig die Gefahr divergierender Entscheidungen mit sich brächten. Er ist also wohl der Ansicht, daß die Gerichte des Marktstaates und die Gerichte des Verwendungsstaates jeweils die in ihrem Staat herrschenden Sicherheitserwartungen zugrundezulegen hätten. Dem ist aus den im Text genannten Gründen zu widersprechen.

184 Zu einer Beweiserhebung durch eine Meinungsumfrage zu den tatsächlich vorhandenen Sicherheitserwartungen als Grundlage der normativen Wertung *Taschner/Frietsch* § 3 ProdHaftG Rn. 14, 24 (zulässig als Einstieg); *Schmidt-Salzer*, EG-Produkthaftung I Art. 6 EG-Richtlinie Rn. 71 (unzulässig); *Graf v. Westphalen* § 62 Rn. 12 („Demoskopische Umfragen über die *berechtigten* Sicherheitserwartungen scheiden jedoch aus ... ", Hervorhebung hinzugefügt). Vgl. auch OGH, 11. 11. 1992, JBl 1993, 524 mit Anm. *Posch*.

185 Vgl. *Schmidt-Salzer*, EG-Produkthaftung I Art. 6 EG-Richtlinie Rn. 215; *Foerste* § 24 Rn. 5; *Zoller* 148 f.; für das österreichische Recht *Barchetti/Formanek* 75.

186 *Magnus*, JZ 1990, 1103 (unbestimmte Rechtsbegriffe, bei denen den nationalen Gerichten ein gewisser Beurteilungsspielraum zustehe); vgl. auch *Taschner/Frietsch*, Art. 6 EG-Richtlinie Rn. 6 (Wertungsfragen würden stets unterschiedlich beantwortet).

wird dem Umstand gerecht, daß der Geschädigte den Produktfehler beweisen muß[187].

Dies heißt nicht, daß die Sicherheitserwartungen des Staates, in dem der jeweilige **686** Haftpflichtige sein Produkt in den Verkehr gebracht hat, etwa der Teilprodukt-markt, ohne jede Bedeutung wären. Die Sicherheitserwartungen eines anderen Marktes können im Rahmen des Haftungsausschlußtatbestandes des § 1 Abs. 2 Nr. 2 ProdHaftG erheblich werden. Diese Vorschrift erfaßt nämlich nach umstritte-ner Ansicht neben tatsächlichen Veränderungen des Produkts nach seiner Inverkehr-gabe durch den betreffenden Hersteller auch eine diesem nicht zurechenbare Verän-derung des rechtlichen Bezugspunktes[188]. Nach dieser Ansicht soll sich der Herstel-ler gegenüber dem Geschädigten mit dem Einwand verteidigen können, er habe sein Produkt für einen anderen Markt hergestellt und sich berechtigterweise an den Si-cherheitserwartungen dieses Marktes orientiert[189]. Er muß die Voraussetzungen des Haftungsausschlußtatbestandes allerdings beweisen.

dd) Haftungsausschluß bei Einhaltung zwingender Vorschriften

Nach § 1 Abs. 2 Nr. 4 ProdHaftG ist die Ersatzpflicht des Herstellers ausge- **687** schlossen, wenn der Fehler darauf beruht, daß das Produkt in dem Zeitpunkt, in dem der Hersteller es in den Verkehr brachte, dazu zwingenden Rechtvor-schriften entsprochen hat[190]. Zwingende Vorschriften in diesem Sinne enthält allein das öffentliche Produktsicherheitsrecht. Seine Analyse offenbart, daß grundsätzlich nur der Marktstaat (Importstaat) zwingende Anforderungen an die Sicherheit stellt[191]. Aufgrund der Verknüpfung mit dem öffentlichen Pro-

---

187 Dafür spricht auch der Wortlaut des Art. 7 der EG-Richtlinie („daß der Fehler, der den Scha-den verursacht hat, *nicht vorlag*, als das Produkt von ihm in den Verkehr gebracht wurde, oder daß dieser Fehler *später entstand*"). Es handelt sich wegen der sogleich im Text zu erör-ternden Gründe nicht um eine Tautologie; so aber Stellungnahme des Bundesrates BT-Drucks. 11/2447, 28; *Rolland* § 1 ProdHaftG Rn. 103; MünchKomm-*Mertens/Cahn* § 1 ProdHaftG Rn. 27.
188 *Schmidt-Salzer*, EG-Produkthaftung I Art. 7 EG-Richtlinie Rn. 62, Art. 3 EG-Richtlinie Rn. 205; *Zoller* 149; *Kullmann* 81; vgl. auch *Sack*, JBl 1989, 619. − Im Rahmen des § 3 Abs. 1 ProdHaftG, also der Haftungsbegründung, kommt es dagegen ausschließlich auf die Sicherheitserwartungen des Marktstaates an. Der Geschädigte muß also nur beweisen, daß das Produkt im Zeitpunkt der Einfuhr nicht den Sicherheitserwartungen in dem EG-Marktstaat entsprach (vgl. dazu eingehend unten § 15 II. 2. a) bb) (4) (b)). Er muß nicht zusätzlich beweisen, daß der in Anspruch genommene Hersteller, als er es in den Verkehr brachte, eine Vermarktung in der EG intendierte. Zur Abgrenzung von § 3 Abs. 1 lit. c und § 1 Abs. 2 Nr. 2 ProdHaftG MünchKomm-*Mertens/Cahn* § 3 ProdHaftG Rn. 22.
189 Von einer „relativen Fehlerhaftigkeit" (*Sack*, JBl 1989, 623) gehen wohl auch *Mertens* und *Cahn* in MünchKomm § 3 ProdHaftG Rn. 15) hinsichtlich des Einstehenmüssens eines Her-stellers für eine Produktdarbietung durch Dritte aus. *Rolland* § 3 ProdHaftG Rn. 27, betrach-tet dies nicht als Frage des Haftungsausschlusses gemäß § 1 Abs. 2 ProdHaftG, sondern der „normativen Zurechnung nach dem Schutzzweck des Gesetzes". Er hält es aber gleichwohl für naheliegend, den Gedanken der Nähe zum Beweisthema, wie er in § 1 Abs. 2 ProdHaftG Ausdruck gefunden habe, entsprechend anzuwenden und deshalb dem Hersteller die Beweis-last aufzuerlegen.
190 Siehe oben 3. a) bb).
191 Siehe oben 4. b) aa).

duktsicherheitsrecht ist § 1 Abs. 2 Nr. 4 ProdHaftG deshalb ebenso wie der haftungsbegründende Fehlerbegriff des § 3 ProdHaftG[192] auf den Marktstaat bezogen.

b) Die Verkehrssicherungspflichten von Herstellern im Rahmen der Verschuldenshaftung

688 Die Verschuldenshaftung von Herstellern ist in gleichem Maße auf den Markt (-staat) bezogen wie die EG-Produkthaftung. Dies ist, wenn für die Verletzung eines Schutzgesetzes gehaftet wird, ebenso offensichtlich wie bei der EG-Produkthaftung, deren Fehlerbegriff ausdrücklich auf die berechtigten Sicherheitserwartungen der den „Herstellern" gegenüberstehenden Marktseite hinweist. Der Haftungstatbestand des § 823 Abs. 2 BGB läßt zwar selbst keine räumliche Schutzrichtung erkennen, wohl aber die inkorporierten Schutzgesetze des öffentlichen Produktsicherheitsrechts, die ihren räumlichen Anwendungsbereich regelmäßig selbst bestimmen[193]. Die räumliche Selbstbeschränkung der öffentlich-rechtlichen Verhaltensnormen gibt, was im allgemeinen Deliktsrecht meist vergeblich gesucht wird: Anhaltspunkte für die Frage, welcher räumliche Verkehrskreis geschützt werden soll[194].

689 Bei § 823 Abs. 1 BGB ist der Marktbezug dagegen nicht offen ausgewiesen[195]. Er wird vielmehr durch das Erfordernis einer schuldhaften Pflichtverletzung kaschiert. Dieses Erfordernis lenkt nämlich den Blick auf das Verhalten des Haftenden, insbesondere auf die Konstruktion und die Fertigung des Produkts. Verhaltensbezogenheit und Marktbezogenheit der Haftung sind aber kein Gegensatz, sondern bedingen sich gegenseitig[196]. Denn die Schadensprävention hat notwendig zwei Bezugspunkte: auf der einen Seite das Schutzgut, dessen Schädigung abgewehrt werden soll, und auf der anderen Seite die Person, deren Verhalten das Schutzgut abstrakt gefährdet und deren Verhalten deshalb gesteuert werden soll. Der Begriff „Verkehrssicherungspflicht" bringt diese Bipolarität treffend zum Ausdruck. Die Rechtsprechung ist denn auch bei der Entwicklung der Verkehrssicherungspflichten nicht anders verfahren[197], als es für die EG-Produkthaftung deren Fehlerbegriff ausdrücklich

---

192 Siehe unmittelbar zuvor cc).
193 Vgl. hierzu allgemein *Stoll*, Verhaltensnormen 176.
194 Zu dieser Fragen unten Fn. 231.
195 *Chr. v. Bar*, JZ 1985, 961.
196 Dies hat schon die Analyse der Marktbezogenheit der EG-Produkthaftung gezeigt, die wie die Verschuldenshaftung in weiten Bereichen verhaltensbezogen ist. Siehe oben a).
197 Die Fehlerhaftigkeit des Produkts konnte auch in der Verschuldenshaftung gegenüber der Fehlerhaftigkeit des Verhaltens in den Vordergrund rücken, da es sich um objektive Verhaltensgebote handelt. Die Aussage *Diederichsen*, NJW 1978, 1284, es gehe „nicht mehr um fehlerhaftes Verhalten, sondern um die Fehlerhaftigkeit der Produkte", darf jedoch nicht mißverstanden werden. Es geht um beides; denn das Verhalten des Herstellers ist fehlerhaft, wenn es zu einem fehlerhaften Produkt führt. Eingehend hierzu *Schlechtriem*, FS Rittner 545 ff.

verlangt[198]. Sie hat die Verkehrssicherungspflichten stets unter Berücksichtigung der Verhältnisse des Marktes (Marktstaates) begründet[199]. Es zeigt sich also: Verschuldenshaftung und verschuldensunabhängige EG-Produkthaftung unterscheiden sich letztlich nur in der Offensichtlichkeit der Bezugspunkte. Während bei der EG-Produkthaftung der Marktbezug offensichtlich ist und der Verhaltensbezug erst offengelegt werden muß[200], ist es bei der Verschuldenshaftung gerade umgekehrt.

c) Die Importeurhaftung

Die Marktbezogenheit der Importeurhaftung ist evident. Sich mit ihr näher **690** auseinanderzusetzen, heißt dennoch nicht, Eulen nach Athen tragen. Außer Frage steht nämlich nur der Marktbezug an sich. Über seine Grundlagen und seinen Inhalt herrscht hingegen Unsicherheit. Dies zeigt sich im Rahmen der Verschuldenshaftung vor allem im Streit darüber, welchen Inhalt die Importeurpflichten haben[201]. Im Rahmen der EG-Produkthaftung offenbart sich die Unsicherheit im Streit um die Frage, ob EG-(EWR-)Importeur nur ist, wer in der EG (im EWR) seinen Sitz oder eine zuständigkeitsbegründende Niederlassung hat, und ob auch der Reimporteur und der Importeur von Grundstoffen und Teilprodukten erfaßt ist[202].

aa) Die Verschuldenshaftung des Importeurs

Die Verschuldenshaftung des Importeurs beruht wie jede Verschuldenshaftung **691** auf der Verantwortlichkeit für das eigene Handeln. Der Importeur haftet nicht als Repräsentant des Herstellers, sondern weil er das schadenstiftende Produkt dem Inlandsmarkt zuführt[203]. Eine Begrenzung auf inländische Importeure, also auf Personen mit Sitz oder zuständigkeitsbegründender Niederlassung im Importstaat, ist der Verschuldenshaftung fremd. Ausschlaggebend ist die

---

198 Zur Übereinstimmung zwischen den von der Rechtsprechung entwickelten Verkehrssicherungspflichten der Verschuldenshaftung und dem Fehlerbegriff der EG-Produkthaftung vgl. Begründung des ProdHaftG-Entwurfs BT-Drucks. 11/2447 S. 18; *Schlechtriem*, FS Rittner 545 ff.; *ders.*, VersR 1986, 1035; *Diederichsen*, Probleme 20; *W. Lorenz*, ZHR 151 (1987) 23; *Czempiel* 131.
199 Dies ist besonders deutlich bei der Ausformung der Importeurpflichten (dazu sogleich im Text) und der nicht nur den Importeur treffenden Produktbeobachtungspflicht.
200 Siehe oben bei und in Fn. 41 und 42.
201 Dazu sogleich unter aa).
202 Dazu sogleich unter bb).
203 *Schmidt-Salzer*, Produkthaftung III/1 Rn. 4.389; *Micklitz*, ZRP 1978, 41; *Brinkmann*, DB 1980, 777. — Anders als bei der EG-Produkthaftung wird eine Fehlerverursachung im vorgelagerten Hersteller- und Vertriebsbereich nicht zugerechnet. Vgl. *Schmidt-Salzer*, Produkthaftung (1973) Rn. 173; *ders.*, BB 1979, 1, 4; *Kullmann*, Kza. 1524/1. — Zur sog. passiven Produktbeobachtungspflicht eines Importeurs vgl. BGH, 7.12.1993, BD 1994, 242 (= § 7 Fn. 68).

(Letzt-)Verantwortung für den Marktzutritt; wo der Verantwortliche seinen Sitz oder seine Niederlassung hat, ist unerheblich[204].

692 Die Verschuldenshaftung des Importeurs hat unstreitig den Zweck, das Verhalten des Importeurs mit Blick auf die Verkehrssicherheit im Marktstaat zu steuern. Der BGH hat die Verkehrssicherungspflichten des Importeurs in der grundlegenden Klapprad-Entscheidung von 1979[205] allerdings auch mit Blick auf die Verhältnisse im Herstellerstaat bestimmt. Er hat angenommen, den Importeur von technischen Geräten aus einem der sechs ursprünglichen Mitgliedstaaten der EG treffe im Rahmen von § 823 Abs. 1 BGB[206] keine anderen Pflichten als einen Großhändler inländischer Ware, weil in den betreffenden Staaten im wesentlichen die gleichen Sicherheitsvorkehrungen getroffen würden wie in der Bundesrepublik und weil das EuGVÜ eine ausreichende Rechtsverfolgung des Herstellers in den Vertragsstaaten sichere[207].

693 Der vom BGH zur Pflichtbestimmung vorgenommene Vergleich ländertypischer Produktstandards ändert jedoch nichts daran, daß die Importeurhaftung in erster Linie auf den Importstaat bezogen ist. Zunächst einmal könnte der Produktionsstandard im Herstellungsstaat allenfalls entscheidend sein, wenn es um Fehlerquellen der Produktion geht. Die marktgerechte Darbietung des Produktes, etwa die Geeignetheit von Gebrauchsanleitungen, Warnhinweise etc., wird nicht erfaßt[208]. Aber auch für die Pflicht des Importeurs, die Ware auf Konstruktions- oder Fertigungsmängel zu prüfen, kann der typische Produktionsstandard im Herstellungsland nicht ausschlaggebend sein. Verbreitet wird dies damit begründet, es könne im Herstellungsstaat ein regionales und produktspezifisches Qualitätsgefälle geben[209]. Diese Begründung trifft jedoch nicht den Kern des Problems. Gegen eine Ausrichtung der Importeurpflichten am Produktionsstandard des Herstellungsstaates spricht vor allem, daß es, wie die Analyse des öffentlichen Produktsicherheitsrechts offenbart[210], in Herstellungsstaaten regelmäßig keinen rechtlich verbindlichen Sicherheitsstandard für Exportprodukte gibt. Es besteht deshalb keine Gewähr, daß der Sicherheitsstandard, der im Herstellungsstaat für in diesem Staat vermarktete Produkte verbindlich ist, bei Exportprodukten eingehalten wird. So ist es möglich, daß ein Exportprodukt mit geringerer Sicherheit produziert wird, um Kosten zu

---

204 Zu den sachlichen Gründen für spezifische Importeurpflichten *Micklitz*, ZRP 1978, 40f.
205 BGH, 11.12.1979, BB 1980, 443 = NJW 1980, 1219 (Klapprad).
206 Die Entscheidung erweckt den Anschein, als könnten die allgemeinen Verkehrssicherungspflichten aus § 823 Abs. 1 BGB hinter den Pflichten des § 3 GSG zurückbleiben. Dem ist aber nicht so. Siehe oben 3. b). Vgl. auch *Sack*, JBl 1989, 619 Fn. 51; *Foerste* § 26 Rn. 60; a.A. *J. Meyer* 114 (sei möglich, komme aber selten vor).
207 BGH, 11.12.1979, NJW 1980, 1219, 1220; ablehnend *Brüggemeier*, Deliktsrecht Rn. 610. *Foerste* § 27 Rn. 65, mißt der Rechtsverfolgungsmöglichkeit für die Verschuldenshaftung kein Gewicht bei, weil die Importeurhaftung keine Ausfallhaftung, sondern Folge der eigenständigen Pflicht sei, atypischen Gefahren für den deutschen Verbraucher zu begegnen.
208 *Schmidt-Salzer*, EG-Produkthaftung I Art. 3 EG-Richtlinie Rn. 188.
209 *Foerste* § 27 Rn. 65; *Schmidt-Salzer*, BB 1980, 445.
210 Siehe oben 4.

sparen und dadurch auf dem ausländischen Markt wettbewerbsfähig zu sein. Wird ein solches Produkt entgegen der Pläne des Herstellers in den Marktstaat importiert, dann ist die Verantwortung des Importeurs gefragt[211]. Es zeigt sich also, daß ein pauschaler Vergleich länderspezifischer Produktionsstandards kein geeignetes Mittel ist, um die Pflichten eines Importeurs zu bestimmen. Sie sind vielmehr − wie Verkehrspflichten auch sonst − unter Berücksichtigung der konkreten Umstände des Einzelfalles festzulegen[212].

bb) Die EG-Produkthaftung des Importeurs

Nach § 4 Abs. 2 ProdHaftG gilt als Hersteller auch, wer ein Produkt zum **694** Zweck des Verkaufs, der Vermietung, des Mietkaufs oder einer anderen Form des Vertriebs mit wirtschaftlichem Zweck im Rahmen seiner geschäftlichen Tätigkeit in den Geltungsbereich des Abkommens über den Europäischen Wirtschaftsraum einführt oder verbringt. Markt im Sinne der EG-Importeurhaftung ist also nicht ein nationaler Markt, sondern der Gemeinsame Markt bzw. der Europäische Wirtschaftsraum. Warenverbringungen von einem Mitgliedstaat der EG in einen anderen unterliegen der verschuldensunabhängigen EG-Produkthaftung nicht.

Die verschuldensunabhängige Haftung des Importeurs, der Waren in die EG **695** einführt (sog. EG-Importeur), wird in der Begründung des Gesetzentwurfs der Bundesregierung lediglich damit gerechtfertigt, sie diene besonders dem Schutz des Verbrauchers, da eine Rechtsverfolgung insbesondere in überseeischen Drittstaaten den Geschädigten vor meist unüberwindbare Probleme stellen werde[213]. Die Amtliche Begründung macht aber zugleich deutlich, daß dies nicht die einzige Rechtfertigung für die EG-Importeurhaftung sein kann. Denn nach ihr soll die Haftung auch den Reimporteur von in der EG hergestellter Ware treffen[214]. Leider wird dies nicht sachlich, sondern nur begrifflich begründet. Es heißt lapidar, die Haftung des Importeurs sei eine *originäre*

---

211 *Foerste* § 26 Rn. 53; *v. Hoffmann*, FS v. Overbeck 774 f.; vgl. auch *Micklitz*, NJW 1983, 483.
212 Der genaue Pflichteninhalt ist im einzelnen umstritten. Tendenziell werden zu Recht strenge Anforderungen gestellt. So meint etwa *Kullmann*, Kza. 1524/14, sehr zurückhaltend: „Auch ein Importeur wird sich − *gelegentlich* − darauf verlassen können, daß Waren, die er von einem *Spezialunternehmen mit internationalem Ruf* aus einem *bedeutenden* Industriestaat bezieht, in konstruktiver und fertigungstechnischer Hinsicht einwandfrei sind, *jedenfalls, wenn* er sich vergewissert, daß die Konstruktion und die Produktionsweise den hierzulande üblichen Standards entspricht" (Hervorhebung hinzugefügt). Vgl. auch *Schmidt-Salzer*, Produkthaftung (1973) Rn. 173 („Pflicht ... im Rahmen des Möglichen und Zumutbaren den inländischen Markt vor fehlerhaften Produkten zu schützen"); *Foerste* § 26 Rn. 65.
213 Begründung des ProdHaftG-Entwurfs BT-Drucks. 11/2447 S. 20.
214 Begründung des ProdHaftG-Entwurfs BT-Drucks. 11/2447, S. 20, 49.- Ganz herrschende Meinung, vgl. nur *Schmidt-Salzer*, EG-Produkthaftung I Art. 3 EG-Richtlinie Rn. 205; *Kullmann* 98; *Graf v. Westphalen* NJW 1990, 89; grundsätzlich auch *Zoller* 149; a.A.: *v. Hoffmann*, FS v. Overbeck 699; zur Einbeziehung des Reimporteurs durch das österreichische Produkthaftungsgesetz a.F. *Sack*, JBl 1989, 618 f. m. w. N.

Haftung. Die entscheidende Frage, weshalb sie originär ist, wird nicht beant-wortet[215].

696 In der Möglichkeit der Rechtsverfolgung innerhalb der EG kann der Grund nicht liegen. Denn der Hersteller des reimportierten Produkts hat seinen Sitz in der EG. Der entscheidende Grund für eine Haftung des Reimporteurs liegt darin, daß der Hersteller, der das Produkt in der EG produziert hat, unter Um-ständen nicht haftet, weil er sich gemäß § 1 Abs. 2 Nr. 2 ProdHaftG damit ent-lasten kann, er habe das Produkt nicht für eine Vermarktung innerhalb der EG, sondern für einen Drittstaat entsprechend den dortigen Sicherheitsbestim-mungen und -erwartungen produziert[216]. Der primäre Regelungsgrund für die verschuldensunabhängige Haftung des Reimporteurs ist also nicht die Rechts-verfolgung, sondern die ihr vorrangige Rechtsbegründung. Die Haftung des EG-Reimporteurs soll sicherstellen, daß der Geschädigte jedenfalls gegen die-sen verschuldensunabhängige Schadensersatzansprüche hat.

697 Aufgrund der Amtlichen Begründung des deutschen Produkthaftungsgesetzes, welche die originäre EG-Importeurhaftung nur mit den Schwierigkeiten der Rechtsverfolgung in Drittstaaten rechtfertigt[217], wäre es allerdings denkbar, den Reimporteur zu erfassen, aber gleichwohl für alle EG-Importeure zu ver-langen, daß sie ihren Sitz oder eine zuständigkeitsbegründende Niederlassung in der EG haben. Eine solche Auslegung[218] könnte auch auf das von der EG-Richtlinie inspirierte österreichische Produkthaftungsgesetz a. F. verweisen, das nur eine Haftung des „inländischen" Importeurs statuierte[219]. Das öster-reichische Produkthaftungsgesetz a. F. spricht im Ergebnis jedoch nicht für, sondern gegen eine solch restriktive Auslegung der EG-Richtlinie und des

215 So zutreffend *Rolland* § 4 ProdHaftG Rn. 55.
216 Siehe oben bei und in Fn. 187 sowie eingehend unten § 15 II. 2. a) bb) (4) (b) — Bereits die *Möglichkeit* der Nichthaftung des Herstellers gibt eine ausreichende Grundlage für die Impor-teurhaftung. *Rolland* § 4 ProdHaftG Rn. 56, meint dagegen, eine Haftung des Reimporteurs sei nur zu bejahen, wenn eine Haftung des Herstellers nicht in Betracht komme. Diese Ansicht hätte jedoch eine große Rechtsunsicherheit für den Geschädigten zur Folge. — *Barchetti/For-manek*, 40, sehen einen weiteren Grund darin, daß das Produkt auch faktischen Veränderun-gen im Ausland ausgesetzt gewesen sein könnte, für die der inländische Hersteller nicht verant-wortlich ist. Die Möglichkeit faktischer Veränderungen, die der Endhersteller nicht zu vertre-ten hat, besteht aber immer, auch bei einem Vertrieb im Inland. Damit läßt sich die verschul-densunabhängige Produkthaftung des Importeurs nicht rechtfertigen.
217 Siehe bei und in Fn. 213.
218 Im Schrifttum wird häufig nur diese Konstellation in den Blick genommen; vgl. z. B. *Wilms*, 115, der für seine Untersuchung diejenige Person als Importeur bezeichnet, die im Importland ihren Sitz hat, als Grund der Haftung aber nicht die schwierige Rechtsverfolgung gegenüber dem ausländischen Hersteller, sondern allein die Verantwortung des Importeurs für den Marktzutritt nennt.
219 Siehe § 1 Abs. 1 Nr. 2 PHG a. F. („inländische Unternehmer, der es zum Vertrieb in das Inland einführt und hier in den Verkehr gebracht hat"). Bei der EWR-Novelle, BGBl 1993/95, wurde das Wort „inländisch" gestrichen. — Ob die Vorschrift a. F. auch auf Importe aus der EG anzuwenden war, war wegen des Freihandelsabkommens mit der EG (Abl. EG Nr. L 300/72) umstritten. Gegen Anwendbarkeit: *Sack*, JBl 1989, 619 f.; *ders.*, WBl. 1991, 251 ff. Für An-wendbarkeit: *Reindl*, WBl 1991, 121 ff. und wohl auch *Posch* § 128 Rn. 52 Fn. 54.

deutschen Umsetzungsgesetzes. Das österreichische Schrifttum hielt die Begrenzung auf „inländische" Importeure nämlich ganz überwiegend[220] für verfehlt und schlug verschiedene konstruktive Wege vor, um den „gesetzgeberischen Mißgriff"[221] zu korrigieren[222]. Die dogmatische Stringenz der verschiedenen Lösungsvorschläge kann hier dahin stehen. Wichtig ist allein die zugrundeliegende Wertung, daß eine Haftung des ausländischen Importeurs sachgerecht sei, weil es keinen Grund gebe, den Zugriff auf einen ausländischen Importeur zu vereiteln und dies dem Gesetzeszweck geradezu zuwiderlaufe, wenn der ausländische Importeur im Inland einen Gerichtsstand habe[223].

In der Tat könnte man eine entsprechende *sachrechtliche* Beschränkung des **698** Anwendungsbereichs der verschuldensunabhängigen Importeurhaftung allenfalls dann annehmen, wenn feststünde, daß sie gegenüber Importeuren mit Sitz außerhalb des Importstaates (bzw. außerhalb der EG/des EWR) in keinem Fall durchsetzbar wäre. So ist es aber nicht. Ganz abgesehen von einer vielleicht schwierigen, aber nicht unmöglichen Rechtsverfolgung in Drittstaaten kann auch ein EG-Importeur ohne Sitz oder Niederlassung in der EG regelmäßig in der EG verklagt werden, weil er das Produkt in der EG vermarktet, er also in der EG unerlaubt handelt, und weil ein in der EG vermarktetes fehlerhaftes Produkt meist auch in der EG zu einem Schaden führt[224]. Auch die Vollstreckung innerhalb der EG ist regelmäßig gewährleistet, weil der EG-Importeur aufgrund seiner Tätigkeit Vermögenswerte in der EG hat. Es verhält sich nicht anders als bei einem Hersteller mit Sitz außerhalb der EG, der in einer unselbständigen Produktionsstätte in der EG produziert und die Produkte un-

---

220 A.A. *Barchetti/Formanek* 37 ff.; *Sack*, JBl 1989, 618; grundsätzlich auch *Andréewitch*, ÖJZ 1988, 227 („inländischer Importeur" sei auch der inländische Händler, der den Import nicht selbst vornehme, sondern durch einen Ausländer für sich durchführen lasse).

221 *Welser*, WBl 1988, 169 f. Fn. 26; *Knötzl*, WBl 1989, 297 („legislatorischer „Fehler").

222 Eine Ansicht qualifizierte jeden Unternehmer, der in Österreich von einem *ausländischen* Importeur kauft, als Importeur im Sinne des § 1 Abs. 1 Nr. 2 ProdHaftG, vgl. *Fitz/Purtscheller*, in: Fitz/Purtscheller/Reindl, § 1 PHG Rn. 37; *Fitz*, HWR 1988, Heft 6 S. 6 (registrierte Zweigniederlassung genüge um vom einem inländischen Unternehmen zu sprechen); ähnlich *Sack*, JBl 1989, 618; dagegen insbesondere *Welser*, WBl 1988, 283; *Andréewitch*, ÖJZ 1988, 227 und *Krejci*, VR 1988, 219. – Eine andere Ansicht betrachtete das Wort „inländisch" als Tautologie zu dem Tatbestandsmerkmal „Einfuhr ins Inland"; vgl. *Welser*, WBl 1988, 283; *ders.*, § 1 PHG Rn. 12; dagegen ausdrücklich *Andréewitch*, RdW 1988, 444; *Knötzl*, WBl 1989, 298; *Frotz*, Dt.-österr. Wirtschaftsspiegel 1988, 23. – Für eine analoge Anwendung des § 1 Abs. 1 Nr. 2 PHG *Knötzl*, WBl 1989, 298. – *Posch*, § 128 Rn. 50, wollte im Ausland sitzende Unternehmen dann als „inländische Importeure" ansehen, wenn im Inland ein Gerichtsstand gegeben ist.

223 *Welser*, WBl 1988, 169 bei und in Fn. 26; *ders.*, WBl 1988, 283; *Knötzl*, WBl 1989, 296. – *Knötzl*, WBl 1989, 297, und *Frotz*, Dt.-österr. Wirtschaftsspiegel 1988, 23, führen als weiteres Argument an, daß auch der EG-Richtlinie eine entsprechende Beschränkung fremd sei. Dies ist jedoch gerade fraglich. Eine unterschiedliche Auslegung wäre in jedem Falle denkbar gewesen, weil das österreichische Produkthaftungsgesetz anders als die EG-Richtlinie eine Deckungsvorsorgepflicht statuiert hat.

224 Vgl. zum autonomen Internationalen Zuständigkeitsrecht der EG-Mitgliedstaaten *Wandt*, in: Schmidt-Salzer, EG-Produkthaftung II/23–16 f.

mittelbar von dort zum Vertrieb in der EG ausliefert. Auch dieser — in der Praxis eher seltene — Fall unterliegt nach dem Willen des Gemeinschaftsgesetzgebers der verschuldensunabhängigen Produkthaftung[225]. EG-(EWR-)Importeur ist also, wer dafür verantwortlich ist, daß das Produkt in der EG (im EWR) gehandelt wird; auf seinen Sitz kommt es nicht an.

699 Der *innere* Grund für die verschuldensunabhängige Haftung des EG-Importeurs liegt wie bei der Verschuldenshaftung[226] nicht in den Schwierigkeiten der Rechtsverfolgung gegen die tatsächlichen Hersteller, sondern darin, daß unter Umständen nur er für die Fehlerhaftigkeit des Produkts verantwortlich ist. Bereits die Verantwortung für den Marktzutritt des fehlerhaften Produktes rechtfertigt seine verschuldensunabhängige Haftung[227]. Sie rechtfertigt diese Haftung unabhängig davon, ob er Endprodukte, Grundstoffe oder Teilprodukte[228] importiert oder reimportiert, und unabhängig davon, wo er seinen Sitz hat[229]. Die Importeurhaftung wird deshalb unzureichend charakterisiert, wenn sie nur als „eine Art Ersatzverantwortlichkeit" bezeichnet wird[230].

6. Zusammenfassung

700 a) Das öffentliche Produktsicherheitsrecht und grundsätzlich auch das private Produkthaftungsrecht haben die Funktion, das Verhalten der Normadressaten zu steuern, um Schäden durch fehlerhafte Produkte zu vermeiden. Dies gilt

---

225 Vgl. *Kullmann* 98.

226 Siehe oben aa).

227 Vgl. *Schmidt-Salzer*, EG-Produkthaftung I Art. 3 EG-Richtlinie Rn. 205; *Zoller* 149 (der irrtümlich statt von Importstaat von Exportstaat spricht).

228 *Taschner/Frietsch* § 4 ProdHaftG Rn. 53; *Kullmann* 99; *Schmidt-Salzer*, EG-Produkthaftung I Art. 3 EG-Richtlinie Rn. 247 f.; a.A. für das österreichische Recht *Fitz/Purtscheller,* in: Fitz/Purtscheller/Reindl, § 3 PHG Rn. 4a.

229 Die Möglichkeit eines EG-Importeurs mit Sitz außerhalb der EG hat den dänischen Gesetzgeber wohl zu der Regelung des § 4 Abs. 5 S. 2 dänisches ProdHaftG (vgl. unten § 16 Fn. 50) veranlaßt. Danach kann ein Lieferant seiner Auskunftsobliegenheit nicht dadurch entgehen, daß er einen Haftpflichtigen benennt, dessen Gerichtsstand sich außerhalb der EG befindet. Vgl. auch *Schmidt-Salzer*, EG-Produkthaftung I Art. 3 EG-Richtlinie Rn. 199 (2. Beispiel: Reimport in die EG durch österreichisches Unternehmen); *Andréewitch*, ÖJZ 1988, 227.

230 So *Rolland* § 6 ProdHaftG Rn. 26; ähnlich *Kötz*, FS Lorenz 120 (eine — aus besonderen Gründen gerechtfertigte — Haftung für *fremdes* Verschulden). — *v. Hoffmann*, FS v. Overbeck 778, meint, das Gefahrbeherrschungsprinzip rechtfertige es zwar, den Importeur für die Einhaltung inländischer Sicherheitsstandards, für die sachgerechte Instruktion und für die Produktbeobachtung einstehen zu lassen; es rechtfertige aber nicht die generelle Einstandspflicht für Konstruktions- oder Fabrikationsmängel. Ihre Rechtfertigung sei die Erwartung des Verkehrs, bei im Inland vertriebene Produkten auch einen Verantwortlichen im Inland zu haben („Repräsentantenhaftung des EG-Importeurs"). Die EG-Importeurhaftung beruhe deshalb auf einem ganz anderen Zurechnungsprinzip als die Haftung der tatsächlichen Hersteller. Dazu ist zu sagen: Es ist richtig, daß das Motiv, dem Geschädigten die internationale Rechtsverfolgung zu erleichtern, nur der Haftung des Importeurs zugrundeliegt. Es ist aber auch für sie nur ein Regelungsmotiv neben anderen (siehe oben 5. c). Für einen einheitlichen Zurechnungsgrund der EG-Produkthaftung spricht, daß auch dem Endhersteller unentdeckbare Fehler eines Zulieferers zugerechnet werden. Insoweit ist also auch der Endhersteller „Repräsentant" des Fehlerverursachers.

auch für die EG-Produkthaftung, soweit deren Fehlerbegriff auf ein objektives Sorgfaltsniveau rekurriert und damit verhaltensbezogen ist.

b) Das private Haftungsrecht inkorporiert die Verhaltenssteuerung durch das **701** öffentliche Produktsicherheitsrecht vollkommen. Es knüpft an das Verhaltensgebot des öffentlichen Produktsicherheitsrechts an, wenn es auf die Verletzung eines Schutzgesetzes abstellt. Es schafft ein haftungsrechtliches Pendant, wenn es eine Verkehrssicherungspflicht statuiert oder auf die Fehlerhaftigkeit des Produktes abstellt.

Verkehrssicherungspflicht und verhaltensbezogener Fehlerbegriff können über **702** die Anforderungen des öffentlichen Produktsicherheitsrechts hinausgehen. Dies geschieht vor allem dann, wenn das öffentliche Produktsicherheitsrecht nicht den aktuellen Stand von Wissenschaft und Technik im Zeitpunkt der Inverkehrgabe des schadenstiftenden Produkts beschreibt. Der öffentlich-rechtliche Sicherheitsstandard ist für den Haftungsprozeß aber stets von herausragender Bedeutung.

c) Die Analyse der Grundstrukturen des öffentlichen Produktsicherheitsrechts **703** offenbart seine grundsätzliche Vermarktungs- und Marktbezogenheit:

aa) Das öffentliche Produktsicherheitsrecht bestimmt zum Schutze der End- **704** verbraucher und der Allgemeinheit, wie sicher ein Produkt sein muß. Ansatzpunkt für die gesetzlichen Pflichten ist grundsätzlich das Inverkehrbringen des Endproduktes, nicht der Produktionsprozeß und nicht die zur Fertigung des Endproduktes verwendeten Grundstoffe und Teilprodukte (Vermarktungsbezogenheit des öffentlichen Produktsicherheitsrechts).

bb) Das öffentliche Produktsicherheitsrecht eines Staates erfaßt grundsätzlich **705** nur das Inverkehrbringen von Endprodukten in diesem Staat zum Zwecke der Vermarktung an Endverbraucher in diesem Staat (Marktstaat, Importstaat). Die Marktbezogenheit des öffentlichen Produktsicherheitsrechts beruht darauf, daß die erforderliche Sicherheit von den Gegebenheiten des Marktes abhängt und deshalb vom Marktstaat am besten beurteilt werden kann. Sie beruht außerdem auf dem Willen des Staates, seine Bevölkerung möglichst effektiv vor Produktrisiken zu schützen.

Exportstaaten regulieren die Sicherheit von Exportprodukten nur ausnahms- **706** weise. Sie erkennen die primäre Regelungskompetenz des Marktstaates (Importstaates) in jedem Fall an und beugen einer Rechtskollision vor. Sie stellen deshalb entweder nur allgemeine Sicherheitsanforderungen, so daß eine Kollision mit dem Recht des Marktstaates (Importstaates) ausgeschlossen ist, oder sie stellen detaillierte Regelungen unter den Vorbehalt, daß der Marktstaat (Importstaat) keine abweichenden Regelungen getroffen hat.

In der EG führen die gemeinschaftsrechtliche Festlegung der grundlegenden **707** Sicherheitsanforderungen, der Grundsatz der Gleichwertigkeit konkretisierender technischer Normen und ein − noch auszubauendes − System der Zertifizierung und der Akkreditierung zu einer Verlagerung der Regulierungs- und Überwachungskompetenz vom Empfangsland (Importstaat) auf das Herkunftsland (Exportstaat). Nach dem sog. Herkunftslandprinzip kann eine Ware frei im Binnenmarkt verkehren, wenn sie im Herkunftsland rechtmäßig hergestellt und in den Verkehr gebracht worden ist. Dem Empfangsland (Importstaat) bleibt es aber unter engen Voraussetzungen vorbehalten, strengere Anforderungen an die Produktsicherheit zu stellen, als das Herkunftsland.

708　cc) Adressat des öffentlichen Produktsicherheitsrechts des Marktstaates ist primär derjenige, der für das erstmalige Inverkehrbringen des Endproduktes im Marktstaat verantwortlich ist, der Verantwortliche für den Marktzutritt. Die nachfolgenden Händler werden subsidiär nur dann in die Pflicht genommen, wenn es zum Schutze der Verbraucher unumgänglich ist.

709　Verantwortlicher für den Marktzutritt ist der Endhersteller oder bei vom Ausland eingeführten Produkten der Importeur. Wenn der Einfuhr ein Vertrag zwischen Gliedern der Vertriebskette zugrundeliegt, so ist grundsätzlich der gebietsansässige Händler Importeur. Sitz oder Niederlassung im Marktstaat sind aber nicht begriffsnotwendig. Importeur im Sinne des öffentlichen Produktsicherheitsrechts ist auch dasjenige ausländische Unternehmen, das seine Produkte vom Ausland direkt an Endverbraucher liefert oder sie in den Marktstaat verbringt und dort auf Messen etc. veräußert.

710　d) Das Haftungsrecht steuert das Verhalten ebenso wie das öffentliche Produktsicherheitsrecht mit Blick auf die Sicherheitsbedürfnisse des Verkehrs im Marktstaat. Bei der EG-Produkthaftung ist dies offensichtlich, weil die Fehlerhaftigkeit des Produkts nach den Umständen seiner Vermarktung aus der Sicht des betroffenen Verkehrskreises zu beurteilen ist. In den gesetzlichen Tatbeständen der Verschuldenshaftung kommt es nicht unmittelbar zum Ausdruck. Hier ergibt es sich jedoch mittelbar aus den von der Rechtsprechung entwickelten „Verkehrssicherungspflichten" und aus den räumlich-gegenständlich begrenzten Schutzgesetzen. Das materielle Recht der Produkthaftung ist also hinsichtlich der gebotenen Produktsicherheit nicht „raum-indifferent"[231], sondern auf den Markt bezogen, auf dem das Produkt die Vertriebskette verläßt.

III. Die Verhaltenssteuerung im Kollisionsrecht

711　Auf der ausgebreiteten sachrechtlichen Grundlage ist nunmehr die Frage zu beantworten, welche Anknüpfung unter dem Gesichtspunkt der Verhaltenssteuerung die beste ist, anders ausgedrückt: welches das kollisionsrechtlich („räumlich") beste Recht der Verhaltenssteuerung ist (unten 1). Zur Vorbereitung der alle Anknüpfungsgesichtspunkte einschließenden Gesamtabwägung sind an-

---

231 So *Kegel*, IPR 455, hinsichtlich des materiellen Deliktsrechts und *Chr. v. Bar*, JZ 1985, 961, zu § 823 Abs. 1 BGB.

schließend die Konsequenzen zu erörtern, die sich ergeben, wenn man im Interesse anderer Gesichtspunkte nicht die für die Verhaltenssteuerung beste Anknüpfung wählt (unten 2.).

1. Das kollisionsrechtlich beste Recht der Verhaltenssteuerung

a) Der Regelfall

aa) Die Anknüpfung an den Marktstaat

(1) Folgerungen aus den sachrechtlichen Indizien

Die Analyse des Sachrechts weist das Recht des Marktstaates als kollisions- **712** rechtlich bestes Verhaltenssteuerungsrecht aus. Besonders offenkundig ist dies bei der Haftung des Importeurs, für die es meist als selbstverständlich angesehen wird[232]. Es gilt aber im gleichen Maße für den Endhersteller, wenn dieser für den Marktzutritt verantwortlich ist, also selbst das Produkt im Marktstaat zum Zwecke der Vermarktung in diesem Staat in den Verkehr bringt. Der Marktstaat mag Endherstellern und Importeuren unterschiedliche Pflichten auferlegen, weil er der Arbeitsteilung Rechnung trägt. Die Schutzrichtung dieser Pflichten ist aber stets die gleiche, nämlich der Verkehr im Marktstaat. Der Marktstaat steuert das Verhalten des *Verantwortlichen für den Marktzutritt* zum Schutze des Verkehrs im Marktstaat durch öffentlich-rechtliche Verhaltensgebote. Diese indizieren die Schutzrichtung des Haftungsrechts, weil sie dem Haftungsrecht gerade mit dem Zweck „vorgelagert" wurden, dessen schadenspräventive Wirkung zu verstärken[233]. Infolge des gemeinsamen Schutzzweckes bestehen zwischen dem öffentlichen Produktsicherheitsrecht und dem privaten Haftungsrecht enge Zusammenhänge, insbesondere bei der Haftung wegen der Verletzung eines öffentlich-rechtlichen Schutzgesetzes. Diese Zusammenhänge werden kollisionsrechtlich am besten gewahrt, wenn das Recht des Marktstaates das Verhalten des Verantwortlichen für den Marktzutritt einheitlich, also sowohl öffentlich-rechtlich als auch haftungsrechtlich, steuert. Die Einheitlichkeit gewährleistet, daß das öffentliche Produktsicherheitsrecht und das private Haftungsrecht auch im internationalen Bereich aufeinander abgestimmt werden können[234].

---

232 Die Anknüpfung der Importeurhaftung ist beispielsweise für *Zoller*, a.a.O., kein Thema.

233 Vgl. *Duintjer Tebbens* 372; *ders.*, The Hague Convention 25, 22 („Much will depend on interpretation of the territorial scope of the relevant standards"); *Chr. v. Bar*, JZ 1985, 968 (räumliche Verkehrskreisbestimmung innerhalb des Sachrechts als Grundlage der kollisionsrechtlichen Anknüpfung); *Deutsch*, Symposium Jahr 30 („bei der kollisionsrechtlichen Behandlung von Verhaltensnormen zeigt sich also, daß erst der Blick auf die in Rede stehende Verhaltensnorm und den Verkehrskreis, den sie schützt, die jeweils zutreffende Anknüpfung offenlegt").

234 Vgl. die Stellungnahme der schwedischen Regierung zum Vorentwurf des Haager Übereinkommens, Conférence 127. − Zu den *Kriterien* der Abstimmung zu einer optimalen „Anreizmischung" in Inlandsfällen *Kötz*, FS Steindorff 658. − Zur *Notwendigkeit* der Abstimmung *Micklitz*, Internationales Produktsicherheitsrecht 36 f., der bestrebt ist, „Internationales Produktsicherheitsrecht" als eigenständiges, durch den Regelungsgegenstand definiertes Rechtsgebiet zu etablieren.

713 Wenn das schadenstiftende Produkt zu einer Produktart gehört, deren Vermarktung (noch) nicht durch das räumlich-selbstgerechte öffentliche Produktsicherheitsrecht gesteuert wird, so fehlt es dennoch nicht an kollisionsrechtlichen Orientierungspunkten. Sie ergeben sich dann unmittelbar aus dem Haftungsrecht, das mit dem marktbezogenen Fehlerbegriff und den marktbezogenen Verkehrssicherungspflichten den räumlichen Verkehrskreis benennt, zu dessen Schutz auf das Verhalten potentieller Schädiger eingewirkt werden soll[235]. Daß das schadenstiftende Produkt vom öffentlichen Produktsicherheitsrecht nicht erfaßt wird, ist ohne Bedeutung. Denn dies beruht nicht auf einem Wechsel des zu schützenden Verkehrskreises, also nicht auf einer Änderung der Schutzrichtung, sondern darauf, daß die betreffende Produktart bislang als nicht so gefährlich angesehen wurde, daß es einer besonderen Regelung bedurft hätte. Wird diese Annahme durch Schadensfälle widerlegt, so wird der Marktstaat entsprechend seinem Schutzauftrag[236] auch für diese Produktart Sicherheitsvorschriften erlassen. Seine Regelungskompetenz hierzu steht außer Frage.

714 Indiziell ist das öffentliche Produktsicherheitsrecht auch hinsichtlich derjenigen Haftpflichtigen, die im *Ausland* sitzen und dem Verantwortlichen für den Marktzutritt in der Produktions- und Vertriebskette vorgelagert sind. Sie nimmt der Marktstaat mit seinem öffentlichen Produktsicherheitsrecht zwar grundsätzlich nicht in die Pflicht, weil sie nicht in seinem Hoheitsgebiet tätig werden und deshalb mit hoheitlichen Mitteln nur schwer zu fassen sind. Die Kompetenz zur Sicherheitsregulierung geht hinsichtlich dieser Personen aber nicht etwa auf die Exportstaaten über, deren Hoheitsgewalt sie unterworfen sind. Sie verbleibt beim Marktstaat, weil die Sicherheitsanforderungen an ein Produkt, ausgehend von der Gefährdung durch das Produkt und dem Schutzbedürfnis des gefährdeten Verkehrskreises, einheitlich bestimmt werden müssen. Die Produktsicherheit wird nicht tätigkeits- und damit personenbezogen, sondern ergebnis- und damit produktbezogen bestimmt, was der Begriff „Produktsicherheit" auch deutlich macht[237]. Exportstaaten erkennen die einheitliche Sicherheitsregulierung durch den Marktstaat regelmäßig an, indem sie das Verhalten ihnen unterworfener Hersteller und Exporteure öffentlich-rechtlich nicht oder allenfalls subsidiär steuern. Der Marktstaat verzichtet zwar aus Praktikabilitätsgründen[238] seinerseits darauf, das Verhalten der Personen, die dem Verantwortlichen für den Marktzutritt vorgelagert sind, öffentlich-recht-

---

235 Aus kollisionsrechtlicher Sicht besteht zwischen Verkehrssicherungspflichten und Schutzgesetzen kein Unterschied. Zu ihrer materiellrechtlichen Verwandtschaft: *Chr. v. Bar*, Verkehrspflichten 165 („Austauschbarkeit von Schutzgesetzen und Verkehrspflichten"); Münch-Komm-*Mertens*, § 823 BGB Rn. 138 („§ 823 Abs. 2 sagt im Ergebnis nicht mehr, als daß sie [die Rechtsprechung] solche Verkehrspflichten aus gesetzlichen Regeln ableiten kann ... ").
236 Siehe oben II. 1. und 2.
237 Vgl. *Fallon* 416.
238 Siehe oben II. 4. c) bb).

lich zu steuern[239]. Die Gründe, die für eine *haftungsrechtliche* Verhaltenssteuerung durch sein Recht sprechen, gelten jedoch auch ihnen gegenüber[240].

(2) Der innere Grund für das Recht des Marktstaates als kollisionsrechtlich bestes Verhaltenssteuerungsrecht

Der vom materiellen Recht indizierte kollisionsrechtliche Vorrang des **715** Marktstaates[241] rechtfertigt sich in der Sache vor allem durch die Nähe dieses Staates zu den zu schützenden Rechtsgütern. Sie geben den Anlaß zur Verhaltenssteuerung und prägen deren Maß und Inhalt[242]. Rechtsgüterschutz und Verhaltenssteuerung stehen also für „Grund" und „Mittel". Sie bilden keinen Gegensatz[243], sondern gehören zusammen. Solange der Schädiger mit Blick auf die gefährdeten Rechtsgüter handelt, gibt es auch im Kollisionsrecht keinen Grund, Verhaltenssteuerung und Rechtsgüterschutz zu trennen[244].

---

239 Bei einem Reimport ist der Marktstaat zugleich Exportstaat. Die Exporteure unterliegen dann zwar seiner Hoheitsgewalt. Der Marktstaat/Exportstaat nimmt sie aber öffentlich-rechtlich nicht in die Pflicht, weil er vom Regelfall ausgeht, daß das Produkt im Ausland vermarktet wird und deshalb keine Gefahr für seine Bevölkerung darstellt. *Basedow*, RabelsZ 52 (1988) 26, weist allerdings zutreffend daraufhin, daß die „Ordnungsverdünnung bei den Ausfuhren" auf den Exportstaat zurückwirken kann, etwa wenn deutsche Verbraucher im grenznahen Ausland exportierte Lebensmittel einkaufen.
240 Vgl. *Kozyris*, AmJCompL 38 (1990) 504 („state of the market ... can legitimately claim primary authority to regulate the safety and reparation aspects of its use").
241 Siehe oben aa).
242 Siehe oben II. 4. und 5. − Dies war mit ein Grund, weshalb ein US-amerikanisches Gericht die Klagen der Geschädigten von Bhopal (Indien) mittels der forum non conveniens-Lehre (siehe § 6 III. 3.) abwies. Vgl. in Re Union Carbide Corporation Gas Plant Disaster at Bhopal, India, in December 1984, 634 F. Supp. 842, 864 (S.D.N.Y. 1986) („It would be sadly paternalistic, if not misguided, of this Court to attempt to evaluate the regulations and standards imposed in a foreign country"). Vgl. *Kozyris*, AmJCompL 38 (1990) 503 („to serve separate markets separately in accordance with their own requirements, adjusting the price of the particular product to reflect the expected incidence of liability in each market"); *ders.*, Ohio State L.J. 48 (1987) 383.
243 So aber *Staudinger/v. Hoffmann*, Art. 38 EGBGB Rn. 120 und 460; zurückhaltend *Hohloch* 244 Fn. 159; vgl. auch *Stoll*, Verhaltensnormen 173, der zwar verbal einen Gegensatz ausweist, ihn der Sache nach aber verneint: „Im Deliktsrecht steht aber nicht die Steuerung des Täterverhaltens, sondern vielmehr der Schutz des Verletzten im Vordergrund. Es ist durchaus sinnvoll, das Verhalten des Schädigers nach einem anderen als dem am Handlungsort geltenden Recht deliktsrechtlich zu bewerten, sofern der Verletzte auf den Schutz des anderen Rechts − etwa des Rechts des Erfolgsortes − vertrauen durfte."
244 Richtig ist, was *Rabel*, Conflicts of Law II, 318, schon früh treffend formulierte: „Hence, the theory advocating the law of the place of acting is entirely antiquated, if it stresses physical movements. Not the locality where a person operates, but that to which his operations are directed, is material." − Ein „funktionaler Gegensatz" ergibt sich erst, wenn die Handlungswirkungen an einem nicht vorhersehbaren Ort eintreten und damit die Sicherung der Handlungsfreiheit des Schädigers kollisionsrechtliches Eigengewicht erlangt. Vgl. *E. Lorenz*, FS Duden 263 f.; *ders.*, Schiffs- und Flugzeugunfälle 444; sowie unten b) cc). − Zur überholten „Imperativtheorie", nach der nur die Rechtsprechung desjenigen Staates dem Handelnden etwas befehlen kann, in dem er sich aufhält, vgl. *Beitzke*, JuS 1966, 140.

bb) Folgerungen für andere Anknüpfungspunkte

(1) Produktionsort und Geschäftssitz des Haftpflichtigen

716 Den Schwerpunkt der Verhaltenssteuerung mit Blick auf das Verhalten des Schädigers zu bestimmen und eine von diesem intendierte oder auch nur zu erwartende Handlungswirkung außer acht zu lassen[245], ist verfehlt. Ein solch *enges Verständnis des Handlungsortsbegriffs* mißachtet die materiell-rechtlichen Zusammenhänge zwischen Rechtsgüterschutz und Verhaltenssteuerung.

717 Die verfehlte Konzentration auf Orte physischer Präsenz beruht in erster Linie auf einer unzureichenden Analyse des Haftungsrechts. Eine produkthaftungsspezifische Ursache liegt in der Ausblendung des öffentlichen Produktsicherheitsrechts[246]. Mit ihr verschließt man sich den eindeutigen Hinweisen des räumlich selbstgerechten öffentlichen Produktsicherheitsrechts, das dem Haftungsrecht in gleicher Schutzrichtung vorgelagert ist[247], und fällt dem Irrtum anheim, der Schädiger habe stets die Verhaltensnormen des Ortes zu beachten, an dem er anwesend und tätig ist[248], bzw. der Geschädigte dürfe stets auf die von diesem Recht vorgeschriebene Sicherheit vertrauen[249]. Begünstigt wird dieser Irrtum durch die Entwicklungsgeschichte. Denn Handlungen, die *nicht* den Verkehr im Handlungsortsstaat, sondern ausschließlich den Verkehr in anderen Staaten gefährden, gibt es in großer Zahl erst seit dem Aufkommen der modernen Technik[250]. Vorher war regelmäßig primär der Verkehr im Handlungsortsstaat gefährdet. Der Anlaß für die Verhaltenssteuerung war deshalb so selbstverständlich, daß das Augenmerk ganz auf den Adressaten der Verhaltenssteuerung gerichtet wurde. Diese Blickrichtung entsprach zudem der ursprünglichen Verbindung zwischen Delikts- und Strafrecht[251].

718 Diese überkommene Sichtweise ist vielleicht der Grund für die bei *v. Hoffmann* festzustellende Diskrepanz zwischen abstraktem Programm und konkreter Umsetzung. Obgleich *v. Hoffmann* grundsätzlich für eine funktionsorientierte Anknüpfung eintritt[252], kommt seiner Ansicht nach als Handlungsort der Produkthaftung allein der Ort in Betracht, an dem Verhaltenssteuerung bezüglich des Herstellungs- und Vertriebsprozesses ausgeübt werden können[253]. Die „Verhaltenszentrale" lokalisiert er am *juristischen Sitz des Haft-*

---

245 Siehe oben § 13 II. 2. a).
246 Siehe oben I.2.
247 Siehe oben bei und in Fn. 223.
248 S. *Simitis* 89; *Winkelmann* 247 („Berücksichtigung der für seinen Wohn- oder Geschäftssitz maßgebenden (technischen usw.) Sicherheitsbestimmungen"); richtig dagegen *Bröcker* 158.
249 Siehe unten § 15.
250 Die ersten Fälle einer „Produkthaftung über die Grenze hinweg" fallen in die Zeit der Jahrhundertwende; *Hohloch* 53.
251 *Beitzke*, RabelsZ 43 (1979) 271, bedauert, daß sich der österreichische Gesetzgeber in § 48 Abs. 1 S. 1 IPR-Gesetz nicht von der aus dem Verschuldensstrafrecht stammenden Vorstellung habe lösen können und komme auf die Verhaltensnormen am Handlungsort an.
252 *Staudinger/v. Hoffmann*, Art. 38 EGBGB Rn. 113.
253 *Staudinger/v. Hoffmann*, Art. 38 EGBGB Rn. 461.

pflichtigen[254]. Damit schaut er im Ergebnis doch wieder nur auf den Schädiger. Denn er stellt auf die Zentrale der autonomen Verhaltenssteuerung durch den Haftpflichtigen ab und nicht, was bei einer funktionsorientierten Anknüpfung geboten wäre, auf die im Marktstaat liegende Zentrale der rechtlichen, fremdbestimmten Verhaltenssteuerung[255].

Für *v. Hoffmann* ist der juristische Sitz auch der Handlungsort der Importeurhaftung[256]. Zustimmen könnte man dem nur, wenn ein Importeur begriffsnotwendig seinen Sitz im Marktstaat hätte. Dies ist aber nicht so[257]. Gerade die Importeurhaftung, die sachrechtliche Regelung eines Sachverhaltes mit Auslandsberührung, zeigt deshalb, daß es zu unrichtigen Ergebnissen führt, wenn man das Handeln des Haftpflichtigen im Kollisionsrecht ungeachtet der Zwecke des Sachrechts „verortet". Das Handeln des Importeurs ist haftungsrechtlich relevant, weil es die Sicherheit des Verkehrs im Importstaat (Marktstaat) gefährden kann. Dieser möglichen Gefährdung will der Marktstaat durch öffentlich-rechtliche und haftungsrechtliche Verhaltensgebote entgegenwirken[258]. Diesen sachlich begründeten Willen des Marktstaates muß man kollisionsrechtlich umsetzen[259]. Dazu ist die Anknüpfung an den Marktstaat am besten geeignet. **719**

Die spezielle, zuständigkeitsrechtlich abgesicherte Kollisionsnorm Quebecs, wonach die Haftung für einen *aus Quebec stammenden Grundstoff* auch dann **720**

---

254 Dieser sei nach den allgemeinen Kriterien des internationalen Gesellschaftsrechts zu bestimmen; *Staudinger/v. Hoffmann*, Art. 38 EGBGB Rn. 461.- Da es um eine Kollisionsregel des deutschen IPR geht, ist auf das deutsche internationale Gesellschaftsrecht abzustellen. Legt man die in Deutschland herrschende Meinung zugrunde (vgl. nur *Staudinger/Großfeld*, IntGesR Rn. 20–22), so kommt es also auf den Ort der Hauptverwaltung an.

255 Zutreffend *Bernhard*, RabelsZ 58 (1994) 352 (gegen das vom *Czempiel* propagierte Selbstbestimmungsrecht des Schädigers). – Wenn die Anknüpfung an den Geschäftssitz des Haftpflichtigen der Anknüpfung an den Produktionsort mit der Begründung vorgezogen wird, dies vermindere die Gefahr, daß der Haftpflichtige ein mildes Haftungsrecht zur Anwendung bringe, vgl. z. B. *Schönberger* 72, so wird die Funktion des Rechtsgüterschutzes gesehen. Der notwendige Schritt hin zum Marktstaat, dessen Verkehr durch die Vermarktung des Produktes gefährdet ist, wird aber nicht vollzogen.

256 *Staudinger/v. Hoffmann*, Art. 38 EGBGB Rn. 462. – Sein Verweis auf *W. Lorenz*, FS Wahl 204 ff., stößt auf Bedenken. *W. Lorenz* lehnt an der angezogenen Stelle die „Einheitsanknüpfung" des Entwurfs der Haager Sonderkommission ab, wonach bei Inanspruchnahme mehrerer Produkthaftpflichtiger die Haftung aller dem Recht an der Hauptniederlassung des Endproduktherstellers unterliegen sollte. Er sagt aber nicht, daß die Haftung des Importeurs an dessen Sitz zu knüpfen sei.

257 Siehe oben II. 4. c) bb) und 5. c) bb).

258 Siehe oben II. Vgl. auch den berühmten Dissent von Richter *Traynor* in Escola v. Coca Cola Bottling Co. of Fresno (1944) 150 P 2d 436. 441: „It is to the public interest to discourage the marketing of products having defects that are a menace to the public". – Vgl. auch *Jayme/Kohler*, IPRax 1990, 361, die in der Regelung der EG-Importeurhaftung sogar eine loi d'application immédiate sehen.

259 Vgl. etwa OLG Düsseldorf, 28. 4. 1978, NJW 1980, 533, 534 (= § 7 Fn. 51): Der französische Fahrradhersteller exportiere einen großen Teil seiner Produktion in die Bundesrepublik. Es müsse von ihm verlangt werden, daß er durch geeignete Prüfungen den Sicherheitsbedürfnissen im Importland Rechnung trägt. (Das Gericht bezeichnet die Bundesrepublik irrtümlich als „Exportstaat"; vgl. *Drobnig*, Produktehaftung 304 und *Staudinger/v. Hoffmann*, Art. 38 EGBGB Rn. 451).

nach dem Recht Quebecs zu beurteilen ist, wenn der Grundstoff in anderen Staaten vermarktet wurde[260], läßt sich dem nicht entgegenhalten. Denn sie beruht nicht auf der Annahme, dieses Recht sei zur Verhaltenssteuerung am besten geeignet. Es handelt sich vielmehr um eine einseitige, die kollisionsrechtlichen Erfordernisse der Verhaltenssteuerung mißachtende Anknüpfung zum Schutze der Exportindustrie Quebecs[261].

721   Die verbreitete Aussage, mit dem Recht eines Sitzlandes müsse jeder Hersteller rechnen[262] bzw. auf die Produktsicherheit dieses Staates dürfe der Geschädigte stets vertrauen, ist jedenfalls unter dem Gesichtspunkt der Verhaltenssteuerung unrichtig[263]. Der Exportstaat überläßt die Befugnis zur Sicherheitsregulierung grundsätzlich[264] dem Importstaat (Marktstaat). Die Gründe hierfür[265] sind nicht auf die öffentlich-rechtliche Sicherheitsregulierung beschränkt, sondern erfassen auch die weitergehende haftungsrechtliche Steuerung. Der Exporteur soll nicht eine höhere Produktsicherheit einhalten müssen als seine Wettbewerber im Marktstaat und er soll keinen sich widersprechenden Verhaltensgeboten ausgesetzt sein.

(2) Ort der Inverkehrgabe des fehlerhaften Produktes

722   Im Vergleich zum Produktionsort und dem Geschäftssitz des Haftpflichtigen ist der Ort der Inverkehrgabe des fehlerhaften Produkts der bessere Handlungsort. Die Anknüpfung an diesen Ort ist ein Schritt in die richtige Richtung, nämlich in Richtung auf den gefährdeten Verkehrskreis, der den Anlaß zur Verhaltenssteuerung gibt. Die Begründung, am Ort der Inverkehrgabe könne die dem fehlerhaften Produkt anhaftende latente Gefahr erstmals zu

---

260 Siehe oben § 5 V.1. und 3.

261 Einzuräumen ist allerdings, daß die nationalen Sicherheitsanforderungen an Grundstoffe weit weniger differieren als die an Endprodukte. Die Anknüpfungsrelevanz des Gesichtspunktes „Verhaltenssteuerung" wird dadurch relativiert.

262 *Drobnig*, Produktehaftung 330; *W. Lorenz*, RabelsZ 37 (1973) 344; *ders.*, FS Wahl 190 f.; *ders.*, IPRax 1983, 86.

263 *Sack*, FS Ulmer 505; *Schmidt-Salzer*, Produkthaftung (1973) Rn. 347 S. 281; *Czempiel* 139; *Duintjer Tebbens*, The Hague Convention 22; *Kozyris*, Ohio State L.J. 48 (1987) 380 („it is highly doubtful that the deterrent policy of a state would extend to its manufacturers for harm caused out-of-state to out-of-state persons if products distributed in out-of-state markets"); aus der US-amerikanischen Rechtsprechung z. B. *Harrison v. Wylth Laboratories and others*, 510 F. Supp. 1, 4–5 (E.D. Pa 1980): Der Sitzstaat des Herstellers habe nur ein Interesse daran, die Herstellung fehlerhafter Produkte zu verhindern, wenn sie dort vermarktet werden sollen, nicht aber wenn Produkte im Ausland gefertigt und vermarktet würden; sowie die Entscheidung des Ohio Supreme Court *Morgan v. Biro Manufacturing Co.*, 15 Ohio St. 3 d 339, 474 N.E. 2d 286 (1984). Häufig nehmen US-amerikanische Gerichte aber auch an, der Sitzstaat sei aus Gründen der Schadensprävention an der Maßgeblichkeit seines Rechts interessiert, vgl. die Nachweise von *Weintraub*, Ohio State L.J. 46 (1985) 506 Fn. 82; *Mennenöh* 129 Fn. 33.

264 Zur kollisionsrechtlichen Bedeutung einer subsidiären Sicherheitsregulierung siehe unten b) aa).

265 Siehe oben II. 4. b) aa).

einer Schädigung von außerhalb der Herstellersphäre stehender Dritter führen[266], zeigt, daß der Blick ganz bewußt vom Schädiger auf den gefährdeten Rechtskreis gelenkt wurde[267]. Die Anknüpfung an den Ort der Inverkehrgabe befriedigt gleichwohl nicht, wenn auf die Inverkehrgabe durch den jeweiligen Haftpflichtigen abgestellt wird[268]. Sie bleibt dann nämlich bei Haftpflichtigen, die das Produkt innerhalb der Produktions- und Vertriebskette weitergeben, auf halbem Weg zu dem für die Verhaltenssteuerung maßgebenden Verkehrskreis stehen. Es ist zwar richtig, daß in jedem Staat, in dem ein Haftpflichtiger das fehlerhafte Produkt innerhalb der Produktions- und Vertriebskette in den Verkehr bringt, Rechtsgüter gefährdet sein können, die vom Produkthaftungsrecht geschützt werden. Denn das Produkthaftungsrecht schützt alle Personen, die nach der Inverkehrgabe durch das Produkt an Körper oder Gesundheit verletzt werden. Geschützt sind also beispielsweise auch der vom Hersteller mit dem Transport beauftragte Spediteur oder die Arbeitnehmer eines in der Produktions- und Vertriebskette nachfolgenden Herstellers[269]. Die Verhaltenssteuerung ist aber nicht teilbar. Sie kann nicht für jeden Hersteller durch ein anderes Recht erfolgen, da es nicht um die Sicherheit des Verhaltens als solches, sondern um die Sicherheit des Verhaltensergebnisses, eben um die Produktsicherheit, geht. Maßstab der Verhaltenssteuerung sind deshalb gegenüber allen Haftpflichtigen die Sicherheitserwartungen der Endabnehmer im Marktstaat[270].

(3) Erfolgsort

Eine Anknüpfung an den *Erfolgsort* scheidet unter dem Gesichtspunkt der Verhaltenssteuerung offensichtlich aus. Diese Anknüpfung führt zu einem kollisionsrechtlich („räumlich") schlechten Recht[271], weil die Produkthaftpflich-   **723**

---

266 *Eujen/Müller-Freienfels*, AWD (RIW) 1972, 507.

267 Vgl. auch *Schwander*, Produktehaftung 222: „Es ist wohl sachgerechter, die Verhaltens- und Sicherheitsvorschriften am Ort der Inverkehrsetzung, nicht am Ort der Produktion zu beachten. Denn mit der Verlegung der Produktion in ein Billiglohnland wäre der Produzent sonst nicht mehr an den Minimalstandard der Vorschriften der Industriestaaten gebunden".

268 *Winkelmann*, 172 bei und in Fn. 144, lehnt eine Anknüpfung an den Ort des Inverkehrbringens mit nicht überzeugenden Einwänden ab. Er verweist auf die Uneinigkeit des Schrifttums, das ganz verschiedene Orte für maßgeblich halte. Er folgert hieraus eine Beliebigkeit der Anknüpfungspunkte, der nahezu keine Grenzen gesetzt seien. Dies mache deutlich, daß der „im materiellen Recht nicht ganz klare Inverkehrgabebegriff" für die kollisionsrechtliche Anknüpfung nicht tauge. Dem ist entgegenzuhalten: Begriffliche Unsicherheit befreit nicht von der Aufgabe, verschiedene sachliche, klar unterscheidbare Lösungen zu diskutieren. — Widersprüchlich und unklar *Schönberger* 73: Er lehnt den von ihm unklar definierten Ort des Inverkehrbringens mit der Begründung ab, an diesem Ort liege kein „zurechenbares menschliches Handeln" vor, nimmt aber zugleich an, „an dem Vertriebsort werden die Güter in der Regel *auf Anweisung* des Produzenten in den Verkehr gebracht" (Hervorhebung hinzugefügt).

269 § 1 Abs. 1 S. 2 ProdHaftG klammert nur gewerbliche *Sachschäden* aus.

270 Siehe oben II. 5. a) cc) am Ende.

271 Siehe oben § 12 II. 2. b).

tigen den Erfolgsort nicht vorhersehen können und sich deshalb nicht an den Verhaltensgeboten dieses Rechts orientieren können[272].

724 Diese Ungeeignetheit der Anknüpfung an den Erfolgsort steht nur scheinbar in Widerspruch zu der anknüpfungsbestimmenden These, der Schwerpunkt der Verhaltenssteuerung liege beim gefährdeten Verkehrskreis[273]. Bei Distanzdelikten ist die Einwirkung auf die Rechtssphäre eines anderen im allgemeinen mit der Verletzung seiner Rechtsgüter identisch. So ist es bei dem klassischen Beispiel des Schusses über die Grenze[274] und so ist es bei den modernen grenzüberschreitenden Delikten des Wettbewerbs- und Immaterialgüterrechts. Zielte der Handelnde auf die fremde Rechtssphäre, so läßt sich bei solchen Distanzdelikten mit Fug sagen, seine Handlung reiche bis zum Erfolg[275]. Eine vordringende Ansicht hält in diesen Fällen deshalb zutreffend das Recht des Erfolgsortes für am besten geeignet, das Rechtsgut insbesondere mittels Verhaltensgeboten an den Schädiger zu schützen[276].

725 Bei der Produkthaftung liegen die Dinge jedoch anders. Hier geht der Rechtsgutsverletzung eine abstrakte Gefährdung des allgemeinen Verkehrs voraus. Das Verhalten wird deshalb nicht wegen einer unmittelbaren Gefahr für das Rechtsgut einer konkreten Person, sondern wegen der abstrakten Gefährdung eines Verkehrskreises gesteuert[277]. Zu der so begründeten Verhaltenssteuerung ist das Recht des Marktstaates am besten geeignet, weil durch die Vermarktung des Produkts zuerst und in erster Linie der Verkehr in diesem Staat gefährdet wird. Kollisionsrechtlich gewährleistet die Vorverlagerung des Rechtsgüterschutzes auf die abstrakte Gefährdung des allgemeinen Verkehrs, daß eine Verhaltenssteuerung überhaupt möglich ist. Bei der nachfolgenden Rechtsgutsverletzung läßt sich nämlich nicht ansetzen, weil die Haftpflichtigen ihr Verhalten selbst nur bis zur Vermarktung des Produkts beherrschen[278]. Bei genauer Analyse erweist sich die Anknüpfung an den Marktstaat also als die spezifische Ausformung der allgemeinen Anknüpfung an den Erfolgsort. Dies erklärt, weshalb der Marktstaat von einigen Autoren (auch) als Erfolgsort qualifiziert wird[279].

---

272 Die „Vorhersehbarkeit" des Haftungsstatuts dient also nicht nur dem Schutz des Schädigers (Sicherung der Handlungsfreiheit), sondern ist unabdingbare Voraussetzung für eine rechtsgüterschützende Verhaltenssteuerung durch das Haftungsrecht.

273 Siehe oben aa) (2).

274 Vgl. RG, 30.3.1903, RGZ 54, 198.

275 *Bröcker* 92 (der dies jedoch auch annimmt, wenn die Handlung nicht final auf den konkreten Erfolg gerichtet war).

276 Siehe oben § 13 II. 2. a) (zur Entwicklung) und § 7 III. 3. (zum Stand der Lehre).

277 Vgl. *Ghestin*, FS Lorenz 620.

278 Erwartungen eines Geschädigten, die dem nicht Rechnung tragen, sind keine der Kollisionsnormbildung zugrundezulegenden „berechtigten" Erwartungen. A.A. *Stoll*, Verhaltensnormen 169, der annimmt zwischen Produktsicherheitsvorschriften und Straßenverkehrsvorschriften gebe es „aus der Sicht des Verletzten" keine überzeugenden Unterschiede, und der deshalb erwägt, als *Handlungsort* der Produkthaftung den Ort anzusehen, an dem ein Außenstehender (bystander) von einem fehlerhaften Kfz geschädigt wird.

279 *Trutmann* 169; *Bucher*, Les actes illicites 127; vgl. auch *Staudinger/v. Hoffmann*, Art. 38 EGBGB Rn. 465.

b) Sonderfälle

aa) Sicherheitsregulierung durch den Exportstaat und
„verwerflicher" Export

Ausnahmsweise wird die Sicherheit ein und desselben Produkts durch öffent-   726
lich-rechtliche Vorschriften zweier Staaten reguliert, nämlich durch den Marktstaat (Importstaat) und durch den Exportstaat. Die regelmäßig subsidiäre Sicherheitsregulierung durch den Exportstaat stellt den Vorrang des Rechts des
Marktstaates jedoch nicht in Frage, sondern bestätigt ihn. Fraglich ist nur, ob
die subsidiäre Verhaltenssteuerung durch den Exportstaat mittels einer *subsidiären* (oder alternativen) Maßgeblichkeit seines Haftungsrechts abgesichert
werden sollte.

Bedeutung hat die subsidiäre Sicherheitsregulierung durch Exportstaaten vor   727
allem im Verhältnis zwischen Industrienationen und Entwicklungsländern.
Gerade in diesem Verhältnis würde auch eine subsidiäre oder alternative Maßgeblichkeit des Haftungsrechts des Exportstaates seine Wirkungen entfalten.
Denn die drohende Sanktion einer scharfen Haftung nach dem Recht der Industriestaaten würde deren Verhaltengeboten Nachdruck verleihen und die be-
zweckte Schadensprävention stärken[280].

Das Recht des Exportstaates immer und schon dann für maßgeblich zu erklä-   728
ren, wenn es Sicherheitsvorschriften für das exportierte Produkt enthält, ginge
jedoch zu weit. Dies würde nämlich auch denjenigen Exporteur „bestrafen",
der die Vorschriften des Exportstaates über die Sicherheit von Exportprodukten einhält. Diese Sanktion wäre durch den Zweck, die Einhaltung der Sicherheitsvorschriften des Exportstaates zu sichern, nicht mehr gedeckt. Sie wäre
auch aus Wettbewerbsgründen nicht akzeptabel[281].

Dem Sanktionsanlaß würde man jedoch entsprechen, wenn man die Maßgeb-   729
lichkeit des Haftungsrechts des Exportstaates davon abhängig machte, daß der
Export tatsächlich gegen Sicherheitsvorschriften dieses Staates verstieß. Zusätzlich zu fordern, daß der Verstoß gegen die Sicherheitsvorschrift für den
Schadenseintritt kausal war, wäre verfehlt, weil es um die Steuerung einer abstrakten Gefährdung geht. Es würde die Bestimmung des anwendbaren Rechts
zudem in nicht hinnehmbarer Weise erschweren.

Die Entscheidung, ob ein Verstoß gegen eine (Export-)Sicherheitsvorschrift   730
des Exportstaates mit der Maßgeblichkeit des Haftungsrechts dieses Staates
angemessen sanktioniert wird, ob also das *Sanktionsmaß* akzeptabel ist, ist

---

280 *Micklitz*, Internationales Produktsicherheitsrecht 38 f., 77, tendiert zu einer Anwendung des
   strengen Rechts des Industriestaates; er spricht sich aber nicht vorbehaltlos für die Maßgeblichkeit des „besseren Rechts" aus, sondern hält es für notwendig „nach Lösungen Ausschau zu halten, die einen flexibleren Ausgleich der divergierenden Interessen gestatten und die vor allem
   geeignet sind, langfristig eine Angleichung des Sicherheitsniveaus weltweit zu gewährleisten"
   (S. 77).
281 Siehe unten § 17.

eine vor allem rechtspolitische Wertentscheidung. Die internationale Tendenz, Regelungen zum Schutze von fehlerhaften Exportprodukten auf das politisch Unumgängliche zu beschränken[282], läßt vermuten, daß in den Exportstaaten derzeit noch wenig Bereitschaft besteht, ihr strenges Haftungsrecht zum Nachteil ihrer Exportwirtschaft zur Anwendung zu bringen. Bekräftigt wird diese Vermutung durch die (Zurück-)Haltung des deutschen Gesetzgebers im Arzneimittelbereich. Das AMG enthält zwar einige Sicherheitsvorschriften für Exportarzneimittel, seine strenge Haftung ist aber gleichwohl nicht für Schadensfälle durch Exportprodukte geöffnet[283].

731 Eine vor allem rechtspolitische Wertentscheidung erfordert auch der aus den USA stammende Vorschlag, zur Bestrafung und Abschreckung das Recht am Geschäftssitz des Herstellers zu berufen, wenn der Hersteller verwerflich gehandelt hat und sein Recht dem Geschädigten günstiger ist als das grundsätzlich anzuwendende Recht[284]. Einwände gegen die zugrundeliegende Annahme, der Herstellerstaat habe grundsätzlich ein Interesse, verwerfliches Handeln zu unterbinden, bestehen grundsätzlich nicht[285]. Die entscheidende Frage ist aber, ob mit der subsidiären Maßgeblichkeit des Rechts am Geschäftssitz des Herstellers die Sanktionsdrohung wirklich erhöht und damit die Schadensprävention verstärkt wird. Aus US-amerikanischer Sicht ist dies wegen der punitive damages-Rechtsprechung zu bejahen[286]. Aus der Sicht anderer Staaten, die dem Haftungsrecht keine Straffunktion zumessen und nicht über die Totalreparation hinausgehen, erscheint es zweifelhaft. Denn bei nachgewiesenem verwerflichen Handeln des Herstellers ist eine Haftung stets auch nach dem Recht des Marktstaates (Importstaates) begründet und eine Begünstigung des Geschädigten im Bereich des Schadensausgleichs ist zufällig, und deshalb nicht geeignet, schadenspräventiv zu wirken. Aus US-amerikanischer Sicht bereiten auch die Tatbestandsvoraussetzungen der alternativen Anknüpfung wenig Probleme, weil auf den Verwerflichkeitsbegriff der punitive damages-Rechtsprechung zurückgegriffen werden kann[287]. Aus der Sicht anderer Staaten wäre der Maßstab dagegen unklar. Eine internationale Entscheidungsharmonie wäre nicht zu erwarten, das forum shopping würde begünstigt. Aus europäischer Sicht ist der Vorschlag *Weintraubs* daher abzulehnen.

---

282 Siehe oben II. 4. b) bb) (1); vgl. auch *Micklitz*, Internationales Produktsicherheitsrecht 23 ff.; *Rehbinder*, UTR 5 (1988) 346.

283 Siehe § 9.

284 *Weintraub*, AmJCompL 38 (1990) 520; siehe oben § 6 den Text bei Fn. 216.

285 Das verwerfliche Handeln wird sich regelmäßig am Sitz des Haftpflichtigen lokalisieren lassen, weil dort die autonome „Verhaltenszentrale" liegt (vgl. *Staudinger/v. Hoffmann*, Art. 38 EGBGB Rn. 461; *Drobnig*, Produktehaftung 330). Wenn Sitzstaat und Exportstaat auseinanderfallen, käme aber auch die Anwendbarkeit des Haftungsrechts des Exportstaates in Betracht.

286 Siehe oben § 6 II. 2. g).

287 *Weintraub*, AmJCompL 38 (1990) 520 Fn. 62.

bb) Vermarktung im EG-Binnenmarkt

Bei einem Import aus Drittstaaten in die EG oder bei Herstellung und Vertrieb **732** in der EG hat die Bestimmung des kollisionsrechtlich besten Verhaltenssteuerungsrechts als Kriterium der Anknüpfung der Produkthaftung geringes Gewicht, weil die Entscheidung nur zwischen den Rechten der Mitgliedstaaten zu treffen ist, die alle die Verhaltenssteuerungsfunktion des Haftungsrechts im wesentlichen gleich gut umsetzen[288]. Die geringen Unterschiede bleiben aber erheblich, solange man den Gesichtspunkt nicht gänzlich fallen läßt, insbesondere solange man an einer Handlungsortanknüpfung festhält[289]. Die nachfolgende Analyse ist daher vor allem notwendig, um zu verhindern, daß sich unter Berufung auf die Besonderheiten der Vermarktung im Binnenmarkt verfehlte Handlungsortanknüpfungen etablieren.

Die Gründe, die allgemein das Recht des Marktstaates als bestes Recht der Ver- **733** haltenssteuerung ausweisen, haben auch im Verhältnis der EG-Mitgliedstaaten[290] Geltung[291]. Das sog. Herkunftslandprinzip[292] führt nicht dazu, daß der Mitgliedstaat, in dem der Endhersteller oder ein Importeur das Produkt erstmals rechtmäßig in den Verkehr gebracht hat (Herkunftsland), besser oder auch nur gleich gut zur Verhaltenssteuerung geeignet wäre. Der Begriff „Herkunftslandprinzip" verleitet allerdings zu einem solchen Fehlverständnis, weil er das Augenmerk auf das Herkunftsland lenkt. Dies geschieht aber nur im Rahmen der Prüfung, ob eine handelshemmende Vorschrift des *Marktstaates*, die eine „Maßnahme gleicher Wirkung wie mengenmäßige Einfuhrbeschränkungen" im Sinne des Art. 30 EGV darstellt, aufgrund von Art. 36 EGV oder aufgrund eines „zwingenden Erfordernisses" im Sinne der Cassis-Rechtsprechung des EuGH zulässig ist. Dies ist nach dem sog. Herkunftslandprinzip zu verneinen, wenn das Gemeinschaftsrecht oder das Recht des Herkunftslandes ausreichenden Schutz bietet. Das Recht des Herkunftslandes dient also nur als Meßlatte, um *unnötige* Rechtsunterschiede zwischen den Mitgliedstaaten festzustellen[293]. Das sog. Herkunftslandprinzip besagt jedoch nicht, daß der

---

288 Vgl. allgemein *W.-H. Roth*, RabelsZ 55 (1991) 639: „Privatrechtsharmonisierung kann Raum geben für neue kollisionsrechtliche Lösungen. Sind die Schutzziele der zur Auswahl stehenden Rechtsordnungen im wesentlichen einheitlich, können unter Umständen andere kollisionsrechtliche Gestaltungen gewählt werden, als wenn IPR sich an den Regelungszielen des Sachrechts auszurichten hat".

289 So die überwiegende Ansicht; siehe § 7 III. 3. b) dd) (2).

290 Genauer: für Waren, die vor der Vermarktung im Marktstaat in einem anderen Mitgliedstaat der EG (rechtmäßig) in den Verkehr gebracht werden.

291 Unter Beachtung der „Regelungsautonomie der betroffenen Staaten" und der Internationalisierung der Produktions- und Absatzsysteme ebenso *Joerges*, FS Steindorff 1249 Fn. 11; vgl. auch *W.-H. Roth*, RabelsZ 55 (1991) 668f. (Anknüpfung an den Erfolgsort sei nicht in Frage gestellt). Vgl. aber auch *Basedow*, RabelsZ 59 (1995) 1, 37ff.

292 Siehe oben II. 4. b) bb) (3).

293 Zu den Problemen, die mit der Prüfung der Gleichwertigkeit von Normen des Herkunftslandes verbunden sind, *Steindorff*, FS Lorenz 570f. (er empfiehlt, auf das Gleichwertigkeitsprinzip der Judikatur zu verzichten).

Marktstaat in keinem Fall besondere Anforderungen an die Sicherheit von Produkten stellen dürfte[294]. So ist es etwa notwendig, daß einem Produkt, das bei unsachgemäßer Benutzung sehr gefährlich ist, eine Gebrauchsanweisung beigegeben wird, die zumindest auch in der Sprache des Marktstaates abgefaßt ist. Ein anderes Beispiel gibt eine Vorschrift des niederländischen Rechts, die gemäß Art. 36 EGV zulässig bestimmt, daß in den Niederlanden vermarkteten Lebensmitteln nicht der Stoff „Nisin" zugesetzt sein darf[295]. Das sog. Herkunftslandprinzip korrigiert also nur den Bestand der für eine Vermarktung verbindlichen Sicherheitsvorschriften, ändert aber nichts daran, daß die Vermarktung im Marktstaat nur dem Gemeinschaftsrecht und dem *Recht des Marktstaates* unterliegt.

734 Das Gemeinschaftsrecht steht einer Anknüpfung der Produkthaftung an den Marktstaat, d. h. an den Mitgliedstaat, in dem das Produkt an den Ersten Endabnehmer vermarktet wurde, nicht entgegen. Diese Anknüpfung beschränkt den freien Warenverkehr nicht, weil sie weder bezweckt noch bewirkt, „speziell die Ausfuhrströme zu beschränken und somit die nationale Produktion oder den nationalen Binnenmarkt zu begünstigen"[296]. Demgegenüber ist die Anknüpfung an das Herkunftsland, wenn man die Maßstäbe der EuGH-Rechtsprechung zugrundelegt[297], geeignet, den Wettbewerb zu verfälschen und den freien Warenverkehr zu behindern[298].

735 Eine Anknüpfung an das Herkunftsland hätte für den EG-Hersteller und den EG-Importeuer allerdings den Vorteil, daß das Verhaltenssteuerungsrecht exakt feststünde. Steuern sie den Vertrieb innerhalb der EG nicht bis in den Marktstaat und wollen sie gleichwohl eine Haftung mit Sicherheit ausschließen, so müssen sie sich bei einer Anknüpfung an den Marktstaat am strengsten Recht aller EG-Staaten orientieren, weil das Produkt in jedem Mitgliedstaat vermarktet werden kann. Dies ist im Interesse des Geschädigten aber durchaus erwünscht. Es wäre verfehlt, dem EG-Hersteller, vor allem aber dem EG-Importeuer mit einer Anknüpfung an den Ort der ersten Inverkehrgabe in der EG (Herkunftsland) die Möglichkeit zu eröffnen, das Recht des Mitgliedstaates mit den niedrigsten Sicherheitsanforderungen und der mildesten haftungs-

---

294 Siehe oben II. 4. b) bb) (3). – Nach *Steindorff*, ZHR 150 (1986) 691, hat die „Cassis"-Rechtsprechung des EuGH „eine Art *Kompromiß* zwischen den entgegenstehenden Prinzipien des Herkunfts- und des Bestimmungslandes realisiert." *Seidel*, FS Steindorff 1470, nimmt zutreffend eine Umkehr des Verhältnisses von Regel und Ausnahme an (widerlegliche Vermutung, daß der Sicherheitsstandard des Herkunftslandes zum Gesundheitsschutz ausreicht). Vgl. auch *Reich*, EuZW 1991, 206 (der aber dafür plädiert, sich nicht auf die Beseitigung von „Hemmnissen" zu beschränken).
295 Siehe oben bei und in Fn. 162.
296 EuGH, 24.1.1991, Rs. C 339/89 (SA Alsthom Atlantique/SA Compagnie de Construction mécanique Sulzer) Slg. 1991 I-107, 124.
297 Vgl. die Dassonville-Formel des EuGH oben Fn. 124.
298 Vgl. *Bernhard*, EuZW 1992, 441 ff. (für das Recht des unlauteren Wettbewerbs).

rechtlichen Sanktion zur Anwendung zu bringen[299]. Der Gesichtspunkt der Sicherung der Handlungsfreiheit des Schädigers[300] gebietet dies nicht, weil der Schädiger eine Vermarktung in jedem Mitgliedstaat bewußt in Kauf nimmt[301].

cc) Vom Haftpflichtigen nicht vorhergesehene Vermarktung im Marktstaat

(1) Endhersteller

In der Praxis steuert der Endhersteller den Vertrieb seines Produktes meist bis **736** hin zum Marktzutritt. Die Abhängigkeit vom Markterfolg des Produktes ist zu groß, um ihn dem „Zufall", genauer: unkontrollierten Dritten, zu überlassen[302]. Es kommt gleichwohl vor, daß die Vermarktungsabsicht des Endherstellers durchkreuzt wird, etwa von einem Händler, der durch einen Reimport seine Gewinnspanne erhöhen will.

Auf den ersten Blick scheint die Anknüpfung an den Marktstaat gegenüber **737** dem Endhersteller, dessen Vermarktungsabsicht durchkreuzt wurde, ebenso zu einem kollisionsrechtlich schlechten Verhaltenssteuerungsrecht zu führen wie eine Anknüpfung an den nicht vorhersehbaren gewöhnlichen Aufenthalt des Geschädigten oder an den nicht vorhersehbaren Erfolgsort[303]. Es besteht jedoch ein wesentlicher Unterschied zu diesen Anknüpfungspunkten. Wo der Geschädigte seinen gewöhnlichen Aufenthalt hat und wo das fehlerhafte Produkt zu einem Schaden führt, entzieht sich vollständig dem Einfluß des Haftpflichtigen. Wo das Produkt an Endverbraucher abgegeben wird, kann er hingegen steuern. Die Anknüpfung an den Marktstaat, anders ausgedrückt: die drohende Haftung nach dem Recht des Marktstaates, wenn dessen Sicherheitserfordernisse nicht eingehalten sind, beeinflußt deshalb das Verhalten eines wirtschaftlich handelnden Herstellers. Um eine unerwartete Haftung zu vermeiden, wird er nämlich alles tun, damit seine Vermarktungsabsicht nicht durchkreuzt wird. Diese mit der Anknüpfung an den Marktstaat bewirkte Verhaltenssteuerung ist erwünscht. Auch sie hat das Ziel, die Einhaltung der Verhaltensgebote des Marktstaates zu sichern.

Unter dem Gesichtspunkt der Verhaltenssteuerung hat die Anknüpfung an den **738** Marktstaat erst dann keine Berechtigung mehr, wenn der Haftpflichtige alles Zumutbare getan hat, um die Vermarktung seines Produktes zu steuern. Das

---

299 Dies stünde auch im Widerspruch zu dem Bestreben, in der Gemeinschaft ein hohes Schutzniveau zu erreichen. Vgl. *Van Mierk*, EuZW 1990, 401 f. (zum Gemeinschaftsrecht); Münch-Komm-*Mertens/Cahn* § 3 ProdHaftG Rn. 45 („Im Konflikt zwischen Warenverkehrsfreiheit und Verbraucherschutz beansprucht dieser jedenfalls im Bereich des Haftungsrechts Vorrang").
300 Siehe sogleich unter cc).
301 Ebenso *W.-H. Roth*, RabelsZ 55 (1991) 668 f.
302 Zu „internationalen Marketingstrategien" *Raffée/ Segler* 221 ff.
303 Siehe oben bb) (3).

Recht des Marktstaates kann dann nicht mehr als Sanktion für ein Fehlverhalten berufen werden.

739 Dies führt zu der Frage, ob man wie das Haager Übereinkommen ersatzweise auf das Recht am Geschäftssitz des Haftpflichtigen oder auf das Recht des Herstellungsstaates (Exportstaates) ausweichen sollte. Dem ließe sich jedoch entgegenhalten, wenn man ein Ersatzrecht berufen wolle, läge es näher, auf das Recht des vom Haftpflichtigen intendierten Marktstaates abzustellen[304]. Wichtiger als dieser immanente Einwand ist aber, daß solche Überlegungen mit der dem Rechtsgüterschutz dienenden Verhaltenssteuerungsfunktion des Sach- und Kollisionsrechts nichts mehr zu tun haben. Denn diese Funktion ist erschöpft, wenn der Haftpflichtige alles getan hat, damit das Produkt dem Sicherheitsstandard des (tatsächlichen) Marktstaates entspricht. Ein „Ersatz" für das Recht des Marktstaates als drittschützendes Verhaltenssteuerungsrecht ist also gar nicht gefragt.

740 Ein Ersatzrecht kommt allenfalls hinsichtlich der Kehrseite der Verhaltenssteuerung, nämlich der Sicherung der Handlungsfreiheit des Schädigers, in Betracht. Während diese in reinen Inlandsfällen untrennbar mit der Verhaltenssteuerung verknüpft ist, erlangt sie in Fällen mit Auslandsberührung dann eigenes Gewicht, wenn es ein Verhaltenssteuerungsrecht ausnahmsweise nicht gibt, weil der Handelnde nicht vorhersehen konnte, in welchem Staat sein Handeln fremde Rechtsgüter gefährden oder schädigen würde. Auch wenn es unter diesen Voraussetzungen keinen Sinn macht, ein Recht als Verhaltenssteuerungsrecht zu berufen, kann man erwägen, ein für den Handelnden vorsehbares Recht zu berufen, das ihm anstelle des ausgefallenen Verhaltenssteuerungsrechts die Gewißheit gäbe, bei normgerechtem Verhalten nicht zu haften.

741 Vieles spricht dafür, daß als Ersatzrecht in diesem Sinne das Recht des intendierten Marktstaates dem Recht des Herstellungsstaates und dem Recht des Herstellersitz-Staates vorzuziehen wäre. Denn die Handlungsfreiheit des Schädigers ist am besten gesichert, wenn er sein Verhalten an einer einzigen Rechtsordnung ausrichten kann. Der Hersteller, der sein Produkt für eine Vermarktung in einem bestimmten Staat herstellt, orientiert sich aber berechtigterweise an den Verhaltensgeboten des Rechts dieses Staates. Deshalb wäre es sachgerecht, dieses Recht als „Ersatzrecht" zu berufen. Würde man dagegen auf das Recht am Herstellersitz ausweichen, müßte der Hersteller dieses Recht stets neben dem Recht des intendierten Marktstaates beachten, wenn er eine Haftung mit Gewißheit ausschließen wollte.

742 Die Frage, welches Recht am besten geeignet wäre, die ausnahmsweise von der Verhaltenssteuerung losgelöste Handlungsfreiheit des Schädigers zu sichern, ist hier indes nicht weiter zu vertiefen. Denn die Untersuchung der Funktion des Sachrechts, das Verhalten des Schädigers zu steuern und seine Handlungs-

---

304 Weitere Einwände erheben The Law Commission, Working Paper Nr. 5.24; *Steinebach* 260; vgl. auch *Duintjer Tebbens* 348 f.

freiheit zu sichern, ist nur ein Zwischenschritt, um das unter Berücksichtigung aller anknüpfungsrelevanten Gesichtspunkte kollisionsrechtlich beste Produkthaftungsrecht zu bestimmen[305]. Es kann deshalb durchaus sein, daß andere Gesichtspunkte gewichtiger sind und sich die Frage, welches Recht die Handlungsfreiheit des Schädigers in Fällen mit Auslandsberührung am besten sichert, gar nicht stellt.

(2) Hersteller von Grundstoffen und Teilprodukten

Hersteller von Grundstoffen und Teilprodukten steuern regelmäßig nur den **743**
Vertrieb ihres Produktes, nicht auch den Vertrieb des Endproduktes. Sie können sich aufgrund ihrer Stellung im Herstellungsprozeß nur bedingt an Sicherheitserwartungen des Endverbrauchermarktes orientieren. Ausschlaggebend sind für sie in erster Linie die technischen Vorgaben ihrer Abnehmer und die Gewährleistungsvorschriften des Statuts des Liefervertrages. Das Haftungsrecht kann ihnen gegenüber nur schadenspräventiv wirken, soweit es die tatsächlichen Gegebenheiten der Herstellung und des Vertriebes zulassen. In diesen Grenzen ist aber auch ihnen gegenüber das Recht des Marktstaates das kollisionsrechtlich beste Recht der Verhaltenssteuerung, weil das Verhalten aller an der Herstellung und Produktion Beteiligten mit dem Ziel gesteuert wird, nur sichere Produkte an Endabnehmer abzugeben.

Wenn eine Verhaltenssteuerung durch das Recht des Marktstaates nicht er- **744**
folgt, weil der Hersteller des Vorproduktes nicht weiß und nicht wissen muß, auf welchem Markt das Endprodukt an Endabnehmer vermarktet wird, so kommt die Berufung eines Ersatzrechtes zur Sicherung seiner Handlungsfreiheit dennoch nicht in Frage. Im Unterschied zum Endhersteller werden seine Erwartungen hinsichtlich des anwendbaren Rechts nämlich nicht planwidrig durchkreuzt. Er orientiert sich nicht an einem bestimmten Recht, sondern legt sein haftungsrechtliches Schicksal bewußt in fremde Hände.

c) Ergebnisse

Die einheitlich für alle Haftpflichtigen geltenden Ergebnisse lauten: **745**

1. Einzig und allein das Recht des Marktstaates ist kollisionsrechtlich berufen, **746**
die Verhaltenssteuerungsfunktion des materiellen Produkthaftungsrechts zu verwirklichen.

2. Das Risiko, an dem Sicherheitsstandard des Rechts des Marktstaates gemes- **747**
sen zu werden, zwingt denjenigen, der eine Haftung ausschließen will, alles Zumutbare zu tun, damit sein Produkt auch tatsächlich in dem von ihm intendierten Staat vermarktet wird. Diese Verhaltenssteuerung ist erwünscht; sie ist eine Fortschreibung der materiell-rechtlichen Funktion für Fälle mit Auslandsberührung.

---

305 Siehe oben § 12.

748   3. Die Verhaltenssteuerungsfunktion ist in Fällen mit Auslandsberührung vollständig erfüllt, wenn sie die Haftpflichtigen zwingt, alles Zumutbare zu tun, damit sich ihre Vermarktungsabsicht verwirklicht. Deshalb ist aus Gründen der Verhaltenssteuerung kein Ersatzrecht für diejenigen Haftpflichtigen zu berufen, die den Marktstaat aufgrund ihrer Stellung im Produktionsprozeß (Vorprodukthersteller) oder aufgrund planwidrigen Handelns Dritter nicht vorhersehen können.

2. Die Folgen einer Nichtberufung des kollisionsrechtlich besten Verhaltenssteuerungsrechts

749   *Stoll*[306] hält es nicht für schlüssig, zugunsten der Tatortregel geltend zu machen, die am Tatort geltenden Verkehrsregeln und Sicherheitsvorschriften seien in jedem Fall anzuwenden. Diese Argumentation beachte nicht hinreichend, daß Fälle mit Auslandsberührung nicht allein mit Mitteln der kollisionsrechtlichen Zuweisung zu lösen seien. Sachgerechte kollisionsrechtliche Beurteilung und materiellrechtliche Anpassung der Sachnormen an Auslandssachverhalte griffen ineinander und ergänzten sich. So seien die Sicherheitsvorschriften des Tatortstaates im Rahmen des Haftungsrechts eines anderen Staates als ,,local data" zu beachten. *Stolls* Ausführungen können den Eindruck vermitteln, die Folgen einer Nichtberufung des kollisionsrechtlich besten Verhaltenssteuerungsrechts seien methodisch und praktisch ohne Schwierigkeiten zu bewältigen. Dieser Eindruck wäre falsch.

a) Probleme der Haftung für die Verletzung eines Schutzgesetzes

750   Probleme bereitet die Nichtberufung des räumlich besten Rechts der Verhaltenssteuerung vor allem bei der Haftung für die Verletzung eines Schutzgesetzes. Dies zeigt der Streit um die Frage, ob bei Anwendbarkeit des deutschen Rechts im Rahmen des § 823 Abs. 2 BGB nur Schutzgesetze des deutschen Rechts oder auch Schutzgesetze ausländischen Rechts zu beachten sind.

751   Eine Ansicht zieht im Rahmen des § 823 Abs. 2 BGB nur Schutzgesetze des deutschen Rechts heran; der Inhalt ausländischer Schutzgesetze könne nur im Rahmen des § 823 Abs. 1 BGB bei der Bestimmung der im Verkehr erforderlichen Sorgfalt berücksichtigt werden[307]. Eine andere, insbesondere von *Stoll* vertretene Ansicht geht ebenfalls davon aus, daß § 823 Abs. 2 BGB nur Schutzgesetze des deutschen Rechts meine; sie wendet § 823 Abs. 2 BGB bei Verletzung eines ausländischen Schutzgesetzes aber analog an[308]. Wenn die deliktsrechtlich zu beurteilende Handlung in einem anderen Staat vorgenom-

---

306 *Stoll*, IPrax 1989, 92 f.
307 *Chr. v. Bar*, IPR II Rn. 714; er beruft sich auf *Zitelmann*, IPR II 508 f., der § 823 Abs. 2 BGB auf ausländische Schutzgesetze aber analog anwendet.
308 *Stoll*, Verhaltensnormen 174; *ders.*, FS Lipstein 263 ff.; *Staudinger/v. Hoffmann*, Art. 38 EGBGB Rn. 154.

men werde, bedürfe es der sinngemäßen Übertragung der Haftungsnormen auf den Auslandssachverhalt, für den sie eigentlich nicht berechnet seien. An die Stelle der inländischen Verhaltensnormen oder Schutzgesetze hätten die entsprechenden, am Handlungsort geltenden Verhaltensnormen oder Schutzgesetze zu treten, soweit es dem Sinn und Zweck der maßgebenden Haftungsnormen des Deliktsstatuts entspreche. Die rechtliche Bewertung des Regelverstoßes sei allerdings allein Sache des Deliktsstatuts[309]. Eine dritte Ansicht[310] differenziert: Schutzgesetze, die den Kreis der Verletzungen, gegen die geschützt wird, oder den Kreis der geschützten Rechtsgüter erweitern, seien dem Deliktsstatut zu entnehmen[311]; Schutzgesetze, die den Rechtsschutz von der Verletzung vorverlagern auf die bloße Gefährdung, seien allein nach dem Recht des Ortes zu beurteilen, an dem die gefährdende Handlung begangen wird.

Die differenzierende Ansicht führt im Bereich der Produkthaftung zu befriedigenden Ergebnissen, weil Sicherheitsvorschriften in aller Regel zu der Kategorie von Schutzgesetzen gehören, die auch als ausländische im Rahmen des § 823 Abs. 2 BGB herangezogen werden können. **752**

Dagegen hat die Beschränkung auf Schutzgesetze des deutschen Rechts bei einer Schädigung durch ein im Ausland hergestelltes und vermarktetes Produkt zur Folge, daß der besondere Schutz des § 823 Abs. 2 BGB, die Vorverlagerung der Verteidigungslinie des Schutzgutes[312], vollständig verloren geht. Denn das deutsche Recht enthält keine Schutzgesetze, die vorschreiben, welche Sicherheit ein im Ausland hergestelltes *und vermarktetes* Produkt haben muß. **753**

Die insbesondere von *Stoll* vertretene analoge Anwendung des § 823 Abs. 2 BGB kann sich dogmatisch auf die sog. Zweistufentheorie stützen[313]. Ihre praktische Umsetzung birgt aber die Gefahr großer Rechtsunsicherheit. Denn die Frage, ob die Berücksichtigung eines ausländischen Schutzgesetzes dem Sinn und Zweck des Deliktsstatuts entspricht, ist äußerst schwierig zu beantworten. Ein von *Stoll*[314] erörtertes Beispiel belegt dies: Nach deutschem Recht hafte der Führer eines Kfz, der die gesetzlich vorgeschriebene Höchstgeschwindigkeit überschritten habe, für einen Unfall, der bei verkehrsgerechtem Verhalten vermieden worden wäre, selbst dann, wenn der Unfall nach den konkreten Umständen nicht vorhersehbar gewesen sei. Eine solche Haftungsverschärfung komme bei Übertretung einer Geschwindigkeitsbegrenzung im Ausland nur in **754**

---

309 *Stoll*, FS Lipstein 265; ähnlich *Bucher*, Les actes illicites 124 („dans la mesure ou l'on peut constater une certaine équivalence entre ces normes [des Handlungsortes] et les règles respectives de la lex causae").
310 *Kegel*, IPR 470; *Soergel/Lüderitz*, Art. 12 EGBGB a.F. Rn. 53; MünchKomm-*Kreuzer*, Art. 38 EGBGB Rn. 282.
311 Enger *Soergel/Lüderitz*, Art. 12 EGBGB a.F. Rn. 53, der insoweit nur von Schutzgesetzen spricht, die den Kreis der geschützten Rechtsgüter erweitern.
312 Siehe oben II. 3. a) aa).
313 Vgl. dazu *E. Lorenz*, FamRZ 1987, 645 ff.; *Jayme*, FS Müller-Freienfels 367 ff.
314 *Stoll*, FS Lipstein 265 f. − Kritisch auch *Staudinger/v. Hoffmann*, Art. 38 EGBGB Rn. 193 („fehlen indes die für die richterliche Rechtsanwendung erforderlichen Konturen").

Betracht, wenn die ausländische Geschwindigkeitsvorschrift den deutschen Regeln entspreche oder doch nach den örtlichen Verhältnissen angemessen erscheine. Die von *Stoll* geforderte Entsprechung der ausländischen Verkehrsregel ist wohl nur dann gegeben, wenn bei Festsetzung der zulässigen Höchstgeschwindigkeit gleiche Interessen annähernd gleich abgewogen wurden. Die von ihm hilfsweise empfohlene Prüfung, ob die ausländische Geschwindigkeitsbegrenzung ausgehend von den deutschen Wertmaßstäben nach den örtlichen Verhältnissen angemessen erscheine, wäre deshalb stets vorzunehmen[315]. Die praktischen Schwierigkeiten einer solchen Prüfung liegen auf der Hand.

755   Welcher Ansicht im Ergebnis zu folgen ist, muß hier nicht entschieden werden. Die Analyse zeigt jedenfalls, daß die kollisionsrechtliche Trennung von Verhaltenssteuerung und Haftung bei der Haftung für eine Schutzgesetzverletzung erhebliche Schwierigkeiten bereitet.

b) Gefahr sachlich nicht gerechtfertigter Verschärfungen oder Milderungen der Sicherheitsanforderungen

756   Die kollisionsrechtliche Trennung von Verhaltenssteuerung und Haftung, anders ausgedrückt: die Nichtberufung des räumlich besten Rechts der Verhaltenssteuerung, begründet die Gefahr sachlich nicht gerechtfertigter Verschärfungen oder Milderungen der Sicherheitsanforderungen und damit auch der Haftung[316]. Das grundsätzlich berechtigte Empfinden, daß Verhaltensgebot und haftungsrechtliche Sanktion zusammengehören, verleitet nämlich dazu, die Verhaltensgebote des Haftungsstatuts zu Unrecht auch dann zugrunde zu legen, wenn dieses Statut nicht als Verhaltenssteuerungsrecht, sondern beispielsweise als kollisionsrechtlich („räumlich") bestes Schadensausgleichsrecht berufen wurde. Dies sei an einigen Beispielen belegt[317].

aa) Ausschließliche Berücksichtigung der Sicherheitserwartungen des Statutsstaates

757   Nach *Mertens* und *Cahn* sind für den Fehlerbegriff des § 3 Abs. 1 ProdHaftG die Sicherheitsanforderungen im Geltungsbereich des ProdHaftG maßge-

---

315 So auch der Regelungsvorschlag von *Stoll*, Verhaltensnormen 180: „Ereignet sich bei Teilnahme am allgemeinen Verkehr ein Unfall, so sind bei Bestimmung der Haftung die am Unfallort geltenden Vorschriften über den örtlichen Verkehr und die allgemeine Sicherheit auch dann als verbindlich anzusehen, wenn ein anderes Recht haftungsrechtlich maßgebend ist. Die Verhaltens- und Sicherheitsregeln dieses Rechts bleiben unberührt, soweit sie mit dem Zweck jener Vorschriften vereinbar und den örtlichen Verhältnissen angemessen sind."

316 Diese Gefahr besteht auch, wenn Forumstaat und Statutstaat auseinanderfallen; denn der Richter wird unbewußt von seinen eigenen Sicherheitserwartungen beeinflußt. Vgl. *Schmidt-Salzer*, Produkthaftung III/1 Rn. 4.672 und 4.737 f.

317 Zu Beispielen außerhalb der Produkthaftung *Staudinger/v. Hoffmann*, Art. 38 EGBGB Rn. 154 a. E.

bend[318]. Die Tragweite dieser Auffassung erschließt sich in Fällen mit Auslandsberührung, auf die sie abzielt, nur, wenn man berücksichtigt, aus welchen Gründen das deutsche Produkthaftungsrecht kollisionsrechtlich anwendbar ist. Wenn das deutsche Recht anzuwenden ist, weil das Produkt in Deutschland vermarktet wurde, wenn Deutschland also Marktstaat ist, so ist gegen die Maßgeblichkeit der Sicherheitserwartungen der deutschen Allgemeinheit nichts einzuwenden. Wenn das Produkt jedoch in einem anderen Staat vermarktet wurde und das deutsche Recht nur Anwendung findet, weil beispielsweise der Geschädigte hier seinen gewöhnlichen Aufenthalt hat oder hier erstmals mit dem Produkt in Berührung gekommen ist, so ist es unrichtig, die Sicherheitserwartungen der deutschen Allgemeinheit zugrunde zu legen[319].

bb) Haftungsausschluß nur durch zwingende Vorschriften der lex causae

Verbreitet wird angenommen, zwingende Vorschriften im Sinne von § 1 Abs. 2 Nr. 4 des deutschen Produkthaftungsgesetzes, deren Beachtung eine Haftung ausschließt, könnten nur solche des deutschen Rechts sein[320]. Zur Begründung wird vorgetragen, im Konflikt zwischen Warenverkehrsfreiheit und Verbraucherschutz sei der Verbraucherschutz jedenfalls im Bereich des Haftungsrechts vorrangig[321]; es sei unvertretbar, die Entlastung des Herstellers von einer fremden Rechtsordnung abhängig zu machen[322]. **758**

Ergebnis und Begründung ist wiederum nur dann zuzustimmen, wenn das deutsche Recht kollisionsrechtlich als Recht des Marktstaates berufen ist. Dann ist es Sache des deutschen Rechts, die Sicherheit zwingend vorzuschreiben, die das Produkt haben muß, um hier in den Verkehr gebracht werden zu dürfen. Dann ist es umgekehrt nicht akzeptabel, die Entlastung von einem ausländischen Recht abhängig zu machen, etwa dem Recht des Herstellungslandes, wenn dieses ausnahmsweise[323] zwingend die Sicherheit von Exportprodukten regelt[324]. **759**

---

318 MünchKomm-*Mertens/Cahn* § 3 ProdHaftG Rn. 8. Ihre Berufung auf *Rolland* § 3 ProdHaftG Rn. 16, erscheint bedenklich. Dieser sagt, daß in Deutschland („Geltungsbereich des ProdHaftG") anders als im Geltungsbereich der EG-Richtlinie von einem einheitlichen Sicherheitsstandard auszugehen sei, also keine regional unterschiedlichen Sicherheitserwartungen bestünden. Er sagt aber nicht, unter welchen Voraussetzungen die deutschen Sicherheitserwartungen maßgeblich sind.
319 Zur Marktbezogenheit des Fehlerbegriffs der EG-Produkthaftung und der Verkehrssicherungspflichten der verschuldensabhängigen Produkthaftung siehe oben II. 5. – Zur verfehlten Heranziehung deutscher Verhaltensregeln bei einem Skiunfall im Ausland vgl. OLG Köln, 14.4.1962, NJW 1962, 1110 mit krit. Anm. von *Deutsch*, NJW 1962, 1680.
320 MünchKomm-*Mertens/Cahn* § 1 ProdHaftG Rn. 74; *Rolland* § 1 ProdHaftG Rn. 135.
321 MünchKomm-*Mertens/Cahn* § 1 ProdHaftG Rn. 74.
322 *Rolland* § 1 ProdHaftG Rn. 135.
323 Siehe oben II. 4. aa) und bb) (1).
324 Vgl. *George v. Douglas Aircraft Co.* 332 F 2d 73 (2d Cir. 1964) (Friendly J.): „Extra state manufacturers are not entitled to have their goods enter a state on easier terms as to liability than the state establishes generally."

760 Ergebnis und Begründung sind jedoch verfehlt, wenn Deutschland nicht Marktstaat ist. Denn dann geht der Haftungsausschluß ins Leere, weil das deutsche Recht keine Regelungen enthält, die zwingend vorschreiben, wie sicher Produkte sein müssen, die in einem anderen Staat hergestellt und vermarktet werden. Zwingende Vorschriften in diesem Sinne kennt nur der Marktstaat. Wenn dieses Recht nicht Haftungsstatut ist, so sind seine zwingenden Vorschriften nach dem Sinn und Zweck des Haftungsausschlußtatbestandes des § 1 Abs. 2 Nr. 4 ProdHaftG dennoch zu beachten. Bei der Auslegung dieser Vorschrift ist mit anderen Worten der vorgegebene räumliche Anwendungsbereich zwingender Vorschriften über die Produktsicherheit zu beachten[325].

761 Abzulehnen ist deshalb auch die Ansicht, zwingende Rechtsvorschriften im Sinne des § 1 Abs. 2 Nr. 4 ProdHaftG seien nur solche, die am Schadensort gelten, weil es der Zweck des Produkthaftungsgesetzes sei, den Schutz des Geschädigten sicherzustellen[326]. Diese Argumentation verkennt, daß sich der Zweck des Haftungsausschlußtatbestandes nicht mit dem unterstellten generellen Zweck des Produkthaftungsgesetzes deckt. Der generelle Zweck des Gesetzes mag es rechtfertigen, den Haftungsausschlußtatbestand restriktiv auszulegen. Er rechtfertigt aber keine Auslegung, die dem Haftungsausschlußtatbestand keinen Anwendungsbereich läßt.

cc) Kumulative Berücksichtigung der Sicherheitserwartungen des Statutsstaates und des Marktstaates

762 Einige Autoren[327] berücksichtigen die Sicherheitsvorschriften des Marktstaates im Rahmen des Produkthaftungsstatuts, gelangen aber gleichwohl nicht zum richtigen Ergebnis, daß das Produkt *nur* die Sicherheit haben muß, die das Recht des Marktstaates vorschreibt. Sie legen dem Begriff „Berücksichtigen" nämlich eine doppelte Bedeutung bei. Sie meinen damit zum einen die Beachtung der von einer Sicherheitsvorschrift für den Tatbestand der Haftungsnorm ausgehenden Wirkung im Gegensatz zur unmittelbaren Anwendung der Sicherheitsvorschrift. „Berücksichtigen" bedeutet für sie aber weitergehend, daß die Sicherheitsvorschriften des Marktstaates nicht ausschließlich maßgebend sein sollen, sondern lediglich neben den Verhaltensgeboten des Produkthaftungsstatuts mitzuberücksichtigen seien. Im Ergebnis führt dies dazu, daß der Haftpflichtige den strengeren Sicherheitsstandard einhalten muß, wenn er eine Haftung ausschließen will.

763 Auch dieses Ergebnis beruht auf einer unrichtigen Anwendung des Produkthaftungsstatuts. Es wird nämlich von dem im Ausland vermarkteten Produkt die Sicherheit verlangt, die dieses Produkt haben müßte, wenn es im Statuts-

---

325 Siehe oben II. 3. a) bb). Im Ergebnis wie hier *Junke* 183 ff.
326 *Graf v. Westphalen* § 60 Rn. 71.
327 Für die Schweiz: *Nater*, SJZ 1989, 393; wohl auch *Schwander*, Produktehaftung 223.

staat vermarktet worden wäre. Daß dies unzulässig ist, ergibt sich aus dem materiellrechtlichen Gebot, die haftungsrechtlichen Produktsicherheitsanforderungen unter Berücksichtigung der konkreten Umstände der Vermarktung zu bestimmen[328]. Dieses Gebot ist umfassend[329]; es wird deshalb auch dann verletzt, wenn man zwar ausschließlich die öffentlich-rechtlichen Sicherheitsvorschriften des Marktstaates „berücksichtigt"[330], aber die schärferen haftungsrechtlichen Verhaltensgebote des Statutsstaates für in diesem Staat vermarktete Produkte aufpfropft[331].

Stoll[332] stellt örtlichen Verkehrsregeln wie dem Linksfahrverbot in England **764** allgemeine, „überörtliche" Sicherheitsvorschriften gegenüber, bei denen der territoriale Bezug fehle. Als Beispiel für solche Sicherheitsvorschriften nennt er u. a. Vorschriften über bestimmte Sicherheitseinrichtungen an einem Kraftfahrzeug. Der Begriff „überörtliche Sicherheitsvorschriften" soll wohl zum Ausdruck bringen, daß der durch sie gesetzte Sicherheitsstandard kollisionsrechtlich disponibel sei und durch das Deliktsstatut verschärft werden könne[333]. Ein solches Verständnis wäre abzulehnen. Überörtlich sind Produktsicherheitsvorschriften nur in dem Sinne, daß nicht jeder Staat, in dem das Produkt nach seiner Abgabe an den Verbraucher verbracht wird, eigene Sicherheitsanforderungen an das Produkt stellt. Im übrigen sind sie örtlich − auf den Marktstaat − fixiert, weil sie nicht die Sicherheit des jeweiligen Verkehrs mit dem Produkt, sondern nur das einmalige Inverkehrbringen an den Ersten Endabnehmer zum Schutze des *allgemeinen* Verkehrs im Marktstaat regulieren. Dies gilt − wie *Stoll*[334] selbst dem Grunde nach betont − nicht nur für den öffentlich-rechtlichen Sicherheitsstandard, sondern auch für den haftungsrechtlichen Standard für die Sicherheit des allgemeinen Verkehrs. Das Recht des Marktstaates ist deshalb nicht nur als kollisionsrechtlich bestes Recht der Verhaltenssteuerung, sondern auch als *einziges* Recht der Verhaltenssteuerung anzuerkennen[335].

---

328 Siehe oben II. 5. a).
329 Siehe oben bei und in Fn. 182.
330 Dafür *Sack*, FS Ulmer 501 und 505; *Soergel/Lüderitz*, Art. 12 EGBGB a. F. Rn. 53; *Drobnig*, Produktehaftung 337 (vorsichtig); vgl. auch den Wortbeitrag von *Reese*: Conférence 168 (Procés-verbal Nr. 6).
331 Vgl. den Wortbeitrag *Loussouarns* auf der Haager Produkthaftungs-Konferenz (Conférence 185 (Procés-verbal Nr. 9): „Le juge devrait-il combiner les différents critères de „standards of conduct" en une sorte de cocktail? Si l'on désire en réalité retenir les „standards of conduct" qui sont les plus exigeants pour le fabricant et de ce fait protéger le consommateur, mieux vaudrait le dire clairement").
332 *Stoll*, Verhaltensnormen 177; ihm folgend *Schönberger* 227.
333 Vgl. *Stoll*, Verhaltensnormen 171.
334 *Stoll*, Verhaltensnormen 173; so auch *Deutsch*, NJW 1962, 1681.
335 Dezidiert gegen eine Verschärfung des Sorgfaltmaßstabes durch Anwendung eines vom Verhaltenssteuerungsrecht verschiedenen Haftungsstatuts *Chr. v. Bar*, JZ 1985, 968; *Sack*, FS Ulmer 505; in diesem Sinne wohl auch *Weick*, NJW 1984, 1994.

c) Folgenbegrenzung durch eine Berücksichtigungsnorm

765   Die Gefahren der Nichtberufung des kollisionsrechtlich besten Verhaltenssteuerungsrechts bestehen in erster Linie in einer unrichtigen Anwendung des Haftungsstatuts. Diese Gefahren kann man verringern, indem man den kollisionsrechtlichen Anwendungsbefehl, der zum Haftungsstatut führt, mit einem Hinweis zur richtigen Anwendung des Haftungsstatuts verbindet.

766   Einen solchen Hinweis enthält beispielsweise Art. 9 des Haager Übereinkommens[336]. Nach dieser Vorschrift schließt die Anwendung der Kollisionsnormen Artt. 4–6 nicht aus, Verhaltens- und Sicherheitsbestimmungen des Landes zu berücksichtigen, in dem das Produkt auf den Markt gebracht wurde. *Kegel*[337] bezeichnet diese Vorschrift als seltsam[338]. Dies ist sie in der Tat. Sie ist nämlich keine kollisionsrechtliche, sondern eine sachrechtliche Vorschrift. Sie ist außerdem keine sachrechtliche Entscheidungsnorm, sondern lediglich eine Hilfsnorm für die sachrechtliche Beurteilung eines Sachverhalts mit Auslandsberührung[339]. Sie weist darauf hin, daß bei der Anwendung des maßgeblichen Haftungsrechts zu berücksichtigen ist, daß der Haftpflichtige, als er den haftungsbegründenden Tatbestand erfüllte, nicht durch das Recht des (unvorhersehbaren) Haftungsstatut-Staates, sondern durch das Recht des Marktstaates gesteuert wurde. Daß die Vorschrift nur von einer Berücksichtigung der Verhaltens- und Sicherheitsvorschriften des Marktstaates spricht, ist aus dogmatischer Sicht grundsätzlich korrekt. Denn Verhaltens- und Sicherheitsvorschriften sind im Rahmen des Haftungsrechts nicht anzuwenden, sondern zu berücksichtigen. Sie haben nur Tatbestandswirkung[340].

767   Die unterschiedlichen Ansichten zum Regelungsinhalt des Art. 9 Haager Übereinkommen[341] zeigen allerdings, daß es schwierig ist, die Gefahren einer Nichtberufung des kollisionsrechtlich besten Verhaltenssteuerungsrechts mit einer solchen Berücksichtigungsnorm völlig zu beseitigen. Die Erfahrungen mit Art. 9 Haager Übereinkommen sprächen jedenfall dafür, klarzustellen, daß Sicherheits- und Verhaltensvorschriften *nur* dem Recht des Marktstaates zu entnehmen sind[342]. Sinnvoll wäre auch eine Ergänzung der Berücksichti-

---

336 Zu vergleichbaren Regelungen in nationalen IPR-Gesetzen siehe oben § 13 II. 1. b) cc).

337 *Kegel*, IPR 475. Er stellt dem „seltsamen" Art. 9 Haager Produkthaftungsübereinkommen den Art. 7 des Haager Straßenverkehrsübereinkommens, der die Verkehrsregeln des Unfallortes berufe, als richtig gegenüber. Doch auch diese Vorschrift spricht nur von „berücksichtigen"; anders als Art. 9 des Produkthaftungsübereinkommens schreibt sie die Berücksichtigung jedoch ausdrücklich als zwingend vor. *Beitzke*, RabelsZ 33 (1969) 232, berichtet, daß der auf der Haager Konferenz gestellte Antrag, vorzuschreiben, daß *ausschließlich* die Verkehrsregeln und Sicherheitsvorschriften des Unfallortes zu berücksichtigen seien, abgelehnt wurde, weil die Konferenzteilnehmer den Fragenbereich als insgesamt nicht hinreichend aufgeklärt erachteten.

338 Vgl. auch *Kozyris*, Ohio State L.J. 46 (1985) 584 („an ambiguous provision").

339 Vgl. *Stoll*, Verhaltensnormen 177.

340 Siehe oben II. 3.

341 Siehe § 1 III. 1. c).

342 So die in Fn. 335 genannten Autoren.

gungsnorm, nämlich der Hinweis, daß der normativen Fehlerbeurteilung die tatsächlichen Umstände zugrundezulegen sind, wie sie sich der Allgemeinheit des Marktstaates darstellen[343].

Stoll[344] will die von ihm zur Aufnahme in das deutsche EGBGB empfohlene **768** Sonderregel[345] über die Behandlung von Verhaltensnormen und Sicherheitsvorschriften dagegen auf Verkehrsunfälle begrenzen. In anderen Bereichen bestehe kein Bedürfnis und sei die Bestimmung des Handlungsortes und damit auch die Tragweite einer etwaigen Sonderregel oftmals zweifelhaft, wie besonders die Fälle der Produkthaftung zeigten. Entgegen *Stoll* ist gerade wegen dieser Unsicherheit eine Berücksichtigungsnorm unabdingbar, wenn man als Produkthaftungsstatut nicht das Recht des Marktstaates beruft.

IV. Ergebnisse

1. Das kollisionsrechtlich beste Recht der Verhaltenssteuerung

a) Das Recht des Marktstaates (Importstaates) ist kollisionsrechtlich („räum- **769** lich") am besten geeignet, den Verantwortlichen für den Marktzutritt und ihm vorgelagerte Haftpflichtige, die eine Vermarktung in diesem Staat beabsichtigt haben oder vorhersehen mußten, hinsichtlich der Produktsicherheit zu steuern. Die besondere Eignung des Rechts des Marktstaates wird dadurch indiziert, daß grundsätzlich nur sein öffentliches Produktsicherheitsrecht, nicht auch das des Exportstaates anwendungswillig ist. Auch das materielle Haftungsrecht gibt klare Hinweise, indem es die haftungsrechtlichen Verhaltensgebote an den Erfordernissen des Verkehrs im Marktstaat ausrichtet. Es offenbart damit den sachlichen Grund für den kollisionsrechtlichen Vorrang des Rechts des Marktstaates: Durch die Vermarktung des Produkts ist in erster Linie der Verkehr im Marktstaat gefährdet; dessen Schutzbedürfnis gibt den Anlaß zur Verhaltenssteuerung und prägt ihren Inhalt und ihr Maß.

b) Wenn die Sicherheit des schadenstiftenden Produktes ausnahmsweise auch **770** durch das öffentliche Produktsicherheitsrecht des Exportstaates bestimmt wurde, ändert dies am Vorrang des Rechts des Marktstaates nichts. Denn auch die Sicherheitsvorschriften des Exportstaates haben primär den Zweck, den Verkehr im Marktstaat zu schützen, und sind deshalb gegenüber dessen Sicherheitsvorschriften grundsätzlich subsidiär. Unter dem Gesichtspunkt der Verhaltenssteuerung kann man erwägen, das Haftungsrecht des Exportstaates subsidiär oder alternativ zu berufen, wenn der Export tatsächlich gegen Sicherheitsvorschriften dieses Staates verstieß. Ob diese Sanktion angemessen ist, ist in erster Linie eine Frage rechtspolitischer Wertung.

---

343 Siehe oben II. 5. a) cc).
344 *Stoll*, Verhaltensnormen 179 f.
345 Siehe oben in Fn. 315.

771 c) Auch im Verhältnis der EG-Staaten ist das Recht des Marktstaates kollisionsrechtlich am besten zur Verhaltenssteuerung geeignet. Seine Vorrangstellung ist durch Art. 36 EGV und durch „zwingende Erfordernisse" im Sinne der „Cassis"-Rechtsprechung des EuGH gesichert. Sie ist aber auf diesen Bereich beschränkt und schwindet mit einer gemeinschaftsrechtlichen Angleichung der Sicherheitsstandards. Der Gesichtspunkt der haftungsrechtlichen Verhaltenssteuerung hat deshalb im Verhältnis der EG-Staaten als Entscheidungskriterium für die Anknüpfung der Produkthaftung nur noch ein geringes Gewicht.

772 d) Die Anknüpfung an den Marktstaat nötigt den Haftpflichtigen, der eine Haftung möglichst ausschließen möchte, alles zu tun, damit sein Produkt auch tatsächlich in dem Staat vermarktet wird, an dessen Verhaltensgeboten er sich orientiert hat. Dieser Verhaltensanreiz ist erwünscht, weil er der Sicherheit des Verkehrs im Marktstaat dient. Das Recht des Marktstaates kann jedoch dann nicht mehr aus Gründen der Verhaltenssteuerung berufen werden, wenn der Haftpflichtige sich wie gewünscht verhalten hat. Es ist dann auch kein anderes Recht als Verhaltenssteuerungsrecht zu berufen, weil die beabsichtigte Verhaltenssteuerung vollständig erreicht ist. Eine „Ersatzanknüpfung" kommt allenfalls in Betracht, um die Handlungsfreiheit des Haftpflichtigen zu sichern. Ob dieser Gesichtspunkt die Anknüpfung determinieren kann, hängt von einer Abwägung sämtlicher anknüpfungsrelevanter Gesichtspunkte ab.

2. Das relative Gewicht der Verhaltenssteuerung als Anknüpfungskriterium

773 Wenn als Produkthaftungsstatut nicht das Recht des Marktstaates, das kollisionsrechtlich beste Recht der Verhaltenssteuerung, sondern ein anderes Recht berufen wird, führt dies zu erheblichen Problemen. Es ist dann unsicher, unter welchen Voraussetzungen Sicherheitsvorschriften des Marktstaates als Schutzgesetze eine Haftung im Rahmen des Deliktsstatuts begründen können. Es besteht außerdem die Gefahr, daß die Sicherheitsanforderungen unberechtigt geändert werden, indem statt der Anforderungen des Marktstaates nur oder auch die Anforderungen des Statutsstaates zugrunde gelegt werden.

774 Die Probleme, die aus der Nichtberufung des kollisionsrechtlich besten Rechts der Verhaltenssteuerung resultieren, lassen sich durch eine Berücksichtigungsnorm, die auf die richtige Anwendung des Haftungsstatuts hinweist, nicht vollständig ausräumen. Das von *Kahn-Freund*[346] für das allgemeine Haftungsrecht Gesagte gilt für das Produkthaftungsrecht deshalb und wegen der großen Bedeutung der Sicherheitsanforderungen in besonderem Maße: „[T]he rule of conduct and the standard of liability are difficult to disentangle. It can be done — it is better not to do it".

---

346 *Kahn-Freund*, Rec. des Cours 124 II (1968) 95; ebenso *Strömholm* 75; *Wilde* 48; *Winkelmann* 1986 (der dieses Postulat bei der Entwicklung seiner Kollisionsnorm aber nicht mehr beachtet).

§ 15 Schadensausgleich

I. Der unbefriedigende Stand der kollisionsrechtlichen Diskussion

Das Deliktsrecht wird regelmäßig erst dann auf den Plan gerufen, wenn seine 775
schadenspräventive Funktion versagt hat. In der Wirklichkeit des Geschehens
steht der Schaden an erster Stelle[1]. Viele sehen im Schadensausgleich auch
das „erste und hauptsächliche Ziel" des Deliktsrechts[2]. Die Anknüpfungsrelevanz dieser Funktion steht daher anders als die der Verhaltenssteuerungsfunktion[3] außer Frage.

1. Der Streit um den Vorrang von Schädiger- und Geschädigteninteressen

Im Schrifttum bestehen allerdings sehr unterschiedliche Ansichten darüber, 776
welche kollisionsrechtliche Anknüpfung die Schadensausgleichsfunktion der
(Produkt-)Haftung am besten verwirklicht. Umstritten ist bereits die grundsätzliche Ausrichtung. Die vordringende Ansicht fragt, von welcher Rechtsordnung der *Geschädigte* Schutz erwarten durfte[4]. Diesem Ansatz ist *Czempiel* in
seiner unlängst vorgelegten Untersuchung zur Zurechnung im Internationalen
Deliktsrecht entgegengetreten. Er meint, für die kollisionsrechtliche Zurechnung seien in erster Linie die Interessen des *Schädigers* erheblich. Wer den Geschädigten begünstigen wolle, müsse dafür Sorge tragen, daß das materielle
Recht hinreichende Kompensationsmöglichkeiten für seinen Schaden bereit-
halte[5]. Dieser Meinungsstreit zeigt, daß diejenigen Gründe für die Relevanz
der Geschädigtenerwartungen, die in der Schadensausgleichsfunktion des
Sachrechts liegen, noch nicht hinreichend aufgedeckt worden sind.

2. Der Streit um das kollisionsrechtlich beste Geschädigtenrecht

Auch der innerhalb der vordringenden Ansicht geführte Streit um die Frage, 777
von welcher Rechtsordnung der Geschädigte Schutz erwarten darf, deutet dar-

---

1 *Deutsch*, Haftungsrecht I 418; sehr instruktiv und anschaulich zur Bedeutung der vom Schaden
  ausgehenden Sicht für die richterliche Entscheidung *Steffen*, VersR 1980, 410 (Die „kompakte
  Körperlichkeit" gebe den Schutzpositionen des Geschädigten „das Gewicht erratischer Blöcke
  in den Beratungszimmern. Das Bestandsinteresse des Geschädigten wird sichtbar gemacht durch
  den Schaden, der dem Richter vor Augen steht, weil er den Fall ja immer ex post betrachtet.
  Die Handlungsfreiheit des Schädigers erscheint demgegenüber körperlos, weniger dicht, der
  Vergangenheit zugehörig. Dem Schädiger kann beinahe immer gesagt werden, daß mit der Technik auch die Gefahrabwehr besser geworden ist. Möglichkeiten der Haftungsüberwälzung nehmen seinem Interesse zusätzlich die Überzeugungskraft").
2 *Deutsch*, Haftungsrecht I 73 (Unrechtshaftung).
3 Siehe vorigen § unter I.2.
4 *Beitzke*, Rec. des Cours 115 II (1965) 85–96; *Stoll*, FS Ferid (1978) 413; *W. Lorenz*, Grundregel
  111 f., 116; vgl. auch *E. Lorenz*, FS Duden 265 (der diese Frage auch hinsichtlich des Haftpflichtigen stellt).
5 *Czempiel* 134 f., 181.

auf hin, daß die kollisionsrechtlichen Erfordernisse der Schadensausgleichsfunktion noch nicht vollständig erkannt, zumindest aber noch nicht hinreichend offengelegt worden sind.

a) Internationales Deliktsrecht

778 Für das Internationale Deliktsrecht wird überwiegend angenommen, der Geschädigte dürfe haftungsrechtlichen Schutz von demjenigen Staat erwarten, in
dem seine Rechtsgüter verletzt wurden (Recht des Erfolgsortes). Diese Ansicht
wird jedoch nur unzureichend begründet. Dies ist offensichtlich, wenn die (alternative) Anknüpfung an den Erfolgsort darauf gestützt wird, der Erfolg sei
ein der Handlung gleichwertiger Bestandteil der unerlaubten Handlung[6]. Dies
wäre gerade zu beweisen[7]. Substantielle Beweisführungen gibt es; aber auch
sie lassen Zweifel.

779 Nicht vollends überzeugt die von *Delachaux* vorgetragene Begründung, der
Geschädigte dürfe die Maßgeblichkeit des Rechts des Erfolgsorts erwarten,
weil es die Pflicht jedes (Rechts-[8])Staates sei, auf seinem Gebiet die Interessen
aller Personen durch Schadensersatznormen vor einer Verletzung zu schützen[9]. Eine staatliche Pflicht, Rechtsgüter zu schützen, besteht[10]. In Erfüllung
dieser Pflicht wird in Deutschland und vielen anderen Staaten ein internationaler Gerichtsstand am Erfolgsort zur Verfügung gestellt. Die entscheidende
Frage ist aber, ob ein Staat die in seinem Geltungsbereich belegenen Rechtsgüter unterschiedslos durch das eigene Haftungsrecht schützen muß. Diese Frage
ist zu verneinen. Der Belegenheitsstaat (Erfolgsortstaat) kann seinen Schutzauftrag auch dadurch erfüllen, daß er bei einer Schädigung mit Auslandsberü-
hung ein ausländisches Recht als materielles Schutzrecht beruft[11]. Belegt wird
dies beispielsweise durch die allgemein anerkannte Auflockerung der Tatortregel bei einem Straßenverkehrsunfall zwischen Gebietsfremden[12].

780 *Rudolf Schmidt*[13], der wesentlich zu dem Perspektivenwechsel von der Handlung zum Erfolg beigetragen hat[14], weist auf die Ordnungsinteressen des Erfolgsortstaates hin. Nach seiner Ansicht begründen sie die unangefochtene Regelungskompetenz dieses Staates für alle Einwirkungen auf die in seinem Gebiet belegenen *Grundstücke*, gleich ob diese Einwirkungen ihren Ursprung in

---

6 Zuletzt *Schönberger* 34 f.
7 Kritisch *W. Lorenz*, Grundregel 115 f.; *Beitzke*, Rec. des Cours 115 II (1965) 85 („un peu trop
  formelle“).
8 *Delachaux* 109.
9 *Delachaux* 109 f.; ähnlich MünchKomm-*Kreuzer*, Art. 38 EGBGB Rn. 3.
10 Siehe vorigen § unter II. 2.
11 *E. Lorenz*, FS Duden 265; *Schönberger* 37.
12 Vgl. den Hinweis von *E. Lorenz*, FS Duden 265. – Zu den Voraussetzungen der Auflockerung
   der Tatortregel im Internationalen Straßenverkehrsunfallrecht vgl. *Wandt*, VersR 1993, 409 ff.
   m. w. N.
13 *Rudolf Schmidt*, FS Lehmann 175 ff. (Befürwortung der Ubiquitätsregel).
14 *W. Lorenz*, Grundregel 108.

diesem Staat oder im Ausland haben. Die Schwierigkeit liegt aber darin, die Anknüpfung an den Erfolgsort für *bewegliche Rechtsgüter* zu begründen. Hier nennt *Schmidt* mit wesentlich geringerer Überzeugungskraft als Beispiel die Beschädigung eines ausländischen Kfz: Beriefe man ein anderes Haftungsrecht als das des Erfolgsortstaates, so verlöre die Verkehrsordnung in diesem Staat und die Androhung der Schadensersatzpflicht allgemein an Autorität und es vergrößerte sich die Gefährdung für inländische Fahrzeuge[15]. Für Distanzdelikte könnte diese Argumentation die Anknüpfung an den Erfolgsort allenfalls unter dem Vorbehalt der „Vorhersehbarkeit" rechtfertigen; wenn nämlich der Erfolgsort für den Schädiger nicht vorhersehbar ist, kann das Recht dieses Ortes auch nicht schadenspräventiv wirken[16].

Beitzke[17] setzt ebenfalls bei der Belegenheit des Rechtsguts im Zeitpunkt sei- **781** ner Verletzung an. Er meint, wenn man daran festhalte, daß das Eigentum und alle anderen dinglichen Rechte, ihr Erwerb, Verlust und Inhalt, von der lex rei sitae beherrscht würden, wäre es gänzlich unlogisch, den Schutz dieser Rechte einer anderen Rechtsordnung zu unterstellen. Zu bestimmen sei deshalb nicht der Ort der unerlaubten Handlung, sondern der Ort, an dem das Recht, die Sache oder das verletzte Interesse im Zeitpunkt der Verletzung belegen gewesen sei. Auch diese Parallele zur Inhaltsbestimmung eines dinglichen Rechts, in der die umstrittene Rechtsfortsetzungsfunktion des Haftungsrechts anklingt[18], vermag die angenommene Ausschließlichkeit der Anknüpfung an den Erfolgsort (Belegenheitsort) nicht zu begründen. Denn während der Inhalt eines dinglichen Rechts aus seinem Wesen, sozusagen von innen heraus, bestimmt wird, wird das Maß des haftungsrechtlichen Schutzes bildlich gesprochen von einer höheren Warte aus und damit von außen bestimmt, weil es um die Abgrenzung kollidierender Rechtssphären geht[19].

b) Internationales Produkthaftungsrecht

Angesichts dieser Begründungsdefizite überrascht es nicht, daß der Erfolgsort **782** bei der Produkthaftung von vielen als „zufällig" angesehen wird, wenn der Geschädigte schon außerhalb des Erfolgsortstaates mit dem schädigenden Produkt in Berührung gekommen war[20]. Die angebotenen Ersatzlösungen leben jedoch in erster Linie von den Schwächen „des Erfolgsortes". Auch sie werden und sind häufig unzureichend begründet. Einige von ihnen, insbeson-

---

15 *Rudolf Schmidt*, FS Lehmann 184.
16 Siehe vorigen § unter III. 1. a) bb) (3).
17 *Beitzke*, Rec. des Cours 115 II (1965) 85 f.; zustimmend *W. Lorenz*, Grundregel 108 Fn. 33.
18 Vgl. dazu *Mertens* 94, 109; *Deutsch*, Haftungsrecht I 72; *Larenz*, Schuldrecht I § 27 I; *Lange* 11, 32 f. (Rechtsfortsetzungsgedanke).
19 Vgl. *E. Lorenz*, FS Duden 263 („Kompromiß zwischen Rechtsgüterschutz auf der einen und Schutz der Entfaltungs- und Gestaltungsfreiheit auf der anderen Seite"); *Staudinger/Stoll*, IntSachenR Rn. 161.
20 *Stoll*, FS Kegel (1977) 130 f.; *Winkelmann* 178 f.; vgl. auch *Wienberg* 110, 123.

dere die Anknüpfung an den Ort eines privaten Folgeerwerbs, erscheinen deshalb nicht minder „zufällig" als die Anknüpfung an den Erfolgsort[21]. Was fehlt, ist die Anbindung an die Schadensausgleichsfunktion des Sachrechts. Sie ist der Gradmesser dafür, ob eine Anknüpfung „zufällig" ist oder nicht.

II. Die Zurechnung des Schadens

1. Sachrecht

a) Die Wechselbezüglichkeit von Fremd- und Eigenzurechnung

783 Vor der Frage, in welchem Umfang und in welcher Art und Weise ein Schaden zu ersetzen ist, steht die Frage, wer ihn zu ersetzen hat, anders gefragt: wem der Schaden zuzurechnen ist. Es ist dies die zentrale Frage des Deliktsrechts.

784 Das Deliktsrecht bestimmt, unter welchen Voraussetzungen ein Schaden von demjenigen zu tragen ist, der ihn erleidet (Eigenzurechnung), oder unter welchen Voraussetzungen er auf denjenigen abgewälzt werden kann, der ihn verursacht hat (Fremdzurechnung). Fremd- und Eigenzurechnung korrespondieren.

785 Im Vordergrund der gesetzlichen Regelung steht die Fremdzurechnung. Der Grund ist einsichtig. Die Eigenzurechnung muß nicht gesetzlich geregelt werden; es gilt der Satz „casum sentit dominus". Die Fragestellung des Deliktsrechts lautet deshalb: Unter welchen Voraussetzungen wird der Schaden vom Träger des Rechtsguts auf den Schädiger abgewälzt?[22].

786 Die in dieser Fragestellung und der gesetzlichen Regelung des Deliktsrechts zum Ausdruck kommende Perspektive ändert aber nichts an der Allgegenwärtigkeit der Eigenzurechnung. Jede Entscheidung für eine Fremdverantwortung ist zugleich eine Entscheidung gegen die Eigenverantwortung des Geschädigten. Die Grenzziehung setzt eine Abwägung der Interessen beider Seiten voraus. Auch die Eigenzurechnung hat deshalb ihre Gründe, die offenzulegen sind, wenn sie sich nicht von selbst verstehen[23], was aufgrund des Zusammenrückens der Rechtssphären immer seltener ist[24].

---

21 Siehe unten II. 2. a) bb) (5) und II. 3. c) bb).
22 Vgl. *Brüggemeier*, Deliktsrecht Rn. 64.
23 Vgl. *Chr. v. Bar*, Verkehrspflichten 41 („Auch die haftungsverneinende Seite der Verkehrspflichten verdient ... besondere Aufmerksamkeit").
24 Vgl. *Steffen*, VersR 1980, 410 (engeres funktionales Zusammenrücken der Verkehrskreise); *J. Meyer* 113; *Chr. v. Bar*, Verkehrspflichten 39 ff.; *Esser*, Gefährdungshaftung 32; *Brüggemeier*, Deliktsrecht Rn. 66.

b) Die Strukturen und die praktische Bedeutung der Eigenzurechnung

Die vordergründige Dominanz der Fremdzurechnung hat zur Folge, daß über **787** die Funktion und Dogmatik der Eigenzurechnung wenig Klarheit herrscht[25]. Gesichert ist ihre Funktion, Dritten einen Bereich der Handlungsfreiheit zu gewährleisten[26]. Unsicher ist dagegen, ob die Eigenzurechnung mehr als nur notwendiges Korrelat der Fremdzurechnung ist, ob sie beispielsweise auch die Funktion hat, auf den Träger des Rechtsguts zum Zwecke der Schadensverhütung einzuwirken[27].

Im Produkthaftungsrecht ist die Eigenzurechnung wie auch sonst im Delikts- **788** recht vor allem spürbar, wenn ihre ausdrücklich normierte Ausprägung, nämlich das Mitverschulden, in Rede steht. Die praktische Bedeutung des Mitverschuldens ist bei der Produkthaftung besonders groß, wie die Unfallursachenforschung[28], die Regulierungserfahrungen der Haftpflichtversicherer[29] und die Rechtsprechung[30] belegen.

Die Relevanz der Eigenzurechnung ist jedoch nicht auf das Mitverschulden be- **789** schränkt. Das gesamte Produkthaftungsrecht ist von der Wechselbezüglichkeit von Fremd- und Eigenverantwortung geprägt[31]. Ein anschauliches Beispiel gibt die Frage, in welcher Art und Weise Produkthaftpflichtige auf Gefahren des Produkts hinweisen müssen. Ähnlich wie im Straßenverkehr, man denke an die wechselbezüglichen „Pflichten" eines die Straße überquerenden Fußgängers und eines herannahenden Autofahrers, gibt es bei der Instruktion über Gefahren des Produkts ausdifferenzierte „Pflichten" der Produkthaftpflichtigen und der Produktbenutzer[32]. Die Grenzziehung zwischen Fremd- und Eigenverantwortung erfolgt hier durch die Festlegung der Verkehrssicherheits-

---

25 Die Frage nach den *Funktionen* des § 254 BGB steht anders als bei den Haftungsvorschriften nicht im Vordergrund. Die Lehre bemüht sich in erster Linie darum, eine dogmatische Begründung für die Mitverschuldensregelung zu geben und den Begriff des mitwirkenden Verschuldens zu erhellen. Vgl. nur *Lange* 534 ff., sowie *Greger*, NJW 1985, 1130 ff. jeweils mit umfangreichen Nachweisen.
26 Vgl. *E. Lorenz*, FS Duden 263; *Deutsch*, Haftungsrecht I 27 f.
27 Zu der in Frankreich diskutierten Frage, ob der Mitverschuldensregelung eine Präventionsfunktion zukommt, vgl. *Hinrichs* 127. Eine Präventionsfunktion wird insbesondere von *Starck*, Juris-Classeur Périodique (La Semaine Juridique) 1970 I 2339 n. 57, bejaht. – Zu amerikanischen Entscheidungen, welche die Beurteilung des Mitverschuldens nach dem Recht am Ort der Mitverschuldenshandlung mit dem Interesse des betreffenden Staates rechtfertigten, Personen von schuldhaftem Handeln innerhalb ihres Gebiets abzuhalten, *Mennenöh* 133, 148.
28 Vgl. *Joerges u. a.*, Sicherheit 38 f.
29 *Schmidt-Salzer*, EG-Produkthaftung I Art. 8 EG-Richtlinie, Rn. 7.
30 Vgl. die zahlreichen von *Schmidt-Salzer* in seiner Entscheidungssammlung unter dem Stichwort „Mitverschulden" nachgewiesenen Entscheidungen.
31 *Schmidt-Salzer*, Produkthaftung III/1 Rn. 4.570, stellt deshalb zutreffend fest: „Das Problem der Herstellerhaftung liegt nur oberflächlich betrachtet in den Sorgfaltspflichten des Herstellers. Die Kernfrage ist, welche Sorgfaltspflichten eine Rechtsordnung dem vom Hersteller zu schützenden Produktbenutzer auferlegt teils im Eigeninteresse (Mitverschuldensproblematik), teils im Hinblick auf den Schutz gefährdeter Dritter."
32 Eingehend hierzu *J. Meyer* 103 ff. und passim.

pflichten und der Kriterien für einen Produktfehler unmittelbar im Haftungstatbestand; sie erfolgt also nicht wie beim Mitverschulden durch eine besondere Vorschrift auf einer Korrekturstufe, die gegenüber der Haftungstatbestandsstufe eigenständig ist (vgl. § 254 BGB).

790 Die Übergänge zwischen der haftungstatbestandlichen Eigenzurechnung (der Kehrseite der von den Haftpflichtigen geschuldeten Produktsicherheit) und der Eigenzurechnung aufgrund eines Mitverschuldens sind fließend[33]. Die dem Geschädigten im Eigeninteresse abverlangte Sorgfalt kann in einer Rechtsordnung zu einem Mitverschulden und in einer anderen Rechtsordnung dazu führen, daß schon der Haftungstatbestand nicht erfüllt ist, weil den Produkthaftpflichtigen wegen der Eigenverantwortung des Geschädigten keine Pflichten auferlegt waren.

c) Die konkrete und die abstrakte Zurechnung des Produkthaftungsrisikos

791 Die Frage, ob das schädigende Produkt fehlerhaft war und ob der Haftpflichtige Verkehrssicherungspflichten verletzt hat, ist ebenso wie die Frage, ob den Geschädigten ein Mitverschulden trifft, anhand der konkreten Umstände des Einzelfalles zu beantworten. Es handelt sich um eine konkrete, einzelfall- und meist auch verhaltensbezogene Zurechnung des Produkthaftungsrisikos (konkrete Zurechnung; unten 2.).

792 Demgegenüber erfolgt die Entscheidung über Verschuldensabhängigkeit oder -unabhängigkeit der Haftung, über die Haftung für Entwicklungsrisiken, über den Kreis der Haftpflichtigen, über die Beweislastverteilung, etc. losgelöst von den konkreten Umständen des Einzelfalles. Es handelt sich um eine generelle Wertentscheidung des Normgebers über abstrakte Kriterien der Zurechnung (abstrakte Zurechnung; unten 3.).

2. Die konkrete Zurechnung im Kollisionsrecht

a) Produktsicherheit

aa) Anknüpfungsrelevanz

793 Der Träger eines Rechtsguts hat ein Interesse daran, daß seine Eigenverantwortung angemessen begrenzt wird. Dieses Interesse beachtet der Gesetzgeber bei der Schaffung des Haftungstatbestandes und die Rechtsprechung bei seiner Ausformung durch Verkehrssicherungspflichten. Obgleich im Ergebnis nur der Bereich der Fremdverantwortung explizit ausgewiesen wird, ist die Eigenver-

---

33 Vgl. *J. Meyer*, 100, zur Instruktionshaftung: „Wichtig ist vor allem die Produktverantwortung der Anwender. Dabei kann es sich zum einen um den Geschädigten selbst handeln. Dann wird das Problem der Verkehrspflicht-Begrenzung mit Rücksicht auf die Anwendungsverantwortung teilweise von der Mitverschuldensfrage überlagert. Die Verkehrspflichten-Frage ist aber vorgelagert, weil es dort um das (prinzipielle) Ob der Haftung geht."

antwortung angemessen erfaßt. Denn die normative Beschreibung der Fremdverantwortung mittels der Zurechnungskriterien „Produktfehler" und „Verkehrssicherungspflichten" legt zugleich offen, daß der Träger des Rechtsguts
im übrigen eigenverantwortlich ist.

Auch in Fällen mit Auslandsberührung ist der Träger eines Rechtsguts idealty- **794**
pisch daran interessiert, den Bereich seiner Eigenverantwortung exakt bestimmen zu können, um durch „normgerechtes" Verhalten eine Eigenzurechnung
auszuschließen. Wer ein Produkt im Ausland kauft, muß sich beispielsweise
fragen, ob er die Warnhinweise oder die Gebrauchsanleitung nach heimischen
Maßstäben verstehen darf und ob ihm die gleichen „Pflichten" wie im Umgang mit einem heimischen Produkt obliegen[34]. Ein Produktbenutzer ist deshalb in Fällen mit Auslandsberührung berechtigterweise daran interessiert, daß
die *Fremdverantwortung* einem *für ihn* vorhersehbaren Recht unterliegt, weil
sie das normierte Pendant seiner Eigenverantwortung ist und er nur aus ihr das
Maß seiner Eigenverantwortung bestimmen kann. Die haftungstatbestandliche
Eigenzurechnung ist im Kollisionsrecht deshalb mehr als nur die untrennbare
Kehrseite der Fremdverantwortung. Sie hat eigenständige Bedeutung[35].

Es ist daher sachgerecht, daß die vordringende Ansicht bei der Entwicklung **795**
der „richtigen" Anknüpfung (auch) fragt, von welchem Recht der Geschädigte
die Festsetzung der Produktsicherheit erwarten darf[36]. „Produktsicherheit"
steht nämlich für die haftungstatbestandliche Grenzziehung zwischen Fremd-
und Eigenverantwortung und ist deshalb nicht nur eine Angelegenheit der
Haftpflichtigen[37], sondern auch des Produktbenutzers, von dem verlangt
wird, daß er sein Verhalten an der Produktsicherheit ausrichtet[38]. Das hierauf
beruhende kollisionsrechtliche Interesse eines Produktbenutzers ist notwendig
bei der Schaffung der Regelanknüpfung zu beachten, weil sich die haftungstatbestandliche Eigenzurechnung von der allein normierten Fremdzurechnung
nicht trennen läßt[39]. Das kollisionsrechtlich beste Recht der haftungstatbestandlichen Eigenzurechnung und das kollisionsrechtlich beste Recht der
Fremdzurechnung sind deshalb nicht isoliert zu ermitteln. Das beste Recht ist
vielmehr für beide einheitlich zu bestimmen.

---

34 Vgl. *J. Meyer,* 126, der zu Recht betont, daß eine (Verkehrs-)Aufklärungspflicht nur die selbst-
  verantwortliche Gefahrensteuerung des aufgeklärten Verkehrskreises ermöglichen soll.
35 Zu der Parallele der Handlungsfreiheit, die im Sachrecht die bloße Kehrseite der Verhaltensgebote ist, im Kollisionsrecht aber selbständige Bedeutung erlangen kann, siehe oben § 15 III.
  1. b) cc) (1).
36 Siehe oben Fn. 4.
37 In diesem Sinne aber *Czempiel* 134 f., 181.
38 In diesem Sinne *Sack*, FS Ulmer 505.
39 Eine Lösung, wie sie unter dem Begriff „große Vertragsspaltung" früher für das Internationale
  Vertragsrecht vertreten wurde, scheidet also aus.

bb) Das kollisionsrechtlich beste Recht bei Schädigung von Produkterwerbern und anderen Produktbenutzern

(1) Das Recht des Hauptproduktionsstaates

796 *Werner Lorenz* sucht den Vertrauensgedanken nicht nur für die dogmatische Begründung der Produkthaftung im Sachrecht[40], sondern auch für ihre Anknüpfung im Kollisionsrecht fruchtbar zu machen[41].

797 Er führt das Warenvertrauen, das mit einer Herkunftsangabe wie „Made in Germany" hervorgerufen werden soll, als Argument für die Maßgeblichkeit des Rechts des Herstellungslandes an. Herstellungsland sei allerdings nicht das Land, in welchem das Endprodukt tatsächlich gefertigt wurde, „weil es z. B. nicht darauf ankommen kann, ob ein deutsches Automobilwerk, das alle Einzelteile in der Bundesrepublik herstellt, die letzte Montage der in Belgien zum Verkauf bestimmten Fahrzeuge dort vornimmt"[42]. Der deutsche Ort der Hauptniederlassung habe in diesem Fall die größere kollisionsrechtliche Evidenz.

798 Diese Überlegung von *W. Lorenz* geht von dem Regelfall aus, daß ein Produkt, dessen Herstellungsprozeß sich über mehrere Staaten erstreckt, seine für den Verkehr wesentlichen Teile und Eigenschaften im Staat der Hauptniederlassung des Herstellers erhält. Nur dies allein, nicht aber die Eigenschaft der Hauptniederlassung als tatsächlicher Verwaltungssitz, rechtfertigt es, den Ort der Hauptniederlassung als Herstellungsort des Produkts zu bezeichnen[43]. Mit anderen Worten: Die Herkunftsangabe „Made in . . . " weist nicht auf den tatsächlichen Verwaltungssitz, dem Mittelpunkt der kaufmännischen Leitung[44], sondern auf den tatsächlichen Hauptproduktionsort. Beide Orte werden häufig in ein und demselben Staat liegen, müssen es aber nicht.

799 Zu der Ansicht, eine Herkunftsangabe spreche für die Anknüpfung an den *(Haupt-)Produktionsort*, ist zu sagen: Die Entscheidung für ein bestimmtes Produkt kann durch eine Herkunftsangabe aus sehr unterschiedlichen Grün-

---

40 *W. Lorenz*, Karlsruher Forum 1963, S. 8; *ders.*, Länderbericht unter V. B. 4.; der Vertrauensgedanke wurde von *Diederichsen*, 297 ff. und passim, auf eine breitere Grundlage gestellt. Die Kritik von *Canaris*, JZ 1968, 500 ff., richtete sich nicht gegen die Heranziehung des Vertrauensgedankens, sondern gegen die Konkretisierung dieses Prinzips durch eine Garantiehaftung. Er plädierte de lege lata für die Verbindung von Vertrauenshaftung und Verschuldensprinzip – die Lösung, die das Produkthaftungsrecht bis zum Inkrafttreten des AMG und des ProdHaftG kennzeichnet. Zur Vertrauenstheorie als Grundlage der Produzentenhaftung vgl. auch *Wilms* 63 f. Zur Bedeutung des Vertrauensschutzaspekts für die Entwicklung von Verkehrspflichten vgl. *Chr. v. Bar*, Verkehrspflichten 117 ff.
41 Ebenso *Trutmann* 168.
42 *W. Lorenz*, FS Wahl 203.
43 Vgl. *Baumbach/Hefermehl*, § 3 UWG Rn. 213 sowie OLG Frankfurt/M., 13. 12. 1990, DB 1991, 649 („Damit diese Werbung [Produktbezeichnung mit Zusatz „West Germany"/„Made in Germany"] wahr ist, muß die wesentliche (qualitätsbegründende) Be- oder Verarbeitung des Produkts in Deutschland stattgefunden haben").
44 So aber *Drobnig*, Produktehaftung 330.

den beeinflußt werden. In vielen Fällen wird das Warenvertrauen auf Qualitätserwartungen beruhen[45]. Es ist nicht auszuschließen, daß damit auch Vorstellungen über die Sicherheit des Produktes verbunden sind, die für die Produkthaftung allein erheblich sind. Die Erwartung, daß das Produkt so sicher ist, wie es Produkte nach dem Recht des Herkunftslandes sein müssen, wenn sie dort vermarktet werden, ist jedoch nicht berechtigt, wie im Zusammenhang mit der „Verhaltenssteuerung" dargelegt wurde[46].

(2) Das Recht des Sitzstaates des Haftpflichtigen

Erster Endabnehmer, Folgeerwerber und andere Produktbenutzer dürfen aufgrund der Marktbezogenheit des öffentlichen Produktsicherheitsrechts und des privaten Produkthaftungsrechts auch nicht erwarten, daß das Produkt die Sicherheit aufweist, die das Recht am Geschäftssitz des Haftpflichtigen vorschreibt. Eine Anknüpfung an den Sitzstaat des Haftpflichtigen wäre unter dem Gesichtspunkt der Eigenzurechnung des Schadens außerdem deshalb verfehlt, weil dem Geschädigten der Sitz des Haftpflichtigen nicht notwendig bekannt ist. Die Anknüpfung an den Sitz des *jeweiligen* Haftpflichtigen würde schließlich die Gefahr begründen, daß die verhaltensbezogene Grenzziehung zwischen Fremd- und Eigenverantwortung gegenüber mehreren Haftpflichtigen verschiedenen Rechten unterstünde, die unterschiedliche Anforderungen an das Verhalten des Geschädigten stellen. **800**

(3) Das Recht des gewöhnlichen Aufenthaltsstaates des Geschädigten

Bei einer Anknüpfung an seinen gewöhnlichen Aufenthalt könnte der Geschädigte das anwendbare Recht stets voraussehen. Es wäre ihm auch besonders vertraut. **801**

Die Regelung der Produktsicherheit, also der haftungstatbestandlichen Grenzziehung zwischen Fremd- und Eigenverantwortung, uneingeschränkt dem Recht des Staates zu überlassen, in dem sich der Geschädigte gewöhnlich aufhält, würde jedoch das berechtigte Interesse des Haftpflichtigen an einem für ihn vorhersehbaren Recht verletzen. Dies ist nicht hinzunehmen, weil die Anknüpfung der Grenzziehung zwischen Fremd- und Eigenverantwortung ebenso wie die Grenzziehung selbst den Interessen beider Parteien verpflichtet ist. **802**

Winkelmann sieht die Interessen beider Parteien auch bei einer Anknüpfung an den gewöhnlichen Aufenthaltsstaat des Geschädigten unter der Bedingung gewahrt, daß in diesem Staat „für das Produkt öffentlich direkt oder indirekt geworben worden ist"[47]. Gerade bei Konsumgütern, die praktisch überall auf der Welt erhältlich seien, leuchte die Anwendung des Rechts des Erwerbsortes **803**

---

45 *Bröcker* 161 f.; *Siehr*, AWD(RIW) 1972, 385 Fn. 153; *Sack*, FS Ulmer 505.
46 Siehe oben § 15 III. 1. a) bb) (1).
47 Vgl. *Winkelmann*, 256, § 1 Abs. 1 lit. c seines Regelungsvorschlags.

überhaupt nicht ein, weil das durch die Werbung im gewöhnlichen Aufenthaltsstaat hervorgerufene „Warenvertrauen" die „Qualitäts- und Sicherheitsvorstel-
lungen"[48] des Konsumenten und seine hierauf beruhende Kaufentscheidung
auch im Ausland bestimme. Der deutsche Tourist, der wie gewohnt auch auf Java
nur Coca-Cola trinke und dessen kurz vor dem Abflug in Djakarta gekaufte Flasche erst nach der Landung in Frankfurt explodiere, wäre nicht wenig überrascht,
würde seine Klage nach dem Recht des Erwerbsortes beurteilt[49].

804 *Winkelmann* verschleiert mit seinem Beispiel die Explosivität seines Anknüpfungsvorschlages. Danach kommt es nämlich gar nicht darauf an, daß die
Rechtsgutverletzung wie in seinem Beispiel erst im gewöhnlichen Aufenthaltsstaat des Geschädigten eintritt. Es genügt ihm vielmehr, daß in diesem Staat
geworben wurde, und zwar nicht notwendig für den Absatz des konkret schädigenden Produktes, sondern für Produkte der betreffenden Marke[50].

805 Das Abstellen auf die Werbung provoziert zunächst einen immanenten Einwand. Hält man nämlich das im gewöhnlichen Aufenthaltsstaat des Geschädigten gebildete Warenvertrauen für ausschlaggebend, so wäre es von vornherein nicht sachgerecht, die Produktwerbung an die Stelle des Produktabsatzes
zu setzen. Denn „Warenvertrauen" kann der Geschädigte in seinem gewöhnlichen Aufenthaltsstaat auch durch die Benutzung von Produkten erlangen, für
die nicht „öffentlich"[51] geworben wird. Ein solches auf Erprobung beruhen-
des Warenvertrauen wirkt regelmäßig stärker als die bloße Produktwerbung.
Teilte man die Prämisse *Winkelmanns*, daß das Warenvertrauen anknüpfungsbestimmend ist, wäre deshalb wie im Haager Produkthaftungsübereinkommen[52] nicht auf die Werbung, sondern auf den Absatz „gleichartiger" Produkte im gewöhnlichen Aufenthaltsstaat des Geschädigten abzustellen[53].

806 Die Prämisse *Winkelmanns* ist jedoch unrichtig. Wie im materiellen Produkthaftungsrecht kommt es auch im internationalen Produkthaftungsrecht nicht
auf ein diffuses Warenvertrauen des Geschädigten an. Entscheidend sind vielmehr die berechtigten Erwartungen in die Produktsicherheit. Produktwerbung
hat insoweit meist eine völlig untergeordnete Bedeutung. Sie erzeugt regelmäßig Vertrauen in andere Produkteigenschaften, etwa in die relative Preisgün-
stigkeit eines Produktes, in ein angemessenes Preis-Leistungs-Verhältnis, in geringe Betriebskosten, in die Langlebigkeit des Produkts, etc. Die Werbung für
eine Produktmarke fließt zwar als Bestandteil der Darbietung des Produkts in
die Fehlerbeurteilung ein[54]. Sie ist aber stets nur ein Aspekt der Produktdar-

---

48 *Winkelmann* 226.
49 Wie vorige Fn.
50 Die Formulierung seines Kollisionsnormvorschlags (Art. 1 § 1 Abs. 1 lit c: „für das Produkt
öffentlich direkt oder indirekt geworben worden ist"; S. 256) ist deshalb irreführend.
51 Vgl. *Winkelmann* 244.
52 Art. 7 Haager Produkthaftungsübereinkommen; siehe oben § 1 III. 2. und § 13 II. 1. b).
53 So *Posch*, Österreichs Weg 265.
54 Vgl. *Wilms* 155 ff.

bietung, die ihrerseits nur einer von mehreren Umständen ist, welche die Sicherheitserwartungen der Allgemeinheit bestimmen[55].

Der entscheidende Fehler der Argumentation *Winkelmanns* liegt darin, daß sie **807** nicht auf die konkreten Umstände der Vermarktung des schadenstiftenden Produkts abstellt. Daß dies notwendig ist, zeigt sein eigenes Beispiel: Der Deutsche, der aus Gewohnheit auch bei einem vorübergehenden Aufenthalt in Indonesien zu der ihm von zu Hause her bekannten Marke „Coca-Cola" greift, kann zwar erwarten, daß das Getränk nach derselben Rezeptur hergestellt wurde, die auch in Deutschland verwendet wird. Er kann und wird aber nicht erwarten, daß der indonesische Lizenznehmer das Getränk so herstellt, abfüllt und vertreibt, wie es die deutschen Sicherheitsvorschriften, die für die berechtigen Sicherheitserwartungen der deutschen Allgemeinheit maßgeblich sind, für Herstellung und Vertrieb in Deutschland vorschreiben.

Während in dem beispielhaft herangezogenen Lebensmittelbereich häufig nur **808** die Basissicherheit in Frage steht, die unabhängig von der Verwendung einer Marke stets und weltweit erwartet werden kann, geht es bei technischen Geräten in aller Regel um die von Staat zu Staat unterschiedliche Höchstsicherheit. Auch wenn technische Geräte in mehreren Staaten mit einheitlicher Hersteller-, Marken- und Herkunftsangabe vertrieben werden, unterscheiden sie sich bisweilen erheblich in der sicherheitsrelevanten Ausstattung. Einem Verbraucher, der im Ausland ein Produkt kauft, das er wegen solcher Angaben als „heimisch" erachtet, muß die Möglichkeit von Sicherheitsunterschieden bei verständiger Sicht der Dinge klar sein, selbst wenn er etwaige Unterschiede nicht sinnlich wahrnehmen kann[56]. Auf das Sicherheitsvertrauen des Käufers läßt sich die Anknüpfung an seinen gewöhnlichen Aufenthalt also nicht stützen[57].

(4) Das Recht des Marktstaates bei Schädigung des Ersten Endabnehmers

(a) Regelfall: vom Haftpflichtigen vorherzusehende Vermarktung im Marktstaat

Aus der *Sicht des Ersten Endabnehmers* ist das Recht des Marktstaates das **809** räumlich beste Recht für die Festlegung der Produktsicherheit, anders ausgedrückt: für die Grenzziehung zwischen verhaltensbezogener Fremd- und

---

55 Siehe § 15 II. 5. a) aa).

56 Vgl. vor allem zur Bedeutung der Marke *Sack*, GRUR 1972, 408; *Teichmann*, JuS 1968, 318; *Wilms* 145, 157 („Ohne besondere Umstände darf der Verbraucher nicht auf hundertprozentige Uniformität der mit der Marke versehenen Serienprodukte rechnen, auch nicht in bezug auf die Sicherheit"); vgl. auch BGH, 21. 6. 1967, BGHZ 48, 118, 122 (Trevira) = BB 1967, 903.

57 *Posch*, Österreichs Weg 265, stellt nicht auf ein diffuses Warenvertrauen, sondern zutreffend auf „Sicherheitsvertrauen" ab. Für ihn ist die Möglichkeit unterschiedlicher Sicherheitsausstattung von Markenprodukten jedoch unerheblich, weil er verlangt, daß im gewöhnlichen Aufenthaltsstaat gleichartige Produkte vertrieben werden. Er weist offen aus, daß die Anknüpfung an den im Vertriebsgebiet des Haftpflichtigen liegenden gewöhnlichen Aufenthalt des Käufers eine Billigkeitslösung ist. Da er nicht ein tatsächliches Sicherheitsvertrauen fordert, mußte er diese Lösung konsequenterweise auch auf bloße Produktbenutzer und bystanders erstrecken.

Eigenzurechnung. Der Marktstaat ist ihm notwendig bekannt. Die Maßgeblichkeit des Rechts dieses Staates gewährleistet eine einheitliche Beurteilung gegenüber allen Haftpflichtigen. Der Marktstaat legt die Sicherheitsanforderungen durch sein öffentliches Produktsicherheitsrecht verbindlich fest, überwacht dessen Einhaltung und ahndet Verstöße mit öffentlich-rechtlichen Mitteln. Er gibt damit zwar nur die Mindestsicherheit vor. Dies heißt aber nicht, daß der Erste Endabnehmer eine höhere Produktsicherheit und d. h. weniger Eigenverantwortung nach einem anderen Recht erwarten könnte. Dagegen steht nicht zuletzt, daß er mit seinem Kaufpreis nur für die Sicherheit zahlt, welche das Produkt nach dem Recht des Marktstaates haben muß.

810 *Winkelmann*[58] bemüht sich zu widerlegen, daß der Erste Endabnehmer die vom Recht des Marktstaates vorgeschriebene Sicherheit erwartet, und sucht zu beweisen, daß er die Sicherheit des Rechts der Staaten erwarten kann, in welchen er das Produkt später benutzt, insbesondere das Recht seines gewöhnlichen Aufenthaltsstaates. Für den Abnehmer zähle nicht, ob das Produkt bei dem zeitlich meist nur sehr kurzen Erwerbsvorgang sicher sei, sondern vor allem, ob es in der Zeit danach seinen Sicherheitsbedürfnissen gerecht werde. Da somit für den später Geschädigten das zeitliche Moment des Warenerwerbs eine allenfalls untergeordnete Rolle spiele, erscheine es verkehrt, von der zeitlichen auf die räumliche Signifikanz des Vorganges zu schließen. Der Erwerbsort werde für das Warenvertrauen des Konsumenten in aller Regel vollkommen gleichgültig sein[59].

811 Diese Ausführungen überzeugen nicht. Richtig ist zwar, daß der Konsument erwarten darf, das Produkt werde während der gesamten Gebrauchsdauer sicher sein. Dieser Gedanke führt aber nicht weg von dem Recht des Marktstaates und hin zu den Rechten der Benutzungsstaaten. Denn es geht allein darum, das Recht zu bestimmen, das zur Entscheidung darüber berufen ist, welche Sicherheit ein Produkt unter Berücksichtigung des zu erwartenden Gebrauchs im Zeitpunkt der Vermarktung an den Ersten Endabnehmer haben muß (§ 3 Abs. 1 lit. b) und c) ProdHaftG)[60].

812 Auch aus der *Sicht des Haftpflichtigen* ist das Recht des Marktstaates jedenfalls dann am besten geeignet über die Produktsicherheit zu befinden, wenn er eine Vermarktung des Endproduktes im Marktstaat vorhersehen konnte. Denn dann orientiert auch er sich an diesem Recht. Die Anknüpfung an den Marktstaat befriedigt in diesem Fall die Interessen beider Parteien, weil sich im Marktstaat der Kreis der für die Haftpflichtigen vorhersehbaren Rechte und der Kreis der für den Geschädigten vorhersehbaren Rechte schneiden. Der Marktstaat erweist sich also nicht nur als die wirtschaftliche Schnittstelle zwi-

---

58 *Winkelmann* 223 f.

59 *Winkelmann*, 224, nennt eine mögliche Ausnahme: Nur wenn das Produkt (z. B. ein Andenken) ausschließlich in dem betreffenden Staat vertrieben werde, müsse der Konsument unter Umständen abweichende Sicherheitsvorschriften des Erwerbslandes in Betracht ziehen.

60 Siehe § 15 II. 5. a) cc).

schen Anbieter und Abnehmer, sondern auch als der rechtliche Schnittpunkt zwischen den Produkthaftpflichtigen und dem geschädigten Ersten Endabnehmer.

(b) Sonderfall: vom Haftpflichtigen nicht vorherzusehende Vermarktung im Marktstaat

Wenn der Haftpflichtige mit einer Vermarktung seines Produkts im Markt-   **813** staat nicht rechnen mußte, gibt es kein kollisionsrechtlich („räumlich") gutes Recht der Verhaltenssteuerung, wie die Analyse der Verhaltenssteuerung zeigt[61]. Daß die Verhaltenssteuerungsfunktion aufgrund der Internationalität des Geschehens nicht immer gegenüber allen Produkthaftpflichtigen umsetzbar ist, kann man hinnehmen. Die Schadenszurechnung dagegen muß in jedem Fall verwirklicht werden. Denn wenn ein Schaden eingetreten ist, muß entschieden werden, für welche Produktsicherheit der Haftpflichtige einzustehen hat.

(aa) Die Vorhersehbarkeit des Produktsicherheitsmaßstabs ein Problem des Kollisions- oder des Sachrechts

Das Haager Produkthaftungsübereinkommen und einige nationale Kollisions-   **814** rechte entscheiden den Konflikt zwischen den Parteien, die beide an der Regelung der Produktsicherheit durch ein vorhersehbares Recht interessiert sind, indem sie nicht an den Marktstaat, sondern an den Sitz des Haftpflichtigen anknüpfen, wenn dieser eine Vermarktung im Marktstaat nicht vorhersehen mußte[62]. Gewichtige Stimmen zweifeln jedoch, ob die „Vorhersehbarkeit" des anwendbaren Rechts wirklich ein Problem des Kollisionsrechts oder nicht doch vielleicht eines des Sachrechts ist[63]. In Frage steht ein neuralgischer Punkt der Internationalen Produkthaftung.

Soweit es um die Produktsicherheit geht[64], soll ein „Vorhersehbarkeitsvorbe-   **815** halt" ausschließen, daß der Haftpflichtige für diejenige Produktsicherheit einzustehen hat, welche das von ihm nicht vorherzusehende Recht des Marktstaates für in diesem Staat vermarktete Produkte vorschreibt. Diesen Zweck kann der kollisionsrechtliche Vorhersehbarkeitsvorbehalt indes gar nicht erfüllen. Die Analyse der EG-Produkthaftung und der strict liability des US-amerikanischen Rechts zeigt nämlich, daß die zentrale Haftungsvoraussetzung „Produktfehler" in erster Linie davon abhängt, welche Sicherheit die Allgemeinheit des Marktstaates aufgrund der konkreten Umstände der Vermarktung des

---

61 Siehe § 15 III. 1 b) cc).
62 Siehe § 14 II. b).
63 *Stoll*, FS Kegel (1977); *Beitzke*, Freiburger Kolloquium 58; *Schwander*, Produktehaftung 220; The Law Commission, Report Nr. 4.80.
64 Zur Bedeutung der „Vorhersehbarkeit" des anwendbaren Rechts aus Gründen der abstrakten Zurechnungskriterien, insbesondere der Verschuldensunabhängigkeit der Haftung, siehe unten 3.

schadenstiftenden Produkts berechtigterweise erwarten darf[65]. Da diese Marktbezogenheit eine Grundstruktur jeden materiellen Produkthaftungsrechts ist, nützt es dem Haftpflichtigen nichts, wenn kollisionsrechtlich statt des für ihn unvorhersehbaren Rechts des Marktstaates das Recht an seinem Sitz berufen wird. Denn auch dieses Recht bestimmt die vom Haftpflichtigen geschuldete Produktsicherheit grundsätzlich nach den Erwartungen, welche die Allgemeinheit des Marktstaates aufgrund der konkreten Umstände der Vermarktung des schadenstiftenden Produkts haben durfte. Für die Verschuldenshaftung gilt nichts anderes, weil auch sie die Sicherungspflichten der Haftpflichtigen auf den Verkehr im Marktstaat bezieht[66]. Unabhängig davon, welches Recht aufgrund des Kollisionsrechts anzuwenden ist, ist stets ein und derselbe Sachverhalt zu beurteilen. Die Maßgeblichkeit des Rechts am Sitz des Herstellers ändert also nichts daran, daß diejenige Produktsicherheit zu bestimmen ist, welche bei einer Vermarktung an Endabnehmer im tatsächlichen Marktstaat geschuldet ist. Der Sachverhalt würde verfälscht, wenn man mit der Maßgeblichkeit des Rechts am Sitz des Herstellers eine Vermarktung des schädigenden Produkts in diesem Staat fingierte.

816 Die „Vorhersehbarkeit" der Sicherheitsanforderungen des (tatsächlichen) Marktstaates ist deshalb kein Problem des Kollisionsrechts, sondern eines des Sachrechts[67]. Die entscheidende materiell-rechtliche Frage lautet: Berücksichtigt das (auf einen internationalen Produkthaftungssachverhalt anwendbare) Haftungsrecht bei der Festlegung der vom Haftpflichtigen „geschuldeten" Produktsicherheit, daß der Haftpflichtige sein Produkt bei der Inverkehrgabe nicht für den (tatsächlichen) Marktstaat, sondern für einen anderen Staat mit geringeren Sicherheitsanforderungen bestimmt hatte? (Einwand der Produktumleitung).

817 Die Aufgabe des Kollisionsrechts besteht wie auch sonst „nur" darin, die Rechtsordnung zu bestimmen, welche über diese sachrechtliche Frage entscheidet. Nimmt man an, das grundsätzlich als Produkthaftungsstatut bestimmte Recht des Marktstaates sei nicht geeignet, über diese Frage zu entscheiden, so wäre methodisch eine Sonderanknüpfung richtig. Die Regelanknüpfung an den Marktstaat unter einen Vorhersehbarkeitsvorbehalt zu stellen, ist dagegen systemwidrig. Denn dies hat, wie die englische und die schottische Law Commission richtig erkannt haben[68], zur Folge, daß die „Vorhersehbarkeit" zweimal geprüft wird, nämlich zuerst im Kollisionsrecht des Forumstaates und anschließend in dem berufenen Sachrecht. Daß ein kollisionsrechtlicher Vorhersehbarkeitsvorbehalt aus Gründen der verhaltensbezogenen Zurechnung eine Überreaktion ist und allenfalls eine Sonderanknüpfung des Produktsicherheitsstandards richtig wäre, zeigt sich auch, wenn die Unterschiede der Sicher-

---

65 Siehe zur EG-Produkthaftung § 15 II. 5. a) und zu den US-amerikanischen Rechten § 6 II. 2. a).
66 Siehe § 15 II. 5. b).
67 Siehe Fn. 63 sowie *Winkelmann* 241; *Schönberger* 74.
68 The Law Commission, Report Nr. 4.80; ebenso *Schönberger* 74.

heitsstandards der beteiligten Rechtsordnungen im Einzelfall keine Rolle spielen, weil das Produkt derart fehlerhaft ist, daß es keinem, auch nicht dem niedrigsten Sicherheitsstandard entspricht. Schädigt beispielsweise eine Gasflasche, die für den slowakischen Markt entsprechend den dortigen Sicherheitsvorschriften produziert und dort an den Ersterwerber veräußert wurde, in Österreich einen bystander, weil durch ein Ventil, das auch nach slowakischem Recht fehlerhaft konstruiert ist, Gas austrat, so besteht keinerlei Veranlassung aus Gründen der „Vorhersehbarkeit" von der Maßgeblichkeit des österreichischen Rechts abzugehen, wenn man dieses grundsätzlich als das Recht der engsten Beziehungen erachtet.

(bb) Die „Vorhersehbarkeit" des Produktsicherheitsmaßstabs im Sachrecht

Die Frage, ob es sachrechtlich erheblich ist, daß der Haftpflichtige sein Produkt bei der Inverkehrgabe nicht für den (tatsächlichen) Marktstaat, sondern für einen anderen Staat mit geringeren Sicherheitsanforderungen bestimmt hatte, ist in erster Linie dann von Bedeutung, wenn gerade die Nichteinhaltung der höheren Anforderungen des tatsächlichen Marktstaates, etwa das Fehlen einer nur in diesem Staat vorgeschriebenen Sicherheitseinrichtung schadensursächlich ist. Im Rahmen der *Verschuldenshaftung* ist die Antwort auf diese Frage nicht zweifelhaft. Wenn der Haftpflichtige alles Zumutbare getan hat, um sicherzugehen, daß sein Produkt nicht im Marktstaat vermarktet wird, so treffen ihn die Verkehrssicherungspflichten des Rechts dieses Staates nicht bzw. ihn trifft an ihrer Verletzung, d. h. am Nichterreichen des Produktsicherheitsstandards dieses Rechts, kein Verschulden. Man mag darüber streiten, welche Vermarktungsvorkehrungen dem Haftpflichtigen zumutbar sind[69]. Fest steht aber, daß es eine Grenze des Zumutbaren geben muß, wenn man der Verschuldenshaftung in Fällen mit Auslandsberührung nicht ihren Wesenskern nehmen will.

Im Rahmen der *verschuldensunabhängigen EG-Produkthaftung* ist die Antwort umstritten. Sedes materiae ist der Haftungsausschlußtatbestand des § 1 Abs. 2 Nr. 2 ProdHaftG, wonach die Ersatzpflicht des „Herstellers" ausgeschlossen ist, wenn nach den Umständen davon auszugehen ist, daß das Produkt, den Fehler, der den Schaden verursacht hat, noch nicht hatte, als der Hersteller es in den Verkehr brachte. Die Frage ist, ob diese Regelung nur greift, wenn das Produkt nach der Inverkehrgabe durch den Haftpflichtigen von einem Dritten in seiner Substanz verändert wird, oder ob sie auch greift, wenn der Dritte nicht die Sache selbst, sondern ihren rechtlichen Bezugspunkt verändert, indem er sie auf einen anderen Markt umleitet. Diese Frage wird im

818

819

---

69 Die Anhänger eines kollisionsrechtlichen Vorhersehbarkeitsvorbehalts streiten darüber auf der Ebene des Kollisionsrechts (siehe § 2 IV. 2. b) – Schweiz – und § 13 II. – Gesamtüberblick). Zumutbarkeitsklauseln sind dem Kollisionsrecht jedoch fremd; deshalb fehlen anders als im Sachrecht konkrete Entscheidungskriterien oder doch Entscheidungshilfen durch vergleichbare Wertungsfragen.

sachrechtlichen Schrifttum selten behandelt. Dies überrascht nicht, weil sie sich nur bei Schäden durch importierte Produkte stellt, es also um die sachgerechte Anwendung des Sachrechts auf einen Sachverhalt mit Auslandsberührung geht. Bislang gibt es nur wenige, meist apodiktische Stellungnahmen. Einige Autoren subsumieren den Einwand der Produktumleitung unter § 1 Abs. 2 Nr. 2 ProdHaftG[70]. Andere melden Zweifel an, die sie aber nicht substantiieren[71].

820 Gegen einen Haftungsausschluß könnte man vorbringen, mit ihm würden Verschuldensüberlegungen in die verschuldensunabhängige EG-Produkthaftung hineingetragen. Denn ein Haftungsausschluß wäre nur zu bejahen, wenn der Haftpflichtige alles Zumutbare dafür getan hat, daß das Produkt seinen Erwartungen entsprechend vermarktet wird.

821 Diese Bedenken wären jedoch nicht stichhaltig. Richtig ist nur, daß es der Haftungsausschluß der „Produktumleitung" erforderlich macht, klar zu bestimmen, unter welchen Voraussetzungen es dem Haftpflichtigen nicht mehr zuzurechnen ist, wenn ein Dritter das Produkt entgegen der Erwartungen des Haftpflichtigen in den (tatsächlichen) Marktstaat umleitet. Der Rekurs auf Risikosphären entspricht aber genau der Struktur der Haftungsausschlußtatbestände des § 1 Abs. 2 ProdHaftG. Sie schließen die an sich begründete Haftung aus, wenn bei wertender Betrachtung die Schadensursache nicht in der Risikosphäre des Herstellers, sondern eines Dritten liegt[72]. Deshalb haftet der Hersteller trotz Inverkehrgabe eines fehlerhaften Produktes nicht, wenn er das Produkt entsprechend zwingender Rechtsvorschriften hergestellt hat (§ 1 Abs. 2 Nr. 3 ProdHaftG), und deshalb haftet er nicht, wenn der schadensursächliche Fehler, erst nachdem er es in den Verkehr gebracht hatte, durch die Handlung eines Dritten entstand (§ 1 Abs. 2 Nr. 2 ProdHaftG).

822 Angesichts der Struktur der Haftungsausschlußtatbestände der EG-Produkthaftung erscheint es nur folgerichtig, wenn auch die von einem Dritten bewirkte Umleitung des Produkts auf einen anderen Markt mit anderen Sicherheitsanforderungen die Haftung ausschließt. Es macht in der Sache keinen Unterschied, ob der Händler, der das Produkt vom Endhersteller zum Zwecke des Exports erhält, eine gelieferte Sicherheitseinrichtung, die nach dem Recht des Importlandes erforderlich ist, abredewidrig nicht montiert, oder ob er eine nicht vorhandene Sicherheitseinrichtung erst dadurch erforderlich macht, daß er den rechtlichen Maßstab, an dem die Produktsicherheit gemessen wird, abredewidrig ändert, indem er das Produkt in einen Staat exportiert, nach dessen Recht eine Sicherheitseinrichtung erforderlich ist.

---

70 *Schmidt-Salzer*, EG-Produkthaftung I, Art. 7 EG-Richtlinie Rn. 62, Art. 3 Rn. 205, Art. 7 Rn. 62; *Zoller* 149; *Kullmann* 81.

71 *Rolland*, § 3 ProdHaftG Rn. 16; *Posch*, Österreichs Weg 264 (der dies jedoch nicht als Problem des Abs. 2, sondern des Abs. 1 von § 7 österr. PHG ansieht).

72 *Schmidt-Salzer*, EG-Produkthaftung I Art. 7 EG-Richtlinie Rn. 12.'

Gegen einen Haftungsausschluß läßt sich nicht einwenden, der Hersteller pro- **823**
fitiere auch von dem Absatz auf dem unvorhersehbaren Markt[73] und könne
sich versichern[74]. Eine solche wirtschaftliche Betrachtung liegt den einschlägigen Haftungsausschlußtatbeständen der EG-Produkthaftung nicht zugrunde.
Anderenfalls wäre auch eine Haftung für nach zwingenden Vorschriften fehlerhaft hergestellte Produkte, für nach Anleitung des Endherstellers fehlerhaft
hergestellte Teilprodukte und für erst nach der Inverkehrgabe fehlerhaft gewordene Produkte begründet; eine Haftung hierfür ist jedoch ausgeschlossen. Die
betreffenden Haftungsausschlußtatbestände grenzen die Risikosphären nicht
unter dem Gesichtspunkt „Gewinnerzielung", sondern nach einem anderen
Kriterium ab, nämlich danach, ob die Schadensursache in dem (arbeitsteilig
übernommenen) Aufgabenbereich des Haftpflichtigen entstand oder nicht[75].

Gegen einen Haftungsausschluß spricht auch nicht, daß die erforderliche Ab- **824**
grenzung der Risikosphären im Einzelfall schwierig sein kann. Dies ist in anderen Fällen, die unstreitig einen Haftungsausschluß begründen können, nicht
anders, etwa dann nicht, wenn zu entscheiden ist, ob die fehlerhafte Darbietung des Produkts durch Dritte den „Herstellern" zuzurechnen ist[76], oder
wenn zu entscheiden ist, ob der Fehler eines Teilprodukts durch die Konstruktion des Endproduktes oder durch die Anleitungen des Endherstellers verursacht worden ist[77]. Es spricht daher alles dafür, daß die Haftung eines „Herstellers" gemäß § 1 Abs. 2 Nr. 2 ProdHaftG ausgeschlossen ist, wenn „nach
den Umständen davon auszugehen ist", daß der „Hersteller", als er das Produkt in den Verkehr brachte, nicht mit einer Vermarktung im Marktstaat rechnen mußte.

(cc) Die Anknüpfung der sachrechtlichen „Vorhersehbarkeit"
des Produktsicherheitsmaßstabs

Für das Kollisionsrecht ist nicht entscheidend, ob das Sachrecht den Haft- **825**
pflichtigen in jedem Fall für die Produktsicherheit des tatsächlichen Marktstaates einstehen läßt oder ob es ihn von der Haftung befreit, wenn er nicht
vorhersehen mußte, daß ein Dritter das Produkt in diesen Staat umleiten
würde. Kollisionsrecht setzt Unterschiede der Sachrechte voraus. Seine Aufgabe besteht nur darin, das Recht zu bestimmen, das (am ehesten) berufen ist,
über diese sachrechtliche Frage zu entscheiden. Die Antwort hierauf ist bei
Schädigung des Ersten Endabnehmers aufgrund der allgemeinen Schutzrichtung des Produkthaftungsrechts nicht zweifelhaft: Es ist das Recht des Markt-

---

73 Vgl. in anderem Zusammenhang *Sack*, FS Ulmer 506; *Posch*, Österreichs Weg 261 (jeweils als
Argument dafür, das Recht des Marktstaates auch für Haftpflichtige maßgeblich sein zu lassen, die eine Vermarktung im Marktstaat nicht vorhergesehen haben).
74 Vgl. in anderem Zusammenhang *Winkelmann* 241 (ebenfalls als Argument für eine vorbehalt-
lose Anknüpfung an den Marktstaat).
75 *Schmidt-Salzer*, EG-Produkthaftung I Art. 7 EG-Richtlinie Rn. 47ff., 54ff.
76 Vgl. nur *Rolland*, § 3 ProdHaftG Rn. 26; *Sack*, JBl 1989, 623.
77 Vgl. *Schmidt-Salzer*, EG-Produkthaftung I Art. 7 EG-Richtlinie Rn. 189ff.

staates, das die Haftungsbegründung generell beherrscht. Denn es spricht nichts dafür, die spezielle Frage, die sich im Rahmen der EG-Produkthaftung als Frage des Haftungsausschlusses stellt, kollisionsrechtlich von der sonstigen Haftungsbegründung abzuspalten und gesondert anzuknüpften. Das Recht des Marktstaates ist in allen Fällen geeignet, über die von den Haftpflichtigen geschuldete Produktsicherheit und damit zugleich über den Bereich der Eigenverantwortung des Ersten Endabnehmers zu befinden.

(5) Das Recht des Zweitkonsumstaates

826   Bei einer Schädigung des Ersten Endabnehmers spricht sich auch *Stoll* für das Recht des Marktstaates aus, weil der Geschädigte auf die Schutzvorschriften des Marktes vertraut habe[78]. Mit derselben Begründung knüpft er aber auch die Haftung gegenüber anderen Produktbenutzern an, und zwar die Haftung gegenüber einem privaten Folgeerwerber an den Ort des Erwerbs und die Haftung gegenüber einem bloßen Produktbenutzer an den Ort des Benutzungsbeginns[79]. Den Benutzungsbeginn hält auch *Winkelmann* für bedeutsam. Anders als *Stoll* rekurriert er aber nicht allgemein auf Schutzerwartungen, sondern speziell auf die Sicherheitserwartungen des Geschädigten[80].

827   Die Anknüpfung an einen privaten Folgeerwerb und den Benutzungsbeginn läßt sich indes nicht damit begründen, der Geschädigte habe darauf vertraut, daß das Produkt den Sicherheitsanforderungen des Rechts am Erwerbsort oder am Ort des Benutzungsbeginns entspreche. Für ein solches Vertrauen gibt es keine Grundlage. Private Folgeerwerber und bloße Produktbenutzer können nicht die Produktsicherheit nach dem Recht des Erwerbsortstaates oder Benutzungsortstaates erwarten, weil diese Staaten die private Verbringung des Produkts nicht von der Einhaltung ihrer Sicherheitsstandards abhängig machen, sondern ohne weiteres zulassen[81]. Die Produkthaftpflichtigen müssen das Produkt nur mit der Sicherheit ausstatten, die das Recht des Marktstaates vorschreibt[82]. Das heißt, sie müssen das Produkt nicht so ausstatten, daß es den unterschiedlichen Sicherheitsanforderungen all der Staaten entspricht, in denen es nach seiner Vermarktung an den Ersten Endabnehmer, also nach dem es den Einflußbereich der Haftpflichtigen verlassen hat, benutzt wird. Die Forderung nach einer dem Recht aller Benutzungsstaaten entsprechenden Produktsicherheit ist dogmatisch verfehlt[83]. Sie ist häufig auch gar nicht erfüll-

---

78 *Stoll*, FS Kegel (1977) 130 f.
79 Wie vorige Fn.
80 *Winkelmann* 243 („Sicherheitsvertrauen – das Korrelat des willentlich Sich-Aussetzens").
81 Wenn dieser Staat die Verbringung des Produkts in sein Staatsgebiet ausnahmsweise doch von der Einhaltung bestimmter Sicherheitsvorschriften abhängig macht, so richten sich diese an die Produktbenutzer, nicht aber an die Produkthaftpflichtigen.
82 Und zwar unter der Berücksichtigung eines zu erwartenden Gebrauchs außerhalb des Marktstaates, siehe § 15 II. 5. a) cc).
83 Siehe § 15 II. 5. a) cc).

bar, weil unterschiedliche Sicherheitskonzepte verfolgt werden, die zu unterschiedlichen, sich gegenseitig ausschließenden Sicherheitsanforderungen an die Produkthaftpflichtigen führen. Hingewiesen sei etwa auf die sich gegenseitig ausschließenden Regelungen des deutschen und des französischen Rechts über weißes bzw. gelbes Scheinwerferlicht, die ihre Ursache in unterschiedlicher Verkehrs- und Bebauungsdichte haben und mit dem System der Straßenbeleuchtung abgestimmt sind.

Die Produktsicherheit liefert allenfalls insoweit einen Ansatz für eine Anknüpfung an den Ort des privaten Folgeerwerbs oder des Benutzungsbeginns, als auch Zweitkonsumenten daran interessiert sind, daß die Produktsicherheit einem für sie vorhersehbaren Recht unterliegt, damit auch sie den Bereich ihrer Eigenverantwortung bestimmen können. Man könnte deshalb argumentieren, mit der Anknüpfung an den Ort des Folgeerwerbs bzw. Benutzungsbeginns gebe man ihnen nur das, was man mit der Anknüpfung an den Marktstaat auch dem Ersten Endabnehmer gebe, nämlich ein vorhersehbares Recht der Eigenzurechnung. Es ist jedoch etwas anderes, ob man den Haftpflichtigen die Produktsicherheit nach dem Recht des Marktstaates oder die nach dem Recht am Ort eines privaten Folgeerwerbs oder des Benutzungsbeginns abverlangt. Der Marktstaat wird durch die Produkthaftpflichtigen bestimmt. Er ist kollisionsrechtlich jedem Produkthaftpflichtigen zurechenbar[84]. Dagegen entzieht es sich vollkommen dem Einfluß des Haftpflichtigen, in welche Staaten ein Produkt nach seiner Vermarktung an den Ersten Endabnehmer verbracht wird. Das Sachrecht verlangt deshalb nur die Sicherheit, welche die Allgemeinheit des Marktstaates berechtigterweise erwartet. Es rechnet den Haftpflichtigen die private Verbringung nicht zu. Sie haften vielmehr nur für eigenes Tun. Diese Hürde kann man kollisionsrechtlich nicht mit dem Gedanken der Eigenzurechnung überspringen. Die Produkthaftpflichtigen schulden auch privaten Folgeerwerbern und bloßen Produktbenutzern nur die Produktsicherheit nach dem Recht des Marktstaates[85]. **828**

cc) Das kollisionsrechtlich beste Recht der Produktsicherheit
    bei Schädigung eines bystander

Ein bystander hat im allgemeinen[86] keine konkreten Erwartungen an die Sicherheit des ihn schädigenden Produkts, weil er dieses nicht benutzt. Dennoch überlegt *Stoll*, „ob nicht bei Verletzung Außenstehender (ein Kraftwagen gerät wegen eines Konstruktionsfehlers aus der Fahrbahn und erfaßt einen Passanten) als Handlungsort eben der Unfallort anzusehen ist, weil der Außen- **829**

---

84 Dezidiert *Chr. v. Bar*, IPR II Rn. 666.
85 In diesem Sinne alle diejenigen Autoren, die sich für eine ausschließliche Berücksichtigung der Sicherheitsvorschriften des Marktstaates aussprechen; in diesem Sinne auch *Staudinger/ v. Hoffmann*, Art. 38 EGBGB Rn. 467.
86 Siehe oben § 14 III. 3., sowie *Duintjer Tebbens* 371 (bystander begibt sich in den Gefahrenbereich einer gefährlichen Sache).

stehende auf die Einhaltung der am Unfallort bestehenden Sicherheitsvorschriften soll vertrauen dürfen"[87]. Aus der Sicht des Verletzten unterscheide sich der Beispielsfall nicht von „gewöhnlichen" Verkehrsunfällen, die auf der Übertretung anderer, nicht der Herstellung des Kraftfahrzeuges betreffender Sicherheitsbestimmungen beruhten[88]. Entgegen *Stoll* besteht aber ein erheblicher Unterschied, weil Hersteller ihre Produkte nicht mit einer Sicherheit ausstatten müssen, die den Rechten all der Staaten entspricht, in denen das Produkt nach seiner Vermarktung an den Ersten Endabnehmer aufgrund der freien Entscheidung der Produktbenutzer verbracht wird[89]. Der Gesichtspunkt „Produktsicherheit" weist deshalb auch bei Schädigung eines bystander nicht auf das Recht des Erfolgsortstaates, sondern auf das Recht des Marktstaates.

dd) Ergebnis

830   Der Marktstaat ist als Schnittstelle zwischen Herstellern und Händlern auf der einen Seite und Verbrauchern auf der anderen Seite kollisionsrechtlich am besten geeignet, einheitlich und endgültig gegenüber allen Haftpflichtigen und Geschädigten festzulegen, welche Sicherheit das Produkt im Zeitpunkt seiner Vermarktung an den Ersten Endabnehmer haben muß.

b) Mitverschulden

aa) Anknüpfungsrelevanz

831   Die herrschende Lehre unterstellt ein Mitverschulden des Geschädigten ohne weiteres dem Deliktsstatut, obgleich sie dieses in aller Regel ohne Rücksicht auf die spezifischen Geschädigteninteressen bestimmt, die sich aus der Möglichkeit einer Schadenszurechnung aufgrund Mitverschuldens ergeben[90]. *Egon Lorenz*[91] hält es dagegen für unumgänglich, die Interessen des Geschädigten zu beachten, weil § 254 BGB und die ihm entsprechenden Grundsätze dem Geschädigten neben seiner Rolle als Verletztem und Anspruchsgläubiger eine zweite Rolle als (Neben-)Schädiger zuwiesen. Das mitwirkende Verhalten des Geschädigten dürfe deshalb kollisionsrechtlich nur einer Rechtsordnung unterworfen werden, an welcher der Geschädigte sein Verhalten gegenüber seinen Rechtsgütern orientieren konnte. Dem Geschädigten werde damit nur das zugestanden, was auch dem Schädiger durch die Anwendung des Handlungsortsrechts gewährt werde.

832   Die von *E. Lorenz* für das Sachrecht konstatierte strukturelle Gleichartigkeit von haftungsbegründendem Schädigerverhalten und haftungsbegrenzendem

---

87 *Stoll*, Verhaltensnormen 169.
88 Wie vorige Fn.
89 Siehe oben den Text nach Fn. 80.
90 Statt vieler MünchKomm-*Kreuzer* Art. 38 EGBGB Rn. 282; *Staudinger/v. Hoffmann* Art. 38 EGBGB Rn. 188; *Soergel/Lüderitz* Art. 12 EGBGB a. F. Rn. 55.
91 *E. Lorenz*, Schiffs- und Flugzeugunfälle 459 f.; ebenso *Delachaux* 204.

oder -ausschließendem Geschädigtenverhalten[92] wird für das deutsche Recht eindrucksvoll durch die Rechtsprechung des BGH zu einem Mitverschulden des Geschädigten gegen mehrere, gesamtschuldnerisch haftende Schädiger bestätigt. Der BGH behandelt den Geschädigten wie einen Gesamtschuldner und läßt ihn schon im Haftungsprozeß am Risiko des Ausfalls eines „Mitschädigers" partizipieren[93]. Unabhängig davon, ob ausländische Rechtsordnungen ebenso strukturiert sind[94], erwächst aus der nach allen Rechten möglichen Schadenstragung („Mithaftung") des Geschädigten für diesen wie für den Schädiger ein unabweisbares Interesse an der Maßgeblichkeit eines für ihn vorhersehbaren Rechts, das die Eigenzurechnung im Verhältnis zu allen Schädigern beherrscht.

Dieses kollisionsrechtliche Interesse ist nicht gering zu schätzen, da sich natio **833** nale Rechte sowohl in den Voraussetzungen als auch in dem Umfang einer Eigenzurechnung aufgrund mitwirkenden Verschuldens erheblich unterscheiden. Es sei nur darauf hingewiesen, daß nach dem Recht einiger Einzelstaaten der USA ein Mitverschulden keine Schadensteilung (comparative negligence), sondern die Anspruchsvernichtung zur Folge hat (contributory negligence)[95]. Die kollisionsrechtliche Bedeutung der Mitverschuldensproblematik wird in Zukunft gewiß noch zunehmen, wenn andere Staaten dem Vorbild Schwedens[96] und Frankreichs[97] folgen und aus sozialpolitischen Erwägungen den Geschädigten in geringerem Maße „in die Pflicht nehmen"[98]. Eine Sonderregelung über das Mitverschulden gegenüber Produkthaftpflichtigen findet sich schon heute im israelischen ProdHaftG. Danach führt nur grobe Fahrlässigkeit der Verletzten zu einer Anspruchskürzung[99] und auch dies nur, wenn der Verletzte das 12. Lebensjahr schon erreicht hat[100].

Die praktische Bedeutung, die das Mitverschulden bei der Produkthaftung **834** hat[101], verleiht der von *Egon Lorenz* dogmatisch für das gesamte Haftungsrecht begründeten Forderung nach einer sachgerechten Anknüpfung der Mithaftung des Geschädigten[102] für den speziellen Bereich der Produkthaftung besonderes Gewicht. Die verbreitete Praxis, die Anknüpfungsregel unter Aus-

---

92 Vgl. auch *Hinrichs* 24 („spiegelbildliche Übertragung der haftungsbegründenden Kriterien auf den Geschädigten"); zur Notwendigkeit eines objektiven Maßstabs bei Beurteilung des Mitverschuldens von Produktbenutzern *Schlechtriem*, VersR 1986, 1039.
93 Siehe dazu *E. Lorenz*, Haftungs- und Zurechnungseinheiten 41 ff. (der eine Beteiligung schon im Haftungsprozeß ablehnt und für eine Analogie zu § 426 Abs. 1 S. 2 BGB eintritt).
94 Auch in Frankreich wird der mitschuldige Geschädigte von der herrschenden Meinung als ein Mitschädiger angesehen vgl. *Hinrichs* 58 ff. m. w. N.
95 Vgl. *Debusschere*, § 118 Anh. E, sowie oben § 6 II. 2. d).
96 Vgl. *Hellner*, Haftungsersetzung; *Radau*, VersR 1991, 389, 391.
97 Eingehend *Hinrichs* 109 ff.
98 Für Deutschland hat dies insbesondere *Deutsch*, ZRP 1983, 137 ff., angemahnt.
99 § 4 Abs. B israel. ProdHaftG.
100 § 4 Abs. C 2. israel. ProdHaftG.
101 Siehe oben 1. b).
102 Siehe oben bei und in Fn. 91.

blendung dieses Gesichtspunktes zu schaffen und ihr im nachhinein mit dem Ziel einer möglichst einheitlichen Anknüpfung einen möglichst weiten, die Eigenzurechnung aufgrund Mitverschuldens einschließenden Anwendungsbereichs beizulegen, ist bedenklich[103]. Dies gilt in besonderem Maße, wenn als Haftungsstatut ein Recht berufen wird, zu dem der mitschuldige Geschädigte keinerlei Beziehungen hat[104].

bb) Das kollisionsrechtlich beste Recht

(1) Die in Betracht kommenden Rechtsordnungen

835   Wie die haftungstatbestandliche Eigenzurechnung, die Kehrseite der von den Haftpflichtigen geschuldeten Produktsicherheit[105], hat auch die Eigenzurechnung aufgrund des Mitverschuldens Beziehungen zum *Recht des Marktstaates*, wenn es um ein Mitverschulden des Ersten Endabnehmers oder anderer Produktbenutzer geht. Denn ihr Mitverschulden hängt in aller Regel davon ab, wie sie mit dem Produkt in Anbetracht seiner durch das Recht des Marktstaates bestimmten Sicherheit umgehen.

836   Auch zum *Recht des Erfolgsortes* bestehen Beziehungen. Dies gilt nicht nur für einen bystander, dessen Mitverschulden durch seine Teilnahme am allgemeinen Verkehr begründet wird. Es gilt auch für Produktbenutzer, weil ihnen das Recht des Erfolgsortes Pflichten hinsichtlich des Umgangs mit dem Produkt auferlegt, um den allgemeinen Verkehr an diesem Ort zu schützen[106].

837   Die Frage des Mitverschuldens hat schließlich auch Beziehungen zum *gewöhnlichen Aufenthaltsstaat des Geschädigten*, weil die Regelung des Mitverschuldens sozialpolitisch motiviert sein kann, etwa wenn ein Mitverschulden von Minderjährigen ausgeschlossen ist[107], und weil der gewöhnliche Aufenthaltsstaat des Geschädigten die sozialen Folgen der kollisionsrechtlichen Anknüpfung mitzutragen hat[108].

(2) Das Recht des gewöhnlichen Aufenthaltsstaates des Geschädigten

838   Eine sozialpolitische Motivation von Mitverschuldensregelungen reicht jedoch nicht aus, um die Eigenzurechnung aufgrund Mitverschuldens dem Recht des

---

103 Diese Begründung liegt der herrschenden Meinung unausgesprochen zugrunde; explizit *Deutsch*, Internationales Unfallrecht 224 (Wegen der unmittelbaren Beziehung zu dem auf die Haftung anwendbaren Recht sollten auch Mitverschulden und das Handeln auf eigene Gefahr dem Haftungsstatut unterliegen. Haftung und Enthaftung seien gewissermaßen unteilbar); vgl. auch *Batiffol*, Rev. crit. 1963, 582 („l'homogénéite du régime ... „); ihm folgend *Trutmann* 105 f.

104 Vgl. etwa Art. 135 Abs. 1 lit. b) Schweizer IPR-Gesetz, wonach die Produkthaftung auch bei Schädigung eines bystanders dem Recht des Marktstaates untersteht.

105 Siehe oben 1. a).

106 *Schmidt-Salzer*, Produkthaftung III/1 Rn. 4.570 (siehe das wörtliche Zitat oben in Fn. 31); *J. Meyer* 117 ff., 125 f.

107 Siehe oben bei und in Fn. 100.

108 *Weintraub*, Brooklyn J. Int'l L. 1990, 228.

gewöhnlichen Aufenthaltsstaates des Geschädigten zu unterstellen. In erster Linie ist eine Mitverschuldensregelung auf den Haftungsgrund bezogen; sie schränkt die Fremdzurechnung ein oder schließt die dem Grunde nach gegebene Fremdzurechnung ausnahmsweise aus. Fremd- und Eigenzurechnung sind auch im Falle des Mitverschuldens eng verknüpft. Sozialpolitisch motiviert ist lediglich die weitere Ausgestaltung der in ihrem Kern durch Zurechnungskriterien ausgefüllten Mitverschuldensregelung. Rechtsvergleichend ist ein sozialpolitisch bestimmter Regelungsgehalt außerdem die Ausnahme. Er ist zudem nicht nur Frucht einer einseitigen Berücksichtigung von Geschädigteninteressen, sondern wird stets auch durch die Interessen des als sozial weniger schutzwürdig angesehenen Schädigers geprägt. Eine Anknüpfung an den gewöhnlichen Aufenthalt des Geschädigten würde also den haftungsrechtlichen Kern der Mitverschuldensregelung mißachten und den im sozialpolitisch bestimmten Regelungsteil liegenden Interessenausgleich kollisionsrechtlich einseitig umsetzen.

(3) Das Recht des Marktstaates oder das Recht des Erfolgsortstaates

(a) Erster Endabnehmer und andere Produktbenutzer

Haftung und Enthaftung aufgrund Mitverschuldens sollten möglichst einem **839** Recht unterliegen, damit Anpassungsprobleme ausgeschlossen werden[109]. Decken sich die Kreise der von beiden Parteien vorherzusehenden Rechte, so ist das gemeinsame Recht in der Schnittfläche das kollisionsrechtlich beste Recht. Dies ist bei Schädigung eines mitschuldigen *Ersten Endabnehmers* das Recht des Marktstaates, das die Produktsicherheit und damit das wichtigste Kriterium für das Mitverschulden bestimmt. Die Beziehung zum Marktstaat ist zu stark, als daß man das Mitverschulden an den Erfolgsortstaat knüpfen könnte, nur weil das Recht dieses Staates den Ersten Endabnehmer im Einzelfall zum Schutze Dritter verpflichtet, in bestimmter Art und Weise mit dem Produkt umzugehen. Ausschlaggebend ist, daß es primär um die Ausgestaltung der haftungsrechtlichen Beziehung zwischen Schädiger und Geschädigtem geht, daß in diesem Verhältnis Verkehrssicherungspflichten des Geschädigten gegenüber Dritten nur ausnahmsweise eine Rolle spielen, und daß ihnen, wenn sie ausnahmsweise bestehen, aufgrund der Offenheit von Mitverschuldensregelungen ohne Schwierigkeiten im Recht des Marktstaates Rechnung getragen werden kann.

Die von den Haftpflichtigen „geschuldete" Produktsicherheit ist auch bei an- **840** deren Produktbenutzern die Brücke zwischen Haftung und Enthaftung aufgrund Mitverschuldens. Sollte sich ergeben, daß das Recht des Marktstaates auch die *Haftung* gegenüber einem bloßen Produktbenutzer beherrscht, so wäre das Mitverschulden eines *bloßen Produktbenutzers* selbst dann nach dem

---

109 Siehe die Nachweise in Fn. 103.

Recht des Marktstaates zu beurteilen, wenn er den Marktstaat nicht kannte. Denn im Rahmen dessen Mitverschuldensregelung könnte berücksichtigt werden, daß der Geschädigte sich im Einzelfall nicht an den Obliegenheiten dieses Rechts orientieren konnte, weil es für ihn im konkreten Fall nicht erkennbar war. Eine Sonderanknüpfung an den Erfolgsortstaat, genauer an den Staat, in dem der Produktbenutzer sich fehlerhaft verhielt[110], wäre nicht ausgeschlossen. Gegen sie spräche bei Maßgeblichkeit des Rechts des Marktstaates als Produkthaftungsstatut aber, daß sie Haftung und Enthaftung ohne einen wirklich zwingenden Grund unterschiedlichen Rechten unterstellen würde.

(b) bystander

841 Bei dem Mitverschulden eines bystander liegen die Dinge anders. Ein bystander verhält sich nicht in bezug auf einen rechtlich bestimmten Produktsicherheitsstandard. Sein Mitverschulden folgt nicht aus dem Umgang mit dem Produkt, sondern aus seiner Teilnahme am allgemeinen Verkehr. Haftungsgrund und Enthaftungsgrund sind also unabhängig voneinander. Deshalb bestimmt die Möglichkeit eines Mitverschuldens hier nicht die Entscheidung über das Haftungsstatut. Sollte das Recht des Erfolgsortstaates nicht das Statut der Haftung gegenüber einem bystander sein[111], so wäre dieses Recht im Wege der Sonderanknüpfung jedenfalls für das Mitverschulden zu berufen.

cc) Zusammenfassung und Ergebnisse

842 Die Möglichkeit einer Eigenzurechnung aufgrund Mitverschuldens begründet das Interesse des Geschädigten, das maßgebliche Recht vorhersehen zu können. Dieses Interesse ist, wenn irgend möglich, durch eine passende Regelanknüpfung zu befriedigen, weil eine getrennte Anknüpfung von „Haftung" und „Enthaftung aufgrund Mitverschuldens" zu Anpassungsproblemen führen kann.

843 Ein Mitverschulden des *Ersten Endabnehmers* hat die engsten Beziehungen zum Recht des Marktstaates. Ausschlaggebend ist vor allem, daß dieses Recht die Produktsicherheit beherrscht, die das wichtigste Beurteilungskriterium für das Mitverschulden eines Produktbenutzers ist.

844 Aus diesem Grund ist auch das Mitverschulden eines *privaten Folgeerwerbers* oder *bloßen Produktbenutzers* nach dem Recht des Marktstaates zu beurteilen. Da sie den Marktstaat nicht immer vorhersehen können, ließe sich auch eine Sonderanknüpfung an den Staat erwägen, in dem sie den Schaden schuldhaft mitverschuldet haben. Eine Sonderanknüpfung ist jedoch nicht zwingend,

---

110 Auch bei einem Mitverschulden können die „schuldhafte" Handlung und der Erfolg in Ausnahmefällen auseinanderfallen.

111 Diese Möglichkeit besteht, wenn auch die Haftung gegenüber bystanders dem Recht des Marktstaates unterstellt wird. Siehe oben Fn. 104.

weil die Unkenntnis über den Marktstaat im Rahmen der Mitverschuldensregelung des Rechts dieses Staates berücksichtigt werden kann.

Das Mitverschulden eines *bystander* ist nach dem Recht des Erfolgsortstaates **845** zu beurteilen. Denn anders als bei Produktbenutzern ist Maßstab seines Mitverschuldens nicht die vom Recht des Marktstaates beherrschte Produktsicherheit, sondern die vom Recht des Erfolgsortstaates beherrschte allgemeine Verkehrssicherheit.

3. Die abstrakte Zurechnung im Kollisionsrecht

a) Anknüpfungsrelevanz

Die Ausgestaltung der abstrakten Zurechnung, insbesondere ob verschuldens **846** unabhängig gehaftet wird, ob für Entwicklungsrisiken gehaftet wird und wie die Beweislast verteilt wird, bestimmt in hohem Maße das Haftungsrisiko. Wenn die Produkthaftung einem Recht untersteht, das der *Haftpflichtige* vorherbestimmen kann, dann kann er sein spezifisches Haftungsrisiko im voraus exakt ermitteln und einen maßgeschneiderten Versicherungsschutz nehmen.

Die Ausgestaltung der Zurechnung durch Verschuldensunabhängigkeit, Be **847** weislastregeln und anderen verhaltensneutralen Kriterien ist aber auch für den *Geschädigten* von großer Bedeutung. Sie bestimmt nämlich die Qualität seines haftungsrechtlichen Schutzes. So kann es etwa einen erheblichen Qualitätsunterschied begründen, ob der Geschädigte eine schuldhafte Pflichtverletzung oder nur einen Produktfehler beweisen muß.

Für den *Ersten Endabnehmer* ergibt sich hieraus ein kollisionsrechtlich erheb **848** liches Interesse, weil er seine Kaufentscheidung idealtypisch im Bewußtsein des anwendbaren Schutzstatuts trifft[112]. *Andere Geschädigte* werden in ihrem Verhalten hingegen auch bei idealtypischer Betrachtung nicht davon beeinflußt, welches Recht die abstrakte Zurechnung beherrscht[113]. Dies heißt jedoch nicht, daß die Entscheidung hierüber einseitig an den Interessen der Haftpflichtigen ausgerichtet werden könnte. Dem steht entgegen, daß die Ausgestaltung der abstrakten Zurechnung ganz entscheidend durch die Schutzbedürfnisse des Geschädigten bestimmt wird. Primäres Regelungsziel ist der Opferschutz. Deshalb begründet die abstrakte Zurechnung Beziehungen zu den Staaten, zu denen der Geschädigte Berührung hat, und sei es auch nur aufgrund seines Aufenthaltes im Zeitpunkt der Schädigung[114].

---

112 Dies gilt vor allem für gewerbliche Endabnehmer. *Posch*, Österreichs Weg 260, weist zutreffend darauf hin, daß die Erwartungen des Käufers in die Produktsicherheit zugleich Erwartungen in die Produkthaftung und das Produkthaftungsstatut sind. Siehe auch § 14 III. 3.
113 Es wird zu Recht als unrealistisch angesehen, daß der Träger eines Rechtsguts seinen Kasko- oder Unfallversicherungsschutz an der Kollisionsnorm über Delikte ausrichtet. Vgl. *Czempiel* 135.
114 Wie vorige Fn.

b) Das kollisionsrechtlich beste Recht bei Schädigung des Ersten Endabnehmers

aa) Das Recht des Marktstaates

(1) Regelfall: vom Haftpflichtigen vorherzusehende Vermarktung im Marktstaat

849 Wenn der Haftpflichtige vorhersehen konnte, daß sein Produkt im Marktstaat an den Ersten Endabnehmer abgegeben werden würde, so ist das Recht dieses Staates in besonderem Maße geeignet, darüber zu entscheiden, ob ein Verschulden erforderlich ist, ob auch für Entwicklungsrisiken gehaftet wird, etc. Bei Maßgeblichkeit dieses Rechts können nämlich die Haftpflichtigen den Preis des Produktes in Abhängigkeit vom Haftungsregime festsetzen und der Erste Endabnehmer erlangt den haftungsrechtlichen Schutz, für den er zahlt[115].

(2) Sonderfall: vom Haftpflichtigen nicht vorherzusehende Vermarktung im Marktstaat

(a) Der Interessenkonflikt

850 Die Anknüpfung an den Marktstaat entspricht zwar dem Vorhersehbarkeits- und Schutzinteresse des Ersten Endabnehmers, nicht aber dem Interesse eines Haftpflichtigen, der die Vermarktung seines Produkts in diesem Staat nicht vorhersehen konnte. Sein Interesse wird nur gewahrt, wenn die Anknüpfung an den Marktstaat unter den Vorbehalt gestellt wird, daß er die Vermarktung in diesem Staat vorhersehen konnte, und zusätzlich eine Ersatzanknüpfung an einen für ihn vorhersehbaren Anknüpfungspunkt vorgenommen wird. Eine solche Regelung treffen das Haager Übereinkommen und das Schweizer IPR-Gesetz, die beide den nicht vorhersehbaren Marktstaat durch den Sitzstaat des Haftpflichtigen ersetzen[116].

(b) Die Notwendigkeit einer kollisionsrechtlichen Konfliktlösung

851 Wenn es kein Recht gibt, das beide Parteien vorhersehen können, besteht ein Interessenkonflikt, der zwingend auf der Ebene des Kollisionsrechts entschieden werden muß. Denn anders als bei der konkreten Zurechnung mittels der Produktsicherheit und des Mitverschuldens läßt sich hier die Enttäuschung der kollisionsrechtlichen Erwartung einer Partei nicht auf der Ebene des Sachrechts kompensieren. Der Haftpflichtige haftet entweder verschuldensunabhängig oder nicht; er ist entweder beweispflichtig oder nicht. Anders als für

---

115 Zu dem Einfluß des anwendbaren Produkthaftungsrechts auf den Preis des Produktes siehe § 17 II. 1; vgl. auch die Stellungnahme der spanischen Regierung zum Vorentwurf der Haager Spezialkommission, Conférence 121.
116 Siehe oben § 14 II. b).

die Fehlerhaftigkeit des Produkts, für Verkehrssicherungspflichten und für ein Mitverschulden[117], hält das Sachrecht hier keine flexible Regelung bereit, die es gestattet, die Besonderheiten des Auslandssachverhalts zu berücksichtigen[118]. Hinsichtlich der abstrakten Zurechnung trifft die verbreitete Annahme, die „Vorhersehbarkeit" sei ein Problem des materiellen Rechts[119], deshalb nicht zu.

(c) Das Interesse des Ersten Endabnehmers an der vorbehaltlosen Maßgeblichkeit des Rechts des Marktstaates

Der Erste Endabnehmer vertraut darauf, durch das Recht des Marktstaates ge- **852** schützt zu werden. Sein Interesse geht dahin, daß ihm alle Haftpflichtigen nach diesem Recht haften. Wenn sich ein Haftpflichtiger dem Recht des Marktstaates entziehen kann[120], indem er nachweist, er habe eine Vermarktung in diesem Staat nicht vorsehen müssen, so widerstreitet dies dem Interesse des Ersten Endabnehmers, auch wenn ihm jedenfalls der Verantwortliche für den Marktzutritt nach dem Recht des Marktstaates haftet. Denn es ist möglich, daß neben dem Hersteller, der die Vermarktung im Marktstaat nicht vorhergesehen hat, nur der Importeur verschuldensunabhängig haftet, dieser aber finanzschwach oder gar schon in Konkurs gegangen ist. Diese Möglichkeit muß bei der Anknüpfung beachtet werden. Denn das anwendbare Recht wird gerade für den Fall bestimmt, daß der Geschädigte einen Haftpflichtigen in Anspruch nimmt oder nehmen muß, der dem Verantwortlichen für den Marktzutritt in der Produktions- und Vertriebskette vorgelagert ist[121].

(d) Das Interesse der Haftpflichtigen an einem Vorhersehbarkeitsvorbehalt

(aa) Erheblichkeit

Das Interesse des Haftpflichtigen, das Recht vorhersehen zu können, das die **853** abstrakte Zurechnung und damit maßgeblich die Höhe seines Haftungsrisikos beherrscht, läßt sich nicht mit der Begründung beiseite schieben, Produkthaftpflichtige müßten heutzutage mit der Anwendbarkeit des Rechts eines jeden Staates rechnen[122]. Diese Argumentation ist zirkulös. Womit die Haftpflichtigen rechnen müssen, gilt es gerade zu entscheiden[123]. Richtig ist allerdings, daß ein Schädiger aufgrund des Internationalen Zuständigkeitsrechts vieler

---

117 Siehe oben 2. a) bb) 4.
118 Vgl. zu diesem Unterschied *Winkelmann* 177.
119 Siehe oben bei und in Fn. 63.
120 Kritisch gegenüber der Möglichkeit des Schädigers, auf den Einwand der Nichtvorhersehbarkeit des Marktstaates zu verzichten, wenn das Recht dieses Staates günstiger ist als das Recht an seinem Geschäftssitz: *Duintjer Tebbens* 346.
121 *Weintraub*, Texas Int'l L.J. 23 (1988) 67.
122 So aber *Winkelmann* 214 im Anschluß an *Kühne*, Cal. L. Rev. 60 (1972) 31; *Posch*, Österreichs Weg 261.
123 Siehe § 14 II. 2. c).

Staaten damit rechnen muß, in diesen Staaten schon dann in Anspruch genommen zu werden, wenn der Erfolgsort dort liegt, und daß er außerdem aufgrund des Kollisionsrechts vieler Staaten damit rechnen muß, nach der für ihn unvorhersehbaren lex fori als dem Recht des Erfolgsortes zu haften[124]. Mit anderen Worten: Auch wenn das deutsche Kollisionsrecht den Hersteller vor der Maßgeblichkeit eines für ihn unvorhersehbaren Rechts schützen würde, könnte sich der Hersteller wegen der Existenz abweichender Kollisionsrechte nicht in Sicherheit wiegen, sondern müßte seinen Haftpflichtversicherungsschutz an den für ihn ungünstigeren fremden Kollisionsrechten ausrichten. Es ist andererseits zu beachten, daß das Haager Übereinkommen einen Vorhersehbarkeitsvorbehalt enthält, daß die Schweiz dem uneingeschränkt gefolgt ist, und daß dies die anderen modernen IPR-Gesetze, welche eine spezielle Kollisionsnorm über die Produkthaftung statuieren, immerhin beeinflußt hat[125]. Die zukünftige Entwicklung könnte also durchaus auch in diese Richtung gehen. In der Gesamtschau bedeutet dies, daß die Kollisionsrechtsvergleichung keine eindeutige Entscheidungshilfe liefert. Ein Gesetzgeber, der sich zu einer Regelung anschickt, ist deshalb gut beraten, die Anknüpfung entsprechend dem Kantschen Imperativ so zu gestalten, daß sie von anderen Staaten deshalb übernommen werden kann, weil sie sachlich überzeugt[126].

854 Auch die Qualifikation der Produkthaftung als kompensatorische Haftung[127] nimmt dem Interesse der Haftpflichtigen an einem vorhersehbaren Haftungsstatut nicht seine Erheblichkeit. Denn die Produkthaftung ist wie jede andere Haftung im Interesse der Haftpflichtigen begrenzt. So wird im Rahmen der EG-Produkthaftung nur für Produkte gehaftet, die im Zeitpunkt ihrer Inverkehrgabe fehlerhaft waren und so ist diese Haftung grundsätzlich summenmäßig begrenzt und der Einwand des Entwicklungsrisikos zugelassen. Zu bedenken ist vor allem, daß die verschuldensunabhängige Produkthaftung ursprünglich damit gerechtfertigt wurde, der Produkthersteller könne die Haftung versichern[128]. Es ist deshalb durchaus geboten, darauf zu achten, daß der auf der Versicherungsmöglichkeit basierende Interessenausgleich auch im Kollisionsrecht nicht in eine Schieflage gerät.

(bb) Gewicht

855 Das Interesse des Schädigers, nur dann nach dem Recht des Marktstaates zu haften, wenn er die Vermarktung in diesem Staat vorhersehen konnte, läßt sich einigermaßen genau gewichten. Für ihn ist nämlich bedeutsam, wie es sich auf

---

124 So argumentieren die englische und die schottische Law Commission, vgl. The Law Commission, Report Nr. 4.11.
125 Siehe oben § 14 II. b).
126 Zu dieser Maxime *Neuhaus* 54 f.; vgl. auch *Harland*, Sydney L. Rev. 8 (1976–79) 370 (für das australische IPR).
127 *Winkelmann* 201 („geradezu ein Musterbeispiel").
128 Siehe § 6 II. 1. a) bb).

die Höhe der von ihm zu zahlenden Haftpflichtversicherungsprämie auswirkt, wenn eine Haftung nach dem Recht eines unvorhersehbaren Marktstaates durch einen „Vorhersehbarkeitsvorbehalt" ausgeschlossen wird. Dies wiederum hängt entscheidend davon ab, wie dieser Vorbehalt ausgestaltet ist.

Stellte man sehr strenge Anforderungen an den Nachweis des Haftpflichtigen, **856** er habe eine Vermarktung im Marktstaat vernünftigerweise nicht vorhersehen können, so würde sich ein Vorhersehbarkeitsvorbehalt nicht auf die Versicherungsprämie auswirken. Wenn man beispielsweise wie im Schweizer Kollisionsrecht[129] verlangt, daß der Haftpflichtige konkrete vertriebsorganisatorische und rechtlich wirksame Maßnahmen gegen eine Vermarktung im Marktstaat getroffen hat, dann wird das Haftungsrisiko primär durch diese Maßnahmen, nicht aber durch den kollisionsrechtlichen Vorhersehbarkeitsvorbehalt bestimmt. So wird ein Exportverbot, das durch eine spürbare Vertragsstrafe und durch die Verpflichtung des Abnehmers gesichert ist, das strafbewährte Verbot in der Lieferkette weiterzugeben, unmittelbar zur Folge haben, daß ein Weiterexport nur in seltenen Fällen erfolgt. Nur für diese Ausnahmefälle hätte der kollisionsrechtliche Vorhersehbarkeitsvorbehalt Bedeutung. Es ist offensichtlich, daß dies die Versicherungsprämie nicht beeinflußt. Dies erklärt, weshalb die deutsche Versicherungswirtschaft den Vorhersehbarkeitsvorbehalt des Art. 7 Haager Übereinkommen als nutzlos ablehnte[130]. Sie hielt eine meßbare Auswirkung auf die Versicherungsprämie nicht für möglich, weil sie annahm, ein Gericht werde aufgrund der ihm eigenen ex post-Betrachtung nahezu nichts für unvorhersehbar halten[131].

Ein spürbarer Prämieneffekt wäre nur dann möglich, wenn es genügen würde, **857** daß der Haftpflichtige eine Vermarktung im Marktstaat nicht gebilligt hat, und er dies unter leichten Voraussetzungen nachweisen könnte. Wäre beispielsweise bei einem Export aus der Schweiz nach Ägypten ohne weiteres anzunehmen, daß der Exporteur einen Weiterexport in die EG nicht gebilligt habe[132], so würde ein kollisionsrechtlicher Vorhersehbarkeitsvorbehalt die verschuldensunabhängige EG-Produkthaftung ausschließen und hätte deshalb Auswirkungen auf die Versicherungsprämie.

(e) Die Abwägung der Parteiinteressen

Für die Haftpflichtigen ist nur ein Vorhersehbarkeitsvorbehalt von Interesse, **858** der an geringe Voraussetzungen geknüpft ist und deshalb meßbare Auswirkungen auf ihre Versicherungsprämie hat. Ihr Interesse an einem solchen Vorhersehbarkeitsvorbehalt ist mit dem Schutzinteresse des Ersten Endabnehmers abzuwägen.

---

129 Siehe die Nachweise zu § 2 Fn 65.
130 Siehe § 13 III. 4. a).
131 *W. Lorenz*, RabelsZ 37 (1973) 348.
132 Dies wurde in den Beratungen des Schweizer Ständerats angenommen; vgl. Ständerat, Amtliches Bulletin der Bundesversammlung 1985 II 165 f.

(aa) Haftung von Herstellern und international tätigen Händlern

859 Gestattete man Herstellern und international tätigen Händlern unter leichten Voraussetzungen den Einwand, sie hätten nicht vorhersehen müssen, daß das Produkt im Marktstaat an den Ersten Endabnehmer vermarktet werden würde, so bestünde eine erhebliche Mißbrauchsgefahr. Der Import in die EG könnte dann durch ein Unternehmen erfolgen, dessen verschuldensunabhängige Haftung aufgrund seiner geringen Kapitalausstattung nur auf dem Papier stünde. Die Hersteller könnten ihrerseits einwenden, sie hätten den Export in die EG nicht gebilligt und nach dem Recht ihres Sitzstaates seien die Voraussetzungen für eine Haftung mangels Verschuldens nicht gegeben[133]. Die Gefahr, daß Hersteller ihren Geschäftssitz bewußt in einem Staat mit mildem Haftungsrecht nähmen, was vor allem bei Quasi-Herstellern leicht möglich ist, wäre nicht von der Hand zu weisen[134]. Ein dem Interesse der Haftpflichtigen entsprechender, an geringe Voraussetzungen geknüpfter Einwand der Nichtvorhersehbarkeit würde also die Möglichkeit eröffnen, den vom Marktstaat durch die Regelung der abstrakten Zurechnung, insbesondere durch eine verschuldensunabhängige Haftung, bezweckten Schutz des Ersten Endabnehmers auszuhöhlen. Für Marktstaaten wie Deutschland und die übrigen Mitgliedstaaten der EG, die sachrechtlich einen effektiven Schutz der Verbraucher anstreben, ist eine solche kollisionsrechtliche „Hintertür" grundsätzlich nicht akzeptabel.

860 Dies gilt auch hinsichtlich kleiner Produktionsunternehmen, für die im Schrifttum vereinzelt ein Vorhersehbarkeitsvorbehalt befürwortet wird[135]. Abgesehen davon, daß eine praktikable Grenzziehung zwischen kleinen und großen Produktionsunternehmen nicht möglich ist[136], ist eine Differenzierung auch sachlich nicht berechtigt, weil die Größe eines Produktionsunternehmens unter dem Gesichtspunkt der abstrakten Zurechnung sachrechtlich und kollisionsrechtlich unerheblich ist.

(bb) Haftung von lokalen Händlern

861 Überlegen kann man allenfalls, ob man einen an geringe Voraussetzungen geknüpften und deshalb prämienwirksamen Einwand der Nichtvorhersehbarkeit denjenigen Händlern gestattet, die am unteren Ende der Vertriebskette stehen, genauer: nur ein regional oder jedenfalls national begrenztes Vertriebsgebiet haben, und deren Produkte deshalb bei gewöhnlichem Lauf der Dinge auch tatsächlich in ihrem Vertriebsgebiet an Erste Endabnehmer vermarktet werden (local dealer)[137].

---

133 Siehe oben II 2. a) bb) (4).

134 Vgl. *Winkelmann* 174 f.; *Schwander*, Produktehaftung 222.

135 *Reese*, in: Conférence 168 (Procès verbal Nr. 6).

136 *Duintjer Tebbens* 347; vgl. auch BGH, 19. 11. 1991, BB 1992, 517 = NJW 1992, 1039 = VersR 1992, 501.

137 *Kühne*, Cal. L. Rev. 60 (1972) 31 f.; vgl. auch die Rechtsprechungsnachweise von *Fallon* 488 Fn. 5.

Die Problematik sei an einem Beispiel veranschaulicht: Ein polnischer Groß-   **862**
händler vertreibt in der Region von Warschau Heizlüfter eines japanischen
Herstellers. Sein Abnehmer, ein Zwischenhändler mit Sitz in Warschau, veräußert einen Posten an einen dänischen Händler, der die Produkte in Dänemark an Endabnehmer veräußert. Würde man die Haftung aller Produkthaftpflichtigen nach dem Recht des (Endabnehmer-)Marktstaates beurteilen, so
haftete der polnische Großhändler nach dänischem Recht, das auch Zwischen-
händlern eine verschuldensunabhängige Haftung auferlegt[138]. Eine Anpassung des dänischen Rechts in der Weise, daß nur die Glieder der Vertriebskette
in der EG erfaßt werden, erscheint nicht möglich, weil dies im Widerspruch zur
Grundkonzeption des dänischen Rechts stünde. Der polnische Großhändler
entginge einer Haftung nach dänischem Recht also nur, wenn man die kollisionsrechtliche Anknüpfung an den (Endabnehmer-)Marktstaat unter den
Vorbehalt stellte, daß der Haftpflichtige eine Vermarktung in diesem Staat vorhersehen mußte, und wenn man ein Vorhersehenmüssen im konkreten Fall verneinte, weil die Abnehmer des polnischen Großhändlers bislang immer nur den
lokalen polnischen Markt bedient haben.

Ein lokaler Händler erscheint − prima facie − schutzwürdiger als der Geschä-   **863**
digte, weil er von einer verschuldensunabhängigen Händlerhaftung, die international noch sehr selten ist[139], überrascht werden kann[140]. Die Problematik
muß jedoch nicht bis in alle Einzelheiten ausgelotet werden. Denn es kommt
höchst selten vor, daß ein Produkt, das bereits den *nationalen* Zwischenhandel
erreicht hat, auf einen anderen Markt „umgeleitet" wird. Für diese seltenen
Ausnahmefälle ist nicht durch einen nur schwierig zu fassenden Vorhersehbarkeitsvorbehalt in der Kollisionsnorm Vorsorge zu treffen; sie gehören allenfalls
in den Bereich einer Ausweichklausel.

bb) Das Recht des gewöhnlichen Aufenthaltsstaates des
    Ersten Endabnehmers

Da die abstrakte Zurechnung wesentlich über die Qualität des haftungsrechtli-   **864**
chen Schutzes entscheidet, begründet sie eine, wenngleich schwache Beziehung

---

138 Vgl. *Sinding*, PHI 1990, 114. Ob dies, was *Sinding* wohl annimmt, auch für die Haftung nach
     dem ProdHaftG zutrifft, erscheint wegen § 4 Abs. 3 und 4 dänisches ProdHaftG zweifelhaft.
     Diese Regelungen, die eine Lieferantenhaftung für Nichterteilung der Auskunft über Vorliefe-
     ranten statuieren, machen keinen Sinn, wenn der Lieferant stets nach § 10 ProdHaftG ver-
     schuldensunabhängig haftet. Zur Händlerhaftung nach dänischem Recht vgl. auch *Bloth*
     76 ff.
139 Zur verschuldensunabhängigen Haftung von Händlern in den USA vgl. *Hoechst* 19 ff. (mit
     tabellarischer Übersicht über die Gliedstaaten); *Pfeifer* 186 ff.; *Zekoll* 59 f.; *Schubert*, PHI
     1989, 83; zur Rechtsprechung vgl. PHI 1990, 24 f. (Klagen gegen Einzelhändler fehlerhafter
     Haushaltsgeräte) und PHI 1992, 124 (fehlerhafte Lebensmittel). Ob Händler, die nicht EG-
     Importeure sind, nach autonomem spanischem Recht verschuldensunabhängig für das Inver-
     kehrbringen fehlerhafter Produkte haften, ist umstritten, vgl. *Brüggemann* 94 f., 191 f.; *Ca-
     stells*, PHI 1990, 109 (ablehnend).
140 Vgl. *Landscheidt* 86.

zum gewöhnlichen Aufenthaltsstaat des Geschädigten. Denn der Geschädigte trägt dort die Folgen eines unzureichenden haftungsrechtlichen Schutzes.

865 Eine Anknüpfung an den gewöhnlichen Aufenthalt des Ersten Endabnehmers scheidet aber offensichtlich aus, weil die Beziehungen zum Recht des Marktstaates enger sind. Der Erste Endabnehmer ist auch gar nicht daran interessiert, bedingungslos dem Recht seines gewöhnlichen Aufenthaltsstaates unterworfen zu sein. Denn dieses Recht schützt ihn vielleicht viel schlechter als das Recht des Marktstaates, das er nach seinen Bedürfnissen wählen kann und für dessen Schutz er mit seinem Kaufpreis zahlt[141]. Die hierdurch begründete Beziehung zum Marktstaat ist stärker als die Beziehung zu seinem gewöhnlichen Aufenthaltsstaat, selbst wenn er dort bei der Benutzung des Produkts geschädigt wird und selbst wenn dort gleichartige Produkte des Haftpflichtigen vertrieben werden.

866 Der Erste Endabnehmer ist nur dann an dem Recht seines gewöhnlichen Aufenthaltsstaates interessiert, wenn es ihn besser schützt als das Recht der engsten Beziehung. Das heißt, er hat kein „räumliches" Interesse, das ungeachtet des Inhalts auf sein Recht weist, sondern nur ein räumlich indifferentes Ergebnisinteresse. In Betracht kommt daher allenfalls eine alternative Anknüpfung an seinen gewöhnlichen Aufenthalt[142].

cc) Das Recht des Erfolgsortstaates

867 *Winkelmann*[143] schlägt vor, die Haftung gegenüber dem Ersten Endabnehmer[144] an den Verletzungsort anzuknüpfen, wenn die Anknüpfung an seinen gewöhnlichen Aufenthaltsstaat nicht möglich sei, weil die Beziehungen des Sachverhalts zu diesem Staat nicht dadurch verstärkt würden, daß in diesem Staat für das Produkt geworben wurde[145] oder der Ersten Endabnehmer das Produkt in diesem Staat benutzt hat. Er hält die Anknüpfung an den Erfolgsort sogar für die einzig mögliche Lösung, wenn man der von ihm vorgeschlagenen Anknüpfung an den verstärkten gewöhnlichen Aufenthalt des Ersten Endabnehmers nicht folge, sondern die Tatortregel zugrunde lege.

---

141 Dies übersehen *Bröcker* 164 f. (Anknüpfung an seinen Wohnsitz komme den Interessen des Geschädigten am weitesten entgegen) und *Winkelmann* 241 ff., die beide unter bestimmten Voraussetzungen *ausschließlich* an den gewöhnlichen Aufenthalt des Ersten Endabnehmers anknüpfen. Dies tat auch der von einer Spezialkommission erarbeitete Vorentwurf des Haager Übereinkommens (siehe oben § 1 Fn. 93), der aber gerade aus diesem Grund auf Ablehnung stieß. Vgl. Stellungnahme der schwedischen Regierung, Conférence 126 (gegen eine Ungleichbehandlung von Käufern auf ein und demselben Markt); *Loussouarn*, JDrint 1974, 41; *Kucera*, Conférence 177 (Procès-verbal No. 8).
142 Siehe dazu unten § 18 II.
143 *Winkelmann* 245.
144 *Winkelmann* differenziert nicht nach der Art des Geschädigten. Seine Ansicht wird hier nur auf den Untersuchungsgegenstand (Erster Endabnehmer) zugespitzt.
145 Zur Kritik siehe oben II. 2. a) bb) (3).

Dieses überraschende Ergebnis läßt sich entgegen *Winkelmann* nicht darauf **868** stützen, Zurechnungsmoment der Produkthaftung sei nicht ein bestimmtes Verhalten, sondern die gesetzlich festgelegte Verantwortlichkeit für eine Gefahrenquelle[146]. Zwar kann man dies wegen der Regeln über die Beweislast auch für die Verschuldenshaftung sagen, also einen einheitlichen Zurechnungsgrund der Produkthaftung annehmen[147]. Dieser wird mit der Formulierung „Verantwortlichkeit für eine Gefahrenquelle" aber nicht exakt genug beschrieben. Gehaftet wird aufgrund der Verantwortlichkeit für die Inverkehrgabe des fehlerhaften Produkts[148]. Gehaftet wird also nur für die Quelle der Gefahr, nicht für das fehlerhafte Produkt als eine während seiner Benutzung ständige Gefahrenquelle. Wenn man also den Zurechnungsgrund kollisionsrechtlich bewertet, so weist er auf den Staat der Inverkehrgabe durch den jeweiligen Haftpflichtigen oder für alle Haftpflichtigen auf den Marktstaat, nicht aber auf den Staat, in dem das fehlerhafte Produkt während seiner Benutzung zu einem Schaden führt.

Auch die Qualifizierung der Produkthaftung als „Musterbeispiel kompensato- **869** rischer Haftung"[149] rechtfertigt es nicht, die Haftung gegenüber dem Ersten Endabnehmer (ausschließlich) dem Recht des Erfolgsortstaates zu unterstellen. *Winkelmann* meint, von dem Staat, in dem das Rechtsgut belegen ist, könne und müsse erwartet werden, daß er die innerhalb seines Territoriums „in Anspruch genommenen" Rechtsgüter gegen aus dem Ausland erfolgende Schädigungen gleichermaßen wie gegen inländische schütze[150]. Diese Argumentation trägt jedoch nicht, weil der Erste Endabnehmer durch die Verbringung des Produkts selbst die Ursache für die Schädigung in diesem Staat schafft. Er muß also nicht als Teilnehmer am allgemeinen Verkehr von einer „aus dem Ausland erfolgenden" Schädigung in Schutz genommen werden. Seine Schutzerwartungen resultieren aus den Umständen des Produkterwerbs im Marktstaat. Sie ändern sich nicht mit jedem Grenzübertritt während der Benutzung des Produkts. Die Autoren, auf die sich *Winkelmann* beruft[151], knüpfen gerade deshalb die Haftung gegenüber einem Produkterwerber nicht, jedenfalls nicht ausschließlich, an den Verletzungsort an[152].

dd) Ergebnisse

Bei Schädigung des Ersten Endabnehmers ist das Recht des Marktstaates kolli- **870** sionsrechtlich am besten geeignet, über die abstrakte Zurechnung, also über

---

146 *Winkelmann* 197.
147 Siehe § 14 II. 5. b).
148 Siehe § 1 I. 1.
149 *Winkelmann* 201.
150 *Winkelmann* 201.
151 *Winkelmann* 201: Beitzke, Stoll und W. Lorenz.
152 Vgl. oben § 7 Fn. 71 (Beitzke); § 7 III. 3. (Stoll) und in diesem § unter II. 2. a) bb) (l) (W. Lorenz).

die Verschuldensunabhängigkeit der Haftung oder über die Beweislastverteilung, etc., zu bestimmen.

871 Dies gilt auch, wenn der Haftpflichtige nicht vorhersehen konnte, daß das Produkt im Marktstaat vermarktet werden würde. Denn dem Interesse des Haftpflichtigen wäre nur mit einem Vorhersehbarkeitseinwand gedient, der an geringe, von ihm leicht nachzuweisende Voraussetzungen geknüpft ist. Ein solcher Einwand eröffnete jedoch die Möglichkeit, den Schutz des Ersten Endabnehmers, den der Marktstaat erstrebt, faktisch auszuhöhlen. Er ist deshalb abzulehnen.

c) Das kollisionsrechtlich beste Recht bei Schädigung von Zweitkonsumenten und bystanders

aa) Das Recht des Marktstaates

(1) Mangelnde Vorhersehbarkeit für den Geschädigten

872 Die Vermarktung an den Ersten Endabnehmer begründet nur für diesen eine Beziehung zum Marktstaat, nicht aber für einen privaten Folgeerwerber, einen bloßen Produktbenutzer oder einen bystander. Aus der Sicht eines bystander muß
eine ausschließliche Anknüpfung an den Marktstaat in jedem Falle ausscheiden,
weil er vor der Schädigung überhaupt keinen Kontakt zu dem fehlerhaften Produkt hat und deshalb nicht einmal die Möglichkeit hat, sich darüber zu informieren, in welchem Staat es an den Ersten Endabnehmer vermarktet wurde[153]. Aus
der Sicht eines privaten Folgeerwerbers oder Produktbenutzers käme eine Anknüpfung an den Marktstaat allenfalls in Frage, wenn sie den Marktstaat aufgrund der Umstände des Einzelfalles vorhersehen konnten[154]. Die Anknüpfung
an den Marktstaat unter einen entsprechenden Vorbehalt zu stellen, wäre aber
offensichtlich unpraktikabel. Es kann deshalb offen bleiben, ob die bloße Vorhersehbarkeit eine Anknüpfung an den Marktstaat rechtfertigen könnte.

(2) Schädigung von Schutzbefohlenen des Ersten Endabnehmers

873 Einige Autoren befürworten eine Anknüpfung an den Marktstaat ausnahmsweise dann, wenn der Geschädigte unter der Obhut des Ersten Endabnehmers
stand[155]. Sie gehen davon aus, daß ein solcher Geschädigter an den Schutzerwartungen des Ersten Endabnehmers teilhat. Auch die mögliche Einbeziehung
des Geschädigten in die Schutzwirkung des Erwerbsvertrages wird zur Begründung herangezogen[156]. Es ist jedoch etwas völlig anderes, ob man einem Ge-

---

153 Dezidiert *Stoll*, FS Kegel (1977) 129; *Staudinger/v. Hoffmann* Art. 38 EGBGB Rn. 460 a.E.;
   Kropholler, IPR 443; *Vischer*, FS Moser 138f.
154 Die Kritik *Vischers*, FS Moser 138f., an der Schweizer Kollisionsnorm, die alle Geschädigten
   dem Recht des Marktstaates unterwirft, ist also nicht nur hinsichtlich bystanders berechtigt.
155 *Staudinger/v. Hoffmann* Art. 38 EGBGB Rn. 466 (engster Familienkreis, abhängige Arbeitnehmer).
156 *Staudinger/v. Hoffmann* wie vorige Fn.

schädigten auf der Ebene des Sachrechts neben unmittelbar deliktsrechtlichen Ansprüchen auch Ansprüche aus einem Vertrag mit Schutzwirkung gibt oder ob man ihm auf der Ebene des Kollisionsrechts auf Gedeih und Verderb an die Schutzerwartungen des Ersten Endabnehmers bindet. Wird beispielsweise ein Arbeitnehmer durch eine von seinem Arbeitgeber angeschaffte Maschine verletzt[157], so ist das Arbeitsverhältnis, das den Geschädigten mit dem Ersten Endabnehmer verbindet, für außervertragliche Produkthaftungsansprüche gegenüber dem Hersteller der fehlerhaften Maschine ohne Relevanz. Es rechtfertigt nicht, dem geschädigten Arbeitnehmer sein gewöhnliches Schutzrecht zu nehmen und ihn dem Recht des Marktstaates zu unterstellen, den der Arbeitgeber nicht mit Blick auf den produkthaftungsrechtlichen Schutz seiner Arbeitnehmer, sondern aus anderen Gründen gewählt hat[158].

(3) Verschuldensunabhängige Importeurhaftung

Auch wenn der geschädigte private Folgeerwerber, Produktbenutzer oder bystander keinerlei Beziehungen zum Marktstaat hat und diesen nicht einmal vorhersehen konnte, bleibt zu überlegen, ob das Recht des Marktstaates nicht ausnahmsweise deshalb das beste Recht der abstrakten Zurechnung ist, weil es möglicherweise das einzige Recht ist, das sachrechtlich anwendbar ist. Diese Überlegung zielt auf die verschuldensunabhängige Importeurhaftung, die häufig voraussetzt, daß der Importeur das Produkt in den Geltungsbereich der betreffenden Rechtsordnung oder in ein mehrere Staaten umfassendes (Wirtschafts-)Gebiet einführt[159]. Würde diese Voraussetzung die sachrechtliche Anwendbarkeit des Importeurhaftungsrechts sperren, so wäre es verfehlt, kollisionsrechtlich beispielsweise das Recht des Erfolgsortstaates zu berufen. Denn es stünde von vornherein fest, daß dieses Recht nicht anwendbar wäre, weil seine sachrechtliche Voraussetzung „Einfuhr in den Geltungsbereich dieses Staates" nicht erfüllt wäre[160]. **874**

Die räumliche Anwendungsvoraussetzung „Einfuhr in den Geltungsbereich des Gesetzes" hat jedoch nicht den Zweck, sicherzustellen, daß der Importeur, der das Produkt in den Marktstaat einführt, ausschließlich nach dem Recht des Marktstaates haftet. Sie beruht allein darauf, daß der Sachrechtsgesetzgeber ausnahmsweise unmittelbar einen grenzüberschreitenden Sachverhalt regelt und er diesen Sachverhalt aus seiner Warte beschreibt. Es entspricht seinem grundsätzlich auf Inlandsfälle begrenzten Regelungswillen[161], daß er nur **875**

---

157 So das Beispiel *v. Hoffmanns* (Fn. 155).
158 Aus diesem Grund lehnt *W. Lorenz*, Grundregel 157, auch eine vertragsakzessorische Anknüpfung der Haftung gegenüber Schutzbefohlenen des Produkterwerbers ab. Siehe dazu unten § 19 II.
159 Zur Frage, ob darin eine Kollisionsnorm versteckt ist, siehe oben § 11.
160 Zu der Notwendigkeit, räumlichen Selbstbeschränkungen des Sachrechts kollisionsrechtlich Rechnung zu tragen, vgl. *Deutsch*, Internationales Unfallrecht 223; *Wandt*, IPRax 1992, 261 f.
161 *E. Lorenz*, Struktur 77; *ders.*, FamRZ 1987, 647.

die Haftung für den Import in sein Staatsgebiet regelt. Da diese Beschreibung des „inländischen" Regelungsgegenstandes keinen Ausschlußcharakter hat, hindert sie nicht, das betreffende Sachrecht wie auch sonst kollisionsrechtlich für einen Auslandssachverhalt zu berufen, für den es nicht geschaffen wurde. Der kollisionsrechtliche Anwendungsbefehl führt zu einer entsprechenden Anwendung des berufenen Sachrechts und gibt die Befugnis, das Sachrecht an die Besonderheiten des Auslandssachverhaltes anzupassen[162]. Eine solche Anpassung ist notwendig, wenn die Regelung über die verschuldensunabhängige Importeurhaftung aufgrund des kollisionsrechtlichen Anwendungsbefehls nicht auf einen Import in den Geltungsbereich der Regelung, sondern auf den Import in einen anderen Staat anzuwenden ist. Bei der gebotenen entsprechenden Anwendung ist die Regelung zu entnationalisieren. Danach ist Importeur, wer das schädigende Produkt in den Marktstaat, und zwar gleich in welchen Staat, einführt.

876 Das Fazit lautet: Die sachrechtliche Tatbestandsvoraussetzung „Einfuhr in den Geltungsbereich des Gesetzes" zwingt nicht, an den Marktstaat anzuknüpfen.

bb) Das Recht des Zweitkonsumstaates

877 Wie der Erste Endabnehmer den Marktstaat, so bestimmt ein privater Folgeerwerber den Ort seines Erwerbs und ein Produktbenutzer den Ort des Benutzungsbeginns. Dies allein kann aber nicht genügen, die abstrakte Zurechnung dem Recht des betreffenden Staates zu unterstellen, und zwar selbst dann nicht, wenn man dem Vorhersehbarkeitsinteresse der Schädiger keine durchschlagende Bedeutung beilegt. Denn privater Folgeerwerb und Beginn der Produktbenutzung sind produkthaftungsrechtlich völlig irrelevant. Sie schaffen keinen „materialen Konnex"[163] zu dem betreffenden Ortsrecht.

cc) Das Recht des Erfolgsortstaates

878 Für Schädigungen, die bei der Teilnahme am allgemeinen Verkehr erlitten werden, wird allgemein das Recht am Erfolgsort (Verletzungsort) als räumlich bestes Schutzrecht angesehen[164]. Ein wesentlicher Grund dafür ist, daß dieses Recht die in seinem Herrschaftsbereich belegenen Rechtsgüter durch Verhaltensgebote schützt, etwa im Straßenverkehr durch Straßenverkehrsregeln[165]. Bei der Schädigung durch ein fehlerhaftes Produkt ist das Recht des Erfolgsortstaates jedoch nicht wie allgemein zugleich Verhaltenssteuerungsrecht. Die Verhaltenssteuerung obliegt allein dem Recht des Marktstaates[166]. Wenn ein Produkt außerhalb des Marktstaates zu einem Schaden führt, kann der Ge-

---

162 *E. Lorenz*, FamRZ 1987, 647f.; *Jayme*, FS Müller-Freienfels 369; *Stoll*, IPRax 1989, 92.
163 Begriff von *Birk* 108.
164 Für Deutschland sind vor allem *Beitzke*, *Stoll* und *W. Lorenz* zu nennen.
165 Siehe den Text oben § 14 I. 2. nach Fn. 23.
166 Siehe oben § 14 III.

schädigte deshalb nicht die Produktsicherheit des Rechts des Erfolgsortstaates einfordern. Dies ist der Preis dafür, daß Produkte, die im Ausland mit einer niedrigeren Sicherheit vermarktet wurden, im Privatverkehr frei zirkulieren dürfen. Für das Recht des Erfolgsortstaates bedeutet dies, daß es nicht aus Gründen der konkreten Zurechnung (Produktsicherheit), sondern nur aus Gründen der abstrakten Zurechnung als Schutzrecht berufen werden kann.

Unter dem Gesichtspunkt der abstrakten Zurechnung ist das Recht des Erfolgsortstaates jedoch grundsätzlich das „räumlich" beste Recht. Die Begründung hierfür fällt allerdings nicht einfach. Das für das allgemeine Deliktsrecht vorgetragene Argument, die Maßgeblichkeit eines anderen Rechts vergrößere die Gefährdung des inländischen Verkehrs[167], trägt bei der Produkthaftung nämlich nicht, weil bei ihr das Recht des Erfolgsortstaates mangels Vorhersehbarkeit für die Haftpflichtigen nicht verhaltenssteuernd (schadenspräventiv) wirken kann. Ein besonderes Ordnungsinteresse des Erfolgsortstaates ist deshalb nicht zu erkennen. Im Ergebnis bleibt nur das Interesse des Geschädigten, das Schutzniveau eines Rechts zu erhalten, dem er sich willentlich unterstellt hat[168]. Dieses Interesse des Geschädigten deckt sich mit einem Schutzinteresse des Erfolgsortstaates, wenn der Geschädigte seinen gewöhnlichen Aufenthalt in diesem Staat hat. Denn bei einer Bedürftigkeit des Geschädigten wäre es die Aufgabe seines gewöhnlichen Aufenthaltsstaates, ihm den Lebensunterhalt zu sichern[169]. Wenn der Geschädigte seinen gewöhnlichen Aufenthalt hingegen nicht im Erfolgsortstaat hat, drängt das Recht dieses Staates nicht danach, als Schutzrecht angewandt zu werden[170]. In diesem Fall kann es immerhin als neutrales, durch den Eintritt der Rechtsgutsverletzung legitimiertes Schutzrecht berufen werden[171]. **879**

Eine Anknüpfung an den Erfolgsort widerstreitet allerdings dem Interesse der Haftpflichtigen, daß die abstrakte Zurechnung einem für sie vorhersehbaren Recht unterliegt. Das Gewicht dieses Interesses entspricht dem Mehr an Versicherungsprämie, das die Haftpflichtigen für ihren Haftpflichtversicherungsschutz zu zahlen haben, wenn für Produkte, die nach der Vermarktung an den Ersten Endabnehmer aus dem Marktstaat verbracht werden und außerhalb des Marktstaates andere Personen als den Ersten Endabnehmer[172] schädigen, nicht nach dem Recht des Marktstaates, sondern dem Recht des Erfolgsortstaates gehaftet wird. Auch ohne empirische Daten über die Auswirkung auf die Versicherungsprämie kann man mit hinreichender Sicherheit sagen, daß es die eventuelle Erhöhung der Prämie nicht rechtfertigt, die Schutzinteressen des **880**

---

167 *Rudolf Schmidt*, FS Lehmann 184; siehe auch oben I. 2. a).
168 Siehe oben den Text nach Fn. 113.
169 Vgl. z. B. *Weintraub*, Brooklyn J. Int'L. 1990, 228.
170 *Staudinger/v. Hoffmann* Art. 38 EGBGB Rn. 131 („Das Ordnungsinteresse des Tatortrechts an dem Ausgleich von Schäden von Personen, die in keiner Verbindung zu ihm stehen, ist gering").
171 *Kropholler*, IPR 431.
172 Zur Haftung gegenüber dem Ersten Endabnehmer oben b).

Geschädigten hintanzustellen. Das Gewicht seines Schutzinteresses läßt sich zwar nicht so exakt bemessen wie das Versicherungsprämieninteresse der Schädiger. Es wird aber deutlich, wenn man sich beispielhaft vor Augen hält, was es für einen Deutschen, der in Deutschland von einem privat hierher verbrachten Produkt geschädigt wird, bedeuten würde, wenn ihm die Produkthaftpflichtigen nach dem Recht eines ausländischen (Markt-)Staates haften würden, das keine verschuldensunabhängige Produkthaftung kennt und dem Geschädigten den Verschuldensbeweis nicht abnimmt oder erleichtert. Aus deutscher Sicht, also aus der Sicht eines Staates mit einer geschädigtenfreundlichen Ausgestaltung der abstrakten Zurechnung, wäre es nicht überzeugend, diesen Schutz kollisionsrechtlich nur wegen einer allenfalls geringfügigen Auswirkung auf die Versicherungsprämie ausländischer Hersteller preiszugeben[173].

881 *Posch*[174] knüpft die verschuldensunabhängige Haftung gegenüber einem bystander nicht an den Erfolgsort, sondern den Marktort an, weil nicht für das Halten einer gefährlichen Sache, sondern für die Inverkehrgabe des fehlerhaften Produktes gehaftet werde. Diese Begründung kann sich zwar auf die in § 48 Abs. 1 S. 1 österr. IPR-Gesetz getroffene grundsätzliche Entscheidung für den Handlungsort stützen[175], sie reicht aber nicht aus, um eine Anknüpfung an den Erfolgsort abzulehnen. Wegen der Ausweichklausel in § 48 Abs. 1 S. 2 österr. IPR-Gesetz ist es nämlich auch im österreichischen Recht erforderlich, das Vorhersehbarkeitsinteresse der Haftpflichtigen und das widerstreitende Schutzinteresse des bystander zu gewichten und abzuwägen.

dd) Zwischenergebnis

882 Vergleicht man die Beziehungen, welche die *abstrakte Zurechnung bei Schädigung eines privaten Folgeerwerbers, eines bloßen Produktbenutzers oder eines bystander* zum Marktstaat, zum Staat des privaten Folgeerwerbs oder Benutzungsbeginns und zum Erfolgsortstaat hat, so zeigt sich, daß die engsten Beziehungen zum Erfolgsortstaat bestehen. Zum *Marktstaat* besteht zwar aufgrund der Vermarktung des Produktes an den Ersten Endabnehmer eine produkthaftungsrechtlich erhebliche Beziehung; sie beschränkt sich aber auf den Ersten Endabnehmer. Zum *Staat des privaten Folgeerwerbs oder des Benutzungsbeginns* haben der Folgeerwerber und der Produktbenutzer zwar eine zurechenbare Beziehung; sie ist aber produkthaftungsrechtlich völlig bedeutungslos. Der *Staat des Erfolgsortes* ist der einzige Staat, zu dem eine Bezie-

---

173 Der Schweizer Gesetzgeber hätte die von ihm abgelehnte Anknüpfung an den Erfolgsort möglicherweise anders beurteilt, wenn im Schweizer Sachrecht zum Schutze der Geschädigten eine verschuldensunabhängige Produkthaftung normiert gewesen wäre. Vgl. *Widmer/Jäggi*, NZZ v. 28.6.1989, Fernausgabe Nr. 146, S. 40 (Insel im Binnenmeer der verschuldensunabhängigen Haftung). Kritisch zum Schutz des Konsumenten im Schweizer Recht — vor Erlaß des Produkthaftungsgesetzes — *Rehbinder*, RIW 1991, 97 ff. („ein Trauerspiel").
174 *Posch*, Österreichs Weg 265 f.
175 Zu dieser Grundentscheidung, deren Richtigkeit umstritten ist, siehe oben § 3 IV.

hung besteht, die sowohl haftungsrechtlich erheblich als auch dem Geschädigten zurechenbar ist.

Die Beziehung zum Erfolgsortstaat ist eng, wenn der Geschädigte seinen ge- **883** wöhnlichen Aufenthalt in diesem Staat hat. Dann deckt sich nämlich das Schutzinteresse des Geschädigten mit dem seines Staates, weil dieser die Folgen eines unzureichenden haftungsrechtlichen Schutzes unter Umständen durch Sozialhilfeleistungen etc. mitzutragen hätte.

Wenn der Geschädigte seinen gewöhnlichen Aufenthalt nicht im Erfolgsort- **884** staat hat, ist die Beziehung zu diesem Staat dagegen schwach, weil der Staat kein eigenes Schutzinteresse hat. Sie ist jedoch immer noch stärker als die Beziehung zum gewöhnlichen Aufenthaltsstaat des Geschädigten, wenn zu diesem Staat keine weiteren Berührungspunkte bestehen. Fraglich ist allenfalls, ob die Beziehungen zum gewöhnlichen Aufenthalt nicht dann enger sind, wenn dieser Staat zugleich der Marktstaat oder der Staat ist, in dem der Geschädigte das schädigende Produkt aus privater Hand erworben hat oder in dem er es erstmals benutzt hat.

ee) Das Recht des verstärkten gewöhnlichen Aufenthaltsstaates des Geschädigten

(1) Vermarktung des schadenstiftenden Produktes im gewöhnlichen Aufenthaltsstaat des Geschädigten

Wenn der Zweitkonsument nur aufgrund des Schadenseintritts mit dem Recht **885** des Erfolgsortstaates verbunden ist, kann dieses Recht nur als neutrales Schutzrecht fungieren[176]. Die Beziehung zu diesem Recht ist dann also nicht sehr stark. Sie erscheint nicht stärker als die Beziehung des Geschädigten zu seinem gewöhnlichen Aufenthaltsstaat, der zugleich Marktstaat ist, und mit dem deshalb auch die Haftpflichtigen verbunden sind. Auf der anderen Seite erscheint die Beziehung zu dem gewöhnlichen Aufenthalts- und Marktstaat aber auch nicht stärker als die zum Erfolgsortstaat, dessen Recht sich der Geschädigte anvertraut hat[177]. Es bleibt daher nichts anderes übrig, als ein kollisionsrechtliches Patt zu konstatieren[178].

(2) Vermarktung gleichartiger Produkte des Haftpflichtigen im gewöhnlichen Aufenthaltsstaat des Geschädigten

Zu dem gewöhnlichen Aufenthaltsstaat des Geschädigten bestehen hingegen **886** eindeutig schwächere Beziehungen als zum Erfolgsortstaat, wenn nicht das

---

176 Siehe oben bei und in Fn. 167.
177 Der Gesetzgeber Louisianas entschied sich unter ausdrücklicher Betonung der Absicht, Angehörige dieses Staates zu schützen für die alleinige Maßgeblichkeit des Rechts von Louisiana. Vgl. *Symeonides*, Tul. L. Rev. 66 (1992) 752 f. sowie oben § 6 IV 1. c) aa) (2).
178 Siehe oben § 12 bei und in Fn. 41.

schädigende Produkt selbst, sondern nur gleichartige Produkte des Haftpflichtigen in diesem Staat vermarktet wurden. Die gegenteiligen Regelungen im Entwurf des Quebecer und des Schweizer IPR-Gesetzes, die bei dieser Sachlage an den gewöhnlichen Aufenthaltsstaat des Geschädigten anknüpfen, sind zu Recht nicht Gesetz geworden, weil sie den Geschädigten unberechtigt begünstigt hätten[179]. Es ist beispielsweise nicht einsichtig, daß ein deutscher Kfz-Hersteller für ein Kfz, das er in Deutschland vermarktet hat und das in Deutschland einen US-amerikanischen Touristen verletzt, nur deshalb nach US-amerikanischem Recht haftet, weil er „gleichartige" Fahrzeuge[180] – vielleicht in nur geringem Umfang[181] – in den USA vermarktet[182]. Wenn man auf den Vertrieb gleichartiger Produkte abstellt, knüpft man nicht mehr den konkreten haftungsrechtlichen Sachverhalt an[183]. Auf den Gedanken der problemlosen Versicherbarkeit kann man sich hierbei nicht stützen. Die Versicherbarkeit des Haftungsrisikos kann zwar bei einem Konflikt zwischen kollisionsrechtlichen Parteiinteressen als Entscheidungsparameter herausgezogen werden[184]. Sie gibt aber keine Berechtigung, die Anknüpfung an das Recht der engsten Beziehung durch eine einseitige Anknüpfung „zugunsten" einer Partei zu ersetzen.

(3) Privater Folgeerwerb oder Benutzungsbeginn im gewöhnlichen Aufenthaltsstaat des Geschädigten

887 Auch ein privater Folgeerwerb oder der Benutzungsbeginn im gewöhnlichen Aufenthaltsstaat vermögen die Anknüpfung an den Erfolgsortstaat nicht in Frage zu stellen. Da sie haftungsrechtlich irrelevant sind[185], verstärken sie die Beziehungen zum gewöhnlichen Aufenthaltsstaat nicht[186].

888 Es ist bezeichnend, daß in den Beispielen *Winkelmanns* der gewöhnliche Aufenthaltsstaat nicht nur der Staat ist, in dem der Geschädigte Gewahrsam[187] an dem Produkt erlangt hat, sondern zugleich der Marktstaat ist. Im Grund geht

---

179 Siehe oben 2. a) bb) (3).
180 Kritisch wegen der unklaren Grenzen der Gleichwertigkeit *Duintjer Tebbens* 347.
181 Für Art. 7 Haager Produkthaftungsübereinkommen wird überwiegend ein Vertrieb gleichartiger Produkte in nennenswertem Umfang gefordert. Vgl. *Duintjer Tebbens* 347; *Siehr*, AWD (RIW) 1972, 386; a.A. *Prager* 292 (die Forderung nach einer bestimmten Vertriebsmenge sei grundsätzlich richtig, aber unpraktikabel).
182 Mit den Gedanken des Warenvertrauens läßt sich diese Anknüpfung gegenüber einem bystander entgegen *Winkelmann* nicht begründen. Seine Begründung, der Geschädigte müsse von der Produktwerbung nicht tatsächlich Kenntnis erlangt haben, weil Werbung gezielt das Unterbewußtsein anspreche (S. 244), überzeugt nicht.
183 Man handelt dann ebenso unzulässig, wie wenn man die Straßenverkehrshaftung eines deutschen Kfz-Halters, der in Italien einen Schweizer schädigt, nach schweizerischem Recht beurteilte, weil der Deutsche auf der Fahrt nach Italien durch die Schweiz gefahren war oder doch früher einmal die Schweiz bereist hat.
184 Siehe z. B. oben b) aa) (2) (e) (aa).
185 Siehe oben 2. a) bb) (5).
186 A.A. *Winkelmann* 243.
187 *Winkelmann*, 243, verlangt eine „tatsächliche unmittelbare Gewahrsamsbeziehung".

es auch ihm darum, Geschädigten mit gewöhnlichem Aufenthalt im Marktstaat das Recht dieses Staates zu geben[188]. Dies ist jedoch unabhängig davon
berechtigt, wo der Geschädigte erstmals das schädigende Produkt benutzt[189].

ff) Ergebnisse

Bei Schädigung eines privaten Folgeerwerbers, eines bloßen Produktbenutzers **889**
oder eines bystander ist das Recht des Erfolgsortstaates kollisionsrechtlich
grundsätzlich am besten geeignet, um über die abstrakten Kriterien der Zurechnung, insbesondere über Verschuldensabhängigkeit oder Verschuldensunabhängigkeit der Haftung, zu entscheiden.

Nur ausnahmsweise hat die abstrakte Zurechnung gleichwertige Beziehungen **890**
zum Recht des gewöhnlichen Aufenthaltsstaates des Geschädigten, nämlich
wenn das Produkt in diesem Staat vermarktet wurde und deshalb auch die
Haftpflichtigen zu ihm Beziehungen haben.

III. Der Ersatz des Schadens

1. Sachrecht

Dem Schadensausgleich dienen außer den Zurechnungsnormen auch die Vor- **891**
schriften, die den Inhalt und Umfang einer Schadensersatzpflicht sowie die
Art und Weise ihrer Erfüllung regeln. Das Schadensrecht, das im deutschen
Recht vornehmlich in den §§ 249 ff. BGB geregelt ist[190], wird weltweit von den
Grundsätzen der Natural- und der Totalrestitution beherrscht[191]. Der Geschädigte soll für die erlittene Einbuße einen vollen Ausgleich erhalten. Herzustellen ist der Zustand, der ohne das schädigende Ereignis bestehen würde, und
zwar nach Möglichkeit durch Ersatz in Natur, anderenfalls durch die wirtschaftlich gleichwertige Entschädigung in Geld[192]. Im Mittelpunkt des Scha-
densrechts steht entsprechend seinen Zwecken der Geschädigte. Der Schädiger
steht am Rande, aber nicht außerhalb des Blickfeldes. Seine wirtschaftliche
und soziale Stellung ist beispielsweise bei der Bemessung des Schmerzensgeldes zu berücksichtigen[193].

Das deutsche Schadensrecht hat sich unter dem Einfluß der Rechtsprechung **892**
zu einem verzweigten und ausdifferenzierten Rechtsgebiet entwickelt[194]. Die

---

188 Dies erklärt die bei seinem Ansatz zu weite Formulierung: „alle Fälle, in denen ein Inländer
   durch ein im Inland erworbenes Produkt im Ausland Schaden erleidet" (*Winkelmann* 243).
189 Siehe oben (1).
190 Vgl. aber auch die §§ 842–849 BGB.
191 Vgl. *Magnus* 296, 299f.
192 *Lange* 9.
193 Herrschende Meinung; vgl. BGH (GS), 6.7.1955, BGHZ 18, 149ff., 159f. = BB 1955, 913;
   MünchKomm-*Mertens* § 842 BGB Rn. 33; a.A. *E. Lorenz*, Immaterieller Schaden 151ff.
194 *Staudinger/Medicus*, Vorbem. zu §§ 249–254 BGB Rn. 30f.; *Magnus* 30f.

Stichworte „abstrakte Schadensberechnung", „merkantiler Minderwert", „unverhältnismäßige Schadensbeseitigungsaufwendungen des Geschädigten" und „Vorteilsausgleichung" mögen zur Veranschaulichung genügen. Die mit ihnen gekennzeichnete Rechtsentwicklung ist maßgeblich durch die Rahmenbedingungen der jeweiligen Haftung bestimmt. *Lange* nennt als überzeugendes Beispiel, daß die Widerstände gegenüber der extensiven Schadensbemessung im Recht des Kraftfahrzeugverkehrs sehr viel stärker gewesen wären, wenn die von der Rechtsprechung neu erarbeiteten Grundsätze in den eigenen Geldbeutel des Ersatzpflichtigen und nicht in die Kassen der Pflichtversicherer gegriffen hätten[195]. Weil sich die Rahmenbedingungen des Haftungsrechts und die (Anspruchs-)Mentalität von Staat zu Staat unterscheiden, weisen die nationalen Schadensrechte erhebliche Unterschiede auf, auch wenn sie übereinstimmend von den Grundsätzen der „Natural- und Totalrestitution" ausgehen[196].

2. Das Recht des gewöhnlichen Aufenthaltsstaates des Geschädigten als kollisionsrechtlich bestes Schadensrecht

893 Beschränkt man den Blickwinkel auf den Ersatz des Schadens und geht man für die Normbildung vom typischen Lebenssachverhalt aus, so ist das Recht des Staates, in dem sich der Geschädigte gewöhnlich aufhält, das kollisionsrechtlich beste Recht[197]. Im Schadensrecht stehen die Folgen der unerlaubten Handlung für den Geschädigten ganz im Vordergrund. Sie werden vom Geschädigten regelmäßig an seinem gewöhnlichen Aufenthalt bewältigt. Dort begibt er sich in ärztliche Behandlung und läßt sich pflegen. Dort läßt er eine beschädigte Sache reparieren oder beschafft sich eine neue. Die Gründe für die Schadensbewältigung im Staat des gewöhnlichen Aufenthalts liegen nicht immer nur darin, daß sich der Geschädigte die meiste Zeit in diesem Staat aufhält. Oft ist es auch das Vertrauen in den sicherheitstechnischen Standard des eigenen Staates, wie die von vielen Touristen abgeschlossenen Krankenrückführungsversicherungen zeigen, oder es ist der Wunsch, die Ersatzsache auf dem Markt zu beschaffen, dessen Sprache man spricht und mit dem man auch sonst vertraut ist.

894 Das Recht des Staates, in dem sich der Geschädigte gewöhnlich aufhält, ist besonders geeignet, den Inhalt sowie die Art und Weise des Schadensersatzes zu bestimmen, weil es der Mentalität des Verkehrskreises entspricht, dem der Ge-

---

195 *Lange* 7.
196 Eingehend hierzu die Arbeit von *Magnus*, Schaden und Ersatz.
197 v. *Hoffmann*, IPRax 1986, 90; *Schönberger* 157 ff.; für eine Sonderanknüpfung der Höhe des *Schmerzensgeldes* an den gewöhnlichen Aufenthaltsstaat des Geschädigten *Chr. v. Bar*, IPR II Rn. 670; für eine Sonderanknüpfung der *Haftungsfolgen* an den gemeinsamen gewöhnlichen Aufenthaltsstaat der Parteien *Wagner* 74 ff., 143 ff. – Aus diesem Grund hatte auch der Vorentwurf des Haager Übereinkommens die *Produkthaftung* an erster Stelle an den gewöhnlichen Aufenthalt des Geschädigten angeknüpft; siehe oben § 1 Fn. 93 sowie *Reese*, Report of the Special Commission 110 f.; vgl. auch *Prager* 302 f.

schädigte angehört. Es bietet außerdem die größte Gewähr, den äußeren Verhältnissen der Schadensbewältigung gerecht zu werden, denen der Geschädigte, der die Schadensbeseitigung regelmäßig in eigene Hände nimmt, notgedrungen unterworfen ist.

Bisweilen wird für eine Anknüpfung an den gewöhnlichen Aufenthalt des Geschädigten auch vorgebracht, sie sorge für einen Gleichlauf von sozialversicherungsrechtlichem und zivilrechtlichem Schutz, der unbedingt erstrebenswert sei, damit das Ineinandergreifen beider Bereiche reibungslos funktioniere, insbesondere keine Schutzlücken entstünden[198]. Eine Übereinstimmung von Sozialversicherungsstatut und Haftungsstatut ist wünschenswert[199]. Die Frage ist aber, welches relative Gewicht sie gegenüber anderen anknüpfungsrelevanten Gesichtspunkten hat.   **895**

Berührt ist von vornherein nur ein Teilbereich der Haftung, nämlich die Haftung für Personenschäden[200]. Der sozialversicherungsrechtliche Schutz für diese Schäden divergiert von Staat zu Staat[201]. Für das Kollisionsrecht ist jedoch wesentlich, daß sich die nationalen Rechte in der Abstimmung von sozial- und privatrechtlichem Schutz strukturell gleichen. Nach der übereinstimmenden Grundstruktur wird die privatrechtliche Haftung des Schädigers durch sozialversicherungsrechtliche Ansprüche des Geschädigten grundsätzlich nicht unmittelbar berührt[202]. Die Leistungen eines Sozialversicherungsträgers sollen den Bedarf des Verletzten decken; sie haben grundsätzlich nicht den Zweck, den Schädiger zu entlasten[203]. Deshalb ist die Eintrittspflicht eines Sozialversicherungsträgers regelmäßig mit einer cessio legis verknüpft: die zivilrechtlichen Schadensersatzansprüche des Geschädigten werden kraft Gesetzes auf den Sozialversicherungsträger übergeleitet. Diese Regreßkonstruktion wahrt die Eigenständigkeit des privatrechtlichen Haftungsverhältnisses, indem sie es zur äußeren Grenze des Sozialversicherungsregresses macht. Die materiellrechtliche Präjudizialität des privaten Haftungsrechts[204] bedeutet für das Kollisionsrecht, daß das auf die private Haftung anwendbare Recht grundsätzlich ohne Rücksicht darauf zu bestimmen ist, welches Recht den sozialversicherungsrechtlichen Schutz des Geschädigten beherrscht. Wenn die Maßgeblichkeit unterschiedlichen Rechts im Einzelfall Probleme aufwirft, sind diese durch Anpassung auf der Ebene des Sachrechts zu lösen[205].   **896**

---

198 *Winkelmann* 242; *Reese*, Report of the Special Commission 110.
199 *Duintjer Tebbens*, Hague Convention 34; vgl. auch *Czempiel* 134; *Schönberger* 158.
200 Vgl. die Stellungnahme der schwedischen Regierung zum Vorentwurf des Haager Übereinkommens, Conférence 126.
201 Vgl. hierzu *Schuler* 402 f., 510 ff., 624.
202 Dies gilt auch für die Schadensbemessung; vgl. *Lange* 5, 37. – Zur kollisionsrechtlichen Beurteilung der Wirkung von Drittleistungen vgl. *Wandt*, NZV 1993, 56 ff.
203 Zu Ausnahmen vgl. *Wandt*, VersR 1989, 267 Fn. 18 m.w.N.
204 *Eichenhofer* 50; vgl. auch *Schuler* 470 f.
205 Vgl. *Schuler* 269 f.; *Eichenhofer* 151; zu einem praktischen Anwendungsfall vgl. *Wandt*, NZV 1993, 56 ff.

IV. Effektive Rechtsverfolgung

1. Anknüpfungsrelevanz

897 Die Entwicklung des Produkthaftungsrechts ist vor allem durch das Bestreben gekennzeichnet, dem Geschädigten einen effektiven Schutz zu gewähren. Dazu gehört, daß der Geschädigte in die Lage versetzt wird, begründete Ansprüche durchzusetzen[206]. Die Rechtsprechung hat dem im Rahmen der Verschuldenshaftung durch eine differenzierte Beweislastverteilung Rechnung getragen. Die EG-Produkthaftung ist gefolgt: sie minimiert die vom Geschädigten zu beweisenden Haftungsvoraussetzungen, indem sie einzelne Haftungsvoraussetzungen in Haftungsausschlußgründe faßt, deren Vorliegen die Haftpflichtigen beweisen müssen[207].

898 Bei internationalen Sachverhalten kann die Effektivität der Rechtsverfolgung durch die Eigenständigkeit von Internationalem Zuständigkeitsrecht und Kollisionsrecht beeinträchtigt werden. Beide Rechtsbereiche sind grundsätzlich eigenständig, weil sie unterschiedlichen Interessen dienen[208]. Das gemeinsame Ziel, die sachgerechte Regelung eines internationalen Sachverhalts, darf aber nicht aus den Augen verloren werden. Es wäre in aller Regel verfehlt, wenn die eigenständig entwickelten Regelungen zur Folge hätten, daß forum und ius *zwingend* auseinanderfielen[209]. Angesichts der Probleme, die mit der Maßgeblichkeit eines gerichtsfremden Rechts verbunden sind[210], ließe sich nicht von einer geschädigtengerechten, geschweige denn verbrauchergerechten Regelung der Internationalen Produkthaftung sprechen[211]. Sie setzt vielmehr voraus, daß der Kläger die *Möglichkeit* hat, in einem Staat zu klagen, dessen Recht maßgeblich ist. Ein Gleichlauf[212] von internationaler Zuständigkeit und anwendbarem Recht liegt nicht nur im Klägerinteresse, sondern auch im allge-

---

206 Allgemein zu diesem Teil der Ausgleichsfunktion des Haftungsrechts MünchKomm-*Mertens*, vor §§ 823–853 BGB, Rn. 43; *Deutsch*, Haftungsrecht I 73.
207 Siehe oben § 1 I. 1. a).
208 *Schröder* 270 f.; *Geimer* Rn. 39; *Schack*, IZVR, Rn. 25; *Heldrich* 63 f.
209 Ein Gleichlauf wird allgemein für *wünschenswert* angesehen, vgl. etwa *Neuhaus*, RabelsZ 20 (1955) 250; *Schröder* 504 f.; *W.-H. Roth* 370; *Staudinger/Großfeld*, IntGesR, Rn. 73 ff.; *Vischer*, FS Overbeck 349; *Kropholler*, Handbuch I Kap. III Rn. 130; speziell zur Produkthaftung: *Duintjer Tebbens* 373; *Drobnig*, Produktehaftung 328.
210 Vgl. *Flessner*, RabelsZ 34 (1970) 549; *Müller-Graff*, RabelsZ 48 (1984) 292 ff.
211 Aus Gründen des Verbraucherschutzes sieht auch die 2. Schadenversicherung-Richtlinie eine grundsätzliche Übereinstimmung von internationaler Zuständigkeit und anwendbarem Recht vor; vgl. die Begründung des Entwurfs des Zweiten Durchführungsgesetzes/EWG zum VAG BT-Drucks. 11/6341 S. 38.
212 Im wörtlichen Sinn. – Häufig wird dieser Begriff für die strenge Anbindung reserviert und im übrigen von Parallelität gesprochen, vgl. *Kropholler*, Handbuch I Kap. III Rn. 107.

meinen Ordnungsinteresse[213]. Es erhöht nämlich die Qualität der richterlichen Rechtsfindung[214] und spart Zeit und Geld[215].

2. Das Internationale Zuständigkeitsrecht als Orientierungspunkt für das Kollisionsrecht

a) Der Tatortgerichtsstand des autonomen deutschen Rechts

In Deutschland bereitete das Verhältnis von Internationalem Deliktsrecht und **899** Internationalem Zuständigkeitsrecht für Deliktsklagen in der Vergangenheit keine Probleme. Begünstigt durch eine parallel verlaufende Entwicklung etablierte sich in beiden Bereichen das Ubiquitätsprinzip[216]. Die Frage, ob sich die kollisionsrechtliche Anknüpfung am Tatortgerichtsstand oder umgekehrt der Tatortgerichtsstand an der kollisionsrechtlichen Anknüpfung zu orientieren habe, stellte sich nicht. Sie stellte sich auch nicht für die Befürworter einer produkthaftungsspezifischen Anknüpfung. Denn die weite Auslegung des § 32 ZPO sicherte dem Kläger die Möglichkeit, Statut und Internationale Zuständigkeit zur Deckung zu bringen.

b) Der Tatortgerichtsstand der europäischen Zuständigkeitsordnung

aa) Datum für die Kollisionsrechtsfindung

Die staatsvertragliche Regelung der Internationalen Zuständigkeit für Delikts- **900** klagen durch das EuGVÜ und das Luganer Übereinkommen hat die Situation verändert. Mit ihr ist die Internationale Zuständigkeit zu einem Datum geworden, das der nationale Gesetzgeber bei der Kollisionsrechtsfindung berücksichtigen muß, weil er sich zuständigkeitsrechtlich gebunden hat[217]. Ob diese Bindung zu einer kollisionsrechtlichen Fessel wird, hängt von der Weite des bipolaren europäischen Tatortgerichtsstandes ab. Während sein einer Pol, der Ort des Schadenseintritts, durch die Rechtsprechung des EuGH schon klare Konturen erhalten hat, ist sein anderer Pol, der Ort des ursächlichen Geschehens, noch verschwommen.

bb) Der Ort des Schadenseintritts

Als Ort des Schadenseintritts ist bei Schädigung von Personen oder Sachen mit **901** der ganz herrschenden Meinung allein der Ort der Rechtsgutsverletzung (Er-

---

213 *Flessner* 118.
214 Vgl. *G. Fischer* 162. Sein Bild, dem mit der Anwendung ausländischen Rechts betrauten Richter gehe es nicht anders als Fußballspielern bei einem Auswärtsspiel, paßt jedoch nicht ganz. Treffender scheint: Dem Richter, der ausländisches Recht anwenden muß, geht es wie einem Fußball-Schiedsrichter, der ein Handballspiel führen muß.
215 *Flessner* 119 m. w. N.
216 *Hohloch* 104 Fn. 274; *Schack*, IZVR Rn. 293; *Kropholler*, IPR 488 (weist auf die für beide Bereiche ähnlich bedeutsame Nähe zum Sachverhalt hin).
217 *Drobnig*, Produkthaftung 327 f.

folgsort) anzusehen[218]. Die Orte, an denen sich eine Rechtsgutsverletzung auf das Vermögen des Geschädigten auswirkt (sog. Schadensorte), begründen keine Tatortzuständigkeit. Etwas anderes vertrüge sich nicht mit der Konzeption des EuGVÜ, wonach besondere Zuständigkeiten nur in engem Rahmen eröffnet sind[219]. Es stünde der Sache nach auch in Widerspruch zu dem Grundsatz des EuGVÜ, einen Klägergerichtsstand nicht zuzulassen[220]. Denn regelmäßig bestimmt der Geschädigte den Schadensort, weil er den Schaden selbst beseitigen läßt, und zwar an seinem gewöhnlichen Aufenthalt[221].

cc) Der Ort des ursächlichen Geschehens

(1) Die Relevanz des ursächlichen Geschehens der Produkthaftung

902 *Winkelmann* qualifiziert die verschuldensunabhängige EG-Produkthaftung als Gefährdungshaftung und folgert daraus, daß bei ihr der Ort des ursächlichen Geschehens („Handlungsort") mit dem Erfolgsort zusammenfalle[222]. Die Verschuldenshaftung habe an sich einen Handlungsort; eine unterschiedliche Behandlung von Produktgefährdungs- und Produktverschuldenshaftung sei jedoch nicht gerechtfertigt. Deshalb sei für die gesamte Produkthaftung einzig der Ort der Rechtsgutsverletzung (Erfolgsort) relevant. Für das Internationale Zuständigkeitsrecht hieße dies, daß Produkthaftpflichtige außer in ihrem (Wohn-)Sitzstaat nur im Erfolgsortstaat verklagt werden könnten. Um dieser von ihm selbst als mißlich bezeichneten Folge zu entgehen, ersetzt *Winkelmann* den nach seiner Ansicht fehlenden Ort des ursächlichen Geschehens durch den gewöhnlichen Aufenthalt des Geschädigten[223].

903 Diese Ansicht ist verfehlt. *Winkelmann* leitet aus der Qualifikation der verschuldensunabhängigen Haftung als Gefährdungshaftung zu weitgehende Folgerungen ab. Er mißachtet, daß es nicht „die Gefährdungshaftung", sondern verschiedene, durchaus unterschiedlich strukturierte Gefährdungshaftungen gibt[224]. Wenn eine „Gefährdungshaftung" an ein konkretes Verhalten anknüpft, wie die verschuldensunabhängige Produkthaftung mit dem Herstellen des Produktes, der Einfuhr, etc., auf der einen und der Inverkehrgabe auf der anderen Seite[225], so ist dies zuständigkeitsrechtlich grundsätzlich erheblich, weil es eine „für die gerichtliche Zuständigkeit kennzeichende Verknüpfung"[226] begründet[227].

---

218 Siehe oben § 1 II. 2. a).
219 Siehe unten cc) (2) (b).
220 *Kropholler*, Europäisches Zivilprozeßrecht Art. 5 EuGVÜ, Rn. 47.
221 Siehe oben III. 2.
222 *Winkelmann* 195 ff. (es sei denn, der Ort, an dem die Sache außer Kontrolle gerät, und der Ort der Rechtsgutsverletzung fallen ausnahmsweise auseinander).
223 *Winkelmann* 255 f.
224 Siehe nur *Deutsch*, NJW 1992, 73 ff.
225 Siehe oben § 1 I. 1. a).
226 EuGH, 30. 11. 1976, Rs. 21/76 (*Bier/Mines de Potasse d'Alsace*) Slg. 1976, 1735 = NJW 1977, 493 (= siehe § 1 Fn. 53).
227 Vgl. *Schack*, IZVR, Rn. 297; ebenso für das IPR *Chr. v. Bar*, IPR II Rn. 659; *ders.*, JZ 1985, 964.

(2) Die Grundlagen der Lokalisierung des ursächlichen Geschehens

(a) Die Bedeutung des IPR

Für das Internationale Zuständigkeitsrecht ist die im IPR geführte Diskussion **904** indes nur bedingt relevant, weil die internationale Zuständigkeit grundsätzlich selbständig unter Berücksichtigung spezifisch zuständigkeitsrechtlicher Interessen zu bestimmen ist[228]. Ein Gleichlauf von internationaler Zuständigkeit und anwendbarem Recht ist zwar durchaus wünschenswert, wenn er ohne Preisgabe wesentlicher Zuständigkeitsinteressen erreichbar ist. Für die Auslegung des EuGVÜ führt der Gleichlaufgedanke aber schon deshalb nicht weiter, weil das IPR der Vertragsstaaten nicht vereinheitlicht ist[229]. Der Gleichlaufgedanke kann hier allenfalls eine *Kontrollfunktion im negativen Sinne* haben: Der Gerichtsstand des ursächlichen Geschehens im Sinne von Art. 5 Nr. 3 EuGVÜ sollte nicht in einem Staat lokalisiert werden, dessen Produkthaftungsrecht nach den Kollisionsrechten der (meisten) Vertragsstaaten nicht maßgeblich ist (negative Übereinstimmung)[230]. Von Interesse ist die im IPR geführte Diskussion daher nur insoweit, als sie denselben Gegenstand, nämlich das der Haftung zugrunde liegende ursächliche Geschehen, zum Ausgangspunkt hat. Sie vermag also die Bandbreite möglicher Orte aufzuzeigen, die auch als Anknüpfungspunkte für die internationale Zuständigkeit in Betracht kommen[231].

(b) Das Gebot der sachlichen und räumlichen Konzentration

Es ist ein durchgängiges Ziel des EuGVÜ, gegensätzliche Entscheidungen zu **905** vermeiden, um eine geordnete Rechtspflege in der Gemeinschaft zu sichern. Dieses Ziel gebietet es, die internationale Zuständigkeit für ein einheitliches Lebens- und Rechtsverhältnis möglichst nicht aufzusplittern[232]. Der maßgebliche Ort des ursächlichen Geschehens sollte deshalb von der Art der außervertraglichen Produkthaftung unabhängig sein, also für die verschuldensabhängige wie für die verschuldensunabhängige Haftung gleichermaßen gelten[233].

---

228 Siehe oben bei und in Fn. 208.
229 So insbesondere *Schlosser*, NJW 1980, 1226 sowie *Heinrichs* 111.
230 Ein positiver Gleichlauf ist de lege lata auch dann nicht erreichbar, wenn man sich an einer den Vertragsstaaten gemeinsamen Anknüpfungstendenz orientiert. Die „Kombinationsarithmetik" (*Stoll*, FS Kegel (1977) 129) des in einigen Vertragsstaaten des EuGVÜ geltenden Haager Produkthaftungsübereinkommens, siehe oben § 1 III., läßt einen Gleichlauf mit dem IPR dieser Staaten nicht zu.
231 Vgl. *Drobnig*, Produktehaftung 328. A.A. *Staudinger/v. Hoffmann*, Art. 38 EGBGB Rn. 258, der nach den Vorschriften des IPR beurteilt, ob im Gerichtsstaat ein „Tatort" im Sinne der Zuständigkeitsvorschriften liegt.
232 Vgl. z. B. *Kropholler*, Europäisches Zivilprozeßrecht Art. 5 EuGVÜ Rn. 9, 39.
233 Vgl. *Schröder* 269 („ob Fahrlässigkeit … schon Gefährdungshaftung oder umgekehrt Gefährdungshaftung (bis zum äußersten getrieben) Verschuldenshaftung bedeutet, kann für die Regelung der zwischenstaatlichen Zuständigkeit keinen Unterschied machen"); MünchKomm-*Kreuzer*, Art. 38 EGBGB Rn. 41; ebenso für das IPR: *Stoll*, IPRax 1989, 90.

906 Eine einheitliche Lokalisierung des ursächlichen Geschehens von verschuldens-abhängiger und verschuldensunabhängiger Produkthaftung ist möglich. Beide Haftungen gründen auf der Herstellung[234] und dem Inverkehrbringen des fehlerhaften Produktes. Daß die verschuldensabhängige Haftung notwendigerweise an eine konkrete Pflichtverletzung anknüpft, um einen Bezugspunkt für den Verschuldensvorwurf zu haben, ist zuständigkeitsrechtlich nicht ausschlaggebend[235].

907 Die Rechtsprechung des EuGH steht einer einheitlichen Lokalisierung nicht entgegen. Der EuGH stellt in der grundlegenden Entscheidung zu Art. 5 Nr. 3 EuGVÜ[236] zwar ausdrücklich auf die verschiedenen Tatbestandsmerkmale einer Schadensersatzpflicht ab. Er will damit aber nicht sagen, jede Haftungsnorm sei isoliert zu betrachten – mit der möglichen Folge einer unterschiedlichen Lokalisation konkurrierender Schadensersatzansprüche. Da er den Art. 5 Nr. 3 EuGVÜ vertragsautonom auslegt, hat er bei seiner Argumentation nicht eine konkrete Haftungsnorm im Auge, die nach dem IPR des angerufenen Gerichts erst zu bestimmen wäre[237]. Es geht ihm vielmehr allein darum, die generelle Gleichwertigkeit des Schadenseintritts und des zu diesem führenden ursächlichen Geschehens zu begründen. Nur zu diesem Zweck rekurriert er auf den engen Zusammenhang, der bei *jeder* Schadensersatzpflicht zwischen *diesen* Tatbestandsmerkmalen besteht.

908 Ein anderes wesentliches Ziel des EuGVÜ ist es, wegen der Gefahren für eine international geordnete Rechtspflege eine Häufung von Zuständigkeiten möglichst zu vermeiden[238]. Das EuGVÜ eröffnet deshalb nur ausnahmsweise eine besondere Zuständigkeit neben der allgemeinen Zuständigkeit der Gerichte des Wohnsitzstaates des Beklagten, nämlich wenn zu den Gerichten eines anderen Staates eine besonders enge Beziehung besteht, die aus Gründen einer geordneten Rechtspflege und einer sachgerechten Gestaltung des Prozesses eine Zu-

---

234 Bzw. dem Sichausgeben als Hersteller, dem Import in die EG (EWR) und der Nichtbenennung von Vorlieferanten (vgl. Art. 3 EG-Produkthaftungsrichtlinie = § 4 ProdHaftG).
235 Siehe unten (3) (b).
236 EuGH, 30.11.1976, Rs. 21/76, NJW 1977, 493 (= siehe oben § 1 Fn. 53).
237 Vgl. EuGH, 22.3.1983, Rs. 34/82 (Peters/Zuid Nederlandse Aannemers Vereiniging), Slg. 1983, 987 („ ... muß Art. 5 außerdem so ausgelegt werden, daß das nationale Gericht über seine Zuständigkeit entscheiden kann, ohne in eine Sachprüfung eintreten zu müssen") = RIW 1983, 871 = IPRax 1984, 85, 65 Anm. *Schlosser* = Rev. crit. 1983, 663 Anm. *Gaudemet-Tallon* = Bericht *Huet*, Clunet 1983, 834 = Riv. dir. int. priv. proc. 1983, 896 = N.J. 1983 Nr. 664 Anm. *Schultsz*; vgl. dazu *Schack*, IZVR, Rn. 299; *Heinrichs* 85. – Zur notwendigen Abstraktion von den rechtstechnischen Besonderheiten und Zufälligkeiten der nationalen Rechte im IPR, *Stoll*, IPRax 1989, 89 f.
238 Vgl. den *Jenard*-Bericht, S. 23; sowie unter Nr. 11 der Gründe der Entscheidung des EuGH, 27.9.1988, Rs. 189/87 (*Kalfelis/Schröder* u.a.), Slg. 1988, 5565 = NJW 1988, 3088 Anm. *Geimer* = RIW 1988, 901, 987 (L) Anm. *Schlosser* = IPRax 1989, 288, 272 Anm. *Gottwald* = Rev. crit. 1989, 112 Anm. *Gaudemet-Tallon* = Bericht *Huet*, Clunet 1989, 457 = Riv. dir. int. priv. proc. 1989, 927 = N.J. 1990 Nr. 425 Anm. *Schultsz*; *Lüderitz*, FS Riesenfeld 161.

ständigkeit dieser Gerichte rechtfertigt[239]. Der EuGH trägt dem Rechnung[240]. Er lehnt eine „extensive, viele Möglichkeiten zulassende Auslegung der Ausnahmen von der allgemeinen Zuständigkeitsvorschrift des Art. 2 EuGVÜ" ab, um nicht entgegen der Zielsetzung des Übereinkommens die Rechtssicherheit und die Wirksamkeit des Rechtsschutzes innerhalb der Gemeinschaft zu gefährden[241]. Hält man dies tendenziell für richtig[242] und berücksichtigt man zudem, daß Art. 5 Nr. 3 EuGVÜ in der Auslegung, die er durch den EuGH erfahren hat, bereits die besondere Zuständigkeit der Gerichte zweier Orte, nämlich des Ortes des ursächlichen Geschehens und des Ortes des Schadenseintritts, eröffnet, so liegt das Ziel auf der Hand: Es gilt, das ursächliche Geschehen räumlich zu konzentrieren. Die Ansicht, zuständigkeitsbegründend sei jeder Ort, an dem eine für den Deliktstatbestand wesentliche Teilhandlung verwirklicht worden ist[243], steht im Widerspruch zu den Konzentrationszielen des EuGVÜ. Ihr ist deshalb für Art. 5 Nr. 3 EuGVÜ nicht zu folgen[244].

(3) Die Lokalisierung

(a) Der Geschäftssitz des Beklagten

Die Schwierigkeiten, von mehreren Orten, an denen sich das haftungsbegründende Geschehen ereignet, den maßgebenden „Handlungsort" zu bestimmen, haben im Kollisionsrecht zu dem Vorschlag geführt, auf den Geschäftssitz des

909

---

239 So der EuGH, 11.1.1990, Rs. 220/88, EuZW 1990, 34 (= siehe oben § 1 Fn. 59).

240 Vgl. EuGH, 6.10.1976, Rs. 14/76 (De Bloos/Bouyer), Slg. 1976, 1467 („soweit wie möglich zu verhindern, daß aus ein und demselben Vertrag mehrere Zuständigkeitsgründe hergeleitet werden) = NJW 1977, 490 Anm. *Geimer* = RIW 1977, 42 Anm. *Linke* = Rev. crit. 1977, 751 Anm. *Gothot/Holleaux* = Bericht *Bischoff*, Clunet 1977, 719 = D.S. 1977, Jur. 616 Anm. *Droz* = Riv. dir. int. priv. proc. 1977, 176 = N.J. 1977 Nr. 170 Anm. *Schultsz* = C.M.L.R. 1977, 1, 60; EuGH, 30.11.1976, Rs. 21/76, NJW 1977, 493 (= siehe oben § 1 Fn. 53); EuGH, 27.9.1988, Rs. 189/87, NJW 1988, 3088 (= siehe oben Fn. 238); EuGH, 11.1.1990, Rs. 220/88, EuZW 1990, 34 (= siehe oben § 1 Fn. 59), („unerläßlich, eine Häufung der zuständigen Gerichte zu verhindern").

241 EuGH, 22.11.1978, Rs. 33/78 (Somafer/Saar-Ferngas), Slg. 1978, 2183 = RIW 1979, 56; Bericht *Huet*, Clunet 1979, 672 = Riv. dir. int. priv. proc. 1979, 142 = N.J. 1979 Nr. 595.

242 So all diejenigen Autoren, die vor der Entscheidung des EuGH, 30.11.1976, Rs. 21/76, NJW 1977, 493 (= siehe oben § 1 Fn. 53) für die ausschließliche Maßgeblichkeit des Erfolgsortes eintraten, vgl. die Nachweise von *Rest*, RIW 1975, 663 ff. Vgl. auch *Schack*, IZVR, Rn. 304.

243 Die Ansicht wird verbreitet für das autonome deutsche Zuständigkeitsrecht vertreten. Sie geht auf die Rechtsprechung des RG (Vereinigte Zivilsenate, 18.10.1909, RGZ 72, 41 ff.) zur *örtlichen* Zuständigkeit gemäß § 32 ZPO zurück. Ob ihr für § 32 ZPO in seiner Funktion als Regel der *internationalen* Zuständigkeit zu folgen ist, ist zweifelhaft (zur Auslegung der doppelfunktionalen Zuständigkeitsvorschriften vgl. E. *Lorenz*, IPRax 1985, 256 ff.). Sie kann jedenfalls nicht ohne weiteres auf das EuGVÜ, einen multilateralen Staatsvertrag, erstreckt werden (zutreffend *Schlosser*, NJW 1980, 1226; anders aber *Schwarz* 156. „Als Handlungsort gilt der Ort des ursächlichen Geschehens; ergänzend wird man an die Begriffsbestimmung des deutschen Rechts anknüpfen können, wonach sich der Handlungsort überall dort befindet, wo sich ein Tätigwerden vollzieht, das über bloße Vorbereitungshandlungen hinausgeht"). Für eine Anpassung der Auslegung des § 32 ZPO an Art. 5 Nr. 3 EuGVÜ *Heinrichs* 72 ff.

244 A.A. *Geimer*, in: Geimer/Schütze 632 (Handlungsort ist jeder Ort, an dem eine unter die Vorschrift fallende Handlung ganz oder teilweise ausgeführt wurde).

Herstellers abzustellen, weil dort Produktion und Vertrieb der schadenstiftenden Sache geplant, geleitet und überwacht würden[245]. Im Rahmen des Art. 5 Nr. 3 EuGVÜ wäre eine Konzentration des ursächlichen Geschehens am Geschäftssitz des Beklagten nur gerechtfertigt, wenn dort eine Schadensursache gesetzt würde, die für die Entscheidung des Produkthaftungsprozesses grundsätzlich erheblicher wäre als andere Ursachen, die an anderen Orten gesetzt werden, wie beispielsweise die fehlerhafte Fertigung des Produktes oder das Inverkehrbringen des fehlerhaften Produktes. Dies läßt sich aber nicht sagen. Die Konzentration des ursächlichen Geschehens am Sitz des Beklagten würde also eine „sachgerechte Verbindung zu einem der Schadensursachen besonders nahen Gerichtsstand"[246] ausschließen[247]. Sie ist daher abzulehnen.

(b) Der Ort der wesentlichen Pflichtverletzung

910 Das ursächliche Geschehen zuständigkeitsrechtlich auf den Ort zu konzentrieren, an dem der Schwerpunkt der Pflichtwidrigkeit im konkreten Einzelfall liegt, ist ebenfalls kein gangbarer Weg. Die konkrete Pflichtwidrigkeit ist als einheitlicher Anknüpfungspunkt für die Verschuldenshaftung und die verschuldensunabhängige Haftung zwar nicht deshalb ungeeignet, weil die verschuldensunabhängige Haftung einzig das Inverkehrbringen des fehlerhaften Produktes voraussetzt. Diesen Einwand könnte man mit dem Argument entkräften, gerade das Ziel einer für beide Haftungsarten einheitlichen Lokalisation setze einen gewissen Spielraum voraus, der nicht überschritten sei, weil die Pflichtwidrigkeiten den Fehler des Produktes erzeugen und deshalb auch das für die verschuldensunabhängige Haftung ursächliche Geschehen verkörpern können.

911 Eine einzelfallbezogene Schwerpunktbestimmung muß aber ausscheiden, weil sie den Kläger — und die Gerichte — überfordern würde. Der Kläger hat keinen Einblick in den Produktionsprozeß. Dem trägt das Beweisrecht Rechnung, indem es ihn nur mit dem Beweis belastet, daß der schadensursächliche Produktmangel aus dem Herstellerbereich stammt[248]. Diesem Gesichtspunkt muß auch das Zuständigkeitsrecht Rechnung tragen[249].

(c) Der Ort der Produktinverkehrgabe durch den Beklagten

912 Das Inverkehrbringen des fehlerhaften Produkts ist für die verschuldensunabhängige EG-Produkthaftung haftungsbegründend. Es ist auch im Rahmen der

---

245 Vgl. *Drobnig*, Produktehaftung 330.
246 EuGH, 30.11.1976, Rs. 21/76, NJW 1977, 493 (= siehe oben § 1 Fn. 53).
247 Ebenso *Smith*, LIEI 1990, 101, 133; *Duintjer Tebbens* 293.
248 Ständige Rechtsprechung des BGH seit der Hühnerpestentscheidung, 26.11.1968, BGHZ 51, 91. — „Zur Beweislastproblematik im heutigen deutschen Produkthaftungsprozeß" *Arens*, ZZP 104 (1991) 123 ff.
249 Allgemein gegen eine Ausrichtung der Tatortzuständigkeit an der „engsten Beziehung" Generalanwalt *Capotorti* zu EuGH, 30.11.1976, Rs. 21/76 (*Bier/Mines de Potasse d'Alsace*) Slg. 1976, 1735, 1754 f.; *Kropholler*, Handbuch I Kap. III Rn. 128 Fn. 280.

Verschuldenshaftung von zentraler Bedeutung, weil sich die Pflichtverletzungen im gesamten Tätigkeitsbereich eines Haftpflichtigen auf den Vorwurf konzentrieren lassen, er habe das fehlerhafte Produkt nicht in den Verkehr geben dürfen. Erst durch das Inverkehrbringen des fehlerhaften Produktes erlangt das Verhalten eines Herstellers produkthaftungsrechtliche Relevanz, weil erst ab diesem Zeitpunkt Außenstehende gefährdet werden.

Das Inverkehrbringen des fehlerhaften Produkts durch den jeweiligen Haftpflichtigen (Grundstoff-Hersteller, Teilprodukt-Hersteller, Endprodukt-Hersteller, EG-Importeur) ist aber trotz seiner materiellrechtlichen Bedeutung aus mehreren Gründen kein geeigneter Anknüpfungspunkt zur Bestimmung der (internationalen) Zuständigkeit für Produkthaftungsklagen. Für den Geschädigten ist häufig nicht feststellbar, an welchem Ort ein Haftpflichtiger das fehlerhafte Produkt in den Verkehr gebracht hat. Er kennt regelmäßig nur den am Ende der Vertriebskette stehenden Lieferanten, der selbst grundsätzlich nicht haftpflichtig ist[250]. In das Geschehen innerhalb der Herstellungs- und Vertriebskette hat der Geschädigte keinen Einblick. Es wäre daher verfehlt, den Gerichtsstand des ursächlichen Geschehens an dem Ort zu lokalisieren, an dem der jeweilige Haftpflichtige sein Produkt in den Verkehr gebracht hat. **913**

Der Ort des Inverkehrbringens durch den jeweiligen Beklagten wäre für den Kläger unter dem Gesichtspunkt einer ortsnahen Beweiserhebung außerdem kaum von Interesse. Das harmonisierte Produkthaftungsrecht nimmt dem Kläger nämlich stets die Beweislast dafür ab, daß ein Produkt schon fehlerhaft war, als es der Beklagte in den Verkehr brachte[251]; das nichtharmonisierte Recht hilft dem Kläger jedenfalls in den besonders problematischen Fällen[252]. **914**

Auch aus der Sicht des beweispflichtigen Beklagten und des Gerichts spricht nichts für einen Gerichtsstand am Ort des Inverkehrbringens durch den jeweiligen Beklagten. Das Gericht dieses Ortes wäre regelmäßig beweisfern. Der Ort des Inverkehrbringens innerhalb der Herstellungs- und Vertriebskette wird nämlich durch betriebswirtschaftliche Gesichtspunkte, etwa Lager- und Transportkapazität, bestimmt. Beweismittel sind an diesem Ort regelmäßig nicht belegen. Verhält es sich ausnahmsweise einmal anders, so wird der Kläger diesen Gerichtsstand kaum wählen, um dem Beklagten die Beweisführungslast zu erleichtern. **915**

Gegen die Lokalisation des ursächlichen Geschehens der Produkthaftung am Ort des Inverkehrbringens durch den jeweiligen Beklagten spricht auch, daß sie **916**

---

250 Vgl. § 1 I. 1.
251 Herrschende Lehre zu Art. 7 lit. b EG-Produkthaftungsrichtlinie, § 1 Abs. 2 Nr. 2 ProdHaftG; vgl. *Arens*, ZZP 104 (1991) 123, 129 m. w. N. – A.A. *Schmidt-Salzer*, EG-Produkthaftung I, Art. 7 EG-Richtlinie Rn. 47 ff. (keine Anwendung des Art. 7 lit. b EG-Richtlinie, wenn konkrete Anhaltspunkte dafür vorliegen, daß die Fehlerverursachung jedenfalls nicht dem Hersteller zur Last fällt).
252 BGH, 7.6.1988, BGHZ 104, 323 = NJW 1988, 2611 mit Anm. *Reinelt* = JZ 1988, 966 mit Anm. *Giesen*; vgl. auch *Schmidt-Salzer*, PHI 1988, 146 ff.

bei mehreren Produkthaftpflichtigen grundsätzlich zu unterschiedlichen Gerichtsständen führt. Der Kläger könnte im Gerichtsstand des ursächlichen Geschehens die gesamtschuldnerisch Haftenden also nicht gemeinsam verklagen.

(d) Der Marktort

917 Das Gericht des Marktortes ist hinsichtlich der zentralen Frage, ob ein Produkt fehlerhaft ist, beweisnah. Denn bei der gemäß Art. 6 EG-Richtlinie[253] vorzunehmenden Gesamtabwägung aller Umstände, insbesondere der Darbietung des Produktes und des Gebrauchs des Produkts, mit dem billigerweise gerechnet werden kann, kommt es in erster Linie auf die Gegebenheiten des Marktes an, auf dem das Produkt vertrieben worden ist[254].

918 Das Gericht des Marktortes ist grundsätzlich auch rechtsnah. Denn die Anknüpfung an den Marktort ist eine verbreitete kollisionsrechtliche Lösung[255]. Eine gerichtliche Zuständigkeit am Marktort entspricht ferner dem Zweck des materiellen Produkthaftungsrechtes des Marktstaates, den Verkehr in seinem Staat zu schützen. Dem Geschädigten, der ein Produkt im Marktstaat erworben hat, wird eine Klagemöglichkeit auch dann eröffnet, wenn der Schadenserfolg in einem anderen Staat eintritt, in dem er sich vielleicht nur vorübergehend aufhält, etwa um seinen Urlaub zu verbringen. Für den Geschädigten wäre es nicht verständlich, wenn er die Produkthaftungsklage nicht in dem Staat erheben könnte, in dem er das fehlerhafte Produkt vom Handel erworben hat. Aus seiner Sicht vollzieht sich das für den Schadenseintritt (Erfolg) ursächliche Geschehen am Marktort, an dem das fehlerhafte Produkt den Bereich der Produkthaftpflichtigen verläßt. Der Gerichtsstand am Marktort erfüllt also die verbreitete, wenngleich oft zu undifferenziert gestellte Forderung, Verbraucher zu schützen. Er ist gleichwohl nicht einseitig an den Interessen des Klägers orientiert und anders als beispielsweise ein Gerichtsstand am gewöhnlichen Aufenthaltsort des Geschädigten[256] kein Klägergerichtsstand. Er fügt sich deshalb in die Konzeption des Art. 5 Nr. 3 EuGVÜ.

919 Der Gerichtsstand am Marktort ist außerdem praktikabel. Wo ein Produkt den Handel verlassen hat, ist für den Geschädigten regelmäßig ersichtlich, zumindest aber ohne großen Aufwand festzustellen. Ein weiterer Vorteil ist, daß der Geschädigte am Gerichtsstand des Marktortes die gesamtschuldnerisch haftenden „Hersteller" gemeinsam verklagen kann.

920 Schutzwürdige Interessen des Beklagten stehen einer Gerichtspflicht am Marktort auch dann nicht entgegen, wenn er selbst im Marktstaat nicht tätig

---

253 = § 3 ProdHaftG.
254 Siehe oben § 14 II. 5.
255 Vgl. z. B. Art. 135 Abs. 1 lit. b Schweizer IPR-Gesetz; § 48 Abs. 1 S. 2 österr. IPR-Gesetz in der Interpretation der herrschenden Lehre (siehe oben § 3 IV.); Art. 5 lit b. Haager Produkthaftungsübereinkommen, sowie die §§ 1–7 dieser Arbeit.
256 Für diesen Gerichtsstand *Winkelmann* 255 f.

geworden ist. Das für Art. 5 Nr. 3 EuGVÜ maßgebliche ursächliche Geschehen der Produkthaftung ist nicht mit individuellem oder materiellrechtlich zurechenbarem Handeln gleichzusetzen, sondern funktional unter zuständigkeitsrechtlichen Gesichtspunkten zu bestimmen[257]. Für das Zuständigkeitsrecht kommt es entscheidend darauf an, daß das Geschehen, das als zuständigkeitsbegründend erachtet wird, unter dem Gesichtspunkt einer sachgerechten Prozeßführung relevant ist[258]. Im Rahmen des EuGVÜ ist eine strenge Bindung an materiellrechtliche Zurechnungskriterien auch abzulehnen[259], weil anderenfalls die internationale Zuständigkeit von der Bestimmung des anwendbaren Rechts abhinge und Art. 5 Nr. 3 EuGVÜ in den Vertragsstaaten wegen der Verschiedenheit der nationalen Kollisions- und Sachrechte in den Vertragsstaaten zu unterschiedlichen Ergebnissen führte[260].

Das Interesse eines Produkthaftpflichtigen, nicht an einem Ort gerichtspflichtig zu sein, zu dem seine Handlung, also seine wirtschaftliche Betätigung, keine Beziehung geschaffen hat, ist zwar zu berücksichtigen. Es steht einer Gerichtspflicht am Marktort jedoch aus mehreren Gründen nicht entgegen. Produkthaftpflichtige handeln nicht nebeneinander, sondern nacheinander. Sie wirken ähnlich wie Mittäter bewußt und zielgerichtet zusammen, allerdings nicht, wie es für eine materiellrechtliche Mittäterschaft notwendig wäre, um den schädigenden Erfolg, sondern um einen Absatzerfolg herbeizuführen. Für Art. 5 Nr. 3 EuGVÜ genügt diese gemeinsame Zielrichtung des Handelns, um die Inverkehrgabe des fehlerhaften Produktes durch das letzte Glied der Handelskette allen vorgelagerten Unternehmen mit der Folge zuzurechnen, daß auch sie am Marktort gerichtspflichtig sind[261]. **921**

Eine Gerichtspflicht am Marktort belastet die Produkthaftpflichtigen nicht unzumutbar, weil keine weltweite Zuständigkeit eröffnet wird. Denn der Marktort muß in einem Vertragsstaat des Übereinkommens liegen und der Gerichtsstand ist nur gegenüber Produkthaftpflichtigen gegeben, die auch ihren Sitz in einem Vertragsstaat haben. Aus demselben Grund bestehen unstreitig **922**

---

257 Vgl. *Schack*, IZVR, Rn. 299.
258 Es ist deshalb beispielsweise auch zutreffend, als Ort des ursächlichen Geschehens der Geschäftsherrenhaftung den Ort anzusehen, an dem der Verrichtungsgehilfe handelt, vgl. BGH, 8. 1. 1981, BGHZ 80, 1, 3 = BB 1981, 1426; *Ahrens*, IPRax 1990, 129, 133.
259 Terminologisch ist es deshalb richtiger, statt von „Handlungsort" mit dem EuGH von „Ort des ursächlichen Geschehens" zu sprechen.
260 Dies wird hingenommen von *Droz*, Rn. 78, der auf das nach dem IPR des Tatortgerichts anwendbare Recht abstellt; ebenso *Staudinger/v. Hoffmann*, Art. 38 EGBGB Rn. 258.
261 Für das *autonome* deutsche Zuständigkeitsrecht wird dagegen häufig der Satz aufgestellt, zuständigkeitsbegründend für die Klage gegen einen Schädiger sei nur dessen eigene Handlung und die Handlung einer Person, für die er deliktsrechtlich oder quasideliktsrechtlich einzustehen habe (vgl. *Wieczorek*, Zivilprozeßordnung und Nebengesetze, Bd. 1, 2. Aufl., Berlin 1976, § 32 ZPO, Anm. C II a; *Zöller/Vollkommer*, § 32 ZPO Rn. 13; *Kollar* 28). Danach ist die Handlung eines Nebentäters nur für die gegen ihn gerichtete Klage, nicht aber für die Klage gegen andere Nebentäter zuständigkeitsbegründend. Aus den im Text genannten Gründen ist dieser Ansicht in bezug auf Produkthaftpflichtige auch im autonomen deutschen Recht der internationalen Zuständigkeit nicht zu folgen.

keine Bedenken dagegen, daß ein Produkthaftpflichtiger an jedem beliebigen Erfolgsort innerhalb des Vertragsgebiets gerichtspflichtig ist, ohne Rücksicht darauf, ob er auf die Verbringung der fehlerhaften Sache an diesen Ort Einfluß hatte[262]. Die Zuständigkeit für Produkthaftungsklagen gemäß Art. 5 Nr. 3 EuGVÜ unterliegt also nicht dem Korrektiv der „bestimmungsgemäßen Verbreitung" des fehlerhaften Produkts am Marktort[263]. Es besteht nicht die Gefahr, daß der Beklagte zum Freiwild wird, weil er einem ungezügelten Wahlrecht des Verletzten ausgesetzt wäre[264]. Bei der Produkthaftung gibt es nur einen Ort, an dem das schadenstiftende Produkt vom Handel auf den Endverbraucher-Markt gelangt ist, und nur einen Ort, an dem *dieses* Produkt zu einer Rechtsgutsverletzung führt.

923 Konzentriert man das ursächliche Geschehen der Produkthaftung auf die Vermarktung an den Ersten Endabnehmer, so ergibt sich auch ein wettbewerbsneutraler Gerichtsstand. Eine zuständigkeitsrechtliche Gleichbehandlung der Produkthaftpflichtigen ist zwar wegen der internationalen Zuständigkeit der Gerichte ihres jeweiligen Sitzstaates nicht zu erreichen. Soweit höherrangige zuständigkeitsrechtliche Interessen nicht entgegenstehen, sollten Wettbewerbsverzerrungen jedoch möglichst ausgeschlossen werden[265].

(4) Ergebnis

924 Art. 5 Nr. 3 EuGVÜ eröffnet für Klagen gegen alle Produkthaftpflichtigen mit Sitz in einem Vertragsstaat die Zuständigkeit des Gerichts des Ortes, an dem der Produktfehler zu einer Rechtsgutsverletzung führt (Erfolgsort), und die Zuständigkeit des Gerichts am Marktort, an dem das fehlerhafte Produkt vom letzten Glied der Vertriebskette vermarktet wird (Ort des ursächlichen Geschehens). Der Geschädigte kann zwischen beiden Gerichtsständen wählen.

3. Folgerungen für die Anknüpfung der Produkthaftung

925 Aus der Analyse der europäischen Tatortzuständigkeit folgt für die Anknüpfung der Produkthaftung:

926 a) Unter dem Gesichtspunkt eines *möglichen* Gleichlaufs von forum und ius bestehen gegen eine Anknüpfung an den Marktstaat oder den Erfolgsortstaat

---

262 Auch Art. 6 Nr. 1 EuGVÜ und Art. 6 Nr. 2 EuGVÜ nehmen auf das Interesse des Beklagten an einem *seiner* Tätigkeit nahen Gerichtsstand keine Rücksicht. Vgl. *Wandt*, in: Schmidt-Salzer, EG-Produkthaftung II/23–13 ff., 23–32 ff.
263 Vgl. aber *Junke* 160.
264 Vgl. *Schack*, IZVR, Rn. 293. Diese Gefahr besteht beispielsweise bei Pressedelikten, vgl. *Schack*, UFITA 108 (1988) 51 ff.
265 *Weintraub*, Texas Int'l L.J. 23 (1988) 65; *Besharov*, Forum Shopping 142; *ders.*, Nat'l.J., 20. 7. 1987, 30 f.; *Heinrichs* 109 (der aus diesem Grund dafür plädiert, § 32 ZPO wie Art. 5 Nr. 3 EuGVÜ auszulegen); vgl. auch *Egli/Hartmann*, NZZ v. 28.6.1989 (Fernausgabe Nr. 146) S. 41, die beklagen, daß das LugANER Übereinkommen (siehe oben § 1 II. 1.) für die Schweizer Exporteure vor allem zusätzliche Kosten bringe oder „was dasselbe ist, den *Verlust* eines möglichen *Wettbewerbsvorteils* gegenüber den Gemeinschaftsunternehmen".

keinerlei Einwände, weil die Gerichte beider Staaten international zuständig sind.

b) Schwerwiegende Einwände bestehen aber gegen eine *isolierte* Anknüpfung   927
an einen privaten Folgeerwerb, an die Produktbenutzung und an den gewöhnlichen Aufenthalt des Geschädigten, weil diese Anknüpfungstatsachen keine internationale Zuständigkeit begründen. Würde man sie zugrundelegen, könnte kein international zuständiges Gericht, auch nicht das Gericht am allgemeinen Gerichtsstand des Haftpflichtigen, nach seinem eigenen Recht, der lex fori, entscheiden. Forum und ius fielen *zwingend* auseinander. Dies würde für den gewöhnlichen Aufenthaltsstaat des Geschädigten selbst dann gelten, wenn man verlangte, daß in diesem Staat gleichartige Produkte des Haftpflichtigen vermarktet worden seien[266]. Denn nach europäischem Zuständigkeitsrecht begründet auch dies keine internationale Zuständigkeit[267].

Der gewöhnliche Aufenthaltsort des Geschädigten, der Ort eines privaten Folgeerwerbs und der Ort der Produktbenutzung sind allerdings nicht uneingeschränkt zu verwerfen. Sie können durchaus zusammen mit zuständigkeitsbegründenden Anknüpfungspunkten verwendet werden (*kumulative*[268] oder *alternative Anknüpfung*)[269].   928

V. Zusammenfassung und Ergebnisse

1. Zurechnung des Schadens

Die Frage, ob der Geschädigte seinen Schaden selbst zu tragen hat (Eigenzu-   929
rechnung) oder ob er ihn auf einen Produkthaftpflichtigen abwälzen kann (Fremdzurechnung), ist für beide Parteien von herausragender Bedeutung. Zugerechnet wird zum einen konkret (einzelfallbezogen) anhand der Fehlerhaftigkeit des Produktes bzw. der Verkehrssicherungspflichten der Haftpflichtigen und des Mitverschuldens des Geschädigten. Zugerechnet wird zum anderen abstrakt (losgelöst vom Einzelfall) anhand der Verschuldensabhängigkeit oder -unabhängigkeit der Haftung, der Beweislastverteilung, etc.

a) Produktsicherheit

Der Fehlerbegriff der verschuldensunabhängigen Produkthaftung und die Ver-   930
kehrssicherungspflichten der Verschuldenshaftung bestimmen, welche Produktsicherheit die Haftpflichtigen schulden. Wenn das Produkt die geforderte

---

266 Siehe z. B. Art. 4 i. V. m. Art. 7 Haager Produkthaftungsübereinkommen.
267 Zur Bedeutung des „doing business" für das US-amerikanische Zuständigkeitsrecht siehe oben § 6 III.
268 Vgl. Artt. 4 und 5 des Haager Übereinkommens.
269 Vgl. Art. 135 Abs. 1 Schweizer IPR-Gesetz sowie *Drobnig*, Produktehaftung 334 f.

Sicherheit hat, also fehlerfrei ist, haften sie nicht. Die Produktsicherheit markiert also die äußerste Grenze ihrer Verantwortung.

931   Aus der Regelung über die Produktsicherheit kann ein Produktbenutzer im Umkehrschluß folgern, welche Eigenverantwortung ihn im Umgang mit dem Produkt trifft („casum sentit dominus").

aa) Vom Haftpflichtigen vorherzusehender Marktstaat

932   Das Recht des Marktstaates ist kollisionsrechtlich am besten geeignet, mittels der Regelung über die Produktsicherheit die haftungstatbestandliche Grenze zwischen der Verantwortung der Haftpflichtigen und der Eigenverantwortung des Geschädigten zu ziehen. Dieses Recht will angewendet werden, weil es die Marktteilnehmer schützen will, wie sein öffentliches Produktsicherheitsrecht indiziert. Wenn das Recht des Marktstaates maßgeblich ist, können Produktsicherheit und Produktpreis korrelieren. Auch Geschädigte, die das Produkt nach seiner Vermarktung an den Ersten Endabnehmer außerhalb des Marktstaates von privater Hand erwerben, es benutzen oder als bystander verletzt werden, können nur die Sicherheit nach dem Recht des Marktstaates beanspruchen. Denn diese ist auf den Zeitpunkt der Vermarktung an den Ersten Endabnehmer fixiert.

bb) Vom Haftpflichtigen nicht vorherzusehender Marktstaat

933   Das Recht des Marktstaates ist auch dann das räumlich beste Recht, wenn der Haftpflichtige eine Vermarktung im Marktstaat nicht vorhersehen mußte. Die Ersetzung dieses Rechts durch das Recht am Sitz des Haftpflichtigen, wie sie das Haager Übereinkommen und einige nationale Kollisionsrechte vorsehen, ist verfehlt, soweit damit ausgeschlossen werden soll, daß der Haftpflichtige für die Produktsicherheit nach dem Recht des von ihm nicht vorhergesehenen Marktstaates einstehen müsse. Dieses Ziel ist auf diesem Wege nämlich nicht erreichbar, weil auch das ersatzweise berufene Recht am Sitz des Herstellers die Produktsicherheit anhand der Sicherheitserwartungen des von der Vermarktung betroffenen Verkehrs bestimmt und der haftungsrechtlich zu beurteilende Sachverhalt der gleiche bleibt, also eine Vermarktung im Marktstaat und nicht im Sitzstaat des Haftpflichtigen zu beurteilen ist. Die Nichtvorhersehbarkeit der Sicherheitsanforderungen des tatsächlichen Marktstaates aufgrund der planwidrigen Produktumleitung durch einen Dritten ist deshalb kein Problem des Kollisionsrechts, sondern ein Problem des kollisionsrechtlich berufenen Sachrechts. Es geht um die „richtige" Anwendung eines nationalen Rechts auf einen internationalen Sachverhalt.

934   Das auf den internationalen Produkthaftungssachverhalt anwendbare *Sachrecht* hat zu bestimmen, ob einen Haftpflichtigen die für eine Vermarktung im Marktstaat statuierten Verkehrssicherungspflichten auch dann treffen bzw. ob

er sie auch dann schuldhaft verletzt, wenn er mit einer Vermarktung in diesem Staat nicht rechnen mußte, weil er eine Vermarktung in einem anderen Staat beabsichtigte und diese Absicht von einem Dritten durchkreuzt wurde. Im Rahmen der verschuldensunabhängigen EG-Produkthaftung sind die Vermarktungserwartungen des Haftpflichtigen für die vom Geschädigten zu beweisende haftungsbegründende Fehlerhaftigkeit nach § 3 ProdHaftG grundsätzlich unerheblich. Hier stellt sich aber die Frage, ob die Haftung gemäß § 1 Abs. 2 Nr. 2 ProdHaftG ausgeschlossen ist. Dies ist zu bejahen, wenn der schadensursächliche Fehler des Produktes erst nach seiner Inverkehrgabe durch den Haftpflichtigen entstand, weil ein Dritter das Produkt entgegen der Vermarktungsabsicht des Haftpflichtigen in den Marktstaat „umleitete".

Das *Kollisionsrecht* hat wie auch sonst nur das Recht zu bestimmen, das diese **935** materiellrechtlichen Fragen beantwortet. Ein kollisionsrechtlicher Vorhersehbarkeitsvorbehalt, wonach bei Nachweis des Nichtvorsehenmüssens der Vermarktung im Marktstaat das Recht dieses Staates durch das Sitzrecht des Herstellers ersetzt wird, ist systemwidrig. Es hat nämlich zur Folge, daß das Nichtvorsehenmüssen zuerst im Rahmen des Kollisionsrechts des Forum und dann ein zweites Mal im Rahmen des berufenen Sachrechts zu behandeln ist. In Betracht käme allenfalls eine Sonderanknüpfung an den Sitz des Haftpflichtigen. Sie ist aber abzulehnen. Denn erstens läßt sich die Frage nach den Folgen einer planwidrigen Durchkreuzung der Vermarktungsabsicht des Haftpflichtigen nicht oder jedenfalls nicht problemlos von der übrigen Haftungsbegründung abspalten und zweitens hat auch sie aufgrund der Schutzrichtung des Produkthaftungsrechts die engsten Beziehungen zum Recht des Marktstaates.

b) Mitverschulden

Die Eigenzurechnung aufgrund eines Mitverschuldens von *Produktbenutzern* **936** hat ebenfalls die engsten Beziehungen zum Recht des Marktstaates. Ausschlaggebend ist, daß dieses Recht die Produktsicherheit beherrscht, die das wichtigste Kriterium zur Beurteilung des Mitverschuldens eines Produktbenutzers darstellt. Aufgrund der Flexibilität von Mitverschuldensregelungen kann im Sachrecht des Marktstaates dem Umstand des Einzelfalles Rechnung getragen werden, daß der Produktbenutzer von der Vermarktung des Produktes in diesem Staat nicht wissen konnte und sich deshalb nicht an den Obliegenheiten des Rechts dieses Staates orientieren konnte, und daß ihm das Recht des Erfolgsortes Verkehrssicherungspflichten zum Schutze Dritter auferlegte.

Das Mitverschulden eines *bystander* hat die engsten Beziehungen zu dem **937** Staat, in dem der bystander seine Schadensursache setzt. Denn sein Mitverschulden folgt aus der Teilnahme am allgemeinen Verkehr und nicht aus dem Umgang mit dem Produkt. Es fehlt deshalb die Verknüpfung mit der dem Recht des Marktstaates unterliegenden Produktsicherheit.

c) Abstrakte Zurechnung

938 Die abstrakte Zurechnung, insbesondere ob verschuldensunabhängig und für Entwicklungsrisiken gehaftet wird, prägt in besonderem Maße das Haftungsrisiko der Produkthaftpflichtigen. Es ist indes verfehlt, die Anknüpfung einseitig an ihrem Vorhersehbarkeitsinteresse, genauer: Versicherungsprämieninteresse, auszurichten. Denn in Frage steht auch die Qualität des haftungsrechtlichen Schutzes des Geschädigten.

939 Bei Schädigung des Ersten Endabnehmers ist das Recht des Marktstaates kollisionsrechtlich am besten geeignet, über die abstrakte Zurechnung zu bestimmen. Dies gilt auch, wenn der Haftpflichtige nicht vorhersehen konnte, daß das Produkt im Marktstaat vermarktet werden würde. Denn dem Interesse des Haftpflichtigen wäre nur mit einem Vorhersehbarkeitseinwand gedient, der an geringe, von ihm leicht nachzuweisende Voraussetzungen geknüpft ist. Ein solcher Einwand eröffnet jedoch die Möglichkeit, den Schutz des Ersten Endabnehmers durch das Recht des Marktstaates, der sich in dem vom Ersten Endabnehmer gezahlten Kaufpreis widerspiegelt, faktisch auszuhöhlen. Er ist deshalb abzulehnen.

940 Ein privater Folgeerwerb oder der Beginn der Produktbenutzung sind haftungsrechtlich irrelevant. Wie bystanders haben private Folgeerwerber und Produktbenutzer aber eine haftungsrechtlich erhebliche Beziehung zum Recht des Staates, in dem ihr Rechtsgut belegen war, als es verletzt wurde. Ihr Interesse, haftungsrechtlich durch dieses Recht geschützt zu werden, ist besonders groß, wenn sie ihren gewöhnlichen Aufenthalt im Erfolgsortstaat haben. Auch ohne dies wiegt es aber schwerer als das Interesse der Haftpflichtigen an dem für sie (regelmäßig) vorhersehbaren Recht des Marktstaates. Denn die Maßgeblichkeit des Geschädigtenrechts hat allenfalls eine minimale Erhöhung der Prämie für den Haftpflichtversicherungsschutz zur Folge. Dem Geschädigten ist deshalb die Maßgeblichkeit des Rechts eines Marktstaates, zu dem er keinerlei Beziehung hat, nicht zuzumuten.

941 Wenn der Geschädigte seinen gewöhnlichen Aufenthalt jedoch im Marktstaat hat, ist der gewöhnliche Aufenthaltsstaat nicht nur wie stets daran interessiert, seine „Angehörigen" zu schützen, sondern er ist hierzu auch ausnahmsweise legitimiert, weil die Vermarktung des Produktes in diesem Staat eine Beziehung zu den Haftpflichtigen schafft. Die Beziehungen zum Erfolgsortstaat und die zum gewöhnlichen Aufenthalts- und Marktstaat erscheinen als gleichwertig. Kollisionsrechtlich gibt es kein bestes Recht, sondern zwei annähernd gleich gute Rechte.

2. Der Ersatz des Schadens

942 Das Schadensrecht regelt Inhalt und Umfang einer Schadensersatzpflicht sowie die Art und Weise ihrer Erfüllung. Es wird weltweit von den Grundsätzen der Total- und Naturalrestitution beherrscht. Die nationalen Detaillösungen unterscheiden sich dennoch erheblich, weil sie von der Rechtsprechung mit Blick auf die jeweiligen tatsächlichen (Rahmen-)Bedingungen der Schadensbeseitigung entwickelt werden und weil sie in besonderem Maße von nationalen Anschauungen beeinflußt sind.

Das räumlich beste Schadensrecht ist deshalb das Recht des Staates, in dem der **943** Schaden, etwa durch Heilbehandlung einer verletzten Person oder durch Reparatur einer beschädigten Sache, beseitigt wird. Geht man für die Kollisionsnormbildung vom tatsächlichen Regelfall aus, so ist dies das Recht des gewöhnlichen Aufenthaltsstaates des Geschädigten, weil regelmäßig er, nicht der Schädiger, den Schaden beseitigt.

3. Effektive Rechtsverfolgung

Internationales Privatrecht und Internationales Zuständigkeitsrecht dienen **944** spezifischen Interessen. Ein strenger Gleichlauf ist deshalb selten. Aufgrund der Nachteile, die mit der Anwendung eines gerichtsfremden Rechts verbunden sind, ist es jedoch wünschenswert, daß der Kläger die Möglichkeit hat, forum und ius zur Deckung zu bringen. Dies gilt besonders für die Produkthaftung, deren Entwicklung durch das Ziel bestimmt ist, den Geschädigten — auch in der Rechtsverfolgung — effektiv zu schützen.

Die staatsvertragliche Bindung macht das EuGVÜ und das Luganer Überein- **945** kommen zu einem Datum, das bei der Kollisionsrechtsfindung zu berücksichtigen ist. Die Abkommen eröffnen eine Tatortzuständigkeit am Ort des ursächlichen Geschehens und am Ort des Schadenseintritts. Unter Schadenseintritt wird allgemein die Verletzung des Rechtsguts, nicht der Eintritt eines aus der Rechtsgutsverletzung resultierenden Vermögensschadens verstanden. Unklar und umstritten ist hingegen, welches ursächliche Geschehen zuständigkeitsbegründend ist. Nicht zu folgen ist der verbreitet für das autonome deutsche Zuständigkeitsrecht vertretenen Ansicht, wonach jede für den Deliktstatbestand wesentliche Teilhandlung eine Tatortzuständigkeit begründet. Denn nach der Konzeption des europäischen Zuständigkeitsrechts ist neben der allgemeinen Zuständigkeit am (Wohn-)Sitz des Beklagten eine besondere Zuständigkeit nur dann eröffnet, wenn zu einem anderen Ort eine besonders enge Beziehung besteht, die aus Gründen einer geordneten Rechtspflege und einer sachgerechten Gestaltung des Prozesses eine Zuständigkeit rechtfertigt. Eine Zersplitterung und eine Häufung von Zuständigkeiten wird deshalb grundsätzlich abgelehnt. Hieraus folgt, daß das ursächliche Geschehen der verschuldensabhängigen und verschuldensunabhängigen Produkthaftung möglichst einheitlich zu bestimmen ist (sachliche Konzentration), und daß möglichst nur ein „Ort des ursächlichen Geschehens", anzuerkennen ist (räumliche Konzentration). Dieser Konzeption der europäischen Zuständigkeitsordnung und der ihr zugrundeliegenden Interessen entspricht es am besten, wenn man das ursächliche Geschehen der Produkthaftung einheitlich für alle Arten der außervertraglichen Produkthaftung und für alle Haftpflichtigen am Marktort lokalisiert.

946 Für die kollisionsrechtliche Anknüpfung der Produkthaftung bedeutet dies:

947 a) Erfolgsortstaat und Marktstaat sind geeignete Anknüpfungspunkte, weil die Gerichte beider Staaten international zuständig sind.

948 b) Eine ausschließliche Anknüpfung an den Staat des privaten Folgeerwerbs, an den Staat der Produktbenutzung und an den gewöhnlichen Aufenthaltsstaat des Geschädigten ist abzulehnen, weil die Gerichte dieser Staaten nicht international zuständig sind, so daß forum und ius stets auseinanderfallen würden. Diese Anknüpfungspunkte können aber im Rahmen einer kumulativen oder alternativen Anknüpfung zusammen mit zuständigkeitsbegründenden Anknüpfungspunkten verwendet werden.

§ 16 Außenhaftung mehrerer
und Haftungsschadensverteilung

I. Der unbefriedigende Stand der kollisionsrechtlichen Diskussion

Die Anknüpfungsregel soll beantworten, welchem Recht ein konkretes **949** Haftungsverhältnis zwischen dem Geschädigten und einem Haftpflichtigen unterliegt. Dies bedeutet selbstverständlich nicht, daß bei der *Entwicklung* der Anknüpfungsregel stets von einer Einzeltäterschaft auszugehen wäre. Gleichwohl werden die Haftung mehrerer Personen und die sich aus ihr ergebenden Probleme meist gänzlich außer acht gelassen. Für diese Blickverengung vorgetragene Begründungen überzeugen nicht[1]; sie legen es im Gegenteil nahe, die Anknüpfungsrelevanz einer Haftung mehrerer sorgfältig zu untersuchen.

Die *Haager Spezialkommission* ging ohne eingehende Untersuchung davon **950** aus, daß sich erhebliche Probleme ergeben könnten, wenn mehrere Personen nach unterschiedlichen Rechten haften[2]. Diese Probleme sollten durch Art. 5 Abs. 2 des Vorentwurfs vermieden werden, der die Haftung mehrerer in Anspruch genommener Hersteller und Händler einheitlich dem Recht des Staates unterstellte, in dem der Hersteller des *Endprodukts* seinen Hauptgeschäftssitz hat. Diese Entwurfsregelung war von der Spezialkommission aber nur mit 9 zu 8 Stimmen bei 3 Enthaltungen angenommen worden[3]. *Reese*[4] stellte in seinem Erläuternden Bericht ausdrücklich fest, daß die Kommission die Problematik nicht näher diskutiert hätte und daß dies auf der Haager Konferenz nachgeholt werden müsse. Einig war sich die Spezialkommission jedoch darüber, daß das Übereinkommen nicht (unmittelbar) das auf Regreßansprüche anwendbare Recht bestimmen sollte[5].

Es überrascht daher nicht, daß Art. 5 Abs. 2 des *Vorentwurfs* von den Regie- **951** rungen der Konferenzmitgliedstaaten sehr unterschiedlich aufgenommen wurde[6]. Die ablehnenden Stimmen überwogen; kritisiert wurde vor allem, daß unklar sei, ob Art. 5 Abs. 2 nur eine Ausnahmeregelung zu Art. 5 Abs. 1 oder aber eine generelle Anknüpfungsregel sei[7]. Die von der Spezialkommission vorgeschlagene Regelung fand aber auch Zustimmung. Insbesondere

---

1 Siehe sogleich im Text.
2 Vgl. *Reese*, Report of the Special Commission 113 f.
3 Wie vorige Fn.
4 *Reese*, Report of the Special Commission, Conférence 114.
5 Vgl. *Reese*, Report of the Special Commission 117.
6 Vgl. Observations des Gouvernements relatives à l'avant-projet de Convention adapté par la Commission spéciale le 6 avril 1981, Conférence 118 ff.
7 Vgl. auch *Reese*, Report of the Special Commission 113 ff.

die schwedische Regierung betonte die großen Vorteile einer einheitlichen Anknüpfung gegenüber mehreren Beklagten[8].

952 Wie das Meinungsbild innerhalb der Spezialkommission hätten auch die divergierenden offiziellen Stellungnahmen Anlaß zu einer ausführlichen Erörterung auf der *Haager Konferenz* gegeben. Zu ihr kam es aber nicht. Der Frage einer einheitlichen Anknüpfung der Haftung mehrerer wandte man sich nämlich erst zu, als man sich bereits über das komplizierte System der Anknüpfung der Haftpflicht eines Einzelnen, also über die Artt. 4–7 des Haager Übereinkommens, geeinigt hatte. Die mühsam erzielte Einigung wollte man durch eine „Ausnahmeregelung" für die Haftung mehrerer nicht wieder in Frage stellen. Bestärkt durch die offensichtlichen Schwächen des Art. 5 Abs. 2 des Vorentwurfs[9] sah man deshalb einmütig von einer entsprechenden Regelung ab[10]. Gebilligt wurde jedoch die Entscheidung der Spezialkommission, den Regreß zwischen mehreren Haftpflichtigen wegen der Komplexität der Problematik aus dem Anwendungsbereich des Übereinkommens auszuklammern. Auch dies geschah ohne Diskussion der Sachfragen[11]. Sie wäre jedoch unbedingt erforderlich gewesen. Denn das Ausklammern der Regreßproblematik hatte ein ganz anderes Gewicht erlangt, nachdem man auch von einer Regelung im Sinne des Art. 5 Abs. 2 des Vorentwurfs Abstand genommen hatte, die in ihrem Anwendungsbereich[12] zu einer einheitlichen Anknüpfung und damit zu einem geeigneten Regreßstatut geführt hätte. Aus dem gleichen Grund vermögen auch die Hinweise auf das *Haager Straßenverkehrsübereinkommen*[13] nicht zu überzeugen. Denn dieses Übereinkommen klammert Regreßansprüche zwar aus[14], trägt der Regreßproblematik aber unmittelbar bei der Anknüpfung der Haftung mehrerer Personen Rechnung, indem es die Haftungen aller stets einem einheitlichen Recht unterstellt (Grundsatz der einheitlichen Anknüpfung der Haftung mehrerer)[15].

953 Die nach alldem sachlich noch nicht begründete Grundentscheidung des Haager Produkthaftungsübereinkommens, das Haftungsverhältnis zwischen dem Geschädigten und einem einzelnen Haftpflichtigen ungeachtet der im Regelfall gegebenen Haftung weiterer Personen anzuknüpfen, wurde in der nachfolgenden Diskussion lange Zeit nicht in Frage gestellt. Nur vereinzelt und erst in jün-

---

8 Observations des Gouvernements (Fn. 6), Conférence 127; vgl. auch die Stellungnahme Spaniens, Conférence 121 („En principe, le critère de la loi unique admis dans le deuxième paragraphe de l'article 5 peut devenir onéreux dans ces conséquences ...").
9 Vgl. dazu *Reese*, Report of the Special Commission 113 ff.; *Winkelmann* 237 f.
10 Kritisch *Duintjer Tebbens* 355 f.
11 Vgl. Conférence 191 (Procès-verbal No. 10).
12 Siehe oben im Text nach Fn. 6.
13 Vgl. Réponses des Gouvernements au Document préliminaire No. 1, Conférence 71 (Finnland), 83 (Schweden).
14 Vgl. Art. 2 Nr. 4–6 Haager Straßenverkehrsübereinkommen.
15 Vgl. *Essén*, Rapport explicatif 201 und 207; *Beitzke*, RabelsZ 33 (1969) 219.

gerer Zeit werden Zweifel angemeldet[16]. Ihnen ist angesichts der geringen Akzeptanz des Haager Übereinkommens und der Uneinigkeit über die „richtige" Anknüpfung unbedingt nachzugehen.

II. Sachrecht

1. Die Außenhaftung mehrerer

a) Grundsatz: Gesamtschuld mehrerer Produkthaftpflichtiger

aa) EG-Richtlinie

Die EG-Richtlinie ist wie die autonomen Haftungsrechte der Mitgliedstaaten **954** *einzeltäterschaftlich konzipiert.* Dies bedeutet, daß ihre Haftungsnormen grundsätzlich nur das Einzelschuldverhältnis zwischen dem Geschädigten und *einem* Ersatzpflichtigen regeln, ohne die Existenz eines weiteren Ersatzpflichtigen zu berücksichtigen. Eine Verbindung der Ersatzpflichten mehrerer erfolgt nur durch die Anordnung der gesamtschuldnerischen Haftung in Art. 5 EG-Richtlinie. Was die gesamtschuldnerische Haftung im einzelnen bedeutet und welche Wirkungen sie hat, sagt die Richtlinie nicht. Es muß deshalb auf die nationalen Rechte der Mitgliedstaaten zurückgegriffen werden[17].

bb) Autonome nationale Rechte

Auch die Haftung nach nichtharmonisiertem nationalen Recht ist grundsätz- **955** lich eine gesamtschuldnerische Haftung[18]. Die europäischen Rechte stimmen in den konstruktiven Kernfragen der Außenhaftung von Gesamtschuldnern weitgehend überein. Wenn von mehreren Schädigern jeder dem Geschädigten für den gesamten Schaden ersatzpflichtig ist, der Geschädigte seinen Schaden aber nur einmal ersetzt verlangen kann, so bedeutet dies notwendig, daß die Befriedigung des Geschädigten durch einen Schädiger auch die übrigen befreit (vgl. § 422 BGB). Die Erfüllung hat also Gesamtwirkung. Erfüllungssurrogate stehen der Erfüllung auch bei einer Schädigermehrheit gleich. Die Frage, ob ein Erfüllungssurrogat zur Verfügung steht, ist aber personengebunden. So

---

16 Vgl. *Kozyris*, AmJCompL 38 (1990) 479; *Juenger*, U.Ill.L.Rev. 105 (1989) 120 (,, ... complicates the resolution of choice-of-law problems posed by aerial disasters, as does the differential treatment of carriers' and producers' liability. Also, such variations are bound to pose difficult problems with respect to the defendants' claims against each other for contribution and indemnity"); vgl. auch *Browne v. McDonnell Douglas Corp.* 504 F. Supp. 514, 518–519 (N.D. Cal. 1980).

17 Vgl. MünchKomm-*Mertens/Cahn*, § 5 ProdHaftG Rn. 1 (Gesamtschuld nach § 5 ProdHaftG kein autonom auszulegender gemeinschaftsrechtlicher Begriff).

18 Das französische Recht, das mehrere deliktisch Verantwortliche grundsätzlich nicht solidarisch, sondern nur „in solidum" haften läßt, ist nur scheinbar eine Ausnahme. Vgl. *Wandt*, in: Schmidt-Salzer, EG-Produkthaftung II/21–27 (Rn. 48).

kann ein Schädiger nicht etwa mit der Forderung eines anderen Schädigers, sondern nur mit seiner eigenen Forderung aufrechnen[19].

956 Für andere das Außenverhältnis des Geschädigten zu den Schädigern betreffende Umstände, die nicht zum Erlöschen der Schuld führen, etwa den Verzug oder die Verjährung, gilt allgemein der Grundsatz der Einzelwirkung (vgl. § 425 BGB)[20]. Danach wirken solche Umstände nur für und gegen den Schädiger, in dessen Person sie vorliegen[21].

957 Viele andere, für die Praxis wichtige Fragen der Außenhaftung von Gesamtschuldnern sind in den europäischen Rechten gesetzlich nicht geregelt, weil die Haftungsrechte — wie die EG-Richtlinie — einzeltäterschaftlich konzipiert sind, d. h. die Ersatzpflicht mehrerer als Ausnahme betrachtet wird und als solche nur rudimentär geregelt ist[22]. Ein Beispiel gibt die Frage, wie sich die Begrenzung der Haftung auf einen Höchstbetrag auswirkt, wenn mehrere Schädiger gesamtschuldnerisch haften: Schulden auch mehrere Schädiger zusammen nur den für die Haftung des einzelnen normierten Haftungshöchstbetrag[23] oder ist dieser Betrag entsprechend der Zahl der Schädiger zu vervielfachen[24]?

958 Sind die Auswirkungen der Gesamtschuld auf eine haftungsrechtliche Norm nicht gesetzlich geregelt, so sind sie von der Rechtsprechung und der Lehre unter Berücksichtigung sowohl der Zwecke der Haftungsnorm als auch der Eigengesetzlichkeiten einer gesamtschuldnerischen Haftung zu bestimmen. Es überrascht nicht, daß derart gefundene Lösungen dem jeweiligen nationalen Recht verhaftet sind und inhaltlich erheblich divergieren. Ein markantes Bei-

---

19 Eine Besonderheit weist das französische Recht auf, das vom Grundsatz der Legalkompensation ausgeht (Art. 1290 C.c.). Während dieser Grundsatz bei der Haftung mehrerer auf das Ganze in Form der *"obligatio in solidum"* uneingeschränkt zur Anwendung kommt, hat der Eintritt der Aufrechnungslage bei einer *gesamtschuldnerischen Haftung* nur dann gesamtbefreiende Wirkung, wenn sich der Gesamtschuldner, dem die aufrechenbare Forderung zusteht, auf die Aufrechnung beruft (Art. 1294 Abs. 3 C.c.). (Cour de cassation, 29. 11. 1966, D. 1967. 2.; vgl. *Derrida*, Solidarité, Nr. 186 m. w. N.). Vgl. auch *Ferid*, Das französische Zivilrecht I, 2 D 59, 2 E 71.

20 Das common law ging bei joint tortfeasors von einem einzigen Delikt aus; ein Urteil gegen einen der Schädiger verbrauchte deshalb das Klagerecht gegen andere Schädiger, selbst wenn aus diesem Urteil keine Befriedigung zu erlangen war. Die Rechtslage wurde durch den Law Reform (Married Women and Tortfeasors) Act 1935 (vgl. 25 & 26 Geo. 5 c 30) geändert. Vgl. *Dias/Markesinis* 575 f.; *Wagenfeld* 39. — Zur grundsätzlichen Einzelwirkung eines Vergleichs des Geschädigten mit einem Schädiger vgl. *Weir*, IECL XI/2 Ch. 12–98 ff. und *Wandt*, in: Schmidt-Salzer, EG-Produkthaftung II/21–37 ff.

21 Dies gilt im allgemeinen auch in Rechtsordnungen, wie der französischen oder der schweizerischen, in denen bei einer außervertraglichen Haftung mehrerer grundsätzlich keine echte Gesamtschuld, sondern eine bloße Anspruchskonkurrenz (sog. unechte Gesamtschuld) besteht. Vgl. dazu *Wandt*, in: Schmidt-Salzer, EG- Produkthaftung II/21–14 f. (Rn. 24).

22 Rechtsvergleichender Überblick bei *Posch*, Multikausale Schäden 156 ff. — Zum deutschen Recht vgl. *Weckerle* 4 ff.; *Bodewig*, AcP 185 (1985), 505 ff.; *Gottwald*, Karlsruher Forum 1986, Beiheft VersR 1986, 3 ff.; *Assmann*, Multikausale Schäden 99 ff.

23 So *Kullmann* 121.

24 So *Anderle* 84.

spiel hierfür gibt die Frage, wie sich ein Mitverschulden des Geschädigten bei einer Mehrheit von Ersatzpflichtigen auswirkt – ein Problem, das im deutschen Recht Lösungen hervorgerufen hat, deren Kompliziertheit im europäischen Vergleich wohl einzigartig ist. In den meisten Rechten hat ein Mitverschulden des Geschädigten keine gesamtschuldspezifische Wirkung. Das Mitverschulden führt lediglich zu einer Anspruchskürzung; in Höhe des gekürzten Anspruchs haften die Ersatzpflichtigen gesamtschuldnerisch. Rechtsprechung und herrschende Lehre in Deutschland begnügen sich jedoch nicht mit einer Anspruchskürzung. Sie stellen den Geschädigten aufgrund seines Mitverschuldens den Schädigern gleich und beteiligen ihn bereits im Haftungsprozeß an dem Risiko, daß ein ausgleichspflichtiger Gesamtschuldner ausfällt. Die Ersatzpflichtigen haften danach nicht in voller Höhe des zu ersetzenden Schadens als Gesamtschuldner. Vielmehr wird in bezug auf jeden Ersatzpflichtigen bestimmt, welchen Teil der Geschädigte aufgrund seines Mitverschuldens neben den „Mitschädigern" zu tragen hätte, wenn der betreffende Ersatzpflichtige im Gesamtschuldnerausgleich ausfiele (vgl. § 426 Abs. 1 S. 2 BGB). In Höhe des ermittelten Betrages besteht nur eine Teilschuld des weggedachten Ersatzpflichtigen. Der um die Mitverschuldensquote gekürzte Ersatzanspruch des Geschädigten abzüglich sämtlicher Teilschulden ergibt die Höhe des Betrages, für den die Ersatzpflichtigen gesamtschuldnerisch haften[25].

b) Ausnahme: anteilige Haftung

Eine anteilige Haftung mehrerer Schädiger hat gravierende Nachteile für den Geschädigten[26]. Am schwersten wiegt, daß er das Risiko der Insolvenz eines anteilig haftenden Schädigers trüge. Er wäre auch gezwungen, den individuellen Anteil jedes Haftenden zu ermitteln. Für den durch ein fehlerhaftes Produkt Geschädigten wäre dies äußerst schwierig, weil ihm der Einblick in den Herstellungs- und Vertriebsprozeß regelmäßig fehlt. Europäische Rechtsordnungen bürden einem Geschädigten diese Nachteile einer anteiligen Haftung heute[27] allenfalls in Ausnahmefällen[28] auf, etwa wenn er für den Schaden mitverantwortlich ist[29]. **959**

Auch die Rechte außereuropäischer Staaten statuieren grundsätzlich eine gesamtschuldnerische Haftung mehrerer Produkthaftpflichtiger. Die Reformge- **960**

---

25 Ein Berechnungsbeispiel sowie Nachweise zu Rechtsprechung und Lehre gibt *Steffen*, DAR 1990, 41 ff. Ein Teil des Schrifttums will den mitschuldigen Geschädigten nur an dem tatsächlich eingetretenen Ausfall eines Gesamtschuldners analog § 426 Abs. 1 S. 2 BGB beteiligen (vgl. vor allem *E. Lorenz*, Haftungs- und Zurechnungseinheiten 41 ff.). Nach wiederum anderer Ansicht soll der mitschuldige Geschädigte keinen Anteil an der Quote eines ausfallenden Schädigers, sondern stets nur seine eigene Mitverschuldensquote tragen (vgl. *Staudinger/Medicus*, § 254 BGB Rn. 128 m. w. N.).
26 Vgl. BGH, 16. 6. 1959, BGHZ 30, 203, 210 f. = BB 1959, 796; *Steffen*, DAR 1990, 42.
27 Zur Quotenhaftung im späten Recht des Mittelalters *Hübner*, Grundzüge 572 f.; vgl. auch *Stobbe* 165 ff.
28 Rechtsvergleichender Überblick bei *Weir*, IECL XI/2 Ch. 12–82.
29 Siehe oben a) am Ende.

setze einiger US-amerikanischer Einzelstaaten schließen allerdings eine gesamtschuldnerische Haftung generell oder doch für Nichtvermögensschäden aus[30]. Auch die market share-liability[31] ist nach umstrittener Ansicht nur eine anteilige Haftung[32].

2. Die gesetzliche Schadensverteilung zwischen Gesamtschuldnern

a) Die Notwendigkeit eines gesetzlichen Gesamtschuldnerausgleichs

961 Der Geschädigte kann auch bei einer gesamtschuldernischen Haftung mehrerer seinen Schaden nur einmal ersetzt verlangen[33]. Die gesamtschuldnerische Haftung gibt ihm lediglich die freie Entscheidung, welchen oder welche Schädiger er auf das Ganze in Anspruch nimmt.

962 Im Verhältnis der Schädiger zueinander bedeutet die Haftung jedes einzelnen auf das Ganze nicht, daß der Schädiger, der vom Geschädigten in Anspruch genommen wurde, von den Mitschädigern keinen Ausgleich verlangen könnte und damit den Schaden endgültig zu tragen hätte. Eine solche, von der Willkür des Geschädigten abhängende Lösung wäre ungerecht[34]. Im Innenverhältnis der Schädiger ist der Schaden vielmehr aufzuteilen. Der Schädiger, der den Geschädigten befriedigt hat, kann von den Mitschädigern Ausgleich verlangen.

963 Der Gesetzgeber kann die Haftung und die Verteilung des Haftungsschadens weitgehend frei regeln. Er muß jedoch das Willkürverbot beachten. Hieran ist nicht nur die Regelung der Haftung, sondern die Gesamtregelung zu messen. Erforderlich ist eine gerechte Endverteilung des Schadens[35]. Sie setzt außer einer gerechten Teilung des Haftungsschadens auch ein wirksames Instrumentarium voraus, um den Schaden den Anteilen gemäß zu verteilen. Eine auf Gesetz beruhende Haftung, die nach dem Willen des Gesetzgebers nicht oder jedenfalls nicht in vollem Umfang endgültige Schadenstragung bedeutet, bedingt deshalb zwingend eine gesetzliche Regelung der Haftungsschadens-

---

30 Siehe oben § 6 II. 1. c.

31 Siehe oben § 6 II. 2. f.

32 Vgl. *Otte* 57 und passim.

33 Einen mehrfachen Ersatz gewährte das klassische römische Recht; *Sohm/Mitteis/Wenger* 453 ff., 363 ff.; *Kunkel* 211 f. Seit das Haftungsrecht seine Straffunktion verloren hat, ist diese Lösung jedoch überholt; vgl. *v. Caemmerer*, ZfRV 1968, 81, 87; *Ehmann* 39; *Coing* 505.

34 Diese Lösung war im englischen Recht aber bis in das Jahr 1935 die Regel. Die Regel „no contribution between tortfeasors" wurde durch den Law Reform (Married Women and Tortfeasors) Act 1935 (25 & 26 Geo. 5 c 30) endgültig beseitigt. Nach *v. Caemmerer*, ZfRV 1968, 86 f., war sie zu diesem Zeitpunkt bereits weitgehend durchlöchert. Zu der auf die Entscheidung *Merryweather v. Nixan*, (1799) 8 T.R. 186 = 101 E.R. 1337, zurückgehenden Regel vgl. *Prosser* 305 ff.; eingehend auch *Wagenfeld* 44 ff., sowie *Stoll*, FS Müller-Freienfels, 639 f. — Zum US-amerikanischen Recht vgl. *H. Koch*, ZVglRWiss 85 (1986) 44 f.

35 Die EG-Produkthaftungsrichtlinie sucht allein „eine gerechte Verteilung der Risiken zwischen dem Geschädigten und dem Hersteller" (7. Begründungserwägung ABl.EG v. 7.8.1985 Nr. L 210/29; *Schmidt-Salzer*, EG-Produkthaftung I, 3).

verteilung[36]. Der Gesetzgeber kann sich nicht darauf zurückziehen, die Haftenden hätten es in der Hand, entsprechende vertragliche Vereinbarungen zu treffen[37].

b) Die Ausgestaltung des gesetzlichen Gesamtschuldnerausgleichs

aa) EG-Richtlinie

(1) Keine Regelung des Innenausgleichs

Die EG-Produkthaftungsrichtlinie regelt ausschließlich die Haftung. Dies gilt **964** auch für den Fall, daß mehrere „Hersteller" an Produktion und Vertrieb des schadenstiftenden Produkts beteiligt sind. Die Richtlinie bestimmt nur, daß ihre Haftung gesamtschuldnerisch ist.

Die Haftungsschadensverteilung zwischen den Gesamtschuldnern überläßt die **965** Richtlinie dem autonomen nationalen Recht der Mitgliedstaaten. Dies hat im Hinblick auf die erklärte Zielsetzung der Richtlinie, Wettbewerbsverfälschungen zu vermeiden[38], zu Recht Kritik hervorgerufen[39]. Nationale Unterschiede in der Endverteilung des Schadens sind grundsätzlich ebenso wie Unterschiede in der Haftung geeignet, den Wettbewerb zu verfälschen. Daß die Anordnung einer gesamtschuldnerischen Haftung den Rahmen der endgültigen Schadensverteilung vorgibt und die rechtstechnischen Möglichkeiten ihrer Durchsetzung begrenzt, hilft wenig, weil sich die autonomen Rechtsordnungen der Mitgliedstaaten in vielen Einzelpunkten erheblich unterscheiden[40].

(2) Die Bedeutung für den Innenausgleich

Auch wenn die EG-Richtlinie den Innenausgleich zwischen gesamtschuldne- **966** risch haftenden „Herstellern" nicht regelt, haben ihre besonderen Strukturen doch spezifische Bedeutung für den Innenausgleich.

Nach der Richtlinie ist die Haftung unabhängig von einem Verschulden. Da- **967** mit ist aber nur etwas für die Haftung, nicht auch für die Schadensverteilung gesagt. Für die Schadensverteilung büßt das Kriterium des Verschuldens nichts von dem Gewicht ein, das ihm nach den nichtharmonisierten Rechten der Mitgliedstaaten zukommt[41]. Die Verschuldensunabhängigkeit der Haftung führt lediglich dazu, daß die Verschuldensproblematik, die schon im Rahmen der Verschuldenshaftung aufgrund von Beweislastumkehrungen zu Lasten der

---

36 Zutreffend *Ehmann* 99. Vgl. auch *Lukes* 274 f.
37 Vgl. aber die Erläuterungen zum Richtlinienvorschlag von 1976 (abgedruckt bei *Schmidt-Salzer*, EG-Produkthaftung I, 379); sowie *Taschner*, Art. 3 EG-Richtlinie, Rn. 23.
38 Vgl. die 1. Begründungserwägung der Richtlinie ABl.EG v. 7.8.1985 Nr. L 210/29; *Schmidt-Salzer*, EG-Produkthaftung I, S. 2.
39 *Schmidt-Salzer*, EG-Produkthaftung I, Art. 5 EG-Richtlinie Rn. 6; *Feldmann* 102 ff.; *Lukes* 156, 168.
40 Siehe unten bb).
41 Vgl. *Zawischa*, ÖJZ 1978, 43.

Haftenden teilweise auf die Stufe der Schadensverteilung verlagert worden ist, vollends dorthin umgesiedelt wird.

968 Im Gegensatz zur Verschuldenshaftung, die an ein bestimmtes pflichtwidriges Verhalten im eigenen Verantwortungsbereich des Haftpflichtigen anknüpft, knüpft die Haftung gemäß der Richtlinie allein an das Inverkehrbringen eines fehlerhaften Produktes. Dies hat zur Folge, daß Fehler des Produktes, die auf einer vorgelagerten Stufe des Produktions- und Absatzprozesses verursacht worden sind, nachfolgenden Unternehmen wie eigene Fehler zugerechnet werden[42]. Die Verantwortlichkeit gegenüber dem Geschädigten ist also nicht auf den eigenen Aufgabenbereich begrenzt. Die Zurechnung der Verursachung eines Fehlers im Verantwortungsbereich eines vorgelagerten Unternehmens soll aber allein den Interessen des Geschädigten dienen, nicht auch den Vermögensinteressen der Mithaftenden. Sie rechtfertigt deshalb nur die Haftung gegenüber dem Geschädigten (Außenverhältnis), nicht aber die endgültige Schadenstragung im Verhältnis zu den eigentlich Verantwortlichen (Innenverhältnis). Die Frage, in wessen Aufgabenbereich der Produktfehler entstanden ist, stellt sich deshalb in voller Schärfe im Innenausgleich. Dort ist sie von zentraler Bedeutung, weil die Haftungsschaden-Teilung entscheidend von der Abwägung der Verursachungsbeiträge abhängt.

969 Der auf die Außenhaftung begrenzte Zweck der Fehlerzurechnung beeinflußt nicht nur die interne Schadensteilung. Nach deutschem Recht wirkt er sich auch auf die Ausgleichsverpflichtung mehrerer aus. Mehrere vorgelagerte Hersteller sind demjenigen „Hersteller", der im Außenverhältnis zum Geschädigten ausschließlich aufgrund der Fehlerzurechnung haftet, gesamtschuldnerisch zum Ausgleich verpflichtet. Gleiches gilt gegenüber einem Lieferanten, wenn dieser ausnahmsweise gemäß Art. 3 Abs. 3 EG-Richtlinie (= § 4 Abs. 3 ProdHaftG) haftet, weil er seine Auskunftsobliegenheit gegenüber dem Geschädigten nicht erfüllt hat. Ihm gegenüber ist die gesamtschuldnerische Ausgleichshaftung der „Hersteller" geboten, da seine Haftung nicht auf der Mitverursachung des Produktfehlers oder des Schadens gründet, sondern auf der Nichtbenennung des Herstellers, des EG-Importeurs oder eines Vorlieferanten des schadenstiftenden Produkts[43].

970 Aus Sicht der Produkthaftpflichtigen sind die Gewichte zwischen Haftung und Haftungsschadensverteilung bei der verschuldensunabhängigen Haftung anders verteilt als bei der Verschuldenshaftung.

971 Für denjenigen, der aus *Verschuldenshaftung* in Anspruch genommen wird, steht die Haftung, genauer: ihre Abwehr, ganz im Vordergrund. Er ist in erster Linie bestrebt, der Haftung durch den Beweis fehlender Pflichtverletzung oder

---

42 Ausführlich hierzu *Schmidt-Salzer*, EG-Produkthaftung I, Einleitung, Rn. 160 ff.
43 Zum Sanktionscharakter dieser Haftung vgl. *Schmidt-Salzer*, EG-Produkthaftung I, Art. 3 EG-Richtlinie Rn. 283 ff.

fehlenden Verschuldens zu entgehen. Der Regreß ist zweitrangig; er wird allenfalls mittels Streitverkündung gesichert.

Im Gegensatz hierzu gibt die *verschuldensunabhängige Haftung*, die grundsätzlich nur das Inverkehrbringen eines fehlerhaften Produktes voraussetzt, den potentiell Ersatzpflichtigen vergleichsweise geringe Möglichkeiten, der Haftung zu entgehen. Hinzukommt, daß die Zurechnung der Verursachung eines Fehlers im vorgelagerten Herstellungsbereich zu einer Zunahme von Regreßansprüchen führt, weil der Geschädigte anders als bei der Verschuldenshaftung nicht die eigentlichen Schadensverursacher, sondern „stellvertretend" für sie den solventen Endhersteller oder den greifbaren EG-Importeur in Anspruch nimmt[44]. Vor allem ein Hersteller im Sinne der EG-Richtlinie darf deshalb seine Aufmerksamkeit nicht auf die Außenhaftung konzentrieren, sondern muß verstärkt auf die Frage achten, wie der Haftungsschaden auf die Fehlerverursacher weiterverlagert werden kann[45]. **972**

bb) Autonome nationale Rechte

(1) Die gesetzliche Teilung des Haftungsschadens

(a) Die Teilung: das Kernstück der Haftungsschadensverteilung

In der Rechtspraxis stehen die Instrumente zur Durchsetzung der Schadensteilung ganz im Vordergrund. Das wirkliche Kernstück der Haftungsschadensverteilung ist aber die Teilung selbst. Sie ist die Grundlage jedweden Regresses und unabhängig von der Regreßtechnik und den Regreßmitteln. **973**

(b) Die Komplexität gesetzlicher Regelungen

Die Teilung des Haftungsschadens unter mehreren Haftpflichtigen, die Anteilsbestimmung, ist in vielen Rechtsordnungen nur unzureichend geregelt. Dies liegt vor allem daran, daß die Haftungsrechte einzeltäterschaftlich konzipiert sind und deshalb bereits die Haftung mehrerer oft nur rudimentär geregelt ist[46]. Spezielle Haftungsgesetze aus jüngerer Zeit enthalten allerdings meist besondere Regelungen über die Teilung des Haftungsschadens unter mehreren Haftpflichtigen[47], so auch einige der bisher erlassenen nationalen **974**

---

44 Vgl. *Wandt*, in: Schmidt-Salzer, EG-Produkthaftung II/20–8 (Rn. 13).

45 Es wäre beispielsweise verfehlt, die Aufbewahrungsfrist für die Dokumentation des Produktionsprozesses an der zehnjährigen Ausschlußfrist des Art. 11 EG-Produkthaftungsrichtlinie auszurichten, wenn eine Inanspruchnahme durch einen Mitschädiger im Rahmen der Schadensverteilung noch zu einem viel späteren Zeitpunkt möglich ist.

46 Für die historischen Gesetzgeber der großen Kodifikationen war es außerdem schwierig, allgemeingültige Teilungsregelungen aufzustellen, weil die Kriterien der Teilung noch unsicher waren. Vgl. *v. Caemmerer*, ZfRV 1968, 98.

47 Vgl. z. B. §§ 17 Abs. 1 S. 1 StVG; 41 Abs. 1 S. 1 LuftVG, 13 Abs. 1 S. 1 HPflG. – Aus dem Rahmen fällt ohne Not das Gesetz über die Umwelthaftung vom 10. 12. 1990 (BGBl. I S. 2634), das entgegen der Empfehlung des Bundesrates keine entsprechende Vorschrift enthält (vgl. Bundesrat Drucks. 127/1/90 S. 73 f.).

Produkthaftungsgesetze, welche die EG-Produkthaftungsrichtlinie umsetzen[48]. Ihr persönlicher und sachlicher Anwendungsbereich ist aber häufig begrenzt, so daß die allgemeinen Vorschriften ergänzend heranzuziehen sind. Spezielle und allgemeine Teilungsvorschriften können inhaltlich divergieren. Auch wenn sie übereinstimmen, führt ihr Nebeneinander zu einer komplexen und komplizierten Normensituation[49].

(c) Nationale Teilungsregeln im Überblick

975   Aufs Ganze gesehen regeln die Rechtsordnungen der EG-Mitgliedstaaten und auch der übrigen europäischen Staaten die Teilung des Haftungsschadens ähnlich. In einzelnen Punkten gibt es jedoch gravierende Unterschiede, vor allem wenn die Teilungsregelung von Rechtsprechung und Lehre bestimmt wird, wie es etwa häufig für das Verhältnis von Arbeitgeber und Arbeitnehmer geschieht.

(aa) Flexible Teilungsregeln

976   Die meisten Rechte enthalten flexible Teilungsregeln. Nach ihnen sind die Anteile (Quoten) der Schädiger im allgemeinen durch Abwägung der (jeweiligen) Verursachung und des (jeweiligen) Verschuldens zu bestimmen. In einigen Rechten sind daneben weitere *Kriterien für die Teilung* zu berücksichtigen. So ist beispielsweise nach § 11 Abs. 2 des dänischen Produkthaftungsgesetzes[50] erheblich[51], ob ein Ersatzpflichtiger Haftpflichtversicherungsschutz genießt, während dies im deutschen Recht weder nach allgemeinem noch nach speziellem Produkthaftungsrecht für die Schadensteilung von Bedeutung ist[52]. Die enorme Relevanz unterschiedlicher Teilungskriterien liegt auf der Hand.

977   Unterschiede gibt es auch in der *Gewichtung der Teilungskriterien*. So kommt es beispielsweise im deutschen Recht in erster Linie auf die Verursachung

---

48 Spezielle Teilungsregelungen enthalten außer § 5 S. 2 des deutschen Produkthaftungsgesetzes beispielsweise: Art. 9 Abs. 2 italienische Produkthaftungsverordnung (Verordnung des Präsidenten der Republik vom 24. Mai 1988, Nr. 224, Gazz. Uff., n. 146 de 23 giugno 1988 − Supplemento ordinario n. 56, S. 21; abgedruckt in deutscher Sprache in PHI 1988, 125); § 11 Abs. 2 und 3 des dänischen Gesetzes Nr. 371 vom 7. Juni 1989 über die Produkthaftung (Lovtidende A 1989 S. 1260; abgedruckt in deutscher Sprache in PHI 1989, 175); Art. 6 Abs. 2 und 3 des portugiesischen Dekretgesetzes Nr. 383/89 vom 6. November 1989 (Diário da República 6-11-1989, 4480; abgedruckt in deutscher Sprache in PHI 1990, 10).

49 Vgl. zum deutschen Recht *Wandt*, in Schmidt-Salzer, EG-Produkthaftung II/21-22 f. (Rn. 36).

50 Gesetz Nr. 371 vom 7. Juni 1989 über die Produkthaftung, vgl. vorige Fn. 48.

51 Vgl. *Sinding*, PHI 1990, 116 („Besonderheit").

52 Vgl auch Art. 9 Abs. 2 S. 1 italienische ProdukthaftungsVO (Fn. 48): „ ... Regreßanspruch ..., dessen Maß sich nach der Größe des jedem einzelnen zurechenbaren Risikos, nach der Schwere des eventuellen Verschuldens und nach dem Ausmaß der sich daraus ergebenden Folgen bestimmt" und dazu *Posch/Padovini* § 125 Rn. 72; ähnlich Art. 6 Abs. 2 portugiesisches ProdHaftG (Fn. 48): „Für das Innenverhältnis sind die Umstände zu berücksichtigen, insbesondere das Risiko, das von jedem Verantwortlichen geschaffen wurde, die Schwere des Verschuldens, mit dem er möglicherweise gehandelt hat, und sein Beitrag zum ‚Schaden'".

an[53], während etwa im englischen Recht Verursachung und Verschulden zumindest gleichrangig sind[54] und im österreichischen Recht die Verschuldensabwägung gegenüber der Verursachungsabwägung wohl vorrangig ist[55]. Die praktische Bedeutung derartiger Unterschiede ist nur schwer zu ermessen, weil die Schadensteilung in Gerichtsentscheidungen häufig nur floskelhaft begründet wird[56].

Einfluß auf die Schadensteilung hat auch, ob der Richter einen weiten gesetzlichen *Ermessensspielraum* hat oder ob er durch das Gesetz eng gebunden ist. Ein weites Ermessen gewährt beispielsweise section 2 (1) des englischen Civil Liability (Contribution) Act 1978 („ ... the amount of the contribution ... shall be such as may be found by the court to be just and equitable ... „). Eine mehr oder weniger enge Bindung besteht dagegen etwa im italienischen[57] und auch im deutschen Recht, obgleich dessen Teilungsregeln allgemein auf die „Umstände" verweisen. **978**

Von Bedeutung ist schließlich, ob die Teilungsregelung dem Regreßgläubiger grundsätzlich die volle *Beweislast* für die abzuwägenden Umstände auferlegt oder im Zweifel die Aufteilung zu gleichen Teilen vorsieht, wie beispielsweise Art. 9 Abs. 2 S. 2 italienische Produkthaftungsverordnung[58]. **979**

(bb) Starre Teilungsregeln

Starre Teilungsregeln verdienen die Bezeichnung „Teilungsregel" häufig nur bedingt. Meist teilen sie den Schaden nämlich nicht, sondern weisen ihn vollständig einer bestimmten Person zu. Dies heißt zugleich: Sie schließen in ihrem Anwendungsbereich eine Abwägung der konkreten Umstände aus. Sachgerecht ist dies allenfalls für eng begrenzte Fallgruppen. Starre Teilungsregeln werden deshalb grundsätzlich als Ausnahmevorschriften verstanden und als solche eng ausgelegt[59]. **980**

Eine Sonderstellung nimmt im europäischen Vergleich Art. 51 Abs. 2 Schweizer OR ein. Haften mehrere Personen unabhängig voneinander aus verschiede- **981**

---

53 Ständige Rechtsprechung, vgl. RG, 7.12.1933, RGZ 142, 356, 368; BGH, 29.1.1969, NJW 1969, 789, 790, und herrschende Lehre, vgl. nur *Palandt/Heinrichs*, § 254 BGB Rn. 46.

54 Instruktiv *Fitzgerald v. Lane* (1988) 3 W.L.R. 356; vgl. auch *Dias/Markesinis* 580 f. – Das Verhältnis von Verursachung und Verschulden wurde lange sehr kontrovers diskutiert; vgl. *Wagenfeld* 182; *Salmond* 448 (für Verschuldensabwägung).

55 So *Reindl*, in: Fitz/Purtscheller/Reindl, § 12 PHG Rn. 5.

56 Vgl. zur deutschen Rechtsprechung *Rother*, VersR 1983, 796 mit zahlreichen Belegen, sowie *J. Koch*, Haftungsprobleme 181 f.

57 Art. 2055 Codice civile; Art. 9 Abs. 2 italienische Produkthaftungsverordnung (siehe oben Fn. 48); vgl. dazu *Pfister*, Kza. 4910 S. 7, sowie *Kandut*, PHI 1988, 122.

58 Zum Hilfscharakter der Regelung über die Aufteilung zu gleichen Teilen (Art. 2055 Abs. 3 Codice civile) vgl. Cass., 13.3.1980, Giur. It. 1980, 1460.

59 Vgl. zu starren Teilungsregeln des deutschen Rechts *Wandt*, in: Schmidt-Salzer, EG-Produkthaftung II/21–22 f. (Rn. 36).

nen Rechtsgründen[60], so trägt nach dieser Vorschrift „in der Regel derjenige in erster Linie den Schaden, der ihn durch unerlaubte Handlung verschuldet hat, und in letzter Linie derjenige, der ohne eigene Schuld und ohne vertragliche Verpflichtung nach Gesetzesvorschrift haftbar ist". Das Besondere an dieser Regelung ist, daß sie die unterschiedlichen Haftungsarten in eine feste Rangfolge bringt. Die Meinungen über diese Rangordnung gehen im Schweizer Schrifttum allerdings diametral auseinander. Sie reichen von Prädikaten wie „Meisterstück"[61], „ausgezeichnete gesetzgeberische Leistung"[62] oder „wohlabgewogenes ethisch fundiertes Prinzip"[63] bis hin zu stärkster Mißbilligung wie „geradezu verfehlte Wertungsanleitung"[64].

982 Die Regelung des Art. 51 Abs. 2 OR, von der die Rechtsprechung Ausnahmen nur mit größter Zurückhaltung zuläßt[65], belegt nicht nur beispielhaft, daß sich auch innerhalb der europäischen Rechtsordnungen im Einzelfall schwerwiegende Ergebnisunterschiede in der Teilung des Haftungsschadens ergeben können[66]. Die mit der „gleichsam versteinerten Rangfolgeordnung"[67] verbundenen Probleme zeigen darüber hinaus, wie problematisch es ist, starre Teilungsregelungen aufzustellen, obgleich sich die Grundlage der Teilung, nämlich das Haftungsrecht, stetig verändert.

983 Einige Gliedstaaten der USA, darunter der District of Columbia und Virginia, folgen noch immer der alten „equal-share rule", nach der die Haftpflichtigen im Innenverhältnis zu gleichen Teilen verpflichtet sind, unabhängig von dem relativen Gewicht ihres „fault". Diese starre Teilungsregel soll jeden Beteiligten zur Einhaltung des gebotenen Sorgfaltsmaßstabs ermutigen, was nach verbreiteter Ansicht durch eine flexible Teilungsregelung (comparative fault rule) aber besser erreicht wird[68]. Die starre Regelung dient außerdem dazu, und hierin liegt ihr wahrer Grund, die Haftungsschadensverteilung zwischen den Beteiligten zu erleichtern.

(d) Die Abgrenzung der Verantwortungsbereiche

984 Die Abwägung von Verursachung und Verschulden, die im allgemeinen für die Schadensteilung bestimmend ist, setzt voraus, daß alle Verursachungsbeiträge bestimmten Personen zugerechnet werden. Nationale Unterschiede in der Zu-

---

60 Mit Rechtsgründen bezeichnet das Gesetz die verschiedenen Haftungsarten, vgl. *Oftinger* 348.
61 *Oswald*, SZS 1972, 27.
62 *Oftinger* 348.
63 *Oftinger* 352.
64 *Schaer* 289 Rn. 842.
65 Vgl. Berner Kommentar *Brehm*, Art. 51 OR Rn. 80.
66 Vgl. hierzu *Schaer* 308 f. Rn. 905.
67 *Schaer* 306 Rn. 896.
68 In diesem Sinne die Entscheidung In re *Air Crash Disaster Near Washington, D.C.*, 559 F. Supp. 333, 351.

rechnung verändern die Grundlage der Abwägung und beeinflussen daher die Schadensteilung entscheidend.

Eine exakte Abgrenzung der Verantwortungsbereiche ist für die Schadenstei- **985** lung von weit größerer Bedeutung als für die Haftung. Die Schadensteilung kommt ohne sie nicht aus. Für die Haftung genügt es dagegen, festzustellen, daß der einzelne Schädiger irgendeine für den Schaden kausale Pflichtverletzung begangen hat, oder, wenn er Hersteller im Sinne des harmonisierten Produkthaftungsrechts ist, daß er das fehlerhafte Produkt in den Verkehr gebracht hat.

(2) Die gesetzliche Verteilung des Haftungsschadens

(a) Überblick

Betrachtet man nur die Teilungsregeln, so ähneln sich die europäischen Rechte. **986** Nimmt man jedoch die materiell- und prozeßrechtlichen Regeln über die Verteilung hinzu, so überwiegen die Unterschiede[69]. Die unterschiedlichen Verteilungsregeln überlagern die Teilungsregeln, so daß von deren Ähnlichkeit kaum mehr etwas zu spüren ist. Dies gilt sogar, wenn man die grundlegenden Unterschiede der Regreßtechniken, die der vertraglichen und der außervertraglichen Produkthaftung eigen sind[70], außer acht läßt und sich auf die außervertragliche Produkthaftung konzentriert.

(b) Pflichten vor Befriedigung des Geschädigten

In den meisten Rechtsordnungen haben *haftungsrechtliche* Gesamtschuldner **987** vor der Befriedigung des Geschädigten keine wechselseitigen Pflichten[71]. Das deutsche Recht verpflichtet dagegen Gesamtschuldner jeder Art[72], an der Befriedigung des Geschädigten entsprechend den jeweiligen Anteilen mitzuwirken, damit ein Ausgleich im Wege des Regresses erst gar nicht erforderlich wird[73].

(c) Gesetzliche Regreßmittel

Welche gesetzlichen Regreßmittel dem Schädiger zur Verfügung stehen, der **988** den Geschädigten befriedigt hat, wird bisweilen nur als eine technische Frage der Durchführung des Rückgriffs angesehen. Der sachliche Gehalt dieser

---

69 Vgl. *Hohloch*, FS Keller 440 („ ... das sich hier bietende Bild ist bunt").
70 Vgl. *Wandt*, in: Schmidt-Salzer, EG-Produkthaftung II/21–7 ff.
71 Zum englischen Recht vgl. *Wagenfeld* 42 ff.; zum französischen Recht v. *Caemmerer*, ZfRV 1968, 88 ff.
72 Eine Verpflichtung *deliktischer* Gesamtschuldner, dafür zu sorgen, daß keiner über seinen Verantwortungsbeitrag hinaus in Anspruch genommen wird, hält insbesondere v. *Caemmerer*, ZfRV 1968, 91, für rechtspolitisch verfehlt.
73 In Österreich sind die Meinungen geteilt, vgl. *Rummel/Gamerith*, § 896 ABGB Rn. 2.

Frage ist jedoch nicht gering zu schätzen. Augenscheinlich sind die Unterschiede beispielsweise in der Verjährung oder in den Einreden, die dem jeweiligen Regreßanspruch entgegengesetzt werden können. Weniger offensichtlich, für die Praxis aber von großer Bedeutung ist ein möglicher mittelbarer Einfluß der Frage in anderen Bereichen, beispielsweise auf die Bestimmung des in Fällen mit Auslandsberührung auf den Regreß anwendbaren Rechts[74] oder auf die Bestimmung eines einheitlichen Gerichtsstandes für die Regreßklage[75].

989 Die meisten Rechte geben dem Ausgleichsberechtigten einen originären, von der Forderung des Geschädigten unabhängigen Anspruch (vgl. § 426 Abs. 1 BGB) und leiten zusätzlich den Anspruch des Geschädigten auf ihn über (sog. bestärkende Legalzession; vgl. § 426 Abs. 2 BGB). Seltener ist die etwa im englischen Recht[76] zu findende Lösung, dem Ausgleichsberechtigten ausschließlich einen originären Anspruch zu gewähren. Umgekehrt befürworten gewichtige Stimmen für das österreichische Recht grundsätzlich die Legalzession als alleiniges Regreßmittel[77].

990 Aus der Sicht des deutschen Rechts, das hinsichtlich der zulässigen Regreßmittel streng unterscheidet, ob der Regreßbegehrende zur Befriedigung des Geschädigten verpflichtet war oder nicht[78], verdient section 1 (4) des englischen Civil Liability (Contribution) Act 1978 besondere Hervorhebung. Nach dieser Vorschrift steht der originäre Regreßanspruch von section 1 (1) auch demjenigen zu, der, ohne haftpflichtig zu sein, einen gegen ihn geltend gemachten Schadensersatzanspruch aufgrund „bona fide settlement or compromise" befriedigt hat, vorausgesetzt er wäre haftpflichtig gewesen, wenn die vom Geschädigten behaupteten anspruchsbegründenden Tatsachen beweisbar wären. Die Vorschrift soll verhindern, daß eine außergerichtliche Streitbeilegung aus Furcht vor rechtlichen Regreßschwierigkeiten unterbleibt[79].

991 Sehr unterschiedlich sind die Verjährungsfristen von selbständigen Regreßansprüchen. Die Frist reicht von 2 Jahren nach der Verurteilung des Ausgleichs-

---

74 Siehe unten II. 3.

75 Vgl. *Wandt*, in: Schmidt-Salzer, EG-Produkthaftung II/23–31 ff.

76 Vgl. *Dias/Markesinis* 580 („the right is sui generis"), *Wagenfeld* 57; *Hüffer* 50. – Zu den „established categories of subrogation", zu denen der Ausgleich zwischen Deliktstätern nicht gehört, vgl. *Goff/Jones* 532 ff.

77 So *Koziol*, Österreichisches Haftpflichtrecht I, 302 f.; ihm folgend etwa *Rummel/Reischauer*, § 1302 ABGB Rn. 9. – § 12 Abs. 1 des österreichischen Produkthaftungsgesetzes vom 21. 1. 1988 gibt allerdings ausdrücklich einen originären Regreßanspruch (vgl. die Erläuterungen zu § 12 der Regierungsvorlage 272 BlgNR 17. GP, 42; *Welser*, § 12 PHG Rn. 1; aber auch *Barchetti/Formanek* 134, die auch den Rückersatzanspruch des § 12 PHG als Ergebnis einer Legalzession deuten). Mit dem originären Regreßanspruch aus § 12 PHG kann ein durch Legalzession auf den leistenden Schädiger übergegangener Anspruch des Geschädigten konkurrieren (vgl. *Welser*, § 12 PHG Rn. 4 und 9). Für die Legalzession als vorrangiges Regreßmittel im Schweizer Recht: *Oftinger* 339 f., 347.

78 Vgl. *Wandt*, ZVglRWiss 86 (1987) 272, 274 ff. (mit rechtsvergleichenden Hinweisen), 297.

79 Vgl. *Dugdale*, Mod. L. Rev. 42 (1979) 184; *Dias/Markesinis* 578. Vgl. auch *Comex Houlder Diving Ltd. v. Colne Fishing Co. Ltd.* 1987 S.L.T. 443 (H.L.) zu s. 3 (2) Law Reform (Miscellaneous Provisions) (Scotland) Act 1940 (3 & 4 Geo. VI, c.42).

berechtigten im englischen Recht[80] bis zu 30 Jahren nach Entstehen der Gesamtschuld im deutschen Recht[81]. Verschieden sind ebenfalls die Antworten auf die Frage, ob die zehnjährige Erlöschensfrist entsprechend Art. 11 EG-Produkthaftungsrichtlinie auch für selbständige Regreßansprüche Bedeutung hat. Während dies etwa im deutschen Recht nicht der Fall ist, gilt die Erlöschensfrist gemäß Art. 1407 lit. g Abs. 2 S. 2 des niederländischen Bürgerlichen Gesetzbuchs[82] auch „für das Recht eines Dritten, der mit für den Schaden haftet, bezüglich des Regresses gegen den Hersteller".

Solange im IPR eine einheitliche Anknüpfung von gesetzlichen Regreßansprüchen jeglicher Art nicht gesichert ist[83] und Unterschiede hinsichtlich der internationalen Zuständigkeit[84] möglich sind, ist schließlich von großem praktischen Interesse, ob dem Ausgleichsberechtigten konkurrierende Ansprüche aus allgemeinen Rechtsinstituten wie der Geschäftsführung ohne Auftrag oder der ungerechtfertigten Bereicherung zustehen — eine Frage, die nicht nur in Deutschland umstritten ist. **992**

(d) Teilhaftung oder gesamtschuldnerische Haftung im Innenausgleich

Für den Innenausgleich von großer Relevanz ist die Frage, ob mehrere Ausgleichsverpflichtete wie dem Geschädigten auch dem Ausgleichsberechtigten als Gesamtschuldner oder aber nur als Teilschuldner verpflichtet sind. Diese Frage ist in den meisten Rechtsordnungen nicht — jedenfalls nicht ausdrücklich — geregelt. Die Antworten sind deshalb häufig unsicher. In vielen Rechten wird ausnahmslos von Teilschulden ausgegangen. Ob dies dem Schutzbedürfnis beispielsweise eines EG-Importeurs gerecht wird, der allein wegen der Einfuhr eines fehlerhaften Produktes in die EG haftet, den Fehler des schadenstiftenden Produktes also nicht mitverursacht hat, ist äußerst zweifelhaft. Nach § 12 Abs. 1 S. 2 des österreichischen PHG sind in einem solchen Fall mehrere Personen, etwa der Endhersteller und der Zulieferer, gesamtschuldnerisch zum Rückersatz verpflichtet[85]. Auch das deutsche Recht kennt Ausnahmen von dem Grundsatz, daß mehrere nur teilschuldnerisch zum Ausgleich verpflichtet sind. Sie lassen den notwendigen Spielraum, um den aus den Haftungsstruktu- **993**

---

80 Limitation Act 1980 s. 10; vgl. *Goff/Jones* 727 f., 293; *Dugdale*, Mod. L. Rev. 42 (1979) 188 f.

81 Vgl. nur BGH, 9. 3. 1972, BGHZ 58, 216, 218 f.; *Palandt/Heinrichs*, § 426 BGB Rn. 3.

82 Gesetz vom 13. 9. 1990, Staatsblad 90 Nr. 487; deutsche Übersetzung in PHI 1991, 27 ff.

83 Vgl. *Wandt*, ZVglRWiss 86 (1987) 302 f.; für eine einheitliche Anknüpfung jetzt auch *Staudinger/v. Hoffmann*, Art. 38 EGBGB Rn. 196.

84 Vgl. *Wandt*, in: Schmidt-Salzer, EG-Produkthaftung II/23–31 ff.

85 Gem. Art. 1386–19 Abs. 2 i. V. m. Art. 1386–7 des französischen Gesetzentwurfs über die Produkthaftung (Assemblée Nationale, Projet de Loi, Neuvième Législature, Seconde Session 1989/1990, v. 23. Mai 1990, Doc. Ass. nat. 1989–1990, no. 1395, abgedruckt auch von *Hommelhoff/Jayme* 201 ff.) sind einem Händler („fournisseur professionnel"), der nicht Hersteller im Sinne des Gesetzes ist, der Hersteller eines Teilproduktes und der Hersteller, der das Teilprodukt in ein anderes Produkt einbaut, als echte Gesamtschuldner ausgleichspflichtig. — 1994 wurde ein geänderter Entwurf vorgelegt, vgl. PHi 1994, 95 f.

ren der verschuldensunabhängigen Haftung erwachsenden besonderen Schutz-
bedürfnissen eines Ausgleichsberechtigten angemessenen Rechnung zu tragen.

3. Das Verhältnis von Außenhaftung und Haftungsschadensverteilung

994 Die Verteilung des Haftungsschadens zwischen mehreren Produkthaftpflichtigen wird meist nicht als eigenständige Funktion des Produkthaftungsrechts angesehen. Solange nur die Verschuldenshaftung mit voller Beweislast des Geschädigten bestand, lag dies auch nicht nahe[86]. Ein Innenausgleich zwischen
mehreren gesamtschuldnerisch Haftenden mußte zwar erfolgen. Er ließ sich
aber von der (Außen-)Haftung dogmatisch wie funktionell ohne Schwierigkeiten trennen; insbesondere war die Präventionsfunktion des Haftungsrechts
nicht beeinträchtigt, weil jeder nur aufgrund eigenen Verschuldens haftete und
der Geschädigte meist gegen den „Hauptschuldigen" vorging, weil er dessen
Verschulden am einfachsten beweisen konnte.

995 Bereits mit der Umkehr der Beweislast für das Verschulden wurden Außenhaftung und Innenausgleich jedoch funktionell zusammengerückt. Diese Beweislastumkehr führt nämlich dazu, daß sich der Geschädigte in erster Linie an den
Endhersteller hält. Denn der Geschädigte kann den von ihm nach wie vor zu
erbringenden Beweis, daß das Produkt fehlerhaft war, als es der Haftpflichtige
in den Verkehr brachte, am ehesten gegenüber dem Endhersteller führen. Diese
faktische Kanalisierung der Außenhaftung auf den Endhersteller kann die Prävention gegenüber dessen Zulieferern beeinträchtigen, wenn der Endhersteller
nicht in die Lage versetzt wird, den Schaden auf den eigentlichen Verursacher
weiterzuverlagern[87]. Noch stärker zeigt sich die Verknüpfung von Außenhaftung und Innenausgleich bei der EG-Produkthaftung, die nachfolgende „Hersteller" für die Fehlerverursachung vorgelagerter Hersteller verschuldensunabhängig haften läßt und als „Hersteller" grundsätzlich auch den EG-
(EWR-)Importeur und ausnahmsweise auch andere Lieferanten ansieht[88]. Der
hierdurch bewirkte enge Zusammenhang zwischen Außenhaftung und Innenausgleich hat den österreichischen Gesetzgeber veranlaßt, im Produkthaftungsgesetz einen originären Regreßanspruch für denjenigen „Hersteller" zu
statuieren, der nur aufgrund fremder Fehlerverursachung haftet[89]. Heute
scheint es daher durchaus angezeigt, die Weiterverlagerung des Schadens
durch den vom Geschädigten in Anspruch genommenen Haftpflichtigen auf
Mitschädiger nicht nur als eine Funktionsbedingung, sondern als eine Funktion des Produkthaftungsrechts anzusehen[90].

---

86 Vgl. *Feldmann* 34 f.
87 Vgl. auch hierzu *Feldmann* 35 f.
88 Siehe oben § 1 I. 1. a) am Ende.
89 Siehe oben Fn. 77.
90 So vor allem *Lukes* 274 f.

III. Kollisionsrecht

1. Anknüpfungsrelevanz

a) Außenhaftung mehrerer

Die Regelungen über die Haftung mehrerer sind Teil der Gesamtregelung der **996** Haftung. Ihre Funktionsfähigkeit muß auch bei einem internationalen Haftungssachverhalt gewährleistet sein. Ihre Zwecke bzw. die von ihnen berührten Interessen sind deshalb bei der Anknüpfung „der Produkthaftung" notwendig zu berücksichtigen.

b) Die Haftungsschadensverteilung

Auch die Haftungsschadensverteilung im Innenverhältnis der Haftpflichtigen **997** ist bei der Entwicklung einer Anknüpfungsregel für die Produkthaftung zu berücksichtigen. Dies gilt unabhängig davon, ob man sie als Teil des Haftungsrechts (Unterfunktion) oder als eigenständig ansieht. Denn im Ergebnis muß ein internationaler Produkthaftungssachverhalt in seiner Gesamtheit zufriedenstellend geregelt sein. Auch wenn man Außenhaftung und Innenausgleich als eigenständig begreift, ist deshalb auf ein Zusammenwirken der Teilregelungen zu einer harmonischen Gesamtlösung zu achten. Dieses Ziel kann es durchaus erfordern, daß auf die Haftungsschadensverteilung, die im Innenverhältnis der Haftpflichtigen erfolgen muß, schon bei der Schaffung der Anknüpfungsregel der Außenhaftungen Bedacht genommen wird.

2. Die Außenhaftung mehrerer

a) Bestandsaufnahme

Entsprechend der einzeltäterschaftlichen Konzeption der Sachrechte wird auch **998** im Internationalen Deliktsrecht grundsätzlich die Haftung eines Schädigers ohne Rücksicht auf die Haftung anderer Schädiger angeknüpft, so daß mehrere Schädiger nach verschiedenen Rechten haften können[91]. Eine einheitliche Anknüpfung wird verbreitet für Mittäter und Beteiligte (Anstifter, Gehilfen), im allgemeinen aber nicht für Nebentäter bejaht[92]. Zu einer einheitlichen Anknüpfung der Haftung von Nebentätern gelangt die herrschende Auffassung deshalb nur, wenn sie die Haftung aus Gründen, die speziell mit der Außenhaftung mehrerer nichts zu tun haben, schädigerneutral anknüpft, etwa an den Ort der Rechtsgutsverletzung.

Wenn mehrere Schädiger nach verschiedenen Rechten haften, stellt sich die **999** Frage, nach welchem Recht die Verknüpfung der Haftpflichten zu Gesamtschulden zu beurteilen ist. Diese Frage ist noch nicht abschließend geklärt.

---

91 Vgl. z. B. die ausdrückliche Regelung in Art. 140 Schweizer IPR-Gesetz.
92 Vgl. z. B. *Stoll*, FS Müller-Freienfels 648 ff.; MünchKomm-*Kreuzer*, Art. 38 EGBGB Rn. 95 ff.

Einige Autoren lehnen es ab, eine solche Schädigermehrheit als Gesamtschuld zu qualifizieren, weil sich der Ausgleich zwischen den Schädigern aufgrund der unterschiedlichen Schuldstatute nicht zufriedenstellend lösen lasse[93]. Die überwiegende Meinung hält ein „gemischtes"[94] oder − treffender ausgedrückt − „rechtlich gespaltenes"[95] Gesamtschuldverhältnis jedoch für möglich[96]. Dabei fordern einige Autoren, daß nach jedem Schuldstatut ein Gesamtschuldverhältnis begründet ist[97], während die Mehrzahl der Autoren für jeden Schuldner getrennt beurteilt, ob er nach dem für ihn maßgeblichen Schuldstatut gesamtschuldnerisch haftet[98]. Nach dieser Ansicht kann also ein Schädiger als Gesamtschuldner und ein anderer als Teilschuldner verpflichtet sein[99]. Selten erörtert wird von den Befürwortern einer „rechtlich gespaltenen Gesamtschuld" die Frage, welches Recht darüber befindet, ob forderungsrelevante Umstände im Verhältnis des Geschädigten zu einem Schädiger, wie z.B. die Erfüllung durch ein Surrogat, die Verjährung, der Verzug oder ein Erlaß, Einzelwirkung oder Gesamtwirkung für andere Gesamtschuldner haben. Dem Ansatz der getrennten Anknüpfung jeder einzelnen Haftpflicht entspricht es, daß das Haftungsstatut eines Schädigers bestimmt, wie sich in der Person eines anderen Schädigers eingetretene Umstände auf seine Haftung auswirken[100].

1000 Hinsichtlich mehrerer als Nebentäter haftender *Produkthaftpflichtiger* halten es einige Autoren[101] dagegen für angezeigt, die mehreren Haftpflichtverhältnisse ein und demselben Recht zu unterstellen. Dies fördere den Abschluß von Vergleichen und erleichtere die richterliche Entscheidung. Die herrschende Meinung knüpft die Außenhaftungen jedoch wie auch sonst unabhängig von einander an, nimmt also eine Haftung nach verschiedenen Rechten in Kauf.

b) Würdigung

1001 Die herrschende Ansicht, die Haftung mehrerer Schädiger ungeachtet einer Nebentäterschaft anzuknüpfen, entspricht dem gewöhnlichen Erscheinungsbild der Nebentäterschaft. Nebentäter verursachen einen Schaden durch jeweils selbständige unerlaubte Handlungen. Trotz der Verursachung ein und desselben Schadens handelt es sich um mehrere Lebenssachverhalte. Sieht man

---

93 *Wilde* 319; *Psolka*, VersR 1974, 419.
94 *Beemelmans*, RabelsZ 29 (1965) 527.
95 *Stoll*, FS Müller-Freienfels 646.
96 *Letzgus*, RabelsZ 3 (1929) 853; *Rilling* 95; *Martin Wolff* 154f.; *Reithmann/Martiny*, Rn. 513. − *Kropholler*, RabelsZ 33 (1969) 622, will bei mehreren Schädigern zwar das Deliktsstatut für jeden gesondert bestimmen, auf das Tatortrecht aber als einheitliches Regreßstatut zurückgreifen.
97 Z.B. *Beemelmans*, RabelsZ 29 (1965) 527.
98 *Ferid*, IPR, Rn. 6−119; *Rilling* 95; *Letzgus*, RabelsZ 3 (1929) 853.
99 So ausdrücklich *Rilling* 95; *Letzgus*, RabelsZ 3 (1929) 853.
100 *Stoll*, FS Müller-Freienfels 655 für den Fall „gestörter" Gesamthaftung infolge gesetzlicher oder rechtsgeschäftlicher Haftungsfreistellungen; *Hohloch*, NZV 1988, 166 für den Fall der Auflockerung des „Deliktstatuts" durch Rechtswahl; *Gonzenbach* 168f.
101 *Duintjer Tebbens* 344f., 358; *Winkelmann* 250f.

von der Haftungsschadensverteilung im Innenverhältnis der Nebentäter ab[102], so könnte die Nebentäterschaft allenfalls wegen der rechtlichen Verknüpfung der Außenhaftungen[103] eine einheitliche Anknüpfung rechtfertigen.

Diese macht eine einheitliche Anknüpfung gewiß wünschenswert, weil damit Unstimmigkeiten und Anpassungsprobleme vermieden werden. Dies gilt für die gesamtschuldnerische wie für die anteilige Haftung. So wird etwa ausgeschlossen, daß der Geschädigte bei einer anteiligen Haftung mehrerer Schädiger einen Teil seines Schadens selbst tragen muß, weil die verschiedenen Deliktsstatute bei der Beurteilung der Anteile der mehreren Schädiger divergieren und jeweils dem ihnen unterliegenden Schädiger einen geringeren Anteil zumessen als dem Mitschädiger, für den ein anderes Recht gilt[104].

1002

Die Frage ist aber, ob nicht andere anknüpfungsrelevante Gesichtspunkte, die zu rechtlich gespaltenen Außenhaftungen führen, etwa das Interesse des Schädigers an der Maßgeblichkeit des Rechts an *seinem* Handlungsort, größeres Gewicht haben. Die herrschende Ansicht bejaht dies inzident. Unterstellt man, daß es erhebliche Interessen für eine unterschiedliche Anknüpfung der Außenhaftungen gibt, so wird man ihrer Bevorzugung unter dem Gesichtspunkt der rechtlichen Verknüpfung der Haftungen im Außenverhältnis zum Geschädigten[105] grundsätzlich zustimmen können, weil sich die in diesem Bereich auftretenden Probleme insbesondere durch Anpassung meist zufriedenstellend lösen lassen[106].

1003

Bei mehreren als Nebentäter haftendenden *Produkthaftpflichtigen* sind gewichtige Gründe für eine unterschiedliche Anknüpfung der Außenhaftungen bislang aber nicht dargetan. Ein Grund hierfür ist, daß Produkthaftpflichtige phänotypisch in aller Regel keine gewöhnlichen Nebentäter sind[107]. Sie handeln nicht nebeneinander, sondern nacheinander. Sie wirken ähnlich wie Mittäter bewußt und zielgerichtet zusammen, wenn auch nicht, wie es für eine Mittäterschaft im rechtlichen Sinne notwendig wäre, um den schädigenden Erfolg, sondern um einen Absatzerfolg herbeizuführen. Dies läßt den Interessen des einzelnen Produkthaftpflichtigen an einer individuellen Anknüpfung allenfalls geringes Gewicht.

1004

---

102 Siehe oben II. 2.
103 Siehe oben II.1.
104 Entsprechendes kann im Innenausgleich zwischen Gesamtschuldnern auftreten, wenn mehrere nach verschiedenen Rechten zum Ausgleich verpflichtet sind. Vgl. dazu das Beispiel von *Wandt*, in: Schmidt-Salzer, EG-Produkthaftung II/20–16f. (Rn. 31).
105 Siehe dagegen zu Einwänden unter dem Gesichtspunkt der Haftungsschadensverteilung unten 3.
106 So böte es sich für den zuvor im Text genannten Problemfall, daß die verschiedenen Deliktsstatute die Anteile von Nebentätern so festsetzen, daß nicht der gesamte Schaden abgedeckt ist, diese Lösung an: Der ungedeckte Anteil verbleibt nicht beim Geschädigten, sondern wird auf die Schädiger aufgeteilt, kopfteilig oder entsprechend dem Verhältnis der ihnen jeweils von „ihrem" Recht auferlegten Anteile.
107 Siehe schon § 15 im Text nach Fn. 260.

1005   Für eine Haftung von *Alternativtätern* in der Art einer Marktanteilshaftung, wie sie in den USA teilweise befürwortet wird[108], kommt eine unterschiedliche Anknüpfung nicht in Betracht. Die materiellrechtliche Konzeption einer solchen Haftung läßt keinen Raum für kollisionsrechtliche Individualinteressen eines Alternativtäters[109].

3. Die Haftungsschadensverteilung und ihre Bedeutung für die Anknüpfung der Außenhaftung

a) Kollisionsregeln über die gesetzliche Haftungsschadensverteilung

1006   Wie das Haager Produkthaftungsübereinkommen[110] enthalten auch die meisten nationalen Kollisionsrechte keine geschriebenen Kollisionsregeln über die Schadensverteilung zwischen mehreren Haftpflichtigen. Die Antwort auf die Frage nach dem anwendbaren Recht ist daher meist umstritten und unsicher[111].

1007   Eine spezielle Kollisionsnorm enthält das Schweizer IPR-Gesetz. Nach Art. 144 kann ein Schuldner auf einen anderen Schuldner unmittelbar oder durch Eintritt in die Rechtsstellung des Gläubigers insoweit Rückgriff nehmen, als es die Rechte ihrer beiden Verpflichtungen zulassen (Abs. 1; Kumulation der Schuldstatute). Die Durchführung des Rückgriffs untersteht allein dem Schuldstatut des Rückgriffsverpflichteten (Abs. 2 S. 1).

1008   Gesetzestechnisch ist Art. 144 Schweizer IPR-Gesetz aus zwei Gründen besonders bemerkenswert. Die eigenständigen Regelungen über das „Ob" des Regresses in Absatz 1 und über das „Wie" des Regresses in Absatz 2 führen die im Sachrecht bestehende Trennung zwischen der Teilung des Haftungsschadens (Anteilsbestimmung) und der Verteilung des Haftungsschadens (Regreß) auch im Kollisionsrecht exakt durch. Zum anderen behandelt Absatz 2 die Verteilung des Haftungsschadens („die Durchführung des Rückgriffs") als Einheit und erhebt nicht die unterschiedlichen Regreßmittel je für sich zum Anknüpfungsgegenstand (Verweisungsgegenstand).

1009   Inhaltlich steht Art. 144 Schweizer IPR-Gesetz unter der Leitidee, den Regreßschuldner zu schützen, weil nach den Vorstellungen des Schweizer Gesetzgebers bei ihm der Schwerpunkt eines Regreßrechtsverhältnisses liegt[112]. Der Schutz des Regreßschuldners ist besonders stark ausgestaltet, wo das „Ob" des

---

108 Siehe oben § 6 II. 2. f.

109 Vgl. *Otte* 50 Fn. 55, der dazu neigt, einen Verstoß gegen den ordre public der lex fori zu bejahen, wenn ein Hersteller mit dem Geschädigten die Maßgeblichkeit eines Rechts vereinbart, wonach die Marktpräsenz keine Haftung begründet.

110 Siehe oben im Text nach Fn. 8.

111 Insbesondere Importeuren wird aus diesem Grund häufig empfohlen, das auf Regreßansprüche anwendbare Recht mit dem ausländischen Hersteller ausdrücklich zu vereinbaren. Vgl. z. B. *Frotz*, Deutsch-Österreichischer Wirtschaftsspiegel 1988, 24; *Reindl*, in: Fitz/Purtscheller/Reindl, § 12 PHG Rn. 4.

112 Vgl. Schlussbericht 253.

Regresses in Frage steht (Abs. 1). Der Schweizer Gesetzgeber begnügt sich insoweit nämlich nicht wie beim „Wie" des Regresses (Abs. 2 S. 1)[113] mit der Anknüpfung an das Haftungsstatut des Regreßverpflichteten, sondern knüpft kumulativ an die Haftungsstatute beider Regreßparteien an, die gemäß Art. 140 Schweizer IPR-Gesetz verschieden sein können. Dies sichert dem Regreßverpflichteten die Maßgeblichkeit des eigenen Haftungsstatuts, ohne die Maßgeblichkeit einer günstigeren Regelung des Haftungsstatuts des Regreßberechtigten auszuschließen[114].

Diametral zur Lösung des Schweizer IPR steht die Lösung Österreichs, dessen **1010** IPR-Gesetz keine spezielle Kollisionsnorm über Regreßrechtsverhältnisse enthält. Nach herrschender Meinung[115] unterliegen Regreßansprüche aus Gläubigerbefriedigung durch einen hierzu verpflichteten Dritten, wozu ausdrücklich auch ein Solidarschuldner gezählt wird[116], der Sachrechtsordnung, welche die Gläubigerbefriedigungspflicht vorschreibt. Kollisionsrechtlich geschützt wird also, anders als in der Schweiz, nicht der Regreßverpflichtete, sondern der Regreßberechtigte.

Die bisher vorgestellten Lösungen rekurrieren auf die Rechte, welche die Haf- **1011** tung der Regreßparteien im Außenverhältnis zum Geschädigten beherrschen, sei es auf das Haftungsstatut des Regreßschuldners, sei es auf das Haftungsstatut des Regreßberechtigten, sei es auf beide. Einen anderen Weg beschreitet das englische IPR. Es qualifiziert die Schadensverteilung zwischen Deliktsschuldnern dem Sachrecht folgend[117] nicht als deliktisch, sondern als quasivertraglich oder als Recht sui generis[118]. Nach der allgemein anerkannten Regel ist

---

113 Das „Wie" des Regresses läßt sich anders als das „Ob" des Regresses nicht kumulativ nach mehreren Rechten beurteilen; vgl. dazu *Wandt* 197. Möglich wäre nur, die Durchführung des Regresses dem für den Regreßverpflichteten günstigeren Recht zu unterstellen. Dies hieße aber, den Schutz des Regreßschuldners zu übertreiben.

114 Vgl. *D.M. Meyer* 20, 25, sowie das Beispiel von *Wandt*, in: Schmidt-Salzer, EG-Produkthaftung II/22–16 (Rn. 16).

115 Allgemein *Schwimann* 109, 146; *Rummel/Schwimann*, vor § 35 IPRG Rn. 7a; *Schwind*, IPR, Rn. 451, 545; bezogen auf den Regreß zwischen Produkthaftpflichtigen: *Posch*, RdW 1988, 73; *Welser*, § 12 PHG Rn. 5; *Reindl*, in: Fitz/Purtscheller/Reindl, § 12 PHG Rn. 4; vgl. auch *Barchetti/Formanek* 153, die § 48 Abs. 1 IPR-Gesetz auf Rückgriffsansprüche im Sinne von § 12 PHG analog anwenden wollen, da diese Ansprüche, wenn auch ihre deliktische Natur zweifelhaft sei, jedenfalls außervertraglicher Art seien.

116 Z.B. *Schwimann*, Grundriß 109. – Das Problem einer rechtlich gespaltenen Gesamtschuld mehrerer Schädiger wird im Schrifttum soweit ersichtlich nicht erörtert. Für die Produkthaftung stellt es sich nicht, soweit gestützt auf § 48 Abs. 1 S. 2 IPR-Gesetz an den Marktstaat angeknüpft wird (siehe oben § 3 IV). Der Anwendungsbereich der Anknüpfung ist aber noch ungeklärt. Im allgemeinen stellt sich das Problem aber auch in Österreich aufgrund der Anknüpfung an den Handlungsort (§ 48 Abs. 1 S. 1 IPR-Gesetz) und der parteienbezogenen Auflockerung der Deliktsanknüpfung (§ 48 Abs. 1 S. 2 IPR-Gesetz). Zur Parteienbezogenheit der Auflockerung vgl. die Erläuterungen zur Regierungsvorlage 784 BlgNr. 14. GP 62 f.; *Rummel/Schwimann*, § 48 IPRG Rn. 5; kritisch *Hoyer* 86.

117 *Ronex Properties Ltd. v. John Laing Construction Ltd.* [1982] 3 W.L.R. 875, 882, per *Donaldson* L.J.; *Dias/Markesinis* 580.

118 *Dicey/Morris* 1408. Vgl. auch The Law Commission: Working Paper Nr. 6.46 ff. und den abschließenden Bericht der Law Commission, Report Nr. 3.47 f.

deshalb das „proper law of obligation" anzuwenden[119]. Welches Recht dies ist, hängt in erster Linie von den Beziehungen zwischen den Regreßparteien ab (Innenverhältnis). Nach welchem Recht bzw. welchen Rechten die Regreßparteien dem Geschädigten haften (Außenverhältnis), ist dagegen grundsätzlich ohne Bedeutung[120]. Explizit ausgesprochen wird dies im Civil Liability (Contribution) Act 1978. Er ist gemäß section 1 (6)[121] anwendbar, wenn der Geschädigte sowohl gegen den Regreßberechtigten als auch gegen den Regreßverpflichteten in England oder Wales geklagt hat oder klagen könnte, wobei jedoch unerheblich ist, „whether any issue arising in any such action was or would be determined (in accordance with the rules of private international law) by reference to the law of a country outside England and Wales"[122].

1012 Überblickt man die in der Schweiz, Österreich und England vertretenen kollisionsrechtlichen Lösungen, so sieht man, daß sie das theoretische Spektrum zur Gänze ausfüllen. Der Ausrichtung an den Interessen des Regreßschuldners auf der einen Seite steht die Ausrichtung an den Interessen des Regreßberechtigten auf der anderen Seite gegenüber. Die völlig diametralen Wertungen sind auf den ersten Blick überraschend. Bei genauer Betrachtung sind ihre Ursprünge indes erkennbar. Im einzelnen ist dies hier nicht darzulegen. Nur andeutungsweise sei gesagt: Der Schweizer Regelung (Ausrichtung an den Interessen des Regreßschuldners) ist eine umfassende und eingehende, insbesondere von *Max Keller*[123] geprägte[124] wissenschaftliche Diskussion über die kollisionsrechtliche Beurteilung von Regreßrechtsverhältnissen vorausgegangen. An ihrem Ende stand die richtige Erkenntnis, daß die kollisionsrechtliche Beurteilung der Zulässigkeit eines Regresses grundsätzlich unabhängig von der Frage ist, mit welchen Mitteln („Subrogation", originärer Regreßanspruch,

---

119 *Dicey/Morris* 1407f. *Cheshire/North* 282; vgl. auch *Stoll*, FS Müller-Freienfels 644.

120 Siehe aber auch *Dicey/Morris* 1408: „ ... the proper law of the obligation will prima facie be the lex loci delicti unless perhaps the joint tortfeasors are both resident in another country and there is some special relationship between them ... which is centered in that country." Ähnlich *Weintraub*, Brooklyn J. Int'l L. (1990), 231 für das US-amerikanische Recht („contribution between the defendants should receive separate choice-of-law analysis. If, for example, the contribution law of the victim's state differs from the rule common to all defendants' states, the law of the defendants' states should apply").

121 Das Gesetz ist auszugsweise abgedruckt bei *Hollmann*, in: Schmidt-Salzer, EG-Produkthaftung II/4 B − 25f. Fn. 41. − Zur Entstehungsgeschichte von section 1 (6) vgl. *Dugdale*, Mod.L.Rev. 42 (1979) 182 Fn. 4.

122 Section 1 (6) letzter Halbsatz. In der Entscheidung *Lister & Co. Ltd. v. E.G. Thomson (Shipping) Ltd.* [1987] (No. 2) 1 W.L.R. 1614 wird der Civil Liability (Contribution) Act 1978 bereits dann für anwendbar erklärt, wenn in England oder Wales eine internationale Zuständigkeit für die Regreßklage − nicht wie der Wortlaut von section 1 (6) fordert für die Haftungsklagen − gegeben ist. Zustimmend *Jolowicz*, C.L.J. 1988, 33 („question of ‚liability' is purely one of substantive law"). Vgl. dagegen *Comex Houlder Diving Ltd. v. Colne Fishing Co. Ltd.* 1987 S.L.T. 443 (H.L) zu s. 3 Law Reform (Miscellaneous Provisions) (Scotland) Act 1940 (3 & 4 Geo. VI, c.42) („ ... that both subss. (1) and (2) applied only to actions which had been raised and decided upon in the Scottish courts").

123 *M. Keller*, SJZ 1960, 65ff.; SJZ 1975, 305ff. (1. Teil), 325ff. (2. Teil).

124 Vgl. Schlussbericht 252.

etc.) ein Regreß rechtstechnisch durchgeführt wird. Ausschlaggebend für die schließlich Gesetz gewordene kumulative Anknüpfung der Zulässigkeit des Regresses an die Schuldstatute beider Regreßparteien war, daß in dem Bemühen um eine generelle und weitreichende Lösung der allgemeine Gedanke die Oberhand behielt, ein Regreßrechtsverhältnis habe seinen Schwerpunkt beim Regreßschuldner und müsse deshalb grundsätzlich dem Recht seiner Verpflichtung unterstehen[125]. In Österreich — und auch in Deutschland[126] — kommt eine, die gesamte Regreßproblematik erfassende Diskussion erst langsam in Gang. Bislang stand die kollisionsrechtliche Beurteilung der Legalzession ganz im Vordergrund. Dies führte anders als in der Schweiz zum grundsätzlichen Vorrang des Regreßberechtigten. Im englischen IPR konnte die Legalzession keinen dominierenden Einfluß erlangen, weil das englische Sachrecht eine Legalzession nur ausnahmsweise vorsieht[127]. Die von den Haftungsstatuten der Regreßparteien unabhängige Anknüpfung des Rechts auf „contribution" folgt hier aus der materiellrechtlichen Qualifikation als quasivertraglicher Anspruch[128].

b) Die gesetzliche Haftungsschadensverteilung im deutschen Kollisionsrecht

aa) Der Meinungsstreit im Überblick

Das EGBGB enthält — anders als das Schweizer IPR-Gesetz[129] — keine umfassende Kollisionsnorm über den Regreß zwischen mehreren Schuldnern. Art. 33 Abs. 3 EGBGB erfaßt nur die Legalzession — und auch sie nur in Teilbereichen: Hat ein Dritter die Verpflichtung, den Gläubiger einer Forderung zu befriedigen, so bestimmt nach Satz 1 „das für die Verpflichtung des Dritten maßgebende Recht, ob er die Forderung des Gläubigers gegen den Schuldner gemäß dem für deren Beziehungen maßgebenden Recht ganz oder zu einem Teil geltend zu machen berechtigt ist." Nach Satz 2 „gilt" dies auch, „wenn mehrere Personen dieselbe Forderung zu erfüllen haben und der Gläubiger von einer dieser Personen befriedigt worden ist". **1013**

Einigkeit besteht darüber, daß der Legalzessionsregreß zwischen Schädigern, die nach dem gleichen Recht haftpflichtig sind und zwischen denen keine (vertragliche) Sonderbeziehung besteht[130], gemäß Art. 33 Abs. 3 S. 2 EGBGB dem gemeinsamen Haftungsstatut untersteht[131]. **1014**

---

125 *M. Keller*, SJZ 1975, 325, 326.
126 Dazu sogleich im Text.
127 Siehe oben II. b) bb) (2).
128 Vgl auch *Stoll*, FS Müller-Freienfels 644f., der als weiteren Grund anführt, daß sich die für das Internationale Deliktsrecht geltende schwerfällige Regel *Phillips v. Eyre*, (1870) L.R. 6 Q.B. 1, nach der eine Haftung nach ausländischem Tatortrecht und englischem Recht (lex fori) begründet sein muß („double actionability rule"), nicht gerade für eine Ausdehnung auf das Innenverhältnis zwischen Mittätern empfehle.
129 Siehe oben a) am Anfang.
130 Zur Anknüpfung bei einer Sonderbeziehung vgl. *Wandt*, in: Schmidt-Salzer, EG-Produkthaftung II/22–34 und 22–41 ff.
131 Allgemeine Meinung vgl. nur *Stoll*, FS Müller-Freienfels 640f.; MünchKomm-*Martiny*, Art. 33 EGBGB Rn. 30; *Reithmann/Martiny*, Rn. 227; *Palandt/Heldrich*, Art. 33 EGBGB

1015 Äußerst umstritten ist dagegen, ob Art. 33 Abs. 3 S. 2 EGBGB auch den Regreß zwischen Schädigern erfaßt, die nach verschiedenen Rechten haften. Eine Ansicht bejaht dies und entnimmt der Vorschrift die Rechtsfolge, daß der Regreß dem Haftungsstatut des Schädigers unterliegt, der den Geschädigten befriedigt hat[132].

1016 Nach anderer Ansicht ist Art. 33 Abs. 3 S. 2 EGBGB auf den Regreß zwischen Schädigern, die nach verschiedenen Rechten haften, nicht anwendbar, weil er verlangt, daß die Schuldner „diesselbe Forderung" zu erfüllen haben, was bedeute, daß die Schuldner nach ein und demselben Recht verpflichtet sein müssen[133]. Das auf den Regreß zwischen Schädigern mit unterschiedlichen Haftungsstatuten anzuwendende Recht ist nach dieser Ansicht also gesetzlich nicht bestimmt. Welches Recht mangels gesetzlicher Regelung maßgeblich sein soll, wird unterschiedlich beantwortet. Vorgeschlagen wird, das Schuldstatut des Regreßberechtigten als Ausgleich dafür zu berufen, daß er die Leistung bereits erbracht hat[134]. Zum Teil[135] wird differenziert: Das Haftungsstatut des Regreßberechtigten solle allein darüber entscheiden, wie ein Regreß rechtstechnisch durchzuführen sei. Hinsichtlich der zentralen Frage, ob und in welcher Höhe ein Regreß zulässig ist, müsse dem Regreßschuldner dagegen der Einwand unbenommen bleiben, daß nach dem für ihn maßgebenden Recht ein Ausgleichsanspruch nicht oder nicht in der geltend gemachten Höhe bestehe. Bei inhaltlichen Unterschieden zwischen dem Haftungsstatut des Regreßberechtigten und dem Haftungsstatut des Regreßverpflichteten müsse der Richter nach Recht und Billigkeit entscheiden, welche Lösung er für die bessere halte[136]. Eine andere Ansicht[137] will keinen der Schädiger bei der Bestimmung des auf die Schadensverteilung anwendbaren Rechts durch die Maßgeblichkeit seines Haftungsstatuts bevorzugen und weicht deshalb auf ein subsidiär für alle Schädiger gemeinsam geltendes Haftungsstatut aus.

Rn. 3. – Satz 1 des Art. 33 Abs. 3 EGBGB ist nicht anwendbar, weil er voraussetzt, daß die Verpflichtungen der Schuldner in einem Stufenverhältnis stehen, wie sich aus der Bezeichnung des einen Verpflichteten als Schuldner und des anderen Verpflichteten als Dritter ergibt; vgl. *Stoll*, FS Müller-Freienfels 634; *Wandt*, ZVglRWiss 86 (1987) 278.

132 *Chr. v. Bar*, IPR II, Rn. 584; *ders.*, RabelsZ 53 (1989) 483 f.; *Winkelmann* 192 f.

133 *Palandt/Heldrich*, Art. 33 EGBGB Rn. 3; *Stoll*, FS Müller-Freienfels 634 f.; *Wandt*, ZVglRWiss 86 (1987) 290 ff.; *H. Koch*, ZHR 152 (1988) 555.

134 *Kropholler*, IPR 416; *H. Koch*, ZHR 152 (1988) 555 f. („in Anwendung der ratio des Art. 33 Abs. 3 S. 2 EGBGB"); vgl. auch *Chr. v. Bar*, IPR II, Rn. 584.

135 *Stoll*, FS Müller-Freienfels 659 f.

136 Für Angleichung der materiellen Rechte auch *Hausheer*, SJZ 1966, 357 (im Zweifel nach Kopfteilen); *H. Keller* 184 f.; vgl. auch RGRK-*Wengler* 658 („ … sind Billigkeitslösungen unvermeidlich").

137 *Kropholler*, RabelsZ 33 (1969) 622 (allgemein); *Deutsch*, Internationales Unfallrecht 202, 212; *Wandt*, VersR 1989, 267 (für Straßenverkehrsunfälle); *Staudinger/v. Hoffmann*, Art. 38 EGBGB Rn. 186; vgl. auch *Psolka*, VersR 1974, 419.

bb) Art. 33 Abs. 3 S. 2 EGBGB

Art. 33 Abs. 3 S. 2 EGBGB bestimmt, welchem Recht der Legalzessionsregreß **1017**
zwischen Schädigern unterliegt, die dem Geschädigten gemeinsam nach einem
Recht haften. Die Regelung gilt unmittelbar nur für den Regreß, der sich auf
den kraft Gesetzes auf den Regreßberechtigten übergeleiteten Schadensersatzanspruch des Geschädigten stützt (vgl. § 426 Abs. 2 BGB). Andere Regreßmittel, also ein originärer Ausgleichsanspruch (vgl. § 426 Abs. 1 S. 1 BGB), ein
Anspruch aus Geschäftsführung ohne Auftrag oder aus ungerechtfertigter Bereicherung, sind aber in gleicher Weise anzuknüpfen. Eine gleichlaufende Anknüpfung ist unumgänglich[138]. Das entscheidende Gewicht liegt nämlich
nicht auf der Frage, wie ein Regreß rechtstechnisch durchzuführen ist, sondern
auf der Frage, ob und in welcher Höhe ein Regreßrecht besteht. Eine unterschiedliche Anknüpfung von Regreßmitteln verbietet sich außerdem angesichts
ihrer funktionellen Austauschbarkeit und der dadurch bedingten dogmatischen Beliebigkeit der Regreßwege in den einzelnen Sachrechten[139].

Die Anwendbarkeit des Art. 33 Abs. 3 S. 2 EGBGB auf den Regreß zwischen **1018**
Schädigern, die dem Geschädigten nach verschiedenen Rechten haften, hängt
davon ab, wie die Tatbestandsvoraussetzung „dieselbe Forderung" zu verstehen ist.

Für die Auffassung, „dieselbe Forderung" sei auch zu erfüllen, wenn es sich **1019**
um „im wesentlichen gleichartige und gleichrangige Ansprüche" handele, die
verschiedenen Rechten unterliegen könnten[140], wird vorgebracht, Art. 33
Abs. 3 S. 2 EGBGB werde gerade für solche Fallgestaltungen benötigt. Wenn
das Außenverhältnis der beiden Schuldner zum Gläubiger demselben Recht
unterliegt, sei die kollisionsrechtliche Entscheidung für dieses Statut so selbstverständlich, daß es dafür einer selbständigen Regelung gar nicht bedurft
hätte[141].

Hiergegen ist jedoch zu sagen, daß der deutsche Gesetzgeber mit Art. 33 **1020**
Abs. 3 S. 2 EGBGB die Regelung des Art. 13 Abs. 2 des Römischen EWG-
Übereinkommens über das auf vertragliche Schuldverhältnisse anzuwendende
Recht (EuSchVÜ) in das deutsche Recht inkorporiert hat, wozu er aufgrund
der Ratifikation dieses Abkommens völkerrechtlich verpflichtet war. Selbständigkeit und Selbstverständlichkeit der Regelung sind deshalb in erster Linie innerhalb des Rahmens des EuSchVÜ zu beurteilen. Dies gilt unabhängig davon,
daß Art. 33 Abs. 3 S. 2 EGBGB anders als Art. 13 Abs. 2 EuSchVÜ nicht auf
den Übergang vertraglicher Forderungen beschränkt ist, sondern vom deutschen Gesetzgeber „überraschend und systemwidrig"[142] auf den Übergang

---

138 Eingehend dazu *Wandt*, ZVglRWiss 86 (1987) 272, 302 f.; *ders.* 169, 186 ff.
139 Vgl. *Raisch*, JZ 1965, 706; *Marschall v. Bieberstein* 224 ff.; *Selb* 188 f.
140 *Chr. v. Bar*, IPR II, Rn. 584; *ders.*, RabelsZ 53 (1989) 484.
141 *Chr. v. Bar*, IPR II, Rn. 584; *ders.*, RabelsZ 53 (1989) 484.
142 *Stoll*, FS Müller-Freienfels 634.

außervertraglicher Forderungen ausgedehnt worden ist. Hinsichtlich des ausgedehnten Anwendungsbereiches greift zwar nicht das in Art. 36 EGBGB normierte Gebot der einheitlichen Auslegung[143]. Aufgrund der Entstehungsgeschichte des Art. 33 Abs. 3 S. 2 EGBGB ist bei Auslegungszweifeln jedoch in jedem Fall zuerst die zugrundeliegende Regelung des EuSchVÜ zu betrachten.

1021   Für Art. 13 Abs. 2 EuSchVÜ liegt die Auslegung besonders nahe, daß die mehreren Personen nach ein und demselben Recht verpflichtet sein müssen, weil diese Vorschrift nur vertragliche Verpflichtungen erfaßt[144]. Wenn sich nämlich mehrere Personen einem Gläubiger gegenüber vertraglich zur gleichen Leistung verpflichten, so wird dies in aller Regel durch *einen* Vertrag geschehen, der einheitlich *einem* Recht unterliegt[145]. Dies erklärt auch, weshalb der erläuternde Bericht zum EuSchVÜ von *Giuliano/Lagarde*[146] die mehreren Personen ohne jede Erläuterung als Gesamtschuldner bezeichnet. Der Begriff „Gesamtschuld" ist, wie *Stoll*[147] zutreffend dargelegt hat, national gebunden, das heißt, es gibt nur ein Gesamtschuldverhältnis nach deutschem Recht, nach schweizerischem Recht usw. Die kollisionsrechtliche Beurteilung von Schuldnermehrheiten, bei denen die Schuldner einem Gläubiger nach verschiedenen Rechtsordnungen verpflichtet sind und nicht in einem Stufenverhältnis im Sinne des Art. 13 Abs. 1 EuSchVÜ (= Art. 33 Abs. 1 S. 1 EGBGB) stehen, ist noch nicht abschließend geklärt. Angesichts der Unsicherheiten, mit denen der Begriff „Gesamtschuld" internationalprivatrechtlich belastet ist, läßt sich die Selbstverständlichkeit, mit der der Bericht zum EuSchVÜ von Gesamtschuldnern spricht, nur damit erklären, daß Art. 13 Abs. 2 EuSchVÜ eine „nationale" Gesamtschuld voraussetzt[148]. Hätten die Vertragsunterhändler ein „rechtlich gespaltenes" Gesamtschuldverhältnis im Sinn gehabt, so wäre dies angesichts der fehlenden wissenschaftlichen Durchdringung dieses Problems im erläuternden Bericht sicherlich zum Ausdruck gekommen.

1022   Für eine enge Auslegung des Begriffs „dieselbe vertragliche Forderung" im Sinne mehrerer dem gleichen Recht unterliegender Forderungen spricht außerdem gerade die von den Anhängern einer weiten Auslegung ins Feld geführte Selbständigkeit der Regelung. Hätte dieses Tatbestandsmerkmal keine eingrenzende Funktion, so hätte man Abs. 1 und Abs. 2 des Art. 13 EuSchVÜ ohne weiteres zusammenfassen können.

---

143 Vgl. *Jayme*, IPRax 1986, 266.
144 *H. Keller* 182; *Wandt*, ZVglRWiss 86 (1987) 290 ff.; wohl auch *Stoll*, FS Müller-Freienfels 634 f., 646; vgl. auch *H. Koch*, ZHR 152 (1988) 537, 555.
145 *Stoll*, FS Müller-Freienfels 646.
146 *Giuliano/Lagarde*, Bericht, ABl. EG 23 (1980) Nr. C 282/35 f.
147 *Stoll*, FS Müller-Freienfels 646.
148 Vgl. auch *H. Keller* 181 f. Auch *Lagarde* geht in seiner Anmerkung zu der Entscheidung der Cour de cassation, 17.3.1970, Rev.crit. 1970, 688, ohne weiteres davon aus, daß Gesamtschuldner nach ein und demselben Recht haften („la loi applicable à la subrogation est celle qui régit l'obligation de paiement du solvens. Cette loi se confond avec la loi de la créance, contractuelle ou délictuelle, dans le cas du codébiteur solidaire ou tenu in solidum").

Der eng ausgelegte Art. 13 Abs. 2 EuSchVÜ ist nicht nur zu Recht selbständig, **1023** er regelt auch keine Selbstverständlichkeit. Für den Fall, daß zwischen den Schuldern eine Sonderbeziehung, insbesondere ein Vertrag, besteht, wird nämlich — nicht nur in Deutschland — verbreitet die Auffassung vertreten, daß der Legalzessionsregreß zwischen den Schuldnern, gleich ob diese gestuft oder gleichrangig verpflichtet sind, nicht dem gemeinsamen Recht der Außenverhältnisse zum Gläubiger, sondern dem Recht der im Innenverhältnis bestehenden Sonderbeziehung unterliege[149]. Eine solche Anknüpfung schließt Art. 13 EuSchVÜ aus[150], vor allem weil sie die Interessen des Gläubigers außer acht läßt, dessen Forderung kraft Gesetzes auf den Schuldner teilweise übergeleitet wird, wenn dieser ihn nur teilweise befriedigt hat, so daß der Geschädigte und der regreßberechtigte Schädiger miteinander konkurrieren[151].

Auch für Art. 33 Abs. 3 S. 2 EGBGB, der mit Art. 13 Abs. 2 EuSchVÜ bis auf **1024** das gestrichene Wort „vertragliche" (Forderung) übereinstimmt, ist mangels gegenteiliger Anhaltspunkte davon auszugehen, daß die mehreren Personen nach ein und demselben Recht verpflichtet sein müssen. Allein daraus, daß der deutsche Gesetzgeber Art. 33 Abs. 3 S. 2 EGBGB wie dessen Satz 1, der die Legalzession auf Drittleistende regelt, auf außervertragliche Forderungen ausgedehnt hat, kann nicht geschlossen werden, er habe den Ausgleich unter mehreren, nach verschiedenen Rechten haftpflichtigen Schuldnern regeln wollen. Die Gesetzesmaterialien geben über den Grund der Ausdehnung keinen Aufschluß. Dies ist im Hinblick auf Satz 1 auch nicht nötig. Denn hier hat die Ausdehnung offensichtlich den Zweck, die zahlenmäßig wichtigsten Fälle des Legalzessionsregresses, nämlich den Regreß von Sozialversicherungsträgern und Schadensversicherern gegen Deliktstäter, zu erfassen[152]. Verglichen mit den von Art. 13 Abs. 1 EuSchVÜ geregelten Fällen ist die Ausdehnung des Satzes 1 von Art. 33 Abs. 3 EGBGB unproblematisch und deshalb auch nicht erklärungsbedürftig[153].

Das Gegenteil gilt für Satz 2 des Art. 33 Abs. 3 EGBGB. Seine Erstreckung **1025** auf außervertragliche Forderungen vergrößert im Vergleich zu den von Art. 13 Abs. 2 EuSchVÜ erfaßten Fällen erheblich die Möglichkeit, besser gesagt: die Gefahr, einer rechtlich gespaltenen Gesamtschuld. Die Ausdehnung wirft damit eine Problematik auf, die sich bei Art. 13 Abs. 2 EuSchVÜ wegen der Be-

---

149 Für eine akzessorische Anknüpfung des gesetzlichen Schadensausgleichs: *D.M. Meyer* 29 ff., 47, 58, 71; MünchKomm-*Martiny*, Art. 33 EGBGB Rn. 31; *Kropholler*, IPR 416; wohl auch *Drobnig*, Produkthaftung 323; *Staudinger/v. Hoffmann*, Art. 38 EGBGB Rn. 184. Gegen eine akzessorische Anknüpfung: *Wandt*, ZVglRWiss 86 (1987) 292 ff.; *Einsele*, ZVglRWiss 90 (1991) 22 Fn. 78; *Winkelmann* 252. In diesem Sinne wohl auch *Stoll*, FS Müller-Freienfels, der allerdings häufig der Gegenmeinung zugerechnet wird; näher dazu *Wandt*, ZVglRWiss 86 (1987) 288 Fn. 100.
150 *Wandt*, ZVglRWiss 86 (1987) 288 f.; vgl. auch *Stoll*, FS Müller-Freienfels 635 sowie *Giuliano/Lagarde*, Bericht, ABl. EG 23 (1980) Nr. C 282/35 (zu Art. 13 Abs. 1 EuSchVÜ).
151 Vgl. näher dazu *Wandt*, ZVglRWiss 86 (1987) 289.
152 Vgl. *Chr. v. Bar*, IPR II, Rn. 580.
153 Vgl. *H. Keller* 170.

schränkung auf vertragliche Verpflichtungen nicht — jedenfalls nicht mit gleicher Tragweite — stellt. Wenn die Begründung des Regierungsentwurfs zu Art. 33 Abs. 3 S. 2 EGBGB gleichwohl die Ausführungen von *Giuliano/Lagarde* zu Art. 13 Abs. 2 EuSchVÜ undifferenziert übernimmt, so liegt die Annahme nahe, daß sich der deutsche Gesetzgeber dieser Folge der Ausdehnung des Anwendungsbereichs und der mit ihr verbundenen, wissenschaftlich noch weitgehend ungeklärten Problematik[154] nicht bewußt war. Verwundern muß dies nicht. Denn Art. 33 Abs. 3 S. 2 EGBGB erfaßt allein die Legalzession. Sie steht aber beim Gesamtschuldnerausgleich nicht im Vordergrund, weil sie von Bestand und Umfang eines originären Ausgleichsanspruchs abhängt, den sie lediglich bestärkt[155]. Im Verhältnis von deliktsrechtlichen Gesamtschuldnern ist sie sogar von gänzlich untergeordneter Bedeutung, weil die übergehende Forderung des Geschädigten regelmäßig nicht mit Nebenrechten verbunden ist[156]. Zu bedenken ist außerdem, daß der deutsche Gesetzgeber die Reform des außervertraglichen Schuldrechts, einschließlich des Internationalen Deliktsrechts, für einen späteren Zeitpunkt ins Auge gefaßt hat. Sein Blick war deshalb bei der Umsetzung der international-*vertragsrechtlichen* Regelungen des EuSchVÜ wohl kaum auf die spezielle Frage des Ausgleichs zwischen mehreren nach unterschiedlichen Rechten haftenden Deliktstätern gerichtet. Anderenfalls hätte er dies mit Sicherheit zum Ausdruck gebracht, zumal er sich mit der Verweisung auf das Recht, das die Haftung des Regreßberechtigten gegenüber dem Geschädigten beherrscht, gegen gewichtige Stimmen in der Literatur gestellt hätte[157].

1026 Im Ergebnis sprechen also die besseren Argumente für die Ansicht, daß mehrere Personen nur dann „dieselbe Forderung" zu erfüllen haben, wenn sie dem Gläubiger nach dem gleichen Recht verpflichtet sind. Dies heißt zugleich: Es ist (noch) nicht gesetzlich geregelt, welches Recht die Schadensverteilung zwischen Gesamtschuldnern beherrscht, die nach verschiedenen Rechten verpflichtet sind.

---

154 Auch für die Experten, die den außervertragliche Schuldverhältnisse noch erfassenden Vorentwurf zum EuSchVÜ erarbeiteten, war die unzureichende wissenschaftliche Durchdringung des Problems mehrerer Schädiger der Grund gewesen, von einer Regelung abzusehen; vgl. *Giuliano/Lagarde/van Sasse van Ysselt*, Rapport concernant l'avant-projet de convention sur la loi applicable aux obligations contractuelles et non-contractuelles, 287; vgl. auch *von Overbeck/Volken*, RabelsZ 38 (1974), 68 Fn. 44. — Art. 17 des EuSchVÜ-Vorentwurfs (abgedruckt bei *Lando/v. Hoffmann/Siehr* (Hrsg.), European private international law of obligations, Tübingen 1975, S. 220ff.) sollte also — wie Art. 33 Abs. 3 EGBGB — den Übergang gesetzlicher Forderungen erfassen, nicht aber auf die Schadensverteilung zwischen mehreren Schädigern anwendbar sein.

155 Vgl. *Wandt*, VersR 1991, 108.

156 Vgl. *Lange* 681.

157 Hinzuweisen ist insbesondere auf die Stellungnahme von *Deutsch*, Internationales Unfallrecht 224f. (vgl. § 8 seines Regelungsvorschlages, S. 228) sowie auf *Kropholler*, RabelsZ 33 (1969) 622.

cc) Die Maßgeblichkeit des Haftungsstatuts des Regreßberechtigten

Einige deutsche Autoren halten es — ungeachtet der Problematik einer gesetz- **1027**
lichen Regelung durch Art. 33 Abs. 3 S. 2 EGBGB[158] und entsprechend der
herrschenden Lehre in Österreich[159] — für sachlich richtig, den Ausgleich zwischen mehreren nach unterschiedlichen Rechten haftenden Personen dem Haftungsstatut desjenigen zu unterstellen, der den Gläubiger befriedigt[160].

Auf eine Analogie zu Art. 33 Abs. 3 S. 1 EGBGB[161] läßt sich die Maßgeblich- **1028**
keit des Haftungsstatuts des Regreßberechtigten jedoch nicht stützen. Es fehlt
an der notwendigen Gleichartigkeit von geregeltem und nichtgeregeltem Tatbestand. Die gesetzliche Regelung beruht darauf, daß die Verpflichtungen der
Schuldner in einem Stufenverhältnis stehen, das den Innenausgleich determiniert[162]. Die Verpflichtung des „Dritten" (Sozialversicherer, Schadensversi-
cherer, Bürge, etc.) hat nur den Zweck, dem Gläubiger das Risiko der Rechtsverfolgung gegen den „Schuldner" zu nehmen. Im Verhältnis der Verpflichteten (Innenverhältnis) soll allein der „Schuldner" die Last tragen. Das „Ob"
des Regresses steht deshalb außer Frage. Aber auch das „Wie" des Regresses
wird durch die qualitativen Unterschiede der Verpflichtungen weitgehend bestimmt. Das materielle Recht sucht die zweifelsfreie Regreßberechtigung des
Dritten nämlich zu stärken, indem es den „sicheren" Weg eines gesetzlichen
Forderungsüberganges geht. Art. 33 Abs. 3 S. 1 EGBGB trägt dem engen Zusammenhang zwischen der Verpflichtung des Dritten und seinem Regreßrecht
sowie dem materiellrechtlichen Bestreben, den Regreß des Dritten wegen der
Subsidiarität seiner Haftung zu sichern, Rechnung, indem er das „Ob" und
das „Wie" des Regresses dem Schuldstatut des Dritten unterstellt.

---

158 Vgl. oben bb).
159 Vgl. oben a).
160 Siehe die Nachweise in Fn. 132 und 134. — Ob auch die Begründung der Bundesregierung zu
§ 5 des Entwurfs des Produkthaftungsgesetzes (BT-Drucks. 11/2447 S. 21) in diesem Sinne zu
verstehen ist, erscheint zweifelhaft. Sie nimmt zwar auf Art. 33 Abs. 3 EGBGB Bezug, die
Formulierung „Anspruchsübergang im Umfang eines eventuellen Ausgleichsanspruchs"
spricht aber eher dafür, daß die zentrale Frage der Zulässigkeit des Regresses als nicht unter
die Vorschrift fallende Vorfrage angesehen wurde. Wie hier wohl auch *Kullmann* 109, der als
Beispiel einen Anspruchsübergang auf einen Haftpflichtversicherer gemäß § 67 VVG nennt.
— Die entgegengesetzte Schweizer Lösung, nach der das Haftungsstatut des Regreßschuldners
maßgeblich ist, wird in Deutschland nicht vertreten. Zur Kritik vgl. nur *Stoll*, FS Müller-Freienfels 657. — Versicherern wird von *Stojanovic*, Rev. crit. 77 (1988) 287, angeraten, den „in-
convéniens", die die Kumulation nach Schweizer IPR-Gesetz mit sich bringe, durch Prämien-
anhebung zu begegnen; vgl. auch *Siehr*, FS Moser 110. Andere Haftpflichtige können sich den
„unbilligen Ergebnissen" (*H. Keller* 181) der Kumulation der Schuldstatute auf diesem Weg
aber nicht entziehen. — *Lörtscher*, ZVglRWiss 88 (1989) 83 (Fn. 73) weist zutreffend auf die
Schwierigkeiten hin, die eine Anknüpfung an das Haftungsstatut des Regreßschuldners mit
sich bringt. Der Regreßschuldner ist vom Geschädigten regelmäßig nicht gerichtlich belangt
worden. Welches Recht seine Haftung beherrscht, ist deshalb unklar, wenn das Haftungsstatut von einer Wahl des Geschädigten abhängt.
161 Eine Analogie zu Satz 2 des Art. 33 Abs. 3 EGBGB befürwortet *H. Koch*, ZHR 152 (1988) 555 f.
(„in Anwendung der ratio des Art. 33 Abs. 3 S. 2"); dagegen *Wandt*, VersR 1989, 267 Fn. 11.
162 Vgl. *Wandt*, ZVglRWiss 86 (1987) 278.

1029 Die Haftpflichten mehrerer Schädiger stehen indes grundsätzlich nicht in einem Stufenverhältnis im Sinne von Art. 33 Abs. 3 S. 1 EGBGB. Sie haben keine unterschiedlichen Zwecke, die den Regreß wie bei gestuft Verpflichteten determinieren. Die interne Haftungsschadensverteilung ist deshalb keine Frage qualitativer Unterschiede der Pflichten, sondern eine Frage gradueller Unterschiede in den für die Schadensverteilung maßgeblichen Kriterien[163]. Die Haftpflichten mehrerer Schädiger sind materiellrechtlich gleichrangig. Für das Kollisionsrecht folgt hieraus als Ausgangspunkt der Gleichrang der Haftungsstatute[164].

1030 Die Frage kann deshalb nur sein, ob sich an dem kollisionsrechtlichen Gleichrang der Haftungsstatute dadurch etwas ändert, daß einer der Haftenden den Geschädigten befriedigt. Einige Autoren bejahen dies[165]. Wer als erster vom Gläubiger in Anspruch genommen worden sei, solle auch kollisionsrechtlich durch die Maßgeblichkeit seines Haftungsstatuts für den Regreß bevorzugt werden[166].

1031 Gegen diese Lösung bestehen indes schwerwiegende Bedenken. Der einzelne Haftpflichtige hätte es in der Hand, sich durch Befriedigung des Geschädigten die Maßgeblichkeit seines Haftungsstatuts zu sichern. Ein „Wettlauf" der Haftpflichtigen wird zwar nicht die Regel sein. Er ist aber auch nicht ausgeschlossen, etwa dann nicht, wenn die gesamtschuldnerische Haftung gegenüber dem Geschädigten außer Frage steht und es „nur" noch um die Schadensverteilung im Innenverhältnis geht. Haftet beispielsweise der nichthaftpflichtversicherte Zulieferer eines Produktes dem Geschädigten nach dänischem Recht und der haftpflichtversicherte Endhersteller nach deutschem Recht, so wäre es für beide von Vorteil, den Geschädigten zuerst zu befriedigen. Der nach dänischem Recht haftende Zulieferer brächte dadurch die Ausgleichsregelung des § 11 Abs. 2 des dänischen Produkthaftungsgesetzes zur Anwendung, nach der das Bestehen von Haftpflichtversicherungsschutz bei der Schadensteilung zu berücksichtigen ist. Der nach deutschem Recht haftende Endhersteller brächte durch seine Zahlung dagegen deutsches Recht zur Anwendung, wonach es nur auf Verursachung und Verschulden, nicht aber darauf ankommt, ob und inwieweit die Beteiligten, zwischen denen der Haftungsschaden zu teilen ist, haftpflichtversichert sind[167].

1032 Man könnte geneigt sein, einen derartigen „Wettlauf" der Schädiger mit der Überlegung hinzunehmen oder gar zu billigen, es sei ganz im Sinne der Ausgleichsfunktion des Deliktsrechts, wenn der Geschädigte auf diese Art und Weise schnell befriedigt werde. Damit schösse das IPR indes über sein Ziel hin-

---

163 Vgl. *Stoll*, FS Müller-Freienfels 641.
164 Siehe die Nachweise in Fn. 137; vgl. auch *M. Keller*, SJZ 1975, 329.
165 Siehe die Nachweise in Fn. 132 und 134.
166 *Chr. v. Bar*, IPR II, Rn. 584; *Kropholler*, IPR 415 f.
167 Das Beispiel belegt, daß ein „Wettlauf der Schuldner" keineswegs unwahrscheinlich ist. A.A. *H. Koch*, ZHR 152 (1988) 556.

aus, eine dem Sachrecht *angemessene* Anknüpfung bereitzustellen[168]. Denn selbst das Sachrecht trägt die Ausgleichsfunktion des Deliktsrechts nicht in die Schadensverteilung zwischen den Haftpflichtigen hinein, indem es die Befriedigung des Geschädigten durch einen Haftpflichtigen honorierte[169]. Es betrachtet die Ausgleichsinteressen des Geschädigten vielmehr als durch die gesamtschuldnerische Haftung mehrerer Schädiger hinreichend gewahrt.

Auch wenn ein „Wettlauf" der Haftpflichtigen nicht stattfindet, weil der Geschädigte einen Haftpflichtigen in Anspruch nimmt und dadurch bestimmt, daß ihn die Befriedigungs- und Regreßlast trifft, ist die kollisionsrechtliche Bevorzugung dieses Haftpflichtigen nicht überzeugend. Die Bestimmung des auf die interne Schadensverteilung anwendbaren Rechts würde von einer Entscheidung des *Geschädigten* abhängig gemacht, die dieser regelmäßig nicht mit Blick auf die endgültige Schadensverteilung, sondern mit Blick auf sein Ersatzinteresse trifft und die deshalb in bezug auf die Haftungsschadensverteilung zufällig ist[170].   **1033**

dd) Ein einheitliches Statut der gesetzlichen Haftungsschadensverteilung

Der vom Kollisionsrecht zu beachtende Gleichrang mehrerer für denselben Schaden Haftpflichtiger verlangt, daß der Haftungsschaden zwischen ihnen einheitlich nach einem Recht verteilt wird. Das Statut der gesetzlichen Schadensverteilung darf deshalb nicht davon abhängen, zwischen welchen Haftpflichtigen ein Regreßprozeß stattfindet und wer in diesem Prozeß Kläger oder Beklagter ist[171].   **1034**

Das einheitliche Statut muß feststehen und für die Parteien ermittelbar sein, sobald die gesamtschuldnerische Haftung im Außenverhältnis begründet ist. Aus der Sicht des deutschen Rechts kommt dieser Forderung besonderes Gewicht zu, weil es das Gesamtschuldverhältnis zwischen mehreren Haftpflichtigen nicht erst mit der Befriedigung des Geschädigten, sondern unmittelbar mit der haftungsbegründenden Schädigung entstehen läßt[172]. Die Forderung ist aber auch aus der Sicht anderer Rechtsordnungen berechtigt, weil auch sie verhindern wollen, daß die Stellung eines Haftpflichtigen in der Schadensverteilung durch Handlungen anderer Haftpflichtiger verschlechtert wird. Für ein einheitliches und gleichzeitig mit der gesamtschuldnerischen Haftung im Außenverhältnis feststehendes Statut der Schadensverteilung spricht auch, daß   **1035**

---

168 Entgegen *H. Koch*, ZHR 152 (1988) 556 genügt es nicht, daß ein „Wettlauf der Schuldner" für die *Gläubigerinteressen* gefahrlos ist. Die Anknüpfung der Schadensverteilung ist nur dann angemessen, wenn sie dem Ziel des Sachrechts entspricht, den Haftungsschaden zwischen mehreren Schädigern gerecht zu verteilen.

169 Vgl. *M. Keller*, SJZ 1975, 311.

170 *Hausheer*, SJZ 1966, 356 f.; *M. Keller*, SJZ 1975, 311; *Stoll*, FS Müller-Freienfels 656 f.

171 So inbesondere *M. Keller*, SJZ 1975, 313; SJZ 1975, 327; vgl. auch *Roßbach*, NJW 1988, 591 (für das internationale Umwelthaftungsrecht).

172 Allgemeine Meinung, vgl. nur BGH, 20.12.1990, BB 1991, 500 m.w.N.

es eine vertragliche Regelung zwischen dem Geschädigten und einem Haftpflichtigen oder zwischen einzelnen Haftpflichtigen ermöglicht, indem es die hierfür notwendige sichere Grundlage bietet.

1036 Zu fordern ist außerdem, daß das einheitliche Statut der gesetzlichen Haftungsschadensverteilung ein Recht ist, dem auch der Geschädigte unterworfen ist. Haftung und Haftungsschadensverteilung sind nämlich in bestimmten Fällen untrennbar verknüpft, etwa wenn die Gesamtschuld aufgrund eines Haftungsprivilegs eines Schädigers „gestört" ist, oder − nach der umstrittenen Rechtsprechung des Bundesgerichtshofes[173] − wenn den Geschädigten ein Mitverschulden trifft.

1037 Ein Haftungsstatut, das die Haftung aller Schädiger beherrscht, erfüllt die gestellten Anforderungen. Art. 33 Abs. 3 S. 2 EGBGB beruft das gemeinsame Außenhaftungsstatut deshalb zu Recht als Statut des gesetzlichen Innenausgleichs[174].

c) Folgerungen für die Anknüpfung der Außenhaftung

1038 Bei internationalen Produkthaftungsfällen wäre ein gemeinsames Außenhaftungsstatut mehrerer Haftpflichtiger häufig nicht gegeben, würde man die von der herrschenden Meinung allgemein für das Internationale Deliktsrecht befürwortete Ubiquitätsregel zugrundelegen und das haftungsbegründende Handeln der einzelnen Produkthaftpflichtigen in verschiedenen Rechtsgebieten lokalisieren. Die durch das Günstigkeitsprinzip ergänzte Ubiquitätsregel erlaubt es dem Geschädigten nämlich, die Haftung jedes einzelnen Schädigers dem Recht des Ortes zu unterstellen, an dem dieser haftungsbegründend gehandelt hat[175]. Lokalisierte man beispielsweise das haftungsbegründende Handeln am Ort der tatsächlichen Produktion[176] oder am Sitz des Haftpflichtigen[177], so hätte es der Geschädigte in der Hand, gegenüber dem Endhersteller und einem Zulieferer unterschiedliches Recht zur Anwendung zu bringen, wenn sie in verschiedenen Staaten produzieren oder ihren Sitz haben.

1039 Bei Distanzdelikten („multi-state cases") gibt es auf der Grundlage der Ubiquitätsregel keinen Ausweg aus dem Dilemma, die Schadensverteilung zwischen mehreren Haftpflichtigen entweder dem Haftungsstatut des Regreßberechtigten oder dem Haftungsstatut des Regreßverpflichteten zu unterstellen[178]. Anders als bei sog. Platzdelikten („single-state cases"), wie beispiels-

---

173 Siehe oben II. 1. a) bb) am Ende.
174 Siehe zuvor bb).
175 Vgl. MünchKomm-*Kreuzer*, Art. 38 EGBGB Rn. 50–53.
176 So z. B. *S. Simitis* 89 (als einer von mehreren Anknüpfungspunkten).
177 So z. B. *Drobnig*, Produktehaftung 329 f. (als einer von mehreren Anknüpfungspunkten); obiter wohl auch BGH, 17. 3. 1981, BB 1981, 1048 = NJW 1981, 1606 („Apfelschorf").
178 Die Lösung des englischen Rechts, das den Innenausgleich zwischen Haftpflichtigen im Grundsatz vollkommen unabhängig von ihrer Außenhaftung anknüpft (siehe oben a), harmoniert nicht mit dem Ziel, den Haftungsschaden unmittelbar auf alle Schadensverursacher

weise bei Straßenverkehrsunfällen, gibt es nicht einen einheitlichen Tatort (Unfallort) und deshalb auch nicht ein grundsätzlich für alle Haftpflichtigen maßgebliches Statut, das ihren Innenausgleich auch dann beherrscht, wenn die Tatortregel im Verhältnis des Geschädigten zu einem Schädiger aufgrund besonderer Umstände durchbrochen wird[179]. Bei Distanzdelikten gibt es nach der Ubiquitätsregel mehrere Tatorte, die gleichwertig sind. Die Haftung mehrerer Schädiger nach verschiedenen Rechten beruht also nicht wie bei einem Platzdelikt regelwidrig auf besonderen Umständen im Verhältnis des Geschädigten zu einzelnen Schädigern. Sie ist vielmehr regelgemäß.

Eine Ubiquitätsregel, welche die Außenhaftung mehrerer Produkthaftpflichtiger verschiedenen Rechten unterstellt[180], ist jedoch abzulehnen, weil sie den herausgearbeiteten Anforderungen der Haftungsschadensverteilung widerspricht. Die kollisionsrechtliche Beurteilung der Produkthaftung muß der Tatsache Rechnung tragen, daß Produkte in aller Regel arbeitsteilig hergestellt und vertrieben werden. Die Anknüpfung darf sich nicht einseitig an der Außenhaftung gegenüber dem Geschädigten orientieren, sondern muß die Haftungsschadensverteilung zwischen mehreren Produkthaftpflichtigen als die Kehrseite der Außenhaftung berücksichtigen. Das Kollisionsrecht hat mit anderen Worten zu beachten, daß Haftung und Haftungsschadensverteilung materiellrechtlich eng zusammenhängende Teilregelungen der Grundfrage sind, wer den durch ein fehlerhaftes Produkt verursachten Schaden letztlich zu tragen hat. Das Sachrecht kann diese Frage in Teilfragen aufspalten, weil es die Möglichkeit hat, die Teilregelungskomplexe „Haftung" und „Haftungsschadensverteilung" aufeinander abzustimmen. Das Kollisionsrecht darf die zusammenhängenden Fragen dagegen nicht auseinanderreißen, weil es über kein funktionsfähiges Instrumentarium verfügt, um die geschlagenen Wunden zu heilen[181]. Dies bedeutet: Es ist im Grundsatz unabdingbar, die Haftung mehrerer an der Produktion und dem Vertrieb eines schadenstiftenden Produkts Beteiligter kollisionsrechtlich ein und demselben Recht zu unterstellen. **1040**

Hierdurch ist eine Vernachlässigung der vorrangigen Belange der Außenhaftung nicht zu befürchten. Denn die Erfordernisse der Haftungsschadensverteilung verbieten nur, daß die Außenhaftung an eine Tatsache geknüpft wird, die **1041**

---

moniert nicht mit dem Ziel, den Haftungsschaden unmittelbar auf alle Schadensverursacher zu verteilen. Sie ist aus deutscher Sicht auch deshalb ungeeignet, weil das deutsche Recht anders als das englische den Geschädigten bei einem Mitverschulden in den Innenausgleich einbezieht und die Schadensersatzforderung des Geschädigten im Wege der Legalzession zu einem Regreßanspruch macht, wodurch die Interessen des Geschädigten ebenfalls berührt sein können (siehe oben II. 1. a) bb) am Ende).

179 In diesem Sinne schon *Kropholler*, RabelsZ 33 (1969) 622; vgl. auch *Hohloch*, NZV 1988, 166 (hinsichtlich einer Auflockerung durch Rechtswahl); *Wandt*, VersR 1989, 267; *Staudinger/ v. Hoffmann*, Art. 38 EGBGB Rn. 186.

180 Allgemein gegen eine Ubiquitätsregel vor allem *W. Lorenz*, Grundregel 113 ff.; *Chr. v. Bar*, JZ 1985, 966; *ders.*, IPR II Rn. 660 ff.; *Lüderitz*, IPR, Rn. 301; *Kropholler*, IPR, 432 f.

181 A.A. *Stoll*, FS Müller-Freienfels 659 f., der vorschlägt, unterschiedliche Haftungsstatute sollten vom Richter nach Recht und Billigkeit materiell-rechtlich angepaßt werden.

jeder Haftpflichtige individuell setzt. Ausgeschlossen ist also nur eine Anknüpfung an den Sitz des Haftpflichtigen und eine Anknüpfung an den Ort, an dem der jeweilige Haftpflichtige das schädigende Produkt hergestellt oder es innerhalb der Produktions- und Vertriebskette in den Verkehr gebracht hat. Diese Anknüpfungen widerstreiten jedoch bereits den spezifischen Belangen der Außenhaftung, mit anderen Worten: für sie spricht auch sonst nichts[182].

1042   Im übrigen bleibt eine Anknüpfung an mehrere alternative Anknüpfungspunkte durchaus möglich. Es ist lediglich sicherzustellen, daß die Wahl zwischen den alternativ gegebenen Rechten gegenüber allen Haftpflichtigen einheitlich erfolgt.

---

182 Siehe oben §§ 13–15.

§ 17 Wettbewerbsgleichheit

I. Der unbefriedigende Stand der kollisionsrechtlichen Diskussion

In dem Bericht, den *Saunders* zur Vorbereitung der Haager Konferenz erstellt **1043** hat, wird „Wettbewerbsgleichheit" als einer von drei Gesichtspunkten genannt, denen eine Anknüpfung der Produkthaftung Rechnung tragen müsse[1]. Auf der Konferenz wurde diesem Gesichtspunkt jedoch kaum Beachtung geschenkt, vielleicht weil er in dem an die Teilnehmerstaaten gerichteten, vorbereitenden Fragebogen nicht nachgefragt worden war[2]. In der Debatte um das anwendbare Haftungsrecht spielte er überhaupt keine, in der Diskussion über Sicherheitsvorschriften nur eine untergeordnete Rolle[3].

Es überrascht daher nicht, daß die von *Sack*[4] vorgetragene „wettbewerbliche **1044** Kritik"[5] die Grundstrukturen des Übereinkommens trifft. *Sack* erachtet die Berücksichtigungsregel des Art. 9 als halbherzig, weil sie den Sicherheitsvorschriften des Marktstaates keine Exklusivität verleihe. Er hält aber auch die Anknüpfungsregeln für verfehlt, weil sie national und international gehandelte Güter unterschiedlichem Recht unterstellen.

Die Kritik von *Sack* hat im ausländischen Schrifttum Widerhall gefunden, ins- **1045** besondere bei *Duintjer Tebbens*[6]. Im deutschen Schrifttum zur Anknüpfung der Produkthaftung wird der Gesichtspunkt „Wettbewerbsgleichheit" dagegen meist kommentarlos übergangen[7]. *Winkelmann* erachtet ihn ausdrücklich für

---

1 *Saunders*, Report 60.
2 Zum Inhalt des Fragebogens vgl. Conférence 9 ff.
3 Vgl. z. B. Conférence 185 f., Procès-verbal Nr. 9 *Rognlien* (Norwegen); *W. Lorenz*, RabelsZ 37 (1973) 350; *Siehr*, AWD (RIW) 1972, 385 (zum Vorentwurf der Spezialkommission).
4 *Sack*, FS Ulmer 495 ff.
5 *Sack*, FS Ulmer 500 ff.
6 *Duintjer Tebbens* 373. − In den USA dagegen wird dem Gesichtspunkt der Wettbewerbsgleichheit sowohl im Internationalen Zuständigkeitsrecht als auch im Kollisionsrecht große Aufmerksamkeit geschenkt. Vgl. *Zaphiriou*, Ohio State L.J. 46 (1985) 539; *Weintraub*, Brooklyn J. Int'l L. 1990, 229 f. (als Argument für eine Haftung nach dem Recht des gewöhnlichen Aufenthaltsstaates des Geschädigten, wenn dieser Staat zugleich der Marktstaat ist; *ders.*, U.Ill.L.Rev. 1989, 137; *ders.*, Texas Int'l L.J. 23 (1988) 65; *Rubin*, GA. L. Rev. 20 (1986) 429, 436; *Besharov*, Nat'l.J., 20. 7. 1987, 30; *ders.*, Forum-Shopping 142; Note, Harv. L. Rev. 78 (1965) 1462, 1468; *George v. Douglas Aircraft Co.* 332 F. 2 d 73 (2 d Cir) cert. den. 379 U.S. 904, 85 S.Ct 193 (1964); *Browne v. McDonnell Douglas Corp.* 504 F. Supp. 514, 518−519 (N.D. Cal. 1980) (Konflikt zwischen anteiliger Haftung nach dem Recht des Unfallstaates und gesamtschuldnerischer Haftung nach dem Recht des Herstellungsstaates); *Harrison v. Wyeth Laboratories Dir. of. Am. Home Prods. Corp.* 510 F. Supp. 1,5 (E.D. Pa. 1980) (es sei unfair gegenüber dem Beklagten, ihm höhere Standards als die des Marktstaates aufzuerlegen).
7 Anders etwa *Siehr*, AWD (RIW) 1972, 385 (zum Vorentwurf des Haager Übereinkommens); *W. Lorenz*, RabelsZ 37 (1973) 350 (zum Haager Übereinkommen); *Steindorff*, Entwicklungen 170 ff. und *W.-H. Roth* 695 f. (jeweils zum Wettbewerb auf dem EG-Binnenmarkt); *Soergel/Lüderitz*, Art. 12 EGBGB a. F. Rn. 21; *Chr. v. Bar*, JZ 1985, 961; *Wilde* § 100 Rn. 8 und 11. − Hinsichtlich der Umwelthaftung: *Kreuzer*, Umwelthaftung 306 f.

irrelevant, weil es dem Produkthaftungsrecht um den Schutz des Publikums, nicht um die Chancengleichheit der Wettbewerber gehe[8]. *v. Hoffmann* sieht in ihm einen Grund, den Erfolgsort bei Schädigung des Ersten Endabnehmers auf den Marktort vorzuverlagern; er sieht sich aber nicht gehindert, die Haftung alternativ dem Recht am Sitz des Haftpflichtigen zu unterstellen[9].

II. Anknüpfungsrelevanz

1. Das IPR der Produkthaftung als Wettbewerbsfaktor

1046   *Calabresi* ist in einer eingehenden Untersuchung zu dem Ergebnis gelangt, daß sich das Produkthaftungsrisiko im Preis des Produkts niederschlagen müsse[10]. *Fallon* hält diese Kostentheorie für praxisfremd[11] und mißt ihr deshalb keine Bedeutung für die Anknüpfung der Produkthaftung bei[12]. Wirtschaftswissenschaftler würden das Produkthaftungsregime nicht als einen preisbildenden Faktor behandeln; für den Preis des Produkts seien nicht die Betriebskosten, sondern sei die Zahlungsbereitschaft des Nachfragers ausschlaggebend; der Anbieter kalkuliere den Preis nicht produktbezogen, sondern suche ein Gleichgewicht zwischen seinen gesamten Betriebskosten und seinem gesamten Umsatz; jedenfalls habe das Kollisionsrecht keinen Einfluß auf den Preis, weil das Produkthaftungsrisiko unabhängig von der Vorhersehbarkeit des anwendbaren Rechts versicherbar sei.

1047   *Fallon* ist zuzugeben, daß der Preis eines Produktes von vielen Faktoren abhängt. Entscheidend ist aber, daß der Preis *auch* vom Produkthaftungsrisiko abhängen *kann*[13]. Wie sehr, wird beispielsweise daran deutlich, daß ein und derselbe Impfstoff gegen Hepatitis B in den USA 160 Dollar und in Taiwan 12 Dollar kostet[14]. Wichtig ist auch, daß es nicht in erster Linie um die tatsächliche Preisgestaltung, sondern um die Kostenbelastung der Wettbewerber geht. Der freie Leistungswettbewerb ist auch dann gestört, wenn sich ein Wettbewerber, um konkurrenzfähig zu sein, dem allgemeinen Preisniveau anpaßt, aber rechtlich bedingt höhere Kosten hat[15]. Zutreffend ist, daß das Produkthaftungsrisiko unabhängig von der Vorhersehbarkeit des anwendbaren Rechts versicherbar ist[16]. Dies bedeutet aber nicht, daß das anwendbare Recht ohne

---

8 *Winkelmann* 224.

9 *Staudinger/v. Hoffmann*, Art. 38 EGBGB Rn. 465 und 461 f.

10 *Calabresi*, The Cost of Accidents, a Legal and Economic Analysis, New Heaven 1970; vgl. hierzu außerdem die umfangreichen Nachweise von *Fallon* 157 f. in seiner Fn. 1.

11 *Fallon* 181 ff.

12 *Fallon* 522 („caractère illusoire de tout emprunt, aux fins du rattachement, a une soi-disante essence").

13 Vgl. die Nachweise von *Fallon* 157 Fn. 1 sowie *Geistfeld*, Col. L.Rev. 1988, 1057 ff.

14 Vgl. den Bericht in PHI 1990, 106.

15 Zur Mischkalkulation vgl. *Börner*, FS Kutscher 46 f., der dem Haftungsregime grundsätzlich nur eine geringe Bedeutung für den Produktpreis zumißt.

16 Siehe oben § 13 III. 4.

Einfluß auf die Versicherungsprämie wäre. Ohne Einfluß ist nur die kollisionsrechtliche Anknüpfung im Einzelfall. Erheblich ist aber, nach welchem Recht ein Hersteller im Regelfall für die von ihm abgesetzten Produkte haftet. Wenn die Versicherungsprämie ex post anhand des Verhältnisses von Absatzvolumen und Schadensvolumen festgesetzt wird[17], wirkt sich sogar die kollisionsrechtliche Beurteilung jedes einzelnen Schadensfalles aus. In jedem Fall gilt, daß das IPR das zu versichernde Haftungsrisiko und damit auch die zu zahlende Versicherungsprämie bestimmt.

Deshalb ist festzustellen: **1048**

Die Produkthaftung ist ein Kostenfaktor[18]. Wenn Wettbewerber für ihre Produkte unterschiedlich streng haften, so sind sie mit unterschiedlichen Kosten belastet und das heißt, der Wettbewerb zwischen ihnen ist verzerrt[19]. Wettbewerbsgleichheit (Gleichheit der Kostenbelastung) besteht nicht schon dann, wenn die auf dem Markt präsenten Wettbewerber dem gleichen Haftungsrecht unterstehen. Relevant sind die Kosten aller Glieder der Produktions- und Vertriebskette. Wettbewerbsgleichheit setzt deshalb voraus, daß auch die marktfernen Hersteller konkurrierender Produkte gleich haften. Man formuliert deshalb besser produktbezogen: Haftungsrechtliche Wettbewerbsgleichheit besteht, wenn konkurrierende *Produkte* mit dem gleichen Produkthaftungsrisiko behaftet sind[20].

2. Der Grundsatz der haftungsrechtlichen Gleichbehandlung von Wettbewerbern

a) Sachrecht

Wettbewerbsgleichheit ist kein Zweck des Produkthaftungsrechts. Sie ist ihm **1049** aber vorgegeben, weil es wie das gesamte (Haftungs-)Recht dem Gleichheitssatz unterliegt[21].

Im allgemeinen Deliktsrecht wird der Gleichheitssatz nur selten virulent, weil **1050** die Haftungsregelung vom Schutzbedürfnis des Rechtsguts ausgeht und dieses gleichermaßen (kreisförmig) gegen alle von außen kommenden Gefahren (Verletzungen) schützt. Bedeutung hat der Gleichheitssatz beispielsweise[22] im Straßenverkehrshaftpflichtrecht erlangt; für diesen speziellen „Ordnungsbe-

---

17 Siehe oben § 13 III. 4. c).
18 *Zinkann* 163 ff.
19 *Sack*, FS Ulmer 500; *W. Lorenz*, RIW 1975, 246.
20 Vgl. *Sack*, FS Ulmer 501.
21 Siehe nur MünchKomm-*Mertens*, vor §§ 823–853 BGB Rn. 69 m.w.N.
22 Auf den Gleichheitssatz wird beispielsweise auch rekurriert im Zusammenhang mit dem Ausschluß von Schmerzensgeldansprüchen durch §§ 636, 637 RVO: BVerfG, 7.11.1972, BVerfGE 34, 118, 131 f. = BB 1973, 429; mit dem Ausschluß von Schmerzensgeld bei der Gefährdungshaftung: *Köndgen* 129 ff.; mit unterschiedlichen Haftungshöchstgrenzen bei der Gefährdungshaftung: *Lüderitz*, FS Rebmann 757; mit haftungsrechtlichen Differenzierungen nach der Rechtsform von Unternehmen: *Reuber*, a.a.O. sowie die Rezession seiner Arbeit von *Brügge-*

reich"[23] hat der Bundesgerichtshof ihn als „Grundsatz der haftungsrechtlichen Gleichbehandlung aller Verkehrsteilnehmer" konkretisiert, um das Verweisungsprivileg des § 839 Abs. 2 Satz 2 BGB auszuschließen[24].

1051 Auch in dem speziellen Ordnungsbereich „Produkthaftungsrecht" wird der Gleichheitssatz selten virulent. Hier beruht dies darauf, daß Gesetzgeber und Rechtsprechung ihn in aller Regel stillschweigend beachten. Eingefordert wurde seine Beachtung aber beispielsweise[25] von den Verbänden der Pharmazeutischen Industrie und dem Bundesverband der Deutschen Industrie bei Einführung der verschuldensunabhängigen Haftung für Arzneimittel[26]. Ihr Einwand, es gebe andere gleich gefährliche Aktivitäten, die einer Gefährdungshaftung nicht unterlägen, fruchtete jedoch zu Recht nicht, weil die Arzneimittelhaftung aufgrund der Besonderheiten dieses Industriezweiges als eigenständiger Ordnungsbereich anzusehen ist[27]. Eine Ungleichbehandlung *innerhalb dieses Bereiches* besteht nicht[28].

b) Kollisionsrecht

1052 Im Internationalen Produkthaftungsrecht ist der Grundsatz haftungsrechtlicher Gleichbehandlung von Wettbewerbern am stärksten gefordert. Hier besteht nämlich die große Gefahr, daß nationale Gesetzgeber für ihre Industrie oder ihre Verbraucher einseitig Partei nehmen, wie die spezielle Kollisionsnorm Quebecs über die Haftung für aus Quebec stammende Grundstoffe beispielhaft beweist[29].

---

meier, AcP 191 (1991) 473 (unternehmensträgerbezogene, rechtsformunabhängige deliktische Organisationspflicht als wichtiger Ansatz im Haftungsrecht, um gleichheitssatzgemäße Ergebnisse zu erzielen). Gegen volkswirtschaftlich motivierte haftungsrechtliche Differenzierungen unter Hinweis auf den Gleichheitssatz *Weyers* 491.

23 Zu diesem Kriterium vgl. BGH, 27. 1. 1977, BGHZ 68, 217 = NJW 1977, 1238 = VersR 77, 541 (unter II. 2b) cc) und c) der Gründe), sowie *Hohloch*, VersR 1979, 204 f.; MünchKomm-*Mertens*, vor §§ 823–853 BGB Rn. 69.

24 BGH, wie vorige Fn. – Zu Folgerungen für das fremdenrechtliche Erfordernis der Verbürgung der Gegenseitigkeit bei der Staatshaftung gegenüber ausländischen Unfallbeteiligten *Stoll*, FS Hauß 370; zu dem Verbot einer kollisionsrechtlichen Ungleichbehandlung *Hohloch*, VersR 1979, 205 f.

25 Für ein anderes Beispiel vgl. *Schubert*, PHI 1989, 83. Nach seiner Ansicht verstößt es gegen Art. 3 GG, wenn nur der EG-Importeur, nicht auch die anderen Handelsunternehmen, für eigene (Vertriebs-)Fehler verschuldensunabhängig haftet. In den USA wird heute vor allem im Zusammenhang mit der Marktanteilshaftung (vgl. oben § 6 I. 2. f)) auf den Grundsatz der Gleichbehandlung rekurriert; vgl. *Chase*, U.Ill.L.Rev. 1982, 1003 ff., sowie *Otte*, 48 Fn. 46.

26 Vgl. BT-Drucks. 7/5091 S. 9.

27 Vgl. *Wolter*, DB 1976, 2002 f.; allgemein zur Gleichbehandlung von Unternehmensträgern im Rahmen der Gefährdungshaftung *Reuber* 99 f. Die Eigenständigkeit eines Ordnungsbereichs (und damit seine Ungleichheit gegenüber anderen Bereichen) ist aber nicht immer so eindeutig wie bei der Arzneimittelhaftung; vgl. *Kötz* 1786 f.

28 *Wolter*, DB 1976, 2003.

29 Siehe oben § 5 V. 1. und § 14 III. 1. a) bb) (1). – *Dement*, Corn. Int. L.Rev. 5 (1972) 21 f. Fn. 56, sieht in der Ungleichbehandlung durch den Vorhersehbarkeitsvorbehalt des Art. 7 Haager Übereinkommen einen Verstoß gegen die „equal protection clause" des 14. Amendment der US-amerikanischen Verfassung: Ein großes international tätiges US-amerikanisches Unternehmen haftet bei einem Schadensfall im Ausland nach dem milderen ausländischen

Daß eine solche Parteinahme den Zielen des Internationalen Produkthaftungs- **1053**
rechts zuwiderläuft, ist offenkundig. Der deutsche Gesetzgeber hat denn auch
keine Zweifel gelassen, daß dem Grundsatz der haftungsrechtlichen Gleichbehandlung von Wettbewerbern auch in Fällen mit Auslandsberührung Wirkung
zu verleihen ist. Um auszuschließen, daß deutsche Arzneimittelhersteller für
im Ausland vermarktete Arzneimittel anders als ihre ausländischen Wettbewerber verschuldensunabhängig nach deutschem Recht haften, hat er die Anwendung des AMG davon abhängig gemacht, daß das schädigende Arzneimittel
im Inland an den Ersten Endabnehmer abgegeben wurde[30]. Er hat damit
nicht nur einer wettbewerbsverzerrenden Anknüpfung durch ein ausländisches
Kollisionsrecht vorgebeugt, soweit es in seiner Macht stand; er hat damit auch
eine wettbewerbsneutrale Anknüpfung der AMG-Haftung durch das deutsche
Recht vorprogrammiert[31].

Die EG-Produkthaftungsrichtlinie belegt ebenfalls, daß der Grundsatz haf- **1054**
tungsrechtlicher Gleichbehandlung von Wettbewerbern kollisionsrechtliche
Relevanz hat. Die Richtlinie harmonisiert zwar nicht das IPR der Produkthaftung, sondern gleicht das Sachrecht an. Sachrechtsangleichung und Kollisionsrecht stehen jedoch in einem funktionellen Zusammenhang[32]. Sie dienen
beide, wenn auch mit unterschiedlichen Mitteln, der Ordnung des internationalen Verkehrs. Als ein Ziel dieser Ordnung hat der Gemeinschaftsgesetzgeber
in den Erwägungsgründen der Richtlinie die Unverfälschtheit des Wettbewerbs
im Gemeinsamen Markt genannt[33]. Daß er diesem Ziel mit der Richtlinie nur
wenig näher gekommen ist[34], interessiert hier nicht. Wichtig ist allein, daß die
Vermeidung von Wettbewerbsverfälschungen ein legitimer Grund für die
Rechtsangleichung ist. Hätte der Gemeinschaftsgesetzgeber von der Angleichung der materiellen Produkthaftungsrechte abgesehen, und wäre er wie beispielsweise im Versicherungsvertragsrecht[35] den Weg der Kollisionsrechtsver-

---

Recht, weil es die Vermarktung in diesem Staat vorgesehen hat; ein kleines nur national tätiges Unternehmen haftet nach dem strengen Recht seines US-amerikanischen Sitzstaates, weil
es die Vermarktung im Ausland nicht vorgesehen hat („ ... such discrimination would, on
occasion, almost surely shock our sense of justice"); vgl. auch Note, Harvard Law Review 78
(1965) 1466 („application of a special law to protect a particular state's residents is constitutio-
nally questionable").

30 Siehe oben § 9 III.
31 Siehe oben § 9 III. 4.
32 Vgl. *Drobnig*, Unification 1 ff.; *Müller-Graf*, Kolloquium Börner 47 f.; *Solimine*, GA. L.Rev.
(1989) 91 (speziell zur Produkthaftung). – Zu den Parallelen zwischen Sachrechts- und Kolli-
sionsrechtsvereinheitlichung mit Blick auf die USA: *Magold* 25 f.; *Juenger*, U. Ill. L. Rev. 105
(1989) 108.
33 Vgl. den ersten Erwägungsgrund ABl. EG Nr. L 210/29.- Die Gleichheit der Wettbewerbsbedingungen ist nach *Graf. v. Westphalen*, Produkthaftungshandbuch I Einl. 55, speziell ein Grund
für die EG-Importeurhaftung.
34 Siehe oben § 1 I. 1. b).
35 Zur Bedeutung der Wettbewerbsgleichheit auf diesem Gebiet *W.-H. Roth* 342; *ders.*, RabelsZ 54
(1990) 65 ff.; *Reichert-Facilides*, FS Reimer Schmidt 1024. Vgl. zum allgemeinen Internationalen
Vertragsrecht *Chr. v. Bar*, IRP II Rn. 437, wonach Art. 29 Abs. 1 Nr. 1 EGBGB verhindern soll,
daß sich ein ausländischer Anbieter durch eine Rechtswahl einen Wettbewerbsvorteil verschafft.

einheitlichung gegangen, so hätte das von Art. 3 lit. f EGV vorgegebene Ziel der Vermeidung von Wettbewerbsverzerrungen[36] nach einer wettbewerbsneutralen Anknüpfung der Produkthaftung verlangt. Der EG-Vertrag schreibt dieses Ziel nur vor, soweit die Verwirklichung des Binnenmarktes betroffen ist. Außerhalb dieses Bereichs ist es aber nicht minder berechtigt[37].

III. Folgerungen für die Anknüpfung der Produkthaftung

1055 Der Grundsatz der haftungsrechtlichen Gleichbehandlung von Wettbewerbern verlangt nicht, daß das Recht eines bestimmten Staates maßgeblich wäre. Ihm ist schon dann genügt, wenn für alle in einem Staat vermarktete Produkte[38] nach ein und demselben Recht gehaftet wird, sei es nach dem Recht des Marktstaates, sei es nach dem Recht eines Staates, zu dem das Geschehen *nach* der Vermarktung eine Beziehung begründet, insbesondere nach dem Recht des Erfolgsortstaates und nach dem Recht des gewöhnlichen Aufenthaltstaates des Geschädigten.

1056 Der Grundsatz der haftungsrechtlichen Gleichbehandlung von Wettbewerbern wird dagegen verletzt, wenn die Produkthaftung an ein *der Vermarktung vorgelagertes Geschehen* geknüpft wird, sei es an den Sitz des Haftpflichtigen, sei es an die Herstellung oder die Inverkehrgabe des Produktes innerhalb der Produktions- und Vertriebskette[39]. So wären bei der international verbreiteten Anknüpfung an den Sitz des Haftpflichtigen Hersteller mit Sitz in einem Land mit strengem Produkthaftungsrecht gegenüber Herstellern mit Sitz in einem Land mit mildem Produkthaftungsrecht im Nachteil, weil sie aufgrund ihres höheren Schadenspotentials höhere Prämien für die Produkthaftpflicht-Versicherung zahlen müßten[40]. Besonders krass wäre die Benachteiligung von Herstellern mit Sitz in den USA[41]. Zusammen mit ihren Produkten müßten sie ihr hypertrophes Produkthaftpflichtrecht „exportieren", das die Versicherungs-

---

36 Vgl. *Börner*, FS Kutscher 49 f.

37 *Lukes* 57 f.; *Zaphiriou*, Ohio State L.J. 46 (1985) 539.

38 Siehe oben bei und in Fn. 20.

39 *W.-H. Roth* 696 (mit Art. 30 EGV unvereinbar); *Weintraub*, Brooklyn J. Int'l L. 16 II (1990) 230; *Deemer v. Silk City Textile Mach. Co.* 193 N.J. Super. 643, 651, 475 A. 2 d 648, 652 (Super Ct. App. Div. 1984) (Anwendung des Rechts des Herstellerstaates „would have the undesirable consequence of deterring the conduct of manufacturing operations in this state").

40 Soweit das Produkthaftungsrisiko in Form einer Rückstellung vom Unternehmen selbst getragen wird, resultiert der Nachteil aus der Höhe der Rückstellungen. Vgl. hierzu *Biegler*, ÖJZ 1988, 705 ff.

41 Innerhalb der EG hält *Börner*, FS Kutscher 50 f., die aus Unterschieden des Haftungsrechts folgenden Unterschiede in den Versicherungsprämien nicht für groß genug, um von einer Wettbewerbsverfälschung zu sprechen. Er verweist auf andere Faktoren, die weitaus größere Unterschiede in der Kostenbelastung bedingen, etwa die nationalen Subventionen, das Steuerrecht, etc. Dies mag ein gewichtiger Einwand gegen die Zuständigkeit des Gemeinschaftsgesetzgebers zur Angleichung des Produkthaftungsrechts sein. Es ist aber kein Einwand gegen die nicht auf Binnenmarkt-Sachverhalte beschränkte Forderung nach einer wettbewerbsneutralen Anknüpfung der Produkthaftung. Bemerkswert ist, daß *Börner*, 46, ungeachtet der Ubiquitätsregel des

442

prämien zu einem die Wettbewerbsfähigkeit maßgeblich beeinflussenden Ko- noch
stenfaktor gemacht hat[42]. Es wird berichtet, daß in den USA kleinere Betriebe **1056**
oft bereits Jahresprämien in Höhe von 80.000 bis 250.000 US Dollar und große
Betriebe von 10 bis 25 Mill. US Dollar für ihren Umsatz auf dem US-amerikanischen Markt zahlen[43]. Würde man amerikanische Hersteller weltweit mit
ihrem Haftungsrecht „strafen", so wäre dies vermutlich das Ende für den Export aus den USA[44]. Denn auch wenn man berücksichtigt, daß Gerichte
außerhalb der USA geringere Schadensersatzsummen zusprechen müssen, weil
das anzuwendende amerikanische Produkthaftungsrecht[45] den Gegebenheiten
des Gerichtsstaats, insbesondere dessen System der Anwaltshonorierung[46],
anzupassen ist[47], so bliebe doch ein nicht hinnehmbarer Wettbewerbsnachteil
für US-amerikanische Unternehmen. Da die Produkthaftpflicht-Versiche-
rungsprämien für sie ein erheblicher Kostenfaktor sind, trifft jedenfalls für sie
die im Schrifttum geäußerte Befürchtung zu, der Hersteller könne zur Umgehung einer strengen Produkthaftpflicht seinen Geschäftssitz in ein haftungs-
milderes Land verlegen[48]. Um der Anwendung ihres Rechts zu entgehen, würden US-amerikanische Hersteller nicht ihren Geschäftssitz verlegen[49], wohl
aber das Exportgeschäft auf ein Tochterunternehmen mit Sitz in einem günstigeren Staat übertragen[50].

---

deutschen IPR von dem anzustrebenden Ergebnis ausgeht, daß die Wettbewerber in einem
Staat nach dem Recht dieses Staates haften. − Zum „allgemeinen Gleichheitssatz beim Zusam-
menwirken des Europäischen Gemeinschaftsrecht mit dem nationalen Recht" *Bleckmann*,
NJW 1985, 2856ff.

42 *Noehrbass*, VW 1989, 679. Vgl. auch die instruktive Analyse von *Dielmann*, FS Stiefel (1987)
118ff., 143ff. sowie *Kötz*, RabelsZ 50 (1986) 14.

43 *Noehrbass*, VW 1989, 679. − Nach *Besharov*, Forum Shopping 142, macht die Prämie für den
Haftpflichtversicherungsschutz eines Flugzeugherstellers ungefähr 10% der Kosten, bei bestimmten maschinellen Geräten ungefähr 15% der Kosten aus. − *Koepke* (RIW 1987, 503,
506) hält die steigenden Prämienkosten „des verschwenderischen US-Produkthaftpflichtsy-
stems" für auf Dauer nicht tragbar.

44 Es bedeutet die Umkehrung der von *Graf v. Westphalen* (PHI 1988, 18ff.) diskutierten Frage,
ob es nicht angezeigt sei, wegen der extremen Risiken der US-amerikanischen Produkthaftung
Exporte in die USA einzustellen.

45 Von „Produkthaftungsrecht" kann man auch hinsichtlich des Anwaltskostenersatzes sprechen,
weil die US-amerikanischen Gerichte den Ersatz der Anwaltskosten häufig nicht gesondert ausweisen, sondern eine Gesamtsumme zusprechen. Vgl. BGH, 4.6.1992, NJW 1992, 3096, 3101,
1303 (= § 6 Fn. 35) sowie *Zekoll* 116f.

46 Siehe oben § 6 II. 1. b).

47 *Zekoll* 117.

48 *Siehr*, AWD (RIW) 1973, 387.

49 Vgl. *Drobnig*, Produktehaftung 329f.

50 Vgl. *Besharov*, Nat'l L.J., 20.7.1987, S. 30. − *Jenckel*, 209ff., untersucht die umgekehrte
Frage, nämlich ob *deutsche* Unternehmen durch gesellschaftsrechtliche Maßnahmen das US-
Produkthaftungsrisiko beschränken können. − Zu den betriebswirtschaftlichen Motiven der
Gründung von Tochtergesellschaften auf dem ausländischen Markt vgl. *Pausenberger*, Interna-
tionalisierungsstrategien 245ff.; *Jungnickel* 28ff.; *Fröhlich* 74ff.

Dritter Teil:
Anknüpfungssystem

Die vorstehende Analyse der Grundlagen hat offengelegt, zu welchen Rechts- **1057** ordnungen „die Produkthaftung" Beziehungen hat. Sie benennt für die einzelnen Funktionen des Produkthaftungsrechts das jeweils „räumlich" beste Recht und sie weist die kollisionsrechtlichen Folgerungen aus, die aus „Haftungsschadensverteilung" und „Wettbewerbsgleichheit" zu ziehen sind. Sie ist das Fundament, auf dem nunmehr das Anknüpfungssystem errichtet werden kann.

§ 18   Regelanknüpfungen

I. Anknüpfung nach dem Prinzip der engsten Beziehung

1. Bestimmung der engsten Beziehung

Die Grundlagenanalyse hat gezeigt, daß zwischen der Schädigung des Ersten **1058** Endabnehmers und der Schädigung eines Zweitkonsumenten und bystander *kollisionsrechtlich* relevante Unterschiede bestehen. Die engste Beziehung ist deshalb getrennt zu ermitteln.

a) Schädigung des Ersten Endabnehmers

aa) Beziehungen zu jeweils verschiedenen Staaten

(1) Marktstaat

Bei einer Schädigung des Ersten Endabnehmers verweisen cum grano salis so- **1059** wohl die Verhaltenssteuerungs- als auch die Schadensausgleichsfunktion des Produkthaftungsrechts auf den Marktstaat.

In diesem Staat verläßt das Produkt den Handel. Dort gefährdet es, wenn es **1060** fehlerhaft ist, den Ersten Endabnehmer und die Allgemeinheit. Der Marktstaat sucht eine solche Gefährdung auszuschließen, indem er öffentlich-rechtlich vorschreibt, wie sicher das Produkt sein muß, um in seinem Staatsgebiet an Erste Endabnehmer vermarktet werden zu dürfen[1]. Weltweit erkennen Staaten die besondere Stellung des Marktstaates an. Sie stellen grundsätzlich keine Anforderungen an die Sicherheit von Produkten, wenn diese auf ihrem

---

1 Siehe oben § 14 II. 4.

Territorium hergestellt werden, um in einem anderen Staat vermarktet zu werden, oder sie ordnen ihre eigenen Sicherheitsvorschriften denen des Marktstaates jedenfalls nach[2].

1061 Wie die öffentlichen Produktsicherheitsrechte knüpfen auch die privaten Haftungsrechte an die Vermarktung des schädigenden Produktes an. So ist in der EG-Produkthaftung die Fehlerhaftigkeit des Produkts nach den Umständen seiner Vermarktung aus der Sicht des betroffenen Verkehrskreises, also der Allgemeinheit des Marktstaates, zu beurteilen[3]. Gleiches gilt in der Verschuldenshaftung für die von der Rechtsprechung entwickelten *Verkehrs*sicherungspflichten und für Schutzgesetze, deren räumlich-gegenständlichen Anwendungsbereich der Gesetzgeber häufig ausdrücklich begrenzt[4].

1062 In der Schutzgesetzhaftung sind öffentliches Produktsicherheitsrecht und privates Haftungsrecht unmittelbar verknüpft[5]. Ein enger Zusammenhang zwischen beiden Bereichen besteht aber auch sonst. Die öffentlich-rechtlichen Produktsicherheitsvorschriften prägen die Sicherheitserwartungen der Allgemeinheit des Marktstaates und bestimmen deshalb zusammen mit anderen Umständen darüber, welche Produktsicherheit haftungsrechtlich „geschuldet" ist[6]. Den Zusammenhängen zwischen öffentlichem Produktsicherheitsrecht und privatem Produkthaftungsrecht wird die Anknüpfung an den Marktstaat in idealer Weise gerecht[7].

1063 Die Anknüpfung an den Marktstaat sichert die Gleichheit von Wettbewerbern auf diesem Markt[8]. Die Wettbewerber können das Haftungsrisiko im voraus bestimmen und bei der Kalkulation des Produktpreises berücksichtigen. Der Erste Endabnehmer erlangt den haftungsrechtlichen Schutz, für den er zahlt. Die Anknüpfung an den Marktstaat wird außerdem den Erfordernissen der Haftung mehrerer gerecht, da sie alle Personen, die dem Geschädigten produkthaftpflichtig sind, einheitlich erfaßt[9]. Die Gerichte des Marktstaates sind international zuständig, so daß auch eine effektive Rechtsverfolgung gewährleistet ist[10].

(2) Herstellungsstaat

1064 Die funktionelle Beziehung der Produkthaftung zu dem Staat, in dem ein Haftpflichtiger sein Produkt zum Zwecke des Exports herstellt, gründet auf der Möglichkeit, daß dieser Staat die Sicherheit des Produkts reguliert, obwohl

---

2 Siehe oben § 14 II. 4. b) bb) (1).
3 Siehe oben § 14 II. 5. a).
4 Siehe oben § 14 II. 5. b).
5 Siehe oben § 14 II. 3. a) aa).
6 Siehe oben § 14 II. 3. b).
7 Siehe oben § 14 III. 1. a) aa) und § 15 II. 2. a) bb) (4).
8 Siehe oben § 17.
9 Siehe oben § 16.
10 Siehe oben § 15 IV.

es nicht für seinen, sondern für einen ausländischen Markt bestimmt ist. Rechtstatsächlich ist eine Sicherheitsregulierung durch den Exportstaat selten. Sie steht zudem in aller Regel unter dem Vorbehalt, daß der Marktstaat keine abweichende Produktsicherheit vorschreibt. Sie vermag deshalb die Anknüpfung an den Marktstaat nicht in Frage zu stellen[11].

(3) Sitzstaat des Haftpflichtigen

In welchem Staat der Haftpflichtige seinen *juristischen Sitz* hat, ist für die Frage, welchem Recht seine Haftung aus der Vermarktung eines fehlerhaften Produktes unterliegt, völlig unerheblich. Gleiches gilt entgegen verbreiteter Ansicht auch für den *Hauptgeschäftssitz* des Haftpflichtigen. Die Sitzstaaten steuern das Verhalten des Haftpflichtigen nicht, weil die *Export*geschäftstätigkeit des Haftpflichtigen den inländischen Verkehr nicht gefährdet[12]. Eine eng begrenzte Beziehung zu ihnen ergibt sich lediglich daraus, daß einige wenige Staaten verwerflich handelnden Produkthaftpflichtigen zur Abschreckung und Bestrafung Strafschadensersatz auferlegen. Dieser Ausnahmeaspekt kann indes die Regelanknüpfung offensichtlich nicht bestimmen[13].   **1065**

(4) Erfolgsortstaat

Der Eintritt der Rechtsgutsverletzung begründet stets eine Beziehung zu dem betreffenden Ortsrecht. Sie ist bei Schädigung des Ersten Endabnehmers aber von sehr geringem Gewicht.   **1066**

Das Recht des Erfolgsortstaates ist bei einer Schädigung des Ersten Endabnehmers nämlich nicht zum Schadensausgleich berufen. Der Erste Endabnehmer verbringt die Gefahrenquelle selbst in den Erfolgsortstaat. Dieser Staat muß ihn deshalb nicht als Teilnehmer des allgemeinen Verkehrs gegen eine aus dem Ausland wirkende Schädigungshandlung in Schutz nehmen. Sein Recht ist auch nicht als neutrales Schutzrecht gefragt. Denn der Erste Endabnehmer hat mit dem Produkt zugleich das Recht des Marktstaates als Schutzstatut erworben, das er nicht durch einen bloßen Grenzübertritt einbüßen will. Daß die Gerichte des Erfolgsortstaates international zuständig sind, ist im Verhältnis zum Marktstaat, zu dem material die engsten Beziehungen bestehen, unerheblich, weil auch dessen Gerichte international zuständig sind[14]. Das Recht des Erfolgsortstaates ist also auch nicht aus Gründen einer effektiven Rechtsverfolgung zu berufen.   **1067**

Verhaltenssteuernd kann das Recht des Erfolgsortstaates nicht wirken, weil die Produkthaftpflichtigen dieses Recht nicht vorherbestimmen können und sich   **1068**

---

11 Zur Ablehnung einer subsidiären oder alternative Maßgeblichkeit des Rechts des Herstellungsstaates siehe oben § 14 III 1. b) aa).
12 Siehe oben § 14 II. 4. b).
13 Zu der begrenzten kollisionsrechtlichen Bedeutung dieses Aspekte, siehe unten § 20 II. 2. b) aa).
14 Siehe oben § 15 IV.

deshalb auch nicht an seinen Verhaltensgeboten ausrichten[15]. Das Verhalten der Produkthaftpflichtigen wird ausschließlich und einheitlich durch das Recht des Marktstaates gesteuert. Dieses Recht bestimmt deshalb auch, welche Eigenverantwortung den Ersten Endabnehmer im Umgang mit dem Produkt trifft[16]. Das Recht des Erfolgsortstaates ist lediglich insoweit von Bedeutung, als es die Beurteilung eines Mitverschuldens des Ersten Endabnehmers beeinflußen kann, wenn es diesem zum Schutze des allgemeinen Verkehrs im Erfolgsortstaat Pflichten hinsichtlich der Produktbenutzung auferlegt. Dies kann aber ohne weiteres bei der Anwendung der Mitverschuldensregelungen des Rechts des Marktstaates berücksichtigt werden[17].

(5) Gewöhnlicher Aufenthaltsstaat des Ersten Endabnehmers

1069 Der vom Schadensrecht geregelte „Ersatz des Schadens" weist uneingeschränkt auf den Staat, in dem der Geschädigte seinen gewöhnlichen Aufenthalt hat. Denn dem Schadensrecht geht es ausschließlich um die Folgen einer von anderen Vorschriften begründeten Haftung, und diese Folgen bewältigt der Geschädigte typischerweise in seinem gewöhnlichen Aufenthaltsstaat. Die Begrenztheit dieses Gesichtspunktes macht seine Beziehung zum gewöhnlichen Aufenthaltsstaat eindeutig. Sie verleiht dieser Beziehung aber ebenso eindeutig ein nur geringes Gewicht. Sie vermag deshalb nach weltweit nahezu einhelliger Ansicht die Anknüpfung nie allein[18], sondern allenfalls dann zu bestimmen, wenn sie durch wenigstens eine andere Beziehung verstärkt wird[19].

(6) Ergebnis

1070 Die Produkthaftung gegenüber dem Ersten Endabnehmer hat die engsten Beziehungen zum Marktstaat, wenn die Beziehungen zu *anderen* Staaten nicht übereinstimmend auf einen Staat, sondern jeweils auf verschiedene andere Staaten weisen.

bb) Häufung von Beziehungen

1071 Die anknüpfungserheblichen Beziehungen der Produkthaftung zu verschiedenen Staaten (Rechten) sind von unterschiedlichem kollisionsrechtlichen Gewicht. Deshalb kann die Produkthaftung nicht einfach in der Weise angeknüpft werden, daß das Recht des Staates berufen wird, zu dem die Mehrzahl der Beziehungen weist. Eine rein numerische Häufung von Beziehungen wird

---

15 Siehe oben § 14 III. 1. a) bb) (3).
16 Siehe oben § 15 II. 2. b).
17 Siehe oben § 15 II. 2. b) bb) (3) (a).
18 Speziell zur Produkthaftung *W. Lorenz,* RabelsZ 37 (1973) 337; *Morse,* Current Legal Problems 42 (1989) 515; *Batiffol,* Rev. crit. 1973, 257; *Cavin,* SchwJbIntR 1972, 54; a.A. *Drobnig,* Produkthaftung 335; *Kaye* 99 ff.
19 Siehe dazu unten bb).

der Aufgabe des IPR nicht gerecht[20]. Zulässig und geboten ist dagegen die Wertungsfrage, ob die Produkthaftung gegenüber dem Ersten Endabnehmer die engsten Beziehung nicht mehr zu dem Recht des Marktstaates, sondern zu dem Recht eines anderen Staates hat, wenn aufgrund der konkreten Umstände des Einzelfalles mehrere Beziehungen übereinstimmend auf dieses andere Recht weisen (wertendes „grouping of contacts").

(1) Gemeinsamer gewöhnlicher Aufenthalt der Parteien

Vereinzelt und apodiktisch werden für die Produkthaftung engere Beziehungen **1072** als zum Marktstaat zu dem Staat angenommen, in dem beide Parteien gemeinsam ihren gewöhnlichen Aufenthalt (Sitz) haben[21]. In der deutschen Lehre zum allgemeinen IPR erfreut sich die Anknüpfung *an den gemeinsamen gewöhnlichen Aufenthalt von Schädiger und Geschädigtem* einiger Beliebtheit; ihre Grundlagen und ihr Anwendungsbereich sind aber noch wenig geklärt.

Entwicklungsgeschichtlich ist diese Anknüpfung in Deutschland eng mit der **1073** Rechtsanwendungsverordnung aus dem Jahre 1942[22] verbunden. Solange es an der heute allgemein vorhandenen Bereitschaft, differenziert anzuknüpfen, fehlte, bot diese Verordnung die einzige Möglichkeit, der starren Tatortregel zu entgehen. Sie führte allerdings ihrerseits zu wenig befriedigenden Ergebnissen, weil sie ihrem Wortlaut nach eine gemeinsame deutsche Staatsangehörigkeit von Schädiger und Geschädigtem für eine Abkehr vom Tatortrecht genügen läßt. Der BGH hat ihren Anwendungsbereich deshalb unter einmütiger Billigung des Schrifttums[23] eingeschränkt. Das Recht des gemeinsamen deutschen Heimatstaates von Schädiger und Geschädigtem ist nur dann maßgebend, wenn beide in Deutschland auch ihren gewöhnlichen Aufenthalt haben. Derart eingeschränkt soll die Regelung nicht nur einseitig für deutsche Staatsangehörige, sondern auch allseitig für Angehörige anderer Staaten gelten[24].

Die stetig gewachsene Anzahl von Wohnsitznahmen außerhalb des Heimat- **1074** staates hat indes die Voraussetzung einer gemeinsamen Staatsangehörigkeit zunehmend in Frage gestellt. Einige Autoren plädieren deshalb dafür, allein den gemeinsamen gewöhnlichen Aufenthalt in einem Staat für die Maßgeblichkeit dessen Rechts ausreichen zu lassen[25]. Die Rechtsprechung und die herr-

---

20 Zur Aufgabe des IPR siehe oben § 12. Kritisch zur US-amerikanischen Rechtsprechung *Kühne*, Cal.L.Rev. 60 (1972) 14 („simply counted the number of contacts").
21 Vgl. die Wortbeiträge auf der Haager Produkthaftpflicht-Konferenz: *Rognlien* (Norwegen), Conférence 166; *Loussouarn* (Frankreich), Conférence 177; *ders.*, JDrint 1974, 43; *Kegel*, IPR 454; *Schönberger* 166; wohl auch *Erman/Hohloch*, Art. 38 EGBGB Rn. 44.
22 Verordnung über die Rechtsanwendung bei Schädigungen deutscher Staatsangehöriger außerhalb des Reichsgebietes vom 7. 12. 1942 (RGBl I 706); vgl. auch *Jayme/Hausmann*, Nr. 54 S. 163 f.
23 In diesem Sinne schon vorher insbesondere *Kegel*, IRP 2. Aufl. 1964, 243; *Beitzke*, RabelsZ 33 (1969) 222; *Stoll*, FS Kegel (1977) 116 ff.; *W. Lorenz*, FS Coing II (1982) 278.
24 BGH, 5. 10. 1976, VersR 77, 56.
25 Zu nennen sind vor allem *Hohloch*, JuS 1980, 18, 23 f.; *Erman/Hohloch*, Art. 38 EGBGB Rn. 31; *Kropholler*, IPR 436, 439.

schende Lehre verlangen jedoch eine zusätzliche Beziehung zum gewöhnlichen Aufenthaltsstaat der Parteien, die allerdings nicht notwendig in der gemeinsamen Zugehörigkeit zu diesem Staat bestehen muß[26].

1075   Eine solche zusätzliche Beziehung zum gewöhnlichen Aufenthaltsstaat ist nach herrschender Ansicht gegeben, wenn zwischen den Parteien eine in diesem Staat zu lokalisierende *tatsächliche Sonderverbindung* besteht, etwa wenn die Parteien einer Familie angehören oder wenn sie gemeinsam in das Ausland reisen[27]. Die Sonderverbindung schafft eine heimatliche Exklave. Delikte innerhalb der Sonderverbindung sind deshalb in die soziale Umwelt des gemeinsamen Aufenthaltsstaates eingebettet[28].

1076   Praktische Bedeutung hat der gemeinsame gewöhnliche Aufenthalt der Parteien jedoch vor allem bei Delikten außerhalb von Sonderverbindungen erlangt, insbesondere bei *Straßenverkehrsunfällen*. Da es hier an der kollisionsrechtlichen Kraft und Plausibilität der Sonderverbindung fehlt, mußten andere Gründe bemüht werden. Die notwendige Verstärkung des gemeinsamen gewöhnlichen Aufenthalts der Parteien ist nach Ansicht des BGH gegeben, wenn diese mit im Aufenthaltsstaat zugelassenen und versicherten Kfz in den Unfall verwickelt sind. Dann könne der Standard von Entwicklungen und Gewohnheiten in ihrer gemeinsamen Rechtsumwelt nicht außer Betracht bleiben und würde eine Schadensabwicklung nach Tatortrecht mit den Gegebenheiten und Zwängen einer bei den Kfz-Versicherern „institutionalisierten" Regulierung des Massenfalls in Konflikt geraten[29]. Anstelle der soziologischen Einbettung der Tat[30] geht es also nurmehr um die soziale Einbettung der Tatfolgen[31]. Sozial eingebettet sind diese bei internationalen Straßenverkehrsunfällen jedoch nur, weil der *Schädiger* sie wegen des bestehenden Pflichtversicherungsschutzes nicht tragen muß und weil der *Geschädigte* aufgrund des Grüne-Karte-Systems einen Versicherer[32] nach dem Recht des Unfallstaates in Höhe der nach diesem Recht vorgeschriebenen Mindestversicherungssummen in Anspruch nehmen kann, er also dem Recht seines gewöhnlichen Aufenthaltsstaates nicht auf Gedeih und Verderb unterworfen ist[33]. Nur diese Besonderheiten des Kfz-Haftpflichtversicherungsschutzes rechtfertigen die Wertung, daß die Haftung

---

26   Vgl. die Nachweise von *Erman/Hohloch*, Art. 38 EGBGB Rn. 25–28 sowie *Wandt*, VersR 1992, 156 ff.

27   BGH, 13. 3. 1984, BGHZ 90, 294 (Straßenverkehrsunfall); vgl. zur Bedeutung einer Sonderverbindung in der Rechtsprechung des BGH *Wandt*, VersR 1990, 1303 f.; *ders.*, VersR 1992, 156 ff.

28   *Binder*, RabelZ 20 (1955) 480.

29   BGH, 8. 1. 1985, BGHZ 93, 214 = VersR 1985, 340; der zweite Grund wird nicht mehr herangezogen in BGH, 7. 7. 1992, VersR 1992, 1237 mit Anm. *Wandt*; vgl. auch *Wandt*, VersR 1993, 409 ff.

30   *Binder*, RabelZ 20 (1955) 480.

31   Vgl. insbesondere *Hohloch*, JuS 1980, 23.

32   Bzw. Versichererverband; vgl. *Wandt*, VersR 1993, 409 ff.

33   Eingehend hierzu *Wandt*, VersR 1993, 409 ff. *ders.*, FS E. Lorenz 691 ff. Gegen ein Aufoktroyieren des Rechts des gemeinsamen gewöhnlichen Aufenthaltsstaates ungeachtet sachlicher Beziehungen auch *Beitzke*, Freiburger Kolloquium 55.

aus einem Straßenverkehrsunfall die engsten Beziehungen zu dem Recht des Staates hat, in dem die unfallbeteiligten Kfz zugelassen und beide Parteien ihren gewöhnlichen Aufenthalt haben.

Bei der *Produkthaftung* gibt es *keine tatsächliche Sonderverbindung* wie zwischen Lebensgefährten oder Reisegefährten, die auf den gemeinsamen gewöhnlichen Aufenthaltsstaat der Parteien weisen würde. Der Erste Endabnehmer hat allenfalls vertragliche Beziehungen zu einem Produkthaftpflichtigen, die nicht notwendig auf den gemeinsamen gewöhnlichen Aufenthaltsstaat weisen und ein besonderes Problem darstellen[34].   **1077**

Anders als bei der Straßenverkehrshaftung gewährleistet die Anknüpfung der *Produkthaftung* an den gemeinsamen gewöhnlichen Aufenthaltsstaat der Parteien auch *keine soziale Einbettung der Tatfolgen. Produkthaftpflichtige* sind zwar in aller Regel[35] freiwillig haftpflichtversichert. Die Produkthaftpflichtversicherung ist jedoch keine Versicherung eines „Massenfalles"[36], bei der durch das Kollisionsrecht verursachte Kostensteigerungen auf das große Kollektiv umgelegt und vom Einzelnen deshalb überhaupt nicht gespürt werden. Die Produkthaftpflichtversicherungsprämie hängt sehr stark vom individuellen Risiko ab, und es werden häufig hohe Selbstbehalte vereinbart, um die Prämienlast zu mindern[37]. Würde man die Produkthaftung im Widerspruch zur soziologischen, wirtschaftlichen und sachrechtlichen Einbettung der Tat anknüpfen, wären die möglichen Folgekosten also größtenteils vom Schädiger selbst zu tragen. Dies kann für den Haftpflichtigen zu einem erheblichen Nachteil im Verhältnis zu seinen Wettbewerbern im Marktstaat führen und ist aus seiner Sicht deshalb nicht hinnehmbar. Die Anknüpfung an den gemeinsamen gewöhnlichen Aufenthalt wäre aber auch für den *geschädigten Ersten Endabnehmer* nicht akzeptabel. Denn sie würde ihm sein Recht auch dann aufzwingen, wenn es ihm ungünstiger ist als das Recht des Marktstaates, für das er sich bewußt entschieden hat und für dessen Schutz er mit dem Kaufpreis bezahlt hat. Aus seiner Sicht käme deshalb nur eine Anknüpfung in Betracht, die ihm sein Recht nicht aufoktroyiert, sondern ihm gestattet, es anstelle des Rechts des Marktstaates zu wählen[38].   **1078**

Die Anknüpfung an den gemeinsamen gewöhnlichen Aufenthaltsstaat von Erstem Endabnehmer und Haftpflichtigem ist im deutschen Recht bereits de lege lata abzulehnen. Die *Rechtsanwendungsverordnung* aus dem Jahre 1942 scheint in ihrer Ausformung durch die Rechtsprechung allerdings die Anwendung deutschen Rechts zu gebieten, wenn Schädiger und Geschädigter deut-   **1079**

---

34 Siehe unten § 19 II.
35 Die betriebliche Absicherung durch Rückstellungen ist der Ausnahmefall. Vgl. dazu *Biegler*, ÖJZ 1988, 707.
36 So BGH, 8. 1. 1985, BGHZ 93, 214 zu Straßenverkehrsunfällen.
37 Vgl. *Schmidt-Salzer*, Produkthaftung Bd. IV/1: Produkthaftpflichtversicherung, Rn. 7.174 und passim.
38 Siehe dazu unten II.

sche Staatsangehörige sind und sich beide gewöhnlich in Deutschland aufhalten[39]. Diese Verordnung paßt für die Internationale Produkthaftung jedoch ebensowenig wie beispielsweise für das Internationale Wettbewerbsrecht[40]. Sie hat nämlich nicht zum Ziel, einseitig den deutschen Schädiger zu schützen — diese Aufgabe erfüllt bereits Art. 38 EGBGB[41]. Sie soll vielmehr eine sachgerechte Anknüpfung gewährleisten[42]. Dieses Ziel kann sie bei der Produkthaftung jedoch nicht erreichen. Dies zeigt sich besonders deutlich im Arzneimittelbereich. Der Gesetzgeber hat sich bei seiner Entscheidung, den haftungsrechtlichen Schutz des AMG nur zu gewähren, wenn das schädigende Arzneimittel in Deutschland an den Verbraucher (Ersten Endabnehmer[43]) abgegeben worden ist, vor allem von dem Gedanken der Wettbewerbsgleichheit auf einem nationalen Markt leiten lassen[44]. Es wäre daher weder aus der Sicht des deutschen Arzneimittelherstellers noch aus der Sicht des Geschädigten mit gewöhnlichem Aufenthalt in Deutschland einsichtig, wenn ihnen kollisionsrechtlich das deutsche Recht aufgezwungen würde, nur weil sie beide in Deutschland ihren Sitz bzw. gewöhnlichen Aufenthalt haben. Dem deutschen Arzneimittelhersteller würde das „wettbewerbsneutrale" Recht des Marktstaates genommen. Dem deutschen Geschädigten würde ein Recht gegeben, das ihn nicht adäquat schützen will, weil das schädigende Arzneimittel im Ausland vermarktet wurde. Auch außerhalb des Arzneimittelbereichs würde die Rechtsanwendungsverordnung zu nicht sachgerechten Ergebnissen führen[45]. Die Internationale Produkthaftung ist ihr daher schon vor ihrer geplanten Aufhebung[46] durch teleologische Reduktion zu entziehen.

(2) Häufung weiterer Beziehungen

1080   Bei einer Schädigung des Ersten Endabnehmers sind die Beziehungen zum Recht des *Marktstaates* selbst dann am engsten, wenn alle anderen anknüpfungsrelevanten Beziehungen übereinstimmend auf ein bestimmtes anderes Recht weisen[47]. Abgesehen von der Beziehung zum gewöhnlichen Aufent-

---

39 Siehe dazu oben bei Fn. 23.

40 Vgl. *Sack*, GRUR Int. 1988, 325 f. mit umfangreichen Nachweisen. — Zur Notwendigkeit einer teleologischen Reduktion im Internationalen Straßenverkehrsunfallrecht *Wandt*, VersR 1990, 1305; *ders.*, VersR 1993, 416 m. w. N.

41 Siehe dazu unten § 20 II.

42 Vgl. die Amtliche Begründung DJ 1943, 20; *Däubler*, DJ 1943, 36.

43 Siehe dazu § 9 II. 2. a) bb).

44 Siehe oben § 9 III. 3. und 4.

45 Siehe zu Beginn dieses Gliederungspunktes die allgemeinen Einwände gegen eine Anknüpfung an den gemeinsamen gewöhnlichen Aufenthaltsstaat der Parteien.

46 Siehe oben § 7 III. 1.

47 Für das österreichische Recht vertritt *Maxl*, JBl 1992, 166, die Ansicht, grundsätzlich gelte gemäß § 48 Abs. 1 S. 1 österr. IPR-Gesetz, der auf den Ort des ursächlichen Verhaltens abstellt, das Recht an der Niederlassung des Haftpflichtigen; der Geschädigte könne aber das Recht des Marktstaates wählen, wenn er sich in diesem Staat gewöhnlich aufhalte. Aus welchem Grund dem Ersten Endabnehmer das Recht des Marktstaates, den er tatsächlich, nämlich durch die

haltsstaat des Geschädigten, die auf die Frage der Haftungsausfüllung beschränkt ist, also die vorrangige Frage der Haftungsbegründung in keiner Weise berührt, beruhen alle anderen Beziehungen auf Rand- und Ausnahmeerscheinungen: die selten gegebene, in jedem Fall aber subsidiäre Sicherheitsregulierung durch das Recht des exportierenden *Herstellungsstaates*; der allenfalls für das US-amerikanische Recht anzunehmende Wille, zur Abschreckung und Bestrafung von Haftpflichtigen mit *Hauptgeschäftssitz* im Geltungsbereich dieses Rechts angewendet zu werden; und schließlich der Grenzfall, daß der *Erfolgsortstaat* dem Ersten Endabnehmer Verkehrssicherungspflichten hinsichtlich der Produktbenutzung auferlegt und diese sein Mitverschulden beeinflussen. Für die Regelbildung, die den *typischen* Interessen gerecht werden muß, sind diese Rand- und Ausnahmebeziehungen nicht von Gewicht.

Das Haager Übereinkommen setzt sich über diesen Befund hinweg. Es hat deshalb zu Recht kaum Akzeptanz gefunden[48]. Seine Grundkonzeption, daß stets die Häufung zweier Anknüpfungspunkte über das anwendbare Recht entscheidet[49], ist bei einer Schädigung des Ersten Endabnehmers verfehlt. Jedenfalls hier ist nämlich die Prämisse unrichtig, daß die Anknüpfung an einen einzigen Anknüpfungspunkt zu einem Recht führe, dessen Maßgeblichkeit zufällig, willkürlich oder unlogisch erscheine[50]. Auf der Haager Konferenz wurde dies verkannt, weil nicht herausgearbeitet worden war, welche Beziehungen die Schädigung eines Ersten Endabnehmers zu welchen Rechtsordnungen hat und welches relative Gewicht die einzelnen Beziehungen haben[51]. **1081**

(3) Ergebnis

Die Produkthaftung gegenüber dem Ersten Endabnehmer hat die engsten Beziehungen zu dem *Recht des Marktstaates*; auch dann, wenn alle anknüpfungserheblichen Beziehungen, die nicht auf den Marktstaat weisen, übereinstimmend auf ein bestimmtes anderes Recht weisen. **1082**

cc) Anknüpfung bei nicht feststellbarem „Marktstaat"

Der Erste Endabnehmer wird dem von ihm angerufenen Gericht in aller Regel nachweisen können, in welchem Staat er das fehlerhafte Produkt erworben hat. Die Möglichkeit, daß er dazu ausnahmsweise nicht in der Lage ist, gibt **1083**

Kaufentscheidung, gewählt hat, verweigert werden sollte, wenn er nicht „Angehöriger" dieses Staates ist, begründet *Maxl* nicht. Mit der Betonung des „Handlungsortes" unterschätzt er den Stellenwert der Ausweichklausel des § 48 Abs. 1 S. 2 IPR-Gesetz. Kritisch gegen seine Lösung *Rummel/Schwimann*, § 48 IPRG Rn. 4a („weit über das Gesetz hinausgehende Vorschläge").
48 Siehe oben § 1 III. 4.
49 Siehe oben § 1 III. 2.
50 *Reese*, Explanatory Report 260.
51 Vgl. insbesondere die Kritik *Stolls*, FS Kegel (1977) 129 (Kombinationsarithmetik des Abkommens) und 132 (mangelnde Ausrichtung an tragenden Gedanken).

keinen Grund, den Marktstaat als Regelanknüpfungspunkt zu verwerfen. Sie gibt aber Anlaß, für die Ausnahmefälle eine Ersatzanknüpfung bereitzustellen.

1084 Wenn gleichartige Produkte des Haftpflichtigen im gewöhnlichen Aufenthaltsstaat des Ersten Endabnehmers vermarktet werden, ist widerleglich zu vermuten, daß der Geschädigte das Produkt in diesem Staat erworben hat[52]. Diese Vermutung ist auch dann berechtigt, wenn der Erste Endabnehmer außerhalb seines gewöhnlichen Aufenthaltsstaates zu Schaden kommt und in beiden berührten Staaten gleichartige Produkte vermarktet werden[53].

1085 Sind die Voraussetzungen der Vermutung nicht erfüllt, werden also im gewöhnlichen Aufenthaltsstaat des Geschädigten keine gleichartigen Produkte vermarktet, so ist das Recht des Staates anzuwenden, in dem der Erste Endabnehmer in seinen Rechtsgütern verletzt wurde, und zwar ungeachtet einer Vermarktung gleichartiger Produkte in diesem Staat.

b) Schädigung von Zweitkonsumenten und bystanders

aa) Beziehungen zu jeweils verschiedenen Staaten

(1) Gesamtschau

1086 Hinsichtlich der Verhaltenssteuerung, der von den Haftpflichtigen „geschuldeten" Produktsicherheit und des Ersatzes des Schadens unterscheidet sich die Produkthaftung gegenüber einem Zweitkonsumenten und einem bystander nicht von der Produkthaftung gegenüber dem Ersten Endabnehmer: *Verhaltenssteuerung und Produktsicherheit* weisen auf den Marktstaat; der *Ersatz des Schadens* dagegen auf den gewöhnlichen Aufenthaltsstaat des Geschädigten.

1087 Im übrigen unterscheidet sich das Bild. Die *abstrakte Schadenszurechnung*, die insbesondere über Verschuldensabhängigkeit oder -unabhängigkeit der Haftung entscheidet und so die Qualität des haftungsrechtlichen Schutzes wesentlich prägt, spricht nicht für eine Anknüpfung an den Marktstaat, sondern für eine Anknüpfung an den Erfolgsortstaat[54]. Denn Zweitkonsumenten und bystanders vertrauen darauf, durch das Recht dieses Staates geschützt zu werden, wenn sie − und darum geht es hier[55] − keine Beziehung zum Marktstaat haben. Die Möglichkeit einer *Schadenszurechnung aufgrund Mitverschuldens* weist bei einem bystander ausschließlich auf das Recht des Erfolgsortstaates, weil sein Mitverschulden aus seiner Teilnahme am allgemeinen Verkehr dieses Staates resultiert. Bei einem Produktbenutzer spricht sie ebenfalls für das Recht des Erfolgsortstaates, wenn ihm der Marktstaat unbekannt ist; denn

---

52 *Siehr*, AWD (RIW) 1972, 386; *Duintjer Tebbens* 386 (ohne Stellungnahme zur Widerlegbarkeit der Vermutung).
53 *Duintjer Tebbens* 386.
54 Siehe oben § 15 II. 3. b).
55 Zur „Häufung von Beziehungen" siehe unten bb).

dann kann er sich nicht am Recht des Marktstaates orientieren, das die Sicherheit des Produktes bestimmt. Kennt der Produktbenutzer aber den Marktstaat, so spricht dies wegen des engen Zusammenhangs zwischen Mitverschulden und Produktsicherheit für das Recht des Marktstaates[56].

(2) Die Bestimmung der engsten Beziehung

(a) Das Wertungskriterium

Die auf verschiedene Rechte weisenden Beziehungen der Produkthaftung sind zu gewichten. Es ist festzustellen, ob zu einem Recht engere (gewichtigere) Beziehungen bestehen als zu den anderen berührten Rechten, mit der Folge, daß dieses Recht zu berufen ist, oder ob zu mehreren Rechten gleich enge (gleichgewichtige) Beziehungen bestehen, mit der möglichen Folge, daß mehrere Rechte alternativ berufen werden. **1088**

Diese Aufgabe war für die Anknüpfung der Produkthaftung gegenüber des Ersten Endabnehmers[57] einfach zu bewältigen, weil bei ihr bis auf den Ersatz des Schadens alles für eine Anknüpfung an den Marktstaat spricht, weshalb die Entscheidung für diese Anknüpfung in hohem Maße plausibel ist. Bei der nunmehr anzuknüpfenden Produkthaftung gegenüber Zweikonsumenten und bystanders gibt es eine vergleichbare Plausibilität nicht, weil hier eine Gemengelage von Beziehungen zu verschiedenen Rechten besteht. Die Anknüpfungsentscheidung verlangt deshalb nach einer überzeugenden sachlichen Erklärung. Diese ist schwierig, weil die Methode zur Gewichtung divergierender Beziehungen noch nicht hinreichend ausdifferenziert ist. Berührt ist eine Grundfrage der Kollisionsrechtsfindung; es geht um einen weiteren Schritt auf dem Weg von der *Savigny*schen Sitzformel zu einem überzeugenden und sicher handhabbaren methodischen Handlungsprogramm[58]. **1089**

(aa) Der materiell-rechtliche Rang der Funktionen des Haftungsrechts

Eine verbreitete Ansicht gibt im kollisionsrechtlichen Konfliktfall stets der Schadensausgleichsfunktion den Vorrang, weil die Schadensabnahme das vorrangige Ziel des Haftungsrechts sei[59]. Die materiell-rechtliche Wertigkeit der Funktionen des Haftungsrechts ist jedoch aus mehreren Gründen zur kollisionsrechtlichen Konfliktlösung nicht geeignet. **1090**

Die anhaltend kontrovers geführte Diskussion *im Sachrecht* belegt, daß es schon hinsichtlich der Hauptfunktionen des Haftungsrechts äußerst schwierig, wenn nicht gar unmöglich ist, ein Rangverhältnis festzustellen. Den eingetrete- **1091**

---

56 Siehe oben § 15 II. 2. b).
57 Siehe oben a).
58 Siehe oben § 12.
59 Vgl. z. B. MünchKomm-*Kreuzer*, Art. 38 EGBGB Rn. 3; *Kropholler*, ZfRV 16 (1975) 261; *Trutmann* 165.

nen Schaden vor Augen, halten viele die Schadensausgleichsfunktion für am wichtigsten[60]. Die Eindruckskraft des Schadens ist jedoch gering, wenn er, wie meist, durch Sozial-, Schadens- oder Haftpflichtversicherer bereits ersetzt wurde und nur noch der Regreß zwischen sekundären Schadensträgern in Frage steht[61]. Zu denken gibt aber vor allem der Einwand *Weyers*, niemand könne sagen, wie häufig sich die Frage des Schadensausgleichs deshalb nicht stelle, weil ein Schaden durch Androhung der Haftung verhindert worden sei[62]. Hinzu kommt, daß ein etwaiges Rangverhältnis jedenfalls von Rechtsordnung zu Rechtsordnung variieren würde, weil das Haftungsrecht nur Teil eines komplexen Schadensvermeidungs- und Schadensausgleichssystems ist und die anderen Teile des Systems von Staat zu Staat sehr unterschiedlich sind[63]. Mit Hilfe eines für das jeweilige Sachrecht zu bestimmenden Rangverhältnisses der Funktionen des Haftungsrechts ist ein Konsens über die kollisionsrechtliche Konfliktlösung deshalb weder national noch international erreichbar.

1092   Selbst wenn man unterstellte, der Schadensausgleich sei die wichtigste Funktion des Haftungsrechts, würde dies in aller Regel nicht weiterhelfen, weil diese Funktion aus verschiedenen Unterfunktionen besteht[64] und die kollisionsrechtliche Konfliktlinie deshalb nicht notwendig zwischen Schadensprävention und Schadensausgleich, sondern unter Umständen mitten durch den Schadensausgleich verläuft. Genau so verhält es sich bei der Produkthaftung gegenüber Zweitkonsumenten und bystanders[65].

1093   Besonderes Gewicht hat schließlich der Einwand, daß der Rekurs auf eine materiell-rechtliche Wertigkeit der Funktionen des Haftungsrechts die Aufgabe des IPR verfehlen kann, den Auslandssachverhalt einer der Auslandsberührung adäquaten Regelung zuzuführen. Die Hauptfunktionen des Sachrechts geben zwar einen methodischen Ansatz; sie erlauben es, die Kollisionsrechtsfindung zu strukturieren und abzuschichten. Die kollisionsrechtliche Anknüpfung muß aber den spezifisch kollisionsrechtlichen Erfordernissen (Interessen) gerecht werden. Ein Konflikt auf der Ebene des Kollisionsrechts ist deshalb nach kollisionsrechtlichen Kriterien zu entscheiden.

(bb) Die Kompensierbarkeit von Funktionsdefiziten

1094   Der Schlüssel zur Entscheidung des Konflikts zwischen Beziehungen des Anknüpfungsgegenstandes zu verschiedenen Rechten liegt in der Erkenntnis, daß die kollisionsrechtliche Anknüpfung nur ein Teil des Gesamtregelungssystems

---

60 Siehe § 15 bei und in Fn. 1.
61 Vgl. *Micklitz*, NJW 1983, 483; *Vischer*, FS Moser 124.
62 *Esser/Weyers*, Schuldrecht II 443.
63 Vgl. die Untersuchungen von *Joerges u. a.*, Sicherheit; *Micklitz*, Post Market Control; sowie *Kötz*, FS Steindorff 658; *Symeonides*, AmJCompL 38 (1990) 458 f.
64 Siehe oben § 15.
65 Siehe oben b).

ist. Das IPR selbst verfügt über ein reichhaltiges Regelungsinstrumentarium. Ein Sachverhalt kann in gesondert anzuknüpfende Teilfragen aufgespalten werden (dépeçage), die Regelanknüpfung einer (Teil-)Frage kann durch eine Ausweichanknüpfung verdrängt oder sie kann durch den ordre public-Vorbehalt korrigiert werden, um nur einige wichtige Instrumente zu nennen. Das IPR ist seinerseits nur Teil des Gesamtregelungssystems. Zwischen ihm und dem Sachrecht herrscht Arbeitsteilung; beide Normsysteme ergänzen die Teilregelungen des jeweils anderen[66]. Die Teile des Gesamtsystems stehen in einem Stufenverhältnis. Sie alle sind dem einheitlichen Ziel verpflichtet, den Sachverhalt mit Auslandsberührung in seiner Gesamtheit zufriedenstellend zu regeln. Die kollisionsrechtliche Anknüpfung ist demnach in einem doppelten Sinne funktional: Sie ist auf die Funktion der übrigen Stufen der Regelung eines internationalen Sachverhalts bezogen und sie ist auf die Funktionen des zu regelnden Gegenstandes bezogen.

Die Einsicht, daß das kollisionsrechtliche Regelungsinstrument „Anknüpfung" Teil eines umfassenden Regelungssystems ist, eröffnet eine rationale Lösung des Konfliktfalles, daß das Sachrecht mehrere Funktionen hat und diese auf unterschiedliche Anknüpfungen weisen. Dieser Anknüpfungskonflikt ist danach zu entscheiden, ob und inwieweit die *kollisionsrechtliche* Vernachlässigung einer sachrechtlichen Funktion, die bei der *kollisionsrechtlichen* Verwirklichung einer anderen sachrechtlichen Funktion notwendig eintritt, auf *sachrechtlicher* Ebene kompensiert werden kann (*Kriterium der Kompensierbarkeit von Funktionsdefiziten*)[67]. **1095**

Analysiert man die Streitfragen der internationalen Produkthaftung unter dem Blickwinkel des materialen Regelungsergebnisses einerseits und der formellen Regelungsebene andererseits, so kann man feststellen, daß man über das materiale Ergebnis oftmals weitgehend einig ist und nur darüber streitet, wie dieses Ergebnis am besten zu erreichen ist. Ein Beispiel gibt die Frage, ob ein Haftpflichtiger auch dann für die Produktsicherheit des Marktstaates einstehen soll, wenn er alles Zumutbare getan hat, um sicherzustellen, daß sein Produkt nicht in diesem, sondern in einem anderen Staat mit geringeren Anforderungen an die Produktsicherheit an den Ersten Endabnehmer vermarktet wird[68]. Diese Frage wird im Ergebnis mehrheitlich verneint. Innerhalb der herrschenden Ansicht ist aber heftig umstritten, wie und wo das gewünschte Ergebnis am besten zu erreichen ist, ob *auf der Ebene des Kollisionsrechts* durch ausschließliche Anknüpfung der Produkthaftung an einen Handlungsort, durch einen Vorhersehbarkeitsvorbehalt oder durch eine „Sonderanknüpfung" von **1096**

---

66 *Chr. v. Bar*, IPR I Rn. 214 und 509.
67 MünchKomm-*Sonnenberger*, Einleitung Rn. 83, wendet gegen diese Methode ein, die materiellrechtliche Bewertung eines Sachverhalts stehe vorbehaltlich des ordre public der berufenen lex causae zu. Dieser Einwand sticht nicht, weil die Entscheidung über die sachrechtliche Kompensierbarkeit stets auf rechtsvergleichend gesicherten Grundstrukturen beruhen muß.
68 Eingehend hierzu oben § 15 II. 3.

Sicherheits- und Verhaltensvorschriften oder *auf der Ebene des Sachrechts* durch entsprechende Ausformung des objektiven oder subjektiven Sorgfaltsmaßstabs der Verschuldenshaftung bzw. durch den Haftungsausschlußtatbestand des § 1 Abs. 2 Nr. 2 ProdHaftG bei der verschuldensunabhängigen EG-Produkthaftung. Bei der Beurteilung dieser den „Schadensausgleich" betreffenden Frage hat sich gezeigt, daß das Kriterium der Kompensierbarkeit von Funktionsdefiziten zu überzeugenden Ergebnissen führt, indem es kollisionsrechtliche Überreaktionen vermeidet[69].

b) Die Wertung

1097 Beurteilt man die divergierenden Beziehungen der Produkthaftung gegenüber Zweitkonsumenten und bystanders nach dem Kriterium der Kompensierbarkeit von Funktionsdefiziten, so ist zunächst die Anknüpfung an den *gewöhnlichen Aufenthaltsstaat des Geschädigten* abzulehnen. Denn sie ermöglicht dem Geschädigten mangels internationaler Zuständigkeit der Gerichte dieses Staates keine effektive Rechtsverfolgung und dieses Manko läßt sich auf einer anderen Stufe im Gesamtregelungssystem nicht kompensieren. Möglich wäre dies nämlich nur durch Schaffung einer neuen internationalen Zuständigkeit, was nationalen Gesetzgebern im Wirkungsbereich staatsvertraglicher Bindung aber verwehrt ist[70]. Die Anknüpfung an den gewöhnlichen Aufenthaltsstaat des Geschädigten läßt weitere Erfordernisse des Schadensausgleichs unverwirklicht, die nicht an anderer Stelle im Gesamtsystem kompensiert werden können. Der Geschädigte vertraut nämlich berechtigterweise darauf, daß er hinsichtlich der abstrakten Schadenszurechnung, insbesondere einer verschuldensunabhängigen Haftung, durch das Recht des Erfolgsortes geschützt wird, dem er sein Rechtsgut willentlich unterstellt hat. Eine Anknüpfung an seinen gewöhnlichen Aufenthalt würde dieses Vertrauen ohne Kompensationsmöglichkeit verletzen. Wenn das Recht des gewöhnlichen Aufenthaltsstaates nämlich keine verschuldensunabhängige Produkthaftung vorsieht, so gilt dies auch dann, wenn es auf eine Rechtsgutsverletzung im Ausland angewendet wird. Eine Anpassung ist nicht möglich.

1098 Das Kriterium der Kompensierbarkeit von Funktionsdefiziten schließt auch eine Anknüpfung an den *Marktstaat* aus. Denn wie die Anknüpfung an den gewöhnlichen Aufenthaltsstaat nähme sie Zweitkonsumenten und bystanders, obwohl sie keine Beziehung zum Marktstaat haben[71], unwiederbringlich den Schutz durch das Haftungsrecht des Erfolgsortsstaates, dem sie ihre Rechtsgüter im Verletzungszeitpunkt unterstellt haben.

---

69 Siehe oben § 15 II. 3. b) aa) (2). Vgl. auch die Abwägung *Schwanders*, Produktehaftung 200 („Es liegt daher nahe, nicht auf ein einziges Anknüpfungskriterium abzustellen, sondern das Anknüpfungskriterium zu erweitern und zu verfeinern. Demgegenüber erfordert das Postulat der Vorhersehbarkeit eine Reduktion der Anknüpfungspunkte auf ein absolutes Minimum").
70 Das EuGVÜ und das Luganer Übereinkommen kennen einen deliktischen Klägergerichtsstand nicht. Siehe oben § 15 IV.
71 Zur „Häufung von Beziehungen" siehe unten bb).

Anders als die Funktionsdefizite der Anknüpfung an den gewöhnlichen Aufenthaltsstaat des Geschädigten und der an den Marktstaat lassen sich die Funktionsdefizite der Anknüpfung an den *Erfolgsortstaat* zufriedenstellend kompensieren. Den Erfordernissen der Verhaltenssteuerung, der Produktsicherheit und des auf sie bezogenen Mitverschuldens von Produktbenutzern, die alle für eine Anknüpfung an den Marktstaat sprechen, läßt sich nämlich auf der Ebene des Sachrechts des Erfolgsortstaates angemessen Rechnung tragen. Denn das Recht dieses Staates verlangt den Haftpflichtigen nicht die Erfüllung der Sicherheit ab, die es für ein gleichartiges, in diesem Staat vermarktetes Produkt vorschreibt. Es berücksichtigt vielmehr, daß das konkrete Produkt in einem anderen Staat vermarktet wurde, und mißt es an den Sicherheitserwartungen der Allgemeinheit jenes Staates[72]. Auch die materiell-rechtlichen Regelungen über ein Mitverschulden sind flexibel genug, um zu berücksichtigen, daß ein Produktbenutzer von der Produktsicherheit nach dem Recht des Marktstaates ausgehen muß, wenn ihm dieser Staat und die von ihm verlangte Produktsicherheit bekannt sein mußte[73].

1099

(c) Ergebnis

Die Produkthaftung gegenüber Zweitkonsumenten und bystanders hat die engsten Beziehungen zum Erfolgsortstaat, wenn die Beziehungen zu *anderen* Staaten nicht übereinstimmend auf einen Staat, sondern jeweils auf *verschiedene* andere Staaten weisen.

1100

bb) Häufung von Beziehungen

(1) Gemeinsamer gewöhnlicher Aufenthalt der Parteien

Eine Anknüpfung an den gemeinsamen gewöhnlichen Aufenthaltsstaat der Parteien nimmt dem Geschädigten den haftungsrechtlichen Schutz des Erfolgsortstaates, dem er sich willentlich unterstellt hat. Diese Anknüpfung wird außerdem dem Gesichtspunkt der Wettbewerbsgleichheit nicht gerecht. Beide Funktionsdefizite lassen sich auf einer späteren Regelungsebene nicht ausgleichen. Die Produkthaftung hat deshalb zum gemeinsamen gewöhnlichen Aufenthaltsstaat der Parteien deutlich schwächere Beziehungen als zum Erfolgsortstaat[74].

1101

---

72 Siehe oben § 14 II. 5.
73 Siehe oben § 15 II. 2. b).
74 *Stoll*, FS Kegel (1977) 137; *Sack*, FS Ulmer 507; *Wilde* § 100 Rn. 14; *Czempiel* 190; *Winkelmann* 245; *Kozyris*, Ohio State L.J. 46 (1985) 585; The Law Commission, Working Paper Nr. 4.101 („just as ‚fortuitous' as the locus delicti itself"); *Duintjer Tebbens* 384 (Anknüpfung an den gemeinsamen gewöhnlichen Aufenthaltsstaat nur ausnahmsweise, wenn gleichartige Produkte in diesem Staat gehandelt werden und der Geschädigte nicht auch Haftpflichtige aus anderen Staaten in Anspruch nimmt); allgemein *W. Lorenz*, Grundregel 145 ff. (außerhalb einer Sonderverbindung).

(2) Gewöhnlicher Aufenthalt des Geschädigten im Marktstaat

1102 Die engste Beziehung weist indes nicht mehr auf das Recht des Erfolgsortstaates, wenn der Geschädigte seinen gewöhnlichen Aufenthalt im Marktstaat hat[75]. Es läßt sich andererseits aber auch nicht überzeugend begründen, daß die Beziehungen zu dem Staat, der zugleich Marktstaat und gewöhnlicher Aufenthaltsstaat des Geschädigten ist, enger wären als die zum Erfolgsortstaat. Es scheint weder angemessen, dem Geschädigten das Recht des Erfolgsortstaates zu nehmen, noch scheint es angemessen, ihm das Recht seines gewöhnlichen Aufenthaltsstaates, der zugleich Marktstaat ist, zu verweigern. Das Kriterium der Kompensierbarkeit von Funktionsdefiziten hilft hier nicht weiter. Gleich ob man an den Aufenthalts- und Marktstaat oder an den Erfolgsortstaat anknüpft, bleibt nämlich das jeweils gegenläufige Interesse des Geschädigten ohne Kompensationsmöglichkeit unbefriedigt. In diesem besonderen Fall erscheint es sachgerecht, den Beziehungen zu beiden Staaten durch eine alternative Anknüpfung Wirkung zu verleihen[76]. Diese Lösung befriedigt die zwiespältigen Interessen des Geschädigten, ohne die Interessen der Haftpflichtigen unzumutbar zu beeinträchtigen. Denn es wird nur eine Wahlmöglichkeit auf das Recht des Marktstaates eröffnet, zu dem die Haftpflichtigen die engsten Beziehungen haben. Eine alternative Anknüpfung ist für die Haftpflichtigen zwar in jedem Fall nachteilig, weil sich der Geschädigte stets für das ihn günstigere Recht entscheiden wird. Dieser Nachteil ist ihnen aber zuzumuten[77].

1103 Wenn der Zweitkonsument oder bystander nicht nachweisen kann, daß sein gewöhnlicher Aufenthaltsstaat der Staat ist, in dem das schädigende Produkt vermarktet wurde, so entfällt die Befugnis, das Recht dieses Staates anstelle des Rechts des Erfolgsortstaates zu wählen. Einer Ersatzanknüpfung bedarf es anders als bei dem Ersten Endabnehmer[78] nicht, weil die Anknüpfung an den Erfolgsortstaat zur Verfügung steht.

---

75 Siehe oben § 15 II. 3. c) ee) (1).

76 Vgl. *Stoll*, FS Kegel (1977) 139; *Wandt*, FS E. Lorenz (1994) 702 f. – Zur methodischen Zulässigkeit z. B. *Keller/Siehr*, Allgemeine Lehren 282. – Interessant ist ein Vergleich mit dem deutschen Internationalen Straßenverkehrshaftungsrecht. Die herrschende Meinung knüpft die Kfz-Haftung nur dann an den gemeinsamen gewöhnlichen Aufenthaltsstaat der Parteien an, wenn auch das schädigende Kfz dort zugelassen und versichert ist. Umstritten ist, ob ein gemeinsamer gewöhnlicher Aufenthalt notwendig ist oder ob nicht schon dann an den Zulassungsstaat des schädigenden Kfz anzuknüpfen ist, wenn sich nur der Geschädigte in diesem Staat gewöhnlich aufhält (in diesem Sinne *Wandt*, VersR 1993, 416 ff.). Nach der letztgenannten Ansicht ist die „Zulassung des Kfz" kein zusätzliches Erfordernis, sondern ersetzt den gewöhnlichen Aufenthalt des Schädigers. Der Kombination „Zulassungsstaat und gewöhnlicher Aufenthaltsstaat des Geschädigten" entspricht im Internationalen Produkthaftungsrecht die Kombination „Marktstaat und gewöhnlicher Aufenthaltstaat des Geschädigten". – Bei genauem Hinsehen ist es deshalb nicht ganz zutreffend, wenn *Symeonides*, AmJCompL 38 (1990) 442, kritisiert, Deutschland wechsle mit der Ersetzung des Tatortrechts durch das Recht des gemeinsamen Aufenthaltsstaates „from a purely territorial to a purely personal thesis, without pausing to consider ways in which to compromise the two theses".

77 Vgl. die Wertentscheidung des Gesetzgebers von Louisiana oben § 6 IV. 1. c) aa) (2); allgemein zum Interesse des Marktstaates am Schutz seiner Allgemeinheit siehe oben § 14 II.

78 Siehe oben a) cc).

c) Ergebnisse

Das Prinzip der engsten Beziehung führt zu diesen Anknüpfungsregeln: **1104**

1. Die Produkthaftung gegenüber dem Ersten Endabnehmer unterliegt dem Recht des Marktstaates.
2. Die Produkthaftung gegenüber einem sonstigen Geschädigten unterliegt dem Recht des Staates, in dem sein Rechtsgut verletzt wurde. Hat dieser Geschädigte seinen gewöhnlichen Aufenthalt im Marktstaat, so kann er das Recht dieses Staates wählen.

2. Konkretisierung des Anknüpfungspunktes „Marktstaat"

a) Notwendigkeit der Konkretisierung

Marktstaat ist der Staat, in dem das schädigende Produkt vom letzten Glied   **1105** der Vertriebskette an den Ersten Endabnehmer vermarktet wurde[79]. Für die Ermittlung des Staates, zu dem die Produkthaftung gegenüber dem Ersten Endabnehmer die engsten Beziehungen hat, war diese Begriffsbestimmung ausreichend, weil sie durch den sachlichen Zusammenhang klare Konturen erhält und den Regelfall hinreichend klar umschreibt. Im Einzelfall kann aber unklar sein, wer das letzte Glied der Vertriebskette und wer Erster Endabnehmer ist, und es kann unklar sein, in welchem Staat das Produkt an den Ersten Endabnehmer vermarktet wurde[80].

b) Vermarktung an den Ersten Endabnehmer

Was unter „Vermarktung" und „Erstem Endabnehmer" zu verstehen ist, wird   **1106** deutlich, wenn man § 4 Abs. 2 des deutschen Produkthaftungsgesetzes heranzieht[81]. Danach gilt als Hersteller, wer ein Produkt zum Zweck des Verkaufs, der Vermietung, des Mietkaufs oder einer anderen Form des Vertriebs mit wirtschaftlichem Zweck[82] im Rahmen seiner geschäftlichen Tätigkeit in den Geltungsbereich des Abkommens über den Europäischen Wirtschaftsraum einführt oder verbringt[83]. Aus dieser Regelung ergibt sich, daß der Begriff „Ver-

---

79 So die bislang dieser Untersuchung zugrunde gelegte Begriffsbestimmung. − Die Terminologie der Lehre ist nicht einheitlich. So meint etwa *Wilde*, § 100 Rn. 8 und 12, mit Marktort nur den Ort, an dem das Produkt für den *jeweiligen Haftpflichtigen* voraussehbar vermarktet wird, also nicht notwendig den Ort der Vermarktung an den Ersten Endabnehmer.

80 Zu dem häufigen Fehlen einer klaren Begriffsbestimmung im deutschen Schrifttum siehe oben § 7. Konkretisiert wird der Begriff „Marktort" („Erwerbsort") allerdings von *Sack*, FS Ulmer 499 f., 503; *Stoll*, FS Kegel (1977) 131 f.; vgl. auch *W.-H. Roth* 404 ff. (Konkretisierung des „Marktes" von „Versicherungsprodukten"); aus dem ausländischen Schrifttum sind insbesondere zu nennen: *Duintjer Tebbens* 375 ff.; *Schwander* 219; *Vischer*, FS Moser 139; *Kozyris*, AmJCompL 38 (1990) 503 ff.

81 Diese Vorschrift setzt Art. 3 Abs. 2 EG-Produkthaftungsrichtlinie um.

82 Dieses Kriterium fehlt in Art. 3 Abs. 2 EG-Richtlinie. Es wurde zur Verdeutlichung aufgenommen.

83 Vgl. auch § 1 Abs. 2 Nr. 3 ProdHaftG (= Art. 7 lit. c) EG-Richtlinie), der aber nur von „Verkauf oder eine andere Form des Vertriebs" spricht.

marktung" weit zu verstehen ist, also nicht etwa nur die Veräußerung von Produkten erfaßt[84]. Es ergibt sich ferner, daß die Trennlinie zwischen dem letzten Glied der Vertriebskette und dem Ersten Endabnehmer durch den wirtschaftlichen Zweck und geschäftlichen Rahmen der Vermarktungshandlung bestimmt wird. Wer das Produkt mit Gewinnerzielungsabsicht im Rahmen geschäftlicher (beruflicher) Tätigkeit[85] vertreibt, gehört zur Vertriebskette. Erster Endabnehmer ist dagegen, wer das Produkt zur privaten oder geschäftlichen Eigenverwendung, also ohne die Absicht des Weitervertriebs, erwirbt[86], oder wer bei seinem Erwerb die Absicht hat, das Produkt zwar mit Gewinn, aber im privaten Rahmen weiterzugeben. Erster Endabnehmer ist also beispielsweise das Großunternehmen, das Maschinen zur Eigenverwendung kauft, oder der Angestellte, der zu einem Sonderpreis Waren seines Arbeitgebers zum Zwecke der Eigenverwendung erhält, einen Teil aber gegen einen Aufschlag an Verwandte und Bekannte weitergibt.

c) Absatzmarkt

aa) Die Maßgeblichkeit des Absatzmarktes

1107 Grund der Produkthaftung ist die Inverkehrgabe eines Produktes, das nicht den Sicherheitserwartungen der Allgemeinheit des Marktstaates entspricht. Die Produkthaftung soll einer Gefährdung des Verkehrskreises, in dem das Produkt vermarktet wird, vorbeugen und, wenn dies nicht gelingt, den durch das fehlerhafte Produkt verursachten Schaden ausgleichen[87]. Grund der Produkthaftung ist dagegen nicht die Lauterkeit von Produktwerbung und nicht der Schutz des Ersten Endabnehmers vor vertraglicher Übervorteilung durch den „stärkeren" Verkäufer. Markt im Sinne der Anknüpfungsregel für die Produkthaftung ist daher nicht der Werbe- oder der Vertragsabschlußmarkt, sondern der *Absatzmarkt*[88]. Die Umstände der Produktwerbung und des Vertragsabschlusses sind lediglich insoweit zu berücksichtigen, als es darum geht, den Absatzmarkt in Zweifelsfällen zu bestimmen. In aller Regel wird der Staat, in dem für das *schädigende* Produkt geworben wurde, aber auch der Staat sein, in dem es an den Ersten Endabnehmer vermarktet wurde[89].

---

84 Vgl. zu Leasing und gewerblicher Autovermietung *Staudinger/v. Hoffmann*, Art. 38 EGBGB Rn. 460.

85 Während Art. 1 Abs. 2 Nr. 3 ProdHaftG (= Art. 7 lit c) EG-Richtlinie) von *beruflicher* Tätigkeit spricht, ist in § 4 Abs. 2 ProdHaftG (= Art. 3 Abs. 2 EG-Richtlinie) von geschäftlicher Tätigkeit die Rede. Ein sachlicher Unterschied ist damit nicht gemeint; vgl. *Graf v. Westphalen* § 63 Rn. 58.

86 Allgemeine Meinung. – Zur Problematik der Einfuhr von Flugzeugen zum Zwecke der gewerblichen Personenbeförderung siehe unten § 19 I. 2. c) bb).

87 Siehe oben § 1 I, § 14 II. 1. und § 15 II. 1.

88 Vgl. auch *Kozyris*, AmJCompL 38 (1990) 505. – Zur Frage, ob die außervertragliche Produkthaftung zwischen vertraglich verbundenen Parteien vertragsakzessorisch anzuknüpfen ist, siehe unten § 19 II.

89 *Sack*, FS Ulmer 503. Die Kritik *Winkelmanns*, 221, der Marktort könne nicht in einem bestimmten Staat lokalisiert werden, weil häufig „überregional" geworben werde, geht fehl, weil

bb) Die Bestimmung des Absatzmarktes

(1) Rein innerstaatliches Erwerbsgeschehen

Wenn sich das gesamte Erwerbsgeschehen – also sowohl die Anbahnung und der Abschluß als auch die Erfüllung des Erwerbsvertrages – in einem einzigen Staat ereignet, so ist dies unzweifelhaft der Marktstaat[90]. **1108**

(2) Keine Absatzbemühungen im Käuferstaat

(a) Die Bestimmung des Marktstaates ist jedoch zweifelhaft, wenn der Kaufgegenstand dem Käufer auf dessen Wunsch in einen anderen Staat geliefert wird. Dann soll nach *Duintjer Tebbens*[91] und *Kozyris*[92], die beide an den Marktstaat anknüpfen, der Staat maßgebend sein, in den das Produkt an den Käufer geliefert wird. *Duintjer Tebbens* will auf diese Weise eine einheitliche kollisionsrechtliche Beurteilung erreichen, wenn im Anlieferungsstaat sowohl der Käufer als auch Dritte geschädigt werden. *Kozyris* verweist darauf, daß der Anknüpfungsgegenstand seinen Schwerpunkt nicht im Vertragsrecht, sondern im Deliktsrecht habe. Es gehe deshalb weniger um die Lokalisierung der vertraglichen Umstände als um die Lokalisierung des Risikos[93]. **1109**

Entgegen diesen Stimmen ist der Ort der Anlieferung nicht maßgebend. Kauft ein deutscher Urlauber in der Türkei einen Teppich, so ist die Türkei auch dann der Marktstaat, wenn sich der Verkäufer verpflichtet, den Teppich nach Deutschland zu versenden[94]. Entscheidend ist, daß der Verkäufer in keiner Weise im Staat der Anlieferung tätig geworden ist, um in diesem Staat seine Produkte abzusetzen. Der Verkäufer hat sich nicht zum Käufer begeben. Vielmehr ist der Käufer *aus eigener Initiative* in den Niederlassungsstaat des Verkäufers gereist und hat dort gekauft. Das öffentliche Produktsicherheitsrecht dieses Staates bestimmt, wie sicher das Produkt sein muß. Allein die Lieferung in einen anderen Staat berechtigt den Käufer nicht, die Produktsicherheit dieses anderen Staates zu erwarten. Der Verkäufer bietet sein Produkt nur in seinem Niederlassungsstaat an. Dort steht er im Wettbewerb mit anderen Anbietern[95]. Die anknüpfungserheblichen Gesichtspunkte weisen also auf den Nie- **1110**

---

die Werbung den Marktort nicht allein bestimmt, sondern eben nur im Regelfall indiziert. – Zum Problem des Auseinanderfallens von Werbe- und Absatzmarkt im Internationalen Wettbewerbsrecht vgl. *Sack*, GRUR Int 1988, 322 ff.

90 Vgl. *Sack*, FS Ulmer 499.
91 *Duintjer Tebbens* 378 f.
92 *Kozyris*, AmJCompL 38 (1990) 505 (state of the actual delivery).
93 *Kozyris*, AmJCompL 38 (1990) 505, geht sogar noch einen Schritt weiter, indem er nicht den Staat der Anlieferung, sondern den Staat des beabsichtigten Produktgebrauchs für maßgebend hält, wenn der Kläger dem Beklagten mitgeteilt hatte, daß er das Produkt in einem anderen Staat als dem der Anlieferung benutzen wolle.
94 Beispiel in Anlehnung an OLG München, 22.6.1990, NJW-RR 1991, 122. – Die Türkei bleibt selbst dann Marktstaat, wenn der türkische Verkäufer dort mit dem Service der *Nachsendung* in den Käuferstaat wirbt.
95 *Sack*, FS Ulmer 500, 503.

derlassungsstaat des Verkäufers, nicht auf den Staat, in den das Produkt auf Wunsch des Käufers geliefert wird. Zu lokalisieren ist zwar ein Risiko, aber entgegen *Kozyris*[96] nicht das Risiko, durch das fehlerhafte Produkt geschädigt zu werden, sondern das Risiko der Produkthaftung[97]. Auch die Möglichkeit, daß im Anlieferungsstaat außer dem Ersten Endabnehmer andere Personen geschädigt werden, ist entgegen *Duintjer Tebbens*[98] kein tauglicher Gesichtspunkt für die Bestimmung des Marktstaates. Sie rechtfertigt es auch nicht, von der Anknüpfung an den Marktstaat abzugehen. Der Erste Endabnehmer unterscheidet sich von anderen Geschädigten dadurch, daß er durch den Kauf im Marktstaat willentlich Beziehungen zu diesem Staat schafft. Dieser Unterschied ist *kollisionsrechtlich* erheblich. Der Gleichbehandlungsgrundsatz verlangt nicht, daß der Erste Endabnehmer anderen Personen, die *keine* Beziehung zum Marktstaat haben, gleich behandelt wird, sondern er verlangt, daß der Erste Endabnehmer anderen Käufern im Marktstaat gleichbehandelt wird[99]. Daß das materielle Deliktsrecht Ersten Endabnehmer, Produktbenutzer und bystanders gleich behandelt, heißt nicht, daß es keine *kollisionsrechtlichen* Differenzierungsgründe gibt[100].

1111 Als Ergebnis bleibt daher festzuhalten, daß allein die faktische Übergabe des Kaufgegenstandes für sich gesehen ungeeignet ist, den Absatzmarkt zu bestimmen[101].

---

96 Siehe oben Fn. 93.

97 Mit „Lokalisierung des Risikos" wird die Aufgabe des Kollisionsrechts nur sehr vergröbernd beschrieben. Siehe oben § 12.

98 Siehe oben Fn. 91.

99 Stellungnahme der schwedischen Regierung zum Haager Vorentwurf, Conférence 126; *Wilde* § 100 Rn. 11 (Argument gegen eine Wahlbefugnis des Ersten Endabnehmers eines „ausländischen" Produktes).

100 So − allerdings für eine spezifische Anknüpfung der Produkthaftung gegenüber *bystanders* − *Stoll*, FS Kegel (1977) 129 f.; *Sack*, FS Ulmer 506 f.; *Palandt/Heldrich*, Art. 38 EGBGB Rn. 17; vgl. auch die Stellungnahme der schwedischen Regierung zum Haager Vorentwurf, Conférence 127 (die Anknüpfung an den Erfolgsort wäre wünschenswert, gleichwohl nicht empfehlenswert wegen der schwierigen Abgrenzung von bystanders einerseits und Erstem Endabnehmer und dazugehörige Personen andererseits). A.A. *Maxl*, JBl 1992, 164 und 165 („Gleichbehandlung von Erwerbern wie Nichterwerbern als Reflex einer entsprechenden Entwicklung im Sachrecht); *Schönberger* 70 f.

101 Wie hier gegen ein ausschließliches Abstellen auf den Ort der faktischen Übergabe *Stoll*, FS Kegel (1977) 131 (bei Distanzkauf); *Schwander* 219; der Sache nach auch *Nater*, SJZ 1989, 393 Fn. 30 (Er sieht als Erwerbsort im Sinne von Art. 135 Schweizer IPR-Gesetz zwar den Ort an, an dem der Endabnehmer in den Besitz des Produkts gelangt. Das soll aber nicht gelten, wenn dieser Ort rein zufällig gewählt worden sei (z. B. Abholort des Produktes); dann sei auf den Ort abzustellen, mit dem der berechtigte Sicherheitserwartungen des Endabnehmers die engsten Beziehungen aufweisen); wohl auch *Staudinger/v. Hoffmann*, Art. 38 EGBGB Rn. 465 (Er führt als Argument für den „Markt- oder Erwerbsort" zwar an, daß das Vermögensinteresse und das Integritätsinteresse des Erwerbers an diesem Ort erstmals der dem Produkt innewohnenden latenten Gefahr ausgesetzt sei. Es ist aber anzunehmen, daß er dabei nur den Regelfall der Produktübergabe im Marktstaat vor Augen hat. Dafür sprechen die übrigen von ihm herangezogenen Gründe (Wettbewerbsgerechtigkeit etc.); vgl. auch *W.-H. Roth* 413. − Der Ort des *Eigentums-* und *Besitzüberganges* ist nach allgemeiner Ansicht ohne Bedeutung; vgl. zur Diskussion auf der Haager Konferenz *W. Lorenz*, RabelsZ 37 (1973) 342. − *Siehr*,

(b) Wenn der Verkäufer in keiner Weise durch Werbung, Vertreter etc. im Auf- **1112**
enthaltsstaat des Käufers präsent ist, ist dieser Staat auch dann nicht Marktstaat, wenn der Käufer die Ware von dort schriftlich bestellt und vom Verkäufer dorthin zugesandt bekommt. Wenn beispielsweise ein italienischer Winzer
auf schriftliche Bestellung eines früheren Urlaubsgastes diesem eine Kiste Wein
nach Deutschland liefert[102], ist Italien, nicht Deutschland, Marktstaat. Das
Beispiel zeigt, daß der von manchen Autoren für maßgeblich gehaltene Ort, an
dem der Erste Endabnehmer seine zum Vertragsschluß führende Willenserklärung abgibt[103], weder allein noch im Zusammenhang mit der faktischen
Übergabe des Produktes ausschlaggebend ist.

(3) Grenzüberschreitender Direktversand

Wenn der Verkäufer dagegen im Aufenthaltsstaat des Käufers wirbt und dem **1113**
Käufer die bestellte Ware zusendet, dann ist der Aufenthaltsstaat des Käufers
der für die Produkthaftung maßgebende Marktstaat. Dann kommt der Verkäufer nämlich zum Käufer. Er erschließt sich durch seine Absatztätigkeit
(Werbung und Lieferung) einen neuen Absatzmarkt[104]. Der Käufer kauft auf
seinem heimischen Markt. Nicht er, sondern der Verkäufer führt das Produkt
in den Aufenthaltsstaat des Käufers ein.

Die Ergebnisse decken sich grundsätzlich mit der gesetzlichen Regelung über **1114**
das Vertragsstatut in Art. 29 Abs. 2 und Abs. 1 Nr. 1 und 2 EGBGB[105], weil
auch sie vom Regelfall des im Aufenthaltsstaat des Käufers angebahnten Di-
rektversandes ausgehen. Entgegen dem Wortlaut dieser Vorschriften genügt
aber bei der Produkthaftung nicht allein die Vertragsanbahnung im Aufenthaltsstaat des Käufers, sondern es ist zusätzlich erforderlich, daß dem Käufer
die Ware in diesem Staat geliefert wurde. Feiert etwa ein Deutscher in seinem
Schweizer Wochenendhaus ein Fest und erkrankt er nach dem Verzehr einer

---

AWD (RIW) 1972, 385 f., stellt zwar auf den Ort des Eigentums- bzw. „Besitz"-Erwerbs ab;
er geht dabei aber ausdrücklich davon aus, daß „der Erwerb bzw. Gebrauch einer Sache sich
innerhalb eines *nationalen* Marktes abspielt".
102 Beispiel in Anlehnung an *Graf v. Westphalen* § 63 Rn. 58.
103 Diesen Ort qualifiziert *Vischer*, FS Moser 139, zum Schutze des Geschädigten als „Erwerbsort" im Sinne des Art. 135 Schweizer IPR-Gesetz (*Winkelmann*, 220, nimmt irrtümlich an,
Vischer stelle auf den Ort ab, an dem die für die *Besitzerlangung* maßgebliche Erklärung abgegeben werde); wie *Vischer* auch *Imhoff-Scheier/Patocchi* 60. Diese Ansicht ist zu sehr ver-
tragsrechtlichem Denken verhaftet (vgl. *Kozyris*, AmJCompL 38 (1990) 505). Sie verfehlt darüber hinaus ihr Ziel, den Geschädigten zu schützen. Wenn nämlich der Käufer seine zum Vertragsschluß führende Willenserklärung außerhalb des Marktstaates abgibt, kann der Haftpflichtige die Maßgeblichkeit des Rechts am Erwerbsort mit dem Vorhersehbarkeitseinwand
des Art. 135 Abs. 1 lit. b) 2. Halbsatz Schweizer IPR-Gesetz abwehren. Dem Geschädigten
bleibt dann nur das Recht am Sitz des Haftpflichtigen. Für eine Abstimmung der Auslegung
des Begriffes „Erwerbsort" mit dem Vorhersehbarkeitseinwand *Posch* § 129 Rn. 71.
104 *Duintjer Tebbens* 378.
105 Einen Gleichlauf begrüßen und streben an: *Stoll*, FS Beitzke (1979) 775; *ders.*, FS Ferid (1988)
510 f.; *Kroeger* 183; vgl. auch *v. Hoffmann*, IPRax 1989, 263.

mit Salmonellen behafteten Nachspeise[106], die wie das gesamte Festessen vom örtlichen Gastwirt geliefert worden war, so ist die Schweiz auch dann Marktstaat, wenn der Schweizer Gastwirt das schriftliche Angebot zur Lieferung des Festessens auf Wunsch des Deutschen an dessen Heimatanschrift gesandt hatte.

1115 Anders als bei Art. 29 Abs. 2 EGBGB kommt es bei der Anknüpfung der Produkthaftung jedoch nicht darauf an, daß es sich um den *gewöhnlichen* Aufenthaltsstaat des Verbrauchers handelt. Während es im Internationalen Vertragsrecht nämlich darum geht, die Grundsatzanknüpfung an den Niederlassungsstaat des Verkäufers (Art. 28 Abs. 2 EGBGB) zugunsten eines Verbrauchers zu durchbrechen, und dies nur für sinnvoll gehalten wird, wenn das Recht des gewöhnlichen Aufenthaltsstaates des Verbrauchers zum Zuge kommt[107], geht es bei der Produkthaftung um die Ausformung des Regelanknüpfungspunktes „Marktstaat", für die dem *gewöhnlichen* Aufenthaltsstaat des Verbrauchers kein besonderes Gewicht zukommt. Wirbt etwa ein österreichisches Möbelunternehmen in der Schweiz und läßt sich ein Deutscher ein Möbelstück in sein Schweizer Wochenendhaus liefern, so ist die Schweiz der Marktstaat, auch wenn sich der Deutsche dort nicht gewöhnlich aufhält[108].

(4) Grenzüberschreitende Verkaufsfahrten zum Verkäufer

1116 Grenzüberschreitende Verkaufsfahrten, sog. Kaffeefahrten[109], führen regelmäßig zu einer Produktionsstätte des Verkäufers. Der Verkäufer holt den Käufer meist deshalb zu sich, weil er im Käuferstaat über kein Vertriebssystem verfügt. Die gekaufte Ware wird den Käufern unmittelbar ausgehändigt; denn wäre der Verkäufer in der Lage, einen Versand in den Käuferstaat zu organisieren, so würde er den Verkaufsfahrten einen anderen Vertriebsweg vorziehen, der einen breiteren Kundenkreis anspricht und größeren Absatz verspricht, eben den durch Werbung angebahnten Direktversand.

1117 Wenn die Ware dem Käufer *im Niederlassungsstaat des Verkäufers* ausgehändigt wird, ist dieser Staat der Marktstaat und sein Recht beherrscht die Produkthaftung. Der Verkäufer setzt sein Produkt nur in diesem Staat ab. Er unterliegt nur dem öffentlichen Produktsicherheitsrecht dieses Staates. Es ist der Käufer, der das gekaufte Produkt in seinen gewöhnlichen Aufenthaltsstaat verbringt. Aus der Sicht dieses Staates handelt es sich um eine Einfuhr zu privaten Zwecken, die vom öffentlichen Produktsicherheitsrecht nicht erfaßt wird.

1118 Wird dagegen atypisch die Ware in den *Käuferstaat* geliefert, so setzt der Verkäufer seine Produkte in diesem Staat ab (Marktstaat). Dann führt er das Pro-

---

106 Beispiel in Anlehnung an BGH, 19. 11. 1991, BB 1992, 517 = NJW 1992, 1039.
107 Herrschende Meinung; vgl. *Mankowski*, IPRax 1991, 311 m. w. N. A.A. *Kroeger* 178.
108 Vgl. *Beitzke*, Freiburger Kolloquium 57.
109 Vgl. *Gilles*, Rn. 103. Die Branche bemüht sich, den nicht negativ besetzten Begriff „Verkaufsreisen" gebräuchlich zu machen.

dukt gewerbsmäßig in den Käuferstaat ein und unterliegt dem öffentlichen Produktsicherheitsrecht und dem privaten Haftungsrecht dieses Staates.

(5) Im Ausland angebahnter Absatz im Käuferstaat

In den im Internationalen Vertragsrecht sog. „Gran Canaria-Fällen" schließt der **1119** Verbraucher auf einer Auslandsreise einen Kaufvertrag über ein Produkt, das (auch) in seinem gewöhnlichen Aufenthaltsstaat vertrieben wird und das ihm von einem dortigen (Vertriebs-)Unternehmen geliefert wird[110]. Marktstaat ist hier eindeutig der Staat, in dem das Produkt die Vertriebskette verläßt und an den Ersten Endabnehmer gelangt[111]. Der Verkäufer erschließt sich nämlich keinen neuen Absatzmarkt, sondern er folgt möglichen Käufern ins Ausland, um dort für einen Absatz seiner Produkte im Heimatstaat der Käufer zu werben.

d) Normtaugliche Formulierung des Anknüpfungspunktes

Die vorstehende Analyse der wichtigsten Fallkonstellationen belegt, daß der Be- **1120** griff „Marktstaat" den Anknüpfungspunkt der Produkthaftung treffend bezeichnet. Die von einigen Autoren vorgebrachte Kritik, dieser Anknüpfungspunkt sei schwierig zu definieren und schwierig zu lokalisieren[112], ist jedenfalls dann unzutreffend, wenn Klarheit darüber besteht, daß es auf den Staat ankommt, in dem das Produkt an den *Ersten Endabnehmer* vermarktet wird[113].

Das Haager Übereinkommen[114] und einige ausländische Kollisionsrechte[115] **1121** knüpfen an den Staat an, in dem das Produkt erworben worden ist. Im erläuternden Schrifttum — wie auch in der deutschen Lehre[116] — werden die Begriffe „*Erwerbsort*" und „*Marktort*" bisweilen synonym verwendet. Dies ist nicht zu beanstanden, wenn es um den Erwerb durch den Ersten Endabnehmer geht[117]. Denn in dem Staat, in dem der Erste Endabnehmer das Produkt vom

---

110 Vgl. aus dem umfangreichen Schrifttum zum Internationalen Vertragsrecht z. B. *Taupitz*, BB 1990, 642 ff.; *Mankowski*, IPRax 1991, 305 ff., jeweils mit weiteren Nachweisen. Zum internationalen Wettbewerbsrecht vgl. *Sack*, IPRax 1992, 24 ff.

111 Vgl. *Mankowski*, IPRax 1991, 310 („faktischer Absatzmarkt"); für die Bestimmung des *Vertragsstatuts* hält er aber den „Vertragsabschlußmarkt" für entscheidend.

112 *Schönberger* 68 ff.; *Winkelmann* 219 ff.

113 Dies räumt auch ein The Law Commission, Working Paper Nr. 5.20 („easy to apply when the injured party is the person who last acquired the product through commercial channels"). Ihre Befürchtung, dieser Staat sei bei einer internationalen Transaktion unter Umständen schwierig zu bestimmen (a. a. O. Nr. 5.21), ist in aller Regel unbegründet, wie oben unter c) gezeigt wurde.

114 Siehe oben § 1 III. 2.

115 Siehe oben § 2 IV. (Schweiz), § 5 V. (Quebec), § 6 IV. 1. c) aa) (2) (Louisiana).

116 Vgl. *Staudinger/v. Hoffmann*, Art. 38 EGBGB Rn. 465 („Markt- oder Erwerbsort"); *Kropholler*, IPR 442 („Erwerbsort (Absatzort)").

117 Unterschiede bestehen aber, wenn die Kollisionsnorm nicht klarstellt, ob nur der Erwerb durch den Ersten Endabnehmer oder auch der Erwerb durch einen privaten Folgeerwerber gemeint ist. Denn anders als der Begriff „Marktort" kann der Begriff „Erwerbsort" auch den privaten Folgeerwerb einschließen. Auch ohne Klarstellung besteht allerdings nur ein geringer

letzten Glied der Vertriebskette erwirbt, wird das Produkt auch an ihn vermarktet. Die Formulierung „Staat, in dem das Produkt an den Ersten Endabnehmer vermarktet wurde" erscheint jedoch vorzugswürdig, weil sie den Blick nicht auf das schuldrechtliche Geschäft lenkt, sondern deutlich macht, daß alle Umstände der Vermarktung zu berücksichtigen sind[118].

1122 Das deutsche Arzneimittelgesetz verlangt für die Anwendbarkeit seiner Haftungsvorschriften, daß das Arzneimittel in seinem Geltungsbereich an den Verbraucher abgegeben wurde[119]. Der Begriff *„Abgabe"* betont das Moment der Aushändigung. Seine Verwendung in der allgemeinen Anknüpfungsregel für die Produkthaftung würde die Gefahr begründen, daß die Fälle, in denen sich der Käufer aus eigener Initiative in den Niederlassungsstaat des Verkäufers begeben und dort den Kaufvertrag geschlossen hat, aber eine Lieferung an seinen gewöhnlichen Aufenthaltsstaat vereinbart hat[120], unrichtigerweise nicht dem Niederlassungsstaat des Verkäufers, sondern dem gewöhnlichen Aufenthaltsstaat des Käufers unterstellt werden. Statt von „Abgabe" spricht man daher besser von „Vermarktung".

e) Ergebnisse

1123 Der Marktstaat, zu dem die Produkthaftung gegenüber dem Ersten Endabnehmer die engsten Beziehungen hat, wird durch den Absatzmarkt bestimmt.

1124 Der Absatzmarkt befindet sich in dem Staat, in dem das Produkt an den Ersten Endabnehmer ausgeliefert wird. Wenn sich der Erste Endabnehmer jedoch aus eigener Initiative in den Niederlassungsstaat des Verkäufers begeben hat, befindet sich der Absatzmarkt in diesem Staat, auch wenn der Verkäufer das Produkt auf Wunsch des Ersten Endabnehmers in einen anderen Staat liefert.

3. Engste Beziehung bei Schädigung durch ein noch nicht endvermarktetes Produkt

1125 Die Entwicklung des Produkthaftungsrechts wurde maßgeblich durch die Absicht geprägt, Endverbraucher und die Allgemeinheit vor den Gefahren eines

---

*Ergebnis*unterschied, wenn wie im Schweizer IPR-Gesetz die Anknüpfung an den Erwerbsort unter dem Vorbehalt steht, daß der Schädiger nicht nachweist, er habe nicht vorhersehen müssen, daß das schädigende Produkt in diesem Staat durch den *Handel* vertrieben werde. Selbst wenn hier unter „Erwerb" auch ein privater Folgeerwerb gezählt wird, hat es der *Schädiger* doch in der Hand auszuschließen, daß ein anderes Recht als das des Marktstaates zur Anwendung kommt. Nicht mehr so eindeutig liegen die Dinge, wenn wie im Haager Übereinkommen nicht erforderlich ist, daß das *schädigende* Produkt im Anknüpfungsstaat vermarktet wurde, sondern es ausreicht, daß gleichartige Produkte dort vermarktet werden.

118 So läßt es der Begriff „Marktort" anders als der Begriff „Erwerbsort" kaum zu, auf den Ort abzustellen, an dem der Erwerber seine zum Vertragsschluß führende Willenserklärung abgibt (so aber *Vischer*, FS Moser 139; *Imhoff-Scheier/Patocchi* 60).
119 Siehe oben § 9 III.
120 Siehe oben c) (1) (b).

468

endvermarkteten Produktes zu schützen[121]. Der haftungsrechtliche Schutz setzt aber bereits mit der ersten Inverkehrgabe eines Grundstoffes oder eines Teilproduktes (sog. Zwischenprodukt) ein. Jeder Hersteller eines Zwischenproduktes haftet ab dem Zeitpunkt, in dem er sein Produkt in den Verkehr bringt, für Schäden, die durch Fehler seines Produktes verursacht werden[122]. Eine Ersatzpflicht für Schäden an Sachen besteht nach der EG-Produkthaftung aber nur, wenn eine andere Sache als das fehlerhafte Produkt beschädigt wird und diese andere Sache dem Privatbereich des Geschädigten zuzuordnen ist. Diese Begrenzung der verschuldensunabhängigen EG-Produkthaftung wirkt sich vor allem bei Schäden durch noch nicht endvermarktete Produkte aus, da häufig andere zur Fertigung des Endproduktes vorgesehene Grundstoffe oder Teilprodukte im Eigentum des Abnehmers beschädigt werden. Im Gegensatz zum Ersten Endabnehmer eines endvermarkteten Produkts erwartet der *Abnehmer eines Zwischenproduktes* nicht die Produktsicherheit eines bestimmten Rechts, weil das öffentliche Produktsicherheitsrecht Zwischenprodukte grundsätzlich nicht erfaßt und deshalb als Indikator für die richtige kollisionsrechtliche Anknüpfung ausscheidet. Welche Sicherheit ein Zwischenprodukt aufweisen muß, hängt in erster Linie von der Verwendungsabsicht des Abnehmers ab und wird in aller Regel von diesen mit dem Zulieferer vertraglich vereinbart[123]. Der Kreis der Umstände, die bei der Entscheidung der Frage zu berücksichtigen sind, ob das Zwischenprodukt im Zeitpunkt seiner Inverkehrgabe im deliktsrechtlichen Sinne fehlerhaft war, ist deshalb größer und weniger klar abgegrenzt als bei der Entscheidung über die Fehlerhaftigkeit eines Endproduktes. Gleichwohl kommt es auch hier auf die Umstände der Vermarktung des Zwischenproduktes an. So ist etwa auch hier von Bedeutung, ob es in dem betreffenden Marktstaat unterschiedliche Sicherheitsstufen mit entsprechenden Preisstufen gibt[124]. Dies spricht dafür, die Haftung gegenüber dem Abnehmer eines Zwischenproduktes dem Recht des Marktstaates zu unterstellen, den der Zulieferer und der Abnehmer als Schnittstelle gewählt haben. Wegen der Marktmacht der Abnehmer von Zwischenprodukten wird der Marktstaat häufig der Staat sein, in dem der Abnehmer seinen Sitz hat. Wenn der Marktstaat aber ausnahmsweise in einem anderen Staat liegt, weil der Abnehmer „marktschwächer" ist als der Zulieferer und sich zu diesem begibt[125], gibt es keine Rechtfertigung, an den Sitz des Abnehmers anzuknüpfen[126]. Denn ausschlaggebend ist stets der Absatzmarkt.

---

121 Vgl. *Schmidt-Salzer*, Produkthaftung III/1: Deliktsrecht, Rn. 4.001 ff.
122 Siehe auch oben § 14 nach Fn. 187.
123 Zur Frage einer vertragsakzessorischen Anknüpfung siehe § 19 II.
124 Vgl. BGH, 16. 9. 1987, BGHZ 101, 337 = BB 1987, 2326 (Weinkellerei kauft von einem deutschen Unternehmen aus Portugal importierte Weinkorken, die zu der schlechtesten von sieben auf dem *deutschen* Markt angebotenen Qualitätsstufen gehören).
125 Vgl. zu „großen, marktmächtigen und kapitalstarken Zulieferern" *Klaue*, ZIP 1989, 1314.
126 Unklar *Duintjer Tebbens*, 375 und 401, der einerseits von dem Marktstaat spricht, auf dem das Zwischenprodukt angeboten wird (tender, offer), andererseits von dem Ort, an dem das Produkt dem Abnehmer verfügbar gemacht wurde (made available) bzw. an den es geliefert wurde (supply).

1126 Wenn das Zwischenprodukt[127] nicht den Abnehmer selbst, sondern einen *Dritten* schädigt, etwa einen Arbeitnehmer des Abnehmers, so hat die Produkthaftung die engsten Beziehungen zum Erfolgsortstaat, weil der Geschädigte nur Beziehungen zu diesem Staat hat[128]. Der Geschädigte kann jedoch das Recht des Marktstaates wählen, wenn er seinen gewöhnlichen Aufenthalt im Marktstaat hat[129].

II. Anknüpfung nach dem Günstigkeitsprinzip

1. Von der Ubiquitätsregel zum Günstigkeitsprinzip

1127 *Werner Lorenz*[130] hat in einer eingehenden Studie nachgewiesen, daß die traditionelle Ubiquitätsregel des deutschen Internationalen Deliktsrechts nicht auf tragenden Pfeilern, sondern auf tönernen Füßen steht[131]. Historisch gesehen ist sie zu einem großen Teil ein kollisionsrechtliches „Zufallsprodukt"[132], das auf der unkritischen Übernahme von Überlegungen zum Gerichtsstand der unerlaubten Handlung beruht[133]. Der deutschen Rechtsprechung war und ist sie ein willkommenes Instrument, um zum deutschen Recht zu gelangen[134]. Eine überzeugende Rechtfertigung wurde bislang jedoch nicht gegeben.

1128 Die moderne Erkenntnis, daß die Aufgabe des IPR — verkürzt ausgedrückt — darin besteht, die Funktionen des Sachrechts in einer der Auslandsberührung des Sachverhalts angemessenen Weise zu verwirklichen[135], gestattet es heute nicht mehr, die Ubiquitätsregel dogmatisch mit der Begründung zu rechtfertigen, Handlung und Erfolg seien jeweils unverzichtbare Tatbestandsmerkmale einer unerlaubten Handlung[136]. Die Ubiquität des Geschehens ist für sich gesehen bedeutungslos.

1129 *Kegel*[137] hat schon früh eingeräumt, daß es schwierig sei, die Ubiquitätslehre stichhaltig zu begründen. Er bekennt sich offen zu der größeren Sympathie mit dem Opfer. Die Kritiker der Ubiquitätslehre geben sich damit zu Recht nicht

---

127 Zur Klarstellung sei betont: Arbeitsmaschinen und Werkzeuge sind keine Zwischen-, sondern Endprodukte, die der Arbeitgeber als Erster Endabnehmer erworben hat. Siehe oben 2. b).
128 Siehe oben 1. b).
129 Siehe oben 1. b) bb) (2). — Anwendungsbeispiel: Der Abnehmer kauft ein Zwischenprodukt im Niederlassungsstaat des Zulieferers (Marktstaat). Nachdem sich bei der Verarbeitung Probleme ergeben, erhält er eine Einweisung durch einen Arbeitnehmer des Zulieferers, der dabei aufgrund eines Fehlers des Zulieferprodukutes verletzt wird.
130 *W. Lorenz*, Grundregel 113 ff.
131 Ablehnend auch *Chr. v. Bar*, IPR I 566; *E. Lorenz*, Schiffs- und Flugzeugunfälle 450.
132 *Hohloch* 243.
133 Vgl. *Hohloch* 104 f., 243; *Chr. v. Bar*, JZ 1985, 964.
134 *W. Lorenz*, Grundregel 113.
135 Siehe oben § 12.
136 In diesem Sinne aber noch *Schönberger* 34 f.
137 *Kegel*, IPR 456 f.

zufrieden[138]. Denn *Kegel* löst sich zwar von der früher verbreiteten begrifflichen Argumentation[139], liefert aber lediglich den Ansatz einer funktionsorientierten Begründung[140].

v. Hoffmann[141] rekurriert unmittelbar auf die Hauptfunktionen des Delikts- **1130** rechts. Da die Kollisionsnorm sowohl Verhaltenssteuerung als auch Rechtsgüterschutz verwirklichen solle, bleibe nur die Möglichkeit der alternativen Anknüpfung an den Handlungs- und den Erfolgsort. Die „Meistbegünstigung" des Geschädigten sei also nicht der Zweck der alternativen Anknüpfung, sondern lediglich die ungezielte Nebenfolge der Berücksichtigung des doppelten Zwecks des Deliktsrechts, Verhalten zu steuern und Rechtsgüter zu schützen. *v. Hoffmann* ist zuzugeben, daß eine Alternativanknüpfung geboten wäre, wenn sich die verschiedenen Funktionen des Haftungsrechts bei einer Auslandsberührung des Sachverhalts anders nicht oder doch nicht zufriedenstellend verwirklichen ließen[142]. Entgegen *v. Hoffmann* ist dies bei der Produkthaftung jedoch nicht der Fall. Seine Prämisse, die Verhaltenssteuerungsfunktion des Produkthaftungsrechts spreche für die Anknüpfung an den Geschäftssitz des Haftpflichtigen, trifft nämlich nicht zu. Diese Funktion spricht vielmehr eindeutig für eine Anknüpfung an den Marktstaat[143]. Da bei einer Schädigung des Ersten Endabnehmers auch die Schadensausgleichsfunktion des Produkthaftungsrechts für eine Anknüpfung an den Marktstaat spricht[144], decken sich die kollisionsrechtlichen Funktionskreise.

Das Anknüpfungsdilemma, auf das *v. Hoffmann* die Alternativanknüpfung **1131** der Produkthaftung stützt, besteht selbst dann nicht, wenn Zweitkonsumenten und bystanders geschädigt werden. In diesem Fall weisen die Funktionen des Sachrechts zwar auf zwei Rechte, nämlich die Verhaltenssteuerung und die konkrete Schadenszurechnung auf das Recht des Marktstaates und die abstrakte Schadenszurechnung auf das Recht des Erfolgsortstaates[145]. Dies rechtfertigt aber keine Alternativanknüpfung, weil das Funktionsdefizit, das mit der Anknüpfung an den Erfolgsortstaat geschaffen wird, innerhalb des

---

138 Kritisch *Neuhaus*, RabelsZ 35 (1971) 409; *ders.*, Grundbegriffe 243; *Chr. v. Bar*, JZ 1985, 961, 966; *ders.*, IPR II Rn. 668; *W. Lorenz*, Grundregel 116 f.; *Keller/Siehr*, Allgemeine Lehren 360 ff.
139 Siehe oben § 15 I. 1. a) am Anfang.
140 Eine gewisse Plausibilität wird dem bloßen Ansatz nur für Vorsatztaten zuerkannt. Vgl. *Chr. v. Bar*, JZ 1985, 966; *W. Lorenz*, Grundregel 116.
141 *Staudinger/v. Hoffmann*, Art. 38 EGBGB Rn. 120.
142 Siehe oben I. 1. b) bb) (2) (Zweitkonsumenten und bystanders mit gewöhnlichem Aufenthalt im Marktstaat) und allgemein § 12.
143 Eingehend hierzu oben § 14 III. – Zu der Ausnahme, wenn außerhalb des Marktstaates andere Personen als der Erste Endabnehmer geschädigt werden, die sich gewöhnlich im Marktstaat aufhalten, siehe oben I. 1. b) bb) (2).
144 Siehe oben § 15 II.
145 Genau genommen sogar auf drei Rechte, weil der „Ersatz des Schadens" für den gewöhnlichen Aufenthaltsstaat des Geschädigten spricht. Siehe dazu oben § 15 III.

Sachrechts dieses Staates ausgeglichen wird[146]. Während also die Anknüpfung an den Erfolgsortstaat zu einem (sach-)gerechten Interessenausgleich führt, hätte die Alternativanknüpfung – legt man die Konzeption von *v. Hoffmann* zugrunde[147] – eine unberechtigte Begünstigung des Geschädigten zur Folge.

1132 Eine andere häufig vorgetragene Begründung lautet, der Geschädigte sei kollisionsrechtlich durch eine Alternativanknüpfung zu begünstigen, weil dies der internationalen Tendenz des Sachrechts entspreche, den Verbraucherschutz zu verbessern[148]. Die so begründete Alternativanknüpfung hat nicht mehr nur den Zweck, die Funktionen des Sachrechts in Fällen mit Auslandsberührung ohne Defizite zu verwirklichen. Sie soll diese Funktionen vielmehr in einem für angemessen gehaltenen Rahmen *optimieren*. Die Maßgeblichkeit des Rechts der engsten Beziehung wird als ungenügend erachtet. Die Alternativanknüpfung dient nicht mehr nur der Rechtsverwirklichung, sondern auch – wie in der Schweiz offen eingeräumt wird[149] – der Rechtsfortbildung. Es handelt sich um ein im wirklichen Sinne kollisionsrechtliches Günstigkeitsprinzip.

2. Einwände gegen eine Anknüpfung der Produkthaftung nach dem Günstigkeitsprinzip

1133 Das novellierte deutsche EGBGB verwendet zahlreiche Alternativanknüpfungen mit dem Ziel, ein bestimmtes rechtspolitisch erwünschtes Ergebnis zu begünstigen, etwa die Formgültigkeit eines Rechtsgeschäftes[150] oder die Wirksamkeit einer Kindeslegitimation[151]. Ebenso wie diese Anknüpfungsart selbst bewegt sich auch die Diskussion über ihre Berechtigung vor allem auf rechtspolitischem Terrain[152]. Eine normative Schranke ergibt sich „nur" aus dem verfassungsrechtlichen Gleichbehandlungsgebot[153], das dem Gesetzgeber aber bekanntlich einen weiten Entscheidungsfreiraum läßt. Dies ändert indes nichts daran, daß es die vornehmste Aufgabe des Gesetzgebers ist, die sachlich überzeugendste Entscheidung zu treffen. Die rechtspolitische Grundlage der ergebnisoptimierenden Alternativanknüpfung nimmt deshalb nicht die Last der Begründung. In Wahrheit ist genau das Gegenteil der Fall: Sie vergrößert diese Last, weil sie den Kreis der zulässigen Argumente äußerst weit zieht.

---

146 Aus diesem Grund knüpft wohl auch *v. Hoffmann* nicht noch zusätzlich (dreifache Alternativität) an den gewöhnlichen Aufenthaltsstaat des Geschädigten an. So aber *Drobnig*, Produktehaftung 335.

147 Siehe dagegen zur *rechtspolitisch* motivierten Begünstigung des Geschädigten sogleich im Text.

148 *W. Lorenz*, FS Wahl 190; *Kropholler*, IPR 443 (er spricht nicht von Verbraucher, sondern allgemein von „Geschädigten"); *Reese*, GA. J. Int'l & Comp.L. 1978, 315; zurückhaltend *Morse*, Current Legal Problems 42 (1989) 193.

149 Schlussbericht, 244, sowie Botschaft des Bundesrates vom 10.11.1982, BBl 1983 I 435 (zum Umweltschutz).

150 Art. 11 Abs. 1 EGBGB.

151 Art. 21 Abs. 1 EGBGB. – Vgl. allgemein den Überblick von *Lüderitz*, FS Kegel (1987) 355 f.

152 Vgl. *Keller/Siehr*, Allgemeine Lehren 281 (eine rechtspolitisch heiß umstrittene Frage).

153 Vgl. dazu *E. Lorenz*, Struktur 63 ff.; *ders.*, ZRP 1982, 149 ff.

Rechtspolitisch zulässig, aber nicht überzeugend ist es, wenn dem Geschädig- **1134**
ten außer dem Recht der engsten Beziehung noch ein anderes Recht mit der
Begründung zur Wahl gestellt wird, es sei die internationale Tendenz der Sachrechte, den Verbraucher optimal zu schützen. Dagegen ist zu sagen: Verbraucherschutz steht auch im materiellen Produkthaftungsrecht nicht für eine einseitige und schrankenlose Begünstigung eines geschädigten Verbrauchers. Das
Sachrecht legt den Produkthaftpflichtigen nicht eine uneingeschränkte Kausalhaftung auf, sondern strebt einen gerechten Interessenausgleich an, wozu allerdings auch gehört, daß der besonderen Schutzbedürftigkeit privater Verbraucher gegenüber der arbeitsteiligen Organisation von Produktherstellung und
-vertrieb Rechnung getragen wird. Entsprechend ist auch das Kollisionsrecht
einem gerechten Interessenausgleich verpflichtet. Auch hier geht es nicht
darum, einseitig den Geschädigten zu begünstigen. Es gilt vielmehr, die sich
aus der Auslandsberührung ergebenden spezifischen Schutzinteressen des Geschädigten zu erfassen, sie mit gegenläufigen Interessen der Produkthaftpflichtigen abzuwägen und so eine die Interessen beider Parteien ausgleichende
Anknüpfungsregel zu schaffen[154].

Gerade wenn es die internationale Tendenz der Sachrechte ist, Verbraucher **1135**
möglichst umfassend zu schützen, kann es im Internationalen Privatrecht geboten sein, Zurückhaltung zu üben[155]. Dies zeigen die in den USA gemachten
Erfahrungen. Dort hat die Kombination von für den Geschädigten jeweils gün-
stigem Kollisions- und Sachrecht[156] so schwerwiegende Folgen für die Haftpflichtigen[157], daß sich inzwischen die Einsicht breit macht, Verbraucher seien
im Kollisions- wie im Sachrecht „adequate, but not excessive"[158] zu schützen.

In einem anderen Licht lassen die Erfahrungen aus den USA auch das rechts- **1136**
politisch motivierte Argument erscheinen, die Befugnis des Geschädigten, das
Recht am *Sitz des Haftpflichtigen* zu wählen, sei zu begrüßen, weil sie Geschädigten aus Entwicklungsländern zu Schadensersatzansprüchen gegen Haftpflichtige aus den Industriestaaten verhelfe[159]. Betrachtet man nur die Markt-
situation in einem Entwicklungsland, so könnte man geneigt sein, zu argumentieren, Haftpflichtige aus Industriestaaten müßten den durch die kollisionsrechtliche Anknüpfung geschaffenen Wettbewerbsnachteil hinnehmen, weil sie
heimischen Wettbewerbern weit „überlegen" seien. Abgesehen davon, daß da-

---

154 Ebenfalls kritisch gegenüber einer Verengung auf das *eine* Ziel, den Geschädigten zu schützen, *Duintjer Tebbens* 365 f.
155 Wenig überzeugend erscheint es umgekehrt, mit Blick auf fortschrittliche ausländische Sachrechte dem eigenen Kollisionsrecht durch einen better law approach eine rechtsfortbildende
Funktion beizulegen, die Fortbildung des eigenen Sachrechts aber nicht oder nur zögernd zu
betreiben. Vgl. die insbesondere gegen den Schweizer Gesetzgeber gerichtete Kritik von *de
Boer*, RabelsZ 54 (1990) 35 f.; *W. Lorenz*, Grundregel 118.
156 Siehe dazu oben § 6 bei Fn. 179; vgl. auch *Weintraub*, Brooklyn J. Int'l L. 1990, 226 m. w. N.
157 Siehe oben § 6 I bei und in Fn. 8 und 9.
158 *Rice*, Boston Univ. L. Rev. 1985, 61.
159 Vgl. hierzu vor allem *Micklitz*, Internationales Produktsicherheitsrecht 38 ff., 64, 76 ff.

bei die Schärfe des Wettbewerbs zwischen Haftpflichtigen aus verschiedenen Industrienationen außer acht gelassen würde, ist zu berücksichtigen, daß die Alternativanknüpfung an den Sitz des Haftpflichtigen auch dann zum Zuge käme, wenn Marktstaat und Sitzstaat des Herstellers Industriestaaten sind. In diesem Fall bedarf der Geschädigte der Alternativanknüpfung jedoch nicht, weil – so die Prämisse der Verfechter einer rechtspolitisch motivierten Anknüpfung – auch das Recht des Marktstaates dem internationalen Trend entspricht und d.h. Verbraucher effektiv schützt. Eine Alternativanknüpfung an den Sitz des Haftpflichtigen begründete andererseits wie stets die Gefahr erheblicher Wettbewerbsverzerrungen im Marktstaat – ein Nachteil, der zu dem Vorteil für den Verbraucher außer Verhältnis stünde. Es liegt auf der Hand, daß dieser Mißstand „vor der eigenen Tür" die Normbildung stärker beeinflußt als das Streben, Geschädigten aus Entwicklungsstaaten einen hohen haftungsrechtlichen Schutz zu verschaffen[160].

1137 Die sachliche und damit auch rechtspolitische Verfehltheit einer Alternativanknüpfung an den Sitz des Haftpflichtigen soll hier indes nicht erneut ausgebreitet werden. Dazu besteht selbst dann kein Anlaß, wenn man wegen der von anderen bereits nachdrücklich vorgetragenen Bedenken[161] „Alternativanknüpfungen zur Erhöhung von Gewinnchancen" nicht gänzlich ablehnt. Denn auch der Gesetzgeber des novellierten deutschen EGBGB hat keine Zweifel daran gelassen, daß eine Alternativanknüpfung nicht genutzt werden darf, um das Regelanknüpfungsprinzip der engsten Beziehung bereitwillig auszuhebeln, sondern daß sie nur in Ausnahmefällen und nur innerhalb eines durch den Anknüpfungsgegenstand vorgegebenen Kernbereichs von Rechten anzuerkennen ist[162]. Eine Alternativanknüpfung an den Sitz des Haftpflichtigen erfüllt diese Voraussetzung in keiner Weise.

1138 Überlegen kann man allenfalls, ob innerhalb des Kreises von Rechten, zu denen die Produkthaftung enge Beziehungen hat, ein Begünstigungsbedarf besteht. In Betracht käme eine Wahlbefugnis zwischen dem Recht des Marktstaates und dem Recht des Erfolgsortstaates. Einen Begründungsansatz hierfür bieten die Ergebnisse, zu denen das Prinzip der engsten Beziehung führt. Danach gilt für den Ersten Endabnehmer ausschließlich das Recht des Marktstaates und für Zweitkonsumenten und bystanders *ohne* gewöhnlichen Aufenthalt im Marktstaat ausschließlich das Recht des Erfolgsortstaates. Zweitkonsumen-

---

160 *Weintraub*, U. Ill. L. Rev. 1989, 138 („hot potato"); *DeMent*, Corn. Int. L.J. (1972) 86 f. (breites Wahlrecht des Geschädigten entspreche den Interessen unterentwickelter Staaten nicht).
161 Vgl. *E. Lorenz*, ZRP 1982, 154; *Lüderitz*, FS Kegel (1987) 356 f.
162 *Wandt*, IRPax 1992, 262 und 263; *Duintjer Tebbens* 365 („an option to be exercised in favour of the PL plaintiff between several laws should be a means of *last resort* for choice of law not a principle from which to start"; Hervorhebung hinzugefügt). – *Müller-Freienfels*, Neue Entwicklungen 230 ff., begrüßt Alternativanknüpfungen wegen der stärkeren Berücksichtigung materiellrechtlicher Gesichtspunkte. Erforderlich wäre indes der Nachweis, daß die „Einfachanknüpfung" materiellrechtliche Gesichtspunkte nur unzureichend berücksichtigen kann.

ten und bystanders *mit* gewöhnlichem Aufenthalt im Marktstaat haben indes die Wahl zwischen dem Recht des Erfolgsortstaates und dem Recht des Marktstaates. Es liegt daher nahe zu fragen, ob diese Wahlbefugnis nicht allen Geschädigten einzuräumen ist, also auch dem Ersten Endabnehmer und auch Zweitkonsumenten und bystanders ohne gewöhnlichen Aufenthalt im Marktstaat.

Auf das Gleichbehandlungsgebot, dies sei vorab betont, kann man eine Wahlbefugnis aller Geschädigter nicht stützen. Die Anknüpfung nach dem Prinzip der engsten Beziehung behandelt nämlich alle Geschädigten gleich, weil sie für jeden Geschädigten das Recht beruft, zu dem seine Schädigung die engste Beziehung hat. Das Gleichbehandlungsgebot mahnt im Gegenteil zur Vorsicht. Denn eine Wahlbefugnis für alle Geschädigten gäbe einigen Geschädigten mehr als das Recht der engsten Beziehung, anderen jedoch nicht. Gäbe man allen Geschädigten ein Wahlrecht, so behandelte man sie also formell gleich, aber materiell ungleich. **1139**

Zweitkonsumenten und bystanders ohne gewöhnlichen Aufenthalt im Marktstaat ein Wahlrecht zwischen dem Recht des Erfolgsortstaates und dem Recht des Marktstaates zu geben, könnte man allenfalls mit der internationalen Zuständigkeit der Gerichte beider Staaten rechtfertigen. Dieses Argument ist aber nicht stark genug, um einem Geschädigten, der über keine materialen Beziehungen zum Marktstaat verfügt, wahlweise das Recht dieses Staates zu geben. Die mögliche Erleichterung für die Gerichte des Marktstaates, daß sie ihr Recht anwenden können, darf nicht überbewertet werden. Ihr steht die mögliche Erschwernis für die Gerichte des Erfolgsortstaates gegenüber, das Recht des Marktstaates anwenden zu müssen, wenn es der Geschädigte wählt. Die Annahme, der Geschädigte werde die jeweilige lex fori wählen[163], ist zweifelhaft. Der gut beratene Kläger wird sich sozusagen die Rosinen herauspicken. Er wird dort klagen, wo es für ihn prozeßrechtlich am günstigsten ist, und er wird unabhängig vom Gerichtsstand das ihm günstigere Sachrecht wählen. Es läßt sich deshalb auch nicht sagen, Interessen der Haftpflichtigen seien durch eine Alternativanknüpfung an den Marktstaat nicht berührt. Für den Haftpflichtigen ist die alternative Maßgeblichkeit des Rechts des Marktstaates in jedem Falle nachteilig[164]. Ihm diesen Nachteil aufzuerlegen, ist nur berechtigt, wenn kollisionsrechtliche Interessen des Geschädigten dies rechtfertigen[165]. Dies ist bei einem Geschädigten, der keinerlei haftungsrechtlich relevante Beziehung zum Marktstaat hat, nicht der Fall. **1140**

Umgekehrt gibt es auch keine überzeugenden Gründe, den *Ersten Endabnehmer* anstelle des Rechts des Marktstaates das Recht des Erfolgsortstaates wäh- **1141**

---

163 Vgl. *Drobnig*, Produktehaftung 335.
164 Siehe oben bei Fn. 77.
165 So bei der Produkthaftung gegenüber einem Zweitkonsumenten oder bystander mit gewöhnlichem Aufenthalt im Marktstaat. Siehe oben I. 1. b) bb) (2).

len zu lassen. Eine solche Wahlbefugnis würde vor allem Erste Endabnehmer begünstigen, die ihren gewöhnlichen Aufenthalt außerhalb des Marktstaates haben. Sie benutzen ein im Marktstaat erworbenes Produkt nämlich in erster Linie außerhalb des Marktstaates und zwar in ihrem gewöhnlichen Aufenthaltsstaat. Mit größter Wahrscheinlichkeit wird sich deshalb dort die Rechtsgutsverletzung ereignen. Käufer aus Staaten mit einem strengen Haftungsrecht könnten ihren Bedarf mithin unbedenklich in einem Marktstaat decken, dessen Preisniveau niedrig ist, weil auch sein Haftungsniveau niedrig ist. Denn erlitten sie in ihrem gewöhnlichen Aufenthaltsstaat einen Schaden, würden sie das strenge Haftungsrecht dieses Staates wählen. Daß diese Begünstigung bei gewerblichen Endabnehmern nicht akzeptabel wäre, versteht sich von selbst. Sie wäre aber auch bei Verbrauchern verfehlt, weil sie sich nicht mit einem Schutzbedürfnis des Verbrauchers rechtfertigen läßt. Wie im Internationalen Vertragsrecht muß auch im Internationalen Produkthaftungsrecht gelten: Wer sich bewußt auf einen fremden Markt begibt, ist auch als Verbraucher nicht nach dem Recht seines gewöhnlichen Aufenthaltsstaates zu schützen[166]. Nur darum geht es aber, wenn man für Verbraucher eine Wahlbefugnis zwischen Marktstaat und Erfolgsortstaat erwägt. Denn die alternative Maßgeblichkeit eines Rechts, mit dem den Verbraucher außer der Rechtsgutsverletzung weiter nichts verbindet, ist kein sinnvoller Verbraucherschutz. Sie erhöht zwar dessen Gewinnchancen. Die Begünstigung eines Verbrauchers im Einzelfall ist aber zufällig, weil auch der Schadenseintritt im Erfolgsortstaat, der weder Marktstaat noch gewöhnlicher Aufenthaltsstaat des Verbrauchers ist, zufällig ist.

1142 Das Fazit lautet deshalb: Die Anknüpfung nach dem Prinzip der engsten Beziehung führt zu vollständig zufriedenstellenden Ergebnissen. Es besteht kein rechtspolitischer Handlungsbedarf, den Geschädigten ein anderes Recht als das der engsten Beziehung wählen zu lassen[167].

---

166 Vgl. nur die Amtliche Begründung zu Art. 29 EGBGB, BT-Drucks. 10/504 S. 80.
167 Das Prinzip der engsten Beziehung kann ausnahmsweise eine Alternativanknüpfung rechtfertigen, wenn gleich enge Beziehungen zu mehreren Rechten bestehen („Anknüpfungspatt"); vgl. § 18 bei und in Fn. 76. Davon zu unterscheiden ist die im Text verworfene „ergebnisorientierende" Alternativanknüpfung.

§ 19 Besondere Anknüpfungen

I. Besondere Produktarten

1. Arzneimittel

a) Verschuldensunabhängige Haftung für Arzneimittel im Sinne
von § 84 AMG

Die Analyse des deutschen Rechts der verschuldensunabhängigen Haftung für   **1143**
Arzneimittel, also vor allem des Arzneimittelgesetzes, aber auch des Produkt-
haftungs- und des Gentechnikgesetzes[1], hat zu dieser einseitigen Anknüpfungsregel geführt:

> „Die verschuldensunabhängige Haftung für ein in Deutschland zulassungspflichtiges
> oder durch Rechtsverordnung von der Zulassungspflicht befreites Arzneimittel unter-
> liegt deutschem Recht, wenn das Arzneimittel in Deutschland an den Ersten Endabneh-
> mer abgegeben wurde"[2].

b) Sonstige Haftung für Arzneimittel

Das deutsche Sachrecht verlangt nur, daß die *verschuldensunabhängig Haf-*   **1144**
tung gegenüber dem Anwender[3] eines in *Deutschland* vermarkteten zulas-
sungspflichtigen Arzneimittels zwingend deutschem Recht unterstellt wird. Es
besagt nichts für die Haftung für im Ausland vermarktete Arzneimittel. Es besagt nichts für die Haftung gegenüber einem bystander, der durch ein Arzneimittel geschädigt wird, etwa weil der Anwender des Arzneimittels einen Straßenverkehrsunfall verursacht. Es besagt nichts für die Verschuldenshaftung.
Wie diese Bereiche der Haftung für Arzneimittel anzuknüpfen sind, ist nunmehr im Lichte der für gewöhnliche Produkte geltenden Regelanknüpfung zu
entscheiden.

aa) Erster Endabnehmer

Hinsichtlich der Haftung gegenüber dem Ersten Endabnehmer[4] deckt sich die   **1145**
spezielle Anknüpfung für in Deutschland vermarktete zulassungspflichtige
Arzneimittel mit der Regelanknüpfung für gewöhnliche Produkte. Angeknüpft
wird an den Marktstaat. Diese Anknüpfung ist generell sachgerecht, wenn der
Erste Endabnehmer eines Arzneimittels geschädigt wird, unabhängig von der
Art des Arzneimittels und unabhängig von seiner Vermarktung in Deutschland

---

1 Siehe oben § 9 V. 4.
2 Siehe oben § 9 V.
3 Zur Anknüpfung der Haftung gegenüber einem bystander siehe unten cc).
4 Zur Berechtigung dieses Begriffes auch bei Abnehmern von Arzneimitteln siehe oben § 9 II. 2.
a) bb).

oder im Ausland. Kollisionsrechtlich unterscheidet sich die Haftung für Arzneimittel von der Haftung für andere Produkte nämlich nur graduell, und zwar durch noch stärkere Beziehungen zum Marktstaat. Der Marktstaat übernimmt aufgrund der materiellen Sicherheitsprüfung zulassungspflichtiger und registrierungspflichtiger[5] Arzneimittel eine besondere Mitverantwortung. Sie kann eine Haftung aus Amtspflichtverletzung begründen[6], die nach weltweit überwiegender Ansicht dem Recht des haftenden Staates untersteht[7]. In vielen Staaten werden der haftungsrechtliche Schutz von Arzneimittelgeschädigten und die Funktionsfähigkeit der Arzneimittelwirtschaft durch eine Versicherungs- oder Deckungsvorsorgepflicht oder durch einen Fonds aller Marktanbieter gesichert[8]. Der Preis von Arzneimitteln ist noch stärker als der anderer Produkte vom Haftungsregime des Marktstaates abhängig[9]. Anwender von Arzneimitteln sind sich deren besonderer Gefährlichkeit bewußt. Sie erwarten die Arzneimittelsicherheit und den haftungsrechtlichen Schutz des Marktstaates.

bb) Sonstige Arzneimittelanwender

1146 Arzneimittel werden in aller Regel nicht privat weiterveräußert. Sie werden aber häufig an Familienangehörige, Arbeitskollegen, Mitreisende etc. unentgeltlich weitergegeben. Sowohl die Haftung gegenüber dem Ersten Endabnehmer als auch die Haftung gegenüber dem „Sonstigen Anwender" eines Arzneimittels unterliegen nach der *speziellen Anknüpfungsregel für in Deutschland vermarktete zulassungspflichtige Arzneimittel* dem deutschen Recht, also dem Recht des Marktstaates. Hinsichtlich Sonstiger Anwender steht dies im Widerspruch zur *Regelanknüpfung*. Nach ihr unterliegt die Haftung gegenüber Folgeerwerbern und bloßen Produktbenutzern nämlich nicht dem Recht des Marktstaates, sondern dem Recht des Erfolgsortstaates[10]. Zu diesem Staat bestehen die engeren Beziehungen, weil Folgeerwerber und bloße Produktbenutzer keine Verbindung zum Marktstaat haben, den sie häufig nicht einmal kennen. Sie wollen ihren haftungsrechtlichen Schutz nicht in die Hände eines von ihnen nicht bestimmten und nicht bestimmbaren Marktstaates legen, sondern vertrauen auf das Recht des Erfolgsortstaates. Der hierdurch begründeten Beziehung zum Erfolgsortstaat läßt sich nur durch eine Anknüpfung an diesen

---

5 Eine Registrierung setzt nach § 39 AMG nicht den Nachweis der Wirksamkeit, wohl aber den Nachweis der Qualität und der Unbedenklichkeit des Arzneimittels voraus. Vgl. dazu *Hart*, Arzneimittelzulassung 91 ff.; *Deutsch*, Arztrecht 345.

6 Siehe dazu die Nachweise in § 9 Fn. 77 – Ansprüche aus Staatshaftung wurden beispielsweise gegen den japanischen Staat wegen der Schäden durch das Arzneimittel „SMON" (siehe oben § 9 VI. 1. c)) geltend gemacht, vgl. dazu *Raidl-Marcure*, § 126 Rn. 49 ff.

7 Vgl. die Nachweise zur herrschenden Meinung von *Staudinger/v. Hoffmann*, Art. 38 EGBGB Rn. 228 a; *Hess* 16 ff.

8 Siehe oben § 9 II. 1. (Deutschland) und VI. 1 (ausländische Staaten).

9 Vgl. den Bericht in PHI 1990, 106: Ein und derselbe Impfstoff gegen Hepatitis B kostet in den USA 160 Dollar und in Taiwan 12 Dollar.

10 Siehe oben § 18 I. 1. b).

Staat Rechnung tragen. Sie ist deshalb enger als die durch Verhaltenssteuerung und Produktsicherheit begründete Beziehung zum Marktstaat. Denn dieser Beziehung wird auch die Anknüpfung an den Erfolgsortstaat gerecht, weil das berufene Sachrecht die von den Haftpflichtigen „geschuldete" Produktsicherheit nach den tatsächlichen, räumlichen und zeitlichen Umständen der Produktvermarktung bestimmt[11].

Die Regelanknüpfung an den Erfolgsortstaat ist für die Haftung gegenüber „Benutzern" von Arzneimitteln indes verfehlt. Die besonders engen Beziehungen, welche die Produkthaftung für Arzneimittel zum Marktstaat hat[12], gebieten es nämlich, die Haftung gegenüber allen Arzneimittelanwendern dem Recht des Marktstaates zu unterstellen. Ein Sonstiger Arzneimittelanwender unterscheidet sich durch nichts vom Ersten Endabnehmer. Auch er weiß um die besondere Gefährlichkeit von Arzneimitteln. Wenn er ein Arzneimittel aus privater Hand erhält und Zweifel an der Herkunft des Arzneimittels hat, wird er sich anhand der Arzneimittelverpackung oder des Beipackzettels informieren. Die haftungsrechtlichen Erwartungen aller Arzneimittelanwender sind wie ihre Sicherheitserwartungen auf das Recht des Marktstaates, nicht dagegen auf das Recht des Erfolgsortstaates gerichtet. An ihn anzuknüpfen, wäre deshalb sachwidrig. Es wäre außerdem wenig praktikabel, weil sich der Erfolgsort bei der Schädigung durch ein Arzneimittel häufig nicht oder nicht sicher bestimmen läßt; man denke nur an Summations- und Spätschäden[13]. Es ist daher richtig, die Produkthaftung für Arzneimittel einheitlich gegenüber dem Ersten Endabnehmer und Sonstigen Arzneimittelanwendern dem Recht des Marktstaates zu unterstellen[14].   **1147**

Im Ergebnis bedeutet dies: Die spezielle Anknüpfungsregel für in Deutschland vermarktete zulassungspflichtige Arzneimittel geht in der umfassenden besonderen Anknüpfung der Haftung für Arzneimittel auf.   **1148**

cc) bystander

Ein fehlerhaftes Arzneimittel kann auch einen bystander schädigen, etwa wenn der Anwender infolge des Arzneimittels einen Straßenverkehrsunfall verur-   **1149**

---

11 Zu dem Kriterium der Kompensierbarkeit von Funktionsdefiziten siehe oben § 18 I. 1. b) aa) (2) (bb).

12 Siehe zuvor unter aa).

13 *W. Lorenz*, Grundregel 104, will in Zweifelsfällen auf den Ort der *ersten* Rechtsgutverletzung abstellen. Doch auch dieser Ort ist schwierig zu bestimmen. − Einige Autoren (z. B. *Staudinger/v. Hoffmann*, Art. 38 EGBGB Rn. 217; *Schultsz*, Conférence 166) schlagen vor, an den Ort anzuknüpfen, an dem der Anwender in den Besitz des Arzneimittels gelangt ist. Die Produkthaftung hat zu diesem Ort jedoch keine Beziehungen. Er wäre auch als Ersatzanknüpfungspunkt abzulehnen, weil er vom Geschädigten zu leicht im Nachhinein „verlegt" werden könnte.

14 *W. Lorenz*, Grundregel 104, berichtet, man habe auf der Haager Produkthaftungskonferenz den Fall diskutiert, daß jemand ein in den USA hergestelltes Medikament in Paris erwirbt, mit dessen Einnahme dort beginnt, sie während einer Weltreise fortsetzt, bis er nach der 50. Pille in Tansania daran erkrankt. Dieser Fall gehört nicht, wie *Lorenz* meint, in die „‚Schreckenskammer' des IPR", sondern er gehört unter das Recht des Marktstaates, im konkreten Fall des französischen Rechts.

sacht. Die Haftung gegenüber einem bystander ist wie auch sonst grundsätzlich dem Recht des Erfolgsortstaates zu unterstellen. Ein bystander hat keine Beziehung zum Arzneimittel und deshalb auch keine Beziehung zum Marktstaat. Ihn trifft die Schädigung durch ein Arzneimittel wie die Schädigung durch jedes andere Produkt. Das Recht des Erfolgsortstaates ist ihm gegenüber auch dann maßgebend, wenn er durch ein in Deutschland vermarktetes zulassungspflichtiges Arzneimittel geschädigt wird. Die für diese Arzneimittel aus dem deutschen Arzneimittelgesetz entwickelte Anknüpfungsregel beansprucht bei der Schädigung eines bystander keine Geltung. Das Arzneimittelgesetz hat den bystander nicht vor Augen[15].

1150 Wie bei gewöhnlichen Produkten und aus den für sie genannten Gründen[16] kann der bystander[17] jedoch das Recht des Marktstaates wählen, wenn er seinen gewöhnlichen Aufenthalt in diesem Staat hat.

c) Ergebnisse

1. Die Haftung für ein Arzneimittel unterliegt dem Recht des Marktstaates, wenn der Anwender des Arzneimittels geschädigt wird.
2. Die Haftung für ein Arzneimittel unterliegt dem Recht des Erfolgsortstaates, wenn ein bystander geschädigt wird. Hat der bystander seinen gewöhnlichen Aufenthalt im Marktstaat, so kann er das Recht dieses Staates wählen.

2. Andere zulassungspflichtige Produkte

a) Überblick

1151 Das Haager Produkthaftungsübereinkommen und die wenigen nationalen Rechtsordnungen mit einer speziellen Kollisionsnorm über die Produkthaftung differenzieren *nicht* nach Produktarten. Die nationalen Sondervorschriften über die Haftung für Arzneimittel[18] und die singuläre Regelung Quebecs über Grundstoffe aus diesem Staat[19] sind, soweit ersichtlich, die einzigen Ausnahmen.

1152 In der Lehre gibt es jedoch Überlegungen, bestimmte Arten von Produkten besonders anzuknüpfen. Im Mittelpunkt steht die Haftung für *Flugzeuge*[20]. Von ihr ausgehend wird in unterschiedlichem Maße generalisiert. So hält *Bröcker* eine besondere Anknüpfung grundsätzlich für geboten, soweit es um die Haftung für Produkte geht, die vorzugsweise für einen internationalen

---

15 Siehe oben § 9 II. 2. b); vgl. auch *Kullmann*, Kza. 3800/19.
16 Siehe oben § 18 I. 1. b) bb) (2).
17 Wie alle anderen Geschädigten außer dem Ersten Endabnehmer, für den das Recht des Marktstaates ohnehin maßgeblich ist. Siehe wie vorige Fn.
18 Siehe oben § 9 VI. 1. (ausländische Staaten) und § 9 IV. und V. (Deutschland).
19 Siehe § 5 V. 1.
20 Zur Produkteigenschaft im Sinne der EG-Richtlinie vgl. *Schmidt-Salzer*, EG-Produkthaftung I Art. 2 EG-Richtlinie Rn. 50; *Frietsch*, ZLW 1987, 170 ff.

Gebrauch bestimmt sind[21]. *Trutmann*[22] differenziert zwischen Konsumgütern, die vom Produzenten über eine Absatzorganisation an den Kunden gebracht werden, und Nicht-Konsumgütern. *Duintjer Tebbens*[23] unterscheidet Produktarten, deren Markt territorial bestimmt werden kann, und Produktarten, die nicht auf einem bestimmten nationalen Markt, sondern international vertrieben werden.

Eine sinnvolle Abgrenzung der Produktarten, für die eine besondere Anknüpfung in Betracht kommt, ist bislang nicht gelungen[24]. Gleichwohl sind die detaillierten Vorschläge über die Anknüpfung der Produkthaftung für Flugzeuge[25] beachtenswert. **1153**

Noch ohne tiefgehende Begründung schlug *Bröcker*[26] Mitte der sechziger Jahre vor, wegen der Variabilität der potentiellen Anknüpfungspunkte an den Wohnsitz der Geschädigten anzuknüpfen. **1154**

Trutmann[27] will von der von ihr vertretenen Regelanknüpfung an den Erwerbsort nur für Verkehrsflugzeuge abweichen, weil sie — anders als Kraftfahrzeuge und Privatflugzeuge — keine Konsumgüter seien, die in der üblichen Weise vom Produzenten über die Absatzorganisation an den Kunden gebracht werden. Als einziges Recht kommt ihrer Ansicht nach das Recht am Sitz des Herstellers in Frage, da jedes andere Recht, insbesondere das Recht des Unfallortes oder das Wohnsitzrecht der verletzten Passagiere[28], für die Bestimmung der Haftung des Herstellers als zufällig erscheinen müsse. **1155**

Siehr[29] warnt in seinem Beitrag zum Entwurf des Haager Abkommens, vorschnell auf die lex loci delicti commissi oder das Recht am Geschäftssitz des Verantwortlichen zurückzugreifen. Näher liege eine alternative Anknüpfung an den Ort des Abfluges und den Ort der geplanten Ankunft. Es ließe sich auch an die Maßgeblichkeit der Nationalität des Flugzeuges denken. **1156**

Duintjer Tebbens[30] differenziert wie *Trutmann*[31] zwischen Privat- und Verkehrsflugzeugen. Kleine Flugzeuge, die Personen oder Unternehmen für Ge- **1157**

---

21 *Bröcker* 165.
22 *Trutmann* 171.
23 *Duintjer Tebbens* 386.
24 *Drobnig*, Produktehaftung 332.
25 Diese Frage wird von *E. Lorenz* in seinem der Zweiten Kommission des Deutschen Rates für internationales Privatrecht erstatteten Gutachten über „Das anwendbare Recht bei Schiffs- und Flugzeugunfällen" dem Gutachtenauftrag entsprechend nicht behandelt. Sie wird ausgeklammert von *Lukoschek* (S. 2) und *Urwantschky* (S. 3).
26 *Bröcker* 166.
27 *Trutmann* 171 f.
28 *Maxl*, JBl 1992, 167 f., der für das *österreichische* Recht grundsätzlich ein Wahlrecht des Geschädigten zwischen dem Recht des Niederlassungsstaates des Haftpflichtigen und dem Recht des Marktstaates vorschlägt, ersetzt bei Flugzeugen den Marktstaat durch den gewöhnlichen Aufenthaltsstaat des Klägers, weil bei Flugzeugen kein „Markt" existiere.
29 *Siehr*, AWD (RIW) 1972, 386.
30 *Duintjer Tebbens* 386 f.
31 *Trutmann* 171.

schäftsflüge kaufen, seien grundsätzlich wie Kraftfahrzeuge nach der „*market rule*" zu beurteilen. Die Regelanknüpfung sei jedoch dahin zu verfeinern, daß nicht der formaljuristische Ort der Übergabe an den Käufer, sondern der Ort maßgeblich sei, an dem das Flugzeug stationiert werden soll und an dem folglich das Risiko eines Produktschadens seinen Schwerpunkt habe[32]. Anders als kleine Flugzeuge würden Flugzeuge, die der internationalen und interkontinentalen Beförderung dienen, nicht auf einen bestimmten Markt gebracht. Der Hersteller müsse aufgrund der gängigen Praxis der Miete von Flugzeugen, des Leasings, etc., mit einem weltweiten Gebrauch rechnen, auch wenn er nur eine kleine Zahl von Kunden beliefere. Empfehlenswert sei hier die Anknüpfung an den *Sitz des Herstellers*. Sie habe den Vorteil, alle durch ein Flugzeugunglück Geschädigten gleich zu behandeln. Ein weiteres Argument für diese Anknüpfung ergebe sich daraus, daß es für Flugzeuge gewöhnlich keinen Vertrieb durch Händler und Importeure gebe. Rechtsstreitigkeiten würden deshalb am ehesten am Sitz des Herstellers ausgetragen. Außerdem sei in Ergänzung des in internationalen Abkommen festgelegten Produktsicherheitsstandards eher der im Herstellerstaat als der im Importstaat geltende Standard zu beachten. Die Anknüpfung an den Sitz des Herstellers stellt *Duintjer Tebbens* aber unter den Vorbehalt, daß wesentliche Berührungspunkte zu einem anderen Rechtsgebiet fehlen[33]. Insbesondere wenn bei Charterflügen (beinahe) ausschließlich Passagiere von ihrem Heimatstaat und wieder zurück befördert würden und dies mit einem dort registrierten Flugzeug und durch eine dort niedergelassene Chartergesellschaft geschehe, seien die Beziehungen zu diesem Staat ausschlaggebend. Er räumt ein, daß es schwierig sei, abstrakt eine scharfe Grenzlinie zu ziehen zwischen „wirklich internationalen" Sachverhalten, die nach dem Recht des Herstellerstaates riefen, und „überwiegend ‚nationalen'" Sachverhalten, die dem betreffenden nationalen Recht zu unterstellen seien. In Zweifelsfällen sei das Recht des Herstellerstaates vorzuziehen[34].

1158   *Bogdan*[35] gibt dem Geschädigten die Wahlbefugnis zwischen dem Recht des Staates, in dem das Flugzeug unerlaubt fehlerhaft hergestellt wurde, und dem Recht des Staates, in dem es registriert ist. Seine Leitlinie ist, alle Passagiere ungeachtet ihres Wohnsitzes oder anderer individueller Berührungspunkte gleich zu behandeln[36]. Die Wahlbefugnis auf das Recht des Produktionsortes sei für den Kläger vorteilhaft, da die Industrienationen, in denen die meisten Flugzeuge produziert werden, gewöhnlich ein für den Geschädigten relativ günstigeres Produkthaftungsrecht hätten. Die Wahlbefugnis auf das Recht des Registrierungsstaates begründet *Bogdan* nicht. Angesichts seiner Begründung hinsichtlich der Haftung des Luftfrachtführers[37], ist anzunehmen, daß er den

---

32 Zur Kritik an dieser Konkretisierung des Marktstaates siehe oben § 18 I. 2.

33 *Duintjer Tebbens* 388. Ähnlich *Soergel/Lüderitz*, Art. 12 EGBGB a. F.

34 Vgl. *Duintjer Tebbens* 389 („My preference for selecting the manufacturer's law ...").

35 *Bogdan*, Rec. des Cours 208 I (1988) 153 ff.

36 *Bogdan*, Rec. des Cours 208 I (1988) 160.

37 Vgl. *Bogdan*, Rec. des Cours 208 I (1988) 158 f.

Registrierungsort als Anknüpfungspunkt wählt, weil dieser eindeutig lokalisierbar und für alle aus einem Flugzeugunglück potentiell Haftpflichtigen gleichermaßen geeignet ist.

Zu einem ähnlichen Ergebnis gelangt *v. Hoffmann*[38]. Er gibt einem Flugzeug-   **1159**
passagier die Wahl zwischen dem Recht des Staates, in dem der Hersteller seinen (juristischen) Sitz hat („Handlungsort"), und dem Recht des Staates, in dem die Fluggesellschaft ihre Hauptniederlassung hat („Erfolgsort"). Die „Nationalität des Flugzeuges" sei für den geschädigten Passagier ein wichtiges Motiv für seine Wahl beim Ticket-Kauf. Außerdem könne man die Fluglinie zu einem gewissen Grad als Glied der Produktverteilungskette des Flugzeugherstellers ansehen. Ihre Hauptniederlassung bezeichne deshalb anstelle des Verletzungsortes den Erfolgsortstaat.

Während die Produkthaftung für Flugzeuge in Europa ein Randdasein führt,   **1160**
steht sie in den *USA* seit langem im Zentrum des Interesses. Der Hauptgrund hierfür ist, daß die weltweit größten Flugzeughersteller US-amerikanische Unternehmen sind[39]. Viele Gerichtsentscheidungen betreffen daher die Anknüpfung der (Produkt-)Haftung aus Flugzeugunglücken[40]. Ihre Analyse ist jedoch genau so wenig erhellend wie die der amerikanischen Rechtsprechung zur Produkthaftung im allgemeinen[41]. Überraschen kann dies nicht; denn den Gerichten offenbarte sich die ausufernde Methodenvielfalt des amerikanischen Kollisionsrechts gerade bei der kollisionsrechtlichen Beurteilung von Flugzeugunfällen als „a veritable jungle, which, if the law can be found out, leads not to ,a rule of action' but a reign of chaos"[42]. Aus dem US-amerikanischen Schrifttum ist vor allem *Reese*[43] zu nennen. Er will einem geschädigten Flugzeugpassagier die Wahl geben zwischen (1.) dem Recht am Herstellungsort, (2.) dem Recht am Hauptgeschäftssitz des Herstellers, (3.) dem Recht des Abflugstaates und (4.) dem Recht des Ankunftsstaates. *Weintraub* legt demgegenüber den Akzent wie auch sonst bei der Produkthaftung auf das Recht des Staates, in dem der Geschädigte seinen gewöhnlichen Aufenthalt hat[44]. Dazwischen steht *Kozyris*[45], der in Ausformung der Marktstaatanknüpfung an den bestimmungsgemäßen Gebrauchsstaat anknüpft, wenn dort die Rechtsgutsverletzung eintritt, hilfsweise aber das Recht am gewöhnlichen Aufenthalt des Geschädigten für maßgebend hält.

---

38 *Staudinger/v. Hoffmann*, Art. 38 EGBGB Rn. 468 i.V.m. Rn. 461.
39 Vgl. *Levy* 77 ff.; *Schwenk* 526.
40 Vgl. die umfangreichen Nachweise von *Mennenöh* 8 und passim; *Urwantschky* 211 ff.
41 Siehe oben § 6 IV. 1. d).
42 In re Paris Air Crash of March 3, 1974, 399 F. Supp. 739; vgl. auch *Urwantschky* 260: eine Vorhersage darüber, wie die gerichtliche Abwägung ausfallen werde, sei nicht möglich.
43 *Reese*, Washington and Lee L. Rev. 39 (1982) 1310 ff.
44 *Weintraub*, U. Ill. L. Rev. 1989, 129 ff.
45 *Kozyris*, AmJCompL 38 (1990) 506.

b) Besonderheiten der Produkthaftung für Flugzeuge

1161 Nachdem die *Regelanknüpfung* aufbauend auf der eingehenden Untersuchung der Grundlagen der internationalen Produkthaftung bereits entwickelt worden ist[46], geht es hier nur noch darum, herauszuarbeiten und zu würdigen, was die Schädigung durch ein Flugzeug von der Schädigung durch ein „normales" Produkt unterscheidet.

1162 Der kursorische Überblick über den Diskussionsstand[47] macht hinreichend deutlich, daß die Produkthaftung gegenüber Personen außerhalb eines Flugzeuges (*bystanders*) keine strukturellen Besonderheiten aufweist. Die Regelanknüpfung an den Erfolgsortstaat wird durch nichts in Frage gestellt. Strukturelle Besonderheiten gibt es dagegen offenbar bei der Produkthaftung gegenüber *Flugzeugpassagieren*, also gegenüber bloßen Produktbenutzern und vielleicht auch bei der Produkthaftung gegenüber *Erwerbern* des fehlerhaften Flugzeuges.

1163 Die Besonderheiten der Produkthaftung für Flugzeuge resultieren vor allem aus dem für sie geltenden spezifischen Sicherheitsrecht und aus ihrer Zugehörigkeit zu einem bestimmten Staat. Die Normen, welche die Verkehrssicherheit von „Luftfahrzeugen" betreffen, bilden einen besonderen Teil des Luftverkehrsrechts[48]. Sie lassen sich ihrerseits unterteilen in Vorschriften, die dem sicheren Betrieb der Luftfahrzeuge gelten, und solchen, die unmittelbar die Produktsicherheit betreffen. Nach dem deutschen Luftverkehrsgesetz (LuftVG)[49] dürfen Luftfahrzeuge nur verkehren, wenn sie zum Luftverkehr zugelassen sind. Die Verkehrszulassung durch das Luftfahrt-Bundesamt[50] benötigen nicht nur Luftfahrzeuge, die in Deutschland hergestellt worden sind, sondern auch aus dem Ausland eingeführte Luftfahrzeuge, gleich ob sie neu oder gebraucht sind[51]. Die Zulassungspflicht soll sicherstellen, „daß nur solches Luftfahrtgerät im Luftverkehr verwendet wird, das verkehrssicher (lufttüchtig) ist und das entsprechend seinem vorgesehenen Verwendungszweck allen Sicherheitsanforderungen nach dem neuesten Stand der Technik entspricht"[52]. Die Verkehrszulassung setzt nach § 2 Abs. 1 S. 2 LuftVG voraus, daß das Muster des Luftfahrzeuges zugelassen ist (Musterzulassung) und der Nachweis der Verkehrssicherheit nach der Prüfordnung für Luftfahrtgerät geführt ist. Die Musterzulassung setzt ihrerseits voraus, daß das Muster die von den Bauvorschriften für Luftfahrtgerät[53] geforderte Sicherheit[54] besitzt. Bereits die Her-

---

46 Siehe oben § 18.

47 Vgl. im übrigen die Bibliographie in: *Böckstiegel* (Hrsg.), Die Produkthaftung in der Luft- und Raumfahrt 293 ff.; sowie die Literaturnachweise von *Ficht* 211 ff.

48 Zur Terminologie vgl. *Schwenk* 1 ff.

49 Vgl. § 2 Abs. 1 Satz 1 LuftVG in der Fassung der Bekanntmachung vom 14. 1. 1981, BGBl I, 61.

50 Vgl. § 2 Abs. 1 des Gesetzes über das Luftfahrt-Bundesamt vom 30. 11. 1954 (BGBl. I, 354).

51 *Hofmann* 364.

52 *Hofmann* 364.

53 § 3 S. 2 der Prüfordnung für Luftfahrtgerät vom 16. 5. 1968 (BGBl. I, 416).

54 Vgl. §§ 3 Nr. 2a, 8 Abs. 2 Nr. 2 Luftverkehrs-Zulassungsordnung vom 19. 6. 1964 (BGBl. I, 370) i. d. F. der Bekanntmachung vom 28. 11. 1968 (BGBl. I, 1263).

stellung des Luftfahrzeuges wird also reglementiert[55]. Der Zulassungspflicht nach dem LuftVG unterliegen deutsche Luftfahrzeuge. Diese müssen grundsätzlich in das Verzeichnis der deutschen Luftfahrzeuge (Luftfahrzeugrolle) eingetragen sein (§ 2 Abs. 1 S. 1 LuftVG) und haben das Staatszugehörigkeitszeichen und eine besondere Kennzeichnung zu führen (§ 2 Abs. 5 LuftVG).

Das autonome deutsche Luftverkehrsrecht, das sich konzeptionell von anderen nationalen Rechten nicht unterscheidet, wird durch Internationale Übereinkommen überlagert. Von weltweit grundlegender Bedeutung ist das Chicagoer Abkommen über die Internationale Zivilluftfahrt vom 7.12.1944[56]. Nach Art. 31 dieses Abkommens muß jedes in der internationalen Luftfahrt verwendete Luftfahrzeug mit einem Lufttüchtigkeitszeugnis versehen sein, das von dem Staat, in dem das Luftfahrzeug eingetragen ist[57], ausgestellt oder als gültig anerkannt ist. Dieser Regelung wird eine internationale Verantwortung des Eintragungsstaates für die Lufttüchtigkeit und d.h. für die Produktsicherheit entnommen[58]. Andere Staaten, in denen das Luftfahrzeug verkehren darf, unterwerfen es nur in beschränktem Umfange den eigenen Vorschriften; sie verlassen sich auf die Verantwortung des *Registrierungsstaates*[59]. **1164**

Die Produktsicherheit begründet auch Beziehungen zum *Herstellungsstaat* des Flugzeuges. Dieser Staat reguliert und kontrolliert die Lufttüchtigkeit nämlich auch dann, wenn das Flugzeug für den Export bestimmt ist. Für die Ausfuhr bedarf es einer vorläufigen Verkehrszulassung oder eines speziellen Lufttüchtigkeitszeugnisses[60]. **1165**

Das für Deutschland im Jahre 1962 in Kraft getretene „Mehrseitige Übereinkommen vom 22.4.1960 über Lufttüchtigkeitszeugnisse eingeführter Luftfahrzeuge[61]" verpflichtet den Registrierungsstaat ein von einem anderen Vertragsstaat erteiltes unbeschränktes Lufttüchtigkeitszeugnis anzuerkennen, wenn das Luftfahrzeug in einem Vertragsstaat in Übereinstimmung mit den dort geltenden Gesetzen und sonstigen die Lufttüchtigkeit betreffenden Rechtsvorschriften hergestellt wurde und wenn es den anwendbaren Mindestanforderungen an die Lufttüchtigkeit entspricht, die aufgrund des Abkommens über die Internationale Zivilluftfahrt aufgestellt wurden[62]. Dem anerkennenden Staat (Importstaat/Registrierstaat) ist es jedoch vorbehalten, die Anerkennung von der Erfüllung besonderer Bedingungen des eigenen Rechts abhängig zu machen[63]. Die abschließende Regelungskompetenz liegt also wie stets nicht beim Herstel- **1166**

---

55 *Hofmann* 364.
56 BGBl. II 1956, 412ff.
57 Nach Art. 18 des Abkommens kann ein Luftfahrzeug *nicht* in mehreren Staaten gültig eingetragen sein.
58 Vgl. *Schwenk* 173.
59 *Schwenk* 191.
60 Vgl. §§ 12 und 13 LuftVG (siehe oben Fn. 49).
61 BGBl. 1962 II, 23.
62 Art. 1 und 2.
63 Art. 4.

lungsstaat, sondern bei dem Staat, in dem das Produkt in den allgemeinen Verkehr gegeben werden soll[64].

c) Folgerungen für die Anknüpfung der Haftung für Flugzeuge

aa) Erster Endabnehmer

1167 Die Behauptung, für Flugzeuge gebe es keinen nationalen Markt, an den man anknüpfen könne[65], ist durch die Analyse des öffentlichen Produktsicherheitsrechts widerlegt. Es ist im Gegenteil so, daß durch die *Erstregistrierung* des Flugzeuges der Markt, auf dem der Flugzeughersteller sein Produkt absetzt, nach außen hin unzweideutig kenntlich gemacht wird. Die Umstände der Vermarktung großer Verkehrsflugzeuge mögen häufig in hohem Maße international sein, dennoch wird der Erstregistrierungsstaat auch in diesen Fällen in aller Regel ohne Schwierigkeiten als Marktstaat zu bestimmen sein. Ausschlaggebend hierfür ist, daß der Markt für derartige Flugzeuge ein typischer „Käufermarkt" ist, d. h. der Verkäufer zum Käufer kommt und nicht umgekehrt. Im übrigen ist es bei der Vermarktung von Flugzeugen in allen Fällen gerechtfertigt, den Erstregistrierungsstaat als Marktstaat anzusehen, weil der Hersteller dessen Produktsicherheitsrecht wegen der Notwendigkeit der Verkehrszulassung durch diesen Staat einhalten muß, wenn er sein Produkt absetzen will[66].

1168 Eine *alternative Anknüpfung an den Herstellungsstaat*, der meist mit dem Hauptniederlassungsstaat des Herstellers identisch ist, ist wie bei gewöhnlichen Produkten abzulehnen[67]. Die engste Beziehung weist eindeutig auf den Erstregistrierungsstaat (Marktstaat) und nicht auf den Herstellungsstaat, dessen Produktsicherheitsrecht nur subsidiäre Bedeutung hat[68]. Es gibt keinen Grund, Käufer von Flugzeugen durch eine alternative Anknüpfung an den Herstellungsstaat regelwidrig zu begünstigen. Ein spezifisches Schutzbedürfnis besteht nicht, weil diese Käufer aufgrund ihrer Marktmacht den Marktstaat bestimmen und sich durch vertragliche Vereinbarungen selbst schützen können. Es gilt vielmehr auch hier, eine wettbewerbsneutrale Anknüpfung zu wählen[69].

bb) Flugzeugpassagiere

1169 Die Besonderheiten, welche die Haftung für Flugzeuge von der Haftung für andere Produkte unterscheiden, geben keinen Anhaltspunkt dafür, die Produkthaftung gegenüber Flugzeugpassagieren dem Recht ihres gewöhnlichen

---

64 Siehe oben § 14 II.
65 So *Duintjer Tebbens* 388; *Maxl*, JBl 1992, 167 f.
66 Allgemein für eine Berücksichtigung des beabsichtigten Gebrauchslandes bei der Konkretisierung des Marktstaates *Duintjer Tebbens* 378 f., und *Kozyris*, AmJCompL 38 (1990) 505. Zur Kritik siehe oben § 18 I. 2. c) bb) (1).
67 Siehe oben § 14 III. 1. b) aa).
68 Siehe oben bei und in Fn. 64.
69 Siehe oben § 17.

Aufenthaltsstaates, dem Recht des Herstellungsstaates oder dem Recht des Abflug- oder geplanten Ankunftsstaates zu unterstellen.

Von den Benutzern anderer Produkte unterscheiden sich Flugzeugpassagiere **1170** *idealtypisch* dadurch, daß sie sich der besonderen Gefährlichkeit des von ihnen benutzten Produktes bewußt sind und die Wahl des Produkts im Hinblick auf die Produktsicherheit nach einem bestimmten Recht treffen. Ihre Sicherheitserwartungen sind auf den Staat gerichtet, in dem das Flugzeug registriert ist und dessen Staatszugehörigkeitszeichen es trägt. Dieser Staat erfüllt gegenüber Flugzeugpassagieren die Funktion, die der Marktstaat bei allen Produkten gegenüber dem Ersten Endabnehmer erfüllt: Er reguliert und kontrolliert die Sicherheit, die das Produkt haben muß, um in den Verkehr gebracht werden zu dürfen. Neben der Haftung des Flugzeugherstellers kann sich hieraus eine Mithaftung des Registrierungsstaates ergeben[70], die nach weltweit herrschender Ansicht dem Recht des haftenden Staates untersteht[71]. Die mögliche Verknüpfung der Haftung im Außenverhältnis zum Geschädigten und die Haftungsschadensverteilung im Innenverhältnis der Haftpflichtigen spricht dafür, auch die Produkthaftung des Flugzeugherstellers dem Recht des Registrierungsstaates zu unterstellen[72].

Dieser Gesichtspunkt vermag jedoch nicht zu erklären, weshalb der geschä- **1171** digte Produktbenutzer dem Recht des Registrierungsstaates unterstellt werden könnte. Die Rechtfertigung hierfür folgt aus der Erkenntnis, daß Flugzeugpassagiere den Registrierungsstaat aufgrund des Staatszugehörigkeitszeichens des Flugzeuges erkennen können und sie deshalb — wie sonst nur der Erste Endabnehmer — die Möglichkeit haben, sich gezielt für die Produktsicherheit nach dem Recht eines bestimmten Staates zu entscheiden[73]. Hierin liegt der entscheidende Unterschied zu Benutzern gewöhnlicher Produkte. Aus ihrer Sicht ist eine *Regelanknüpfung* an den Marktstaat ungeeignet, weil sie diesen Staat häufig nicht kennen und keine Beziehungen zu ihm haben[74]. Der Registrierungsstaat ist als Anknüpfungspunkt für die Haftung gegenüber Flugzeugpassagieren dagegen tauglich, weil sie bei idealtypischer Betrachtung ihre Entscheidung für ein bestimmtes Flugzeug davon abhängig machen, welcher Staat es nach staatlicher Prüfung der Lufttüchtigkeit für den Verkehr zugelassen hat. Es läßt sich nicht einwenden, der Flugzeugpassagier habe „keinen Einfluß und regelmäßig auch keine Kenntnis davon, in welchem Flugzeug er fliegen wird, ob im ursprünglich vorgesehenen, im in letzter Minute wegen eines Aufenthalts herangezogenen oder im kurzfristig von einem anderen Luftfahrt-

---

70 Vgl. allgemein zur Haftung des Staates aufgrund der Verletzung einer öffentlich-rechtlichen Kontrollpflicht *Hübner*, UTR 4 (1988) 122 ff.
71 Siehe oben Fn. 7.
72 Siehe oben § 16 III.
73 Ebenso wohl *Staudinger/v. Hoffmann*, Art. 38 EGBGB Rn. 468, der die „Nationalität des Flugzeuges" allerdings als ein wichtiges Motiv für die Wahl beim Ticket-Kauf bezeichnet und dadurch den Blick auf das Vertragsverhältnis zur Fluggesellschaft lenkt.
74 Siehe oben § 15 II. 2. und 3.

unternehmen angemieteten, mit möglicherweise anderem Hoheitszeichen als demjenigen der ‚Flotte' des Luftfrachtführers"[75]. Bei der Regelbildung darf und muß man den idealtypischen Geschehensverlauf zugrundelegen und idealtypisch ist, daß die von Flugpassagieren gewählte Fluggesellschaft eigene, in ihrem Staat registrierte Flugzeuge benutzt.

1172 Für eine Anknüpfung an den Registrierungsstaat des Flugzeuges spricht auch die Überlegung *v. Hoffmanns*, die Fluggesellschaft sei zu einem gewissen Grad als Glied der Produktverteilungskette des Flugzeugherstellers anzusehen[76]. Es ist in der Tat fraglich, ob die Fluggesellschaft, die das Flugzeug in den Registrierungsstaat einführt und es dort in den Dienst stellt, nicht selbst als Importeur des Produkts gegenüber Flugzeugpassagieren und bystanders produkthaftpflichtig ist. Als Importeur im Sinne der EG-Produkthaftung gilt nämlich jede Person, die ein Produkt zum Zwecke des Verkaufs, der Vermietung, des Mietkaufs oder einer anderen Form des Vertriebs im Rahmen ihrer geschäftlichen Tätigkeit einführt. Eine Fluggesellschaft, die das Flugzeug zum Zwecke des Leasing einführt, haftet deshalb unstreitig als Importeur[77]. Wenn die Fluggesellschaft das Flugzeug dagegen ausschließlich zum Zwecke der Eigenverwendung einführt, ist ihre Haftung als Importeur umstritten. Während die in Deutschland herrschende Lehre eine Haftung verneint[78], wird sie von einer Mindermeinung bejaht[79]. Für die Mindermeinung läßt sich vorbringen, daß die Verwendung eines Flugzeuges zur Passagierbeförderung der „Eigenverwendung" eine besondere Qualität verleiht, die sie deutlich in die Nähe der Einfuhr eines Produktes zum Zwecke der gewerblichen Vermietung rückt, die unstreitig zu einer Haftung als Importeur führt[80]. Der Streit muß hier indes nicht abschließend entschieden werden. Bereits seine Existenz ist ein Argument dafür, die Produkthaftung für Flugzeuge dem Recht des Registrierungsstaates zu unterstellen.

1173 Die vorstehende Begründung für eine Anknüpfung an den Registrierungsstaat des Flugzeuges folgte den Ansätzen des Schrifttums, indem sie den Registrierungsstaat als denjenigen Staat sah, der die Sicherheit des Flugzeuges bestimmt. Für das Recht des Registrierungsstaates gibt es jedoch noch eine andere Begründung. Nach ihr ist die Anknüpfung an den Registrierungsstaat nur die spezifische Ausformung der Regelanknüpfung an den Erfolgsortstaat. Bei *gewöhnlichen Produkten* untersteht die Haftung gegenüber Produktbenutzern wie gegenüber bystanders dem Recht des *Erfolgsortstaates*, weil die Belegen-

---

75 *Urwantschky* 133.
76 *Staudinger/v. Hoffmann*, Art. 38 EGBGB Rn. 468.
77 *Frietsch*, ZLW 1987, 177; *Taschner/Frietsch*, Art. 3 EG-Richtlinie Rn. 19; *Kullmann*, Kza. 3605/15.
78 Amtliche Begründung des ProdHaftG, BT-Drucks. 11/2447, 20; *Palandt/Thomas*, § 4 ProdHaftG Rn. 7; *Taschner/Frietsch*, Art. 3 EG-Richtlinie Rn. 19; *Frietsch*, ZLW 1987, 177; *Kullmann*, Kza. 3605/15; *Graf v. Westphalen* § 63 Rn. 60.
79 *Rolland* § 4 ProdHaftG Rn. 61; MünchKomm-*Mertens/Cahn*, § 4 ProdHaftG Rn. 19.
80 Vgl. den Wortlaut von Art. 3 Abs. 2 EG-Richtlinie (§ 4 Abs. 2 ProdHaftG): zum Zwecke der Vermietung.

heit des verletzten Rechtsguts eine stets ausreichende Verbindung zwischen dem Inhaber des Rechtsgutes und dem Belegenheitsstaat schafft[81]. Unterstellt man auch die Produkthaftung gegenüber Flugzeugpassagieren der Regelanknüpfung an den Erfolgsortstaat, so führt dies ohne weiteres zum Recht des Registrierungsstaats, wenn ein Flugzeugpassagier über staatsfreiem Gebiet innerhalb des Flugzeuges durch einen Produktfehler geschädigt wird, etwa weil bei einer Wetterturbulenz sein Sicherheitsgurt reißt oder sich sein Sitz aus der Verankerung löst. Der Erfolgsort liegt in diesem Fall eindeutig im Flugzeug selbst. Aufgrund der Staatszugehörigkeit des Flugzeuges ist der Registrierungsstaat als Erfolgsortstaat anzusehen[82]. Nichts anderes gilt, wenn das Flugzeug wegen eines Produktfehlers über staatsfreiem Gebiet explodiert oder auf staatsfreies Gebiet stürzt. Den Erfolgsort im Registrierungsstaat zu lokalisieren, scheint nur bedenklich, wenn der Flugzeugpassagier über oder auf dem Territorium eines anderen Staates verletzt wird (Explosion in der Luft oder Aufprall auf der Erde). Völkerrechtlich steht hier vorrangig dem betroffenen Staat die Hoheitsgewalt zu[83]. Darum geht es indes nicht. Es geht vielmehr allein um die Sachgerechtigkeit im Hinblick auf den *privatrechtlichen* Beurteilungsgegenstand[84]. Sie aber spricht dafür, in allen Fällen der Schädigung eines Flugzeug*passagiers* auf den *internen* Erfolgsort und das heißt auf den Registrierungsstaat des Flugzeuges abzustellen[85]. Die Ansicht, welche die Produkthaftung gegenüber Flugzeugpassagieren wegen der Zufälligkeit des Erfolgsortes nicht dem Recht des Erfolgsortstaates unterstellen will, ist deshalb nur bedingt richtig. Zufällig ist nur der externe Erfolgsortstaat, nicht aber der interne Erfolgsortstaat, dem sich der Flugzeugpassagier in zurechenbarer Weise unterstellt hat[86]. Die Unterscheidung zwischen internem Erfolgsortstaat (Registrierungsstaat des Flugzeugs) und externem Erfolgsortstaat (Staat des Flugzeugabsturzes) beansprucht auch für das Internationale Zuständigkeitsrecht Geltung[87]. Dies bedeutet: Für Produkthaftungsklagen von Flugzeugpassagieren sind die Gerichte des Registrierungsstaates jedenfalls neben den Gerichten des Staates international zuständig, über oder auf dem die Flugzeugpassagiere verletzt wurden.

---

81 Siehe oben § 18 I. 1. a) aa) (4).

82 Vgl. z. B. *Kegel*, IPR 13; *Soergel/Lüderitz*, Art. 12 EGBGB a. F. Rn. 43; MünchKomm-*Kreuzer*, Art. 38 EGBGB Rn. 184 (bei internationalen Flügen).

83 Vgl. *Schwenk* 176; er weist darauf hin, daß der ausländische Staat in Fällen, die für ihn nicht von Interesse sind, regelmäßig auf die Ausübung seiner Hoheitsgewalt über Luftfahrzeuge und Schiffe fremder Staatszugehörigkeit verzichte. Vgl. zur Frage der Territorialhoheit bei Schiffen *Núnez-Müller* 82 ff.

84 Vgl. *E. Lorenz*, FS Duden 261 f.

85 Vgl. für allgemeine Delikte in Flugzeugen z. B. *E. Lorenz*, Schiffs- und Flugzeugunfälle 446 f.; *Soergel/Lüderitz*, Art. 12 EGBGB a. F. Rn. 43; MünchKomm-*Kreuzer*, Art. 38 EGBGB Rn. 184 (bei internationalen Flügen); *Staudinger/v. Hoffmann*, Art. 38 EGBGB Rn. 375 (bei internationalen Flügen).

86 Vgl. *E. Lorenz*, Schiffs- und Flugzeugunfälle 446 f.

87 Vgl. für Flugzeugzusammenstöße über staatsfreiem Gebiet *Kropholler*, Handbuch I Kap. III. Rn. 378.

1174   Für eine Anknüpfung der Produkthaftung an den Registrierungsstaat des Flugzeuges spricht auch, daß häufig nicht feststellbar ist, ob ein Flugzeugunglück durch ein Fehlverhalten des Luftfrachtführers oder durch einen Produktfehler verursacht worden ist. Hieraus ergeben sich Rechtsfragen, die äußerst schwierig zu lösen sind, wenn für die potientiellen Schadensverursacher verschiedene Rechtsordnungen gelten[88]. Unterschiedliche Haftungsstatute werden jedoch ausgeschlossen, wenn die Produkthaftung des Flugzeugherstellers wie die Haftung des Luftfrachtführers dem Recht des Registrierungsstaates unterstehen[89]. Auch wenn man die Luftfrachtführerhaftung mit der wohl herrschenden Meinung dem Recht der Hauptniederlassung[90] unterstellt, wird ein Auseinanderfallen der Haftungsstatute weitestgehend vermieden, weil die vom Luftfrachtführer benutzten Flugzeuge in aller Regel in seinem Hauptniederlassungsstaat registriert sind[91]. Die Anknüpfung der Produkthaftung an den Registrierungsstaat des Flugzeugs gewährleistet damit auch, daß die Haftungsschadensverteilung kollisionsrechtlich ohne große Schwierigkeiten bewältigt werden kann. Dies ist vor allem für den Luftfrachtführer von Bedeutung, weil regelmäßig ihn die Last des Regresses trifft. Die Geschädigten halten sich nämlich in erster Linie an ihn, weil er nach dem Warschauer Abkommen[92] aufgrund vermuteten Verschuldens haftet, wenn auch nur summenmäßig begrenzt. Als Ergebnis ist nach alldem festzuhalten, daß die Produkthaftung gegenüber Flugzeugpassagieren dem Recht des Staates untersteht, in dem das von ihnen benutzte und sie schädigende Flugzeug registriert ist.

1175   In den Fällen, in denen der Registrierungsstaat im Zeitpunkt des Schadensereignisses nicht mit dem *Erst*registrierungsstaat (Marktstaat) übereinstimmt, stellt sich angesichts der Regelanknüpfung noch die Frage, ob Flugzeugpassagiere *alternativ* zum Recht des (aktuellen) Registrierungsstaates dann *das Recht des Erstregistrierungsstaates* (*Marktstaates*) wählen können, in dem das Flugzeug an den Ersten Endabnehmer vermarktet wurde, wenn sie ihren gewöhnlichen Aufenthalt in diesem Staat haben. Die *Regelanknüpfung* eröffnet diese Alternative, weil die Produkthaftung bei Schädigung von Personen, die nicht der Erste Endabnehmer sind, annähernd gleichwertige Beziehungen zum Recht des Erfolgsortstaates und zum Recht des Staates hat, in dem das schädigende Produkt vermarktet wurde *und* in dem der Geschädigte seinen gewöhnli-

---

88   Eingehen hierzu die Monographie von *Ficht.*
89   Für diese Anknüpfung der Luftfrachtführerhaftung *E. Lorenz,* Schiffs- und Flugzeugunfälle 440 f.; *Lukoschek* 119 ff., 139 (für Zusammenstoß zweier Flugzeuge auf internationalem Kurs).
90   Vgl. z. B. *Urwantschky* 139 f., 264; MünchKomm-*Kreuzer,* Art. 38 EGBGB Rn. 186.
91   Ein Gleichlauf wird allgemein für erstrebenswert angesehen; vgl. z. B. *Duintjer Tebbens* 388; *Böckstiegel* 362 f. – Zu den Überlegungen, die Produkthaftung in das System des Warschauer Abkommens zu integrieren vgl. z. B. *Böckstiegel* 262 f.; *Steinebach* 129; *Müller-Rostin* 196 f. („Fernziel"). Angesichts des Zustandes des US-amerikanischen Kollisionsrechts hält *Löwenfeld,* U.Ill.L.Rev. 1989, 173, eine Sachrechtsvereinheitlichung für den einzigen Weg, Flugzeugunglücke zufriedenstellend zu bewältigen.
92   Abkommen vom 12. 10. 1929 zur Vereinheitlichung von Regeln über die Beförderung im internationalen Luftverkehr in der Fassung des Haager Protokolls v. 28. 9. 1955 (BGBl 1958 II 291).

chen Aufenthalt hat[93]. Für *Flugzeugpassagiere* läßt sich eine Alternativanknüpfung an den Marktstaat (Erstregistierungsstaat) jedoch nicht rechtfertigen, weil die Beziehungen zum Recht des „Erfolgsortstaates" (des aktuellen Registrierungsstaates) und die zum Recht des gewöhnlichen Aufenthalt- und Marktstaates (Erstregistierungsstaates) nicht gleichwertig sind. Einerseits ist die Beziehung zum gewöhnlichen Aufenthalts- und Marktstaat geschwächt, weil dieser Staat nicht wie bei gewöhnlichen Produkten die unter dem Gesichtspunkt der Sicherheitsregulierung einzig relevante Schnittstelle zwischen den Produkthaftpflichtigen und der Allgemeinheit ist. Die Sicherheit von Flugzeugen reguliert und kontrolliert jeder Registrierungsstaat aufs Neue. Andererseits hat die Schädigung eines Flugzeugpassagiers viel engere Beziehungen zum Registrierungsstaat als die Schädigung des Benutzers eines gewöhnlichen Produkts zum Erfolgsortstaat. Die Produkthaftung gegenüber Flugzeugpassagieren hat deshalb selbst dann die engste Beziehung zum aktuellen Registrierungsstaat, wenn der gewöhnliche Aufenthaltsstaat des Geschädigten und der Marktstaat (Erstregistierungsstaat) zusammenfallen. Unter dem Prinzip der engsten Beziehung ist deshalb für eine Alternativanknüpfung der Produkthaftung gegenüber Flugzeugpassagieren kein Raum.

cc) Folgeerwerber

Bei *gewöhnlichen Produkten unterstehen Folgeerwerber* gleich Produktbenutzern und bystanders dem Recht des *Erfolgsortstaates*, weil sie den Marktstaat, in dem das Produkt vermarktet wurde, nicht notwendig kennen und weil der Folgeerwerb produkthaftungsrechtlich unerheblich ist, so daß eine Anknüpfung an den Ort des Folgeerwerbs ausscheidet[94]. Es besteht zwar auch eine enge Beziehung zum Marktstaat, weil er über die Produktsicherheit entscheidet, die von den Haftpflichtigen „geschuldet" wird. Diese Beziehung vermag eine Anknüpfung an den Marktstaat jedoch nicht zu tragen, weil ihr im Sachrecht des Erfolgsortstaates Rechnung getragen werden kann, während umgekehrt der Beziehung des Geschädigten zum Erfolgsortstaat im Sachrecht des Marktstaates nicht Rechnung getragen werden kann[95]. **1176**

Im Gegensatz zu Folgeerwerbern gewöhnlicher Produkte ist *Folgeerwerbern von Flugzeugen* der Marktstaat aufgrund der ausnahmslosen Pflicht zur Registrierung stets bekannt. Dies allein macht das Recht des Marktstaates (Erstregistierungsstaates) jedoch nicht zu einem tauglichen Schutzrecht für Folgeerwerber, weil es keine substantielle Beziehung zu diesem Staat begründet. Andererseits spricht bei Flugzeugen wie bei anderen Produkten nichts dafür, an den Markt des Folgeerwerbs anzuknüpfen[96]. Es erscheint daher sachgerecht, Fol- **1177**

---

93 Siehe oben § 18 I. 1. b) bb) (2).
94 Siehe oben § 15 II. 2. a) bb) (5).
95 Siehe oben § 18 I. 1. b) aa) (2) (bb).
96 Siehe oben § 15 II. 2. a) bb) (5).

geerwerber aus den für Flugzeugpassagiere genannten Gründen wie diese zu schützen. Anzuknüpfen ist also an den internen Erfolgsortstaat, d.h. den Staat, in dem das Flugzeug *zum Zeitpunkt des Schadensereignisses* registriert war.

dd) bystander

1178 Nach der Regelanknüpfung unterliegt die Produkthaftung gegenüber bystanders dem Recht des Erfolgsortstaates. Mangels *kollisionsrechtlicher* Besonderheiten der Schädigung durch ein Flugzeug gilt die Regelanknüpfung auch für sie[97].

1179 Zu überlegen ist nur, ob die Wahlbefugnis, welche die Regelanknüpfung einem bystander mit gewöhnlichem Aufenthalt im Marktstaat auf das Recht dieses Staates eröffnet, zu modifizieren ist. Man könnte nämlich daran denken, statt auf den Marktstaat des Flugzeugs oder zusätzlich zu diesem auf den Staat abzustellen, in dem das Flugzeug im Zeitpunkt des Schadensereignisses registriert war. Dies wäre jedoch nicht sachgerecht. Die Befugnis des Geschädigten, anstelle des Rechts des Erfolgsortstaates das Recht des Marktstaates zu wählen, hat nämlich zur Grundlage, daß bei Berücksichtigung sämtlicher anknüpfungserheblicher Gesichtspunkte zu beiden Staaten annähernd gleichwertige Beziehungen bestehen und daß eine Wahlbefugnis des Geschädigten die Interessen der Haftpflichtigen nicht unzumutbar beeinträchtigt[98]. Diese Voraussetzungen erfüllt eine Anknüpfung an den aktuellen Registrierungsstaat nicht. Wenn dieser Staat nicht mit dem Marktstaat (Erstregistrierungsstaat) übereinstimmt, wird er nämlich nicht durch die Haftpflichtigen bestimmt, sondern ist Folge einer privaten Verbringung. Dies hat auch Folgen für das Internationale Zuständigkeitsrecht. Denn eine internationale Deliktszuständigkeit aufgrund „ursächlichen Geschehens" („Handlungsort")[99] ist gegenüber den Produkthaftpflichtigen zwar im Marktstaat, nicht aber im jeweiligen Registrierungsstaat eröffnet. Es ist daher an der Regelanknüpfung festzuhalten. Das heißt: Die Produkthaftung gegenüber einem bystander unterliegt dem Recht des Erfolgsortstaates. Der bystander kann aber das Recht des Marktstaates (Erstregistrierungsstaat des Flugzeuges) wählen, wenn er seinen gewöhnlichen Aufenthalt in diesem Staat hat.

---

97 Angeknüpft wird an den externen Erfolgsortstaat, also den Staat, auf dessen Gebiet das Flugzeug stürzt oder über dem der bystander, z.B. der Eigentümer eines anderen Flugzeuges, geschädigt wird. – Zur Ersatzanknüpfung bei Schädigung eines bystander in staatsfreiem Gebiet vgl. *E. Lorenz*, Schiffs- und Flugzeugunfälle 440ff. m.w.N.
98 Siehe oben § 18 I. 1. b) bb) (2).
99 Siehe dazu oben § 15 IV.

d) Folgerungen für die Anknüpfung anderer zulassungspflichtiger Produkte

aa) Seeschiffe

Das zur Produkthaftung für Flugzeuge Gesagte gilt für Seeschiffe[100] entspre- **1180**
chend[101]. Auch Seeschiffe dürfen nur in Betrieb genommen werden, wenn sie
nach einer Sicherheitsprüfung vom Registrierungsstaat zugelassen worden
sind[102]. Auch und vor allem bei ihnen ist die Regelanknüpfung gegenüber
Produktbenutzern häufig ungeeignet, weil die Schädigung nicht in einem nationalen Staatsgebiet, sondern auf hoher See erfolgt. Auch sie sind als Teil des
Staatsgebietes ihres Registrierungsstaates zu verstehen[103]. Deshalb ist auch bei
ihnen die Annahme berechtigt, ein Passagier habe sich haftungsrechtlich dem
Schutz des Registrierungsstaates unterstellt.

bb) Sonstige Produkte

Außer Arzneimitteln, Flugzeugen und Seeschiffen gibt es zahlreiche andere **1181**
Produktarten, die erst nach einer staatlichen Zulassung (Genehmigung) in den
Verkehr gebracht werden dürfen. Die Palette reicht von Kraftfahrzeugen über
medizinisch-technische Geräte, Handfeuerwaffen, Bauteile und Baustoffe,
überwachungsbedürftige Anlagen, Lebensmittelzusatzstoffe und Pflanzenschutzmittel bis hin zu gentechnischen Produkten[104].

Bei einigen dieser Produkte stellt sich nicht die Frage, ob die Produkthaftung **1182**
gegenüber Benutzern statt an den Erfolgsortstaat an den Zulassungsstaat anzuknüpfen ist. Beide Staaten sind nämlich notwendig identisch, wenn das zulassungspflichtige Produkt seiner Art nach nur im Zulassungsstaat benutzt
werden kann (z. B. eine ortsfeste Anlage) oder wenn (wie bei Pflanzenschutzmitteln oder gentechnischen Produkten) eine Zulassung durch den jeweiligen
Benutzungsstaat erforderlich ist. Bei anderen Produkten kommt eine Anknüpfung an den Zulassungsstaat deshalb nicht in Betracht, weil die Zulassung
nicht nach außen sichtbar gemacht ist. So verhält es sich beispielsweise bei zu-
lassungspflichtigen Verarbeitungsstoffen. Ihre Zulassung hat keinen Einfluß
auf die Sicherheits- und Haftungserwartungen eines Produktbenutzers, weil er
von ihr keine Kenntnis erlangt.

---

100 Zur Produkteigenschaft im Sinne der EG-Richtlinie vgl. z. B. *Schmidt-Salzer*, EG-Produkthaftung I Art. 2 EG-Richtlinie Rn. 50; *Taschner/Frietsch* § 2 ProdHaftG Rn. 34.
101 A.A. *Duintjer Tebbens* 390 (Herstellungsort).
102 Siehe das Londoner Internationale Übereinkommen von 1960 zum Schutz des menschlichen
Lebens auf See (Schiffssicherheitsvertrag 1960), BGBl 1965 II 480 sowie die Verordnung über
Sicherheitseinrichtungen für Fahrgast- und Frachtschiffe (Schiffssicherheitsverordnung) vom
31. 5. 1955, BGBl II 645. Vgl. zu den internationalen und nationalen Sicherheitsanforderungen
an Seeschiffe auch *Beckert/Breuer*, Rn. 469.
103 Vgl. z. B. *Beckert/Breuer*, Rn. 278 ff., 451 ff.; *Kegel*, IPR 468 f.; *E. Lorenz*, Schiffs- und Flugzeugunfälle 447; *ders.*, FS Duden 261 f.; *Núnez-Müller* 68 ff., 86 ff. (Flaggenhoheit als Hoheitsgewalt sui generis).
104 Vgl. *Heinze* 12 ff.; *Jarass*, GewArch 1980, 177 f. – Auch Binnenschiffe fallen in diese Kategorie.

1183 Erwägen könnte man immerhin, ob die Produkthaftung gegenüber Benutzern von *Kraftfahrzeugen* wie gegenüber Passagieren von Flugzeugen und Seeschiffen dem Registrierungsstaat zu unterstellen ist. Eine gleichförmige Anknüpfung erscheint auf den ersten Blick geboten. Denn auch Kraftfahrzeuge werden staatlich zugelassen und registriert. Auch sie dürfen *ohne* erneute Zulassung und Registrierung außerhalb des Registrierungsstaates benutzt werden. Und aufgrund des Kennzeichens ist auch ihr Registrierungsstaat für jeden Benutzer erkennbar. Dennoch bestehen zur Produkthaftung gegenüber Flugzeug- und Seeschiffspassagieren Unterschiede, die es als nicht sachgerecht erscheinen lassen, auch die Produkthaftung gegenüber Benutzern eines Kraftfahrzeuges dem Recht des Registrierungsstaates zu unterstellen.

1184 Ein nur gradueller, gleichwohl wesentlicher Unterschied besteht hinsichtlich der Sicherheitserwartungen der Produktbenutzer. Anders als Flugzeuge und Seeschiffe sind Kraftfahrzeuge Massenkonsumgüter des täglichen Lebens. Sie werden ohne aktuelle und konkrete Erwartungen in die speziell vom Registrierungsstaat verlangte Sicherheit benutzt. Ein weiterer gradueller Unterschied besteht in der jeweiligen Verantwortung des Registrierungsstaates. Sie ist bei Flugzeugen und Seeschiffen ungleich größer, was zum einen durch eine individuelle Stückprüfung[105] und zum anderen durch die staatsvertragliche Verantwortungsübernahme zum Ausdruck kommt[106].

1185 Zu diesen graduellen Unterschieden kommen strukturelle Unterschiede hinzu. Anders als bei Flugzeugen und Seeschiffen erfolgt die Schädigung durch ein Kraftfahrzeug stets in einem nationalen Rechtsgebiet. Es besteht bei Kraftfahrzeugen also nicht die Notwendigkeit, für die Regelanknüpfung an den Erfolgsortstaat eine Ersatzanknüpfung zu suchen. Außerdem besitzen Kraftfahrzeuge anders als Flugzeuge und Seeschiffe keine Nationalität. Sie tragen kein Hoheitszeichen, sondern ein bloßes Kennzeichen. Sie lassen sich nicht als Gebietsteil des Registrierungsstaates begreifen. Eine internationale Erfolgsortzuständigkeit des Registrierungsstaates ist bei ihnen undenkbar. Man kann deshalb nicht annehmen, Benutzer von Kraftfahrzeugen würden sich hinsichtlich der Produkthaftung dem Schutz des Registrierungsstaates unterstellen[107].

1186 Die Produkthaftung gegenüber Benutzern eines Kraftfahrzeuges verlangt aus den genannten Gründen anders als die Produkthaftung gegenüber Flugzeug- und Seeschiffspassagieren nicht nach einer besonderen Anknüpfung an den Registrierungsstaat. Maßgebend ist vielmehr die Regelanknüpfung und d. h.

---

105 Zur Stückprüfung von Flugzeugen vgl. *Schwenk* 162 f.; zu Schiffen vgl. die Nachweise in Fn. 102.

106 Vgl. für Seeschiffe Kapitel I Teil A Regel 6 S. 2 des Schiffssicherheitsvertrages 1960 (oben Fn. 102): „Die betreffende Regierung übernimmt in jedem Fall die volle Gewähr für die Vollständigkeit und Gründlichkeit der Überprüfung und Besichtigung"; für Flugzeuge siehe oben bei und in Fn. 59.

107 Etwas anderes mag für Insassen hinsichtlich der Haftung des Kfz-Halters oder des Kfz-Fahrers gelten. Vgl. dazu die Nachweise von *Wandt*, VersR 1993, 418 Fn. 91.

das Recht des Erfolgsortstaates, es sei denn der Geschädigte gehört dem Marktstaat an und wählt das Recht dieses Staates.

e) Ergebnisse

Eine besondere Anknüpfung ist außer für Arzneimittel nur für Flugzeuge und Seeschiffe, nicht auch für sonstige zulassungspflichtige Produktarten zu befürworten. **1187**

Die besondere Anknüpfung für Flugzeuge und Seeschiffe hat diesen Inhalt: Die Produkthaftung für Flugzeuge und Seeschiffe unterliegt dem Recht des Marktstaates, wenn der Erste Endabnehmer geschädigt wird. Sie unterliegt dem Recht des Staates, dessen Hoheitszeichen das Flugzeug oder dessen Flagge das Seeschiff führt, wenn ein Passagier geschädigt wird. Sie unterliegt dem Recht des Erfolgsortstaates, wenn ein bystander geschädigt wird. Ein bystander kann das Recht des Marktstaates wählen, wenn er seinen gewöhnlichen Aufenthalt in diesem Staat hat. **1188**

II. Sonderverbindung zwischen den Parteien

1. Relevanz und Erscheinungsformen

Die Regelanknüpfung beruht auf dem Regelfall der Produkthaftung, daß der Geschädigte und der Haftpflichtige nur durch das außervertragliche Haftungsverhältnis, plastisch ausgedrückt nur durch das Produkt, verbunden sind. Besteht zwischen den Parteien des Haftungsverhältnisses noch eine andere Beziehung, eine sog. Sonderverbindung[108], so stellt dies die Maßgeblichkeit der Regelanknüpfung in Frage. **1189**

Im Bereich der Produkthaftung ist eine Sonderverbindung gegeben, wenn Geschädigter und Haftpflichtiger unmittelbar vertraglich verbunden sind. Zu denken ist in erster Linie daran, daß der Geschädigte das Produkt direkt vom Haftpflichtigen erworben hat. Bei Verbrauchern ist dies selten, weil sie in aller Regel nicht von einem Hersteller oder dem (EG-)Importeur, sondern von einem „einfachen" Händler erwerben und dieser gewöhnlich nicht haftpflichtig ist. Oft sind Verbraucher mit dem Hersteller des Produktes jedoch über eine Herstellergarantie verbunden[109]. Im gewerblichen Bereich besteht häufig ein unmittelbares vertragliches Band zwischen den Parteien des Haftungsverhältnisses, sei es aufgrund eines Kaufvertrages, einer Herstellergarantie oder eines Vertrages über eine anwendungstechnische Beratung durch den Hersteller[110]. **1190**

In einer Sonderverbindung stehen die Beteiligten auch dann, wenn sie „mittelbare vertragliche Beziehungen" haben. Nach deutschem Recht ist dies grund- **1191**

---

108 Zum Begriff vgl. etwa *W. Lorenz*, Grundregel 152.
109 Vgl. dazu *Graf v. Westphalen* § 7 Rn. 22 ff.
110 Eingehend dazu *Schmidt-Salzer*, EG-Produkthaftung, Art. 6 EG-Richtlinie, Rn. 228 ff.; *ders.*, Produkthaftung III/1, Rn. 4.430 ff., 4.1086 ff. und passim.

495

sätzlich nicht der Fall. Der BGH hat es in der bekannten „Hühnerpest"-Entscheidung[111] abgelehnt, das Rechtsinstitut des Vertrages mit Schutzwirkung für Dritte als Grundlage der Produkthaftung heranzuziehen; er hat sich für die deliktsrechtliche Lösung entschieden. In anderen Rechtsordnungen wurde dagegen eine „Vertragskonstruktion"[112] gewählt. In Österreich folgte die Rechtsprechung und die überwiegende Lehre dem Vorschlag *Bydlinskis*, dem Vertrag zwischen dem Produzenten und dem ersten Händler Schutzwirkungen zugunsten des Ersten Endabnehmers beizumessen[113]. In Frankreich hat der Käufer eines Produkts aufgrund einer „festen richterrechtlichen Regel"[114] das Recht, sämtliche Lieferanten seines Verkäufers, einschließlich des Herstellers des Produkts, unmittelbar wegen Sachmängeln in Anspruch zu nehmen. Die dogmatische Begründung dieser action directe ist ungeklärt[115]. Einige Autoren sehen in ihr eine obligation propter rem, andere gründen sie auf einen stillschweigenden Vertrag zugunsten Dritter[116]. Wiederum andere nehmen eine stillschweigende Zession oder eine subrogation légale an[117]. Weitgehende Einigkeit besteht nur in der Qualifikation der action directe als vertraglichen Anspruch[118].

2. Bestandsaufnahme

a) Haager Produkthaftungsübereinkommen

1192 Das Haager Produkthaftungsübereinkommen findet gemäß Art. 1 Abs. 2 keine Anwendung auf das Haftungsverhältnis zwischen dem Geschädigten und der Person, von der er das Eigentum oder das Nutzungsrecht am schädigenden Produkt übertragen bekommen hat[119]. Der Vorschlag der deutschen Delegation[120], die deliktische Haftung zwischen vertraglich verbundenen Parteien dem Vertrag akzessorisch anzuknüpfen, wurde weder in der Sonderkommission zur Vorbereitung eines Entwurfs[121] noch auf der

---

111 BGH, 26. 11. 1968, BGHZ 51, 91 = BB 1969, 12 = NJW 1969, 269 m. Anm. *Diederichsen* = JZ 1969, 387 m. Anm. *Deutsch*.

112 *Reischauer*, VR 1986, 261; *Schwimann* 166.

113 Siehe die Nachweise in § 3 Fn. 3 ff. − An dieser Lösung wird auch nach Inkrafttreten des PHG festgehalten; vgl. z. B. OGH, 25. 6. 1992, JBl 1992, 788, 790.

114 *Ferid/Sonnenberger*, Das französische Zivilrecht II Rn. 2 G 654. Die Rechtsprechung wird von *Sack*, VersR 1988, 441 Fn. 13, umfassend nachgewiesen; vgl. auch *Sack*, Karlsruher Forum 1991, 32 ff.

115 *Sonnenberger*, FS Steindorff 783. Auch die Entscheidung der Cour de Cassation vom 21. 6. 1988 (D.S. 1989 J. 5 ff. mit Anm. *Larroumet* = J.C.P. 1988 II 21 125 mit Anm. *Jourdain*) bringt, wie *Sonnenberger* (a. a. O.) zutreffend feststellt, keine Klärung.

116 Siehe die Nachweise von *Sonnenberger*, FS Steindorff 782 f.

117 Wie vorige Fn.

118 Vgl. Cour de Cassation, 21. 6. 1988 (Fn. 115): „dans un groupe de contrats, la *responsabilité contractuelle* régit nécessairement la demande en réparation de tous ceux qui n'ont souffert du dommage que parce qu'ils avaient un lien avec le contrat initial" (Hervorhebung vom Verf.); *Ferid/Sonnenberger*, Das französische Zivilrecht, 2 G 655; *Sonnenberger*, FS Steindorff (1990) 780 („rein vertragsrechtlich"); *Lem* 100; *Muthig* 71 ff.

119 Siehe oben § 1 III. 1.

120 Vgl. den Wortbeitrag von *W. Lorenz*, Conférence 152.

121 Vgl. *Reese*, Report of the Special Commission 108.

Konferenz[122] gebilligt. Man mied den Bezug zu einer vertraglichen Haftung, um die Akzeptanz des Übereinkommens zu sichern[123].

Nach umstrittener Ansicht erfaßt das Haager Übereinkommen aber gleichermaßen vertragliche wie außervertragliche Ansprüche des Geschädigten gegenüber einem Produkthaftpflichtigen, der ihm das Eigentum oder das Nutzungsrecht an dem schädigenden Produkt *nicht* unmittelbar übertragen hat[124]. Danach bestimmt das Übereinkommen das anwendbare Recht also auch für die action directe des französischen Rechts[125].

1193

b) Ausland

Art. 133 Abs. 3 des *Schweizer IPR-Gesetzes* erhebt die akzessorische Anknüpfung zu einem allgemeinen Grundsatz: Wird durch die unerlaubte Handlung ein zwischen Schädiger und Geschädigtem bestehendes Rechtsverhältnis verletzt, so unterstehen Ansprüche aus unerlaubter Handlung dem Recht, dem das vorbestehende Rechtsverhältnis unterstellt ist. Diese Regelung markiert einen Umschwung. Vor den Reformarbeiten hatte die Schweizer Lehre die akzessorische Anknüpfung von Deliktsansprüchen nämlich überwiegend abgelehnt[126]. Unter dem Einfluß *Heinis*[127] gelangte die Schweizer Expertenkommission, die mit der Ausarbeitung eines IPR-Gesetzentwurfs beauftragt war, dann aber zu der Ansicht, daß das Akzessorietätsprinzip die eigentliche Grundregel des Internationalen Deliktsrechts sei[128].

1194

Nach dem Willen der Expertenkommission sollte die akzessorische Anknüpfung auch für die Produkthaftung gelten[129]. Dieser Wille ist aber nicht Gesetz geworden, d. h. nach dem IPR-Gesetz ist die Produkthaftung *nicht* akzessorisch anzuknüpfen[130]. Der Nationalrat hatte sich unter dem Eindruck der Kri-

1195

---

122 Vgl. *Reese*, Explanatory Report 57; *De Nova*, Procès-verbal Nr. 4, Conférence 153: „there was nothing in the nature of things that should make the law of the contract prevail in a case of concurrent liability rather than, for example, the law of the tort".

123 Vgl. Procès-verbal Nr. 4, Conférence 152 ff., sowie die Berichte von *Reese* (vorige zwei Fn.). – Kritisch dazu *W. Lorenz*, RabelsZ 37 (1973) 332 ff.

124 Siehe oben § 1 III. bei und in Fn. 86.

125 Vgl. vorige Fn. sowie *Sonnenberger*, FS Steindorff 779 f.; *Pfister*, Kza. 4700/31. Für dieses Verständnis spricht, daß auf der Konferenz die Zulässigkeit einer Rechtswahl in einem Garantievertrag zwischen dem Geschädigten und dem Endhersteller diskutiert wurde; siehe unten bei und in Fn. 208. – Zu den Ungereimtheiten, zu denen die Maßgeblichkeit des Haager Produkthaftungsübereinkommens und die Vertragskonstruktion der action directe führt, *Sonnenberger*, FS Steindorff 780 f.; *Klima*, RIW 1987, 311; *Wolfer*, PHI 1992, 37 ff., sowie unten Fn. 175.

126 Vgl. z. B. *Vischer*, IPR 696 f.; *Trutmann* 140.

127 *Heini*, RabelsZ 40 (1976) 350 ff.; ders., FS Mann (1977) 193 ff.

128 Vgl. *v. Overbeck*, RabelsZ 42 (1978) 630 („Die Kommission ging vom Prinzip der Akzessorietät ... aus ... Die klassische lex loci delicti sollte nur subsidiär gelten. Trotzdem beginnt Art. 129 I mit der prinzipiellen Anknüpfung an den Ort der unerlaubten Handlung"); ders., IPRax 1983, 52.

129 Art. 131 Abs. 3 des Entwurfs.

130 Eine akzessorische Anknüpfung über die Ausnahmeklausel des Art. 15 IPR-Gesetz hält *Vischer*, FS Moser 141, in besonders gelagerten Fällen für möglich.

tik *Schwanders*[131] gegen eine akzessorische Anknüpfung ausgesprochen. *Schwander* hatte darauf hingewiesen, daß die akzessorische Anknüpfung als primäre Regel den durch ein Produkt Geschädigten tendenziell benachteilige, weil sie ihm das von der Regelanknüpfung eingeräumte Wahlrecht zwischen dem Recht des Sitzstaates des Herstellers und dem Recht des Erwerbsortstaates nehme und weil der Hersteller oder Lieferant im vorbestehenden Vertragsverhältnis oft eine ihm günstige Rechtswahl durchsetze. Der Nationalrat wollte mit dem Ausschluß der akzessorischen Anknüpfung außerdem vermeiden, daß Ansprüche aus Kaufvertrag und aus Produkthaftung kollisionsrechtlich vermengt werden[132].

1196 Nach der in *Österreich* herrschenden Meinung[133] ist die Produkthaftung akzessorisch anzuknüpfen, wenn Schädiger und Geschädigter *unmittelbar* vertraglich verbunden sind[134]. Keine akzessorische Anknüpfung, sondern eine eigenständige Anknüpfung an den Marktstaat sei dagegen vorzunehmen, wenn die Parteien nur über eine Vertragskette, also nur über einen (fremden) Vertrag mit Schutzwirkung für den Geschädigten verbunden sind.

1197 Im *anglo-amerikanischen Rechtskreis* wird einer vertraglichen Verbindung zwischen den Parteien grundsätzlich keine Bedeutung für die Anknüpfung der außervertraglichen Produkthaftung beigemessen. Vertragliche und außervertragliche Produkthaftung werden in England[135], Quebec[136] und Louisiana[137] strikt getrennt. Ansonsten wird in den USA meist nicht unterschieden, weil die modernen Ansätze dies nicht verlangen[138]; Anknüpfungsgegenstand ist die Produkthaftung, wobei die verschuldensunabhängige Deliktshaftung eindeutig den Ton angibt[139].

---

131 *Schwander* 216. – *Vischer*, FS Moser 141 Fn. 73, weist zutreffend darauf hin, daß *Schwander* sich im übrigen nicht für oder wider eine akzessorische Anknüpfung der Produkthaftung entscheidet.

132 Vgl. *Vischer*, FS Moser 141.

133 Siehe die Nachweise in § 3 Fn. 32 und 39.

134 *Schwind*, IPR, Rn. 479 (unmittelbar aufgrund § 48 Abs. 1 S. 2 IPRG, nicht aufgrund analoger Anwendung des § 45 IPRG); für analoge Anwendung von § 45 IPRG *Schwimann* 166.

135 Vgl. The Law Commission, Working Paper Nr. 2.86 ff. und 6.51 ff.; *Dicey/Morris* 1365; *Chesire/North* 561 ff.; *Nevermann*, RIW 1991, 904; anders aber die viel kritisierte Entscheidung *Sayers v. International Drill Co. N.V.* (1971) 1 W.L.R. 1176 (C.A.) = (1971) 3 All E.R. 163. – Mangels Anerkennung einer akzessorischen Anknüpfung von Deliktsansprüchen dreht sich die Diskussion um die Frage, wie vertragliche Einwände gegen einen deliktischen Anspruch zu behandeln sind. Eingehend hierzu *North*, Contract 214 ff. sowie unten Fn. 192.

136 Die Regelung des Code civil in der Neufassung von 1991 ähnelt der des Schweizer IPR-Gesetzes: Art. 3127 bestimmt, daß Schadensersatzansprüche, die aus der Nichterfüllung einer vertraglichen Verpflichtung resultieren, ausschließlich dem Vertragsstatut unterliegen (principe de non cumul; vgl. *Groffier*, Rev. crit. 81 (1992) 603). Dies gilt aber *nicht* für Ansprüche aus außervertraglicher Produkthaftung, für die gemäß Art. 3128 alternativ maßgeblich ist das Recht des Staates, in dem der Haftpflichtige seinen Sitz hat, oder das Recht des Staates, in dem das Produkt erworben wurde. Siehe dazu oben § 5.

137 Vgl. *Symeonides*, Tul. L.Rev. 66 (1992) 750; siehe auch oben § 6 IV. 1. c) aa).

138 Vgl. *Pryles*, Rec. des Cours 227 II (1991) 180.

139 Vgl. *Scoles/Hay* 632 ff. sowie oben § 6 IV. 2.; zu Befürwortern einer Trennung von vertraglicher und außervertraglicher Haftung vgl. *Mennenöh* 25.

c) Deutschland

Die deutsche Rechtsprechung hat sich noch nicht mit der Frage einer akzessorischen Anknüpfung der Produkthaftung befaßt[140]. Für allgemeine Delikte lehnt sie eine akzessorische Anknüpfung ab[141]. Sie berücksichtigt eine Sonderverbindung aber als einen Faktor neben anderen Faktoren bei der Bestimmung der engsten Beziehung[142].

1198

In der Lehre wird eine akzessorische Anknüpfung der außervertraglichen Produkthaftung überwiegend befürwortet[143]. Meist wird nur allgemein auf einen Zusammenhang zwischen (Kauf-)Vertrag und Delikt sowie auf die Vorteile verwiesen, daß Qualifikations-, Konkurrenz- und Anpassungsprobleme vermieden würden[144]. Speziell für die Produkthaftung wird vor allem die Unsicherheit über die objektive Anknüpfung ins Feld geführt; die akzessorische Anknüpfung gebe den Parteien und den Gerichten Rechtssicherheit[145]. Umstrit-

1199

---

140 Entgegen *Kreuzer* (IPRax 1982, 5) und *v. Hoffmann* (JuS 1986, 387) ist keineswegs sicher, ob hierzu der „Apfelschorf"-Fall Gelegenheit geboten hätte, wenn eine Rechtswahl durch die Parteien zu verneinen und das Produkthaftungsstatut deshalb mittels objektiver Anknüpfung zu bestimmen gewesen wäre. Es steht nämlich nicht fest, ob überhaupt ein Garantievertrag mit dem Hersteller vorlag. Der BGH (BB 1981, 1048; vgl. oben § 7 bei und in Fn. 55) folgt der Auslegung des Berufungsgerichts, daß die auf den „Benomyl"-Packungen aufgedruckten „Hinweis für den Käufer" keine Verpflichtungserklärung enthielten, bei Wirkungslosigkeit des Mittels Schadensersatz zu leisten. Ob eine auf die Zusammensetzung des Mittels beschränkte Garantie vorlag, konnte er offen lassen. Auch die Berufungsentscheidung des OLG Celle (BB 1979, 392) läßt nicht klar erkennen, ob insoweit ein Garantievertrag angenommen wurde. Nur dann läge aber eine Sonderverbindung zwischen den Beteiligten vor (zu ihrer Bedeutung vgl. unten 5. a) bb)). *Kreuzer*, IPRax 1982, 5, spricht mißverständlich von einem unwirksamen Garantievertrag. Unwirksamkeit und Nichtvorliegen eines Vertrages sind indes streng voneinander zu unterscheiden: Ein unwirksamer Vertrag verbindet, nicht aber ein nichtbestehender.
141 BGH, 28.3.1961, VersR 1961, 518; in diesem Sinne auch BGH, 14.12.1955, IPRspr. 1954/55 Nr. 73.
142 Vgl. z.B. BGH, 8.3.1983, BGHZ 87, 95, 104; BGH, 13.3.1984, BGHZ 90, 294; siehe dazu *Mansel*, VersR 1984, 747; *ders.*, ZVglRWiss 86 (1987) 17f.; MünchKomm-*Kreuzer*, Art. 38 EGBGB Rn. 111; *P. Fischer* 46f., 50f.; *Wandt*, VersR 1990, 1302ff.; a.A. *Weick*, NJW 1984, 1996 (akzessorische Anknüpfung).
143 *Beitzke*, Rec. des Cours 115 II (1965) 67, 118; *ders.*, SchwJbIntR 35 (1979) 95ff.; *Seetzen*, VersR 1970, 9; *Schmidt-Salzer*, Produkthaftung (1973) 282 Rn. 347; *Drobnig*, Produktehaftung 322f.; *Erman/Hohloch*, Art. 38 EGBGB Rn. 44; *Palandt/Heldrich*, Art. 38 EGBGB Rn. 17; *Staudinger/v. Hoffmann*, Art. 38 EGBGB Rn. 141; *H. Koch*, ZHR 152 (1988) 553f. (es sei denn der Vertrag unterliegt materiellem Einheitsrecht); *Kropholler*, IPR 443; *ders.*, ZfRV 16 (1975) 261; *Czempiel* 137f.; *W. Lorenz*, FS Wahl 198, 200; *ders.*, RabelsZ 37 (1973) 332ff. — Allgemein *gegen* eine vertragsakzessorische Anknüpfung von Delikten *Soergel/Lüderitz*, Art. 12 EGBGB a. F. Rn. 45; *Chr. v. Bar*, IPR II Rn. 561. — Gegen eine akzessorische Anknüpfung der Produkthaftung *Wilde* § 100 Rn. 10; *Winkelmann* 230ff.; *Duintjer Tebbens* 379 (der umgekehrt vertragliche Ansprüche deliktsakzessorisch anknüpfen will; er wird von *Winkelmann*, 181 Fn. 156, irrtümlich als Befürworter einer akzessorischen Anknüpfung genannt); wohl auch *Stoll*, FS Kegel (1977) 137f.; *Eujen/Müller-Freienfels*, AWD (RIW) 1972, 505f.
144 Eingehend zu den Vorteilen einer akzessorischen Anknüpfung *P. Fischer* 148ff.; *Mansel*, ZVglRWiss 86 (1987) 9f.
145 *P. Fischer* 250.

ten ist unter den Anhängern einer akzessorischen Anknüpfung, ob auch ein bloßer Garantievertrag[146] oder gar ein Vertrag mit Schutzwirkung für Dritte[147] taugliche Grundlage ist, und ob an einer akzessorischen Anknüpfung auch dann festzuhalten ist, wenn der Vertrag zwischen den Parteien materiellem Einheitsrecht unterliegt[148].

1200 Die Zweite Kommission des Deutschen Rates für Internationales Privatrecht schlägt in Art. 4 Abs. 2 ihres Entwurfs eine akzessorische Anknüpfung der außervertraglichen Schadenshaftung vor, wenn Haftpflichtiger und Geschädigter zur Zeit des Schadensereignisses durch eine rechtliche oder tatsächliche Sonderbeziehung verbunden sind und das Schadensereignis damit in sachlichem Zusammenhang steht. Zur Begründung wird vorgebracht[149], nur auf diese Weise ergebe sich ein kollisionsrechtlicher Gleichlauf in der Beurteilung konkurrierender Ansprüche. Betont wird, daß entgegen der Ansicht des Gutachters *W. Lorenz*[150] der erforderliche „sachliche Zusammenhang" *nicht* voraussetze, daß das schädigende Ereignis zugleich auf der Verletzung einer besonderen Pflicht aus der Sonderverbindung beruhe.

1201 Der Referentenentwurf aus dem Bundesjustizministerium sieht anders als der Ratsentwurf keine „Sonderanknüpfung"[151] vor, sondern eröffnet die Möglichkeit einer akzessorischen Anknüpfung durch die allgemeine Ausweichklausel[152].

3. Die methodische Einordnung

1202 Die akzessorische Anknüpfung an eine Sonderverbindung erschien innerhalb des Internationalen Deliktsrechts als Fremdkörper, solange die Regelanknüpfung vornehmlich „räumlich" orientiert war. Erst als die starre Tatortregel mehr und mehr funktionell aufgelockert wor den war, ist deutlich geworden, daß auch die akzessorische Anknüpfung an eine Sonderverbindung nur eine Ausformung des Prinzips der engsten Beziehung ist[153]. Von der Bestimmung des Deliktsstatuts unter Berücksichtigung der Sonderverbindung neben anderen anknüpfungsrelevanten Gesichtspunkten unterscheidet sich die akzessorische Anknüpfung nur durch ihre Rigidität[154].

---

146 Siehe die Nachweise unten in Fn. 178.
147 Siehe die Nachweise unten in Fn. 169 ff.
148 Siehe die Nachweise unten in Fn. 203.
149 Vgl. *v. Caemmerer*, Vorschläge 12 f.
150 *W. Lorenz*, Grundregel 152 ff.
151 Vgl. die Überschrift von Art. 4 Ratsentwurf sowie die Begründung von *v. Caemmerer*, Vorschläge 11.
152 Art. 41 Referentenentwurf.
153 Vgl. etwa *Seetzen*, VersR 1970, 6; *Kropholler*, RabelsZ 33 (1969) 630. – *Stoll*, IPRax 1989, 91 ff., sieht hinter der Lehre von der akzessorischen Anknüpfung ein Qualifikationsproblem. Im Ergebnis bestimmt aber auch er die engste Beziehung, insbesondere nach den Parteierwartungen und den typischen Zusammenhängen zwischen den Sachnormen.
154 *Stoll*, FS Kegel (1977) 137 („ebenfalls, so bestechend dieser Gedanke zunächst sein mag, eine mechanische Anknüpfung").

4. EG-Produkthaftung

Nach Art. 12 der EG-Produkthaftungsrichtlinie kann die Haftung aufgrund   **1203**
dieser Richtlinie gegenüber dem Geschädigten nicht durch eine die Haftung
begrenzende oder von der Haftung befreiende Klausel begrenzt oder ausgeschlossen werden. Die deutsche Umsetzungsvorschrift, § 14 ProdHaftG, vereinfacht und präzisiert: Die Ersatzpflicht des Herstellers nach dem Produkthaftungsgesetz darf im voraus weder ausgeschlossen noch beschränkt werden;
entgegenstehende Vereinbarungen sind nichtig. Zweck der Regelung ist es, die
EG-Produkthaftung zum Schutz der potentiell Geschädigten der vorherigen
rechtsgeschäftlichen Disposition zu entziehen. Die Regelung ist Ausfluß der
Grundentscheidung, aus „übergeordneten Interessen"[155] eine vom Bestehen
vertraglicher Beziehungen unabhängige[156], gegenüber jedermann gleichermaßen geltende Haftung zu schaffen.

Mit Blick auf die materiell-rechtliche Unabdingbarkeit der EG-Produkthaftung   **1204**
wird im deutschen Schrifttum dafür plädiert, die akzessorische Anknüpfung
dieser Haftung an ein parteiautonom bestimmtes Vertragsstatut analog der für
bestimmte Verbraucherverträge geltenden Schutzvorschrift des Art. 29 Abs. 1
EGBGB einzuschränken[157]. Richtig daran ist, daß die materiell-rechtliche Unabdingbarkeit der EG-Produkthaftung jedenfalls bei der Schädigung von Verbrauchern[158] kollisionsrechtlich gesichert werden muß. Der produkthaftungsrechtliche Verbraucherschutz hat nicht zuletzt durch die EG-Produkthaftungsrichtlinie einen solchen Stellenwert erlangt, daß es widersinnig schiene, wollte
man ihn kollisionsrechtlich uneingeschränkt zur Disposition der Parteien stellen[159]. Die zur Sicherung vorgeschlagene analoge Anwendung des Art. 29
Abs. 1 EGBGB ist jedoch unzureichend. Diese Schrankenregelung schützt den
Verbraucher nämlich nicht umfassend, sondern nur unter eng begrenzten Voraussetzungen, weil es ihr „nur" um den Schutz vor einer vertraglichen Übervorteilung geht. Im deliktsrechtlichen Bereich geht es jedoch um mehr als nur um
den Schutz vor finanzieller Übervorteilung, nämlich um den Schutz des Integri-
tätsinteresses. Im Lichte dieses Interesses erscheinen die eng gezogenen Grenzen
des vertragsrechtlichen Verbraucherschutzes als willkürlich[160]. Es ist vielmehr

---

155 *Taschner/Frietsch*, Art. 12 EG-Richtlinie Rn. 1.
156 Vgl. die Begründungserwägung zu Art. 13 EG-Richtlinie („aufgrund einer anderen als der in
    dieser Richtlinie vorgesehenen außervertraglichen Haftung").
157 *Rolland*, § 14 ProdHaftG Rn. 17f.
158 Zugrunde gelegt ist die Definition des Art. 29 Abs. 1 S. 1 EGBGB: „Verträge über die Liefe-
    rung beweglicher Sachen oder die Erbringung von Dienstleistungen zu einem Zweck, der
    der beruflichen oder gewerblichen Tätigkeit des Berechtigten (*Verbrauchers*) zugerechnet wer-
    den kann" (Hervorhebung hinzugefügt). Zur näheren Abgrenzung vgl. *E. Lorenz*, FS Kegel
    (1987) 315ff.; *ders.*, RIW 1987, 576.
159 *Schwind*, IPR, Rn. 166 und 480, qualifiziert das österreichische Produkthaftungsgesetz sogar
    als Eingriffsnorm, die von österreichischen Gerichten stets anzuwenden sei. Siehe dazu oben
    § 11 II. 2.
160 Wegen der unterschiedlichen anknüpfungsrelevanten Interessen generell gegen eine vertrags-
    akzessorische Anknüpfung von Delikten *Chr. v. Bar*, IPR II Rn. 561.

geboten, das Integritätsinteresse aller Verbraucher gleichförmig zu schützen, unabhängig von den Umständen der Vertragsanbahnung und des Vertragsabschlusses. Schreibt man deshalb den Zweck der Unabdingbarkeit der EG-Produkthaftung für die Internationale Produkthaftung gegenüber Verbrauchern fort, so ist eine vertragsakzessorische Anknüpfung jedenfalls in all den Fällen auszuschließen, in denen die Regelanknüpfung zu dem Recht eines EG-Mitgliedstaates und damit zur Anwendbarkeit der EG-Produkthaftung führt[161].

1205 Erwägen könnte man allenfalls eine entsprechende Anwendung des Art. 29 Abs. 1 EGBGB in dem Sinne, daß die vertragsakzessorische Anknüpfung der Produkthaftung zulässig ist, aber nicht dazu führen darf, daß dem Verbraucher der haftungsrechtliche Schutz des *objektiv bestimmten Produkthaftungsstatuts* entzogen wird. Mit einem Schutzbedürfnis der Verbraucher ließe sich eine solche Günstigkeitsregelung jedoch nicht rechtfertigen, weil die Anknüpfung an den Marktstaat die Schutzinteressen des Verbrauchers vollständig befriedigt; die Günstigkeitsregelung widerspräche außerdem dem Grundanliegen einer akzessorischen Anknüpfung, den Sachverhalt einem einzigen Recht zu unterstellen. Deshalb ist auch eine produkthaftungsspezifische Günstigkeitsregel entsprechend dem Gedanken des Art. 29 Abs. 1 EGBGB abzulehnen.

1206 Der materiell-rechtlichen Unabdingbarkeit der EG-Produkthaftung ist kollisionsrechtlich umfassend zu entsprechen; eine akzessorische Anknüpfung der Produkthaftung ist also auch abzulehnen, soweit ein Unternehmer (Gewerbetreibender oder Freiberufler) an Körper und Gesundheit oder privat genutzten Sachen Schaden erleidet[162]. Das *Internationale Vertragsrecht* schützt Verbraucher und Unternehmer allerdings unterschiedlich[163]. Unternehmern wird das intern zwingende Sachrecht nicht durch eine Günstigkeitsregelung im Sinne des Art. 29 EGBGB als Mindestschutz erhalten[164]. Sie können kollisionsrechtlich grundsätzlich auch national zwingende Schutzvorschriften „abwählen". Im Internationalen Vertragsrecht kann die Relativierung materieller Gerechtigkeitserwägungen im Interesse der Sicherheit und Leichtigkeit des internationalen Verkehrs in Kauf genommen werden[165]. Macht man die *verschuldensunabhängige Produkthaftung* gegenüber Unternehmern nicht nur materiell-rechtlich, sondern auch kollisionsrechtlich unabdingbar, so wird die Sicherheit und Leichtigkeit des internationalen (Waren-)Verkehrs jedoch nicht beeinträchtigt. Hier droht keine Störung der *Abwicklung* internationaler Verträge durch nationale, von Staat zu Staat inhaltlich unterschiedliche Schutzvorschriften. Es geht vielmehr um den deliktsrechtlichen Schutz von Leben,

---

161 Ebenso *Mayer*, DAR 1991, 84 f.; *Wilde* § 100 Rn. 21.
162 *Wilde* § 100 Rn. 21; *Mayer*, DAR 1991, 84 f.
163 Vgl. *v. Hoffmann*, IPRax 1989, 268.
164 Zu „Grundsatz und Grenzen" der Rechtswahlfreiheit im internationalen Schuldvertragsrecht vgl. *E. Lorenz*, RIW 1987, 569 ff.
165 Vgl. *v. Hoffmann*, IPRax 1989, 268.

Gesundheit und *privat* genutzter Sachen. Insoweit ist auch ein Unternehmer ein kollisionsrechtlich uneingeschränkt zu schützender „Verbraucher".

5. Allgemeine Produkthaftung

a) Haftung gegenüber Verbrauchern [166].

aa) Abgeleitete Beziehungen aus einem fremden Vertrag

„Vertragskonstruktionen"[167] wie der Vertrag mit Schutzwirkung für Dritte **1207** oder die action directe des französischen Rechts sind nur vor dem Hintergrund des Deliktsrechts des entsprechenden Rechts verständlich. Sie haben die Funktion „Schwächen" des (eigenen) Deliktsrechts auszugleichen[168]. Knüpfte man Ansprüche aus einem solchen Rechtsinstitut und Ansprüche aus Delikt unterschiedlich an, so würde dies unweigerlich zu Anpassungsproblemen führen. Deshalb wird einhellig eine einheitliche Anknüpfung befürwortet. Umstritten ist nur, ob einheitlich das Vertragsstatut[169] oder das Deliktsstatut maßgeblich sein soll.

Gegen die Maßgeblichkeit des *Vertragsstatuts* hat *W. Lorenz*[170] überzeugend **1208** vorgebracht, daß der durch einen fremden Vertrag Geschützte sich in vielen Fällen nicht dem Vertragsstatut anvertraue, weil er es nicht kenne. Für einen Arbeitnehmer, der nach der Regelanknüpfung durch das Recht des Erfolgsortstaates geschützt wird, könnte es in der Tat ein böses Erwachen sein, wenn ihm sein „gutes" Recht deshalb genommen würde, weil der von seinem Arbeitgeber geschlossene Kaufvertrag einem Recht unterliegt, das diesem Vertrag auch Schutzwirkung für Arbeitnehmer beimißt. Anhänger einer vertragsakzessorischen Anknüpfung[171] wollen diesen Einwand entkräften, indem sie dem Geschädigten analog § 333 BGB die Befugnis geben, auf die „vertraglichen" Ansprüche und damit auf das Vertragsstatut zu verzichten und sich so seine außervertraglichen Ansprüche nach dem nicht akzessorisch bestimmten Deliktsstatut zu erhalten[172]. Die Notwendigkeit dieser Korrektur spricht indes gegen eine vertragsakzessorische Anknüpfung.

---

166 Zum Begriff siehe oben Fn. 158.

167 Zum Begriff vgl. z. B. *Schwimann* 166.

168 *Brüggemeier* 91.

169 Genauer: das Statut der „Vertragskonstruktion". Wer die „Vertragskonstruktion" für anknüpfungsbestimmend hält, unterstellt sie jedoch ihrerseits dem Vertragsstatut. Vgl. *Gonzenbach* 56, 136 ff. – Für eine einheitliche durch die Vertragskonstruktion bestimmte Anknüpfung *Beitzke*, SchwJbIntR 35 (1979) 97; *Drobnig*, Produktehaftung 322 f., 337.

170 *W. Lorenz*, Grundregel 157.

171 *P. Fischer* 219 (der auf S. 221 Fn. 343 unrichtig annimmt, auch *Gonzenbach* sprechen sich für eine akzessorische Anknüpfung aus); *Staudinger/v. Hoffmann*, Art. 38 EGBGB Rn. 141; *Beitzke*, SchwJbIntR 35 (1979) 97.

172 *P. Fischer* 219 (der allerdings lege fori qualifiziert, d. h. eine akzessorische Anknüpfung nur befürwortet, wenn das deutsche Recht einen Vertrag mit Schutzwirkung für den Geschädigten bejaht; die Vertragskonstruktion des österreichischen und des französischen Rechts im Bereich der Produkthaftung bezeichnet er als „fiktive Konstruktionen", die unbeachtlich seien

1209   Gegen die Maßgeblichkeit des *Deliktsstatuts* könnte man vorbringen, der Haftpflichtige würde überrascht, wenn das für ihn nicht vorhersehbare Deliktsstatut dem von ihm geschlossenen Vertrag Schutzwirkungen für Dritte beilege[173]. Dieser Einwand wäre jedoch nicht stark. Denn die Rechtsinstitute „Vertrag mit Schutzwirkung für Dritte" und „action directe" gleichen nur die Schwächen des betreffenden Deliktsrechts aus. Sie sind nur Ersatz für eine Beweislastumkehr im Rahmen der deliktischen Verschuldenshaftung oder für eine verschuldensunabhängig Deliktshaftung. Sie dienen wie das Deliktsrecht dem Integritätsinteresse des Geschädigten[174]. Deshalb ändert der rechtstechnische Weg des Schutzes nichts hinsichtlich der engsten Beziehungen. Maßgeblich ist allein das Deliktsstatut[175]. Allein diese Lösung harmoniert auch mit der Rechtsprechung des EuGH zur Internationalen Zuständigkeit; denn nach ihr kann der Geschädigte seine Schadensersatzansprüche gegen einen Vorlieferanten, mit dem er nicht unmittelbar, sondern nur über eine Vertragskette verbunden ist, nicht am Vertragsgerichtsstand (Art. 5 Nr 1 EuGVÜ), sondern nur am Tatortgerichtsstand (Art. 5 Nr. 3 EuGVÜ) geltend machen[176].

bb) Herstellergarantie

1210   Außervertragliche Produkthaftungsansprüche dem Statut zu unterstellen, das einen Garantievertrag zwischen dem Geschädigten und dem Haftpflichtigen (Endhersteller) beherrscht, wäre verfehlt. Eine Herstellergarantie hat nicht die

---

(S. 253)). *Schönberger* 206 f., hält eine Korrektur nicht für notwendig. Seine Begründung, trotz Unkenntnis des Geschädigten von dem ihn schützenden fremden Vertrag bestehe die engste Beziehung zum Vertragsstatut, überzeugt nicht.

173 Zur Anwendbarkeit des „Vertrages mit Schutzwirkung für Dritte" österreichischen Rechts, wenn das österreichische Recht als Deliktsstatut berufen ist, vgl. OGH, 29. 10. 1987, IPRax 1988, 363; eingehend zur kontroversen Diskussion vor dieser Entscheidung *Wandt*, PHI 1989, 4.

174 Siehe oben bei und in Fn. 168.

175 Wie hier *Chr. v. Bar*, IPR II Rn. 557; *W. Lorenz*, IPRax 1988, 375; *Gonzenbach* 139; *Bröcker* 211 Fn. 45. – Im Ergebnis ebenso die herrschende Meinung in Österreich, die dem Vertrag zwichen dem Hersteller und seinem Abnehmer Schutzwirkungen für den Ersten Endabnehmer beilegt. Siehe oben Fn. 173. Wie hier auch diejenigen Autoren, welche die action directe des französischen Rechts von dem Haager Produkthaftungsübereinkommen erfaßt sehen. Siehe oben Fn. 125. Die Maßgeblichkeit des Deliktstatuts hat nicht zur Folge, daß die „Vertragskonstruktionen" nicht durchführbar wären. Man muß nur mit *W. Lorenz*, IPRax 1988, 374 f., anerkennen, daß der Schutz in Wirklichkeit nicht vertragsrechtlich in der Vertragskette weitergegeben, sondern dem vom Haftpflichtigen geschlossenen Vertrag kraft Gesetzes aufgepfropft wird. Knüpfte man die Vertragskonstruktion dagegen an „das" Vertragsstatut an, so bliebe der beabsichtigte Schutz bei internationalen Sachverhalten häufig auf der Strecke, weil die einzelnen Verträge der Vertragskette unterschiedlichem Recht unterliegen. Siehe oben § 3 nach Fn. 7 (Österreich).

176 EuGH, 17. 6. 1992, Rs. C-26/91 (*Jakob Handtke und Co. GmbH Maschinen Fabrik/Soc. Traitements Mécano-Chimiques et.al.*), Rev. crit. 81 (1992) 726 mit Anm. *Gaudemet-Tallon*. Der EuGH hat sich zur Anwendbarkeit des Art. 5 Nr. 3 EuGVÜ nicht geäußert. Die deutsche Regierung, die EG-Kommission und der Generalanwalt gingen in ihren Stellungnahmen jedoch zu Recht von seiner Anwendbarkeit aus. Vgl. aber *Gaudemet-Tallon*, Rev. crit. 81 (1992) 737 f., die Zweifel hegt. Vgl. auch die dem EuGH folgende Entscheidung der Cour de cassation, 27. 1. 1993, Rev. crit. 82 (1993) 485 mit Anm. *Gaudemet-Tallon*.

kollisionsrechtliche Kraft, die engste Beziehung der Produkthaftung zu bestimmen. Herstellergarantien gewähren in aller Regel nur einen Anspruch auf Nachbesserung und schließen weitergehende Ansprüche aus der Garantie ausdrücklich aus[177]. Sie sind materiell-rechtlich nur eine freiwillige „Beigabe". Dies bestimmt ihr kollisionsrechtliches Gewicht: Die Herstellergarantie hat auf die Anknüpfung konkurrierender vertraglicher oder außervertraglicher Ansprüche des Geschädigten keinen Einfluß[178]. Erwägenswert ist im Gegenteil der Vorschlag, den Garantievertrag über Art. 28 Abs. 5 EGBGB deliktsakzessorisch anzuknüpfen[179]. Sachgerechter erscheint es jedoch, es bei der Vermutung des Art. 28 Abs. 2 EGBGB zu belassen. Dies entspricht der Selbständigkeit der Herstellergarantie und ihrer Charakterisierung als freiwillige Beigabe. Anpassungsprobleme sind bei einer getrennten Beurteilung nicht zu erwarten.

cc) Erwerbsvertrag

Entgegen der herrschenden Lehre in Deutschland[180] sind außervertragliche Produkthaftungsansprüche auch nicht einem zwischen dem Verbraucher und dem Haftpflichtigen bestehenden Erwerbsvertrag akzessorisch anzuknüpfen. Viele Autoren befürworten eine akzessorische Anknüpfung vor allem wegen der Unsicherheit über das objektive Produkthaftungsstatut[181]. Sie rechtfertigt es jedoch nicht, aus „Verlegenheit" auf eine akzessorische Anknüpfung auszuweichen. Die Unsicherheit ist vielmehr durch eine überzeugende Lösung für das objektive Produkthaftungsstatut, nämlich durch Anknüpfung an den Marktstaat, zu überwinden. Diese gebotene Anknüpfung läßt einer vertragsakzessorischen Anknüpfung von vornherein wenig Spielraum, weil das Recht des Marktstaates in aller Regel auch Vertragsstatut ist[182]. Aber auch wenn dies ausnahmsweise nicht so ist, etwa weil der Erwerbsvertrag aufgrund der ausdifferenzierten Voraussetzungen des Art. 29 EGBGB ausnahmsweise nicht dem Recht des (Absatz-)Marktstaates untersteht[183], ist eine vertragsakzessorische Anknüpfung abzulehnen. Denn die substantiellen Gründe, die für sie vorgebracht werden, sind nicht stichhaltig. **1211**

Die Diskussion um die vertragsakzessorische Anknüpfung ist von zwei Argumentationssträngen geprägt. Der eine setzt an dem materiell-rechtlichen Zusammenhang zwischen Vertrag und Delikt an[184], der andere an dem tatsächlichen Zusammenhang, wie er sich den Parteien bei natürlicher Betrachtungs- **1212**

---

177 *Graf v. Westphalen* § 7 Rn. 29.
178 *v. Hoffmann*, JuS 1986, 387; *Staudinger/v. Hoffmann*, Art. 38 EGBGB Rn. 199; *MünchKomm-Kreuzer*, Art. 38 EGBGB, Rn. 203 Fn. 589a; *ders.*, IPRax 1982, 5.
179 *v. Hoffmann*, wie vorige Fn; dazu tendiert auch *Kreuzer*, wie vorige Fn.
180 Siehe die Nachweise in Fn. 143.
181 *P. Fischer* 250; vgl. auch *Kropholler*, RabelsZ 33 (1969) 631 f.
182 *Stoll*, FS Kegel (1977) 133; *Duintjer Tebbens* 379; siehe auch oben § 18 I. 2.
183 Siehe oben § 18 I. 2. c) (2).
184 Vgl. z.B. *W. Lorenz*, Grundregel 115; *ders.*, FS Wahl 200.

weise darbietet[185]. Beide Argumentationsstränge sollen dasselbe beweisen, nämlich daß die Sonderverbindung den Schwerpunkt zum Vertragsstatut verlagere. Das Argument des rechtlichen Zusammenhanges zwischen Vertrag und Delikt wird meist verdeckt, weil nicht dieser Zusammenhang selbst, sondern die sich aus einer getrennten Anknüpfung ergebenden praktischen Probleme der Rechtsanwendung in den Vordergrund gerückt werden. Auch die Argumentation mit dem tatsächlichen Zusammenhang zwischen Vertrag und Delikt ist schärfer zu konturieren. Es kommt nicht auf eine natürliche Betrachtungsweise, sondern auf berechtigte Interessen (Erwartungen) an[186]. Da die kollisionsrechtlichen Erwartungen der Parteien nur dann berechtigt sind, wenn sie etwaigen materiell-rechtlichen Verbindungen zwischen Vertrag und Delikt Rechnung tragen, geht der erste Argumentationsstrang am Ende im zweiten auf[187].

1213 *Stoll*[188] hat zu Recht darauf hingewiesen, daß Disharmonien zwischen dem Vertragsstatut[189] und dem Deliktsstatut von den Anhängern einer akzessorischen Anknüpfung erst nachgewiesen werden müßten. Dieser Nachweis wurde jedenfalls für die Produkthaftung bislang nicht erbracht und er ist auch nicht zu erbringen. Allein der Rekurs auf das französische Recht, d. h. auf die Probleme, die sich aus dessen Grundsatz des non cumul von vertraglicher und außervertraglicher Haftung ergeben[190], vermag eine vertragsakzessorische Anknüpfung nicht zu rechtfertigen. Rechtsvergleichend gesehen ist dieser Grundsatz nämlich die Ausnahme und die freie Anspruchskonkurrenz die Regel. Die kollisionsrechtliche Anknüpfung hat dem Regelfall gerecht zu werden; der Ausnahme dagegen, die nach Umsetzung der EG-Produkthaftungsrichtlinie auch im französischen Recht an Bedeutung verliert[191], ist, falls notwendig, durch Anpassung gerecht zu werden. Für den Regelfall der freien Anspruchs-

---

185 Vgl. z.B. *Firsching*, FS Zajtay 147.
186 Vgl. *W. Lorenz*, Grundregel 155 („in legitimer Weise").
187 Dies bedeutet nicht, daß eine vertragsakzessorische Anknüpfung nur in Fällen einer einwirkenden Anspruchskonkurrenz denkbar wäre. Das Verhältnis zwischen Vertrags- und Deliktsrecht innerhalb einer bestimmten Rechtsordnung stellt kollisionsrechtlich nur einen Teilaspekt dar, da die Auslandsberührung des Sachverhalts auch andere Rechtsordnungen in das Blickfeld rückt. Wie unterschiedliche Bereiche mehrerer auf einen Sachverhalt zur Anwendung kommender Rechte zusammenspielen, muß das Kollisionsrecht erst entscheiden. Die kollisionsrechtlichen Parteierwartungen werden mithin nicht unmittelbar von den Inhalten der berührten Rechtsordnungen gespeist; sie sind vielmehr allgemeiner Art − und deshalb häufig auch diffus. Soweit rechtlichen Zusammenhängen Bedeutung für die Bestimmung des anwendbaren Rechts beigemessen wird, sollte dies offen ausgewiesen und nicht in Parteierwartungen verschleiert werden.
188 *Stoll*, IPRax 1989, 91.
189 *Stoll* (vorige Fn.) spricht allgemein von dem Statut der Sonderbeziehung.
190 Vgl. dazu *Sonnenberger*, FS Steindorff 780 f.
191 Nach dem Gesetzentwurf v. 23. 5. 1990 (siehe oben § 16 Fn. 85) soll die neugeschaffene Haftung innerhalb der Erlöschensfrist von 10 Jahren (Art. 1386–15) die Haftung aus versteckten Mängeln (vgl. Art. 1386–17 Abs. 1) und die Haftung aus Art. 1384 Abs. 1 franz. Code civil verdrängen, mit der vertraglichen und deliktischen Verschuldenshaftung aber konkurrieren (Art. 1386–17 Abs. 3). − Zu den Ungereimtheiten der 10-Jahres-Frist *Lem* 118 f.

konkurrenz aber ist festzustellen, daß es keine Wechselbezüglichkeiten zwischen vertraglicher und außervertraglicher Produkthaftung gibt, die eine vertragsakzessorische Anknüpfung erfordern würden[192]. So sieht es wohl auch der EuGH, der offensichtlich nicht gewillt ist, dem nach Art. 5 Nr. 1 EuGVÜ für die vertraglichen Ansprüche zuständigen Gericht eine Annexzuständigkeit für deliktische Ansprüche zuzuerkennen[193].

Nicht zu überzeugen vermag auch das für eine vertragsakzessorische Anknüpfung vorgebrachte Argument, die Erwartungen der Parteien seien auf das Vertragsstatut konzentriert[194]. Dieses Argument war schon bislang zweifelhaft. Der *Haftpflichtige* orientiert sich hinsichtlich der deliktisch geschuldeten Produktsicherheit von Konsumgütern nämlich nicht an dem Recht eines „Vertragsabwicklungsmarktes"[195], sondern an dem Recht des Absatzmarktes[196]. Die vertragsakzessorische Anknüpfung würde ihm auch nur im Verhältnis zum Käufer eine einheitliche Beurteilung sichern; im Innenverhältnis zu Mithaftpflichtigen bliebe es bei dem objektiv zu bestimmenden Produkthaftungsstatut[197]. Über die Erwar- **1214**

---

192 Bei der Beurteilung von vertraglich begründeten Einwänden gegen die außervertragliche Haftung (Haftungsprivilegierungen etc.) ist zu unterscheiden: Ob die Parteien wirksam eine Vereinbarung getroffen haben, die nach dem Willen der Parteien auch für die außervertragliche Haftung gelten soll, beurteilt sich nach dem Vertragsstatut. Ob die nach dem Vertragsstatut wirksam zustandegekommene Vereinbarung wunschgemäß auf die außervertragliche Haftung einwirken kann, beurteilt sich nach dem Deliktsstatut. Vgl. *North*, Contract 214 ff.; *Stoll*, FS Müller-Freienfels 655; für den Innenausgleich zwischen Produkthaftpflichtigen *Wandt*, in: *Schmidt-Salzer*, EG-Produkthaftung II/22–42 f., vgl. auch *Hohloch*, NZV 1988, 166. Zutreffend weist *Schmidt-Salzer*, EG-Produkthaftung I Art. 12 EG-Richtlinie Rn. 6, darauf hin, daß die Unabdingbarkeit der EG-Produkthaftung vertraglichen Freizeichnungen auch in dem verbleibenden zulässigen Bereich viel von ihrer früheren praktischen Bedeutung nimmt. — Bei der Frage, ob für Schäden an der gekauften Sache (sog. Weiterfresserschäden) vertragsrechtlich oder deliktsrechtlich gehaftet wird, geht es nicht um Wechselbezüglichkeiten, sondern um die sachgerechte Qualifikation. Vgl. dazu rechtsvergleichend *Bungert*, Tul. L. Rev. 66 (1992) 1179, der zu Recht betont, daß man sich stets die Gefährdung anderer Personen als des Käufers vergegenwärtigen müsse. Aus deutscher Sicht sprechen die Argumente, welche der BGH für eine deliktische Haftung hinsichtlich des Schutzes von Integritätsinteressen (in Abgrenzung zum Äquivalenzinteresse; vgl. die Nachweise zur Rechtsprechung von *Sack*, VersR 1988, 444 Fn. 40 ff.) anführt, kollisionsrechtlich für eine getrennte Anknüpfung. Sie kann allerdings dazu führen, daß der Geschädigte den Ersatz für ein und dasselbe Interesse sowohl nach dem Deliktsstatut als auch nach dem Vertragsstatut erhält. Dieser Fall der Normenhäufung bereitet keine Probleme und ist hinnehmbar; er entspricht den Fällen einer freien Anspruchskonkurrenz. Im Falle eines Normenmangels (das Deliktsstatut qualifiziert die Haftung als vertraglich, das Vertragsstatut als deliktisch) ist eine Anpassung geboten, wenn beide Rechte den Schaden grundsätzlich für ersatzfähig halten. Zur Frage, ob „Weiterfresserschäden" von der EG-Produkthaftungsrichtlinie erfaßt werden, eingehend *Sack*, VersR 1988, 443 ff.

193 Vgl. hierzu *Wandt*, in: Schmidt-Salzer, EG-Produkthaftung II/23–44. — Ebenso für das autonome deutsche Recht BGH, 6.11.1973, BB 1974, 1317 = NJW 1974, 410, 411. Diese Rechtsprechung des EuGH und des BGH wird von *Schack*, IZPR, Rn. 348, gegen verbreitete Kritik verteidigt.

194 Das Vertrauensprinzip betonen *Heini*, FS Mann 197 ff.; *Gonzenbach* 4 und passim.

195 Zum Begriff vgl. *Mankowski*, IPRax 1991, 310.

196 Zur (Absatz-)Marktbezogenheit des öffentlichen Produktsicherheitsrechts siehe oben § 14 II. 4.

197 Siehe oben § 16 III.

tungen von *Verbrauchern* zu spekulieren, erscheint nach Inkrafttreten der EG-Produkthaftung müßig. Ihre materiell-rechtliche und kollisionsrechtliche Unabdingbarkeit vor Eintritt des Schadensereignisses schließt jedenfalls zukünftig die Annahme aus, die Verbrauchererwartungen seien auf das Vertragsstatut konzentriert. Die notwendig eigenständige Anknüpfung der EG-Produkthaftung[198] entzieht auch allen für eine vertragsakzessorische Anknüpfung vorgebrachten Praktikabilitätsargumenten den Boden.

b) Haftung gegenüber Unternehmern

1215 Nicht von der EG-Produkthaftung erfaßt und deshalb denkbarer Bereich einer vertragsakzessorischen Anknüpfung ist die Haftung für Schäden an gewerblich genutzten Sachen und die gesamte Verschuldenshaftung gegenüber Unternehmern[199]. Auch hier gibt es jedoch keine überzeugenden Gründe für eine vertragsakzessorische Anknüpfung der außervertraglichen Produkthaftung. Für Handelsgeschäfte werden zwar häufig Freizeichnungen auch mit Wirkung für die außervertragliche Haftung vereinbart. Sie begründen aber keine Wechselbezüglichkeit zwischen Vertrags- und Deliktshaftung, die es rechtfertigen würde, Deliktsansprüche *kraft objektiver Anknüpfung* dem Vertragsstatut zu unterstellen[200]. Vertrags- und Deliktshaftung sind vielmehr auch bei Handelsgeschäften grundsätzlich selbständig, wie der BGH für das deutsche Recht hinsichtlich der Rügeobliegenheit des § 377 HGB überzeugend dargelegt hat[201].

1216 Gegen eine vertragsakzessorische Anknüpfung spricht auch, daß die Verträge zwischen Unternehmern[202] häufig materiellem Einheitsrecht unterliegen[203]. Außerdem steht der einheitlichen Beurteilung des Sachverhalts nach einem Recht, die mit der vertragsakzessorischen Anknüpfung angestrebt wird, grundsätzlich auch hier das Internationale Zuständigkeitsrecht entgegen. Dagegen sollte man nicht einwenden, die einheitliche Beurteilung sei häufig durch eine Gerichtsstandsvereinbarung gesichert. Wenn nämlich die Auslegung einer Ge-

---

198 Siehe oben 4.
199 Zur EG-Produkthaftung gegenüber Unternehmern siehe oben 4. – Der zugrundegelegte Unternehmerbegriff ergibt sich im Umkehrschluß aus der Definition des Verbrauchers in Art. 29 Abs. 1 S. 1 EGBGB, siehe oben Fn. 158. Unternehmer ist also jeder, der das Produkt zu einem Zweck erwirbt, der seiner selbständigen beruflichen oder gewerblichen Tätigkeit zuzurechnen ist. Zum Erfordernis der selbständigen beruflichen Tätigkeit vgl. *E. Lorenz*, RIW 1987, 576.
200 Zur kollisionsrechtlichen Beurteilung der Wirkungen von vertraglichen Vereinbarungen für die deliktische Haftung siehe oben Fn. 192.
201 BGH, 16. 9. 1987, BGHZ 101, 337, 339 ff. = BB 1987, 2326. – § 377 HGB hat auch keine Bedeutung, wenn im Verhältnis von Käufer und Verkäufer der Schaden eines Dritten auszugleichen ist, für den sie gesamtschuldnerisch haften. Vgl. *Wandt*, VersR 1991, 110 m. w. N. – Zur Selbständigkeit der Haftungsregime im US-amerikanischen Recht vgl. *Schlechtriem* 197 ff., 286.
202 Das UN-Kaufrecht ist nicht auf internationale Handelskäufe beschränkt (Art. 1 Abs. 3 CISG); grundsätzlich ausgeschlossen sind nur Verbrauchergeschäfte (Art. 2 lit. a) CISG).
203 *Stoll*, FS Ferid (1988) 510 f.; *H. Koch*, ZHR 152 (1988) 544. – MünchKomm-*Kreuzer*, Art. 38 EGBGB Rn. 66, hält die akzessorische Anknüpfung gleichwohl für berechtigt, weil dann nur zwei, nicht drei Rechte (materielles Einheitsrecht, Vertragsstatut für nicht erfaßte vertragliche Fragen und Deliktsstatut) zur Anwendung kämen.

richtsstandsvereinbarung ergibt, daß sie auch die deliktische Haftung erfassen soll, und wenn die Parteien in dem Vertrag, der die Gerichtsstandsvereinbarung enthält, auch eine Rechtswahl getroffen haben, dann deutet alles darauf hin, daß diese Rechtswahlvereinbarung wie die Gerichtsstandsvereinbarung auch für die deliktische Haftung gelten soll[204]. Dies bedeutet: Für eine vertragsakzessorische Anknüpfung ist kein Raum, weil die Parteien das Deliktsstatut parteiautonom bestimmt haben. Verhält es sich dagegen so, daß die Parteien zwar einen Gerichtsstand vereinbart haben, der gleichermaßen für vertragliche wie außervertragliche Ansprüche gelten soll, daß sie aber keine oder nur eine auf vertragliche Ansprüche begrenzte Rechtswahl vereinbart haben, so mag dies gute Gründe haben. Eine vertragsakzessorische Anknüpfung liefe daher Gefahr, den Willen der Parteien durch eine vertragsakzessorische Anknüpfung zu verfälschen, und sollte deshalb unterbleiben[205]. Auf einen Nenner gebracht, heißt dies: Geschäftlich erfahrene Parteien wissen um die Möglichkeit einer parteiautonomen Bestimmung des Deliktsstatuts; wenn sie von ihr nicht Gebrauch machen, sollte es dabei sein Bewenden haben.

III. Parteiautonomie

1. Bestandsaufnahme

a) Haager Produkthaftungsübereinkommen

Das Haager Übereinkommen enthält keine Regelung über eine parteiautonome Rechtswahl[206]. Eine solche Regelung schien nicht opportun, da man das Haftungsverhältnis zwischen dem Geschädigten und der Person, die ihm das Eigentum oder Nutzungsrecht an der Sache übertragen hat, aus dem Anwendungsbereich des Übereinkommens ausgeklammert hatte[207]. Die Möglichkeit einer Rechtswahlklausel in einem Garantievertrag zwischen dem Endhersteller und dem Geschädigten und die Möglichkeit einer Rechtswahlvereinbarung nach Eintritt des Schadens wurden gesehen, aber nicht zum Anlaß einer Regelung genommen[208]. **1217**

---

204 Zur Auslegung von Rechtswahlverträgen vgl. *E. Lorenz*, RIW 1992, 697 ff.
205 Vgl. *Mummenhoff*, NJW 1975, 480; *Soergel/Lüderitz*, Art. 12 EGBGB a. F. Rn. 21 am Ende.
206 Ausgeklammert wurde diese Frage für das allgemeine Deliktsrecht auch in dem EG-Vorentwurf über das auf vertragliche und außervertragliche Schuldverhältnisse anwendbare Recht von 1972 (Text: RabelsZ 38 (1974) 211 ff.); vgl. den Bericht zu diesem Übereinkommen von *Giuliano/Lagarde/Von Sasse Van Ysselt* 288.
207 Siehe oben § 1 III. 1.
208 *Reese*, Report of the Special Commission 116 f.; *ders.*, Explanatory Report 268 („la Conférence n'a pas trouvé l'occasion de discuter cette question précise").

b) Ausland

1218   Nach Art. 132 des *Schweizer IPR-Gesetzes* können die Parteien *nach* Eintritt des Schadensereignisses stets[209] vereinbaren, daß das Recht am Gerichtsort anzuwenden ist. Man hat sich für diese „kleine Lösung"[210] entschieden, weil man der Gefahr des Mißbrauchs im Verhältnis ungleich starker Verhandlungspartner begegnen wollte[211]. Außerdem glaubte man, die Interessen der Parteien seien durch die Differenzierung der Normen über die objektive Anknüpfung sorgfältig abgewogen und einer Wahlmöglichkeit sei bereits über das Akzessorietätsprinzip sowie im Rahmen einiger Einzeltatbestände — hier allerdings einseitig zugunsten des Geschädigten — angemessen breiten Raum gewährt[212]. Ob Art. 132 IPR-Gesetz die Rechtswahl auch für die Produkthaftung eröffnet, Art. 132 als allgemeine Vorschrift dem speziellen Art. 135 also vorgeht, ist umstritten[213].

1219   Das *österreichische IPR-Gesetz* gewährt den Parteien in § 35 für das gesamte Schuldrecht grundsätzlich umfassende Parteiautonomie; Einschränkungen gibt es nur für bestimmte Verträge, etwa für Verbraucher- und Arbeitsverträge[214]. Unter Berufung auf den Schutzzweck der objektiven Anknüpfung der Produkthaftung wird im Schrifttum jedoch über die normierten Schranken hinaus gefordert, eine vor dem Schadensereignis getroffene, für den Geschädigten nachteilige Rechtswahl nicht anzuerkennen, soweit die Produkthaftung gemäß § 9 PHG materiell-rechtlich unabdingbar ist[215]. Nach anderer Ansicht soll nur eine individuell ausgehandelte Rechtswahl zulässig sein, wobei für den Nachweis der Individualität ein strenger Maßstab gefordert wird[216].

1220   Im *romanischen Rechtskreis* wird eine parteiautonome Wahl des Deliktsstatuts traditionell nicht anerkannt, weil das Deliktsrecht als „lois de police" angesehen wird[217]. In jüngerer Zeit mehren sich indes die Gegenstimmen, die auf

---

209   *Hohloch*, NZV 1988, 164 Fn. 40, folgert aus dem Wort „stets", daß unter bestimmten Voraussetzungen auch eine vorherige Rechtswahl zulässig sein soll. Die Botschaft des Bundesrates, BBl 1983 I 423, sowie das Amtliche Bulletin der Bundesversammlung-Ständerat 1985, 165 (Wortbeitrag des Berichterstatters *Hefti*) sprechen jedoch für einen völligen Ausschluß einer Rechtswahl *vor* dem Schadensereignis. In diesem Sinne, soweit ersichtlich, auch einhellig die Schweizer Lehre.

210   *Schnyder*, IPR-Gesetz 105; *Heini*, FS Mann 205 spricht von einer „Zwerg"-Autonomie, der in der Praxis keine große Bedeutung zukommen werde.

211   Schlussbericht 238.

212   Schlussbericht 238; vgl. auch *Heini*, FS Mann 205.

213   Siehe oben § 2 bei und in Fn. 43.

214   Vgl. dazu *W. Lorenz*, Grundregel 129.

215   *Barchetti/Formanek* 153; vgl. auch *Rummel/Schwimann*, § 48 IPRG Rn. 15; wohl gänzlich gegen eine parteiautonome Anknüpfung der Haftung nach dem PHG, weil für eine Qualifikation als Eingriffsnorm, *Schwind*, IPR, Rn. 480.

216   *Maxl*, JBl 1992, 168.

217   Vgl. nur *Bourel* 20.

den Widerspruch zur materiell-rechtlichen Verfügungsberechtigung über deliktische Ansprüche hinweisen[218].

Im *anglo-amerikanischen Rechtskreis* wird die Frage einer parteiautonomen **1221** Bestimmung des Deliktsstatuts selten behandelt. Die von der englischen und der schottischen Law Commission eingesetzte Arbeitsgruppe sieht keine Bedenken gegen eine Rechtswahl und hält es auch nicht für geboten, die Wahlmöglichkeit wie im Schweizer IPR-Gesetz auf die lex fori zu begrenzen[219]. In den USA gilt die Zulässigkeit einer vertraglichen Vereinbarung über das Deliktsstatut als offene Frage[220].

c) Deutschland

In Deutschland ist eine Rechtswahl *nach* Eintritt des Schadensereignisses nach **1222** allgemeiner Meinung uneingeschränkt zulässig[221]. Der BGH hat diese Ansicht für die Produkthaftung in der Apfelschorf-Entscheidung bestätigt[222]. Für das allgemeine Deliktsrecht wird überwiegend auch eine Rechtswahl *vor* Eintritt des Schadensereignisses für zulässig erachtet[223]. Sie soll nach einer verbreiteten Ansicht aber nur in den Grenzen der entsprechend anzuwendenden Schrankenregelung für Verbraucher- und Arbeitsverträge (Artt. 29 und 30 EGBGB) statthaft sein[224]. Eine weitere Einschränkung gilt dem Kreis der vorher wähl-

---

218 Vgl. *Fallon* 253 Fn. 42 und 265 ff. m. w. N. – Zur Zulässigkeit in den Niederlanden *De Boer*, RabelsZ 54 (1990) 38.
219 The Law Commission, Working Paper Nr. 4.21; vgl. auch *Anton*, Conférence 154 (Procès-verbal No. 4).
220 *Hay*, Rec. des Cours 226 I (1991) 293 Fn. 10 am Ende. – Offen ist diese Frage offenbar auch in *Quebec*; vgl. *Gastel*, J.D.I. 1992, 653: „En matière délictuelle, l'autonomie de la volonté *si elle est reconnue*, ne peut intervenir qu'un rôle très limité …"; gegen eine Parteiautonomie *Talpis/Goldstein*, R.du.N. 91 (1989) 518.
221 Vgl. zum allgemeinen Internationalen Deliktsrecht die umfassenden Nachweise von Münch-Komm-*Kreuzer*, Art. 38 EGBGB Rn. 57 und *Hohloch*, NZV 1988, 162 Fn. 10. Vereinzelt wird nur die Wahl eines durch den Sachverhalt berührten Rechts zugelassen (vgl. *Deutsch*, Internationales Unfallrecht 227) oder für eine Beschränkung auf die lex fori plädiert (vgl. *Chr. v. Bar*, IPR II Rn. 677). Problematisiert wird in aller Regel nicht die Zulässigkeit der Rechtswahl als solche, sondern die Frage, unter welchen Voraussetzungen eine stillschweigende Rechtswahl (im Prozeß) zu bejahen ist; eingehend dazu *Mansel*, ZVglRWiss 86 (1987) 10 ff. mit umfangreichen Nachweisen. Für die Zulässigkeit der parteiautonomen Wahl des Produkthaftungsstatuts nach Eintritt des Schadensereignisses: *Mayer*, DAR 1991, 86; *Beitzke*, SchwJbIntR 35 (1979) 112 f.; *Wilde* § 100 Rn. 20; *Zekoll* 19; *Winkelmann* 206 (über eine fakultative Kollisionsregel bestehe die Möglichkeit, die lex fori zu wählen).
222 BGH, 17. 3. 1981, BB 1981, 1048 (= § 7 Fn. 55); der BGH spricht einerseits von einer stillschweigenden Wahl des deutschen Rechts, andererseits von einem Verzicht auf die Ansprüche nach US-amerikanischem Recht; vgl. dazu *Schönberger* 177 f. – Die von *Raape*, FS Böhmer 121 ff., vertretene materiellrechtliche Verzichtstheorie ist heute überholt. Vgl. dazu *Kropholler*, RabelsZ 33 (1969) 635 f.
223 Vgl. zum allgemeinen Internationalen Deliktsrecht die Nachweise von *P. Fischer* 39 Fn. 171 und *Hohloch*, NZV 1988, 164 Fn. 36, sowie *Schönberger* 183.
224 MünchKomm-*Kreuzer*, Art. 38 EGBGB Rn. 63; *Staudinger/v. Hoffmann*, Art. 38 EGBGB Rn. 147; *W. Lorenz*, Grundregel 135; *P. Fischer* 42.

baren Rechte: wählbar sollen nur die Rechte sein, mit denen der Sachverhalt Berührung hat[225].

1223   Nach Art. 42 S. 1 des Referentenentwurfs soll eine Rechtswahl nur nach Eintritt des Schadensereignisses zulässig sein. Diese Entwurfsregelung entspricht dem Vorschlag des Deutschen Rates für IPR, der damit die Entscheidung über die Zulässigkeit einer vorherigen Rechtswahl jedoch nicht präjudizieren wollte[226].

2. Rechtswahl nach dem Schadensereignis

1224   Produkthaftungsspezifische Gründe gegen eine Rechtswahl *nach* Eintritt des Schadensereignisses sind nicht ersichtlich. Ihre Zulässigkeit entspricht der materiell-rechtlichen Verfügbarkeit der Ansprüche[227]. Der Rechtswahlvertrag über das Deliktsstatut unterliegt denselben Voraussetzungen und Grenzen wie ein Rechtswahlvertrag über ein Vertragsstatut[228]. Weitergehende Schutzregelungen für Rechtswahlverträge mit Verbrauchern sind aufgrund der in Produkthaftungsstreitigkeiten regelmäßig gegebenen anwaltlichen Vertretung nicht notwendig[229]. Auch eine Beschränkung der Wahlbefugnis auf die lex fori erscheint nicht geboten[230]. Die wohl auf die Verhaltenssteuerungsfunktion des Haftungsrechts zielenden Bedenken *v. Bars*[231] greifen bei einer Rechtswahl *nach* Eintritt des Schadensereignisses nicht. Die Wirkungen des Rechtswahlvertrages sind auf die Parteien beschränkt[232].

3. Rechtswahl vor dem Schadensereignis

1225   Die Frage nach der Zulässigkeit einer Rechtswahl *vor* dem Schadensereignis steht in engem Zusammenhang mit der bereits beurteilten Frage nach der Zulässigkeit einer vertragsakzessorischen Anknüpfung. Bei dieser geht es darum, ob die Parteien durch die Wahl eines Vertragsstatuts *mittelbar* das Deliktsstatut bestimmen können; nunmehr geht es darum, ob sie das Deliktsstatut *unmittelbar* wählen können[233].

---

225 *Staudinger/v. Hoffmann*, Art. 38 EGBGB Rn. 147. – Wenn zwischen den Parteien eine vertragliche Sonderverbindung besteht, soll es ihnen nach *P. Fischer*, 40, vor dem Schadensereignis nur erlaubt sein, das *Vertragsstatut* als Deliktsstatut zu wählen.

226 *v. Caemmerer*, Vorschläge 27.

227 Statt aller *Staudinger/v. Hoffmann*, Art. 38 EGBGB Rn. 147.

228 Eingehend dazu *E. Lorenz*, RIW 1992, 697 ff.

229 *Beitzke*, SchwJbIntR 35 (1979) 113.

230 *Beitzke*, wie vorige Fn.

231 *Chr. v. Bar*, IPR II Rn. 677 (,, ... die Parteien instandzusetzen, selber zu entscheiden, ob das Verhalten, das sie in einem bestimmten Verkehrskreis an den Tag gelegt haben, erlaubt oder verboten ist, das ist eine befremdliche Vorstellung").

232 Vgl. dazu *Hohloch*, NZV 1988, 165 f.; für den Innenausgleich zwischen Produkthaftpflichtigen *Wandt*, in: Schmidt-Salzer, EG-Produkthaftung II/22–34; vgl. allgemein die Untersuchung von *U. Bauer*, Grenzen nachträglicher Rechtswahl durch Rechte Dritter im Internationalen Privatrecht, Pfaffenweiler 1992.

233 Vgl. zu dem funktionellen Zusammenhang *Staudinger/v. Hoffmann*, Art. 38 EGBGB Rn. 146; *Keller/Siehr*, Allgemeine Lehren 374.

a) EG-Produkthaftung

Die EG-Produkthaftung steht vor dem Schadensereignis weder materiell-recht- **1226**
lich noch kollisionsrechtlich zur Disposition der Parteien[234]. Eine Rechtswahl
ist unzulässig[235].

b) Allgemeine Produkthaftung

aa) Haftung gegenüber Verbrauchern

Vor dem Schadensereignis ist eine Rechtswahlvereinbarung zwischen Produkt- **1227**
haftpflichtigen und Verbauchern generell nicht zuzulassen[236]. Denn ein Bedürfnis für eine vorherige Rechtswahl ist bei der Produkthaftung gegenüber
einem Verbraucher nicht ersichtlich[237] und eine Rechtswahlbefugnis wäre mit
einer großen Mißbrauchsgefahr verbunden[238].

Entgegen *Wilde*[239] ist eine vorherige Rechtswahl auch dann nicht zuzulassen, **1228**
wenn ohne sie nicht das (EG-)Produkthaftungsrecht eines EG-Mitgliedstaates,
sondern das Recht eines ausländischen Staates zur Anwendung käme. Das Argument, in diesem Fall sei eine vorherige Rechtswahl zulässig, weil man nicht
annehmen könne, daß die Richtlinie bzw. das ProdHaftG, die den Schutz von
Verbrauchern in der EG zum Ziele hätten, unbedingte Geltung verlangte, überzeugt nicht. Aus dem Geltungsbereich des Sachrechts folgt nichts für das Kollisionsrecht. Erforderlich ist eine eigenständige kollisionsrechtliche Wertung.
Nach ihr spricht jedoch nichts dafür, daß die Frage, welches Recht kraft objektiver Anknüpfung zur Anwendung käme, ein Differenzierungsgrund für die
Zulässigkeit der Parteiautonomie wäre. Alle Ersten Endabnehmer sind vielmehr gleich schutzbedürftig und gleichförmig zu schützen.

bb) Haftung gegenüber Unternehmern

Unternehmern ist die Befugnis einzuräumen, das Statut der Produkthaftung **1229**
für Schäden an gewerblich genutzten Sachen vor Eintritt des Schadens vertraglich zu wählen. Im Geschäftsverkehr besteht hierfür ein unabweisbares prakti-
sches Bedürfnis, ohne daß die Mißbrauchsgefahr größer wäre als bei der zulässigen parteiautonomen Bestimmung des Liefervertrages.

---

234 Siehe oben II. 4.
235 Vgl. *Barchetti/Formanek* 153; *Wilde* § 100 Rn. 21.
236 Zum Ausschluß einer parteiautonomen Abwahl des objektiven Statuts der EG-Produkthaf-
    tung zuvor unter a).
237 Anders als z. B. bei einer Gefälligkeitsfahrt mit einem Kfz; vgl. dazu *Staudinger/v. Hoffmann*,
    Art. 38 EGBGB Rn. 147.
238 *Chr. v. Bar*, IPR II Rn. 677; die Mißbrauchsgefahr hat auch den Schweizer Gesetzgeber bewo-
    gen, eine Rechtswahl vor dem Schadensereignis nicht zuzulassen, siehe oben bei Fn. 210.
239 *Wilde* § 100 Rn. 21.

IV. Regelungsvorschlag

1230 Die Ergebnisse zur Anknüpfung der außervertraglichen Produkthaftung münden in diesen Regelungsvorschlag:

1231 (1) Außervertragliche Schadensersatzansprüche aus Produkthaftung unterliegen:

1. dem Recht des Staates, in dem das schädigende Produkt an den Ersten Endabnehmer vermarktet wurde, wenn dieser geschädigt ist[240] oder wenn durch ein Arzneimittel ein Anwender geschädigt ist,
2. dem Recht des Staates, dessen Hoheitszeichen das schädigende Flugzeug oder dessen Flagge das schädigende Seeschiff führte, wenn ein Passagier geschädigt ist, ansonsten
3. dem Recht des Staates, in dem die Verletzung eintrat; anstelle dieses Rechts ist das Recht des Staates anzuwenden, in dem das schädigende Produkt an den Ersten Endabnehmer vermarktet wurde, wenn der Geschädigte im Zeitpunkt der Schädigung seinen gewöhnlichen Aufenthalt in diesem Staat hatte und das Recht dieses Staates wählt[241].

1232 (2) Die Parteien können nach dem schädigenden Ereignis vereinbaren, welchem Recht die Haftung unterliegt. Vor dem schädigenden Ereignis können sie nur vereinbaren, welchem Recht die Haftung für Schäden an Sachen unterliegt, die ihrer Art nach gewöhnlich für den beruflichen und gewerblichen Ge- oder Verbrauch bestimmt sind und hauptsächlich dieser Bestimmung gemäß verwendet werden[242].

---

240 Zur Anknüpfung der Haftung gegenüber dem Abnehmer eines noch nicht endvermarkteten Produktes siehe § 18 I. 3. Die Anknüpfungsregel hierfür könnte durch diese Formulierung des Abs. 1 S. 1 in den Regelungsvorschlag einbezogen werden: „dem Recht des Staates, in dem das schädigende Produkt an den Geschädigten vermarktet wurde". Diese Formulierung würde jedoch nicht mehr unmißverständlich zum Ausdruck bringen, daß ein privater Folgeerwerb keine Vermarktung im Sinne der Vorschrift ist. Es ist deshalb empfehlenswert, nur den Regelfall der Schädigung durch ein endvermarktetes Produkt zu regeln. Die Anknüpfung der Haftung für ein noch nicht endvermarktetes Produkt ließe sich unschwer durch Analogie zu Abs. 1 S. 1 ermitteln.

241 Diese Wahlbefugnis kann aus den oben § 16 III. 3. c) dargelegten Gründen nur einheitlich gegenüber allen Produkthaftpflichtigen ausgeübt werden.

242 Vgl. § 1 Abs. 1 S. 2 ProdHaftG und Art. 29 Abs. 1 EGBGB. – Zu der fehlenden Drittwirkung der Rechtswahl vgl. *Wandt*, in: Schmidt-Salzer, EG-Produkthaftung II/22–43.

§ 20 Renvoi und Ordre public

I. Renvoi

1. Überblick

Die Meinungen über die Beachtlichkeit einer Rück- oder Weiterverweisung **1233** sind weltweit geteilt. Die nationalen Standpunkte reichen von einer nahezu ausnahmslosen Ablehnung über differenzierte Lösungen bis hin zur nahezu ausnahmslosen Anerkennung[1]. Grob gesehen wird eine Rück- oder Weiterverweisung eher in Statusfragen, also vor allem im Personen- und Familienrecht, weniger dagegen im Schuldrecht anerkannt[2].

Auch für das deutsche Internationale Deliktsrecht ist umstritten, ob eine Rück- **1234** oder Weiterverweisung beachtlich ist[3]. Der BGH hat diese Frage bislang nicht entschieden[4]. Die Lehre ist in drei Lager gespalten: Zwischen kategorischer Ablehnung auf der einen und kategorischer Befürwortung auf der anderen Seite stehen vermittelnde Lösungen, die einen renvoi nach einer Alternativanknüpfung zugunsten des Geschädigten, nach einer akzessorischen Anknüpfung und nach einer parteiautonomen Rechtswahl ausschließen, ihn im übrigen aber zulassen.

Die Gegner eines renvoi, denen sich die zuständige Kommission des Deutschen **1235** Rates für IPR[5] und der Erste Referentenentwurf aus dem Bundesjustizministerium (Stand: 15.5.1984)[6] angeschlossen haben, stützen ihre Ablehnung darauf, daß ein renvoi kraft Gesetzes im Internationalen Schuldvertragsrecht ausgeschlossen sei und eine Parallelität wünschenswert sei, daß ein renvoi der modernen interessenorientierten Ausdifferenzierung des Internationalen Deliktsrechts widerspreche, und daß der Gedanke der Entscheidungsharmonie in diesem Bereich nicht die Bedeutung habe wie in Fragen des Personalstatuts[7].

Die Befürworter eines renvoi wollen die Interessen an einem Entscheidungsein- **1236** klang auch im Internationalen Deliktsrecht nicht relativieren. Den Einwand, man dürfe die „richtige" Verweisung[8] nicht wieder durch einen renvoi in Frage stellen, weisen sie zurück. Das novellierte EGBGB nehme für alle Be-

---

1 Vgl. *Symeonides*, Rev. crit. 81 (1992) 271 mit Beispielen; *W. Bauer* 16 ff.
2 Vgl. *Schwander*, Einführung 167.
3 Vgl. zum Meinungsstand *Staudinger/v. Hoffmann*, Art. 38 EGBGB Rn. 161 ff.; *W. Bauer* 10 ff.
4 BGH, 13.3.1984, BGHZ 90, 294, 296 f.; BGH, 8.1.1985, BGHZ 93, 214, 221.
5 Vgl. Art. 10 Abs. 1 des Ratsentwurfs und die Begründung von *v. Caemmerer*, Vorschläge 27 f.
6 Art. 42 Abs. 2 Referentenentwurf. – Zum Referentenentwurf – Stand: 1.12.1993 – siehe Fn. 9.
7 So die Begründung der Zweiten Kommission des Deutschen Rates für IPR, vgl. *v. Caemmerer*, Vorschläge 27 f. Der Referentenentwurf – Stand: 1.12.1993 – schließt den renvoi nicht mehr ausdrücklich aus.
8 Vgl. *v. Caemmerer*, Vorschläge 27 („muß es als unangemessen erscheinen, von einer als richtig erkannten Verweisung auf ausländisches Recht wieder abzugehen").

reiche in Anspruch, die richtige Verweisung auszusprechen, gleichwohl habe es sich in Art. 4 Abs. 1 für die Gesamtverweisung als Grundsatz entschieden[9].

2. Stellungnahme

1237 Die Beachtlichkeit einer Rück- oder Weiterverweisung ist weitgehend ein allgemeines Problem, das sich aus der Sicht einer Teildisziplin des IPR nicht vollständig erschließt. Die eigene Stellungnahme steht deshalb unter dem Vorbehalt der richtigen Einschätzung der allgemeinen Gründe für und gegen einen renvoi.

1238 Ungeachtet dieses Vorbehaltes ist zunächst zu sagen: Mit dem in Art. 4 Abs. 1 EGBGB normierten Grundsatz der Gesamtnormverweisung läßt sich die Beachtlichkeit des renvoi im Internationalen Deliktsrecht nicht begründen. Der Reformgesetzgeber erhob die Gesamtnormverweisung zum Grundsatz, weil sie für viele Bereiche, insbesondere für das Internationale Familienrecht, das bei der Reform im Mittelpunkt stand, sachgerecht ist. Er hat den Grundsatz jedoch mit dem Vorbehalt verbunden, die Gesamtnormverweisung dürfe dem Sinn der Verweisung nicht widersprechen[10]. Mit dieser Sinnfrage steht und fällt der Grundsatz und über sie sind die Meinungen geteilt. Daß dem so ist, kann nicht überraschen. Denn die Antworten auf die Sinnfrage hängen weitgehend von den jeweiligen Ansichten über die richtige Anknüpfung ab und sie sind, was Delikte anbelangt, sehr unterschiedlich.

1239 Ausgehend von den Erkenntnissen dieser Arbeit ist die Sinnfrage des Art. 4 Abs. 1 EGBGB für das Internationale Produkthaftungsrecht so zu beantworten: Die Verweisungen des Internationalen Produkthaftungsrechts sind Sachnormverweisungen[11]. Die Anknüpfung der *Haftung gegenüber dem Ersten Endabnehmer* an den *Marktstaat*[12] entspricht den kollisionsrechtlichen Erwartungen beider Parteien[13]. Ihr Sinn wird entscheidend durch den Gedanken der Gleichbehandlung geprägt, nämlich einerseits der Gleichbehandlung aller Personen, die im Marktstaat als Erste Endabnehmer ein Produkt erwerben[14] und andererseits der Gleichbehandlung aller Wettbewerber auf diesem Markt[15]. Obwohl „nur" Haftungsrecht geht es also doch um zwei rechtspoli-

---

9 Vgl. *Chr. v. Bar*, IPR I Rn. 621.

10 Art. 4 Abs. 1 S. 1 letzter Halbsatz.

11 Speziell für die Produkthaftung ebenso: *H. Koch*, ZHR 152 (1988) 545; *Wienberg* 127 ff.

12 Siehe oben § 18 I. 1. a).

13 Die englische und die schottische Law Commission, Report Nr. 3.56, lehnen einen renvoi im Internationalen Deliktsrecht mit Blick auf die gegenläufigen Parteierwartungen grundsätzlich ab. Vgl. auch The Law Commission, Working Paper Nr. 4.23.

14 Siehe oben § 18 II. 2.

15 Siehe oben § 18 I. 1. a) aa) (1). — *Wilde* § 100 Rn. 23, der grundsätzlich für eine Anknüpfung an den (vorhersehbaren) Marktstaat eintritt, hält einen renvoi auch unter dem Gesichtspunkt der Wettbewerbsgleichheit für unbedenklich, da er auch die anderen auf dem dortigen Markt auftretenden Anbieter treffen würde. Entgegen *Wilde* geht es indes nicht um formale, sondern um materiale Gleichbehandlung. Sie ist verletzt, wenn der Marktstaat auf das Recht am Sitz des Haftpflichtigen weiterverweist.

tisch brisante Bereiche, nämlich um den Verbraucherschutz und die Wettbewerbsgleichheit. Sie kollisionsrechtlich nicht aus den eigenen Händen zu geben, ist angesichts einer mancherorts latenten Bereitschaft, die Anknüpfung an den Interessen der eigenen Industrie oder der eigenen Verbraucher zu orientieren[16], nicht nur berechtigt, sondern geboten.

Wie die Anknüpfung der Haftung gegenüber dem Ersten Endabnehmer ist die **1240** Anknüpfung der *Haftung gegenüber anderen Geschädigten, die ihren gewöhnlichen Aufenthalt im Marktstaat haben*[17], von dem Gedanken eines legitimen und sachgerechten Verbraucherschutzes inspiriert. Die Befugnis dieser Geschädigten, zwischen dem *Recht ihres gewöhnlichen Aufenthaltsstaates*, der zugleich Marktstaat ist, und dem *Recht des Erfolgsortstaates* zu *wählen*, läßt einem renvoi keinen Raum[18].

Die Anknüpfung der *Haftung gegenüber sonstigen Zweitkonsumenten und by-* **1241** *standers* an den *Erfolgsortstaat*[19] scheint einem renvoi am ehesten zugänglich. Er wäre aber auch hier sinnwidrig. Denn auch diese Anknüpfung hat den Zweck, die Gleichheit aller Wettbewerber im Marktstaat zu sichern[20]. Und sie hat auch den Zweck, alle Teilnehmer des allgemeinen Verkehrs im Erfolgsortstaat gleich zu schützen[21]. Außerdem entspricht sie den kollisionsrechtlichen Schutzerwartungen der Geschädigten[22]. Dies alles ist wichtiger als das allgemeine Streben nach Entscheidungsharmonie, die auch bei einem renvoi nur in begrenztem Maße erreichbar ist[23].

II. Ordre public

1. Überblick

Ein ordre public-Vorbehalt gibt dem streitentscheidenden Gericht die Möglich- **1242** keit, die in Befolgung seiner Kollisionsnormen ausgesprochene Verweisung auf ein ausländisches Recht zu korrigieren, wenn das Ergebnis der Anwendung des

---

16 Vgl. z.B. Amtliches Bulletin der Bundesversammlung – Ständerat 1985 II 165 (Berichterstatter *Hefti*: „Artikel 131 betrifft die Produkthaftpflicht. Es muss gesagt werden, dass sie eher einschränkend und eher im Schutze schweizerischer Interessen geregelt wird"; *Symeonides*, Tul. L. Rev. 66 (1992) 714 (zu der einseitigen Kollisionsnorm Louisianas: „typical example of hometown protectionism) und 744 („fairly protective of Louisiana industry"); sowie zu Quebec unten bei und in Fn. 38.
17 Siehe oben § 18 I. 1. b) bb) (2).
18 So speziell für die traditionelle Günstigkeitsregel des deutschen Internationalen Deliktsrechts MünchKomm-*Kreuzer*, Art. 38 EGBGB Rn. 26; *Staudinger/v. Hoffmann*, Art. 38 EGBGB Rn. 169 jeweils mit weiteren Nachweisen; gegen einen renvoi bei Anknüpfung an die lex communis *Könning-Feil* 312.
19 Siehe oben § 18 I. 1. b) aa).
20 Siehe oben § 17 III.
21 Siehe oben § 18 II. 2.
22 Siehe oben § 18 I. 1. b).
23 Vgl. nur *Staudinger-Graue*, Art. 27 EGBGB a.F. Rn. 5 („‚Trugschluß ..., daß die Rückverweisung zum internationalen Entscheidungseinklang beiträgt").

berufenen Rechts mit unverzichtbaren Grundgedanken der lex fori nicht zu vereinbaren ist. Diese Korrektur ist jedem Kollisionsrecht immanent. Kodifizierte Kollisionsrechte verfügen deshalb in aller Regel über eine allgemeine ordre public-Vorschrift.

a) Ausland

1243 Das *Schweizer IPR-Gesetz* enthält neben dem allgemeinen ordre public-Vorbehalt[24] einen speziellen[25] für die Produkthaftung[26]. Art. 135 Abs. 2 IPR-Gesetz bestimmt, daß in der Schweiz nach ausländischem Recht aus Produkthaftung keine weitergehenden Leistungen zugesprochen werden können, als nach schweizerischem Recht für einen solchen Schaden zuzusprechen wären. Unklar und umstritten ist, was unter „weitergehenden Leistungen" zu verstehen ist. Nach einer Ansicht bezieht sich dies ausschließlich auf die Anspruchshöhe, nach anderer Ansicht auch auf die Anspruchsvoraussetzungen[27]. Aus den Materialien ergibt sich nur, daß die Vorschrift in erster Linie die Zuerkennung von Strafschadensersatz nach US-amerikanischem Recht verhindern soll[28].

1244 Das *englische Recht* enthält keinen speziellen ordre public-Vorbehalt. Es sichert jedoch über Anknüpfungsregeln, daß ein englisches Gericht Schadensersatz aus Produkthaftung oder aus einer anderen unerlaubten Handlung nur zusprechen darf, soweit dies nach Grund und Umfang durch die lex fori gerechtfertigt ist. Für die Schadensbemessung ist das englische Recht allein maßgebend, weil sie als „procedural matter" qualifiziert wird[29]. Für die Anspruchsvoraussetzungen, einschließlich der Ersatzfähigkeit des Schadens, ist das englische Recht aufgrund der kollisionsrechtlichen double actionability-rule neben dem ausländischen Tatortrecht maßgeblich[30]. Gerade wegen der umfassenden und ausnahmslosen Sperrwirkung dieser Regel soll das englische Internationale Deliktsrecht jedoch reformiert werden. Nach den Reformvorschlägen soll es dem allgemeinen Kollisionsrechtssystem angepaßt werden, d. h. es soll nur ein einziges Recht als Deliktsstatut berufen werden und die lex fori soll, wenn ein ausländisches Recht Deliktsstatut ist, nur noch ausnahmsweise über den allgemeinen ordre public-Vorbehalt zum Zuge kommen[31].

1245 Das Kollisionsrecht von *Louisiana* begegnet dem Problem des Strafschadensersatzes nicht mit dem allgemeinen oder einem speziellen ordre public-Vorbehalt,

---

24 Art. 17 Schweizer IPR-Gesetz.
25 *Vischer*, FS Moser 142, 133, („konkretisiert den schweizerischen Ordre public"); *Schwander*, Produktehaftung 221 (spezielle ordre public-Klausel); *Keller/Siehr*, Allgemeine Lehren 538; *Lörtscher*, ZVglRWiss 88 (1989) 84 f.
26 Einen speziellen ordre public-Vorbehalt gibt es auch für „Ansprüche aus Wettbewerbsbehinderung" (Art. 137 Schweizer IPR-Gesetz).
27 Siehe die Nachweise oben § 2 Fn. 73.
28 Botschaft, BBl 1983 I 427.
29 Siehe oben § 4 Fn. 72.
30 Siehe oben § 4 IV. 2. a).
31 Siehe oben § 4 IV. 3. sowie The Law Commission, Report Nr. 3.55.

sondern mit einer Sonderanknüpfung. Nach Art. 3546 C.c. dürfen punitive damages vorbehaltlich der allgemeinen Ausweichklausel[32] nur zuerkannt werden, wenn dies *übereinstimmend* zulässig ist, (1.) nach dem Recht des Handlungsortstaates *und* dem Recht des Erfolgsortstaates, oder (2.) nach dem Recht des Handlungsortstaates *und* dem Recht des (Wohn-)Sitzstaates des Handelnden, oder (3.) nach dem Recht des Erfolgsortstaates *und* dem Recht des (Wohn-)Sitzstaates des Handelnden. *Symeonides*, der maßgebend an den Reformarbeiten beteiligt war, bezeichnet dies als die weltweit erste Regelung über den außergewöhnlich schwierigen und für viele emotionalen Gegenstand des Strafschadensersatzes[33]. Die Regelung sei auf jeder Stufe des Gesetzgebungsverfahrens heftig umstritten gewesen. Man[34] habe nämlich befürchtet, daß punitive damages, die nach dem Sachrecht von Louisiana grundsätzlich unzulässig sind, durch die Hintertür eingeführt würden[35]. Es habe deshalb Bestrebungen gegeben, die Zuerkennung von punitive damages absolut zu verbieten. Da Louisiana aber von 50 Schwesterstaaten umgeben sei, von denen 47 punitive damages zuließen, habe sich der Gesetzgeber mit der Sonderanknüpfung für einen „honest and fair compromise"[36] entschieden.

Rigoros ist dagegen die Haltung *Quebecs*. Um seine Asbestindustrie vor US- **1246** amerikanischem Strafschadensersatz zu schützen, wird die Haftung für einen aus Quebec stammenden Grundstoff zwingend der lex fori unterstellt und ihre Maßgeblichkeit über ein Verbot der Anerkennung ausländischer Entscheidungen abgesichert[37]. Diese Sonderregelung wird im Schrifttum als „unilateralisme radical" gebrandmarkt und als wider den Geist des Kollisionsrechts abgelehnt[38].

b) Deutschland

Nach Art. 38 EGBGB können aus einer im Ausland begangenen unerlaubten **1247** Handlung gegen einen Deutschen nicht weitergehende Ansprüche geltend gemacht werden, als nach den deutschen Gesetzen begründet sind. Dieses sog. privilegium germanicum schützt ausschließlich deutsche Schädiger. Darunter fallen natürlich Personen deutscher Staatsangehörigkeit sowie Deutsche im Sinne von Art. 116 Abs. 1 GG, aber auch juristische Personen, deren Personalstatut nach deutschem IPR deutsches Recht ist[39]. Geschützt wird der deutsche

---

32 *Symeonides*, Tul. L.Rev. 66 (1992) 741 f.; vgl. zu dem Spielraum, der sich für das Gericht aus der dépeçage ergeben soll, *dens.*, S. 748 f.
33 *Symeonides*, Tul. L.Rev. 66 (1992) 735.
34 Der Bericht von *Symeonides*, Tul. L.Rev. 66 (1992) 745 f., macht deutlich, daß es insbesondere Widerstände seitens der Industrie gegeben hatte („companies that do business in Louisiana understood this point fully when they gradually withdrew their opposition to article 3546. The only company that did not want to understand is a well-known foreign tobacco company").
35 Vgl. *Symeonides*, Tul. L.Rev. 66 (1992) 742 f.
36 *Symeonides*, AmJCompL 38 (1990) 459.
37 Siehe oben § 5 V. 1.
38 *Glenn*, Rev. crit. 80 (1991) 54 ff.
39 Vgl. nur MünchKomm-*Kreuzer*, Art. 38 EGBGB Rn. 310.

Schädiger, indem seine Inanspruchnahme vor deutschen Gerichten auf dasjenige beschränkt ist, was nach deutschen Gesetzen – nicht notwendig deliktsrechtlicher Art – aufgrund der Schädigung begründet ist. Zu den unerlaubten Handlungen im Sinne der Vorschrift gehören alle außervertraglichen Haftungstatbestände[40], auch die verschuldensunabhängige Produkthaftung nach der EG-Richtlinie. Art. 38 EGBGB gilt nach allgemeiner Meinung auch im Regreß zwischen mehreren Haftpflichtigen[41].

1248 Der BGH und die herrschende Lehre betrachten Art. 38 EGBGB als speziellen ordre public-Vorbehalt, der in seinem Anwendungsbereich den allgemeinen ordre public-Vorbehalt des Art. 6 EGBGB verdrängt[42]. Dieses Verständnis deckt sich mit der allgemeinen Meinung zu Art. 135 Abs. 2 Schweizer IPR-Gesetz, was nicht überrascht, weil die deutsche Vorschrift der schweizerischen Pate stand[43]. Eine Mindermeinung im deutschen Schrifttum erachtet Art. 38 EGBGB dagegen nicht als Konkretisierung des allgemeinen ordre public, sondern als eine einseitige Kollisionsnorm, die deutsches Recht kumulativ zum ausländischen Recht beruft[44]. Nach diesem Verständnis gleichen die Kollisionsregeln für Delikte, die Deutsche im Ausland begehen, der double actionability-rule des englischen Rechts – eine Parallele, die im englischen Schrifttum durchaus gesehen wird[45].

1249 Die Anwendung des Art. 38 EGBGB bereitet grundsätzlich keine Probleme, da nach allgemeiner Meinung das deutsche Recht sowohl hinsichtlich des Anspruchsgrundes als auch hinsichtlich der Anspruchshöhe heranzuziehen ist. Die Geltung der Vorschrift ist allerdings im Hinblick auf das Diskriminierungsverbot des Art. 6 EGV umstritten, soweit sie sich gegen einen Bürger aus der EG wendet[46].

1250 *Rechtspolitisch* wird Art. 38 EGBGB von der überwiegenden Ansicht für verfehlt und der allgemeine ordre public-Vorbehalt des Art. 6 EGBGB für ausreichend erachtet[47]. In diesem Sinne lautet auch der Vorschlag der zuständigen Kommission des Deutschen Rates für IPR[48]. Auch nach dem Referentenent-

---

40 Vgl. nur MünchKomm-*Kreuzer*, Art. 38 EGBGB Rn. 314. A.A. *Roßbach*, NJW 1988, 590, 591 (Gefährdungshaftung sei nicht erfaßt).

41 Eingehend dazu *Wandt*, in: Schmidt-Salzer, EG-Produkthaftung II/22–36 ff.

42 BGH, 4. 6. 1992, NJW 1992, 3096, 3100 (Spezialität des Art. 38 EGBGB im Verhältnis zu Art. 6 EGBGB); vgl. im übrigen die umfassenden Nachweise zur herrschenden Lehre bei den in Fn. 44 Genannten.

43 Vgl. Botschaft, BBl 1983 I 427 i. V. m. 430.

44 Vgl. *Sack*, GRUR Int. 1988, 331; *ders.*, Karlsruher Forum 1991, 39 f.; *Bungert*, ZIP 1992, 1713 f.; *Dörner*, Jura 1990, 60 f. (alle mit Nachweisen zu älterer Literatur); zweifelnd auch *H. Koch*, NJW 1992, 3074 Fn. 7.

45 *W. Lorenz*, Grundregel 127, lehnt die Parallele nur ab, weil die double actionability rule des englischen Rechts allseitig ist, während Art. 38 EGBGB nur für deutsche Schädiger gilt.

46 Siehe unten 2. a).

47 Vgl. nur *Staudinger/v. Hoffmann*, Art. 38 EGBGB Rn. 249 m. w. N. – Art. 38 EGBGB wird auch im Ausland kritisiert, etwa von *Symeonides*, AmJCompL 38 (1990) 458 („infamous").

48 Vgl. *v. Caemmerer*, Vorschläge 28.

wurf aus dem Bundesjustizministerium − Stand: 15.5.1984[49] − sollte zukünftig auf eine Regelung im Sinne von Art. 38 EGBGB verzichtet werden. Nachdem sich einige Autoren jedoch vor allem im Hinblick auf Strafschadensersatz nach US-amerikanischem Recht dafür ausgesprochen haben, die Regelung des Art. 38 EGBGB im Verhältnis zu Staaten, die nicht der EG angehören, beizubehalten[50], sieht der Referentenentwurf − Stand: 1.12.1993 − in Art. 40 Abs. 3 nunmehr diese Regelung vor: „Der Ersatzpflichtige ist nicht zu Leistungen nach fremdem Recht verpflichtet, soweit sie den eingetretenen Schaden wesentlich überschreiten oder offensichtlich anderen Zwecken als einer angemessenen Entschädigung des Verletzten dienen"[51].

2. Stellungnahme

a) *Verstoß des Art. 38 EGBGB gegen Art. 6 EGV*

Art. 38 EGBGB schützt nur Deutsche, differenziert also allein nach der Staatsangehörigkeit. Ob dies *hinsichtlich der Produkthaftung* gegen Art. 6 EGV verstößt, hängt davon ab, ob diese Haftung in den sachlichen Anwendungsbereich des EG-Vertrages fällt. Dies wird von einigen Autoren angezweifelt, weil die Produkthaftungsrechte der Mitgliedstaaten nicht derart unterschiedlich seien, daß daraus spürbare Wettbewerbsverzerrungen resulierten, und weil die EG-Produkthaftung neben die autonomen nationalen Rechte trete, sie die bestehenden Unterschiede also nicht beseitige[52]. Die Zweifel an der Rechtssetzungskompetenz der EG wären von vornherein unbegründet, zöge man den Anwendungsbereich des EG-Vertrages so weit, daß er alle Sachgebiete umfaßt, „in denen die Gemeinschaft irgendwie tätig ist"[53]. Auf die Kraft des Faktischen darf man sich jedoch nicht zurückziehen. Man muß es auch nicht. Denn jedenfalls seit der Ergänzung des Vertragswerkes durch die Einheitliche Europäische Akte von 1986 ist es geboten, das Merkmal „Anwendungsbereich des EGV" weit auszulegen[54]. Bei der gebotenen weiten Auslegung fällt die Pro-

1251

---

49 Siehe oben § 7 bei und in Fn. 219.
50 *Stiefel/Stürner*, VersR 1987, 833; *Lüderitz*, IPR, Rn. 307; *Schack*, IZVR, Rn. 869.
51 Eine derartige Regelung hält für bestimmte Deliktsgruppen, insbesondere für die Produkthaftung, auch *Chr. v. Bar*, IPR II Rn. 681 für vernünftig. Vgl. auch *Spickhoff* 198.
52 Vgl. *Schmidt-Salzer*, EG-Produkthaftung I Einleitung Rn. 73 ff.; *Börner*, FS Kutscher 43 ff.; *v. Hülsen*, RIW 1977, 377 f.
53 *Grabitz*, Art. 7 EWGV a. F. Rn. 16, der dies aber mit einem normativen Kriterium verbindet („und sich Verpflichtungen für die MS [Mitgliedstaaten] ergeben", Klammerzusatz hinzugefügt). − Andere Autoren begnügen sich allerdings mit dem Hinweis auf die Existenz der Richtlinie.
54 Vgl. z.B. *Grabitz/v. Bogdandy*, JuS 1990, 175, die von einer Radikalisierung der Ziele des Gemeinsamen Marktes sprechen, weil nunmehr der Abbau *aller* Binnengrenzen Programm sei. − Zur weiten Auslegung des „Anwendungsbereichs des EGV" durch den EuGH, vgl. *Reich*, RabelsZ 56 (1992) 502 f., und *Sack*, Karlsruher Forum 1991, 39. − *Hauschka*, JZ 1990, 527, meint dagegen, man dürfe die Vermutung wagen, daß die Kommission vor dem Hintergrund der „Neuen Konzeption" (siehe oben § 14 II. 4. b) bb) (3)) die Produkthaftung nicht mehr zum Gegenstand der Gesetzgebung gemacht hätte, wenn der erste Entwurf der Produkthaftungsrichtlinie nicht schon seit 1976 vorgelegen hätte.

dukthaftung jedoch eindeutig in den Anwendungsbreich des EG-Vertrages, weil sie sowohl wettbewerbsrelevant als auch verbraucherschutzrelevant ist[55].

1252 Welche Folgen sich aus dem Verstoß des Art. 38 EGBGB gegen Art. 6 EGV ergeben, wird im Schrifttum sehr unterschiedlich beurteilt. Eine Ansicht hält die Vorschrift generell für unanwendbar[56]. Eine andere Ansicht dehnt den Schutz der Vorschrift auf alle EG-Bürger aus[57]. Eine dritte Ansicht dehnt den Schutz nur im Verhältnis zu Drittstatten und nur auf EG-Angehörige mit gewöhnlichem Aufenthalt in Deutschland aus, hält sie aber für gänzlich unanwendbar, wenn sie sich gegen einen geschädigten EG-Angehörigen richtet[58]. Eine vierte Ansicht schließt lediglich die Begünstigung Deutscher im Verhältnis zu anderen EG-Angehörigen aus[59].

1253 Man mag aus rechtspolitischen Erwägungen radikaleren Lösungen Sympathie entgegenbringen, im Hinblick auf die Vereinbarkeit mit Art. 6 EGV ist *de lege lata* aber nur diejenige Lösung zulässig, die den Verstoß gegen das Diskriminierungsverbot beseitigt und am wenigsten in den Bestand des Art. 38 EGBGB eingreift[60]. Da Art. 6 EGV nur eine Diskriminierung aus Gründen der Staatsangehörigkeit verbietet, eine unterschiedliche Behandlung aufgrund eines anderen Merkmals aber erlaubt[61], ist dieser Vorschrift bereits dann genügt, wenn der Schutz des Art. 30 EGV allen Haftpflichtigen mit Sitz oder gewöhnlichem Aufenthalt in Deutschland gewährt wird. Diese Lösung käme indes einer wettbewerbsverzerrenden Anknüpfung an den Sitzstaat des Haftpflichtigen gleich; sie verstieße also gegen Art. 36 EWGV, weil sie geeignet wäre, den innergemeinschaftlichen Handel potentiell zu behindern[62]. Im Ergebnis ist daher der Ansicht zuzustimmen, welche Art. 38 EGBGB im Verhältnis zu EG-Angehörigen für unanwendbar ansieht[63].

---

55 Im Ergebnis ebenso *Sack*, Karlsruher Forum 1991, 39; *Chr. v. Bar*, IPR I Rn. 173; *ders.*, IPR II Rn. 681; *W.-H. Roth*, RabelsZ 55 (1991) 642; *Staudinger/v. Hoffmann*, Art. 38 EGBGB Rn. 245; zweifelnd und nicht eindeutig *Erman/Hohloch*, Art. 38 EGBGB Rn. 54 („soweit Wirtschaftsdeliktsrecht betroffen ist, mag dies zutreffen"). – Sogar für eine Einbeziehung des Straßenverkehrshaftungsrechts *G. Fischer*, Gemeinschaftsrecht 175.

56 *Drobnig*, RabelsZ 34 (1970) 661 und wohl auch *Staudinger/F. und G. Sturm*, Einl. zu Art. 7 ff. EGBGB, Rn. 237.

57 *Chr. v. Bar*, IPR I Rn. 172 und IPR II Rn. 681.

58 *Staudinger/v. Hoffmann*, Art. 38 EGBGB, Rn. 245 i.V.m. 247a.

59 *Sack*, GRUR Int. 1988, 331; *ders.*, Karlsruher Forum 1991, 39 (jeweils mit Nachweisen älterer Literatur).

60 *Sack*, Karlsruher Forum 1991, 39.

61 Genauer: Sofern dieses andere Merkmal nicht zu einer verschleierten Diskriminierung nach der Staatsangehörigkeit führt, vgl. *Grabitz*, Art. 7 EWGV a.F., Rn. 14 und 10.

62 Siehe oben § 14 III. 1. b) bb).

63 Siehe oben Fn. 59. – Der Ansicht von *Staudinger/v. Hoffmann*, Art. 38 EGBGB Rn. 247a, im Verhältnis zu *Drittstaaten* sei Art. 38 EGBGB in Übereinstimmung mit dem Diskriminierungsverbot des Art. 6 EGV auf alle EG-Angehörige mit Sitz oder gewöhnlichem Aufenthalt in Deutschland auszudehnen, wäre zuzustimmen, wenn die Differenzierung zwischen Deutschen und anderen EG-Angehörigen im Verhältnis zu *Drittstaaten* geeignet wäre, den *innergemeinschaftlichen* Handel (sic!) potientiell zu beeinträchtigen. Gänzlich ausgeschlossen scheint dies bei einem weiten Maßstab nicht. Gegen eine solche Ausdehnung im Verhältnis zu Dritt-

b) Produkthaftung und Ordre public

Die Frage, ob ausländisches Produkthaftungsrecht, das von der deutschen Kol- **1254** lisionsregel berufen ist, gegen den *ordre public-Vorbehalt des Art. 6 EGBGB* verstößt, kann sich de lege lata nicht stellen, wenn der zu beurteilende Sachverhalt in den Anwendungsbereich des Art. 38 EGBGB fällt, weil nach dieser Vorschrift, unabhängig von ihrer Einordnung als spezielle ordre public-Vorschrift oder als spezielle Kollisionsnorm[64], das deutsche Recht stets die Haftungshöchstgrenze[65] bildet. Auch außerhalb des Anwendungsbereichs von Art. 38 EGBGB hat sich die Frage der Vereinbarkeit ausländischen Produkthaftungsrechts mit Art. 6 EGBGB der Rechtsprechung bislang nicht gestellt[66].

Aktueller Gegenstand intensiver wissenschaftlicher Diskussion ist jedoch der **1255** *anerkennungsrechtliche ordre public des § 328 Abs. 1 Nr. 4 ZPO*, also − mit Blick auf die Gesamtproblematik formuliert − die Frage, ob ein von einem ausländischen Gericht erlassenes Urteil in Deutschland für vollstreckbar zu erklären ist, wenn es für den Ausgleich des materiellen und immateriellen Schadens Ersatz gewährt, der aus deutscher Sicht überhöht ist, oder wenn es Strafschadensersatz zuspricht[67]. Zu dieser Frage hat der BGH in einer grundlegenden Entscheidung vom 4.6.1992 ausführlich Stellung genommen[68]. Sie betrifft die Vollstreckbarerklärung eines US-amerikanischen Urteils, das den Beklagten wegen sexuellen Mißbrauchs des Klägers[69] zu hohem materiellen und immateriellen Schadensersatz und 400.000 US-Dollar Strafschadensersatz verpflichtet. Wegen der grundsätzlichen Ausführungen ist diese Entscheidung

---

staaten: *Martiny*, Gemeinschaftsrecht 238; *Drobnig*, RabelsZ 34 (1970) 661; wohl auch *Sack*, GRUR Int. 1988, 331. − Eine andere Frage ist, ob es andere, nicht gemeinschaftsrechtliche Gründe gibt, Art. 38 EGBGB im Verhältnis zu Drittstaaten auf alle Haftpflichtige mit Sitz oder gewöhnlichem Aufenthalt in Deutschland auszudehnen. Zu den rechtspolitischen Einwänden siehe unten b) cc).

64 Siehe oben bei und in Fn. 42 und 44.

65 Vgl. *Staudinger/v. Hoffmann*, Art. 38 EGBGB, Rn. 244.

66 Die Apfelschorf-Entscheidung des BGH, 17.3.1981, BB 1981, 1048 (= § 7 Fn. 55) gibt keine Anhaltspunkte für ein verwerfliches Handeln des US-amerikanischen Produkthaftpflichtigen. Der BGH wandte außerdem nicht US-amerikanisches Recht, sondern kraft stillschweigender Rechtswahl deutsches Recht an. Siehe dazu oben § 7 III. 2. b).

67 Die Zustellung US-amerikanischer Schadensersatzklagen ist auch dann vorzunehmen, wenn die Klage punitive damages zum Gegenstand hat. So zuletzt OLG München, 15.7.1992, IPRax 1993, 209 (= RIW 1993, 70); vgl. zu dieser Entscheidung *Koch/Zekoll*, IPRax 1993, 288f. und allgemein *Böhmer*, NJW 1990, 3049ff. Vgl. auch BVerfG, 3.8.1994, NJW 1994, 3281; BVerfG, 7.12.1994, NJW 1995, 649 (Zustellung verfassungsgemäß).

68 BGH, 4.6.1992, NJW 1992, 3096 (= oben § 6 Fn. 35). Die einschlägige Literatur ist in der Entscheidung umfassend nachgewiesen. Zu der Entscheidung selbst vgl. *H. Koch*, NJW 1992, 3073f.; *Deutsch*, JZ 1993, 266f.; *Schütze*, RIW 1993, 139ff.; *Geimer*, EWiR § 328 ZPO 1/92, 827; *Bungert*, ZIP 1992, 1707ff.; *ders.*, ZIP 1993, 815ff.; *ders.* VersR 1994, 15ff.; *Koch/Zekoll*, IPRax 1993, 288ff.; *Zekoll*, Colum. J. Transnat'l L. 30 (1992) 641. − Zur Anerkennungsfähigkeit von US-amerikanischen „class-action"-Urteilen *Mann*, NJW 1994, 1187.

69 *Schütze*, RIW 1993, 139: „Leider betrifft die kalifornische Entscheidung nicht die Produkthaftung". Daß die Atypik des entschiedenen Sachverhalts bei der Auswertung der BGH-Entscheidung zu beachten ist, betonen außer *Schütze* auch *Bungert*, ZIP 1992, 1708; vgl. auch *H. Koch*, NJW 1992, 3075.

trotz der Besonderheit des zugrundeliegenden Sachverhalts auch für die Vollstreckbarkeit ausländischer Produkthaftungsurteile und für den kollisionsrechtlichen ordre public gegenüber ausländischem Produkthaftungsrecht von Bedeutung[70].

aa) Strafschadensersatz

1256 Nach Ansicht des BGH und der nahezu einhelligen Lehre kann ein ausländisches Urteil, das über den Ausgleich erlittener materieller und immaterieller Schäden hinaus pauschal Strafschadensersatz zuspricht, in Deutschland nicht für vollstreckbar erklärt werden[71]. Ein solches Urteil hat zwar keine Kriminalstrafe, sondern einen zivilrechtlichen Zahlungsanspruch zum Gegenstand und ist deshalb einer Vollstreckbarerklärung gemäß §§ 722, 723 ZPO grundsätzlich zugänglich. Die Vollstreckbarerklärung scheitert auch nicht an Art. 38 EGBGB, weil diese Vorschrift unmittelbar[72] nur für das Kollisionsrecht, nicht aber für das Anerkennungs- und Vollstreckungsrecht gilt[73]. Die Vollstreckbarerklärung scheitert jedoch am *anerkennungsrechtlichen ordre public des § 328 Abs. 1 Nr. 4 ZPO*, weil eine Vollstreckung in Deutschland mit wesentlichen Grundsätzen des deutschen Rechts nicht zu vereinbaren wäre[74].

1257 Im einzelnen wird der Verstoß gegen den anerkennungsrechtlichen ordre public in Rechtsprechung und Lehre unterschiedlich begründet. Im Kern[75] ist man sich jedoch einig: Die pauschale Zuerkennung von Strafschadensersatz in nicht unerheblicher Höhe[76] verletzt den Grundsatz der Verhältnismäßigkeit, der im deutschen Zivilrecht durch das Schadensausgleichsprinzip und dem mit ihm korrelierenden Bereicherungsverbot gewahrt wird; sie steht außerdem in offensichtlichem Widerspruch zu der Grundentscheidung der deutschen Rechtsordnung, daß die Strafgewalt ein Monopol des Staates ist und mit besonderen Verfahrensgarantien verbunden ist[77].

1258 Der für das Eingreifen des ordre public notwendige *Inlandsbezug* ergibt sich nach Ansicht des BGH schon allein daraus, daß die Vollstreckbarerklärung

---

70 Der BGH (oben Fn. 68) spricht die Produkthaftung unter B. I. 2. der Urteilsgründe an.
71 Vgl. zum Schrifttum die Nachweise des BGH.
72 Einen mittelbaren Einfluß wird Art. 38 EGBGB von der herrschenden Meinung zugestanden. *Deutsch*, JZ 1993, 267, spricht von „Anleitungswirkung".
73 A.A. *Schütze*, RIW 1993, 140.
74 Der BGH behält sich eine Hintertür offen, indem er sagt, ein solches Urteil könne *regelmäßig* nicht für vollstreckbar erklärt werden.
75 Umstritten und vom BGH offen gelassen ist, ob auch ein Verstoß gegen den Bestimmtheitsgrundsatz (Art. 103 Abs. 2 GG) und gegen das Verbot der Mehrfachbestrafung (Art. 103 Abs. 3 GG) gegeben ist. Ablehnend *Bungert*, ZIP 1992, 1719f.; bejahend *Zekoll* 152f.; *ders.*, AmJCompL 37 (1989) 325f. und 329 (jeweils mit weiteren Nachweisen).
76 Zur Anerkennungsfähigkeit von treble damages, die nicht im Produkthaftungsrecht, nach dem Recht mancher US-Staaten aber insbesondere im Kartell- und Wettbewerbsrecht zugesprochen werden und die auch der Vereinfachung des Schadensnachweises (Gewinnabschöpfung) dienen, *Bungert*, ZIP 1993, 822f. m.w.N.
77 Vgl. die Nachweise in der Entscheidung des BGH. — Kritisch gegen das Kriterium der Verhältnismäßigkeit *Koch/Zekoll*, IPRax 1993, 291.

eines Urteils über Strafschadensersatz Gläubigern aus den wenigen Staaten in der Welt, deren Recht Strafschadensersatz gewährt, den Zugriff auf das inländische Schuldnervermögen in einem viel höherem Maße gestatten würde als inländischen Gläubigern, die unter Umständen wesentlich größere Beeinträchtigungen erlitten haben[78]. Über diese Zuspitzung auf den Gleichbehandlungsgrundsatz kann man streiten. Ein hinreichender Inlandsbezug ergibt sich aber jedenfalls aus einem vom BGH ebenfalls angeführten Gesichtspunkt, nämlich daraus, daß die Vollstreckung eines solchen Urteils die gesamten inländischen Haftungsmaßstäbe sprengen würde. In der Tat würde die Vollstreckung von Urteilen über hohen Strafschadensersatz unweigerlich die heimische Anspruchsmentalität erhöhen, was negativ zu bewerten wäre, weil es wegen der andersartigen Rahmenbedingungen in Deutschland, insbesondere wegen des weitreichenden öffentlichen Produktsicherheitsrechts, nicht indiziert ist[79]. Darüber hinaus würden die Grundsätze der deutschen Rechtsordnung, die einer Zuerkennung von Strafschadensersatz entgegenstehen, langfristig aufgeweicht.

Die Folgerungen, die aus diesen Erkenntnissen zum anerkennungsrechtlichen ordre public für den *allgemeinen kollisionsrechtlichen ordre public* zu ziehen sind, also für die außerhalb des Anwendungsbereichs von Art. 38 EGBGB[80] zu beantwortende Frage, ob ein streitentscheidendes deutsches Gericht auf der Grundlage des vom deutschen Kollisionsrecht berufenen ausländischen Rechts selbst Strafschadensersatz zuzusprechen hat[81], liegen auf der Hand. Denn die Eingriffsschwelle des kollisionsrechtlichen ordre public liegt nach allgemeiner Meinung niedriger als die des anerkennungsrechtlichen[82], weil die unmittelbare Streitentscheidung durch einen deutschen Richter einen viel stärkeren Inlandsbezug schafft als die bloße Vollstreckbarerklärung eines ausländischen Urteils. Deshalb steht außer Frage, daß ein deutsches Gericht jedenfalls dann keinen Strafschadensersatz nach US-amerikanischem Recht zusprechen kann, wenn eine Vollstreckung dieses Urteils in Deutschland zu erwarten ist. Die Eingriffsschwelle des kollisionsrechtlichen ordre public ist jedoch auch schon dann erreicht, wenn ein deutsches Gericht aufgrund der Erfolgsortzuständig-

1259

---

78 Vgl. unter A. V. 3. e) bb) der Entscheidungsgründe.
79 Zu den unterschiedlichen Rahmenbedingungen in Europa und den USA vgl. *Symeonides*, AmJCompL 38 (1990) 458 f.
80 Siehe zum Ausschlußcharakter des Art. 38 EGBGB oben den Text vor Fn. 64.
81 Dieser Frage vorrangig ist die Frage, ob man mit der Kollisionsregel für Produkthaftungsansprüche auch diejenigen Sachnormen des Produkthaftungsstatuts beruft, welche punitive damages zuerkennen. Eine besondere Anknüpfung steht für das deutsche Kollisionsrecht aus den im Text nachstehenden Gründen jedoch nicht zur Diskussion. Deshalb wird sich das Problem in der Praxis stets auf der ordre public-Stufe stellen. – Zu der besonderen Situation, die den Gesetzgeber Louisianas zu einer Sonderanknüpfung veranlaßte, siehe oben 1. a).
82 Allgemeine Meinung vgl. nur BGH (Fn. 68) unter B. I. 1 der Gründe und *Bungert*, ZIP 1993, 815. Da der anerkennungsrechtliche ordre public weniger leicht verletzt ist, spricht man auch von einem ordre public atténué. Zum Verhältnis von Art. 38 EGBGB und § 328 Abs. 1 Nr. 4 ZPO vgl. *Sack*, Karlsruher Forum 1991, 40.

keit über einen Produkthaftungsrechtsstreit zwischen Ausländern entscheidet und eine Vollstreckung des Urteils in Deutschland mangels Schuldnervermögen im Inland ausgeschlossen scheint. Abgesehen davon, daß die Prognose über den späteren Vollstreckungsort stets unsicher ist, wäre es nicht hinnehmbar, wenn der deutsche Richter die tragenden Grundsätze der deutschen Rechtsordnung, die einer Zuerkennung von Strafschadensersatz entgegenstehen, eigenhändig relativiert.

bb) Ersatz für materielle und immaterielle Schäden

1260 Die Anwendung ausländischen (Produkt-)Haftungsrechts durch ein deutsches Gericht kann auch insoweit gegen den kollisionsrechtlichen ordre public-Vorbehalt des Art. 6 EGBGB verstoßen, als es um den Ersatz von materiellem und immateriellem Schaden geht. Die ausländische Regelung muß mit Grundgedanken des deutschen Rechts allerdings in so starkem Widerspruch stehen, daß das Ergebnis ihrer Anwendung untragbar erscheint. Deshalb ist ein Verstoß gegen den ordre public nicht anzunehmen, wenn das ausländische Recht den Einwand des Standes von Wissenschaft und Technik nicht zuläßt[83], wenn es Schmerzensgeld auch auf der Grundlage einer Gefährdungshaftung gewährt[84], wenn es zum Ersatz noch nicht entstandener „fiktiver" Heilbehandlungskosten verpflichtet[85] oder wenn es die pauschale Schätzung der Schadenshöhe erlaubt[86]. In Betracht kommt ein Verstoß gegen den ordre public jedoch, wenn nach ausländischem Recht eine Haftung ohne Kausalitätsnachweis aufgrund des Marktanteils eines Produkthaftpflichtigen begründet ist oder wenn die nach ausländischem Recht zuzusprechende Schmerzensgeldsumme die deutschen Vorstellungen weit übersteigt. Allgemeingültige Aussagen sind hier jedoch anders als bei der Zuerkennung von Strafschadensersatz nicht möglich[87]. Dies gilt auch hinsichtlich einer Marktanteilshaftung, weil es entscheidend auf ihre konkrete Ausgestaltung ankommt[88]. Der ordre public muß vielmehr im Hinblick auf die Umstände des Einzelfalles konkretisiert werden, wobei der Intensität des Inlandsbezuges großes Gewicht zukommt[89].

---

83 *Morse*, Current Legal Problems 42 (1989) 187.

84 Für den *anerkennungsrechtlichen* ordre public BGH, 22.6.1983, BGHZ 88, 17, 25f. = NJW 1983, 2139.

85 Für den *anerkennungsrechtlichen* ordre public BGH, 4.6.1992, NJW 1992, 3096, 3101 (= oben § 6 Fn. 35).

86 Für den *anerkennungsrechtlichen* ordre public BGH, 26.9.1979, BGHZ 75, 167, 171f. = NJW 1980, 527.

87 Vgl. BGH, 4.6.1992, NJW 1992, 3096, 3105 (= oben § 6 Fn. 35) unter B I. 2. der Gründe mit Nachweisen zum Streitstand.

88 Differenzierend auch *Stiefel/Stürner*, VersR 1987, 834; *Stiefel/Stürner/Stadler*, AmJCompL 39 (1991) 783; a.A. *Bungert*, ZIP 1993, 822, der nur auf den Grad des Inlandsbezuges abstellt.

89 Vgl. BGH wie Fn. 87 – Zur Konkretisierung des ordre public *Jayme*, ordre public 41ff.

cc) Zur Sachgerechtigkeit eines speziellen Vorbehalts für Delikte

Die vorstehenden Ausführungen erlauben eine eindeutige Stellungnahme zu **1261** der rechtspolitisch umstrittenen Frage, ob Art. 38 EGBGB bei der anstehenden Reform des internationalen außervertraglichen Schuldrechts in einer EG-konformen Fassung beizubehalten ist. Die Stellungnahme lautet:

1. Die Verabsolutierung des deutschen Rechts durch Art. 38 EGBGB, gleich ob zugunsten von Haftpflichtigen mit deutscher Staatsangehörigkeit, mit Sitz in Deutschland oder der EG, ist sachwidrig. Denn sie verstößt ihrerseits gegen tragende Grundsätze des deutschen Rechts, nämlich des allgemeinen Kollisionsrechts[90].

2. Zur Abwehr von Strafschadensersatz nach ausländischem Recht bedarf es Art. 38 EGBGB nicht, weil die Zuerkennung von Strafschadensersatz eindeutig und offensichtlich gegen den allgemeinen ordre public-Vorbehalt des Art. 6 EGBGB verstößt.

3. Ein spezieller ordre public-Vorbehalt, wonach ein deutsches Gericht keine Leistungen nach ausländischem Recht zuerkennen darf, die den eingetretenen Schaden wesentlich überschreiten oder offensichtlich anderen Zwecken als einer angemessenen Entschädigung des Verletzten dienen[91], wäre nicht von Schaden, aber auch nicht von Nutzen. Er wäre in jedem Fall keine gesetzgeberische Glanzleistung[92].

Das Fazit lautet daher: Für die Produkthaftung genügt der allgemeine ordre **1262** public des Art. 6 EGBGB vollkommen[93].

---

90 Deshalb kann es *Deutsch*,JZ 1993, 267, bei dieser rhetorischen Frage lassen: „Warum soll eigentlich die Zusprechung einer höheren als hierzulande üblichen Summe auf Grundlage eines fremden Rechts im Inland verwehrt sein?" — Die Urteile der englischen und der schottischen Law Commission zu der vergleichbaren double actionability-rule des englischen Rechts sind deutlicher: Die Regel sei „anomalous", „parochical in appearance" and führe zu Ungerechtigkeit. Vgl. The Law Commission, Report Nr. 2.6–2.8 und Working Paper Nr. 3.1–3.10.
91 Siehe oben bei und in Fn. 51.
92 Was nicht ausschließt, daß eine solche Regelung vielleicht notwendig ist, um Zweifler im Gesetzgebungsverfahren zu beruhigen.
93 Dezidiert auch *Staudinger/v. Hoffmann*, Art. 38 EGBGB Rn. 249.

Literaturverzeichnis

Monographien und Beiträge in Sammelwerken werden nach Verfasser und Seite zitiert. Mehrere Beiträge eines Verfassers werden durch kursiv gedruckte Stichworte aus dem Titel unterschieden. Die Einzelbeiträge in *Kullmann/Pfister* (Hrsg.), 2 Bände (Loseblatt), werden nach Verfasser, Kennzahl und Seite des Beitrages zitiert (z. B. *Kullmann*, Kza. 1520/5). Die Einzelbeiträge in *Graf v. Westphalen* (Hrsg.), Produkthaftungshandbuch, 2 Bände, werden nach Verfasser, Paragraph und Randnummer zitiert (z. B. *Foerste* § 24 Rn. 63). Materialien werden nur genannt, wenn sie in den Fußnoten nicht vollständig nachgewiesen sind (z. B. The Law Commission, Working Paper Nr. 4.44). Materialien von der Haager Produkthaftpflichtkonferenz und Wortbeiträge auf dieser Konferenz werden mit dem Stichwort „Conférence" (für Conférence de La Haye de droit international privé, vgl. im Verzeichnis) und einer Seitenangabe zitiert.

Abe, Yasutaka: Probleme der Arzneimittelgesetzgebung in Japan, in: Badura/Kitagawa (Hrsg.), Arzneimittelprobleme in Deutschland und Japan, Köln, Berlin, Bonn, München 1980, 63–72.

Abrell, Matthias: Der Quebecer Entwurf einer Kodifikation des Internationalen Privatrechts, Frankfurt 1978.

Adams, Michael: Ökonomische Analyse der Gefährdungs- und Verschuldenshaftung, Heidelberg 1985.

–: Produkthaftung – Wohltat oder Plage –, BB 1987, Beilage 20, 1–24.

Ahmend, Nisar: Trends zu einer Produkthaftpflichtreform in Skandinavien, PHI 1984, 20–24.

Ahrens, Hans-Jürgen: Die internationale Deliktszuständigkeit im englischen Recht – ein englischer Denkanstoß zu offenen Fragen des deutschen Rechts, IPRax 1990, 128–133.

Anderle, Christoph: Der Haftungsumfang des harmonisierten Produkthaftungsrechtes, Heidelberg 1990.

Andréewitch, Markus: Anmerkungen zum Produkthaftungsgesetz, ÖJZ 1988, 225–232.

Anhalt, Peter: Produzentenhaftung – Rechtsgrundlagen, Haftungsrisiken, Absicherungsmöglichkeiten, Kissing, 1. Aufl. 1978.

Arens, Peter: Zur Beweislastproblematik im heutigen deutschen Produkthaftungsprozeß, ZZP 104 (1991) 123–135.

Arnold, Robert H.: The Present State of the Law in the United States from the Standpoint of Industry, in: Böckstiegel, Karl-Heinz (Hrsg.), Die Produkthaftung in der Luft- und Raumfahrt, Köln, Berlin, Bonn, München 1978, 91–108.

Assmann, Heinz-Dieter: Multikausale Schäden im deutschen Haftungsrecht, in: Fenyves/Weyers (Hrsg.), Multikausale Schäden in modernen Haftungsrechten, Verhandlungen der Fachgruppe für Zivilrechtsvergleichung auf der Tagung für Rechtsvergleichung in Innsbruck 1987, Frankfurt/M. 1988, 99–152.

Bach, Albert: Direkte Wirkungen von EG-Richtlinien, JZ 1990, 1108–1116.

Ballon, Oskar J.: Die Rechtsprechung in Zuständigkeitsfragen, in: Festschrift für Hans W. Fasching, Wien 1988, 56–65.

Bar, Carl Ludwig v.: Theorie und Praxis des internationalen Privatrechts, Bd. II (Neudruck der 2. Aufl., Hannover 1889), Aalen 1966.

Bar, Christian v.: Verkehrspflichten − Richterliche Gefahrsteuerungsgebote im deutschen Deliktsrecht, Köln, Berlin, Bonn, München 1980.

−: Grundfragen des internationalen Deliktsrechts, JZ 1985, 961–969.

−: Abtretung und Legalzession im neuen deutschen Internationalen Privatrecht, RabelsZ 53 (1989) 462–486.

−: Internationales Privatrecht, Bd. I: Allgemeine Lehren, München 1987; Bd. II: Besonderer Teil, München 1991.

Barchetti/Formanek: Das österreichische Produkthaftungsgesetz, Wien 1988.

Basedow, Jürgen: Die Neuregelung des Internationalen Privat- und Prozeßrechts, NJW 1986, 2971–2979.

−: Wirtschaftskollisionsrecht − Theoretischer Versuch über die ordnungspolitischen Normen des Forumstaates, RabelsZ 52 (1988) 8–40.

−: Der kollisionsrechtliche Gehalt der Produktfreiheiten im europäischen Binnenmarkt: favor offerentis, RabelsZ 59 (1995) 1–55.

Batiffol, Henri: Anmerkung zu Tribunal de grande instance de la Seine (4e Ch.) − 13 mars 1963, Rev. crit. 1963, 573–583.

−: La douzième session de la conférence de la Haye de droit international privé, Rev. crit. 62 (1973) 243–273.

Batz, Karl: Die Zulassungsvoraussetzungen für Arzneimittel, Diss., Gießen 1986.

Baudovin, Jean-Louis: La réforme de la responsabilité médicale: responsabilité ou assurance? R.G.D. 21 (1991) 151–180.

Bauer, Ulrich: Grenzen nachträglicher Rechtswahl durch Rechte Dritter im Internationalen Privatrecht, Pfaffenweiler 1992.

Baumbach/Hefermehl: Wettbewerbsrecht, 17. Aufl., München 1993.

Baxter, William F.: Choice of Law and the Federal System, Stan. L. Rev. 16 (1963) 1–42.

Bea/Beutel: Die Bedeutung des Exports für die Entwicklung der Kosten und die Gestaltung der Preise, in: Dichtl/Issing, Exportnation Deutschland, 2. Aufl., München 1992, 243–261.

Beckert/Breuer: Öffentliches Seerecht, Berlin, New York 1991.

Beemelmans, Hubert: Das Statut der cessio legis, der action directe und der action oblique, RabelsZ 29 (1965) 511–544.

Behrens, Hans-Jörg: Produkthaftung in Ausfüllung der EG-Richtlinie nach den englischen und deutschen nationalen Regeln, München 1991.

Beitzke, Günther: Les obligations délictuelles en droit international privé, Rec. des cours 115 II (1965) 61–144.

—: Auslandswettbewerb unter Inländern — BGHZ 40, 391, JuS 1966, 139–147.

—: Die 11. Haager Konferenz und das Kollisionsrecht der Straßenverkehrsunfälle, RabelsZ 33 (1969) 204–234.

—: Kritische Bemerkungen zum Deliktsrecht, in: *Freiburger Kolloquium* über den schweizerischen Entwurf zu einem Bundesgesetz über das internationale Privatrecht, Freiburg (Schweiz), 27.-28. April 1979 (Bd. 14 der Schweizer Studien zum internationalen Recht) Zürich 1979, 54–58.

—: Neues österreichisches Kollisionsrecht, RabelsZ 43 (1979) 245–276.

—: Das Deliktsrecht im schweizerischen IPR-Entwurf, SchwJbIntR 35 (1979) 93–114.

—: Bemerkungen zur Kollisionsrechtsvergleichung in der Praxis, RabelsZ 48 (1984) 623–648.

Benz, Heribert: Verantwortung und Haftung im Lebensmittelrecht unter besonderer Berücksichtigung der sog. „Nichtverursacher" aus der Sicht des Straf- und Bußgeldrechts, ZLR 1989, 679–693.

Berger, Don: Zuständigkeit und Forum Non Conveniens im amerikanischen Zivilprozeß, RabelsZ 41 (1977) 39–70.

Bernhard, Peter: Cassis de Dijon und Kollisionsrecht am Beispiel des unlauteren Wettbewerbs, EuZW 1992, 437–443.

—: Besprechung von *Czempiel*, Das bestimmbare Deliktsstatut, Berlin 1991, RabelsZ 58 (1994) 347–357.

Bernstorff, Christoph Graf v.: Die Produkthaftung im englischen Recht, RIW 1984, 188–192.

Besharov, Douglas J.: Whose Law Should Apply for Foreign Torts? The National Law Journal, July 20, 1987, 30–31.

—: *Forum-Shopping*, Forum-Skipping, and the Problem of International Competitiveness, in: Olson, Walter (Hrsg.), New Directions in Liability Law, New York 1988, 139–148.

Beyer, Christian: Grenzen der Arzneimittelhaftung, München 1989.

Biegler, Manfred: Rückstellungen für die Produkthaftung, ÖJZ 1988, 705–713.

Binder, Heinz: Zur Auflockerung des Deliktsstatuts, RabelsZ 20 (1955) 401–499.

Birk, Rolf: Schadensersatz und sonstige Restitutionsformen im internationalen Privatrecht, Karlsruhe 1969.

Bischoff, J.-M.: Bericht zu EuGH, Urt. v. 6.10.1976, Rs. 14/76, JDrint 104 (1977) 719–728.

Bisset-Johnson, A.: Jurisdiction over the Manufacturer of Imported Goods in Cases of Negligence – the British Commonwealth Approach, Rev. du Bar. Can. 18 (1970) 548–561.

Bleckmann, Albert: Der allgemeine Gleichheitssatz beim Zusammenwirken des Europäischen Gemeinschaftsrechts mit dem nationalen Recht, NJW 1985, 2856–2860.

–: Europarecht, 5. Aufl., Köln, Berlin, Bonn, München 1990.

Bleckmann/Pieper: Die EG-Produkthaftungsrichtlinie und ihre Umsetzung in nationales Recht, Internationale Wirtschaftsbriefe 1989, Nr. 19 v. 10.10.1989, 79–90.

Bloth, Christian: Produkthaftung in Schweden, Norwegen und Dänemark, Heidelberg 1993.

Blumenberg, Rita: Arzneimittelsicherheit – die Problematik politischer Entscheidungen über einen interessengebundenen Sachverhalt mit „Restrisiko", Diss., Hannover 1988.

Bodewig, Theo: Probleme alternativer Kausalität bei Massenschäden, AcP 185 (1985) 505–558.

Böckstiegel, Karl-Heinz (Hrsg.): Die Produkthaftung in der Luft- und Raumfahrt, Köln, Berlin, Bonn, München 1978.

Böhmer, Christof: Spannungen im deutsch-amerikanischen Rechtsverkehr in Zivilsachen, NJW 1990, 3049–3054.

Börner, Bode: Die Produkthaftung oder das vergessene Gemeinschaftsrecht, in: Festschrift für Hans Kutscher, Baden-Baden 1981, 43–54.

Bogdan, Michael: Aircraft Accidents in the Conflict of Laws, Rec. des Cours 208 I (1988) 9–168.

–: Conflicts of Laws in Air Crash Cases: Remarks from a European's Perspective, Journal of Air Law and Commmerce 54 (1988) 303–348.

Bohr, Sebastian: Das Übereinkommen zwischen der EWG und den EFTA-Staaten über ein Informationsaustauschverfahren auf dem Gebiet der technischen Vorschriften – Ein Beispiel für einen „Brückenschlag" zwischen EG und EFTA, ZfRV 1992, 3–14.

Boisserée, K.: Fragen des interlokalen und internationalen Privatrechts bei der Haftung für Schäden durch Atomanlagen, NJW 1958, 849–853.

Borchers, Patrick J.: Comparing Personal Jurisdiction in the United States and the European Community: Lessons for American Reform, AmJCompL 40 (1992) 121–157.

Borer, Peter: *Produktehaftung*: Der Fehlerbegriff nach deutschem, amerikanischem und europäischem Recht, Bern, Stuttgart 1986.

—: Die Produktehaftung in den *USA*, in: Borer/Kramer/Posch/Schwander/Widmer, Produktehaftung, Bern 1986, 137–196.

—: Haftpflichtrecht, insbesondere Produkthaftpflichtrecht, in: Schindler/Hertig/Kellenberger/Thürer/Zäch, Die *Europaverträglichkeit* des schweizerischen Rechts, Schriften zum Europarecht 1, Zürich 1990, 459–531.

Boric, Tercsàk: Grundzüge des Entwurfs zum ungarischen Produkthaftungsgesetz, PHI 1993, 22–29.

Bourel, Pierre: Les conflits de lois en matière d'obligations extracontractuelles, Paris 1961.

—: Anmerkung zu EuGH, Urt. v. 30.11.1976, Rs. 21/76, Rev. crit. 66 (1977) 568–576.

Brehm, Roland: Erläuterung der Art. 41–61 OR, in: Berner Kommentar (Hrsg. Meier-Hayoz), Bd. VI, 1. Abteilung, 3. Teilband, 1. Unterteilband, Bern 1990.

Briggs, Adrian: Forum Non Conveniens and the Brussels Convention Again, L.Q.R. 107 (1991) 180–182.

Brilmayer, Lea: Interest Analysis and the Myth of Legislative Intent, Mich. L. Rev. 78 (1980) 392–431.

Brinkmann, Werner: Anmerkung zu BGH, Urt. v. 11.12.1979 – VI ZR 141/78, DB 1980, 777–778.

Brocks/Pohlmann/Senft: Das neue Gentechnikgesetz, München 1991.

Bröcker, Walter: Möglichkeiten der differenzierten Regelbildung im internationalen Deliktsrecht, Diss., München 1967.

Broggini, Geraldo: L'illecito civile, in: Il nuovo diritto internazionale privato in Svizzera. Quaderni giuridici italo-svizzeri, Vol. 2, Milano 1990, 253–266.

Brüggemann, Gerd: Die Produkthaftung im spanischen Recht, Bergisch Gladbach, Köln 1988.

Brüggemeier, Gert: Deliktsrecht, Baden-Baden 1986.

—: Judizielle Schutzpolitik de lege lata – Zur Restrukturierung des BGB-Deliktsrechts, JZ 1986, 969–979.

—: Die Gefährdungshaftung der Produzenten nach der *EG-Richtlinie* – ein Fortschritt der Rechtsentwicklung? in: Ott/Schäfer (Hrsg.), Allokationseffizienz in der Rechtsordnung, Berlin, Heidelberg, New York 1988, 228–247.

—: Produkthaftung und Produktsicherheit, ZHR 152 (1988) 511–536.

—: *Regulatory Functions* of Product Liability Law, in: Joerges, Christian (Hrsg.), Product Liability and Product Safety in the European Community, Florence 1989, 8–18.

−: Besprechung von Reuber, Die haftungsrechtliche Gleichbehandlung von Unternehmensträgern, Berlin 1990, AcP 191 (1991) 470−474.

−: Anmerkung zu BGH, 7.12.1993 − VI ZR 74/93, JZ 1994, 578−580.

Brüggemeier/Falke/Holch-Treu/Joerges/Micklitz: Sicherheitsregulierung und EG-Integration, Bremen ZERP-DP 3/84 (zit.: Brüggemeier u.a.; Sicherheitsregulierung)

Brüggemeier/Reich: Die EG-Produkthaftungs-Richtlinie 1985 und ihr Verhältnis zur Produzentenhaftung nach § 823 Abs. 1 BGB, WM 1986, 149-155.

Brunner, Andreas: Technische Normen in Rechtssetzung und Rechtsanwendung, Basel, Frankfurt 1991.

Bucher, Andreas: *Les actes illicites* dans le nouveau droit international privé suisse, in: Dessmontet François (Hrsg.), Le nouveau droit international privé suisse, Lausanne, 1988, 107-141.

Buchner, Herbert: Neuorientierung des Produkthaftungsrechtes? Auswirkungen der EG-Richtlinie auf das deutsche Recht, DB 1988, 32-37.

Buchwaldt, Ekkehard: Die Schutzgesetze des Lebensmittel- und Bedarfsgegenständegesetzes, die den Verkehr mit Lebensmitteln betreffen, in: Kullmann/Pfister, Produzentenhaftung, Loseblattsammlung, Berlin 1990, Stand: 1992 (zit.: Buchwaldt, Kza.).

Bülow/Böckstiegel (/Bearb.): Der Internationale Rechtsverkehr in Zivil- und Handelssachen, München, (Loseblattsammlung) Stand: 1991.

Bullinger, Martin: Verfassungsrechtliche Aspekte der Haftung, in: FS für Ernst v. Caemmerer, Tübingen 1978, 297-312.

Bungert, Hartwin: Vollstreckbarkeit US-amerikanischer Schadensersatzurteile in exorbitanter Höhe in der Bundesrepublik, ZIP 1992, 1707-1725.

−: Compensating Harm to the Defective Product Itself − A Comparative Analysis of American and German Products Liability Law, Tul. L.R. 66 (1992) 1179-1266.

−: Inlandsbezug und Vollstreckbarkeit US-amerikanischer Produkthaftungsurteile, ZIP 1993, 815-824.

−: Verhältnismäßigkeitsprinzip und US-amerikanische Punitive damages, VersR 1994, 15-23.

Bydlinski, Franz: Vertragliche Sorgfaltspflichten zugunsten Dritter, JBl 1960, 359-367.

Caemmerer, Ernst v.: Ausgleichsprobleme im Haftpflichtrecht in rechtsvergleichender Sicht, ZfRV 9 (1968) 81-98.

−: *Vorschläge* und Gutachten zur Reform des deutschen internationalen Privatrechts der außervertraglichen Schuldverhältnisse, Tübingen 1983.

Canaris, Claus-Wilhelm: Die Produzentenhaftpflicht in dogmatischer und rechtspolitischer Sicht, JZ 1968, 494-507.

Carter, P.B.: Choice of Law in Tort and Delict, L.Q.R. 107 (1991) 405–418.

Castel, J.-G.: Droit International Privé Québécois, Toronto 1980.

—: Canadian *Conflict* of Laws, 2. Aufl., Toronto 1987.

Castells, Andres J. Recalde: Besprechung von Brüggemann: Die Produkthaftung im spanischen Recht, Köln 1988, PHI 1990, 108-111.

Cavers, David F.: The Choice-of-Law *Process*, Ann Arbor 1965.

—: The Proper Law of *Producer's Liability*, in: Contemporary Problems in the Conflict of Laws, Essays in Honour of John Humphrey Carlile Morris, Leyden und Boston 1978, 3–33 (= ICLQ 26 (1977) 703–733).

Cavin, Pierre: La Convention sur la loi applicable à la responsabilité du fait des produits, SchwJbIntR 28 (1972) 45–60.

Cecchini, Paolo: Europa '92. Der Vorteil des Binnenmarktes, Baden-Baden 1988.

Cerina, Paolo: Osservazioni di diritto internazionale privato sulla direttiva CEE N. 85/374 in materia di responsabilità per danno da prodotti difettosi, Riv. dir. internat. privato e. proc. 1991, 355–374.

Chase: Market Share Liability: A Plea for Legislative Alternatives, U.Ill.L.Rev. 1982, 1003-1043.

Cheshire/North: Private International Law, 12. Aufl. bearbeitet von North/Fawcett, London 1992.

Civil Code Revision Office: Report on the Québec Civil Code, Volume II, Commentaries, Tome 2, Books 5 to 9, Quebec 1977.

Classen, Claus Dieter: Zur Bedeutung von EWG-Richtlinien für Privatpersonen, EuZW 1993, 83–87.

Collins, Lawrence: Some Aspects of Service out of Jurisdiction in English Law, ICLQ 21 (1972) 656–681.

—: Where is the locus delicti? ICLQ 24 (1975) 325–328.

Conférence de La Haye de droit international privé: Actes et documents de la Douzième session, 2.-21. 10. 1972, III: Responsabilité du fait des produits, La Haye 1974.

Cornish, Gordon: Das neue britische Produkthaftungsrecht, VersRAI 1991, 29–30.

Crépeau, Paul-André: De la responsabilité civile extra-contractuelle en droit international privé québecois, Can. Bar Rev. 39 (1961) 3–29.

Czempiel, Benedict: Das bestimmbare Deliktsstatut — Zur Zurechnung im internationalen Deliktsrecht, Berlin 1991.

Czerwenka, Beate: Rechtsanwendungsprobleme im internationalen Kaufrecht, Berlin 1988.

Däubler, Wolfgang: Haftung für gefährliche Technologien, Heidelberg 1988.

Däubler: Die RechtsanwendungsVO vom 7.12.1942 (RGBl I, 706) DJ 1943, 36–38.

Damm, Reinhard: Gentechnikhaftungsrecht – Zum Haftungskonzept des Regierungsentwurfs eines Gentechnikgesetzes, ZRP 1989, 463–470.

–: Gentechnologie und Haftungsrecht, JZ 1989, 561–568.

De Boer, Th. M.: The EEC Contracts Convention and the Dutch Courts – A Methodological Perspective, RabelsZ 54 (1990) 24–62.

–: Beyond Lex Loci Delicti, Deventer, Antwerpen, London, Frankfurt 1987.

Debusschere/Kretschmar: Vereinigte Staaten von Amerika – Materielles Produkthaftungsrecht, in: Westphalen, Friedrich Graf v. (Hrsg.), Produkthaftungshandbuch Bd. 2, München 1991, §§ 104–118.

Delachaux, Jean Louis: Die Anknüpfung der Obligationen aus Delikt und Quasidelikt im Internationalen Privatrecht, Zürich 1960.

Deleury/Prujiner: Quelques commentaires sur le rapport de l'Office de revision du Code civil sur le droit international privé, C. de D. 18 (1977) 233–263.

DeMent, James A.: International Products Liability: Toward a Uniform Choice of Law Rule, Cornell int. L.J. 5 (1972) 75–97.

De Nova, Rodolfo: Il progetto preliminare dell'Aja sulla legge applicabile alla responsabilità del fabbricante per il suo prodotto, Dir. int. 25 (1971) 145–156.

Derrida: Solidarité, in: Répertoire de droit civil VII, Paris 1976 (mise à jour 1992).

Dethloff, Nina: Die Zuständigkeit US-amerikanischer Gerichte für Klagen gegen ausländische Unternehmen, NJW 1988, 2160–2161.

Deutsch, Erwin: Anmerkung zu OLG Köln, Urt. v. 14.4.1962–9 U 49/60 –, NJW 1962, 1680–1681.

–: Haftungsrecht, Bd. I, Allgemeine Lehren, Köln, Berlin, Bonn, München 1976.

–: Das Arzneimittelrecht im Haftungssystem, VersR 1979, 685–691.

–: *Internationales Unfallrecht*, in: v. Caemmerer (Hrsg.), Vorschläge und Gutachten zur Reform des deutschen internationalen Privatrechts der außervertraglichen Schuldverhältnisse, Tübingen 1983, 202–231.

–: Arzneimittelschaden: Gefährdungshaftung, Verschuldenshaftung, Staatshaftung, in: Festschrift für Karl Larenz, München 1983, 111–125.

–: Einschränkung des Mitverschuldens aus sozialen Gründen?, ZRP 1983, 137–139.

–: Der Schutzbereich der Produzentenhaftung nach dem BGB und dem PHG, JZ 1989, 465–470.

—: Internationales Privatrecht und Haftungsrecht, dargestellt am Beispiel des Unfalls, in: Lukes, Gerhard (Hrsg.), Grundfragen des Privatrechts, Köln, Berlin, Bonn, München 1989, 19–32.

—: Produzentenhaftung im Gentechnikrecht, PHI 1991, 75–83.

—: *Arztrecht* und Arzneimittelrecht, Berlin, Heidelberg, New York, 2. Aufl. 1991.

—: Produkt- und Arzneimittelhaftung im Gentechnikrecht, in: Festschrift für Werner Lorenz, Tübingen 1991, 65–79.

—: Das neue System der Gefährdungshaftungen: Gefährdungshaftung, erweiterte Gefährdungshaftung und Kausal-Vermutungshaftung, NJW 1992, 73–77.

—: Anmerkung zu BGH, Urt. v. 4.6.1992, JZ 1993, 266–267.

Dias/Markesinis: Tort Law, 2. Aufl., Oxford 1989.

Dicey/Morris: The Conflicts of Laws, Bd. I (S. 1–596); Bd. II (S. 597–1511), 11. Aufl. London 1987.

Diederichsen, Uwe: Die Haftung des Warenherstellers, München, Berlin 1967.

—: Wohin treibt die Produzentenhaftung?, NJW 1978, 1281–1291.

—: Zur Dogmatik der Produkthaftung nach Inkrafttreten des Produkthaftungsgesetzes, in: Arbeitsgemeinschaft der Verkehrsrechtsanwälte des Deutschen Anwaltvereins (Hrsg.), Probleme der Produzentenhaftung, Essen 1988, 9–32.

Dielmann, Heinz J.: Entwicklung und Tendenzen im Recht der Produkthaftung der Vereinigten Staaten von Amerika, in: Festschrift für Ernst C. Stiefel, München 1987, 117–145.

—: Produkthaftung in den Vereinigten Staaten von Amerika, AG 1987, 108–117.

Dietz, Wolf-Dieter: Versicherungsrechtliche Aspekte, in: Böckstiegel, Karl-Heinz (Hrsg.), Die Produkthaftung in der Luft- und Raumfahrt, Köln, Berlin, Bonn, München 1978, 143–154.

Dörner, Heinrich: Internationales Verkehrsunfallrecht, Jura 1990, 57–62.

Doorn, Philip van: Reflexions sur l'effet direct des directives communautaires à propos de la directive sur la responsabilité du fait des produits, Gaz. Pal. 1989, 171–174.

Drobnig, Ulrich: Verstößt das Staatsangehörigkeitsprinzip gegen das Diskriminierungsverbot des EWG-Vertrages?, RabelsZ 34 (1970) 636–662.

—: Unification of National Law and the Uniformisation of the Rules of Private International Law, in: Rigaux, Francois (Hrsg.), L'influence des Communautés européennes sur le droit international privé des Etats membres, Bruxelles 1981, 1–12.

−: Produktehaftung, in: v. Caemmerer (Hrsg.), Vorschläge und Gutachten zur Reform des deutschen internationalen Privatrechts der außervertraglichen Schuldverhältnisse, Tübingen 1983, 298–337.

Droz, Georges A.-L.: Compétence judiciaire et effets des jugements dans le Marché Commun (Etude de la Convention de Bruxelles du 27 septembre 1968) Paris 1972.

−: Anmerkung zu EuGH, Urt. v. 30. 11. 1976, Rs. 42/76, D.S. 1977, J. 614–615.

Dufwa, Bill W.: Schweden, Norwegen, Finnland und die EG-Richtlinie, PHI 1988, 106–112.

Dugdale, A.M.: The Civil Liability (Contribution) Act 1978, M.L.R. 42 (1979) 182–191.

Duintjer Tebbens, Harry: Western European Private International Law and *The Hague Convention* relating to Product Liability, Hague-Zagreb Essays 2, Colloquium on the law of international trade, 1976, Alphen aan den Rijn 1978, 3–34.

−: International Product Liability, The Hague 1979 (nur mit Seitenangabe zit.).

Dukes/Swartz: Responsibility For Drug-Induced Injury, Amsterdam, New York, Oxford 1988.

Durham, Bryant: Hague Convention on the Law Applicable to Products Liability, GA.J.Int'L & Comp.L. 178 (1974) 178–191.

Dutoit, Bernard: La récente Convention de la Haye sur la loi applicable à la responsabilité du fait des produits, NILR 20 (1973) 109–124.

Eberstein, Hans Hermann: Einführung in die Grundsätze des sicherheitstechnischen Rechts, Heidelberg 1986.

Egli/Hartmann: Folgen des Lugano-Übereinkommens, NZZ v. 28. 6. 89 (Fernausgabe Nr. 146) S. 41.

Ehmann, Horst: Die Gesamtschuld, Berlin 1972.

Ehrenzweig, Albert A.: Vicarious Liability in the Conflict of Laws − Towards a Theory of Enterprise Liability under „Foreseeable and Insurable Laws": I-III, Yale L.J. 69 (1960) 595–604; 794–803; 978–991.

−: A Treatise on the Conflict of Laws, St. Paul, Minn. 1962.

−: Specific Principles of Private Transnational Law, Rec. des Cours 124 II (1968) 167–341.

Eichenhofer, Eberhard: Internationales Sozialrecht und Internationales Privatrecht, Baden-Baden 1987.

Einsele, Dorothee: Das Internationale Privatrecht der Forderungszession und der Schuldnerschutz, ZVglRWiss 90 (1991) 1–24.

Enderlein/Maskow/Strohbach(-Bearb.): Internationales Kaufrecht: Kaufrechts-Konvention, Verjährungskonvention, Rechtsanwendungskonvention, Berlin 1991.

537

Erman(-Bearb.): Handkommentar zum Bürgerlichen Gesetzbuch, Bd. 2, 9. Aufl., Münster 1993.

Ermert, Franz-Josef: Produkthaftpflicht, Haftung und Versicherungsschutz, 3. Aufl., Köln 1989.

Essén, Eric W.: Rapport explicatif, in: Conférence de La Haye de droit international privé, Actes et documents de la Onzième session, III: Accidents de la circulation routière, La Haye 1970, 200–217.

Esser, Josef: Grundlagen und Entwicklung der Gefährdungshaftung, 2. Aufl., München 1969.

Esser/Weyers: Schuldrecht II, Heidelberg 1991.

Etmer/Bolck: Arzneimittelgesetz (Kommentar), München, Stand: 12/90.

Eujen/Müller-Freienfels: Zur Schadensersatzhaftung eines französischen Warenherstellers gegenüber dem deutschen Abnehmer, AWD (RIW) 1972, 503–507.

Fallon, Marc: Le projet de convention sur la loi applicable à la responsabilité du fait des produits, J.T. 89 (1974) 73–80.

–: Les accidents de la consommation et le droit, Brüssel 1982.

Fammler, Michael A.: Produkthaftungsklagen ausländischer Kläger vor US-amerikanischen Gerichten, RIW 1990, 808–812.

Fasching, Hans: Lehrbuch des österreichischen Zivilprozeßrechts, 2. Aufl., Wien 1990.

Fawcett, J.J.: Law Commission Working Paper No. 87: Choice of Law in Tort and Delict, M.L.R. 48 (1985), 439–447.

Feldmann, Franz-J.: Europäische Produkthaftung und die Verteilung des Haftpflichtschadens, Köln 1979.

Feldmann, Walter: Produzentenhaftung in der Schweiz, ZSR 1988, I, 275–308.

Fellmann, Ulrich C.: Zum Vermittlungsvertreter als lebensmittelrechtlich verantwortlichem Inverkehrbringer, ZLR 1985, 427–447.

Fellmann/v. Büren-v. Moos: Das neue Bundesgesetz über die Produktehaftpflicht in der Schweiz, PHi 1993, 184–191.

Fentiman, Richard: Tort-Jurisdiction or Choice of Law? 1989, C.L.J. 191–194.

–: Foreign Law In English Courts, L.Q.R. 108 (1992) 142–156.

Ferid, Murad: Das französische Zivilrecht, Bd. I, Frankfurt/M. 1971.

Ferid/Sonnenberger: Das französische Zivilrecht, Bd. 2, 2. Aufl., Heidelberg 1986.

Ferrari, Franco: Produkthaftung und Negligence: Sechzig Jahre Donoghue v. Stevenson, ZEuP 1993, 354–359.

–: Internationales Privatrecht, 3. Aufl. (unter Mitwirkung von C. Böhmer), Frankfurt 1986.

Ficht, Donate: Die unbekannte Schadensursache im internationalen Luftverkehr, Köln, Berlin, Bonn, München 1986.

Firsching, Karl: Das Prinzip der Akzessorietät im deutschen internationalen Recht der unerlaubten Handlungen — deutsche IPR-Reform, in: Festschrift für Imre Zajtay, Tübingen 1982, 143–148.

Fischer, Friedrich-Wilhelm: Konsequenzen aus der Produkt-Haftpflicht der Hersteller, DB 1977, 71–81.

Fischer, Gerfried: Gemeinschaftsrecht und kollisionsrechtliches Staatsangehörigkeitsprinzip, in: Bar, Christian v. (Hrsg.), Europäisches Gemeinschaftsrecht und Internationales Privatrecht, Köln, Berlin, Bonn, München 1991, 157–182.

Fischer, Peter: Die akzessorische Anknüpfung des Deliktsstatuts, Berlin 1989.

Fitz/Purtscheller/Reindl: Produkthaftung, Wien 1988.

Fitz, Hanns: Wer ist Importeur im Sinne des Produkthaftungsgesetzes?, in: Produkthaftung, vergleichende Werbung — Innsbruck: Institut für Handelsrecht, 1988 (Handel, Wirtschaft, Recht. Schriftenreihe des Instituts für Handelsrecht an der Universität Innsbruck, Bd. 6), 3–6.

Flatten, Jörg: Die Haftung nach dem Arzneimittelgesetz, MedR 1993, 463–468.

Fleming, John G.: Drug Injury Compensation Plans, AmJCompL 30 (1982) 297–323.

Flessner, Axel: Fakultatives Kollisionsrecht, RabelsZ 34 (1970) 547–584.

—: Interessenjurisprudenz im internationalen Privatrecht, Tübingen 1990.

Foerste, Ulrich: Deliktische Haftung, in: Westphalen, Friedrich Graf v. (Hrsg.), Produkthaftungshandbuch Bd. 1, München 1989, §§ 18–43.

—: Neues zur Produkthaftung — Passive Beobachtungspflicht und Äquivalenzinteresse, NJW 1994, 909–911.

Frankenstein, Ernst: Internationales Privatrecht, Bd. II, Berlin 1929.

Freedmann, Warren: Product Liability Actions by Foreign Plaintiffs in the United States, Deventer 1988.

Freyer, Helge: Richtlinienspezifische Probleme am Beispiel der Produkthaftung, EuZW 1991, 49–54.

Frietsch, Edwin A.: Die Produkthaftungs-Richtlinie der Europäischen Gemeinschaft und der Luftverkehr, ZLW 1987, 170–186.

—: Das Gesetz über die Haftung für fehlerhafte Produkte und seine Konsequenzen für den Hersteller, DB 1990, 29–34.

Fröhlich, Friedrich Wilhelm: Multinationale Unternehmen, Baden-Baden 1974.

Frotz, Stephan: Das neue Produkthaftpflichtrecht in Österreich, Dt.-österr. Wirtschaftsspiegel 1988, 22–24.

Frumer, John D.: Besprechung von *Freedmann, Warren*, Products Liability Actions by Foreign Plaintiffs in the United States, Deventer 1988, Int. Business Lawyer 1989, 332–333.

Gäbel/Gaus: Neuere Entwicklung der verschuldensunabhängigen Haftung im Produkthaftpflichtrecht der USA, ZVglRWiss 88 (1989) 352–386.

Gastel, J.-G.: Commentaire sur certaines dispositions du Code civil du Québec se rapportant au droit international privé, J.D.I. 1992, 625–668.

Gaudemet-Tallon, Hélène: Anmerkung zu EuGH, Urt. v. 27.9.1988 – Rs 189/87, Rev. crit. 78 (1989) 112–123.

–: Anmerkung zu EuGH, Urt. 17.6.1992, Rs. C- 26/91, Rev. crit. 81 (1992) 730–738.

–: Convention de Bruxelles du 27 septembre 1968, Rev. crit. 79 (1990), 358–363.

–: Anmerkung zu Cour de cassation, Urt. v. 27.1.1993, Rev. crit. 82 (1993) 486–489.

Geimer, Reinhold: Anmerkung zu OLG München/Augsburg, Beschl. v. 28.5.1974-24 W 418/74, NJW 1975, 1086–1088.

–: Anmerkung zu EuGH, Urt. v. 14.10.1976 – Rs. 29/76; EuGH, Urt. v. 6.10.1976 – Rs. 14/76; EuGH, Urt. v. 6.10.1976 – Rs. 12/76, NJW 1977, 492–493.

: Der Sachzusammenhang als Grundlage der internationalen Zuständigkeit, WM 1979, 350–361.

–: Internationales Zivilprozeßrecht, Köln 1987.

–: Anmerkung zu EuGH, Urt. v. 27.9.88 – Rs 189/87, NJW 1988, 3089–3090.

–: Ungeschriebene Anwendungsgrenzen des EuGVÜ: Müssen Berührungspunkte zu mehreren Vertragsstaaten bestehen?, IPRax 1991, 31–35.

–: Anmerkung zu BGH, Urt. v. 4.6.1992, IX ZR 149/91, EWiR § 328 ZPO, 1/92, 827.

Geimer/Schütze: Internationale Urteilsanerkennung, Bd. I, 1. Halbband, München 1983.

Geistfeld, Mark: Imperfect Information, The Pricing Mechanism, And Products Liability, Col. L. Rev. 1988, 1057–1072.

Ghestin, Jacques: L'influence des directives communautaires sur le droit français de la responsabilité, in: Festschrift für Werner Lorenz, Tübingen 1991, 619–634.

Giemulla/Wenzler: Produkthaftpflicht in der Luftfahrt – Der ausländische Kläger vor US-amerikanischen Gerichten, RIW 1989, 946–951.

Giesen, Dieter: International Medical Malpractice Law, Tübingen 1988.

−: Anmerkung zu BGH, Urt. v. 7.6.1988 − VI ZR 91/87, JZ 1988, 969−971.

−: Produkthaftung im Umbruch − Rechtsvergleichende Aspekte der internationalen Entwicklung des Produkthaftungsrechts unter besonderer Berücksichtigung einiger aktueller Entwicklungen im Recht der Europäischen Gemeinschaft, JZ 1989, 517−525.

Giesen/Poll: Zur Haftung für infizierte Blutkonserven im amerikanischen und deutschen Recht, RIW 1993, 265−271.

Gilles, Peter: Das Recht des Direktmarketing, Heidelberg 1982.

Giuliano/Lagarde/van Sasse van Ysselt: Rapport concernant l'avant-projet de convention sur la loi applicable aux obligations contractuelles et non-contractuelles, in: Lando/v. Hoffmann/Siehr (Hrsg.), European private international law of obligations, Tübingen 1975, 241−314.

Giuliano/Lagarde: Bericht über das Übereinkommen über das auf vertragliche Schuldverhältnisse anzuwendende Recht, ABl. EG 23 (1980) Nr. C 282/1−47.

Glaser/Debousschere: Anderson v. Owens-Corning Fiberglas Corp. − Neueste Rechtsprechung in Kalifornien zum Thema Warnpflicht und Entwicklungsrisiko, PHI 1992, 97−102.

Gleis/Helm: Das neue Gesetz über technische Arbeitsmittel („Maschinenschutzgesetz"), BB 1968, 814−817.

Glenn, H. Patrick: La guerre de l'amiante, Rev. crit. 1991, 41−60.

−: Codification of Private International Law in Quebec − an Overview, IPRax 1994, 308−311.

Goff/Jones: The Law of Restitution, London, 3. Aufl. 1986.

Gonzenbach, Gerald C.: Die akzessorische Anknüpfung, Zürich 1986.

Gorny, Dietrich. Die rechtliche Bedeutung der Normenreihe EN 45.001 ff., ZLR 1992, 369−380.

Gothot/Holleaux: Anmerkung zu EuGH, Urt. v. 6.10.1976, Rs. 12/76 und 14/76, Rev. crit. 66 (1977) 751−772.

Gottwald, Peter: Kausalität und Zurechnung − Probleme und Entwicklungstendenzen des Haftungsrechts −, Karlsruher Forum 1986, Beiheft VersR 1986, 1−32.

−: Europäische Gerichtspflichtigkeit kraft Sachzusammenhangs, IPRax 1989, 272−274.

Grabitz (/Bearb.): Kommentar zum EWG-Vertrag, Loseblattsammlung, Bd. I (Art. 1−136a), München 1984, Stand: September 1992.

Grabitz/v. Bogdandy: Vom Gemeinsamen Markt zum Binnenmarkt − Statik und Dynamik des Europäischen Marktes, JuS 1990, 170−175.

Greger, Reinhard: Mitverschulden und Schadensminderungspflicht − Treu und Glauben im Haftungsrecht?, NJW 1985, 1130−1134.

Greiner, Jametti: Überblick über einige laufende Arbeiten in internationalen Gremien betreffend Handelsrecht und verwandte Rechtsgebiete, SAG 1989, 107–109.

Groffier, Ethel: Précis de *droit international privé*, 4. Aufl., Montréal 1990

–: La réforme du droit international privé québécois, Rev. crit. 81 (1992) 584–608.

Gruber, Joachim: Die Anwendung ausländischen Rechts durch deutsche Gerichte, ZRP 1992, 6–8.

Grußendorf, Hildegard: Der Begehungsort der unerlaubten Handlung im Deutschen Internationalen Privatrecht, Würzburg 1935.

Günter, Hans Helmut: Sorgfaltspflichten bei Neuentwicklung und Vertrieb pharmazeutischer Präparate, NJW 1972, 309–315.

Habicht, Hermann: Internationales Privatrecht nach dem Einführungsgesetz zum Bürgerlichen Gesetzbuch, Berlin 1907.

Habscheid, Walther J.: Territoriale Grenzen der staatlichen Rechtssetzung, in: Habscheid/Rudolf, Territoriale Grenzen der staatlichen Rechtssetzung, Bd. 11 der Berichte der Deutschen Gesellschaft für Völkerrecht, Karlsruhe 1973, 47–76.

Hager, Günter: Zur Berücksichtigung öffentlich-rechtlicher Genehmigungen bei Streitigkeiten wegen grenzüberschreitender Immissionen, RabelsZ 53 (1989) 293–319.

Hahn, Bernhard: Die neue Verordnung über die Sicherheit medizinisch-technischer Geräte, NJW 1986, 752–757.

Hancock, Moffatt: Policy Controlled State Interest-Analysis in Choice of Law, Measures of Damages, Torts Cases, in: Contemporary Problems in the Conflict of Laws, Essays in Honour of John Humphrey Carlile Morris, Leyden und Boston 1978, 99–124 (= ICLQ 26 (1977) 799–824).

Hanotiau, Bernard: The American Conflicts Revolution and European Tort Choice-of-Law Thinking, AmJCompL 30 (1982) 73–98.

Hanreich, Hanspeter: Technische Handelshemmnisse, in: Koppensteiner, Hans-Georg (Hrsg.), Der Weg in den Binnenmarkt, Wien 1991, 99–108.

Hare/Kretschmar: Vereinigte Staaten von Amerika – Verfahrensrecht, in: Westphalen, Friedrich Graf v. (Hrsg.), Produkthaftungshandbuch Bd. 2, München 1991, §§ 119–122.

Harland, David J.: Product Liability and International Trade Law, Sydney L. Rev. 8 (1976–1979) 358–399.

–: Legal Aspects of the Export of Hazardous Products, JCP 1985, 209–238.

Hart, Dieter: Staatliche Sicherheitsregulierung und Produktpolitik im Arzneimittelmarkt, Jb. für Sozialökonomie und Gesellschaftstheorie 1986, 192–210.

−: *Arzneimittelzulassung*, in: Hart/Hilken/Merkel/Woggan (Hrsg.), Das Recht des Arzneimittelmarktes, Baden-Baden 1988, 29–103.

Hartley, Trevor: Convention on Jurisdiction and the Enforcement of Judgments in Civil and Commercial Matters, European Law Review 16 (1991) 64–76.

Hasskarl, Horst: Besonderheiten der arzneimittelrechtlichen, medizingeräterechtlichen und der gentechnikrechtlichen Produkthaftung, Pharma Recht 1990, 174–180.

Hauschka, Christoph E.: Grundprobleme der Privatrechtsfortbildung durch die Europäische Wirtschaftsgemeinschaft, JZ 1990, 521–532.

Hausheer, Heinz: Zur Regreßordnung im internationalen Privatrecht der Schweiz bei der Haftung mehrerer Haftpflichtiger aus verschiedenen oder gleichgearteten Rechtsgründen, SJZ 1966, 353–357.

Hay, Peter: International versus Interstate Conflicts Law in the United States, RabelsZ 35 (1971) 429–495.

−: *Einführung* in das amerikanische Recht, 3. Aufl., Darmstadt 1990.

−: Flexibility versus Predictability and Uniformity in Choice of Law, Rec. des Cours 226 I (1991) 280–412.

Heck, Hans-Joachim: Produkthaftung, Stuttgart, München, Hannover 1990.

Heer, Peter: Arzneimittelrecht, in: Schindler/Hertig/ Kellenberger/Thürer/Zäch, Die Europaverträglichkeit des schweizerischen Rechts, Schriften zum Europarecht 1, Zürich 1990, 143–177.

Heidenberger, Peter: Deutsche Parteien vor amerikanischen Gerichten, Heidelberg 1988.

Heini, Anton: Besprechung von Trutmann, Verena, Das internationale Privatrecht der Deliktsobligationen, Basel, Stuttgart 1973, RabelsZ 40 (1976) 350–354.

−: Die Anknüpfungsgrundsätze in den Deliktsnormen eines zukünftigen schweizerischen IPR-Gesetzes, Festschrift für F.A. Mann, München 1977, 194–205.

−: Direkte Gewährleistungshaftung des Warenherstellers gegenüber dem Endabnehmer?, in: Festschrift für Max Keller, Zürich 1989, 175–186.

Heini/Keller/Siehr/Vischer/Volken: IPRG Kommentar Zurück 1993.

Heinrichs, Jürgen: Die Bestimmung der gerichtlichen Zuständigkeit nach dem Begehungsort im nationalen und internationalen Zivilprozeßrecht, Diss. Freiburg/Br. 1984.

Heinze, Christian: Allgemeine Zulassung von Fabrikaten, Stuttgart, Berlin, Köln, Mainz 1971.

Heldrich, Andreas: Internationale Zuständigkeit und anwendbares Recht, Berlin, Tübingen 1969.

Hellner, Jan: *Haftungsersetzung* durch Versicherungsschutz in Schweden, in: Fleming/Hellner/v. Hippel, Haftungsersetzung durch Versicherungsschutz, Frankfurt a.M. 1980, 24–39.

–: Compensation for Personal Injury: The Swedish Alternative, AmJCompL 34 (1986) 613–633.

Henderson/Eisenberg. The Quiet Revolution in Products Liability: An Empirical Study of Legal Change, UCLA L. Rev. 37 (1990) 479–553.

Herber, Rolf: Direktwirkung sogenannter horizontaler EG-Richtlinien? EuZW 1991, 401–404.

–: UN-Kaufrechtsübereinkommen: Produkthaftung – Verjährung, MDR 1993, 105–107.

Herber/Czerwenka: Internationales Kaufrecht, München 1991.

Hertzberg, Leo R.: Gewährleistung, Produzentenhaftung und Prozeßrecht in Finnland, Freiburg/Br. 1990.

Herzig/Hötzel: Rückstellungen wegen Produkthaftung, BB 1991, 99–104.

Herzog, Peter: Neuere Entwicklungen im Internationalen Privatrecht der Vereinigten Staaten, in: Schwind, Fritz (Hrsg.), Österreichs Weg in die EG – Beiträge zur europäischen Rechtsentwicklung, Wien 1991, 247–267.

Hewitt, Stephan W.: Manufacturers Liability For Defective Goods, Oxford, London, Edinburgh, Boston, Palo Alto, Melbourne 1987.

Hillgenberg, Hartmut: Das Internationalprivatrecht der Gefährdungshaftung für Atomschäden, Diss. Bonn 1963.

–: Der Verletzungsort im internationalen Privatrecht, NJW 1963, 2198–2201.

Hinrichs, Thomas: Die Berücksichtigung des Mitverschuldens bei der Haftung für Personenschäden im französischen und deutschen Recht, Baden-Baden 1991.

Hirsch/Schmidt-Didczuhn: Das Gentechnik-Gesetz mit Erläuterungen, München 1991.

Hoechst, Peter: Die US-Amerikanische Produzentenhaftung, Köln, Berlin, Bonn, München 1986.

Hoffmann, Bernd v.: Behutsame Auflockerung der Tatortregel, IPRax 1986, 90–91.

–: Internationales Privatrecht: US-Pflanzenschutzmittel in inländischen Obstgärten, JuS 1986, 385–388.

–: Inländische Sachnormen mit zwingendem internationalem Anwendungsbereich, IPRax 1989, 261–271.

–: Produkthaftung des Importeurs und Freihandel, in: Mélanges en l'honneur d'Alfred E. v. Overbeck, Fribourg 1990, 769–786.

Hoffmann/Hoffmann: Use of Standards in Products Liability Litigation, Drake L.Rev. 30 (1980–81) 283–310.

Hofmann, Max: Luftverkehrsverordnungen, Kommentar, München 1971.

Hohloch, Gerhard: Gleichbehandlung im Haftungsrecht als Verfassungsgebot?, VersR 1979, 199–208.

—: Auflockerung als „Lippenbekenntnis"? Zur Konsolidierung der Tatortregel im deutschen internationalen Deliktsrecht — BGH, NJW 1977, 496, JuS 1980, 18–24.

—: Bericht zu OLG Düsseldorf, Urt. v. 28.4.1978–4 U 241/77, JuS 1980, 452–453.

—: Das Deliktsstatut, Frankfurt 1984.

—: Rechtswahl im internationalen Deliktsrecht, NZV 1988, 161–168.

—: Harmonisierung der Produkthaftung in der EG und Kollisionsrecht, in: Festschrift für Max Keller, Zürich 1989, 433–449.

—: Produkthaftung in Europa, ZEuP 1994, 408–445.

Hohm, Karl-Heinz: Arzneimittelsicherheit und Nachmarktkontrolle, Baden-Baden 1990.

Hollmann, Hermann H.: Die EG-Produkthaftungsrichtlinie, DB 1985, 2389–2396, 2439–2443.

—: Zum Stand der Umsetzung der EG-Produkthaftungsrichtlinie, RIW 1988, 81–86.

—: Großbritannien, in: Schmidt-Salzer, Joachim (Hrsg.), Kommentar EG-Produkthaftung, Band 2, Ausland und Regreß, Broschüre 4 A-D, Heidelberg 1990.

Holthöfer/Nüsse/Franck: Deutsches Lebensmittelrecht, 6. Aufl., Köln, Berlin, Bonn, München 1979.

Holzer/Posch/Schick: Arzt- und Arzneimittelhaftung in Österreich, Wien 1992.

Hommelhoff/Jayme: Europäisches Privatrecht (Textausgabe) München 1993.

Howells, Geraint: Das UK-Verbraucherschutzgesetz 1987 — Ausführung der EG-Richtlinie zur Produkthaftung, Europ. Zeitschr. f. Verbraucherrecht 1987, 156ff.

—: Norwegian product liability, Product Liability International 1990, 100–101.

Hübner, Rudolf: Grundzüge des Deutschen Privatrechts, 5. Aufl., Leipzig 1930.

Hübner, Ulrich: Haftungsprobleme der technischen Kontrolle, UTR 4 (1988) 121–152.

Hüffer, Uwe: Der Rückgriff gegen den deliktisch handelnden Schädiger bei Entschädigungsleistungen Dritter, Heidelberg 1970.

Hülsen, Hans-Viggo v.: Ist die von der EG-Kommission vorgeschlagene Form der strikten Produkthaftung eine gute Lösung? RIW 1977, 373–383.

Huet, A.: Bericht zu EuGH, Urt. v. 30. 11. 1976, Rs. 21/76, JDrint 104 (1977) 728–734.

Huth, Rainer: Die Bedeutung technischer Normen für die Haftung des Warenherstellers nach § 823 BGB und dem Produkthaftungsgesetz, Frankfurt a.M. 1992.

Imhoff-Scheier/Patocchi: Torts and Unjust Enrichment in the New Swiss Conflict of Laws, Zürich 1990.

Ishibashi, Kazuakira: Rechtsprobleme bei *Pharmaschäden in Japan*, in: Badura/Kitagawa (Hrsg.), Arzneimittelprobleme in Deutschland und Japan, Köln, Berlin, Bonn, München 1980, 83–88.

Jannott, Horst K.: Aspekte zum Arzneimittelhaftpflichtrisiko in der Bundesrepublik Deutschland und seiner Rückversicherung, Beilage VersR 1983, 129–134.

Jarass, Hans: Die Genehmigungspflicht für wirtschaftliche Tätigkeiten – Ein systematischer Überblick –, GewArch 1980, 177–185.

–: Folgen der innerstaatlichen Wirkung von EG-Richtlinien, NJW 1991, 2665–2669.

Jayme, Erik: Redaktionsanmerkung zu LG München, 17.ZK Urt. v. 15. 11. 83–17 O 2110/83, IPRax 1984, 101.

–: Das neue IPR-Gesetz – Brennpunkte der Reform, IPRax 1986, 265–270.
–: Internationales Familienrecht heute, in: Festschrift für Wolfram Müller-Freienfels, Baden-Baden 1986, 341–376.

–: Methoden der Konkretisierung des ordre public im Internationalen Privatrecht, Karlsruhe 1989.

Jayme/Hausmann: Internationales Privat- und Verfahrensrecht (Textausgabe), 6. Aufl., München 1992.

Jayme/Kohler: Das Internationale Privat- und Verfahrensrecht der EG – Stand 1989, IPRax 1989, 337–346.

–: Das Internationale Privat- und Verfahrensrecht der EG auf dem Weg zum Binnenmarkt, IPRax 1990, 353–361.

Jenard, P.: Bericht zu dem Übereinkommen über die gerichtliche Zuständigkeit und die Vollstreckung gerichtlicher Entscheidungen in Zivil- und Handelssachen, ABl. EG 1979, Nr. C 59, 1–65.

Jenard/Möller: Bericht zu dem Übereinkommen über die gerichtliche Zuständigkeit und die Vollstreckung gerichtlicher Entscheidungen in Zivil- und Handelssachen, geschlossen in Lugano am 16. September 1988 (90/C 189/07), ABl EG Bd. 33 (1990) Nr. C 189/57–121.

Jenckel, Jürgen Christoph: Die Begrenzung des US-Produkthaftungsrisikos, Frankfurt, Bern, New York, Paris 1991.

Joerges, Christian: Die Verwirklichung des Binnenmarktes und die Europäisierung des Produktsicherheitsrechts, in: Festschrift für Ernst Steindorff, Berlin, New York 1990, 1247–1267.

Joerges/Brüggemeier: Europäisierung des Vertragsrechts und Haftungsrechts, in: Müller-Graff (Hrsg.), Gemeinsames Privatrecht in der Euroäischen Gemeinschaft, Baden-Baden 1993, 233–286.

Joerges/Falke/Micklitz/Brüggemeier: Die Sicherheit von Konsumgütern und die Entwicklung der Europäischen Gemeinschaft, Baden-Baden 1988 (zit.: Joerges u. a., Sicherheit).

Jolowicz, J.A.: Procedure and Substance – Apportionment of Damages, C.L.J. 1988, 32–34.

–: Product Liability in the EEC, in: Essays in Honour of John Henry Merryman, Berlin 1990.

Jourdain, Patrice: Anmerkung zu Cour de Cassation, Urt. v. 21. 6. 1988, Juris Classeur Périodique (La Semaine Juridique) 1988 II 21 125.

Juenger, Friedrich K.: Lessons Comparison Might Teach, AmJCompL 23 (1975) 742–750.

–: *Produkthaftpflicht* und amerikanisches Kollisionsrecht (Veröffentlichung der Deutsch-Amerikanischen Juristen-Vereinigung e.V., Heft 4) Bonn 1983.

–: Conflict of Laws: A Critique of Interest Analysis, AmJCompL 32 (1984) 1–50.

–: General Course on Private International Law (1983), Rec. des Cours 193 IV (1985) 219–387.

–: What Now?, Ohio State L.J. 46 (1985) 511–524.

–: Mass Disasters and the Conflict of Laws, U.Ill.L.Rev. 105 (1989) 105–127.

–: Forum Shopping, Domestic and International, Tulane L. Rev. 63 (1989) 553–574.

Jungnickel, Rolf: Die Wettbewerbsposition der deutschen multinationen Unternehmen im internationalen Vergleich, in: Däubler/Wohlmuth (Hrsg.), Transnationale Konzerne und Weltwirtschaftsordnung, Baden-Baden 1978, 13–35.

Junke, Arno: Internationale Aspekte des Produkthaftungsgesetzes, Karlsruhe 1991.

Junker, Abbo: Der lange Arm amerikanischer Gerichte: Gerichtsgewalt, Zustellung und Jurisdictional Discovery, IPRax 1986, 197–208.

–: Discovery im deutsch-amerikanischen Rechtsverkehr, Heidelberg 1987.

Kandut, Gabriele: Zur Neuordnung der Produkthaftung in Italien, PHI 1988, 114–124.

Kästli, Rolf: Produkthaftung – eine Herausforderung für den schweizerischen Gesetzgeber? recht 1990, 85–98.

Kahn, Franz: Abhandlungen zum internationalen Privatrecht, Bd. I, München 1927.

Kahn-Freund, O.: Delictual Liability and the Conflict of Laws, Rec. des Cours 124 II (1968) 1–166.

Kalss, Susanne: Auswirkungen des EWR auf das österreichische Zivilrecht, RdW 1994, 71–75.

Kay, Herma Hill: A Defense of Currie's Governmental Interest Analysis, Rec. des Cours 215 II (1989) 9–204.

Kaye, Peter: Private International Law of Tort and Product Liability, Aldershot, 1991.

Kegel, Gerhard: Begriffs- und Interessenjurisprudenz im Internationalen Privatrecht, in: Festschrift für Hans Lewald, Basel 1953, 259–288.

–: Wandel auf dünnem Eis, Diskussionsbeitrag, in: Juenger, Friedrich K. (Hrsg.), Zum Wandel des Internationalen Privatrechts, Karlsruhe 1975.

–: Die selbstgerechte Sachnorm, in: Gedächtnisschrift Albert A. Ehrenzweig, Karlsruhe, Heidelberg 1976, 51–87.

–: Vaterhaus und Traumhaus – Herkömmliches internationales Deliktsrecht und Hauptthesen der amerikanischen Reformer, in: Festschrift für Günther Beitzke, Berlin, New York 1979, 551–573.

–: Internationales Privatrecht, 6. Aufl., München 1987.

Keller, Hubertus: Zessionsstatut im Lichte des Übereinkommens über das auf vertragliche Schuldverhältnisse anzuwendende Recht vom 19. Juni 1980, Diss. München 1985.

Keller, Max: Anwendbares Recht hinsichtlich der Subrogation des Schadenversicherers, SJZ 1960, 65–67.

–: Die Subrogation als Regreß im internationalen Privatrecht, SJZ 1975, 305–315, 325–330.

Keller/Siehr: *Einführung* in die Eigenart des Internationalen Privatrechts, 2. Aufl., Zürich 1979.

–: *Allgemeine Lehren* des internationalen Privatrechts, Zürich 1986.

Kiethe, Kurt: Internationale Tatortzuständigkeit bei unerlaubter Handlung – die Problematik des Vermögensschadens, NJW 1994, 222–227.

Klang, Heinrich (Hrsg.): Kommentar zum ABGB, Bd. IV/2, 2. Aufl., Wien 1968.

Klaue, Siegfried: Nationales Kartellrecht und Zuliefererproblematik unter besonderer Berücksichtigung der Automobilindustrie, ZIP 1989, 1313–1317.

Klima, Peter: Anmerkung zu Cour de Cassation (Assemblée Plénière), Urt. v. 7.2.1986, RIW 1987, 307–311.

Klinge van Rooij/Snijder: Auf dem Weg zu einem neuen Produkthaftungsrecht, EuZW 1993, 569–573.

Kloesel/Cyran: Arzneimittelrecht (Kommentar), 3. Aufl., Stand 11/89, Stuttgart 1990.

Knötzl, Bettina: Wirklich keine Produkthaftung des „ausländischen Importeurs"?, WBl 1989, 296–298.

Knothe, Franziska: Staatshaftung bei der Zulassung von Arzneimitteln, Frankfurt a.M. 1990.

Koch, Harald: Zur Frage der Drittbeteiligung im amerikanisch-europäischen Prozeß, in: Stürner/Lange/Taniguchi (Hrsg.), Der *Justizkonflikt* mit den Vereinigten Staaten von Amerika, Bielefeld 1986, 123–130.

—: Streitverkündung und Drittklage im amerikanisch-deutschen Prozeß, ZVglRWiss 85 (1986) 11–62.

—: Internationale Produkthaftung und Grenzen der Rechtsangleichung durch die EG-Richtlinie, ZHR 152 (1988) 537–563.

—: Ausländischer Schadensersatz vor deutschen Gerichten, NJW 1992, 3073–3075.

Koch/Zekoll: Zweimal amerikanische „punitive damages" vor deutschen Gerichten: — Der Unterschied zwischen Zustellung einer Klage und Anerkennung eines Urteils —, IPrax 1993, 288–292.

Koch, Jürgen: Haftungsprobleme bei Produktspätschäden, Pfaffenweiler 1987.

Köndgen, Johannes: Haftpflichtfunktionen und Immaterialschaden am Beispiel von Schmerzensgeld bei Gefährdungshaftung, Berlin 1976.

Könning-Feil, Angela: Das Internationale Arzthaftungsrecht, Frankfurt, Berlin, Bern, New York, Paris, Wien 1992.

Koepke, Jack Edward: Zukunft der US-Produkthaftpflicht — Steigende Haftpflichtrisiken der Industrie, RIW 1987, 503–506.

Kötz, Hein: Gefährdungshaftung — Empfiehlt sich eine Vereinheitlichung und Zusammenfassung der gesetzlichen Vorschriften über die Gefährdungshaftung im BGB und erscheint es erforderlich, das Recht der Gefährdungshaftung weiterzuentwickeln?, in: Bundesministerium der Justiz (Hrsg.), Gutachten und Vorschläge zur Überarbeitung des Schuldrechts, Bd. II, Köln 1981, 1779–1834.

—: Rechtsvereinheitlichung — Nutzen, Kosten, Methoden, Ziele, RabelsZ 50 (1986) 1–34.

—: Ziele des Haftungsrechts, in: Festschrift für Ernst Steindorff, Berlin, New York 1990, 643–666.

—: Deliktsrecht, 5. Aufl., Neuwied, Kriftel, Berlin 1991.

—: Ist die Produkthaftung eine vom Verschulden unabhängige Haftung?, in: Festschrift für Werner Lorenz, Tübingen 1991, 109–121.

Literaturverzeichnis

Kohler, Christian: Die zweite Revision des Europäischen Gerichtsstands- und Vollstreckungsübereinkommens, EuZW 1991, 303–307.

Kollar, Axel: Der Gerichtsstand der unerlaubten Handlung, Diss. Köln 1963.

Kolvenbach, Walter: Internationale Umwelthaftung – eine neue Gefahr für Multinationale Unternehmen?, DWiR 1992, 322–329.

Koppenol-Laforce, M.E.: The EEC Convention on Jurisdiction and Judgments of 27. september 1968, NILR 1990, 233–240.

Kort, Michael: „Stand der Wissenschaft und Technik" im neuen deutschen und „state of the art" im amerikanischen Produkthaftungsrecht, VersR 1989, 1116–1121.

Koziol, Helmut: Verhaltensunrechtslehre und Deliktsstatut, in: Festschrift für Günther Beitzke, Berlin, New York 1979, 575–587.

–: Einige Fragen des internationalen Schadensersatzrechts, ZVR 1980, 1–5.

–: Österreichisches Haftpflichtrecht I, 2. Aufl. Wien 1980.

–: *Grundfragen* der Produkthaftung, Wien 1980.

Kozyris, P. John: Symposium on Interest Analysis in Conflict of Laws: An Inquiry into Fundamentals with a Side Glance at Products Liability, Ohio State L.J. 46 (1985) 457–458.

–: Interest Analysis Facing Its Critics – And, Incidentally, What Should Be Done About Choice of Law for Products Liability? Ohio State L.J. 46 (1985) 569–593.

–: Choice of Law for Products Liability Wither Ohio? Ohio State L.J. 48 (1987) 377–385.

–: Values and Methods in Choice of Law for Products Liability: A Comparative Comment on Statutory Solutions, AmJCompL 38 (1990) 475–509.

Kozyris/Symeonides: Choice of Law in the American Courts in 1989: An Overview, AmJCompL 38 (1990) 601–651.

Kraft, Rainer Maria: Österreich: Das neue Produkthaftungsgesetz und seine Auswirkungen auf den deutschen Hersteller, PHI 1988, 54–60.

Kramer, Larry: Choice of Law in the American Courts in 1990: Trends and Developments, AmJCompL 39 (1991) 465–491.

Krauß/Schubert: USA: Neuer Entwurf eines Bundesgesetzes zur Produkthaftpflicht, PHI 1988, 132–137.

Krejci, Heinz: Das Produkthaftungsgesetz, VR 1988, 209–245.

–: Die Bedeutung des Normwesens für das neue Produkthaftungsrecht, ÖNORM 1988, 17–18.

Kreuzer, Karl: Berichtigungsklauseln im Internationalen Privatrecht, in: Festschrift für Imre Zajtay, Tübingen 1982, 295–331.

–: Apfelschorf im „Alten Land" – Kollisionsrechtliche Probleme der Produkthaftung – IPRax 1982, 1–5.

—: Zur Funktion von kollisionsrechtlichen Berichtigungsnormen, ZfRV 1992, 168–192.

—: Umweltstörungen und *Umweltschäden* im Kollisionsrecht, in: Umweltschutz im Völkerrecht und Kollisionsrecht (Heft 32 der Berichte der Deutschen Gesellschaft für Völkerrecht) Heidelberg 1992, 242–309.

Kroeger, Helga Elizabeth: Der Schutz der „marktschwächeren" Partei im Internationalen Vertragsrecht, Frankfurt a.M. 1984.

Kropholler, Jan: Ein Anknüpfungssystem für das Deliktsstatut, RabelsZ 33 (1969) 599–653.

—: Zur Kodifikation des Internationalen Deliktsrechts, ZfRV 16 (1975) 256–267.

—: Die vergleichende Methode und das Internationale Privatrecht, ZVglRWiss 77 (1978) 1–20.

—: Anmerkung zu OLG Düsseldorf, Urt. v. 28.4.1978–4 U 241/77, NJW 1980, 534.

—: Internationale Zuständigkeit, in: Max-Planck-Institut für Ausländisches und Internationales Privatrecht (Hamburg) (Hrsg.), *Handbuch* des Internationalen Zivilrechtsverfahrensrechts, Band I, Tübingen 1982.

—: Internationales Privatrecht, Tübingen 1990.

—: Europäisches Zivilprozeßrecht, 3. Aufl., Heidelberg 1991.

Kühne, Gunther: Choice of Law in Product Liability, Cal. L. Rev. 60 (1972) 1–38.

Kuhlen, Lothar: Fragen einer strafrechtlichen Produkthaftung, Heidelberg 1989.

Kullmann, Hans-Josef: Produzentenhaftung in der Rechtsprechung des Bundesgerichtshofes, BB 1976, 1085–1093.

—: Haftung der pharmazeutischen Unternehmer nach dem Gesetz zur Neuordnung des Arzneimittelrechts, BB 1978, 175–178.

—: Einzelbeiträge, in: Kullmann/Pfister, Produzentenhaftung, Loseblattsammlung, Berlin 1980, Stand: 1992 (zit.: Kullmann, Kza.).

—: Die neuere höchstrichterliche Rechtsprechung zur deliktischen Warenherstellerhaftung, WM 1981, 1322–1331.

—: *Probleme* der Produzentenhaftung unter besonderer Berücksichtigung des Straßenverkehrs, in: Arbeitsgemeinschaft der Verkehrsrechtsanwälte des Deutschen Anwaltvereins (Hrsg.), Probleme der Produzentenhaftung, Essen 1988, 33–62.

—: Produkthaftungsgesetz, Berlin 1990.

Kunkel, Wolfang: Römisches Privatrecht, 3. Aufl., Berlin 1949.

Lagarde, Paul: Anmerkung zu Cour de cassation, 17.3.1970 und zu Cour de cassation de Belgique, 23.10.1969, Rev. crit. 59 (1970) 688–698.

Lahrmann, Klaus: Steuerung des Produkthaftungsrisikos durch Marketing, PHI 1989, 244–248 (Teil 1), PHI 1990, 30–36 (Teil 2).

Landsberg/Lülling: Umwelthaftungsrecht; Kommentar, Teil 1: Umwelthaftungsgesetz; Teil 2: Gentechnikgesetz, Köln 1991.

Landscheidt, Christoph: Das neue Produkthaftungsrecht, Herne, Berlin 1990.

Lange, Hermann: Schadensersatz (Bd. 1 des Handbuchs des Schuldrechts in Einzeldarstellungen, hrsg. v. Gernhuber) 2. Aufl., Tübingen 1990.

Langenfeld, Christine: Noch einmal: Die EG-Richtlinie zum Haustürwiderrufsgesetz und deutsches IPR, IPRax 1993, 155–157.

Larenz, Karl: Lehrbuch des Schuldrechts, Bd. I, Allgemeiner Teil, 13. Aufl., München 1982.

Larroumet, Christian: Anmerkung zu Cour de Cassation, Urt. v. 21.6.1988, D.S. 1989 J. 5–9.

Lasok/Stone: Conflict of Laws in the European Community, Oxon 1987.

Lem, Catherine: Die Haftung für fehlerhafte Produkte nach deutschem und französischem Recht, Heidelberg 1993.

Lenz, Christian: Amerikanische punitive damages vor dem Schweizer Richter (Bd. 77 der Schweizer Studien zum Internationalen Recht) Zürich 1992.

Letzgus, Ernst: Die Bürgschaft, RabelsZ 3 (1929) 837–853.

Levy, Stanley J.: The Rights of Passengers — A View from the United States, in: Böckstiegel, Karl-Heinz (Hrsg.), Die Produkthaftung in der Luft- und Raumfahrt, Köln, Berlin, Bonn, München 1978, 77–89.

Lichtenberg, Hagen: Der europäische Binnenmarkt für Kraftfahrzeuge, DAR 1992, 448–453.

Linke, Hartmut: Anmerkung zu EuGH, Urt. v. 6.10.1976 — Rs. 14/76, RIW 1977, 43–47.

—: Anmerkung zu EuGH, Urt. v. 30.11.1976, Rs. 21/76, RIW 1977, 358–359.

Littbarski, Sigurd: Produkt-Haftpflichtversicherung, in: Westphalen, Friedrich Graf v. (Hrsg.), Produkthaftungshandbuch Bd. 1, München 1989, §§ 48–57.

Lörtscher, Thomas: Internationales Produkthaftungsrecht in der Schweiz — Sonderstatut im Regulativ des Ordre public, ZVglRWiss 88 (1989) 71–97.

—: Produkthaftung: Der neue Artikel 135 IPRG, SVZ 58 (1990) 253–259.

Lötz, Walter: Europäische Produktnormen als Instrumente des freien Warenverkehrs, des Umweltschutzes und der technischen Sicherheit — aus der Sicht der Verwaltung, UTR 7 (1989) 129–143.

Loewenfeld, Andreas F.: Mass Torts and the Conflict of Laws: The Airline Disaster, U. Ill. L. Rev. 1989, 157–174.

Logie, James G.: Affirmative action in the duty of tort: the case of the duty to warn, C.L.J. 48 (1989) 115–134.

Lorenz, Egon: Zur *Struktur* des internationalen Privatrechts, Berlin 1977.

—: Das anwendbare Deliktsrecht bei Schiffszusammenstößen auf hoher See, in: Festschrift für Konrad Duden, München 1977, 229–268.

—: Die Lehre von den Haftungs- und Zurechnungseinheiten und die Stellung des Geschädigten in Nebentäterfällen, Karlsruhe 1979.

—: Immaterieller Schaden und „billige Entschädigung in Geld", Berlin 1981.

—: Die Reform des deutschen IPR, ZRP 1982, 148–156.

—: Das anwendbare Recht bei *Schiffs- und Flugzeugunfällen*, in: v. Caemmerer (Hrsg.), Vorschläge und Gutachten zur Reform des deutschen internationalen Privatrechts der außervertraglichen Schuldverhältnisse, Tübingen 1983, 440–463.

—: Zur internationalen Zuständigkeit und zur Formwirksamkeit der Derogation deutscher Arbeitsgerichte nach dem autonomen deutschen Kollisionsrecht, IPRax 1985, 256–261.

—: Die Rechtswahlfreiheit im internationalen Schuldvertragsrecht, RIW 1987, 569–584.

—: Zum neuen internationalen Vertragsrecht aus versicherungsvertraglicher Sicht, in: Festschrift für Gerhard Kegel, Stuttgart, Berlin, Köln, Mainz 1987, 303–341.

—: Zur Zweistufentheorie des IPR und zu ihrer Bedeutung für das neue internationale Versorgungsausgleichsrecht, FamRZ 1987, 645–653.

—: Die Auslegung schlüssiger und ausdrücklicher Rechtswahlerklärungen im internationalen Schuldvertragsrecht, RIW 1992, 697–706.

Lorenz, Werner: Warenabsatz und Vertrauensschutz, Karlsruher Forum 1963, 8–16.

—: *Länderbericht* und rechtsvergleichende Betrachtung zur Haftung des Warenherstellers, in: v. Caemmerer (Hrsg.), Die Haftung des Warenherstellers, Arbeiten zur Rechtsvergleichung, Bd. 28, Frankfurt, Berlin 1965, 5–54.

—: Der Haager Konventionsentwurf über das auf die Produkthaftpflicht anwendbare Recht, RabelsZ 37 (1973) 317–353.

—: Das internationale Privatrecht der Produkthaftpflicht, in: Festschrift für Eduard Wahl, Heidelberg 1973, 185–206.

—: Der Entwurf einer Europäischen Konvention über die Produkthaftpflicht, RIW 1975, 246–253.

—: Die allgemeine Grundregel betreffend das auf die außervertragliche Schadenshaftung anzuwendende Recht, in: v. Caemmerer (Hrsg.), Vorschläge und Gutachten zur Reform des deutschen internationalen Privatrechts der außervertraglichen Schuldverhältnisse, Tübingen 1983, 97–159.

—: Produktenhaftung und internationaler „Durchgriff", IPRax 1983, 85–86.

−: Europäische Rechtsangleichung auf dem Gebiet der Produzentenhaftung: Zur Richtlinie des Rates der Europäischen Gemeinschaften vom 25. Juli 1985, ZHR 151 (1987) 1−39.

−: Zur Anknüpfung der Produzentenhaftung im österreichischen Recht, IRPax 1988, 373−375.

−: Internationale Zuständigkeit österreichischer Gerichte für Klagen gegen ausländische Produzenten, IPRax 1993, 193−196.

Loussouarn, Yvon: La Convention de La Haye sur la loi applicable à la responsabilité du fait des produits, JDrint 101 (1974) 32−47.

Lüderitz, Alexander: „Verbraucherschutz" im internationalen Vertragsrecht − ein Zuständigkeitsproblem, in: Festschrift für Stefan Riesenfeld, Heidelberg 1983, 147−163.

−: Internationales Privatrecht im Übergang − Theoretische und praktische Aspekte der deutschen Reform, in: Festschrift für Gerhard Kegel (1987) 343−363.

−: Fortschritte im deutschen internationalen Privatrecht, in: Festschrift der Rechtswissenschaftlichen Fakultät zur 600-Jahr-Feier der Universität zu Köln, Köln, Berlin, Bonn, München 1988, 271−292.

−: Wende der amerikanischen Arzneimittelhaftung?, RIW 1988, 782−788.

−: Gefährdung und Schuld im Produkthaftpflichtrecht − Versuch einer Synthese, in: Festschrift für Kurt Rebmann, München 1989, 755−769.

−: Internationales Privatrecht, 2. Aufl., Neuwied, Kriftel, Berlin 1992.

Lukes, Rolf: Reform der Produkthaftung, Köln, Berlin, Bonn, München 1979.

−: Das Schadensausgleichsrecht − Funktionen und Faktoren im Zeitalter der Technik, VersR 1983, 697−705.

−: Der Entwurf eines Gesetzes zur Regelung von Fragen der Gentechnik, DVBl 1990, 273−278.

Lukoschek, Rolf Peter: Das anwendbare Deliktsrecht bei Flugzeugunglücken, Karlsruhe 1984.

Lutz, Peter: Haftung für Gebrauchsanleitungen − ein Sonderfall der Produktehaftung, SJZ 1993, 1−9.

Magnus, Ulrich: Schaden und Ersatz, Tübingen 1987.

−: Zweispurigkeit im Binnenmarkt − Probleme des neuen Produkthaftungsrechts, JZ 1990, 1100−1108.

Magold, Rainer: Die Parteiautonomie im internationalen und interlokalen Vertragsrecht der Vereinigten Staaten von Amerika, Berlin 1986.

Maier/McCoy: A Unifying Theory for Judicial Jurisdiction and Choice of Law, AmJCompL 39 (1991) 249−292.

Manishin, Glenn B.: Federalism, Due Process and Minimum Contacts: World-Wide Volkswagen Corp. v. Woodson, Col. Law Rev. 80 (1980) 1341−1362.

Mankowski, Peter: Zur Analogie im internationalen Schuldvertragsrecht, IPRax 1991, 305–313.

Mann, Roger: Die Anerkennungsfähigkeit von US-amerikanischen „class-action"-Urteilen, NJW 1994, 1187–1189.

Mansel, Heinz-Peter: Anmerkung zu OLG München, Urt. v. 10. 12. 1982 (10 U 3675/82), VersR 1984, 746–748.

–: Zur Kraftfahrzeughalterhaftung in Auslandsfällen – Statut der Gefährdungshaftung – Sonderanknüpfung der Haltereigenschaft? – VersR 1984, 97–106.

–: Kollisions- und zuständigkeitsrechtlicher Gleichlauf der vertraglichen und deliktischen Haftung, ZVglRWiss 86 (1987) 1–24.

Marburger, Peter: Regeln der Technik im Recht, Köln, Berlin, Bonn, München 1979.

–: Herstellung nach zwingenden Rechtsvorschriften als Haftungsausschlußgrund im neuen Produkthaftungsrecht, in: Festschrift für Rudolf Lukes, Köln, Berlin, München 1989, 97–119.

–: Grundsatzfragen des Haftungsrechts unter dem Einfluß der gesetzlichen Regelungen zur Produzenten- und zur Umwelthaftung, AcP 192 (1992) 1–34.

Markesinis/Deakin: The Random Element of their Lordships' Infallible Judgment: An Economic and Comparative Analysis of the Tort of Negligence from *Anns* to *Murphy*, M.L.R. 1992, 619–646.

Marschall v. Bieberstein, Wolfgang Frhr.: Reflexschäden und Regreßrechte, Stuttgart 1967.

–: Rechtsvergleichende Überlegungen zur Produkthaftung, AG 1987, 97–117.

Martiny, Dieter: Gemeinschaftsrecht, ordre public, zwingende Bestimmungen und Exklusivnormen, in: v. Bar, Christian (Hrsg.), Europäisches Gemeinschaftsrecht und Internationales Privatrecht, Köln, Berlin, Bonn, München 1991, 211–242.

Maxl, Martin J.: Produkthaftung, Internationales Zivilprozeßrecht und Internationales Privatrecht, JBl 1992, 156–169.

Mayer, Kurt: EG-rechtliche, international-prozeßrechtliche und kollisionsrechtliche Aspekte des neuen Produkthaftungsgesetzes, DAR 1991, 81–87.

McConnell, Michael W.: A Choice-of-Law Approach to Products Liability Reform, in: Olson, Walter (Hrsg.), New Directions in Liability Law, New York 1988, 90–101.

McCreight, Henry H.: The actuarial impact of products liability insurance upon choice of law analysis, ILJ 1972, 335–352.

Meier, Gert: Haftung des Importeurs als „Ersatzhersteller" im innergemeinschaftlichen Warenverkehr, NJW 1982, 1182–1185.

–: Herstellerkontrolle und Ersatzhersteller-Verantwortlichkeit des „Importeurs" im innergemeinschaftlichen Warenverkehr, RIW 1990, 194–199.

Mennenöh, Henning: Das Deliktskollisionsrecht in der Rechtsprechung der Vereinigten Staaten von Amerika unter besonderer Berücksichtigung der Entscheidungen zur Produkthaftpflicht, München 1990.

Mertens, Hans-Joachim: Der Begriff des Vermögensschadens im Bürgerlichen Recht, Stuttgart, Berlin 1967.

Meyer, Doris Maria: Der Regreß im Internationalen Privatrecht (Schweizer Studien zum internationalen Recht, Bd. 27) Zürich 1982.

Meyer, Justus: Produkthaftungsgesetz und Arzneimittelhaftung, ZRP 1989, 207–210.

–: Zur Konkurrenz von Produkthaftungsgesetz und Arzneimittelgesetz, MedR 1990, 70–73.

–: Instruktionshaftung, Bielefeld 1992.

Meyer, Timm R.: Gerätesicherheitsgesetz, 1979.

Micklitz, Hans-Wolfgang: Einheitliche Neuregelung der Produzentenhaftung in Europa, ZRP 1978, 37–42.

–: Produzentenhaftung – ein Problem des Verbraucherschutzes? Thesen zur Ergänzung der Reformdiskussion, JCP 1979, 329–339.

–: Technische Normen, Produzentenhaftung und EWG-Vertrag, NJW 1983, 483–489.

–: Produktsicherheit und technische Normung in der Europäischen Gemeinschaft, Jb. für Sozialökonomie und Gesellschaftstheorie 1986, 109–126.

–: EG Regulation of Export of dangerous Pharmaceuticals to Third World countries, some prospects, JCP 1988, 29–54.

–: (Hrsg.) Internationales Produktsicherheitsrecht, Vorüberlegungen ZERP-DP 1/89, Bremen 1989.

–: Post Market Control of Consumer Goods, Baden-Baden 1990.

Miller/Lovell: Product Liability, London 1977.

Moench, Christoph: Der Schutz des freien Warenverkehrs im Gemeinsamen Markt, NJW 1982, 2689–2700.

Mössle, Klaus P.: Extraterritoriale Beweisbeschaffung im internationalen Wirtschaftsrecht, Baden-Baden 1990.

Mohr, Peter Michael: Technische Normen und freier Warenverkehr in der EWG, Köln, Berlin, Bonn, München, 1990.

Morris, Robert C.: Enterprise liability and the actuarial process – the insignificance of foresight, Yale L.J. 70 (1961) 554–601.

Morse, C.G.J.: Products Liability in the Conflict of Laws, Current Legal Problems 42 (1989) 167–195.

Mühl, Margarete: Die Lehre vom „besseren" und „günstigeren" Recht im Internationalen Privatrecht, München 1982.

Müller, Harald: Die Gerichtspflichtigkeit wegen „doing business", Köln, Berlin, Bonn, München 1992.

Müller-Graf, Peter Christian: Fakultatives Kollisionsrecht im internationalen Wettbewerbsrecht ?, RabelsZ 48 (1984) 289–318.

—: Privatrecht und europäisches Gemeinschaftsrecht, in: Müller-Graf/Zuleeg, Staat und Wirtschaft in der EG, Kolloquium zum 65. Geburtstag von Bodo Börner, Baden-Baden 1987, 17–52.

Müller-Foell, Martina: Die Bedeutung technischer Normen für die Konkretisierung von Rechtsvorschriften, Heidelberg 1987.

Müller-Römer, Dietrich: Der pharmazeutische Unternehmer im neuen AMG, Pharm. Ind. 39 (1977) 1206–1210.

—: Arzneimittelrecht von A-Z, Neu-Isenburg 1978.

Müller-Rostin, Wolf D.: Die Haftung des Flugzeugherstellers nach US-amerikanischem Recht, Diss. Köln 1979.

MünchKomm*(-Bearb.)*: Münchener Kommentar zum Bürgerlichen Gesetzbuch: Band 7, Einführungsgesetz, Internationales Privatrecht, 2. Aufl., München 1990; Ergänzungsband, 2. Aufl., Ergänzung zu Band 3, 2. Halbband, Schuldrecht — Besonderer Teil (§§ 652–853), Produkthaftungsgesetz, Stand: 12/1990.

Mummenhoff, Winfried: Ausnahmen von der lex loci delicti im internationalen Privatrecht, NJW 1975, 476–481.

Murswieck, Axel: Die staatliche Kontrolle der Arzneimittelsicherheit in der Bundesrepublik und den USA, Opladen 1983.

Muthig, Andrea: Die Haftung des Herstellers für Produktfehler, München 1993.

Nanz, Klaus-Peter: Zur Bestimmung des Deliktsstatuts im englischen, französischen und italienischen Recht, VersR 1981, 212–217.

Nater, Hans: Zur Entwicklung der Produktehaftpflicht in der Schweiz, SJZ 1989, 389–393.

Neuhaus, Paul Heinrich: Das internationale Privatrecht im italienischen Zivilgesetzbuch von 1942, RabelsZ 15 (1949/50) 22–49.

—: Internationales Zivilprozeßrecht und Internationales Privatrecht, RabelsZ 20 (1955) 201–269.

—: Neue Wege im europäischen internationalen Privatrecht?, RabelsZ 35 (1971) 401–428.

—: Die *Grundbegriffe* des Internationalen Privatrechts, Tübingen 1976.

—: Abschied von Savigny?, RabelsZ 46 (1982) 4–25.

Nevermann, Karsten: Die Klage aus „Tort" oder „Delict" in Großbritannien bei auswärtigem Tatort, RIW 1991, 901–907.

Newdick, Christoph: Strict Liability for Defective Drugs in the Pharmaceutical Industry, L.Q.R. 101 (1985) 405–431.

Nickel, Friedhelm G.: Produzentenhaftung beim Verkauf mangelhafter Halbfabrikate, Pfaffenweiler 1985.

—: Besondere Produkt-Haftpflichtversicherung, in: Kullmann/Pfister, Produzentenhaftung, Loseblattsammlung, Berlin 1980, Stand: 1992 (zit.: Nickel, Kza.).

Nicklisch, Fritz: Rechtsfragen der modernen Bio- und Gentechnologie, BB 1989, 1–10.

Niederer, Werner: Einführung in die allgemeinen Lehren des internationalen Privatrechts, 3. Aufl., Zürich 1961.

Noehrbass, Norbert: Besondere Versicherungskonzepte in den USA: Selbstversicherung mit Retro-Programmen, VW 1989, 679–682.

North, Peter M.: Contract as a Tort Defence in the Conflict of Laws, in: Contemporary Problems in the Conflict of Laws, Essays in Honour of John Humphrey Carlile Morris, Leyden/Bosten 1978, 214–231.

—: Reform, But Not Revolution, Rec. des Cours 220 I (1990) 1- 288.

Note: Products Liability and the Choice of Law, Harvard L. Rev. 78 (1965) 1452–1470.

Núñez-Müller, Marco: Die Staatszugehörigkeit von Handelsschiffen im Völkerrecht, Berlin 1994.

Nunnenkamp, Peter: Technische Handelshemmnisse – Formen, Effekte und Harmonisierungsbestrebungen, Aussenwirtschaft 38 (1983) 373–397.

Oftinger, Karl: Schweizerisches Haftpflichtrecht, 1. Bd., 4. Aufl., Zürich 1975.

Oftinger/Stark: Schweizerisches Haftpflichtrecht, Bd. 2: Besonderer Teil, Tbd. 1: Verschuldenshaftung, gewöhnliche Kausalhaftungen, Haftung aus Gewässerverschmutzung, 4. Aufl., Zürich 1987.

Oldertz, Carl: Security Insurance, Patient Insurance and Pharmaceutical Insurance in Sweden, AmJCompL 34 (1986) 635–656.

Oswald, Hans: Das Regreßrecht in der Privat- und Sozialversicherung, SZS 1972, 1–64.

Otte, Karsten: Jurisdiction – Internationale Zuständigkeit bei Produkthaftpflicht-Regreßklagen, IPRax 1987, 384–386.

—: Marktanteilshaftung, Berlin 1990.

Otto, Dirk: Produkthaftung nach dem UN-Kaufrecht, MDR 1992, 533–538.

Overbeck, Alfred v.: Der schweizerische Entwurf eines Bundesgesetzes über das Internationale Privatrecht, RabelsZ 42 (1978) 601–633.

—: Der schweizerische Regierungsentwurf eines Bundesgesetzes über das internationale Privatrecht, IPRax 1983, 49–52.

Overbeck v./Volken: Das internationale Deliktsrecht im Vorentwurf der EWG, RabelsZ 38 (1974) 56–78.

Paanila, Riku: Das finnische Produkthaftungsgesetz, RIW 1991, 560–565.

Palandt(/Bearb.): Bürgerliches Gesetzbuch, 52. Aufl., München 1993.

Papier, Hans-Jürgen: Der bestimmungsgemäße Gebrauch der Arzneimittel — die Verantwortung des pharmazeutischen Unternehmers, Baden-Baden 1980.

Patocchi, Paolo Michele: Il nuovo diritto internazionale svizzero: Parte seconda: l'atto illecito (Capitolo 9, Sezione 2 della nuova legge federall sul diritto internazionale privato), Repertorio di giurisprudenza patria 1988, 105–148.

Pausenberger, Ehrenfried: Internationalisierungsstrategien industrieller Unternehmungen, in: Dichtl/Issing, Exportnation Deutschland, 2. Aufl., München 1992, 199–220.

Peterson, Courtland H.: Moderne amerikanische *IPR-Theorie*, in: Holl/Klinke, Internationales Privatrecht — Internationales Wirtschaftsrecht, Köln, Berlin, Bonn, München 1985, 77–90.

—: United States Supreme Court on the constitutionality of Punitive Damages, IPRax 1990, 187–190.

Peterson/Zekoll: Mass Torts, AmJCompL 42 (1994) 79–146

Peuster/Werder v.: Produkthaftung in der Europäischen Gemeinschaft: Betriebswirtschaftliche Anmerkungen zur Risikoanalyse angesichts landesspezifischer Risikoparamter, DB 1991, 112–117.

Pfeifer, Axel: Produktfehler oder Fehlverhalten der Produzenten, Berlin, München 1987.

Pfersmann, Hans: Anmerkung zu OGH, 2 Ob 521/91, und OGH, 6 Ob 557/91, JBl 1992, 333–334.

Pfister, Bernhard: Die Produzentenhaftung nach österreichischem Recht, RIW 1978, 153–155.

—: Einzelbeiträge in: Kullmann/Pfister, Produzentenhaftung, Loseblattsammlung, Berlin 1980, Stand: 1992 (zit.: Pfister, Kza.).

Pirrung, Jörg: Internationales Privat- und Verfahrensrecht nach dem Inkrafttreten der Neuregelung des IPR, Köln 1987.

—: Die Einführung des EG-Schuldvertragsübereinkommens in die nationalen Rechte, in: Bar, Christian v. (Hrsg.), Europäisches Gemeinschaftsrecht und internationales Privatrecht, Köln, Berlin, Bonn, München 1991, 21–70.

Plagemann, Hermann: Der Wirksamkeitsnachweis nach dem Arzneimittelgesetz von 1976, Baden-Baden 1979.

Pohl/Henry: Das neue finnische Produkthaftungsgesetz, PHI 1991, 42-52.

Pohlmann, Andreas: Neuere Entwicklungen im Gentechnikrecht, Berlin 1990.

Posch, Willibald: *Issues* in International Products Liability Cases, in: Campbell/Rohwer (Hrsg.), Legal Aspects of International Business Transactions II, Amsterdam, New York 1985, 61-114.

—: Produkthaftungsgesetz — Eine erste Analyse der Probleme, RdW 1988, 65-76.

—: Multikausale Schäden in modernen Haftungsrechten, in: Fenyves/Weyers (Hrsg.), Multikausale Schäden in modernen Haftungsrechten, Verhandlungen der Fachgruppe für Zivilrechtsvergleichung auf der Tagung für Rechtsvergleichung in Innsbruck 1987, Frankfurt/M. 1988, 153-186.

—: Produkthaftung und Schadensersatzreform, JBl 1980, 281-298.

—: Ist das österreichische Recht der Produzentenhaftung reformbedürftig? in: Posch/Schilcher (Hrsg.), *Rechtsentwicklung* in der Produkthaftung, Wien 1981, 147-171.

—: *Perfektionierung* des Konsumentenschutzes durch Produkthaftung, in: Krejci, Heinz (Hrsg.), Handbuch zum Konsumentenschutzgesetz, Wien 1991, 753-783.

—: Produzentenhaftung in Österreich de lege lata et de lege ferenda, in: *Verhandlungen* des Achten Österreichischen Juristentages, Graz 1982, Bd. I, 3. Teil, Wien 1982.

—: Die Umsetzung der EG-Richtlinie „Produkthaftpflicht" in den Mitgliedsstaaten und die beim „autonomen Nachvollzug" durch Drittstaaten auftretenden Probleme, in: Honsell/Rey (Hrsg.), Symposium Stark, „Neuere Entwicklungen im Haftpflichtrecht", Zürich 1991, 85-116.

—: Produkthaftung in Österreich — Produkthaftung in der Schweiz, in: Westphalen, Friedrich Graf v. (Hrsg.), Produkthaftungshandbuch Bd. 2, München 1991, §§ 128 und 129.

—: Internationales Produkthaftungsrecht — Kollisions- und einheitsrechtliche Überlegungen zum Produkthaftungsrecht, in: Schwind, Fritz (Hrsg.), *Österreichs Weg* in die EG — Beiträge zur europäischen Rechtsentwicklung, Wien 1991, 247-267.

—: Zur EWR-bedingten Anpassung des Produkthaftungsgesetzes an das Produkthaftungsrecht der EG, WBl 1992, 215-220.

—: Das Produkthaftungsgesetz in der Praxis, WBl 1993, 101-107.

—: Anmerkung zu OGH, 11.11.1992-1 Ob 644/92, JBl 1993, 525-526.

Posch/Padovini: Italien, in: Westphalen, Friedrich Graf v. (Hrsg.), Produkthaftungshandbuch Bd. 2, München 1991, § 125.

Prager, Matthias: Die Produkte-Haftpflicht im IPR, Zürich 1975.

Prosser, William L.: Interstate Publication, Mich. L. Rev. 51 (1953) 959-1000.

−: The Assault Upon The Citadel (Strict Liability To The Consumer), Yale L.J. 69 (1960) 1114–1148.

−: The Law of Torts, 5. Aufl., St. Paul, Minn. 1971.

Pryles, Michael C.: Tort and Related Obligations in Private International Law, Rec. des Cours 227 II (1991) 9–205.

Psolka, Franz-Albrecht: International-privatrechtliche Bemerkungen zu Kraftfahrzeugunfällen unter Deutschen in Frankreich, VersR 1974, 412–422.

Pütting, Dorothea und Hanns: Zivilrechtliche Haftungsprobleme im neuen Arzneimittelrecht, DAZ 118 (1978) 256–260.

Raape, Leo: Nachträgliche Vereinbarung des Schuldstatuts, in: Festschrift für Gustav Böhmer 1954, 111–123.

Rabel, Ernst: The Conflict of Laws, Bd. II, 2. Aufl., Ann Arbor 1963.

Radau, Hans: Gefährdungshaftung und Haftungsersetzung durch Versicherungsschutz − das deutsche Arzneimittelgesetz und die schwedische Arzneimittelversicherung, VersR 1991, 387–393.

Räpple, Thilo: Das Verbot bedenklicher Arzneimittel, Baden-Baden 1991.

Raffée/Segler: Internationale Marktstrategien, in: Dichtl/Issing (Hrsg.), Exportnation Deutschland, 2. Aufl., München 1992, 221–242.

Raindl-Marcure, Elisabeth: Produkthaftung in Japan, in: Westphalen, Friedrich Graf v. (Hrsg.), Produkthaftungshandbuch Bd. 2, München 1991, § 126.

Raisch, Peter: Zur Begriffsbestimmung der Gesamtschuld, JZ 1965, 703–708.

Reese, Willis L.M.: Products Liability and Choice of Law: The United States Proposals to the Hague Conference, Vand. L. Rev. 25 (1972), 29–41.

−: Choice of Law: Rules or Approach, Corn. L. Rev. 57 (1972) 315–334.

−: Report of the Special Commission, in: Conférence de la Haye de droit international privé, Actes et documents de la Douzième session 2 au 21 octobre 1972, Tome III Responsabilité, La Haye 1974, 107–117.

−: Explanatory Report, in: Conférence de la Haye de droit international privé, Actes et documents de la Douzième session 2 au 21 octobre 1972, Tome III, Responsabilité, La Haye 1974, 252–273.

−: Further Comments on the Hague Convention on the Law Applicable to Products Liability, GA. J. Int.'l & Comp.L. 8 (1978) 311–318.

−: Statutes in Choice of Law, AmJCompL 35 (1987) 395–403.

−: The Law Governing Airplane Accidents, Washinton and Lee L. Rev. 39 (1982) 1303–1323.

Rehbinder, Eckard: Export von Schädlingsbekämpfungsmitteln: Gemeinsame Verantwortung von Export und Importstaat?, UTR 5 (1988) 337–348.

Rehbinder, Manfred: Konsumentenschutz im schweizerischen Recht, RIW 1991, 97–100.

Rehbinder/Kayser/Klein: Chemikaliengesetz, Heidelberg 1985.

561

Reich, Norbert: Binnenmarkt als Rechtsbegriff, EuZW 1991, 203–210.

—: Rechtsprobleme grenzüberschreitender irreführender Werbung im Binnenmarkt, RabelsZ 56 (1992) 444–520.

Reichert-Facilides, Fritz: Versicherungsverbraucherschutz und internationales Privatrecht, in: Festschrift für Reimer Schmidt, Karlsruhe 1976, 1023–1041.

Reihlen, Helmut: Technische Normung und Zertifizierung für den EG-Binnenmarkt, EuZW 1990, 444–446.

Reindl, Andreas: Die Importeurhaftung nach dem Produkthaftungsgesetz und das Freihandelsabkommen Österreich/EWG, WBl 1991, 121–126.

Reinelt, Ekkehart: Anmerkung zu BGH, Urt. v. 7.6.1988 – VI ZR 91/87, NJW 1988, 2614–2615.

—: Zur Haftung des Arzneimittelherstellers für die Übertragung von Viren durch Blutprodukte, VersR 1990, 565–572.

Reinhardt, Gerd: UN-Kaufrecht, Heidelberg 1991.

Reischauer, Rudolf: Der *Entlastungsbeweis* des Schuldners (§ 1298 ABGB), Berlin 1975.

—: Produkthaftung in Österreich, VR 1986, 255–273.

Reithmann/Martiny: Internationales Vertragsrecht, 4. Aufl., Köln 1988.

Rémillard, Gil: Présentation du projet de Code civil du Québec, R.G.D. 22 (1991) 5–77.

Rest, Alfred: Der Begehungsort nach Art. 5 des EWG-Vollstreckungs-Abkommens vom 27.9.1968 bei grenzüberschreitenden Umweltschäden, RIW 1975, 663–670.

Reuber, Klaus: Die haftungsrechtliche Gleichbehandlung von Unternehmensträgern, Berlin 1990.

Reus, Alexander: Die „forum non conveniens-doctrine" in Großbritannien und den USA in Zukunft auch im deutschen Prozeß? RIW 1991, 542–553.

Reuter, Alexander: Die neue Maschinenrichtlinie: Ein europäischer Binnenmarkt im Maschinen- und Anlagenbau, BB 1990, 1213–1217.

Reynolds, F.M.B.: The Law Commission 25 Years on, L.Q.R. 107 (1991) 517–519.

RGRK(-Bearb.): Das Bürgerliche Gesetzbuch mit besonderer Berücksichtigung der Rechtsprechung des Reichsgerichts und des Bundesgerichtshofs, Kommentar, Bd. VI, 1. Teilband, Internationales Privatrecht, 12. Aufl., Berlin, New York 1981.

Rheinstein, Max: The Place of Wrong. A Study in the Method of Case Law, Tul. L. Rev. 19 (1944) 4–31, 165–199.

Rice, David A.: Product Quality Laws and the Economics of Federalism, Boston Univ. L. Rev. 65 (1985) 1–64.

Riegl, Werner: Streudelikte im Internationalen Privatrecht, Diss. Augsburg 1986.

Rilling, Konrad: Die Bürgschaft nach deutschem Internationalen Privatrecht, Diss. Tübingen 1935.

Röckel, Dieter: Die Haftung für nichtverschuldete Arzneimittelschäden, Pharm. Ind. 39 (1977) 559–561.

Röhm/Gröbbels-Janka: Produkthaftpflicht in den USA 1992, RIW 1992, 200–207.

Roesch, Heinz: Norwegische Rechtsprechung zur Haftung für schädliche Nebenwirkungen von Östrogenpräparaten, VersR 1971, 594–599.

Rogerson, Pippa: Foreign Tort – Exception To Double Actionability, C.L.J. 1992, 439–441.

Rohles, Dieter: Das Produkthaftungsgesetz und seine Auswirkungen auf die Versicherungswirtschaft, VW 1988, 571–574, 628–631.

Rolland, Walter: Produkthaftungsrecht, München 1990.

–: Zur Sonderstellung des Arzneimittelherstellers im System des Produkthaftungsrechts, in: Festschrift für Werner Lorenz, Tübingen 1991, 193–212.

Rosenberg, Maurice: The Comeback of Choice-of-Law Rules, Col. L. Rev. 81 (1981) 946–959.

Roßbach, Armin: Die internationalprivatrechtliche Anknüpfung des privaten Rechtsschutzes bei grenzüberschreitender Gewässerverunreinigung, Diss. Bonn 1979.

–: Die international-privatrechtlichen Probleme der grenzüberschreitenden Rheinverschmutzung, NJW 1988, 590–593.

Roth, Wulf-Henning: Internationales Versicherungsvertragsrecht, Tübingen 1985.

–: Der Einfluß des Europäischen Gemeinschaftsrechts auf das Internationale Privatrecht, RabelsZ 55 (1991) 623–673.

Rother, Werner: Die „vorwiegende Verursachung", VersR 1983, 793–798.

Rubin, Alvin B.: Mass Torts and Litigation Disasters, GA.L.Rev. 20 (1986) 429–453.

Rummel(/Bearb.): Kommentar zum Allgemeinen bürgerlichen Gesetzbuch, 2. Aufl., Wien, Bd. I (§ 1 – § 1174 ABGB) 1990, Bd. II 1992.

Sack, Rolf: Die rechtlichen Funktionen des Warenzeichens (1. Teil), GRUR 1972, 402–412.

–: Das IPR der Produkthaftung und die „par conditio concurrentium", in: Festschrift für Eugen Ulmer, Köln, Berlin, Bonn, München 1973, 495–507.

–: Das Verhältnis der Produkthaftungsrichtlinie der EG zum nationalen Produkthaftungsrecht, VersR 1988, 439–452.

−: Die kollisions- und wettbewerbsrechtliche Beurteilung grenzüberschreitender Werbe- und Absatztätigkeit nach deutschem Recht, GRUR Int. 1988, 320–343.

−: Probleme des Produkthaftungsgesetzes unter Berücksichtigung der Produkthaftungs-Richtlinie der EG, JBl 1989, 615–626, 695–706.

−: Probleme der Verjährung und Verwirkung im IPR, in: Karlsruher Forum 1991, 35–40.

−: Die Importeurhaftung nach dem Produkthaftungsgesetz und das Freihandelsabkommen Österreich/EWG, WBl 1991, 251–253.

Salmond: Law of Torts, by R.F.V. Heuston, 17. Aufl., London 1977.

Sander/Scholl: Arzneimittelrecht (Kommentar), Köln, Stuttgart, Berlin, Mainz, Stand: 10/89.

Saravalle, Alberto: Responsabilità del produttore e diritto internazionale privato, Padova 1991.

Saunders, M.L.: Report on Products Liability in the Conflict of Laws, in: Conférence de la Haye de droit international privé, Actes et documents de la Douzième session (2–21 octobre 1972), Bd. III: Responsabilité du fait des produits, La Haye 1974, 39–63.

Savigny, Friedrich Carl v.: System des heutigen Römischen Rechts, Bd. VIII, Berlin 1849.

Schack, Haimo: Jurisdictional *Minimum Contacts* Scrutinized, Heidelberg 1983.

−: Einführung in das US-amerikanische Zivilprozeßrecht, München 1988.

−: Die grenzüberschreitende Verletzung allgemeiner und Urheberpersönlichkeitsrechte, UFITA 108 (1988) 51–72.

−: Internationales Zivilverfahrensrecht, München 1991 (zit.: IZVR).

Schaer, Roland: Grundzüge des Zusammenwirkens von Schadensausgleichssystemen, Basel 1984.

Schalich, Ekkehard: Überblick über die Zivilverfahrensnovelle 1983, ÖJZ 1983, 253–259.

Schenke, Wolf-Rüdiger: Die verfassungsrechtliche Problematik dynamischer Verweisungen, NJW 1980, 743–749.

Scheucher, Leo: Studien zur internationalen Zuständigkeit in Vermögensstreitigkeiten, Wien 1972.

Schilling, Theodor: Zur Wirkung von EG-Richtlinien, ZaöRV 48 (1988) 637–682.

Schiwy, Peter: Deutsches Arzneimittelrecht (Arzneimittelgesetz − Kommentar), Starnberg 1991.

Schlechtriem, Peter: Uniform Sales Law, Wien 1986.

—: Angleichung der Produkthaftung in der EG — Zur Richtlinie des Rates der Europäischen Gemeinschaften vom 25.7.1985 — VersR 1986, 1033-1043.

—: Einheitliches UN-Kaufrecht, JZ 1985, 1039-1048.

—: Dogma und Sachfrage — Überlegungen zum Fehlerbegriff des Produkthaftungsgesetzes, in: Festschrift für Fritz Rittner, München 1991, 545-559.

Schlegelmilch, Günter: Die Absicherung der Produkthaftpflicht, 2. Aufl., München 1978.

Schlosser, Peter: Anmerkung zu BGH, Urt. v. 23.10.1979 — KZR 21/78, NJW 1980, 1226.

—: Europäisch-autonome Interpretation des Begriffs „Vertrag oder Ansprüche aus einem Vertrag" i.S.v. Art. 5 Nr. 1 EuGVÜ, IPRax 1984, 65-68.

—: Anmerkung zu EuGH, Urt. v. 8.3.1988 — Rs. 9/87, Arcado v. Haviland, RIW 1988, 987-989.

Schlußbericht: Bundesgesetz über das internationale Privatrecht (IPR-Gesetz) — Schlußbericht der Expertenkommission zum Gesetzentwurf (Schweizer Studien zum internationalen Recht Bd. 13) Zürich 1979.

Schmidt, Rudolf: Der Ort der unerlaubten Handlung im internationalen Privatrecht, in: Festschrift für Heinrich Lehmann, Berlin 1937, 175-194.

Schmidt-Brand, Jan-Peter: Zu den long-arm statutes im „Jurisdiktions-Recht" der Vereinigten Staaten von Amerika und zu ihrer Bedeutung für wirtschaftsrechtliche Streitigkeiten, Frankfurt, Bern, New York, Paris 1991.

Schmidt-Salzer, Joachim: Anmerkung zu OLG München, 17.3.1967-2 U 1511/64 (Radiumkompresse), Entscheidungssammlung (Loseblatt) Nr. II. 105/4-5.

—: Produkthaftung, Heidelberg 1973.

—: Anmerkung zu LG Saarbrücken, 2.7.1974-11 O 111/73, Entscheidungssammlung I, Nr. III.13/393-397.

—: Anmerkung zu OLG Celle, Urt. v. 26.10.1978, 7 U 64/78, Entscheidungssammlung II Nr. II.68/474-480.

—: Anmerkung zu OLG Düsseldorf, Urt. v. 28.4.1978-4 U 241/77 (Klapprad I), Entscheidungssammlung III, Nr. II. 78/452.

—: Anmerkung zu BGH, Urt. v. 11.12.1979, VI ZR 141/78 (Klapprad II), Entscheidungssammlung III, Nr. I.170/218-223.

—: Entscheidungssammlung Produkthaftung, Bd. I, 2. Aufl., München 1981; Bd. II, Berlin 1979, Bd. III, 2. Aufl., München 1990; seit 1988 als Loseblattsammlung fortgeführt.

—: Anmerkung zu OLG Celle, Urt. v. 26.10.1978-7 U 64/78 — Kennwort: Apfelschorf, BB 1979, 394-396.

—: Anmerkung zu BGH, Urt. v. 11.12.79 — VI ZR 141/78, BB 1980, 445-446.

565

−: Kommentar EG-Richtlinie Produkthaftung, Bd. I, Heidelberg 1986; Bd. II, Heidelberg (Loseblatt, Stand: August 1992).

−: USA-Haftpflichtrisiken der deutschen Industrie: ein rationaler Approach, VP 1985, 157−170.

−: Anmerkung zu BGH, Urt. v. 7.6.1988 − VI ZR 91/88 (Mehrwegflasche II), Entscheidungssammlung (Loseblatt) Nr. I.266/10−24.

−: Das Mehrwegflaschen-Urteil des Bundesgerichtshofs und die allgemeine Produkt-Verschuldenshaftung, PHI 1988, 146−155.

−: Der Fehler-Begriff der EG-Richtlinie Produkthaftung, BB 1988, 349−356.

−: Produkthaftung, Bd. IV/1: Produkthaftpflichtversicherung, 1. Teil, 2. Aufl., Heidelberg 1990.

−: Verbraucherschutz, Produkthaftung, Umwelthaftung, Unternehmensverantwortung, NJW 1994, 1305−1315.

Schneeweiss, Franz-Josef: Das Verhältnis von Handlungs- und Erfolgsort im deutschen internationalen Privatrecht unter besonderer Berücksichtigung der Rechtsprechung, Köln 1959.

Schnitzer/Châtelain: Das überforderte Kollisionsrecht, SJZ 81 (1985) 105−113.

Schnitzler, Adolf F.: Betrachtungen zur Gegenwart und Zukunft des Internationalen Privatrechts, RabelsZ 38 (1974) 317−343.

Schnopfhagen, Richard: Produkthaftung in England, ZfRV 1993, 62−80.

Schnyder, Anton K.: Das neue *IPR-Gesetz*, Zürich 1988.

−: *Wirtschaftskollisionsrecht*, Zürich 1990.

Schönberger, Thomas: Das Tatortprinzip und seine Auflockerung im deutschen internationalen Deliktsrecht, Mainz 1990.

Scholl, Stefan: Behördliche Prüfungsbefugnisse im Recht der Wirtschaftsüberwachung, Berlin 1989.

Schottelius/Küpper-Djindjic: Die Interdependenz zwischen Gesundheits-, Umwelt-, Arbeitsschutz- und Anlagensicherheit aus der Sicht der betrieblichen Praxis, BB 1993, 445−450.

Schröder, Jochen: Internationale Zuständigkeit, Opladen 1971.

Schroth, Peter: Wohin treibt die US-Produkthaftpflicht?, in: Die Kölnische Rück. (Hrsg.), Tendenzen der Produkthaftung in Europa und Amerika, Karlsruhe 1981, 73−134.

Schubert, Mathias: BR Deutschland/EG: Verschuldenselemente im Fehlerbegriff des neuen Produkthaftungsrechts, PHI 1989, 74−87.

Schütze, Rolf A.: Gerichtsbarkeit und internationale Zuständigkeit, in: Westphalen, Friedrich Graf v. (Hrsg.), Produkthaftungshandbuch Bd. 2, München 1991, § 101.

−: Anmerkung zu BGH, Urt. v. 4.6.1992 − IX ZR 149/91, RIW 1993, 139−141.

Schulberg, Francine: United States Export of Products Banned for Domestic Use, Harvard Int.L.J. 20 (1979) 330–383.

Schuler, Rolf: Das Internationale Sozialrecht der Bundesrepublik Deutschland, Baden-Baden 1988.

Schultsz, J.C.: Anmerkung zu EuGH, Urt. v. 1.10.1976, Rs. 14/6, N.J. 1977, Nr. 170.

—: Anmerkung zu EuGH, Urt. v. 30.11.1976, Rs 21/76, N.J. 1977, Nr. 494.

—: Anmerkung zu EuGH, Urt. v. 22.3.1983, Rs 34/82, N.J. 1983, Nr. 664.

—: Anmerkung zu EuGH, Urt. v. 27.9.1988, Rs 189/87, N.J. 1990, Nr. 425.

Schurig, Klaus: Kollisionsnorm und Sachrecht, Berlin 1981.

—: Zwingendes Recht, „Eingriffsnormen" und neues IPR, RabelsZ 54 (1990) 217–250.

Schwander, Ivo: Das IPR der *Produktehaftung*, in: Borer/Kramer/Posch/ Schwander/Widmer: Produktehaftung, Bern 1986, 197–227.

—: *Einführung* in das internationale Privatrecht, 2. Aufl., St. Gallen 1990.

Schwartz, Victor, E.: Perspectives of Product Liability as Developed by the U.S. Federal Interagency Study, in: Böckstiegel, Karl-Heinz (Hrsg.), Die Produkthaftung in der Luft- und Raumfahrt, Köln, Berlin, Bonn, München 1978, 125–132.

—: Produkthaftpflicht in den USA- Haftungsgrundlagen, in: Kullmann/Pfister, Produzentenhaftung, Loseblattsammlung, Berlin 1980, Stand: 1992 (zit.: Schwartz, Kza.).

Schwarz, Matthias: Der Gerichtsstand der unerlaubten Handlung nach deutschem und europäischem Zivilprozeßrecht, Frankfurt, Bern, New York, Paris 1991.

Schwenk, Walter: Handbuch des Luftverkehrsrechts, Köln, Berlin, Bonn, München 1981.

Schwenzer, Ingeborg: Das UN-Abkommen zum internationalen Warenkauf, NJW 1990, 602–607.

Schwimann, Michael: Anmerkung zu OGH, Urt. v. 16.12.87 30 b 639/86, JBl 1989, 49–51.

—: Grundriß des internationalen Privatrechts, Wien 1982.

Schwind, Fritz: Prinzipien des neuen österreichischen IPR-Gesetzes, StAZ 1979, 109–119.

—: Internationales Privatrecht, Wien 1990.

Schwintowski, Hans-Peter: Europa 1992: Harmonisierung der rechtlichen Rahmenbedingungen — ökonomische Bedeutung für mittelständische Unternehmen, ZVglRWiss 88 (1989) 221–240.

Scoles/Hay: Conflict of Laws, 2. Aufl., St. Paul, Minnesota, 1992.

Sedemund, Joachim: Europäisches Gemeinschaftsrecht, NJW 1984, 1268–1273.

Seetzen, Uwe: Zur Entwicklung des internationalen Deliktsrechts, VersR 1970, 1–15.

Seidel, Martin: Die Vollendung des Binnenmarktes der Europäischen Gemeinschaft als Rechtssetzungsprozeß, in: Festschrift für Ernst Steindorff, Berlin, New York 1990, 1455–1475.

Seidelson, David E.: The Choice-of-Law Process in Product Liability, Duq. L. Rev. 26 (1988) 559–632.

Selb, Walter: Mehrheiten von Gläubigern und Schuldnern, Tübingen 1984.

Sieger, Jürgen: Probleme der Nutzen-Risiko-Abwägung des § 84 AMG, VersR 1989, 1014–1021.

Siehr, Kurt: Produktenhaftung und Internationales Privatrecht, AWD (RIW) 1972, 373–389.

—: Normen mit eigener Bestimmung ihres räumlich-persönlichen Anwendungsbereichs im Kollisionsrecht der Bundesrepublik Deutschland, RabelsZ 46 (1982) 357–383.

—: Gemeinsame Kollisionsnormen für das Recht der vertraglichen und außervertraglichen Schuldverhältnisse, in: Festschrift für Rudolf Moser, Zürich 1987, 110–118.

—: Ausländische Eingriffsnormen im inländischen Wirtschaftskollisionsrecht, RabelsZ 52 (1988) 41–103.

Simitis, Konstantin: Verbraucherschutz — Schlagwort oder Rechtsprinzip?, Baden-Baden 1976.

Simitis, Spiros: Grundfragen der Produzentenhaftung, Tübingen 1965.

—: Produzentenhaftung: Von der strikten Haftung zur Schadensprävention, in: Festschrift für Konrad Duden, München 1977, 605–639.

Sinding, Christian: Grundzüge der Produkthaftung in Dänemark, PHI 1990, 112–116.

Smith, Duncan G.: The European Community directive on product liability: a comparative study of its implementations in the UK, France and West Germany, LIEI 1990, 101–142.

Smith/Hamill: Neuregelung der Produkthaftpflicht im Vereinigten Königreich: Der Consumer Protection Act 1987, PHI 1988, 82–88.

Soergel(-Bearb.): Bürgerliches Gesetzbuch, Kommentar, Band 8: Einführungsgesetz, 11. Aufl., Stuttgart, Berlin, Köln, Mainz 1983.

Sohm/Mitteis/Wenger: Institutionen, Geschichte und System des römischen Privatrechts, 17. Aufl., München 1926.

Solimine, Michael E.: An Economic and Impirical Analysis of Choice of Law, GA L. Rev. 1989, 49–93.

Sommerlad/Schrey: Die Ermittlung ausländischen Rechts im Zivilprozeßrecht und die Folgen der Nichtermittlung, NJW 1991, 1377-1383.

Sonnenberger, Hans-Jürgen: Neue Wege der Produzentenhaftung im französischen Recht, in: Festschrift für Ernst Steindorff, Berlin, New York 1990, 777-798.

Speer, Michael: Produzentenhaftung in Kanada, RIW 1985, 849-852.

Spellenberg, Ulrich: Örtliche Zuständigkeit kraft Sachzusammenhangs, ZVglRWiss 79 (1980) 89-131.

Spickhoff, Andreas: Der ordre public im internationalen Privatrecht, Entwicklung — Struktur — Konkretisierung, Neuwied, Frankfurt 1989.

Starck, Boris: La pluralité des causes de dommage et la responsabilité civile, Juris-Classeur Périodique (La Semaine Juridique) 1970, I, 2339.

Stark, Emil W.: Einige Gedanken zur Produktehaftpflicht, in: Festschrift für Karl Oftinger, Zürich 1969, 281-299.

Stauder, Bernd: Schwache Stellung des Konsumenten — Rechtsvergleichende und rechtspolitische Aspekte, NZZ Fernausgabe Nr. 146 v. 28. 6. 89, 39.

—: Droit de la consommation, in: Schindler/Hertig/Kellenberger/Thürer/Zäch, Die Europaverträglichkeit des schweizerischen Rechts, Schriften zum Europarecht 1, Zürich 1990, 179-221.

—: Schweizerische Produktehaftung im europäischen Umfeld, ZSR 1990, 363-388.

Staudinger(-Bearb.): Kommentar zum Bürgerlichen Gesetzbuch, 12. Aufl., Berlin 1983; §§ 243-254; Einführungsgesetz zum Bürgerlichen Gesetzbuch, 12. Aufl., Berlin, Artt. 24-28 a.F.; 5, 6 n.F. (1991); Art. 38 n.F. (1992); Einleitung zu Art. 7ff.; Art. 7, 8; § 12 VerschG; Internationales Gesellschaftsrecht; Art. 11 (1984).

Steffen, Erich: Verkehrspflichten im Spannungsfeld von Bestandsschutz und Handlungsfreiheit, VersR 1980, 409-412.

—: Anmerkung zu BGH, Urt. v. 8. 3. 1983 — VI ZR 116/81, LM (1950-85) Nr. 19 zu Art. 12 EGBGB a.F.

—: Die Verteilung des Schadens bei Beteiligung mehrerer Schädiger am Verkehrsunfall, DAR 1990, 41-46.

Steindorff, Ernst: Entwicklungen des deutschen Internationalen Privatrechts, in: Max-Planck-Institut für ausländisches und internationales Privatrecht (Hamburg) (Hrsg.), Deutsche Zivil- und kollisionsrechtliche Beiträge zum IX. Internationalen Kongreß für Rechtsvergleichung in Teheran 1974, Tübingen 1974, 155-174.

—: Gemeinsamer Markt als Binnenmarkt, ZHR 150 (1986) 687-704.

—: Anerkennung im EG-Recht, in: Festschrift für Werner Lorenz, Tübingen 1991, 561-576.

—: Vorlagepflicht nach Art. 177 Abs. 3 EWGV und Europäisches Gesellschaftsrecht, ZHR 156 (1992) 1–16.

—: Sanktionen des staatlichen Privatrechts für Verstöße gegen EG-Recht, Jura 1992, 561–572.

Steinebach, Lothar: Verbraucherschutz und Produktenhaftpflicht im amerikanischen Kollisionsrecht, insbesondere der neueren Rechtsprechung, Diss. Mainz 1982.

Stiefel/Stürner: Die Vollstreckbarkeit US-amerikanischer Schadensersatzurteile exzessiver Höhe, VersR 1987, 829–846.

Stiefel/Stürner/Stadler: The Enforceability of Excessive U.S. Punitive Damages Awards in Germany, AmJCompL 39 (1991) 779–802.

Stobbe, Otto: Handbuch des Deutschen Privatrechts, 3. Bd., Berlin 1878.

Stojanovic, Srdjan: Le droit des obligations dans la nouvelle loi fédérale suisse sur le droit international privé, Rev. crit. 77 (1988) 262–289.

Stoll, Hans: Anknüpfungsgrundsätze bei der Haftung für Straßenverkehrsunfälle und der Produkthaftung nach der neueren Entwicklung des internationalen Deliktsrechts, Festschrift für Gerhard Kegel, Frankfurt 1977, 113–139.

—: Zweispurige Anknüpfung von Verschuldens- und Gefährdungshaftung im internationalen Deliktsrecht? in: Festschrift für Murad Ferid, München 1978, 397–416.

—: Zur richterlichen Fortbildung der Staatshaftung für Unfallschäden, in: Festschrift für Fritz Hauß, Karlsruhe 1978, 349–371.

—: Internationalprivatrechtliche Probleme bei Verwendung Allgemeiner Geschäftsbedingungen, in: Festschrift für Günther Beitzke, Berlin, New York 1979, 759–785.

—: Deliktsstatut und Tatbestandswirkung ausländischen Rechts, in: Festschrift für Kurt Lipstein, Heidelberg, Karlsruhe 1980, 259–277.

—: Die Behandlung von *Verhaltensnormen* und Sicherheitsvorschriften, in: v. Caemmerer (Hrsg.), Vorschläge und Gutachten zur Reform des deutschen internationalen Privatrechts der außervertraglichen Schuldverhältnisse, Tübingen 1983, 160–180.

—: Rechtskollisionen bei Schuldnermehrheit, in: Festschrift für Wolfram Müller-Freienfels, Baden-Baden 1986, 631–660.

—: Internationalprivatrechtliche Fragen bei der landesrechtlichen Ergänzung des Einheitlichen Kaufrechts, in: Festschrift für Murad Ferid, Frankfurt a.M. 1988, 495–518.

—: Sturz vom Balkon auf Gran Canaria — Akzessorische Anknüpfung, deutsches Deliktsrecht und örtlicher Sicherheitsstandard, IPRax 1989, 89–93.

Streinz, Rudolf: Die Herstellung des Binnenmarktes im Bereich des Lebensmittelrechts, Rechtsangleichung und gegenseitige Anerkennung als ergänzende Instrumente, ZfRV 1991, 357–374.

Strömholm, Stig: Torts in the Conflicts of Law, Stockholm 1961.

Stucken, Bernd-Uwe: Grundzüge der Produkthaftung in China, PHI 1992, 211–213.

Stürmer, Ulrich: Die EG-Produkthaftpflicht-Richtlinie vom 25. Juli 1985, in: Stürmer/Koepke/Reichel, Neue EG-Produkthaftpflicht, Köln 1988, 20–51.

Stürner, Rolf: Der Justizkonflikt zwischen USA und Europa, in: Stürner/Lange/Taniguchi (Hrsg.), Der Justizkonflikt mit den Vereinigten Staaten von Amerika, Bielefeld 1986, 3–63.

Symeonides, Symeon C.: Problems and Dilemmas in Codifying Choice of Law for Torts: The Louisiana Experience in Comparative Perspective, AmJCompL 38 (1990) 431–473.

—: Revising Puerto Rico's Conflicts Law: A Preview, Col. J. Transn'l L. 28 (1990) 413–447.

—: Louisiana's New Law of Choice of Law For Tort Conflicts: An Exegesis, Tul. L. Rev. 66 (1992) 677–770.

—: Les grands problèmes de droit international privé et la nouvelle codification de Louisiane, Rev. crit. 1992, 223–281.

Talpis/Goldstein: Analyse critique de l'avant-projet de Loi du Québec en droit international privé, R. du N. 91 (1989) 293–313; 457–519; 606–646.

Tamussino, Philipp: Der österreichische Hersteller im amerikanischen Produkthaftungsprozeß, WBl 1990, 281–288.

Taniguchi, Yasuhei: The Japanese in American Litigations — Problems of Procedural Conflict — in: Stürner/Lange/Taniguchi, Der Justizkonflikt mit den Vereinigten Staaten von Amerika, Bielefeld 1986, 93–102.

Taschner, Hans-Claudius: Produkthaftung, Richtlinie des Rates vom 25. Juli 1985, München 1986.

—: Die künftige Produzentenhaftung in Deutschland, NJW 1986, 611–616.

—: Die Umsetzung der Produkthaftungsrichtlinie in einzelstaatliches Recht der Mitgliedsstaaten der EG und die Reform des Produkthaftungsrechts in den EFTA-Staaten, WBl 1991, 1–6.

Taschner/Frietsch: Produkthaftungsgesetz und EG-Produkthaftungsrichtlinie, 2. Aufl., München 1990.

Taupitz, Jochen: Kaffeefahrten deutscher Urlauber auf Gran Canaria: Deutscher Verbraucherschutz im Urlaubsgepäck?, BB 1990, 642–652.

Teff, Harvey: Drug Approval in England and the United States, AmJCompL 33 (1985) 567–610.

Teichmann, Arndt: Schadensersatz bei fehlerhafter Ware — BGH 48, 118, JuS 1968, 315–320.

The Law Commission: *Working Paper* No. 87 (and the Scottish Law Commission, Consultative Memorandum No. 62) — Private International Law, Choice of Law in Tort and Delict, London 1984.

—: Private International Law, Choice of Law in Tort and Delict (Law Com. No. 193; Scot. Law Com. No. 129), London 1990 (zit.: Report).

Triebel, Volker: Produkthaftung in Großbritannien, in: Westphalen, Friedrich Graf v. (Hrsg.), Produkthaftungshandbuch Bd. 2, München 1991, § 124.

Trutmann, Verena: Das internationale Privatrecht der Deliktsobligationen, Basel, Stuttgart 1973.

—: Das neue Bundesgesetz über das internationale Privatrecht in der praktischen Anwendung: Deliktsrecht, in: Das neue Bundesgesetz über das internationale Privatrecht in der praktischen Anwendung, Seminar vom 28. 10. 1988 an der Universität in Basel (Schweizer Studien zum internationalen Recht, Bd. 67), Zürich 1990, 71–82.

Ulmer, Heinrich: Deutschland: Risikominderung in der Produkthaftung, PHI 1992, 188–200.

Umbricht, Robert P.: Abriss des schweizerischen Internationalen Privatrechts der Produktehaftpflicht, SVZ 1989, 321–328.

Urwantschky, Peter: Flugzeugunfälle mit Auslandsberührung und Auflockerung des Deliktsstatuts, München 1986.

Van Mierk, Karel: Verbraucher und Binnenmarkt — Drei-Jahres-Aktionsplan der Kommission, EuZW 1990, 401–405.

Veltins, Michael A.: USA — Hinweise für Unternehmer, deren Produkte in die USA exportiert werden, in: Kullmann/Pfister, Produzentenhaftung, Loseblattsammlung, Berlin 1980, Stand: 1992 (zit.: Veltins, Kza.).

Vieweg, Klaus: Technische Normung und Produzentenhaftung/Verbraucherschutz, in: Scholz, Rupert (Hrsg.), Wandlungen in Technik und Wirtschaft als Herausforderung des Rechts, Köln 1985, 128–143.

Vischer, Frank: Internationales Privatrecht, Basel, Stuttgart 1973.

—: Das Deliktsrecht des schweizerischen IPR-Gesetzes unter besonderer Berücksichtigung der Regelung der Produkthaftpflicht, in: Beiträge zum neuen IPR des Sachen-, Schuld- und Gesellschaftsrechts, Festschrift für Rudolf Moser, Zürich 1987, 119–142.

—: Bemerkungen zum Verhältnis von internationaler Zuständigkeit und Kollisionsrecht, in: Mélanges en l'honneur d'Alfred E. von Overbeck, Fribourg 1990, 349–378.

Viscusi, W. Kip: Reforming Products Liability, 1991.

Vitta, Edoardo: The Impact in Europe of the American „Conflicts Revolution", AmJCompL 30 (1982) 1–18.

Vogel, Daniel: Die Produkthaftung des Arzneimittelherstellers nach schweizerischem und deutschem Recht, Zürich 1991.

Vogeler, Michael: Das Verhältnis von Arzthaftung und Arzneimittelhaftung, Diss. Göttingen 1983.

–: Die speziellen Haftungsvoraussetzungen des § 84 Satz 2 AMG, MedR 1984, 18–20.

Volken, Paul: Haager Konferenz für Internationales Privatrecht – Arbeitsprogramm 1988–1993, SchwJbIntR 46 (1989) 153–172.

Wagenfeld, Meike: Ausgleichsansprüche unter solidarisch haftenden Deliktsschuldnern im englischen und deutschen Recht, Tübingen 1972.

Wächter, Carl Georg v.: Über die Collision der Privatrechtsgesetze verschiedener Staaten, AcP 25 (1842) 361–419.

Wagner, Erwin: Statutenwechsel und dépeçage im internationalen Deliktsrecht, Heidelberg 1988.

Wandt, Manfred: Zum Rückgriff im Internationalen Privatrecht, ZVglRWiss 86 (1987) 272–313.

–: Das internationale Produkthaftungsrecht Österreichs und der Schweiz, PHI 1989, 2–12.

–: Die Geschäftsführung ohne Auftrag im Internationalen Privatrecht, Berlin 1989.

–: Anmerkung zu BGH, Urt. v. 18.10.1988 – VI ZR 223/87, VersR 1989, 266–268.

–: Das anwendbare Recht auf Straßenverkehrsunfälle mit Auslandsberührung nach deutschem Internationalen Privatrecht, VersR 1990, 1301–1310.

–: Anmerkung zu LG Nürnberg-Fürth, Urteil vom 22.3.1990 (7 O 8531/88), VersR 1991, 108–110

–: Die Anknüpfung des Direktanspruchs nach dem Haager Straßenverkehrsübereinkommen: Vorbild für das deutsche IPR?, IPRax 1992, 259–263.

–: Anmerkung zu BGH, Urteil vom 7.7.1992 – VI ZR 1/92, VersR 1992, 1239–1240.

–: Produkthaftung mehrerer und Regreß, in: Schmidt-Salzer (Hrsg.), EG-Produkthaftung II/ Broschüre 20, 1–19 (Einführung); Broschüre 21, 1–49 (Grundlagen); Broschüre 22, 1–49 (Internationales Privatrecht); Broschüre 23, 1–46 (Internationales Zivilprozeßrecht), Heidelberg 1992.

–: Die Staatsangehörigkeit in der Rechtsprechung zum Internationalen Privatrecht des Straßenverkehrsunfalls, VersR 1992, 156–160.

–: Regreßstatut bei deutschem Verkehrsunfall und ausländischer Drittleistung, NZV 1993, 56–59.

−: Auf dem Weg zu einer klaren Anknüpfungsregel für internationale Straßenverkehrsunfälle, VersR 1993, 409−419.

−: Grund und Grenzen personaler Anknüpfung im Internationalen Deliktsrecht, in: Festschrift für Egon Lorenz, Karlsruhe 1994, 691−703.

Wassermann, Ursula: Export of Uncontrolled Drugs, Journal of World Trade Law 14 (1980) 270−273.

Weckerle, Thomas: Die deliktische Verantwortung mehrerer, Karlsruhe 1974.

Weick, Günter: Das Tatortprinzip und seine Einschränkung bei internationalen Verkehrsunfällen, NJW 1984, 1993−2000.

Weintraub, Russell J.: A Defense of Interest Analysis in the Conflict of Laws and the Use of that Analysis in Product Liability Cases, Ohio State L.J. 46 (1985) 493−508.

−: Asahi Sends Personal Jurisdiction Down the Tubes, Texas Int. L.J. 23 (1988) 55−71.

−: Methods for Resolving Conflicts-of-Law Problems in Mass Tort Litigation, U.Ill.L.Rev. 1989, 129−156.

−: A Proposed Choice-of-Law Standard for International Products Liability Disputes, Brooklyn J. Int'l L. 1990, 225−239.

−: The Contribution of Symeonides and Kozyris to Making Choice of Law Predicatable and Just: Anppreciation and Critique, AmJCompL 38 (1990) 511−521.

Weir, Tony: Complex Liabilities, in: IECL, Vol. XI/2 Ch. 11, Tübingen 1986.

Weiss, André: Manuel de droit international privé, 8. Aufl., Paris 1920.

Weitnauer, Hermann: Beweisfragen in der Produktenhaftung, in: Festschrift für Karl Larenz, München 1973, 905−926.

−: Die Produktenhaftung für Arzneimittel, Pharm. Ind. 40 (1978) 425−432.

Welser, Rudolf: Produkthaftungsgesetz (Kurzkommentar), Wien 1988.

−: Das neue Produkthaftungsgesetz, WBl 1988, 165−176.

−: Lücken und Tücken des Produkthaftungsgesetzes, WBl 1988, 281−287.

Wengler, Wilhelm: Anmerkung zu BGH, Urt. v. 2.2.1961 − II ZR 163/59, JZ 1961, 424−425.

−: Internationales Privatrecht, RGRK-Band VI, 1. und 2. Teilband, 12. Aufl., Berlin, New York 1981 (zit. mit §).

Wesch, Susanne: Die Produzentenhaftung im internationalen Rechtsvergleich, Tübingen 1994.

Westphalen, Friedrich Graf v.: Einkaufsbedingungen der Automobil-Hersteller und das AGB-Gesetz, DB 1982, 1655−1662.

−: USA: Haftungsrisiko ausländischer Unternehmen, PHI 1988, 18−24.

—: Das deutsche Produkthaftungsgesetz, in: Westphalen, Friedrich Graf v. (Hrsg.), Produkthaftungshandbuch, Bd. 2, München 1991, §§ 58–70.

Weyers, Hans-Leo: Unfallschäden, Frankfurt a.M. 1971.

Weymüller, Rainer: Der Anwendungsvorrang von EG-Richtlinien – Eine Diskussion ohne Ende?, RIW 1991, 501–504.

Widmer, Pierre: Anmerkung zu den Entscheidungen des Bundesgerichts, BGE 110 II 456 und i.S. G. gegen M & S.SA vom 14.5.1985 (unveröffentlicht), recht 1986, 50ff.

—: *Produktehaftung* in der Schweiz, in: Borer/Kramer/Posch/Schwander/Widmer, Produktehaftung, Bern 1986, 15–37.

—: Reformüberlegungen zum Haftpflichtrecht, in: Honsell/Rey (Hrsg.) Symposium Stark, „Neuere Entwicklungen im Haftpflichtrecht", Zürich 1991, 49–76.

Widmer/Jäggi: Anstehende Revision des Haftpflichtrechts – Gesetzgebung und Rechtsprechung in der Schweiz, NZZ Fernausgabe Nr. 146 v. 28.6.89, 40.

Wieczorek, Bernhard: Zivilprozeßordnung und Nebengesetze, Bd. 1, 2. Aufl., Berlin 1976.

Wienberg, Carlos: Die Produkthaftung im deutschen und US-amerikanischen Kollisionsrecht, Pfaffenweiler 1993.

Wilde, Christian L.: Dépeçage in the Choice of Tort Law, S. Cal. L. Rev. 41 (1968) 329–366.

—: Der Verkehrsunfall im internationalen Privatrecht, Hamburg 1969.

Wilde, Harro: Internationales Privatrecht, in: Westphalen, Friedrich Graf v. (Hrsg.), Produkthaftungshandbuch Bd. 2, München 1991, § 100.

Will, Hans-Georg: 4. AMG-Novelle – Inhalt und Konsequenzen, PharmaR 1990, 94–104.

Wilms, Egbert F.J.: Produkte und Produzentenhaftung aus Marken oder ähnlichen Zeichen, Zürich 1984.

Winkelmann, Thomas: Produkthaftung bei internationaler Unternehmenskooperation, Berlin 1991.

Winkler, Peter: Italien, das EG-Recht und die Direktwirkung der Richtlinie, EuZW 1992, 443–445.

Wischermann, Barbara: Produzentenhaftung und Risikobewältigung, München 1991.

Wolfer, Michel: Frankreich: Die Rechtsprechung des Kassationshofs zu Vertragsketten (Teil 2), PHI 1992, 30–40.

Wolff, Martin: Private International Law, 2. Aufl., Oxford 1950.

—: Das internationale Privatrecht Deutschlands, 3. Aufl., Berlin 1954.

Wolter, Udo: Die Haftungsregelung des neuen Arzneimittelgesetzes, DB 1976, 2001–2006.

Wolz, Birgit: Der Begriff der „bedenklichen" Arzneimittel und das Verbot ihres Inverkehrbringens in den §§ 95 I Nr. 1 i.V.m. 5 AMG, Kiel 1986.

Yeun, Kee-Young: Von der Verschuldenshaftung zur Gefährdungshaftung für fehlerhafte Produkte, Göttingen 1988.

Zabalo Escudero, Elena: La ley aplicable a la responsabilidad por danos derivados de los productos en el derecho internacional privado español, R.E.D.I. 1991, 75–107.

Zätzsch, Jörg: Kausalitätsprobleme bei deliktischen Massenschäden, ZVglRWiss 93 (1994) 177–201.

Zaphiriou, George A.: State or Country Interest as Analytical Framework for Choice of Law, Ohio State L.J. 46 (1985) 537–540.

Zawischa, Georg: Rechtsvereinheitlichung in der Produkthaftpflicht?, ÖJZ 1978, 36–48.

Zekoll, Joachim: US-amerikanisches Produkthaftpflichtrecht vor deutschen Gerichten, Baden-Baden 1987.

–: The German Products Liability Act, AmJCompL 37 (1989) 809–818.

–: Recognition and Enforcement of American Products Liability Awards in the Federal Republic of Germany, AmJCompL 37 (1989) 301–336.

–: The Enforceability of American Money Judgments Abroad: A Landmark Decision by the German Federal Court of Justice, Colum. J. Transnat'l L. 30 (1992) 641.

–: Common Law und Civil Law im Privatrecht von Louisiana, ZVglRWiss 93 (1994) 323–342.

Zeller, Wilhelm: Auswirkungen einer strikten Produzentenhaftung auf die europäische Assekurranz, in: Die Kölnische Rück (Hrsg.), Tendenzen der Produkthaftung in Europa und Amerika, Karlsruhe 1981, 51–72.

Zinkann, Reinhard Christian: Die Reduzierung der Produkthaftungsrisiken, Berlin 1989.

Zipfel, Walter: Lebensmittelrecht, Kommentar der gesamten lebensmittelrechtlichen Vorschriften, München, Loseblatt.

Zitelmann, Ernst: Internationales Privatrecht, Bd. I, Leipzig 1897; Bd. II, München/Leipzig 1912.

Zöller, Richard: Zivilprozeßordnung, 17. Aufl., Köln 1991.

Zöller(/Bearb.): Zivilprozeßordnung, 18. Aufl., Köln 1993.

Zoller, Michael: Die Produkthaftung des Importeurs (Bd. 20 der Studien zum Handels-, Arbeits- und Wirtschaftsrecht), Baden-Baden 1992.

Zürrer, Hans: Technische Handelshemmnisse, in: Schindler/Hertig/Kellenberger/Thürer/Zäch, Die Europaverträglichkeit des schweizerischen Rechts, Schriften zum Europarecht 1, Zürich 1990, 135–142.

Zweigert, Konrad: Zur Armut des Internationalen Privatrechts an sozialen Werten, RabelsZ 37 (1973) 435–452.

Zweigert/Kötz: Einführung in die Rechtsvergleichung, Bd. II, Tübingen 1984.

Entscheidungsregister

(Verweis auf Randnummern)

A. Europäischer Gerichtshof

EuGH, 11.7.1974, Rs. 8/74, Slg. 1974, 937 (Dassonville) – 664
EuGH, 6.10.1976, Rs. 14/76, Slg. 1976, 1467 (De Bloos/Bouyer) – 908 Fn. 240
EuGH, 30.11.1976, Rs. 21/76, Slg. 1976, 1735 (Bier/Mines de Potasse d'Alsace) – 28
Fn. 53, 28 Fn. 55, 29 Fn. 56, 903 Fn. 226, 907 Fn. 236, 908 Fn. 240, 908 Fn. 242, 909
Fn. 249, 911 Fn. 249
EuGH, 22.11.1978, Rs. 33/78, Slg. 1978, 2183 (Somafer/Saar-Ferngas) – 908 Fn. 241
EuGH, 20.2.1979, Rs 120/78, Slg. 1979, 649 (Cassis de Dijon) – 664
EuGH, 5.2.1981, Rs. 53/80, Slg. 1981, 409 (Koninklijke Kaasfabriek Eyssen BV) – 675
Fn. 162
EuGH, 22.6.1982, Rs. 220/81, Slg. 1982, 2349 (Robertson) – 664 Fn. 128
EuGH, 2.3.1983, Rs. 155/82 Slg. 1983 (Kommission/Belgien) – 418 Fn. 17
EuGH, 22.3.1983, Rs. 34/82, Slg. 1983, 987 (Peters/Zuid Nederlandse Aannemers Vereniging) – 907 Fn. 237
EuGH, 28.2.1984, Rs 247/81, NJW 1984, 1290 (Kommission/Deutschland) – 418 Fn. 17
EuGH, 26.2.1986, Rs 152/84, Slg. 1986, 723 (Marschall/Southampton and South-West
Hampshire Area Health Authority) – 520 Fn. 1
EuGH, 8.10.1987, Rs. 80/86, Slg. 1987, 3969 (Kolpinghuis Nijmegen) – 520 Fn. 1
EuGH, 27.9.1988, Rs. 189/87, Slg 1988, 5565 (Kalfelis/Schröder u.a.) – 33 Fn. 68, 908
Fn. 238, 908 Fn. 240
EuGH, 11.5.1989, Rs. 25/88, Slg. 1989, 1124 (Wurmser) – 664 Fn. 128
EuGH, 11.1.1990, Rs. 220/88, EuZW 1990, 34 (Dumez France/Hessische Landesbank)
– 29 Fn. 59, 908 Fn. 239, 908 Fn. 240
EuGH, 24.1.1991, Rs. C 339/89, Slg. 1991 I-107 (SA Alsthom Atlantique/SA Compagnie de Construction mécanique Sulzer) – 734 Fn. 296
EuGH, 16.4.1991, Rs. C 347/89, Slg. 1991, 1763 (Freistaat Bayern/Eurim-Pharma
GmbH) – 664 Fn. 129
EuGH, 19.11.1991, Rs. C-6/90 und 9/90, NJW 1992, 165 (Andrea Francovich, Daniela
Bonifaci u.a./Italienische Republik) – 520 Fn. 5
EuGH, 4.6.1992, Rs C-13/91 und C-113/91, EuZW 1993, 129 (Michel Debus) – 664
Fn. 129
EuGH, 17.6.1992, Rs. C-26/91, Rev. crit. 81 (1992) 126 (Jakob Handtke und Co. GmbH
Maschinen Fabrik/Soc. Traitements Mécano-Chimiques et.al.) – 1209 Fn. 176

B. Deutschland

I. Bundesverfassungsgericht

BVerfG, 17.7.1961, BVerfGE 13, 97 – 637 Fn. 51
BVerfG, 7.11.1972, BVerfGE 34, 118 – 1050 Fn. 22
BVerfG, 25.2.1975, BVerfGE 39, 1 – 443 Fn. 76
BVerfG, 8.8.1978, NJW 1979, 362 – 645 Fn. 70
BVerfG, 8.4.1987, BVerfGE 75, 223 – 522 Fn. 12
BVerfG, 26.1.1988, BVerfGE 77, 381 – 443 Fn. 76
BVerfG, 3.8.1994, NJW 1994, 3281 – 1255 Fn. 67
BVerfG, 7.12.1994, NJW 1995, 649 – 1255 Fn. 67

578

II. Reichsgericht

RG, 23.9.1887, RGZ 19, 382 − 569 Fn. 22
RG, 20.11.1888, RGZ 23, 305 − 569 Fn. 22
RG, 21.2.1899, JW 1899, 222 − 303 Fn. 46, 304
RG, 30.3.1903, RGZ 54, 198 − 724 Fn. 274
RG, 18.10.1909, RGZ 72, 41 − 294 Fn. 23
RG, 7.12.1933, RGZ 142, 356 − 977 Fn. 53
RG, 17.1.1940, RGZ 163, 21 − 312

III. Bundesgerichtshof

BGH, 1.4.1953, VersR 1953, 242 − 638 Fn. 53
BGH, 6.7.1955, BGHZ 18, 149 − 891 Fn. 193
BGH, 14.12.1955, IPRspr. 1954/55, Nr. 73 − 1198 Fn. 141
BGH, 16.6.1959, BGHZ 30, 203 − 959 Fn. 26
BGH, 28.3.1961, VersR 1961, 518 − 1198 Fn. 141
BGH, 9.3.1963, LRE 3,376 − 668 Fn. 146
BGH, 23.6.1964, NJW 1964, 2012 − 302 Fn. 45, 334 Fn. 87
BGH, 21.6.1967, BGHZ 48, 118 − 808 Fn. 56
BGH, 17.10.1967, BB 1967, 1357 − 15 Fn. 17
BGH, 26.11.1968, BGHZ 51, 91 − 283 Fn. 4, 640 Fn. 52, 911 Fn. 248, 1191
BGH, 29.1.1969, NJW 1969, 789 − 977 Fn. 53
BGH, 9.3.1972, BGHZ 58, 216 − 991 Fn. 81
BGH, 6.11.1973, BB 1974, 1317 − 1213 Fn. 193
BGH, 14.1.1976, VersR 1976, 543 − 638 Fn. 53, 661 Fn. 114
BGH, 28.9.1976, JZ 1977, 1781 − 640 Fn. 57
BGH, 5.10.1976, NJW 1977, 497 − 629 Fn. 25, 1073 Fn. 24
BGH, 5.10.1976, VersR 1977, 56 − 300 Fn. 40, 322 Fn. 77
BGH, 24.11.1976, BGHZ 67, 359 − 315 Fn. 65
BGH, 27.1.1977, BGHZ 68, 217 − 1650
BGH, 14.6.1977, BB 1977, 1117 − 315 Fn. 65
BGH, 26.9.1979, BGHZ 75, 167 − 1260 Fn. 86
BGH, 11.12.1979, BB 1980, 1219 − 306 Fn. 53, 306 Fn. 54
BGH, 11.12.1979, BB 1980, 443 − 692, 640 Fn. 57
BGH, 17.9.1980, NJW 1980, 2646 − 33 Fn. 67, 293 Fn. 18
BGH, 8.1.1981, BGHZ 80, 1 − 920 Fn. 258
BGH, 17.3.1981, BB 1981, 1048 − 302 Fn. 45, 307ff., 334 Fn. 87, 1038 Fn. 177, 1198
    Fn. 140, 1222, 1254 Fn. 66
BGH, 8.3.1983, BGHZ 87, 95 − 300 Fn. 39, 300 Fn. 40, 322 Fn. 77
BGH, 8.3.1983, BGHZ 87, 97 − 629, 1198 Fn. 142
BGH, 22.6.1983, BGHZ 88, 17 − 1260 Fn. 84
BGH, 17.1.1984, VersR 1984, 270 − 640 Fn. 57, 640 Fn. 58, 645 Fn. 76
BGH, 13.3.1984, BGHZ 90, 294 − 546 Fn. 39, 629 Fn. 25, 1075 Fn. 27, 1198 Fn. 142,
    1232 Fn. 4
BGH, 13.12.1984, NJW 1985, 1174 − 640 Fn. 57
BGH, 8.1.1985, BGHZ 93, 214 − 546 Fn. 39, 1076, 1078 Fn. 36, 1234 Fn. 4
BGH, 4.2.1986, NJW 1986, 2437 − 294 Fn. 21
BGH, 7.10.1986, BB 1986, 2368 − 640 Fn. 58, 645 Fn. 77, 646, 677 Fn. 164
BGH, 9.12.1986, BGHZ 99, 167 − 315 Fn. 67, 317 Fn. 68
BGH, 16.9.1987, BGHZ 101, 337 − 315 Fn. 65, 1125 Fn. 124, 1215 Fn. 201

IV. Oberlandesgerichte

V. Sonstige Gerichte

F. Canada

G. USA

H. Frankreich

I. Italien

Sachregister

Hill-Arning/Hoffman

Produkthaftung in Europa

**EG-Produkthaftungsrichtlinie, nationale Produkthaftungs-
gesetze, weitergeltendes Deliktsrecht, Verfahrensrecht und
Kosten in der Europäischen Union und dem Europäischen
Wirtschaftsraum**

Von **Susanne Hill-Arning** und Dr. **William C. Hoffman.**
1995, ca. 350 Seiten, Leinen.
ISBN 3-8005-1145-2
Schriftenreihe Recht der Internationalen Wirtschaft, Band 46

Dieses Buch ist ein Leitfaden durch das derzeit in Europa geltende Produkthaftungsrecht. Es behandelt die Rechtslage aller westeuropäischen Industriestaaten, die nach dem Vorbild der EG-Produkthaftungsrichtlinie vom 25. Juli
1985 eine verschuldensunabhängige Haftung eingeführt haben.

Geschrieben wurde dieses Buch für die exportierende Industrie und ihre
Versicherer. Seine praktischen Vorteile liegen in einer straffen Darstellung
der Rechtslage und in der Einbeziehung von Anwaltskosten und Gerichts-
gebühren. Die Gesetzestexte selbst – Original und Übersetzung – sind im
Anhang abgedruckt.

Jedes Kapitel ist nach der gleichen Struktur aufgebaut und deckt jeweils drei
verschiedene Gebiete ab: Die Ausübung der durch die Richtlinie eingeräumten Optionen und Abweichungen des nationalen Rechts von den EU-Vorga-
ben; das weitergeltende Recht, auf das auch weiterhin Ansprüche geschädigter Verbraucher gestützt werden können und zivilprozessuale Details, die für
die Wahl des Gerichtsstands ausschlaggebend sein können. Der einheitliche
Aufbau ermöglicht gerade unter dem Gesichtspunkt des sog. forum shoppings
eine effektive Nutzung.

**Verlag Recht und Wirtschaft
Heidelberg**

Schriftenreihe
Recht der Internationalen Wirtschaft

Verlag Recht und Wirtschaft
Heidelberg